SARDINIEN

Eberhard Fohrer

Text und Recherche: Eberhard Fohrer
Lektorat: Claudia Martins, Sabine Beyer
Redaktion und Layout: Claudia Martins
Fotos: Lucie Büchert-Fohrer (S. 15, 57, 62, 65, 91, 95, 139, 146, 154, 213, 261, 287, 336, 356, 361, 365, 377, 433, 435, 492, 521, 545, 566, 573, 595, 614), Sardisches Fremdenverkehrsamt (S. 55, 59, 61, 66, 100, 157), alle übrigen Fotos von Eberhard Fohrer
Illustrationen: Werner Steiner
Karten: Astrid Wölfel, Susanne Handtmann
Covergestaltung: Karl Serwotka
Covermotive: oben: Sandstrand bei Golfo Aranci
unten: Felsküste bei Cala Gonone (Fotos: Eberhard Fohrer)

Herzlichen Dank allen Lesern, die mit ihren Briefen und E-Mails zu dieser Auflage beigetragen haben:
A. Chiodi, M. Kochan, Dr. H.-W. Hey, K. Schuckmann, D. Weber, D. Würz & M. Jäger, E. Fehringer, A. Pflugfelder, B. Wulf, B. Rüppel, F. Dähler, A. & M. Stadelhofer-Cares, A. Grasenack, D. Hohenester, G. & R. Rippel, F. Kieft, H. Kössler, K. Walter, B. Bapst, E. Burgherr, C. Buss-Mikus, I. Meyer, D. Sieg, G. & H. Sporer, K. Strohm, A. Grabiger, I. & K. Hell, T. Swartzberg, A. Rothermel-Geiger, M. Kissmann, S. Weiß, G. von Schlippe, D. Sternberger, M. Gerger, A. Stiller & K. Gottwald, Ch. Haas, K.-P. Reuble, K. Göhmann, J. Wahl., C. Lehner & M. Weizenhofer, H. Berger, P.G. v. Rhein, H. Wagenleitner, E. Janson & J. Bräuer, S. Jankovicz, M. Martens, A. Mueller, K. Stuefer, H. Schweigkofler, S. Lietze, Th. & G. Pagotto, R. Schlömer & K. Habighorst, V. Künzler, C. B. Bahr, B. Pfeiffer, J. Wahl, B. & L. Hohermuth, M. Gabel, P. Nagel, R. G. Mueller, M. Dudella, E. Jehlicka, E. & T. Keller-Rennhard, A. Einwag & H. Bretting, J. Scholtes

Die in diesem Reisebuch enthaltenen Informationen wurden vom Autor nach bestem Wissen erstellt und von ihm und dem Verlag mit größtmöglicher Sorgfalt überprüft. Dennoch sind, wie wir im Sinne des Produkthaftungsrechts betonen müssen, inhaltliche Fehler nicht mit letzter Gewissheit auszuschließen. Daher erfolgen die Angaben ohne jegliche Verpflichtung oder Garantie des Autors bzw. des Verlags. Beide übernehmen keinerlei Verantwortung bzw. Haftung für mögliche Unstimmigkeiten. Wir bitten um Verständnis und sind jederzeit für Anregungen und Verbesserungsvorschläge dankbar.

ISBN 3-923278-11-X

© Copyright Michael Müller Verlag, Erlangen, 1983, 1987, 1988, 1991, 1995, 1999, 2000, 2002. Alle Rechte vorbehalten. Alle Angaben ohne Gewähr.
Printed in Germany.

Aktuelle Infos im Internet unter www.michael-mueller-verlag.de

8. Auflage 2002

 **Allgemeines**

 **Reisepraktisches**

 **Nordsardinien**

 **Westsardinien**

 **Südsardinien**

 **Ostsardinien**

 **Innersardinien**

INHALT

Sardinien erleben 14

Sardinien allgemein 17

Landschaften 19	Von Hirten und Herden 49
Strände 23	Feste und Veranstaltungen 58
Geologie 24	Volksmusik und Tänze 61
Klima/Reisezeiten 27	Kunsthandwerk 63
Pflanzenwelt 29	Sardisch 68
Tierwelt 33	Murales 70
Wirtschaft 35	Lesetipps 71
Umwelt 44	

Geschichte 74

Die Anfänge 75	Pisa und Genua 87
Die nuraghische Kultur 79	Die Spanier 88
Die phönizisch/punische	"Königreich Sardinien" 91
Eroberung 82	Sardinien – eine "italienische
Römer und Barbaren 83	Kolonie" 94
Neue Eroberer 85	"Autonomia" und sardisches
Die Richterzeit 86	Selbstbewusstsein 96

Anreise 100

Mit dem eigenen Kraftfahrzeug 101	Mit dem Flugzeug 123
Mit der Bahn 117	Weitere Anreisemöglichkeiten 124
Mit dem Fahrrad 122	Fährverbindungen 125

Unterwegs auf Sardinien 134

Eigenes Fahrzeug 134	Busse 141
Motorrad 138	Bahn 142
Wohnmobil/Wohnwagen 138	Sonstige Fortbewegungsmittel 146
Fahrrad 139	

Reisepraktisches von A bis Z 148

Ärztliche Versorgung 148	Öffnungszeiten 166
Diplomatische Vertretungen 149	Papiere 167
Essen und Trinken 150	Post 167
Finanzen 161	Sport 168
Haustiere 162	Sprachurlaub 175
Informationen 162	Telefon 176
Internet 164	Übernachten 177
Kinder 165	Zoll 186
Landkarten/Stadtpläne 165	

Nordsardinien

Gallura 187

Golf von Olbia	190	La Maddalena	240
Olbia	191	Insel Caprera	245
Küste nördlich von Olbia	201	Casa di Garibaldi	245
Golfo Aranci	203	Insel Santo Stefano	249
Porto Rotondo	206	**Gallura/Nordküste**	250
Küste südlich von Olbia	208	Porto Pollo	250
Porto San Paolo	210	Porto Pozzo	252
Isola Tavolara	211	**Santa Teresa di Gallura**	252
Costa Smeralda	213	Capo Testa	260
Halbinsel Capriccioli	218	Valle di Luna	263
Porto Cervo	221	**Gallura/Westküste**	266
Baia Sardinia	225	Vignola	267
Costa Smeralda/Hinterland	226	Isola Rossa	268
Arzachena	227	Trinità d'Agultu	269
Lago di Liscia und Umgebung	230	Isola Rossa/Hinterland	271
Golf von Arzachena	231	**Innere Gallura**	271
Cannigione	231	Tempio Pausania	271
Palau	232	Monte Limbara	277
La-Maddalena-Archipel	238	Lago del Coghinas	278
Insel La Maddalena	239	Oschiri	278

Anglona und Turritano 280

Coghinas-Ebene	282	Sedini	292
Badesi Mare	282	Marina di Sorso	294
Valledoria	283	Platamona	294
Terme di Casteldoria	285	Porto Torres	295
Perfugas	286	**Sassari**	299
Castelsardo	287	Monte d'Accodi	310

La Nurra 312

Halbinsel von Stintino	314	Argentiera	318
Stintino	314	Porto Ferro	319
Capo del Falcone und		Torre del Porticciolo	319
Umgebung	316		
Nurra/Westküste	317		

Logudoro und Meilogu 320

"Dreikircheneck"	321	Ittireddu	326
Ardara	322	**Valle dei Nuraghi**	329
Chilivani	323	Nuraghe Santu Antine	330
Ozieri	323	Sant'Andria Priu	332
Pattada	324		

Westsardinien

Alghero und Bosa 334

Alghero	336	Von Alghero nach Bosa	355
Fertilia	349	**Bosa**	357
Porto Conte	351	Bosa Marina	364
Capo Caccia	351	Macomer	367
Alghero/Hinterland	354		

Planargia 369

Tresnuraghes	370	S'Archittu/Torre del Pozzo	374
Küste südlich von Porto Alabe	371	San Leonardo de Siete Fuentes	375
Cuglieri	371	Santu Lussurgiu	376
Santa Caterina di Pittinuri	372		

Arborea 378

Sinis-Halbinsel	380	San Giovanni di Sinis	399
Is Arenas	380	Tharros	400
Capo Mannu	381	Arborea	404
Sinis/Westküste	382	Tirso-Ebene	406
Oristano	384	Fordongianus	407
Stagno di Cabras	394	Lago Omodeo	408
Cabras	395	Ghilarza	408
Marina di Torre Grande	396	Sedilo	410
San Salvatore	398	Altopiano di Abbasanta	412
Halbinsel von Tharros	398	Ottana	413

Campidano 414

Monte Arci	414	Sanluri	418
Villanovaforru	417	San Sperate	419

Iglesiente 420

Guspini	422	Buggeru	433
Costa Verde	424	Von Buggeru nach Masua	434
Fluminimaggiore	426	Von Masua zum Golfo di	
Iglesias	428	Gonnesa	434
Golf von Buggeru	431		

Südsardinien

Sulcis 436

Carbonia	437	Carloforte	446
Golfo di Palmas	439	Teulada	452
Porto Pino	439	**Costa del Sud**	455
Isola di Sant'Antioco	440	Santa Margherita di Pula	457
Sant'Antioco	441	Pula	459
Calasetta	442	Nora	460
Isola di San Pietro	444		

Cagliari 463

Ostsardinien

Baronia 490

San Teodoro	492	Galtelli	517
Bucht von Budoni	501	**Golf von Orosei**	518
Budoni	501	Dorgali	518
Tanaunella	504	**Cala Gonone**	524
Posada	505	Strände und Badebuchten südlich	
La Caletta	507	von Cala Gonone	527
Santa Lucia	508	Strände und Küste nördlich von	
Siniscola	510	Cala Gonone	531
Monte Albo	510	Gola su Gorroppu	533
Strände zwischen Capo Comino		Codula di Luna	534
und Orosei	512	Baunei	536
Orosei	514	Hochebene Su Golgo	536

Ogliastra 538

Santa Maria Navarrese	540	Marina di Barisardo	
Lotzorai	542	("Torre di Bari")	548
Tortoli	542	Lanusei	552
Arbatax	543	Durch die Südausläufer des	
Barisardo	547	Gennargentu	555

Salto di Quirra 557

Sarrabus 557

Flumendosa-Ebene	558	Cala di Sinzias	567
Muravera	560	Villasimius	568
Torre Salinas	562	Capo Carbonara	570
Costa Rei	564	Golfo di Carbonara	571

Innersardinien

Barbagia 573

Nuoro	576	Lago di Gusana	598
Supramonte	584	**Monti del Gennargentu**	599
Oliena	584	Fonni	600
Monte Maccione	586	Desulo	602
Su Gologone	588	Barbagia Mandrolisai	604
Tal von Lanaittu	589	Tonara	604
Orgosolo	590	Barbagia Belvì	605
Pratobello	595	Aritzo	605
Barbagia Ollolai	596	Barbagia Seúlo	607
Gavoi	598	Sadali	608

Marmilla und Sarcidano 610

Laconi	611	**Su Nuraxi**	614
Isili	612	Mandas	617
Giara di Gesturi	612	Nuraghe Arrubiu	617
Barumini	613	Abstecher in die Trexenta	618

Sprachführer 620

Sach- und Personenregister 632

Geographisches Register 634

Zeichenerklärung für die Karten und Pläne

═══	mehrspurige Straße	▲	Berggipfel	**i**	Information
──	Asphaltstraße	⌒	Höhle	**P**	Parkplatz
SS	Strada statale (Staatsstraße)	☀	Aussichtspunkt	**Ω**	Post
──	Piste	▥	Kastell	**BUS**	Bushaltestelle
- - - - -	Wanderweg	▮	Turm	**TAXI**	Taxistandplatz
- ▪ - ▪ -	Bahnlinie	†	Kirche, Kapelle	✈	Flughafen
░░░	Strand	ⴲ	Archäologische Fundstätte	Λ	Campingplatz
▒▒▒	Gewässer	◣	Ausgrabung	▤	Hotel
░░░	Grünanlage	⛰	Nuraghe	☀	Leuchtturm

Kartenverzeichnis

Sardinien – nördlicher Teil .... vordere Umschlaginnenklappe
Sardinien – südlicher Teil .... hintere Umschlaginnenklappe

Landschaften	21	Arborea	379
Sardische Windrose	28	Oristano	386/387
Naturschutzgebiete Sardiniens	46/47	Tharros	403
Archäologische Fundstätten	76/77	Campidano	415
Alpenstraßen	107	Iglesiente	421
Bahnkarte	118/119	Iglesias/Altstadt	429
Fährverbindungen	125	Sulcis	437
Bahnlinien in Sardinien	143	Isola di Sant'Antioco	440
Camping auf Sardinien	183	Isola di San Pietro	445
Gallura	188	Punta delle Colonne und	
Olbia Übersicht	193	Umgebung	449
Olbia Zentrum	195	Costa del Sud und Umgebung	453
Aufstieg nach Cabu Abbas	201	Nora	461
Costa Smeralda	215	Cagliari	464/465
Porto Cervo und Umgebung	223	Castello	477
La-Maddalena-Archipel	238	Santuario di Bonaria	485
Santa Teresa di Gallura	255	Baronia	491
Santa Teresa/Umgebung und		San Teodoro und Umgebung	495
Strände	259	Orosei	516
Fußweg ins Valle di Luna	263	Golf von Orosei	519
Tempio Pausania	273	Nuraghierdorf Serra Orrios	523
Anglona und Turritano	281	Fußweg zur Grotta del Bue	
Porto Torres	297	Marino	529
Sassari	300/301	Ogliastra	539
La Nurra	313	Sarrabus	559
Logudoro und Meilogu	321	Villasimius/Umgebung	571
Ittireddu und Umgebung	327	Barbagia	575
Santu Antine	331	Nuoro	577
Alghero und Bosa	335	Supramonte/Aufstieg von Oliena	587
Alghero/Altstadt	339	Aufstieg zur Punta la Marmora	603
Bosa	359	Marmilla und Sarcidano	611
Bosa/Umgebung	366	Su Nuraxi	615
Planargia	369		

Alles im Kasten

Höhlen auf Sardinien 27

Sardiniens missglückte Industrialisierung: Das Beispiel Ottana 39

Bardanas: Notwehr der Hirten 54

Das alte Dorfrecht 56

Limba e curtura de sa Sardigna: Sardisch im Internet 69

Die Sarden: Uneinig aus Tradition 75

Die Bronzefiguren der Nuraghier 81

Zeitgenössische Architektur 99

"Ferragosto": Italien macht Urlaub 128

Isola Tavolara: Das kleinste Königreich Europas 212

Ein Märchen aus dem Morgenland 214

Ein teurer Spaß: Urlaub an der Smaragdküste 217

Giuseppe Garibaldi: Held des Risorgimento 246/247

Chiesa del Buon Cammino: Idylle abseits der Hauptstraße 258

Korkernte in der Gallura 270

Il Muto di Gallura 276

Calvacata Sarda und I Candelieri: Zwei Großereignisse im Festjahr 309

Isola Asinara: Naturpark im Mittelmeer 317

Sa Resolza Pattadesa: Messer aus Pattada 325

Sa Coveccada: Faszinierendes Relikt der Megalithkultur 328

Sur le pont d'Avignon... 350

Grotta di Nettuno: Sardiniens bekannteste Tropfsteinhöhle 352

Die Schlacht von Cornus 374

Einsam im Meer: Die Isola Mal di Ventre 383

Sa Sartiglia: Oristanos größtes Stadtfest 391

Urlaub auf dem Bauernhof: Consorzio Agriturismo di Sardegna 393

Fiesta di San Salvatore: Bedeutendstes religiöses Fest der Sinis-Halbinsel 396

Antonio Gramsci: Vordenker des italienischen Kommunismus 409

Pinuccio Sciola: Ein sardischer Bildhauer 419

Hotel Le Dune: Nationaldenkmal in der Wüste 425

Festa di Sancta Maria di Mezzogosto 430

Die Mattanza: Schreckliches Sterben in der Todeskammer 445

Oasi Monte Arcosu: Naturschutzgebiet im Südwesten 462

Die Sagra di Sant'Efisio: Das populärste Fest Sardiniens 486

Die Legende von der Bohne 506

Sagra di San Francesco: Zehn Tage lang feiern 511

Mit dem Trenino Verde ins Bergland 545

Grazia Deledda: Literaturnobelpreisträgerin aus Nuoro 580

Festa del Redentore: Das Erlöserfest von Nuoro 582

Die Murales von Orgosolo 592

Der Kampf um den Pratobello 596

Die Mammuthones von Mamoiada 597

Ewiger Zankapfel: Nationalpark Supramonte-Gennargentu 600

Mit fünfundsechzig Jahren, da geht das Leben los 605

Die Eismacher von Aritzo 606

Sardegna in Miniatura 617

Leserstimmen

"Bei der Vorbereitung unserer diesjährigen Sardinien-Reise bin ich auf Ihr Handbuch gestoßen. Es war Liebe auf den ersten Blick! Ich kann Ihnen bestätigen, dass ich mit Ihren Informationen einfach optimal gefahren bin. Das Buch ist sehr aktuell und zuverlässig, umfassend und doch im Detail erstaunlich präzis, praktisch zu handhaben und somit eigentlich für denjenigen, der Land und Leute kennen lernen will, unverzichtbar" (F. Wagner)

"Ihr Reiseführer Sardinien hat mich begeistert durch seine Genauigkeit. Ich bin der Meinung, dass Michael-Müller-Reiseführer zu den besten für Europa gehören und werde sie weiterhin bevorzugt ein- und verkaufen" (J. Weßbecher, Buchhändlerin)

"Dies ist wirklich der beste Reiseführer, den ich je gelesen habe. Besonders die ausführlichen und kritischen Einführungskapitel finde ich exzellent" (M. Beriger)

"Seit unserem letzten Schreiben sind drei weitere Sardinienaufenthalte dazugekommen. Der Gesamteindruck ihres Reiseführers bleibt weiterhin hervorragend – was Gesamtinformationsgehalt und vor allem Übersichtlichkeit angeht, ist und bleibt der 'Fohrer' der Goldstandard der Sardinienreiseführer" (S. Fels & W. Brand)

"Ihr Sardinien-Reiseführer ist in jeder Hinsicht überzeugend. Wir waren hingerissen" (S. Schindler & L. Hugelshofer)

"Der Reiseführer ist einfach klasse – Hintergrundwissen und aktuelle Infos in einem, dazu auch noch toll zu lesen" (B. Maurischat)

"Gut gegliederte, informative, kurzweilige Lektüre mit allen notwendigen Tipps für den individuellen Reisenden. Bis in den kleinsten Winkel der Insel wurden Recherchen geführt; meinen Dank für diese Mühe!" (K. Rohde)

"Ich war drei Wochen mit dem Michael-Müller-Reiseführer auf Sardinien unterwegs und bin demselben Buch auf Schritt und Tritt begegnet. Fast alle sind damit gereist, und ausnahmslos alle, die ich gesprochen habe, waren begeistert (nützliche Informationen, kurz und klar, alles stimmt etc.). Wer nicht damit gereist ist, hat sich bald mal einen 'Fohrer' ausgeliehen" (B. Rannenberg)

"Bei unserem dreiwöchigen Urlaub konnten wir immer wieder mit Genugtuung und Überraschung gleichermaßen feststellen, wie informativ, auf dem aktuellsten Stand in den Details und mit welch wertvollen Hintergrundinformationen Ihr Handbuch versehen ist" (K. Stuefer)

"Ohne die zahlreichen und sehr zuverlässigen Hinweise Ihres Reiseführers wäre unsere Reise auf eigene Faust kreuz und quer auf der Insel nicht möglich gewesen. Wir waren sehr zufrieden und haben unsere Ferien deshalb sehr genossen" (J. Wahl)

"Ich möchte Ihnen zu Ihrem Reiseführer gratulieren, zu Ihrem erfrischenden Stil und den überaus brauchbaren Informationen. Seit 50 Jahren bereise ich viele Länder der Welt. Doch diese Reise durch Sardinien ist eine der schönsten geworden und dazu hat Ihr Buch ganz wesentlich beigetragen" (E. Fehringer)

"Sie verstehen es wunderbar, Landschaften und Städte so zu beschreiben, dass man sich vorstellen kann, wie es dort aussieht und ob sich der Abstecher lohnt. Auch der praktischeTeil ist außerordentlich praxisnah und hilfreich, wir haben in 13 Jahren kaum einen so tollen Reiseführer kennen gelernt" (A. Pflugfelder)

"Ihr Reiseführer hat sich als sehr, sehr praktisch erwiesen – endlich muss man nicht für jede Frage, die sich unterwegs stellt, in einem anderen Buchteil nach einer Antwort suchen. Sie können sich sehr gut in Reisende hineindenken, man fand genau die Informationen, die man brauchte und zwar kurz und bündig zusamengefasst und dort, wo man sie logischerweise suchte" (F. Dähler)

"Ein tolles Buch, das von Auflage zu Auflage immer besser geworden ist" (G. v. Schlippe)

"Ihr Buch war für uns nicht einfach nur ein Reiseführer, sondern gleichzeitig auch eine informative, fesselnde und unverzichtbare Urlaubslektüre" (C. Lehner & M. Weizenhofer)

Was haben Sie entdeckt?

Was war Ihre Lieblingstrattoria, in welchem Hotel haben Sie sich wohlgefühlt, welchen Campingplatz würden Sie wieder besuchen?

Bitte schreiben Sie uns, wenn Sie Kritik, Verbesserungen, Anregungen oder Empfehlungen haben.

Eberhard Fohrer
Stichwort "Sardinien"
c/o Michael Müller Verlag
Gerberei 19
91054 Erlangen
e.fohrer@michael-mueller-verlag.de

Sardinien am Meer ...

Sardinien erleben

Sardinien, die Karibik Europas! Ein gewagter Vergleich, sicherlich – doch an den langen weißen Stränden mit dem wunderbar türkisfarbenen Wasser fehlen tatsächlich oft nur noch die Kokospalmen, um es der Karibik gleich zu tun. Mehr und bessere Badeplätze findet man in ganz Europa nicht. Kilometerlange Dünen mit knorrigen Wacholderbäumen oder schattigen Pinienwäldchen, versteckte Buchten zwischen bizarren Felsen, mehlfeiner oder körnig grober Sand, flach oder steil ins Meer abfallend – für jeden Geschmack etwas. Kein Wunder also, Feriendörfer haben sich in den letzten zwei Jahrzehnten wie Flächenbrände ausgebreitet. Doch höchstens für drei Monate herrscht Trubel, den Rest des Jahres Totenstille. Und selbst im Hochsommer findet man sie noch, die ruhigen abgelegenen Ecken – Sardiniens Strände sind so lang, vielfältig und zahlreich, dass sie wohl kaum jemals vollständig erschlossen werden können.

Sardinien, nur wenige Schritte vom Meer entfernt, ist völlig anders. Hier endet die Macht des Tourismus, das Entdecken fängt an. Felsen aller Größen und Formen, dürre Macchia, "tancas" (Steinmauern) und Schafweiden prägen das Profil. Viele Orte lassen den gewohnten Charme mediterraner Inseldörfer vermissen. Spröde, strenge Granitmauern, irgendwo ein in Schwarz gehülltes Mütterchen, die Männer in ihren schweren Kordanzügen zurückhaltend, fast misstrauisch, passend zur melancholischen Landschaft.

Sardinien ist ein Kontinent im Kleinen. Jede Region hat ihre Eigenheiten: Das Schwemmland des *Tirso* mit seinen salzigen Lagunenseen, rosafarbenen Fla-

... und in den Bergen

mingos und der edlen Vernaccia-Rebe. Das steile, weiß glänzende Dolomitmassiv des *Supramonte*. Die steingewordene Vorgeschichte auf dem *Capo Testa* im äußersten Norden. Die eingelagerten Sandbuchten in den Felshängen um *Cala Gonone* an der Ostküste. Die bizarren Vulkankegel und Basaltplateaus der *Marmilla*, der kilometerlange Sandstrand der *Costa Rei*, die wie die Ränge eines antiken Theaters aufsteigenden Berge der *Ogliastra*, die nackt geschälten Korkeichenstämme der *Gallura* ... Um nur einiges zu nennen.

Unbezwingbar scheint diese verwirrend vielfältige Insel zu sein – äußerlich zeigt sich das durch den allgegenwärtigen Granit, nach innen durch ihre Bewohner, die sich nie ganz den festländischen Eroberern gebeugt haben. Sardinien war immer die "vergessene Insel", ein bisschen unheimlich und eigen, ein Fremdkörper am Rand der Zivilisation. Misstrauisch beäugt von Festlandsbeamten, nur von wenigen Forschungsreisenden durchquert und meist auf sich allein gestellt, hat sich die Insel über Jahrhunderte zu einem Eigenbrötler entwickelt. Von außen kam selten Gutes. Umso erfreulicher: Wenn man das Glück hat, außerhalb der touristischen Zonen Kontakte zu finden und die anfängliche Zurückhaltung überwunden ist, kann man nicht selten eine Gastfreundschaft erleben, die ihresgleichen sucht.

Sardinien gehört zu den wenigen Ferienregionen Europas, in denen der große Andrang bisher ausgeblieben ist. Die Küstenorte präsentieren sich ruhig und überschaubar – kein Vergleich etwa zu den riesigen Badestädten an Adria und Riviera mit ihrem bis ins Letzte durchorganisierten Strandbetrieb. Bis auf Juli und August, die traditionellen Ferienmonate der Italiener, sind kaum irgendwo Anklänge an den Massentourismus zu spüren. Die gelassene Stimmung überträgt sich schnell – wer mit wachen Sinnen und offenem Herzen Sardinien durchreist, wird den ganzen Reichtum dieser Insel spüren können.

Kontinent Sardinien

"Ichnousa" – Schuhsohle – nannten die alten Griechen die Insel. Warum, wird unmittelbar klar, wenn man auf die Landkarte blickt. Der Schöpfer selbst hatte das besorgt. Als er nämlich mit seiner Schöpfung der Erde und ihrer Kontinente fertig war, blieben noch einige Granitbrocken über. Diese warf er ins Meer und trat ein paar Mal kräftig mit seiner Sandale darauf, damit die Steine nicht weggeschwemmt würden. Doch ach, die Insel mit dem Abdruck seiner Sohle sah so kahl und steinern aus. Und es war doch sein letztes Werk! Mit dem ihm eigenen Gefühl von Harmonie nahm er von allen Ländern, die er zuvor geschaffen hatte, eine Kleinigkeit weg. Hier ein paar Palmen, dort etwas Sand, wieder woanders fruchtbaren Lehm, irgendwo einen ganzen Weinberg, auch ein kräftiger Wald mit stämmigen Eichen durfte nicht fehlen. All dies ordnete er sodann liebevoll zu seinem letzten Meisterwerk. Sardinien war damit ein verkleinertes Abbild aller Kontinente, die Gott je geformt hatte. Und er durfte sich endlich ausruhen.

Sardinien allgemein

Sardinien ist eine Insel der Felsen. Sie existieren in allen Größen, Formen und Arten – harter, grauer Granit, rot leuchtender, bröseliger Porphyr, rauer Urweltbasalt, fahler Sandstein, ausgehöhlte Kalksteingebilde.

Wild wuchernde Macchia stellt den Großteil der spärlichen Vegetation, im Bergland verstecken sich aber auch wunderschöne Eichen- und Kastanienwälder, Pinienaufforstungen bestimmen das Bild an vielen Küsten. Die Badeverhältnisse sind ideal, kilometerlange Sandstrände wechseln mit bizarren Fels- und Klippenbuchten. Das zentrale Bergland, die Region der *Barbagia* und des *Gennargentu-Massivs*, steigt dagegen bis fast 2000 m empor. Vielerorts das gleiche Bild: karges steiniges Hirtenland, verbrannte Weiden, einsam-verkrüppelte Korkeichen, spärlicher oder völlig fehlender Baumwuchs. Sardische Landschaften wirken unberührt und ewig – als ob sie seit Jahrtausenden unverändert verharren, ein stoisches Antlitz. Man findet sich in eine Welt der Einsamkeit und Stille getaucht, in eine Welt, die noch keine Menschenspuren trägt ...

Der Schein trügt! Ganz Sardinien ist mit einem unaufhörlichen Flechtwerk von Mäuerchen und Mauern überzogen. Vom Flugzeug wirkt das wie ein unregelmäßig geflochtenes Netz, das über die Insel geworfen ist. Es sind die **tancas** (tancas heißt auf katalanisch "absperren") – Ergebnis eines piemontesischen Erlasses aus dem Jahre 1820, der es jedem, der die Mittel dazu hatte, erlaubte, vom bis dahin frei verfügbaren Gemeindeland einzuzäunen, was ihm möglich war. Es war viel möglich. Die Zeichen der Landschaft lassen sich nur selten unmittelbar interpretieren. Phänomene, die scheinbar zum "ewigen" Bestand des Landes gehören, sind beim genaueren Hinsehen der Hand, der zerstörerischen Hand, des Menschen entsprungen. Warum gibt es so wenig **Wald** auf Sardinien? Als in den Jahren zwischen 1835 und 1839 König Carlo Alberto von Piemont-Sardinien das ersehnte Dekret verabschiedete, wodurch das Lehenssystem spanischer Machart abgeschafft wurde, waren die freigestellten Lehensgebiete verfügbar für jede Art von Ausbeutung. Festländische Unternehmer kauften die Ländereien auf, rodeten die Wälder rücksichtslos und vollständig und stießen die verödeten Landstriche nach getanem Werk wieder ab. Sie vollendeten damit, was die Römer und später die mittelalterlichen Stadtrepubliken Pisa und Genua bereits begonnen hatten. Was die Menschen nicht ganz zu Ende brachten, gelang in unserem Jahrhundert dem **Feuer** umso gründlicher. Kein Jahr, in dem Sardinien nicht von verheerenden Flächenbränden heimgesucht wird. Die Feuerscheidelinien erscheinen überall, vor allem in den Bergen, wie tiefe Messerschnitte. Aber nicht immer sind es nur Sonnenstrahlen, die in einer achtlos weggeworfenen Glasscherbe konzentriert, die staubtrockene Macchia entflammen.

Die wenigen Beispiele genügen – die oft herben, traurig wirkenden Insellandschaften sind das Ergebnis des steten Einwirkens von Menschen. Dass trotzdem so viel Schönheit blieb, darüber sollte man sich freuen, wenn man Sardinien durchfährt!

Auf einen Blick

Größe: Sardinien ist die zweitgrößte Insel des Mittelmeers (nach Sizilien) und die fünftgrößte Europas (nach Großbritannien, Island, Irland und Sizilien). Ihre Fläche beträgt rund 25.000 qkm, die Länge 270 km, die größte Breite ist 145 km.

Entfernungen: Sardinien ist vom italienischen Festland ca. 190 km entfernt, von Tunesien dagegen nur 180 km. Korsika liegt 12 km nördlich.

Höchste Erhebungen: Der höchste Berg Sardiniens ist die *Punta la Marmora* mit 1834 m (im Gennargentu-Massiv), gefolgt vom Nachbargipfel *Bruncu Spina* mit 1829 m. Nach den Monti del Gennargentu zweithöchstes Bergmassiv ist der *Supramonte* bei Nuoro mit 1463 m (Punta Corrasi). Der *Monte Limbara* in der Landschaft der Gallura im Nordosten Sardiniens erreicht 1359 m Höhe.

Flüsse: Die längsten Flüsse sind der *Tirso* (150 km, mündet an der Westküste bei Oristano), der *Flumendosa* (120 km, mündet an der südlichen Ostküste bei Muravera) und der *Coghinas* im Norden. Wegen der großen Wasserarmut einzig schiffbarer Fluss ist der *Temo* auf 4 km Länge (von der Mündung flussaufwärts).

Seen: Es gibt nur einen einzigen natürlichen See, den winzigen *Lago Baratz* nicht weit von Alghero. Dagegen wurden seit den zwanziger Jahren Dutzende großflächiger Stauseen angelegt, um die je nach Jahreszeit extrem unterschiedliche Wasserversorgung zu regulieren. Einige der größten Stauseen sind der *Lago Omodeo*, der den Unterlauf des Tirso staut, der *Lago del Coghinas* und der *Lago di Flumendosa*.

Bevölkerung: 1,6 Millionen Sarden leben auf der Insel, mehrere hunderttausend in der Arbeitsemigration auf dem Festland (Italien, Mitteleuropa).

Politische Gliederung: Seit 1948 ist Sardinien selbständige Region (Land) der Republik Italien. Die Insel ist in vier Provinzen aufgeteilt, benannt nach den Provinzhauptstädten – die Provinz *Sassari* (SS) im Norden, die Provinz *Nuoro* (NU) im Osten (aber mit schmalem Zugang zur Westküste), die Provinz *Oristano* (OR) im Westen und die Provinz *Cagliari* (CA) im Süden. Olbia möchte Hauptstadt einer fünften Provinz werden.

Städte: *Cagliari* (240.000 Bewohner), Inselhauptstadt und Regierungssitz. Zweitgrößte Stadt ist *Sassari* (123.000 Einwohner), mit weitem Abstand gefolgt von *Alghero* (38.000), *Nuoro* (37.000), *Carbonia* (33.000), *Olbia* (31.000) und *Iglesias* (29.000).

Regierung (il Governo): gesetzgebendes Organ ist der sardische Landtag (Giunta regionale), der sich aus gewählten Vertretern der Provinzhauptstädte zusammensetzt. Vorsitzender der Giunta ist der Presidente della Giunta regionale. Trotz eigenem Parlament besitzt die *Regione Sardegna* gegenüber der Zentralregierung in Rom kaum Entscheidungsspielraum, vor allem deshalb, weil alle Gelder von dort bewilligt werden. Zudem sind die vier sardischen Provinzen der Zentralregierung in Rom direkt unterstellt, was oft Kompetenzgerangel zwischen Rom und der sardischen Regionalregierung zur Folge hat.

Wirtschaft: Traditionell spielt die *Weidewirtschaft* eine dominante Rolle. Beinahe 30.000 Hirten weiden 3 Millionen Schafe, knapp 300.000 Ziegen und etwa ebensoviele Schweine und Rinder. Neben *Acker- und Anbauwirtschaft*, die in ständigem Rückgang begriffen ist, kommt wegen des anwachsenden Tourismus vor allem dem *Dienstleistungsgewerbe* eine immer größere Bedeutung zu. *Industrie* konnte auf Sardinien nur unter großen Schwierigkeiten angesiedelt werden (Fehlplanungen, Spekulation mit Staatsgeldern). Die wenigen Großbetriebe arbeiten erst nach der Streichung vieler Arbeitsplätze rentabel. Bedeutung haben heute lediglich die Aluminiumgewinnung von Portovesme (Sulcis) und die Raffinerie von Sarroch (Cagliari). Die etwa 2000 Kleinbetriebe beschäftigen 50.000 Menschen. Fast 20 % der arbeitsfähigen Bevölkerung sind arbeitslos.

Landschaften

Der praktische Reiseteil dieses Führers ist anhand der folgenden Landschaften gegliedert. Ihre Grenzen sind allerdings nicht exakt festgelegt, sondern fließend, meist geographisch, oft auch historisch und kulturell bestimmt.

▸ **Gallura:** Der äußerste Nordosten, Korsika liegt in Sichtweite. Vielgestaltige Felslandschaft aus bizarrem Granit, Korkeichen und grüner Macchia. Früher fast unbesiedelt, heute die wichtigste Tourismusregion der Insel – Prunkstück ist die *Costa Smeralda*, die legendäre Ferienhausküste des Aga Khan. Naturschönheiten findet man in großer Zahl, z. B. das vor Millionen von Jahren geformte *Capo Testa*, den vorgelagerten Archipel *La Maddalena*, die zahllosen Felsbuchten der Costa Smeralda und einige lange Sandstrände, z. B. bei *Vignola* und *Porto Pollo*, Letzteres der beliebteste Surfspot der Insel. Im Hinterland stellt die Korkbearbeitung den wichtigsten Wirtschaftszweig dar. Auch hier zahlreiche schöne Ziele, z. B. *Tempio Pausania* und das südlich anschließende Massiv des *Monte Limbara*.

▸ **Anglona & Turritano:** Westlich an die Gallura sich anschließendes Hügelland mit langen Sandstränden. Markantes Ziel ist *Castelsardo* auf einem vorspringenden Felsenkap mit Kathedrale, genuesischem Kastell und traditioneller Korbflechterei. Wichtigste Stadt im Hinterland ist *Sassari*, ansonsten kann man einige recht reizvolle Fahrten machen, z. B. zur *Terme di Casteldoria*, zum gleichnamigen Stausee und zu einigen pisanischen Landkirchen.

▸ **La Nurra:** Der äußerste Nordwesten. Flache Steppenlandschaft mit Lagunenseen, im Westen abgeschlossen durch die Barriere der Nurra-Berge. Das Fischerdorf *Stintino* ist heute Anlaufpunkt für Jachtbesitzer, außerdem gibt es dort den kleinen, aber feinen Sandstrand *Spiaggia di Pelosa* und das wilde *Capo del Falcone*. Einige schöne Felsbuchten und Strände liegen im Südwesten Richtung Alghero, z. B. *Argentiera* mit verlassener Bergwerkssiedlung und *Porto Ferro* mit Sandstrand und Wildzeltmöglichkeiten. Dort findet sich auch der einzige natürliche Süßwassersee der Insel, der *Lago Baratz*.

▸ **Logudoro & Meilogu:** Südlich von Sassari, das zentrale Herzland des Nordwestens, wo sich die wichtigsten Straßen und Bahnlinien kreuzen. Die ausgedehnte Ebene mit ihren hügligen Randlandschaften lohnt den Besuch, weil hier einige der schönsten romanischen Kirchen der Insel gebaut wurden, u. a. die berühmte *Santissima Trinità di Saccargia*. Außerdem steht in dieser zentralen Verkehrsregion auch *Santu Antine*, die zweitgrößte Nuraghenburg der Insel. *Ozieri* ist ein malerischer alter Ort in extrem steiler Hanglage.

▸ **Alghero & Bosa:** Der nördliche Teil der Westküste. Sowohl Inland wie die Küstenstrecke zwischen beiden Städten wirken wild und ursprünglich. Den krassen Gegensatz dazu bietet *Alghero*, eine spanische Enklave mit hervorragend erhaltener Maueranlage und schönem Stadtkern. Tourismus herrscht hier schon seit dem letzten Jahrhundert, die italienische Königsfamilie war ein häufiger Gast. *Bosa* ist kleiner, intimer und stimmungsvoller, besitzt ein prächtiges Kastell und einen guten Sandstrand. Nördlich von Alghero liegt die *Grotta di Nettuno*, eine der größten Tropfsteinhöhlen der Insel.

20   Sardinien allgemein

▸ **Planargia**: Kleine Hochebene südlich von Bosa, begrenzt von den Hängen des *Monte Ferru*, eines ehemaligen Vulkans. In den Ortschaften viel traditionelle Flechtarbeiten. Beliebteste Badeorte sind *Santa Caterina di Pittinuri* und *S'Archittu*, am Nordrand der Sinis-Halbinsel. Im Hinterland ist *San Leonardo di Siete Fuentes* mit üppig sprudelnden Mineralquellen ein beliebtes Ziel.

▸ **Arborea**: Im mittleren Westen Sardiniens erstreckt sich das Schwemmland des Tirso mit der weit ins Meer vorspringenden Sinis-Halbinsel. In großen Teilen steppenartig öde, aber auch eine Region reicher landwirtschaftlicher Tradition, viel Weinanbau (Vernaccia). In den ausgedehnten Lagunenseen gibt es wertvollen Fischbestand und eine üppige Vogelwelt, u. a. nisten hier Tausende von Flamingos. Städtisches Zentrum ist *Oristano*, die jüngste Provinzhauptstadt Sardiniens. Am Nordrand der Sinis liegt der Sandstrand *Is Arenas* (mehrere Campingplätze), an der Westseite gibt es weitere weiße Sandstrände. Wichtigstes archäologisches Ziel ist die alte Punierstadt *Tharros*. Die Arborea ist auch ein Zentrum des sardischen *Agriturismo* – Urlaub auf dem Bauernhof.

▸ **Campidano**: Die größte Ebene Sardiniens, ein breiter Gürtel von Oristano bis Cagliari, ist touristisch weniger bedeutsam. Seit dem Bau der Stauanlagen des Flumendosa wird sie intensiv landwirtschaftlich genutzt, vor allem Artischocken werden angebaut. Interessant ist jedoch ein Besuch in den Dörfern rund um den *Monte Arci* und in *San Sperate*, wo die Murales-Bewegung ihren Ausgang nahm und die Kooperative des Bildhauers Pinuccio Sciola arbeitet.

▸ **Iglesiente**: uralte Bergbaulandschaft im Südwesten. Touristisch wenig entwickelt, aber einige lohnende Ziele für Individualreisende. Die *Costa Verde* bei Marina di Arbus besitzt die schönsten Dünenstrände der Insel. Ebenfalls reizvoll ist der Strand beim ehemaligen Bergwerksort *Buggeru*. Im Hinterland verlassene Bergwerkssiedlungen und Stollenanlagen sowie einige unterirdische Höhlensysteme, die interessant für Speläologen sind.

▸ **Sulcis**: der äußerste Südwesten Sardiniens. Ebenfalls reiche Bergbautradition, vor allem Kohle. Die Stadt Carbonia wurde in den dreißiger Jahren am Reißbrett entworfen. Vorgelagert sind die beiden Inseln *San Pietro* und *Sant'Antioco*, von der die erstere weitaus lohnender ist. Die Einwohner sind Nachfahren genuesischer Kolonisten, der Thunfischfang ist die wichtigste Einnahmequelle. Sant'Antioco war schon von den Puniern besiedelt, erhalten ist eine große Nekropole.

▸ **Cagliari**: Die Inselhauptstadt liegt inmitten einer ausgedehnten Lagunenlandschaft, wo Tausende von Flamingos überwintern. Westlich der Stadt eine große Raffinerie, östlich dagegen der gut 8 km lange Sandstrand von *Poetto*. Das hüglige Altstadtviertel *Castello* erstreckt sich mit langen schmalen Gassen zwischen morbiden ehemaligen Prachtfassaden. Zum Anschauen lohnen u. a. die neue *Citadella dei Musei* mit dem Archäologischen Nationalmuseum, der *Dom* und das römische *Amphitheater*. Die Küstenstraße nach Villasimius (Richtung Osten) bietet herrliche Panoramen.

▸ **Baronia**: an der Ostküste, Küstenstreifen südlich von Olbia bis zum weiten Golf von Orosei. Touristisch stark ausgebaut, viele Sandstrände und Badeorte,

Landschaften 21

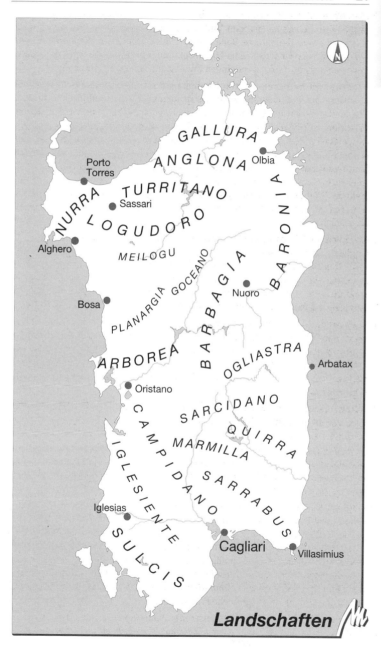

Landschaften

22   Sardinien allgemein

bei deutschen Gästen am beliebtesten ist *San Teodoro*. In *Posada* ein verfalle-
nes Bilderbuchkastell, bei *Santa Lucia* lange Pinienwälder hinter dem Strand.
Der *Golf von Orosei* besteht zum großen Teil aus wilder Steilküste, jedoch mit
wunderschönen eingelagerten Sandbuchten. *Cala Gonone* ist Ausgangspunkt
für Bootsfahrten zu diesen Stränden, viel Tourismus. Auch die zweite bekannte Tropfsteinhöhle Sardiniens, die *Grotta di Bue Marino*, findet man hier.
Südlich von Dorgali durchquert die SS 125 bis Baunei eine überwältigende
Gebirgslandschaft, eine der schönsten Strecken der Insel.

▸ **Ogliastra:** Annähernd runde Tiefebene um Tortoli und Arbatax. Ringsum
steigen die Berge steil an und bieten herrliche Panoramablicke. Lange Sandstrände bei *Santa Maria Navarrese* und südlich von *Arbatax*, z. B. bei *Torre di
Bari*. Ausgeprägter Campingtourismus. Bei Arbatax rote Porphyrklippen,
dort auch Ausgangspunkt einer urigen Schmalspurbahn tief ins Bergland und
weiter nach Cagliari. *Lanusei*, *Jerzu* und *Ulassai* sind Bergorte in traumhafter
Lage, bei letzterem liegt die Tropfsteinhöhle *Grotta di Marmuri*.

▸ **Sarrabus:** Die Südostecke der Insel. Raues Bergland mit vielen Sandstränden
und einer Lagunenlandschaft von eigenem Reiz. Die *Quirra-Berge* hauptsächlich militärisch genutzt. Die *Costa Rei* ist mit 10 km einer der längsten Sandstrände Sardiniens, große Ferienstadt, sonst viel Ruhe. Bademöglichkeiten
noch bei *Torre Salinas* und *Porto Corallo*. *Villasimius* in der äußersten Südostecke ist als Badeort vor allem bei Italienern beliebt, auch viel Wochenendver-
kehr vom nahen Cagliari.

▸ **Barbagia:** Das zentrale Bergland der Insel. Ausgangspunkt und größte Stadt
ist *Nuoro*. Die steile Felswand des *Supramonte* liegt in Sichtweite. Anlaufpunkt dort ist *Oliena* und die Kooperative darüber im Steineichenwald mit
Übernachtungsmöglichkeiten und Ristorante. *Orgosolo* ist vor allem bekannt
wegen seiner bewegten Geschichte als "Banditendorf" und wegen der herrlichen *Murales*, die fast alle Hausfassaden an der Hauptstraße schmücken. Weitere lohnende Ziele sind die Dörfer an den Hängen des *Gennargentu-Massivs*,
das mit über 1800 m die höchsten Gipfel Sardiniens hat. *Tonara*, *Desulo* (mit
schönen Trachten), *Aritzo* und *Fonni* sind die bekanntesten.

▸ **Marmilla & Sarcidano:** Südwestlich an die Landschaften der Barbagia anschließend, stellen diese beiden Regionen die Verbindung zum Campidano her.
Vor allem interessant die flache Marmilla, ein traditionelles Kornbaugebiet
mit busenförmigen Vulkankegeln und eigenartig abgeflachten Plateaubergen,
den Giare. Auf der *Giara di Gesturi* weidet eine spezielle sardische Pferdoras-
se. Bei *Barumini* die größte archäologische Sehenswürdigkeit der Insel, die
Nuraghenburg *Su Nuraxi* samt umgebendem Dorf. Bei *Goni* die größte Ansammlung von Menhiren auf Sardinien.

Rund um die Insel – Strände "vom Feinsten"

Strände

Ohne Zweifel gehören sie zu den schönsten im Mittelmeer. Entlang der gesamten Küste findet man Dutzende kilometerlanger Sandstreifen im Wechsel mit ruhigen Felsbuchten, in denen sich Granit und Porphyr zu den wildesten Formen verschlingen. Da es nur wenig Industrie gibt, ist auch das Wasser relativ sauber, vor allem im weitgehend wenig erschlossenen Westen. Allerdings leiden gerade die Strände im Norden und Westen oft unter Anschwemmungen aller Art, Algen und Teerablagerungen.

Generell gilt, dass die Strände außer unmittelbar bei bekannten Badeorten noch kaum überlaufen sind. Dazu gibt es nämlich schlicht zu viele. Ein kleiner Fußmarsch genügt meist, und man kann die Ruhe und Einsamkeit genießen. Wichtig zu wissen: Alle Strände sind öffentlich, es gibt keine Privatstrände – jedoch oft private Grundstücke dahinter, die den Zugang erschweren.

▶ **Nordküste:** Im rauen Nordosten präsentiert sich die Küste vielfältig. Nicht von ungefähr haben sich die Ferienvillen der *Costa Smeralda* in dieser sonnendurchglühten Stein- und Macchialandschaft etabliert. Viele der schönen Badebuchten sind aber nur per Boot zu erreichen. Ansonsten bietet die Nordküste zwischen *Palau* und *Porto Torres* lange Sandstrände der feinsten Sorte. Camping- und Surftourismus werden groß geschrieben.

▶ **Ostküste:** Im nördlichen und südlichen Teil dominieren lange Sandstrände, z. B. bei San Teodoro der 3 km lange, fast weiße Sandstrand *La Cinta* und der

24   Sardinien allgemein

10-km-Strand an der *Costa Rei* im Südosten. Der mittlere Bereich der Ostküste um den *Golf von Orosei* besteht dagegen aus steil abfallenden Felshängen, in deren Nischen einige wunderschöne Sandbuchten eingelagert sind, darunter die berühmte *Cala Luna*. Diese Strände kann man mit Badebooten erreichen, z. T. auch zu Fuß.

▶ **Westküste:** Unbestritten Höhepunkte sind hier die langen Sandstände um die *Sinis-Halbinsel* und die phantastische Dünenlandschaft der *Costa Verde* bei Marina di Arbus. Letztere Region ist touristisch bisher kaum erschlossen.

▶ **Südküste:** Die *Costa del Sud* im äußersten Südwesten Sardiniens besitzt herrliche Dünenstände mit wenig Bebauung. Direkt bei Cagliari liegt der 8 km lange Sandstrand von *Poetto*. Weitere schöne, wenn auch in der Saison sehr überlaufene Strände gibt es bei *Villasimius* im Südosten.

Schwarz auf Weiß: Laut einem Testbericht der italienischen Umweltorganisation "Legambiente" von 1999 verfügt Sardinien landesweit über die attraktivsten Strände! Bewertet wurden insgesamt rund 700 Ferienorte nach den Kriterien Landschaft, sauberes Wasser, reiche Schnorchelgründe und gute Badeeinrichtungen. Die Hitliste der Strände führt zwar Marciana auf Elba an, danach folgen aber mit Alghero, La Maddalena, Tortoli und Bosa vier sardische Badeorte bzw. -strände.

Geologie

"Granit ist mir das liebste. Er ist so lebendig unter dem Fuß,
er sprüht in seiner Tiefe. Ich liebe seine Rundungen,
und ich hasse die ausgezackte Dürre des Kalksteins,
der in der Sonne brennt und verwittert."
(D.H. Lawrence, Das Meer und Sardinien)

Jahrmillionen lassen grüßen. Sardinien ist älter als Italien und hat mit der Apenninenhalbinsel wenig gemeinsam. Die erdgeschichtlich relativ jungen Gebirgsfaltungen des Tertiär, die vor 60 Millionen Jahren die Alpen und den Apennin hervorbrachten, haben sich auf Sardinien nicht ausgewirkt. Dort blieben die über 300 Millionen Jahren alte Gesteine des frühen Erdaltertums (Paläozoikum) bestimmend, die unter extremen Hebungen und Faltungen eine raue, zerklüftete Steininsel entstehen ließen – Urgestein im Mittelmeer.

Granit, Kalk und Vulkangestein machen den Großteil der Böden aus. Es gibt nur wenige wirkliche Ebenen, aber auch keine Hochgebirgsketten wie im benachbarten Korsika, mit dem Sardinien einst eine Einheit bildete. Sardinien besteht fast völlig aus Hügeln und Bergen. Mit tiefen Spalten, Grotten und wild verwitterten Felszinnen haben sich markante Erosionslandschaften entwickelt, die je nach vorherrschendem Gestein und erdgeschichtlicher Entwicklung ein höchst unterschiedliches Erscheinungsbild zeigen.

▶ **Nordosten:** besteht fast völlig aus Granit. Eine unglaublich formenreiche Klippenlandschaft aus übereinander getürmten Steinmassen, bizarr verwitterten Zackengraten und erstaunlich weich gerundeten Felsblöcken, die sich

Geologie 25

Granit ist mir das Liebste ...

im vorgelagerten *La-Maddalena-Archipel* fortsetzt. Vor allem die verschieden ausgeprägte Widerstandsfähigkeit des Granits hat im jahrtausendelangen Kampf mit Wind, Wetter und Meer die abenteuerlichsten Höhlungen und phantastische Modellierungen entstehen lassen. Der Anbau von Nutzpflanzen war hier seit jeher fast unmöglich, nur Korkeichen und karge Weide bedecken die archaisch wirkende Urlandschaft der Gallura.

▶ **Westen** (z. T. auch Norden und Osten): Vulkanische Gesteine prägen zum großen Teil das Bild – rotbrauner Trachyt, leuchtend roter Porphyr, Basalt und Lava bilden seit vorgeschichtlichen Zeiten erloschene Vulkankegel und Hochflächen. Der größte und eindrucksvollste ist der *Monte Ferru* (nördlich der Sinis-Halbinsel). Von vielen kleinen Kegelvulkanen ist vor allem das Meilogu (südlich von Sassari) geprägt, während in der Marmilla abgeplattete Basaltplateaus mit beinahe senkrechten Abbruchrändern vorherrschen, die sog. *Giare*. Der Vulkanberg *Monte Arci* südlich von Oristano ist als uralte Fundgrube für Obsidian bekannt. In der Jungsteinzeit stellte man aus diesem glasartigen, schwarzen Gestein erste Werkzeuge her.

Vor allem Trachyt und Porphyr zeigen ähnlich eindrucksvolle Verwitterungsformen wie Granit. Beste Beispiele: die bröselige Porphyrlandschaft um *Isola Rossa* und die *Costa Paradiso* (Nordküste), der berühmte Trachytelefant von *Castelsardo*, vor allem aber die gigantischen Porphyrklippen am Kap von *Arbatax* (Ostküste).

▶ **Osten:** Hohe Schiefer- und Dolomitkalkmassive überdecken den Granitgrund, entstanden im Erdmittelalter (Mesozoikum) durch Ablagerungen während langdauernder Meeresüberflutungen. Die höchsten Berge Sardiniens haben sich hier aufgetürmt – die sanft gerundeten Schieferkuppen der *Monti del*

Sardinien allgemein

Freizeitkletterer in den Granitfelsen des Capo Testa

Gennargentu, die steile Kalkwand des *Supramonte*, der beinahe weiße *Monte Albo*, die bizarr abgesägten Steilhänge und Felstürme der *Ogliastra*.
Der Kalk ist ein typisches Karstgestein mit flachen, seitlich senkrecht abfallenden Tafelbergen, den sog. *tacchi*, und schroff verwitterten Felstürmen, die *tonneri* genannt werden. Letztere Bezeichnung geht auf das vielleicht eindrucksvollste Beispiel dieser Verwitterungsform zurück, die fast senkrecht ansteigende Nordflanke des *Monte Tonneri* bei Seui (Südflanke der Monti del Gennargentu). Vor allem aber besteht der sardische Kalk aus gigantischen Schluchten, Spalten und Höhlen – bis zu 300 m reichen die oft nur wenige Meter schmalen Schlünde in die Tiefe. Die heftigen Regenfälle im Winter verschwinden oft spurlos in der unergründlichen Schwärze und treten viele Kilometer entfernt vielleicht als Quelle wieder zutage. Ein markantes Beispiel ist die *Voragine di Baunei* auf dem Hochplateau über Baunei (270 m tief); schon einige Menschen sind hier hinabgestürzt.

- **Südosten**: Hier tritt der harte Granit wieder voll in Erscheinung. Vor allem um Villasimius inkl. vorgelagerter Inseln (Isola Serpentara) türmen sich seine wilden Erosionsformen.

- **Südwesten**: Wegen ihrer reichen Mineralerz- und Braunkohlevorkommen waren die Landschaften des Iglesiente und Sulcis schon den Phöniziern ein Begriff. Sie und die folgenden Eroberer bauten vor allem Blei, Zink und Silber ab. Mussolini ließ die Reißbrettstadt Carbonia errichten, um sich mit dem Kohleabbau im Sulcis vom Ausland unabhängig machen zu können. Doch die unrealistischen Pläne des Duce und seiner Schwarzhemden scheiterten an der geringen Brennkraft der sardischen Kohle. Bergwerksruinen sind heute die unübersehbaren Zeichen dieser Fehlplanung.

Höhlen auf Sardinien

Der karstige Kalk Sardiniens birgt mehrere hundert Grotten, die sich oft tief verzweigen und erst z. T. erforscht sind. Touristisch erschlossen sind nur einige von ihnen. Vor allem gewaltige Tropfsteingebilde machen ihren Reiz aus, z. B. in der *Grotta di Ispinigoli* bei Dorgali der vielleicht größte bekannte Stalagmit der Welt. Die *Grotta del Bue Marino* in der Steilküste bei Cala Gonone wurde in Jahrmillionen durch unterirdische Wasserläufe ausgehöhlt und wird schon seit dem letzten Jahrhundert von Reisenden besucht. Ebenfalls seit langem bekannt ist die phantastische *Grotta di Nettuno* am Capo Caccia bei Alghero. Noch nicht so lange für den Publikumsverkehr geöffnet sind dagegen die *Grotta su Marmuri* bei Ulassai, die *Grotta su Mannau* bei Fluminimaggiore, die *Grotta Is Zuddas* bei Santadi und die *Grotta de is Janas* bei Sadali. Zahlreiche Funde beweisen, dass die Höhlen schon von den vorgeschichtlichen Bewohnern der Insel genutzt wurden.

Klima/Reisezeiten

Trotz ausgeprägt mediterranem Klima ist die sardische Saison kurz. Nur von Mitte Mai bis Ende September herrscht Badetourismus. Während der April noch kühl und regenreich ist, bringt bereits der frühe Oktober empfindliche Temperatureinbrüche. In den Bergen ist es insgesamt gesehen kühler und feuchter als an der Küste.

Als Reisezeit am schönsten ist der kurze Frühling im **Mai**, wenn die ganze Insel blüht. Die Luft ist mild, es gibt nur noch wenig Regen, das Meer ist aber noch sehr kühl (Mitte Mai öffnen die meisten Campingplätze, Hotels z. T. schon im April). Im **Juni** wird es schon recht warm, was sich bis zum Monatsende stetig steigert. **Juli** und **August** sind fast regenlos und bringen hohe Hitzegrade auf der ganzen Insel (bis 40 Grad im Schatten), im Süden durch den afrikanischen *Scirocco* besonders extrem. Gelb vertrocknete Schafsweiden und ausgedörrte Macchiahügel prägen das Bild, Flächenbrände vernichten ganze Quadratkilometer wertvoller Pflanzensubstanz. Viele Sarden flüchten jetzt aus der Bruthitze der Küsten in die Bergorte mit ihren kühlen Kastanien- und Eichenwäldern. In diese Zeit fällt die absolute Tourismusspitze, vor allem im August sind die Unterkünfte samt Campingplätzen überfüllt. Wer jetzt vom Festland übersetzen will, sollte sich frühzeitig um Schiffstickets kümmern (→ Anreise). Ab Anfang **September** muss man mit Regenfällen rechnen, im Inland häufiger als an der Küste. Die zweite Septemberhälfte bringt schon ein spürbares Abflauen der Temperaturen, vor allem die Abende können klamm werden (Ende September schließen bereits fast alle Campingplätze, die Hotels im Lauf des Oktober). Der **Oktober** ist merklich kühler, das Meer aber noch badewarm.

Sardinien allgemein

Temperaturdaten für Cagliari

Monat	Mittleres tägliches Maximum	Mittleres tägliches Minimum	Mittlere Zahl der Regentage	Mittlere Dauer des Sonnenscheins	Mittlere Wassertemperatur
Jan.	14,0 °C	6,7 °C	7	4,5 Std.	14 °C
Feb.	14,7 °C	7,0 °C	7	4,9 Std.	13 °C
März	17,1 °C	8,5 °C	6	6,3 Std.	14 °C
April	19,8 °C	10,4 °C	5	7,3 Std.	15 °C
Mai	23,4 °C	13,5 °C	5	9,0 Std.	17 °C
Juni	28,3 °C	17,5 °C	2	9,5 Std.	20 °C
Juli	31,1 °C	19,9 °C	1	10,8 Std.	23 °C
Aug.	30,7 °C	20,4 °C	1	10,2 Std.	24 °C
Sept.	28,0 °C	18,6 °C	3	8,3 Std.	23 °C
Okt.	23,6 °C	15,2 °C	6	6,4 Std.	21 °C
Nov.	19,4 °C	11,6 °C	7	4,7 Std.	18 °C
Dez.	15,4 °C	8,1 °C	8	3,8 Std.	16 °C

Die sardischen **Winter** sind kalt, regen- und schneereich, vor allem in den höheren Lagen – im harten Winter 2001/02 fiel dort bis zu einem Meter Schnee. Doch auch an der Küste bleibt der Schnee manchmal liegen, allerdings so selten, dass man noch im nächsten Sommer den Urlaubern stolz davon berichtet. Die meisten Badeorte sind in den kalten Monaten verwaist, sehr wenige Familien leben ständig in den Küstendörfern. Speziell an der Südküste kann es im Winter jedoch auch angenehm warme Tage geben, die sog. *secci di Gennaio* (wörtlich: die "Trockenen des Januar", meist "Kleiner Sommer" genannt) im Januar. Generell sind die Temperaturen im Norden etwas niedriger als im Süden, auch Regen ist häufiger.

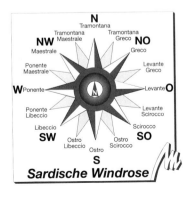

Sardische Windrose

Woher die Winde wehen

Sardinien wird selten verschont. Aus jeder Richtung gibt es spezielle, z. T. heftige Winde, die das Inselklima prägen. Nicht von ungefähr gilt Sardinien als die beliebteste Surfinsel im Mittelmeer.

Während im Winter oft heftige Stürme toben, nimmt ihre Stärke zum Sommer hin kontinuierlich ab. Im gesamten Jahresvergleich sind *Juni* und *August* am ruhigsten.

Pflanzenwelt

Vom Wind gekrümmte Pinien auf La Maddalena

Maestrale: aus Nordwest. Der markanteste Inselwind, der als verlängerter Arm des Mistral übers Meer von Südfrankreich kommt. Im Extremfall orkanartige Böen, die jedes nachlässig vertäute Zelt aus der Verankerung reißen. Die steil nach Südost gedrückten Bäume an der Nord- und Westküste sind sein Werk. Mehr als drei Tage hintereinander bläst er selten. Als Surfanfänger sollte man dann sehr vorsichtig sein.
Scirocco: der lähmende Gluthauch der Sahara aus Südost. Feuchtwarm und drückend prägt er im Sommer vor allem die Inselhauptstadt und den Südwesten. Im Campidano verstaubt er die hohen Dattelpalmen, den Menschen bringt er Kopfschmerzen.
Ponente: kräftiger Wind aus Westen, jagt die Wolken weg und sorgt immer für klare Sicht.
Levante/Greco/Tramontana: aus Ost bis Nordost, z. T. recht scharfe Winde, die die Ostküste anblasen und von den dortigen Surfern bevorzugt werden.
Libeccio: aus Südwest.

Pflanzenwelt

Trotz jahrhundertelangem Raubbau und hemmungsloser Entwaldung hat sich die Insel eine gewisse Artenvielfalt bewahrt. Vor allem die merklichen Klimaunterschiede zwischen Ebenen, Hochebenen und Bergland und die unterschiedliche geologische Beschaffenheit der Böden haben die Entstehung verschiedenartiger Vegetationsformen begünstigt. Im Hochsommer allerdings, wenn alles verdorrt, erhascht man oft nur eine blasse Ahnung davon. Dagegen überziehen im April und Mai wahre Blumenmeere die Täler und Hügel.

Pinien, Feigenkakteen, Kork- und Steineichen, Kastanien und Eukalyptus, Oliven, Oleander, Agaven, Dattel- und Zwergpalmen, Zypressen, Macchia, Garigue, Wein und Obst ... Schon allein diese (unvollständige) Aufzählung einiger häufiger Pflanzen zeigt die Vielfalt sardischer Vegetation. Doch die ehemals

30 Sardinien allgemein

üppigen Wälder verstecken sich heute nur noch vereinzelt in den Bergen, seit sie vom aufstrebenden Unternehmertum des 19. Jh. systematisch abgeholzt wurden. Die Folge war eine verheerende Bodenerosion, die fruchtbaren Böden wurden wegen des fehlenden Baumschutzes abgetragen, nur in den Windschatten der Hügel blieben fruchtbare Enklaven erhalten. Das Ergebnis der ständigen Rodungen sind *Garigue* und *Macchia*. Einst waren sie gewissermaßen das Unterholz der immergrünen Eichenwälder, die weite Teile der Insel bedeckten. Heute stellen sie wegen der sehr schwierigen Wiederaufforstung die vorerst letzte Stufe der Vegetationsentwicklung dar. Die schönsten Waldbestände findet man in den unteren Lagen der Monti del Gennargentu, z. B. bei Tonara und Aritzo kräftige *Kastanien-* und *Nussbäume*. *Steineichenwälder* wachsen an den Hängen des Monte Ferru (Westküste) und im Supramonte (Barbagia), riesige *Korkeichenvorkommen* – leicht zu erkennen an der rostroten Farbe der frisch geschälten Stämme – gibt es in der Gallura um Tempio Pausania und nördlich von Iglesias (Iglesiente).

Seitdem man die Bedeutung von intakten Wäldern für Klima und Vegetation kennt, wird der Aufforstung viel Aufmerksamkeit gewidmet. Die Forstbeamten verwenden dafür vor allem die genügsamen und schnell wachsenden *Pinien*. Speziell das Hinterland diverser Strände wird damit bepflanzt, um den ständigen Wind abzuhalten. Häufig sieht man auch *Eukalyptusbäume*, die gerne gesetzt werden, weil sie schnell wachsen und dem Boden viel Feuchtigkeit entziehen (Entsumpfung) – in mancher Hinsicht ist dies jedoch ein fragwürdiges Unterfangen (→ unten). Viel Anstrengung wurde auch dem Anpflanzen von Nutzpflanzen gewidmet, sichtbare Ergebnisse sind die geometrisch exakt angelegten Felder der Arborea und die Campidano-Ebene (→ Wirtschaft).

▸ **Korkeichen**: Sardinien hat die größten Vorkommen Italiens. Der Export der verarbeiteten und unverarbeiteten Rinde ist wichtigstes Standbein der Inselwirtschaft. Am häufigsten sind die lockeren Korkeichenhaine in der Gallura, Zentren der Korkindustrie sind *Tempio Pausania* und *Calangianus*. In letzterem Ort hat die einzige Fachschule für Korkverwertung ihren Sitz.

Nur alle acht bis zehn Jahre können die knorrigen, wetterschwarzen Bäume geschält werden – das satte Rostrot frisch entrindeter Bäume leuchtet weithin zwischen den Stämmen. Nach acht bis neun Schälungen ist der Baum allerdings verbraucht (→ Innere Gallura).

▸ **Steineichen**: vor allem im Hochland, niedrig-verkrümmte Bäume mit dichtem Blätterdach, die oft ganze Wälder bilden, in denen eine leicht modrige Kühle herrscht. Sehr alte Exemplare sind nicht selten. Ihre Früchte sind wichtiger Bestandteil der allherbstlichen Mast der halbwilden Schweine, die in den Wäldern leben und nur zur Schlachtung eingefangen werden. In der Regel stehen diese letzten schönen Waldstücke des sardischen Berglands unter Naturschutz.

▸ **Esskastanien & Nussbäume**: Auch sie bilden an den Hängen des Gennargentu noch richtiggehende Wälder. Ihre Früchte reifen im Oktober, dann findet in Aritzo die *Sagra delle castagne* statt (→ Feste/Veranstaltungen).

▸ **Olivenbäume**: Die größten Haine dieser Nutzbäume gibt es um *Alghero*, wo schon in spanischer Zeit das Pflanzen von Ölbäumen zur Bürgerpflicht gemacht wurde. Ein Weiteres tat im 19. Jh. *Vittorio Emanuele II* per königlichem

Pflanzenwelt 31

Prächtige Dattelpalmen schmücken viele Dörfer

Dekret. Danach wurde jedem, der eine gewisse Anzahl Olivenbäume auf seinem Grundstück vorweisen konnte, ein Adelstitel zuerkannt.

▶ **Pinien**: Sie werden vor allem an Stränden angepflanzt, um dem Sand Halt gegen die ständigen Winde zu geben. Der genügsame Baum wächst schnell und braucht wenig Feuchtigkeit. Angenehmer Nebeneffekt der ausgedehnten Pinienhaine an sardischen Stränden: Schatten.

▶ **Eukalyptus**: mächtige, hochgewachsene Stämme mit aromatisch duftendem Blattwerk, von denen die Rinde in Fetzen abblättert. Vorsicht ist bei Wind geboten, das Holz ist äußerst instabil, und die Äste brechen leicht. Ursprünglich waren diese Bäume nur in Australien und Neukaledonien (Inselgruppe östlich von Australien) heimisch, über hundert Arten gibt es dort. Auf Sardinien wurden sie wegen ihrer starken Wasseraufnahme in großen Mengen angepflanzt, um Feuchtgebiete und Sümpfe trockenzulegen – Brutstätten der Malaria-Mücke, die erst in den fünfziger Jahren endgültig ausgerottet werden konnte. Das Holz des schnellwüchsigen Eukalyptusbaums wird außerdem zur Zellulosegewinnung genutzt. Allerdings gibt es auch schwere Nachteile: So können Eukalyptusplantagen den Grundwasserspiegel so stark absinken lassen, dass keine anderen Pflanzen mehr gedeihen können. Zudem zerstören die in Rinde und Laub enthaltenen ätherischen Öle – in der Medizin wegen ihrer desinfizierenden Wirkung geschätzt – Pilze und Mikroorganismen. Folge: Wenn der Boden längerfristig mit Blattwerk und Rinde bedeckt ist, wächst dort nichts mehr.

▶ **Zypressen**: eigentlich nicht heimisch auf Sardinien, wurden ebenfalls eingeführt und dienen in erster Linie als Windschutz für Felder.

32   Sardinien allgemein

▸ **Dattelpalmen:** hauptsächlich im Süden, keine originären Bäume der Insel, sondern von den Arabern mitgebracht. Stehen oft als Blickfang auf den Piazze von Sardinien, z. B. in Cagliari auf der Piazza del Carmine.

▸ **Zwergpalmen:** Im Gegensatz zur Dattelpalme stammen sie aus dem Mittelmeerraum. Oft sind sie beinahe stammlos und haben große, stachelähnliche Blätter, die nach alter Tradition auf Sardinien getrocknet und zum Flechten von Körben verwendet werden.

▸ **Oleander:** Ihn trifft man auf ganz Sardinien, meist in Form von Randbepflanzung von Straßen und Wegen. Er ist an seinen weißen oder rosa bis rosaroten Blüten leicht zu erkennen. Wie man anhand von Wandgemälden feststellen konnte, war der Oleander schon im 2. Jt. v. Chr. eine wichtige Kulturpflanze. Blüte ab Mai.

▸ **Feigenkakteen:** auf Sardinien sehr häufig. Ganze Hänge sind mit diesen wild wuchernden Kakteen bedeckt, gern werden sie auch zur Feld- oder Wegbegrenzung verwendet. Die ei- bis faustgroßen Früchte reifen im Frühherbst – ihre kräftig gelbrote Farbe ist an den stachligen Kakteenarmen nicht zu übersehen. Ihr Fleisch ist wohlschmeckend, aber Vorsicht! Zahllose hauchdünne, aber hartnäckige Stacheln bedecken ihre Haut, die vor dem Genuss abgeschält werden muss. Nicht mit bloßen Händen anfassen! Die auf Märkten und in Obstläden angebotenen Früchte sind in der Regel aber entstachelt.

▸ **Agaven:** Diese faszinierenden Pflanzen mit ihren oft meterhohen Blütenständen und dem niedrigen Kranz dicker, fleischiger Blätter brachten die Spanier aus Mexiko mit. Auch sie dienen wie die Feigenkakteen meist zum Einfrieden von Feldern.

▸ **Macchia & Garigue:** Sammelbegriff für dichte, oft undurchdringliche Strauch- und Hartlaubgewächse, die überall dort die Felsen überwuchern, wo sonst nichts mehr wächst. Als Macchia bezeichnet man den immergrünen dornigen Buschwald von 2–4 m Höhe, der wahrscheinlich aus dem Unterholz ehemaliger Waldgebiete entstanden ist. *Zistrosen, Stechginster, Mastix, Lorbeer-* und *Erdbeerbäume, Wacholder, Stechwinden* und viele weitere Arten bilden den im Frühsommer leuchtend grünen Kontrast zur grauen Felsöde.
Unter dem Begriff der Garigue werden die niedrigen Pflanzen bis 1 m Höhe zusammengefasst. Dazu gehören die buschartige *Kermeseiche,* die aromatischen Kräuter *Thymian, Rosmarin, Salbei* und *Lavendel,* aber auch die kugeligen *Wolfsmilchbüsche,* diverse *Knollen-* und *Orchideengewächse* sowie der in dichten Polstern aus kleinen Blüten wachsende *Bubikopf,* der bei uns als robuste Zimmerpflanze beliebt ist.
Im Frühling sind Macchia und Garigue ein duftendes Blütenmeer, im Sommer werden sie zusehends farbloser, jedoch setzt dann die glühende Sonne die würzigen ätherischen Öle frei.

Tierwelt 33

Halbwilde Hausschweine auf Nahrungssuche

Tierwelt

Die Tierwelt Sardiniens ist stark dezimiert. Kraftwerke und Industrie, Trockenlegung von Sümpfen und Lagunen, dazu der ständige Ausbau der Küsten – viele Wunden wurden gerissen, und manche Art ist ausgestorben. Das sagenhafte Mufflon-Schaf lebt in kleinen Rudeln nur noch in den Hochlagen von Gennargentu, Supramonte und Limbara, die sardischen Hirsche ("cervo sardo") – eine nur auf Sardinien existierende Spezies – wurden erst jüngst vom World Wide Fund of Nature wieder im Iglesiente angesiedelt, die ehemals heimischen Mönchsrobben ("bue marino") sind dagegen wohl für immer verschwunden. Die "cacciatori", die eifrigen sardischen Jäger, tun ein Übriges.

Die ehemals reiche Vogelwelt hat vor allem durch die Trockenlegung vieler Küstengewässer und die Regulierung der Flussläufe erheblich gelitten. Rückzugsgebiete sind die Lagunen bei Cagliari und die ausgedehnten Küstenseen ("Stagni") der Sinis-Halbinsel bei Oristano, die z. T. als Naturreservate ausgewiesen wurden. Speziell in den Gewässern von Santa Giusta und der Sinis-Halbinsel (beides um Oristano) sind noch zahlreiche Arten heimisch wie *Kormorane, Reiherenten, Bekassinen, Kicbitzregenpfeifer* und viele mehr. Vor allem aber *Flamingos* verbringen hier zu Tausenden den Großteil des Jahres.

Adler und *Geier* kreisen in ständig verminderter Zahl über dem Supramonte und Gennargentu (der Naturpark Montarbu bei Seui ist eins ihrer wenigen Schutzgebiete), der *Eleonorenfalke* nistet in geschützten Gebieten auf der Insel San Pietro im Südwesten. Häufig leben dagegen im Bergland noch *Füchse*,

34   Sardinien allgemein

Wildkatzen, Wiesel und *Wildschweine* (cinghiale). Vor allem letztere sind im beginnenden Herbst bevorzugte Ziele sardischer Jagdleidenschaft. Aber auch Wachteln, Rebhühner, Fasane und die immer selteneren Hasen landen auf der Speisekarte. Der Beginn der Jagdsaison ist auch für Nicht-Fachleute unmittelbar zu erkennen – ab etwa Mitte September sieht man an den Straßen überall martialisch bewaffnete Sarden mit schweren Patronengurten, schon frühmorgens dröhnen ihre Schüsse durch die Berge.

Von den wenigen Süßwasserfischen ist eigentlich nur die Forelle *(trota)* von Bedeutung, in den Lagunenseen von Oristano laichen Meeräschen *(muggine)* und Aale *(anguille)*. Im Meer gibt es Krustentiere, vor allem Langusten *(aragosta)*, in großer Zahl um den La-Maddalena-Archipel. Auch der Thunfischfang *(tonno)* hat reiche Tradition an mehreren Orten der Westküste. Im Jahr 2001 ging die Jagd der Küstenwache auf einen *Blauhai* vor der Südküste durch die Presse, der Badegäste in Angst und Schrecken versetzt hatte. Verschiedene Arten von *Schildkröten* leben ebenfalls auf und um Sardinien, die bekannten Meeresschildkröten der Gattung "Caretta caretta" legen ihre Eier an den einsamen Stränden der Westküste ab. Ebenso wie die zahlreichen ungiftigen *Schlangen* (Nattern) werden Schildkröten vom warmen Asphalt der Straßen magisch angezogen und leider häufig überrollt – vorsichtig fahren!

Ganz spezielle Tierarten haben sich schließlich in einigen besonders isolierten Regionen Sardiniens halten können: Auf der *Isola Asinara* im Nordwesten leben grauweiße Esel, auf der *Giara di Gesturi* Rudel von kleinen rotbraunen Pferden – die letzte wildlebende Art in Europa. Die *Isola Tavolara* beherbergt eine eigentümliche Ziegenart mit goldgelbem Gebiss, die unter Artenschutz steht.

▶ **Mufflons:** Die berühmten sardischen Wildschafe mit ihren nach unten gebogenen Hörnern leben auf freier Wildbahn nur noch in einigen wenigen Rückzugsgebieten von Gennargentu, Supramonte und Limbara. Heimisch gemacht wurden sie außerdem auf der Isola Asinara im äußersten Nordwesten, die aber nicht betreten werden darf. Die Jagd auf sie ist streng verboten.

▶ **Cervo Sardo:** Der vom Aussterben bedrohte "Sardische Hirsch" lebt neuerdings wieder in mehreren Schutzgebieten, vor allem im Naturpark *Monte Arcosu* nicht weit von Cagliari. Dort soll er sich weiter ungestört vermehren können, weswegen der Besuch des Parks während der Paarungszeit im August und September verboten ist.

▶ **Mönchsrobben:** Die mächtigen *Bue Marinos* (Monachus monachus) mit ihrem tonsurartigen Kopfschmuck sind die einzige Robbenart im Mittelmeer und vom Aussterben bedroht. Früher bekamen sie ihre Jungen in den weit verzweigten Höhlen der Steilküste im Golf von Orosei (Ostküste). Seit sich der Tourismus breit gemacht hat und ständig Boote in die Höhlen hineinfahren, sind sie jedoch verschwunden. Nach Schätzungen einer Expertenkommission gibt es nur noch in Griechenland und Mauretanien jeweils einige hundert Tiere. Die Robben leben ständig im Meer, ihre Jungen bekommen und säugen sie allerdings an Land (Juli bis September) – dafür brauchen sie aber eine völlig ungestörte Felshöhle. Durch die immer häufiger unternommenen Ausflugsbootsfahrten an abgelegene Küstenabschnitte und Buchten haben die

Robben keine Chance mehr. Dazu kommt, dass sie immer noch von Fischern und Jägern erschossen werden. Im Mittelmeer könnte die Population lediglich um die Insel Gavdos südlich von Kreta (südlichster Punkt Europas) und im geschützten Nationalpark der griechischen Insel Alonissos (Mittelgriechenland) zu retten sein.

▶ **Flamingos:** Bei ihrem Flug von den Nistplätzen in Südfrankreich zu den Überwinterungsplätzen in Afrika machen die wunderschönen rosafarbenen Vögel traditionell Zwischenstation in den großen Lagunen von Oristano und Cagliari. Viele tausend von ihnen überwintern auch hier, und seit einigen Jahren nisten sie sogar in den Lagunen. Die teilweise riesigen Rudel sind als rosafarbener Flaum auch ohne Feldstecher bestens zu erkennen. Sie ernähren sich von Kleinstlebewesen, die in den niedrigen Brackwassertümpeln leben.

Wirtschaft

Raubbau, Ausbeutung und Fehlplanungen haben die karge Inselwirtschaft geprägt. Der uralte Gegensatz zwischen Hirten und Bauern sorgte für weiteren Zündstoff. Der Versuch, Sardinien ins Industriezeitalter zu katapultieren, war von vorneherein zum Scheitern verurteilt.

Als nach dem Zweiten Weltkrieg in zunehmendem Maße klar wurde, dass die Inselwirtschaft die Bewohner nicht mehr ernähren konnte, blieb als einziger Ausweg die *Auswanderung*. Fast 400.000 Sarden verließen zwischen 1951 und 1971 die Insel, ein gutes Viertel der Gesamtbevölkerung. Damit sank auch die Produktivität. Sardinien ist heute mit 65 Einwohnern pro qkm die am dünnsten besiedelte Region Italiens (Durchschnitt: 188 Einw. pro qkm). Verstärkt wird diese unglückliche Entwicklung durch das allgegenwärtige Phänomen der *Verstädterung*. Die Flucht in die Stadt geht vor allem auf Kosten traditioneller Erwerbsquellen wie Viehzucht und besonders der Landwirtschaft. Der gezielte Ausbau der Agrarwirtschaft und die Stärkung kleiner und mittlerer Unternehmen wäre heute die einzige Möglichkeit, die chronische Arbeitslosigkeit zu überwinden.

Ein paar Zahlen

Letzte Daten sprechen von 162.000 arbeitslosen Sarden, das sind ca. 27 % der arbeitenden Bevölkerung (von der Gesamtbevölkerung Sardiniens arbeiten ca. 29 %). Ein trauriger Rekord, nicht nur in Italien, sondern wohl auch im gesamtmediterranen Vergleich.
Etwa 9,2 % der Beschäftigten gehen einer oder mehreren sekundären Tätigkeiten nach; die Anzahl der Selbständigen ist wesentlich größer als im übrigen Italien (fast ein Drittel der arbeitenden Menschen). Was auf den ersten Blick wie gesunder Unternehmergeist aussieht, entpuppt sich allerdings bei näherem Hinsehen als letzter Ausweg in einer prekären Wirtschaftslage mit zu niedrigen Einkommen und chronischer Unterbeschäftigung. Die steigende Zahl von Privatinitiativen deutet aber auch den Willen an, nicht auf Lösungen von außen zu warten, sondern eigene Wege zu gehen.

Agrarwirtschaft

Die Prognosen stimmen wenig optimistisch: Fanden 1961 noch fast 43 % aller arbeitenden Menschen Beschäftigung in dieser Branche, sind es seit den achtziger Jahren nur noch ca. 15 %!

Ein schweres Handikap für die Ausbreitung einer modernen Landwirtschaft ist die unglückliche **Verteilung der Regentage** auf Sardinien. Die durchschnittliche Regenmenge von 800 mm würde zwar ausreichen, doch fallen die Niederschläge ausschließlich von Herbst bis Frühjahr. Während die Flüsse im Winter zu reißenden Sturzbächen anschwellen, trocknen sie im Sommer nahezu aus (bezeichnenderweise ist nur ein Fluss auf ca. 4 km Länge schiffbar, nämlich der *Temo* bei Bosa/Westküste). Die extrem unterschiedliche Wasserführung der Flüsse bewirkte das Versanden und Versumpfen der Mündungen. In den Strandtümpeln war über Jahrhunderte die Malaria-Mücke heimisch und konnte erst in den fünfziger Jahren ausgerottet werden. Seit Anfang des Jahrhunderts hat man mit der Anlage von über 40 Stauseen und Wasserkraftwerken die schlimmsten Probleme in den Griff bekommen. Die Sümpfe wurden trockengelegt, der chronische Trinkwassermangel wurde beseitigt, und die Bewässerung von Anbauflächen konnte verbessert werden. Die neuen Kraftwerke sorgen zudem für Strom. Jedoch ist die Weiterleitung der Wasserreserven auf die oft weit entfernten Felder noch sehr mangelhaft ausgebaut (im Gegensatz zum Bau der Staumauern kann dabei nur wenig verdient werden), so dass die sommerliche Dürre noch immer durchschlägt. Zudem wird zuviel Wasser statt für die Landwirtschaft für zweifelhafte Industrieprojekte vergeudet, z. B. für die Kunstfaserfabrik von Ottana (→ weiter unten). Statistiker sprechen von ca. 15.000 Hektar, die inzwischen bewässert werden – 180.000 wären möglich.

Das **Abholzen der meisten Inselwälder** im letzten Jahrhundert hat sich ebenfalls verheerend ausgewirkt. Die heftigen Niederschläge im Winter reißen alles Erdreich mit sich, verschwinden schnell in den tiefen Spalten und Höhlungen des verkarsteten Kalkgesteins und laufen nicht selten an unzugänglichen Stellen der Küste als Quellen ins Meer. Die wenigen Quellen im Inselinneren, die größere Wassermengen führen, sind für die Sarden viel besuchte Attraktionen.

Der **extreme Verbiss** durch Millionen Schafe und Hunderttausende von Ziegen sorgt zusätzlich dafür, dass die Vegetation karg bleibt. Sardinien ist traditionell ein Hirtenland mit weiten, nur extensiv genutzten Ländereien. Trotz aller Behinderungen und Übergriffe seitens der wechselnden Eroberer der Insel gibt es immer noch Zehntausende von Hirten, die vom Verkauf von Milch und Käse leben. Näheres im Kap. "Von Hirten und Herden".

Ein letztes Manko für den Aufbau einer zukunftsorientierten Wirtschaft sind die **schwierigen Eigentumsverhältnisse** an Grund und Boden. Viele Kleinbauern besitzen lediglich ein bescheidenes Stück Land, das sie nur arrondieren können, indem sie von Großgrundbesitzern zusätzlich Land pachten. Da das Pachtsystem auf dem ständigen Wechsel der Pächter aufbaut, kann in der Regel kaum längerfristig geplant werden.

Wirtschaft 37

Jedoch gibt es auch Positives zu vermelden – so wurde angeblich die gesamte Insel Sardinien vom Atomunglück in Tschernobyl nicht betroffen, was in Italien eine verstärkte Nachfrage nach sardischen Erzeugnissen zur Folge hatte. Ebenso gehören die sardischen Weine nicht zu den Tropfen aus Bella Italia, die ihren guten Ruf in den diversen Glykol- und Methanolskandalen verloren haben. Ein Zitat von *Gesuino Muledda*, einem der verantwortlichen Inselpolitiker in Sachen Landwirtschaft, zeigt den eingeschlagenen Weg: "Gewiss, wir produzieren wenig, aber das Wenige ist von hoher Qualität."

▶ **Ackerbau:** Für den großflächigen Anbau nutzbar sind nur die Ebenen der Provinzen Oristano und Cagliari. Das Schwemmland des Tirso, die Campidano-Ebene und das fruchtbare Land um Muravera an der Flumendosa-Mündung sind dabei die wichtigsten Zonen, Getreide, Artischocken und Tomaten die Hauptprodukte. Langfristig scheinen nur der intensive Anbau von Blumen und moderner Gartenbau Erfolg zu versprechen.

▶ **Korkproduktion:** Kork ist das wichtigste Exportgut der Insel. Sardinien besitzt die meisten Korkeichen Italiens – mit den wesentlich größeren Korkeichengebieten in Spanien und Portugal kann Sardinien jedoch nicht konkurrieren. Schwerpunkte sind die Gallura und das Iglesiente.

▶ **Wein:** wird auf der ganzen Insel angebaut, wobei die Ebenen des Südens und die Granitböden der Gallura die Schwerpunkte bilden. Die alljährlich 2 Millionen Hektoliter, die auf Sardinien erzeugt werden, sind aber nur etwa 3 % der gesamtitalienischen Produktion. Auffallend hoch ist jedoch der Anteil der mit D.O.C.-Prädikat ausgezeichneten Qualitätsweine, nämlich etwa 15 % der sardischen Produktion. Näheres → Kap. Essen & Trinken.

▶ **Weidewirtschaft:** Die Herdenwirtschaft und die damit verbundene Käseproduktion sind neben dem Korkexport bedeutendstes wirtschaftliches Standbein der Insel. Näheres → Kap. Von Hirten und Herden.

▶ **Salzwirtschaft:** Die ausgedehnten Lagunenseen (vor allem um Cagliari, aber auch bei Oristano und auf der Isola di San Pietro) sorgen für den begehrten Grundstoff. Tausende von Tonnen Meersalz werden alljährlich gewonnen und türmen sich zu großen Haufen um die Inselhauptstadt.

Sonstige Wirtschaftszweige

▶ **Handwerk:** Es hat einen schweren Stand. Die industrielle Fertigung hat die handgearbeiteten Produkte fast überall verdrängt. Die ursprünglich reichhaltige Keramik der Insel ist auf ein Mindestmaß zurückgegangen, ebenso verhält es sich mit der traditionell stark ausgeübten Möbelschreinerei, der Lederbearbeitung und der Teppichweberei. Doch der zunehmende Touristenstrom hat neues Interesse an kunsthandwerklichen Produkten mit sich gebracht. Ein gewisser Aufwärtstrend ist deshalb in den letzten Jahren festzustellen. In vielen Dörfern haben sich Kooperativen gebildet, die Webteppiche, Metallwaren und Möbel herstellen. Näheres → Kap. Kunsthandwerk.

▶ **Baugewerbe:** Hier sieht die Sache anders aus. Arbeitsplätze gibt es in dieser Branche reichlich. In ganz Sardinien grassiert der Bauboom. Stereotype Betonskelette und unverputzte Hohlblockhäuser prägen überall das Dorfprofil.

38 Sardinien allgemein

Viele Heimkehrer aus der Emigration verwenden ihr Erspartes für den Bau des ersehnten Eigenheims. Der gestiegene Erlös aus dem Verkauf von Fleisch und Käse ermöglicht auch vielen Hirten solche Investitionen, der Gewinn aus der Tourismusbranche tut ein Übriges. Begonnen mit dem Bau wird, sobald Mittel da sind – auch wenn diese nicht für die Fertigstellung reichen. Oft bleiben die Rohbauten jahrelang am Dorfrand stehen. Es geht erst weiter, wenn wieder Geld für Zement, Kalk und Steine da ist.

Industrie

Cattedrali nel deserto – "Kathedralen in der Wüste" – sind die sichtbaren Manifestationen der fehlgeschlagenen Industrialisierung Sardiniens.

Anfang der siebziger Jahre schien das Zauberwort "Industrialisierung" auch auf Sardinien die Tore zum ersehnten Wohlstand zu öffnen. Die Art und Weise, wie das angefangen wurde, ist jedoch ein Lehrbeispiel dafür, wie man es nicht machen sollte.

Zwei **Erdölraffinerien** (bei *Porto Torres* und *Cagliari*) und eine **Kunstfaserfabrik** (bei *Ottana*) waren die augenfälligsten Versuche, den industriellen Fortschritt einzuführen. Ihr Aufbau verschluckte Millionen von Entwicklungsgeldern und brachte den Sarden nur einen Bruchteil der erhofften Arbeitsplätze. Schon wenige Jahre nach Inbetriebnahme standen sie nämlich allesamt vor dem Bankrott. Nur durch rigorose Schrumpfung, natürlich auf Kosten der Arbeitnehmer, konnten sie überhaupt gerettet werden. Dass seit Ende der sechziger Jahre fast ausschließlich petrochemische Industrie auf Sardinien aufgebaut wurde (70 % sämtlicher Investitionsgelder der "Cassa per il Mezzogiorno" flossen schätzungsweise in diese Branche), hat sich im Nachhinein als schwerer Fehler erwiesen. Zum einen schaffen diese kapitalintensiven Grundstoffindustrien mit hoher technologischer Organisation nur wenige Arbeitsplätze, die zudem z. T. von festländischen Spezialisten besetzt werden. Zum anderen gerieten die Raffinerien schon während der Erdölkrise von 1975 tief in die roten Zahlen – das starke Ansteigen der Weltmarktpreise für Rohöl war augenscheinlich nicht einkalkuliert worden. Auch die großspurig verkündeten Visionen mit dem Grundtenor "Arbeit für alle", die den Aufbau des Chemiewerks von Ottana begleiteten, haben inzwischen kleinlaut einer weitaus bescheideneren Realität Platz gemacht (→ nebenstehender Kasten).

Wie konnte es zu diesem vehementen Scheitern kommen, das bei einem Mindestmaß an Überlegung von Anfang an hätte klar sein müssen? Was stand hinter dem gewaltigen Plan, einer archaischen Inselkultur ein industrielles Gesicht aufzuprägen? Größter Irrtum – es ging **nicht** darum, den Sarden höheren Lebensstandard und Wohlstand zu bringen! Der Staat, zum einen, verband mit der sog. "Entwicklungspole-Strategie" die Hoffnung, eine Änderung der sardischen Mentalität herbeizuführen, die angeblich dem Banditismus zugeneigt war. Nicht von ungefähr fiel die Wahl des Standortes für ein gigantisches Chemiewerk auf *Ottana*, ein seit Jahrtausenden ausschließlich auf Weide- und Viehwirtschaft orientiertes Dorf mitten in Sardinien. Man wollte konsequent und radikal das geographische Herz dieser Schäferkultur treffen. Dabei ließ man sich von dem auf dem Festland weit verbreiteten Vorurteil lei-

Wirtschaft 39

Sardiniens missglückte Industrialisierung: Das Beispiel Ottana

Seit 1968 wurde dieses chemische Riesenwerk mitten in Sardinien mit Mitteln der "Cassa per il Mezzogiorno" errichtet. Weitab von jeder industriellen Infrastruktur werden hier Polyamid- und Polyacrylfasern für die Textilbranche produziert.

Vom wirtschaftlichen Standpunkt war schon allein die Wahl dieses weltfernen Standorts eine Katastrophe. Einerseits müssen die Rohstoffe auf dem Seeweg aus Sizilien herangebracht werden. Andererseits gibt es so gut wie keine weiterverarbeitenden Betriebe auf Sardinien, die Fasern müssen nach Prato, in die Textilstadt der Toskana, verschifft werden. Die langen An- und Abfahrtswege verteuern das Produkt und verschlechtern die Auftragslage. Dementsprechend hat das Werk seit der Aufnahme der Arbeit noch keinen Pfennig Gewinn erwirtschaftet, und von 12.000 angekündigten Planstellen sind heute nicht einmal mehr 1700 besetzt. In dieser Miniversion scheint Ottana endlich eine gewisse wirtschaftliche Stabilität gefunden zu haben.

Aber für jeden *geplanten* Arbeitsplatz wurden mehrere Millionen Lire Zuschuss kassiert, außerdem gab der Staat über Jahre hinweg erhebliche Kredite und Investitionshilfen. Ein gigantisches Zuschussprojekt also – der Verdacht liegt nahe, dass Ottana ein reines Spekulationsobjekt der beteiligten Firmen war. Ein möglicher Bankrott war von vornerein einkalkuliert.

Und Ottana ist nach wie vor ein Fremdkörper im hundertprozentig agrarisch strukturierten Innersardinien. Es sollte der sardischen Landbevölkerung den Umstieg vom uralten Schafzuchtsystem auf moderne Fabrikfertigung bringen – und damit gleichzeitig das Banditenproblem lösen. Doch die Arbeiter aus den umliegenden Dörfern hatten vorher noch nie eine Fabrik von innen gesehen, geschweige denn geregelte Schichtarbeit erlebt. Als man versuchte, die an ein freies Leben in der Natur gewöhnten Hirten und Landarbeiter diesem Rhythmus anzupassen, traten erhebliche Probleme auf. Viele flüchteten Hals über Kopf aus dem "Gefängnis", andere (und das waren nicht wenige) reagierten mit schweren Neurosen. Dass die Sarden den Sprung ins Industriezeitalter teuer bezahlt haben, zeigen die Statistiken der Krankenhäuser und psychiatrischen Anstalten.

ten, Schäfer seien gleich Nomaden und Nomaden seien Banditen. Man wollte die Schäfer zu Fabrikarbeitern machen und so allmählich den Sumpf des Banditismus austrocknen. Dies scheiterte – die Banditen waren längst mit hochbrisanten, meist vom Festland koordinierten Entführungsgeschichten beschäftigt, die mit Schäfern gar nichts mehr zu tun hatten. Und die Schäfer, die in die Fabrik gingen, wurden krank. Die festländischen Unternehmer, zum anderen, die die Großindustrie nach Sardinien verpflanzten, dachten ebenfalls nicht an die Sarden. Ihnen ging es einzig und allein um den Profit. Sie benutzten die Mittel der Cassa per il Mezzogiorno für den Aufbau der Werke, konnten zusätzlich auf besonders günstige staatliche Kredite zurückgreifen

40 Sardinien allgemein

und ließen sich jeden geplanten Arbeitsplatz in Millionen Lire entlohnen. Als Ottana und die Raffinerien standen, war der Reibach bereits gemacht. Die zukünftige wirtschaftliche Rentabilität war dabei letztendlich sekundär, ja noch schlimmer, vielleicht waren Verluste bereits eingeplant und die sardischen Industrieunternehmen nichts weiter als gigantische Steuerabschreibungsunternehmen? Falls doch Gewinne gemacht wurden, wurden diese eilends aufs Festland transferiert und für alles andere, nur nicht für den Ausbau der sardischen Industrie verwendet.

Weitere kränkelnde Zweige der bescheidenen Inselindustrie sind heute die desolate **Papierfabrik** von Arbatax, für die Holz von weither eingeführt werden muss, und der inzwischen weitgehend unrentabel gewordene **Erz- und Kohleabbau** in Sulcis und Iglesiente (Südwesten). Lediglich Blei und Zink können noch in größeren Mengen gewonnen werden. Jedoch werden die Metalle im Rohzustand aufs Festland exportiert und dort weiterverarbeitet, was den Profit der sardischen Unternehmer schmälert.

Einzig relativ gesunder Wirtschaftszweig sind der Abbau und die Verarbeitung von **Aluminium** in Portovesme, ebenfalls im Sulcis (→ *Bergbau*). Ansonsten scheinen sich lediglich Steinbrüche und Zementfabriken auf Sardinien zu lohnen – Steine sind das Einzige, was es in Hülle und Fülle gibt, und der Hausbau floriert.

Bergbau

Schon den Nuraghiern war bekannt, dass die Berge von Iglesiente, Sulcis und Nurra reich an Erzen waren.

Aber erst die *Punier* begannen in größerem Maßstab, nach Blei, Zink, Kupfer, Silber und Kohle zu schürfen. Auf die Kooperation mit den eigentlichen Bewohnern verzichteten sie kurzerhand mittels Eroberung und Unterwerfung der betreffenden Gebiete. Auch die *Römer* kümmerten sich intensiv um das erzhaltige Vulkangestein der Region im Südwesten – vor allem die Silberbergwerke brachten reichen Gewinn. Doch für das römische Weltreich waren die sardischen Erze nicht entscheidend – der Abbau wurde allmählich vernachlässigt und ruhte während der gesamten Zeit der Völkerwanderung ganz. Erst viele hundert Jahre später nahmen die *pisanischen Eroberer* die Minen wieder in Betrieb und errichteten einige blühende Gemeinwesen nach dem Vorbild der toskanischen Stadtstaaten (→ Iglesias, S. 428). Die spanischen Feudalherren, die den Pisanern in der Herrschaft folgten, interessierten sich nicht für die wirtschaftliche Entwicklung der Insel – ihnen kam es lediglich darauf an, genügend Abgaben von den Sarden zu erpressen.

Wiederentdeckt wurden die Bergwerke von Sulcis und Iglesiente erst im *19. Jahrhundert*. Die Industrielle Revolution brachte eine Phase verstärkter Nachfrage nach Rohstoffen und stürmische Firmenexpansionen mit sich. Ganze Scharen von abenteuerlustigen Gold- und Silbersuchern ergossen sich über die Insel, unter ihnen auch der ehrenwerte *Honoré de Balzac*, der seine vergebliche Reise zu den sardischen Silberminen wenigstens literarisch verwerten konnte. Den Glücksrittern folgten festländische Industrieunternehmen, die im unterentwickelten Sardinien mit seinen preiswerten Arbeitskräften die

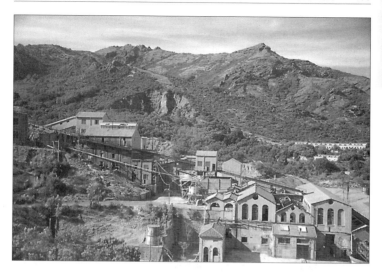

Verlassene Bergwerkssiedlung im Iglesiente

schnelle Mark zu machen hofften (darunter auch etliche deutsche Firmen, z. B. Krupp). Unter den sattsam bekannten Bedingungen der Bergwerksarbeit im 19. Jh. (14-Stunden-Tag, Kinderarbeit, Sechs-Tage-Woche, keinerlei soziale Absicherung) erlebten die sardischen Gruben ihren letzten großen Boom. Doch der schon vor Jahrtausenden ausgebeutete Boden gab nicht mehr viel her.

Die groß angelegten Versuche des *Duce*, die sardische Braunkohlenförderung zu neuer Blüte zu bringen und so neue Rohstofflager für das Tausendjährige Reich italienischer Machart zu schaffen, waren von vorneherein zum Scheitern verurteilt. Die Sulcis-Kohle war (und ist es noch) nämlich von minderwertiger Qualität und rechtfertigte in keiner Weise die kapitalintensiven Innovationen. 1936 wurde noch die Kohlestadt Carbonia aus dem Boden gestampft, aber bereits bald nach dem verlorenen Krieg kränkelte die Region. Bis in die siebziger Jahre wurden die meisten Zechen geschlossen, ungeachtet massiver Subventionsgelder, die der Staatsbetrieb ENI erhielt, um die Bergwerke noch 25 Jahre lang weiter zu betreiben – und die er trotz ihrer Schließung nicht zurückgezahlt hat. Die verlassenen Bergwerkssiedlungen und stillgelegten Förderanlagen vermitteln heute eine gespenstische Atmosphäre, die beim unbeteiligten Durchfahren optisch fasziniert, aber vor allem bedrückt. Die Probleme der Bevölkerung kann man an den Schließungen bundesdeutscher Zechen nachempfinden. Mehr als zwanzigtausend Bergarbeiter sind im Südwesten Sardiniens arbeitslos, das Geld reicht gerade mal fürs Essen. Erwerbsalternativen gibt es in der touristenarmen und durch den expansiven Tagebau landschaftlich teilweise zerstörten Region Sulcis-Iglesiente kaum.

Seit einigen Jahren schielen sardische Politiker nun wieder nach der **Sulcis-Kohle**, denn Atomenergie ist passé und Erdöl nicht unbegrenzt vorhanden.

42   Sardinien allgemein

Aus der Kohle soll Gas hergestellt werden. Sogar einige Bergwerke bei Carbonia wurden deswegen neuerdings wieder flottgemacht. Doch weitergehende Planungen stecken noch in den Kinderschuhen und treffen auf Widerstände von Seiten der Umweltschützer (→ Ökologie und Energie). Trotzdem ist die Zone um Iglesias und Carbonia im Südwesten der Insel wirtschaftlich nach wie vor aktiv – etwa 80.000 Tonnen **Blei** und 40.000 Tonnen **Zink** werden alljährlich gefördert, bei weitem der Löwenanteil der gesamtitalienischen Produktion. Zudem gibt es ein riesiges Kraftwerk der italienischen Elektrizitätsgesellschaft ENEL, das viele Arbeitsplätze geschaffen hat. Carbonia verfügt deshalb noch immer über eins der höchsten Pro-Kopf-Einkommen der Insel.

Vor allem die Gewinnung von **Aluminium** scheint heute im Sulcis gewisse Stabilität zu besitzen – in Portovesme gibt es ein großes Werk, das einen erheblichen Anteil der gesamtitalienischen Produktion herstellt. Doch können nur 20 % auf der Insel weiterverarbeitet werden. Der Rest wird im Rohstadium exportiert – eine wirtschaftliche Situation, wie sie in "Dritte-Welt"-Ländern üblich ist und den möglichen Profit stark schmälert.

Tourismus

Er hat der Insel Geld gebracht. Viele Familien investieren, versuchen eine Pizzeria, ein kleines Hotel aufzubauen. Junge Leute geben Surf- oder Wasserski-Lektionen, führen Naturliebhaber durch die Berge, arbeiten in der Strandkneipe oder im Ristorante ...

Sicherlich bieten solche Jobs eine Erwerbsquelle, die es manchem ermöglicht, nach der harten Saisonarbeit im Sommer die kalten Monate über auszuruhen. Doch viele müssen sich dann eine andere Arbeit suchen – und nicht immer gibt es die auf Sardinien. Zwar bestehen vor allem an der Küste durchaus Chancen für kleine Familienbetriebe. Doch die Saison ist kurz, die benötigten Geldmittel scheinen gewaltig, und Bankkredite sind sehr teuer. Zukunftsweisend sind deshalb die zahlreichen *Kooperativen*, die sich auf dem touristischen Sektor gebildet haben und deren Existenzgründung vom Staat subventioniert wird (→ Arbeitslosigkeit). Und auch *Agriturismo* (Urlaub auf dem Bauernhof) hat sich auf Sardinien wie ein Lauffeuer ausgebreitet, denn dazu bedarf es für die Bauern keiner großen Investitionen.

Nicht alle Sarden stehen dem Tourismus allerdings aufgeschlossen gegenüber und befürchten eine Überfremdung ihrer Insel. Tatsächlich hat sich eine neue Qualität der Kolonisation seit langem angebahnt: kapitalkräftige Investment-Gesellschaften vom Festland haben flächendeckende Ferienhaussiedlungen gleich dutzendweise an die Küste gesetzt. Das Signal für "den Ausverkauf der Küste" setzte Aga Khan 1963 mit seinem "Konsortium Costa Smeralda". Einer der schönsten Landstriche Sardiniens, bis dato kaum genutzt, wurde systematisch zur Ferienhausidylle ausgebaut – für alle, die es sich leisten konnten. Sardinien kam in die Schlagzeilen der Touristik-Presse, und bald gab es in allen Ecken der Insel Nachahmer. Glücklicherweise neigt sich auch diese "Eroberung" dem Ende zu, Baugenehmigungen werden heute nicht mehr ohne weiteres erteilt, die Sarden sind vorsichtig geworden (Costa Smeralda → S. 217 u. 226). Sehr positiv ist in diesem Zusammenhang der Trend der letzten

Wirtschaft

Der hochsommerliche Touristenboom bringt Geld auf die Insel

Jahre zu bewerten, demzufolge sich das touristische Interesse nun auch verstärkt auf das sardische Inland richtet: natur-, volkskundliche und archäologische Exkursionen, Trekking, Agriturismo, Kunsthandwerk, Erschließung von Tropfsteinhöhlen und Nuraghen, Aufbau von lokalen Museen und Ähnliches mehr – all das erfährt spürbaren Zulauf und bringt Geld in bisher vom Geschäft mit den Urlaubern ausgeschlossene Gebiete, wovon zu hundert Prozent Einheimische und nicht Investoren aus Milano oder Roma profitieren.

Arbeitslosigkeit

Sie ist ständige Begleiterscheinung sardischen Lebens. Seit dem letzten Jahrhundert bis weit in die siebziger Jahre unseres Jahrhunderts haben viele hunderttausend Sarden die Insel verlassen, um in die Industriegebiete des Festlands oder als Schäfer in die Toskana zu gehen.

Entscheidende Wirkung dieser Arbeitsemigration ist die Zerstörung der sardischen *Großfamilie*. Wo früher Eltern und Großeltern in der Geborgenheit des Familienverbands ihren Lebensabend verbringen konnten, herrscht heute bedrückende Einsamkeit. Die Kinder leben auf dem Festland, haben dort ihr Auskommen und eine Existenz aufgebaut. Nach Hause kommen sie nur an hohen Feiertagen, zur Heirat oder in den wenigen Urlaubswochen. Schlimme Folge davon: Der heimische Acker oder Weinberg, der oft seit Generationen im Besitz der Familie ist, kann nicht mehr bestellt werden und verkommt allmählich, der Vater ist für die schwere Arbeit zu alt ...

Doch seit längerem werden in den mitteleuropäischen und norditalienischen Betrieben kaum noch Zuwanderer aus dem Süden eingestellt. Und diese sind

44   Sardinien allgemein

auch die ersten, die in ökonomischen Krisen entlassen werden. Zudem sind vor allem die psychischen Folgen der sozialen und kulturellen Entwurzelung der *emigrazione* ins Bewusstsein vieler Sarden gerückt. Zusehends findet ein Umdenken statt – das Problem der Arbeitslosigkeit muss vor Ort gelöst werden. Wenn auch nicht ganz klar ist, wie.

▸ **Kooperativen**: Sie bieten eine interessante Perspektive, wenn auch oft nur zur zeitweisen Überbrückung. In Italien gibt es seit langem ein Gesetz, das Gruppen von Arbeitslosen durch finanzielle Zuschüsse die Möglichkeit bietet, eine Erwerbsgrundlage aufzubauen – sei es in der Landwirtschaft, im Tourismus, in der Nahrungsmittelherstellung, im Baugewerbe oder in anderen Bereichen. So gibt es Kooperativen, die Campingplätze oder Restaurants aufgebaut haben und leiten, andere arbeiten in der Milch- und Käseproduktion, sind mit der Aufforstung beschäftigt oder führen Bauaufträge der Kommunen aus. Auch das Kunsthandwerk hat sich meist in Kooperativen zusammengeschlossen. Nicht wenige dieser Gemeinschaften existieren erfolgreich seit vielen Jahren. Für den Einzelnen sind die Verdienstmöglichkeiten allerdings zunächst sehr gering und mit Risiken behaftet. Falls Aufträge über längere Zeit ausbleiben, gerät eine Kooperative schnell in finanzielle Zwangslagen. Das Einverständnis staatlicher Stellen ist zudem stets Voraussetzung für die Existenz einer Kooperative, zumindest in den Anfangsjahren, wenn alles von den Zuschüssen abhängt. Vor allem, wer Familie hat oder gründen will, wird sich den Anschluss an eine Kooperative genau überlegen – sofern er eine Alternative hat.

In einer Kooperative sardischen Musters wird in der Regel nicht zusammen gelebt, vielmehr steht die gemeinsame Arbeit im Vordergrund. Ein weit verbreitetes Vorurteil ist auch, dass es sich ausschließlich um Jugendkooperativen handelt. Zwar sind es oft junge Leute, die hier eine Existenzmöglichkeit finden, weil unter ihnen der Anteil der Arbeitslosen am höchsten ist (ein gewisser Prozentsatz der Mitglieder muss allerdings laut Gesetz unter 29 Jahre alt sein). Doch ebenso gibt es Kooperativen, deren Durchschnittsalter bei 40 oder sogar darüber liegt, z. B. die Kooperative der Steinmetze unter Leitung des Bildhauers Pinuccio Sciola in San Sperate.

Umwelt

Die sardische Natur hat in den letzten Jahrhunderten schwer gelitten. Das Abholzen der Wälder, der extreme Weideverbiss von Millionen Schafen und die alljährlichen riesigen Flächenbrände sind für die schwersten Schäden verantwortlich. Dagegen gehört das Meer um Sardinien zu den saubersten Gebieten im ganzen Mittelmeer.

Entscheidendes hat die hemmungslose **Entwaldung** Sardiniens in der zweiten Hälfte des letzten Jahrhunderts bewirkt. Das aufstrebende Unternehmertum sah damals die verlockende Möglichkeit, die frei werdenden ehemaligen Besitztümer der spanischen Feudalherren für ein Spottgeld aufzukaufen, die Wälder abzuholzen und die geplünderten Ländereien wieder abzustoßen. Vor allem für den Bau von Eisenbahnschwellen brauchte man ungeheure Holzmengen (ein zwiespältiges Gefühl also, mit den viel gerühmten sardischen Kleinbahnen tief durch das Inselinnere zu fahren – wenn auch das meiste Holz

Umwelt 45

für norditalienische Strecken verbraucht wurde). Was übrig blieb, wurde in den Meilern der Köhler zu Holzkohle verbrannt. Wo der Wald fehlte, wurde das Land schnell zum willkommenen Fraß für die unersättlichen Schafe, oder die Macchia wuchs rasch nach.

Heute sind es die **sommerlichen Brände**, die jedes Jahr Hunderte von Hektar Macchia- und Waldregionen vernichten. Nicht immer ist es die Sonne, die die knochendürre Macchia zum Schwelen bringt. Schafhirten sind immer auf der Suche nach Weideland. Wo die Macchia zu dicht wird, finden ihre Tiere kein Gras mehr. Was liegt also näher, als die Macchia anzuzünden, denn im nächsten Jahr gedeiht auf den verkohlten Flächen eine dünne Grasnarbe. Wenn es an der Küste brennt, hat man es dagegen oft mit anderen Phänomenen zu tun. Zum einen sind die umtriebigen Touristik-Manager diverser Kapitalgesellschaften immer auf der Suche nach Bauland. Und wenn ein kleines Waldgebiet die Entfaltung stört, dann hilft man eben ein bisschen nach (diese "Waldbrände" sind ja nicht nur von Sardinien zur Genüge bekannt). Immer wieder hört man aber auch, dass Unternehmer, die in anderen Regionen Italiens ihre touristischen Pfründe haben, Sardinien durch gezielte Brände unattraktiv machen wollen. 1989 (im Jahr der Algen an der Adria) zerstörten Flächenfeuer weite Küstenstriche um *Olbia*. Bis *San Teodoro* im Süden, im Norden bis zur *Costa Smeralda* reichte die Brandzone – mehrere Menschen starben. Die Schuldigen sind unbekannt – Gerüchten zufolge waren es aufgebrachte Fahrer von Wassertankwagen, denen wegen touristischer Erschließung und Bebauung ihre Quellen gesperrt worden waren. Und nach den schweren Gallura-Bränden von 1993 sprach der sardische Umweltassessor von Brandanschlägen "sardischer Separatisten", die die Landschaft vernichten, um dem Tourismus Schaden zuzufügen.

Auch die **sardische Tierwelt** leidet unter den Menschen. Vor allem Jäger und wildernde Hirten haben dem Rotwild und den Raubvögeln im zentralen Bergland den Garaus gemacht. Letztere vor allem, weil die Raubtiere regelmäßig ihre Herden dezimierten. Die einst für die sardische Fauna charakteristischen Mufflon-Schafe leben nur noch in wenigen unzugänglichen Regionen des Gebirges und auf der Isola Asinara im Nordwesten. Die vielen touristischen Bootstouren entlang der Küsten sind hauptsächlich verantwortlich für das Verschwinden der Mönchsrobben. Und obwohl das Meer bei Sardinien noch durchaus sauber ist, haben Scharen von Sporttauchern und -fischern die Unterwasserwelt stark dezimiert.

▶ **Brandbekämpfung:** Heute sind (ansatzweise) auf der ganzen Insel Initiativen vorhanden, die die Gefahr des Feuers einzuschränken versuchen. In den Sommermonaten gibt es spezielle Korps mit Feuerwehrfunktion, Beobachtungstürme sind in besonders gefährdeten Gebieten rund um die Uhr mit Brandwachen besetzt, und die breiten glatt rasierten Feuerscheidelinien sind überall an den dürren Macchiahängen zu erkennen. Doch wenn es brennt, ist es für die Feuerwehr oft unmöglich, mit ihren Löschwagen nahe heranzukommen. Die einzige Möglichkeit sind Löschhubschrauber, von denen es aber zu wenige gibt. Und wenn dann an mehreren Stellen gleichzeitig Feuer gelegt werden, sinkt die Chance gegen Null, etwas dagegen zu unternehmen.

46 Sardinien allgemein

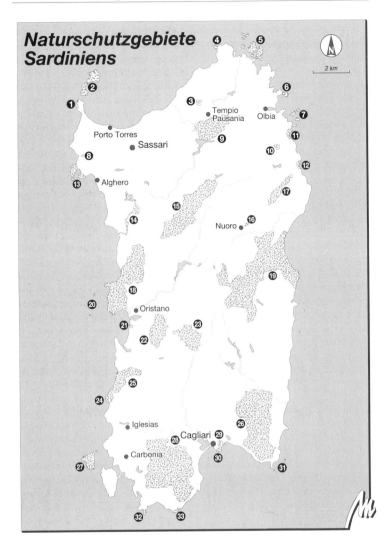

▸ **Aufforstung**: Auch sie wird ernst genommen. Leider werden oft anstatt der heimischen Eichen die schnell wachsenden Eukalyptusbäume, Pinien und Kiefern verwendet. Für den Boden bringt das meist nicht viel, er wird sauer. Der langwierige Versuch, Eichen zu pflanzen, wird selten unternommen. Doch gerade der Boden von Eichenwald bildet die ideale Nahrung für die halbwilden Schweine und Schafe der Hirten.

Umwelt · 47

① Capo Falcone

② Nationalpark Isola Asinara

③ Piano dei Grandi Sassi

④ Capo Testa

⑤ Nationalpark Archipel von Maddalena

⑥ Capo Figari

⑦ Halbinsel Punta Coda Cavallo mit Inseln Tavolara und Molara

⑧ Lago di Baratz

⑨ Monte Limbara

⑩ Monte Nieddu

⑪ Lagune von San Teodoro

⑫ Lagunen von Posada

⑬ Capo Caccia

⑭ Valle del Temo

⑮ Marghine-Gocéano

⑯ Monte Ortobene

⑰ Monte Albo

⑱ Monteferru-Sinis

⑲ Nationalpark Supramonte-Gennargentu

⑳ Insel Mal di Ventre

㉑ S'Ena Arrubia

㉒ Monte Arci

㉓ Giara di Gesturí

㉔ Capo Pecora

㉕ Monte Arcuentu und Dune di Piscinas

㉖ Sette Fratelli

㉗ Inseln San Pietro und Piana

㉘ Nationalpark Sulcis

㉙ Stagno di Molentargius

㉚ Capo Sant'Elia

㉛ Meeresschutzgebiet Capo Carbonara

㉜ Capo Teulada und Isola Rossa

㉝ Capo Spartivento und Lagune von Chia

▶ **Naturparks:** Die Schaffung von Schutzgebieten ist neben Brandüberwachung und Aufforstung die einzig sinnvolle Lösung, bedrohte Gebiete und deren tierische Populationen zu schützen. Tatsächlich haben diesbezügliche Aktivitäten im letzten Jahrzehnt stark zugenommen, örtliche und überregionale Initiativen sind auf ganz Sardinien aktiv. Unter tatkräftiger Initiative des "World Wide Fund for Nature" und der landesweit tätigen Umweltorganisation "Legambiente" entstanden zahlreiche Naturparks, darunter *Monte Arcosu* (→ S. 462) im Süden Sardiniens, *Dune di Piscinas* und *Monte Arcuentu* an der Costa Verde (→ S. 423ff.), *Montarbu* (→ S. 607) südlich des Gennargentu und der *Parco Comunale di Seu* (→ S. 383) auf der Sinis-Halbinsel. Außerdem wurden mehrere vorgelagerte Inseln zusammen mit dem umgebenden Meer als geschützte Nationalparks ausgewiesen: die *Isola Asinara* im Nordwesten, die *Isola Mal di Ventre* vor der Sinis-Halbinsel, die *Isola di Tavolara* mit der *Punta Coda Cavallo* an der Ostküste, der *La-Maddalena-Archipel* im Nordosten und das *Capo Carbonara* mit umliegenden Inseln bei Villasimius im Südosten. Der staatlichen Forstverwaltung und privaten Umweltorganisationen bleibt es nun vorbehalten, sich um die notwendige Pflege und Erhaltung der Naturparks zu kümmern.

Eine positive Wirkung kann der Tourismus ausüben – der Wunsch der Urlauber nach intakter Umwelt könnte für die Einheimischen durchaus ein Anstoß sein, ihr "Kapital" an Natur zu schützen. Bisher scheiterten Naturschutzpläne oft am Desinteresse lokaler Politiker, die Probleme für ihre wirtschaftliche Entwicklung befürchteten, wie auch am Widerstand der einheimischen (Hirten-)Bevölkerung, die weiterhin jagen will und z. T. seit vielen Jahrhunderten mit Schafherden, Schweinen und Ziegen in *ihren* Wäldern lebt.

48   Sardinien allgemein

So wurde zwar nach jahrzehntelanger Diskussion in den neunziger Jahren das zentrale Gennargentu-Gebirge zusammen mit dem nördlich sich anschließenden Supramonte und den Randzonen bis hin zum Golf von Orosei an der sardischen Ostküste endlich zum geschützten Nationalpark erklärt – doch die endgültige gesetzliche Realisierung wird wohl wegen zu großer Widerstände von Seiten zahlreicher Gegner auf absehbare Zeit nicht zustande kommen (→ S. 600).

▸ **Ökologie und Energie**: eine schwierige Koexistenz. Bis heute wurden nur wenige ernsthafte Vermittlungsversuche unternommen. Im Gegenteil, beides scheint sich gegenseitig auszuschließen. Sardinien leidet unter chronischem Energiemangel. Mit Unterseekabeln muss Strom über Korsika sogar aus der Toskana importiert werden (was die Sarden vor allem in der Geldbörse zu spüren bekommen). Noch Anfang der Achtziger gab es Pläne für Atomkraftwerke auf der Insel. Doch nach Tschernobyl traten schwere Bedenken auf (in ganz Italien übrigens). Heute wird das Gros aller Kraftwerke auf Sardinien (neben einigen Wasserkraftwerken) mit Öl betrieben. Das ist teuer (Import) und gewiss keine Selbstverständlichkeit, wenn man bedenkt, dass der sardische Boden reich an *Kohle* ist – eine Kohle allerdings, die sich nicht besonders gut für die Produktion von industrieller Energie eignet. Jedoch fragt man sich auf Sardinien, wie lange die Ölpreise die Verwertung der Sulcis-Kohle aus dem Südwesten der Insel noch unrentabel machen. Eine Renaissance der früheren reichen Kohleförderung scheint in relativ nahe Zukunft gerückt. Das vorerst letzte ölbetriebene Kraftwerk wurde 1982 bei *Fiume Santo* in der Region Nurra (Provinz Sassari) in Kraft gesetzt. Ein weiteres arbeitet bei *Portovesme* im Südwesten der Insel (früher mit Sulcis-Kohle betrieben!). Die Aktivierung eines großen Kohlekraftwerks ist für Zentralsardinien vorgesehen. Doch die Umweltbelastung durch die Kohle ist problematisch: Riesige Mengen fester Verbrennungsrückstände würden dabei in die Luft geblasen, und das verbrannte Material müsste irgendwo gelagert werden.

Bisher nur ein Tropfen auf den heißen Stein bedeuten die Experimente mit *Windkraft*. So hat die italienische Energieversorgungsgesellschaft ENEL in der Nurra, dem flachen windigen Nordwestzipfel der Insel, einige Windrotoren neben das ölbetriebene Heizkraftwerk Fiume Santo gesetzt. Weitere Windkraftwerke in anderen Gebieten Sardiniens sollen folgen.

Umweltorganisationen auf Sardinien

World Wide Fund for Nature (WWF), internationale Organisation für Natur- und Artenschutz. Via dei Mille 13, I-09128 Cagliari, ✆ 070/670308, ✉ 654452, www.wwf.it.

Legambiente Sardegna, regionale Abteilung des größten italienischen Umweltschutzverbandes. Via Garibaldi 5, I-09125 Cagliari, ✆/✉ 070/659740, www.legambiente.com, assparco@tin.it.

Italia Nostra, Naturschutz und Schutz von Kulturgütern. Via Cavour 71/b, I-07100 Sassari, ✆ 079/236501, ✉ 231186, www.italianostra.org.

LIPU (Lega Italiana Protezione Uccelli), italienischer Vogelschutzbund. Via Sant'Antonio 57, I-09045 Quartu Sant'Elena, ✆ 070/837458, www.lipu.it.

Schäfer auf Sardinien – harte Arbeit und viel Einsamkeit

Von Hirten und Herden

Mehr als drei Millionen Schafe, mehrere hunderttausend Ziegen und fast zwei Millionen Rinder weiden auf Sardinien. Der Beruf des Hirten ist der älteste der Insel. Sein Leben unterscheidet sich grundsätzlich von dem des Bauern, der jahraus, jahrein die gleichen Felder bestellt. Ihr Interessengegensatz ist vorprogrammiert.

Ständig auf der Suche nach frischem Weideland zieht der Hirte und Herdenbesitzer im Sommer in die höheren Berglagen, im Winter in die Ebenen mit ihrem milderen Klima – ein Leben, das sich fast ausschließlich im Freien abspielt. Halbnomadisch immer noch, mit eigenen Gesetzen und einer einsamen, rauen Wirklichkeit, die selten Kooperation oder Geselligkeit zulässt. Im sardischen Hirten zeigt sich das ursprüngliche Gesicht einer Gesellschaft von Einzelgängern, die in steter Auseinandersetzung miteinander stehen. Trotz der Erleichterungen, die das 20. Jh. mit sich gebracht hat, eine Existenz, die in vielem *archaisch* geblieben ist.

Es gibt heute noch mehrere zehntausend Hirten auf Sardinien. Trotz der Verlockung durch geregelten Acht-Stunden-Tag, Urlaubsanspruch, Rente und Sozialversicherung in der Industrie findet der Beruf weiterhin Nachwuchs. Die Gründe dafür: Man ist sein eigener Herr, selbständiger Unternehmer mit eigener Herde und durchaus guten Verdienstmöglichkeiten in einem dank großer Verbrauchernachfrage krisenfesten Beruf. Doch die Nachteile wiegen schwer, vor allem für junge Leute: die ständige Entfernung vom eigenen Dorf mit aller Entfremdung, die dazu gehört, die häufige Einsamkeit und das entbehrungsreiche Leben in der Natur. Vor allem die Winter sind hart. Die

50 Sardinien allgemein

Herden müssen ständig bewacht werden – Viehdiebstahl ist ein häufiges Delikt (wobei der Bestohlene zum Schaden noch den Spott hat – denn wer nicht auf seine Herde aufpassen kann, verdient es nach sardischer Auffassung eben nicht anders). Das Hirtenwesen wird deswegen längerfristig wohl auch in Sardinien immer weiter zurückgehen.

Das Leben als Hirte

Es beginnt meist als "servo pastore", als Knecht eines Hirten, der bereits eine eigene Herde besitzt (nicht selten der eigene Vater). Bei ihm arbeitet der angehende Hirt mehrere Jahre und lernt alle Kniffe und Fertigkeiten im Umgang mit den Tieren und der Natur. Am Ende der "Lehre" bekommt er vom Herdenbesitzer eine Anzahl meist weiblicher Tiere, aus deren Nachwuchs er sich nach und nach die eigene Herde aufbauen kann. Mehrere hundert Tiere sind nötig, um einen guten Verdienst zu erzielen.

Die Praxis und das Wissen des Hirten sind über die Jahrhunderte fast unverändert geblieben. Er ist im Leben der Tiere die allgegenwärtige Person – von der Geburt über die unterschiedlichen Phasen der Entwöhnung von der Muttermilch, das alltägliche Melken und das Scheren bis zur Schlachtung und dem Verkauf von Fleisch, Milch und Käse organisiert er alles. Die Versorgung der Tiere ist durch die ständige Suche nach geeigneten Weidegebieten und Wasserreservoirs gewährleistet, detaillierte Kenntnisse von Klima und Vegetation sind Voraussetzung. Auch die ärztliche Betreuung der Herde leistet der Hirt in der Regel selber. Er kennt die Krankheiten und Heilmethoden und gibt sogar selber Spritzen. Heute noch gilt derjenige als besonders guter Hirte, der seine Herde Stück für Stück an der Stimme bzw. am Klang der um den Hals gebundenen Glocke erkennen kann. Schon das Melken (bei Schafen morgens, wenn die Sonne aufgeht, bei Ziegen weit vor Tagesanbruch in stockdunkler Nacht!) ist eine Kunst für sich. Der Hirte klemmt dabei den Kopf des Tieres fest zwischen die Beine, beugt sich von oben dicht über den Rücken und melkt je nach Jahreszeit und Ernährung zwischen 0,5 und 1,5 Liter Milch. Daraus wird dann fast ausschließlich der begehrte *Pecorino-Käse* gemacht. Die fertigen Laibe verkauft der Hirte an die Molkereien, von denen er einen wesentlichen Teil seiner Einkünfte erhält (insgesamt werden auf Sardinien alljährlich 16.000 Tonnen Pecorino produziert, ein großer Teil wird auf das italienische Festland exportiert, aber auch in die USA, nach Kanada, Holland, Frankreich und nach Deutschland). Allerdings kann nur von März bis September gemolken werden. Von Oktober bis Dezember geben die Tiere keine Milch, sie werden Muttertiere. Ab Dezember/Januar bis März ernähren sie die neugeborenen Lämmer und Zicklein. Diese werden nach zwei Monaten entwöhnt, indem ihnen der *pastore* einen Holzkeil in den Mund steckt und festbindet. Die männlichen Jungtiere *(capretto)* werden bereits nach wenigen Monaten geschlachtet und, da ihr Fleisch sehr begehrt ist, für gutes Geld verkauft. Diese Einnahme macht den zweiten wichtigen Teil der Einkünfte aus. Im Frühjahr muss die gesamte Schafherde geschoren werden, sonst wird es den Tieren im Sommer zu heiß, und sie kränkeln. Diese Arbeit ist anstrengend

Von Hirten und Herden 51

Traditionelle Hirtenhütte, eine sogenannte pinedda

und wirft fast nichts ab. Weitere Einnahmen ergeben sich aus dem Verkauf von Widderhörnern (die in Pattada, Santu Lussurgiu, Gavoi und anderen Orten zu den Griffen der berühmten sardischen Klappmesser "Sa Resolza" verarbeitet werden) und dem gelegentlichen Verkauf von ausgewachsenen Tieren aus der Herde.

Insgesamt hat sich durch die hohe Nachfrage nach Fleisch und Käse die wirtschaftliche Lage der sardischen Hirten in den letzten Jahrzehnten gebessert. Mit einer Herde von etwa 300 Tieren kommt man durchaus auf ein passables Monatsgehalt. Der eigene Wagen (meist ein geländegängiger Fiat) ist selbstverständlich geworden und bei den langen Anfahrtswegen zwischen Dorf und Weide eine unbedingte Notwendigkeit. Für die Familie kann im heimischen Dorf meist ein Haus gebaut werden. Und die verbindliche Schulpflicht verhindert, dass der Vater den Sohn im Kindesalter aus der Klasse holt, weil er ihn als Arbeitskraft braucht – eindrucksvoll geschildert von Gavino Ledda am Beginn seines berühmten autobiographischen Romans *Padre Padrone* (→ Literatur). Trotzdem würden viele junge Schäfer, wenn sie eine sinnvolle Alternative hätten, lieber heute als morgen ihren schweren Beruf hinschmeißen.

Weideland

Die eigentliche Crux sardischer Hirten, woraus sich u. a. die gesamte "Banditen"-Problematik ableitet.

Im Gegensatz zum sesshaften Bauern und Grundbesitzer ist der Hirte auf einen ständigen Wechsel des Weidelands angewiesen, da es sonst zur *Überweidung* kommt. Ist eine Fläche abgegrast, muss er weiterziehen, im Sommer

52 Sardinien allgemein

"Schonen oder nicht schonen? Aber ist das denn überhaupt ein Problem?", fragt der Hirte auf dem Wandbild in Orgosolo. Gemeint sind die in Gemeindebesitz befindlichen Ländereien, die den Hirten saisonal verschlossen werden, um sie durch Grundbesitzer (agrari) zu beackern. Die Lösung steht auf der Fahne – vereint gegen die Grundbesitzer und die Macht der padroni. Was bedeutet – wenn es mehr freies Land gäbe, würde sich die Frage gar nicht stellen.

höher hinauf in die Berge, im Winter in die Ebenen. Dabei kommt er ständig in Konflikt a) mit anderen Hirten, b) mit eingezäunten bzw. in festem Besitz befindlichen Grundstücken. Der karge Weideboden um die traditionellen Hirtendörfer in den Bergen ist meist in Gemeindebesitz und darf von allen Hirten gleichermaßen benutzt werden. Reibereien mit den ansässigen Bauern ergeben sich, wenn die Gemeinde beschließt, Teile der Allmende im jährlichen oder mehrjährlichen Turnus zu beackern und zu beweiden (was für den Boden sehr vorteilhaft ist, für die Hirten aber eine starke Einengung der zur Verfügung stehenden Weiden bedeutet).

Als im Jahre 1820 die piemontesische Regierung den verhängnisvollen **Erlass zur Einfriedung** *(editto delle chiudende)* verkündete, bedeutete dies beinahe den Todesstoß für die seit alters auf Sardinien selbstverständliche **freie Weidewirtschaft**. Die Grundbesitzer zäunten riesige Grundstücke ein und zwangen die Herdenbesitzer, Wucherpreise für die Pacht zu zahlen oder, falls sie das nicht konnten, illegal zu weiden bzw. sich anderweitig ihre Existenz zu sichern. Viele Hirten wurden damals aus blanker Not zu Banditen und Viehräubern (→ Geschichte).

Heute hat sich manches gebessert, die Pacht ist meist erschwinglich, es gibt auch schon Herdenbesitzer, die ihr eigenes Weideland besitzen. Auch die früher üblichen, unendlich langwierigen Wanderungen von den Sommer- zu den Winterweiden können heute z. T. mit Viehtransportern erledigt werden. Doch generell ist es noch immer so, dass die Hirten für das Land in den Ebenen, das sie im Winter beweiden, einen Gutteil ihres Einkommens aufbringen müssen.

Ein weiteres Problem für die Hirten stellt die Einengung der verfügbaren Gebiete durch geplante Naturschutzgebiete und Aufforstungsmaßnahmen dar. Um die Regeneration des spärlichen Waldes zu schützen, dürften keine Schafe in solchen Regionen weiden (→ Umwelt). Hier tut sich neben dem traditionellen Hirten-Bauern-Gegensatz eine weitere Problematik zwischen Hirten und Ökologie auf.

Hirten und "Banditen"

Eine Problematik, die mindestens so alt ist wie die Besetzung Sardiniens durch fremde Eroberer. Das "Banditentum" auf Sardinien war immer die Gegenreaktion der halbnomadisch lebenden Hirten des Berglands auf die Übergriffe der wechselnden Fremdherrscher.

Ausländische Kolonisatoren haben über lange Jahrhunderte rücksichtslos und gewaltsam die gewachsenen Boden- und Besitzverhältnisse zerstört. Die Bewohner der Hirtendörfer hatten stets ihre eigenen Regeln und ungeschriebenen Gesetze, die mit den aufgezwungenen Rechtsvorschriften der jeweiligen Machthaber zwangsläufig kollidieren mussten.

Die traditionelle Weidewirtschaft Sardiniens war immer auf **freie Nutzung** des vorhandenen Bodens angewiesen. Als die Spanier dieses Prinzip im 15. Jh. mit der Installierung ihres Feudalsystems brutal unterbanden, wurde den Hirten ihre Lebensgrundlage entzogen. Spätere "Bodenreformen" des 19. Jh. verschärften die Situation. Der Banditismus auf Sardinien entstand aus nackter Existenznot der Hirten.

▸ **Geschichtliche Entwicklung:** Der Gegensatz zwischen den Ackerbauern der Küste und den Herdenbesitzern des Berglands existierte vielleicht schon in der Zeit der Nuraghenerbauer. Bezeichnendes Phänomen der Inselhistorie wurde die Zweiteilung der Insel in besetzte Küstenstriche und die Regionen, wo die wilden "Barbaren" hausten, aber erst seit der *karthagischen Eroberung*, spätestens in **römischer Zeit.** Als nämlich die Römer im 3. Jh. v. Chr. die Insel eroberten, gelang ihnen dies nicht ganz. Das unwegsame Bergland blieb Rückzugsgebiet der wehrhaften Hirtenbevölkerung und konnte nie vollständig kontrolliert werden. Bereits die römischen Geschichtsschreiber berichten verächtlich von den "fellbehangenen Banditen", die dort hausten. Da die römischen Legionäre in offener Feldschlacht nicht siegen konnten, griffen sie zur Strategie der Aushungerung bzw. Zerstörung der Lebensgrundlagen der Bergbewohner. Sie raubten alle Herden, derer sie habhaft werden konnten, und setzten die Wälder um die Ortschaften in Brand. Zur Sicherstellung ihrer Versorgung führten die betroffenen Ortschaften daraufhin bewaffnete Raubzüge, sog. *bardanas*, in die besetzten Küstengebiete durch.

Unter den **Byzantinern** änderte sich nicht viel. Die Bergdörfer konnten nicht endgültig erobert werden und behielten weiterhin ihre eigene Kultur und ungeschriebenen Gesetze bei, die den Bedürfnissen der vorherrschenden Weidewirtschaft Rechnung trug (extensive Nutzung großer Weideflächen). Der Gegensatz Grundbesitzer/Herdenwirtschaft wurde beherrschendes Element sardischen Lebens und dafür verantwortlich, dass sich die Küstenbewohner (Bauern) und Bergsarden (Hirten) nie geschlossen gegen die Eroberer von außen stellen konnten.

Der Versuch die Interessen beider in Einklang zu bringen, wurde erst im 14. Jh. unternommen. Die damalige Herrscherin des Judikats Arborea, die Richterin **Eleonora d'Arborea**, entwickelte ein zukunftsweisendes Gesetzbuch, die sog. *carta de logu*, die das Rechtsverständnis sowohl der Bauern als auch der Hirten zumindest ansatzweise berücksichtigte und eine erste *authentisch sardische Rechtsprechung* auf der Insel bedeutet hätte. Das Vorhaben scheiterte – die Bergbewohner lehnten die Gesetze der Arborea ab und die Spanier eroberten die Insel. Sie errichteten ein Feudalregime schlimmsten Ausmaßes. Einige wenige Feudalherren und die Kirche teilten die fruchtbaren Ländereien der Insel restlos unter sich auf. Die kargen Gebirgsweiden blieben dagegen in der Regel im Besitz der Bergdörfer.

Bardanas: Notwehr der Hirten

Die bardanas wurden kollektiv geplant und durchgeführt. Sie galten im Selbstverständnis der Hirtenbevölkerung als legitimer Akt der Selbstverteidigung und wurden bis ins 19. Jh. gegen alle angewandt, die das fruchtbare Tiefland besetzt hielten. Im Lauf der Jahrhunderte und unter dem Druck fortgeschrittener feudaler Besitzverhältnisse verselbständigten sie sich jedoch zu reinen Beutezügen, die auch vor den Herden der Nachbardörfer nicht Halt machten. "Jeder für sich und alle gegeneinander" lautete die Devise. Als letzte bardana im alten Kollektivgeist gilt die, die 1894 von den Männern aus Orgosolo durchgeführt wurde. An die 500 Orgosolesen ritten damals nach Tortolì (in der Ogliastra), um das Gold eines reichen Grundbesitzers zu erbeuten. Der Raubzug endete in einem Blutbad (→ Orgosolo/Barbagia).

Die Herrschaft des Hauses **Savoyen-Piemont** verschlechterte nur noch die Situation der Hirten. Die Besitztümer und Privilegien der spanischen Grundbesitzer wurden ausdrücklich bestätigt. Und es kam noch schlimmer. 1820 verkündete der Sardinienminister Carlo Felice den bereits erwähnten *editto delle chiudende*, den berüchtigten Erlass zur Einfriedung von Land. Jeder, der ein Stück des bisher gemeinschaftlich genutzten Gemeindelands bewirtschaftete, durfte es jetzt durch Einzäunung in seinen Besitz nehmen. Dass nur diejenigen einzäunen konnten, die über genügend Arbeitskräfte und Geldmittel verfügten, liegt auf der Hand. Dass dies in der Hauptsache vermögende Grundbesitzer waren, ebenfalls.

Was als Bodenreform und Investitionsanreiz gedacht war, nämlich, dass jeder, der ein Land gewohnheitsmäßig bewirtschaftete, es jetzt als seinen ureigenen Besitz betrachten durfte, erwies sich als Fehlschlag. Große Teile des bisher freien Weidelands kamen in den Besitz der reichen Großgrundbesitzer, die ab sofort von den Hirten empfindliche Abgaben für das Weiderecht auf den ehemals unentgeltlich nutzbaren Flächen forderten *(mezzadria)*. Die meisten Hirten hätten fast ihren gesamten spärlichen Verdienst dafür aufbringen müssen und wehrten sich verzweifelt. Sie rissen in nächtlichen Aktionen die tags zuvor aufgerichteten Mauern wieder ein, erschossen das Wachpersonal und die Arbeiter. Doch die Grundbesitzer hatten das "Recht" auf ihrer Seite. Mit Hilfe von Polizei und Militär wurden die *"Hirtenbanditen"* bekämpft, verhaftet, ein-

Von Hirten und Herden

Postkarten-Folklore mit wahrem Kern – ein Schäfer bläst die dreirohrigen launeddas, die uralten Hirtenklarinetten der Insel

gekerkert. Wer erst einmal in Haft saß, dessen Existenz war so gut wie ruiniert, denn seine Herde ging währenddessen ein oder wurde gestohlen. Wieder in Freiheit blieb meist nichts als der Weg in die Macchia – als Wegelagerer und bald wieder polizeilich gesuchter Viehdieb.

1851 verhängte der piemontesische Staat den Belagerungszustand über die Barbagia. Tausende ehemaliger Hirten lebten damals bereits als Banditen an den unwegsamen Hängen des Supramonte und Gennargentu. Doch das Netz zog sich enger und enger. Mit Hilfe eines perfiden Spitzelwesens (der Bandit, der andere verpfiff, konnte mit Straffreiheit rechnen) gelang es den staatlichen Organen, den Zusammenhalt der Dorfgemeinschaften auszuhöhlen. Aufsässige Gemeinden wurden unter Sondergesetze gestellt. Verbannung und Folter waren an der Tagesordnung. Die Banditen, die einst von der Dorfgemeinschaft geschützt worden waren, wurden immer mehr zu Einzelkämpfern, die sich mit Polizei und Denunzianten blutige Gefechte lieferten. Immer häufiger wurden auch die Auseinandersetzungen der Hirtenclans untereinander. Das rechtliche Regulativ der *vindicau* (vendetta) verselbständigte sich zu endlosen Familienkämpfen *(disamistade)* – wie Anfang unseres Jahrhunderts in Orgosolo, wo sich über 13 Jahre hinweg zwei Familien bis aufs Messer bekriegten.

56 Sardinien allgemein

Das alte Dorfrecht

Die sardischen Hirten lebten in großen Familienverbänden zusammen. So mussten sie die Herden nicht teilen und konnten sie besser schützen. Unumstößliche Rechtsgrundlage dieser Clans, die sich zu Dorfgemeinschaften zusammengeschlossen hatten, war das freie Verfügungsrecht an Grund und Boden. Privatgrund gab es nicht, jeder Schäfer konnte seine Schafe überall weiden. Streitigkeiten untereinander regelte man selber, ohne Hilfe übergeordneter staatlicher Organe. *Vindicau* wird dieses Prinzip genannt (in Sizilien die bekannte "vendetta"), was mit Blutrache aber nur sehr unvollkommen übersetzt ist. Die "vindicau" meint Selbstjustiz im weitesten Sinn, was nicht immer mit einem Mord enden muss. Auch bei kleineren Verbrechen (z. B. einige Schafe werden gestohlen) tritt der Familienrat zusammen und fällt ein Urteil, beispielsweise das Töten mehrerer Tiere aus der Herde des Täters. Bei massiveren Verbrechen kann es aber auch zur Tötung des verantwortlichen Mitglieds der feindlichen Großfamilie kommen, im Extremfall wird daraus die "disamistade", ein regelrechter Familienkampf. Grundpfeiler dieser archaischen Rechtsauffassung ist, dass der Respekt, den eine Sippe genießt, nicht verletzt werden darf. Galt eine Familie als schwächlich oder feige, konnte sie in den Ruf kommen, ihre Herde nicht verteidigen zu können. Eine Ehrverletzung muss deshalb immer gesühnt werden – was wiederum die Ehre der anderen Familie verletzt. Ein Kreislauf, an dessen Ende Blutrache und Familienkriege über Generationen stehen können. Nicht selten wurden deshalb Eigentumsdelikte von den Bestohlenen heimlich gesühnt, damit nicht die Ehre des Diebs verletzt wurde, was die verhängnisvolle Kettenreaktion schon in Gang setzen konnte. Erst mit gestiegenem Lebensstandard und der zunehmenden Einbindung in die Strukturen eines modernen Industriestaats hat dieses traditionelle Rechtsempfinden an Boden verloren.

Im 20. Jahrhundert wendete sich der noch immer vorhandene Wille zur Auflehnung ins Politische. Zahlreiche Schäfer gingen während des Zweiten Weltkriegs zu den Partisanen und hofften, nach dem Krieg auch die Staatsgewalt wieder aus den sardischen Dörfern vertreiben zu können. Doch in groß angelegten Razzien zerstörte der italienische Staat nach dem Krieg diese revolutionären Bewegungen.

Die Hirten, die Banditen blieben (bleiben mussten), kamen schnell in den Dunstkreis der gewöhnlichen Berufskriminalität. Seit den sechziger Jahren häuften sich die Aktionen gegen festländische und sardische Großkapitalisten. Immer wieder – bis heute – werden seitdem reiche Industrielle entführt und gegen Lösegeld in Millionenhöhe wieder freigelassen (→ S. 97). Sicher begünstigt durch die sichtbare Ausbeutung der Insel, die ein reiches Handlangerpotential sichert, wird dieses einträgliche Geschäft aber mittlerweile von einem gut organisierten Bandenwesen mit einflussreichen, gewöhnlich gut informierten Hintermännern betrieben. Wie eine italienische Tageszeitung einmal schrieb: "Das einzige Unternehmen, das heute auf Sardinien in industriel-

Von Hirten und Herden 57

Hirten verkaufen Käse und Wurst direkt an den Straßen

len Maßstäben finanziert wird". Sardische Banditen spielen dabei nur noch untergeordnete Rollen – mit der ursprünglichen Hirtenproblematik haben diese Fälle nichts mehr zu tun.

Zwar sind nach jedem Entführungsfall Tausende von Carabinieri in den unwegsamen Bergregionen auf der Jagd nach den Entführern und ihren Schlupfwinkeln. Doch die Aufklärungsquote ist gering, und meist wird die verlangte Summe gezahlt. Trotz hoher Kopfgelder kommen aus der Bevölkerung kaum Hinweise auf Banditenverstecke. Die *omertà* (Schweigepflicht) versiegelt den Mund. Aus gutem Grund – wer plaudert, so hat es die Vergangenheit immer wieder gezeigt, lebt meist nicht lange. Noch in den fünfziger Jahren machte vor allem Orgosolo mit zahlreichen Blutrache- und Spitzelmorden, Überfällen und Diebstählen von sich reden. Es ist nicht gesund, viel zu wissen und noch viel weniger, viel zu reden.

Viehdiebstahl und Streit um Weideplätze gehören noch heute zum Alltag der Hirten. Die Flinte ist oft dabei – einerseits um die räuberischen Füchse zu erlegen, die die Jungtiere aus der Herde rauben. Aber auch gegen menschliche Räuber hilft die Waffe – und wenn sie nur die Entschlossenheit zeigt, das eigene Terrain notfalls zu verteidigen. Der Kausalzusammenhang Hirten–Banditen gehört jedoch seit gut 30 Jahren der Vergangenheit an.

> **NB**: Falls Sie nicht zufällig ein durch Presse und Fernsehen bekannter Dollar-Millionär sind, diverse Grundstücke und Häuser auf Sardinien besitzen, vielleicht noch ihre Luxusjacht dort liegen haben und mit Aga Khan per Du sind, haben Sie von den "Banditen" nicht das Geringste zu befürchten ...

Feste und Veranstaltungen

Kaum irgendwo äußern sich sardische Kultur und Tradition so unmittelbar wie in ihren Festen. Jede Region, jedes Dorf hat eigene Feste und Feiern, deren Traditionen ungebrochen stark in den Bewohnern verwurzelt sind. Von Karneval bis Herdenabtrieb, von der Kirchweihe bis zur Erinnerung an Märtyrerqualen, Pest und Piraten – jedem Anlass seine Würdigung.

Wichtigster Festmonat ist der Mai. Neben zahllosen lokalen Feiern finden dann die beiden größten Feste der Insel statt – das *Sant'Efisio-Fest* von Cagliari und die *Calvacata Sarda* in Sassari. Zu diesen farbenprächtigen Großereignissen mit Umzügen, Reiterspektakel und aufwändiger Trachtenschau kommen die Sarden aus allen Ecken der Insel und sogar vom Ausland angereist, inzwischen auch immer mehr Touristen. Weitere große Ereignisse sind die *Festa del Redentore* von Nuoro und die *Festa dei Candelieri* in Sassari.

Doch vor allem die kleinen lokalen Ereignisse sind es, die den Besuch lohnen: So feiert jedes Dorf einmal im Jahr das Fest seines Schutzheiligen – fast immer werden dabei die schönen Trachten aus dem Schrank geholt, die von Dorf zu Dorf völlig verschieden sind. Die örtliche Tanzgruppe hat ihren großen Auftritt, Musik, ausgiebige Gelage und viel Ausgelassenheit schließen sich oft über mehrere Tage hinweg an. Auffallend ist das große Interesse junger Leute – die überlieferten Tänze werden gerne getanzt, auch die alten Dorftrachten sind keineswegs verpönt und ganz selbstverständlich integriert. Einträchtig schwingen Stone-washed-Jeans im Takt neben bunt bestickten Borten und Kopftüchern. Besonders intensiv wird auch um die vielen, einsam auf dem Land oder auf Berggipfeln stehenden Wallfahrtskirchen gefeiert, die meist von *cumbessias* (Pilgerzellen) umgeben sind, in denen die Feiernden übernachten können. Die mehrtägigen Feste werden oft im Rahmen großer Grill- und Picknickgelage gefeiert, überall bruzzelt dann das typische *porcheddu* (Spanferkel) am Spieß ...

Weiterhin sind vor allem die verschiedenen *Reiterfeste* interessant, auf denen die alte Vertrautheit der Hirten zu ihren Pferden zum Ausdruck kommt. Eine wilde, ganz und gar nicht ungefährliche Hatz bietet z. B. Anfang Juli die *S'Ardia* von Sedilo.

Ein **Festkalender** zu den wichtigsten Festen Sardiniens ist bei der sardischen Tourismusbehörde ESIT erhältlich.

Die wichtigsten Feste (Auswahl)

▸ **Karneval:** wird überall auf Sardinien ausgiebig gefeiert, vorchristliche Einflüsse haben sich vielerorts erhalten. Brennende Scheiterhaufen beenden am Dienstag oft das fröhliche Treiben.

Am aufwändigsten ist *Sa Sartiglia*, das spanisch beeinflusste Reiterfest von *Oristano* am Karnevalssonntag und -dienstag. Die weißmaskierten Reiter ver-

Feste und Veranstaltungen 59

Die wilden "Mammuthones" mit Schafsglocken, grausigen Holzmasken und Zottelfellen – sardischer Karnevalsbrauch uralter Herkunft

suchen, mit Stoßdegen einen über der Straße hängenden Stern zu durchbohren. Am selben Tag finden außerdem waghalsige Reiterkunststücke statt. Nur wenige Touristen finden zu dieser Jahreszeit allerdings den Weg auf die Insel, deshalb gibt es Anfang August in Oristano einen zweiten Aufguss des Festes.

Über die Grenzen Sardiniens hinaus ist der Karneval von *Mamoiada* berühmt. Mit grausigen Holzmasken, Zottelfellen und unter wildem Glockengeläut laufen die *Mammuthones* durch den Ort und werden von den rot gekleideten *Issohadores* eingefangen. Mit Sicherheit ein Fest, das auf "heidnische" Ursprünge zurückzuführen ist.

Ein besonders ausgelassener Fasching findet außerdem mit großen Umzügen und Tanzfesten in *Tempio Pausania* (Gallura) statt.

▶ **Ostern:** Die heilige Woche *"Settimana Santa"* wird in ganz Sardinien aufwändig mit Prozessionen begangen. Der Kreuzweg Christi wird nachvollzogen, und in vielen Orten ziehen die Männer als "confratelli" (Bruderschaften) in weißen Kostümen mit Kapuzen als Büßer durch die Straßen. Besonders eindrucksvoll feiert man die Karwoche in *Alghero* und den Ostermontag in *Castelsardo*.

▶ **Sagra di Sant'Efisio:** Vom 1.–4. Mai findet das größte Fest der Insel statt. Die Prozession von *Cagliari* nach *Nora* zu Ehren des Märtyrers Efisius, der bei Pula enthauptet wurde, ist ein riesiges Trachtenereignis mit den schönsten

60 Sardinien allgemein

Kostümen. Wegen des frühen Termins zu Beginn der Touristensaison ist es noch authentisch geblieben.

▶ **Sagra di San Francesco**: 1.–10. Mai bei *Lula* (Nähe Siniscola). Eins der am innigsten gefeierten Religionsfeste der Insel, das wahrscheinlich weit zurückliegende vorchristliche Ursprünge hat. Für zehn Tage treffen sich die Wallfahrer von weit her bei der Kirche in der Nähe von Lula. Jeglicher Streit soll in diesen Tagen der Versöhnung ruhen, alle Teilnehmer werden mit der traditionellen Filindeu-Suppe bewirtet, bringen aber auch reiche Gaben mit. Üppige Mahlzeiten, Messen, Dichterwettbewerbe und Musik wechseln sich ab, gewohnt wird in den Cumbessias um die Kirche. Kommunikation, Freude und Ausgelassenheit werden in diesen Tagen groß geschrieben.

▶ **Calvacata Sarda**: Der "sardische Ritt" von *Sassari* am letzten Sonntag im Mai wurde erst 1951 vom städtischen Rotary Club nach alten Vorbildern wiedereingeführt. Kostüme, Kutschen und Pferde defilieren durch die Innenstadt, außerdem finden Reiterturniere, Tanzwettbewerbe etc. statt. Zwar kein über die Jahrhunderte gewachsenes Fest, trotzdem viel fürs Auge.

▶ **S'Ardia**: 5.–7. Juli in *Sedilo* am Lago Omodeo. Wildes Reiterfest im Gedenken an den Sieg Kaiser Konstantins über Maxentius an der Milvischen Brücke (312 n. Chr.). Mehrmals wird in einer Art Verfolgungsritt die Kirche Sant'Antine umrundet. Stürze, Verletzungen und sogar Todesfälle kommen dabei vor. Übernachtet wird ebenfalls in den rundum stehenden Cumbessias.

▶ **Festa dei Candelieri**: Leuchterprozession am Abend des 14. August in *Sassari*. Riesige Kerzen aus Holz und Pappe werden von den Handwerks- und Bauernzünften anlässlich eines Pestgelübdes durch die Straßen getragen.

▶ **Festa del Redentore**: in *Nuoro*, am letzten Augustwochenende. Großes religiöses Fest zu Ehren der Erlöserstatue auf der Spitze des Monte Ortobene. Umzug in der Stadt mit anschließender Prozession auf den Berg. Im Anfiteatro von Nuoro abends großes Trachtenfest mit Tanz, Musik und Dichterwettbewerben.

▶ **Antico Sposalizio Selargino**: die Hochzeit von *Selargius* bei Cagliari. Anfang September begeht ein ausgewähltes Brautpaar seine Hochzeit im überlieferten Prunkstil der reichen Campidano-Familien. Das mehrtägige Fest zeigt viele Trachten und gewährt Einblick in alte Riten.

▶ **Fiesta di San Salvatore**: am ersten Sonntag im September am *Stagno di Cabras* (Oristano). Religiöses Fest, das auf die mittelalterlichen Sarazenen-Überfälle zurückgeht, als die Frauen von Cabras einst bei der Bergung einer Heiligenstatue mit ihren nackten Füßen so viel Staub aufwirbelten, dass die Seeräuber an ein großes Heer glaubten. Großes Fressgelage im Anschluss an die religiösen Zeremonien.

▶ **Sagra delle castagne**: anlässlich der Kastanienreife in Aritzo, an den Hängen des Gennargentu, in der letzten Oktoberwoche. Größtes Fest der Region mit Tanz-, Musikwettbewerben und lokalen Spezialiäten (Kastanien, Nüsse), die auch gratis verteilt werden.

Die Jugend pflegt eifrig die alten Traditionen der Insel

Volksmusik und Tänze

Das Faszinierendste an sardischer Musik sind die Gesänge. Die mehrstimmigen Männerchöre der "tenores" versetzen den aufgeschlossenen Zuhörer in archaische Zeiten und raue Hirtenwirklichkeit.

Es gibt wenig Volksmusik in Europa, die so nachdrücklich wirkt und gleichzeitig so unverfälscht erhalten ist. Grundprinzip ist dabei die immerwährende Wiederholung von Themen und Melodiefolgen, was durch die "monotone" Eindringlichkeit eine starke suggestive Wirkung ausübt.

Die **launeddas**, die uralten Hirtenklarinetten, werden leider häufig als folkloristischer Zierrat eines "ursprünglichen Sardiniens" missbraucht. Sie sind heute beinahe ausgestorben. Umso lebendiger ist dagegen das eigentliche Volksinstrument, die **Ziehharmonika**. Kein Tanz, kein Fest, bei dem nicht die Quetsche dabei ist. Im autobiographischen Roman *Padre Padrone* von Gavino Ledda ist es der größte Wunsch des jungen Gavino, die ersehnte Ziehharmonika zu kaufen (→ Literatur).

▶ **Sardische Tänze**: Sie sind bunt und mitreißend – fast jeder Ort hat seine eigene Tanzgruppe, die auf den örtlichen Festen in ihren traditionellen Trachten auftritt. Manche haben es zu solcher Meisterschaft gebracht, dass sie zu Veranstaltungen auf der ganzen Insel eingeladen werden.

Charakteristisch für alle sardischen Tänze sind die eigenartig vibrierenden Trippelschritte, die alle Tänzer synchron ausführen. Das geschieht z. T. in unglaublicher Geschwindigkeit, in die sich die Tänzer immer mehr hineinsteigern. Beinahe akrobatisch wird es, wenn ein Tänzer ein Solo tanzt. Inhaltlich

62 Sardinien allgemein

Tänzerinnen und Tänzer auf einem der vielen Trachtenfeste

stellen die Tänze oft Themen dar, z. B. der Hochzeitstanz mit Werbung, Ablehnung, Annahme und schließlich der Hochzeit selber.
Der bekannteste Tanz ist der *ballu tundu*, der traditionelle Rundtanz (auch "ballo sardo" genannt). Die Tänzer und Tänzerinnen bilden dabei einen Kreis, der sich aber immer wieder zu einer Reihe oder in Paare auflöst und wieder zusammenfindet. Am schönsten und unmittelbarsten ist der ballo sardo, wenn man das Glück hat, einem traditionellen Dorffest beiwohnen zu können. Abends kommen viele Einwohner zum Tanz auf dem Kirchenvorplatz zusammen – Ehepaare, befreundete Jugendliche, Familien, Honoratioren. Paarweise oder in Reihen tanzt man mit einer Hand auf dem Rücken, mit der anderen den Partner umfassend, in schnellen Schrittfolgen rund um den Platz. Als Tourist fühlt man sich nicht selten als störender Fremdkörper, wenn man sieht, mit welcher Anmut und Ernsthaftigkeit Jung und Alt bei der Sache sind. Trotz Disko und Techno steht dieser Tanz auch bei Jugendlichen unangefochten an erster Stelle – alle lernen ihn. Für die musikalische Begleitung sorgen selten mehr als drei Musiker: meist der obligate Akkordeonspieler, ein Trommler und ein Sänger, oft auch nur ein übersteuertes Tonband.

▶ **Canti a tenores** *(canti sardi)*: vierstimmiger Männergesang mit einem Vorsänger, der im Rezitativ Stegreifverse singt, die von den drei Partnern mit einem Refrain beantwortet werden. Dieser mehrstimmige Refrain wirkt eigentümlich schnarrend, eine spezielle Technik ist dafür Voraussetzung. Das Ende wird jeweils mit lautmalenden Silben eingeleitet – *biimbaam, biimboo* u. Ä. Im Wechsel wird jeder der Mitsänger einmal Vorsänger. Die Texte sind meist improvisiert, folgen aber komplizierten Gesetzmäßigkeiten. Je nach Laune, Steigerungsfähigkeit und Interesse der Sänger und Zuhörer können sich diese

Kunsthandwerk 63

Gesänge oft stundenlang hinziehen. Oft werden sie sogar in Wettkampfform ausgetragen und verarbeiten textlich nicht selten aktuelle Anlässe.

In ihrer bizarren Monotonie erinnern die polyphonen "Canti a tenores" an die berühmten gregorianischen Mönchsgesänge, sind aber wahrscheinlich älter als das Christentum. Ihre Wurzeln sind vielschichtig – koptische Liturgie und Berbergesänge, spanische und italienische Einflüsse haben sich vermischt, die sardischen Hirten haben sie über die Jahrhunderte entwickelt und weitergegeben. Einsamkeit und wilde Rauheit der Insellandschaften waren die besten Nährböden für ihre Perfektionierung. In den größeren Städten kann man in Musikläden und bei Straßenhändlern Kassetten mit den Canti a tenores bekommen.

▶ **Launeddas:** Diese dreirohrigen Hirtenklarinetten gab es schon in nuraghischer Zeit (1. Jt. v. Chr.). Sie funktionieren ähnlich wie ein Dudelsack und bestehen aus drei verschieden langen Schilfröhren, deren längste einen tiefen Grundton angibt. Die beiden kleineren Röhren sind klanglich darauf abgestimmt und haben jeweils etwa ein halbes Dutzend Grifflöcher. Das Schwierigste ist die Blastechnik (wie beim Dudelsack): Nach tiefem Luftholen bläst man gleichzeitig alle drei Mundstücke, und dreistimmig plärrt die Flöte los. Die Kunst besteht darin, Luft zu holen, ohne dass der Laut abbricht. Auf einer launedda kann man immer nur eine einzige Tonart spielen. Doch gibt es für jede Tonart spezielle launeddas (wie Mundharmonikas).

Kunsthandwerk

"Artigianato sardo", sardisches Kunsthandwerk also, findet man an jeder Ecke eines jeden Touristenorts. Souvenirshops übertrumpfen sich gegenseitig im Anbieten typischer Flechtkörbe, Korkaschenbecher, nuraghischer "Bronzetti" und bunter Trachtenfiguren im Stil bayerischer Seppl-Figuren. Wenn man aber den Kitsch beiseite lässt (von dem gibt's jede Menge), bleiben durchaus noch sehr passable Stücke.

Das Kunsthandwerk hat auf Sardinien eine lange Tradition. Ähnlich wie beim Brotbacken und in vielen anderen Bereichen hat jede Region, oft sogar jedes Dorf, spezielle Eigenarten und Vorlieben entwickelt. Ganz deutlich ist dies in der **Teppichweberei**, die inselweit örtlich völlig verschiedene Farben und Muster kreiert. Auch die beliebten Flechtartikel waren früher in jedem Ort anders gearbeitet. Doch sind diese Unterschiede heute aufgehoben und die Körbe auf der ganzen Insel nur in Nuancen verschieden.

Erfreulich auch, dass moderne Sünden noch selten sind, sieht man vom oft knallbunten Einfärben der Flechtwaren und krampfhaft modischer Teppichmusterung ab. Die überlieferten Techniken und Muster sind mit leichten Abwandlungen seit Generationen dieselben geblieben, ebenso die Grundstoffe. Leider laufen gerade die häufig verlangten Stücke Gefahr, durch maschinelle oder im Ausland billiger produzierte Massenware ersetzt zu werden. Souvenir-Multis vom Festland überschwemmen auch hier den Markt. Um sicher zu gehen, dass man echte, aus Tradition erwachsene Handarbeit vor sich hat, sollte man bei den Produzenten selber kaufen – mit etwas Glück sieht man die Frauen mit Flecht- oder Häkelarbeiten vor ihren Türen sitzen oder im Inneren am Webstuhl.

Sardinien allgemein

Typischer Souvenir- und Kunsthandwerksladen

Gerade im kunsthandwerklichen Bereich gibt es zahllose Kooperativen auf der ganzen Insel. Viele sind dem **ISOLA** *(Istituto Sardo Organizzazione Lavoro Artigianato)* angeschlossen, einer Organisation, die sich seit vielen Jahren erfolgreich um die Bewahrung der überlieferten Formen und Techniken sardischen Kunsthandwerks bemüht. In den Ausstellungs- und Verkaufsräumen von ISOLA (→ Kasten) bekommt man in der Regel qualitativ hochwertige Stücke, die dank des gesetzlich geschützten Herkunftszeichens mit Sicherheit aus Sardinien stammen. Billig kauft man dort allerdings nicht ein.

▶ **Webarbeiten:** Die aufwändige Kunst am Webstuhl wird nicht mehr überall betrieben. Doch oft steht noch ein alter Handwebstuhl zu Hause, der dann auch eifrig genutzt wird. Ansonsten gibt es zunehmend Werkstätten, die mit Webstühlen moderner Bauart arbeiten. Hergestellt werden Teppiche, Wandbehänge und Decken, außerdem Tischtücher, Handtücher, Servietten u. Ä.
Die sardischen *Teppiche* und *Wandbehänge* bestehen aus harter, fast unbearbeiteter Schafswolle, "orbace" genannt, und sind meist kratzig und rau. Die Kompositionen sind reichhaltig und oft völlig verschieden voneinander: geometrische Formen der Antike, arabische und byzantinische Motive, mittelalterliche und barocke Muster bis hin zu modernen Stilisierungen, die oft nuraghische Anregungen verarbeiten und sogar ins gewagt Abstrakte reichen. Viele Arten von Ornamenten, Tieren, Pflanzen und Blumen sind eingearbeitet. In den südsardischen Orten Mogodoro, Morgongiori und Isili dominieren z. B. leuchtende Blumen- und Ornamentmuster. Preislich muss man wegen der oft wochenlangen Arbeit für größere Stücke auf jeden Fall mit mehreren hundert Euro rechnen.

An der Costa Smeralda ▲▲
Die Sandbucht Baia Trinità auf der Insel La Maddalena ▲

▲▲ Am langen Sandstrand von San Teodoro
▲ Einer von vielen Sarazenentürmen an den sardischen Küsten

Strände sind das Kapital Sardiniens (bei Porto Rotondo) ▲▲
(bei Cala Gonone) ▲

▲▲ Im September sind die Feigenkakteen reif
▲ Blühende Feigenkaktee

Das Rostrot geschälter Korkeichen

Kunsthandwerk 65

- *Einkaufen*: Viele Werkstätten und dementsprechend reiche Auswahl findet man in **Dorgali** an der Ostküste, außerdem in **Mogoro** und **Morgongiori** (beide am Monte Arci, nördliches Campidano). Weiterhin werden Webarbeiten hergestellt in **Tonara** und **Sarule** (Barbagia), in **Isili** (Sarcidano), in **Aggius** und **Calangianus** (Gallura), **Ittiri** und **Ploaghe** (Sassari), **San Vero Milis** und **Santu Lussurgiu** (Oristano).

ISOLA: Garant für echt sardisches Kunsthandwerk

Zentrale: Via Bacaredda 184, *Cagliari*, ✆ 070/400707, ✆ 400359.

Ausstellungs-/Verkaufsräume: *Cagliari*, Via Bacaredda 176/178, ✆ 070/492756.

Sassari, Padiglione dell'Artigianato, Pavillon im Stadtpark (Giardini Pubblici), ✆ 079/230101.

Nuoro, Via Monsignore Bua 10, Seitengasse des Corso Garibaldi, ✆ 0784/33581, 31507.

Oristano, Piazza Eleonora d'Arborea 21.

Porto Cervo, Villagio/Sottopiazza, unter der zentralen Piazza, ✆ 0789/94428.

Kooperativen, die hauptsächlich für ISOLA arbeiten, finden sich in Atzara (Teppiche), Assemini (Keramik), Bonorva (Teppiche), Bosa (Filetstickereien), Castelsardo (Flechtarbeiten), Iglesias, Isili (Teppiche), Mogoro (Teppiche), Nule (Teppiche und Flechtarbeiten), Oristano (Keramik), Pattada (Hirtenmesser), Paulilatino (Web- und Holzarbeiten), Sant'Antioco (Teppiche), Sarule (Teppiche), Sinnai, Tonara (Teppiche), Vilamar und Villanova Monteleone.

▶ **Flechtarbeiten**: Flechten ist eine traditionelle Beschäftigung vieler Hausfrauen, die sich damit ein Extrageld verdienen. Meist sitzen sie dabei vor ihrer Haustür, und man kann ein wenig zusehen. Hauptsächlich flache, weit ausladende Körbe und Schalen, aber auch bauchige Gefäße mit Deckel werden hergestellt. Materialien sind Blätter der Zwergpalme, Asphodelos, Binsen und Schilf, die um feste Äste gewickelt und kunstvoll verknotet werden. Sehr haltbare, trotzdem elastische und formschöne Stücke entstehen dabei. Farblich variieren die Fasern traditionell von Elfenbein bis zu einem satten, dunklen Braun. Weniger schön sind die touristisch geprägten Stücke mit knallbunt eingefärbten Fasern. Die Muster sind althergebracht, oft Sterne und geometrische Figuren, seltener stilisierte Tiere. Die früheren Unterschiede zwischen den Mustern der Ebenen (verspielter, variationsreicher) und dem Bergland (streng, einfach) sind heute weitgehend verwischt und nivelliert. Insgesamt

66 Sardinien allgemein

Leuchtend bunte Teppiche und hübsche Flechtarbeiten – sardisches Kunsthandwerk, wie es am schönsten ist

gesehen sind Flechtarbeiten sehr preiswert, weil ein Überangebot vorhanden ist. Sie eignen sich gut als Mitbringsel, die Schalen kann man z. B. ideal als Obstschalen verwenden. Zahlreiche Einkaufsmöglichkeiten findet man in *Castelsardo*; touristisch weniger vermarktet und preiswerter kauft man in den Dörfern der *Planargia*, südlich von Bosa.

- **Keramik**: An Flussläufen und in den Ebenen des Südens, wo lehmhaltige Erde häufig ist, war die Töpferei in früheren Jahrhunderten ein blühendes Handwerk. Heute ist die Produktion wegen des erdrückenden Angebots an billiger Fabrikware stark zurückgegangen. Traditionelle Haushaltskeramik gibt es noch in bescheidenem Umfang in *Oristano* und in *Assemini* (bei Cagliari), ansonsten natürlich überall moderne, touristisch geprägte Keramik.
- **Kork**: Damit haben die sardischen Kunsthandwerker keine recht glückliche Hand. Es sei denn, man findet schlecht geleimte Bücher mit Korkseiten, peinliche Aschenbecher und sonstigen Souvenirkitsch reizvoll. Interessanter sind dagegen die Sachen, die keine Andenkenindustrie in die Hand bekommen hat, z. B. Korktapeten, eventuell auch Boden- und Wandfliesen. Sardinien ist der wichtigste Korkproduzent Italiens. Direkt beim Erzeuger kann man in *Tempio Pausania* und *Calangianus* (beides in der Gallura) kaufen.
- **Filetstickereien**: Kunstvolle Filetarbeiten sind eine ganz spezielle Tradition im Städtchen *Bosa* an der Westküste. Die Frauen sitzen überall in den Gassen an großen Vierecksrahmen und besticken Tücher und Decken.
- **Goldschmuck**: Zu jeder der zahlreichen Inseltrachten gehörte früher auch Goldschmuck. Die sardische Goldschmiedekunst lässt sich bis ins 18. Jh. zu-

Kunsthandwerk 67

rückverfolgen und ist stark spanisch beeinflusst. Sicher arbeiteten auch vorher schon Gold- und Silberschmiede auf Sardinien, doch existieren keine Schmuckstücke mehr aus diesen Zeiten – wahrscheinlich wurden sie eingeschmolzen, um neue daraus herzustellen. Der sardische Schmuck besteht hauptsächlich aus Golddraht, der sich mit Perlen oder kleinen Steinen dekoriert in filigranen Kompositionen um einen zentralen Edelstein fügt. Führend in der Schmuckherstellung sind heute die Kunsthandwerker in *Sassari*, *Cagliari*, *Bosa* und *Dorgali*.

▶ **Masken**: Hergestellt werden skurril verzerrte Gesichter aus Holz und Ton, die in ihrer archaischen Art weit in die sardische Geschichte zurückreichen und vor allem im Karneval Verwendung finden. Da bei uns kaum bekannt, sind dies sehr schöne Mitbringsel. Gute Kaufmöglichkeiten gibt es in verschiedenen Barbagia-Orten, auch in *Nuoro*.

▶ **Holztruhen**: Schöne schwere Truhen aus Kastanien- und Eichenholz mit ornamentalen Schnitzereien findet man vor allem in *Buddusó* (Barbagia) und *Dorgali* (Ostküste).

▶ **Hirtenmesser**: Die berühmten sardischen Hirtenmesser "Sa Resolza" stammen aus *Pattada* (Logudoro), *Gavoi* (Barbagia) und *Santu Lussurgiu* (Oristano), haben Griffe aus Widderhorn und sind sündhaft teuer. Näheres auf S. 325.

▶ **Korallenschmuck**: gibt es in allen Arten und Formen in *Alghero*, wo um das Capo Caccia das wichtigste Korallentauchgebiet der Insel liegt. Doch vieles, was im Schaufenster lockt, stammt nicht mehr aus Sardinien –

Filetstickerin in Bosa an der sardischen Westküste

die Korallenbänke sind fast leer gefischt und stehen unter strengem Naturschutz. Hauptsächlich japanische Importe füllen die Lücke. Eine größere Auswahl an Korallen findet man auch in *Bosa* (Planargia) und *Palau* (Gallura).

> **Achtung**: Korallen sind weltweit vom Aussterben bedroht, mit dem Kauf von einschlägigem Schmuck unterstützt man den weiteren Raubbau.

▶ **Bronzetti**: Die fingerspannlangen Nachbildungen der nuraghischen Bronzefiguren sind weder Bronze noch traditionelles Kunsthandwerk noch überhaupt Handarbeit, sondern werden maschinell gegossen und stilecht mit Grünspanimitat überzogen.

Sardisch

Sa domu est minore, sa coru est mannu – *"Das Haus ist klein, das Herz ist groß"*

Obige Sentenz ist kein Küchenlatein. Und auch kein Versuch, die Verständigung der alten Römer als lebende Sprache zu etablieren. Es ist Sardisch ("sa limba sarda"), eine eigenständige romanische Sprache, deren Hauptgrundlage das Latein der Römer ist, die ja gut sieben Jahrhunderte die Insel kontrollierten.

Aus vorrömischen Zeiten blieb auf Sardinien sprachlich kaum etwas erhalten. Nur einige wenige *vorindogermanische* Wörter und Ortsnamen sind Bestandteil des Sardischen geblieben (z. B. Nuraghe). Sogar in der aufständischen Barbagia wurde die Sprache der römischen Eroberer assimiliert, die von ca. 215 v. Chr. bis 460 n. Chr. die Insel besetzt hatten. In den folgenden Jahrhunderten wurde das übernommene Latein weiterentwickelt und mit sprachlichen Eigenheiten nachfolgender Kolonisatoren vermengt. Vor allem die über 400-jährige Herrschaft der *Spanier*, die ihre Sprache zur alleinigen Amtssprache machten, hinterließ ihre Spuren. Ab Anfang des 18. Jh. waren die Besatzer *Italiener*, sodass zahlreiche sardische Bezeichnungen und Eigennamen italianisiert wurden. Da das Italienische als Wurzel ebenfalls das Latein hat, sind Italienisch und Sardisch miteinander verwandt. Jedoch entwickelte sich das Italienische wegen des starken Eingebundenseins des Festlands in die gesamteuropäischen Veränderungen (insbesondere Völkerwanderung) radikal und schnell vom Latein weg. Sardinien blieb nach der römischen Okkupation für Jahrhunderte als "vergessene Insel" verhältnismäßig isoliert und behielt lateinische Grundstrukturen und Wortschatz unmittelbarer bei – etwa so, als würde heute in einer deutschen Randzone ein modifiziertes Mittelhochdeutsch gesprochen.

"Das" *Sardische* gibt es allerdings nicht. Wegen der starken geographischen Gliederung und der unterschiedlich starken Einflüsse von Eroberern bildeten sich in den verschiedenen Inselteilen vielmehr eine Vielzahl von Dialekten heraus. So wurde und wird in der Region von **Alghero** noch ein *katalanischer* Dialekt gesprochen. Im äußersten Südwesten, auf der Insel **San Pietro**, haben dagegen die genuesischen Einwanderer den *ligurischen* Dialekt des 16. Jh. bewahrt. In der **Gallura** spricht man einen stark *toskanisch* und teilweise korsisch beeinflussten Dialekt, sodass dort die Verwandtschaft zum Italienischen am stärksten ausgeprägt ist. Am ehesten authentisch "sardisch" geblieben sind die Dialekte des **Campidano** im Inselsüden, des **Logudoro** bei Sassari und die Dialekte der **Barbagia.**

Seit dem 18. Jh. verwendeten die Turiner Herzöge von Savoyen und der italienische Staat ihre Kulturhoheit darauf, das Italienische als alleinige offizielle Amtssprache einzuführen. Das Sardische wurde als primitiv gebrandmarkt und unterdrückt. In den Schulen wird bis heute ausschließlich Italienisch gelehrt. Der Effekt war und ist die *Zweisprachigkeit* der Sarden mit der zunehmenden Tendenz, dass die jungen Sarden das Italienische besser beherrschen als das Sardische, das (vielleicht) noch im Elternhaus gesprochen wird. Man beschränkt sich oft nur noch auf das Verstehen, nicht mehr auf das Sprechen des heimischen Dialekts. Mit jeder aussterbenden Generation bricht so ein Stück der sardischen Kultur weg, die Sprache ist mittlerweile vom Aussterben bedroht. Ein großes Handikap für den Bestand des Sardischen ist auch, dass man sich wegen der Vielzahl der Dialekte bisher nicht auf eine verbindliche inselweite Schriftsprache einigen konnte. Weiterhin hat das Sardische wenig Bezeichnungen für abstrakte Vorgänge. Es kann zwar z. B. Gefühle artikulieren, wissenschaftliche Ausdrucksweise und die Aufnahme neuer Begriffe bzw. Wortschöpfungen in den Wortschatz (z. B. *Nulllösung* oder *Ehrenwort-Konferenz*) kann es nicht leisten. Es ist durch und durch konkret und ländlich bestimmt, oft bildhaft. Trauriges Indiz für die sardische Sprachsituation: Sogar die bedeutendsten Schriftsteller der Insel, *Grazia Deledda* ("Schilf im Wind"), *Gavino Ledda* ("Padre Padrone") und teilweise *Sebastiano Satta*, schrieben ihre Werke in Italienisch. Dies natürlich in erster Linie, weil der italienische Absatzmarkt wesentlich größer ist als der sardische. Grazia Deledda versuchte zwar zunächst, sardische Gedichte und Gesänge zu sammeln, um daraus eine spezifisch sardische Literatur zu schaffen, doch Hilfe wurde ihr dabei kaum zuteil, sodass sie das Vorhaben aufgab.

Im Zuge wiedererstarkter Autonomiebestrebungen ist allerdings seit etlichen Jahren die Tendenz zu erkennen, die sardischen Dialekte zu bewahren. In fast jedem Dorf gibt es heute Hobbyliteraten, die Sardisch schreiben. Öffentliche Lesungen in Mundart, Stegreifwettbewerbe und Literaturfeste haben die eigene Sprache wieder stark ins Bewusstsein der Inselbewohner gerückt. Es gibt viele Initiativen, die sich der Pflege und Förderung des Sardischen annehmen, Bücher und Landkarten werden zunehmend in sardischen Dialekten herausgegeben, und es wird nur eine Frage der Zeit sein, bis sich die italienische Regierung in Zugzwang sieht, das Sardische als Minderheitensprache anzuerkennen. Großes Verdienst um die Erforschung sowie die lexikalische und grammatikalische Fixierung des Sardischen hat sich Anfang unseres Jahrhunderts der deutsche Privatgelehrte *Max Leopold Wagner* erworben. Immer wieder hielt er sich monatelang auf der Insel auf, durchwanderte die Landschaften, sprach mit den Menschen und machte sich Notizen, aus denen mehrere umfangreiche Werke über das Sardische entstanden, u. a. das erste wissenschaftlich fundierte Wörterbuch des Sardischen (inzwischen gibt es schon mehrere). An den Universitäten von Cagliari und Sassari gelten seine Bücher noch heute als Standardwerke.

Limba e curtura de sa Sardigna: Sardisch im Internet

Um das Aussterben des Sardischen zu verhindern, hat Guido Mensching, Professor für Romanistik in Berlin, ein interessantes Internetprojekt ins Leben gerufen. Unter www.lingrom.fu-berlin.de/sardu/ setzte er eine Website in sardischer Sprache ins weltweite Netz, um die in alle Teile der Welt versprengten Sprecher zusammenzuführen. Aus den Textbeiträgen und den im Chatroom auf sardisch geführten Diskussionen lassen sich wertvolle Daten sammeln, auf Grund derer vielleicht doch noch eine sardische Schriftsprache entwickelt werden kann.

Murales

In den sechziger Jahren wurden sie erfunden. Wuchtige Wandmalereien, die den jahrhundertelangen Kampf gegen Unterdrückung, Kolonisierung und Ausbeutung widerspiegeln. Anklage, Wut und Ohnmacht gegenüber den Herrschenden, aber auch Hoffnung auf Veränderung drücken sie aus. Jeder versteht sie, auch die (zahlreichen) Analphabeten. Doch die Zeiten ändern sich – seit den Achtzigern bröckeln die Farben, heute sind bereits viele Bilder verschwunden.

Ende der sechziger Jahre entstanden unter dem Eindruck der französischen Studentenbewegung die ersten Bilder. In **San Sperate** begann *Pinuccio Sciola*, heute einer der wichtigsten zeitgenössischen Bildhauer der Insel, zusammen mit Gleichgesinnten, sein politisches Unbehagen zu artikulieren. Angeregt waren die jungen Künstler durch die berühmte mexikanische Revolutionsmalerei. Das Thema war Sardinien – auf dem Papier autonom, in der Realität fremdbestimmt durch italienische Machtpolitik, Industrie und NATO-Militär. Mit kräftigen Farben und naiv-plakativer Ausdruckskraft pinselten sie ihre Gemälde an die Hauswände – bald nicht mehr nur in San Sperate, sondern in vielen Orten des Südens, z. B. *Fluminimaggiore, Villasor, Villamar, Villaputzu, Serramanna*. Auch in den gegen Ausbeutung und fremde Besatzer schon immer sensiblen Barbagia-Dörfern fand die Bewegung Anklang. In *Nuoro, Oliena, Bitti, Tonara, Ollolai, Villanova Strisaili* und, wen wundert es, *Orgosolo* zierten bald zahlreiche Murales die Wände. Auch vor dem Rathaus machte man nicht Halt – kein Bürgermeister rief die Carabinieri. In Orgosolo ist noch heute die Front des Municipio eine einzige Farbenorgie, die die *Rinascita*, die Erneuerung, fordert.

Unter dem Eindruck der westeuropäischen Studentenbewegungen fanden die Bilder bald zu einer internationalen Thematik – der Bogen reichte vom Protest gegen südamerikanische Juntas und den Vietnamkrieg bis zur fragwürdig gewordenen Terroristenbekämpfung der westdeutschen SPD-Regierung. Später kam die Solidarisierung mit der polnischen *Solidarnosc* dazu, noch später gab es Aufrufe gegen die Stationierung von Cruise Missiles in Westeuropa.

Doch die eigentliche Thematik, immer wieder leidenschaftlich dargestellt, blieb die *sardische Frage*. Die ungerechten Landgesetze von 1820, die die Hirten ihrer Lebensgrundlage beraubt hatten, die verfehlte Finanzpolitik der *Cassa per il Mezzogiorno*, die Problematik der Militärstützpunkte auf Sardinien, die Pratobello-Besetzung (zu allem siehe das Geschichtskapitel), dazu der aufgebrachte Ruf: *concimi non proiettili* – Dünger statt Gewehrkugeln! All dies und vieles mehr wurde großflächig anklagend auf die Mauern gepinselt.

Die revolutionäre Energie erlahmte in den Siebzigern. Was nachkam, waren fast ausschließlich dekorativ-folkloristische Bilder mit unverfänglichen Themen wie das häusliche Leben am Herd, das Weiden der Herden, Landschaften, Häuser und Menschen. Hatten vorher "Überzeugungstäter" freiwillig und unentgeltlich gemalt, sogar ihre Farben selbst bezahlt, waren es nun immer häufiger von den Gemeinden "angestellte" Künstler, die reine Auftragsarbeiten ausführten. Ähnlich wie die mexikanischen wurden die sardischen Murales

Lesetipps **71**

ästhetische Anschauungsobjekte, "Sehenswürdigkeiten" für staunende Epigonen, Touristen und Reiseschriftsteller. Orgosolo ist heute berühmt für seine Bilderzyklen, die die ganze Hauptstraße samt Einmündungen begleiten.
Doch Fresko-Malerei konserviert nur dauerhaft, wenn sie in den feuchten Putz gemischt wird. Die sardischen Murales sind außen aufgemalt. Sie halten nur wenige Jahre, höchstens Jahrzehnte. Wenn sie nicht erneuert werden, waschen sie Wind, Schnee und Regen ab. Genau das passiert zur Zeit.

Lesetipps

Nur wenige Werke sardischer Literaten wurden ins Deutsche übersetzt, und auch in der deutschsprachigen Literatur hat Sardinien nicht gerade überwältigenden Niederschlag gefunden. Doch immer gab (und gibt es) Liebhaber, die dem *"mal di Sardegna"*, der schmerzlichen Sehnsucht nach der Insel, verfallen sind. In meist kleinen Auflagen haben sie ihre Wahlheimat beschrieben.

▸ **Sardische Literatur, ins Deutsche übersetzt:** *Grazia Deledda* (1871–1936), die berühmteste Schriftstellerin der Insel, hat 33 Romane geschrieben, nur wenige davon wurden jedoch ins Deutsche übersetzt und liegen derzeit vor. 1926 erhielt sie den Nobelpreis für Literatur (→ Nuoro/Barbagia).

Bekannter im deutschen Sprachraum, nicht zuletzt wegen einer viel beachteten Verfilmung, wurden die beiden autobiographischen Romane von *Gavino Ledda* (* 1938). Der ehemalige Hirtenjunge lernte erst mit 20 Jahren lesen und schreiben, brachte es aber danach als Autodidakt bis zum Linguistikprofessor an der Universität von Sassari.

● *Grazia Deledda*: Bekanntester Roman der Schriftstellerin aus Nuoro ist **Canne al Vento**, in deutscher Übersetzung erhältlich als **Schilf im Wind**, Manesse Verlag Zürich 1992 (Manesse Bibliothek der Weltliteratur). Erzählt wird die Lebensgeschichte der Schwestern Pintor und ihres treuen Knechts Efix in einem kleinen Dorf bei Orosei (Ostküste), der aus Liebe zu einer seiner Herrinnen ein schreckliches Geheimnis bewahrt.
Im Winkler Verlag (Reihe Winkler Weltliteratur) ist außerdem **Marianna Sirca** erhältlich, die tragische Liebesgeschichte einer jungen, wohlsituierten Städterin aus Nuoro und dem "Banditen" Simone, die sich bereits seit ihrer Kindheit kennen.
Ebenfalls bei Winkler zu haben: **Die Maske des Priesters**, außerdem bei Arche und als Goldmann-Taschenbuch die zwei Romane **Zia Maria** und **La Madre**. Die kleine Erzählung **L'Edera** (zu deutsch: Der Efeu) wurde als italienisches Original im Klett Verlag (Reihe Easy Readers) veröffentlicht. Ferner bei Ullstein lieferbar: **Cosima**, Grazia Deleddas autobiographischster Roman (Cosima ist ihr zweiter Taufname), der erst 1937 posthum erschien und in dem sie ihr Leben in Nuoro beschreibt.

● *Gavino Ledda*: **Ich Gavino** (Untertitel: **Padre Padrone/Die Sprache der Sichel**). Die berühmte Autobiographie des Bauernjungen Gavino aus Siligo (Provinz Sassari) ist als Fischer-Taschenbuch vergriffen, aber 1998 als Hardcover im Verlag Benziger erschienen.
Gavino wird von seinem Vater bereits nach einem Monat aus der Volksschule geholt, damit er ihm die Schafe hütet. Als Autodidakt lernt Gavino lesen, schreiben, rechnen und bringt es in ständiger Auseinandersetzung mit seinem gewalttätigen Vater bis zu Abitur und Studium. Danach geht er als Erzieher nach Salerno, ein Geschwür zwingt ihn jedoch zur Rückkehr nach Sardinien.
Vor allem wie Ledda im ersten Teil sein Leben als einsamer Hirtenjunge schildert, gehört zu den großen Momenten der Inselliteratur. Auch in der deutschen Übersetzung spürt man die spröde Diktion und kraftvolle Schlichtheit des einstigen sardischen Hirten. Das jegliche Fehlen geschraubter Künstlichkeit macht den Text so faszinierend. Als Intellektueller reflektiert Ledda im zweiten Teil die sardische Bauernkultur neu, schweift von der Gegenwart immer wieder in vergangene Erlebnisse ab, berichtet

72   Sardinien allgemein

über Denken und Leben der Tagelöhner, Kleinbauern und Hirten. Besonders faszinierend die magischen Praktiken, die teils an Voodoo-Zauber erinnern: Wie heilt man Gelbsucht? Indem man fünf extrafette Kopfläuse verspeist!

● *Salvatore Satta*: **Der Tag des Gerichts**, Insel Verlag, Frankfurt/M. 1980. Der Juraprofessor aus Nuoro (1902–75) lebte zwar in Italien, sein einziger, posthum veröffentlichter Roman spielt aber in seiner Heimatstadt, wo er aufwuchs. In dem nach der Emeritierung verfassten Roman über seine Kindheit

und Jugend bietet Satta eine äußerst anschauliche und eindrucksvolle Beschreibung der sozialen, politischen und menschlichen Verhältnisse in Nuoro zu Anfang unseres Jahrhunderts.

● *Maria Giacobbe*: **Tagebuch einer Lehrerin**, Köln 1957. Seinerzeit sehr beachteter Roman einer jungen Lehrerin aus Nuoro, die in den armen Dörfern der Barbagia Grundschullehrerin wird und ihre bedrückenden Erfahrungen schildert. Seit langem vergriffen.

▶ **Deutschsprachige Literatur über Sardinien:** Fast alles ist mittlerweile vergriffen, wenig Neues kommt nach.

● *Bibliographien*: **Sardegna. Una Bibliografia** (deutsche Beiträge zur Erforschung der Insel), Salvatore A. Sanna, Pullach/München 1972. Nur in Bibliotheken, eine Fundgrube für jeden, der sich näher mit Sardinien beschäftigen will. Eine so gut wie lückenlose Aufstellung aller Schriften, Bücher und Aufsätze, die in deutscher Sprache bis 1972 über die Insel erschienen sind. Auffallend die vielen Spezialthemen von Geologie über Landwirtschaft bis Bergbau (auch deutsche Firmen waren im 19. Jh. in sardischen Bergwerken engagiert), die aber oft nur sehr schwer über die Fernleihe wissenschaftlicher Bibliotheken zu bekommen sind.

● *Kunstgeschichte*: **Kunst Sardiniens**, Ausstellungskatalog des Badischen Landesmuseums Karlsruhe, Redaktion Jürgen Thimme, Karlsruhe 1980. Dicker Wälzer zu einer weitgefächerten Ausstellung sardischer Kunst und Kultur vom Neolithikum bis zum Ende der Nuraghenzeit, nur noch über Bibliotheken erhältlich. In der 200-seitigen Einführung sehr intensive Beschäftigung mit der Vorgeschichte Sardiniens und der Nuraghenkultur, breiten Raum nimmt darin die umstrittene Beziehung Sardiniens zu anderen Mittelmeerländern und -inseln ein. Anschließend ausführliche Bilddokumentation mit genauen Beschreibungen der Exponate, darunter zahlreiche nuraghische Bronzefiguren. Für wirklich Interessierte ein echter Gewinn.
Kunst-Reiseführer Sardinien, Rainer Pauli, Dumont-Buchverlag, 7. Auflage, Köln 1990. Nur über Bibliotheken erhältlich. Umfassendes Werk zur sardischen Kunst und Geschichte. Pauli, der bereits seit seiner Jugend Sardinien regelmäßig bereist, ist einer der besten Kenner dieser teilweise komplizierten Materie. Alle wichtigen Phänomene sardischer Kunst sind ausführlich und engagiert behandelt. Breiten Raum nimmt die sardische Vorgeschichte ein, die derzeit in archäologischen Fachkreisen Gegenstand intensiver Diskussionen ist (→ Geschichte). Pauli präsentiert eine Fülle von Grabungsergebnissen und interpretiert sie im Sinne des zukunftsweisenden Forschungsansatzes, der Sardinien nicht mehr als nur von außen beeinflusst, sondern vielmehr als weitgehend eigenständig sieht.

● *Natur*: **Reiseführer Natur Sardinien-Korsika**, Johannes Kautzky, BLV, 1998. Kundiger Naturführer, schön aufgemacht, mit vielen Farbfotos und kleinen Kartenskizzen.

● *Reiseberichte, Essays*: **Am Sarazenenturm**, Ernst Jünger, Verlag Vittorio Klostermann, Frankfurt/M. 1955. Das schmale Bändchen ist der deutschsprachige Klassiker über die Insel. Man muss Zeit und viel Ruhe haben, wenn man es mit Gewinn lesen will (am besten im Urlaub). Denn Zeit hatte auch der Verfasser, der liebevoll-genau einen mehrwöchigen Ferienaufenthalt in Villasimius an der Südostspitze Sardiniens schildert. Über "Sardinien" erfährt man darin allerdings nichts – stattdessen sind die Beschreibungen des Meeres, der Steine, Pflanzen, Tiere und Menschen immer wieder unvermutete Ausgangspunkte für vielschichtige Reflexionen, u. a. über die Unterschiede des ursprünglichen Insellebens zur Hetze der "Zivilisation". Am Rande bemerkt – das Gasthaus Stella d'Oro, in dem Jünger damals Quartier nahm, ist noch heute eine beliebte Trattoria samt Albergo. "Am Sarazenenturm" ist ein bewusst apolitisches Buch. Nur ganz gelegentlich schimmern Gedanken zwischen den Zeilen, die Assoziationen an den umstrittenen

Lesetipps 73

ehemaligen Verherrlicher des absoluten Gehorsams wecken. Jünger, der 1998 im Alter von 102 Jahren verstorben ist, war seit den fünziger Jahren sichtlich um seine Rehabilitation bemüht und hat sich nach Meinung vieler zum überzeugten Europäer gewandelt. Das Büchlein ist seit langem vergriffen und kann nur noch in wissenschaftlichen Bibliotheken ausgeliehen werden.

Das Meer und Sardinien, D. H. Lawrence, Diogenes Verlag, Zürich 1985 (derzeit vergriffen, Neuauflage geplant). Ein weiterer Klassiker, jedoch aus dem Englischen übertragen. Der Schriftsteller und Italienliebhaber Lawrence beschreibt eine Reise, die er 1919 durch Sardinien unternahm. Ganze zehn Tage war er unterwegs – seine englische Seele hatte er dabei sichtlich nicht zu Hause gelassen. Immer wieder bricht vollmundiger Sarkasmus durch, er verflucht innerlich vorlaute Reisekumpane, kann sich voll mitteleuropäischer Arroganz über die Verfallsstufen eines verdreckten Tischtuches wundern und möchte den ekligen Fußboden der Herberge am liebsten nicht einmal mit den Schuhen berühren. Ein Anti-Buch, möchte man meinen – wenn nicht die genauen Beobachtungen und die dichte Sprache wären, mit denen er den vom italienischen Festland so unterschiedlichen Charakter der Insel beschreibt.

Sardinien – Ein Land der Kindheit, Elio Vittorini, Verlag Schöffling & Co., Frankfurt 1997. Knappe Reisebeschreibung eines italienischen Literaten, in der das Sardinien der dreißiger Jahre lebendig wird.

• *Soziologie, Wirtschaft*: **Die Banditen von Orgosolo**, Franco Cagnetta, Econ-Verlag Düsseldorf/Wien 1964. Die einzige größere Abhandlung über das Banditentum in Sardinien. Liegt in deutscher Übersetzung vor, kann aber wiederum nur über Bibliotheken ausgeliehen werden. Der italienische Arzt Cagnetta wollte Entstehung und Entwicklung des Banditenwesens frei von allen kontinentalpolitischen Verzerrungen an Ort und Stelle studieren. So lebte und recherchierte er jahrelang in Orgosolo und konnte schließlich das Vertrauen der Bewohner gewinnen. Er beschrieb fesselnd die Geschichte des Dorfes bis in die jüngste Gegenwart. Orgosolo und seine "Banditen" sind für ihn das Beispiel einer archaischen Kultur, die im Zusammenstoß mit der modernen (italienischen) Zivilisation versucht, ihre uralten Traditionen und Bräuche zu bewahren. Die Katastrophe, in der diese Versuche münden, sind weniger den Sarden als vielmehr den Kolonisatoren anzulasten. Sehr lesenswert wegen der genauen Beschreibungen der Ereignisse in Orgosolo – Banditenkrieg von 1899, Deportation von 1954, von der Polizei installiertes Spitzelwesen etc. Bezeichnenderweise ist das Buch nicht in italienischer Sprache erschienen.

Schäfer auf Sardinien, Ein archaischer Beruf im Kapitalismus, von Silvia di Natale, Campus Verlag, Frankfurt 1985. Eins der wenigen Werke, die sich in deutscher Sprache mit Schäferberuf und -kultur auf der Mittelmeerinsel auseinandersetzen. Grundlage der Studie sind die Forschungen der Autorin Anfang der achtziger Jahre auf Sardinien. Nach einer umfassenden Einführung in die spezielle Problematik sardischer Schäfer und ihrer Geschichte kommen diese selber in Interviews ausführlich zu Wort. Leider mit fast 35 Euro nicht gerade billig.

Corazzu, Bilder des Widerstands an den Mauern Orgosolos, Ben Granzer/Bernd Schütze, Prometh Verlag, Köln 1979. Eindrückliche Dokumentation mit vielen Fotos über die Murales von Orgosolo, dazu erklärende Texte, die z. T. aus äußerst aussagekräftigen Interviews mit den Bewohnern bestehen. Leider seit langem vergriffen.

• *Sprache*: **Das ländliche Leben Sardiniens im Spiegel der Sprache**, Max Leopold Wagner, 1921. Der Sprachkundler Wagner war der erste und einzige Wissenschaftler, der sich intensiv um die Erforschung und Lexikalisierung des Sardischen bemüht hat. Noch heute sind seine zahlreichen Studien aktuell und werden an sardischen Universitäten als Standardwerke benutzt. Viel Wissenswertes über das Leben der Bauern und Hirten auf Sardinien vermittelt Wagner in diesem Buch, das allerdings nur über wissenschaftliche Bibliotheken zu bekommen ist.

Einführung in die sardische Sprache, Guido Mensching, Romanistischer Verlag, 2. Aufl. 1994. Neueres Werk eines Romanistikers zur Sprachsituation auf Sardinien mit vielen Hinweisen zur geschichtlichen Entwicklung der Sprache. Zu Menschings weiteren Aktivitäten siehe auch den Kasten auf S. 69.

Die Nuraghen – rätselhafte Zeugen der Vergangenheit

Geschichte

Furat chie venit da'e su mare – "Wer übers Meer kommt, will uns bestehlen"

Die Sarden haben es schwer gehabt. Seit vorchristlichen Jahrhunderten wurde ihre Insel von fremden Eroberern überschwemmt – ein Spielball in der Hand militärisch gerüsteter Kolonisatoren, nie selbstbestimmt, immer unterdrückt, kontrolliert, ausgeblutet.

Nach den *Phöniziern* und *Puniern* kamen die *Römer*, die *Byzantiner* aus dem Osten, die *Sarazenen* aus Afrika, die *Pisaner* und *Genuesen* vom Stiefel, die *Aragonier* von der Iberischen Halbinsel, die Herzöge von *Savoyen-Piemont* aus Frankreich bzw. Oberitalien. Als letzte kamen die *Italiener*. Sie sind geblieben, doch bis heute fühlen sich die Sarden ihnen nicht wirklich zugehörig. Zu lange sind sie verachtet und ausgebeutet, sind ihre Probleme beiseite geschoben worden. Unter italienischer Regie wurde Sardinien ein Teil des *Mezzogiorno*, des armen rückständigen Südens Italiens, auf dessen Kosten der Norden expandierte. Die Insel als Selbstbedienungsladen der Kolonisatoren – das ist der rote Faden, der die sardische Geschichte durchzieht. Entwicklung? Wurde lange nicht gewünscht, sogar vermieden. In den letzten Jahrzehnten des 20. Jh. wurde die zu hundert Prozent agrarisch strukturierte Gesellschaft Sardiniens mit Industrieprojekten "beschenkt", die kaum Arbeitsplätze brachten und Profit, wenn überhaupt, nur den Mailänder Investoren. Hunderttausende von Sarden mussten von ihrer unterentwickelten Insel auswandern, um Arbeit in den Industriezentren Europas zu finden. Viele kamen krank an Leib und Seele zurück. Die Statistiken sprechen in dieser Hinsicht für sich – nicht weniger als 25 % der Menschen, die in der psychiatrischen Anstalt von Cagliari behandelt werden, sind ehemalige Auswanderer, die die *emigrazione* und die damit verbundene Isolierung seelisch nicht verkraftet haben. Auch heute müssen noch immer viele Sarden fern ihrer Insel leben – optimistisch stimmt jedoch, dass der stetig ansteigende Tourismus auch der Landbevölkerung allmählich Einnahmen bringt, sei es in Form von Kooperativen, "Agriturismo" oder anderen touristischen Initiativen.

Die Sarden: Uneinig aus Tradition

Von "den" Sarden kann man eigentlich nicht sprechen. Das Eindringen fremder Usurpatoren wurde immer erleichtert durch das spezifisch sardische Problem der Uneinigkeit. Durchgängiges Motiv der Inselgeschichte ist der Gegensatz zwischen Viehzüchtern (in den Bergen) und Ackerbauern (der Ebenen). Die Interessen beider Gruppen waren und sind völlig gegensätzlich. Die Viehhalter bzw. Hirten benötigen immer neue Weideflächen für die hungrigen Mäuler ihrer Herden. Die Ackerbauern bepflanzen dagegen immer wieder die gleichen Grundstücke neu, bewachen sie vor den gefräßigen Schafen und setzen dem lebensnotwendigen Expansionsdrang der Hirten Mauern und Zäune in den Weg. Eine nationale sardische Einigung konnte nie stattfinden, da diese Gegensätze nie überwunden wurden. Schon in grauer Vorzeit, als noch die Nuraghenerbauer die Insel beherrschten, scheint gegenseitiges Misstrauen und Feindschaft vorherrschend gewesen zu sein. Der sardische Hang zur Eigenbrötelei, zur autarken Lebensweise der einzelnen Gemeinschaften, ist bis heute spürbar.

Die Anfänge

Die sardische Vorgeschichtsforschung befindet sich im Umbruch, neue Funde stellen althergebrachte Thesen in Frage. Kontrovers diskutiert wird vor allem, wann sich die ersten Menschen auf Sardinien niederließen. Aber auch die komplexen Zusammenhänge bzw. Abhängigkeiten und gegenseitigen Beeinflussungen zwischen östlichem und westlichem Mittelmeerraum sind noch ungeklärt. Sardiniens Vorgeschichte steckt noch voller Rätsel und der Boden voller Überreste einer nur in Bruchstücken sich abzeichnenden frühesten Historie.

Noch in den siebziger Jahren des letzten Jahrhunderts nahm man an, dass Sardinien erst vor etwa 6000–8000 Jahren besiedelt worden sei. Diese These wurde jedoch 1979 durch Steinwerkzeuge widerlegt, die im Schwemmland des Riu Altana in der Anglona entdeckt wurden und ein Alter von 120.000–180.000 Jahren aufweisen (→ Anglona/Perfugas, S. 286). Weitere Funde haben bestätigt, dass die Ursprünge der sardischen Vorgeschichte weit in die Altsteinzeit (600.000–10.000 v. Chr.) zurückreichen und sich so in völliger Übereinstimmung mit der Entwicklung auf dem europäischen Festland befinden.

Die ersten umfassenden Keramik- und Werkzeugfunde datiert man allerdings nach wie vor ins 6. Jt. v. Chr., den Beginn der Jungsteinzeit im westlichen

Geschichte

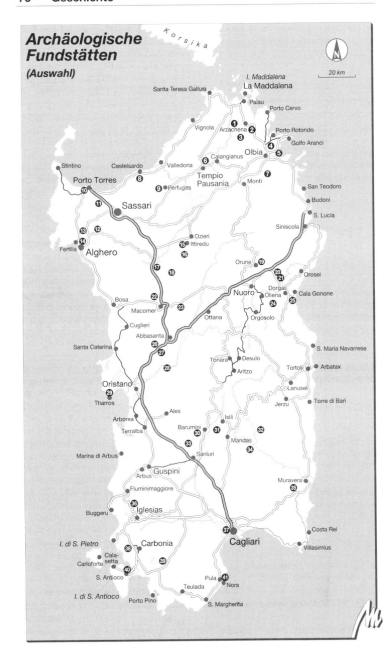

Die Anfänge   77

Geschichte

1. Li Lolghi (Gigantengrab) & Li Muri (Nekropole)
2. Nuraghe Albucciu
3. Coddu Vecciu (Gigantengrab) & Nuraghe La Prisciona
4. Cabu Abbas (nuragh. Gipfelfestung)
5. Sa Testa (Brunnentempel)
6. Nurage Maiori
7. Su Monte 'e s'Abe (Gigantengrab)
8. Roccia dell'Elefante (Grabkammerfels)
9. Pedrio Canopoli (Brunnentempel)
10. Römische Thermen
11. Monte d'Accodi (Altarberg)
12. Santu Pedru (Höhlengrab)
13. Anghelu Ruju (Nekropole)
14. Nuraghe Palmavera
15. Nuraghe Funtana, Partulesi (Nekropole) u.a.
16. Sa Coveccada (Dolmen)
17. Nuraghe Santu Antine
18. Sant'Andria Priu (Nekropole)
19. Su Tempiesu (Brunnentempel)
20. S'Ena e Tomes (Gigantengrab)
21. Serra Orios (Nuraghendorf)
22. Nuraghe Santa Barbara u.a.
23. Nuraghe Santa Sabina
24. Monte Tiscali (Nuraghierdorf)
25. Nuraghe Mannu
26. Nuraghe Losa
27. Santa Christina (Brunnentempel & Nuraghierdorf)
28. Römische Thermen von Fordongianus
29. Tharros
30. Nuraghe Su Nuraxi (Nuraghe)
31. Santa Vittoria (Brunnentempel)
32. Nuraghe Arrubiu
33. Nuraghe Genna Maria
34. Pranu Muteddu (Nekropole) & Menhire
35. Nuraghe Asoru
36. Tempio di Antas (röm.)
37. Tuvixeddu (Nekropole)
38. Monte Sirai (phöniz.)
39. Montessu (Nekropole)
40. Nekropole & Tophet (phöniz./pun.)
41. Nora (phöniz./pun./röm.)

Mittelmeer. Eine große Rolle spielte damals *Obsidian*, ein schwarzes, glasähnliches Gestein, das man in großen Mengen an den Hängen des erloschenen Vulkans **Monte Arci** südöstlich von Oristano gefunden hat. Aus ihm formten die frühen Bewohner Sardiniens Pfeilspitzen und Gerätschaften für Landwirtschaft und Haushalt. Aber auch außerhalb von Sardinien, z. B. auf Korsika und dem italienischen und südfranzösischen Festland, hat man sardischen Obsidian dieses Alters entdeckt – er war also seinerzeit bereits ein begehrter Exportartikel.

Im 4. Jt. kann man auf Sardinien verschiedene Kulturphasen unterscheiden, die große Ähnlichkeiten mit Entwicklungen im östlichen Mittelmeerraum zeigen. Ob dies auf Einwanderer aus dem Osten oder auf eine im Großen und Ganzen parallel laufende Entwicklung der westlichen und östlichen Mittelmeerkulturen zurückzuführen ist, wird noch diskutiert, wobei letztere Variante wahrscheinlicher scheint. Die bekannteste Kulturstufe ist die **Kultur von San Michele** oder **Ozieri-Kultur** (ca. 3400–2700 v. Chr.), so benannt nach der wichtigsten Fundstelle, der Grotte San Michele bei Ozieri/Anglona (→ S. 323). Allem Anschein nach war es eine Zivilisation friedlicher Ackerbauern, Hirten und Fischer, deren Keramik interessante Ornamentmotive, Spiralmuster und sogar Menschen, Köpfe und Augenpaare etc. zeigt (ausgestellt vor allem im *Museo Sanna* in Sassari). Sehr markant sind die vielen Statuetten, die stilisierte Frauengestalten darstellen und meist als Erd- oder Muttergöttin interpretiert werden. An ihnen werden die

78   Geschichte

intensiven Parallelen zum kykladisch-ägäischen Raum deutlich, wo diese sog. "Idole" besonders gehäuft auftraten. Die größte einschlägige Sammlung befindet sich im Kykladenmuseum/Athen (→ unsere Reiseführerreihe zu Griechenland), die schönsten Stücke auf Sardinien werden im archäologischen Nationalmuseum/Cagliari und im Museo Sanna/Sassari verwahrt.

Relikte der Epoche: Bekannteste Überreste der Ozieri-Kultur sind ihre Gräber, die sog. *domus de janas* (Feenhäuser), die ihren poetischen Namen den unzähligen Legenden verdanken, die sich im Lauf der Jahrtausende um die Gräber rankten. Es gibt diese Felskammergräber in den verschiedensten Formen und Größen – vom schlichten Einraumgrab (die frühesten Versionen sind nicht größer als Bahnhofschließfächer, sog. *Backofengräber*) bis zu ausgedehnten Grabsystemen, die aus Dutzenden von Räumen bestehen. In der Regel waren es Gemeinschafts- bzw. Sippengräber, die mit Pfeilern, verzierten Türstöcken, Reliefs und Malereien den Wohnhäusern der Lebenden nachgebildet waren und auf einen ausgeprägten Totenkult schließen lassen. Auffallend sind auch hier die Parallelen zum östlichen Mittelmeerraum, die in den zahlreichen Darstellungen von *Stierhörnern* zum Ausdruck kommen (die Stierhörner waren das Symbol der kretisch-minoischen Kultur.

Anghelu Ruju (bei Alghero): fast 40 Felskammern, die als zusammenhängendes Grabsystem eine ganze Nekropole bilden → S. 348.
Santu Pedru (bei Alghero): aufwändiges Palastgrab, das wohl die sterblichen Überreste eines Stammesfürsten beherbergt hat. Nach Art eines adeligen Wohnhauses gebaut → S. 354.

Sant'Andria Priu (bei Bonorva, Abzweig von der Straße nach Bono, Nähe Kirche Santa Lucia): etwa 20 Grabkammern, tief in den Berg gegraben, darunter ein großes "Häuptlingsgrab" → S. 332.
Montessu (bei Villaperuccio im Südwesten Sardiniens): über 40 Grabkammern, hineingehauen in die Felswände eines hufeisenförmigen Talkessels → S. 454.

Sardinien hatte aber kulturelle Beziehungen nicht nur zum Osten, sondern lag im 3. Jt. auch im Einflussbereich der *Megalithkulturen* des westeuropäischen Raums, wie sie sich am markantesten in der Bretagne ausgebildet haben, dort stehen etwa 1000 Menhire bei Carnac auf der Halbinsel Quiberon. Die sardischen Menhire, genannt *perdas fittas* ("Aufrechte Steine"), sind meist um die 2 m hohe Steinblöcke. Gefunden wurden sie vor allem auf der Hochebene Pranu Muteddu bei Goni (südliches Innersardinien) und bei Laconi im Sarcidano. Megalithischen Ursprungs sind auch die tischförmig angebauten Dolmengräber und die bei Arzachena entdeckten Gräber in Steinkreisen (Steinkistengräber).

Monte d'Accoddi: megalithischer Altarberg aus großen, moosbewachsenen Steinbrocken an der Straße zwischen Sassari und Porto Torres, einzigartig im ganzen Mittelmeerraum. Wie man aus zahllosen Muschel- und Keramikresten schloss, muss er ein bedeutendes Wallfahrtszentrum gewesen sein → S. 310.
Li Muri: bei Arzachena, Gräberfeld aus quaderförmigen Steinkistengräbern, umgeben von konzentrisch angeordneten Granitplatten. Örtliche Variante der

Ozieri-Kultur (sog. Arzachena-Kultur) → S. 229.
Pranu Muteddu: etwa sechzig Menhire und mehrere Felskammergräber in einem lichten Korkeichenhain bei Goni → S. 619.
Sa Coveccada: größter Dolmen der Insel, zu finden in der Nähe von Mores (→ Logudoro). Zeitliche Einordnung nicht ganz geklärt, wahrscheinlich um 2000 v. Chr. (Übergang von Kupfer- zur Bronzezeit) → S. 328.

Sardische Menhire ("perdas fittas") bei Barisardo

Die nuraghische Kultur (1800–300 v. Chr.)

Eine kämpferische Hirtenkultur fasste im 2. Jt. Fuß. Ihre Wurzeln sind ungewiss – ob rätselhafte Einwanderer aus dem westlichen Mittelmeerraum neue Impulse brachten oder die Sarden selber ihren Lebensstil änderten, kann aus den Funden bisher nicht eindeutig herausgelesen werden.

Augenscheinlichstes Merkmal der neuen Zivilisation waren die bizarren **Nuraghen** (*Nurakes* bedeutet Steinhaufen), kegelförmige Festungstürme aus roh aufeinander geschichteten Steinblöcken. Ihr Inneres war von der Außenwelt vollkommen abgeschirmt, nur schmale Schießscharten führten durch die meterdicken Mauern nach außen. Als schwarzgraue, moosbewachsene Ungetüme stehen sie noch heute überall in der sardischen Landschaft, nirgendwo in der Welt gibt es Vergleichbares – was die Einwanderungstheorien nicht gerade erhärtet. Über ihre militärische Funktion ist man sich dagegen heute so gut wie einig, nachdem so abenteuerliche Theorien wie Nuraghen als Fluchtpunkte vor Mücken, als Hochöfen oder astronomische Observatorien ausgeräumt sind. Inzwischen hat man mehr als 7000 Nuraghen gezählt (wahrscheinlich gab es wesentlich mehr, wenn auch nicht alle zur gleichen Zeit) und ausgerechnet, dass damit jeder Turm im Durchschnitt ein Gebiet kontrollierte, das sich nicht weiter als 1 km nach jeder Seite erstreckte. Kaum kann ein solches System, abgesehen von der Kette von Küstennuraghen, dazu dienen, äußere Feinde abzuhalten. Allem Anschein nach mussten sich die Nuraghier voreinander selbst schützen! Zahlreiche Siedlungen hatten ihren eigenen Wehrturm, die Insel bestand aus Tausenden von Clans, die sich gegeneinander abgrenzten

Geschichte

Eindrucksvolle Relikte der Frühzeit – Gigantengräber der Nuraghier

und argwöhnisch ihre Ländereien bewachten. Eine Situation übrigens, die mehr oder minder die gesamte sardische Geschichte begleitet – die Rivalität Dorf gegen Dorf verhinderte immer das Streben nach einer sardischen Einheit. Es scheint, als hätten sich im Lauf der Jahrhunderte die Gemeinwesen vergrößert und im selben Maß wurden auch größere Festungen gebraucht. Vor allem nach der Jahrtausendwende wurden die anfänglichen Einzeltürme zu immer komplexeren Burgen ausgebaut, vielleicht auch wegen einer zunehmenden Bedrohung durch äußere Feinde (→ Phönizier).

Die größte heute bekannte Festung, *Su Nuraxi* bei Barumini, hatte in der letzten Ausbauphase (9. Jh. v. Chr.) zwölf Türme samt doppeltem Mauerring (→ S. 614). Eine zweite bedeutende Nuraghenanlage ist *Santu Antine* bei Torralba, ein eindrucksvolles Festungsdreieck in der baumlosen Ebene des Logudoro (→ S. 330). Ein dritter im Bunde ist der imposante, trotzdem noch weithin unbekannte Nuraghe *Arrubiu* bei Orroli in der Marmilla (→ S. 617). Weitere sehenswerte Nuraghen sind *Palmavera* bei Alghero (→ S. 350), *Losa* bei Abbasanta (→ S. 412) und *Albucciu* bei Arzachena (→ S. 228).

▸ **Gigantengräber**: In den "Tombe dei Giganti" genannten Gemeinschaftsgräbern der Nuraghier fanden ganze Sippen Platz, bis zu hundert und mehr Menschen. Die Front bildet eine mehrere Meter hohe Eingangsstele mit einem winzigen Einlassloch, flankiert von zwei halbkreisförmigen Flügeln mit Sitzbänken. Dahinter erstreckt sich eine gut 10 m lange Ausschachtung, die mit Granitplatten ausgekleidet und überdeckt ist.

Beste Beispiele sind die Gigantengräber *Coddu Vecciu* und *Li Lolghi* bei Arzachena/Gallura (→ S. 228f.), weitere findet man beim Castello Pedrese in der Umgebung von Olbia (→ S. 200) und bei Dorgali (→ S. 523).

Die nuraghische Kultur (1800–300 v. Chr.)

Die Bronzefiguren der Nuraghier

Sie sind die eigentlichen Glanzstücke sardischer Vorgeschichte. Etwa 500 dieser 10–40 cm hohen Statuetten hat man gefunden und den Großteil im Nationalmuseum von Cagliari zusammengetragen. Gefunden hat man die meisten in Brunnenheiligtümern, in Gräbern und Wohnungen, z. T. aber auch in Bronzewerkstätten, also noch beim Hersteller. Viele wurden aber auch exportiert und außerhalb von Sardinien, meist in Gräbern entdeckt. Für ihre Herstellung formten die Nuraghier Wachsmodelle und umgaben sie mit einem Tonmantel. Beim Brennen des Tons schmolz das Wachs, und die Gussform für die Bronze blieb übrig.

Nach dem heutigen Stand der Forschung hatten die Figuren vorwiegend magische Funktion und dienten als Votivgaben für die Götter, durch die sich die Besitzer die Erfüllung bestimmter Wünsche erhofften. Mit ihren klaren, zum Abstrakten neigenden Formen wirken sie ungewöhnlich modern. Zwei Stile lassen sich unterscheiden: Bronzen im *geometrischen Stil* – elegant-stilisierte Krieger, Bogenschützen, Stammesfürsten – und solche im eher *naturalistischen Stil* aus dem Bergland – Hirten, Musikanten, Tiere. Besonders schön die Lampen in Schiffsform, oft mit Tierköpfen am Bug.

Entstanden sind die Bronzen nach gängiger Lehrmeinung in der Mehrzahl im 8.–5. Jh. v. Chr., als die Nuraghier den Ausbau ihrer Festungen beendet hatten. Über die Phönizier bestanden damals intensive Handelsbeziehungen ins östliche Mittelmeer,

Mutter mit Sohn – heute im Nationalmuseum in Cagliari

sodass die Kunst der Bronzebearbeitung auf diesem Weg nach Sardinien gefunden haben könnte. Sardinien selber war enorm reich an Bodenschätzen wie Kupfer, Silber und Blei. Erstaunlich und ungeklärt ist, wie die bis dahin mehr oder minder "kunstlosen" Nuraghier gewissermaßen aus dem Stand Skulpturen von derart hohem Niveau fertigen konnten. Neue Forschungen sprechen die Vermutung aus, dass die Herstellung der Bronzestatuetten schon wesentlich länger bekannt gewesen und ausgeübt worden sein dürfte. Da schon im 12. Jh. v. Chr. intensive Handelskontakte mit den Mykenern der metallreichen Insel Zypern bestanden, könnten diese den Nuraghenbauern die Kunst des Bronzegusses eventuell weitergegeben haben.

Interessant sind in diesem Zusammenhang auch die sensationellen Funde vom *Monte Prama* auf der Sinis-Halbinsel (Arborea). Hier hat man 1974 die Reste von etwa 30 Statuen gefunden, die in allen Details den Bronzefiguren entsprechen – allerdings überlebensgroß sind.

Geschichte

▶ **Brunnentempel** (Pozzi Sacri): Wasser war im trockenen Sardinien immer ein Gegenstand der Verehrung. So umgab man viele Quellen mit Mauern und ließ nur eine Treppe hineinführen, an deren Vorplatz Weihegeschenke niedergelegt wurden. Die Ummauerung samt Treppe wurde oft mit erstaunlicher Präzision durchgeführt.

Mehr als 50 Brunnenheiligtümer sind bekannt, besonders gut erhalten sind die Anlagen von *Santa Christina* bei Paulilatino, Nähe Oristano (→ S. 411), *Santa Vittoria* bei Serri, Nähe Barumini (→ S. 616), *Su Tempiesu* bei Orune, nördlich von Nuoro (→ S. 583) und *Sa Testa* zwischen Olbia und Golfo Aranci (→ S. 202).

Tharros, phönizische Ausgrabung bei Oristano

Die phönizisch/punische Eroberung

Seit Anfang des 1. Jt. v. Chr. setzten sich phönizische Händler aus dem östlichen Mittelmeerraum an den sardischen Küsten fest. Im 6. Jahrhundert zogen karthagische Heere (Westphönizier, im Folgenden "Punier" genannt) aus Afrika nach und eroberten weite Teile der Insel. Die eigenständige kulturelle Entwicklung Sardiniens war damit abrupt unterbrochen.

Die Phönizier hatten sich vor allem für die reichen Erzvorkommen im Südwesten Sardiniens interessiert und eine Reihe von Niederlassungen gegründet – *Nora* bei Pula (Südküste), *Tharros* (bei Oristano/Westküste), *Karali* (Cagliari) und *Sulki* (Isola di Sant'Antioco). Auch Griechen siedelten im 6. Jh. auf Sardinien und Korsika, wurden aber schnell in die Schranken gewiesen

Römer und Barbaren **83**

Geschichte

von den Puniern, die aus Afrika nach Norden vordrangen und sich in Italien, Sardinien und Südfrankreich festsetzten. Trotz anfänglicher Misserfolge – 540 v. Chr. brachten die Nuraghier einem karthagischen Heer eine schwere Niederlage bei – konnten sich die überlegenen Punier die fruchtbaren Küstenebenen und die Bergwerksgebiete des Sulcis und Iglesiente sichern. Die Nuraghenbewohner zogen sich in die Berge zurück, für die die Eroberer wegen mangelnder wirtschaftlicher Verwertbarkeit kein Interesse zeigten. Nur dort konnte sich im Folgenden eine anspruchslose _"sardische"_ Hirtenkultur am Leben erhalten. An den Küsten festigte sich dagegen die punische "Hochkultur", die die intensive landwirtschaftliche Nutzung, den Thunfischfang und den Abbau der sardischen Erze vorantrieb. Die Küstensarden mussten zunächst Frondienste leisten, verschmolzen aber nach und nach mit den punischen Kolonisatoren. Diese hatten nicht nur das Know-how und die Mittel für die wirtschaftliche Erschließung mitgebracht, sondern auch grausame Religionsriten wie die Opferung von erstgeborenen Kindern der Oberschicht – und die **Malaria**. Letztere wurde für fast 2500 Jahre auf der Insel heimisch und erst in unserem Jahrhundert endgültig ausgerottet. Die notleidenden Bergsarden, abgeschnitten von den ertragreichen Küsten, erfanden damals die _bardanas_ – bewaffnete Raubzüge in die wohlbestellten Ebenen, um ihre Versorgung zu sichern. Die letzte bardana wurde erst am 13. November 1894 von den Männern von Orgosolo durchgeführt.

Relikte der Epoche: Die wichtigen Handelsstützpunkte der Phönizier im Südwesten Sardiniens wurden von den Puniern zu befestigten Städten ausgebaut und sind heute als Ausgrabungsstätten erhalten. Jedoch wurde durch die spätere römische Besiedlung viel zerstört.
Nora (bei Pula/Südküste) und _Tharros_ (bei Oristano/Westküste) sind die zwei bedeutendsten phönizisch-punischen Ausgrabungen. Auf der _Isola di Sant'Antioco_ (vor der Südwestküste) sind eine ganze Nekropole und ein sog. Brandopferaltar (Tophet) erhalten geblieben – bedrückendes Überbleibsel der schaurigen Kinderopferung. Reste einer phönizisch-punischen Garnisonsstadt findet man auf dem _Monte Sirai_ bei Carbonia, die weitläufige Nekropole Tuvixeddu mitten in _Cagliari_, die Hafensiedlung _Cornus_ nördlich von Oristano.

Römer und Barbaren

In den punischen Kriegen zwischen Karthago und Rom wurde Sardinien zum Zankapfel der Weltpolitik. Die zentral gelegene Insel war von erheblichem strategischen Interesse, 238 v. Chr. konnten sie die Römer besetzen – jahrzehntelange Kämpfe waren die Folge.

Die Erhebung karthagischer Söldner in Nordafrika riss 238 v. Chr. die punischen Besatzer Sardiniens mit. Als sie jedoch in schwere Auseinandersetzungen mit den Sarden gerieten, mussten sie die Römer zu Hilfe rufen. Diese ließen sich die Intervention gleich zweifach entlohnen: zum einen finanziell, zum anderen durch die Anerkennung der römischen Herrschaft auf Sardinien. Die mit ihren inneren Schwierigkeiten vollauf beschäftigten Karthager mussten zähneknirschend zustimmen.

Römischer Mosaikboden im Museo Sanna (Sassari)

Im **Zweiten Punischen Krieg** (218–201 v. Chr.) zog Hannibal über die Alpen nach Italien. Die Sarden unter ihrem Führer Hampsicora, einem mächtigen Großgrundbesitzer, verbündeten sich mit karthagischen Hilfstruppen unter Führung Hasdrubals, Hannibals Bruder, gegen das geschwächte Rom – und wurden im Jahr 215 zunächst bei Cagliari, dann bei Cornus an den Hängen des Monte Ferru vernichtend geschlagen. Hampsicora "stürzte sich ins Schwert", und Sardinien wurde endgültig, d. h. für die nächsten 650 Jahre, dem römischen Weltreich angegliedert.

Mit gewohnter Energie gingen die Römer daran, Straßen zu bauen, Stadtgründungen voranzutreiben, Bewässerungsanlagen zu konstruieren und die Insel so weit wie möglich für den Getreideanbau zu erschließen. Sardinien sollte eine Kornkammer des Römischen Reichs werden. Doch so einfach, wie vorgestellt, wurde das nicht. Die sardischen Hirtenstämme (von römischen Schriftstellern *Fellsarden* und sogar schon *Banditen* genannt!) unternahmen aus den unzugänglichen Bergregionen immer wieder überraschende Vorstöße in Guerillataktik. Das Land der Barbaren, die *Barbaria* (die heutige Barbagia), wurde zum Alptraum für die römischen Legionen, denen es nicht gelang, die Insel letztendlich zu unterwerfen – eine schwere Schmach für die sieggewohnten Legionen, die immerhin fast den gesamten Mittelmeerraum erobert hatten.

Die römischen Feldherren rächten sich auf ihre Weise – Tausende und Abertausende von Sarden wurden in die Sklaverei verschleppt. Der spätere Volkstribun **Tiberius Gracchus**, in den Geschichtsbüchern als edler Kämpfer für die gerechte Verteilung des römischen Großgrundbesitzes unter den Kleinbauern bekannt, tötete und versklavte in einem Feldzug 80.000 Inselbewoh-

Neue Eroberer 85

Geschichte

ner. Erst nach der Zeitenwende, in der römischen **Kaiserzeit**, stabilisierte sich die Lage. Die Städte erhielten das Bürgerrecht, die Sarden arbeiteten entweder auf römischen Latifundien oder mussten kräftig Steuern zahlen. Doch die Bergstämme waren noch immer nicht besiegt, die fieberverseuchte Insel blieb eine unsichere Größe und wurde von den Römern gemieden. Sie entwickelte sich zum gefürchteten Verbannungsort – vor allem als das **Christentum** seine vermeintlich staatsgefährdende Rolle zu spielen begann. Ganze Schiffsladungen mit Christen und Juden hatten die Insel der "Barbaren" zum Ziel, u. a. war die *Isola di Tavolara* bei Olbia ein gefürchteter Verbannungsort. Zwangsarbeit und Malaria fanden zahllose Opfer. Christenverfolgungen und Ermordungen setzten auf Sardinien im 3. Jh. n. Chr. (Kaiser Diokletian) ein. Eine ganze Reihe von Märtyrern entstammten den römischen Soldaten und wurden später zu sardischen Heiligen, darunter die Offiziere *Efisius*, an den das große Sant'Efisio-Fest von Cagliari erinnert, und *Gavinus*, dem zu Ehren die Basilica da Gavino in Porto Torres benannt ist.

Relikte der Epoche: Römische Überreste sind seltener und nicht so gut erhalten wie auf dem Festland (Italien, Südfrankreich). Die phönizisch-punischen Städte *Tharros* und *Nora* wurden von den Römern übernommen und ausgebaut, in *Porto Torres* sind Reste von Thermen und eine Brücke erhalten, eine weitere Brücke gibt es bei *Fertilia*, eine große Thermenanlage in *Fordongianus*, und bei Fluminimaggiore steht der *Tempio di Antas*, die restaurierte Ruine eines punisch/römischen Tempels.

Im 5. Jh. wurden die ersten bescheidenen Kirchenbauten begonnen: *San Saturno* in Cagliari und *San Giovanni di Sinis* bei Oristano gelten als die ältesten Kirchen der Insel. In den Katakomben der Pfarrkirche von *Sant'Antioco* auf der gleichnamigen Insel im äußersten Südwesten trafen sich die Christen schon während der Zeit der Verfolgungen.

Neue Eroberer

Die Völkerwanderung, die im 4./5. Jh. ganz Europa umstrukturierte, machte sich in Sardinien spät bemerkbar. Die Wandalen ließen sich für knappe achtzig Jahre auf der Insel nieder. 534 mussten sie den oströmischen Byzantinern unter deren berühmtem Feldherrn Belisar weichen.

Sardinien wurde dem römischen Ostreich angegliedert. Byzantinische Adelige besetzten die großen römischen Ländereien und beuteten die Sarden durch ein raffiniertes Steuersystem und korrupte Beamte hemmungslos aus. Aber auch die Byzantiner hatten weiterhin mit der aufsässigen Bergbevölkerung zu kämpfen. Doch Anfang des 8. Jh. kam eine neue Gefahr über das Meer – die **Araber**. Die Heere der arabischen Omaijaden herrschten damals über das ganze Mittelmeer und waren auch schon bei Gibraltar auf den europäischen Kontinent vorgedrungen, wo sie 732 bei Tours und Poitiers zurückgeschlagen wurden. Sardinien wurde immer wieder das Ziel ihrer Flotten, vor allem der Süden. Sie plünderten die Küstenorte, zerstörten die Kirchen und verschleppten alle Einwohner, die nicht rechtzeitig fliehen konnten, in die Sklaverei. In

86   Geschichte

diesem Jahrhundert verfielen fast alle sardischen Küstenorte, die großteils seit phönizischer Zeit existiert hatten. Die Bewohner flüchteten ins Landesinnere und gründeten neue Siedlungen. Nora, Tharros und Cornus wurden zu Geisterstädten, *Pula, Oristano* und *Sassari* entstanden neu. Teilweise nahm man sogar das alte Baumaterial mit bzw. benutzte die aufgegebenen Siedlungen als Steinbrüche.

> **Relikte der Epoche**: Die Byzantiner kümmerten sich wenig um die gefährdete Insel, und die nachfolgende Romanik überdeckte die spärlichen architektonischen Relikte. Lediglich in einigen Kirchen und Museen sind bescheidene byzantinische Reste erhalten, und auch in der sardischen *Volkskunst* findet man byzantinische Elemente, z. B. Teppichmuster.

Die Richterzeit (8.–10. Jh.)

In diese Zeit fällt eine grundlegende politische Neuorganisation: Der byzantinische Statthalter von Cagliari bestellte in den verschiedenen Regionen der Insel drei Stellvertreter, die sog. Richter, die nach und nach gleichberechtigt wurden. Anfangs noch unter byzantinischer Federführung wurde Sardinien in vier sog. Judikate aufgeteilt, Cagliari (im Süden), Arborea (im Westen), Torres und Gallura (beide im Norden).

Als sich die byzantinische Staatsmacht allmählich zurückzog, stießen die einflussreichen sardischen und mittlerweile seit Generationen ansässigen byzantinischen Familien nach. Anfangs quasi als Beamte auf Lebenszeit wählten die Großgrundbesitzer, die freien Bauern und der Klerus ihre nunmehr sardischen Richter (*judice*). Später wurde dieses Amt erblich, und Sardinien war damit in vier **Kleinkönigtümer** aufgeteilt, die sich das Leben gegenseitig schwer machten. Die Richter (oder Könige) regierten, sprachen Recht und führten das Volksheer an, mit dem sich das Gemeinwesen vor äußeren Feinden und den anderen Judikaten schützte. Die Masse der Bevölkerung bestand in diesen Jahrhunderten aus abhängigen Bauern und Hirten.

Abgesehen von den ständigen Araberüberfällen kümmerten sich äußere Mächte bis zur Jahrtausendwende kaum um die Insel. Die Judikate konnten den Invasionsversuchen der Omaijaden widerstehen, so dass deren hoher Kulturstand die vergleichsweise schlichten Gemeinwesen in keiner Weise berührte. Hauptsächlich aus dem Latein des Mittelalters entwickelte sich jetzt die sardische Sprache.

> **Relikte der Epoche**: In der Richterzeit gab es keine eigenständigen Architekturleistungen. Was davon erhalten ist, lässt sich auf byzantinische oder römische Vorbilder zurückführen – wohl auch weil byzantinischer Klerus und Honoratioren noch lange nach dem politischen Rückzug von Byzanz wichtige Rollen in Gesellschaft und "Staat" spielten.

Pisa und Genua

1015 eroberte Mugahid aus dem Kalifat von Cordoba mit seiner Flotte die Südhälfte Sardiniens. Doch seit gut 200 Jahren sah sich die römisch-katholische Kirche auf Grund der (gefälschten) Konstantinischen Schenkung als Eigentümer der Insel. Da der damalige Papst Benedikt VIII. außerdem wegen des starken Einflusses der Ostkirche auf Sardinien ständig in Sorge war, kam ihm die Invasion gerade recht. Er rief die mächtigen Stadtrepubliken Pisa und Genua zu Hilfe, um die Araber zu vertreiben.

Diese folgten willig, sahen sie doch einerseits die Bedrohung, die von einem arabisch besetzten Sardinien für ihre Republiken ausgehen würde, und waren andererseits empfänglich für jegliche Expansionsideen. Vom vereinigten Heer der Pisaner, Genuesen und Sarden wurden die Araber 1016 geschlagen. Pisa und Genua übernahmen die Herrschaft und teilten die Insel unter sich auf. Der Süden wurde pisanisch kontrolliert, der Norden genuesisches Hoheitsgebiet. Die sardischen Richter verloren ihren Einfluss, und bereits im 13. Jh. gab es nur noch das Judikat Arborea.

Die machtlüsternen Stadtrepubliken begannen, ihre Kultur auf die "vergessene Insel" zu importieren, trieben gleichzeitig die wirtschaftliche Entwicklung entscheidend voran. Sie machten das Toskanische zur offiziellen Amtssprache, nahmen die Minen im Iglesiente wieder in Betrieb, holzten ganze Wälder ab, verschafften sich das Handelsmonopol und verschifften alle Produkte so schnell wie möglich aufs Festland. Bei aller Ausbeutung und Unterdrückung bewirkte der Eifer der Festländer einen wirtschaftlichen Aufschwung – neue Städte entstanden, Kastelle und Verteidigungsanlagen wurden erbaut, Verkehrswege verbessert. Diverse Mönchsorden wurden auf die Insel gerufen. Sie errichteten ihre Klöster und Kirchen meist weit entfernt von den Städten und gingen daran, das umliegende Land urbar zu machen. Viele dieser Landkirchen sind heute noch erhalten und gehören zu den Glanzstücken sardischer Vergangenheit. Währenddessen prägten permanente Auseinandersetzungen zwischen den genuesischen Adelsfamilien *(Doria, Malaspina, Spinola)* und ihren pisanischen Gegenspielern *(Visconti, Gherardesca)* das Leben auf der Insel.

Relikte der Epoche: Die Kirchen der Zeit sind keine eigenständig sardischen Schöpfungen, sondern mehr oder minder bescheidene Kopien *pisanisch/toskanischer Sakralbauten*, wo sich ab dem 11. Jh. die Romanik durchzusetzen begann. Für ihren Bau wurden in der Regel Baumeister und Facharbeiter aus Italien eingeschifft. Doch auch südfranzösische und arabische Handwerker hinterließen ihre Spuren. Da in den nachfolgenden Jahrhunderten nur wenig an den meist weitab von jeder größeren Ortschaft errichteten Kirchen verändert wurde, verkörpern sie oft reine Romanik – auf dem Festland eine Seltenheit. Die schönsten der sog. *Pisanerkirchen* stehen in Nordsardinien, viele in der Umgebung von Sassari. In der Umgebung von Cagliari gibt es dagegen einige Kirchen, die deutlich von *provençalischen* Einflüssen geprägt sind.

Geschichte

San Pantaleo   *Santa Giusta*   *San Pietro di Sorres*

Die wichtigsten romanischen Kirchenbauten:

San Gavino: in Porto Torres, bedeutendste Kirche des 11. Jh. auf Sardinien → S. 298.

Santissima Trinità di Saccargia: Die Klosterkirche südöstlich von Sassari gilt als schönste der pisanischen Landkirchen → S. 324.

San Pietro di Sorres: bei Thiesi, südöstlich von Sassari. Noch heute als Klosterkirche genutzt → S. 328.

Sant'Antioco di Bisarcio: bei Ardara und Chilivani, besonders schöne Lage → S. 323.

Santa Maria del Regno: der "schwarze Dom" von Ardara, bei Sassari. Hat trotz festländischer Baumeister am ehesten sardischen Charakter → S. 323.

San Pietro extramuros: bei Bosa. Klein, aber fein, eine der ältesten romanischen Kirchen, allerdings später gotisch umgebaut → S. 363.

Santa Giusta: südlich von Oristano, eine der schönsten und größten Pisanerkirchen → S. 392.

San Pantaleo: Pfarrkirche von Dolianova bei Cagliari, 12. Jh., stark von arabischen Einflüssen geprägt → S. 488.

Die noch erhaltenen nichtsakralen Bauten der Pisaner und Genuesen sind großteils militärischer Natur. Sie zählen zu den besterhaltenen Militärbauten der beiden Stadtrepubliken, da auf dem Festland kaum etwas davon übrig blieb. Interessanteste Beispiele sind die beiden Türme auf dem Castello von Cagliari: *Torre di Pancrazio* und *Torre dell'Elefante*, außerdem die Kastelle von *Bosa*, *Castelsardo* und *Osilo*. Der *Torre di San Cristoforo* in Oristano ist dagegen ein sardischer Wehrturm des Judikats Arborea und ahmt die pisanischen Vorbilder nach.

Die Spanier

Wieder war es ein Papst, der Nägel mit Köpfen machte. Wegen der ständigen Machtkämpfe der genuesischen und pisanischen Familien belehnte er Jakob II. von Aragon 1297 mit der Herrschaft über Sardinien und Korsika. Er bescherte den Sarden damit für 400 Jahre das grausamste Kolonialregime ihrer Geschichte. Durch die hemmungslose Inbesitznahme bisher freien Weidelands griff der Feudalismus außerdem nach der Lebensader der Hirtenkultur.

1326 besiegten die spanischen Aragonier die Pisaner, nahmen Cagliari im Sturm und vertrieben sie von der Insel. Die Genuesen fügten sich den Lehnsherren von Papstes Gnaden. Aragonische Siedler strömten auf die Insel, Feu-

Die Spanier

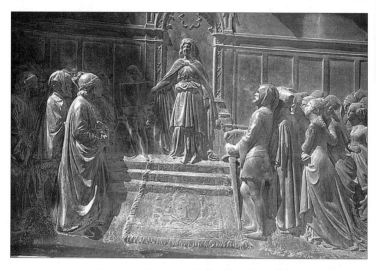

Eleonora d'Arborea, Nationalheldin und Begründerin eines eigenständigen sardischen Rechts

dalherren kontrollierten die Ländereien und Dörfer, korrupte Beamte übernahmen die wichtigen Posten in Verwaltung und Politik. Ein brutales Steuersystem sorgte für das Wohlergehen der Kolonisatoren. Wiederholte Aufstände wurden blutig niedergeschlagen. Die Städte **Cagliari** und **Alghero** wurden von Sarden entvölkert, bei Todesstrafe war es ihnen verboten, nachts innerhalb der Festungsmauern zu bleiben. Alghero wurde im 14. Jh. vollständig mit Katalanen besiedelt, was die Stadt bis heute prägt.

Eine letzte Hoffnung für die Sarden wurde Ende des 14. Jh. **Eleonora d'Arborea**, die nach dem Aussterben der männlichen Linie ihres Geschlechts im Judikat Arborea zur Richterin gewählt wurde. Schon ihr Vater hatte den Spaniern getrotzt und sogar Schlachten siegreich entscheiden können. Seine bemerkenswerte Tochter schaffte es für zwanzig Jahre, die Sarden zu einen nationalen Widerstand gegen Aragon zu mobilisieren. Ein Instrument dafür schuf sie 1395 in der *Carta de Logu*, einem in seinen ausgewogenen Bestimmungen nahezu revolutionären Zivil- und Strafgesetzbuch, das vor allem das noch immer ungeklärte spannungsgeladene Verhältnis der Bauern der Ebene zu den Hirten der Berge entschärfen sollte. Dieses wichtigste und zukunftweisendste Dokument der sardischen Rechtsgeschichte wird heute in der Universitätsbibliothek von Cagliari aufbewahrt. 1402 zerrann alle Hoffnung – Eleonora von Arborea starb an der Pest. Ihr Nachfolger hatte nicht die Kraft, den aragonesischen Heeren zu trotzen und wurde vernichtend geschlagen. 1410 wurde das Judikat Arborea aufgelöst. Auch spätere Aufstände waren vergeblich. Die aragonesischen Beamten hatten ihre eigene Gesetzgebung und die Carta de Logu, die die sozialen Verhältnisse Sardiniens entscheidend beeinflussen

90 Geschichte

Massiv und bullig über der Küste – einer der vielen spanischen "Sarazenentürme" rund um Sardinien

hätte können, blieb, obwohl bis ins 19. Jh. offiziell gültig, Papier. Eleonora ist heute die Nationalheldin Sardiniens.
1479 heirateten Ferdinand II. von Aragon und Isabella von Kastilien und vereinten damit die beiden Königreiche zum **Königreich Spanien**. Ein spanischer Vizekönig regierte fortan auf Sardinien, adlige und klerikale Feudalherren unterdrückten die Bevölkerung und errichteten ein mittelalterlich anmutendes Lehenssystem. Eine Zweiklassen-Gesellschaft schlimmster Machart entstand. Die spanische Oberklasse lebte in Saus und Braus, ließ aufwändige Kirchenbauten und Befestigungsanlagen errichten und sie durch erpresste Steuern von den Sarden finanzieren. Währenddessen wüteten Pest, Cholera und Malaria unter der Landbevölkerung. *Sarazenische Seeräuber* (arabisch-islamische Völker aus Nordafrika) und Hungerkatastrophen trugen das Ihre dazu bei, die Sarden zu dezimieren. Sardinien war auf einem Tiefpunkt angelangt.

> **Relikte der Epoche**: Über 400 Jahre dominierte fast ausschließlich die importierte Kunst der Spanier. Von den bahnbrechenden Entwicklungen des italienischen Festlands blieb Sardinien völlig abgeschnitten. Die Spanier brachten mit erheblicher Verspätung die *katalanische Gotik* nach Sardinien, gefolgt von der strengen *spanisch-klassizistischen Renaissance*. Während sich auf dem Festland der Barock ausbreitete, blieb er auf Sardinien eine Ausnahmeerscheinung. Auch die Malerei wurde spanisch beeinflusst. Augenfälligste Überreste spanischer Herrschaft sind heute die rund 70 sog. *Sarazenentürme*, die als Wachttürme gegen Piratenüberfälle an den Küsten rund um die Insel entstanden.

Dom von Alghero: gutes Beispiel für die katalanische Gotik, allerdings im 18./19. Jh. klassizistisch verändert. Rein gotisch sind der typische Achteckturm mit dem spitzen Kegeldach und das Portal → S. 344.

Dom von Sassari: Die verschwenderisch gestaltete Fassade wurde von spanischen Bauleuten im üppigen Barock des sog. spanischen Kolonialstils errichtet → S. 306.

Katalanische Tafelbilder: reich verzierte Marien- und Heiligendarstellungen aus dem 15./16. Jh., im Rahmen einer großartigen Sammlung in der Citadella dei Musei von Cagliari zu betrachten. Sie haben auch sardische Maler inspiriert, so dass man auch von sardisch-katalanischer Malerei spricht.

Das **Wappen Sardiniens** stammt eigentlich aus Aragon. Die "vier Mohren" mit Stirnbinden symbolisieren die vier Staaten, die Aragon von den islamischen Mauren erobert hatte. Mit der Vereinigung von Aragon und Kastilien ging das Wappen auf Sardinien über und blieb bis heute das offizielle Wappen der Insel. Im 19. Jh. wurde allerdings aus der Stirnbinde (ursprünglich ein Herrschaftssymbol) eine Binde, die die Augen verdeckte. Warum, ist nicht ganz geklärt – wahrscheinlich war es schlichtweg der Fehler eines piemontesischen Grafikers, der die Binde falsch platzierte. Die Sarden sehen jedenfalls heute in dem Wappen die vier selbständigen Judikate der Insel vom 8.–10.Jh. – und die vier Mohren mit verbundenen Augen stellen besiegte Sarazenen dar.

"Königreich Sardinien"

Das klingt besser, als es war. Für die Sarden blieb alles beim Alten, als im Frieden von London 1718 Sardinien dem Haus Savoyen-Piemont zugesprochen wurde und mit diesem zum Königreich obigen Namens avancierte.

Begonnen hatte alles mit dem Spanischen Erbfolgekrieg, der Sardinien in ein Karussell von wechselnden Besitzern geworfen hatte. 1718 musste der spanische König seine letzten Truppen von der Insel abziehen. Die **Herzöge von Savoyen** (ihr Machtbereich umfasste den westlichen Teil von Oberitalien und die Region um Nizza) wollten das ihnen zugesprochene Sizilien loswerden und erhielten statt der erhofften Lombardei, die ihr Gebiet im Osten arrondiert hätte, das unattraktive Sardinien. Doch die eigentliche Crux war, dass im Frieden von London den spanischen Feudalherren ihre Besitztümer und bisherigen Rechte auf der Insel garantiert wurden! Ein anachronistischer Zustand, der die Entwicklung Sardiniens völlig blockierte und erst in den dreißiger Jahren von **König Carlo Alberto** durch die Zahlung von hohen Ablösesummen aufgeweicht werden konnte. Die geforderten Summen wurden allerdings von den

92 Geschichte

Giovanni Maria Angioy, Anführer der "sardischen Revolution"

sardischen Gemeinden per Steuer eingetrieben (→ Schluss des Kapitels). Vorerst änderte sich aber wenig. Die frisch gebackenen Könige von Sardinien leiteten zwar einige Reformen ein, z. B. die Einführung eines Schulsystems und des Italienischen als Amtssprache (bisher war es Spanisch gewesen). Im gleichen Atemzug versuchten aber auch sie, finanziellen Nutzen aus den gewonnenen Gebieten zu schöpfen. Wirtschaft und Handel wurden belebt, der Export von Erz und Holz wieder aufgenommen – für Letzteren mussten wieder die arg zusammengeschmolzenen Waldbestände Sardiniens daran glauben, die die Pisaner und Genuesen stehen gelassen hatten. Die Lage der notleidenden Bevölkerung änderte sich nur insofern, als dass zu den Abgaben an spanische Feudalherren und den Klerus noch Steuern an den Staat dazukamen. Tausende mussten sich durch Raub ernähren und wurden zu *"Banditen"*. Vor allem im Gefolge der Französischen Revolution kam es deshalb auch in Sardinien zu Aufständen. Doch 1795/96 scheiterte die *"sardische Revolution"*, die von dem Cagliaritaner Richter **Giovanni Maria Angioy** angeführt wurde. Sein Heereszug von Unzufriedenen wurde von der Regierung auf dem Marsch nach Cagliari zusammengeschossen, er selbst flüchtete nach Korsika. Noch heute sind zahllose Straßen auf der Insel nach ihm benannt.

1798 musste König Carlo Emanuele IV. vor Napoleon nach Sardinien flüchten – es war das erste Mal, dass einer der savoyischen Könige einen Fuß auf die zweite Hälfte seines Königreichs setzte! Die Katastrophe aber kam mit dem neuen Sardinienminister **Carlo Felice**. Dieser wollte die Modernisierung Sardiniens vorantreiben und erkannte natürlich, dass die alteingesessenen Feudalherren jegliche Entwicklung verhinderten. Eine Bodenreform war nötiger denn je, wenn man den Anschluss an das Festland nicht ganz und gar verpassen wollte. So erließ Carlo Felice 1820 den *editto delle chiudende* (Erlass zur Einfriedung von Land). Dieser besagte, dass jeder Einwohner Sardiniens Ländereien, die er gerade bewirtschaftete, durch Einzäunen zu seinem Besitz machen könne. Die piemontesische Regierung versprach sich davon die gezielte Förderung des Ackerbaus, der jetzt geschützt vor den Herden der "Nomadenhirten" moderne Bebauungstechniken zuließ. Das verhängnisvolle Signal fand Anklang. Wer über genügend Arbeitskräfte verfügte – und das waren natürlich die mächtigen Feudalherren und Grundbesitzer – zäunte ein, was

"Königreich Sardinien"   93

das Zeug hielt! Auch von dem Erlass ausgenommene Flächen wie Quellgebiete, öffentliche Wege und Viehtränken wurden rigoros mit Mauern umgeben, und binnen kurzem war ganz Sardinien von einem Netz von *tancas* (Steinmäuerchen) überzogen, die noch heute entscheidend das Bild der Landschaft prägen (im Katalanischen heißt "tancas" absperren). Hatte bisher jedes Dorf trotz des spanischen Feudalsystems ausgedehnte gemeinschaftlich genutzte Ländereien besessen, die in Wechselwirtschaft als Ackerland an die Bauern **und** als Weide an die Hirten vergeben wurden, fiel jetzt der Löwenanteil des freien Gemeindelandes an diejenigen, die sowieso schon vermögend waren. Eine Art Zweiklassen-Gesellschaft war das schlimme Ergebnis. Die Kluft zwischen *sos principales* (den Reichen) und *sos poveros* (den Armen) – sprich landbesitzenden Bauern und landlosen Hirten – war weithin sichtbar manifestiert. Die Lebensgrundlage der Letzteren, das frei verfügbare Weideland (im Winter die Ebenen, im Sommer die höher gelegenen Regionen), war über Nacht eingezäunt worden. Verheerend wirkte sich jetzt vor allem aus, dass die Hirten für das Weiden ihrer Herden empfindliche Abgaben zahlen oder zumindest die Hälfte ihrer Einkünfte, die sog. **mezzadria**, abliefern mussten. In dieser Maßnahme liegt eine entscheidende Wurzel für die Entstehung des **Banditismus** auf Sardinien, denn viele Hirten konnten sich fortan nur mit Viehdiebstählen und Überfällen am Leben erhalten. Die Folge des Erlasses war ein 10-jähriger Bürgerkrieg. Hirten und landlose Kleinbauern rissen die Mauern der Großbauern und Grundbesitzer ein, zerstörten und plünderten die Gehöfte, wurden zu *"Banditen"*. Die Principales hatten den piemontesischen Staat und dessen Militär auf ihrer Seite – ein ungleicher Kampf, den die Hirten verloren. Doch im Banditenwesen setzte er sich bis in jüngste Zeit fort.

In den Jahren zwischen 1835 und 1839 wurde das **Lehenssystem** der spanischen Feudalherren endlich abgeschafft. Zwar fiel jetzt das unmäßige System der Abgaben weg, doch die Ablösesummen, die die Feudalherren für die Enteignung und ihren Verzicht auf angestammte Privilegien forderten, mussten die Gemeinden aufbringen! Dies hieß in der Regel schwere Verschuldung und hohe Steuerlasten für den Einzelnen. Eine erste große Auswanderungswelle schwappte von der armen Insel aufs Festland. Die freigestellten Lehensgebiete stellten jetzt eine Art Goldgrube dar, die für die aufsteigende kapitalistische Unternehmenswirtschaft für jede Art von Ausbeutungsaktion verfügbar waren. Man musste nicht lange warten, bis skrupellose Gesellschafter und Spekulanten vom Festland ihren Profit suchten, indem sie ganze Wälder systematisch rodeten und nach beendetem Werk die verödeten Gebiete wieder verkauften. Die gezielte Entwaldung gab weiten Teilen der Insel ihr heutiges, oft karges und herbes Gesicht.

Relikte der Epoche: Der spanische Barock wurde abgelöst vom elegant-weltmännischen *Klassizismus*, die großen Städte wurden modernisiert, großflächige Prachtfassaden entstanden vor allem in *Sassari* und *Cagliari*. Klassizistisch sind außerdem die Kathedrale von *Nuoro*, San Francesco in *Oristano* und die Fassade des Doms von *Alghero*.
Hervorzuheben ist auch die Holzbearbeitung des 18. Jh., vor allem das schöne Chorgestühl vieler Kirchen und die Möbelherstellung.

94   Geschichte

Sardinien – eine "italienische Kolonie"

In den vierziger Jahren des 19. Jh. wurde das Königreich Sardinien zum Angelpunkt des "Risorgimento", der nationalstaatlichen Einigung Italiens. Die Apennin-Halbinsel war zu diesem Zeitpunkt ein Konglomerat von österreichischen und französischen Besitzungen, unabhängigen Herzog- und Großherzogtümern und dem Kirchenstaat.

Der piemontesische Minister **Cavour** wurde zum treibenden Element der Einigungsbewegung – doch das rückständige Sardinien war ihm lästig. Nur der Intervention **Giuseppe Garibaldis**, des glorreichen Haudegens des Risorgimento (→ Insel Caprera) und dem Kalkül der Großmächte war es zu verdanken, dass die Insel nicht an Frankreich abgetreten wurde. 1861 wurde **Vittorio Emanuele II.** aus dem Hause Savoyen-Piemont König von Italien. Sardinien war Teil des jungen Staates, der Geld brauchte, um seine Kriege zu finanzieren. Die Steuern blieben genauso hoch wie zuvor und auch das oben bereits angesprochene Abholzen der Wälder ging weiter, was die Verkarstung und Versteppung großer Landstriche bewirkte. Auch Weideland ging dabei verloren, so dass immer mehr Hirten zu "Banditen" wurden. Herdenbesitzer konnten sich nur noch am Leben erhalten, indem sie sich gegenseitig bestahlen und dafür "Banditen" anheuerten. Viehdiebstahl und Überfälle waren an der Tagesordnung. Währenddessen griffen kapitalkräftige italienische Wirtschaftskreise nach der gebeutelten Insel, bauten die Bergwerke aus und organisierten die Käseproduktion als Exportgeschäft, zu dem sie das Monopol erwarben (und bis heute noch haben!). Das Pro-Kopf-Einkommen Sardiniens war das niedrigste in ganz Italien, für die Sarden blieb wenig mehr, als sich als billige Arbeitskräfte in festländischen Großbetrieben zu verdingen. In diesen Gründerjahren des italienischen Staates wurde mit einseitiger Gesetzgebung, gezielter Industrialisierung des Nordens und bewusster Vernachlässigung des Südens das bis heute existente Nord-Süd-Gefälle Italiens zementiert. Sardinien wurde Teil des unterentwickelten *Mezzogiorno*, weil die Interessen der festländischen Wirtschaftspolitiker auf Ausbeutung, nicht auf die Entwicklung der Insel gerichtet waren.

Umso erstaunlicher ist es, dass sich die sardischen Soldaten im **Ersten Weltkrieg** für die Sache des italienischen Staates besonders hervortaten. Die Heldentaten der legendären *Brigata Sassari* sind in Italien noch heute ein Begriff (weniger bekannt ist allerdings die Tatsache, dass diese Brigade bei den großen Turiner Fabrikkämpfen Anfang der zwanziger Jahre gegen streikende Arbeiter eingesetzt wurde, unter denen auch viele Sarden waren, und sehr bald von diesem Kommando zurückgezogen wurde, da die Solidarisierung mit den Streikenden befürchtet werden musste). Gestärkt durch die gemeinsamen Schützengrabenerlebnisse waren es aber gerade die heimgekehrten Kriegsveteranen, die 1921 die Gründung der ersten sardischen Partei initiierten. Im *Partito Sardo d'Azione* (PSd'Az), der Sardischen Aktionspartei unter Führung des Brigata Sassari-Offiziers Emilio Lussu, forderten sie lautstark die Autonomie ihrer Insel und erhielten dafür gleichsam aus dem Stand mehr als 30 % der Wählerstimmen.

Sardinien – eine "italienische Kolonie"

"Glücklich das Volk, das keine Helden nötig hat"

Benito Mussolini und seine Schwarzhemden unterbrachen 1922 mit ihrem Marsch auf Rom diese Entwicklung. Mit überdimensionalen punktuellen Landwirtschaftsprojekten (Urbarmachung der Arborea und der Region um Fertilia) und dem beschleunigten Ausbau der Bergwerksindustrie im Sulcis und Iglesiente gaukelte der Duce den Sarden eine verheißungsvolle Zukunft vor. Der Partito Sardo d'Azione wurde verboten, ihre Führer (wie die aller anderer verbotenen Parteien) gingen ins Exil oder wurden verhaftet. Auch **Antonio Gramsci**, der Mitbegründer und bedeutendste Theoretiker der kommunistischen Partei Italiens *(PCI)*, stammte aus Sardinien und wurde von den Faschisten eingekerkert. Nach neun Jahren Gefängnis starb er 1938 (→ Ghilarza). 1943 zerstörten die Bomben der Alliierten zwei Drittel von Cagliari und im selben Jahr verließen die deutschen Truppen kampflos die Insel.

Relikte der Epoche: Im neuen italienischen Nationalstaat wurden vor allem die großen Städte Sardiniens weiter ausgebaut. Klassizistische und neogotische Fassaden, Denkmäler und Verwaltungsbauten in *Cagliari* und *Sassari* sind die augenscheinlichsten Zeugen der Zeit. Die historisch-verwinkelten Altstadtviertel wurden durch breite Hauptstraßen zerteilt, neue Viertel wurden nach streng schachbrettartigem Muster errichtet (z. B. Neustadt von Sassari).
Trotzdem blieb von der traditionellen *sardisch-italienischen* Hausarchitektur viel erhalten, vor allem in kleineren Orten. Charakteristisch sind die altehrwürdigen Palazzi alteingesessener Familien aus schweren Granitquadern und mit filigranen schmiedeeisernen Balkons. Ihr Zustand ist heute leider oft sehr schlecht.
Der Duce brachte protzige Faschistenarchitektur in Form von weiten Plätzen, militärisch anmutenden Aufmarschalleen und stereotypen Wohnblocks in die Provinzhauptstädte und die Zentren seiner landwirtschaftlichen und industriellen Vorzeigeprojekte. Beste Beispiele sind *Fertilia* und *Carbonia*.

96 Geschichte

"Autonomia" und sardisches Selbstbewusstsein

Im Jahre 1948 wurde Sardinien eine "Autonome Region" der zwei
Jahre vorher konstituierten Republik Italien. Eine teilweise Selbstver-
waltung war damit garantiert – doch die sardischen Politiker der führenden Democrazia Cristiana entschieden in Absprache mit den Par-
teigenossen am Festland. Weiterhin wurden die Geschicke der Insel
von außen bestimmt.

Anfang der Fünfziger wurde mit Hilfe der amerikanischen Rockefeller-Stiftung die Malaria endgültig ausgerottet. Ebenfalls 1950 wurde die *Cassa per il
Mezzogiorno* gegründet, ein staatlicher Hilfsfond für den unterentwickelten
Süden. Wo diese Mittel in Milliardenhöhe hinflossen, illustriert anschaulich ne-
benstehendes Wandgemälde in Orgosolo.

1962 verabschiedete das italienische Parlament unter Federführung der Democrazia Cristiana den *piano di rinascita*, einen 12-Jahres-Plan, der mit
Milliardensubventionen die wirtschaftliche "Wiedergeburt" Sardiniens bringen sollte. Das Gegenteil war der Fall. Festländische Unternehmen (z. B.
Rovelli und *Moratti* aus Mailand) errichteten mit dem Geld drei Industriekom-
plexe – zwei petrochemische Raffinerien bei **Porto Torres** und **Cagliari** und
die Kunstfaserfabrik von **Ottana** im ländlichen Inselinnern. Diese treffend
cattedrali nel deserto ("Kathedralen in der Wüste") genannten Fremdkörper in
der sardischen Landschaft mussten zum Großteil mit festländischem Fachper-
sonal geführt werden, die Gewinne wurden eilends aufs Festland transferiert,
der Effekt für die Inselwirtschaft war gleich Null. Zusätzlich verschärfte die
Anwesenheit des Großkapitals die sozialen Spannungen. Wegen ihrer ungünstigen Lage fernab der großen Industriezentren standen die drei Betriebe bald
am Rande des Bankrotts – was von den Unternehmern wahrscheinlich beabsichtigt war, um günstige Steuerabschreibungsobjekte an der Hand zu haben
(→ Wirtschaft/Industrie). Nur mit massenhaften Entlassungen konnten die
Unternehmen in verkleinerter Form gerettet werden. Der Versuch, Sardinien
ins Industriezeitalter zu katapultieren, war damit gescheitert. Weitaus sinn-
voller wäre es gewesen, die Landwirtschaft, das Bildungswesen und die Infrastruktur Sardiniens systematisch zu fördern und auszubauen. Zwar verdop-
pelte sich in den sechziger Jahren das Pro-Kopf-Einkommen, doch profitierten
davon vor allem die mittleren und hohen Einkommensschichten in den Städten. Auf dem Land blieb alles beim Alten. Allein zwischen 1951 und 1971
mussten rund 350.000 Sarden zum Arbeiten ihre Insel verlassen – d. h. nahezu
jeder fünfte der Gesamtbevölkerung (insgesamt 2 Millionen)! Viele Hirten
setzten samt ihren Herden in die Toskana über, um die steinigen Weiden des
Apennin für ihren Lebensunterhalt zu benutzen (nicht wenige haben sich
heute dort eine stabile Existenz aufgebaut). Mittlerweile leben mindestens
400.000 Menschen in der Emigration.

Stattdessen kam das Militär. Die NATO hatte schon seit den fünfziger Jahren
Sardinien systematisch mit Militärstützpunkten überzogen – von der Atom-U-
Bootbasis der USA auf der Insel **Santo Stefano** im La-Maddalena-Archipel

"Autonomia" und sardisches Selbstbewusstsein

Geldsegen ausschließlich für Unternehmer – die "Cassa per il Mezzogiorno" wird auf sardischen Wandgemälden häufig kritisiert

(Gallura) über die **Quirra-Berge**, das **Capo della Frasca** und das **Capo Teulada** bis zum Luftwaffenstützpunkt von **Decimomannu** bei Cagliari. Vor allem auf Letzterem sind junge Bundeswehrsoldaten häufige Gäste. Den Sarden ist diese geballte Militärladung alles andere als recht. Ein beredtes Bild davon zeichnen die Wandmalereien, die sog. Murales, in vielen Dörfern.
Anfang der Sechziger entdeckten der Massentourismus und seine Strategen Sardinien. 1963 begann ein internationales Bankenkonsortium unter der Leitung Aga Khans, einen der schönsten Küstenstriche Sardiniens in eine Villen- und Ferienhauslandschaft für den internationalen Jet-Set zu verwandeln. **Costa Smeralda**, Smaragdküste, nannten sie die neu entstandene Luxusenklave. Auch dafür wurden beträchtliche staatliche Zuschüsse und Gelder der anliegenden Gemeinden verwendet. Andere Küstenregionen folgten – ganze Ferienstädte und Jachthäfen wurden aus dem Boden gestampft, die nötige Infrastruktur wie Supermärkte, Ristoranti, Diskotheken etc. folgten auf dem Fuß. Das allerwenigste davon gehört heute den Sarden. Wieder waren es festländische Gesellschaften, meist aus Norditalien, die den Profit machten. Der Ausverkauf der sardischen Küste fand statt.
Die Reaktion auf diese Entwicklung ist seit den sechziger Jahren bis heute eine verstärkte Aktivität von Banditen. Vor allem Entführungen und Erpressungen von Großindustriellen und Millionären beherrschen alljährlich die Schlagzeilen der Inselpresse, bevorzugte Opfer sind sardische Grundbesitzer und Unternehmer, die mit festländischen Kapitalisten zusammenarbeiten.

98   Geschichte

Doch die Täter von heute sind längst international agierende Banden und haben mit den früheren "ehrenwerten" Banditen Sardiniens kaum noch etwas zu tun. Von 1960 bis heute wurden nicht weniger als 160 Menschen entführt, internationale Aufmerksamkeit fanden vor allem 1980 die 68 Tage während Entführung der Kinder des deutschen Journalisten Dieter Kronzucker und 1992 das Kidnapping des achtjährigen Farouk Kassam von der Costa Smeralda. Der Junge wurde sieben Monate in den Bergen festgehalten, und die Entführer trennten ihm ein Stück des Ohrläppchens ab, bevor das Lösegeld bezahlt wurde. Der letzte spektakuläre Fall war 1997 die Verschleppung von Silvia Melis, der Tochter eines Bauingenieurs aus Tortoli. Nach neun Monaten wurde die junge Frau, Mutter eines fünfjährigen Jungen, endlich freigelassen – ihr Vater dementierte hartnäckig, dass er die geforderte Summe von umgerechnet 1 Million DM Lösegeld gezahlt hat.

Andererseits gewannen nun im politischen Bereich die Parteien an Boden, die eine Selbstbestimmung der Sarden fordern. Allen voran der **Partito Sardo d'Azione** (PSd'Az), der in den Jahrzehnten nach dem Krieg nur ein profilloses Schattendasein geführt hatte, sich nun zusehends radikalisierte und wieder zu den alten Forderungen aus den zwanziger Jahren nach vollständiger Autonomie Sardiniens zurückfand. Bei den sardischen Parlamentswahlen von 1984 erhielten die sardischen Autonomisten der PSd'Az über 15 % der Wählerstimmen. Zusammen mit den Kommunisten und Sozialisten konnten sie so die Democrazia Cristiana erstmals von der Regierung verdrängen. Doch die Erfolge blieben aus, weitergehende föderalistische Forderungen wurden von Rom blockiert, teils auch von den koalierenden Linksparteien unterdrückt (z. B. der Versuch der Autonomisten, das Sardische als Schulfach einzuführen). Bei späteren Wahlen verlor der Partito Sardo d'Azione wieder deutlich an Stimmen und liegt seit Mitte der neunziger Jahre wieder unter 10 %. Es scheint so, als fände der radikale autonome Weg keine Mehrheit in der sardischen Bevölkerung.

Trotzdem sind heute überall die Versuche zu spüren, sardische Traditionen zu bewahren und gleichzeitig die gefährdete Insel vor den schlimmsten Auswüchsen des Fortschritts zu schützen. Dazu gehören die berühmten *Murales*, die farbenprächtigen Wandbilder, die seit den sechziger Jahren Protest und Warnung artikulieren. Dazu gehörte 1969 die Blockade des **Pratobello**, der Weiden oberhalb von Orgosolo, wo sich große Bevölkerungsteile gegen einen geplanten Truppenübungsplatz solidarisierten und siegreich blieben. Dazu gehört das ständige Wachsen von Initiativen und Bewegungen (vom *World Wide Fund for Nature* bis zum örtlichen *Pro Loco*), die mit viel gutem Willen und leider zu wenigen Mitteln versuchen, ökologischen und kulturellen Missständen entgegenzuwirken. Dazu gehört auch das Bemühen um Wiederaufforstung, die Ausweisung von Naturschutzgebieten und die (ansatzweise) Bekämpfung der alljährlichen Flächenbrände, die oft die Arbeit von Jahrzehnten zunichte machen.

"Autonomia" und sardisches Selbstbewusstsein

Ferienhaus im neosardischen Stil

Zeitgenönissische Architektur

Moderne Hochhausskylines prägen heute *Cagliari*, *Sassari*, *Nuoro* und zunehmend auch *Oristano*, die jüngste Provinzhauptstadt. Viel zu oft verfällt man noch dem Fehler, verrottete historische Bausubstanz rigoros abzureißen statt zu restaurieren. Ein Umdenken ist aber hier und dort zu erkennen, z. B. im *Castello-Viertel* in Cagliari und in Oristano, der Stadt von Eleonora d'Arborea. Der Denkmalschutz steht vor großen Aufgaben.

Die ländlichen Orte sind oft von lieblos wirkenden Rohbauten aus industriell gefertigten Hohlblocksteinen geprägt. Viele Sarden beginnen ein Haus zu bauen, auch wenn das Projekt finanziell noch nicht abgesichert ist, so kann sich die Fertigstellung jahrelang hinziehen. Ein Umdenken hat in touristischen Gebieten begonnen, wo die früher meist trist grauen Häuser durch pastellfarbige Anstriche ein freundlicheres Gesicht bekommen – zu beobachten z. B. im Hinterland der Costa Smeralda (Arzachena, San Pantaleo u. a.). An den Küsten breitet sich der Ferienhausbau aus, doch architektonische Bausünden sind selten – im Gegenteil, das Einpassen der "Villaggi" in die Landschaft geschieht durchaus überlegt und mit Augenmaß. Der an der Costa Smeralda kreierte *"neosardische"* Baustil mit Bruchstein und niedrigen, oft verspielten Formen – Treppchen, Bogenfenster, geschwungene Kamine – hat dafür ein allgemein anerkanntes Vorbild geschaffen. Zudem sind überhohe Hotelbauten verboten.

Sardiniens Straßen sind gut ausgebaut, aber oft extrem kurvig

Anreise

Sardinien ist eins der Nahziele im Mittelmeerraum. Die italienischen Häfen sind schnell zu erreichen, und in einer knappen Nachtfahrt ist man drüben, die neuen Expressfähren verkürzen die Überfahrt noch einmal deutlich. Ganz wichtig jedoch, wenn man im August reisen will: die rechtzeitige Fährbuchung! Im traditionellen Reisemonat der Italiener gibt's alljährlich erhebliche Engpässe.

▸ **Eigenes Fahrzeug**: unbedingt lohnend für jeden, der über den Tellerrand seines Urlaubsdomizils hinausschauen will. Sardinien ist groß und bietet viel Platz für eigene Entdeckungen. Die Benzinpreise liegen allerdings noch ein wenig höher als bei uns.

▸ **Per Flug**: wenig Anreisestress, kann in der Nebensaison auch durchaus preiswert sein. Mit einem bereits zu Hause gebuchten Mietwagen kann man bequem auf Entdeckungsreise gehen.

▸ **Mit Bahn und Bus**: interessant wegen der günstigen italienischen Tarife. Auf Sardinien wird man allerdings meist per Bus unterwegs sein, denn es gibt keine durchgehenden Bahnstrecken entlang der Küsten. Großer Leckerbissen für Schmalspurfans sind jedoch die Hand voll sardischer Kleinbahnstrecken auf 950-mm-Spur.

Mit dem eigenen Kraftfahrzeug

Bringt die größtmögliche Beweglichkeit und Unabhängigkeit – auf dem Festland wie auf Sardinien. Großer Vorteil: spontane Stop-overs sind jederzeit möglich. Bei genügend Zeit ruhig ein paar Tage länger für die Anreise einplanen und ein, zwei der kulturhistorisch einmaligen Städte in Oberitalien oder der Toskana besuchen. Reisebücher dazu im Michael Müller Verlag: *Gardasee, Oberitalien, Italienische Riviera, Toskana* u. a.

Optimale Ergänzung zum Sardinienbuch: unsere Führer zu **Oberitalien** bzw. **Toskana/ Umbrien** – viele Tipps zu den interessantesten Orten und Landschaften, auch abseits der Touristenströme

Vor der Reise

Zunächst sollte man entscheiden, wo man sich nach Sardinien einschiffen will. Von Deutschland (bzw. Österreich, Schweiz) am bequemsten zu erreichen sind die Fährhäfen *Genua*, *Livorno* und *Piombino*. Nach *Civitavecchia* bei Rom ist es bereits ein ganzes Stück weiter, dafür ist diese Tour landschaftlich und kulturell vielseitig, da die Toskana durchquert wird, zudem ist die Überfahrt kürzer und preislich günstiger. Eine weitere reizvolle Anreisevariante ist die Fahrt über *Korsika*, zusätzliche Verbindungen bestehen ab *Marseille* bzw. *Toulon* (Südfrankreich), *Rom/Fiumicino*, *Neapel* (Süditalien) und *Palermo* bzw. *Trapani* (Sizilien). Infos zu allen Varianten im speziellen Fährkapitel weiter unten.

▶ **Fährpassage**: berühmt-berüchtigtes Nadelöhr auf dem Weg nach Sardinien. Wer in den Sommermonaten hinüber will, sollte auf jeden Fall **frühzeitig buchen**, am besten bereits einige Monate vorher! Vor allem Mitte Juli bis Mitte August sind die Fähren völlig überfüllt. Dasselbe gilt für die Rückreise aufs Festland von Mitte August bis Mitte September.

▶ **Kosten**: Die für sich selbst maßgeschneiderte Lösung kalkuliert man am besten mit dem Taschenrechner. Wichtige Eckdaten sind die Entfernung der Fährhäfen ab Heimatort, Benzinkosten, Autobahngebühren (fallen mittlerweile in A, CH und I an), Fährpreise (dafür wichtig der Fahrttermin!) und

102 Anreise

eventuelle Übernachtungskosten. Die nötigen Angaben finden Sie in den folgenden Kapiteln.

Für *Genua* fällt zwar eine relativ kurze Anreise an (weniger Benzin und Maut), dafür liegen die Überfahrtspreise höher. Die Überfahrt ab *Livorno* ist im Hochsommer oft die teuerste Lösung – in der Nebensaison gibt es jedoch sehr interessante Sonderangebote, z. B. um 50 % ermäßigte Rückfahrttarife für das Fahrzeug, günstige Überfahrten am Tag etc. *Piombino* ist vor allem interessant für Wohnmobilfahrer. *Civitavecchia* hat zwar preiswerte Überfahrten, dafür ist die Fahrt durch den halben Stiefel zeitraubend und teurer. Alle Details im Kapitel Fährverbindungen.

▶ **AutoZüge**: Wer sich nicht die lange Tour durch deutsche Lande und über die Alpen zumuten will, gleichzeitig einen aktiven Beitrag für den Umweltschutz leisten will, für den bieten die AutoZüge (früher: Autoreisezüge) eine brauchbare Alternative. Züge aus dem Westen und Norden der Bundesrepublik starten mehrmals wöchentlich nach Oberitalien. Vor allem für Familien mit Kindern ein stressfreier, wenn auch nicht ganz billiger Einstieg. AutoZüge gehen nach *Bozen*, *Verona* und sogar direkt bis an den Fährhafen *Livorno*. Die Kosten sind je nach Reisedatum sehr unterschiedlich. Achtung: max. Höhe des Fahrzeugs inkl. Dachaufbauten 1,67 cm, Gepäckmitnahme auf dem Fahrzeug ist nicht erlaubt). Da die Kapazitäten begrenzt sind, empfiehlt sich in der Hauptreisezeit rechtzeitige Buchung. Weitere Details in der Broschüre "Auto-Zug Katalog", unter DB AutoZug Servicetelefon 0180/5241224 (tägl. 9–21 Uhr) oder im Internet: www.autozug.de.

▶ **Papiere**: Mitzunehmen sind der nationale Führerschein *(patente di guida)*, der Fahrzeugschein *(libretto di circolazione)* und die *grüne Versicherungskarte* – Letztere wird bei Schadensfällen verlangt, gelegentlich auch bei Routinekontrollen.

▶ **Kennzeichen D**: Das bisher obligatorische ovale D-Schild ist für PKW mit neuen Euro-Nummernschildern innerhalb der EU keine Pflicht mehr. Auch die Schweiz hat sich dieser Regelung angeschlossen.

▶ **Versicherung**: Anzuraten ist bei neuen Fahrzeugen unbedingt eine vorübergehende *Vollkaskoversicherung*, da die Deckungssummen italienischer Haftpflichtversicherer sehr niedrig sind. Bei Diebstahl springt die Vollkasko (und Teilkasko) ebenfalls ein.

Auch einen *Auslandsschutzbrief* sollte man abschließen – alle Automobilclubs und Versicherer bieten ihn an. Erstattet werden die Versandkosten von Ersatzteilen, der Heimtransport von Fahrzeug und Personen, eventuell anfallende Übernachtungskosten, Verschrottung, Überführung (im Todesfall) und einiges mehr. Genaue Bedingungen bei der jeweiligen Gesellschaft erfragen. Jahrespreise liegen zwischen 30 und 50 €. Zu empfehlen ist der Schutzbrief des VCD (Verkehrsclub der Bundesrepublik Deutschland), der sich nachdrücklich für die Interessen der Umwelt einsetzt (VCD, Eifelstr. 2, D-53119 Bonn, ✆ 0228/985850, ✉ 98585-10, www.vcd.org).

Mit dem eigenen Kraftfahrzeug   103

Unterwegs in Italien

Auf den ersten Blick wirkt der italienische Blechsalat chaotisch und unberechenbar. Das verspielt-kreative, gern sich etwas "anarchisch" gebärdende Naturell vieler Italiener bricht auch beim Autofahren durch. Aber keine Panik – das sieht schlimmer aus, als es ist. Wenn man sich einmal daran gewöhnt hat, kann das Autofahren in Italien viel Spaß machen.

Grundlegender Unterschied zum streng regelorientierten Verkehr nördlich der Alpen: der individuelle Entscheidungsspielraum jedes Fahrers ist wesentlich größer. Durch Vorschriften lässt man sich nicht tyrannisieren, fährt vielmehr nach Gefühl und achtet dabei eher auf die Verkehrspartner als auf Verkehrszeichen. Bei Rot flitzt man noch schnell über die Kreuzung, Geschwindigkeitsbeschränkungen werden fast grundsätzlich ignoriert, an Stoppschildern fädelt man sich keck in den Verkehr auf der Vorfahrtsstraße ein, latscht plötzlich auf die Bremse und plauscht mit dem Fahrer eines entgegenkommenden Wagens – oder parkt in zweiter Reihe und blockiert die ganze Straße, worüber sich niemand aufregt, am allerwenigsten die Polizei. Im Norden Italiens ist dies jedoch alles noch lange nicht so stark ausgeprägt wie beispielsweise in Rom und weiter südlich.

Defensives Fahren ist auf jeden Fall angebracht, außerdem ein gewisses Verständnis für die südländische Fahrfreude. Italienische Fahrer fahren flott, kleben gerne an der Stoßstange ihres Vordermanns, überholen bei jeder sich bietenden Gelegenheit (auch an unübersichtlichen Stellen – der Entgegenkommende hat gefälligst zu bremsen!) und schneiden dabei ganz gerne mal. Vor allem in Großstädten sollte man wachsam sein und im Strom mitgleiten, so gut es geht, jedoch auch klar seine Absichten zeigen und zielbewusst durchführen (Spurwechsel, Abbiegen etc.). Im Zweifelsfall hat der "Stärkere" Vorfahrt, akzeptiert wird höchstens noch rechts vor links. Unangenehm sind die zahllosen *Moped- und Rollerfahrer*, die zwischen den Autokolonnen Slalom fahren und vorzugsweise rechts überholen. Wenn man das Steuer nach rechts einschlagen will, große Vorsicht und immer vorher schauen – meist rast gerade einer dieser Jünglinge vorbei! Eine sympathische Gewohnheit hingegen, dass fast alle italienischen Autofahrer in der Dämmerung nur *Standlicht* einschalten – das grelle Abblendlicht wird erst benutzt, wenn es wirklich dunkel wird.

Statistisch eindeutig belegt – *Unfälle* sind seltener als bei uns und gehen meist glimpflicher ab. Wichtig bei größeren Karambolagen: italienische Wagen haben an der Windschutzscheibe die Versicherungsnummer und Versicherungsgesellschaft aushängen. Diese unbedingt notieren und unbeteiligte Zeugen ermitteln.

Rund um den italienischen Verkehr

● *Höchstgeschwindigkeit*: **innerorts** – 50 km/h; **außerorts** – PKW, Motorräder und Wohnmobile bis 3,5 t 90 km/h, Wohnmobile über 3,5 t 80 km/h, PKW mit Anhänger 70 km/h.
Auf **Schnellstraßen** (zwei Spuren in jeder Fahrtrichtung) – PKW, Motorräder und Wohn-
mobile bis 3,5 t 110 km/h, Wohnmobile über 3,5 t 80 km/h, PKW mit Anhänger 70 km/h.
Auf **Autobahnen** – PKW und Wohnmobile bis 3,5 t 130 km/h, Motorräder bis 149 ccm verboten, darüber 130 km/h, Wohnmobile über 3,5 t 100 km/h, PKW mit Anhänger 80 km/h.

104 Anreise

• *Abweichende Verkehrsvorschriften*: Privates **Abschleppen** auf Autobahnen ist verboten; **Straßenbahnen** haben grundsätzlich Vorfahrt; in Orten mit guter **Straßenbeleuchtung** ist Standlicht erlaubt, in **Tunnels und Galerien** grundsätzlich Abblendlicht einschalten; **Promillegrenze 0,8**; **Parkverbot** an schwarz-gelb gekennzeichneten Bordsteinen sowie an gelb markierten Parkflächen; Dachlasten und Ladungen, die über das Wagenende hinausragen (z. B. **Surfbrett** oder **-mast**) müssen mit einem reflektierenden, 50 x 50 cm großen, rot-weiß gestreiften Aluminiumschild (kein Kunststoff!) abgesichert werden (erhältlich im deutschen Fachhandel, in Italien an Tankstellen). Fahrrad- oder Lastenträger mit Heckleuchten und Nummernschild, die im Kfz-Schein eingetragen sind, sind von dieser Regelung ausgenommen.

• *Pannenhilfe*: Der **Straßenhilfsdienst** des italienischen Automobilclubs ACI ist in ganz Italien rund um die Uhr unter ✆ 116 zu erreichen (über Handy ✆ 800116800, auf Autobahnen über Notrufsäulen). Die Pannenhilfe ist kostenpflichtig.

Polizeinotruf/Unfallrettung in ganz Italien rund um die Uhr, ✆ 112.

Deutschsprachiger Notrufdienst des ADAC in **Mailand**, ✆ 02/661591.

• *Häufige Verkehrsschilder*: **accendere i fari** = Licht einschalten; **attenzione uscita veicoli** = Vorsicht Ausfahrt; **deviazione** = Umleitung; **divieto di accesso** = Zufahrt verboten; **initio zona tutelata**: Beginn der Parkverbotszone; **lavori in corso** = Bauarbeiten; **parcheggio** = Parkplatz; **rallentare** = langsam fahren; **senso unico** = Einbahnstraße; **strada senza uscita** = Sackgasse; **tutti direzioni** = alle Richtungen; **zona disco** = Parken mit Parkscheibe; **zona a traffico limitato** = Bereich mit eingeschränktem Verkehr; **zona pedonale** = Fußgängerzone; **zona rimorchio** = Abschleppzone.

• *Kraftstoff*: Angeboten werden **Bleifrei** (senza piombo) und **Super** (super) mit 95 Oktan, sowie **Diesel** (gasolio). Die Preise liegen etwas höher als in Deutschland. Tankstellen: an **Autobahnen** sind Tag und Nacht geöffnet, sonst in der Regel von 12.30–15.30 und 20–7 Uhr geschl., ebenso an Wochenenden. An vielen **Zapfautomaten** können Sie mit einem unzerknitterten Geldschein im "Self-Service"-Verfahren tanken. Kreditkarten werden mittlerweile häufig akzeptiert.

Da in Italien noch eine Menge kleiner Tankstellenpächter arbeiten, die mit ihrer Zapfstelle so gerade über die Runden kommen, kommt es immer wieder zu **Streiks!** Diese können bis zu fünf Tagen dauern. Wer dann "trocken" erwischt wird, schaut alt aus. Nur Autobahntankstellen, auf denen das Streiken verboten ist, können in einem solchen Fall weiterhelfen.

• *Parken*: In einer sog. **zona disco** kann man mit Parkscheibe 1–2 Std. parken, oft gibt es auch **Parkuhren**.

Aufpassen in **Verbotszonen** – kann teuer werden, vor allem in Städten mit historischen Zentren, die oft gänzlich für den Verkehr gesperrt sind. Alljährlich zum Beginn der Touristensaison macht die Polizei verstärkt Jagd auf Parksünder. In Kurven, Tunnels oder hinter Bodenwellen wird sofort abgeschleppt. Am besten auf einen der meist gebührenpflichtigen, aber nicht immer bewachten **Parkplätze** fahren, die rund um die alten Stadtkerne angelegt sind. Urlaubern ist es gestattet, mit dem PKW vor Altstadthotels vorzufahren und auszuladen. Manchmal bekommt man dann vom Hotel einen **Anwohner-Parkausweis** ausgehändigt. Über eigene Garagen verfügen nur Hotels ab der teuren Drei-Sterne-Kategorie aufwärts. An **schwarz-gelb markierten Bordsteinen** dürfen nur öffentliche Verkehrsmittel parken!

Achtung: Die italienischen Bußgelder gehören zu den höchsten in Europa, Parkverstöße und Geschwindigkeitsüberschreitungen werden deutlich strenger geahndet als in Deutschland. Bei deutlich überhöhter Geschwindigkeit können sogar Fahrverbote ausgesprochen werden. Dass Fahrer von im Ausland zugelassenen Fahrzeugen härter bestraft werden als italienische, hat schon den Europäischen Gerichtshof in Luxemburg beschäftigt.

Verona, lohnender Stopp bei der Anreise

Autobahnen

Sind bis auf die obligaten Teilstücke, wo ständig verbessert oder ver- breitert wird, meist in gutem Zustand. Dafür muss man jedoch löhnen – italienische Autobahnen (autostrade) sind kostenpflichtig.

Kontrollstellen am Beginn jeder Autobahn und an jeder Einfahrt *(Alt stazio- ne!)*, hier wird ein Ticket ausgegeben (am Automat entweder bereits griffbe- reit oder gelben bzw. roten Knopf drücken), beim Verlassen oder Wechseln der Autobahn wird zur Kasse gebeten. Geld und Mautkarte griffbereit hal- ten – wer die Karte verloren hat, muss die mögliche Gesamtstrecke zahlen!

Den Zahlungsverkehr erleichtert die magnetische *Viacard*, erhältlich im Wert von ca. 26 €, 52 € und 78 € bei den Automobilclubs, an Grenzübergängen und großen Raststätten. Für Karteninhaber gibt's an den Zahlstellen Extraspu- ren, dort werden die Beträge automatisch abgebucht (Autobahnticket einfüh- ren, Betrag erscheint auf der elektronischen Anzeigetafel, dann Viacard ein- führen). Vorteil: kein Hantieren mit Geld bzw. Wechselgeld und kürzere Ab- fertigungszeiten. Jedoch Vorsicht: immer auf ausreichende Deckung achten bzw. eine zweite Karte mitführen, denn Aufzahlen in Bargeld ist nicht mög- lich. Auch mit den gängigen *Kreditkarten* kann mittlerweile gezahlt werden, man benutzt dafür dieselben Spuren wie mit der "viacard".

Achtung: Falls Sie sich falsch eingeordnet haben, stoßen Sie keinesfalls zurück (wird als Rückwärtsfahren auf der Autobahn geahndet – hohe Bußgelder, sogar Fahrverbot!), sondern drücken Sie die Hilfstaste ("assistenza" o. Ä.). Sie erhalten dann einen Quittungsstreifen, mit dem Sie die Maut bei einer anderen Maut- stelle bezahlen bzw. nachträglich überweisen können.

• *Gebühren*: einheitlich geregelt – PKW (laut Definition zweiachsige Fahrzeuge mit einer Höhe von bis zu 1,30 m an der Vorderach- se, vom Boden gemessen) zahlen denselben Preis, der Preis für zwei- achsige Fahrzeuge mit einer Höhe von mehr als 1,30 m an der Vorderachse liegt auf einigen Autobahnteilstücken etwas hö- her. Mit einachsigem Wohnwagen muss man etwa 25 % mehr löhnen, mit zweiachsi-

gem Wohnwagen 50–60 % (aktuelle Daten bei den Automobilclubs).

• *Raststätten*: gibt es in ausreichender Zahl, eine gut bestückte Snackbar ist bei jeder Tankstelle vorhanden. Die Self-Service Res- taurants (z. B. **Agipristo**, **Motta** und **Pavesi- grill**) haben ein abwechslungsreiches An- gebot, darunter auch ausreichend Salate. Angeschlossen ist oft ein Supermarkt.

Anreiserouten

Die Möglichkeiten zeigen sich äußerst vielfältig. Unsere Routenvor- schläge sind nummeriert, das erleichtert das Finden, wenn in späteren Abschnitten auf vorhergehende Kapitel verwiesen wird.

Von Deutschland kommend sind im Folgenden in erster Linie die Strecken von **München** und **Frankfurt** zu den Fährhäfen *Genua*, *Livorno* und *Civita- vecchia* beschrieben. Über kurz oder lang wird man bei der Fahrt vom eige- nen Heimatort auf eine dieser Routen stoßen. Dazu kommen die Strecken aus **Österreich** und der **Schweiz**.

Das italienische Autobahnnetz ist hervorragend ausgebaut (einzige in unserem Zusammenhang bedeutsame Lücke ist die Küstenstrecke südlich von *Livorno* nach *Civitavecchia*), jedoch fallen erhebliche Mautgebühren an (→ Unterwegs in Italien). Die Varianten, mit denen man den teueren Autobahnen ein Schnippchen schlagen kann, sind in den Routenbeschreibungen unter "Alternativen" aufgeführt. Dabei fallen in der Regel jedoch längere Fahrzeiten an.

Interessante Anreisekombinationen sind die Fahrten über **Korsika** bzw. über **Toulon**/Südfrankreich. Details am Ende des Routen-Kapitels.

(1) München – Genua

Gesamtstrecke ca. 680 km, Kufstein – Genua 590 km, Brenner – Genua 500 km

Die gängigste und bequemste Route ist sicher die Autobahn über den Brenner. In einem Tag schafft man die Strecke leicht. In Österreich fallen allerdings Mautgebühren an, ebenso in Italien. Vorteil: durchgehend Autobahn, zügig zu befahren, ausreichend Raststätten und Tankstellen (auch in Italien). Nachteil: zur Ferienzeit extrem stauanfällig!

In den Sommermonaten kann zudem das hohe Verkehrsaufkommen einen Strich durch die Rechnung machen. Vor allem zu Beginn von Ferienzeiten sind Staus an der Tagesordnung: Die Auffahrt zum Brenner und die Mautstation von Sterzing gelten als besonders anfällige Punkte. Die parallel verlaufenden Staatsstraßen sind oft ebenfalls überlastet. Kenner fahren die Strecke deshalb gerne *nachts* und kommen so unter Umständen deutlich rascher voran. Hören Sie in jedem Fall Verkehrsfunk, um etwaige Überraschungen rechtzeitig vermeiden zu können!

108   Anreise

Von **München** auf der A 8 Richtung Salzburg, ab Inntaldreieck die A 93 zum Grenzübergang Kiefersfelden/Kufstein nehmen. Nach **Innsbruck** auf breiter Autobahn. Von der Olympiastadt führt der schnellste Weg nach Italien über die *Brenner-Autobahn* mit der 820 m langen und 190 m hohen *Europa-Brücke*. An der Raststätte nach der Brücke kann man parken und den grandiosen Ausblick genießen. Allerdings ist die Mautgebühr ziemlich hoch (→ Kasten), und es gibt immer viele Baustellen.

Ab österr./ital. Grenze am **Brennerpass** in 1374 m Höhe zügige Talfahrt die lang ausgleitenden Südtiroler Täler entlang. Zwischen sonnendurchglühten Weinhängen, Obstbaumkulturen und schroffen Felshängen kleben beidseitig der Autostrada Ritterburgen wie aus dem Bilderbuch. Vorsichtig fahren, anfangs ziemlich steil, außerdem viele Tunnels. Bei Sterzing Mautstelle mit sommerlicher Staugefahr. Über Bozen und Trento geht es schnell nach **Verona**, wo die endlose Weite der Poebene beginnt.

Am Autobahnkreuz bei Verona Richtung Westen die viel befahrene A 4 nicht weit vom Südufer des *Gardasees* entlang bis Brescia, weiter auf der A 21 durch die flache Poebene über Cremona, Piacenza, ab Tortona die A 7 nach **Genova**. Häufiger Autobahnwechsel – genau auf Schilder achten! Vor Genova werden die küstennahen Ausläufer des *Apennin* durchquert – viele Tunnels und zahlreiche LKW. Das letzte Stück vor Genova in ständigen Kurven runter in die Stadt, Ausfahrt **Genova Ovest** nehmen und der Beschilderung "Porto" und "Terminal Traghetti" folgen. Abfahrt der meisten Fähren am **Ponte Assereto**.

Autobahngebühren Österreich: Seit 1997 sind alle österreichischen Autobahnen gebührenpflichtig, im Jahr 2000 wurden die Preise deutlich erhöht – die *Zehntages-Vignette* kostet für PKW ca. 7,70 €, eine *Zweimonatsvignette* ca. 22 €, die *Jahres-Vignette* ca. 73 €. Vignetten sind bei den Automobilclubs, an grenznahen Raststätten und an der Grenze erhältlich.
Separat gezahlt werden muss außerdem hinter Innsbruck die Auffahrt zum Brenner mit der eindrucksvollen Europa-Brücke. Kostenpunkt für PKW und Kleinbusse ca. 8,50 €, Motorrad 7,20 €, Gespanne 13 € (Betrag möglichst passend bereithalten).
Autobahngebühren Italien: Brenner – Genua ca. 26 € (Brenner – Verona ca. 12 €, Verona – Genua ca. 14 €).

Alternativen

Um Maut zu sparen, aber auch wegen der landschaftlichen Reize im Folgenden einige Anregungen. Vor allem für die Alpenüberquerung stehen mehrere Möglichkeiten zur Verfügung.

●*München – Innsbruck*: 1) Von München die sog. **Starnberger Autobahn** nach Garmisch nehmen. Autobahnende 17 km vor Garmisch, auf Landstraße mit oft zäh fließendem Verkehr weiter zum Grenzübergang Mittenwald/Scharnitz. Letzte deutsche Tankstelle am Grenzübergang. Abenteuerlich dann die Fahrt den **Zirlerberg** hinab nach Innsbruck (15 % Gefälle, in umgekehrter Richtung für Gespanne verboten!).

Alle paar hundert Meter steile Auslaufspuren, falls die Bremsen versagen. Beeindruckender Blick auf das Inntal und die österreichische Olympia-Stadt. Zum Ende des Bergs hin Vorsicht: Wenn man auf dieser Straße bleibt, gerät man unweigerlich auf die Inntal-Autobahn! Man muss deshalb vorher nach **Zirl** abbiegen und auf der **B 171** nach Innsbruck fahren. Dort nimmt man die **alte Brennerstraße**

Mit dem eigenen Kraftfahrzeug

Die imposante Europabrücke – über 800 m lang und 190 m hoch

(B 182) durchs reizvolle Eisacktal hinauf zum Brenner (siehe Innsbruck – Brenner).
2) Oder man fährt auf der sog. **Salzburger Autobahn** bis zum Abzweig Holzkirchen, von dort die B 318 weiter Richtung Tegernsee (kleine Pause einplanen). Über Wildbad Kreuth (beliebter Treffpunkt von CSU-Politikern) hinauf zum **Achenpass** (20 % Gefälle) mit der österreichischen Grenze. Auf der B 181 erreicht man dann die Landstraße B 171 (parallel zur Autobahn) nach **Innsbruck**.

• *Ulm – Innsbruck*: aus Richtung Würzburg/Ulm kommend die A 7 bis Autobahnende, dann Landstraße mit häufig sehr zähem Verkehr zum Grenzübergang **Pfronten-Reutte** (oft Staus). Das fehlende Stück der Autobahn zwischen Nesselwang und dem Füssener Grenztunnel soll bald gebaut werden, doch noch sind Klagen anhängig (Stand 2001). Danach über den **Fernpass** (1209 m) und auf der **B 171** parallel zur Autobahn nach Innsbruck und die **alte Brennerstraße 182** zum Brenner hinauf (→ nächster Abschnitt).

• *Innsbruck – Brenner*: Diese Strecke kann man auch fahren, ohne einen Pfennig Maut zu zahlen. Lediglich eine Stunde länger als die Autobahn, weil für LKW verboten, ist die Fahrt über die **alte Brennerstraße (182)** neben der Autobahn durch das reizvolle Eisacktal. Dafür in Innsbruck von der Inntal-Autobahn abfahren und blaue Hinweistafeln beachten. Äußerst kurvenreich, schmale Ortsdurchfahrten, gemütliche Rasthäuser und imposante Panoramen – anfangs der herrliche Rückblick auf Innsbruck und die Olympiaschanze, dann aus der Froschperspektive die mächtige Europabrücke mit ihren gewaltigen Pfeilern. Wichtig: In den Ortschaften unbedingt Fuß vom Gaspedal, die Bewohner leiden unter dem ständigen Durchgangsverkehr.

• *Brenner – Verona*: Neben der gebührenpflichtigen Autobahn kann man die gleiche Strecke über die **Staatsstraße (SS 12)** zurücklegen. Das kann allerdings deutlich länger dauern, da auch LKW die teils einspurige Strecke benutzen und es in den Ortschaften oft Staus an den Ampeln gibt.

• *Abstecher Gardasee*: für Beifahrer herrliches Erlebnis, für den Lenker weniger – zahllose Tunnels und dichter Verkehr. Vorher nochmal eine Pause machen! Wer die Nerven hat und sich die Zeit nehmen will – bei **Rovereto Sud/Lago di Garda-Nord** von der Autobahn abfahren und die kurze Strecke rüber nach **Torbole** an der Nordspitze des Sees. Dort auf der einmalig schönen SS 249 das **Ostufer** entlang über Malcesine und Garda bis zum südlichen See-Ende, bei Peschiera Auffahrt auf Autobahn A 4

Richtung Brescia. Oder die ebenso abenteuerliche Straße über Riva am Westufer nehmen (Achtung: im nördlichen Abschnitt gelegentlich Sperrungen wegen Steinschlag). Tipp: Bei **Gardone Riva** die bizarre Villa des Literaten und Abenteurers Gabriele d'Annunzio ansehen!

• *Über St. Moritz und Comer See*: schöne, aber etwas umständliche Strecke von Garmisch-Partenkirchen. Man umfährt das Zugspitzmassiv westlich und hält sich in Richtung **Fernpass** (1209 m). Nach dem Pass kurvt die steile Bergstraße hinunter zum Schloss **Fernstein** am hübschen gleichnamigen See, eine dunkelgrüne Wasserfläche inmitten von Nadelwäldern (gute Stelle zum Rasten bzw. Übernachten, Hotel und Campingplatz vorhanden, serviert werden Forellen aus eigener Zucht). In Nassereith rechts ab (beschildert) und über Imst (Campingplatz Imst-West) und Landeck ein Hochtal hinauf nach Nauders (zwischen Imst und Landeck Autobahn). Kurz vor **Nauders** in die Schweiz abzweigen (beschildert), auf der Landstraße 27 ein langes Tal mit Steilhängen (unteres Engadin) entlang und über **Zernez** (bester Ausgangspunkt für Touren im Schweizer Nationalpark) ins obere Engadin mit dem weltberühmten Skikurort **St. Moritz** am gleichnamigen See (Camping Olympiaschanze 2 km westlich vom Ort). Im Sommer ist hier allerdings kaum etwas los. Weiter geht's an drei schönen Seen vorbei, über den eindrucksvollen **Malojapass** (1815 m) und in steilen Haarnadelkurven hinunter in die italienische Schweiz mit kleinen hübschen Orten aus Bruchstein und verwitterten Schindeldächern. Über Chiavenna gelangt man rasch zum Nordende des **Comer Sees** und am Seeufer entlang nach Mailand, von dort die A 7 nach Genova.

Interessante Variante – von Genua aus ein paar Tage die ligurische Riviera kennen lernen. Ein Höhepunkt das nahe Wandergebiet Cinque Terre mit fünf kleinen Dörfchen, eingeschmiegt in die felsige Küste. Unser Reiseführer **Italienische Riviera/Cinque Terre** bietet alle Details für unterwegs – Übernachten, Essen gehen, Camping etc.

Anreise aus dem Osten Österreichs

Je nach Wohnort bieten sich drei grundsätzliche Routen an, ergänzt durch weitere Optionen im Salzburger Raum.

• *Von Wien zum Inntaldreieck*: rasche Fahrt auf der Österreich der Länge nach durchlaufenden **Autobahn Wien–Salzburg** A 1. Weiter auf der A 8 in Richtung München bis zum Inntaldreieck und dann wie **(1)**.

• *Alpen-Adria-Autobahn*: Schnellster Einstieg für alle, die rasch am Meer sein wollen, ist die durchgehend fertig gestellte **Autobahn A 2** von Wien über Graz nach Klagenfurt und **Villach**. Von dort auf der **A 23** (Grenzübergang Tarvisio) über Tolmezzo und Udine in 1,5 Std. zur Adria. Weiter schnurstracks auf durchgehender Autobahn (A 4) über Mestre, Padua, Verona bis Brescia. Ab Brescia Autobahn über Piacenza nach Genova, wie **(1)**.

• *Über den Semmering*: Wer mehr von den Alpen sehen will, könnte auch die schöne Bergstrecke über den **Semmering**, Bruck an der Mur und Leoben nach **Klagenfurt** wählen. Unterwegs sind nur wenige Kilometer zwischen Semmering und Mürzzuschlag Bundesstraße, ansonsten Autobahn bis Judenburg, danach verschiedene Möglichkeiten bis Klagenfurt. Weiter Richtung Westen ein Stück Autobahn über Villach bis Spittal

Mit dem eigenen Kraftfahrzeug   111

und weiter über Lienz die F 100 das Tal der Drau entlang. Ab Dobbiaco (Toblach) in Italien die SS 49 bis Brixen, dort Anschluss an die Brenner-Autobahn nach **Verona**. Weiter wie **(1)**.

• *Aus dem Raum Salzburg*: Ab Salzburg könnte man die **Tauern-Autobahn A 10** in Richtung Süden benutzen (zwei 6-km-Tunnels, mautpflichtig) und bis Villach fahren, dort stoßen sie auf die **Alpen-Adria-Autobahn** A 23 (→ oben).
Alternative dazu ist die **Felbertauernstraße**, landschaftlich unbestritten die schönste Al-

penstrecke durch den Nationalpark Hohe Tauern. Auf der Bundesstraße 161, dann auf der B 108 fährt man durch den **Felbertauern-Tunnel** (mautpflichtig), Raststätten vor und nach dem Tunnel. Ab **Lienz** auf B 100, 110 und ab Italien auf der "SS 52 bis" nach Tolmezzo und auf der A 23 in Richtung **Udine**. Oder wieder hinüber zur Brennerroute (B 100 bzw. SS 49).
Kürzer als diese beiden reizvollen Strecken ist aber die unter **(1)** beschriebene A 8 Richtung München bis Inntaldreieck und weiter über Innsbruck.

Anreise

(2) Frankfurt – Genua

> Gesamtstrecke ca. 795 km, Basel – Genua 475 km, Como (italienische Grenze) – Genua 190 km

Für alle, die aus dem Westen der Republik kommen, ist die Rheinautobahn Frankfurt–Basel die ideale Anfahrt. Weiter geht's landschaftlich eindrucksvoll – aber mit Pflicht zur Vignette – auf der berühmten St.-Gotthard-Autobahn (N 2 bzw. E 35) durch die Schweiz und hinunter nach Milano. Allerdings erhebliche Staugefahr – Richtung Italien an den Juliwochenenden, zurück im August.

In der BRD überwiegt flaches Terrain, sodass man rasch vorwärts kommt. Ab **Basel** Autobahn N 2 über Luzern (schöne Strecke am Vierwaldstätter See) und durch den *St.-Gotthard-Tunnel*, mit 16,3 km längster Straßentunnel durch die Alpen (im Jahr 2001 Schauplatz eines verheerenden Unglücks) – gebührenfrei und bekannte Wetterscheide: Auch wenn es am nördlichen Tunneleingang Bindfäden regnet, am südlichen Ausgang lacht meist die Sonne. Weiter auf malerischer Strecke mit bereits prächtiger mediterraner Vegetation auf einem Damm über den Luganer See zum schweiz./ital. Grenzübergang **Chiasso**. Unmittelbar nach der Grenze geht es an **Como** vorbei. Ein Stopp in der Stadt am gleichnamigen fjordartigen See lohnt, hübsche Altstadt und eindrucksvoller Dom. Nach **Milano** zügige Autobahn durch die flache Poebene, am Autobahnring um die Millionenstadt immer erheblicher Verkehr, oft Staus! Danach zügige Autobahn durch die flache Poebene, bis vor Genova der *Apennin* durchquert wird, viele Tunnels und extremer LKW-Verkehr → **(1)**.

> **Autobahngebühren Schweiz**: Alle Schweizer Autobahnen (Nationalstraßen) und autobahnähnlichen Straßen sind gebührenpflichtig. Pauschal wird der Preis von ca. 26 € (Stand '01) für eine Vignette (Plakette) erhoben. Diese ist gut sichtbar am Fenster des Fahrzeugs anzukleben (nicht nur provisorisch zu befestigen). Die Vignette ist nicht übertragbar und jeweils für ein Jahr gültig. Für Anhänger wird eine zusätzliche Vignette benötigt. Die Plaketten sind an den Grenzen und auf jeder Schweizer Poststelle erhältlich. Um Wartezeiten zu vermeiden, sollte man sie aber besser bereits vor der Fahrt bei einem Automobilclub erstehen.
> **Autobahngebühren Italien**: Como – Milano ca. 3 €, Como – Genova ca. 9,50 €.

Alternativen

Hauptsächlich für Fahrer aus Südwestdeutschland und der Schweiz gibt es einige meist weniger belastete Ausweichrouten.

Direttissima Ulm – Mailand: Ein Blick auf die Landkarte zeigt, dass die Strecke von **Ulm** über das **Kreuz Memmingen** nach **Bregenz** (A7/A96) und weiter auf der N 13 via **Chur** und durch den **San-Bernardino-Tunnel** (6,6 km, gebührenfrei) fast in direkter Luftlinie nach **Mailand** führt. Derzeit ist die Strecke allerdings im Raum Bregenz noch nicht als Autobahn ausgebaut. Doch der gesamte Ausbau ist geplant und wird wohl zur Entlastung der Brennerstrecke führen.

Stuttgart – Luzern: Autobahn A 81 von **Stuttgart** über Rottweil bis Autobahnkreuz Singen, weiter auf Bundesstraße nach Schaffhausen, von dort Autobahn über **Winterthur** nach **Zürich**, auf Transit-Schnellstraße um das Stadtzentrum herum und nach **Luzern**, wo man auf die oben beschriebene N 2 durch den St.-Gotthard-Tunnel trifft.

Anreise aus der westlichen Schweiz

Außer den oben erwähnten Routen gibt es noch folgende Optionen.

Über Bern: Gängigste Variante ist die **Lötschberg-Autoverladung** – in Kandersteg mit dem Auto auf den Zug, 15 Min. später ist man in Goppenstein (PKW, Wohnmobil bis 3,5 t und Kleinbus bis 9 Sitzplätze kostet ca. 16 €, Motorrad 11 €). Anschließend Weiterfahrt über die nicht allzu steile **Simplon-Passstraße**, die mittlerweile sehr gut ausgebaut ist (Autoverladung wurde eingestellt).

Über die Westschweiz: Wer nicht die Autoverladung von Lötschberg und den Simplonpass benutzen will, kann von Bern auf der Autobahn N 12 zum Genfer See fahren, dort die N 9 bis **Martigny**, weiter die Passstraße über den **Großen St. Bernhard**

ins tief eingeschnittene Aosta-Tal am Fuß des Montblanc-Massiv – landschaftlich tolle Strecke!
Jedoch – der Große St. Bernhard ist fast 2500 m hoch und besitzt Steigungen bis zu 10 %, ist deswegen bis zu fünf Monate im Jahr gesperrt! In diesem Fall den 5,8-km-Tunnel durch den St. Bernhard nehmen, schweiz./ital. Zoll- und Passkontrolle bei der Einfahrt. PKW bzw. Motorrad kostet umgerechnet ca. 17 €, Kleinbus oder Wohnmobil stolze 32 € (für Hin- und Rückfahrt gibt's Rabatt).
Ab **Aosta** die A 5, hinter Ivrea die A 26 nach **Genova**.

(3) München – Livorno

Gesamtstrecke 720 km, Kufstein – Livorno 630 km, Brenner – Livorno 535 km

Bis Verona wie in (1). Bei Verona weichen die letzten Alpenausläufer zurück. In rascher Autobahnfahrt auf der A 22 durch die endlose Weite der Poebene.

Die Kornkammer Italiens ist kein Platz für Romantiker. Bis zum Horizont reichen die Felder mit ihrer intensiven Bebauung von Mais, Korn und Gemüse. Dazwischen überall kleine Bauerndörfer und landwirtschaftliche Nutzbauten, oft in althergebrachter Backsteinarchitektur. Schnurgerade Kanäle sorgen für die Bewässerung, Pappeln für den Windschutz, schwarz-weiße Kühe bringen etwas flandrische Marschlandstimmung in die flimmernde Hitze (auf Sardinien werden Sie in der Landschaft der Arborea eine Parallele finden). Schließlich südlich von Mantua der *Po* – eine trübe, lehmig-braune Masse, die ge-

Mit dem eigenen Kraftfahrzeug   113

mächlich zur Adria treibt ... Beim Knotenpunkt **Modena** wechselt man von der A 22 auf die A 1, die als berühmte *strada del sole* von Milano kommt und sich bis Rom fortsetzt.

Nun zwei Möglichkeiten: Entweder die A 1 in Richtung **Parma** und dort die gut ausgebaute und nicht übermäßig stark befahrene A 15 über den Apennin nach **La Spezia** nehmen (Mitte Juni bis Mitte September Sardinienüberfahrten mit Tirrenia), weiter auf der Küstenautobahn A 12. Wenig südlich von La Spezia leuchten die blendend weißen Flanken der Marmorbrüche von **Carrara** herüber. Michelangelo suchte sich hier höchstpersönlich das Rohmaterial für seine Skulpturen aus. Tage- und wochenlang blieb er in den Bergen, überwachte den Abbau und Transport nach Florenz. An Pisa vorbei geht es hinunter nach **Livorno**.

Oder folgende (längere) Variante: von Modena nach **Bologna** fahren, dort wird das Land unvermittelt hügliger – grüne, teils auch stark erodierte Bergrücken signalisieren den Beginn des Apennin. In Richtung **Florenz** folgen viele Kurven und kaum weniger Tunnels, dazu herrscht ständig starker Verkehr Richtung Florenz – am besten mal Pause machen. Kurz vor **Florenz** muss man schließlich auf die A 11 Richtung Pisa abbiegen, von wo es nur noch ein Katzensprung nach Livorno ist.

Autobahngebühren Österreich → (1)

Autobahngebühren Italien: Brenner – Livorno ca. 30 € (Brenner – Verona ca. 12 €, Verona – Florenz ca. 12 €, Florenz – Livorno ca. 6 €).

Alternativen

Zahlreiche Varianten sind möglich, je nachdem, wo man die Autobahn verlassen will.

● *Ab Mantua*: Landstraße durch Maisfelder nach **Parma**. Das Renaissancestädtchen **Sabbionetta** liegt mit überwucherter Stadtmauer rechts neben der Straße. Auf einer 1200 m langen Brücke wird der Po überquert. In Parma bei etwas Zeit den romanischen Dom und das prachtvolle Baptisterium ansehen – Letzteres gilt als eines der bedeutendsten Bauten der italienischen Romanik.
Weiter in bergiger Serpentinenfahrt auf der SS 62 (parallel zur A 15) durch den Apennin nach **La Spezia** und auf der Küstenautobahn hinunter nach **Livorno**.

● *Ab Modena*: auf der SS 12 über Abetone nach Lucca und Pisa. Für die ca. 200 km gut 4 Stunden rechnen! Landschaftlich herrliche Strecke, die sich über die Höhenrücken des Apennin windet. Bei **Abetone** (1388 m) am höchsten Punkt der Strecke

großes Ski- und Wandergebiet mit mehreren Campingplätzen. Danach in Serpentinen hinunter durch dicht bewaldete Regionen. Ab Bagni di Lucca dann Flusstal mit wunderschönen Alleestraßen entlang, jedoch stauanfällig. Ab **Pisa** wieder Autobahn und/oder Staatsstraße nach **Livorno**.

● *Ab Bologna*: die SS 64 entlang des Renotals und über den Apennin. Es geht über Marzabotto und Porretta nach **Pistoia**, höchster Punkt ist der Passo di Collina (932 m). Weiter auf der A 11 nach Pisa/Livorno.

● *Ab Florenz*: SS 67 Richtung Empoli, dort nach Poggibonsi abbiegen. Über einen Höhenrücken hoch hinauf nach **San Gimignano**, dank der zahlreichen gut erhaltenen Geschlechtertürme das Klein-Manhattan der Toskana.

114 Anreise

(4) Frankfurt – Livorno

> Gesamtstrecke 960 km, Basel – Livorno 640 km, Como – Livorno 360 km

Bis Milano wie (2), dann auf der A 1 (strada del sole) in Richtung Modena. Kurz vor Parma auf die A 15 über den Apennin abbiegen, weiter die Küstenautobahn A 12 nach Livorno – wie oben unter (3) beschrieben.

Eine Alternative dazu wäre bis Genova zu fahren **(2)** und im Anschluss die schöne Küstenroute auf der Autobahn A 12 durch die zahlreichen Tunnels der *Riviera Levante* bis Livorno zu nehmen

> **Autobahngebühren Schweiz** → (2)
> **Autobahngebühren Italien**: Como – Parma – La Spezia – Livorno ca. 22 €,
> Como – Milano – Genova – Livorno ca. 22 €.

(5) München – Civitavecchia

> Gesamtstrecke 940 km, Kufstein – Civitavecchia 850 km, Brenner – Civitavecchia 750 km

Bis Florenz wie (1) und (3). Auf gut ausgebauter Autobahn geht's auf der A 1 weiter von der Toskana in die Provinz Latium bis Ausfahrt Orvieto. Dort auf Staatsstraßen über Orvieto, den Lago di Bolsena und das uralte Viterbo zur Küste nach Civitavecchia (keine Autobahnverbindung Orvieto – Civitavecchia).

Orvieto liegt als steingewordene Skulptur unmittelbar neben der Autobahn auf einem bräunlich-roten Tuffsteinblock. Beeindruckendes Panorama, oben verzwickter mittelalterlicher Grundriss – urtümlich verwinkelte Gässchen mit Kopfsteinpflaster, verwitterten Fassaden und sich plötzlich öffnenden Plätzen. Ein Höhepunkt ist der *Dom* – von 1290–1600 (!) versuchten sich 33 Architekten daran. Prachtvolle Fassade, gestreift aus schwarzem Basalt und graugelbem Kalkstein, im Inneren reiche Freskenfolgen.

Nach **Bolsena** am gleichnamigen See (*Lago di Bolsena*) kurvt man auf schmaler Straße hinunter (kleiner Abstecher von der direkten Route nach Viterbo – lohnt sich aber). Der See hat noch ein nahezu ungestörtes biologisches Gleichgewicht – eins der ausgesprochen reizvollen Ziele in Mittelitalien.

Über **Viterbo**, eine der interessantesten Städte Latiums, mit wuchtiger Stadtmauer und perfekt erhaltenem Mittelalterviertel *San Pelegrino*, auf der SS 2 und SS 1 bis zur Küste und in schneller Fahrt auf der SS 1 durch Gras- und Weidehügel nach **Civitavecchia**. Das Näherrücken der Stadt wird durch Industrie- und Hafenanlagen signalisiert.

> **Autobahngebühren Österreich** → (1)

Autobahngebühren Italien: Brenner – Florenz ca. 24 €, Florenz – Orvieto ca. 9 €, Florenz – Livorno ca. 6 €.

Alternativen

In der Toskana sind natürlich vielfältige Abstecher möglich, unser Toskanaführer gibt zahlreiche Tipps.

• *Über San Gimignano/Siena*: Wer zwei ganz besondere Ziele mitnehmen will, kann in Florenz auf die SS 67 nach Empoli (Richtung Pisa) abbiegen, dann westlich von Empoli nach Poggibonsi fahren und hoch hinauf nach San Gimignano → **(3/Alternativen)**. Auf gemütlicher Landstraße am nächsten Tag weiter nach **Siena** – vollständig erhaltene Stadtmauer, ein prachtvoller Dom und die muschelförmige Piazza del Campo, unbestritten einer der schönsten Plätze Italiens.

• *Siena/Südtoskana*: von Florenz die gebührenfreie Schnellstraße (Racordo) nach **Siena** und weiter auf der viel befahrenen SS 223 durch die herbe Südtoskana hinunter nach **Grosseto** und an der markanten Lagunenhalbinsel **Monte d'Argentario** vorbei. Vor allem nördlich der Halbinsel liegt ein Campingplatz neben dem anderen.
Gegen das mondäne Pflaster der Hafenstadt **Porto San Stefano** wirkt **Porto Ercole** noch etwas gemütlicher. **Orbetello** ist eine interessante Stadt, die fast völlig von Wasser eingeschlossen ist.
In Porto San Stefano beginnt eine **"strada panoramica"**, die an der Meerseite um den Monte d'Argentario herumführt. Geht nach einigen Kilometern allerdings in eine Staubpiste über.

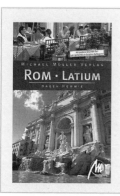

Viele Details und wertvolle Informationen zur ganzen Provinz Latium (u. a. Viterbo, Lago di Bolsena, Lago di Bracciano) inkl. ausführliche Tipps zu Rom in unserem Führer **Rom/Latium**. Ergänzt ideal die Führer Sardinien, Italienische Riviera/Cinque Terre und Toskana/Umbrien.

(6) Frankfurt – Civitavecchia

Gesamtstrecke 1220 km, Basel – Civitavecchia 930 km, Como – Civitavecchia 650 km

Entweder die "strada del sole" (A 1) über Milano, Parma, Modena, Bologna und dort weiter wie in (3) und (5) beschrieben.

Oder über **Genova – La Spezia** bzw. **Parma – La Spezia** an die Rivieraküste und über Livorno **(3)** immer an der Küste entlang nach **Civitavecchia**. Hinter Livorno endet die Autobahn bei **Rosignano Marittima**, weiter auf der Küstenstraße SS 1, die aber zeitweise auch weiter landeinwärts verläuft.

Autobahngebühren Schweiz → (2)
Autobahngebühren Italien: Como – Genova ca. 9 €, Genova – Livorno ca. 12 €; Como – Parma ca. 8 €, Parma – Livorno ca. 14 €.

(7) Anreise über Korsika

Lohnt landschaftlich unbedingt, aber auch wegen des intensiveren Kennenlernens des insularen mediterranen Raums und wegen der Kontraste bzw. Parallelen zwischen der französischen und italienischen Nachbarinsel.

Korsika ist gebirgiger als Sardinien, auf den höchsten Gipfeln sogar mit ewigem Schnee. Die Ostküste flach mit langen Sandstränden, touristisch sehr stark erschlossen, viel organisierter Tourismus. Ursprünglicher, rauer und zerklüfteter dagegen die Westküste, dort auch Möglichkeiten zum Wildzelten. Lohnende Orte und Regionen sind *Calvi, Iles Sanguinaires* (vor Ajaccio), *Les Calanches, Cargese, l'Ile Rousse, Evisa* und *Bonifacio* (im Süden). Sehr interessant und ohne Tourismus das Inselinnere, vor allem *Corte*. Ein weiterer Höhepunkt ist die Fahrt mit der korsischen Schmalspurbahn (→ Anreise mit der Bahn).

Häufige Fährverbindungen, z. T. mit interessanten Sonderangeboten, gibt es von Genua und Livorno (→ Fährverbindungen). Auf Korsika wird man meist in *Bastia* landen, entlang der flachen Ostküste sind es etwa 180 km nach Bonifacio im äußersten Süden – von dort gehen täglich mehrmals Autofähren nach *Santa Teresa di Gallura* an der felsigen Nordspitze Sardiniens.

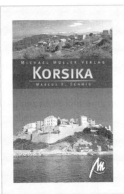

Unser **Korsika-Band** bringt alle notwendigen Details für unterwegs – ideale Ergänzung zum Sardinien-Führer, Inselhüpfen zwischen Frankreich und Italien. Aktuell und umfassend – viele detaillierte Tipps: Übernachten, günstig essen, nette Kneipen, Routen auf der Insel, Wanderwege u. v. m.

(8) Anreise über Südfrankreich

Das ist gewiss ein Umweg, doch vielleicht ein lohnender, denn man umgeht elegant die Alpen. Von Toulon und Marseille fahren von Mai bis September Fähren hinüber nach Sardinien (→ Fährverbindungen).

Über *Lyon* und durchs lange Rhônetal durchquert man die Provence auf schneller, leider ebenfalls gebührenpflichtiger Autobahn. Ein Stopp lohnt sicherlich in *Avignon* mit seinen malerischen alten Gässchen und dem riesigen

Papstpalast (Tipp: berühmtes Theaterfestival auf allen Straßen der Stadt Anfang Juli bis Anfang August). Wer Zeit hat, kann im Umkreis der Rhônemündung das berühmte Schwemmland der *Camargue* mit seinen Lagunenseen und langen Sandstränden kennen lernen. Viel Atmosphäre wegen der zahlreichen Roma, tolle Gitarrenspieler in den Kneipen! Bei etwas Pech hier allerdings auch gleich erste Bekanntschaft mit dem berüchtigten Mistralwind, der das ganze Rhônetal hinunterweht und in Sardinien als Maestrale den gesamten Norden durchschüttelt. *Toulon* ist ein großer Militärhafen und lohnt – im Gegensatz zum farbig-aufregenden *Marseille* – keinen Aufenthalt.

Mit der Bahn

Zugfahren lohnt wegen der billigen Tarife in Italien. Zudem ist Italien (nicht Sardinien!) ein ausgesprochenes Bahnland mit hervorragend ausgebautem Zugnetz und häufigen Verbindungen.

Gutes Sitzfleisch muss man allerdings mitbringen – von München nach Genua sind es beispielsweise etwa 12 Stunden, nach Rom etwa 13–14 Std. Vor der Abreise sollte man außerdem die Medien auf eventuell anstehende Streiks (*sciopero*) in Italien durchforsten – alle Jahre wieder legt das italienische Bahnpersonal für einige Tage die Arbeit nieder. Meist sind die Streiks strategisch so geschickt am Beginn oder Ende der Feriensaison platziert, dass die internationale Medienaufmerksamkeit und empörte Beschwerden hängen gebliebener Touristen für zusätzlichen Druck auf die Behörden sorgen. Wenn man mit gebuchtem Fährticket in der Tasche davon betroffen ist, ist das mehr als ärgerlich.

Bahnsparen

In Deutschland sind die Bahnpreise hoch, in Italien dagegen niedrig. Wer aus dem Norden Deutschlands kommt, muss deshalb deutlich tiefer in die Tasche greifen als z. B. Bayern und Schwaben. Kosten senken helfen die zahlreichen Sonderangebote der DB und verschiedene nationale und internationale Bahnpässe, z. B. **Euro-Domino**, **Interrail** etc. Italienische Bahnpässe (z. B. Carta Verde, Italy Railcard) rechnen sich im Allgemeinen nur, wenn man sehr viel mit der Bahn herumfährt. Man erhält sie ausschließlich in Italien, nämlich an den Bahn-Grenzübergängen, in großen Bahnhöfen und in Reisebüros (z. B. CIT-Reisebüro in I-39100 Bozen, Piazza Walter 11, ✆ 0039/0471/976421). Weitere Infos auf der Website der Bundesbahn (bahn.de) oder bei der Italienischen Eisenbahn (trenitalia.com oder fs-on-line.com).

Hauptrouten über die Alpen

▶ **Brenner-Linie**: München – Kufstein – Innsbruck – Brenner – Bozen – Trento – Verona (– Bologna – Florenz – Rom).
Diese Verbindung bietet sich für den gesamten Osten und Nordosten Deutschlands an – Hamburg, Hannover, Göttingen, München u. a. Sehr schöne Strecke, wie die Autobahn aber eine Art Nadelöhr mit gelegentlichen Verspätungen auf dem österreichischen Streckenstück.

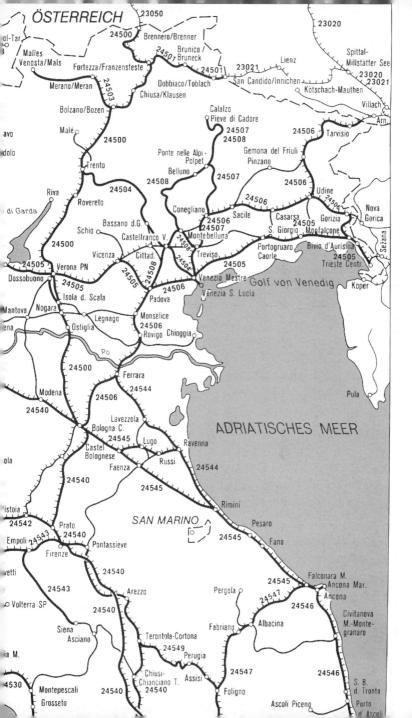

120 Anreise

Bahnfahren in Italien – häufig verkehrende Züge und erfreulich preiswert, jedoch chronisch überfüllt und meist verspätet

- *Nach Genova*: Direktzüge ab BRD gibt's in der Regel nicht, jedoch 1–2x tägl. Kurswagen. Alle anderen Verbindungen nach Genova sind mit Umsteigen in **Verona** und/oder **Milano** verbunden, tagsüber gibt es dort stündliche Verbindungen und IC-Züge im 2-Std.-Rhythmus. Ankunft am hafennahen Bahnhof **Genova Porta Principe** (P.P.), weiter mit Bus oder zu Fuß (ca. 20 Min.) zu den Fährschiffen. Ab München ca. 12 Std. Fahrtzeit.
- *Nach Livorno*: keine Direktzüge ab BRD. Umsteigen in **Florenz**, weiter über **Pisa**. Vom Bahnhof in Livorno mit Bus zum Hafen.
- *Nach Civitavecchia*: Die direkte Strecke via Florenz – Pisa – Livorno ist mit mehrmaligem Umsteigen verbunden. Besser den durchgehenden Express von München nach **Rom** nehmen (ca. 2x tägl.) und noch ca. 45 Min. ab **Roma Termini** (Hbf.) mit Nahverkehrszug nach Civitavecchia (von Rom mind. 1x stündl.). Vom Bhf. in Civitavecchia ca. 10 Min. zu Fuß zum Hafen. Ab München ca. 13–14 Std. Fahrtzeit.

▶ **Gotthard-Linie:** Basel – Luzern – Arth/Goldau – Göschenen (Gotthard-Tunnel) – Airolo – Bellinzona – Lugano – Chiasso – Como – Milano – Genova – Livorno (bzw. Milano – Bologna – Rom).

Für den Westen Deutschlands und die Schweiz billigste und schnellste Verbindung. Nach Basel kommt man im IC-Takt von vielen deutschen Großstädten. Dann eindrucksvolle Fahrt auf der berühmtesten Alpenlinie mit zahllosen Tunnels, darunter der 15 km lange *St. Gotthard-Tunnel*.

Eine Alternative dazu ist die Strecke Stuttgart – Singen – Schaffhausen – Zürich – Milano.

- *Nach Genua*: Direkte Kurswagen via **Basel** gibt's von verschiedenen deutschen Städten. Im Sommer fährt auch zumindest ein Direktzug ab **Stuttgart** (über Schaffhausen). Ansonsten ab Basel SBB hervorragende Verbindungen nach **Milano**, von Milano nach Genova Züge im Stundentakt. In Genova gibt's zwei Hauptbahnhöfe – immer in der **Stazione Porta Principe** aussteigen, die nah beim Fährhafen liegt (häufige

Mit der Bahn 121

Busse ab Bahnhofsvorplatz, zu Fuß ca. 20 Min.). Ab Frankfurt ca. 11 Std. Fahrtzeit.

- *Nach Livorno*: in Genova oder Milano umsteigen.
- *Nach Civitavecchia*: den Direktzug nach Rom nehmen, fährt von verschiedenen deutschen Städten via Milano – Bologna. Ab Roma Termini (Hbf.) dann mit Nahverkehrszug nach Civitavecchia (Anschluss mindestens 1x pro Std.). Ab Frankfurt ca. 15 Std. Fahrtzeit.

In der Hauptreisezeit sind die Züge auf allen alpenüberquerenden Linien brechend voll. Rechtzeitig **Platzkarte** sichern (frühestens drei Monate, spätestens wenige Minuten vor Abfahrt), kann von großen Bahnhöfen in BRD, CH und A auch für inneritalienische Züge gemacht werden. Nach Genua bzw. Rom gibt es auch durchgehende **Schlaf- und Liegewagen**.

Anreise

Bahnfahren in Italien

Ferrovie dello Stato (abgekürzt FS) heißen die italienischen Staatsbahnen. Die Züge sind fast durchgängig modern und ähneln in Komfort und Ausstattung sehr den mitteleuropäischen Bahnen. Verspätungen sind allerdings häufig und sollten einkalkuliert werden. Sie rühren z. T. daher, dass die Strecken oft nur eingleisig sind und sich besonders in Nord-Süd-Richtung die Züge auf wenigen Linien drängeln. In der Regel sind die Züge zudem überfüllt, was aber gerade beim italienischen Temperament viel Spaß bringen kann.

Die Zugdichte ist hoch, und die Preise sind niedrig. Faustregel: je länger die Fahrt, desto günstiger der Preis pro Kilometer (Beispiel: 100 km kosten ca. 5 €, 250 km ca. 11 €). Wichtig – aus den Fahrplänen bzw. Kursbüchern sollte man sich immer den geeigneten Zug heraussuchen: Die Nahverkehrszüge **Locale** (L) bzw. **Regionale** (R) sind langsam und halten an jeder Station. Etwas flotter bewegen sich **Diretto** (D) und **Interregionale** (IR), die aber ebenfalls häufig halten. Der **Espresso** (E) ist dagegen durchweg schnell. Am schnellsten fahren die komfortablen **Inter/Eurocity-Züge** (IC/EC), allerdings mit teils erheblichen Zuschlägen. Die Stars unter den italienischen Zügen sind schließlich der mit spezieller Kurvenneigung konstruierte **CIS** (Pendolino) und der **Eurostar** (ES). Diese Züge besitzen oft nur Wagen der 1. Klasse, die Platzreservierung ist dort obligatorisch ("prenotazione obligatoria") und in Fahrplänen mit eingerahmtem "R" vermerkt.

Am Fahrkartenschalter sagt man: **"Un biglietto (due biglietti) per Genova (Livorno, Civitavecchia ...), solo andata (andata/ritorno)"** – "einen Fahrschein (zwei Fahrscheine) nach Genua (Livorno, Civitavecchia ...), einfache Fahrt (hin und zurück)".

▶ **Interessante Variante**: mit Zug bis Genova, Livorno oder Piombino. Dort übersetzen nach Bastia auf **Korsika**. Ab *Bastia* tolle Fahrt mit der schmalspurigen Korsika-Bahn durchs teilweise hochalpine Inselinnere, ein Erlebnis für sich! Die Strecke geht von Bastia über Corte nach *Ajaccio* (Westküste), Dauer ca. 4–5 Std., schönstes Stück hinter Corte. Ab Ajaccio mit Bus nach *Bonifacio* (leider nicht allzu häufig), dort mit der Fähre übersetzen nach Sardinien (→ Fährverbindungen). Interrailer erhalten auf der Korsika-Bahn 50 % Rabatt.

Tipps und Tricks für Bahnreisende

Zugfahren in Italien ist bequem und einfach, sofern Sie die im Folgenden aufgeführten Besonderheiten beachten.

- **Ganz wichtig**: Bevor man den Bahnsteig betritt, muss man sein Zugticket an einem der Automaten **entwerten**, die an den Zugängen aufgestellt sind. Andernfalls gilt man als potentieller "Schwarzfahrer" – und das kann einiges kosten!
- **Zuschlagpflichtige IC-Züge** sind auf den aushängenden Fahrplänen mit gestrichelter Linie gekennzeichnet (Zuschlag = supplemento).
- Auf den Fahrplänen immer die Spalte "Servizi diretti e annotazioni" beachten, dort ist vermerkt, ob der betref-fende Zug nur **werktags** ("si effetua nei giorni lavorativi") oder nur **feiertags** ("si effetua nei festivi") fährt.
- Wenn der Fahrkartenschalter geschlossen ist, gibt es die Zugtickets in der Regel in der **Bahnhofsbar** oder im **Zeitschriften-** bzw. **Tabacchi-Laden**.
- Auf kleineren Bahnhöfen hängen oft zusätzlich die Abfahrts-/Ankunftszeiten der **nächstgrößeren Bahnhöfe** bzw. Städte aus – nicht verwechseln!
- Auf kleinen Bahnhöfen werden oft in letzter Minute die **Gleise gewechselt**. Bis zuletzt auf Durchsagen und Mitwartende achten, außerdem immer noch einmal fragen, bevor man einen Zug besteigt.

Mit dem Fahrrad

Kaum jemand strampelt wohl tagelang von den Alpen bis in einen der Fährhäfen, um dort nach Sardinien überzusetzen. Man kann jedoch seinen Drahtesel in vielen Zügen mitnehmen, vom Bummelzug bis zum IC. In durchgehenden Zügen mit Fahrradmitnahme nach Italien (ca. 3x tägl.) muss für ca. 12,30 € eine internationale Fahrradkarte erworben werden, verbunden ist damit eine Reservierung für einen Radstellplatz.

Die Bundesbahn bietet auf ihrer Internetseite (www.bahn.de) Fahrradinformationen (Bahn & Bike) und einen Link zur italienischen Bahn. In deutscher Sprache sucht man sich die Strecke zum gewünschten Zielort aus, Fahrradmitnahme ist in den italienischen Fahrplänen angegeben. Empfehlung für die Fahrt: Immer einen Riemen oder eine Schnur dabei haben, um das Rad im Zug zu sichern. Für alle Fälle sollte man auch in der Lage sein, alles Gepäck in einem Stück am Mann zu tragen. Ein Fahrrad als *Gepäckstück* aufzugeben, und es dann einige Tage später am Zielbahnhof abzuholen, ist nur noch nach Südtirol möglich (Verpackung nötig). Problemlos ist der Transport in speziellen *Fahrradtaschen* (110 x 80 x 40 cm), die in Italien in allen Zügen (Ausnahme: Hochgeschwindigkeitszug "Pendolino") mitgenommen werden dürfen, allerdings ist auch dafür eine Fahrradkarte notwendig.

Alternative zum Zug sind die "Fahrradbusse" des Reiseveranstalters *Natours* (Untere Eschstr. 15, 49179 Ostercappeln, ✆ 05473/92290, ✉ 8219, www. natours.de). Dieser bietet von verschiedenen deutschen Städten Busfahrten mit Radmitnahme nach Livorno. Allerdings sollte man sich rechtzeitig über die Möglichkeiten informieren, denn die Modalitäten ändern sich häufig.

Auf den *Fähren* nach Sardinien kann man das Rad gegen geringe Gebühr oder sogar kostenlos mitnehmen.

Mit dem Flugzeug   123

Eine weitere komfortable Alternative bietet die Anreise mit dem *Flugzeug*, die Auswahl an Flügen ist allerdings relativ gering – auf jeden Fall also früh buchen und sich die Radmitnahme bestätigen lassen.

> • Infos zum Radtransport in europäischen Zügen erhält man vom 1.3.–30.11. über die **Radfahrer-Hotline** der DB, ✆ 01805/151415 (tägl. 7–23 Uhr). Dort kann man auch buchen.
>
> • Auch der **Allgemeine Deutsche Fahrrad-Club (ADFC)** hält einschlägige Informationen bereit (Bundesgeschäftsstelle ADFC, Postfach 107747, 28077 Bremen, ✆ 0421/34629-0, ✉ 34629-50, www.adfc.de, Geschäftsstellen in jeder Großstadt.

Mit dem Flugzeug

Wer die jeweils ein bis zwei Tage Hin- und Rückreise über Land sparen will, liegt damit richtig. Mittlerweile gibt es in der warmen Jahreshälfte ein passables Angebot an Direktflügen, die allerdings in der Hauptsaison schnell ausgebucht sind.

Hauptanflughafen von Deutschland, Österreich und der Schweiz ist der "Aeroporto di Olbia–Costa Smeralda" bei Olbia im Nordosten Sardiniens. Der Flug zum "Aeroporto Elmas" bei *Cagliari* im Süden kommt ein Stück teurer. Charterflüge landen außerdem am "Aeroporto Fertilia" bei *Alghero*, seltener sind Flüge nach *Tortoli/Arbatax* an der Ostküste. Abwechslungsreich ist der Flug nach Sardinien allemal – im Direktflug 1,5–2 Std. über die Alpen, ein Stück den Stiefel entlang und übers Meer nach Sardinien, wobei speziell der Flug nach Cagliari erste längere Eindrücke von der Insel bringt (dabei muss man allerdings rechts sitzen).

Charterflüge kann man mit Unterkunft buchen oder als "Nur Flug". Die Preise für "Nur-Flug" liegen um die 350–400 €. Informieren Sie sich in jedem Fall in mehreren Reisebüros, nicht alle haben sich darauf spezialisiert, besonders günstige Flüge zu finden, und die Angebote können erheblich differieren. Online-Buchung und Last Minute-Flüge gibt es z. B. über www.start.de oder www.ltur.de.

"Flug mit Unterkunft" werden u. a. von Airtours, DERtours, Eurowings Touristik, Frosch-Touristik, ITS, Jahn-Reisen, Kreutzer, Neckermann, Oscar Reisen und TUI angeboten (→ Reisepraktisches von A bis Z/Übernachten). Auch "Flug mit Mietwagen" bieten einige Veranstalter, am Airport wird dabei ein Leihwagen zur Verfügung gestellt (unbegrenzte Kilometer, Vollkasko mit Selbstbeteiligung). Weitere Package-Angebote sind z. B. Surf-, Golf und Wanderreisen.

▶ **Non-Stop-Flüge:** Etwa ab Anfang April bis Ende Oktober fliegen ab Deutschland, Österreich und der Schweiz mehrere Airlines die sardischen Flughäfen Alghero, Olbia und Cagliari direkt an (im Winter gibt es Verbindungen nur mit Umsteigen auf dem Festland). Die Flughäufigkeit reicht von ein- bis mehrmals wöchentlich.

124   Anreise

Meridiana, die Luftlinie des Konsortiums Costa Smeralda, fliegt z. B. von Frankfurt nach Olbia und Cagliari, sowie von München und Zürich nach Olbia, *AeroLloyd* von Düsseldorf, Frankfurt, München und Stuttgart nach Olbia, *Lufthansa* ab München nach Cagliari und von Stuttgart nach Olbia, *LTU* von Düsseldorf nach Olbia, *Air Dolomiti* von München nach Cagliari, *Augsburg Airlines* von Augsburg nach Alghero, Olbia, Tortoli (bei Arbatax) und Cagliari, *Rheintalflug* von Friedrichshafen, Wien und St. Gallen nach Olbia.

▸ **Varianten:** Alternative wären Flüge aufs italienische Festland, von dort kommen Sie ganzjährig mit *Alitalia* von allen größeren Flughäfen nach Sardinien, mit *Meridiana* von Mailand, Bologna und Verona, sowie mit *Volare* von Mailand, Venedig und Verona. Das Umsteigen schraubt allerdings die Reisezeit erheblich in die Höhe, aus zwei Stunden werden so schnell fünf. Der Flughafen Malpensa bei Mailand ist außerdem "berühmt" für seine chaotischen Verhältnisse.

Natürlich kann man auch nach Rom fliegen, der Flughafen "Leonardo da Vinci" liegt ca. 28 km westlich vom Stadtzentrum bei der Küstenstadt *Fiumicino*, von dort fahren Fähren der Gesellschaft Tirrenia Juni bis September 2x wöchentlich nach Arbatax an der sardischen Ostküste. Täglich mehrmals gibt es außerdem Fährverbindungen von der nahen Hafenstadt *Civitavecchia* nach Olbia (vom Flughafen per Zug zum Bahnhof *Roma-Ostiense*, dort entweder gleich den Zug nach Civitavecchia nehmen oder mit der U-Bahn zum Hauptbahnhof Roma Termini fahren und dort den Zug nach Civitavecchia besteigen).

Weitere Anreisemöglichkeiten

▸ **Mit dem Bus:** Längere Busfahrten gehören sicher nicht zu den bequemsten Fortbewegungsmöglichkeiten, für Sardinienfahrer sind die Optionen zudem ziemlich dünn gesät. Die *Deutsche Touring GmbH* bietet mit ihren Europabussen Fahrten von verschiedenen deutschen Großstädten nach Genua und Pisa (bei Livorno) an (Preisbeispiel: Frankfurt/M. – Genua 62 € einfach, 105 € hin/rück; Frankfurt/M. – Pisa 79 € einfach, 134 € hin/rück). Interessant für Reisende, die ihr Fahrrad mitnehmen wollen: Ein Spezialveranstalter bietet sog. "Fahrradbusse" nach Livorno (→ Anreise mit dem Fahrrad, S. 122).

Auskünfte/Buchung: in allen **DER-Reisebüros** sowie bei **Deutsche Touring GmbH**, Am Römerhof 17, PF 900244, D-60486 Frankfurt/M., ✆ 069/7903240, ✉ 7903219, www.deutsche-touring.com.

▸ **Mitfahrzentralen:** Preisgünstige Lösung für Fahrer und Mitfahrer – Ersterer spart Benzinkosten, Letzterer kommt ein ganzes Stück billiger als mit der Bahn über die Alpen. Vor allem in Groß- und Universitätsstädten der Bundesrepublik existieren zahlreiche Mitfahrzentralen (MFZ), die Fahrer und Mitfahrer vermitteln. Wer also mit einem PKW nach Sardinien fährt und noch Mitfahrer für die Anreise sucht, sollte ruhig mal bei der nächstgelegenen Zentrale anrufen. Dasselbe gilt für alle, die eine *MFG* (Mitfahrgelegenheit) suchen. Meist wird man schnell fündig. Viele Angebote auch an den Schwarzen Brettern von Unis und in einschlägigen Kneipen. Falls der Fahrer ein anderes Ziel hat als ein potentieller Mitfahrer, kann man sich natürlich auch auf ein Teilstück der Strecke einigen.

Fährverbindungen 125

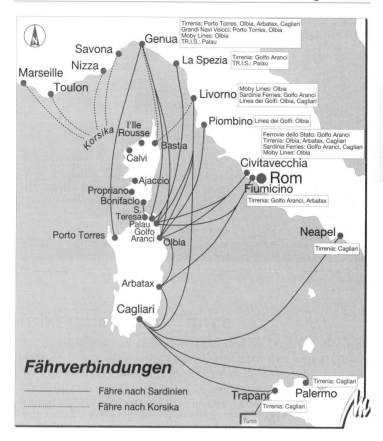

Fährverbindungen

Fährverbindungen gibt es nach Sardinien vom italienischen Festland ab Genua, La Spezia, Livorno, Piombino, Civitavecchia, Fiumicino und Neapel, außerdem von Palermo und Trapani auf Sizilien. Für Reisende aus Mitteleuropa sind hauptsächlich die ersten vier Häfen interessant, bedingt vielleicht noch Civitavecchia. Eine Sonderrolle spielen die allsommerlichen Überfahrten von Toulon in Südfrankreich (so kann man bei der Anfahrt die Alpen umgehen!) und der landschaftlich ausgesprochen schöne Einstieg via Korsika.

Ab Genua setzen die neapolitanische Gesellschaft *Tirrenia* sowie *Moby Lines*, *Grandi Navi Veloci* und die kleinere Gesellschaft *TR.I.S.* nach Sardinien über, in La Spezia starten ebenfalls *Tirrenia* und *TR.I.S.*, in Livorno konkurrieren *Sardinia Ferries*, *Moby Lines* und *Linea dei Golfi*, ab Piombino fährt *Linea dei*

126 Anreise

Täglich ab Genua – in einer Nacht ist man drüben

Golfi, von Civitavechia operieren *Sardinia Ferries*, *Tirrenia*, *Moby Lines* und die Fähren der *Ferrovie dello Stato (FS)*, der italienischen Eisenbahn. Civitavecchia hat die meisten Überfahrten pro Tag.

Die großen Gesellschaften Tirrenia, Moby Lines und Sardinia Ferries setzen z. T. Schnellfähren ein, die auch Fahrzeuge mitnehmen können – die Überfahrtszeit wird damit um mehrere Stunden verkürzt, dafür liegt der Preis natürlich höher. Komfort und Ausstattung sind besonders bei Grandi Navi Veloci, Moby Lines und Sardinia Ferries sehr gut – gelegentlich ist ein Swimmingpool an Deck, der bei Tagüberfahrten hilft, die Zeit zu überbrücken, auch Kinderspielzimmer sind oft vorhanden (genaue Angaben in den Prospekten). Linea dei Golfi lohnt besonders für Wohnmobilfahrer, denn hier kann man an Deck im eigenen Fahrzeug übernachten und spart den Kabinenplatz.

Preislich die günstigste Überfahrt auszuknobeln, ist ein Unternehmen für echte Tüftler – wer aber das optimale Angebot heraushohlt, kann erheblich sparen. Generell lässt sich sagen, dass die Nebensaison-Tarife ab *Livorno* finanziell sehr interessant sind – vorausgesetzt, man bucht Hin- und Rückfahrt gleichzeitig (→ Livorno).

● *Anfahrt über Italien*: **Genua**, **La Spezia** und **Livorno** sind für Motorisierte in der Regel am schnellsten zu erreichen, ob das auch finanziell billiger kommt als **Piombino** bzw. **Civitavecchia** hängt von diversen Faktoren ab – u. a. Lage des Heimatorts, wie viele zahlende Personen, Autobahngebühren, Art des Fahrzeugs und vor allem Abfahrtstermin – zu beachten sind vor allem die verschiedenen Saisonpreise und Sonderangebote der Fährlinien.

Für **Bahnreisende** ist es dagegen ein eher einfaches Rechenexempel, den passenden Hafen zu wählen: Man addiere den Bahnpreis und die Fährüberfahrt.

● *Anfahrt über Korsika*: eigenwillige, aber landschaftlich unbedingt lohnende Variante (→ Anreise mit dem eigenen Fahrzeug). Die Fährverbindungen vom Festland auf die französische Nachbarinsel Sardiniens sind

Fährverbindungen 127

mindestens so zahlreich wie nach Sardinien selber. Es gibt sie (von Nordwest nach Südost) ab **Marseille, Toulon, Nizza, Savona, Genua, Livorno, Piombino** und **Neapel**. Von Bonifacio am Südende der Korseninsel kann man wiederum mit den häufig verkehrenden Autofähren der Saremar oder Moby Lines in weniger als einer Stunde nach Santa Teresa an der windigen Nord-

spitze Sardiniens übersetzen. Moby Lines und Corsica/Sardinia Ferries geben dabei Spezialtarife für "Inselspringer", die über Korsika nach Sardinien anreisen wollen.

● *Anfahrt über Südfrankreich*: Ab **Toulon** und **Marseille** fährt die französische SNCM (Societé Nationale Maritime Corse Mediterranée) mehrmals im Monat nach Porto Torres auf Sardinien.

Interessante Tour für Leute mit viel Zeit: Anfahrt über **Korsika**, Rückreise über **Sizilien**, von Messina nach **Kalabrien** übersetzen und den ganzen Stiefel entlang wieder nach Haus. Unterwegs noch die Möglichkeit, Ätna, Vesuv, Pompeji, Neapel und Rom "mitzunehmen"!

Anreise

Buchung

Vorweg: Vorausbuchung über Reisebüros oder Buchungsagenturen der Fährlinien in Deutschland, Österreich und Schweiz funktioniert nur bei den Gesellschaften Tirrenia, Moby Lines, Sardinia Ferries, Grandi Navi Veloci, Linea dei Golfi und TR.I.S. Die Fähren von Ferrovie dello Stato und Linee Lauro können Sie nur in italienischen Reisebüros bzw. in den Fährhäfen buchen.

Lassen Sie sich vor einer Buchung im Reisebüro die aktuellen Prospekte mit Fahrplänen und Preisen geben bzw. schicken, und vergleichen Sie. Je nach Abfahrtstermin differieren die Preise der Fährlinien ganz erheblich, zudem gibt es verschiedene Sonderangebote (der Prospekt von *Tirrenia* gelangt allerdings nur sehr sporadisch in die Reisebüros). Speziell für die Hochsaison im Juli/August ist es nicht immer ganz einfach, Überfahrtstickets per Vorausbuchung zu ergattern. Oberste Regel: so bald wie möglich ins Reisebüro, vor allem bei Reisen mit PKW, Wohnmobil etc., denn die Stellplätze sind rasch vergeben.

● *Buchungsagenturen*: **Tirrenia** (www.tirrenia.it), Armando Farina GmbH, Postfach 730309, Schwarzwaldstr. 82, D-60505 Frankfurt/M., ✆ 069/6668491, ✆ 6668477.
Moby Lines (www.mobylines.de), Moby Lines Europe GmbH, Wilhelmstr. 36–38, D-65183 Wiesbaden, ✆ 0611/14020, ✆ 1402244.
Sardinia Ferries (www.corsicaferries.com), Corsica & Sardinia Ferries, Georgenstr. 38, D-80799 München, ✆ 089/389991-0, ✆ 338576.
Grandi Navi Veloci (www.gnv.it), Seetours International, Frankfurter Str. 233, D-63263 Neu-Isenburg, ✆ 06102/811004, ✆ 811913-4, faehren@seetours.de.
Linea dei Golfi (www.lineadeigolfi.it) & **TR.I.S.** (www.tris.it), Turisarda, Richardstr.

28, D-40231 Düsseldorf, ✆ 0211/22940015, ✆ 22940029, www.sardinien-turisarda.de.
● *Online-Buchung*: Die Fährlinien können über die genannten Websites oder über www.traghetti.com gebucht werden.
● *Buchen im Fährhafen*: Mit einer solchen Fahrt ins Blaue geht man ein gewisses Risiko ein – denn falls die Fähren ausverkauft sind, bedeutet das unter Umständen eine Wartezeit von mindestens einem Tag. Faustregel: Um Ostern und in der Zeit von Anfang Juli bis Mitte August sollte man auf jeden Fall vorbuchen. In der Nebensaison stehen die Chancen dagegen gut, vor allem ohne PKW. Speziell die FS-Eisenbahnfähren ab Civitavecchia fahren sehr zahlreich, so dass man dort, abgesehen von Stoßzeiten, fast immer problemlos mitkommt.

"Ferragosto": Italien macht Urlaub

August ist der traditionelle Ferienmonat der Italiener. Wer dann die Großstädte am Festland bereist, erlebt sie nur halb. Die Schulen sind geschlossen, ebenso gut die Hälfte aller Geschäfte und Trattorien, viele Firmen haben Betriebsferien, u. a. Fiat. Die Badeorte, Hotels und Campingplätze sind
dafür bis zum letzten Fleck ausgebucht ...

Stellen Sie sich darauf ein! Legen Sie ihre Anreise möglichst nicht auf Anfang August, falls Sie nicht Ihre Tickets schon in der Tasche haben. Die
Fähren nach Sardinien sind ab der letzten Juliwoche bis etwa 10. August extrem überfüllt! Dasselbe gilt für die Rückreise ab der dritten Augustwoche
bis Mitte September! Dramatische Szenen spielen sich dann auf Sardinien
ab, verzweifelte Familienväter mit Caravan, Kind und Kegel belagern die
Kartenbüros in Porto Torres, Olbia und Cagliari, die Straßen sind mit
Blechkarawanen verstopft. Der nackte Kampf ums Überleben beginnt, denn
Papi muss in drei Tagen pünktlich in Milano sein, wenn die Arbeit wieder
beginnt. Und natürlich hat er nicht reserviert. Schmiergelder fließen reichlich, und irgendwann ist tatsächlich wieder jeder drüben auf dem Festland.
Und im nächsten Jahr beginnt alles wieder aufs Neue.

Vom italienischen Festland nach Sardinien

Nachstehende Angaben sind nur zur groben Orientierung gedacht. Die
Fährgesellschaften ändern oft von einem Jahr aufs nächste ihre Routen –
besorgen Sie sich deshalb immer die aktuellen Prospekte.

Genua

Die staatlich subventionierte Gesellschaft *Tirrenia* bestreitet den Löwenanteil
der Abfahrten, dazu kommen im Sommer tägliche Fähren von *Moby Lines* und
Grandi Navi Veloci sowie Fahrten der sardischen Gesellschaft *TR.I.S.* (Tra-
ghetti Isole Sarde). Bei Moby Lines Spezialtarif für Hin-/Rückfahrt von zwei
Personen mit PKW (ca. 185 €) sowie ähnliches Angebot für Wohnmobile/
Wohnwagen oder 50 % Ermäßigung auf den PKW-Rückfahrtspreis. Auch
TR.I.S. bietet verschiedene Sonderangebote.

▸ **Tirrenia**: fährt ganzjährig 1x tägl. die Strecke *Genua – Porto Torres* (Dauer 13
Std.), zusätzlich auf derselben Strecke Ende Juni bis Anfang September 1–3x
tägl. Schnellboot mit Fahrzeugtransport (Fahrtzeit 6 Std.); von Juli bis September 1x tägl. *Genua – Olbia*, den Rest des Jahres etwa 3x wöch. (Fahrtzeit
ca. 13 Std.), zusätzlich auf derselben Strecke Ende Juni bis Anfang September
Schnellboot mit Fahrzeugtransport (Fahrtzeit 6 Std.); 2x wöch. fährt eine von
Genua kommende Fähre von Olbia nach *Arbatax* weiter (zusätzliche Fahrtzeit
6 Std.), 1x wöch. nach *Cagliari*. Trotz der häufigen Abfahrten in den Sommermonaten sind die großen Schiffe oft an der Grenze ihrer Kapazität.

▸ **Grandi Navi Veloci**: Die komfortablen Schiffe der Grimaldi Group (Werbeslo-
gan: "Die schnellsten Hotels im westlichen Mittelmeer") fahren ab Ende Juni

Mit Swimmingpool kann die Fährüberfahrt viel Spaß machen

bis Mitte September 1x tägl. nach *Olbia* und *Porto Torres* (Fahrtzeit etwa 10 Std.). Die Preise liegen ein ganzes Stück höher als bei den anderen Linien, dafür sind die Schiffe besonders gut ausgestattet – alle Kabinen über dem Autodeck, Garagen ohne steile Rampen etc.

▶ **Moby Lines**: Anfang Juni bis Ende September 1x tägl. nach *Olbia* und zurück.

▶ **TR.I.S.**: von April bis Januar etwa jeden zweiten Tag Überfahrt nach *Palau* und zurück, z. T. mit Schnellboot (Fahrtzeit 5 ½ Std.).

La Spezia

▶ **Tirrenia**: Ein Schnellboot (Katamaran) mit PKW-Transport fährt Mitte Juni bis Mitte September täglich nach *Golfo Aranci* und zurück (Fahrtzeit 5,5 Std).

▶ **TR.I.S.**: Juni bis September 1–2x wöch. Überfahrten nach *Palau* und zurück.

Livorno

Hier konkurrieren *Moby Lines*, *Sardinia Ferries* und *Linea dei Golfi*. Moby Lines und Sardinia Ferries ähneln sich in Angebot und Preisstruktur: Spezialtarif ("Moby Pex" bzw. "Jackpot") für Hin-/Rückfahrt von zwei Personen mit PKW ca. 145 € (bei Moby Lines auch Spezialangebot für Wohnmobile/ Wohnwagen) oder 50 % Ermäßigung auf den PKW-Rückfahrtspreis – jedoch nur, wenn die Rückfahrt auf einen Abfahrtstag im Nebensaison-Tarif fällt. Linea dei Golfi bietet bei Hin- und Rückfahrt in der Nebensaison 50 % Reduktion auf den Preis der Deckpassage. Tipp sind außerdem die Tagesüberfahrten, bei denen man keine Kabine buchen muss und die ein ganzes Stück preiswerter sind als die Nachtüberfahrten. Allerdings kann ein ganzer Tag auf See vor

Abfahrt von Livorno

allem mit Kleinkindern sehr anstrengend werden, zudem muss man nachts anreisen oder eine Zwischenübernachtung am Festland einkalkulieren. Überfahrtsdauer ca. 10–11 Std., Sardinia Ferries setzt z. T. Hochgeschwindigkeitsfähren ein, die nur 6 Std. benötigen. Moby Lines und Sardinia Ferries setzen auch nach *Korsika* über und bieten dafür Kombitickets für die Weiterfahrt nach Sardinien. So kann man auf einen Streich beide Inseln kennen lernen (→ Anfahrt via Korsika).

▸ **Moby Lines**: ganzjährige Überfahrten nach *Olbia* – Januar bis April mehrmals wöch., Mai und Oktober bis Dezember 1x tägl., Juni bis September 3x tägl. (1x tags und 2x nachts). Achtung: Es gibt zwei verschiedene Abfertigungsterminals, Näheres im Fährprospekt.

▸ **Sardinia Ferries**: Fähren nach *Golfo Aranci* (bei Olbia) im April und Mai mehrmals wöch., Juni bis Anfang Oktober 2x tägl. (Tag- und Nachtüberfahrt), danach bis Jahresende mermals wöch.

▸ **Linea dei Golfi**: fährt Anfang April bis Ende September mehrmals wöch. nach *Olbia*, gelegentlich auch nach *Cagliari*. Sonderpreise bei gleichzeitiger Buchung von Hin- und Rückfahrt.

Piombino

▸ **Linea dei Golfi**: April, Mai und Sept. mehrmals wöch. nach *Olbia*, Juni bis Aug. 1–3x tägl. Sonderpreise bei gleichzeitiger Buchung von Hin- und Rückfahrt.

Civitavecchia

Harter Preiskampf zwischen *Tirrenia*, *FS-Fähren* (italienische Eisenbahn), *Sardinia Ferries* und *Moby Lines*. FS ist unterm Strich die günstigste, kann je-

Fährverbindungen

doch nur in Italien vorausgebucht werden. Überfahrtsdauer nach Olbia etwa 7–8,5 Std., Schnellboote 3,5–4,5 Std.

▶ **Ferrovie dello Stato (FS)**: Die italienischen Eisenbahnen bieten die preiswerteste Überfahrt nach Sardinien, sind aber oft dementsprechend überfüllt, was auf Kosten von Ausstattung und Sevice geht. Ihre Fähren befahren je nach Saison 2–6x tägl. die Strecke *Civitavecchia – Golfo Aranci* (benachbart zu Olbia). Abfahrten meist morgens und abends, im Juli/August auch nachts.
Sie können die FS-Fähren bereits unterwegs an allen größeren italienischen Bahnhöfen buchen – Tipp wäre Bozen, da man dort Deutsch spricht. Keine Buchung über Reisebüros in D, A und CH möglich.

▶ **Tirrenia**: nach *Olbia* ganzjährig mindestens 1x tägl., Juni bis September 3–6x tägl., teils Fähre, teils Schnellboot mit PKW-Transport. Eine weitere Verbindung geht ganzjährig 1x tägl. nach *Cagliari* (Dauer 14,5 Std.), wobei 2x wöch. Zwischenstopp in *Arbatax* eingelegt wird.

▶ **Sardinia Ferries**: Überfahrten nach *Golfo Aranci* April, Mai und Oktober bis Dezember mehrmals wöch., Juni 2x tägl., Juli bis September 3–4x tägl. Eingesetzt werden Fähren sowie 2x tägl. Schnellboot (Katamaran) mit Fahrzeugtransport. Weiterhin gibt es mehrmals wöch. Fährverbindungen nach *Cagliari* (Fahrtzeit 12–13 Std.).

▶ **Moby Lines**: nach *Olbia* März, April und Oktober bis Dezember mehrmals wöch., Juni/Juli 1–2 x tägl., August/September 1x tägl. Wechselweise Fähre und Schnellboot mit Fahrzeugtransport, August/September nur Schnellboot.

Alle Infos zur Ätnainsel in unserem **Sizilien-Band**. Vollgepackt mit aktuellen Infos zu günstigen Hotels, guten und preiswerten Trattorias, Routen, Camping, Sehenswertes, Baden u.v.m.

Weitere Fähren von Italien nach Sardinien

Die *Tirrenia* befährt Strecken von Fiumicino (Rom), Süditalien und Sizilien nach Cagliari und umgekehrt: **Fiumicino – Golfo Aranci** Juni bis September 1–2x tägl., **Fiumicino – Arbatax** Juni bis September 2x wöch., **Neapel – Cagliari** 1–2x wöch., **Palermo – Cagliari** 1x wöch., **Trapani – Cagliari** 1x wöch. (auf letzterer Route in der Gegenrichtung Weiterfahrt möglich nach *Tunis*, Reisepass nötig!). Außerdem fährt *Lincc Lauro* Juni bis September 1–3x wöch. die Strecke **Neapel – Palau**.

132   Anreise

An- oder Abreise über Sizilien: interessante Variante, die schon allein lohnt, um die Unterschiede zwischen den beiden Inseln und ihren Menschen kennen zu lernen – das faszinierend-chaotische Palermo, demgegenüber Cagliari wie ein verschlafenes Dorf wirkt; der gewaltige Ätna, ein riesiger Vulkan, der jährlich sein Gesicht ändert; Agrigento und Selinunte, weitläufige Ausgrabungen aus griechisch-römischer Zeit. Sizilien war während der Antike eins der wichtigsten Zentren der bekannten Welt – die völlig unterschiedlich verlaufene Geschichte hat die Bevölkerung gänzlich anders geprägt als auf dem abseits liegenden Sardinien.

Anfahrt ab Toulon/Marseille

Reizvolle Anreisevariante mit den Schiffen der *SNCM (Societé Nationale Maritime Corse Mediterranée)*, dabei können die Alpen umgangen und ein paar Tage Provence-Urlaub eingeschoben werden. Etwa Mitte April bis Mitte September werden die Strecken von *Toulon* und *Marseille* nach *Porto Torres* befahren, Abfahrt meist an Wochenenden.

Generalagentur. **SNCM Germany GmbH**, Berliner Str. 31–35, Postfach 1154, D-65760 Eschborn/Taunus, ✆ 06196/429-11, -12, -13, ✉ 483015.

Anfahrt via Korsika

Zu machen mit *Moby Lines*, *Corsica/Sardinia Ferries* oder *SNCM*. Ist sehr reizvoll, sollte aber nicht vom eigentlichen Ziel ablenken. Falls man in Bastia ankommt, sind es von dort via flacher Ostküste noch ca. 180 km bis zu den berühmten Klippen von Bonifacio an der Südspitze Korsikas. Die Straße ist gut ausgebaut, allerdings im Sommer stauanfällig, Fahrtzeit ca. 3,5 Std., eine Stunde vor Fährabfahrt muss man in Bonifacio sein. Landschaftlich lohnender ist die Fahrt an der wild-zerklüfteten *Westküste* entlang, die vom Tourismus lange nicht in dem Maß erschlossen ist wie die Ostseite. Ab Bonifacio dann mehrmals täglich Überfahrten mit *Saremar* oder *Moby Lines* in 50 Min. nach Santa Teresa di Gallura (→ unten).

Vom Festland nach Korsika

Moby Lines: Von *Genua* (6,5 Std.) und *Livorno* (4 Std.) fahren Fähren nach *Bastia* an der Nordostspitze Korsikas. Interessantes Angebot: Wenn man die Passage vom italienischen Festland nach Korsika und zurück fest bucht, ist die Überfahrt von Korsika nach Sardinien inbegriffen. Spezialtarif hin/rück für zwei Personen mit Fahrzeug ab Livorno ca. 148 €. Weiterhin gibt es auch bei Überfahrten nach Korsika 50 % Rückfahrtermäßigung auf den PKW-Preis, wenn man die Rückfahrt auf einen Tag im Vorsaison-Tarif legt. Abfahrten April bis September. In Livorno kann man sich bereits am Vorabend der Abfahrt einschiffen und an Bord übernachten, am nächsten Morgen läuft das Schiff aus.

Fährverbindungen   133

Corsica/Sardinia Ferries: fahren ab *Toulon, Nizza* und *Savona* (40 km westlich von Genua) zu verschiedenen Häfen in Korsika, außerdem von *Livorno* nach *Bastia*. Sonderangebote: Bei gleichzeitiger Buchung der Passagen vom italienischen Festland nach Korsika und von Korsika nach Sardinien gibt es einen ermäßigten Preis für letztere Strecke, außerdem 50 % Rückfahrtermäßigung auf den PKW-Preis, wenn die Rückfahrt auf einen Abfahrtstag im Vorsaison-Tarif fällt. In Livorno kann man sich bereits am Vorabend der Abfahrt einschiffen und an Bord übernachten.

SNCM: Überfahrten von verschiedenen französischen Häfen zu mehreren Häfen in Korsika sowie von *Livorno* nach *Bastia*.

Von Korsika nach Sardinien

Täglich pendeln kleine Autofähren zwischen Bonifacio und Santa Teresa di Gallura, Dauer der Überfahrt ca. 50 Min., Saremar-Fähren sind günstiger. Zu den Preisen kommt noch eine Hafentaxe von ca. 3 € pro Person hinzu.

Saremar (Sardegna Regionale Marittima): Tochtergesellschaft der Tirrenia, je nach Saison bis zu 6x tägl., pro Person 8–10 € (Kinder die Hälfte), Auto je nach Länge 21–35 €, Wohnmobil pro Meter 8–10 €, Motorrad 8–11 €, Fahrrad frei.

Moby Lines: je nach Saison 4–10x tägl., je nach Saison pro Person 8,50–12 € (Kinder die Hälfte), Auto je nach Länge 21–41€, Wohnmobil pro Meter 8–13€, Motorrad 11–21€, Fahrrad 3,20€. Angebot: Gratisüberfahrt, wenn man die Hin- und Rückfahrt als "Inselspringen" (ital. Festland – Korsika – Sardinien und zurück) zusammen fest bucht (→ Vom Festland nach Korsika/Moby Lines).

Fähr-Infos

- Bei Stornierung der Passage werden **Gebühren** fällig, die bei jeder Reederei anders ausfallen. Je nach verbleibender Zeit bis zur Überfahrt werden Gebühren zwischen 10 % und dem Gesamtfahrpreis berechnet (genaue Daten in den Prospekten der Fährlinien).

- Falls Sie mit **PKW** anreisen, sollten Sie 60–120 Minuten vor Abfahrt der Fähre am Hafen sein, **Fußpassagiere** 30–60 Min. (je nach Fährlinie unterschiedlich). Sie könnten sonst unter Umständen Ihre gebuchte Reservierung verlieren.

- Während der Überfahrt darf man nicht ans Auto – alles Nötige mitnehmen. An Deck wird es nachts kühl und feucht. Die Mitnahme von gefüllten Reservekanistern im Wagen ist verboten.

- Alle Fährschiffe haben große **Speisesäle**, wo man mittags und abends im Self-Service-Verfahren volle Mahlzeiten bekommt, bestehend aus Primo piatto (Nudeln etc.), Secondo (Fleisch oder Fisch), Beilagen/Salate, Dessert und Getränken.

- Für **Beschädigungen** des Fahrzeugs während der Überfahrt haften die meisten Reedereien nicht. Speziell bei neueren Fahrzeugen lohnt deshalb eine Seetransportversicherung, die pro 500 € Versicherungssumme etwa 0,50 € kostet.

Gut ausgebaute Straßen und oft wenig Verkehr

Unterwegs auf Sardinien

Das Reisen auf Sardinien bringt in der Regel keine größeren Probleme mit sich. Ein für eine Mittelmeerinsel überdurchschnittlich gut ausgebautes Straßennetz verbindet alle Orte, Asphalt ist die Regel.

Wer ohne Fahrzeug unterwegs ist, wird meist auf die **Busse** der Gesellschaften ARST, FdS, PANI oder Turmotravel zurückgreifen. Zwischen den Badeorten, größeren Ansiedlungen und Städten bestehen häufige Verbindungen, und auch entlegene Bergdörfer werden angefahren. Allerdings ist die Fahrthäufigkeit stark saisonabhängig.

Nur mäßig ist das **Bahnsystem** entwickelt. Neben einem inseldurchquerenden Schienenstrang von Olbia (bzw. Porto Torres) nach Cagliari gibt es jedoch einige reizvolle Schmalspurbähnchen, die sich in atemberaubenden Windungen durch das sardische Gebirge schlängeln – (nicht nur) für Bahnfans ein echter Leckerbissen!

Eigenes Fahrzeug

Die Mitnahme eines eigenen Fahrzeugs (PKW, Motorrad, Wohnmobil) ist zu empfehlen. Zum einen ist es keine Weltreise nach Sardinien – die Fährhäfen sind von Süddeutschland leicht in einem Tag zu erreichen (→ Anreise). Unschlagbare Vorteile sind aber vor allem die Flexibilität und Beweglichkeit vor Ort.

Im Handumdrehen lässt man die überfüllten Massenstrände in unmittelbarer Nähe der Badeorte hinter sich. Falls man Staubpisten und Feldwege in Kauf

Eigenes Fahrzeug **135**

nimmt, kann man sogar noch nahezu einsame Strände finden. Die in der Regel problemlos zu befahrenen Straßen ins Inselinnere ermöglichen schöne Ausflüge tief ins Bergland und abends die bequeme Rückkehr zum Standort. Kein zeitraubendes Warten auf überfüllte Busse, und wenn es irgendwo nicht gefällt, fährt man einfach weiter. Und im Vergleich zum italienischen Festland werden im ländlich strukturierten Sardinien bisher deutlich weniger Autos aufgebrochen bzw. gestohlen.

Angepasste bzw. defensive Fahrweise ist allerdings angebracht. Sardische Autofahrer fahren voller Überzeugung – entweder zu schnell oder zu langsam. Kolonnenfahren ist absolut nicht ihre Stärke, ausgeschert und überholt wird bei jeder möglichen und (vor allem) unmöglichen Gelegenheit. Zudem sind die Einheimischen wahre Kurvenweltmeister – man kann noch so rasant die schmalen Bergstraßen entlangkurbeln, irgendwann sitzt einem immer einer hintenauf. Vor unübersichtlichen Kurven besser hupen, Kurvenschneiderei, Rasen und Überholen an unübersichtlichen Stellen sind Bestandteil der Fahrphilosophie. In den Bergen sollte man außerdem auf kreuzende Schafherden gefasst sein, nicht selten unmittelbar nach einer Kurve. In der Regel ist der Hirte aber sehr darauf bedacht, seine Herde schnell von der Straße wegzutreiben. Ein paar freundliche Handzeichen helfen bei der Verständigung. In Kleinstädten gehört die Straße den Fußgängern genauso wie den Autos. Oft existieren keinerlei Gehsteige, man teilt sich den Platz – lauschige "Passeggiata" zu dritt oder viert, während sich Schwerlaster und Überlandbusse aneinander vorbeiquälen ...

> **Achtung**: Wagenpapiere immer parat haben und nicht über den Durst trinken – Polizeikontrollen sind in den Touristengebieten an der Küste relativ häufig.

▶ **Straßen**: Hervorstechendstes Merkmal sardischer Straßen ist ihr Kurvenreichtum. Über Entfernungen und Reisegeschwindigkeit sollte man sich keinen Illusionen hingeben. Mehr als 30–40 km pro Stunde wird man vor allem im Bergland kaum überwinden können. Geplante Touren also keinesfalls zu lang auslegen und genügend Zeit für Pausen einkalkulieren, sonst kann man bei Tagesausflügen leicht in die Nacht kommen. Das ist zwar nicht gefährlich, kann aber nervend werden, vor allem der ständigen Kurven wegen.

Eine Autobahn gibt es auf Sardinien nicht (also auch keine Gebühren). Für den Fernverkehr ausgelegt ist die mehrspurige **Superstrada 131** (Carlo Felice) von Cagliari über Oristano und Sassari nach Porto Torres. In wenigen Stunden kann man auf ihr die gesamte Insel der Länge nach durchfahren. Bei Sassari gibt es eine ebenfalls gut ausgebaute Abzweigung nach Olbia (SS 597), bei Oristano über Nuoro nach Siniscola (Ostküste) die mehrspurige SS 131 dir., die in Richtung Olbia verlängert wurde, jedoch nicht durchgehend fertig gestellt ist. Neu gebaut wurde außerdem eine Schnellstraße von Nuoro durch die Berge nach Lanusei. Ein gut ausgebautes Netz von **Staatsstraßen** (SS = strada statale, entspricht den deutschen Bundesstraßen) verbindet alle größeren Orte auf Sardinien. Alle anderen Straßen können kleinere Überraschungen bieten, meist in Form von streckenweise aufgeplatztem Asphalt, Spurrillen,

Unterwegs in Sardinien

136 Unterwegs auf Sardinien

Vorsicht – Schafe haben immer Vorfahrt

Schlaglöchern etc. Ab und zu ist auch mal ein Teilstück nicht asphaltiert. Zu befahren sind sie aber alle. Vorsicht geboten ist bei den auf gängigen Straßenkarten zweifarbig markierten Straßen und den ganz weiß gehaltenen Wegen. Hier landet man in der Regel auf steinig-staubigen Erdpisten, die oft von Kettenfahrzeugen planiert wurden (rüttel, schüttel). Mehr als 20–30 km/h wird man selten fahren können. Nicht ohne Reserverad und entsprechendes Werkzeug auf den Weg begeben! Natürlich sind das oft gerade die Strecken, die durch landschaftlich reizvolle, weil unberührte Regionen führen.

> Alle Staatsstraßen sind mit **Kilometersteinen** versehen, die im oberen Teil die Entfernung zum Anfangspunkt der Straße zeigen, im unteren Teil die Nummer der Straße, die Kilometerzahl bis zum nächsten größeren Ort oder einer anderen markanten Stelle, z. B. Einmündung (Innesto) in eine andere Staatsstraße, und oft noch die Region, in der man sich gerade befindet (z. B. SS 597 del Logudoro). Mittlerweile gibt es an manchen viel befahrenen Straßen auch moderne Kilometerschilder aus Blech.

● *Beschilderung, Wegweiser*: bei Überlandfahrten manchmal problematisch. Wegen des permanenten Spannungszustands zwischen Sardinien und der italienischen Zentralregierung, aber auch wegen unachtsamer Touristen, die auf der Suche nach Sehenswürdigkeiten über Felder trampeln und Viehgatter öffnen, werden Hinweisschilder häufig beschädigt oder entfernt. Viele Wegweiser und Ortsschilder sind zudem von Schrotschüssen durchlöchert, wurden demontiert und liegen verrostet im Straßengraben, Richtungspfeile sind abgesägt oder weisen in falsche Richtungen. Unabdingbar bei jeder Tour ist eine gute **Straßenkarte** (→ Landkarten) – besser sich darauf verlassen als auf die manchmal irreführende Beschilderung.
Ähnliches gilt im Prinzip auch für die Suche nach Sehenswürdigkeiten und **Ausgrabun-**

Eigenes Fahrzeug 137

gen außerhalb der Städte. Seit einigen Jahren sind jedoch alle interessanten Punkte (von der Quelle bis zur Nuraghe) auf **braunen Hinweisschildern** gekennzeichnet, sodass die früher oft sehr umständliche Suche sehr erleichtert wurde.

● *Verkehrszeichen*: Häufig trifft man auf Verkehrsschilder mit der Aufforderung **rallentare** = langsam fahren, z. B. wegen **lavori in corso** (Bauarbeiten) oder wegen **pericolo** (Gefahr, oft vor Steigungen und Kreuzungen). **Divieto di accesso** (Zufahrt verboten), **attenzione uscita veicoli** (Vorsicht Ausfahrt), **temporamente limitato al percorso** (Durchfahrt vorübergehend verboten) und **strada interrotta** (Straße gesperrt) sind weitere wichtige Bestandteile des sardischen Schilderwalds. Seltener dagegen der Hinweis auf eine **strada inondata** (Überschwemmungsgefahr). In Städten muss man immer die blau-weißen Schilder **senso unico** in Pfeilform beachten, die Einbahnstraßen bezeichnen. Eine **strada senza uscita** ist eine Sackgasse.

● *Karten*: (Nicht nur) für Auto- und Motorradfahrer konkurrenzlos beste Karte ist die Karte **Sardegna** vom Touring Club Italiano (TCI) im Maßstab 1:200.000, in deutscher Lizenz im Verlag Kümmerly & Frey erschienen (→ Landkarten). Akkurat sind alle Inselstraßen aufgeführt, selbst schmale Karrenwege und nicht asphaltierte "strade bianche". Fernverkehrsstraßen sind rot, Staatsstraßen orange und nummeriert, z. B. SS 125. Auch Details wie Kurvenführung, allein stehende Kirchen, Nuraghen etc. sind penibel verzeichnet. Allerdings zeigt auch diese Karte nicht hundertprozentig exakt den derzeitigen Stand der Straßenverhältnisse. So wurden in den letzten Jahren etliche Erdpisten asphaltiert. Unangenehmer ist der umgekehrte Fall – ab und zu entpuppen sich auf der TCI-Karte als Asphaltstraßen markierte Wege als Staubpisten. Doch das sind Ausnahmen, und wir haben in den jeweiligen Weg- und Ortsbeschreibungen genau darauf hingewiesen.

● *Tanken*: Das Tankstellennetz ist an den großen Verbindungsstraßen gut ausgebaut, hat im Inland jedoch Lücken. Zudem sind die Zapfstellen meist gerade dann geschlossen, wenn der letzte Tropfen verbraucht ist. Die einheitlich geregelten Öffnungszeiten sind Mo–Fr 7–13 Uhr und 16–20 Uhr (im Winterhalbjahr oft kürzer). An Samstagen haben nur einige Tankstellen offen, am Sonntag sind fast alle geschlossen. Weise Vorausplanung ist also nötig, um Wartezeiten zu vermeiden. Ein gefüllter Ersatzkanister gibt zwar ein beruhigendes Gefühl, ist aber offiziell verboten.

Hier wird scharf geschossen

138 Unterwegs auf Sardinien

In Städten und vielen größeren Orten gibt es Tankstellen mit **Geldscheinautomaten**, die auch während der Siesta-Zeit und an Wochenenden geöffnet haben. Im Notfall muss man sich nach einer solchen Tankstelle durchfragen. Dort gibt es immer hilfsbereite Einheimische, die einem bei Problemen mit dem Automaten helfen.

Leserhinweis: "Teilweise wird in Touristengebieten versucht, mit manipulierten Zählautomaten zu betrügen, bei uns z. B. in Santa Teresa di Gallura."

● *Parken:* immer versuchen, einen Schattenplatz zu finden. Nie an unübersichtlichen Stellen parken und nie eine Straße oder einen Weg blockieren, so unscheinbar er auch aussieht. Ein Bus oder Laster sollte immer noch durchpassen (und kommt auch garantiert entlang). In Städten die üblichen Parkprobleme – besser nicht versuchen, in die handtuchschmalen Gassen der Altstadt vorzudringen (gilt vor allem für Sassari). Lieber einen kleinen Fußmarsch in Kauf nehmen und an den langen Boulevards der Neustadt parken. Die Karosserie wird es danken. Parken an schwarz-gelb markierten Randsteinen und auf gelb gekennzeichneten Parkflächen ist verboten.

● *Diebstahl:* seltener als in den Großstädten am italienischen Festland. Problemzonen sind **Cagliari** und **Sassari**, leider auch zunehmend Parkplätze an den Stränden. Vor allem im Bereich der **Costa Smeralda** hat es in den letzten Jahren vermehrt Diebstähle gegeben – die Polizei spricht von organisierten Banden vom Festland und von Drogenproblematik. Die üblichen Vorsichtsmaßregeln also immer beherzigen: sorgfältig alle Türen abschließen, nichts Wertvolles im Wagen lassen, Handschuhfach leeren und gut sichtbar offen lassen.

● *Pannenhilfe* gibt der Straßenhilfsdienst des italienischen Automobilclubs ACI *(soccorso stradale)* in ganz Italien und Sardinien unter der Rufnummer **116**.

Motorrad

Sardinien gilt als Eldorado für Motorradfahrer. Das Wechselspiel von kurvigen Bergstrecken, lang gezogenen Küstenstraßen und gut ausgebauten Fernstrecken reizt enorm. Zudem herrscht auf den Nebenstrecken kaum Verkehr, und das Wetter ist zumindest im Sommer kalkulierbar. Großer Vorteil außerdem: Während PKW-Fahrer bei überfüllten Campingplätzen oft kapitulieren müssen, finden Zweiradfahrer immer noch einen Unterschlupf. Dort gibt es auch die besten Chancen zum Erfahrungsaustausch mit Gleichgesinnten.

Sardinien ist groß genug für ausgedehnte Touren, viele Motorradclubs veranstalten Sommerfahrten. Für "Raser" ist die Insel allerdings nichts – das Schlagloch, versteckt ums nächste Eck, wartet schon. Auch Enduro-Fahrer finden ein reichhaltiges Betätigungsfeld – wobei wir allerdings der Meinung sind, "Sardinien-Rallyes" über ausgetrocknete Salzseen, querfeldein durch dürre Macchia und kilometerlange Küstenstrände entlang sind nicht der Weisheit letzter Schluss.

Ansonsten immer auf genügend Benzin im Tank achten und die streng geregelten Öffnungszeiten der Zapfstellen berücksichtigen. Ersatzteile der gängigen Marken gibt es in den größeren Städten.

Was sardische Motorradjünglinge angeht: Das Zweirad ist ihr wichtigstes Prestigeobjekt. Abends wird gnadenlos die Hauptstraße rauf- und runtergeknattert, Umweltschutzgedanken sind schwer durchzusetzen.

Wohnmobil/Wohnwagen

Für Wohnmobiltouren ist Sardinien sehr gut geeignet und zunehmend beliebt – Stellplätze findet man genügend, Wasserhähne gibt es in vielen Dörfern, und vor allem im bergigen Inland existieren zusätzlich Quellen und Brunnen. Ver-/

Eigenes Fahrzeug 139

"Orgosolo, eine Oase des Friedens und der Ruhe"

Entsorgungsstationen findet man auf vielen Campingplätzen, sonst sind sie nur spärlich vorhanden – was vor allem im Inselinneren problematisch werden kann. Ein organisierter Übernachtungsplatz für Womos liegt bei Santa Maria Navarrese an der Ostküste. Die Überlandstraßen sind gut ausgebaut und zumindest in der Nebensaison und im Inselinneren relativ verkehrsarm, allerdings häufig sehr kurvenreich. Unangenehm können gelegentlich schmale bzw. zugeparkte Ortsdurchfahrten und engkurvige Bergstraßen werden.
Auf der ganzen Insel darf offiziell bis zu 24 Std. lang am gleichen Platz geparkt bzw. übernachtet werden – Ausnahmen bilden lediglich die Costa Smeralda und Plätze, wo ausdrücklich Verbotstafeln stehen. Außerhalb der Hochsaison machen die Carabinieri in der Regel aber auch keine Schwierigkeiten, wenn man für mehrere Tage irgendwo stehen bleibt.
Betreffend Anreise: In der Nebensaison bieten die Fährlinien oft günstige Angebote (→ Anreise). Wer zu früh ankommt, darf meist im Hafen übernachten, bei Linea dei Golfi kann man die Überfahrt im Wohnmobil an Deck verbringen.

> Hinweise zu Entsorgungsstationen finden Sie unter **Oristano**, **Ghilarza**, **Dorgali** und **Santa Maria Navarrese**. Für weitere Tipps sind wir dankbar.

Fahrrad

Sardinien bietet hervorragende Möglichkeiten zur Gestaltung eines interessanten Radurlaubs. Die sardischen Küstenstriche mit ihren gut ausgebauten Asphaltstraßen eignen sich im Allgemeinen für Radtouren. Allerdings herrscht in touristischen Gebieten oft starkes Verkehrsaufkommen, was den Spaß am

Unterwegs auf Sardinien

*"Wenn der Vater mit dem Sohne..." –
Tour durch die Ausläufer des Gennargentu-Massivs*

Radeln trüben kann. Außerdem sollte man reichlich Kondition mitbringen, denn nicht selten geht es kräftezehrend auf und ab, und die Etappen bis zum nächsten Ort bzw. Quartier können mitunter recht lang sein. Auch gelegentliche Steilstücke muss man einkalkulieren – so schön wie anstrengend sind z. B. die Strecken zwischen Dorgali und Tortoli sowie zwischen Alghero und Bosa. Im Inselinneren gibt es genügend verkehrsarme Nebenstrecken, doch das Hügel- und Bergland verlangt Ausdauer und Kraft – zwar scheinen die Pässe nicht sehr hoch (bis max. 1400 m), aber teilweise muss man sie von Meereshöhe aus anfahren. Zudem fehlt fast überall der schattenspendende Wald. Also viel pralle Sonne, im August mit der Gefahr eines Sonnenstichs. Im Frühjahr und Herbst kann dafür der Regen den Spaß verderben – auf wasserdichte Kleidung und Packtaschen achten. Günstigste Monate für einen Radurlaub sind Juni und September.
Spezielle Radwanderkarten und -führer gibt es für Sardinien nicht, die üblichen Straßenkarten im Maßstab 1:200.000 verlangen bei der Routenplanung etwas Erfahrung und Geschick. Die Übernachtungsmöglichkeiten an der Küste sind zahlreich, im Inselinneren gibt es jedoch so gut wie keine Campingplätze, und auch Hotels sind nicht immer in Etappenentfernung (Ausweichmöglichkeit: Agriturismo). Die Mitnahme von Rädern ist in vielen Zügen möglich, sowohl in Normal- wie auf Schmalspur. Auf den FS-Fahrplänen sind Züge mit Fahrradabteil durch ein Radsymbol gekennzeichnet. Auch die blauen ARST-Busse haben einen großen Gepäckraum, in dem sich ein Rad verstauen lässt. Ersatzmaterial für Gangschaltung, Bremsen und Reifen sollte man ausreichend mitnehmen, da es nur wenige Fahrradwerkstätten auf der Insel gibt.

Mountainbikes werden mittlerweile in vielen Badeorten verliehen. Bei Touren abseits der befestigten Straßen können allerdings Probleme auftauchen, denn viele Feldwege sind schon nach wenigen Metern mit großen Toren und Vorhängeschlössern gesichert – Bauer und Viehhirten sind nicht sonderlich scharf auf Mountainbiker, die ihre Transportwege unsicher machen.

> Transport des Drahtesels nach Sardinien → Anreise.

Busse

Recht effizient und das übliche Verkehrsmittel auf Sardinien, wenn man keinen eigenen fahrbaren Untersatz hat. Die blauen Busse der staatlichen Gesellschaft ARST (Azienda Regionale Sarda Trasporti) fahren zahlreiche Orte an, Lücken im Netz ergänzen Bahnbusse von FdS und FMS. Die Preise sind mäßig (100 km ca. 8 €) und entsprechen etwa denen der Bahn. Längere Strecken zwischen den Provinzhauptstädten und Häfen befahren die teureren Schnellbusse der Gesellschaften PANI und Turmotravel.

Vor allem an der Küste und in touristisch erschlossenen Gebieten sind die Verbindungen häufig und zuverlässig. Abgelegene Orte werden dagegen meist nur ein- oder zweimal täglich angefahren. Wer dort seinen Bus verpasst, muss unter Umständen über Nacht bleiben, um weiterzukommen. Auch eine Rückfahrt am gleichen Tag ist oft nicht möglich – falls man Tagesausflüge mit

ARST-Busse fahren fast jeden Ort an

142 Unterwegs auf Sardinien

dem Bus plant, immer vorher danach erkundigen! Die Abfahrtszeiten sind für touristische Bedürfnisse oft ungünstig, da den Gewohnheiten der einheimischen Pendler angepasst, also frühmorgens in die nächstgrößere Stadt und spätnachmittags zurück.

In den Provinzhauptstädten starten Überlandbusse an zentral gelegenen Busbahnhöfen. Auch in den meisten anderen Orten fahren die Busse von einem Platz in Zentrumsnähe ab, Fahrpläne und Tickets gibt es oft in der nächstgelegenen Bar. Nicht immer ist es allerdings ganz einfach, Haltestellen ausfindig zu machen und Abfahrtszeiten herauszubekommen, Italienischkenntnisse sind vorteilhaft. Die im Bus vorne an der Windschutzscheibe angegeben Fahrtziele sind insgesamt mit Vorsicht zu genießen. Besser den Fahrer fragen.

ARST: Streckennetz über ganz Sardinien. In größeren Busstationen bekommt man regionale Fahrplanheftchen, nach der Erfahrung mehrerer Leser gibt es auch einen Busfahrplan für ganz Sardinien, der mit etwas Glück an den Busbahnhöfen der Provinzhauptstädte erhältlich ist.

FdS: Die Bahnbusse der sardischen Schmalspurbahnen "Ferrovie della Sardegna" ergänzen das Netz der ARST, indem sie Orte im Einzugsbereich der Bahnli-

nien bedienen und auch zunehmend stillgelegte Strecken ersetzen.

FMS: Die Busse der Gesellschaft "Ferrovie Meridionali della Sardegna" befahren den Südwesten Sardiniens zwischen Cagliari, Iglesias und Carbonia.

PANI & Turmotravel: überregionale Schnellbusse, die die Fernstrecken zwischen den Provinzhauptstädten befahren und einen rasch zum nächsten Hafen bringen. Schneller als die Bahn, aber auch teurer.

▶ **Stadtbusse**: Orangefarbene Stadtbusse gibt es nur in den größeren Städten wie Olbia, Sassari, Nuoro, Oristano und Cagliari. Sie bedienen Strecken vom Zentrum in die Außenbezirke, fahren aber auch oft in Vororte, zu stadtnahen Stränden, zum nächsten Campingplatz etc. Die Tickets *(biglietti)* löst man in der Regel nicht im Bus, sondern vor der Fahrt im nächsten Tabacchi-Laden, Kiosk oder Bar. Kostenpunkt einfach ca. 0,80 €, man kann aber auch Blocks mit mehreren Fahrscheinen kaufen.

Bahn

Das Bahnnetz Sardiniens ist nur mäßig entwickelt. Neben der Hauptlinie der staatlichen Eisenbahn FS (Ferrovie dello Stato), die die Insel der Länge nach durchquert, gibt es aber einige Schmalspurstrecken der FdS (Ferrovie della Sardegna), die zu den großen Sardinien-Erlebnissen gehören.

Für den Badeurlaub bringt die Bahn allerdings wenig – abgesehen von den Anfangs- und Endpunkten der Strecken führen die Schienen nur durchs Innere der Insel. Zeit und Geduld muss man in jedem Fall mitbringen, Schnellzüge sind auch auf der staatlichen Strecke die Ausnahme. Das rollende Material ist selten auf dem neuesten Stand. Vor allem auf den Schmalspurstrecken verkehren hauptsächlich Fiat-Triebwagen aus den fünfziger Jahren, die oft nur aus einem oder zwei Waggons bestehen.

Die Preise sind sowohl bei FS wie bei FdS ausgesprochen günstig (Ausnahme: Trenino verde, siehe unten). Auf den staatlichen FS-Linien gelten wie auf dem Festland das *biglietto chilometrico* und das internationale *Interrail-Ticket*.

Bahn 143

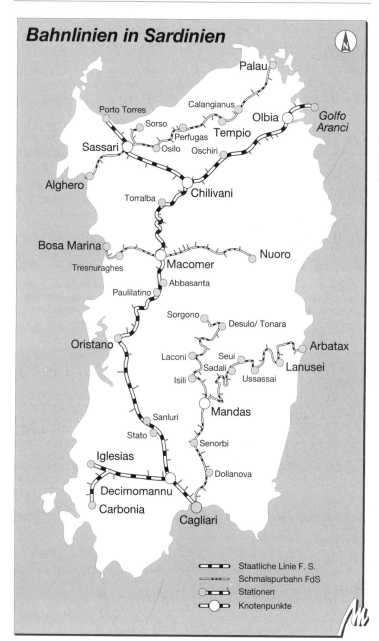

Staatliche Bahnlinien FS (Ferrovie dello Stato)

Die FS-Hauptlinie führt von Norden nach Süden quer über die Insel: Olbia (Anschluss nach Golfo Aranci) – Chilivani (Anschluss über Sassari nach Porto Torres) – Macomer – Oristano – Cagliari (Anschluss nach Iglesias und Carbonia).

Für die gesamte Inseldurchquerung von Olbia nach Cagliari braucht der einzige tägliche Schnellzug *(Espresso)* 4 Stunden, alle anderen Züge 4,5–6 Stunden. Ebenso lange dauert die Fahrt von Porto Torres nach Cagliari. Wichtigster Knotenpunkt der Insel ist der Bahnhof des unscheinbaren Örtchens *Chilivani* in der Region Logudoro. Fahrradmitnahme ist in vielen Zügen möglich, zu erkennen an einem Radymbol in den Fahrplänen.

• *Fahrthäufigkeit* (werktags): Olbia – Cagliari ca. 8x tägl., Golfo Aranci – Olbia je nach Saison 3–7x, Porto Torres – Sassari 5x, Sassari – Oristano 4x, Sassari – Cagliari 4x, Porto Torres – Cagliari 2x. Cagliari – Oristano 20x, Cagliari – Macomer 12x, Cagliari – Iglesias 7–9x, Cagliari – Carbonia 13x. Sonntags generell weniger Fahrten.

Schmalspurstrecken FdS (Ferrovie della Sardegna)

Sollte man sich nicht entgehen lassen, die eingleisigen 950-mm-Spurbähnchen kurven durch die schönsten Berglandschaften, in die man sonst kaum je vordringt. 1989 fusionierten die beiden Bahngesellschaften FCS (Ferrovie Complementari della Sardegna) und SFS (Strade Ferrate Sarde) und wurden umbenannt in FdS (Ferrovie della Sardegna). Seit 2002 gehören sie als Tochtergesellschaft der staatlichen Eisenbahngesellschaft FS an.

Mit 630 km besitzt die FdS das längste Schmalspurnetz in Italien. Vorherrschendes Merkmal der Strecken ist ihr enormer Kurvenreichtum – als die Bahnlinien Ende des 19. Jh. erbaut wurden, bezahlte man die Baugesellschaften für den laufenden Kilometer. So schlängelten sich die Schienen bald um jeden Hang und jeden Hügel. Zwar wurde damit der Bau von kostenintensiven Brücken und Tunnels vermieden. Doch wurde die schon immer hemmungslos betriebene Entwaldung Sardiniens nochmals auf eine neue Stufe gehoben. Festländische Finanzierungsgesellschaften rodeten ganze Wälder, um den Bedarf an Bahnschwellen zu decken. Grund und Boden war damals aus historischen Gründen billig zu haben, und das ausbeuterische Spekulantentum blühte. Nach erfolgter Abholzung stieß man die nunmehr wertlosen Ländereien wieder ab und überließ sie der Verkarstung.

Den heutigen Erfordernissen des Verkehrs werden die Bähnlein allerdings schon lange nicht mehr gerecht, und gegenüber den modernen Überlandbussen sind sie nicht mehr konkurrenzfähig. So wurden in den letzten Jahrzehnten zahlreiche Strecken wegen Unrentabilität und Veraltung für den Linienverkehr stillgelegt. Das touristische Potential wird jedoch mittlerweile durch die sog. "Trenini verdi" genutzt (→ Kasten). Im Folgenden einige Informationen zu den einzelnen Strecken, weitere Details unter den jeweiligen Orten.

Alghero – Sassari: Die Strecke von der Metropole Nordsardiniens in den traditionsreichen Badeort an der Westküste wird noch regelmäßig befahren, Verbindungen etwa 11x tägl.

Sassari – Tempio Pausania – Palau: Die

Bahn 145

Einsame Bahnlinie im ländlichen Inselinneren

Langstrecke durch den Norden Sardiniens wurde 1997 stillgelegt, Nutzung nur noch in den Sommermonaten mit "Trenino verde" – zwischen Sassari und Tempio 2x wöch., zwischen Palau und Tempio 2x tägl.

Sassari – Sorso: häufig befahrene Kurzstrecke, etwa 14x tägl.

Nuoro – Macomer – Tresnuraghes – Bosa Marina: Diese Strecke überquert beinahe die volle Breite der Insel. Linienverkehr gibt es nur noch zwischen Nuoro und Macomer (etwa 7x tägl.). In Macomer hat man Anschluss an die FS-Bahnlinie Olbia – Sassari – Cagliari. Zwischen Macomer und Bosa Marina bzw. zwischen Bosa Marina und Tresnuraghes fährt nur in den Sommermonaten 1x wöch. der "Trenino verde". Das Streckenstück zwischen Tresnuraghes und Bosa Marina wurde nach mehr als 10-jähriger Schließung erst 1996 wieder in Betrieb genommen.

Trenino verde: Auf schmaler Spur durch Sardinien

In der warmen Jahreszeit befahren mehrmals wöchentlich touristische Sonderzüge die sardischen Kleinbahnstrecken, darunter auch Abschnitte, die für den Linienverkehr geschlossen wurden. Die Züge werden gelegentlich von Dampflokomotiven gezogen, bestehen manchmal aus alten Holzwaggons und haben z. T. offene Plattformen, wo man die Landschaft hautnah genießen kann. Diese Fahrten kann man buchen bei FdS in Cagliari, Via Cugia 1, ✆ 070/57930346, ✆ 581765, oder im Reservierungsbüro des Trenino Verde in Cagliari-Monserrato, Via Pompeo 1, ✆/✆ 070/580246 oder ✆ 800460220 (gebührenfrei). Weitere Infos unter www.ferroviesardegna.it, E-Mail: treninov@tin.it.

Cagliari – Dolianovu – Mandas (Isili – Sorgono): Etwa 7x tägl. Linienzug ab Cagliari/Piazza della Repubblica. Zunächst geht es durch die eintönige Campidano-Ebene, dann durch die Berge der Trexenta nach **Mandas**. Hier teilt sich die Strecke:

1) Am Westhang des Gennargentu-Massivs klettert ein Strang nach **Isili** (Linienverkehr 3x tägl.) und weiter über **Laconi** nach **Sorgono** tief hinein in die Barbagia (ab Isili nur noch "Trenino verde").

2) Die Strecke von **Mandas** nach **Arbatax** führt durch herrliche Gebirgslandschaften zur Ostküste und wird meist in umgekehrter

146 Unterwegs auf Sardinien

Reizvolles Erlebnis – auf schmaler Spur durch Sardinien

Richtung von Arbatax aus befahren. Ebenfalls nur "Trenino verde".
Arbatax – Lanusei – Mandas: Besonders reizvolle Strecke an der Südfront des Gennargentu entlang – ein Muss für jeden Bahnfan. Von Anfang Mai bis Mitte September startet im Hafen von Arbatax mehrmals wöch. um etwa 8 Uhr der "Trenino verde" zu seiner langen Serpentinenfahrt ins Bergland. Fahrtdauer bis Mandas ca. 5–6 Std., dort umsteigen in Linienzug nach Cagliari (ca. 2–3 Std.).

Sonstige Fortbewegungsmittel

▶ **Mietfahrzeuge:** an den Flughäfen, in den Städten und Badeorten gutes Angebot an *Mietwagen*, häufig können auch *Motorroller* (ab 26 €/Tag) und *Fahrräder* (ab 8 €/Tag) gemietet werden. Mietautos sind im Vergleich zu anderen Urlaubsländern – z. B. Spanien/Kanarische Inseln – nicht gerade billig, wobei die sardischen Vermieter oft etwas günstiger sind als die internationalen und nationalen Firmen. Falls man sich zu mehreren zusammentut (in der Regel fünf Sitzplätze), lohnt sich die Sache aber. Bevor man einen Wagen mietet, sollte man immer die verschiedenen Angebote vor Ort vergleichen: Die Preisdifferenzen sind erheblich. Vor der Anmietung den Wagen unbedingt genau ansehen und vorführen lassen (Profil, Ersatzreifen, Werkzeug, Motoröl, Kühlwasser, Licht), eventuell eine Probefahrt machen (Kupplung, Bremsen).

• *Preise*: Die Preise für Kleinwagen beginnen bei wochenweiser Anmietung bei ca. 35 €/Tag, größere Wagen kosten ab ca. 60 € aufwärts, ein Minibus kommt auf 90 € (Preise inkl. Vollkasko mit Selbstbeteiligung). Bei längerer Mietdauer sinkt der Preis. Die meisten Firmen bieten ihre Wagen mittlerweile **ohne Kilometerpauschale** (unlimited mileage/chiliometraggio illimitato) an. Bei manchen Firmen gibt es zusätzlich günstige **Wochenendtarife** (Freitagnachmittag bis Montagfrüh), jedoch nicht im Juli/August.
Achtung: Bei Preiskalkulation anhand von Prospekten darauf achten, ob bereits **Mehrwertsteuer** (IVA) enthalten ist, ansons-

Sonstige Fortbewegungsmittel   147

ten Aufschlag von 20 %! Bei Anmietung auf **Flugplätzen** zusätzlich Zuschlag von 10–14 %.

● *Versicherung*: Inbegriffen im Mietpreis ist eine **Haftpflichtversicherung** (assicurazione di responsabilità civile) mit **Diebstahlsschutz** (TP = Theft Protection/protezione furto), Letzteres jedoch meist mit Einschränkungen.

Anzuraten ist eine **Kaskoversicherung** (CDW = collision damage waver). Es gibt sie mit Selbstbeteiligung von ca. 300–1000 € (je nach Wagentyp), die aber für ca. 7–11 € pro Tag wegversichert werden kann.

Zusätzlich kann man für 4–6 € eine **Unfallversicherung** (PAI = Personal Accident Insurance/assicurazione contro gli infortuni) abschließen, manchmal ist sie in den Angeboten auch bereits enthalten.

Generell: Versicherungsumfang ist nicht immer klar ersichtlich – fragen Sie nach!

● *Bedingungen*: **Alter** des Fahrers mindestens 23, Führerscheinbesitz seit mindestens einem Jahr. Wenn der Fahrer zwischen 19 und 23 ist, wird gelegentlich eine Zusatzgebühr von ca. 3 € pro Tag gefordert. Eine **Kaution** muss in der Regel hinterlegt werden, unabdingbar ist auch eine **Kreditkarte**.

Mietwagen online: Über holidayautos.de oder sunnycars.de kann man schon zu Hause bequem einen Mietwagen auf Sardinien buchen, der dann am Flughafen bereitsteht, die Preise entsprechen den auf der Insel angebotenen.

▶ **Schiff**: spielt als Verkehrsmittel hauptsächlich bei der An- und Abreise eine Rolle, außerdem beim Übersetzen auf die vorgelagerten Kleininseln: Roll-on-/Roll-off-Fähren mit Fahrzeugtransport tuckern von Palau (Gallura) zur Insel *La Maddalena* und im Südwesten Sardiniens von Portovesme bzw. Calasetta (Isola di Sant'Antioco) hinüber nach Carloforte auf der *Isola di San Pietro*. Ausflugsboote starten u. a. von Porto San Paolo auf die gegenüberliegende Isola Tavolara, von Alghero zur *Grotta di Nettuno*, von Cala Gonone und Santa Maria Navarrese zu den eingelagerten Stränden der Steilküste im *Golf von Orosei*, von La Maddalena und Palau zu den umliegenden Inseln des *La Maddalena-Archipels*. Weitere Hinweise in den jeweiligen Ortstexten.

▶ **Flug**: Mehrere kleine Gesellschaften bestreiten den Verkehr zwischen den vier Flughäfen Sardiniens: Cagliari, Olbia, Alghero und Tortoli. Im Sommer gibt es tägliche Verbindungen. Wichtigste Strecke ist die zwischen Cagliari und Olbia.

▶ **Trampen**: Die jungen Sarden und Italiener trampen häufig und kommen auch meist gut weg. Vor allem junge Wehrpflichtige in Uniform haben wenig Probleme, ausländische Rucksacktouristen mit viel Gepäck dagegen schon eher. Am besten funktioniert das Trampen, wenn ein Mädchen/eine Frau dabei ist (wirkt vertrauenswürdiger). Gerne mitgenommen wird man meist von Urlauberautos aus BRD, A oder CH, auf den viel befahrenen Küstenstraßen gibt's in der Regel keine größeren Schwierigkeiten. Bei sardischen und italienischen Autos sollte man deutlich auf sich aufmerksam machen. Bewegungslose Statuen am Wegesrand werden gerne übersehen. Betreffend **Versicherung**: In Italien sind zum einen die Haftpflichtsummen äußerst niedrig, zum anderen sind Tramper über die Haftpflichtversicherung eines italienischen Fahrers nicht mitversichert! Tramper sollten deshalb für die Dauer des Aufenthalts besser eine zusätzliche **Unfallversicherung** abschließen.

Hinweis: Die Risiken des Trampens sind allgemein bekannt, wir können diese Fortbewegungsart deshalb nicht empfehlen.

Reisepraktisches von A bis Z

Ärztliche Versorgung	148	Öffnungszeiten	166
Diplomatische Vertretungen	149	Papiere	167
Essen und Trinken	150	Post	167
Finanzen	161	Sport	168
Haustiere	162	Sprachurlaub	175
Informationen	162	Telefon	176
Internet	164	Übernachten	177
Kinder	165	Zoll	186
Landkarten/Stadtpläne	165		

Ärztliche Versorgung

Wer Mitglied einer gesetzlichen Krankenkasse ist, sollte den Anspruchsschein für ärztliche Behandlung in EU-Ländern mitnehmen (E 111), erhältlich ist er bei der eigenen Krankenkasse.

Im Krankheitsfall geht man damit zur nächsten *Unità Sanitaria Locale*, der örtlichen Niederlassung des staatlichen italienischen Gesundheitsdienstes. Dort bekommt man einen italienischen Krankenschein. Das kann je nach Andrang seine Zeit dauern (meist sind die USL-Büros überfüllt). Mit dem glücklich erworbenen Schein kann man dann endlich einen der USL angeschlossenen Arzt aufsuchen und sich kostenfrei behandeln lassen. Die italienische Kasse rechnet

Diplomatische Vertretungen 149

dann mit der eigenen Kasse ab. *Staatliche Krankenhäuser* nehmen den Anspruchsschein direkt an, d. h. man kann sich den Gang zur Unità Sanitaria Locale sparen, ebenso auch einige niedergelassene Mediziner (doch müsste man dies vorher erfragen, da es im Ermessen des Arztes liegt und keine einschlägigen Adressenlisten existieren). Da viele Ärzte den Krankenschein des staatlichen Gesundheitsdienstes nicht akzeptieren, ist es in der Regel unkomplizierter, einen behandelnden Arzt bar zu bezahlen. Gegen eine ordnungsgemäße Quittung (ricevuta) des behandelnden Arztes, die Diagnose sowie Art und Kosten der Behandlung beinhalten sollte, erhalten Sie die Ausgaben zu Hause von Ihrer Kasse zurückerstattet (ganz oder anteilig, je nach Kasse und Höhe der Summe verschieden). Falls Ihnen ein Rezept verschrieben wurde, werden auch die Apothekenkosten verrechnet. Wissen sollte man allerdings, dass die ärztlichen Honorare in Urlaubsgebieten oft unverhältnismäßig hoch ausfallen – unter Umständen muss man also größere Beträge vorschießen. Sinnvoll ist der Abschluss einer zusätzlichen *Auslandskrankenversicherung*, die die meisten privaten Krankenversicherer (auch für Mitglieder gesetzlicher Kassen) und manche Automobilclubs preiswert anbieten (unter 0,60 € pro Tag). Darin enthalten ist auch ein aus medizinischen Gründen notwendig gewordener Rücktransport nach Hause (auch Überführung), den die gesetzlichen Krankenkassen nicht übernehmen.

Für **Österreicher** ist der oben beschriebene Ablauf ebenfalls gültig (Anspruchsformular SE 100-07). **Schweizer** müssen ihre Behandlungskosten selbst bezahlen.

● *Notruf (pronto soccorso)*: Notarzt und Krankenwagen erreicht man kostenlos von allen öffentlichen Apparaten in ganz Italien unter ✆ **118** oder **113**. Adresse nennen und um Erste Hilfe (*pronto soccorso*) bitten. Oder man wählt die ✆ **112**, die Polizei (*polizia*) am anderen Ende der Leitung schickt dann die Ambulanz.

● *Erste Hilfe (soccorso medico urgente)*: In den Touristengebieten gibt es während der Saison in so gut wie jedem Ort eine von der Comune unterhaltene Station der **guardia medica turistica**, in der angehende Ärzte Erste Hilfe leisten. Die Behandlung dort kostet nur eine relativ geringe Gebühr von ca. 15–20 € (Hausbesuch ca. 26 €, Rezept ca. 6 €). Das behandelnde Personal ist sachkundig, schreibt Rezepte aus, gibt Medikamente und Spritzen.

● *Apotheken (farmacia)*: können bei kleineren Wehwehchen den Arzt ersetzen. Viele Medikamente sind rezeptfrei erhältlich. Ungefähre Öffnungszeiten Mo–Sa 8.30–13 und 16.15–19.45 Uhr, Not- und Wochenenddienste sind an jeder Apotheke angeschlagen.

● *Privatversicherung*: Falls Sie privat versichert sind, müssen Sie anfallende Rechnungen selbst bezahlen. Gegen genau ausgefüllte, quittierte Rechnungen erstattet Ihre Kasse nach der Rückkehr die aufgewendeten Beträge – allerdings nur soweit, wie sie der italienische Gesundheitsdienst ebenfalls getragen hätte. Prüfen Sie, ob Ihre Kasse auch etwaige Rücktransportkosten übernimmt.

Diplomatische Vertretungen

Deutschland und Schweiz werden durch ein Honorarkonsulat in Cagliari vertreten, Österreich führt ein Konsulat in Genua. In Notfällen – z. B. beim Verlust sämtlicher Reisefinanzen – kann man sich dorthin wenden. In erster Linie erhält man Hilfe zur Selbsthilfe, z. B. die Vermittlung von Kontaktmöglichkeiten zu Verwandten oder Freunden und Informationen über schnelle Überweisungswege. Nur wenn keine andere Hilfe möglich ist, bekommen Sie Geld für die

150   Reisepraktisches von A bis Z

Heimreise per Schiff und Zug vorgestreckt, allerdings keine Übernahme von Schulden (z. B. Hotelkosten) oder Mittel für die Fortsetzung des Urlaubs.

Deutsche Botschaft: Via San Martino della Battaglia 4, I-00185 Roma, ℰ 06/492131, ℮ 4452672, www.ambgermania-roma.it, www.deutschebotschaft-rom.it, mail@deutschebotschaft-rom.it. *Generalkonsulat*, Via Solferino 40, I-20121 Milano, ℰ 02/6231101, ℮ 6554213, consgermmilano@libero.it. *Honorarkonsulat*, Via Grazia Raffa 9,I-09126 Cagliari, ℰ/℮ 070/307229. Weiteres Honorarkonsulat in Genua.
Österreichische Botschaft: Via Pergolesi 3, I-00198 Roma, ℰ 06/8440141, ℮ 8543286, www.austria.it, rom-ob@bmaa.gv.at. Kein eigenes Konsulat auf Sardinien, aber eines in Genova.

Schweizer Botschaft: Via Barnaba Oriani 61, I-00197 Roma, ℰ 06/809571, ℮ 8088510, Vertretung@rom.rep.admin.ch. *Generalkonsulat*, Via XX Settembre 16, I-09125 Cagliari, ℰ 070/663661, ℮ 668042, avespa@tiscalinet.it.
Italienische Botschaften: *Deutschland* – Dessauer Str. 28/29, D-10963 Berlin, ℰ 030/254400, ℮ 2544100, www.botschaft-italien.de, ambitalia.stam@t-online.de (Adresse ab 2003: Hiroshimastr. 1–7, D-10785 Berlin). *Österreich* – Rennweg 27, A-1030 Wien, ℰ 1/7125121, ℮ 7139719. *Schweiz* – Elfenstr. 14, CH-3000 Bern, ℰ 031/3524151, ℮ 3511026.

R-Gespräch nach Deutschland: Gegen eine Gebühr von ca. 0,20 € besteht die Möglichkeit, von jedem beliebigen Telefon in Italien die Nummer 172-0049 der Telekom in Frankfurt anzurufen. Von dort können Sie sich mit dem gewünschten Teilnehmer auf Kosten des Angerufenen verbinden lassen. Neben den Kosten für das Gespräch fallen dabei jeweils Gebühren von über 5 € an.

Essen und Trinken

Die sardische Küche ist schlicht, der Eigengeschmack der Speisen steht im Vordergrund, Gewürze werden sparsam verwendet. Bezeichnend, dass eins der gebräuchlichsten Gerichte, pane frattau nämlich, zur Hauptsache aus Brotfladen besteht. Natürlich gibt es auch die aufwändigen Sachen, die die Hausfrau/Köchin für viele Stunden an den Herd fesseln. Doch der Touristensaison hat man kaum eine Chance, solche Festgelage zu erleben. Dafür muss man schon im Winter kommen, wenn die Sarden unter sich sind.

Sardische und italienische Küche sind zwei Paar Stiefel – so wie auch Inselkultur und -geschichte vom Festland völlig verschieden sind. Allerdings überlagern im Sommer nicht selten Spaghetti und Pizza die sardische Tradition, nicht zuletzt weil die italienischen Urlauber danach verlangen – Namen wie *malloreddus*, *culurgiones* oder *sa cordula* sind den Festländern nicht unbedingt ein Begriff.

Italienisch ist auch die Speisenfolge – zuerst einen **antipasto** (Vorspeise), dann den **primo piatto** (erster Gang, meist Nudeln oder Reis), dann den **secondo** (Hauptgang, Fleisch oder Fisch), zu guter Letzt das Dessert. Wichtig – der Secondo wird ohne **contorni** (Beilagen) serviert. Diese müssen extra bestellt werden.

Wer sich auf ein solch üppiges Menü einlässt, muss keine Angst haben, hungrig wieder aufzustehen. Doch es hat seinen Preis! Essen gehen in Sardinien ist, wie in ganz Italien, ein teurer Spaß. Unter 25–30 € pro Person wird man

Essen und Trinken 151

bei obiger Menüfolge inkl. Wein nur selten davonkommen. Aber auch der Secondo allein kommt meist schon auf gut 13–15 € – generell ist Fisch erheblich teurer als Fleisch. Für Sparsame bleibt immerhin die Möglichkeit, nur einen "primo piatto" zu wählen, also z. B. ein Nudelgericht, dazu Salat. Ansonsten heißt das Zauberwort *Pizza* – für Budget-Reisende oft die einzige preiswerte Möglichkeit, den Magen zufriedenstellend zu füllen.

Kleine Lokalkunde

Ristorante: eher das gehobene (auch preislich!) Speiselokal, wohin man seine Freunde und Geschäftspartner ausführt. Reiche Auswahl an *antipasti*, die oft fein säuberlich in der Nähe des Eingangs aufgereiht sind. Dazu Spezialitäten, die je nach geographischer Lage ihr Schwergewicht auf Fleisch (Innersardinien) oder Fisch (Küste) legen. Sardinien hat ein durchaus passables Angebot an Feinschmeckertreffs. Zunehmend findet man den Trend, echt sardische Küche geschmacklich aufzubereiten. In vielen Ristoranti kann man aber auch nur einfach eine Pizza bestellen.

Trattoria: seinem Ursprung nach die einfache, bodenständigere, ursprünglich auch preiswertere Variante. Das Gasthaus, wo die Arbeiter und Angestellten in der Mittagspause essen und man sich abends trifft. Oft Familienbetriebe, in denen man weiß, was schmeckt. Inzwischen hat sich mancherlei geändert – so nennen sich viele Ristoranti Trattoria, sei es, um eine gewisse "Volkstümlichkeit" vorzuspiegeln, sei es, weil man sich wirklich dieser Tradition verpflichtet fühlt und entsprechend arbeitet. Oft echte Volltreffer, was die Qualität der Speisen angeht! Wichtig jedoch – die Bezeichnung Trattoria sagt nichts über die Preise aus, meist ist man dort genauso oder fast genauso teuer wie im Ristorante. Generell vorher einen Blick auf die Karte werfen, um vor unliebsamen Überraschungen gefeit zu sein.

Pizzeria: wenn man auf Nummer Sicher gehen will, sowohl preislich wie auch vom wenig "exotischen" Angebot. Bestellungen von einem einzigen Gericht sind üblich – sei es Pizza oder eine Nudelspeise inkl. Salat. Nicht von ungefähr trifft man dort meist die Ortsjugend, die in den teuren Ristoranti höchstens im Familienbetrieb auftaucht.

Osteria: traditionelles Gasthaus bzw. Weinlokal, oft mit netter Atmosphäre und gemütlich aufgemacht. Gute Auswahl an regionalen und überregionalen Tropfen, dazu kann man Appetithappen und leckere Gerichte lokaler Machart bestellen.

Birreria: Kneipe oder Wirtshaus mit warmer Küche, oft Treffpunkt der Jugend.

Tavola Calda/Rosticceria: im Self Service-Verfahren den ganzen Tag warm gehaltene Speisen. Schwergewicht auf Salaten, Sandwiches (panini). Meist relativ preiswert, Speisen oft zum Mitnehmen.

Generell liegt an der Küste der Schwerpunkt auf Fisch und Meeresfrüchten, im bergigen Inselinneren kann man dagegen Spanferkel und Wildschwein kosten. Kulturelle Unterschiede schlagen sich auch in der regionalen Küche nieder: Im katalanisch geprägten Alghero kann man häufig *Paella* bestellen, um Oristano sorgen die fischreichen Lagunenseen für Nachschub an *Meeräschen* und *Aalen*, auf den südwestlich vorgelagerten Inseln Sant'Antioco und San Pietro steht *Thunfisch* im Mittelpunkt, außerdem gibt es Anklänge an die tunesische und ligurische Küche.

Vorsicht bei der Preiskalkulation anhand aushängender **Speisekarten** — der ausgedruckte Preis einzelner Gerichte sagt nämlich noch nichts über den tatsächlichen

152 Reisepraktisches von A bis Z

Endpreis aus. Das überall in Italien gültige System des **"servizio"** und **"pane e coperto"** kommt noch hinzu: Bei jeder Mahlzeit werden 10–15 % Aufpreis für Bedienung und pro Person zwischen 1 und 3 € für Brot und Gedeck aufgeschlagen – man muss also pro Person noch gut 3,50–6 € zu den Speisen- und Getränkepreisen addieren (die jeweiligen Aufschläge sind auf den Speisekarten vermerkt). Einige Restaurants haben dieses Abrechnungsgebahren allerdings aus Konkurrenzgründen mittlerweile ad acta gelegt.

Wer im Frühjahr oder Herbst unterwegs ist: Speziell in den Badeorten ist die Gastronomie auf Sardinien ein reines Sommergeschäft. In der Nebensaison ist deshalb wegen der schleppenden Nachfrage oft nicht alles vorrätig, was auf der Karte steht.

Speisen

▶ **Fleisch**: Das bevorzugte Fleisch kommt von Lämmern und Zicklein, von Milchferkeln und jungen Kälbern. Ein Höhepunkt sardischer Gourmetfreuden ist das Spanferkel *porcheddu*, das sich auf allen großen Festen dutzendweise an Spießen über offenem Feuer dreht. In ganz Sardinien, vor allem in Cagliari, findet man aber auch *cavallo* (Pferdefleisch). Im Herbst wird die Speisekarte durch Wildschweine und Hasen bereichert, leider auch durch Wachteln, Schnepfen, Wildtauben und diverse andere Vogelarten, deren Abschuss in Italien zum grausamen Volkssport ausgeartet ist (persönlicher Tipp – verzichten Sie auf Wild aller Art, der spärlichen Inselfauna bekommt die alljährliche Hetzjagd nicht).

Die Möglichkeit, authentische Küche zu erleben, hat man am ehesten in der kalten Jahreszeit. Oberste Richtlinie dabei – das Schlachtvieh möglichst mit den buchstäblichen "Haut und Haaren" zu verwerten, wobei in Sardinien vor allem die Innereien, Blut, Kopf und Füße darunter zu verstehen sind (→ unten).

Porcheddu: Spanferkel am Spieß, knusprig gebraten über aromatischem Macchia-Holz. Durch ständiges Drehen und Beträufeln mit Fett verhindert man das Anbrennen der Kruste, während das Fleisch innen phantastisch zart und saftig bleibt. In Spezialitätenlokalen ist porcheddu häufig auf der Karte zu finden, obwohl es ureigentlich ein Hirtengericht ist und ins Freie gehört.

Eine aufwändige und authentisch sardische Grillvariante ist **carne a carraxiu** – das Ferkel (auch Lamm oder Kalb) wird in ein Erdloch gelegt, mit Kräutern bedeckt und eingerieben (vor allem Myrthe und Rosmarin) und mit Erde wieder vollständig bedeckt. Ein darüber angefachtes Schwelfeuer brät das arme Schwein in mehreren Stunden gar.

Die absolute Königsvariante ist **su mall**oru **de su sabatteri** – ein Rind gefüllt mit einem Schwein, das seinerseits ein Lamm beinhaltet, welches wiederum vielleicht einen Hasen "verschluckt" hat. Als Innerstes fungiert meist eine Wachtel. Die ganze Komposi-

tion, die über Holzfeuer unter ständigem (!) Drehen gegart wird, verlangt natürlich mindestens ein mittleres Staatsbegräbnis als Anlass.

Gemäß der optimalen Verwertung des wertvollen Schlachttiers hat, wie oben erwähnt, die Verwendung der Innereien sowie der Extremitäten kulinarische Tradition. **Sa cordula** ist eine Mischung verschiedener Innereien, gegrillt, zu Würstchen gedreht und meist mit Erbsen (con piselli) serviert. **Sa tratalia** meint mit Speck gefüllte Lamm- oder Zickleindärme, **piedini e testini d'agnello** sind gekochte Lammköpfe und -füße.

Auch das Blut wird vollständig verwertet. Das porcheddu wird z. B. meist mit dem eigenen Blut eingerieben, bis es eine charakteristische helle Rottönung aufweist. Ansonsten wird das Blut von Schlachtvieh oft in Därme gefüllt, gewürzt und über Holzfeuer gegart – fertig ist die Blutwurst der Hirten.

Salsiccia sarda, die Wurst vom Haus- und Wildschwein, bekommt man überall auf

Essen und Trinken 153

Hier wird Spanferkel gebraten

Sardinien, speziell aber in Tempio Pausania (Gallura). Die Wurststücke werden auch oft als Pizzabelag verwendet.
Prosciutto: Sardischer Wildschweinschinken ist als Antipasto beliebt. Manchmal gibt es auch leckeren Rinderschinken.

Monzette: eine sassaresische Spezialität – Schnecken! Sie werden gebraten bzw. gegrillt oder mit einer weißen Mehlsoße zubereitet. Weitere Schneckenarten sind die **lumache** und **lumachine**, die in einer pikanten Soße serviert werden.

▶ **Fisch und Meeresgetier**: gibt es hauptsächlich in den Ristoranti an der Küste, gelegentlich in den größeren Städten des Hinterlands (Sassari, Nuoro). Leckere Ausnahme ist die *trota* (Bachforelle), die in den Flüssen der Barbagia schwimmt und in den Bergdörfern häufig angeboten wird.
Fisch wird nach Gewicht berechnet und ist teuer, 100 g beginnen bei etwa 6 €, um die 12–18 € zahlt man für eine durchschnittliche Portion. Billiger sind die zahlreichen Nudelgerichte, die mit Muscheln garniert sind – *spaghetti alle vongole*, *spaghetti con arselle* etc. Jedoch Vorsicht, allzu viel leere Muscheln sollte man nicht akzeptieren. Ein besonderer Leckerbissen sind die *frutti di mare* – Scampi, Muscheln, kleine Fischchen etc., beispielsweise als üppige Garnierung eines *risotto* serviert.
Obwohl wie überall im Mittelmeer die Fischer Probleme mit ihren leer gefischten Gewässern haben, hat Sardinien durchaus eigene Spezialitäten zu bieten. Besonders in den seichten Lagunenseen (Stagni) um Oristano tummeln sich *muggine* (Meeräschen, auch *cefali* genannt) und *anguille* (Aale). Zum Ablaichen kommen die Muggine vom Meer in die flachen Küstengewässer. Der Fang der Brut ist dann leicht. Aber auch der Rogen selber – *bottarga di muggine* – ist eine gesuchte Spezialität. Wie die traditionellen Fleischgerichte isst man die Meeräschen und Aale am liebsten über Holzfeuer geröstet – und

Reisepraktisches von A bis Z

154 Reisepraktisches von A bis Z

Die angenehme Seite der Recherche – Miesmuscheln testen

wenn im tiefsten Innersardinien der Fischbrater seinen Holzkohlengrill aufbaut, ist der Andrang groß.

Weiteres Schaustück sardischer Fischerei ist der *tonno* (Thunfisch). Im Frühjahr schwimmt er in großen Schwärmen dicht an der Westküste vorbei und wird mittels eines Netzkammersystems in beachtlichen Mengen gefangen. Die *mattanza*, das anschließende rituelle Erschlagen der Beute, ist ein blutiges, für unbefangene Außenstehende meist widerwärtiges Schauspiel. Traditionelle Fangplätze sind Stintino an der äußersten Nordwestspitze der Insel und die Isola di San Pietro im Südwesten. Das "Schwein des Meeres" (so genannt, weil man den Thunfisch beinahe restlos verwerten kann) wird an Ort und Stelle in Fabriken verarbeitet und eingedost. Da er zum Großteil in den Export geht, bekommt man ihn auf Sardinien selber nicht allzu häufig.

▸ **Häufige Meeresfische**: *sogliola* (Seezunge), *spigola* (Seehecht), *mormora* (Streifenbrasse), *triglia* (Rotbarbe), *orata* (Goldbarsch), *sarago* (Ringbrasse), *sardine* (Sardinen), *pesce spada* (Schwertfisch).

▸ **Muscheln und Meeresgetier**: *cozze* (Miesmuscheln), *arselle* (Herzmuscheln), *vongole* (Venusmuscheln), *gamberoni* (große Krabben, ca. 10 cm lang), *scampi* (kleine Krabben), *aragosta* (Languste), *astice* (große blaue Langusten mit Scheren), *seppia* (Tintenfisch).

Sa merca: Meeräschen, in Meerwasser gesotten und bis zu mehrere Tage in spezielle Sumpfkräuter und Binsen gewickelt, die dem Fisch ein stark würziges Aroma geben. Nur in Cabras und Umgebung (Golf von Oristano) erhältlich.

Bottarga (auch: **bottargia**) **di muggine**: der Rogen der Meeräsche, in sardischen Prospekten gerne etwas blumig "sardischer Kaviar" genannt, erinnert aber eher an etwas zu dunkel geratenen Parmesan. Wird in Meerwasser gewaschen, an der Luft getrocknet, gepresst und geräuchert. Serviert in dünne Scheiben geschnitten als Antipasto oder gerieben als Würze für Nudelgerichte, intensiver Fischgeschmack. Ebenfalls hauptsächlich im Golf von Oristano und nicht billig.

Sa cassola (auch: **su ziminu**): Die traditionelle Fischsuppe hat in jeder Ecke der Insel ihre eigene Zubereitungsart. Natürlich sind die Zusammenhänge mit diversen französischen, spanischen und italienischen Vorbildern nicht zu leugnen. Verwendet wird alles, was nicht anderweitig verbraucht wird – von Tintenfischen über verschiedene Fischarten bis zu Miesmuscheln und Schnecken. Das Ganze kommt zusammen in einen Topf und wird mit Kräutern kräftig gewürzt.

Cozze alla marinara: Miesmuscheln im eigenen Saft sind die sog. "Austern des kleinen Mannes". Die Muschelbänke im Golf von Olbia sind die wichtigsten Zuchtstätten der Insel. Bekannt sind daneben auch die Muscheln von Marceddì, im Golf von Oristano (vor allem Austern). Doch Muscheln

Essen und Trinken 155

sind an der gesamten Küste so zahlreich, dass die Einheimischen und italienischen Urlauber sie mit Vorliebe von den Felsen abkratzen. Achtung: Muscheln, die sich beim Kochen nicht geöffnet haben, sind verdorben!

Aragosta: Langusten gibt es überall, wo es gut und teuer ist. Sie stammen zum großen Teil aus den Gewässern um den La-Maddalena-Archipel. Eine besondere Spezialität sind sie in Alghero.

▸ **Teigwaren**: kräftig-knackige Erzeugnisse aus Hartweizen, die nicht unbedingt Sehnsucht nach festländischem Spaghettistandard aufkommen lassen. Die Hauptrolle spielen die *malloreddus*, von den italienischen Gästen sinnigerweise "gnocchi sardi" genannt. In vielen Ristoranti werden sie in eigener Handarbeit hergestellt.

Malloreddus: die gebräuchlichste Nudel der Insel – feste Grießklößchen aus Hartweizenmehl, sehr weiß, klein und muschelförmig gerundet. Mit Safran abgeschmeckt und serviert mit Tomatensoße (oft pikant), in die Hackfleisch oder Pecorino (Schafskäse) gemengt ist.

Culurgiones (je nach Region auch "culingiones" und andere Schreibweisen möglich): Die sardischen Ravioli sind herzhaftlecker, hergestellt aus festem Teig, gefüllt mit Frischkäse (Ricotta), Hackfleisch oder Gemüse. Manchmal mit Ragoutsoße serviert.

Sa fregula: Nudeln speziell für die Suppe. Die gelblich-braunen Teigbällchen werden mit den Händen geformt und sind vor allem im Inselinneren beliebt.

Penne: feste, makkaroniartige Nudeln, die man bequem mit der Gabelspitze aufspießen kann.

▸ **Gemüse**: insgesamt eher bescheidene Produktion, da praktisch nur die Campidano-Ebene mit der benachbarten Arborea landwirtschaftlich intensiv genutzt wird. Das Wenige geht oft in den Export.

Im Campidano liegen ausgedehnte *Artischocken-* und *Tomatenfelder* – Sardinien ist einer der größten Artischocken-Produzenten Italiens. In den Waldgebieten der höheren Lagen gibt es leckere Pilze, besonders Champignons und Steinpilze, Aritzo an den Hängen des Gennargentu-Massivs ist dafür bekannt. Weiterhin wachsen wilder Fenchel, dicke Bohnen und Erbsen.

▸ **Brot**: die Basisnahrung der Sarden. Bei der Zubereitung wie auch in der Form und den Grundstoffen gibt es unglaublich viele Variationen. In jeder Landschaft, jedem Dorf, oft sogar in einzelnen Familien sind eigene Traditionen lebendig. In den vielen bizarr verschlungenen Formen kommt die hohe Wertschätzung der Sarden für ihr Grundnahrungsmittel zum Ausdruck. Speziell bei großen Festen, z. B. zu Ostern, aber auch zu

Verkauf ab Haustür

156 Reisepraktisches von A bis Z

Familienfesten erreichen die Kompositionen ihren Höhepunkt – manche Kunstbrote werden dann mittels eines besonderen Gusses gefestigt, mit Goldpapier geschmückt etc. Die Ursprünge dieses Brauchs gehen weit in vorchristliche Zeit zurück. Einen interessanten Überblick über die zahlreichen Kreationen findet man im *Volkskunstmuseum* von Nuoro (→ dort).

Generell unterscheidet man das oft dunkle und weiche Brot der Ebene vom dünnen, harten Brot der Bergregionen. Oberstes Gebot bei Letzterem: sehr lange Haltbarkeit, damit die Hirten es mit auf ihre Touren nehmen konnten. *Pane karasau*, das Hirtenbrot, wurde in den Bergen Mittelsardiniens erfunden.

Pane karasau: hauchdünne, meist runde Brotfladen, hart und knusprig. Kann monatelang aufgehoben werden, ohne dass es schlecht wird. Macht Spaß, daran herumzuknabbern, und kommt deshalb in vielen Lokalen auf den Tisch (Sarden tauchen es üblicherweise in Wasser, um es weich zu machen). Die Italiener nennen es *carta d'musica* und haben zwei Erklärungen dafür – es ist (fast) so dünn wie Notenpapier, und es klingt (fast) musikalisch, wenn man abbeißt.

Pane frattau: Weiterentwicklung von Brotfladen zur warmen Mahlzeit. Die dünnen Scheiben des *pane karasau* mit kochendem Wasser überbrüht, dann Tomatensoße und Ei darübergeschlagen. Gibt es in vielen Lokalen (oft als Spezialität), schön sättigend.

▸ **Käse:** wo Fleisch und Gemüse so rar sind wie hier, ein echtes Grundnahrungsmittel. Die Käseherstellung ist ein wichtiger Wirtschaftszweig, Molkereikooperativen produzieren sogar für den Export. Fast ausschließlich Schafe und (weniger) Ziegen sorgen für die Grundstoffe. Es existiert ein strenges Reinheitsgebot – keinerlei Kuhmilch darf verwendet werden.

Vom milden *dolce sardo* bis zu den harten und würzigen Stücken gibt es eine reichhaltige Palette von Varianten, die sich jeweils von Ort zu Ort unterscheiden, denn jeder Produzent schwört auf seine Art der Herstellung. Die Bedeutung sardischer Käseproduktion wird deutlich, wenn man hört, dass auf der Insel etwa das Dreifache wie in der Provinz Latium produziert wird.

Pecorino sardo: der bekannteste sardische Käse. Ein würziger Käse aus Schafs- oder Ziegenmilch ("pecora" bzw. "capra"), den es in ähnlicher Art auch auf dem Festland gibt, z. B. Toskana oder Latium. Kann die ersten Monate frisch zu Brot gegessen werden, wird dann hart und auch als Reibekäse (z. B. für Spaghetti) verwendet – doch ist er dazu eigentlich zu schade und zu teuer. Geht viel in den Export, vor allem aufs italienische Festland, aber auch nach Mitteleuropa und in die USA.

Fiore sardo: harter Schafskäse, scharf und würzig. Fast weiß in der Farbe, wird geräu-chert und lange gelagert, um die spezielle Schärfe zu gewinnen.

Dolce sardo: das Gegenstück zum Fiore sardo, frisch, weich und mild.

Ricotta: sehr milder und weicher Quarkkäse, gesalzen (salata) auch im Sommer erhältlich, sonst nur in der kalten Jahreszeit.

Piccante: überreifer Käse.

Peretta: kleiner tropfenförmiger Käse aus Kuhmilch.

Sa frue: erfrischender Joghurt aus Schafs- oder Ziegenmilch. Bei Hirten gebräuchlich, ansonsten kaum zu finden.

Casu marzu: eine Kuriosität aus der Geschichte der Käseherstellung und mittlerweile längst verboten. Alte, trotzdem nicht allzu feste, aber enorm scharfe Käsesorten verschiedener Art, in denen Hunderte kleiner weißer Maden ihr Quartier bezogen haben. Diese stammen von Fliegen, die ihre Eier während der langen Lagerung in die aufgesprungenen Rinden der Käseleiber legen – oft wurden die Larven sogar absichtlich in den Käse gelegt.

Essen und Trinken 157

Bedeutender Pfeiler der sardischen Wirtschaft – die Käseherstellung

▶ **Süßes:** wie beim Brot reiche regionale Originalität. Zwar hat die bequeme Supermarkt-Kultur einiges an Backlust zerstört, doch hauptsächlich an Festtagen und im Familienkreis schöpft man noch aus der Tradition. Mandeln, Nüsse, Honig, Orangen-/Zitronenschalen und Zucker sind die Hauptbestandteile der vielfältigen *dolci sardi*.

158 Reisepraktisches von A bis Z

Fasswein ist meist preiswert zu haben

Sebadas (auch: **seadas**): bekannteste Süßspeise der Insel, die ihren Weg in die Spezialitätenlokale gefunden hat. Runde Teigtaschen, mit leichtem Frischkäse gefüllt und *miele amaro* (bitterer Honig) übergossen.
Suspirus (auch: **suspiros**): die Seufzer von Ozieri, leichtes Mandelgebäck, eingewickelt in farbiges Seidenpapier.

Torrone: was wir als türkischen Honig kennen. Nougat aus Haselnüssen und Honig, wird auf allen Märkten und Festen angeboten und ist eine Spezialität der Gennargentu-Dörfer, vor allem in Tonara.
Miele amaro: der berühmte "bittere Honig" wird aus den Blüten der Macchia gewonnen. Schmeckt etwas streng, aber nicht direkt bitter.

> Appetit bekommen? Dann gefällt vielleicht folgende Lektüre: **Cucina della Sardegna – Kulinarische Entdeckungen auf Sardinien** von Manuela Zardo & Hellmuth Zwecker (erschienen bei Hugendubel), eine reich bebilderte Darstellung der sardischen Küche mit Rezeptteil und vielen Tipps.

Wein

Dank der großen Vielfalt an Böden – von vulkanisch bis lehmig, von kalk- bis basalthaltig – gibt es eine Menge passabler Weine, deren Anbaugebiete sich über die ganze Insel verteilen. In den Bergen herrschen starke Rote vor, während in den Ebenen eher die sanfteren Weißen zu finden sind. Im Gegensatz zu Mitteleuropa werden die Reben nicht hochgebunden, sondern wachsen erdnah. Die Weinberge sind meist klein und überschaubar, keine Massenproduktion, sondern Anbau sehr individueller Prägung.
Generell überwiegen trockene bzw. herbe Geschmacksnoten, die Prozentgrade liegen zwischen 12 und 15. Höhepunkte sind der süffige rote *Cannonau* von Dorgali oder Oliena, der weiße *Vernaccia di Oristano* aus dem Tirso-Tal,

der *Vermentino di Gallura* und, sehr speziell, der *Malvasia di Bosa*, einer der besten Dessertweine Italiens.

Die handelsüblichen Tafelweine nennen sich *vini di tavola*. Qualitätsweine werden mit dem Prädikat D.O.C. (*"denominazione di origine controllata"* = kontrollierte Ursprungsbezeichnung) oder D.O.C.G. (*"denominazione di origine controllata e garantita"* = kontrollierte und garantierte Ursprungsbezeichnung) ausgezeichnet. Wenn Sie keinen speziellen Wunsch haben, fragen Sie in Lokalen immer nach dem *vino della casa* (Hauswein), er ist wesentlich preiswerter als Flaschenweine und meist nicht schlechter.

Nuragus di Cagliari: einer der Spitzenweine des Campidano. Die Traube soll schon von den Phöniziern heimisch gemacht worden sein. Ein sehr heller Weißer, frisch und trocken, manchmal leicht säuerlich. Zu leichtem Fleisch und natürlich Fisch bevorzugt.

Vernaccia di Oristano: die Inselberühmtheit aus den hellen grünen Trauben der lehmigen Tirso-Ebene und der Sinis-Halbinsel. Die Region um den Stagno di Cabras hat den Namen. Ein sonnenfarbener Weißwein, warm, voll und fein, mit leichtem Mandelgeschmack. Kein Wein, den man zum Essen trinkt, fast sherryähnlich. Der Vernaccia muss sorgfältig und lange gelagert werden, um sein volles Aroma zu entfalten. 5–10 Jahre sind keine Seltenheit. Dem Aufwand entspricht sein Preis (0,75 ltr. 7,50–11 €), preiswertere Nachahmungen (Mischung mit anderen Trauben) sind allerdings häufig.

Cannonau di Sardegna: voller, fruchtiger, meist schwerer Rotwein, zu Fleischgerichten ideal. Wird auf der ganzen Insel angebaut, berühmt sind die Sorten von Dorgali, Oliena und aus der Ogliastra (Ostküste), z. B. aus Jerzu. Jeder Cannonau schmeckt anders, die besten Sorten werden jahrelang gelagert, aber auch frisch vom Fass ist er unbedingt lohnend.

Monica di Cagliari: auf der ganzen Insel zu finden, Ursprungsgebiet mit besten Sorten aber um Cagliari. In der Farbe meist kräftig rot, trocken, weicher samtiger Geschmack. Es gibt auch süße Varianten.

Moscato di Cagliari: von den Römern eingeführt, goldgelb, süß und fruchtig. Starkes Aroma, das bei den Sorten von Sorso und Sennori an der sardischen Nordküste weniger schwere Süße hat.

Campidano di Terralba: Weiß- und Rotwein aus der Region um Oristano, voller Geschmack, trocken.

Vermentino: aus dem Inselnorden, heller, trockener Weißwein, bisweilen herb, gut zu Fischgerichten geeignet. Diverse Sorten, z. B. **di Gallura** (trocken), **Selene** (trocken, frisch), **Ladas** (prickelnd). Besonders bekannt ist der **Vermentino di Alghero** namens **"Aragosta"**, der hervorragend zu Langusten oder Krebsen passt.

Malvasia di Bosa: goldgelber Dessertwein, süß ("dolce naturale") oder trocken ("secco"), leichter Bittermandelgeschmack, sherryähnlich. Ausgesprochen feines, festliches Aroma, sollte aber nicht zu süß sein. In Flussio (bei Bosa) Direktverkauf in der dortigen Kooperative. Preis ca. 8–12 € für 0,75 ltr.

160   Reisepraktisches von A bis Z

▶ **Kellereien:** Auf der ganzen Insel haben sich die Winzer zu sog. *cantine sociale* zusammengeschlossen. Hier kann man direkt von der "Fabrik" einkaufen, sowohl offene Weine wie auch in Flaschen abgefüllte – z. B. in *Berchidda*, *Cabras*, *Dolianova*, *Dorgali*, *Flussio*, *Jerzu*, *Mogoro*, *Monti*, *Oliena*, *Santadi*, *Sant'Antioco*, *Sorso* und *Tempio Pausania*. Weitere Hinweise unter den jeweiligen Orten.
Die beiden größten Kellereien Sardiniens mit einer reichhaltigen Angebotspalette sind "Sella & Mosca" bei Alghero und "Meloni Vini" in Selargius bei Cagliari. Die Erstere kann besichtigt werden und besitzt ein Weinmuseum.

▶ **Offene Landweine:** werden überall auf Sardinien reichlich angeboten, nicht selten gleich vom Erzeuger aus der Haustür und meist spottbillig. Ein eigener Weinberg ist der Stolz eines jeden Besitzers. Selbstanbauer verzichten bei Herstellung und Abfüllung auf Konservierungsstoffe chemischer Provenienz (allerdings meist nicht am Weinberg, der während der Reife kräftig eingegiftet wird – ungespritzte Trauben sind noch die große Ausnahme). Diese ungeschwefelten Weine werden nach traditionellen Methoden mit wenig Technik hergestellt, sind meist nicht sehr haltbar und werden jung getrunken – zwar sind sie stark gerbsäurehaltig, besitzen aber oft ein herrlich üppiges Aroma.

Weitere Getränke

▶ **Limonade:** Neben den internationalen Getränke-Multis gibt es auch einheimische Produkte, z. B. die Limonade *Siete Fuentes* aus San Leonardo di Siete Fuentes im Westen, Nähe Oristano.

▶ **Kaffee:** Unter *caffè* versteht man einen kräftigen Espresso in winzigen Tassen, zwar oft nur ein Schlückchen, das es aber in sich hat – besseren Kaffee als in Italien bzw. Sardinien wird man selten irgendwo in Europa bekommen. Wem das Tässchen zu wenig ist, bestellt einen *caffè doppio* oder einen *caffè lungo*, der die doppelte Wassermenge enthält. Daneben gibt es natürlich noch den bekannten Milchkaffee *cappuccino* (Kaffee mit heißer, schaumig geschlagener Milch), dessen Name daher rührt, dass er die Farbe von Kapuzinergewändern hat, sowie *caffè corretto* (Kaffee mit einem Schuss Schnaps, Grappa etc.) und *caffè macchiato* (Kaffee mit ein paar Tropfen Milch "veredelt").

▶ **Likör:** Leckere Tröpfchen sind u. a. der *mirto*, ein Kräuterlikör aus kleinen schwarzen Myrtenbeeren, und der *limoncello* aus den Früchten des Limonenbaums.

▶ **Schnaps:** *Filu 'e ferru* (auch: abb'ardente = Feuerwasser) ist ein klarer Aquavit bzw. der sardische "Grappa" oder "Raki". Der hochprozentige Schnaps aus Trester (Traubenkerne und -haut, keine Stängel) wird überall auf der Insel gebrannt, üblicherweise in der hauseigenen Destille und meist am Finanzamt vorbei. Der Name bedeutet "Draht aus Eisen" und wird darauf zurückgeführt, dass der "schwarz" gebrannte Schnaps bei zu erwartenden Razzien der Finanzbehörden im Garten vergraben und mit einem Stück Draht markiert wurde, der ein kleines Stück aus dem Boden ragte. Einer der größten Produzenten ist *Zedda Piras* in Cagliari (→ dort).

Sardisches Kunsthandwerk
Traditionelle Flechtarbeiten ▲▲
Nachbildungen der nuraghischen Bronzetti ▲

Farbenprächtige Wandmalereien schmücken die Orte der Barbagia, vor allem Orgosolo und Oliena

Skulpturen aus Granit, geformt von Pinuccio Sciola und anderen Künstlern
▲▲ Oristano
▲ Cagliari
▲ San Sperate

Finanzen 161

Finanzen

Seit Anfang 2002 ist in Italien der Euro (€) gültig, die Epoche der vielen Lirenullen ist damit unwiderruflich vorbei – Deutsche und Österreicher können nun auch in Sardinien mit ihrer eigenen Währung bezahlen. Nur Schweizer müssen ihre Franken in Euro umtauschen, wobei der Kurs je nach Marktlage schwankt (1 € entspricht etwa 1,60 SFr).

Auch die Geldbeschaffung ist denkbar einfach, denn in allen größeren Orten sind *Geldautomaten* installiert, wo man mit *ec-Karte* und Geheimnummer rund um die Uhr problemlos bis zu 250 € pro Abhebung erhält (Bedienungshinweise in Deutsch). Man sollte allerdings auf die Aufkleber achten, nicht alle Automaten können mit ec-Karte bedient werden. Auch kommt es vor, dass Automaten gelegentlich außer Betrieb sind *(fuori servizio)*. Pro Abhebung zahlt man allerdings ca. 3,32 € (Tipp: "SparCard" der Postbank ist gratis).

Die Lebenshaltungskosten liegen in Sardinien etwa auf mitteleuropäischem Niveau. Günstiger sind zwar öffentliche Verkehrsmittel, Essen im Restaurant ist dagegen teurer, auch Hotels und Campingplätze sind nicht billig.

▶ **Reiseschecks:** muss man schon vor der Abfahrt bei einer Bank einkaufen, wobei 1 % des Werts als Gebühr erhoben wird, eine weitere Gebühr wird bei der Einlösung in einer ausländischen Bank fällig. Vorteil: Bei Verlust oder Diebstahl kann man die Schecks sperren lassen. Ersatz leisten viele große Banken, falls man die Kaufbestätigung für die Schecks vorzeigen kann. Ansonsten hilft ein spezieller Kurierdienst (Näheres beim Einkauf der Schecks). Kaufquittung und Schecks immer getrennt aufbewahren, außerdem Nummern der Schecks notieren.

> **Öffnungszeiten:** Italienische und sardische Banken haben einheitlich geregelte Öffnungszeiten, nämlich Mo–Fr 8.30–13.20 Uhr. Gelegentlich können die Zeiten regional leicht schwanken (z. B. 8.30–14 Uhr oder 9–14 Uhr). Nachmittags sind die Banken meist geschlossen, verschiedentlich aber auch kurzzeitig geöffnet, meist 15–16 Uhr.

▶ **Postbank:** seit 1999 gilt das Postbanksparbuch nicht mehr im Ausland. Stattdessen gibt es die *SparCard 3000plus* im Scheckkartenformat, mit der man von allen Geldautomaten mit Visa-Plus-Zeichen abheben kann. Die ersten vier Abhebungen im Jahr sind gratis, danach werden Gebühren fällig. Die Karte sollte man spätestens einen Monat vor der Reise bestellen.

▶ **Bargeldlos bezahlen:** Wer nicht allzu viel Cash mit sich herumtragen will, kann auch problemlos auf die *ec-Karte* und alle gängigen *Kreditkarten* zurückgreifen, die als Zahlungsmittel weithin akzeptiert werden (z. B. Hotels, Restaurants, Tankstellen, Läden, Fahrzeugvermietungen, Bahn- und Flugtickets). Seit 2002 entfällt in "Euro"-Ländern die bisher erhobene Gebühr von 1 % für den Auslandseinsatz. Mit Kreditkarten kann man auch bei Banken Geld abheben, allerdings sind die Gebühren recht hoch (bis 4 % vom Betrag),

Reisepraktisches von A bis Z

162 Reisepraktisches von A bis Z

deswegen besser nur im Notfall darauf zurückgreifen. Wichtig: Bei Verlust einer Karte diese sofort international sperren lassen, dann haftet man nicht für Schäden (Telefonnummern sind bei der ausstellenden Bank erhältlich). *Euroschecks* werden nicht mehr akzeptiert.

Haustiere

Wer seinen Bello liebt, will ihn vielleicht auch mit nach Sardinien nehmen. Bedenken Sie jedoch, dass die Transportboxen, in denen die Vierbeiner auf den Fähren eingesperrt werden, eine furchtbare Qual sind. Sie tun Ihrem Tier mit Sicherheit einen großen Gefallen, wenn Sie versuchen, zu Hause eine bessere Unterbringungsmöglichkeit zu finden, es gibt z. B. "Catsitter" und Tierpensionen (im Tierheim nachfragen). Ansonsten sollten Sie Ihren Tierarzt mindestens einen Monat vor der Reise kontaktieren. Benötigt wird ein *tierärztliches Gesundheitszeugnis* in englischer Sprache (max. 30 Tage alt) sowie eine *Tollwutimpfbescheinigung*, die höchstens elf Monate, spätestens 20 Tage vor Einreise ausgestellt sein darf. Viele Hotels, Campingplätze, Restaurants und Cafés akzeptieren keine Hunde, und auch der Aufenthalt an Stränden ist für Haustiere in der Regel verboten.

> **Hinweis**: In manchen Mittelmeergebieten, so auch in Sardinien, droht Parasitenbefall. Die sog. **Engels-** oder **Schmetterlingsmücke** überträgt Geißeltierchen, die sich in den Abwehrzellen von Hunden einnisten. Symptome: Gewichtsverlust, Anschwellen der Lymphknoten, schuppige Haut, Haarausfall, Pusteln. Werden Niere, Leber und Darm betroffen, ist der Hund selten zu retten.

Informationen

Für allgemeine Anfragen kann man sich an das staatliche italienische Fremdenverkehrsamt ENIT (Ente Nazionale Industrie Turistiche) wenden. Es hat in der Bundesrepublik Deutschland drei Niederlassungen, in der Schweiz und in Österreich je eine.

Von allen europäischen Fremdenverkehrsämtern veröffentlicht ENIT wohl das meiste deutschsprachige Prospektmaterial. Zu jeder Region des Stiefels und der Inseln gibt es Dutzende und Aberdutzende von Broschüren, Listen, Karten und Verzeichnissen. In Kauf nehmen muss man, dass der größte Teil des Infomaterials sehr allgemein gehalten ist. Gezielte briefliche Anfragen werden selten detailliert beantwortet, sondern mit der Zusendung der immer gleichen stereotypen Unterlagen. Telefonisch werden Auskünfte während der Hochsaison oft nur in dringenden Fällen erteilt, über eine gebührenfreie Service-Nummer kann man allerdings Unterlagen anfordern.

Lassen Sie sich am besten allgemeine Informationen über Sardinien, eine Landkarte und bei Bedarf die Hotel- und Campingverzeichnisse der vier sardischen Provinzen schicken. Sehr hübsch und informativ sind die deutschsprachigen Broschüren *Sardegna – 20 Ausflüge* und *Sardinien – Kulturelle Reiserouten*. Vor Ort kann man gezielter fragen und sein Prospektmaterial noch aufstocken.

Informationen 163

> **Service-Nummer in Deutschland**: Unter der gebührenfreien Nummer 00800/ 00482542 kann Info-Material zu allen Regionen Italiens angefordert werden (Mo–Fr 8–20, Sa/So 9–14 Uhr).

- *Informationsbüros ENIT*: **Deutschland**, Kaiserstr. 65, D-60329 Frankfurt/M. ℡ 069/ 237430, ℡ 232894, enit.ffm@t-online.de. Karl-Liebknecht-Str. 34, D-10178 Berlin, ℡ 030/2478397, ℡ 2478399, enit-berlin@t-online.de. Goethestr. 20, D-80336 München. ℡ 089/ 531317, ℡ 534527, enit-muenchen@t-online.de.

Österreich, Kärtnerring 4, A-1010 Wien. ℡ 0900/970228, ℡ 5050248, enit-wien@aon.at. **Schweiz**, Uraniastr. 32, CH-8001 Zürich. ℡ 01/2113031, ℡ 2113885, enit@bluewin.ch. Alle Mo–Fr 9–17 Uhr, Sa/So geschl.

> Internet: www.enit.it

▶ **ESIT** *(Ente Sardo Industrie Turistiche)*: Zentrale des sardischen Fremdenverkehrsverbands, I-09124 Cagliari, Via Mameli 95–97 (1. Stock). Geöffnet Mitte Mai bis September Mo–Sa 9–19, So 10–21 Uhr, sonst kürzer. ℡ 070/60231, ℡ 664636, www.esit.net, esiturismo@tiscalinet.it. Hier kann man das Hotel- und Campingverzeichnis, Prospekte und Karten für ganz Sardinien erhalten. Deutschkenntnisse vorhanden. Informations-/Materialanfragen per E-Mail werden recht zuverlässig und einigermaßen zügig beantwortet.

> **Numero verde**: Vielfältige touristische Informationen bietet ESIT gebührenfrei auf Deutsch und Englisch unter der Nummer 800-013153, allerdings ist diese Nummer nur in Italien anzuwählen.

▶ **EPT** *(Ente Provinciale per il Turismo)*: Provinzamt für Fremdenverkehr, jede Hauptstadt der vier Provinzen Sardiniens hat ein solches Büro. Es gibt u. a. Unterkunftsverzeichnisse für die Provinz, Stadtpläne und reichhaltiges Prospektmaterial. Eigentlich die ergiebigsten Anlaufstellen bei mündlichen Anfragen vor Ort, man bemüht sich sehr weiterzuhelfen und gibt sich recht engagiert. Deutschkenntnisse sind unterschiedlich.

I-09124 Cagliari, Piazza Deffenu 9, ℡ 070/604241, ℡ 663207, enturismoca@tiscalinet.it. **I-08100 Nuoro**, Piazza Italia 19, ℡ 0784/ 30083, ℡ 33432.

I-09170 Oristano, Piazza Eleonora 19, ℡ 0783/36831, ℡ 3683206, enturismo-oristano@tiscalinet.it. **I-07100 Sassari**, Viale Caprera 36, ℡ 079/ 299544, ℡ 299415.

▶ **AAST** *(Azienda Autonoma di Soggiorno e Turismo)*: städtische Fremdenverkehrsämter, eingerichtet in den größten und touristisch wichtigsten Orten, vor allem an der Küste. Hier erhält man in erster Linie Auskünfte und Unterlagen über den Ort und die umgebende Region.

I-07041 Alghero, Piazza Portaterra 9, ℡ 079/979054, ℡ 974881. **I-07021 Arzachena**, Piazza Risorgimento, ℡ 0789/82624, ℡ 81090. **I-09124 Cagliari**, Piazza Matteotti 9, ℡ 070/669255, ℡ 658200, www.tiscalinet.it/aast-ca, aast.ca@tiscalinet.it.

I-07024 La Maddalena, Via XX Settembre 24, ℡ 0789/736321, ℡ 736655. **I-07020 Palau**, Via Nazionale 94, ℡/℡ 0789/709570. **I-07026 Olbia**, Via Catello Piro 1, ℡ 0789/21453, ℡ 22221.

Reisepraktisches von A bis Z

164 Reisepraktisches von A bis Z

I-07028 **Santa Teresa di Gallura**, Piazza Vittorio Emanuele 24, ℡ 0789/754127, 📠 754185, www.regione.sardegna.it/aaststg, aastg@tiscalinet.it.
I-07100 **Sassari**, Via Brigata Sassari 19, ℡ 079/233534, 📠 237585.

▶ **Pro Loco**: lokale Informationsbüros, zu finden in vielen Orten mit Fremdenverkehrsaufkommen. Die Effektivität dieser Einrichtungen schwankt von Ort zu Ort beträchtlich. Oft gibt es dort Informationen bzw. Listen zu Privatzimmern und Ferienwohnungen.

> Im praktischen Reiseteil sind alle **Informationsadressen** unter den jeweiligen Orten aufgeführt.

Internet

Die Suchmaschinen verzeichnen tausende von Eintragungen unter dem Stichwort "Sardinien". Neben vielen privaten Websites findet man hauptsächlich Anbieter von touristischen Dienstleistungen, z. B. Vermietung von Unterkünften, Sportangebote etc., aber auch die Seiten zu sardischer Geschichte, Kultur und Sprache sind zahlreich. Interessant: "Tiscali", der größte italienische Internetprovider – benannt nach einem versteckt gelegenen nuraghischen Dorf (→ S. 590) – stammt aus Sardinien.

> Breit gestreute, nichtkommerzielle Informationen zur Insel (Sprache, Literatur, Musik u. v. m.) erhält man unter folgenden Link-Sammlungen: **www.helmutzenz.de**, **www.geocities.com/Athens/Troy/7818/sardinia.html** und **http://saturn.ma.umist.ac.uk:8000/~pac/sardegna_it.html**.

Hier eine Auswahl an Internet-Adressen zum Thema Sardinien:

www.bestsardinia.com: allgemeine Hinweise zu Sardinien mit Auflistung von Hotels und Restaurants, allerdings ohne Kommentare.

www.go4sun.de: Website mit Infos zu allen Regionen Italiens, u. a. Vermittlung von Unterkünften und empfohlene Reiseliteratur, die man auch gleich "online" erwerben kann.

www.isolasarda.com: in 35 Sprachen übersetzte Website zum Südwesten Sardiniens.

www.regione.sardegna.it: Autonome Region Sardinien

www.rz.uni-frankfurt.de/~bholstei/sardinie.htm: hübsche und informative Seite eines engagierten Sardinienfans.

www.sardegna.com: v. a. Infos zu den Provinzhauptstädten.

www.sardegna.net: u. a. Vermietung von Ferienwohnungen, kulinarische Hinweise

(u. a. mit kleinem Restaurantführer), detaillierte Infos über Windsurfspots und Routen für Mountainbiker, Auflistung von Agriturismo-Angeboten und Zeltplätzen u. a. m.

www.sardinia.net: Zusammenstellung verschiedener Themen und Angebote, u. a. Agriturismo, Museen, Volksfeste, Natur und Umwelt.

www.sardinien.com: umfassende Site von deutschen Sardinienliebhabern, Informationen zu Geschichte, Unterkünften, Taxi, Mietwagen, Teppichweberei u. a. m.

www.sardinienstore.com: reiche Auswahl sardischer Produkte, Kauf per Kreditkarte.

www.sardinienwetter.com: Wettervorhersage

www.lingrom.fu-berlin.de/sardu: Website in sardischer Sprache, mit englischer und deutscher Übersetzung (→ S. 69).

Landkarten/Stadtpläne   165

> Links zu zahlreichen weiteren Websites finden Sie unter **www-michael-mueller-verlag.de**.

Kinder

Sardinien eignet sich ausgezeichnet für Reisen mit Kindern. Wie alle Südländer sind auch die Sarden sehr kinderfreundlich, lärmende "bambini" sind nirgendwo ein Problem. Spielplätze bzw. Spielgeräte gibt es in vielen Hotels und auf zahlreichen Campingplätzen, ansonsten sind sie allerdings eher Mangelware. Die meisten Strände bestehen aus feinem Sand und fallen flach ins Wasser ab. Vorsichtig sollte man jedoch wegen der häufigen Wasserströmungen mit Luftmatratzen sein, besonders an der manchmal stürmischen Westküste. Bei Ausflügen ist natürlich die abenteuerliche Besichtigung eines Nuraghen unverzichtbar.

● *Anreise*: Auf manchen Fähren sind spezielle **Spielräume** mit einer Betreuungskraft eingerichtet, z. B. bei Moby Lines – bei der Buchung nachfragen.

● *Ärztliche Versorgung*: wird in kleineren Orten von Allgemeinärzten übernommen, nur in den Großstädten gibt es Kinderärzte. Für **Durchfallerkrankungen** sind in allen Apotheken Heilnahrung, Elektrolytlösungen etc. erhältlich.

● *Säuglinge/Kleinkinder*: Schnuller, **Milchpulver**, **Gemüsegläschen**, **Brei** und **Windeln** sind überall erhältlich. Allerdings findet man meist nicht die in Deutschland vertretenen Firmen – wer markentreu ist bzw. seinem Kind keine Umgewöhnung zumuten will, sollte seinen Vorrat vorsichtshalber mitbringen.

Sonnenschutzcremes sind nur bis Lichtschutzfaktor 20 erhältlich (Preise wie in Deutschland), für Kinder bis 10 Jahre ist LSF 25 empfohlen.

Ansonsten bei all dem leckeren Obst, Schokoladeneis etc., eventuell an **Gallseife** o. Ä. zur Fleckentfernung denken.

Landkarten/Stadtpläne

Alle erhältlichen Sardinienkarten hinken der Realität des Straßenbaus mehr oder minder hinterher. Dies gilt vor allem für die Frage: Asphalt oder Staubpiste? Bei nicht allzu hoch gesteckten Erwartungen wird man jedoch mit den meisten im Handel befindlichen Karten gut zurechtkommen – im Zweifelsfall unterstützt durch die Informationen des vorliegenden Reiseführers. Unangenehm kann es lediglich werden, wenn vor Ort die Beschilderung unzureichend oder irreführend ist (→ "Unterwegs auf Sardinien").

▶ **Straßenkarten**: Besonders erfreulichen Standard bietet seit vielen Jahren die detaillierte Karte *Sardegna* in der Reihe "Grande carta stradale d'Italia" vom Touring Club Italiano (TCI), Maßstab 1:200.000. Ihr Stand ist immer recht aktuell, sie wird stetig überarbeitet und alle paar Jahre neu aufgelegt. Auch kleinste Provinzsträßchen sind zuverlässig eingezeichnet, Strände und Sehenswürdigkeiten (Nuraghen, Kastelle, Kirchen) sind exakt eingetragen, die grün markierten Streckenabschnitte (= besonders reizvoll) entsprechen der Realität. Die Karte ist nur in Italien und auf Sardinien zu erwerben, es gibt sie auch als drei Einzelkarten im gleichen Maßstab: Blatt 28 (Norden), 29 (Mitte) und 30 (Süden). Der *Kümmerly & Frey-Verlag* hat die deutsche Lizenz für das Kartenwerk des TCI erworben und bringt die Sardinien-Karte als Blatt 15 in etwas anderem Outfit im deutschsprachigen Raum heraus.

166   Reisepraktisches von A bis Z

Als ebenfalls gute und derzeit in einzelnen Punkten sogar aktuellere Alternative, allerdings mit etwas gröberem Maßstab, empfiehlt sich die Sardinienkarte von *Hallwag* (1:250.000), die das renommierte kartographische Institut Agostini produziert hat.

Weitere Sardinienkarten gibt es u. a. vom *Reise- und Verkehrsverlag* (1:300.000, mit Stadtplan Cagliari) und *Michelin* (1:400.000, Ortsregister und zwei Stadtpläne). Zu empfehlen ist außerdem die handliche Gratiskarte der sardischen Tourismusbehörde *ESIT* (1:300.000), die man auf Anfrage zugeschickt bekommt und die ebenfalls von Agostini hergestellt wurde. Weitere kostenlose Karten sind mit etwas Glück bei den Informationsstellen auf Sardinien erhältlich. In sardischen Souvenir- und Zeitschriftenläden erhält man außerdem recht genaue und farbenfroh gestaltete Karten aus dem Verlag *R. Balzano* (Olbia).

▸ **Wanderkarten:** Das *Istituto Geografico Militare (IGM)* in Florenz hat ein topographisches Kartenwerk in 295 Einzelblättern auf Lager! Jede Region Sardiniens (außer militärische Sperrgebiete) ist im Maßstab 1:25.000, 1:50.000 und 1:100.000 dargestellt. Der Haken daran – die Blätter sind durchweg vor 20–30 Jahren hergestellt worden, d. h. die Straßenführung steht in keinem Verhältnis mehr zur Wirklichkeit. Zwar sind alte Hirtenpfade und Karrenwege eingezeichnet, inzwischen sind aber jede Menge neuer Wege dazugekommen. Nützlich ist dagegen die detaillierte Darstellung von geographischen Merkmalen wie Höhenlinien, Hügelspitzen und sonstigen Fixpunkten in der Landschaft. Inzwischen hat das IGM aber begonnen, einige der Karten zu aktualisieren und neu aufzulegen. Man kann die IGM-Blätter über geographische Spezialbuchhandlungen bestellen, Bezugsquelle in Deutschland ist das *Internationale Landkartenhaus (ILH)* in Stuttgart – dies als kleiner Tipp für Ihren Buchhändler.

▸ **Stadtpläne:** Kostenlose Stadtpläne sind in den Informationsbüros der Städte *Olbia*, *Sassari*, *Santa Teresa*, *Alghero*, *Oristano*, *Nuoro* und *Cagliari* erhältlich.

> Der sardische Fremdenverkehrsverband ESIT vergibt außerdem detaillierte Karten mit einem ausführlichen Textteil zu folgenden Themen: **Archäologie und Museen**, **Strände und Häfen**, **Kunst und Kunsthandwerk**, **Essen und Trinken**.

Öffnungszeiten

Die Siesta ist das Grundprinzip, das für fast alle Einrichtungen gilt. Dafür hat abends, wenn die Hitze nachgelassen hat, vieles lange offen.

Läden: Mo–Fr vormittags ca. 8.30/9–13 Uhr. Dann Siesta. Nachmittags ca. 16/17–19.30/20 Uhr, Sa 9–13 Uhr. Souvenirläden und andere Geschäfte mit touristischem Bedarf haben abends und an Wochenenden oft länger geöffnet – je nach Bedarf und zu erwartendem Kundeninteresse. Vor allem in Ferienorten läuft abends ein Groß teil vom Umsatz.

Kirchen: von frühmorgens bis 12 Uhr. Dann wird unbarmherzig geschlossen und frü-

hestens gegen 15, oft erst 16 Uhr geöffnet (dann bis etwa 19 Uhr auf). Zum Anschauen also rechtzeitig kommen!

Museen: fast durchweg montags geschlossen, geöffnet meist Di–Fr (oder Sa) 9–14 Uhr, So 9–13 Uhr. Häufige Änderungen möglich.

Ausgrabungen: oft frei zugänglich, ansonsten meist täglich von 8 oder 9 Uhr bis Sonnenuntergang.

Post 167

Papiere

Für den Aufenthalt in Italien genügt der Personalausweis (carta d'identità). Wer auf Nummer Sicher gehen will, nimmt außerdem seinen Reisepass (passaporto) mit, zusätzlich Kopien beider Papiere. Vorteil eines zweiten Ausweises – während ein Papier bei der Hotel- oder Campingplatzrezeption liegt, kann man mit dem zweiten jederzeit Schecks einlösen, Fahrzeuge mieten etc. Bei Diebstahl oder Verlust eines Ausweises kann man zudem mit dem anderen problemlos weiterreisen.

Kinder unter 16 Jahren benötigen einen *Kinderausweis* (ab zehn Jahren mit Lichtbild) oder müssen im Pass der Eltern eingetragen sein. Kinder und Jugendliche, die ohne Erwachsene reisen, benötigen außer ihrem Ausweis eine schriftliche *Vollmacht* der Erziehungsberechtigten, die in Englisch oder Französisch abgefasst sein muss.

▶ **Diebstahl oder Verlust**: in jedem Fall sofort zur Polizei gehen. Falls dies der einzige Ausweis war, den man dabei hatte, bekommt man kurzfristig ein Ersatzpapier. Kopien des verloren gegangenen Papiers sind nützlich und helfen der Polizei bei der Identitätsüberprüfung (Nummer des Passes, ausstellende Behörde etc.).

▶ **Einreise mit Motorfahrzeug** → "Anreise mit dem eigenen Fahrzeug".

▶ **Einreise mit Tieren** → "Haustiere"

> Seit 1998 gibt es beim Transit von Deutschland über Österreich nach Italien keine Grenzkontrollen mehr, die entsprechenden Einrichtungen stehen leer oder wurden abgebaut. Bei der Anreise über die Schweiz muss man aber nach wie vor einen Ausweis vorzeigen.

Post

Ein Postamt gibt es in fast jedem Ort Sardiniens. Jedoch genießt die italienische Post nicht den besten Ruf, die Karte an die Lieben daheim dauert ihre Zeit. Deshalb besser in einem Umschlag abschicken – Briefe laufen schneller. Der Vermerk "Per Luftpost" (*posta aera*) bringt bei Karten und Briefen nach Mitteleuropa allerdings nichts, da sie generell mit Luftpost verschickt werden. Trotzdem dauert die Beförderung nach Deutschland etwa sechs bis sieben Tage. Innerhalb von drei Tagen erreicht ein Brief jedoch angeblich sein Ziel, wenn man eine Briefmarke für "Posta Prioritaria" benutzt, die etwa 50 % teurer ist als eine Normalmarke. Auch Postkarten kann man so verschicken, indem man sie in einen Umschlag steckt.

Öffnungszeiten: regional verschieden, meist Mo–Fr 8.15–14, Sa 8–13 Uhr. In Städten oft auch nachmittags offen, meist 16–20 Uhr.

Briefmarken (*francobolli*): kann man nicht nur bei der Post erstehen, sondern auch in vielen Tabacchi-Läden und Souvenirshops, die Postkarten verkaufen.

Geld abheben: → Finanzen.

Poste restante: Jedes Postamt nimmt postlagernde Sendungen an. Diese können mit Personalausweis und gegen kleine Gebühr abgeholt werden. Ein Brief wird normalerweise bis zu zwei Monaten aufbewahrt. Als Absender in so einem Fall immer den Empfängernamen (Nachnamen unterstreichen!), das Zielpostamt und "Poste restante" auf den Umschlag schreiben.

Reisepraktisches von A bis Z

Sport

Sport wird auf Sardinien groß geschrieben. Vor allem Windsurfern ist die Insel ein Begriff. Bootsbesitzern stehen ausgebaute Marinas an der Nord- und Ostküste zur Verfügung. Reitställe gibt es auf der ganzen Insel, Wandern und Höhlenexkursionen finden zusehends Liebhaber. Und auch Taucher können viele, leider nicht mehr überall unversehrte Ecken erforschen.

An der touristisch entwickelten Nord- und Ostküste bietet fast jeder größere Badestrand diverse Möglichkeiten – von der Surfschule bzw. Brettvermietung über Wasserski bis zum Bootsverleih.

Tennisplätze findet man häufig auf Campinggeländen und bei größeren Hotels bzw. in Feriendörfern. Golfplätze gibt es dagegen nur vier auf der ganzen Insel. Im Inland lohnen vor allem die von einigen Kooperativen organisierten Bergwanderungen.

▶ **Bungee Jumping**: Enzo Lecis und Robert Klein bieten mit ihrem "Adventure Club Sardegna" im Golf von Orosei Sprünge von der höchsten natürlichen Sprungstelle Europas, etwa 120 m über dem Meeresspiegel. Kostenpunkt ca. 77 € (Adresse siehe Abschnitt Klettern).

▶ **Drachenfliegen**: Vom Golgo-Plateau über *Baunei* (Ogliastra/Ostküste) haben sich in den letzten Jahren wiederholt Pioniere dieser in Sardinien noch kaum bekannten Sportart in die Lüfte gestürzt. Starke Thermik begünstigt dort den Auftrieb. Ich weise jedoch darauf hin, dass Drachenfliegen die Vogelwelt der Region nachhaltig schädigen kann, dass es keinerlei einschlägige Infrastruktur gibt und kaum "Kollegen" vor Ort sind. Im Fall eines Absturzes ist keine schnelle Hilfe zu erwarten.

▶ **Fischen**: im *Meer* ohne Genehmigung möglich, allerdings nicht mehr als 5 kg Fisch, Krebs- und Weichtiere pro Tag sowie nicht mehr als ein Zackenbarsch. Korallen und Weichtiere dürfen nicht gesammelt werden.

Das Angeln in *Binnengewässern* ist überall gestattet, wo es keine Schilder verbieten. Erforderlich ist aber ein Angelschein, der vom Regionalamt für Umweltschutz ausgestellt wird (Assessorato Regionale Difesa Ambiente, Via G. Biasi 7–9, I-09100 Cagliari). Lohnend für Angler sind vor allem die Stauseen *Coghinas*, *Alto* bzw. *Basso Flumendosa* und *Omodeo* (Forellen, Aale und Karpfen). Die Lagunenseen an der Küste (Stagni) sind meist in Privatbesitz oder von Fischereien gepachtet – am besten generell Finger weg.

▶ **Golf**: Zwei Plätze mit je 18 Loch sind der *Pevero Golf Club* an der Cala di Volpe (Costa Smeralda) und *Is Molas* an der Südküste bei Santa Margherita di Pula (Hotel Is Molas), neu hinzugekommen ist seit kurzem ein weiterer 18-Loch-Platz am Strand von *Is Arenas* auf der Sinis-Halbinsel (Oristano). Alle drei besitzen bemerkenswert grüne Rasenteppiche und sind landschaftlich phantastisch gelegen. Man kann dort auch Unterricht nehmen. Das Hotel *Due Lune* bei San Teodoro (Ostküste) verfügt über einen weiteren, ebenfalls herrlich gelegenen Platz mit neun Löchern.

Sport 169

▶ **Höhlenexkursionen:** Im sardischen Karst verbergen sich zahllose Höhlen, Grotten und Felsschlünde. Die meisten davon sind riesige unterirdische Labyrinthe und z. T. noch kaum erforscht. Um Unglücksfälle zu vermeiden, sind sie meist versperrt. Der Schlüssel befindet sich in der Regel beim örtlichen "Gruppo speleologico". Die Pro-Loco-Stellen nennen Ihnen gerne die Adressen, und mit etwas Glück wird eine kleine Führung veranstaltet.
Bei größerem Interesse sollte man schon zu Hause einen heimischen Höhlenforscherclub kontaktieren – diese verfügen oft über aktuelles Adressenmaterial und stehen mit sardischen Gruppen in Verbindung. Informationen gibt es auch beim Dachverband in Cagliari: *Federazione Speleologica Sarda*, Corso Vittorio Emanuele, I-09100 Cagliari, ✆ 070/272331, www.sardegna.speleo.it.

▶ **Klettern:** Vor allem der steilwandige *Golf von Orosei* an der Ostküste zieht alljährlich Kletterer aus ganz Europa an, fast tausend Sportkletterrouten sind hier in die Kalkfelsen gebohrt. Kletterstellen bis zum vierten Schwierigkeitsgrad bietet auch die Trekking-Tour *Selvaggio Blu Classic* (→ Wandern) entlang des Golfs. Alpine Routen findet man außerdem weiter inseleinwärts im karstigen *Supramonte-Gebirge*. Geführte Klettertouren bietet der "Adventure Club Sardegna" (→ Adressen unter Wandern).

▶ **Radfahren** → "Unterwegs auf Sardinien".

▶ **Reiten:** Die weiten Hügellandschaften Sardiniens eignen sich bestens für diesen Sport, und in den weiten ländlichen Gebieten spielt die Pferdezucht eine wichtige Rolle. In allen Ecken der Insel gibt es Reitställe, wo man in einem "maneggio" üben kann und geführte Ausritte organisiert werden. Auch viele Hotels bieten Exkursionen an. Im Folgenden eine kleine Auswahl, weitere Adressen unter den jeweiligen Orten im praktischen Reiseteil.

Centro Ippico Maragnani, bei Valledoria (Nordküste), ✆/✆ 079/291814, www.sardinianhorse.it, sardo@tiscalinet.it.
Caddhos Club, Località Marazzino, bei Santa Teresa di Gallura, ✆ 0789/751640.
Hotel Ala Birdi bei Arborea, Strada 24, ✆ 0783/801083, ✆ 801086.
Reitstall bei Buggeru, geführt von zwei Schweizern, ✆ 0781/54943.
Hotel/Ristorante Su Gologone bei Oliena, ✆ 0784/287512, ✆ 287668.
Hotel Sa Muvara in Aritzo, ✆ 0784/629336, ✆ 629443.
Centro Ippico Taloro, beim Hotel Taloro am Lago di Gusana, ✆ 0348/6927012, 0784/58422.

▶ **Schlauchboot:** Die Mitnahme eines Schlauchboots lohnt auf Sardinien. Weite Küstenstrecken und viele einsame Buchten sind vom Land aus nicht zugänglich – mit dem Gummiboot ist es dagegen oft nur eine gemütliche Spazierfahrt dicht am Ufer entlang. Eins der aufregendsten Reviere ist die Steilküste im *Golf von Orosei* um Cala Gonone: zahllose Grotten in Höhe des Wasserspiegels, dazwischen eingelagert lange Sandstrände zwischen turmhohen Felswänden. In vielen Küstenorten kann man Schlauchboote auch mieten.

▶ **Segelsport** (Infos von Peter Dörnfeld aus Berlin): Sardinien ist für die meisten Wassersportler ein recht unbekanntes Revier. Sieht man einmal von den überfüllten Jachthäfen der Costa Smeralda ab, so kann es dem erfahrenen Sardinienumsegler durchaus passieren, dass er mit seinem Schiff in einem der neuen Häfen an der Westküste sogar im Juli völlig alleine liegt. Die italienische

Reisepraktisches von A bis Z

170   Reisepraktisches von A bis Z

Regierung hat im Rahmen der Regionalförderprogramme rund um die Insel Häfen in etwa jeweils 30 Seemeilen Abstand bauen lassen. Diese bieten eine sehr praktische Grundlage für Törns längs der sardischen Küste.

Der große Reiz einer Sardinien-Kreuzfahrt liegt im Abwechslungsreichtum seiner Küsten. Von den Dünen der Costa Verde über die tief verzweigten Smeralda-Buchten bis zu den phantastischen Steilhängen um Cala Gonone – kein Abschnitt gleicht dem anderen. Nicht anfahren bzw. betreten darf man die militärischen Sperrgebiete (U-Bootbasis auf der Isola Santo Stefano im La-Maddalena-Archipel, Nato-Anlagen auf der Isola Tavolara bei Olbia, Hochsicherheitstrakt auf der Isola Asinara im Nordwesten und das ausgedehnte Sperrgebiet um das Capo Teulada im äußersten Süden). Für eine gemütliche Sardinienumseglung sollte man drei Wochen veranschlagen. An der Westküste weht häufig der Maestrale, ein recht starker Wind aus W bis NW, im Süden dominieren eher umlaufende Winde, und an der Ostküste herrschen S bis SE Winde vor (→ Klima/Reisezeiten). Für einen Segeltörn in sardischen Gewässern sollte man über größere seglerische Erfahrung verfügen. Das Studium der nautischen Literatur sowie umsichtige Navigation sind unbedingt erforderlich. Das Schiff sollte über 10 m lang und für Hochsee ausgerüstet sein. Eine angenehme Variante ist es, als mitsegelnder Gast auf einer größeren Segeljacht anzuheuern. Aber auch für Selbstcharterer ist ein umfassendes Angebot vorhanden.

Ein herrliches Jollenrevier im Norden ist der *Golf von Cannigione*. Durch die vorgelagerten Inseln des Maddalena-Archipels gegen Seegang gut geschützt, bietet er alle Voraussetzungen für das Segeln mit kleinen Jollen. Aber Vorsicht: Der Maestrale aus der Straße von Bonifacio kommt auch in den sonst ruhigeren Sommermonaten ohne Vorankündigung bis in den Golf.

● *Einreise*: Für die zeitweise Einfuhr von Wassersportfahrzeugen von bis zu zwölf Monaten bedarf es im EU-Verband keiner offiziellen Genehmigung. Nur gültige Schiffspapiere, ein Versicherungsnachweis und der amtliche Sportbootführerschein sind nötig. Weitere Informationen über den ADAC, die italienischen Fremdenverkehrsämter und den Deutschen Seglerverband.

● *Treibstoffversorgung*: ist in den meisten Häfen kein Problem.

● *Nautische Unterlagen*: Zu empfehlen sind die italienischen Seekarten, weil genauer und preiswerter. Das Hafenhandbuch Mittelmeer Teil 2b, ein aktuelles Leuchtfeuerverzeichnis, der Jachtfunkdienst Mittelmeer sowie nautische Sardinienführer aus dem Klasing und Edition Maritim Verlag sind obligatorisch. Zu beziehen über jeden Schiffsausrüster. Auf Charterschiffen sind diese Unterlagen an Bord, bei italienischen

Vercharterern aber meist nicht in Deutsch.

● *Vercharterer*: **Palaumare**, Via Fonte Vecchia 76, I-07020 Palau, ✆ 0789/709260. **Sardinia Yachting**, Via Trentino 1, I-07026 Olbia, ✆/℡ 0789/27756.
Sardinia Yacht Charters, Via Nazario Sauro 1, I-09123 Cagliari, ✆ 070/275385.
Smeralda Charter, Via Nazionale 16, I-07020 Cannigione, ✆ 0789/8367.
In Deutschland kann man Jachten z. B. buchen über: **B&R Yachting**, Hauptstr. 70, D-12159 Berlin, ✆ 030/8592521; **Happy Sailing**, Kanalstr. 41, D-24159 Kiel, ✆ 0431/362033; **Bodingbauer Yachtcharter**, Zapfweg 18, D-81241 München, ✆ 089/830691.

● *Segelschulen*: **La Sciumara**, bei Cannigione im Golf von Arzachena. Geleitet von einem Engländer und seiner sardischen Frau, englisch- und deutschsprachiger Unterricht. 5-tägiger Segelkurs (tägl. 2 Std.) kostet ca. 180 €. ✆ 0338/3905706.

Einmal um die Insel

Start an der Nordküste, dann hinüber zur Westküste, die mit dem *Capo Caccia, Porto Conte, Alghero, Capo San Marco* und den im Südwesten vorgelagerten Inseln *San Pietro* und *Sant'Antioco* für den Fahrtensegler einmalig schöne Törnziele bietet. Weiter geht der Törn Richtung Süden zum *Capo Teulada* mit seinem gleichnamigen Hafen: Hier gibt es nur eine mächtige Hafenmole ohne Beleuchtung, dafür Natur pur – und im kleinen Fischrestaurant am Hafen ausgezeichnete und dabei preiswerte Fischmenüs. Bis Cagliari bieten sich noch einige einsame Ankerbuchten und zwei neue Häfen an. *Cagliari* selber hat beste Versorgungsmöglichkeiten. Am *Capo Carbonara* mit seinem Jachthafen Villasimius beginnt der Rücktörn nach Norden entlang der Ostküste. *Porto Corallo, Arbatax, Cala Gonone* und *La Caletta* sind die Stationen. Weiter nordwärts sieht man schon von weitem die gewaltige *Isola Tavolara*. Mit dem Golf von Olbia beginnt hier die *Costa Smeralda* mit ihren perfekten Jachthäfen und traumhaft schönen Buchten. Leider kennen mittlerweile zu viele Wassersportler die einmaligen Reize dieser Region, sodass von einem Besuch im Juli und August eher abgeraten werden muss.

Häfen (von Cannigione aus gegen den Uhrzeigersinn um die Insel): Palau, La Maddalena, Santa Teresa di Gallura, Castelsardo, Porto Torres, Stintino, Porto Conte, Fertilia, Alghero, Bosa Marina, Marina Torre Grande, Oristano, Buggeru, Isola Piana, Portoscuso, Carloforte, Calasetta, Porto Teulada, Pred'e Sali, Cagliari, Marina Piccola, Porto Armando, Villasimius, Porto Corallo, Arbatax, Cala Gonone, La Caletta, Marina Impostu, Porto Istana, Olbia, Golfo Aranci, Porto Marinella, Porto Rotondo, Portisco, Cala di Volpe, Porto Cervo, Porto Qualtu, Cala Bitta, Porto Massimo auf Maddalena.

▶ **Skifahren:** An den kahlen Hängen der *Monti del Gennargentu* (vor allem Monte Spada bei Fonni) hat sich ein Skigebiet etabliert, das leider mit diversen Liften dem schwer geschädigten Beispiel der Alpen nacheifern will. Da die Vegetation hier kaum höher als kniehoch wird, kann durch übermäßige Belastung im Winter die Erosion begünstigt werden.

▶ **Tauchen:** Die sardischen Küsten sind auf langen Strecken extrem felsig und bieten im glasklaren Wasser hervorragende Tauchmöglichkeiten. Vor allem in Nordwesten um das *Capo Caccia* gibt es unter Wasser zahlreiche Grotten und Tunnels, oft mit Tropfsteinen und Korallen. An manchen Stellen liegen Schiffswracks, bei Olbia kann sogar ein abgestürztes Flugzeug betaucht werden. In den immer zahlreicher werdenden Tauchbasen kann man sich zu besonders schönen Stellen führen lassen oder Kurse absolvieren. Das Tauchen mit künstlichen Atmungsgeräten ist im Allgemeinen erlaubt (Ausnahmen: militärische Sperrgebiete und die geschützen Nationalparks um den La-Maddalena-Archipel, die Isola Asinara, Capo Carbonara bei Villasimius sowie Capo Coda Cavallo und Isola Tavolara). Das Auffüllen von Sauerstoffflaschen ist in Badeorten, an Stränden mit großem touristischen Angebot und auf vielen Campingplätzen möglich. *Unterwasserfischerei* darf nur tagsüber ausgeübt

172   Reisepraktisches von A bis Z

werden. Außer einer Taschenlampe dürfen keine künstlichen Lichtquellen verwendet werden. Das Sammeln von Korallen ist streng verboten.

● *Tauchbasen* (Auswahl): **Centro Sub Tavolara** in Porto San Paolo (bei Olbia), Via Molara 4, I-07020 Porto San Paolo, ☎ 0789/40360, 📠 40186. Geführt von Egidio Trainito, PADI. Schiffswracks und ein Flugzeug liegen hier am Meeresboden.

Tauchschule Capo Testa, Loc. Marchesana, I-07028 Santa Teresa di Gallura, ☎/📠 0789/751519. Seit 1980 geleitet vom Schweizer Joschi Kiesel, CMAS Bronze, Tauchfahrten zu den für Zackenbarsche berühmten Lavezzi-Inseln vor Korsika.

Tauchschule Torre delle Stelle, in Torre delle Stelle, Casella postale 31, I-09049 Villasimius, ☎ 070/786718, 📠 750809. Deutsche Leitung, CMAS Bronze, mehrere Schiffswracks liegen im Umkreis, weitere Tauchplätze um das Capo Carbonara und

die Isola dei Cavoli.
Diving Center Costa Paradiso, Costa Paradiso, I-07038 Trinità d'Agultu, ☎/📠 079/689848, www.divingcostaparadiso.com. Alessandro, Giovanni und Lorenzo erkunden in Gruppen von max. 5 Tauchern die weitgehend unberührte Unterwasserwelt vor der Costa Paradiso. PADI und ANIS.
Weitere Adressen unter den jeweiligen Orten und in der Broschüre **Sardegna – ein Ferienmeer**, erhältlich bei den sardischen Infobüros.

● *Literatur*: **Sardinien-Tauchführer**, Jahr-Verlag Hamburg 1997, herausgegeben in Zusammenarbeit mit der Zeitschrift "Tauchen". Beschreibung vieler schöner Tauchplätze rund um die Insel, dazu Infos zur Unterwasserflora und -fauna.

> Leider haben die sardischen Gewässer unter Dynamitfischerei, Massentaucherei und Unterwasserjagd schwer gelitten. Dann stößt es einem doch übel auf, wenn man die "Experten" beobachtet, die mit ihren Kaufhaus-Harpunen am Strand liegen. **Sporttaucher harpunieren nicht!** Bitte tragen Sie dazu bei, dass die sardische Unterwasserwelt nicht noch mehr geschädigt wird, als dies bereits geschehen ist. Lassen Sie alles unverändert, und nehmen Sie nichts vom Meeresboden mit! Weisen Sie auch andere Taucher auf die Gefahren hin, die durch hemmungslose Zugriffe für die Unterwasserfauna und -flora entstehen.

▶ **Tennis:** an der Küste kein Mangel, sehr viele Campingplätze und Hotels besitzen einen oder mehrere Plätze. Zustand unterschiedlich, je nach Benutzungsintensität und Pflege. Es gibt auch Negativbeispiele.

▶ **Wandern:** in den heißen Sommermonaten nicht zu empfehlen. Interessant dagegen im Frühjahr und Frühherbst, allerdings können dann gelegentliche kräftige Regenfälle die Freude trüben. Markierte Wege gibt es bisher nur wenige, deswegen mit Orientierungsschwierigkeiten rechnen. Vorsicht bei Langwanderungen – immer reichlich Wasser mitnehmen, die eingezeichneten Quellen in den IGM-Karten sind teilweise versiegt, unzugänglich oder durch Tiere verunreinigt.

> Sehr gewinnbringend sind geführte Wanderungen durch bergkundige **Kooperativen**, die sich zum großen Teil im **GAE** (Associazione Italiana Guide Ambientali Escursionistiche) zusammengeschlossen haben und von deren langjähriger Erfahrung man profitieren kann. Die Guides sind in der Regel engagierte Kenner der sardischen Natur und sprechen oft Deutsch oder Englisch.

Besonders reizvolle Wanderungen kann man in folgenden Regionen unternehmen: **Golf von Orosei:** von der Cala Fuili zur *Grotta del Bue Marino* und zur *Cala di*

Sport 173

Luna (→ S. 529), Abstieg von der Golgo-Hochebene zu den Stränden *Cala Sisine* und *Cala Goloritze* (→ S. 537) sowie die Schluchtwanderung durch die *Codula di Luna* (→ S. 534); unbestrittener landschaftlicher Höhepunkt und gleichzeitig eine der schwierigsten Trekking-Touren Italiens ist der *Sentiero Selvaggio Blu Classic* von Pedra Longa bis Cala Fuili entlang des Golfs von Orosei: Länge 42 km, Dauer 6 Tage, Kletterstellen bis zum 4. Schwierigkeitsgrad, bis zu 825 Höhenmeter müssen täglich überwunden werden, für mindestens vier Tage muss man Wasser mit sich tragen – geführte Touren bieten Enzo Lecis und Robert Klein mit ihrem "Adventure Club Sardegna" (→ Adressen).

Monti del Gennargentu: Aufstieg zum *Bruncu Spina* (→ S. 601) und zur *Punta la Marmora* (→ S. 603);

Supramonte: Schlucht *Gola su Gorroppu* (→ S. 521 u. 533), Aufstieg zur *Punta sos Nidos* und zum *Monte Corrasi* (→ S. 588) sowie die Wanderung zum Nuraghierdorf *Monte Tiscali* (→ S. 521).

Eins der reizvollsten Wanderziele Sardiniens – die Schlucht Gola su Gorroppu

• *Geführte Touren* (Auswahl): **Adventure Club Sardegna**, I-09124 Cagliari, ✆ 0329/4333174. Infostelle für Österreich und Deutschland: Robert Klein, Am Ausfergenufer 12A/1, A-5400 Hallein, ✆ 06245/70485, ✉ 78194, www.alpin-world.com. Enzo Lecis und Robert Klein bieten geführte ein- bis sechstägige Kletter- und Wandertouren, z. B. den Selvaggio Blu entlang oder zum Nuraghierdorf am Monte Tiscali, außerdem Canyoning und Bungee Jumping, dazu Unterkunftsmöglichkeit im Rifugio Gorroppu (→ S. 522).

ASI, www.asi.at. Wanderreisen mit Führern der renommierten "Alpinschule Innsbruck" können z. B. über TUI gebucht werden. Hauptsächlich Touren in der Gallura im Hinterland der Costa Smeralda sind im Angebot.

Barbagia insolita, Corso Vittorio Emanuele 48, I-08025 Oliena, ✆ 0784/286005, ✉ 285661. Trekking, Exkursionen, Off-Road-Fahrten.

Barbagia no limits, I-08020 Gavoi, Via Cagliari 85, ✆ 0784/529016, www.barbagianolimits.it. Ein- und mehrtägige Wanderungen, Kanu- und Klettertouren.

Cooperativa Enis Monte Maccione, Via Aspromonte 8, I-08025 Oliena, ✆ 0784/288363, ✉ 288473, coopenis@tiscalinet.it. Stützpunkt im Steineichenwald über Oliena (Barbagia), wo man übernachten bzw. zelten kann. Wanderungen im Supramonte, u. a. in die phantastische Schlucht Su Gorroppu und zu wenig bekannten Tropfsteinhöhlen.

DAV Summit Club, Am Perlacher Forst 186, D-81545 München, ✆ 089/64240-0, ✉ 64240-100, www.dav-summit-club.de. Veranstalter von Wanderreisen, Tagestouren

174   Reisepraktisches von A bis Z

in Supramonte, Gennargentu und Golf von
Orosei, Unterkunft in guten Hotels und
Berghütten.

Gallura Trekking, Via Svezia, I-07026 Olbia,
✆/☏ 0789/69817, terranovaescursioni@tin.it.
Touren zu Fuß und per Mountainbike in
Gallura, Gennargentu und Supramonte,
außerdem Canyoning.

Società Gorroppu, Via Sa Preda Lada 2, I-
08040 Urzulei, ✆ 0782/649282, ☏ 649253.
Ein- und mehrtägige Trekkingtouren, Canyoning, Klettern/Free-climbing, Vogelbeo-
bachtung u. m.

Start-Uno, Via Vittorio Emanuele 484, I-
09010 Fluminimaggiore, ✆ 0781/580990,
☏ 580110, www.tiscalinet.it/startuno. Führungen zu alten Bergwerksanlagen und zu
den Fundstellen von Fossilien, Wander- und
Radtouren.

Tiscali Trekking, Via Casu 8, I-08025
Oliena, ✆ 0368/3819464. Wanderungen im

Naturpark Supramonte-Gennargentu, Vogelbeobachtungen, Radtouren.

> Der **Club Alpino Italiano (CAI)**, Via
> Piccioni 13, I-09125 Cagliari (CA),
> ✆ 070/667877, gibt weitere Informa-
> tionen und Adressen.

● *Literatur*: Mehrere Wanderführer liegen auf
Deutsch vor, u. a. **Sardinien** von Mithra
Omidvar-Gorter (Bergverlag Rother) und
Wanderungen auf Sardinien von Helmut
Dumler (Bruckmann).

● *Karten*: **Carta dei sentieri nel territorio di
Urzulei**, detaillierte Karte des Gebiets um
Urzulei (Gola su Gorroppu, Codula di Luna)
mit eingezeichneten Wanderwegen. Erhält-
lich, vor Ort, z. B. in der Bar "Sa Domu e
S'Orku" (→ S. 533).

IGM-Karten (→ Karten/Stadtpläne S. 166).

▶ **Wellenreiten:** Vor allem an der dem offenen Meer zugewandten Westküste
mit ihren stark anlandigen Winden und dementsprechend hoher Brandung findet man die Liebhaber dieses Sports. Begehrte Spots sind die Nordseite der
Sinis-Halbinsel und der *Golf von Buggeru*, wo schon internationale Meisterschaften ausgetragen wurden.

▶ **Windsurfen:** Sardinien ist eins der bevorzugten Surfziele im Mittelmeer. Hervorragende Bedingungen herrschen vor allem an der Nordküste – der Kanal
zwischen Sardinien und Korsika potenziert dort die Winde, zusätzliche Reize
schafft die tief verzweigte Küstenlinie mit Inseln, Fjorden und Buchten, was
die Windverhältnisse noch vielfältiger und interessanter macht.

Heftigster Wind und bei Könnern begehrt ist der *Maestrale* aus Nordwest,
verlängerter Arm des Mistrals aus dem südfranzösischen Rhônetal, der die
Küstenbäume nach Südosten wachsen lässt. Andere Winde sind der *Scirocco*
aus der entgegengesetzten Richtung, der *Levante* (Ost) und der *Ponente*
(West). Windigste Monate der warmen Jahreshälfte sind April und Oktober,
gefolgt von Mai und September. Bezüglich Ausrüstung ist ein Raceboard lohnend, für den starken Mistral ein kleines Segel, ansonsten Kurzarm-Steamer
und Schuhe für Touren.

> **Sardische Windverhältnisse:** (4 oder mehr Beaufort im Monat, in %): Januar
> 52,2 %; Februar 55,4 %, März 47,8 %, April 47,5 %, Mai 37,2 %, Juni 26,9 %,
> Juli 28,9 %, August 26,5 %, September 33,2 %, Oktober 41,0 %, November
> 49,0 %, Dezember 54,8 %.

● *Nordküste*: Vor allem die Osthälfte (Gal-
lura) ist reizvoll. Die weit vorspringenden
Halbinseln **Capo Testa** (bei Sta. Teresa di
Gallura) und **Porto Pollo** (zwischen Palau

und Sta. Toroca) bioton für jcdc Windrichtung einen geeigneten Startplatz, da sie bis
auf einen schmalen Zufahrtsdamm fast völlig mit Wasser umgeben sind. Man kann

immer wählen zwischen an- und ablandigem Wind, der offenen rauen See und der ruhigen Bucht auf der anderen Seite. Für Langtouren sehr lohnend ist der **La-Maddalena-Archipel** vor der Nordküste (gute Standquartiere sind Porto Pollo oder Palau). Zwischen der Hand voll Inseln finden geübte Fahrer ein ideales Streckenrevier mit vielen einsamen Sandbuchten zum Ausruhen. Gutes Tourenbrett ist Voraussetzung (kann man in Porto Pollo leihen).
Weitere gute Quartiere sind **Vignola** (starker Maestrale) und der tief eingeschnittene **Golfo di Arzachena** (auch für Anfänger lohnend). In Letzterem besonders interessant der Camping d'Orso zwischen Cannigione und Palau in exponierter Lage auf einer Halbinsel.

- *Südküste*: Das **Capo Carbonara** im äußersten SO bei Villasimius ist ähnlich wie das Capo Testa eine weit ins Meer ragende Halbinsel, die vor allem bei Scirocco und Levante starke Brandung bringt. Bei Maestrale sind Könner gefragt, am schönsten Strand an der Ostseite des Capo Carbonara bläst er stark ablandig (Vorsicht, immer in Strandnähe bleiben). Die Westseite ist eine halbrunde Bucht (Golfo di Carbonara) und problemloser. Allerdings gehört die Region zu den beliebtesten Ausflugszielen der Bewohner von Cagliari.

Weitere Spots bietet die **Costa del Sud**, südwestlich von Cagliari – lange Dünenstrände, an denen Levante und Scirocco seitlich entlangblasen. Bester Anlaufpunkt hier der Campingplatz bei **Torre Chia**.

- *Westküste*: Die vorherrschenden Westwinde sind hier stark anlandig, daher nur punktuell lohnend. Interessant z. B. der Sandstrand **Is Arenas** an der Nordseite der Sinis-Halbinsel (drei Campingplätze). Zusammen mit der nördlich sich fortsetzenden Küstenlinie eine schöne sanfte Bucht, in die sich die Winde hineindrehen. Weitere Anlaufpunkte sind **Alghero** mit nördlich/nordwestlich sich anschließender Strand- und Buchtenkulisse und **Porto Pino** im SW, geschützt durch die vorgelagerte Isola di Sant'Antioco.

Starkwindsurfer an der Ostküste bei San Teodoro

- *Ostküste*: Die besten Spots sind **San Teodoro**, südlich von Olbia, und **Torre di Bari** in der Ogliastra (bei Arbatax). Ersteres hat einen 3 km langen, sanft geschwungenen Dünenstrand, wo vor allem Ostwinde und der Scirocco interessant sind. Torre di Bari ist Mittelwindrevier (ebenfalls vorherrschend der Scirocco), südlich davon liegt das Starkwindrevier **Marina di Gairo**.

Sprachurlaub

Kann man über MMV Reisen, Masurenstr. 10, 63477 Maintal (www.ferien-in-sardinien-com) in Cala Gonone buchen, Dauer 14 Tage, 20 Unterrichtsstunden.

176   Reisepraktisches von A bis Z

Telefon

Die Durchwahl ins Ausland ist von allen öffentlichen Telefonen problemlos möglich. Münztelefone gibt es kaum noch, die Apparate funktionieren fast alle mit *magnetischen Telefonkarten* (scheda telefonica), erhältlich für ca. 2,60 oder 5,20 € in Tabak- und Zeitschriftenläden, manchmal auch an Rezeptionen von Hotels und Campingplätzen. Vor dem Gebrauch muss die vorgestanzte Ecke abgebrochen werden. Wenn die Karte leer ist, kann man eine zweite nachschieben, ohne dass das Gespräch unterbrochen wird. Die Gültigkeitsdauer der Karten ist meist auf ein oder zwei Jahre begrenzt. Als Alternative dazu gibt es *internationale Telefonkarten* (scheda telefonica internazionale), z. B. von der sardischen Telekommunikationsgesellschaft Tiscali, die etwa 10 € kosten. Damit kann man bis zu 6 Std. in Europa telefonieren und fährt so deutlich günstiger als mit den normalen Telefonkarten. Man führt sie jedoch nicht ins Telefon ein, sondern wählt eine kostenlose Nummer (numero verde), die auf der Karte vermerkt ist – sowohl fürs Festnetz (rete fissa) wie fürs Handy (cellulare). Danach gibt man die Geheimnummer ein, die ebenfalls auf der Karte vermerkt ist und kann erst dann die Teilnehmernummer wählen. Vor jedem Gespräch wird das Guthaben angesagt. Die Karte kann im Prinzip von jedem Telefon und Handy benutzt werden, allerdings ist die "numero verde" oft besetzt oder funktioniert nicht von älteren öffentlichen Apparaten.

▶ **Mobiltelefon:** Wenn Sie in Sardinien angerufen werden, zahlt der Anrufer nur die Kosten innerhalb seines Landes. Für die internationalen Gebühren wird der Handybesitzer selber zur Kasse gebeten. Für den, der längere Zeit in Italien/Sardinien bleibt, lohnt sich deshalb eventuell der Kauf einer italienischen SIM-Karte von einer der vier italienischen Mobiltelefongesellschaften (TIM = Telecom Italia, Omnitel, Blu und Wind). Sie kostet ca. 50 €, hat allerdings auch ein Gesprächsguthaben in derselben Höhe. Man bekommt damit eine italienische Nummer und muss die Gespräche, die aus dem Ausland kommen, nicht mitfinanzieren. Beim Kauf muss man den Personalausweis vorzeigen und eine Adresse (auch Hotel o. Ä.) in Italien haben.

- Wenn Sie **aus Italien/Sardinien** ins Ausland anrufen: Bundesrepublik Deutschland = 0049, Österreich = 0043, Schweiz = 0041, außerdem die Null der Ortsvorwahl weglassen.
- Wenn Sie aus dem Ausland **nach Italien** bzw. **Sardinien** anrufen: aus der BRD = 0039, aus Österreich = 04, aus der Schweiz = 0039. Wichtig: Die **Null der Ortsvorwahl** muss immer mitgewählt werden!
- Wenn Sie in Italien **innerhalb eines Fernsprechbereichs** (Provinz, Großstadt etc.) telefonieren, müssen Sie ebenfalls die Ortskennziffern mitwählen – also innerhalb der Provinz Cagliari 070, in der Provinz Sassari 079 etc. Dies gilt auch für Gespräche innerhalb einer Stadt!
- Täglich zwischen 22 und 8 Uhr telefoniert man deutlich billiger, leicht verbilligt sind die Tarife in der Zeit von Mo–Fr 18–22 Uhr, Sa 14–22 Uhr und So 8–22 Uhr.
- Wenn Sie eine italienische **Mobiltelefonnummer** anwählen, muss die 0 weggelassen werden.

Übernachten

In den Badeorten an der Küste gibt es überall zahlreiche Hotels von Mittelklasse bis zu gehobener Kategorie. Das Preisniveau ist insgesamt recht hoch und steht in den Sommermonaten in einzelnen Fällen nicht mehr in einem gesunden Verhältnis zur Leistung. Eine gute Alternative sind Ferienwohnungen, die in vielen Küstenregionen angeboten werden. Im Landesinneren dünnt das Hotelnetz stark aus, jedoch kann man vermehrt auf Agriturismohöfe zurückgreifen, wo man oft ordentliche Übernachtungsmöglichkeiten, gutes und typisches Essen sowie freundliche Atmosphäre vorfindet.

Die meisten Hotels bieten bezüglich Ausstattung und Sauberkeit soliden Standard. Nicht wenige wurden erst in den letzten ein, zwei Jahrzehnten erbaut und sind dementsprechend wenig abgewohnt. Mängel im Service halten sich in Grenzen. Schwerpunkte bezüglich Unterkunft sind die *Ost- und Nordküste* Sardiniens, vor allem die gesamte Galluraküste (Nordostecke Sardiniens), die dem Stiefel am nächsten liegt. Hier stehen allerdings auch die superteuren Luxusherbergen der Costa Smeralda. Der *Westen* und *Süden* sind touristisch erst punktuell erschlossen (z. B. Alghero und Santa Margherita di Pula), doch wird man in der Regel eine akzeptable Unterkunft finden können. Die Großstädte sind nicht alle ausreichend mit Unterkünften ausgestattet. Problematisch sind vor allem die unteren Preisklassen in *Oristano* und *Sassari*. In *Cagliari* sind die entsprechenden Pensionen und Locande in der Hochsaison oft restlos belegt. Im *Inselinneren* gibt es mangels Nachfrage in sehr vielen Orten gar keine Unterkünfte. Doch bieten etliche der bekannteren Anlaufpunkte, z. B. rund um das Gennargentu-Massiv, in der Regel mindestens ein oder zwei Hotels und fast immer auch einige Agriturismo-Betriebe. Tipp: Die Hotels im Inselinneren sind meist deutlich günstiger als an der Küste.

> Problematische Monate für individuell Reisende sind **Juli** und **August**. Vor allem im August, dem traditionellen Reisemonat für italienische Familienferien, sind in den Badeorten 90 % der verfügbaren Betten ausgebucht. Vorbestellung ist dann ratsam, muss jedoch in der Regel im Vorjahr erfolgen, um Erfolg zu haben. Die Situation ändert sich schlagartig ab Ende August, wenn alles wieder aufs Festland strömt.

Charakterisierung der wichtigsten Regionen

Nordküste: Unterkünfte in nahezu allen Orten und an diversen Stränden. Starker Campingtourismus um Palau, Santa Teresa di Gallura, Vignola und Valledoria.

Ostküste: dichtes Netz von Unterkünften, nach Süden grobmaschiger. Der Golf von Orosei großteils Steilküste, Unterkünfte dort nur in Cala Gonone. An der Costa Smeralda nördlich von Olbia nur Hotels der oberen bis obersten Preisklasse, dort hauptsächlich Ferienhaus-/Apartment-Tourismus,

ebenso in San Teodoro und Budoni. Campingplätze vor allem im Raum San Teodoro bis Orosei.

Westküste: touristische Schwerpunkte sind Alghero, Bosa Marina, Santa Caterina, S'Archittu, Oristano und die Inseln Sant'Antioco und San Pietro. Ansonsten wenig erschlossen, vor allem die ehemaligen Minengebiete Sulcis und Iglesiente. Camping auf der Sinis-Halbinsel und im Norden zwischen Alghero und Stintino.

178   Reisepraktisches von A bis Z

Südküste: starke Konzentration von Hotels der Oberklasse um Santa Margherita di Pula, dort auch zwei Campingplätze. Zunehmend erschlossen wird auch die Costa del Sud. Cagliari bietet Unterkünfte aller Kategorien.

Inselinneres: einfache Locande und Hotels in diversen Orten, größere Auswahl nur in Nuoro und Sassari. Eine Kooperative bei Oliena bietet Zimmer und Zeltmöglichkeit, weiterer Zeltplatz bei Monti, landeinwärts von Olbia.

▸ **Hotels:** Die sardischen Hotels sind von den Tourismusbehörden der Provinzen in fünf Kategorien unterteilt (1–5 Sterne). Wir haben diese Klassifizierung bei den Hotelbeschreibungen jeweils angegeben. Die Preise im praktischen Reiseteil dieses Buches beziehen sich auf ein Doppelzimmer *(DZ)* mit eigenem Bad oder Dusche und WC *(Du/WC)*, Frühstück nicht inbegriffen. Wenn eine Preisspanne angegeben ist (z. B. 40–70 € fürs DZ), meint die erste Zahl den Zimmerpreis in der *Nebensaison (NS)*, also April, Mai, September und Oktober, die zweite bezieht sich auf die *Hauptsaison (HS)* im Juli/August. Zimmer mit Etagendusche, also ohne eigenes Bad sind als solche kenntlich gemacht. Da es kaum Einzelzimmer gibt, werden Alleinreisenden in der Regel Doppelzimmer zum leicht ermäßigten Preis angeboten. Im Sommer besteht oft Pensionspflicht (HP = Halbpension).

Tipps und Tricks für Hotel-/Pensionsgäste

- Lassen Sie sich das alljährlich neu erscheinende Unterkunftsverzeichnis **"Annuario Hotels & Camping Sardegna"** vom italienischen Fremdenverkehrsamt ENIT in BRD, CH oder A schicken (→ Information). Darin sind alle registrierten Unterkünfte mit Adresse, Preisangaben, Öffnungszeiten und Hinweisen zur Ausstattung verzeichnet. Die angegebenen Preise können jedoch ab 1. Juni des jeweiligen Jahres erhöht werden. Leider sind die Verzeichnisse nicht immer lieferbar.

- Die **Zimmerpreise** unterliegen der Überwachung durch das Tourismusamt der Provinz und dürfen die Grenzen, die für die betreffende Kategorie festgelegt sind, nicht überschreiten. Sie müssen sowohl an der Rezeption bzw. im Büro des Hotels einzusehen sein wie auch in den Zimmern selber deutlich aushängen (meist an der Innenseite der Tür). Achten Sie darauf, dass im Einzelzimmer nicht der Preis für ein Doppelzimmer aushängt und die Preisliste offiziell bestätigt ist, z. B. mit Stempel des Provinzamts (EPT).

- Ein **Frühstück** ist nicht obligatorisch und wird nur serviert/berechnet, falls der Gast es wünscht. Der Preis unterliegt keiner Kontrolle, deswegen werden oft überhöhte Tarife gefordert – beliebter Trick, um den Zimmerpreis in die Höhe zu schrauben. Vorher danach fragen, um unliebsame Überraschungen zu vermeiden.

- Falls man sich ein **Extrabett** in ein Doppelzimmer stellen lässt, kann der Preis bis zu 35 % erhöht werden.

- Bei **Problemen, Beschwerden** etc., insbesondere wenn die aushängenden Preise deutlich überzogen sind, können Sie sich an das Tourismusamt der Provinz (EPT = Ente Provinciale per il Turismo) wenden.

Hotel-Klassifizierung

***** = **Hotel der Luxusklasse** mit Air-Condition, Telefon, Fernseher und Eisschrank auf dem Zimmer. Swimmingpool, Privatstrand, Tennis, Disko etc. meist vorhanden. Nur an der Costa Smeralda. Preisniveau mehr oder minder unbezahlbar, DZ ab ca. 400 €, nach oben offen, oft Pensionspflicht.

Übernachten 179

Viele Ferienhausanlagen passen sich harmonisch in die Landschaft ein

**** = **First class-Hotel**, für gehobene Ansprüche, vor allem an der Costa Smeralda und bei Santa Margherita di Pula (Südküste), ansonsten in vielen Orten jeweils nur ein Hotel dieser Klasse. Preise je nach Saison ab ca. 100 bis 300 €, oft Pensionspflicht.
*** = die üblichen **Mittelklassehotels** in fast allen Küstenorten – sauber, ordentliche Ausstattung, eigenes Bad. Qualitätsunterschiede sind aber durchaus festzustellen. Preise je nach Saison ab ca. 60 bis 150 € fürs DZ.
** = untere **Mittelklasse**, Qualitätsunterschiede spürbar, von vernachlässigt bis gut. Oft gibt es Zimmer wahlweise mit oder ohne eigenes Bad. Je nach Besitzer viel persönliche Atmosphäre bzw. Kolorit oder das Fehlen derselben. Zimmer mit eigenem Bad ca. 45 bis 80 €, mit Etagendusche 35–60 €.
* = einfache **Locande und Pensionen** in meist älteren Häusern. Oft im Inland und in größeren Städten. An der Küste selten, weil damit nicht viel zu verdienen ist. An Ausstattung keine Ansprüche stellen, auch unerfreuliche Überraschungen einkalkulieren, vor allem in Cagliari und Sassari. Zimmer mit eigenem Bad ca. 25–35 €, mit Etagendusche 17–30 €.

▸ **Ferienwohnungen/-häuser:** schießen in Sardinien wie Pilze aus dem Boden. In manchen Küstenbereichen sind ganze Ferienhausstädte entstanden – nicht immer zum Vorteil der Landschaft, die zersiedelt viel von ihrer wilden Schönheit verliert –, die jedoch oft auch harmonisch in die Umgebung eingepasst sind. Eine Ferienwohnung hat viele Vorteile, gerade auf Sardinien – so kann man mit dem eigenen Herd beispielsweise die teils stolzen Ristorantepreise umgehen und kommt so in der Regel deutlich billiger weg als mit Hotelaufenthalt. Vor allem wenn man zu mehreren bucht, kann ein Ferienhausaufenthalt recht preiswert sein. Wegen der anfallenden Reinigungsarbeiten vermieten jedoch die meisten Eigentümer nicht unter einer Woche, d. h. ständiger Quartierwechsel, Herumreisen etc. ist nicht drin. Bezüglich Qualität der Ferienhäuser gibt es natürlich diverse Standards, die sich meist im Preis bemerkbar machen. Wer kein eigenes Fahrzeug hat, sollte sich bei der Buchung

180 Reisepraktisches von A bis Z

unbedingt nach der genauen Lage des Objekts bzw. der Infrastruktur in der Umgebung erkundigen, denn es ist nicht angenehm, mehrere Kilometer zum Einkaufen laufen zu müssen.

Besonders dicht ist das Angebot an Ferienwohnungen an der Ostküste. Begehrte Ziele sind z. B. die *Costa Smeralda*, die Region um *San Teodoro/Budoni* und die Feriened am *Monte Nai* (Costa Rei). An der Nordküste ist vor allem die wilde Galluraküste beliebt, z. B. *Santa Teresa di Gallura*. Vorsicht: Die Costa Smeralda ist ein erheblich teureres Pflaster als alle anderen Regionen.

• *Buchung*: Für Ferientermine und die sommerliche Hochsaison unbedingt rechtzeitig vorbuchen (mindestens ein halbes Jahr vorher), vor Ort wird man im Juli/Aug. große Schwierigkeiten haben, leere Wohnungen zu finden. Bezüglich Adressen reiches Angebot in den überregionalen deutschen Tages- und Wochenzeitungen, ansonsten gibt es auch einige Agenturen, die sich auf Sardinien spezialisiert haben (→ unten).
In der Vor- und Nachsaison (April/Mai/Juni bzw. Sept./Okt.) kann man dagegen auch direkt auf Sardinien fündig werden, entweder durch Maklerbüros in den größeren Orten, durch Auskunft in den Informationsstellen oder durch Erkundigungen auf eigene

Faust. Meist weiß der Pächter der nächsten Bar Bescheid und kennt die Eigentümer.
• *Preise*: Falls man bereits zu Hause buchen will, liegen die Tagespreise bei günstigen Anbietern in der NS bei 40–60 € für ein 4-Pers.-Apartment und steigern sich im Juli/August ab mindestens 100 € aufwärts. Villen können je nach Größe und Ausstattung etwas bis wesentlich teurer kommen. An der Costa Smeralda ist selbst in der Nebensaison unter 60 € pro Tag/Pers. kaum etwas drin.
• *Anreise*: Die nachstehenden Ferienhausvermittler bieten in Kombination mit der Unterkunft Fährreservierung oder günstige Flüge.

Reiseveranstalter

Die bekannten Reiseveranstalter – u. a. **ADAC**, **Airtours**, **DERtours**, **ITS**, **Jahn-Reisen**, **Kreutzer**, **Frosch-Touristik**, **Neckermann** und **TUI** – offerieren auf Sardinien mittlerweile eine recht passable Auswahl an Hotels und Ferienhäusern, die sich allerdings auf regional sehr eng gefasste, oft hochpreisige Gebiete beschränkt – meist **Costa Smeralda** und Umfeld, außerdem **Santa Margherita di Pula** an der Südküste, die **Costa Rei** im Südosten und **Alghero** im Nordwesten. Tipp: Anreise mit eigenem PKW ist möglich, das senkt die Kosten ganz erheblich. Neben Flug mit Unterkunft gibt es auch Varianten wie Flug mit Mietwagen, Wanderreisen oder Package-Angebote für Surfer, Golfer etc. Eine große Auswahl an Hotels, Ferienwohnungen und -häusern auf Sardinien bieten außerdem folgende Sardinien-Spezialveranstalter.

Aki-tours, Fremersbergstr. 109, D-76530 Baden-Baden, ☎ 07221/2071-2, ✆ 2073, www.aki-tours-villen.de. Hotels, Ferienhäuser und Apartments ausschließlich an der Costa Smeralda, dementsprechend hauptsächlich hochpreisige Objekte.

Domizile Reisen, ☎ 089/833084, ✆ 8341760, www.domizile.de. Spezialist für exklusive Villen und Landhäuser, unter anderem auch auf Sardinien.

MMV Reisen, Masurenstr. 10, D-63477 Maintal, www.ferien-in-sardinien.com. Hotels, Bed & Beakfast, Charterflüge, Mietwagen, Sportangebote, Sprachurlaub und vieles mehr kann man auf der ansprechenden Website buchen.

Oscar Reisen, Bäckergasse 8, D-86150 Augsburg, ☎ 0821/5095555, ✆ 158096, www.sardinien.net. Langjähriger Sardinien-Spezialist mit gutem Angebot an gehobenen Hotels, Ferienwohnungen und Apartments, vorwiegend im Raum Costa Smeralda, Alghero, Arbatax, Villasimius, Santa Margherita di Pula und Costa del Sud. Auch Motorrad-, Golf- und Wanderreisen werden angeboten. Besonders schön aufgemachter Prospekt.

Sard-Reisedienst, Erwin-Renth-Str. 1, D-55257 Budenheim, ✆ 06139/766, ✉ 1488, www.sard.de. Frau Luisa Krumrey aus Sardinien vermittelt seit über zwanzig Jahren Ferienhäuser, Apartments und Hotels auf der ganzen Insel, Schwerpunkt Ost- und Südküste (vor allem Costa Smeralda, Region um Olbia und Villasimius, Santa Margherita di Pula), Westküste punktuell. Großer deutschsprachiger Prospekt mit genauer Beschreibung der Objekte, Vermietung zumindest in der NS auch tageweise möglich.

Sardegna GmbH, Rungestr 11, D-81479 München, ✆ 089/7498660, ✉ 74986610, www.sardinien.de. Ferienhäuser im Süden der Insel – Costa Rei, Villasimius, Santa Margherita di Pula, Costa del Sud u. a.

Sardinia Travel International, Engelbert Str. 11, D-50674 Köln, ✆ 0221/9232116, ✉ 2406456. Einzel- und Gruppenreisen, Rundreisen, Hotels, Ferienwohnungen, Golf, Tennis und Tauchen.

Turisarda, Richardstr. 28, D-40231 Düsseldorf, ✆ 0211/2294000, ✉ 22940029, www.sardinien-turisarda.de. Buchung der Fährüberfahrt mit Linea dei Golfi und TR.I.S. (→ Anreise), außerdem Flüge, Unterkünfte, Mietwagen und Segelurlaub.

Waßmann Ferienhausvermittlung GmbH, Wohldenbergstr. 39, D-31188 Holle, ✆ 05062/899449, ✉ 899450, www.wassmann.de. Ferienhäuser und Apartments an der Ostküste im Gebiet San Teodoro/Budoni bis Orosei. Deutschsprachiger Prospekt mit Ortsbeschreibungen und Reisetipps.

▶ **Privatzimmer**: gibt es lange nicht so häufig, wie man es von anderen Mittelmeerregionen gewohnt ist. Wenn privat, dann werden meist ganze Ferienhäuser oder Apartments vermietet (→ oben). Um an Privatzimmer zu kommen, einfach rumfragen, vielleicht in der nächsten Bar oder dem benachbarten Alimentari-Laden. Gelegentlich hängen Schilder draußen *"affita camere"* o. Ä., z. T. vermitteln auch die örtlichen Informationsbüros Zimmer. Die Preise liegen zwischen 35 und 60 € fürs Doppelzimmer, gelegentlich wird ein Mindestaufenthalt von einer Woche verlangt.

▶ **Agriturismo di Sardegna**: Im ländlich strukturierten Sardinien ist "Urlaub auf dem Bauernhof" eine ideale Form der Feriengestaltung, die – nicht zuletzt wegen der hohen Hotelpreise – seit einigen Jahren auf vermehrtes Interesse stößt. Dementsprechend ist das Angebot auf der ganzen Insel stark gewachsen, Schwerpunkte sind u. a. das Umland von *Olbia* und *Oristano*, die *Gallura* sowie der *Südwesten* der Insel. Agriturismo, das bedeutet Urlaub nicht in den großen, oft anonymen Touristenzentren, sondern hautnah im bäuerlichen Milieu mit allen Möglichkeiten, die daraus erwachsen. Man lernt das Leben der Menschen im ländlichen Bereich kennen und diesen kommt auch die finanzielle Seite unmittelbar zugute – im Gegensatz zu vielen Hotels, in denen festländische Kapitalgesellschaften kassieren. Die Zimmer sind in der Regel sauber und gepflegt, mit etwas Glück bekommt man hervorragende authentische Küche, oft werden Reitausflüge oder andere Aktivitäten angeboten, in einigen Fällen darf man auch sein Zelt auf dem Grundstück aufstellen ("Agricampeggio"), gerne geben die Vermieter auch detaillierte Tipps zur Umgebung. Die meisten Agriturismo-Höfe liegen allerdings nicht in unmittelbarer Küstennähe und oft weit außerhalb von Ortschaften, ein eigenes Fahrzeug ist also notwendig. Auch Sprachkenntnisse sind sinnvoll, gelegentlich wird aber Deutsch und/oder Englisch gesprochen.

182 Reisepraktisches von A bis Z

Übernachtung mit Frühstück kostet je nach Saison pro Tag ca. 20–30 € pro Person, mit Halbpension (oft obligatorisch) ca. 35–50 €. Im Sommer wird meist Mindestaufenthalt von drei Tagen oder einer Woche verlangt. Falls Sie für Juli/August, über Ostern, Pfingsten, Weihnachten oder Neujahr buchen wollen, sollten Sie sich wegen der starken Nachfrage frühzeitig verbindlich anmelden.

● *Agenturen*: **Agriturist**, Corso Vittorio Emanuele 101, I-00186 Roma, ✆ 06/6852342, ✉ 6852424, www.agriturist.it. Angebote hauptsächlich im Raum Oristano.
Consorzio Agriturismo di Sardegna (CAS), Via Duomo 17, I-09170 Oristano, ✆ 0783/73954, ✉ 73924, cas.agriturismo@tiscalinet.it. Unterkünfte in zahlreichen Dörfern um Oristano (→ Arborea/Oristano).
Cooperativa Agrituristica "Dulcamara", Santa Maria La Palma, I-07040 Alghero (SS), ✆ 079/999197, ✉ 999250. Wohnungen um Alghero und in der Nurra.
Sardegna Verde, Ferienhäuser, Villen und Landhäuser im Norden Sardiniens. Deutsche Kontaktadresse: Anne Karrer, Hopfen-

str. 34, D-73430 Aachen, ✆ 07361/559800, ✉ 559801, www.sardegna-verde.de, www.sardinien.org, info@sardegna-verde.com.
Terranostra, Viale Trieste 124, Cagliari, www.terranostra.it. Ferienwohnungen in ganz Sardinien, u. a. im Westen um Bosa und Alghero und in Barbagia-Dörfern.
Turismo Verde, Via Libeccio 31, I-09124 Cagliari, ✆ 070/372628, ✉ 372028, www.turismoverde.it. Schwerpunkte sind die Räume Cagliari, Sassari, Olbia und Oristano.
Weitere Anbieter im Internet: agriturismo.com, agri-turismo.com, agriturismo.net.
Auch viele Informationsbüros vor Ort verfügen über einschlägige Angebote und Broschüren (→ jeweilige Orte).

> **Tipp**: Über Informationsbüros kann man versuchen, die umfassende Broschüre "Agriturismo in Sardegna" zu bekommen, in der zahlreiche Adressen in ganz Sardinien aufgelistet sind.

▶ **Jugendherbergen**: Ganze vier Herbergen sind derzeit in der warmen Jahreszeit auf Sardinien geöffnet, nämlich in *Bosa Marina*, *Lu Bagnu* (bei Castelsardo), *Fertilia* (bei Alghero) und *Tonara* (Barbagia). Die Übernachtung kostet ca. 8–12 €. Weitere Details unter den jeweiligen Orten.

▶ **Camping**: Es gibt zur Zeit knapp 90 Campingplätze auf Sardinien. Vor allem an der Nord- und Ostküste existiert ein dichtes Netz, weniger gut sind die Westküste und der Süden bestückt. Es entstehen immer wieder neue Plätze – doch wurden in den letzten Jahren auch einige geschlossen. Campingurlaub auf Sardinien lohnt sehr – wenn man den August meidet! Dann sind die meisten Plätze bis zum letzten Fleck belegt, was auf Kosten von Geldbeutel und Qualität geht (überhöhte Preise, Wartezeiten, verdreckte Duschen, Lärm) – im August wird auf vielen Plätzen mehr als die Hälfte des Jahresumsatzes gemacht. Dagegen sind Mai, Juni und September ideale Campermonate. Nachteil allerdings in der frühen bzw. späten Nebensaison: Personal nur als Minimalaufgebot, Sanitäranlagen teilweise geschlossen, ebenso Restaurant, Market etc.
Die meisten Plätze liegen direkt am Strand, meist in der Nähe eines Ortes, im Inselinneren ist derzeit nur ein einziger Platz geöffnet. Die Ausstattung ist ausreichend bis zufriedenstellend: Fast immer gibt es Laden, Bar, Pizzeria/Ristorante, nicht selten diverse Sportmöglichkeiten, z. B. Tennis, Surfbrett-/Bootsverleih, Tauchen, Boccia und Reiten. Warme Duschen sind immer vorhanden (gratis oder mit Münzbetrieb), gelegentlich Waschmaschinen. Kinderspielgeräte findet man ebenfalls häufig. Auf den meisten Plätzen (nicht auf

Übernachten 183

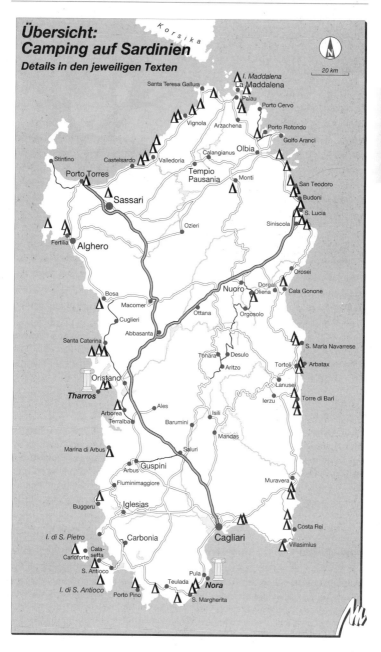

Reisepraktisches von A bis Z

Campingplatz auf Granitklippen bei Palau

allen) kann man mit dem eigenen Fahrzeug bis zum Stellplatz fahren. Am Strand gibt es oft Sonnenschirme, z. T. auch Liegen auszuleihen. Im August findet auf großen Plätzen allabendlich auf Familien zugeschnittene "Animation" statt – Theater, Tanz, Musikgruppen, Zauberer etc.

Kleines Manko: Da der sardische Sommer kurz ist, öffnen die meisten Anlagen erst Mitte Mai oder Anfang Juni und schließen bereits Ende September. Eine Hand voll Plätze öffnet Anfang April, einige wenige, hauptsächlich im Süden bei *Santa Margherita di Pula*, sind sogar ganzjährig geöffnet. Jedoch Vorsicht – auf die offiziellen Öffnungszeiten ist kein Verlass, wenn zu wenig Nachfrage herrscht, wird rigoros zugemacht! Oft besteht die Möglichkeit, Wohnwagen oder einfache Bungalows zu mieten, die für 2–6 Personen Platz bieten.

Informationen und Erfahrungsaustausch über sardische Campingplätze bietet die private Website www.campingsardinien.de.

> Mehr als 50 Campingplätze haben sich in der Vereinigung **FAITA SARDEGNA** zusammengeschlossen. Eine Aufstellung der Plätze mit Standort ist über die Reiseagentur Turisarda erhältlich (→ S. 181), weitere Informationen auf der Website www.faitasardegna.org. Die Plätze können z. T. online gebucht werden, ansonsten über Faita Sardegna, Via Ampurias 1, I-07039 Valledoria, ✆ 079/582109, 📠 582191.

● *Preise*: gestalten sich abenteuerlich und durchaus unterschiedlich. Während die Marktführer in touristisch stark entwickelten Regionen trotz strenger Strafen oft deutlich überhöhte Gebühren verlangen, kann man im touristischen Abseits gelegentlich erfreuliche Überraschungen erleben, z. T. allerdings gedämpft durch mangelhafte Einrichtungen. Nicht selten gibt es in Konkurrenzsituationen auch Preiskämpfe, sodass es sich empfiehlt, vor der Entscheidung die jeweiligen Preise genau unter die Lupe zu

Übernachten

nehmen. Die Tourismusbehörden geben sich in der Kontrolle der Campingpreise leider wenig engagiert, verschicken nur mahnende Rundbriefe, Kontrollen unterblieben bisher – Glück für die vielen "schwarzen Schafe", die das ausnützen. Faustregel: Stark frequentierte Plätze sind teurer als wenig genutzte. Dass die Plätze im Norden teurer sind als im Süden, wie man oft hört, trifft nur bedingt auf die Region Gallura zu.

Achtung: Die in unseren Ortstexten angegebenen Preise sind nur als Anhaltspunkte zu betrachten, da das individuelle Preisgebahren der einzelnen Besitzer nicht vorhersehbar ist und sich häufig ändert. Etwas verwirrend auch die unterschiedliche Gestaltung der Preise – mal sind Auto und Stellplatz im Personenpreis inbegriffen, mal geht alles extra.

> **Schwerpunkte für Camper**
> **Ostküste:** San Teodoro, Budoni, Ebene von Arbatax, Torre di Bari, der Süden um die Costa Rei.
> **Nordküste:** Cannigione, Palau, Santa Teresa di Gallura, Vignola, Valledoria.
> **Westküste:** nördliche Sinis-Halbinsel, Alghero/Fertilia.
> **Südküste:** Santa Margherita di Pula.

▶ **Freies Zelten:** Sardinien war in den siebziger und frühen achtziger Jahren eine Art Trauminsel für Wildzelter. Trotz offiziellen Verbots war beinahe jeder Strand, jede Pineta mit Zeltkolonien bestückt. Ganze Familien mit Großraumzelten, sogar seriöse ältere Herrschaften mit ihren Caravans kamen vom italienischen Festland, um den hohen Übernachtungspreisen ein Schnippchen zu schlagen. Oft wurde sogar unmittelbar neben Zeltplätzen dauergecampt – auf Terrains, die bald größer waren als die offiziellen Plätze. Der Müll häufte sich zu Bergen, denn niemand fühlte sich verantwortlich dafür.

An Sardiniens Küsten – jede Menge Platz für Wohnmobile

186 Reisepraktisches von A bis Z

Dass das nicht gutgehen konnte, ist klar. 1984 wurde das Wildzelten auf der ganzen Insel rigoros eingedämmt, intensive Razzien der Carabinieri machten die Pinienwälder wieder frei.

Im Inselinneren hat es die angesprochenen Probleme nie gegeben. Dort werden wilde Zelter in der Regel toleriert – aus dem einfachen Grund, weil es kaum welche gibt. Verboten ist allerdings auch dort das Zelten in landschaftlich sensiblen Zonen wie Naturschutz- und Aufforstungsgebieten sowie in der unmittelbaren Umgebung von Staumauern und Wasserkraftwerken. Gezeltet wird auch nach wie vor im berühmten "Hippietal" *Valle di Luna* auf der felsigen Halbinsel Capo Testa – allerdings in bescheidenem Maßstab und unter den wachsamen Augen der Carabinieri.

▶ **Wohnmobile** → "Unterwegs auf Sardinien".

Zoll

Innerhalb der EU dürfen Waren zum eigenen Verbrauch unbegrenzt ein- und ausgeführt werden. Es existiert allerdings ein Katalog über *Richtmengen* von Waren. Überschreitet man diese, muss man im Fall einer Stichprobenkontrolle glaubhaft machen, dass diese Mengen nicht gewerblich genutzt werden, sondern nur für den persönlichen Verbrauch bestimmt sind. Haben Sie also mehr als 90 Liter Wein dabei, kommen Sie in Beweisnot ...

Richtmengenkatalog (Warenmenge pro Person ab 17 Jahre): 800 Zigaretten, 400 Zigarillos, 200 Zigarren, 1 kg Rauchtabak, 10 ltr. Spirituosen, 20 ltr. Zwischenerzeugnisse (z. B. Campari, Cinzano etc.), 90 ltr. Wein (davon höchstens 60 ltr. Schaumwein) und 110 ltr. Bier. Weitere Hinweise in der Broschüre "Urlaub", erhältlich bei vielen öffentlichen Stellen, in Reisebüros und beim Zollamt.

Für **Schweizer** gelten folgende niedrigere Quoten: Tabakwaren (200 Zigaretten oder 100 Zigarillos oder 50 Zigarren oder 250 g Tabak oder anteilige Zusammenstellung dieser Waren); Alkohol (1 ltr. Spirituosen über 22 % vol. oder 2 ltr. Spirituosen unter 22 % vol. oder 2 ltr. Wein bzw. Schaumwein oder 2 ltr. Bier oder anteilige Zusammenstellung dieser Waren); Kaffee (500 g Röstkaffee oder 200 g löslicher Kaffee); Parfüms (50 g Parfüm und 0,25 ltr. Toilettenwasser) sowie andere Waren bis 180 €. **Transitreisende**, die über die Schweiz nach Deutschland einreisen, können bis zum Vierfachen der genannten Mengen mitnehmen. Wer mehr dabei hat, muss bei der Einreise den Zöllner ungefragt davon in Kenntnis setzen. Dieser entscheidet, ob eine Transitkaution gestellt werden muss. Nicht eingeführt werden dürfen in die Schweiz Fleisch- und Wurstwaren.

Die Gallura – wilde steinige Einsamkeit im Nordosten Sardiniens

Gallura

Der äußerste Nordosten Sardiniens, Korsika ist in Sichtweite. Mit Sicherheit eine der schönsten Ecken der Insel – die Küste tief eingeschnitten und weit verzweigt mit versteckten Buchten und Sandstränden, erosionsverformten Granitklippen, über die der heftige Maestrale fegt, dazu das türkis- bis tiefblaue Meer, zwischen den kahlen Bergketten leuchtet intensiv die grüne Macchia. Speziell um Palau und am einzigartigen Capo Testa Felsformationen vom feinsten – eine abenteuerliche Palette wild-bröseliger Rundungen und Schichtungen, die ihresgleichen im Mittelmeer suchen!

Schon lange bevor die ersten Einwanderer ihren Fuß auf die Insel setzten, hat diese spröde Region ihr fast urwelthaftes Profil erhalten. Ein Großteil spezifisch sardischer Schönheit ist hier konzentriert. Nicht zuletzt deshalb spielt die Gallura seit den sechziger Jahren **den** Vorreiter in Sachen Sardinien-Tourismus. Kaum ein Küstenstrich wurde so gründlich vermarktet wie die nördlich an Olbia anschließende, ehemals menschenleere *Costa Smeralda* und ihre Nachbarregionen. Doch man hat die Natur nicht vergewaltigt. Feriendörfer, Apartments und Hotelbauten sind behutsam integriert, kaum ein betonierter Fehlgriff stört das Gleichgewicht.

Im raschen Überblick: An der **Ost- und Nordküste** der Gallura sind die meist kleineren Sandflecken oft in tiefen Felsbuchten versteckt. Doch auch hier gibt es schöne lange Strände, z. B. um den berühmten Surfertreff *Porto Pollo*, wo

188 Nordsardinien/Gallura

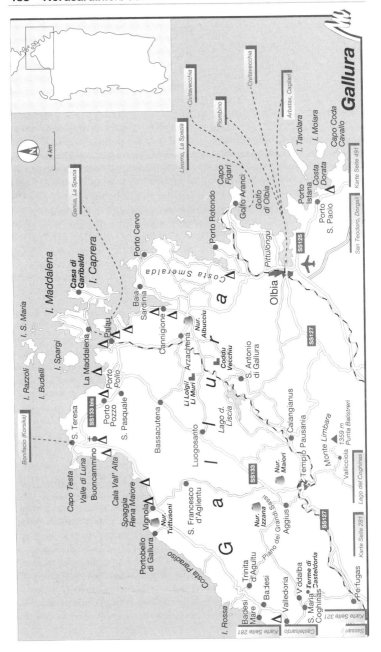

Gallura 189

• *Orientierung*: Die **Gallura** ist die Nordostspitze Sardiniens. Mit den vorgelagerten Inseln des La-Maddalena-Archipels bildet sie fast eine Brücke zum nur 12 km entfernten Korsika. Im Westen endet sie im Küstenbereich an der weiten Mündungsebene des **Coghinas**.

Die Gallurküste ist die touristisch am besten ausgebaute Region der Insel. Mit der berühmten **Costa Smeralda** liegt der Schwerpunkt allerdings auf hochpreisigem Niveau. Mittelpunkt der Costa Smeralda ist **Porto Cervo** mit einem der besten Jachthäfen des Mittelmeers. Weitere Anlaufpunkte sind **Olbia** und Umgebung, wo jährlich hunderttausende von Urlaubern mit den Fähren vom Festland landen, **Palau**, Ferienort und Fährhafen zum La-Maddalena-Archipel, **Caprera** mit dem ehemaligen Landgut Garibaldis, **Porto Pollo**, das vor allem Surfer anzieht, **Santa Teresa**, die nördlichste Stadt Sardiniens (Fähren nach Korsika) und das benachbarte bizarr geformte **Capo Testa**, dazu die Badeorte **Vignola** und **Isola Rossa** im Westen. Im felsigen Hinterland, das die größten Korkeichenbestände der Insel aufweist, gehören der Luftkurort **Tempio Pausania**, das **Limbara-Massiv** mit dem höchsten Gipfel Nordsardiniens und der große Stausee **Lago del Coghinas** (der streng genommen bereits Teil der Anglona ist) zu den interessanten Zielen. Auch einige wertvolle prähistorische Funde hat man gemacht (→ Arzachena/Umgebung).

• *Verbindungen*: Zentraler Knotenpunkt ist Olbia mit **Flugplatz** und wichtigem **Fährhafen** aufs Festland – "Tirrenia" fährt nach Civitavecchia und Genua, "Moby Lines" nach Genua, Livorno und Civitavecchia, "Grandi Navi Veloci" nach Genua, "Linea dei Golfi" nach Piombino. Vom benachbarten **Golfo Aranci** gehen "FS-Fähren" nach Civitavecchia, "Sardinia Ferries" nach Livorno und Civitavecchia, "Tirrenia" fährt nach La Spezia. Olbia ist auch Zentrum eines umfassenden Busnetzes. **ARST-Busse** fahren mehrmals täglich alle größeren Ortschaften der Gallura und benachbarter Regionen an, inkl. Costa Smeralda und die Küste südlich von Olbia. Fernbusse gehen in die Provinzhauptstädte Sassari, Nuoro, Oristano und Cagliari. Wichtige Busknotenpunkte in der Gallura sind (außer Olbia) Palau, Santa Teresa und Tempio Pausania. Olbia und Golfo Aranci sind auch die Anfangspunkte der **Bahnlinie** der italienischen Staatsbahn Ferrovie Stato (FS), die nach Sassari, Porto Torres, Oristano und Cagliari fährt. Interessant, um die urwüchsige Landschaft der Gallura zu erleben, ist der "Trenino verde", der im Sommer auf der **Kleinbahnstrecke** der **FdS** (Ferrovie della Sardegna) quer durch Nordsardinien rollt, von Palau im äußersten Norden der Gallura über Tempio nach Sassari.

• *Straßen*: Die Straßenverhältnisse in der Gallura sind generell sehr gut. Fast alle Straßen sind asphaltiert, nur die Piste in den Südzipfel der Insel **Caprera** ist ohne Belag, und zu einigen Stränden gelangt man ebenfalls nur auf Schotterpisten.

• *Übernachten*: Außer den **Luxushotels** der Costa Smeralda gibt es südlich von Olbia eine Reihe guter bis sehr guter Hotels, außerdem in allen Küstenorten zahlreiche Häuser der ** und *** **Kategorie**. Im August kommt es trotzdem zu Engpässen, in Santa Teresa werden in der Saison großteils nur Gäste mit Halb- oder Vollpension akzeptiert. Großes **Ferienhausangebot** an der Costa Smeralda und in den meisten Badeorten.

In diversen Dörfern im Inland wird **Agriturismo** geboten, z. B. im Hinterland von Olbia, bei Aggius, Santa Teresa di Gallura, Portobello di Gallura und am Lago del Coghinias.

Campingplätze findet man u. a. bei Cannigione und Palau, auf La Maddalena, bei Porto Pollo, Porto Pozzo, Santa Teresa und Vignola.

• *Baden*: zahlreiche Möglichkeiten, von den gut achtzig Badebuchten der Costa Smeralda bis zu den langen Sandstränden im Westen der Gallura. Die besten und längsten Strände bei **Porto Pollo** und **Vignola**.

die Meerenge zwischen Korsika und Sardinien eine Art Düseneffekt mit den besten Winden der Insel erzeugt. Nördlich der Costa Smeralda liegt der felsige *La-Maddalena-Archipel*, Rest einer ehemaligen Landbrücke nach Korsika. Auf die Hauptinsel *La Maddalena* gibt es regelmäßige Fährverbindungen, von dort kommt man über eine Autobrücke auf die urwüchsige *Isola Caprera*, wo der Abenteurer Giuseppe Garibaldi lange Jahre lebte – jede italienische Stadt hat mindestens eine Piazza oder Straße, die nach dem Helden des "Risorgimento" benannt ist. Landschaftlicher Top-Tipp ist jedoch das erwähnte *Capo Testa*, eine wild zerklüftete Halbinsel beim Touristenzentrum *Santa Teresa*, die eine der grandiosesten Felsszenerien des Mittelmeers ihr eigen nennt.

Nach **Westen** schwingt die Gallura in kilometerlangen Stränden aus, ab und an unterbrochen von porphyrroten Felspartien. Vor allem das winzige Örtchen *Vignola* besitzt hier einen hervorragenden Sandstrand.

Das **Innere** der Gallura besteht aus dichten Korkeichenwäldern. Unzählige der windgegerbten Nutzbäume wachsen hier, von dick verquollenen Uraltexemplaren mit schwarzer Rinde bis zu jüngst angepflanzten Sprösslingen, die noch lange Jahre benötigen, bis sie geschält werden können. Der Rindenexport bildet das Rückgrat der bescheidenen Gallura-Wirtschaft. Beliebteste Anlaufpunkte sind das Städtchen *Tempio Pausania* und das dicht bewaldete *Limbara-Massiv*.

Golf von Olbia

Das nördliche Eingangstor Sardiniens. Landschaftlich ausgesprochen schöner Einstieg: weit verzweigte Klippenbucht mit kleinen, zerklüfteten Felsinselchen, dahinter steinig-steile Berghänge mit dichter Macchia, vereinzelt erblickt man Ferienhauskolonien.

Im Süden ragt die imposante *Isola Tavolara* empor – ein gewaltiger Bergrücken im Meer, über 500 m hoch, die Steilwände fast senkrecht abfallend. Den nördlichen Abschluss des Golfs bildet *Capo Figari*, ein markanter Tafelberg mit altem Leuchtturm, heute unter Naturschutz. An seinem Fuß breitet sich *Golfo Aranci* aus, neben Olbia die zweite Anlaufstelle für die Fährschiffe von Civitavecchia und expandierender Ferienort.

Olbia ist die größte Stadt im Golf. Weit gestreckt verteilen sich die zahlreichen Häuser in ockerfarbenen Pastelltönen über welliges Hügelland. Einige wenige Hochbauten, die weißen Bäuche der Fähren am langen Hafendamm, Granitbrocken wild verstreut im niedrigen Wasser – ein schöner Anblick. Auffallend im seichten Uferwasser die endlos langen Reihen von Holzpfählen: in "Muschelbänken" reifen hier Abertausende von Schalentieren und sorgen während der Saison für ständigen Nachschub an den Ristorante-Tischen der Region – dank der ständig einlaufenden Fähren allerdings mittlerweile ein denkbar ungünstiger Platz für Muschelzucht.

Straßencafé am Corso Umberto I

Olbia

Reizvoll gelegene Hafenstadt ohne besondere Höhepunkte, dafür mit allsommerlichem Verkehrschaos – alljährlich gehen hier mehr als eine halbe Million Sonnenhungrige an Land. Touristisch vor allem als Verkehrs- und Versorgungszentrum von Bedeutung, Dreh- und Angelpunkt für alle Ankömmlinge im Nordosten der Insel.

Olbia ist seit den sechziger Jahren enorm gewachsen, Neubaugebiete erstrecken sich im weiten Umkreis, nördlich der Stadt liegt ein großes Industrieviertel. Verantwortlich für den Aufschwung der einst verschlafenen Küstensiedlung mit ihrem noch heute nahezu menschenleeren Hinterland sind vor allem die Nähe zur *Costa Smeralda*, der luxuriösen Ferienküste des Aga Khan, und natürlich die nahezu ideale Lage als nächster Punkt zum italienischen Festland, die Olbia zum wichtigsten Hafen der Insel geradezu prädestiniert.

Das Zentrum mit seinen alten Granithäusern ist nett zum Bummeln, wirkliche Sehenswürdigkeiten gibt es allerdings kaum. Als kommunikativer Mittelpunkt dient die trubelige *Piazza Margherita* mit schattigen Bäumen und einigen Cafés. Für den Verkehr gesperrt ist der mit großen Granitquadern gepflasterte *Corso Umberto I*, der sich als Flanier- und Shoppingzeile vom Hafen schnurgerade ins Zentrum zieht. Seitlich davon erstrecken sich enge winklige Gassen, die noch am ehesten etwas von der ehemaligen Atmosphäre eines stillen sardischen Hafenorts spüren lassen, auch wenn sich hier und da bereits moderne Betonbauten in die Nischen zwängen. Abgesehen vom ständigen

192 Nordsardinien/Gallura

Kommen und Gehen der Touristen und der damit verbundenen Abwechslung hat Olbia auf längere Sicht nichts zu bieten – und auch die Strände liegen kilometerweit außerhalb.

Bereits in **punisch-karthagischer Zeit** war Olbia als Hafen bekannt. Unter den **Römern** wurde es zum wichtigen Exporthafen für Getreide ausgebaut, außerdem landeten hier die römischen Besatzungstruppen, eine Heerstraße führte hinunter bis Karalis (Cagliari). Punische und römische Ruinen liegen wahrscheinlich noch unter dem heutigen Olbia und am Meeresgrund der Bucht, gelegentlich kommen einige Funde ans Tageslicht (→ Sehenswertes). In den nachchristlichen Jahrhunderten wurde die damals Fausania genannte Stadt wegen der **Piraten** verlassen, die die buchtenreiche Küste der Gallura unsicher machten. Malaria breitete sich aus.

Erst in der **Richterzeit** fungierte Fausania wieder als Hafen und Hauptstadt des Judikats Gallura, im 11./12. Jh. wurde die Kirche **San Simplicio** erbaut.

Die Pisaner nannten die kleine Hafenstadt **Terranova** ("Neuland"), mit Unterbrechungen hieß sie so bis 1939 und war fast der einzige größere Ort in der dünn besiedelten Gallura. Seit Ende des 19. Jh. ist Olbia Endpunkt einer Bahnlinie von Cagliari, die großen Anlegepiers wurden 1930 erbaut, seitdem hat sich das Städtchen ständig vergrößert.

Information

Azienda Autonoma di Soggiorno e Turismo (A.A.S.T.), städtisches Informationsbüro, Via Catello Piro 1, Seitengasse in der unteren Hälfte des Corso Umberto I. Es wird Englisch gesprochen, gute Stadtpläne und reichlich Prospektmaterial, hauptsächlich zur Gallura. Im Sommer tägl. 8–20 Uhr, sonst kürzer. ☎ 0789/21453, ✆ 22221.
Im Sommer Zweigstellen in der **Stazione Marittima** (tägl. 8–14, 16–22 Uhr) und im **Flughafen** (tägl. 8–22 Uhr).

Anfahrt/Verbindungen

● *Schiff*: Vier Fährlinien pendeln derzeit zwischen Olbia und dem italienischen Stiefel, im Sommer gibt es mehrmals täglich Überfahrten, sowohl tags wie nachts.
Tirrenia fährt Olbia – Genua in der kalten Jahreszeit etwa 3x wöch., Mitte Juni bis Mitte September 2x tägl.; Olbia – Civitavecchia ganzjährig mind. 1x tägl., in der Hauptsaison 4–6x tägl. Schnellboot mit PKW-Transport; Olbia – Arbatax (an der sardischen Ostküste) 2x wöch.
Moby Lines befahren die Strecke von und nach Genua, Livorno und Civitavecchia ganzjährig – Januar bis Mai und Oktober bis Dezember mehrmals wöch., Juni bis September 2–3x tägl. (Tag- und Nachtüberfahrt).
Grandi Navi Veloci fahren Mitte Juni bis Mitte September 1x tägl. nach Genua und zurück.
Linea dei Golfi pendelt von Anfang Mai bis Oktober von und nach Piombino, im Juli/August bis zu 3x tägl.
Lande- und Abfahrtsstelle aller Fähren ist die **Stazione Marittima** auf der kleinen **Isola Bianca**, die durch einen 1 km langen Damm mit dem Festland verbunden ist (→ Stadtplan). An der Spitze des Damms liegt ein modernes Terminal mit den Büros der Schiffslinien, einem Bahnschalter, Gepäckaufbewahrung, Café, Zeitungsladen und Souvenirshops.
Am Terminal starten **ARST-Busse** nach Ankunft der Fähren (warten auch bei Verspätung) an die Costa Smeralda, nach Santa Teresa, Palau, Nuoro und zu anderen Inselzielen. Wer nur nach Olbia will, geht am besten zu Fuß – die Busse fahren meist ohne Zwischenstopp weiter. Morgens gibt es aber auch einen Bus zum Stadtbahnhof. Schiffsfahrkarten erhält man in der Stazione Marittima oder in mehreren Agenturen am unteren Ende des Corso Umberto I.
Moby Lines, ☎ 0789/27927, ✆ 27933.
Tirrenia, ☎ 0789/207106.
Linea dei Golfi, ☎ 0789/21411, ✆ 25483.

> Weitere Details → Anreise/Fährverbindungen.

● *Flug*: 3 km südlich von Olbia liegt der moderne **Aeroporto Olbia-Costa Smeralda**, eins von vier Flugfeldern auf Sardinien.

Olbia 193

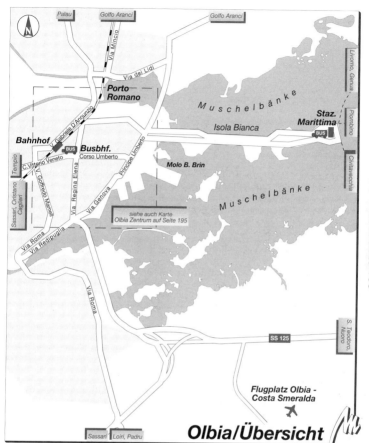

Etwa ab Mitte April bis Ende Oktober fliegen mehrere Airlines von und zu Flughäfen in Deutschland, Österreich und Schweiz, z. B. **Air Dolomiti**, **Air One**, **Geasar**, **Augsburg Airlines**, **LTU**, **Lufthansa**, **Meridiana**, **Rheintalflug** u. a.. Die Flughäufigkeit reicht von 1x wöch. bis fast täglich. Italienische Gesellschaften bieten häufige Linienflüge nach Cagliari, Rom, Mailand, Turin, Genua, Bologna, Venedig u. a. **Flugauskunft** unter ✆ 0789/23721.

An Einrichtungen gibt es einen Info-Schalter des **A.A.S.T.** in der Empfangshalle sowie zahlreiche **Mietwagenfirmen**.

Vom Airport in die Stadt: **Bushaltestelle** gegenüber vom Ausgang, Bus 2 bis Piazza Margherita, Fahrscheine (= biglietti) im Bus. Anfahrt von der Stadt aus: die SS 125 Richtung Siniscola und Nuoro nehmen, beschilderte Abzweigung. Stadtbus 2 ab Piazza Margherita oder Kaufhaus Upim (neben Busbahnhof).

• _Zug_: Olbia ist Endpunkt der wichtigen FS-Bahnlinie, die, von Cagliari kommend, ganz Sardinien der Länge nach durchquert. Der **Bahnhof** von Olbia liegt ganz zentral in der Via Giacomo Pala, einem Seitengässchen des Corso Umberto I, schräg gegenüber der Piazza Margherita (→ Stadtplan). Vom Bahnsteig 1 gibt es einen direkten Zugang zum benachbarten Busbahnhof.

194 Nordsardinien/Gallura

Tägliche Direktzüge gehen je nach Saison etwa 3–7x nach **Golfo Aranci**, außerdem 3x nach **Sassari**, 1x **Porto Torres**, 4x zum Bahnknotenpunkt **Chilivani** (→ S. 323), 1x nach **Oristano** und 1x über Macomer und Oristano nach **Cagliari** (Fahrtdauer ca. 4 Std.). Weitere Züge mit Umsteigen.

• *Fernbusse* (blau): Der Busbahnhof für Überlandbusse der Gesellschaft **ARST** liegt am Corso Umberto I, etwa 150 m von der Piazza Margherita (→ Stadtplan). Zum Bahnhof gibt es einen direkten Zugang. Einige Busse starten auch an der Stazione Marittima bzw. fahren bis dorthin.
Verbindungen etwa 13x tägl. nach **Palau** und **Arzachena**, 9x nach **Budoni** und **Siniscola** (Santa Lucia), 8x nach **San Teodoro** und **Golfo Aranci** (nur Juni bis Sept.), 7x nach **Tempio**, **Calangianus**, **Santa Teresa** und **Nuoro**, 6x nach **Porto Cervo** (nur feier-

tags, sonst 1x tägl.), 3x nach **Orosei** und **Dorgali**, 1x nach **Lanusei**, **Sassari** und **Bosa**.

• *Stadtbusse* (orange): Die städtischen Linienbusse fahren im Sommer z. T. auch die Strände um Olbia an. **Bus Nr. 2** geht zum Flughafen (Haltestelle am Corso Umberto I, schräg gegenüber vom ARST-Busbhf.), **Nr. 3** zum Hafenterminal Isola Bianca, **Nr. 4** fährt zum Strand von Pittulongu, **Nr. 5** Richtung Norden bis Porto Rotondo, nach Süden zum Strand Le Saline und nach Porto Istana. Haltestellen sind u. a. Via Simplicio, Piazza Margherita, Via Roma, Via d'Annunzio und Viale Aldo Moro.

• *Taxi*: Standplätze am Zufahrtssträßchen zum **Bahnhof**, Via Giacomo Pala (✆ 0789/22718) und am **Flughafen** (✆ 0789/69150). 24 Std.-Dienst unter ✆ 0789/24999.

Adressen

• *Fahrzeugverleih*: **Ellepi**, Via Tavolara 14, nur Autos. ✆/✉ 0789/23390.
Gallura, Viale Aldo Moro, Autos, Motorräder und Roller. ✆ 0789/51518, ✉ 53820.
Hertz, Via Regina Elena 34, nur Autos. ✆ 0789/21274.
Holiday Car, Via Genova 71 (südliche Uferfront), nur Autos. ✆ 0789/46119.
On the Road, Via Sassari 8, Roller und Mountainbikes. ✆ 0789/206042, ✉ 6224925.
UniEurope, Via Gabriele d'Annunzio 89, Autos und Roller. ✆ 0789/204100.
Weitere Auto/Rollervermieter in der **Stazione Marittima** und am **Flugplatz**, z. B. **Maggiore**, **Pinna** und **Hertz**, Roller vermietet z. B. **MotoVacanze** (✆/✉ 0789/68524).

• *Geld*: mehrere Banken mit Geldautomaten am Corso Umberto I, z. B. **Banca Popolare di Sassari** (Nr. 3, ganz unten), **Banco di Sardegna** (Nr. 142), **Credito Italiano** (Nr. 167) und **Banca Commerciale Italiana** (Nr.

191, gegenüber Busbhf.). Einen Geldautomat gibt es auch in der **Stazione Marittima**.

• *Gepäckaufbewahrung*: in der **Stazione Marittima** (8–14, 15–22 Uhr, ca. 2,10 € pro Stück) und im **Bahnhof** (ca. 2,60 € pro Stück).

• *Internet*: **The International School**, Via Garibaldi 4, zentrale Lage, Nähe Piazza Margherita. ✆ 0789/21578.

• *Medizinische Versorgung*: **Guardia Medica** beim Krankenhaus in der Via Antonio Canova (Seitengasse des Viale Aldo Moro, nördlich vom Zentrum). ✆ 0789/54000.

• *Post*: Via Acquedotto, ca. 2 Min. von der Piazza Margherita. Mo–Fr 8.15–18 Uhr, Sa 8.15–13.15 Uhr. Einlösung von Reiseschecks.

• *Wäscherei*: **Self-Service** in der Via Redipuglia, am unteren Ende der Via Regina Elena. Mo–Sa 9–20 Uhr.

Übernachten

Die Hotels in Olbia sind dank des hohen Touristenaufkommens und der Nähe zur mondänen Costa Smeralda relativ teuer. Für Budget-Reisende kommen nur wenige Adressen in Frage. Nächster Campingplatz etwa 12 km nördlich.

**** Colonna Palace Hotel (4), Via Montello 3, ruhige Seitengasse jenseits der Bahnlinie, abseits vom Durchgangsverkehr. Eine der besten Adressen im Stadtbereich, kürzlich umfassend renoviert. Großer moderner Bau mit acht Stockwerken, geschmackvoll eingerichtet, ruhige gepflegte Atmosphäre. Alle Zimmer mit weichen Teppichböden,

Air-Condition, TV und Mini-Bar, auch Suiten vorhanden. DZ mit Frühstück ca. 115–175 €. ✆ 0789/24173, ✉ 24162.
*** De Plam (20), Via Genova 59, Hochbau an der Hafenstraße, viel Autoverkehr. Unten gemütlich mit holzgetäfelter Rezeption, Ledermöbeln und Bar aus spiegelndem Granit, vorne raus Café. Geflieste Zimmer mit

Olbia 195

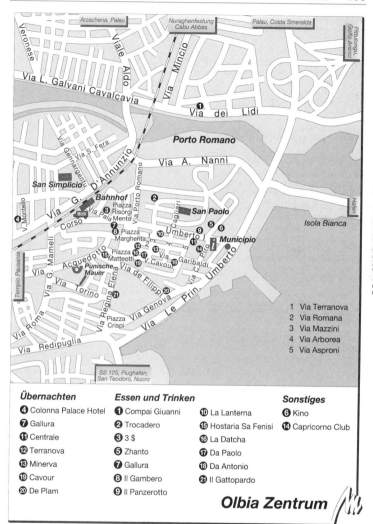

Gallura
Karte Seite 188

1 Via Terranova
2 Via Romana
3 Via Mazzini
4 Via Arborea
5 Via Asproni

Übernachten
- ❹ Colonna Palace Hotel
- ❼ Gallura
- ⓫ Centrale
- ⓬ Terranova
- ⓭ Minerva
- ⓳ Cavour
- ⓴ De Plam

Essen und Trinken
- ❶ Compai Giuanni
- ❷ Trocadero
- ❸ 3 $
- ❺ Zhanto
- ❼ Gallura
- ❽ Il Gambero
- ❾ Il Panzerotto
- ❿ La Lanterna
- ⓯ Hostaria Sa Fenisi
- ⓰ La Datcha
- ⓱ Da Paolo
- ⓲ Da Antonio
- ㉑ Il Gattopardo

Sonstiges
- ❻ Kino
- ⓮ Capricorno Club

Olbia Zentrum

Meeresblick, aber ohne Balkons, hübsches Mobiliar aus dunklem Holz und Rattan, gute Betten. Air-Condition, TV, Telefon, Minibar. Badezimmer geräumig, z. T. mit Badewanne. Mit Parkplatz. DZ je Saison etwa 80–105 €, Frühstück ca. 7 €/Pers. ✆ 0789/25777, ✉ 22648.
*** **Gallura (7)**, Corso Umberto I 145, kleineres, zentral gelegenes Haus, nur wenige Schritte von der Piazza Margherita. Gepflegte Zimmer mit rustikalen grünen Holztüren und Teppichboden. Alteingeführt und auch bei deutschen Gästen beliebt, Wirtin Rita Denza spricht Deutsch (Mutter ist Schweizerin). Unten gutes und teures Restaurant (→ Essen). DZ mit Frühstück ca. 65–85 €. ✆ 0789/24648, ✉ 24629.

196 Nordsardinien/Gallura

*** Centrale (11), der Name stimmt – unmittelbar am lauten Corso Umberto I (Nr. 85). Hinten aber durchaus ruhige Zimmer. Recht gepflegt, verspiegeltes Treppenhaus, polierter Granit – vermittelt mit der gemütlichen Rezeption, den Treppchen und verwinkelten Gängen Atmosphäre. In den Zimmern weiche beigefarbene Velourstapeten, saubere Kachelbäder. DZ mit Bad ca. 85 €, Frühstück ca. 5,50 €/Pers. ✆ 0789/23017, ☎ 26464.

*** Terranova (12), am oberen Ende der Piazza Margherita links um die Ecke, Via Garibaldi 3. Das frühere Einfachhotel wurde vor einigen Jahren völlig renoviert und umgestaltet, z. T. recht hübsche Zimmer mit TV. DZ ca. 50–100 €, Frühstück im hauseigenen Restaurant ca. 5 €. Wichtig in der engen Altstadt: eigene Parkmöglichkeit für Gäste (gegen Gebühr). ✆ 0789/22395, ☎ 27255, htlterranova@tiscalinet.it.

*** Cavour (19), Via Cavour 22, neues zentral gelegenes Hotel, nur wenige Meter vom Terranova. Schön restauriertes Altstadthaus mit 21 gut eingerichteten Zimmern, jeweils TV und Air-Condition, und Dachterrasse. Bisher allerdings noch keine Erfahrungsberichte von Leserseite. DZ mit Frühstück ca.

67–85 €. ✆ 0789/204033, ☎ 201096, www. olbia.it.

** Minerva (13), Via Mazzini 7, Seitengasse vom Corso Umberto I, etwas unterhalb der Piazza Margherita. Einfaches Haus mit altmodischem Ambiente, zu erkennen am tiefroten Anstrich. Vier Stockwerke, altersschwacher Lift, weitläufige Gänge, unten Fernsehraum. Insgesamt etwas düster, Zimmer recht unterschiedlich, aber sauber, Mobiliar kunterbunt, Betten im 1. Stock gut, weiter oben durchgelegen, z. T. neue Bäder mit Badewannen, von den oberen Stockwerken schöner Blick über die Dächer. DZ mit Bad etwa 43–53 €, mit Etagendusche ca. 35–38 €. ✆/☎ 0789/21190.

● *Außerhalb*: Leserempfehlung für ***** Savoia**, in Poltu Quadu, südlich vom Zentrum, ca. 10 Fußminuten vom Flughafen. Mit Restaurant. DZ mit Frühstück ca. 55–77 €. ✆ 0789/69565, ☎ 69513.

● *Camping*: Stadtnächster Platz ist ***** Cugnana** in der gleichnamigen Bucht, etwa 11 km nördlich von Olbia (→ Costa Smeralda). ***** Tavolara** liegt ca. 18 km südlich von Olbia im Porto della Taverna (→ Küste südlich von Olbia).

● *Agriturismo*: Siehe Olbia/Umgebung.

Essen & Trinken (siehe Karte S. 195)

Im Zentrum einiges an Auswahl und es wird durchaus etwas geboten. Was man allerdings etwas vermisst, ist die Möglichkeit, im Freien zu sitzen, und der Blick aufs nahe Meer.

Gallura (7), gepflegtes Lokal im gleichnamigen Hotel am Corso Umberto I 145, wenige Meter von der Piazza Margherita. Genießt seit Jahren besten Ruf für die kreative Zubereitung traditioneller Gallura-Küche, zahlreiche Diplome zeugen davon. Zu den Spezialitäten gehören Fisch, Meerestiere und -früchte in allen Variationen, aber auch die Fleisch- und Spaghettigerichte lohnen, dazu reichhaltige Auswahl an Vorspeisen mit viel Gemüse. Wirtin Rita Denza spricht Deutsch. Menü ca. 33–45 €. Mo geschl. Reservierung erwünscht unter ✆ 0789/24629.

Il Gambero (8), Via Lamarmora 6, kleines, familiäres Lokal, durch Schnurvorhang von der Straße getrennt. Großer, offener Kamin, an den Wänden sardisches Kunsthandwerk, ein Aquarium animiert zum Fischessen. Wie der Name schon sagt, Garnelengerichte (ca. 12–14 €), ansonsten viel mit Meeresfrüchten, Muscheln etc., Fische vom Holzkohlengrill versuchen. Bisher positive Leserkommentare. So geschl.

Hostaria Sa Fenisi (15), Piazza Matteotti 1, wenige Schritte oberhalb der Piazza Margherita. Neue Osteria in ruhiger Lage mitten im Zentrum, drinnen schönes Gewölbe mit Holzbalkendecke, draußen Tische unter Sonnenschirmen. Sardische und italienische Gerichte, Hauptspeisen ab etwa 10 €. Bleibt abzuwarten, wie sich Qualität und Preisgestaltung entwickeln.

Da Paolo (17), Via Cavour 17 & Via Garibaldi 18, edles Lokal in sorgfältig restauriertem Bruchsteinhaus aus dem 18. Jh., erst kürzlich eröffnet. Sardische Gerichte, Fisch und internationale Küche. Etwas höhere Preise. So (mittags) geschl.

Da Antonio (18), Via Asproni/Ecke Via Garibaldi. Schönes altes Haus in ruhiger Altstadtlage, im Sommer kann man draußen essen. Großes Antipasto-Buffet, selbst gemachte Pasta, Pizza. Mittlere Preisklasse. Service nach Leserberichten gelegentlich überfordert.

Olbia 197

La Lanterna (10), Via Olbia 13, Hauptstraße durchs alte Viertel (parallel zum Corso Umberto I), geräumiges Kellerlokal, rustikal, mit hohen hellen Räumen, großer Leuchter, freundliche Atmosphäre, oft viel Stimmung. Hauptsächlich Pizza, Leser waren zufrieden, auch preislich im Rahmen. Mi geschl.

3 $ (3), Via Giacomo Pala (Gässchen zum Bahnhof), drei Speiseräume mit sardischem Kunsthandwerk, Touristenmenü ca. 25–35 €.

Trocadero (2), Via Tempio, Seitengässchen vom Corso Umberto I, wenige Meter unterhalb der Piazza Margherita. Recht schick aufgemacht. Leserlob: "Freundliche Bedienung, gute Pizza aus dem Holzofen, ein wenig Kaffeehausatmosphäre".

Zhanto (5), gegenüber der Schule am Corso Umberto I in die Via delle Terme einbiegen, dort vis à vis vom Kino. Beliebtes Lokal mit großer Außenterrasse hinter dem Haus. Viel Auswahl, auch Pizza. So geschl.

Il Gattopardo (21), Via Elena Regina 85, populäres Lokal mit überdachtem und windfest abgeschlossenem Hinterhof. Abends oft bis auf den letzten Platz besetzt, viele sardische Familien, fröhliche Atmosphäre, hoher Geräuschpegel. Große Pizzen und leckere sardische Gerichte wie *zuppa gallurese* (in der Pfanne angebratener Pastateig), nicht teuer.

● *Außerhalb vom Zentrum*: **Leone & Anna**, Via Barcellona 90, Gourmet-Tipp etwas landeinwärts der Innenstadt. Sehr hübsches Lokal mit üppig grüner Laube hinter dem Haus, geführt von einem Italiener aus den Alpen mit sardischer Gattin (im Winter betreiben sie ein gleichnamiges Lokal im Skiort Cortina d'Ampezzo). Menü ca. 33–45 €. Mi geschl. (außer Juli/August).

Compai Giuanni (1), Via dei Lidi 15, in der Nähe der Ausfahrt zur Costa Smeralda und nach Golf Aranci. Schlicht eingerichtete Osteria nördlich des Porto Romano, seit Jahrzehnten in Familienbesitz. Pasta, frittierter Fisch, Gemüsesuppe, dazu Hauswein. Sa geschl.

● *Snacks*: **Il Panzerotto (9)**, Stehimbiss am unteren Ende des Corso Umberto I, neben-an auf dem Gehsteig auch einige Bänke, die mit Pflanzenkübeln vom Trubel abgetrennt sind. Außer Pizza werden hier auch *focaccie* gebacken – fladenartige Weißbrote, gefüllt mit Wurst, Schinken, Käse, Tomaten etc. Gute Möglichkeit, beim Pizzabacken zuzusehen.

Im Umkreis mehrere **Self-Services** am Corso Umberto I.

● *Cafés & Bars*: Die zwei Cafés an der **Piazza Margherita** sind zu jeder Tageszeit gut besucht. Zahlreiche weitere Cafés mit Außenbestuhlung findet man am verkehrsberuhigten **Corso Umberto I**, wo man unter großen Sonnenschirmen seinen Apero schlürfen kann.

Gallura
Karte Seite 188

Nachtleben/Shopping/Feste/Wandern (siehe Karte S. 195)

● *Nachtleben*: Spielt sich hauptsächlich auf der **Piazza Margherita** ab. Wer es sich leisten kann und will, sitzt in den Cafés, die Stadtjugend mit mit der Gehsteigkante oder dem Mofasitz vorlieb.

La Datcha (16), Via Cavour 3, nur abends, geselliges Weinlokal, Ristorante, Crêperie und Bar in einem. Gute Auswahl an sardischen und internationalen Spezialitäten, Menü ca. 20 €.

Pasticceria Deiana, Via Regina Elena 20, diese Konditorei und der davor liegende Gehsteig fungieren allabendlich als lautstarker Treffpunkt der Stadtjugend.

Kino (6), in der Via delle Terme, gegenüber der Schule am Corso Umberto I.

Capricorno Club (14), Via Catello Piro 2, einzige Disko in Olbia, gegenüber vom Info-Büro. Geöffnet nur an Wochenenden von Oktober bis April, im Sommer geschl.

The Highlander Pub, große, neu eröffnete Bar (mit Restaurant) an der Straße nach Palau (Bivio Costa Smeralda), ca. 6 km außer-halb von Olbia.

● *Shopping*: Mehrere Einkaufszentren signalisieren die wirtschaftliche Bedeutung Olbias und stellen die Versorgung der umliegenden Touristengebiete sicher, z. B. **Terranova** an der SS 125 nördlich von Olbia und **Città Mercato** an der SS 125 südlich vom Zentrum, Nähe Ausfahrt zum Airport.

Moderne **Boutiquen** findet man vor allem am Corso Umberto I.

Markt, Di an der Via Roma (südlicher Stadtbereich), So an der Piazza Sangallo (nördlicher Stadtbereich).

Centro dell'Artiganato, großer, kaufhausähnlich aufgemachter Kunsthandwerksladen am Ortsausgang in Richtung San Teodoro.

Cerasarda, Keramikmanufaktur am Ortsausgang in Richtung Golfo Aranci, im Besitz des Konsortiums Costa Smeralda und des Aga Khan. www.cerasarda.it.

Cantina delle Vigne di Piero Mancini, Weinkellerei im Industriegebiet nördlich der Stadt, Località Cala Saccaia. Den leckeren

198 Nordsardinien/Gallura

Vermentino di Gallura kann man hier direkt vom Erzeuger kaufen.

Feste: Große Prozession zu Ehren des Stadtheiligen **San Simplicio** am 15. Mai. Die Statue des Heiligen im Bischofsornat wird durch die Stadt getragen, gefolgt vom Bischof der Provinz Sassari (→ Sehenswertes/San Simplicio).

Wandern: **Gallura Trekking**, Via Svezia, Touren zu Fuß und per Mountainbike in Gallura, Gennargentu und Supramonte, außerdem Canyoning. Anfahrt mit Landrovern. Der GAE angeschlossen (→ S. 173). Es wird Englisch gesprochen. ✆/✎ 0789/69817, terranovaescursioni@tin.it.

Sehenswertes

Obwohl Olbia Hafenstadt ist, spielt das Meer nur verkehrstechnisch eine Rolle, lauschige Ristoranti an plätschernden Wellen gibt es nicht. Im Sommer belasten die aus den Fähren strömenden Autokarawanen die Stadt erheblich. Im Uferbereich wird deshalb derzeit an einem System von Hochstraßen gebaut, um die Autos am Zentrum vorbeizulenken.

Piazza Margherita: das pulsierende Zentrum der Stadt. Cafés und Bänke unter dicht belaubten Bäumen, am oberen Platzende ein Zeitungskiosk. Abends ist die gesamte Stadtjugend auf den Beinen, zwischendrin sitzen die alten Männer. Am angenehmsten ist es hier vielleicht morgens – im Café die Zeitung lesen und die Ruhe genießen.

Corso Umberto I: Die lange schnurgerade Hauptstraße zieht sich vom Wasser kerzengerade über den kleinen Hügel, mitten durchs Zentrum. Abends ist sie für den Verkehr gesperrt. Links und rechts der glattgewetzten Granitquader reihen sich altehrwürdige Bürgerhäuser mit schmiedeeisernen Balkons, ebenfalls aus grauem Gallura-Granit. Am Beginn des Corso das schön restaurierte *Municipio*, wenige Schritte weiter die große Schule und die neu restaurierte *Biblioteca Comunale*.

Durch die rechter Hand abzweigende Via Cagliari erreicht man die 1747 erbaute Granitkirche *San Paolo* mit schönem Majolika-Dach und fröhlich buntem Innenleben. Die benachbarte Kapelle besitzt volkstümliche Wandmalereien, auf denen der Leidensweg Jesu thematisiert ist.

San Simplicio: Die einzige wirkliche Sehenswürdigkeit Olbias steht hinter dem Bahnhof auf einem niedrigen Hügel. Es handelt sich um eine der ältesten Kirchen Sardiniens, romanisch-pisanisch aus dem 11./12. Jh. Ein Bau, der durch seine schlichte Harmonie besticht. Zusammengesetzt aus groben Granitquadern, innen dreischiffig mit zwei Reihen von abwechselnd Säulen und Pfeilern, einige davon altrömisch, einige spätere mit Tier- und Menschenfratzen. An den Wänden eine Sammlung römischer Meilensteine von der alten Straße nach Kalaris (Cagliari). In der Apsis zwei Fresken, das linke stellt den namengebenden *San Simplicio* dar, einen frühchristlichen Märtyrer, wahrscheinlich Bischof in der Zeit Kaiser Diokletians (3. Jh.). Man vermutet, dass früher die ganze Kirche mit Fresken ausgemalt war. Große Prozession am 15. Mai (→ Feste, oben).

Öffnungszeiten: 8.30–12.30, 16–19 Uhr.

Punische Stadtmauer: Eingekeilt zwischen modernen Wohnblocks sind in einer Seitengasse der Via Torino mächtige Quaderblöcke aus Granit erhalten, bescheidener Rest der einstigen Stadtbefestigung aus dem 4. Jh. v. Chr.

San Paolo – hübsches Plätzchen abseits vom Corso Umberto I

Olbia/Umgebung

Verstreut um Olbia liegen einige archäologische Fundstätten und Ruinen aus verschiedenen Epochen. Da es allerdings z. T. mit der Beschilderung hapert, sind "Pfadfinder" gefragt. Wer die ländliche Abgeschiedenheit sucht – in der ruhigen Hügellandschaft um Olbia gibt es ein reiches Agriturismo-Angebot (→ unten).

> Seit Jahren in Bau ist südlich von Olbia die neue **Schnellstraße SS 131 dir.** von Nuoro nach Olbia. Sie soll die viel befahrene Küstenstraße SS 125 und die Badeorte vom Durchgangsverkehr entlasten, gleichzeitig schnelleren Transport gewährleisten. Zum Zeitpunkt der letzten Recherche war die Straße im Bereich von Olbia und von Nuoro bis kurz vor San Teodoro fertig. Für das fehlende Stück waren bisher keine Bauansätze erkennbar.

Südlich von Olbia

Eine Besichtigung der folgenden drei Relikte kann man mit einer Rundfahrt über Loiri, Padru und den Badeort San Teodoro verbinden. Von Olbia zunächst die Uferstraße nach Süden nehmen, den Rio sa Fossa überqueren und nach dem Friedhof in die Straße nach Loiri einbiegen (→ Stadtplan vom Infobüro). Durch karge, leicht wellige Hügellandschaft geht es westlich am Airport vorbei. Nach der Villa Romana und der Abfahrt zum Castello Pedrese (→ folgende Abschnitte) unterquert man die noch nicht fertig gestellte SS 131 dir., passiert einen Militärflugplatz und kommt ins kleine Hügeldorf *Loiri*.

200 Nordsardinien/Gallura

Kurz danach eindrucksvoller Friedhof links der Straße, dann über Trudda Abzweig zur Küstenstraße SS 125. Weiter nach *Padru* geht es in kurviger Berg- und Talfahrt, dort Abzweig nach San Teodoro (13 km).

‣ **Villa Romana**: Die niedrigen Grundmauern des kleinen Gehöfts aus dem 2. Jh. v. Chr. liegen beschildert direkt an der Straße neben dem schmalen Fiume Padrogiano. Mit etwas Glück steht die Pforte neben dem Haupteingang offen und man kann die Anlage betreten. Schöner Blick auf das Flüsschen und weit in die ländliche Umgebung.

‣ **Castello Pedrese**: Die markanten Ruinen einer Grenzfestung des Judikats Gallura (11.–13. Jh.) liegen ein Stück landeinwärts, westlich der Straße. Wenn man aufmerksam ist, erkennt man den Turm auf einer Anhöhe schon von weitem. Südlich der Villa Romana die nächste Abfahrt nehmen (beim letzten Check nicht beschildert), etwa 2 km gute "strada bianca" bis zum Fuß des Felsens. Der Hügel aus übereinander getürmten Granitbrocken ist mit wilden Oliven und halbhoher Phrygana bewachsen, oben auf den Felsen Mauern und ein halb zerborstener Vierecksturm. Hinaufklettern etwas beschwerlich, weiter Blick auf Bergketten, viel Ruhe.

‣ **Tomba di Giganti di Su Monte 'e S'Abe**: Dieses sog. Gigantengrab aus der Bronzezeit liegt nur einige hundert Meter hinter dem Castello. Die hohe Eingangsstele fehlt, eindrucksvoll ist aber der lange Gang des Grabens, in dem wahrscheinlich eine ganze Sippe beerdigt war. Die Abdeckplatten sind bis zu ½ m dick, aber nur noch z. T. erhalten. Schöner, oben abgerundeter Abschlussstein.

Nördlich von Olbia

‣ **Castello di Cabu Abbas**: nuraghische Gipfelfestung auf einer etwa 200 m hohen Anhöhe, etwa 5 km nördlich vom Stadtzentrum, nur zu Fuß zu erreichen. Theoretisch kann man den ganzen Weg zu Fuß machen, muss allerdings dabei das wenig attraktive Industriegebiet von Olbia durchqueren. Also nimmt man besser ein Fahrzeug, fährt bis zur Kirche Nostra Signora di Cabu Abbas und steigt von dort in etwa 30 Min. hinauf (lange Hosen und rutschfeste Sohlen sind dafür erforderlich). Der Ausflug lohnt vor allem auch landschaftlich, da man vom Gipfel einen umfassenden Blick über den Golf von Olbia genießt – vor allem im Licht des späten Nachmittags herrlich.

● *Wegbeschreibung*: Vom Stadtzentrum aus zunächst Richtung Norden die Brücke über den **Porto Romano** nehmen, dann Abfahrt **Golfo Aranci** und sofort Richtung Palau bzw. Olbia Centro die **Via dei Lidi** entlang. Unmittelbar vor der Bahnbrücke die letzte Straße rechts nehmen – **Via Mincio**, später **Strada per Cabu Abbas** genannt (→ Stadtplan vom Infobüro). Die schmale Asphaltstraße läuft zunächst parallel zu den Bahngleisen. Nach der Unterquerung eines Autobahnzubringers links halten, ebenso bei der bald folgenden Kreuzung. Endpunkt der Fahrt ist die Kirche **Nostra Signora di Cabu Abbas**, an Wochenenden ein beliebtes Picknickziel der Einwohner von Olbia.

Hinter der **Ruine** rechter Hand das **Gatter** öffnen (bitte wieder schließen) und dem Fahrweg folgen. Man durchquert ein großes eingezäuntes Gelände, verlässt es auf der anderen Seite wieder und folgt dem Weg, der bald zum schmalen Pfad wird. Wir steigen allmählich den Hang hinauf und entdecken nach einem weiten Bogen rechter Hand vom Weg eine Menge **aufgehäufter Steine**. Etwa 5 m weiter zweigt ein überwucherter **Bergpfad** nach rechts oben ab.

Küste nördlich von Olbia 201

Hier steigen wir durch die dornige Phrygana hinauf, bis wir unvermittelt auf dem Granitgipfel einen mächtigen, aus zahllosen Felsbrocken aufgehäuften **Mauerring** mit halb verschüttetem Zugang sehen, gekrönt von einem kegelförmigen **Nuraghen**. Von hier oben konnten die Nuraghier einst den ganzen Golf überwachen.

Agriturismo um Olbia

• *Übernachten/Essen & Trinken*: **Li Licci**, in der Località Valentino bei Priatu, 15 km westlich von Olbia, zu erreichen auf 2 km langer "strada bianca". Agriturismo-Hof in ländlich-waldreicher Abgeschiedenheit, geführt mit viel Gefühl für Tradition von der Engländerin Jane Elizabeth Ridd mit ihrem sardischen Mann. Vier gemütliche Zimmer und hervorragendes mehrgängiges Essen, für Nichtgäste auf Vorbestellung. Übernachtung nur mit HP, ca. 40–50 € pro Person. Ganzjährig. ✆/≋ 079/665114.
Agrisole, der Hof von Monica Derosas und ihrem Bruder Alessandro liegt 10 km nördlich von Olbia, nahe der SS 125 nach Arzachena, Località Casagliana. Vermietet werden fünf nett eingerichtete Zimmer mit Kühlschrank, gut und reichlich essen kann man auf Vorbestellung auf dem 50 m entfernten Hof Stazzu Li Paladini. Ganzjährig. ✆ 0789/57227, ≋ 57189, www.agriturismo-agrisole.com.
Monti Tundu, ebenfalls in der Località Casagliana. Giovanni Splolittu bietet vier Doppel- und zwei Dreibettzimmer sowie Essen auf Vorbestellung. Übernachtung mit HP ca. 38 € pro Person. Ganzjährig. ✆ 0789/613072.
• *Essen & Trinken* (Anmeldung obligatorisch): **Gli Oleandri**, in der Località La Sarra, 2 km südlich von Loiri. Von Lias Manzottu freundlich und hilfsbereit geführt, laut Leserzuschrift vorzügliches Menü, ca 20–25 €/Pers. Ganzjährig. ✆ 0789/41336.
Sa Mendhula, Via Loghena 51, am Golf von Cugnana. Typische Gallura-Gerichte in einem schönen rustikalen Bauernhaus mit gedeckter Terrasse, ca 20–25 € pro Person. Ganzjährig. ✆ 0789/33654, 23766.

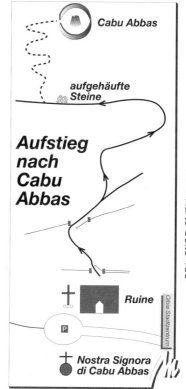

> Weitere Adressen siehe unter **San Teodoro/Hinterland**, S. 500.

Küste nördlich von Olbia

Raus aus der Stadt und der "strada panoramica" entlang der Küste nach Golfo Aranci folgen (beschildert ab Porto Romano). Zunächst ab Zentrum durch die Industriezone Olbias, vorbei an Muschelbänken. Ab Lido di Pittulongu sehr schöne Strecke mit weiten Ausblicken auf die zerrissene Küstenlinie mit zahlreichen weißsandigen Stränden.

202 Nordsardinien/Gallura

▶ **Sa Testa** (*Pozzo Sacro*): großer, gut erhaltener Brunnentempel 3 km außerhalb von Olbia, eingezäunt, aber zugänglich. Liegt rechter Hand unmittelbar unterhalb der Straße (beschildert), vis à vis vom gleichnamigen Bungalowhotel. Eine Art Kanal durchquert den runden Vorplatz mit rundum laufender Sitzbank und endet an der obersten Stufe des Heiligtums. Durch modrige Feuchte steigt man die schmaler werdende Treppe hinunter, unten steht fast immer Wasser (Leserhinweis: Schlangen im Wasser gesichtet).

● *Übernachten*: ***** Pozzo Sacro**, Tipp, wenn man idyllisch und komfortabel etwas außerhalb von Olbia wohnen will. Bungalowanlage inmitten üppiger Vegetation am Hang unmittelbar über der Straße. Wohneinheit je Saison ca. 57–105 €, Frühstück ca. 8 €/Pers. Auch als Ristorante beliebt. ℡ 0789/57855, ☎ 57861.

▶ **Lido di Pittulongu:** der Hausstrand von Olbia, ca. 7 km nordöstlich der Stadt, an der Straße nach Golfo Aranci. Weit geschwungene, halbkreisförmige Bucht aus feinem weißen Sand, ca. 1 ½ km lang. In der Saison reichlich voll, hauptsächlich Italiener und Sarden, an der Asphaltstraße hinter dem Strand stehen die Autos dicht an dicht. Im Hinterland reger Ferienhausbau, einige Restaurants und Hotels. Direkt am Strand drei Lokale, die mittags gute Fischküche bieten. Windsurfbretter, Pedalboote und Sonnenschirme werden vermietet. Schöner Blick auf das Capo Figari nördlich und die Isola Tavolara südlich. Nach Norden schließt sich die sandige Badebucht *Spiaggia il Pellicano* an.

● *Verbindungen*: **Stadtbus 4** etwa stündlich, Haltestelle z. B. Via Simplicio, jenseits der Bahnlinie. Letzter Bus zurück etwa 18.30 Uhr.

● *Übernachten*: ****** Stefania**, geschmackvoll konzipiertes Hotel an der Zufahrt zum Strand, Zimmer mit Meeresblick, Interieur arabisch-maurisch angehaucht, farbige Fliesenböden, jeweils TV, Minibar, Telefon. Schöner Garten mit Pool. DZ mit Frühstück ca. 90–200 €. ℡ 0789/39027, ☎ 39186, hotel.stefania@tiscalinet.it.

**** Pellicano d'Oro, neues Haus mit schönem Garten in der gleichnamigen Bucht, direkt am Sandstrand Zimmer im mediterranen Stil, jeweils Air-Condition und TV. Bar und Restaurant mit Außenterrasse. DZ mit Frühstück ca. 125–220 €. ℡ 0789/39094, ☎ 398149, www.hotelpellicano.com.

● *Essen & Trinken*: **Nino's**, oben an der Straße neben Hotel Stefania, seit mehr als zwanzig Jahren geschätzter Gourmet-Treff,

nicht billig (abends ca. 40–55 € fürs Menü, mittags günstiger), aber bekannt für gute Qualität – phantasievolle Meeresküche, dazu einige Gerichte ländlich-galluresischer Tradition und hausgemachte Süßspeisen. Empfohlen wird im Hausprospekt z. B. *spigola alla vernacchia* (Seebarsch in Weißwein). Mi geschl. (außer Juni bis September), Reservierung unter ℡ 0789/39444. **Rossi**, gemütliches Holzlokal, am südlichen Strandende direkt in den Sand gesetzt. Wunderschöner Blick aufs Wasser, teilklimatisiert, sehr gute Meeresküche und aufmerksamer Service. Mittlere Preise. Mi geschl. **Da Squalo**, großes Fischrestaurant am Nordende der Bucht, man sitzt schön im Freien unmittelbar am Strand, relativ günstig. **Mare e Rocce**, einfache Strandbar mit warmer Küche (Pizzeria/Rosticceria), schöne Lage an einer kleinen geschwungenen Sandbucht nördlich vom Hotel Pellicano d'Oro.

▶ **Vom Lido di Pittulongu bis Golfo Aranci:** Die Straße zieht sich hoch über dem Meer entlang, immer wieder genießt man Weitblicke über die macchiagrüne Küste, besonders schön hinüber zum Golfo di Marinella. In den letzten Jahren sind in diesem wunderschönen, früher völlig einsamen Küstenabschnitt viele Feriensiedlungen entstanden, auch die Straße wurde verbreitert und teilweise schnellstraßenähnlich ausgebaut. Steile Abfahrten führen zu diversen Stränden mit schneeweißem Sand hinunter, z. B. zur *Spiaggia Bianca*, zur *Baia Aranzos* und zur *Cala Sassari*.

Im Fischerhafen von Golfo Aranci

Gallura Karte Seite 188

● *Übernachten*:.**** **Colonna Beach Hotel & Residence**, etwa 150 m landeinwärts der Baia Aranzos, ca. 5 km vor Golfo Aranci. Großzügige Anlage mit herrlichem Park, schönem Pool, Restaurant und mehreren Tennisplätzen. Man wohnt wahlweise in DZ oder Ferienwohnungen. DZ ca. 100–200 €. ✆ 0789/30094, ✉ 30096.

Golfo Aranci

Neben Olbia zweiter Fährhafen der Region. Die in der Saison bis zu fünf Mal täglich von und nach Civitavecchia pendelnden Fähren der italienischen Staatsbahnen bringen dem sommerlichen Chaos der Nachbarstadt wenigstens geringfügig Entlastung – doch zum Saisonende stauen sich auch hier endlose Autoschlangen. Golfo Aranci ist zudem der wichtigste Verladehafen im Norden Sardiniens, zahlreiche Güterzüge warten auf den Schienensträngen im Hafen auf ihre Fracht.

Golfo Aranci liegt zwar eindrucksvoll vor dem wuchtigen Capo Figari, ist als Ort allerdings uninteressant, weil fast ausnahmslos moderne Bausubstanz vorherrscht. Vor allem der Hafen ist mit Hochstraßen und Schienensträngen ziemlich verbaut. Vom einstigen Fischernest ist nur ein idyllischer kleiner Hafen mit niedrigen Häuschen direkt neben dem Fährterminal geblieben, wo die Bewohner in kleinen Läden ihre Fänge verkaufen und einige bescheidene Lokale führen.

Dank seiner reizvollen Umgebung hat Golfo Aranci trotzdem in den letzten Jahren begonnen, als Urlaubsort Karriere zu machen. Immer mehr Feriensiedlungen ziehen sich die Bucht entlang, an der Zufahrtsstraße zum Hafen drängen sich Souvenirshops und Ristoranti. Im unmittelbaren Ortsbereich gibt es mehrere Strände, die durch Klippen und niedrige Kaps voneinander

204 Nordsardinien/Gallura

getrennt sind. Hauptstrand ist die *Spiaggia Terza*, dort werden Sonnenschirme, Liegen und Tretboote vermietet, denselben Service gibt es an der kleinen Strandbucht unterhalb vom Hotel Baja Caddinas. Wer ein strapazierfähiges Fahrzeug hat, kann hinter dem Bahnhof auf einer holprigen Staubpiste zum weitgehend einsamen, von Pinien und Klippen eingefassten Sandstrand *Cala Moresca* direkt unterhalb vom Capo Figari fahren. Der Aufstieg aufs Kap lohnt wegen des umfassenden Rundblicks.

Anfahrt/Verbindungen

• *Schiff*: großer Hafen mit Bahnanschluss, viel Güterverkehr. Drei Fährlinien zum Festland.
In der Saison pendeln die **Fährschiffe der Italienischen Eisenbahn** (Ferrovie dello Stato) bis zu 5x tägl. von und nach Civitavecchia. Preiswerteste Verbindung vom Festland, Dauer ca. 8 ½ Std.
Sardinia Ferries befahren die Strecken von Golfo Aranci nach Livorno und Civitavecchia von April bis Dezember, in der Nebensaison meinmals wöch., im Sommer mehrmals tägl. mit Fähre (Fahrtzeit 7 Std.) und Schnellfähre mit Fahrzeugtransport (Fahrtzeit 3 ½ Std.). Hafenbüro ✆ 0789/46780, ☏ 615180.
Tirrenia, Ende Juni bis Mitte September 1–2x tägl. Schnellfähre mit Fahrzeugtransport von und nach La Spezia.

Mehr Details → Anreise/Fährverbindungen.
• *Zug*: Golfo Aranci ist per Schienenstrang mit Olbia und dem übrigen Streckennetz der Ferrovie dello Stato verbunden. Etwa 3–7x tägl. gehen **Züge** nach Olbia und weiter nach Sassari, Porto Torres, Oristano und Cagliari. Gleise führen anfangs an der felsigen Küste, dann an der landeinwärts verlaufenden Hauptstraße nach Olbia entlang – schöne Fahrt nach Olbia (ca. 30 Min.). Bahnhof liegt etwas versteckt in Hafennähe.
• *Bus*: **ARST-Busse** gehen Mitte Juni bis Mitte September bis zu 8x tägl. nach Olbia, 4–5x nach Palau, Nuoro, Tempio, Santa Teresa, Siniscola, und 2x nach Sassari. Abfahrt am Hafen, auf die einlaufenden Fähren abgestimmt.

Übernachten/Essen & Trinken

• *Übernachten*: ***** Villaggio Baja Caddinas**, Via Conca Caddinas (Zufahrt bei King's Hotel), geschmackvolle Bungalowanlage aus sardischem Granitbruch mit traditionellen Schindeldächern inmitten gepflegter Ferienhaussiedlungen, schöne Lage direkt an einem kleinen feinsandigen Strand. Wohneinheiten mit Studios und Apartments, großer Garten mit Süßwasserpool, Tennis, Wassersport, Parkplatz, benachbart kleiner Jachthafen. Wochenpreis Studio ca. 220–1100 €, Apartment ca. 370–1500 €. Wird hauptsächlich über Reiseveranstalter gebucht. ✆ 0789/46898, ☏ 46376, www.clubresidences.com (Buchungen online).
*** Gabbiano Azzurro, Via dei Gabbiani, moderner Hotelkasten mit niedrigen Anbauten in exponierter Lage auf den Klippen am Nordende der Spiaggia Terza. Pool mit Kinderbecken, Solarium, Tennis, Garage. Zimmer weitgehend mit Meeresblick und TV. DZ mit Frühstück ca.130–170 €. Auch über Reiseveranstalter. ✆ 0789/46929, ☏ 615056, gabbianoazzurro@webbing.it.
** King's, Via Libertà 233, Familienbetrieb am Ortsausgang in Richtung Olbia, etwa

200 m landeinwärts einer kleinen Sandbucht, dem sog. fünften Strand. Zimmer mit Meeresblick, preisgünstigstes Hotel am Ort. DZ ca. 47–78 €. ✆ 0789/46075, ☏ 46400.
Wohmobile stehen oft am sog. "fünften" Strand unterhalb vom King's Hotel.
• *Essen & Trinken*: **La Spigola**, gemütliches Restaurant am ersten Strand ab Fähranlegestelle, aufmerksames Personal, kinderfreundlich, Blick auf ein- und auslaufende Fähren. Portionen bei unserem Check etwas knapp bemessen.
Il Spiaggia, weiteres Strandlokal an der Spiaggia Terza, dem Hauptstrand von Golfo Aranci.
Da Andrea, nette Pizzeria mit Plätzen in einem Rundhof gegenüber Hotel Baja Caddinas.
L'Approdo, kleines Lokal mit Terrasse direkt am Strand Baja Caddinas unterhalb vom gleichnamigen Hotel.
La Lanterna, Via P. Mosser 8, Seitengasse der Durchgangsstraße (gegenüber der Zufahrt zum Hotel Gabbiano Azzurro). Von Lesern empfohlen: "Aufmerksamer Service, leckere Pizzen, große Portionen".

Strandkneipe im Golfo di Marinella

Von Golfo Aranci zur Costa Smeralda

Landschaftlich reizvolle Fahrt auf kurviger Panoramastraße, immer wieder Haltepunkte und herrliche Ausblicke auf die tief zerklüftete Küste. Von Golfo Aranci kommend, kurz nach der Abzweigung der SS 127, kleiner Parkplatz an der Straße – beeindruckender Panoramablick auf die Ferienhaussiedlung Marineledda. Unterhalb der Straße der kurvige Schienenstrang von Olbia nach Golfo Aranci. Schmaler Sandstrand, im Wasser markant abgeschliffene Felsbrocken. Hier und dort Wildzelter.

▶ **Golfo di Marinella**: sehr tiefe und weite Bucht zwischen felsigen Macchiahängen, landschaftlich ausgesprochen hübsch. Langer, flacher und vor allem sehr breiter Strand aus weißem Sand, gemütliches Strandlokal "Marinella" aus Holz, Sonnenschirme, Liegestühle, Tretboote, Surfbretter. In der Saison sehr voll, großer Parkplatz, auch Wohnmobile sieht man oft. Viele afrikanische Händler bieten Strandzubehör und Souvenirs an. Der Jachthafen *Porto Marana* liegt im östlichen Teil der Bucht. Neu ist die direkte Straßenverbindung entlang der Küste nach Porto Rotondo.

• *Übernachten*: ****** Abi d'Oru**, das architektonisch originelle Großhotel beherrscht den Westteil der Bucht, weitläufig-eleganter Komplex inmitten prächtiger Gartenanlage mit üppig grünem Rasen und Schirmpinien. Gut eingerichtetete Zimmer im Haupthaus oder Zwei- (2–3 Pers.) und Dreizimmer-Wohnungen (4–5 Pers.) in Bungalows (Residence). In allen Zimmern Satelliten-TV und Air-Condition, ansonsten Meerwasserpool im prächtigen Garten, Tennis und Ristorante am Strand. HP 75–200 € pro Person, wird auch pauschal angeboten, z. B. von TUI. ✆ 0789/309019, ℻ 32044, reception.abidoru@tiscalinet.it.

• *Sport*: **NolNautica**, im Jachthafen, Verleih von Gummi- und Motorbooten, Jet Ski, Rundfahrten. ✆/℻ 0789/30011.

Atlantica Scuba Club, Padi-Tauchzentrum im Jachthafen. ✆/✉ 0789/32186.

• *Medizinische Versorgung*: Arzt im **Villaggio Ginepro** und im **Porto Marana**.

Porto Rotondo

Weitläufig angelegte Villen- und Apartmentsiedlung, viel Baumbestand. Steht dem mondänen Porto Cervo an der benachbarten Costa Smeralda kaum nach, was Architektur und Preise angeht, wirkt aber irgendwie lebendiger und natürlicher.

Zentrum der Urbanisation ist der große runde *Jachthafen* mit Promenadenwegen und breiten T-förmigen Anlegestegen aus Holz. Ein Bummel lohnt, um die supertollen Jachten zu bestaunen (630 Liegeplätze!) oder den Anglern bei den zwei Säulen am Begrenzungskai zum offenen Meer zuzusehen – hier auch der ideale Platz für den Sonnenuntergang und ein kleiner Strand (→ Baden). Etwas erhöht gruppieren sich um den Jachthafen mehrere kleine, beschilderte Plätze: Ein Kanal, in dem Boote ankern, führt zur kreisrunden *Piazzetta San Marco*. Zur Mitte hin abfallend, mit Arkaden und Sitzreihen rundum, ist sie vor allem abends ein sehr kommunikativer Ort. Gleich benachbart liegen die an zwei Seiten von Säulengängen umgebene *Piazzetta Casbah* und die *Piazzetta della Darsena*, theaterförmig zum Meer öffnet sich die *Piazzetta Rudalza* an der Südseite vom Hafen.

Übernachten/Essen & Trinken/Nachtleben

• *Übernachten*: Bereits das "billigste" Hotelzimmer kostet etwa 75 € aufwärts und das auch nur zur absoluten Nebensaison.

***** **Sporting**, gehört zur Sheraton-Kette, kleines exklusives Haus in ebensolcher Lage auf der Halbinsel Punta Lopre – auf der einen Seite der Jachthafen, auf der anderen das offene Meer, kleiner Sandstrand direkt unterhalb. Niedriger lang gestreckter Komplex im typischen Smeralda-Stil, ganz mit Keramikfliesen ausgelegt, weiße Wände, dunkle Balkendecken, edles Mobiliar. Die begüterte Klientel bleibt unter sich, nur knapp 30 gut eingerichtete Zimmer mit TV, Seeblick und direktem Zugang zum Strand. First class-Restaurant (Lady Di und Charles waren einst hier), Piano-Bar, schöner Garten, Meerwasserpool. HP je Saison ca. 150–450 € pro Person. ✆ 0789/34005, ✉ 34383, www.sporting-portorotondo.it.

**** **Colonna San Marco**, das älteste Hotel am Ort (seit Mitte der sechziger Jahre), ideale Lage direkt an der gleichnamigen Piazzetta, trotzdem ruhig, im abgeschirmten Garten mehrere Jacuzzibecken und ein Swimmingpool mit Wasserfall, Dachterrasse, schlicht-elegantes Design mit Stilmöbeln, nettes, teils deutsch sprechendes Personal, behagliches Café (→ Cafés &

Bars), Zimmer mit TV. DZ mit Frühstück je nach Saison etwa 180–230 €, kein Ristorante. ✆ 0789/35013, ✉ 34108.

• *Essen & Trinken*: **Sporting**, im gleichnamigen Hotel (→ Übernachten), unter einem Vordach mit Blick auf Garten und Jachtfen, das allerbeste Ristorante zu allerhöchsten Preisen, hervorragende Meeresküche, Hummer, Scampi, Fettuccine mit Krabben etc. Menü um die 55–75 €.

Il Baretto (di Ruggero), kleines Lokal an der etwas erhöht gelegenen Piazzetta Rudalza, nett aufgemacht in Form einer Schiffskombüse, wenige ausgewählte Gerichte ab 14 € aufwärts.

Il Pomodoro, direkt an der Mole vom Jachthafen, großes beliebtes Pizzarestaurant mit zivilen Preisen.

• *Cafés & Bars*: **Bar della Piazza**, zentraler Treff direkt an der Piazzetta San Marco.

San Marco Colonna Café, in der Vorhalle des gleichnamigen Hotels, gediegen-gemütliches Plätzchen unter einem zeltartigen Dach.

Boccondivino, Via del Molo, kleine "In"-Bar am Gässchen zum Hafen, draußen weiß gekalkte Sitzecken mit Polstern, drinnen eine Art Chorgestühl. Serviert werden Wein, Cocktails und Aperitivi.

Porto Rotondo 207

Gelateria del Molo, unterhalb der Piazza San Marco im Hafen, schönes Plätzchen zum Eisschlecken, Blick auf die schneeweißen Jachten.

La Darsena, einfache Bar an einem kleinen abgeschirmten Plätzchen hinter der Piazzetta della Darsena, Crepes und Pizza vom Blech, dazu Popmusik.

• *Nachtleben*: **Country Club**, Restaurant mit Disko etwas erhöht über dem Ort (beschildert), ✆ 0789/34294.

Sonstiges

• *Anfahrt/Verbindungen*: **Stadtbus 5** (orange) ab Olbia und zurück, häufige Fahrten.

Eigenes Fahrzeug dort abstellen, wo "Porto" angezeigt ist und dem Menschenstrom folgen, ca. 3 Min. zum Hafenbecken.

Taxi, Standplatz oberhalb der Piazza San Marco, ✆ 0789/35791.

• *Geld*: **Banco di Sardegna** mit Geldautomat an der Piazza Rudargia (Durchgangsstraße).

• *Shopping*: **Supermarkt** an der Piazza Rudargia.

Deutschsprachige Zeitungen an der Via del Molo neben Bar Boccondivino (Zugang zum Jachthafen).

Nabila, an einem Durchgang der Piazzetta San Marco, extravagante Möbel und Antiquitäten.

Case d'altri tempi, Piazzetta Casbah, historische Seefahrtsutensilien und Antiquitäten.

Ceramice Gallurese, phantasievolle Keramik an der Durchgangsstraße.

• *Sport*: **Yachtclub Porto Rotondo**, Segelschule, ✆ 0789/34010.

Centro Sub Porto Rotondo, Tauchclub an der Spitze vom Jachthafen, ✆/✆ 0789/34869, patsub@tin.it.

Semiramide, neben Gelateria del Molo am Jachthafen, Verleih von Gummibooten, ✆ 0789/34523. Weiterer Verleih an der Durchgangsstraße, ✆ 0789/35494.

▶ **Porto Rotondo/Baden:** Direkt am Ausgang vom Jachthafen liegt ein kleiner windiger Strand, der sich zum benachbarten Hotel Sporting hinüberzieht. Hübsche Badeplätze sind außerdem die zwei von dichter Wacholdermacchia umgrenzten Sand-/Kiesbuchten *Alghe* und *Sassi* an der engsten Stelle der Straße zur *Punta della Volpe*, der Landzunge nordöstlich vom Ort. Die *Spiaggia Ira* liegt etwa 2 km westlich vom Ort, am Ausgang des Golfs von Cugnana.

▶ **Golf von Cugnana:** westlich von Porto Rotondo. Tief eingeschnitten, Lagunenseecharakter, flaches Wasser, durch eine Art niedrigen Damm vom offenen Meer abgeschlossen. Am Ufer Salzablagerungen, angeschwemmtes Treibgut, auch Müll. Hier der einzige Campingplatz der Region.

Die Straße führt um den Golf herum. Am nördlichen Buchtausgang liegt die *Marina di Portisco*. Kurz darauf beginnt die berühmte "Costa Smeralda" (→ S. 213ff.), erkenntlich an dem Stein mit Aufschrift neben der Straße.

• *Übernachten*: ***** Camping Cugnana**, flaches staubiges Gelände mit einigen malerischen Granitfelsen, vielen Eukalyptusbäumen, jungen Pinien und wenigen Pappeln. Keine Bademöglichkeit im Meer, Swimmingpool vorhanden (geöffnet allerdings – wenn überhaupt – nur Juli/August), außerdem Waschmaschine, Laden, Ristorante (nur Hochsaison) und kommunikative Bar. Sanitäranlagen mit Gettoni. Es werden auch geräumige Steinbungalows vermietet (eigene Wasseranschlüsse, Kühlschrank und/oder Kochnische). Wird häufig genutzt als Warteplatz für die Fähren von Olbia/Golfo Aranci zurück zum Festland. Preis pro Person ca. 7,50–14 €, Auto 2,20–3,20 €, Wohnmobil 6,30–9,50 €. Anfang Mai bis Ende September. ✆ 0789/33184, ✆ 33398, www.campingcugnana.it.

• *Essen & Trinken*: **Il Palombaro**, in der kleinen Marina di Cugnana, wenige hundert Meter vom Camping in Richtung Costa Smeralda, großes Lokal mit großer Terrasse am Meer, ordentlicher Küche, preislich im Rahmen.

Gallura
Karte Seite 188

Küste südlich von Olbia

Die wild zergliederte Küstenlinie zeigt sich anfangs noch als ein Stück typischer Gallura. Stichstraßen führen von der SS 125 zu zahlreichen Badebuchten und Stränden inmitten macchiaüberwucherter Felsen. Im Prinzip sehr malerisch, nördlich vom Capo Ceraso ist das Wasser allerdings durch den Fährbetrieb im Golf von Olbia beeinträchtigt.

Erschlossen wurde hier in den letzten Jahren vieles, es gibt eine Hand voll versteckt gelegener Badehotels mit ausgezeichnetem Komfort, zudem zahlreiche Ferienhaussiedlungen – einsame Ecken sind rar und oft schwer zu erreichen. Immer präsent vor der Küste die markant aufragende *Isola Tavolara*, reizvolles Ausflugsziel ab Porto Paolo. Wasser- und Unterwassersportler kommen in den klippenreichen Gewässern auf ihre Kosten, für Reisende mit schmalem Budget ist bis San Teodoro dagegen nur wenig geboten.

Roter Faden ist die kurvige, meist stark befahrene SS 125. Sie verläuft etwas landeinwärts der Küste. Zunächst herrliche Rückblicke auf das Becken von Olbia mit zahllosen Granitbrocken im Seichtwasser. An der Abzweigung zum Flughafen vorbei, dann lange Reihen von Zypressen, einsame, windgepeitschte Pinien, Lagunenseen. Der gemächliche, teils sumpfige *Rio Padrogiano* wird überquert.

▶ **Lido di Sole**: beschilderter Abzweig unmittelbar südlich vom Padrogiano-Fluss, führt zu einer Feriensiedlung auf einer kleinen Landzunge. Südlich davon liegt der lange, abgesehen vom Hochsommer meist menschenleere Strand, dahinter die *Laguna dei Fenicoterri*, im Meer davor erkennt man Muschelbänke. Nur ein einziges Hotel gibt es hier bisher, Garant für Ruhe und Erholung, jedoch knackig teuer.

Nördlich der Landzunge lohnen Strandspaziergänge durch wildes, unberührt wirkendes Terrain mit wasserdurchfurchter Heide, dürrer Grasnarbe und karger Pineta. Am Wasser starke Seegrasanschwemmungen, eine einsame Kapelle und vorgelagert der markante Leuchtturm auf der *Isola di Bocca*, der die Einfahrt in den Hafen von Olbia signalisiert. Schöner Platz, um die ein- und auslaufenden Schiffe zu beobachten, gleichzeitig Einflugschneise für den Flughafen.

● *Übernachten*: ***** Baia del Sole**, am südlichen Strandende, direkt vor der Lagune, hübsche Anlage im Villaggio-Stil, sehr ruhig gelegen. Terracottageflieste, teils halbrunde Zimmer mit Air-Condition, Kühlschrank und TV. Restaurant, Fahrradverleih, Wassersport. DZ ca. 65–180 €, Frühstück ca. 8 €/Pers. Ganzjährig geöffnet. ✆ 0789/42151, ✆ 42045.

● *Sport*: **Centro Sub**, Tauchzentrum am nördlichen Strandbeginn, nur im Hochsommer geöffnet. ✆ 0789/42163.

▶ **Le Vecchie Saline**: etwa 10 km von Olbia, langer Sandstrand mit niedrigen Dünen inmitten flacher Phrygana und Lagunenseen. Zwei Aparthotels (Residenzen) bieten Quartier, am Strand kann man Sonnenschirme und Liegen mieten. Am nördlichen Strandende Treff für Wohnmobile, Zufahrt bei Km 310, beschildert mit "Marine Assistance International".

Küste südlich von Olbia 209

Das kleine Örtchen *Murta Marina* hat sich um die gleichnamige Cantoniera (ehemaliges Straßenwärterhaus) angesiedelt.

• *Verbindungen*: **Stadtbus 5** ab Olbia etwa 6x tägl., fährt weiter nach Porto Istana, in der andereen Richtung bis Porto Rotondo.

• *Essen & Trinken*: **La Pergola**, in Murta Marina, etwas abseits der Durchgangsstraße, auf Schilder achten. Beliebte Adresse, immer voll.

▶ **Capo Ceraso**: große Halbinsel, die die südlich anschließenden Strände vom mehr oder minder verschmutzten Wasser im Golf von Olbia schützt. Völlig einsam an der Spitze der Halbinsel das Hotel *Li Cuncheddi*, davor 150 m Strand mit kleinen Felseninselchen, herrlicher Blick auf den Golf. An der Nordseite der Halbinsel die *Sommerresidenz Bunte*, kurz vorher Standplatz für Wohnmobile.

• *Übernachten*: ****** Li Cuncheddi**, komfortables, kürzlich renoviertes Haus mit geschmackvollen Wohneinheiten inmitten bizarrer Granitlandschaft, umgeben von satten Rasenflächen. Großer Pool mit Kinderbecken, reiches Sportangebot, Restaurant. DZ mit TV, Minibar und Air-Condition ca. 90–220 €, Frühstück ca. 13 €/Pers. Pauschal z. B. über Eurowings Touristik und TUI.

☏ 0789/36126, 🖥 36194, licuncheddi@tiscalinet.it.
Sommerresidenz Bunte, ruhig gelegene Apartmentanlage, 100 m von kleiner Badebucht entfernt. Wohnungen mit überdachter Terrasse und Küchenzeile. Kleine Bar/Restaurant vorhanden. ☏/🖥 0789/36614 (Mai bis Okt.), sonst ☏ 0722/319927, 🖥 310331.

▶ **Porto Istana**: geschützte Lage am Ende eines langen Tals an der Südseite des Capo Ceraso. Mehrere kleine Strände mit herrlich weißem Sand, die durch niedrige, rote Felszungen getrennt sind. Glasklares, türkises Wasser – es geht flach hinein, für Kinder ideal. Während der Saison sehr voll (Parkplatzkapazität begrenzt), viele Motor- und Segelboote, am Zugang zum Strand Bar mit einigen Tischen. Toller Blick auf die steil aufragende Isola Tavolara.

• *Verbindungen*: **Stadtbus 5** etwa 6x tägl. ab Olbia, Tickets für die Rückfahrt in der Bar/Pizzeria an der Straße, etwas oberhalb vom Parkplatz.
• *Übernachten*: ****** Park Hotel Porto Istana**, weitläufige Bungalowanlage mit

großem Garten und schönem Pool. Restaurant, Bar, Tennis, Wassersport, Mountainbikes, Autoverleih. Gepflegte Zimmer im sardischen Stil. DZ mit Frühstück ca. 95–150 €, im Sommer HP obligatorisch. ☏ 0789/36003, 🖥 36689.

▶ **Costa Corallina**: versteckt gelegener Fjord, in dem ein Bootshafen eingerichtet wurde, kleiner Badestrand benachbart. Zahlreiche Ferienhäuser und ein Hotel.

• *Übernachten*: ***** Ollastu**, geschmackvoll konzipiertes Bungalowhotel, harmonisch in die umgebende Landschaft eingepasst, etwa 500 m vom Meer. Hübscher Pool mit Dattelpalmen, durch die offenen Fenster des Restaurants hat man einen herrlichen Blick auf die Isola Tavolara. Zimmer mit Holzdecke, TV und Minibar, z. T. Klimaanlage. DZ mit Frühstück ca. 95–250 €. Tennis, Bootsverleih, privater Anlegehafen. Abfahrt von der SS 125 südlich der Pizzeria "Il Tu-

cano", auf Hotelschild achten. Ganzjährig geöffnet (außer Januar). ☏ 0789/36744, 🖥 36760, www.ollastu.it.
• *Essen & Trinken*: **Il Tucano**, direkt an der SS 125, zwischen Murta Marina und San Paolo, prima Pizzen mit ausgefallenem Belag, auch leckere Kleinigkeiten und Salate.
• *Shopping*: Keramikstudio **Petra Brien**, neben Pizzeria Il Tucano hinein.

Gallura
Karte Seite 188

Porto San Paolo

Klein-Porto Cervo, nette Ferienhaussiedlung mit einem Hotel und mehreren Ristoranti. Mittelpunkt ist eine arkadengesäumte Piazzetta mit Boutiquen, blühendem Oleander und üppiger Bougainvilea. Direkt davor kleiner Sandstrand, optimaler Blick auf die gegenüberliegende Isola Tavolara, zu der es im Sommer mehrmals täglich Überfahrten gibt.

Vor allem norditalienische und römische Bootsbesitzer verbringen in Porto San Paolo ihren Urlaub, südlich vom Ort gibt es eine große Mole mit Sport- und Fischerbooten, dort auch mehrere Sandbuchten. Richtung Norden einsame, unverbaute Klippenküste, schön zum Spazierengehen.

Im Meer vor Porto San Paolo hatte "Schimanski" im Sommer '96 seinen spektakulären Badeunfall, der durch die Medien ging. Die Schiffsschraube eines Motorboots verletzte ihn damals schwer am Bein.

● *Übernachten*: ***** San Paolo**, gepflegtes Mittelklassehaus neben der Piazzetta, Rasen bis zum Strand, von den Zimmern im UG direkter Zugang. DZ ca. 55–90 €, Frühstück ca. 15 € pro Person, HP meist obligatorisch. ✆ 0789/40001, 🖷 40622.

● *Essen & Trinken*: **Cala Junco**, am Ortseingang rechts, hübsche schattige Terrasse, interessante sardische Inlandsküche, z. B. *gnocchetti al sugo di lepre* (Hase), zu den Hausspezialitäten gehören außerdem Pilzgerichte *(funghi)*. Di geschl.
Blue Marlin, Terrassenlokal südlich der Piazzetta, auf dem schönen freien Platz vor dem Lokal wurde eine alte Seemine zum Abfalleimer umfunktioniert.
Il Portolano, kleines Ristorante südlich der Piazzetta, direkt am Strand.
Gutes Eis wird im Café **Vecchio Semaforo** an der Piazzetta produziert.

● *Sport*: **Centro Sub Tavolara**, in der Tauchschule kann man den PADI-Open-Water für ca. 270 € erwerben. Interessante Unterwasserexkursionen zur Tavolara (einige Schiffswracks liegen am Meeresboden), Service-Station, in der alles Nötige auszuleihen ist, Segeljachtcharter. ✆ 0789/40360, 🖷 40186.

> **Tagesausflug auf die Insel vor der Insel:** Mehrmals täglich starten an der Mole südlich der Piazzetta Motorschiffe hinüber zur Isola Tavolara, die hier zum Greifen nah scheint, Kostenpunkt hin/rück ca. 8,50 €. Die große Tour (inkl. der nahe gelegenen Isola Molara) kostet ca. 15,50 €. Details zur Insel weiter unten.

▸ **Costa Dorata**: inmitten üppiger Vegetation kleine Sandbuchten und das komfortable Bungalowhotel *Don Diego* im verspielten Costa Smeralda-Stil. Eine Oase für gehobene Ansprüche, sehr ruhig. Giovanni Cocciu bietet Bootsausflüge zu den Inseln Tavolara und Molara, auch zu Stränden der Umgebung.

● *Übernachten*: ****** Don Diego**, in der oberen Preisklasse neben Li Cuncheddi (→ Capo Ceraso) und Due Lune (→ San Teodoro/ Punta Aldia) bester Tipp der Region südlich von Olbia. Gehobene Ausstattung, sehr schöner Garten, reizvoller Meerwasserpool mit Kinderbecken, Privatstrand, zwei Bars, Restaurant, Tennis. DZ je Saison ca. 260–360 €. Pauschal z. B. über Sard-Reisedienst oder Eurowings Touristik. Mai bis September. ✆ 0789/40006, 🖷 40026.

▸ **Porto della Taverna**: etwa 1 km asphaltierte Zufahrt – unten feiner Sandstrand mit optimalem Blick auf die Tavolara, oft sehr voll, beliebter Wohnmobiltreff. Tauch- und Surfschule, Verleih von Schlauchbooten, zwei Holzlokale, eine Feriensiedlung. Tipp: Auf den Felsklippen linker Hand ist vor Jahren ein griechischer Tanker auf Grund gegangen und bietet einen interessanten Blickfang.

Isola Tavolara 211

Porto della Taverna – Badestrand mit Panoramablick

- *Übernachten*: ***** Residence Lu Nibareddu**, schön gelegene Apartmentanlage mit 40 Einheiten (1–2 Zimmer), schlichte, zweckmäßige Einrichtung, jeweils ordentliches Bad und einfache Küchenzeile. In der Vor- und Nachsaison steht die Anlage fast leer, die Apartments werden dann auch tageweise vermietet und sind günstig. ✆ 0789/835058, ✆ 835064. Deutsche Adresse: Zülpicherstr. 304, 50937 Köln, ✆ 0221/442759, ✆ 422721.

*** Camping Tavolara, direkt an der SS 125, unmittelbar neben der Zufahrt zum Porto della Taverna. Flaches, leicht hügliges Gelände mit schönem Bestand an Wacholderbäumen, dazu Schilfdächer. Restaurant/Bar mit Rasenfläche etwas erhöht, weiter Blick. Sanitäranlagen in Ordnung, warmes Wasser. Tennis u. Tischtennis. Etwa 10 Min. zum Strand. Pro Person ca. 6,50–11,50 €, Stellplatz 3–4 €. Auch Mobile Homes und Wohnwagen sind zu vermieten. Mai bis September. ✆ 0789/40166, ✆ 40000, www.camping-tavolara.it.

Kurz nach Porto della Taverna überquert man die Grenze zur Provinz Nuoro. Die weiteren Strände bis San Teodoro → Baronia, "San Teodoro/Umgebung".

Isola Tavolara

Ein drohender Urweltsaurier mit gezacktem Schuppenrücken – so wirkt die Tavolara, wenn man die Ostküste südlich von Olbia entlangfährt. Fast senkrecht steigen ihre karg bewachsenen weißgrauen Kalkwände an, höchster Gipfel ist die Punta Cannone mit 564 m. Berühmt sind die insularen Wildziegen, die ihr (gold)gelbes Gebiss angeblich der eintönigen Pflanzennahrung verdanken.

Der schwer zugängliche Osten der Tavolara gehört der NATO und ist streng bewachtes militärisches Sperrgebiet mit U-Bootbasis. Nach Westen läuft die Tavolara in einer flachen *Landzunge* aus, wo im Sommer täglich Ausflugsboote von Porto San Paolo landen (→ oben). Zwei Holzrestaurants stehen direkt am

Strand – "La Corona" gehört Signora Maddalena Bertoleoni, einer direkten Nachfahrin des sagenhaften "Königs der Tavolara". Gute Bademöglichkeiten.
Schwierig, weil steil und teilweise weglos, ist die Besteigung der *Punta Cannone*. Zunächst die asphaltierte Straße benutzen, nach ca. 200 m Schild "Militärisches Sperrgebiet", kurz danach führt rechts ein ausgetretener Weg hinauf. Etwa 1 Std. bis zu einer Wiese, dann Geröllhang, auf dem man teilweise klettern muss. Für den Gesamtweg muss man mit etwa 2–3 Std. rechnen. An der Spitze überwältigender Blick und Gipfelbuch zum Eintragen. Hinweis: Möglicherweise kann der Aufstieg aus militärischen Gründen untersagt sein.

Tägliche Überfahrten zur Isola Tavolara

Isola Tavolara: Das kleinste Königreich Europas

Eine kuriose Story kann man in den Geschichtsbüchern nachlesen: Anfang des 19. Jh. kam ein Korse namens *Giuseppe Bartoleoni* samt seiner Familie nach Sardinien und ließ sich auf der unbewohnten Tavolara nieder. Als ein paar Jahre später der piemontesische König *Carlo Alberto von Sardinien* auf der Tavolara an Land ging, kam ihm Giuseppe stolz entgegen und verkündete: "Der König der Tavolara begrüßt den König von Sardinien und wünscht ihm einen angenehmen Aufenthalt in seinem Reich." Carlo Alberto fand den Scherz köstlich und schenkte Giuseppe in einer spontanen Geste die Insel. Diese Schenkung ließ sich Bartoleoni schriftlich bestätigen und bei den Sarden, die zum größten Teil weder lesen noch schreiben konnten, war das so etwas wie eine offizielle Übertragung des Herrscheramtes – das kleinste Königreich Europas war geboren. Giuseppes Nachkommen nannten sich hinfort Paul I., Karl I. usw. und auf dem Inselfriedhof kann man noch heute das *Grab des Königs der Tavolara* bewundern.

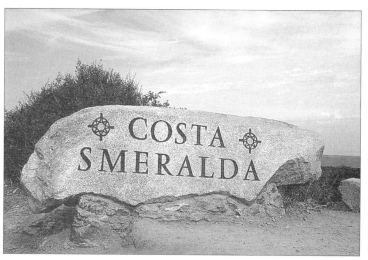

Anfang und Ende der "Costa" sind durch Schriftsteine markiert

Costa Smeralda

Die "Smaragdküste", nur wenige Kilometer nördlich von Olbia. Vielgestaltige Küstenregion mit weit verzweigten Bucht- und Klippenlandschaften – leuchtend grüne Macchia, schroffe Felsabstürze, bizarr ausgehöhlte und abgeschliffene Granitbrocken, Farbenspiele von rostrot bis aschgrau. Darunter, oft versteckt und nur schwer zu erreichen, das strahlend türkisblaue Meer, kleine vorgelagerte Inselchen, versteckte weiße Sandstrände ...

Noch bis Ende der fünfziger Jahre stand hier kein einziges Haus. Dann entdeckte der Milliardär *Aga Khan* die Idylle und begann zusammen mit weiteren hochkarätigen Investoren ein Ferienparadies par excellence zu schaffen, das das bis dato unbekannte Sardinien touristisch mit einem Schlag "gesellschaftsfähig" machte. 1963 begann das große Bauen. Ein neuer architektonischer Stil wurde geschaffen, der sog. *neosardische* Stil (eine Art Synthese der verschiedensten "natürlichen" Bauformen rund ums Mittelmeer), der sich nahtlos der rauen Fels- und Macchialandschaft anpasste. Ein "Exklusivparadies für gehobene Ansprüche" (so nannte es der Prinz) wurde in wenigen Jahren quasi aus dem Boden gestampft. Luxushotels, Bungalows, Ferienhaussiedlungen, Jachthäfen und ganze künstliche Ortschaften entstanden – alles in den geschicktverspielten, gleichzeitig aber gewollt schlichten Bauformen "neosardischen Stils": Türmchen, Treppchen, Bogenfenster, mal arabisch, mal afrikanisch, abgetretene Treppenstufen und künstlich abblätternder Putz, dazu Naturfarben wie braun, ocker, felsgrau oder weiß. Hermetisch abgeschirmt vom übrigen

214 Nordsardinien/Gallura

Sardinien wurde dem internationalen Geldadel bzw. Jet-Set so ein standesgemäßes Refugium geschaffen. In den siebziger und achtziger Jahren entwickelte sich "die Costa" zum begehrten Refugium vieler Reichen und Mega-Reichen dieser Welt. Alle kamen sie damals – römische Adelige, italienische Modemacher, deutsche Fabrikanten, US-Millionäre, Filmschauspieler, Waffenhändler, Möchtegern-Playboys ... Namen wie Giorgio Armani, Silvio Berlusconi, Gunter Sachs, König Hussein von Jordanien, Mick Jagger, Kashoggi, Lady Di und Prinz Charles, Soraya von Persien, Brigitte Bardot und Roger Moore sprechen für sich.

Ein Märchen aus dem Morgenland

Es war einmal eine unberührte Buchten- und Insellandschaft – kaum Anzeichen menschlicher Besiedlung, nur wenige Wanderhirten lebten wie vor Jahrhunderten für Wochen oder Monate in ihren "Stazzi", einfachen weiß gekalkten Steinhütten. Sonst nur wilde Felseinöde, tief eingeschnittene Fjorde, verschwiegene Buchten, dorniges Macchiagestrüpp. Kein bleicher Mitteleuropäer hatte je die Jungfräulichkeit der weißen Puderzuckerstrände entweiht, für die Sarden war die eigenartig-karge Granitwüste eine "terra incognita", eine unbekannte, ja abschreckende Landschaft, man hielt sich abseits ...

Dann kam der Prinz aus dem fernen Osten mit seinem großen weißen Segelschiff auf der Suche nach Bauland, wo er seine überflüssigen Milliarden anlegen konnte – *Aga Khan*, 49. Nachfolger des Propheten Mohammed und religiöses Oberhaupt von 15 Millionen Ismaeliten. In Griechenland war er mit seinen Plänen bereits gescheitert, jetzt fand er in dieser urwüchsigen Naturidylle, was er suchte. Begeistert von dem tiefgrünen smaragdfarbenen Wasser, dem Wechsel von schroffem Granit und weit geschwungenen Buchten, den bizarr ausgehöhlten und abgeschliffenen Felsformationen und nicht zuletzt der ungeahnten finanziellen Möglichkeiten wegen, gründete er zusammen mit Bierkönig Patrick Guiness und verschiedenen Weltbanken ein Konsortium und kaufte den Hirten einen großen Teil des Küstenstreifens zwischen Golfo Aranci und Baia Sardinia (das es damals noch nicht gab) für einen, nachträglich betrachtet, wahren Spottpreis ab – zwischen 13 und 35 Eurocent pro Quadratmeter (heutiger Preis: 3500 € aufwärts!). Die Hirten hielten ihn anfangs wohl für verrückt, dieses steinige Brachland zu kaufen, auf dem nicht einmal ihre Schafe genug zu Fressen fanden. Immerhin – so leicht wird man nicht wieder (Lire)Millionär, und so verkauften sie recht willig das in ihren Augen wertlose Küstenland. Es wird berichtet, dass sie nur Münzgeld annahmen und sich von dem Geld als erstes große Autos kauften (für die die Straßen erst gebaut werden mussten) und sich schließlich schmucke "Palazzi" in Arzachena, dem wichtigsten Ort im Hinterland, errichten ließen.

Costa Smeralda – Smaragdküste – nannte Aga Khan stolz und nicht zu Unrecht das weit verzweigte Buchtenlabyrinth.

Costa Smeralda 215

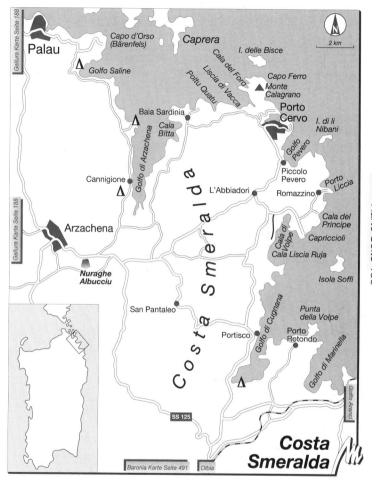

Damit war ein, wie viele meinten, verhängnisvolles Signal gegeben, das seine Wirkung auf der ganzen Insel zeigte – der **"Ausverkauf"** der Küste begann. Überall in Sardinien wuchsen die Ferienhaussiedlungen aus dem Boden, es entstanden Dutzende von Kopien à la Costa Smeralda – quasi über Nacht war Sardinien "en vogue" geworden. Auch die Costa Smeralda selber wurde nach Nord und Süd verlängert. **Costa Rubata**, die "gestohlene Küste" wurde ein Schlagwort vor allem derjenigen, die der sardischen Autonomiebewegung nahe standen. "Kolonialismus" und "Betrug an den Sarden" wurde Aga Khan vorgeworfen. Gemeindegelder und Mittel der "Cassa per il Mezzogiorno"

216 Nordsardinien/Gallura

waren hier vor aller Augen für den Ausbau der Infrastruktur (Straßen, Strom, Kanalisation) einer Ferienküste für reiche Ausländer verschwendet worden. Dass mit dem Ausbau der Costa Smeralda einige Tausend Arbeitsplätze geschaffen, bis dato wertloses Brachland wirtschaftlicher Nutzung zugeführt und Sardinien überhaupt erst dem Tourismusgeschäft geöffnet wurde, übersahen die Gegner allerdings oft.

Auch heute mag man die Entwicklung hin zum hochpreisigen Edeltourismus mit einigem Recht kritisieren, eins jedoch muss man zugeben – die Bebauung hätte kaum überlegter gelöst werden können. Ein geschickter Schachzug des "Konsortiums Costa Smeralda" ermöglichte dies: Jeder Bauherr musste dem Konsortium beitreten und sich verpflichten, den strengen Bebauungsplänen zu folgen. Diese waren bis ins Detail festgelegt: Nur 4 % des verfügbaren Gesamtgeländes dürfen bebaut werden; alle Villensiedlungen sind dezent in Buchten und Macchia versteckt; kein Baum darf ohne Genehmigung gefällt werden; kein Haus darf höher als Baumhöhe sein; so weit wie möglich muss Naturstein verwendet werden; keine überirdischen Leitungen dürfen verlegt werden; Neonreklame und Plakatwände sind verboten; der Anschluss an eine Kläranlage ist obligatorisch usw. Bis heute wurde so das Zubetonieren der Costa Smeralda verhindert und der Charakter einer Gartenlandschaft blieb erhalten. Das schnelle Geld mit Spekulation und Verschandelung der Küste zu machen, wie in vielen anderen Urlaubsregionen, lag hier augenscheinlich nicht in der Absicht der Investoren.

Trotzdem hat sich mittlerweile manches geändert. Das Gros der Gäste stellen heute der "niedere Geldadel" und gut betuchte Pauschaltouristen. Wirkliche Prominenz ist nur noch selten zu erspähen – die Zeiten, da sich Filmstars und Königskinder tummelten, sind vorbei und werden als schönes Zerrbild nur noch von der Klatschpresse am Leben erhalten. Die Costa Smeralda hat sich heute dem breiten Publikum geöffnet – inzwischen fallen auch hier allsommerlich erhebliche Urlaubermassen vom Festland ein, immer auf der Suche nach der Legende Costa Smeralda. Italienische Rentnergangs schieben sich durch die Gassen: in *Porto Cervo* die Superjachten an der Marina bestaunen (einer der besten Jachthäfen im Mittelmeer), ein Eis auf der *"Piazzetta"*, ein kleiner Bummel durchs *"Dorf"* – und dazu das erhebende Gefühl, etwas von der Welt der oberen Zehntausend zu erschnuppern, vielleicht sogar ein bisschen dazuzugehören.

Eines ist allerdings über die Jahre unverändert geblieben: Ein Ferienaufenthalt an der Costa Smeralda ist noch immer ungleich teurer als in anderen Regionen der Insel. Apartments kosten gut das Doppelte, Hotels sind großenteils unerschwinglich, die Restaurants langen astronomisch zu. Legt man die kurze Flugzeit zugrunde, gehört die Smaragdküste für mitteleuropäische Pauschalbucher zu den teuersten Urlaubsregionen der Welt. Nachteil außerdem: Viele der rund achtzig Strände und Buchten sind nur mit dem Boot zu erreichen – also holen Sie am besten gleich die heimische Jacht aus dem Trockendock! Über eines sollten Sie sich außerdem im Klaren sein: Mit *Sardinien* haben diese künstlich auf alt getrimmten Feriendörfer mit ihren Jachthäfen und Luxusboutiquen nicht das Geringste zu tun.

Costa Smeralda 217

Anfang der Achtziger kaufte Aga Khan weitere 24 Küstenkilometer südlich der Costa Smeralda – doch diese wollte er wesentlich dichter bebauen als die exklusive Smaragdküste. Damit hatte sich der Ismaelitenfürst verspekuliert. Naturschützer liefen Sturm gegen die neuen Pläne und die sardischen Behörden verweigerten ihm standhaft mehr als zehn Jahre lang aus Umweltgründen die Genehmigung für den Bau von weiteren 50.000 Ferienbetten in Apartments und Hotels. Zwischenzeitlich machte Aga Khan mit seinem Hotelunternehmen CIGA einige hundert Milionen DM Verluste, 1995 kam die Scheidung von seiner Ehefrau, der Begum, dazu, die ebenfalls eine dreistellige Millionensumme kostete. Folge: Aga Khan verkaufte Mitte der Neunziger große Anteile seines Immobilienbesitzes an der Costa Smeralda sowie die fünf führenden Hotels an die amerikanische Sheraton-Kette. Diese hat fortan das Sagen an der Costa und nicht wenige fürchten, dass sich damit einiges ändern wird: Profitmaximierung, Kongress- und Tagungstourismus, Vernachlässigung von Exklusivität zugunsten von Umsatzzuwächsen sind einige der fallenden Schlagworte. Vielleicht sind die stillen exklusiven Tage an der Smaragdküste bald gezählt ...

Ein teurer Spaß: Urlaub an der Smaragdküste

Die Smeralda-Hotels sind bis auf wenige Ausnahmen mit Abstand die teuersten der Insel und können in der Regel nur mit Halb- oder Vollpension gebucht werden, wobei der Preisunterschied zwischen beiden nur ungefähr 15–20 € beträgt. In der Hochsaison von 20. Juni bis 15. September ist fast alles lange im Voraus reserviert und ausgebucht, doch vorher (ab Mitte Mai) und danach (bis Ende September) gibt es deutlich niedrigere Preise und viele freie Kapazitäten. Während der Woche (Mo–Fr) werden oft Spezialtarife offeriert. Die Luxushotels *Cervo, Cala di Volpe, Romazzino, Pitrizza* und *Sporting* (Porto Rotondo) gehören zur Sheraton-Kette und können über www.sheraton.com oder die Nummer 800-325-3589 gebucht werden. Ferienvillen und Apartments sind etwas preiswerter als Hotels, aber noch immer knackig teuer – pro Pers./Tag ab etwa 60 €, Anmietung mindestens eine Woche, in der HS zwei Wochen. Günstiger als direkt vor Ort können Sie oft bei Reiseveranstaltern buchen. *Airtours* hat alle Luxushotels im Programm, *Aki-tours* bietet exklusive Ferienvillen, weiterhin lohnt ein Blick in die Prospekte von *Oscar Reisen* und *Sard-Reisedienst*.

Costa Smeralda – auf einen Blick

Die Costa Smeralda beginnt im Süden am Ausgang des Golfo di Cugnana (wenige Kilometer westlich von Golfo Aranci) und endet an der Liscia di Vacca (kurz vor Baia Sardinia).

Insgesamt handelt es sich um 55 km Küste, an der dem Konsortium 3000 ha gehören. Da nur 4 % des verfügbaren Terrains bebaut sind, kommt es nur punktuell zu starken Ferienhauskonzentrationen, weite Strecken sind einsam – reizvolle Fahrt durch Macchia und Felsen. Es gibt einige schöne Strände und viele abseits liegende Badebuchten, die z. T. nur mit dem Boot zu erreichen sind.

Bester und längster Strand ist die *Cala Liscia Ruja* ("Long Beach") südlich der Halbinsel *Capriccioli*, mit dem Auto leicht zu erreichen. "Hauptstadt" der

218　Nordsardinien/Gallura

Costa Smeralda ist *Porto Cervo*, gewachsene "echte" Ortschaften gibt es nur im Hinterland – das kleine Dörfchen *San Pantaleo* und *Arzachena*, städtisches Zentrum der inneren Gallura und Sitz der Gemeindeverwaltung.

● *Anfahrt*: **von Golfo Aranci** nach 3,5 km Abzweigung von der SS 127 (nach Olbia) auf die Küstenstraße Richtung Costa Smeralda, Arzachena, Palau.
Von Olbia die SS 125 Richtung Norden, Abzweig zur Costa Smeralda ca. 7 km ab Zentrum.

Von Palau die SS 125 nach Arzachena und weiter um den Golfo di Arzachena.
● *Verbindungen*: bis zu 6x tägl. ARST-Busse von **Olbia** nach Porto Cervo, außerdem mehrere ARST-Busse täglich von **Palau** und **Arzachena** zu allen Ansiedlungen der Costa Smeralda.

Costa Smeralda/Von Süd nach Nord

Zwischen Portisco und der Halbinsel von Capriccioli ist die Küste bisher noch weitgehend unbebaut – schöne Fahrt am Wasser zwischen sattem Macchia-grün und gigantischen rötlichen Felsbrocken.

Halbinsel Capriccioli

Hier liegen einige der besten Strände der Costa Smeralda. Die schönsten Buchten sind von Hotels eingenommen, doch es gibt Ausnahmen.

▶ **Cala Liscia Ruia**: Unmittelbar nach der Abzweigung von der Hauptstraße in Richtung Capriccioli rechter Hand beschilderten Feldweg nehmen – etwa 2 km sehr holprige Staubpiste, robustes Fahrzeug bzw. Jeep empfehlenswert. Längster Strand der Costa Smeralda, feinsandig, hellbraun, etwa 600 m lang, eingerahmt von rötlichen Felsen. Markanter Blick auf vorgelagerte Felsen-inselchen und das imposante *Capo Figari* bei Golfo Aranci. Surfbrett- und Jet-skiverleih, Getränke- und Eiswagen. Meist viel los, Parken am Wegrand.

▶ **Cala di Volpe:** Wenn man die asphaltierte Straße Richtung Capriccioli fährt, gelangt man schnell ans Wasser. Das gleichnamige Hotel ist das älteste und wohl berühmteste der Costa Smeralda, weitere Unterkünfte liegen entlang der Straße.

● *Übernachten*: ******* (L) Cala di Volpe**, Luxuskategorie, eins der Aushängeschilder der Costa. In der verschnörkelt-verspielten Anlage vom französischen Super-Architekten Jacques Couelle erkennt man alte Dorfvorbilder wieder – Schindeldächer, pastellfarbene Schrägwände, übereinander geschachtelte Komplexe mit Türmchen, Treppen und Bögen. Assoziationen von südfranzösischen Fischernestern ... Innen rustikal sardisch, aber mit Komfort – Air-Condition, zwei Restaurants, Disko, Salons, Boutiquen, Friseur, draußen große Gartenanlage, Liegewiese, riesiger Meerwasserpool, drei Tennisplätze. Liegt direkt am Wasser, Bootseigentümer können ihre Schiffe direkt unter den Fenstern festmachen. Keine Bademöglichkeit direkt am Hotel, jedoch kostenloser Boottransfer zu nahe gelegenem

Badestrand. Zimmer sehr individuell, teils in phantasievollen Farben gehalten, mit Holzdecken, Tonziegelböden und traditionellen Stilmöbeln. Preiskategorie unbezahlbar, je nach Saison etwa 340–1650 € HP pro Person (VP nur geringfügig teurer). ✆ 0789/976111, ✆/☎ 976617, www.luxurycollection.com/caladivolpe.
*** Il Piccolo Golf, etwas landeinwärts der Durchgangsstraße, nettes kleines Hotel mit nur 12 Zimmern, jeweils Telefon, Air-Condition und Minibar. Pool, kein Restaurant. Ruhige Lage. DZ mit Frühstück je nach Saison 65–155 €. ✆/☎ 0789/96520.
*** Nibaru, kurz nach dem "Il Piccolo Golf" ebenfalls landeinwärts der Durchgangsstraße, orangefarbener Komplex mit Arkadenbögen, der sich um einen gepflasterten Hof mit Pool gruppiert, ruhig, der freundliche

Halbinsel Capriccioli

Badevergnügen in einer der vielen Buchten von Capriccioli

Besitzer spricht gut Deutsch, kleine weiß geflieste Zimmer mit TV, Badestrand über die Straße zu erreichen. DZ mit Frühstück ca. 95–200 €. ✆ 0789/96038, 📠 96474, www.hotelnibaru.it.

*** **Valdiola**, kurz nach dem Abzweig von der Hauptstraße zur Halbinsel Capriccioli, ein ganzes Stück vom Meer in schöner Hügellage. Gemütliches Mittelklassehaus, Zimmer mit Air-Condition, teils große Balkons mit weitem Blick, Pool, Ristorante, sehr ruhig. DZ ca. 85–150 €, Frühstück ca. 11 €/Pers. ✆ 0789/96215, 📠 96652.

> **Pevero Golf Club:** Einer der Hand voll Golfplätze Sardiniens liegt direkt gegenüber vom Hotel Cala di Volpe am Hang. Entworfen hat den leuchtend grünen Rasenteppich mit über 6 km Länge ein amerikanischer Golf-Architekt. Es gibt 18 Löcher mit langen 'tees', beim Spielen genießt man einen herrlichen Ausblick aufs Meer. Weiterhin am Platz ein exklusives Restaurant und ein Swimmingpool. Mitgliederbeitrag ca. 65 €, Kurs über 18 Löcher 60 €, 9 Löcher 40 €. Mai bis Oktober (Mai, Juni, September Di geschl.). ✆ 0789/9621011.

▶ **Romazzino/Cala del Principe:** Etwa 700 m vor Straßenende zur Punta dei Capriccioli links Abzweig zum Hotel Romazzino, eins der beliebtesten der Costa. Nach etwa 2 km erreicht man das Hotel, der unterhalb liegende Sandstrand ist öffentlich zugänglich. Die Straße führt noch weiter zu einer abgelegenen Bucht aus rotem Porphyr, im Umkreis Ferienhäuser.
Tipp: Wenn man die Straße zum Hotel Romazzino nimmt, geht etwa 300 m nach der Abzweigung rechts die Via degli Asfodeli ab, auf der man nach etwa 1 km an eine Schranke kommt. Hier Auto abstellen und noch 250 m auf der Straße weiter, dann führt rechts ein kleiner Weg noch etwa 350 m bis zur *Cala del Principe* – feinster weißer Sand, etwa 300 m lang, herrlich von Felsen

220 Nordsardinien/Gallura

eingerahmte Bucht, sehr flacher Einstieg. Galt früher als Geheimtipp, ist aber mittlerweile recht bekannt.

● *Übernachten*: ***** **(L) Romazzino**, noch etwas teurer als das "Cala di Volpe", von deutschen Gästen geschätzt, auch viel jüngeres Publikum. Blendend weißer Bau, dorfartig verwinkelt mit Schindeldächern, erinnert im Grundriss an einen Seestern. Wohltuende Architektur, rechte Winkel weitgehend vermieden, selbst die Rezeption elegant gebogen, viele Arkaden und Fensterbögen, hübsche Zimmer mit Tonziegel- oder Parkettböden, z. T. verzierte schmiedeeiserne Betten. Herrliche Gartenanlage, die sich zum Sandstrand hinunterzieht, prächtiger Pool mit Felsen. Beachclub, Pizzeria, Restaurant, opulentes Mittagsbuffet unter Strohdach am Strand, abends oft Tanz. HP pro Person etwa 350–2000 € (VP nur wenig teurer). ✆ 0789/977111, 🖷 977614, www.luxurycollection.com/ romazzino.

▷ **Punta dei Capriccioli**: Die Straße zur Spitze der Halbinsel endet an einem Parkplatz. Nur wenige Schritte entfernt liegen zu beiden Seiten mehrere hübsche Sandbuchten – flaches türkises Wasser zwischen zerklüfteten rötlichen Felsen, dahinter dichter Wacholder. Windgeschützt ist der Strand *La Celvia* südlich der Straße, unterhalb des Hotels Capriccioli (Schlauchbootverleih).

● *Übernachten*: *** **Capriccioli**, pastellfarbenes Haus mit hölzernen Balkons, direkt an der Straße, ein paar Meter vom Parkplatz. Sachlich eingerichtete Zimmer mit wunderbarem Blick auf die Sandbuchten und das Meer. HP ca. 95–100 € pro Person. ✆ 0789/96004, 🖷 96422, www. hotelcapriccioli.it.
*** **Residenza Capriccioli**, auf der anderen Straßenseite in der Macchia versteckt, freundliche Apartments mit Du/WC, Wohn- und Schlafzimmer, jeweils mit kleinem Privatgarten, außerdem vorhanden Kinderspielplatz, Tennis, Tischtennis. Badebuch-ten wenige Schritte entfernt. ✆ 0789/96016, 🖷 96443.
● *Essen & Trinken*: **Il Pirata**, im ersten Stock des Hotels, mit Piratenflagge und Fischernetzen "authentisch" eingerichtet. In der gleichnamigen Bar darunter schaut jeder mal vorbei – vom braungebrannten Surfer bis zur neureichen italienischen Signorina, die gelangweilt an ihrem Cocktail nippt. Schattige, mit Schilfrohr gedeckte Terrasse, im Innern die obligaten Spielautomaten und ein Souvenirshop, Zeitungen (vorwiegend italienisch), Reiseführer.

Von Capriccioli nach Porto Cervo

▷ **L'Abbiadori**: kleines Dorf am Steilhang, dort wo die Straße von Capriccioli auf die Straße von Arzachena nach Porto Cervo trifft. Fast völlig vom Tourismus vereinnahmt – Ferienhäuser, Villen, Läden zur Versorgung der Urlauber, kaum "richtige" Einwohner.

● *Essen & Trinken*: **Pedra Niedda**, ein ganzes Stück unterhalb vom Ort, am Abzweig der Straße zur Halbinsel Capriccioli. Schat-tige Terrasse mit Weinranken, davor Rasen. Meeressachen und Sardisches, Spezialität Ravioli.

▷ **Piccolo Pevero**: Urbanisation im Golf von Pevero, Ableger des nahen Porto Cervo. Recht schöner Sandstrand.

● *Übernachten*: **** **Le Ginestre**, ruhige Lage inmitten prächtiger Vegetation, Süßwasserpool, schöne Panoramaterrasse, Ristorante. 78 Zimmer mit TV und Air-Condition, verteilt auf mehrere kleine Villen im typischen "Dorfstil" der Costa Smeralda.
HP ca. 125–300 €/Pers. ✆ 0789/92030, 🖷 94087, www.leginestrehotel.com.
● *Essen & Trinken*: **La Mola**, hübsches Lokal mit zwei überdachten Veranden, sehr gute Meeresküche. Menü um die 50 €

Architektonisch gelungen – Stella Maris, die Kirche von Porto Cervo

Porto Cervo

"Städtisches" Zentrum der Costa Smeralda mit im Sommer mehr als 40.000 Bewohnern. Geschützte Lage in einer weit verzweigten Bucht, die Villen reizvoll übereinander gestaffelt – überdachte Ladenpassagen, kleine Plätze, verwinkelte Treppchen, phantasievoll gestaltete Fassaden und frische bunte Farben schaffen eine Mischung aus mediterranem Lebensgefühl, Haute Couture und Disneyland. Bei Jachtbesitzern begehrt ist die Marina Porto Cervo, einer der modernsten und sichersten Jachthäfen im Mittelmeerraum.

Als erstes natürlich ein Bummel zur großen *Piazzetta Porto Cervo*, meist einfach "La Piazza" genannt, etwas erhöht über dem Alten Hafen (Porto Vecchio). Tagsüber ruhig, fast ausgestorben, wird sie abends Treffpunkt von "Möchtegern-Glamour" und Chic. "Hier fühlt sich jeder wie ein VIP", bemerkte jüngst ein Artikel treffend. Doch wirkliche Prominenz lässt sich schon lange nicht mehr blicken, stattdessen posieren italienische Rentner fürs Erinnerungsfoto und schlendern durch die Fußgängerzone "La Passeggiata". Nichts in dieser Siedlung aus der Retorte ist älter als 30 Jahre, das meiste sogar wesentlich jünger. Die Atmosphäre eines "echten Dorfes", wie manche Prospekte versprechen, wird hier so schnell nicht erreicht werden.

Zum Baden lässt man sich per Boot in die umliegenden Badebuchten bringen oder fährt 5–15 Min. mit dem Auto.

222 Nordsardinien/Gallura

Verbindungen/Information/Internet

• *Verbindungen*: **ARST-Busse** verkehren ab Olbia, Arzachena und Palau. Für das **eigene Fahrzeug** gibt es einen großen Parkplatz auf der lang gestreckten Betonmole des Alten Hafens im östlichen Teil von Porto Cervo. Über ein Holzbrückchen gelangt man zur zentralen Piazzetta Porto Cervo.
Taxistand an der Piazzetta Porto Cervo, ✆ 0789/92250.

• *Information*: Büro des **Consorzio Costa Smeralda** an der Piazzetta Costa Smeralda. Verkauf und Vermietung von Immobilien. Fragen Sie nach dem vierteljährlich erscheinenden "Costa Smeralda Magazine". ✆ 0789/94444, ✆ 92071.

• *Internet*: www.costasmeraldanews.com, Infos zu Nachtleben, Sport, Shopping u. v. m.

Übernachten/Essen & Trinken/Nachtleben

• *Übernachten*: ******* Cervo**, bestes Haus am Platz, nahtlos eingefügt in die "Dorf"-Architektur, direkt an der Piazzetta Porto Cervo im Zentrum des Geschehens. Große Anlage mit 90 Zimmern (Air-Condition, Satelliten-TV), umschließt einen hübschen Atriumhof und einen begrünten Innenhof mit Süßwasserpool. Ristorante am alten Pier mit Blick auf die Piazzetta, im Sommer 20-minütiger Boottransfer (kostenlos) zu einsamer Badebucht. Nur HP, pro Person ca. 320–650 €. April bis Oktober. ✆ 0789/931111, ✆ 93163, www.sheraton.com, res064cervo@sheraton.com.

**** Cervo Tennis Club, etwa 200 m östlich vom Hotel Cervo, Refugium für begüterte Tennisliebhaber: fünf Tennisplätze (z. T. mit Flutlicht), Squashcourt, Außen- und geheizter Innenpool, Sauna, 16 schön eingerichtete Zimmer (Korbmöbel, große Terrassen mit Blick auf die Tennisplätze). Ganzjährig geöffnet. ✆ 0789/92244, ✆ 94013.

**** Luci di la Muntagna, sehr schöne Lage oberhalb vom Jachthafen, weiträumig am Hang, Panoramablick auf die Marina, großer Pool, gepflegte Zimmer mit sardischem Mobiliar, jeweils mit Air-Condition und Terrasse. HP ca. 110–230 € pro Person. ✆ 0789/92051, ✆ 92290, altamarea@altamarea.it.

**** Balocco, hübsches blumenüberranktes Haus auf einer Landzunge nördlich von Porto Cervo, Blick auf unverbaute Macchia und die Marina, Zimmer jeweils mit Air-Condition, Balkon oder Terrasse, Pool im Garten, kein Ristorante. DZ je nach Saison ca. 110–260 €. ✆ 0789/91555, ✆ 91510.

** Villa Sopravento, eins der günstigsten Häuser am Ort, mit Parkplatz und Garten, kein Ristorante. DZ ca. 77–160 €. ✆/✆ 0789/94717.

• *Essen & Trinken*: Die Preise in Porto Cervo gehören zu den höchsten in Sardinien. Wer über eine ausgesprochen wohlgefüllte Brieftasche verfügt, kann z. B. im auf die Granitfelsen gebauten **Il Pescatore** am alten Hafen speisen (exzellente Fischküche mit Kerzenlicht, mittags geschl.) oder im **Cervo Grill** an der Piazza (herrlicher Blick auf Hafen, Flambée).

La Petronilla, kleines, sehr gemütliches Lokal oberhalb vom Jachthafen, Nähe Hotel Luci di la Muntagna, schöner Blick auf Jachthafen und Meer. Seit über 30 Jahren Garant für familiär-freundlichen Service und leckere toskanische Küche.

Il Pomodoro, populäres Ristorante/Pizzeria hinter Hotel Cervo, wie auch in Porto Rotondo relativ maßvolle Preise.

Gianni Pedrinelli, einige Kilometer außerhalb an der strada provinciale, Nähe Abzweig nach Piccolo Pevero. Eine grüne Oase – große abgeschirmte Terrasse mit Pflanzen dicht an dicht. Sardische und internationale Küche, Menü um die 40–60 €. März bis Oktober geöffnet, Juli und August mittags geschl.

Lu Stazzu, Feinschmeckertreff etwa 10 km außerhalb, an der Straße von Porto Cervo nach Arzachena, schöne Lage mit herrlichem Blick. Zu den Spezialitäten zählen *porcheddu* (Spanferkel), *cinghiale alla brace* und *aragosta alla Catalana*. Nur Juli bis September, www.lustazzu.com.

• *Bars/Treffpunkte*: **Il Portico**, an der Piazzetta Porto Cervo, "In"-Bar mit schöner Terrasse, edel ausgestattet mit Korbmöbeln, Wände mit Azulejo-Kacheln verkleidet, in abends illuminierter Wasserstrahl sprudelt aus der Wand.

• *Nachtleben*: Die Clubs liegen alle außerhalb, an der Straße zwischen L'Abbiadori und Porto Cervo.

Sottovento, Ristorante und ehemalige Prominenten-Disko, geführt von Daniele Caredda und Luca Casadio – eins der spär-

Porto Cervo und Umgebung

lich gesäten Etablissements in sardischer Hand. Strenge Gesichtskontrolle (sottoventoclub.com).

Sopravento, die jugendliche Variante des Sottovento, beliebt bei der Internationale der Partygänger.

Billionaire, neue Disko gegenüber vom Sottovento (billionairedisco.com).

Fox, distinguierte Edel-Disko im Hotel Cala di Volpe, Mai bis Sept. tägl. ab 22.30 h.

Livebands und andere musikalische Events gibt es im **Smaila**.

Diverses

• *Ausflüge*: Viele Hotels bieten kostenlosen Transfer zu abgelegenen Badebuchten. Ansonsten kann man Motorschifffahrten buchen bei **Marinasarda** (Büro am kleinen Strand unterhalb der Piazzetta), ✆ 0789/92475.

• *Autoverleih*: **Avis**, c/o Smeraltour, ✆ 0789/92450.

• *Fahrradverleih*: **Acqua Bleu**, Località Cavallino. ✆ 0789/94131, ✆ 94209, www.tiscalint.it/acquableu.

• *Geld*: **Banca Commerciale Italiana** an der Piazzetta Porto Cervo, **Banco di Sardegna** an der Piazzetta Costa Smeralda, beide mit Geldautomat.

• *Mezinische Versorgung*: im medizinischen Zentrum **Servizi Medici Costa Smeralda**, ✆ 0789/94577 (→ Stadtplan).

• *Shopping*: An der Fußgängerzone "La Passeggiata" und im Halbrund unter der Piazzetta Costa Smeralda (Sottopiazza) tummeln sich sündhaft teure Boutiquen, deren Namen sich wie ein "Who is who" der Modewelt lesen. Unter der Piazzetta auch eine große Filiale von **ISOLA** (✆ 0789/94428) und eine **Buchhandlung** mit internationalem Angebot und Zeitungen.

• *Sport*: **Cervo Tennis Club**, sieben Plätze mit Flutlicht, zwei Swimmingpools, Squash, Sauna, Gymnastik. Ganzjährig geöffnet. ✆ 0789/92244, ✆ 94013.

Segelregatta in Porto Cervo

Yacht Club Costa Smeralda, Marina Porto Cervo, zahlreiche berühmte Segelregatten werden hier ausgerichtet. ℡ 0789/91332.

Pevero Golf Club, Golfplatz in der Bucht Cala di Volpe. ℡ 0789/96210.

• *Wäscherei*: neben der Agip-Tankstelle.

Sehenswertes

Stella Maris: Die Kirche von Porto Cervo steht am westlichen Ende vom Ort, oberhalb vom Jachthafen. Das selten hübsche, schneeweiße Kirchlein besitzt gerundete, schwungvolle Formen, der Turm ist einem Kamin nachempfunden. Der liebevoll ausstaffierte und gepflegte Innenraum ist rund gehalten, wie eine große Höhle, über dem Altar eine Lichtkuppel. Das Besondere: hinter Glas hängt an der rechten Wand ein echter "El Greco". Die düstere *Mater Dolorosa* hat eine millionenschwere deutsche Baroness als Dank für die Genesung ihrer todkranken Tochter gestiftet. So hat auch Porto Cervo seine "Antiquität". Schöner Blick auf den Jachthafen.
Messe: 15. Mai bis 15. September samstags 18 und 20 Uhr, sonntags 11, 18 und 20 Uhr, übrige Zeit samstags 18 Uhr, sonntags 11 und 18 Uhr.

Marina Porto Cervo: Der viel gerühmte Jachthafen gilt als einer der bestausgestatteten im Mittelmeer, beschilderte Zufahrt nördlich von Porto Cervo (vom Zentrum auch regelmäßiger Fährdienst, Abfahrt unterhalb der Piazzetta). 650 Liegeplätze an Betonmolen, die wie die Strahlen eines Sterns in See stechen. Die zehn bis neunzig Meter langen Jachten lohnen den Abstecher. Optimal ist die Lage am hintersten Ende der langen Bucht – selbst höhere Windstärken können den Luxus-Linern nichts anhaben. Die Liegegebühren sind astronomisch.

Il Trenino della Baia: Ortsrundfahrt mit einem Touristenbähnlein, tägl. 10–18 Uhr, Abfahrt im Hafen, Dauer 30 Min., Preis 5,20 € (Kinder die Hälfte).

Zwischen Porto Cervo und Baia Sardinia

▶ **Liscia di Vacca:** Abzweig wenige Kilometer nördlich von Porto Cervo. Eine kurvige Straße führt hinunter zum exklusivsten Hotel der Costa Smeralda sowie zu einigen aufwändig gestalteten Pauschalanlagen. Mehrere kleine Badebuchten.

● *Übernachten:* ******* (L) Pitrizza**, nach dem Romazzino gediegenstes und teuerstes Hotel der Costa Smeralda, unter einem Dach mit der englischen Königsfamilie. Sechs Villen verstreut zwischen Felsen und dichtem Grün, blumenüberwachsen, Zimmer im gepflegten, traditionell-sardischen Stil eingerichtet, sehr ruhig, älteres Publikum. Im Haupthaus behagliche Piano-Bar, Ristorante und Panoramaterrasse, davor eigene Sandbucht, ein immenser Meerwasserpool ist in die Felsen geschlagen. 60 Angestellte lesen alle Wünsche von den Augen ab. Nur HP, pro Person ca. 700–2000 €. ☎ 0789/930111, 🖷 930611, www.luxurycollection.com/pitrizza.

**** Le Palme, geschmackvolle Anlage in sardisch-mediterraner Architektur, mit Meerwasserpool. Sauna, Whirlpool und Fitnessraum vorhanden. DZ je nach Saison 160–220 €, pauschal zu buchen z. B. über TUI. ☎ 0789/952000, 🖷 952525. Die zum Hotel gehörigen Ferienwohnungen **Gli Oleandri** besitzen einen Pool mit Kinderbecken.

▶ **Poltu Quatu:** Der schmale, tief eingeschnittene Fjord markiert das Ende der Costa Smeralda, die Küstenstraße nach Baia Sardinia führt unmittelbar daran vorbei. Anfang der Neunziger wurde hier eine große Marina errichtet.

Baia Sardinia

Attraktive Feriensiedlung aus der Retorte. Gehört nicht mehr zur Costa Smeralda – was aber an Grundriss und Design kaum zu bemerken ist.

Halbrunde Bucht mit schönem 200 m langem Sandstrand, ziemlich überlaufen, Sonnenschirmparade. In weichem Bogen herumgezogen Hotels der oberen Preisklasse, Ferienvillen, Cafés und Restaurants. Oberhalb vom Strand luftige Promenade und nette *Piazzetta* mit Arkaden, umgeben von Immobilienbüros, Boutiquen, schattigen Lauben und Cafés. In der Saison ist Baia Sardinia zu 95 % von Pauschalurlaubern ausgebucht, keine Billigunterkünfte, auch kein Zeltplatz.

Etwas außerhalb liegt das *Forte Cappellini*, eine alte Festung der Piemontesen, heute zu Hotel/Villaggio, Restaurant und Disko umgebaut. Guter Aussichtspunkt ist die *Punta Battistone* im Ostteil der Bucht. Wem das Meer nicht ausreicht, findet Badevergnügen im Spaßbad *Aquadream*.

● *Anfahrt/Verbindungen:* täglich mehrere **ARST-Busse** von und nach Olbia und Arzachena.
Taxi unter ☎ 0789/99222.

● *Übernachten:* zahlreiche Hotels der ********-Kategorie und einige *******-Häuser, vieles ist über deutsche Kataloge zu buchen, Ferienwohnungen über Sard-Reisedienst.

**** La Bisaccia, schöne Lage am Hang seitlich vom Strand, toller Blick vom Pool aus, durch den Garten kommt man zu einer kleinen Badebucht hinunter. DZ ca. 200–350 €. ☎ 0789/99002, 🖷 99162, labisaccia@libero.it.

**** Club Hotel, mit auffallendem Rundbau direkt über dem Strand, achtzig gepflegte

226 Nordsardinien/Gallura

Zimmer mit Balkon, Sonnenterrasse, zum Haus gehört das ausgezeichnete Ristorante "Casablanca" mit Meeresblick. DZ ca. 115–170 €, in der Saison Pension obligatorisch. ✆ 0789/99006, ✉ 99286, batahotels@tin.it.
**** **Tre Botti**, am Ortseingang, dort wo die Straße von Porto Cervo auf die Straße nach Arzachena trifft. Familiäres Mittelklassehotel, DZ je Saison ca. 70–155 €. ✆ 0789/99150, ✉ 99650, hoteltrebotti@tiscalinet.it.
**** **La Rocca**, Località Pulicinu, etwa 3,5 km westlich. Erst wenige Jahre alt, Zimmer und Service laut Leserzuschrift erstklassig. DZ mit Frühstück ca. 120–250 €. ✆0789/933131, ✉ 933059.
● *Essen & Trinken*: **L'Approdo**, unterhalb der Fußgängerpassage direkt am Strand, gute Fischgerichte.
Il Guscio, wenn man die Hauptstraße in den Ort hineinfährt, auf der linken Seite. Kleines beliebtes Lokal mit guter Auswahl an Pizza und Pasta.
Barracuda, in dieser großen Gelateria sitzt man sehr schön unter Arkaden oberhalb vom Strand.
● *Nachtleben*: **Ritual**, leicht erhöht, direkt an der Straße, kurz vor der Einfahrt nach Baia Sardinia. Mitten in die kargen Felsen gebaut, das äußere "Dressing" erinnert an eine verfallene Burgruine. Kaum zu glauben, dass sich dahinter eine der modernsten Diskotheken Sardiniens befindet. Preise natürlich auf Costa-Smeralda-Niveau (Eintritt inkl. Drink ca. 15 € aufwärts).
Weitere Disko im Villaggio **Forte Cappellini**.
● *Sport*: am Ortsstrand Verleih von **Kanus**, **Tret-** und **Schlauchbooten**, Windsurfbrettern und Jet Ski. Tauchen im **Proteus Diving Center** (✆ 0360/474082) am Strand, drei Hartplätze im Tennisclub **Porto Piccolo**, Spaßbad **Aquadream** am Ortsrand (✆ 0789/99511).

Costa Smeralda/Hinterland

Gibt noch am ehesten eine Vorstellung, wie dieser Zipfel der Gallura vor Gründung der Costa Smeralda ausgesehen hat – menschenleer, kaum Ortschaften, spitze Granitfelsen, Ziegenpfade.

Dass das auch so bleibt, dafür hat der Gemeinderat von Arzachena gesorgt: Ende der Achtziger wurde beschlossen, die geplante Ausdehnung der Costa Smeralda ins Hinterland und nach Süden zu stoppen und keine weiteren Bauvorhaben zu genehmigen.

▶ **San Pantaleo**: einfaches Gallura-Dorf in großartiger Lage zwischen drohenden Felszacken, südlich vom Ort entspringen die *Fonti di San Pantaleo* (auch: *Fonti di Beddoro*). Die niedrigen, früher schlicht grauen Häuser sind nun für die Urlauber hübsch pastellfarben getüncht, einige Künstler haben sich niedergelassen. Am höchsten Punkt nette Piazza, im Umkreis ein paar Kunsthandwerksläden und Bars.

● *Übernachten*: *** **Rocce Sarde**, geschmackvolle Hotelanlage südlich vom Ort, nahe den Fonti di San Pantaleo. Herrlich ruhige Berglage, großer Garten, schön eingerichtet im sardischen Stil, Speisesaal mit verglaster Terrasse, ausgezeichnete Küche. Swimmingpool mit Kinderbecken, Pendelbus zum 3 km entfernten Strand, Tennis, Minigolf, Mountainbikes. Ab und zu authentisch sardisches Abendessen bei einem traditionellen Schafsunterstand. 72 Zimmer mit Panoramablick, z. T. aufs Meer, jeweils TV, Minibar und Föhn. Von Lesern ausdrücklich gelobt, freundlicher Service. Tipp: Fußweg an den Quellen vorbei nach San Pantaleo. Deutschsprachige Website mit Online-Buchung. DZ mit Frühstück je nach Saison ca. 100–210 € (im August keine Aufnahme Individualreisender möglich). Pauschal z. B. über Sard-Reisedienst. ✆ 0789/65265, ✉ 65268, www.roccesarde.com.

Aufstieg zur Kirche Santa Lucia

Arzachena

Geschäftige Kleinstadt, zu deren Gemeindegebiet die Costa Smeralda gehört. Häuser in fröhlichen Pastellfarben, schöne Lage am Fuß eines Granitplateaus.

Lohnt einen Abstecher von der Küste – nicht so sehr wegen des schlichten Ortskerns, jedoch als Ausgangspunkt für Ausflüge in die Umgebung: diverse vorgeschichtliche Funde machen Arzachena zum archäologischen Zentrum im Nordosten Sardiniens.

Seitlich der vielbefahrenen SS 125 liegt die zentrale granitgepflasterte *Piazza Risorgimento* mit dem Rathaus und einigen Bars, wo man schön im Freien sitzen kann. Neben der Kirche *Santa Maria della Neve* beginnt der Corso Garibaldi, die lange schnurgerade Hauptstraße von Arzachena, ebenfalls mit den typischen Granitquadern der Gallura. Er führt leicht ansteigend zur Kirche *Santa Lucia* hinauf, von oben hat man einen schönen Blick in die wilde Granitlandschaft der Gallura.

• *Information*: **A.A.S.T**, am südlichen Ortseingang, neben Ticketverkauf für archäologische Sehenswürdigkeiten in der Umgebung von Arzachena (→ Sehenswertes). Mo–Sa 9–14, 15.30–19 Uhr, So geschl. ✆ 0789/82624, ✉ 81090.

• *Anfahrt/Verbindungen*: **Busse** bis zu 15x tägl. von und nach Olbia und Palau, 10x Cannigione, 4x Baia Sardinia, Porto Cervo, L'Abbiadori und Tempio Pausania.

Arzachena hat eine Station an der Schmalspurbahn **FdS (Ferrovie della Sardegna)** von Tempio nach Palau, die jedoch nur von Ende Juni bis Mitte September 2x tägl. vom touristischen "Trenino verde" befahren wird. Der Bahnhof liegt ca. 1,5 km westlich vom Zentrum. Weitere Details unter Palau, S. 233.

Taxi an der Piazza Risorgimento, ✆ 0789/82900.

228 Nordsardinien/Gallura

• _Übernachten_: ***** Albatros Club Hotel**, Viale Costa Smeralda 28, neues, recht komfortables Mittelklassehaus an der Durchgangsstraße. Klimatisierte Zimmer mit TV, einige mit Whirlpool. DZ ca. 70–155 €, Frühstück ca. 8 €/Pers. ✆ 0789/83333, ✉ 840064, www.albatrosclubhotel.com.

*** Casa Mia, am südlichen Ortsausgang Richtung Olbia, familiäres Haus mit 20 Zimmern, alle mit Bad, sauber, solide ausgestattet, unten beliebtes Ristorante. Sohn des Besitzers spricht Deutsch und bemüht sich sehr um die Gäste. DZ mit Frühstück ca. 48–110 €. ✆ 0789/82790, ✉ 83291, h.casamia@tiscalinet.it.

** Citti, Backsteinpalast am nördlichen Ortsausgang Richtung Palau. Liegt auf einer Anhöhe, lohnend wegen des schönen Ausblicks auf den Ort und weit ins Umland. Die meisten Zimmer mit Balkon. DZ je Saison ca.43–75 €. ✆ 0789/82662, ✉ 81920, hotelcitti@tiscalinet.it.

• _Essen & Trinken_: **Casa Mia**, größtes Lokal am Ort, gute, ländlich geprägte Küche, oft Hochzeitsgesellschaften etc.

La Locandina, nette Trattoria/Pizzeria Nähe südlicher Ortsausgang, preiswert, große Pizzen.

Vecchia Arzachena, geschmackvoll eingerichtetes kleines Lokal, Corso Garibaldi 156.

Arzachena/Umgebung

Im Raum Arzachena hat man zahlreiche archäologische Funde aus verschiedenen Epochen gemacht. Den Nuraghen _Albucciu_ und die Gigantengräber _Coddu Vecciu_ und _Li Lolghi_ kann man seit kurzem nur noch gegen gegen Eintrittsgebühr besichtigen, Auskünfte und Kartenverkauf im Info-Center am südlichen Ortseingang von Arzachena.

Öffnungszeiten/Preise: Albucciu und **Coddu Vecciu** tägl. 9–19.30 Uhr, **Li Lolghi** tägl. 9–13, 15.30–19.30 Uhr. Eintritt für ein Monument nach Wahl ca. 2,60 €, zwei Monumente 4,20 €, drei 6,30 €.

> Im Informationsbüro von Arzachena kann man versuchen, die instruktive "Carta Archeologica" zu bekommen, in der alle Nuraghen und Gigantengräber der Umgebung eingezeichnet sind.

Am südlichen Ortseingang

▶ **Nuraghe Albucciu**: wenige Meter südlich der SS 125, genau gegenüber vom Info-Center. Zwischen alten Olivenbäumen ein beeindruckend massiver Baukörper aus mindestens zwei Nuraghentürmen, nur das "Erdgeschoss" ist erhalten. In Form und Anlage erinnert er an den großen Nuraghen Santu Antine im sog. "Valle dei Nuraghi" (→ Logudoro). Auch hier hohe, dunkle Wehrgänge aus gewaltigen Steinplatten, eine Treppe führt auf die Plattform mit Resten einer niedrigen Wehrbrüstung.

▶ **Tempietto Malchittu**: direkt neben dem Info-Center einen Privatweg mit Gittertor hinein, knapp 2 km zu Fuß, etwa 40 Min. – leider schwer zu finden, da bisher unzureichend beschildert. Der kleine Bau mit dem ungewöhnlichen eliptischen Grundriss stammt aus dem späten 2. Jt. v. Chr. und diente den Nuraghiern wahrscheinlich als Kult- und Opferstätte. Er besteht aus aufgeschichteten Blöcken und hat eine Vor- und eine Hauptkammer, das Dach und große Teile der Mauer sind zerstört.

Südlich der Straße nach Luogosanto

▶ **Coddu Vecciu** (Gigantengrab): eins der besterhaltenen Gigantengräber Sardiniens, es stammt aus dem 2. Jt. v. Chr. und diente als Bestattungsplatz für

Arzachena/Umgebung 229

Der Nuraghe La Prisciona steht abseits der gängigen Touristenrouten

einen ganzen nuraghischen Stamm. Beeindruckend ist die 4 m hohe, elegant geformte Eingangsstele mit dem winzigen 50-cm-Loch. Dahinter ein längs gestreckter Aushub, mit quaderförmigen Granitplatten seitlich begrenzt und bedeckt, etwa 10 m lang.

▶ **Nuraghe La Prisciona**: markanter Nuraghenkomplex auf der Anhöhe Capichera, derzeit eingezäunt. Der Hauptturm ist von einem Wall mit drei kleinen Türmen umgeben, die angeschlossene Siedlung soll in den nächsten Jahren ausgegraben werden.

● *Anfahrt*: Coddu Vecciu und La Prisciona liegen ca. 8 km südwestlich von Arzachena, südlich der Straße nach Luogosanto. Etwa auf Höhe der Bahnstation **Caldosa** zweigt links eine beschilderte Asphaltstraße ab. Ca. ½ km von der Hauptstraße liegt rechter Hand der große Parkplatz von **Coddu Vecciu**. Die Asphaltstraße führt weiter nach Süden, nach einigen hundert Metern zweigt links eine Staubpiste ab, auf der man nach einigen Kurven den Nuraghen **La Prisciona** erreicht.

Nördlich der Straße nach Luogosanto

▶ **Li Lolghi** (Gigantengrab): nicht ganz so gut erhalten wie Coddu Vecciu. Die Eingangsstele war zwar ursprünglich noch größer, ist aber gebrochen, das obere Stück wurde wieder hinzementiert. Auch die Abdeckung des Ganges ist großenteils nicht mehr vorhanden.

▶ **Li Muri**: Gräberfeld aus eigenartigen, rund angeordneten Granitplatten, in der Mitte quaderförmige Gräber, sog. Steinkistengräber. Diese Gräberfelder sind die einzigen Überbleibsel der sog. *Arzachena-Kultur*, einer einfachen Hirtenzivilisation. In den Steinkreisen ohne Grab in der Mitte wurden die Toten wahrscheinlich aufgebahrt und verbrannt, danach in den mit "Kisten" bestückten Kreisen begraben. Li Muri ist mit einer Mauer umgeben, über die

230 Nordsardinien/Gallura

man aber problemlos Einblick nehmen kann. Das Kassenhäuschen am Eingang scheint bisher meistens leer zu stehen.

● *Anfahrt*: Vom Abzweig nach Coddu Vecciu die Straße nach Luogosanto noch etwa 2,5 km weiter nach Westen fahren, hier zweigt eine beschilderte Asphaltstraße nördlich ab. Nach knapp 2 km gabelt sich der Weg. Zum **Gigantengrab** geht es geradeaus weiter, nach wenigen hundert Metern sieht man es auf einer kleinen Anhöhe

links vom Weg.
Zur **Nekropole** geht es bei der erwähnten Gabelung einen Feldweg nach links. Man fährt über einen kleinen Hügel, vorbei an zwei Gehöften. Der Weg wird eng und holprig, ist aber noch befahrbar. Kurz darauf liegt direkt rechts am Weg das Gräberfeld.

Nördlich von Arzachena

▶ **Monti in Cappidatu**: Übersetzt heißt das etwa "Berg mit Hut", gemeint ist damit ein bizarr verwitterter Granitblock in Pilzform, auch *Fungo di Arzachena* (Pilz von Arzachena) genannt. In seiner Höhlung hat man Stücke der prähistorischen Ozieri- und Arzachena-Kultur gefunden. Der Pilz ist nördlich vom Ort an der Straße nach Palau ausgeschildert, von Einheimischen wird die Stelle gerne als Picknickplatz genutzt.

Weitere Touren im Inneren der Gallura → Kapitel "Innere Gallura".

Lago di Liscia und Umgebung

Einer der vielen Stauseen Sardiniens, weit verzweigt zwischen bewaldeten Hängen. Im Sommer fast zur Hälfte ausgetrocknet, Ufer dementsprechend schlammig. Trotzdem schöner Anblick und viel Ruhe.

Die Straße ab Arzachena ist gut ausgebaut, in der zweiten Hälfte Serpentinenstrecke zwischen hohen bewaldeten Hängen. Am Ortseingang von *Sant'Antonio di Gallura*, das weit oberhalb vom See liegt, führt rechts eine 6 km lange Asphaltstraße bis zum Staudamm hinunter, dort endet der Weg an einer Schranke. Sant'Antonio besitzt einen hübschen, hoch gelegenen Ortskern mit alten Granithäusern und einer repräsentativen Kirche.

Wenn man nach Calangianus weiter fährt, trifft man etwa 4,5 km südlich von Sant'Antonio auf einen Kreisverkehr, mit einem Zubringer nach Olbia. Geradeaus weiter geht es auf schmaler, gänzlich einsamer Straße durch ein dicht bewachsenes Tal – prächtige alte Kork- und Steineichen, zahllose Laubbäume, Lorbeer und dichte Macchia säumen den Weg. Diese Waldenklaven sind in der oft kargen, verkarsteten Weidelandschaft Sardiniens immer wieder überraschend.

● *Anfahrt/Verbindungen*: Die Bahnlinie von Palau nach Tempio schlängelt sich am südlichen Seeufer entlang und wird von Juni bis September vom "Trenino verde" befahren. Der Bahnhof **Sant'Antonio** liegt nah am See.
● *Essen & Trinken*: **Da Agnese**, in Sant'Antonio, Via Brunelleschi 12, beschildert ab Durchgangsstraße. Schlichtes ländliches Lokal in einem Wohnhaus, im Sommer kann man im Freien essen. Maria Maddalena Punzeddu bereitet hier die typische Gallura-Küche zu, z. B. *zuppa gallurese*, Lamm

und porcheddu, dazu trinkt man einfachen Hauswein. Menü um die 22 €. Freitags und im Oktober geschl.
● *Übernachten*: *** **Montenero**, 15-Zimmer-Haus in Priatu, etwa 15 km südlich vom See, an der Straße nach Olbia. Klimaanlage, TV, hauseigene Parkmöglichkeit. DZ ca. 37–65 €, Frühstück ca. 4 €/Pers. ✆ 0789/665104, 🖷 665132.
Li Licci, Agriturismo-Hof bei Priatu, siehe unter Olbia/Umgebung, S. 201.

Cannigione **231**

Golf von Arzachena

Ein tief ins Land eingreifender Meeresfjord, der wegen des geringen Austauschs nur mäßige Wasserqualität und keine besonders schönen Strände bietet.

Einziges Dorf an der weitgehend flachen Westseite ist das große, weitgehend unattraktive *Cannigione*. Die etwas steilere Ostseite ist praktisch unbesiedelt, nur die Sandbucht *Cala Bitta* ist bebaut – Jachtanleger, Hotel, am Strand Liegestühle und Sonnenschirme. Das Sumpfgebiet im Scheitel des Golfs wurde erst vor wenigen Jahrzehnten trockengelegt, heute erstreckt sich hier fruchtbares Flachland mit hohen Eukalyptusbäumen und saftig-grünen Kuhweiden.

● *Übernachten/Essen & Trinken*: **** **Grazia Deledda**, Restaurant mit Zimmervermietung an der Straße von Baia Sardinia nach Arzachena. Spitzenlokal der Region, über dessen Preise man allerdings lieber nicht spricht. Elegant und bezüglich Atmosphäre recht formell, Kellner in Schwarz etc. Pflegt die traditionelle Küche – aufwändig zubereitet z. B. das *porcheddu* nach Art der Barbagia, außerdem hervorragende Meeresgerichte. Menü um die 50 € aufwärts. DZ ca. 100–160 €, Frühstück ca. 10 €/Pers. ✆ 0789/98990, ✆ 98988.

Cannigione

Ehemaliges Fischerdorf, das in den letzten Jahren stark gewachsen ist und inzwischen völlig vom Geschäft mit den Urlaubern lebt. Einige Hotels der oberen Preisklasse, im höher gelegenen Teil des Ortes Ferienvillen, zahlreiche touristische Einrichtungen. Reizvoll ist lediglich der große Hafen mit Fischer-, Segel- und Motorbooten. Einige schmale Strände und Badebuchten im Ortsbereich, vor allem an der Küstenstraße nach Norden.

● *Information*: **Pro Loco** im Ortszentrum ausgeschildert.

● *Anfahrt/Verbindungen*: tägl. Busse von und nach Arzachena, Palau, Tempio und Olbia.

● *Übernachten*: *** **Laconia**, Großanlage mit Swimmingpool und Garten, an der Straße, Zimmer ordentlich eingerichtet, ganz gute Küche. Nur HP, ca. 50–100 €/Pers. ✆ 0789/86007, ✆ 86081, www.bluhotels.it.

*** **Del Porto**, Arkadenbau am Hafen, vom Blick her interessant, innen schlicht gehalten, unten große Bar mit schattigen Sitzgelegenheiten unter Arkaden, DZ mit Frühstück je Saison ca. 45–90 €. ✆ 0789/ 88011, ✆ 88064.

*** **Club Hotel Li Capanni**, 2 km außerhalb in Richtung Capo d'Orso, wenige Meter vom Meer mit Klippenküste und kleinen Sand-/Kiesbuchten. Großer gepflegter Park mit 22 Zimmern in mehreren Häusern, im sardischen Stil eingerichtet, vom Ristorante schöner Meeresblick, hübscher Salon. DZ ca. 110–170 €, im Sommer HP obligatorisch. ✆ 0789/86041, ✆ 86200.

● *Camping*: zwei Plätze in unmittelbarer Ortsnähe.

*** **Golfo di Arzachena**, kurz vor dem südlichen Ortseingang, leicht ansteigendes, terrassiertes Gelände unter Pappeln und Eukalyptusbäumen, landeinwärts der (lauten) Durchgangsstraße, nicht direkt am Meer. Um zum Wasser zu gelangen, muss man die Straße überqueren, am Ufer nur abgestandene Tümpel ohne Strand. Mit dem eigenen Fahrzeug darf man den Platz nicht befahren – Abstellmöglichkeit auf dem bewachten Parkplatz auf der gegenüberliegenden Straßenseite. Mit Swimmingpool. Je nach Saison pro Person ca. 7–16 € (inkl. Stellplatz). Mitte Mai bis Mitte Oktober. ✆ 0789/88583, ✆ 88101.

**** **Isuledda**, etwa 2 ½ km nördlich von Cannigione, riesige Anlage auf felsiger Landzunge, es gibt Eukalyptusbäume und Pinien, viele Stellplätze sind trotzdem schattenlos. Bademöglichkeiten in Felsbuchten und an mehreren kleinen Sandstränden, schöner Blick auf das gegenüberliegende

Gallura
Karte Seite 188

232 Nordsardinien/Gallura

Ufer des Golfo di Arzachena mit den dahinter aufsteigenden Felszacken der Gallura. Gutes Self-Service-Restaurant, Basketball, Kinderspielgeräte, Tischtennis, Bootsverleih (auch Außenborder), Tauch- und Windsurfschule, umfangreiches Animationsprogramm, außerdem Disko (schalldicht). Neben Zeltstellplätzen gibt es auch Wohnwagen zu mieten sowie kleine saubere und gut ausgestattete Zimmer (Du/WC, Kühlschrank, Air-Condition) für ca. 22–35 € pro Person. Im August absolut überfüllt. Man spricht Deutsch. Je nach Saison pro Person ca. 5–11 €, Stellplatz 11–21 €. Ostern bis Mitte Oktober. ✆ 0789/86003, 🖶 86089, www.isuledda.it.

- *Essen & Trinken*: **La Palma d'Oro**, schöne Lage an der Uferstraße vis à vis der Motorboote.
- *Nachtleben*: **Reggae Pub**, Trattoria mit Disko an der Straße nach Palau.
- *Sport*: **La Sciumara**, Surf- und Segelschule am Ortsausgang in Richtung Arzachena. Geleitet von einem Engländer und seiner sardischen Frau, einzige Schule weit und breit mit englisch- und deutschsprachigem Unterricht. 5 Tage Segelkurs (tägl. 2 Std.) kosten ca. 180 €. ✆ 0338/3905706.

Von Cannigione zum Capo d'Orso

Von Cannigione bis zum berühmten Capo d'Orso (Bärenkap) sind es etwa 8 km. Die Straße ist fast durchgehend asphaltiert und führt halbhoch am Meer entlang, ab und zu passiert man kleine Sandbuchten, die touristische Erschließung hat begonnen. Kurz vor dem Capo d'Orso liegt der gleichnamige Campingplatz auf einem Hügel. Daneben befindet sich ein mehrere hundert Meter langer Sandstrand, der bei Surfern beliebt ist. Hier ist die Straße streckenweise ohne Belag und trifft westlich vom "Bärenkap" auf die Straße nach Palau (→ Palau/Umgebung).

Palau

Fährhafen zur Insel Maddalena, herrliche Lage gegenüber der bizarren Felsszenerie des vorgelagerten Maddalena-Archipels. Auch zum Baden schön – zu beiden Seiten des Orts von Wind und Wellen ausgehöhlte Granitfelsen in allen Formen und Größen, ideal zum genüsslichen Sonnen. Im Westen außerdem ein langer weicher Sandstrand.

Palau ist eine Mischung aus Ferienort, Fährhafen und Flanierpromenade für US-Marines – der Atomstützpunkt der NATO auf der gegenüberliegenden Insel Santo Stefano wirft nachhaltige Schatten. In Guido's Bar am Hafen treffen sich amerikanische Soldaten, gesprächige Offiziersgattinnen, deutsche Camper und italienische Hotelurlauber.

Der Ort konzentriert sich um die lange Hauptstraße, die direkt zum Hafenbecken hinunterführt. Altstadt gibt es nicht. Neben dem Fährhafen großer Jachthafen, in dem die schmucken Segel- und Motorliner vor Anker liegen. Die wenigen Gassen hat man rasch durchbummelt und wird sich wohl auf die nähere und weitere Umgebung konzentrieren, wenn man nicht die Tage am Strand verbringen will.

Natürlich tuckert jeder mal hinüber nach La Maddalena und Caprera, deren großartig-zerklüftetes Panorama den Horizont beherrscht.

Palau

Stündliche Überfahrten von Palau nach La Maddalena

Gallura — Karte Seite 188

Information/Verbindungen

• *Information*: **A.A.S.T.** an der Hauptstraße, Via Nazionale 94. Im Sommer tägl. 8–13, 16–20 Uhr, sonst Mo–Fr 8–13 Uhr. ✆/≋ 0789/709570.

• *Bus*: **ARST-Busse** fahren in der Saison bis zu 15x tägl. über Arzachena nach Olbia (davon 3 zum Fähranleger Isola Bianca), 5x tägl. nach Santa Teresa, 4x nach Tempio (über Luogosanto und Aggius).
Turmo Travel-Busse pendeln Anfang Juni bis Mitte September etwa 6x tägl. zwischen Flughafen Olbia–Costa Smeralda, Palau und Santa Teresa.
Abfahrt und Ankunft jeweils im Hafen.

• *Zug*: Die bei Bahnliebhabern sehr beliebte Schmalspurstrecke der **FdS (Ferrovie della Sardegna)** von Palau über Tempio nach Sassari wurde für den Linienverkehr stillgelegt. Von Ende Juni bis Mitte September verkehrt aber 2x tägl. der touristische Sonderzug "Trenino verde" zwischen Palau und Tempio, Fahrtzeit 1 ½ Std., Preis einfach ca. 12 €. Abfahrt morgens, Rückfahrt am späten Nachmittag – so kann man einen schönen entspannenden Tagesausflug machen. In Tempio hat man von Ende Juni bis Ende August 2x wöch. Anschluss nach Sassari, ebenfalls nur mit "Trenino verde" (→ S. 272). Der kleine Bahnhof von Palau liegt völlig unscheinbar an der Zufahrt zum Hafen, gegenüber der Tankstelle.

• *Schiff*: Zwischen Palau und **La Maddalena** pendeln Fährschiffe von **Saremar** (Sardegna Regionale Marittima, Tochtergesellschaft der Tirrenia), **TRIS** (Traghetti Isole Sarde) und **Linee Lauro** von frühmorgens bis nach Mitternacht 1–2x stündl., Dauer etwa 20 Min. Preise: Person ca. 2,50 €, Auto je nach Länge ca. 4,20–9 €, Motorrad ca. 1,60–4,20 €, Fahrrad ca. 1,10 €. Tickets und kleine handliche Fahrpläne gibt es im modernen Abfertigungsgebäude am Hafen, außerdem Panini, Eis, Getränke, internationale Zeitungen und Telefonapparate. Im Hochsommer kommt es trotz der häufigen Überfahrten zu Engpässen mit Wartezeiten.
Aufs Festland und nach Korsika: **TRIS** befährt im Sommer die Strecke **Genua – Palau** bis 4 x wöch., fährt außerdem nach **Porto Vecchio** (Korsika). **Linee Lauro** fährt Juni bis September 1–2x wöch. nach **Neapel**. Infos und Reservierung im Hafen. Preise und weitere Details siehe allgemeiner Teil/Fährverbindungen, S. 125.

234 Nordsardinien/Gallura

*A*dressen

● *Ausflüge*: Tagesfahrten per Schiff täglich in die weit verzweigte Inselwelt des **Maddalena-Archipels** – Maddalena, Caprera, Spargi, Budelli, Santa Maria und Razzoli. Mit Badeaufenthalt und Essen an Bord. Auskünfte, Tickets und Abfahrt an den Booten im Jachthafen und in den örtlichen Reisebüros.

● *Autovermietung*: **Acquarius**, Via Nazionale 24, neben Ristorante "Da Robertino", ✆ 0789/709676, acqua@nuragica.it. **Trecentosessantagradi**, Via Brigata Sassari 14, ✆ 0789/708565, ✆ 706191, www. 360gradi.it.

● *Geld*: **Banca di Sassari** mit Geldautomat in der Via Roma (letzte Straße vor dem Hafen links). Bankautomat auch in der **Stazione Marittima**.

● *Gepäckaufbewahrung*: im **Bahnhof**, tägl. 8–18 Uhr.

● *Post*: an der Via Nazionale, Nähe Kirche.

● *Reisebüros*: **Acquarius**, Via Nazionale 24; **Palaumare**, Via Fonte Veccia 76. Geboten sind Kreuzfahrten zu den Inseln u. a.

● *Shopping*: Neben dem üblichen Touristenkrimskrams kann man vor allem **Korallenschmuck**, ferner Jade, Elfenbein und Türkise erwerben (meist billiger als in Deutschland).

● *Taxi*: **Giovanni Cossu**, Piazza due Palme, ✆ 0789/709059; **Antonio Aisoni**, Via Calangianus 2, ✆ 0789/819856.

● *Zweiradvermietung*: **Naus**, Via Nazionale 97, Motorroller und Mountainbikes. ✆/✆ 0789/709083.

*Ü*bernachten

Im Sommer herrscht in Palau chronischer Zimmermangel, vor allem das preiswerte Hotel Serra ist fast durchweg ausgebucht. Manche Häuser sind schon etwas abgewohnt.

*** La Roccia, Via dei Mille 15, wenn man die Via Nazionale zum Hafen hinunterfährt, in der Parallelgasse links oberhalb davon, ruhige Lage. Vielleicht derzeit die beste Wahl, da vor kurzem vollständig renoviert. Schlicht-elegantes Ambiente, im Aufenthaltsraum ein riesiger Granitblock, Zimmer weiß gefliest, jeweils TV, gute Betten und neue Bäder, wahlweise riesige Terrassen oder winzige Balkons. Weil etwas erhöht gelegen, nach vorne prächtiger Blick über die Stadt. Besitzer spricht gut Deutsch. DZ mit Frühstück je nach Saison ca. 70–105 €. ✆ 0789/709528, ✆ 707155, www. hotellaroccia.com.

*** Murru, Via Razzoli 34, neuer, ein wenig unpersönlich wirkender Betonbau im Neubauviertel oberhalb vom Ort. Nach hinten Blick in Richtung Meer. Saubere Zimmer mit kleinen Balkonen und TV. DZ mit Frühstück ca. 55–95 €. ✆/✆ 0789/709483.

*** Piccada, großes, älteres Haus am Hang oberhalb vom Jachthafen, an der Straße zum Capo d'Orso. Ordentliche Zimmer mit solidem Holzmobiliar, große Einbauschränke, gefliste Bäder, unten geräumiger Speisesaal und Aufenthaltsraum, von den oberen Stockwerken Meeresblick, ruhig. Mit Garage. DZ je nach Saison ca. 60–100 €, Frühstück ca. 7 €/Pers. ✆/✆ 0789/709344,

www.hotelpiccada.com.

*** Excelsior Vanna, etwas in die Jahre gekommener Arkadenbau am Hang hinter dem Jachthafen, oberhalb der Straße zum Capo d'Orso. Große Terrasse, sehenswert innen die Wendeltreppe aus nicht entrindeten Holzbohlen. Zimmer nach vorne verlangen, die meisten mit schattigen Arkaden und herrlichem Blick auf Palau und hinüber nach Maddalena. DZ ca. 52–78 €, Frühstück ca. 7 €/Pers. Es werden außerdem diverse Apartments vermietet, z. T. mit noch schönerem Blick. ✆/✆ 0789/709589, ✆ 709859.

** Serra, freundliches, älteres Haus direkt an der Hauptstraße zum Hafen rechts, dementsprechend laut (wenn möglich, Zimmer nach hinten nehmen!). Preiswerteste Möglichkeit in Palau, DZ mit Du/WC ca. 42–47 €, mit Etagendusche etwas günstiger. ✆ 0789/709519, ✆ 709713.

● *Camping*: beiderseits des Orts je ein ordentlicher Platz.

*** Baia Saraceno, rechts vom Ort, gut organisierter Platz, schönes naturbelassenes Terrain, Stellplätze zwischen überdimensionalen Felsbrocken auf Terrassen in verschiedener Höhe, mäßiger Schatten durch Eukalyptusbäume und Pinien. In der Saison wird jeder Fleck zwischen den Felsen genutzt, Zelte dicht an dicht. Auch Vermietung von Steinbungalows, Wohnwagen

Palau 235

und Mobile Homes. Sanitäre Anlagen mäßig, drei Waschmaschinen. Recht gepflegtes Restaurant mit gemütlichem Innenhof. Mehrere Strandpartien, durch Felsen unterbrochen, Bootsanleger, im Wasser vorgelagerte Felseninseln, offizielle Nacktbadezone. Preis pro Person je nach Saison ca. 7–15 € (alles inkl.). Bungalows kosten ca. 17–19 € pro Tag/Pers., im Sommer nur HP für ca. 42–48 €/Pers. Anfang Mai bis Ende Oktober. ✆ 0789/709403, ✆ 709425, www.baiasaraceno.com.

*** Acapulco, der Platz liegt auf der Punta Palau, von der Einfahrtsstraße in den Ort kurz nach dem Bahnhof links abbiegen (beschildert). Schöne Lage zwischen Granitblöcken am Wasser, wenig Schatten, z. T. durch Mattengestelle, sanitär einfach, Waschmaschine, Kinderspielgeräte. Integriert ist ebenfalls ein gepflegtes Bungalowdorf. Ansprechendes Ristorante im mexikanisch-sardischen Stil, gemütlich-verwinkelt mit Kunsthandwerk. Freundlich und familiär geführt. Hervorzuheben ist der benachbarte beste Strand von Palau (5 Min. zu Fuß über niedrige Klippenküste). Preis pro Person ca. 7–15 € (alles inkl.). Bungalows kosten ca. 18–22 € pro Tag/Pers., im Sommer nur HP für ca. 43–50 €/Pers. Anfang April bis Mitte Oktober. ✆/✆ 0789/709497.

Essen & Trinken/Nachtleben

Wegen ausgeprägtem Tourismus, Jachthafen und Nähe zur Costa Smeralda eine Reihe guter Lokale und ein Spitzenrestaurant, aber auch Fastfood und Pizzerias für die US-Marines.

Da Franco, Via Capo d'Orso 1, dort wo die Straße zum Capo d'Orso von der Hauptstraße abzweigt. Bestes Restaurant am Platz, behaglich, aber mit einem Hauch von Exklusivität. Seit Jahren eine Spezialität sind die *tagliatelle alla Franco* – Nudeln in Butter gedünstet, mit Erbsen, Rosmarin, Origano und Käse. Als Secondi diverse Fischgerichte, gebacken (al forno) oder gedünstet, z. B. *spigola in salsa aromatica* (Wolfsbarsch mit leckerer Soße) oder *sogliola alla parmigiana* (Seezunge in Butter mit Parmesankäse). Wer länger in Palau ist – unbedingt Francos berühmte *zuppa di pesce* vorbestellen, garantiert frische Zutaten! Riesenauswahl an Weinen, besonders gut der offene Weißwein und der Rotwein von Dorgali. Das Ganze hat natürlich seinen Preis, unter 40–60 € pro Person wird man wohl nicht davonkommen. Von Juni bis September tägl., sonst Mo geschl.

La Taverna, Via Rossini 6, schmale Seitengasse beim Hafen. Die Wirte Mario und Pietro stammen aus dem Hinterland von Palau und bieten interessante Meeresküche mit galluresischem Einschlag. Juni bis September tägl., sonst Di geschl.

Il Covo, Via Sportivo 12, bei "Da Franco" die Gasse hinunter zum Hafen, kleine gemütliche Trattoria mit überdachtem Seitenhof. Bei Adrea Filipeddu isst man relativ preiswert, Fisch- und Nudelgerichte.

Bitto, Via Nazionale 78, beliebte Pizzeria mit holzbefeuertem Ofen, hinten Terrasse.

Da Robertino, Via Nazionale 20, von Lesern teils gelobt ("Vorzügliches Fischrestaurant, helle Räume, freundlicher Service"), teils auch kritische Stimmen. Mittleres Preisniveau.

Il Pirata, prima Lage nah am Meer, von der Fähranlegestelle die Uferpromenade ein Stück nach Westen, Rundlokal mit großen Scheiben und Meerblick, auch Pizza.

L'Uva Fragola, an der Hauptstraße, kurz vor dem Hafen links. Einfache, aber populäre Pizzeria im zur Seitenstraße offenen Hinterhof, abends bunt beleuchtet, diverse Pizzen mittlerer Qualität, auch Spaghetti.

● *Außerhalb*: **La Griglia**, umgebautes Bauernhaus an der Straße nach Arzachena, Località Stazzu Pulcheddu. Hübscher Innenhof, sardische Küche, Fleisch und Fisch vom Grill. www.ristorante.lagriglia.it.

Palau, nettes Terrassenlokal in der Località Scopa, laut Leserzuschrift freundliche Bedienung und korrektes Preis-Leistungsverhältnis.

● *Cafés & Bars*: **Guido's Bar**, am Hafen, hier trifft sich alles – amerikanische Offiziersgattinnen beim Einkaufsbummel, GI's beim Landurlaub, Touristen und natürlich die Einheimischen. Auf der erhöhten Terrasse hat man die Segel- und Motorjachten direkt vor den Füßen. Gemütlicher Platz zum Frühstücken, abends fürs letzte Bier, ansonsten auch Kleinigkeiten zu essen – Panini, Salate, Spaghetti. Innenraum liebevoll eingerichtet mit Devotionalien der US-Army.

Il Grillo Parlante ("Zur singenden Grille"), Eiscafé beim Fußballplatz, vom Jachthafen ein Stück landeinwärts. Draußen sitzt man

Gallura
Karte Seite 188

236 Nordsardinien/Gallura

unter Segeltuchschirmen und einem Feigenbaum, im Innenraum finden sich zwei künstliche Bäume und die Geschichte von Pinocchio und der Grille an der Wand. Gutes Eis in großer Auswahl – Blaubeeren, Walnuss, Kokosnuss u. v. m. Eisbecher in diversen Variationen.

● *Selbstversorgung*: "Der Tipp für uns war die Metzgerei **Da Antonello** in der Via delle

Ginestre 14. Absolut hygienische, liebevoll bestückte Auslagen, sehr freundliche Verkäufer mit Fremdsprachenkenntnissen. Sardische Spezialitäten, so hergerichtet, als wären sie fürs Festessen im engsten Familienkreis bestimmt" (Trixi Storjohann).

● *Nachtleben*: **Disko Slam** am Gelände des Hotels Excelsior Vanna (→ Übernachten), Via Capo d'Orso.

Palau/Umgebung

Vom Fährhafen nach Westen zieht sich eine schöne Uferpromenade mit mächtigen Granitbrocken. Es folgen Pinienwäldchen und ein kleiner Sandstrand, an dem eine neue Ferienanlage entstanden ist. Noch ein Stück weiter (Nähe Camping Acapulco) weitausladende Felsbrocken, der Körperform angepasst und traumhaft zum Sonnen. Westlich vom Zeltplatz niedrige Klippenküste, dann folgt der beste Strand im Umkreis von Palau (per Auto vom Zentrum aus den Schildern "spiagge" nach). Etwa 500 m lang, feiner Sand, schattenlos, Blick auf die vorgelagerten Inseln. Großer Parkplatz, sonst ohne Einrichtungen.

Östlich vom Jachthafen liegt ein flacher Strand mit Windsurfschule/Brettverleih, dahinter ein Pinienwäldchen. Ein Trampelpfad führt immer am Wasser entlang zum Camping Baia Saraceno. Unterwegs überwiegend steiniges Ufer mit eingelagerten kleinen Sandbuchten, vorgelagert einige Felseninseln, schön zum Herumklettern und Sonnen. Jenseits vom Camping eine offizielle Nacktbadezone – die einzige der Insel – und einige weitere Fels-/Kiesbuchten. Das Gelände des "Commando Militare Sardegna" versperrt den weiteren Weg.

▸ **Capo d'Orso**: Das berühmte "Bärenkap" liegt etwa 5 km östlich von Palau. Je nachdem, aus welchem Blickwinkel man sich nähert, erkennt man auf der Spitze des Felshügels am Ende der Straße einen bizarr erodierten Felsen in der Form eines Bären, genutzt für zahlreiche Titelfotos von Sardinien-Reiseführern. Dem Mythos nach soll hier ein Stamm von Menschenfressern das Schiff von Odysseus zerstört haben.

Ein schmaler Pfad führt auf die Spitze des gewaltigen Felskaps (Achtung: recht windig und für kleine Kinder ein bisschen gefährlich!). Aufstieg dauert etwa 15 Min., am Ende der Straße Parken, hinter dem Gittertor beginnt der Weg. Achtung: nach 20 m Gabelung, dort links gehen. Oben angelangt genießt man einen der schönsten Rundblicke der Gallura – fast sinnliches Erlebnis mit den bizarr verschlungenen Felsen und tiefen Aushöhlungen. Man kann dem Bären auf den Kopf steigen und auch sonst reichlich herumklettern, tolle Fotomotive in Hülle und Fülle!

● *Übernachten*: ****** Capo d'Orso**, südlich vom Bärenfels an der Cala Capra. Sehr schön in die Landschaft eingepasste Bungalowanlage mit kleinem Sandstrand, Jachthafen und Meerwasserpool. Die 60 komfortabel eingerichteten Zimmer besitzen Klimaanlage, Minibar und TV. Zu buchen z. B. über Oscar Reisen. ✆ 702000, ✉ 702009, www.delphina.it.

*** Camping Capo d'Orso, großes terrassiertes Gelände in exponierter Lage, an zwei Seiten von Wasser umgeben. Verstreut stehende Eukalyptusbäume und Buschwerk geben ausreichend Schatten. Sanitäre Anlagen gut, Restaurant und Bar vorhanden, schalldichte Disko. Gute Bademöglichkeiten – ein Strand direkt im Platzbereich, der andere südlich benach-

Palau/Umgebung 237

Malerische Felsbadebucht bei Palau

bart. Tauch- und Windsurfschule. Von Palau zu erreichen, indem man in Richtung Capo d'Orso fährt, nach 3 km zweigt rechts die asphaltierte Straße zum Camping ab, noch ca. 2,5 km. Je nach Saison Person ca. 4–6 €, Stellplatz 6–22 €. Im August Mindestaufenthalt von 2 Wochen (!). Anfang Mai bis 30. September. ✆ 0789/702007, ✉ 702006.

▸ **Punta Sardegna**: lohnend wegen der urtümlichen Felslandschaft und des schönen Blicks auf den vorgelagerten Insel-Archipel. Allerdings dicht bebautes Villengebiet, teils geschmackvolle und originelle Bauten, gut eingepasst in die dichte Macchia.

1 ½ km westlich von Palau Abzweig von der Durchgangsstraße – schmale Asphaltstraße hoch über dem Meer, vorbei am *Hotel/Villaggio Altura* im Costa-Smeralda-Stil, dann oberhalb die Befestigungsmauern eines ehemaligen Küstenforts (militärisches Sperrgebiet). *Porto Raffaele* besitzt einen kleinen Sandstrand, einige Bars und das Ristorante *Perla Blue* mit großer Terrasse über dem Meer, darunter Piano-Bar und Bootsanleger. Am schönsten weit vorne die Spitze des Kaps – großartiger Panoramablick, bisher kaum bebaut, kleine Sand- und Felsbuchten unterhalb gewaltiger Felsklötze, meist nur eine Hand voll Leute unterwegs. Die letzten 500 m nur noch Staubpiste, zu den Buchten am besten zu Fuß hinunter.

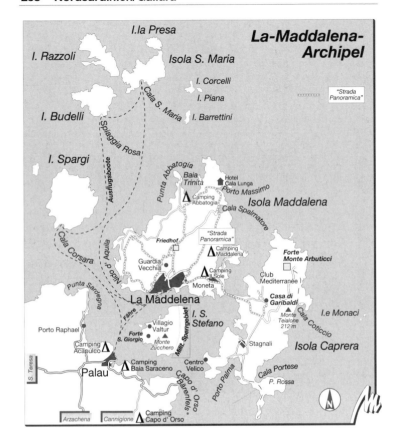

La-Maddalena-Archipel

Rauer, extrem felsiger Insel-Archipel mit sieben Hauptinseln und zahlreichen Minieilanden. Tief zerklüftete Küstenlinien mit Buchten und kleinen Sandstränden, bröselig-bizarre Klippen von grauem Granit bis rotem Porphyr, herbe Macchia und die spärliche Besiedlung machen den Reiz der "Inseln vor der Insel" aus.

Fährschiffe mit Fahrzeugtransport pendeln fast halbstündlich zwischen Palau und der Hauptinsel *La Maddalena*. Die gleichnamige Hafenstadt besitzt viel historisches Ambiente, bei einer Inselumrundung kommt man zudem an einigen schönen Badestränden vorbei.

Die so gut wie unbewohnte Nachbarinsel *Caprera* ist durch eine 600 m lange Holz- und Stahlbrücke mit La Maddalena verbunden. Ihr Stolz sind die weithin leuchtenden, grünen Pinienwälder, aber vor allem die mit Abstand größte

Sehenswürdigkeit der Inselgruppe, die "Casa di Garibaldi", wo Giuseppe Garibaldi, der italienische Nationalheros und Held des Risorgimento, von vielen geliebt und abgöttisch bewundert, seinen Lebensabend verbrachte – immer wieder unterbrochen von Abstechern auf die europäischen Kriegsschauplätze.

Zu den wunderschönen Badebuchten der kleinen Inseln *Spargi*, *Budelli* und *Santa Maria* kommt man nur mit dem eigenen Boot oder im Rahmen organisierter Ausflüge von La Maddalena und Palau.

Militärhistorisch haben die kleinen Eilande wegen ihrer hervorragenden strategischen Lage eine beachtliche Vergangenheit – der berühmte Admiral **Nelson** hatte während der englisch-französischen Kriege von 1803/4 auf La Maddalena sein Hauptquartier aufgeschlagen. Von hier aus verhinderte die englische Flotte die Einnahme Sardiniens durch die Franzosen. Bereits 1793 hatten die Franzosen mit einer Flotte von zwanzig Schiffen versucht, La Maddalena zu erobern, mit an Bord war damals der junge Leutnant **Napoleon Bonaparte**. Doch die einheimischen Truppen unter Führung von Domenico Millelire konnten die Insel erfolgreich verteidigen.

Der neu konstituierte italienische Nationalstaat baute die Inseln in der zweiten Hälfte des 19. Jh. zur waffenstarrenden Seefestung aus, Reste der umfangreichen Befestigungsanlagen findet man hauptsächlich auf Caprera. Noch heute ist hier die italienische Kriegsmarine stark präsent, die Amerikaner richteten nach dem Zweiten Weltkrieg eine U-Bootversorgungsstation der 6. Flotte auf der Isola Santo Stefano ein.

1994 wurde die Inselgruppe La Maddalena zum Nationalpark **Parco Nazionale dell'Archipelago di La Maddalena** ernannt. Das Naturschutzgebiet umfasst die Inseln sowie das umgebende Meer und zieht sich bis zur Costa Smeralda hinunter. Verboten ist der Zutritt zur Isola Spargiotto (bei Spargi), zu den Isole di li Nibani südlich von Porto Cervo und zur Spiagga Rosa auf der Isola Budelli.

Insel La Maddalena

Größte Insel des Archipels, genau gegenüber von Palau. Leuchtend roter Porphyr rahmt die Inselhauptstadt ein und setzt sich als mächtige Erhebung bis zu 150 m Höhe Richtung Nordosten fort, im Westen dominiert vielgestaltiger Granit.

Wegen des ständigen Windes und fortgesetzter Bodenerosion gibt es weit und breit keinen Baum, nur wilde, hüfthohe Macchia bedeckt den nackten Fels, ab und an sieht man kleine Weinfelder. Eine "strada panoramica" führt um die Insel, einmal rundum nimmt mit dem PKW kaum eine Stunde in Anspruch. Drei Campingplätze – einer davon pittoresk und voll den Naturgewalten ausgesetzt an der Nordspitze der Insel – und einige Hotels bieten Quartier.

● *Anfahrt/Verbindungen*: **Fähre**, ständige Überfahrten von und nach **Palau** mit Autofähren von Saremar, TRIS und Linee Lauro (→ Palau/Verbindungen).
Bus, Turmo Travel-Busse starten in der warmen Jahreszeit von 8–19 Uhr im Hafen La Gavetta (von der Anlegestelle einige hundert Meter nach Westen). Verbindungen etwa stündlich von Casa di Garibaldi auf Caprera und etwa 9x tägl. Fahrten auf der Panoramastraße rund um La Maddalena.

Achtung: Wer nur einen Tagesausflug von Palau macht, sollte im Sommer auf lange Warteschlangen an der Fähre gefasst sein – abends will jeder zurück!

La Maddalena

Der einzige Ort der Inselgruppe besitzt ausgeprägt städtischen Charakter. Vor allem das alte Viertel um den Hafen zeigt sich reizvoll – granitgepflasterte Gässchen, eine lange Fußgängerzone, aufwändig restaurierte Palazzi mit schmiedeeisernen Balkons, eine gediegene Palmenpromenade, eine lebendige Markthalle.

Im westlichen Hafenbereich liegt das stimmungsvolle kleine Hafenbecken La Gavetta, in Richtung Caprera stehen die stattlichen Palazzi der italienischen Marine, aber auch die "Bronx" von La Maddalena findet sich hier – in den Mietshäusern sind zum großen Teil amerikanische Soldaten der U-Bootbasis auf Santo Stefano untergebracht. Nach Norden zieht sich die Stadt zunehmend steiler den Hang hinauf, oben liegt der große Friedhof mit vielen pompösen Grabmälern und auf der Guardia Vecchia thront eine ehemalige genuesische Festung.

Information/Adressen

- *Information*: **A.A.S.T.**, neues Büro oberhalb vom Jacht- und Sporthafen Cala Gavetta, Piazza Baron des Geneys. Im Sommer tägl. 9–13, 16–19 Uhr, sonst Sa-Nachmittags und So geschl. ✆ 0789/736321, ✉ 736655.
- *Ausflüge*: Im Sporthafen La Gavetta starten jeden Vormittag **Ausflugsboote** zu den Inseln Spargi, Budelli und Santa Maria, mit Badeaufenthalt und Essen an Bord. Tickets in den Kiosken am Platz mit der Garibaldisäule. Abfahrten auch von Palau, Baia Sardinia und Santa Teresa di Gallura.
- *Fahrzeugverleih*: Autos, Motorräder, Roller, Fahrräder und Schlauchboote bei **Fra-**

telli Cuccu, Via Amendola 30, Nähe Anlegestelle. ✆ 0789/738528.
- *Post*: Via Umberto I, von der Anlegestelle nach rechts.
- *Shopping*: **Il Melograno**, Via Garibaldi 15, sardische Keramik. **Internationale Zeitungen** in der Via Garibaldi 71. **La Libreria dell'Isola**, Piazza Umberto I, Buchhandlung am Westende der Palmenpromenade, gegenüber vom Anleger.
- *Sport*: **Sea World Scuba Center**, Tauch-Center am Jachthafen. ✆/✉ 0789/73708, www.seaworldscuba.com.

Übernachten

Die besten Möglichkeiten in der Stadt, Hotels außerhalb wenig attraktiv. Ausnahme das Hotel Cala Lunga (→ Porto Massimo).

*** Giuseppe Garibaldi, Via Lamarmora 9, ruhige Lage in einem Altstadtgässchen oberhalb vom Fischerhafen, recht komfortabel und freundlich ausgestattet, Zimmer mit Air-Condition und TV. Von den oberen Zimmern weiter Blick über die Häuser aufs Meer und die Küste von Palau. DZ mit Frühstück ca. 95–125 €. ✆ 0789/737314, ✉ 737326, htlgaribaldi@tiscalinet.it.

*** Villa Marina, Via Ammadeo Magnaghi 12, etwa 5 Min. östlich der Anlegestelle, am Ostende der Palmenpromenade, wenige Schritte oberhalb der Piazza Umberto I mit der Marinekommandantur. Ordentliches Haus mit Garage, in den Zimmern Air-Condition und TV. DZ mit Frühstück ca. 70–

90 €. ✆ 0789/738340, ✉ 739200.

*** Nido dell'Aquila, westlich außerhalb, direkt an der Uferstraße, gut ausgestattetes Haus inmitten reizvoller Felslandschaft, wird auch pauschal gebucht. DZ mit Frühstück ca. 60–120 €, auch HP o. VP möglich. ✆ 0789/722130, ✉ 722159, www.hotelnidodaquila.it.

*** Il Gabbiano, am westlichen Stadtrand, etwas heruntergekommene Umgebung, aber schöne Lage auf einem Felskap, Bootsanleger vor der Tür, innen einfach und nicht übermäßig gepflegt. Sehr ruhig. DZ mit Frühstück ca. 68–77 €. ✆ 0789/722507, ✉ 722456.

Insel La Maddalena

Blick über das Städtchen La Maddalena – am Horizont Sardinien

* Da Raffaele, etwas außerhalb Nähe Ostküste, nahe dem Camping La Maddalena (von der "strada panoramica" beschildert). Kleine Locanda mit 7 Zimmern, jeweils Du/WC, angeschlossen die Fischtrattoria "Il Pescatore". In der Nachbarschaft eine Disko, die sich vor allem an Wochenenden bemerkbar macht. DZ ca. 37 €. ℡ 0789/738759.

• *Ferienwohnungen*: ***** Villa del Parco**, Via Don Vico, nicht weit vom Stadtzentrum. Edles altes Herrenhaus, sorgfältig restauriert und gut ausgestattet, hübsche Apartments für 2-4 Pers., ab ca. 500 € pro Woche. ℡ 0789/720026, ℻ 720032, www.villadelparco.com.

• *Camping*: **** La Maddalena**, Località Moneta, direkt an der "strada panoramica" Nähe Ostküste. Wenig besuchtes Gelände einige hundert Meter von einem flachen Meeresarm, riesige Feigenkakteen, Schilf und Bäume, kein direkter Zugang zum Meer, schöner Blick nach Caprera. Am Ufer unten Schlamm etc., keine Bademöglichkeit. Sanitäre Anlagen relativ großzügig, es gibt einfache Bungalows zu mieten. Disko nebenan. Pro Person ca. 6,50-12 € (alles inkl.). Anfang Juni bis Mitte September. ℡ 0789/728051, ℻ 727776, www.guideeuro.it.

** Il Sole, Via Indipendenza 71, Località Moneta, weit vom Wasser, beschildert. Kleiner eingezäunter Platz gänzlich ohne Schatten, vor wenigen Jahren eröffnet, Sanitäranlagen neu, aber schon z. T. desolat. Mit Ristorante/Pizzeria. Pro Person ca. 6 €, Stellpatz 7-11 €. Mitte Juni bis Ende September. ℡ 0789/727727.

Essen & Trinken

Wegen des regen touristischen Verkehrs in den Sommermonaten eine ganze Reihe Ristoranti mit z. T. guter Qualität. Geboten wird alles, was aus dem Meer kommt.

Al Faone, Via Ilva 10, Altstadthaus im Gässchen rechts neben der Pfarrkirche, ältestes Lokal der Insel, hübsche, sehr gepflegte Gaststube voller Gemälde, hinten kleiner überdachter Hof. Gianmario Degortes und Familie bieten hervorragende Meeresküche, Spezialität des Hauses sind die *tagliolini "Al Faone"* mit Krebssoße (Krebse heißen auf La Maddalena "Faone"). Der Hausherr nimmt manchmal die Gitarre zur Hand und singt alte korsische Balladen. Mittlere Preise. Nur abends, Mo geschl.

La Grotta, Via Principe di Napoli 3, vom Hafenplatz mit der Garibaldisäule ein schmales

Nordsardinien/Gallura

Auf der Piazza Umberto I

Gässchen hinein, parallel zur Fußgängerzone. Familienbetrieb, 1958 aus kleinsten Anfängen entstanden, der Gastraum in einem maritim dekorierten Gewölbe, Tische auch auf der Gasse. Spezialitäten sind: Langusten "sette-otto", Suppe aus Miesmuscheln und Bohnen, Reis mit Muscheln und Fisch aus dem Backofen. Mittlere Preise. Im Juli/August tägl., sonst Do geschl.

La Terrazza, Via Villa Glori 6, am Ostende der Fußgängerzone ein paar Stufen hinauf, zu erreichen von der Palmenpromenade Piazza Umberto I. Terrassenlokal mit sehr guter Fischküche zu gehobenen Preisen. Mai bis September tägl., sonst So geschl.

Il Galeone, am Platz mit der Garibaldisäule, schöner Blick auf Platz und Fischerhafen. Innen eine urige Konstruktion mit durchbrochenen Mauern etc.

Caprera, Via Tommaso Zonza 6, Spaghetteria/Pizzeria in einer engen Gasse links neben der Pfarrkirche, man kann draußen sitzen oder im urigen Gewölberaum, der mit historischen Utensilien ausgestattet ist. Neben Pizza und Pasta auch Fisch, Muscheln etc.

Tahiti, außerhalb, kurz vor der Brücke nach Caprera. Einfache Bar im Erdgeschoss, verglastes Fischlokal im ersten Stock, Blick hinüber nach Caprera, preiswert. Lohnend, um nach einem Caprera-Besuch hier einzukehren.

• *Cafés & Bars*: **Gargiunto**, Café gegenüber der Markthalle, beliebter Treff im Zentrum.

Re Artu Via Principe di Napoli 7 (neben Trattoria La Grotta), als Grotte ausstaffiert, Ritterrüstung und naive Bilder aus der Mythologie, indirektes Licht.

The Penny Drops, Piazza Santa Maria Maddalena, zentral gelegener und stilsicher eingerichteter Irish Pub mit "License to sell wines, beers & spirits seven days".

Sehenswertes

Die Atmosphäre einer intakten historischen Kleinstadt macht La Maddalena sympathisch und angenehm zum Bummeln. Östlich der Anlegestelle erstreckt sich entlang der *Piazza Umberto I* eine großzügige Palmenpromenade, die allabendlich zum Schauplatz der städtischen "Passeggiata" wird. Der pittoreske, fjordartig tief eingeschnittene Jacht- und Sporthafen *Cala Gavetta* liegt westlich der Anlegestelle.

Insel La Maddalena   243

Zwischen diesen beiden Polen zieht sich parallel zur Hafenstraße die lange granitgepflasterte *Fußgängerzone* (Via XX Settembre, Via Garibaldi) durchs alte Zentrum. Vor allem am frühen Abend herrscht hier immer viel Leben. Mittelpunkt ist die angenehm offen gebaute *Piazza Garibaldi* mit dem schön restaurierten *Rathaus* und der kleinen, aber sehenswerten *Markthalle* mit großer Auswahl an Früchten und Gemüse.

Etwas weiter nördlich steht die geräumige *Pfarrkirche*, im nahe gelegenen *Museo Diocesano* in der Via Barone Manno kann man u. a. eine handgeschriebene Urkunde Nelsons besichtigen.

Öffnungszeiten: **Museo Diocesano** – Di–So 10.30–12.30, 18–20.30 Uhr, Mo geschl.

Inselrundfahrt

Von der großen Piazza Umberto I am Hafen fährt man Richtung Osten. Dabei sorgfältig auf die Beschilderung achten – die "strada panoramica" führt um die ganze Insel. Nach den Außenbezirken von La Maddalena durchquert man menschenleere Stein- und Macchialandschaften mit weiten Ausblicken nach Caprera.

▶ **Museo Archeologico Navale "Nino Lamboglia"**: kleines Museum direkt an der "strada panoramica". Ausgestellt sind Funde eines in den fünfziger Jahren entdeckten altrömischen Schiffswracks, das im Zeitraum 120–100 v. Chr. vor der Insel Spargi kenterte und sank. Das Schiff, dessen Ladung überwiegend aus Amphoren bestand, wurde im ersten Saal teilweise rekonstruiert, im zweiten Saal sind Bordinstrumente und Habseligkeiten der umgekommenen Seeleute ausgestellt. Eindrucksvolle Fotos dokumentieren die Bergungsarbeiten unter Leitung des Unterwasserarchäologen Nino Lamboglia.

Öffnungszeiten/Preise: Di–So 9–12.30, 17–19.30 Uhr, Mo geschl.; Eintritt ca. 2,60 €.

▶ **Cala Spalmatore**: beliebtester Badeplatz der Insel, hübsche Sandbucht direkt an der Straße, im Umkreis ausgehöhlte Porphyrfelsen. Die Trattoria Spalmatore liegt direkt am Strand und bietet gute Fischküche, in der Saison an Wochenenden auch Disko.

▶ **Porto Massimo**: fjordähnliche Felsenbucht, dort wo die Straße am Nordende der Insel den Bogen nach Westen macht. Großartig in die rötlich schimmernden Felsen eingepasst das Hotel *Cala Lunga*. Absolut abgelegen und ruhig, die Umgebung steinig, wild und karg, beste Unterkunft der Insel. Exzellente Bade- und Wassersportmöglichkeiten: Meerwasserpool und kleiner Privatstrand, Windsurfschule, Bootsverleih, Tauchstation, 150 Liegeplätze für Jachten.

● *Übernachten*: ****** Cala Lunga**, 76 Zimmer, fast alle mit herrlichem Meeresblick, zwei Restaurants (eins direkt am Meer), TV-Raum und Disko. HP je nach Saison 100– 180 €/Pers. Zu buchen z. B. über Sard-Reisedienst. ✆ 0789/734042, 🖷 734033, www.hotelcalalunga.it.

▶ **Nordküste**: von Porto Massimo zunächst vorbei an einem kleinen Sporthafen, der zum Hotel Cala Lunga gehört, danach ein hübscher Sandstrand direkt an der Straße. Am Steilhang in der Macchia ein "Villaggio Turistico" des TCI (Touring Club Italiano) mit Schilfhütten und wohnwagenförmigen Plastikhäuschen. Darunter schöner, brauner Sandstrand mit einer herrlichen, gut 10 m hohen Düne.

Gallura Karte Seite 188

244 Nordsardinien/Gallura

Baia Trinità – herrlicher Badestrand am Nordende La Maddalenas

Danach Abzweig auf die windumtoste Landzunge *Punta Abbatogia*, vorbei an der Zufahrt zum gleichnamigen Zeltplatz. Am Ende der Straße kann man parken und in wenigen Minuten durch herrliche Dünen und vorbei an einer improvisierten Bar zum weißen Sandstrand *Baia Trinità* zwischen Felsen hinunterstapfen – ein ausgesprochen schönes Fleckchen, allerdings sehr wild und rau, weil voll den Nordwinden ausgesetzt.

- *Übernachten*: *** **Camping Abbatogia**, nach langjähriger Schließung haben sich wieder ein paar Mutige gefunden, die das windgepeitschte Areal in wild zerklüfteter Klippenlandschaft am Ende der Welt zu neuem Leben erweckten. Die Stellplätze sind mit Schilfzäunen notdürftig gegen den ständigen Wind geschützt, es gibt Schattendächer und eine windgeschützte Pizzeria/Bar. Für robuste Naturen ein echter Tipp! Pro Person ca. 8–11 €, Stellplatz ca. 3 €. ✆ 0789/739173, 738742.

▶ **Rückfahrt:** Quer durchs Inselinnere geht es zurück über die höchste Erhebung von Maddalena – die *Guardia Vecchia* (146 m) mit dem großen genuesischen Fort (nicht zu besichtigen) und militärischen Sendeanlagen. Hier oben stehen die einzigen Bäume der Insel, einige schlanke Pinien – herrlicher Panoramablick auf die Stadt und hinüber zur Küste Sardiniens.

Um in die Stadt zu kommen, gibt es mehrere Möglichkeiten – die mit Abstand reizvollste (aber längste) ist die Serpentinenstrecke von der Guardia Vecchia durch phantastisch-wilde Granitlandschaften hinunter in den Südwesten zur *Cala Nido dell'Aquila* – unterwegs großartige Panoramen! An einigen Klippenbuchten entlang kommt man dann schnell in die Stadt zurück und trifft auf den Jachthafen Cala Gavetta. (Abkürzung: kurz vor dem Fort auf der Guardia Vecchia bei der Kreuzung links halten. Hier geht es am Friedhof vorbei schnurstracks nach La Maddalena zurück).

Insel Caprera

Ein lang gestrecktes, raues Granitskelett. Wie der spitze Schuppen-panzer eines Reptils wirkt das Profil der beherrschenden Bergkette. In den Niederungen breiten sich saftig-grüne Pinienwälder aus – von der Forstverwaltung gehegt und gepflegt, kein Gramm Abfall liegt herum, Campieren und Feuer sind streng verboten.

Caprera ist fast unbesiedelt, der Besuch lohnt sehr wegen der urwüchsigen Natur und bizarrer Felsszenerien. Die Küstenstreifen und wenigen Bade-stränder leiden allerdings unter dem Abfall, der durch die häufigen Westwinde vom nahen La Maddalena herübergeschwemmt wird. Im letzten Jahrhundert war Caprera schwer befestigter Stützpunkt des jungen italienischen National-staats. Einige der alten Militärbastionen sind noch erhalten, in einer der alten Kasernen ist heute ein Naturschutzzentrum untergebracht. Vor allem aber ist die Insel landesweit bekannt, weil *Giuseppe Garibaldi*, der Held des Risorgi-mento (nationalstaatliche Einigung Italiens im 19. Jh.), hier seinen Alters-ruhesitz hatte. Tatkräftig kümmerte er sich um die Urbarmachung des Grund-stücks und der Insel, auch den herrlichen Pinienwald ließ er pflanzen.

Casa di Garibaldi

Giuseppe Garibaldis Landgut ist heute eine Kultstätte für nationalbewusste Italiener, aber auch Anziehungspunkt für Touristen aller Couleur. Während der Saison strömen die Besucher in Scharen herbei, die Casa di Garibaldi ist das meistbesuchte Museum Sardiniens. Mehrmals jährlich werden außerdem an diesem "geweihten" Ort mit viel Pomp und Gloria frisch gebackene Rekru-ten des italienischen Heeres vereidigt.

● *Anfahrt/Verbindungen*: Zu erreichen ist die Casa Garibaldi mit dem eigenen Fahr-zeug auf asphaltierter Straße, die kurz nach der Brücke von La Maddalena links ab-zweigt. Achtung jedoch: Die Parkplätze vor dem Anwesen sind beschränkt, zudem schlechte Wendemöglichkeiten.
Außerdem pendeln **Turmo Travel-Busse** stündlich von und nach La Maddalena.

● *Öffnungszeiten/Preise*: Anfang Juni bis Ende Sept. tägl. 9–18.30 Uhr, sonst 9–13.30 Uhr, geschl. am 25. April, 1. Mai und 15. Aug. Eintritt ca. 2,60 €, von 18–25 1,10 €, frei unter 18 und über 65. Die Besucher werden in Gruppen aufgeteilt (Wartezeiten einkalkulieren) und in etwa 45 Min. durch das Gelände geführt, Führungen nur in Ita-lienisch. Achtung: absolutes Handyverbot!

Besichtigung: Der Komplex aus flachen weißen Häusern ist um einen sandi-gen Hof gebaut, in dem die weit ausladende *Pinie* auffällt, die beinahe den ganzen Platz beschattet. Angeblich hat sie Garibaldi selbst gepflanzt. Von hier wird man zunächst in das ehemalige *Wirtschaftsgebäude* mit historischen Gerätschaften geführt. Größte Sehenswürdigkeit ist hier der Sattel des Pferdes Marsala, auf dem Garibaldi bei der Landung der Tausend in Palermo eingeritten ist.
Im *Wohnhaus* sind die Originalmöbel noch zum größten Teil erhalten, außer-dem zahlreiche Erinnerungsstücke sowie persönliche Habseligkeiten Garibaldis, z. B. der goldene Kneifer, seine Mütze und das legendäre rote Hemd (camicia rossa), sowie Umhänge, Stiefel, Ferngläser, Familienfotos u. a. Vor allem aber gibt es jede Menge Rollstühle, Krücken, Medizinampullen etc. – dass Garibaldi an Arthritis gelitten hat, lässt sich nicht übersehen. Im letzten Raum kann

246 Nordsardinien/Gallura

Führung durch die Casa di Garibaldi

man das Sterbebett bewundern, in einem Glaskasten ist es vor allzu neugierigen Besuchern in Sicherheit gebracht. Garibaldi starb hier am 2. Juni 1882, das Kalenderblatt ist seitdem nicht mehr gewendet worden und eine angehaltene Uhr zeigt die exakte Todesminute an. Alljährlich findet an diesem Tag ein feierlicher Festakt statt. Ausgestellt ist auch das Testament Garibaldis, verfasst im September 1881 und einen Tag vor seinem Tod noch ergänzt.
Etwas abseits vom Haus, im weiten Garten, stehen die *Sarkophage* der Garibaldi-Familie – Giuseppes letzte Frau Francesca Armosino (sie wurde 75 Jahre alt) und die Kinder Manlio (geboren auf Caprera, gestorben mit 24), Teresita, Rosa (gestorben mit 16 Monaten), Anita (gestorben im Alter von 16) und Clelia (geboren auf Caprera, gestorben mit 92). Der Patriarch selbst ruht unter einem nur grob behauenen Granitblock.
In Richtung Ausgang kommt man noch an zwei Booten vorbei, die Garibaldi benutzte, um zwischen Caprera und La Maddalena zu pendeln.

Giuseppe Garibaldi: Held des Risorgimento

Garibaldi gehört zu den schillerndsten Gestalten der italienischen Nationalgeschichte. Geboren 1807 in Nizza (das damals dem piemontesisch/savoyischen Königreich Sardinien angegliedert war), kämpfte der Haudegen und Seeoffizier Garibaldi erst für die Revolution, später für die ersehnte *Einigung und Befreiung Italiens*, das in der ersten Hälfte des 19. Jh. in Herzogtümer, den Kirchenstaat, ein Großherzogtum, österreichische und französische Besitztümer gespalten ist.

Insel Caprera 247

Als verbannten Revolutionär trieb es ihn nach der gescheiterten Revolution von 1848/49 um die halbe Welt, bis New York, Südamerika und Australien. Zurückgekehrt suchte er einen Platz, um sein Haus fernab der politischen Wirren zu bauen. 1855 konnte er mit Hilfe von Ersparnissen und einer Erbschaft ein Stück Land auf der kleinen Felseninsel Caprera erwerben, deren mildes und trockenes Klima ideal für sein rheumatisches Knochenleiden war. Fast fünf Jahre lang beackerte er im Folgenden sein Landgut und baute seine *"Casa Bianca"*.

Doch 1859 sah man ihn bereits wieder in Krieg und Politik. Als General der Alpenjäger des savoyischen Königreichs Sardiniens bekämpfte er bis 1866 die Österreicher in Norditalien. Die legendäre *Landung der "Tausend"* unter seinem Kommando auf Sizilien (mit anschliessender Eroberung Siziliens und Neapels) führte letztendlich zur Niederlage der Bourbonen und dem Anschluss Süditaliens an das neue Königreich Italien unter Vittorio Emanuele. Garibaldi, eigentlich Antimonarchist, stand damit auf dem Höhepunkt seiner Macht, wurde aber von der Regierung kurz gehalten und zog sich zeitweise aus der Politik zurück. Als alternder, arthritiskranker Held residierte er fortan auf seinem Gut und musste an Krücken gehen, was seiner enormen Beliebtheit aber keinen Abbruch tat. Vor allem weibliche Verehrer überfielen ihn auf Caprera.

"Der Löwe von Caprera", Ausschnitt aus einem historischen Ölgemälde

1867 gebar ihm die 19-jährige Francesca Armosino (seine spätere dritte und letzte Frau) eine Tochter. Zur Erinnerung daran pflanzte er die mächtige Pinie im Hof seines Gutes.

Doch die Einigung Italiens hatte er nicht vergessen, immer wieder ging er aufs Festland und mischte in den kriegerischen Auseinandersetzungen seiner Zeit mit (u. a. 1867 sein vergeblicher Versuch, den französisch besetzten Kirchenstaat für Italien zu erobern und 1870 der Kampf gegen die Preußen, die gegen Frankreich marschierten). Bereits zu Lebzeiten populär wie nur wenige Gestalten des italienischen Risorgimento verbrachte er den Lebensabend mit der Sorge um seine Schafe, Oliven- und Pinienbäume. Am 2. Juni 1882 starb er auf Caprera.

248 Nordsardinien/Gallura

Wilder Granit und grüne Pinienwälder auf Caprera

▸ **Caprera/Norden**: die schönste Ecke der Insel mit wirklich toller Landschaft – hier hat man am ehesten die Möglichkeit, die großartigen Verwerfungen des Granit zu beobachten! Teilweise prächtige Pineta, in den höheren Lagen dichte Macchia und bröselige Bergsilhouetten. Ideal zum Wandern und Klettern.
Eine Niederlassung des *Club Mediterranée* mit hunderten von Schilfhütten und einem Anleger für Segel-/Motorboote liegt an der Westküste, beschilderter Abzweig kurz nach der Brücke (✆ 0789/727078, ✉ 727414).
Wenn man auf der Hauptstraße bleibt und nicht zur Casa di Garibaldi abbiegt, kann man auf einer leicht ansteigenden Piste fast bis zur Nordspitze der Insel fahren, überwältigender Blick auf La Maddalena und den ganzen Archipel. Rechter Hand passiert man den *Monte Teialone*, mit 212 m die höchste Erhebung Capreras. In wenigen Minuten kann man ihn besteigen, verschiedene alte Gemäuer sind erhalten, darunter ein Ausguck aus dem Zweiten Weltkrieg.
Kurz vor dem *Forte Monte Arbuticci*, einer großen Befestigungsanlage aus dem letzten Jahrhundert endet die Straße an einer Schranke, Parkmöglichkeit. Rechts führt ein *Trampelpfad* durch die Macchia Richtung Ostküste. Teilweise geht es ein ausgetrocknetes Bachbett entlang, Blick auf die winzigen vorgelagerten *Isole Monaci* mit Leuchtturm. Der Pfad wendet sich an der Ostküste entlang Richtung Süden zu den Felsbuchten der *Cala Coticcio*.

▸ **Caprera/Süden**: weitgehend flach und landschaftlich reizloser als der Norden, dafür mehr Badebuchten und der einzige Inselort.
Eine holprige Wellblechpiste zweigt kurz vor der Biegung zur Casa di Garibaldi nach Süden ab. Durch große Pineta mit Picknickstellen kommt man nach *Stagnali*, einem ehemaligen Militärlager mit planmäßig in Vierungsform ange-

legten Kasernen und der liebvoll eingerichteten Kirche *Madonna della Pace*. In zwei der Häusern haben sich heute Umweltschützer eingerichtet: ein "Centro Ricerca Delfini" (✆ 0789/727897), das sich der Beobachtung von Delphinen in der Straße von Bonifacio widmet, und eine Niederlassung von "Legambiente" (✆ 0789/727493, legambiente.caprera@tiscalinet.it), der größten italienischen Naturschutzorganisation, die über den Nationalpark La Maddalena wacht. Beide Zentren besitzen Ausstellungsräume mit Dokumentationen und Fotos, die in den Sommermonaten besichtigt werden können.

Etwas südlich von Stagnali liegt die große Bucht *Porto Palma*, in der die Segelschule Centro Velico (✆ 0789/738529) ihren Sitz hat. Durch artenreiche Macchia geht es auf zunehmend schlechter Piste hinunter zur Südspitze. Ab und an trifft man auf kleine Sandstrände, vor allem an der schmalsten Stelle der Insel, der *Cala Portese*, wo der Sand jedoch arg mit Algen und Steinen durchsetzt ist. Immer wieder schöne Ausblicke auf die zerrissene Gallura-Küste und vorgelagerte Inselchen.

Punta Rossa, die große Halbinsel im Süden Capreras, ist nur zu Fuß oder per Bike zu erkunden. Es gibt einen schönen Strand, außerdem stehen auch hier noch große Wehranlagen von den Anfängen des italienischen Nationalstaats.

Insel Santo Stefano

Wenn man von Palau nach La Maddalena übersetzt, passiert man diese fast unbewohnte Insel. An der der Fähre zugewandten Seite erkennt man den großen Ferienkomplex *Valtur Santo Stefano*, farblich dem bräunlich-roten Felsgrund angepasst. Auf dem kleinem vorgelagerten Inselchen *Roma* steht ein Denkmal für die gefallenen Marinesoldaten des letzten Krieges. Im Südwesten von Santo Stefano Ruinen des Fort *San Giorgio*, ansonsten kann man eine schöne Wanderung auf den höchsten Punkt der Insel machen, den *Punto dello Zucchero* (101 m).

Die Ostseite von Santo Stefano ist von der 6. US-Flotte in Beschlag genommen und militärisches Sperrgebiet – hauptsächlich Atom-U-Boote liegen dort vor Anker.

▸ **Spargi, Budelli, Razzoli** und **Santa Maria:** Die übrigen Inseln des Archipels sind unbewohnt und bar jeglicher Einrichtungen – beliebt sind Ausflugsfahrten zu ihren schönen Badebuchten ab Palau oder La Maddalena, z. B. zur *Cala Corsari* auf Spargi, zur Insel Razzoli mit ihrem großen weißen Leuchtturm oder zum berühmten Korallenstrand *Spiaggia Rosa* auf Budelli, der jedoch nicht mehr betreten werden darf – zu viele Touristen haben rosaroten Korallensand mitgehen lassen! Auch für Touren-Surfer sind die nah beieinander liegenden Inseln lohnend (→ Porto Pollo).

Ausflugstouren: Juli bis September täglich z. B. mit **"Ulisse" Lai**, Auskünfte in der Bar Sport im Jachthafen Cala Gavetta.

Gallura/Nordküste

Zwischen Palau und Santa Teresa di Gallura liegen kaum Ortschaften am Weg. Die "SS 133 bis" verläuft einige Kilometer landeinwärts, etwas erhöht über dem Meer. Die Küste ist nur schwer zugänglich, wo möglich, haben sich Campingplätze und Feriensiedlungen etabliert.

Ein Höhepunkt ist die breite Mündungsebene des *Liscia-Flusses* zwischen Palau und Porto Pozzo – Sandstrand kilometerlang! Unbedingt lohnend, wenn man mal kurz (oder auch länger) ins Wasser springen will: Den Abzweig nach *Porto Pollo* nehmen, etwa 5 km westlich von Palau (durch Fahnen auffällig markiert), dort liegt der bekannte Surfcamping Isola dei Gabbiani.

Vom tief eingeschnittenen Felsenfjord Porto Pozzo bis Santa Teresa türmt sich eine Bergbarriere auf, wenige Stichstraßen führen zu gut erschlossenen Badeplätzen an der Küste.

Porto Pollo (sard.: Porto Puddu)

Flache vorgelagerte Insel, die mittels eines Damms mit dem Festland verbunden ist, in großartiger Lage darauf der Camping Isola dei Gabbiani. Zu beiden Seiten zwei lang gestreckte Buchten mit weichem weißen Sand der besten Sorte, die Spiaggia del Liscia zieht sich kilometerlang nach Westen.

Jeder Surfer kennt diese Traumbucht mit nahezu idealen Bedingungen. Weil der Wind meist von West oder Nordwest bläst, kann man sich in den beiden Buchten links und rechts vom Damm für an- bzw. ablandigen Wind entscheiden. Nachteil: Auf dem Wasser herrscht manchmal Gedränge wie beim Wochenendeinkauf im Supermarkt. Um den Massen zu entkommen, bietet aber die Inselwelt des Maddalena-Archipels vor Porto Pollo beste Möglichkeiten.

Im gesamten Strandbereich kein Quentchen Schatten, man kann jedoch Sonnenschirme leihen, Parkmöglichkeiten und Erfrischungsbuden findet man am Damm. In den weiten Dünen sieht man nicht selten Wohnmobile stehen. Surfer können ihr Brett getrost zu Hause lassen, vom Sinker bis zum Allroundbrett gibt es auf dem Campingplatz alles. Eine Woche Board-Miete kostet allerdings gut 140 €.

● *Übernachten*: **Windsurf Club**, kleines Stück östlich vom Damm, mit der hübschen Apartment-Anlage "Baia dei Delfini". Deutsch/schweizerische Leitung. Von Surfern bevorzugt, Surfschule ist angeschlossen. Die 70 Wohneinheiten jeweils 30–45 qm groß, mit Küche, Wochenpreis für 2-Zimmer-Apt. je nach Saison ca. 250–1350 €. Von der Terrasse des Ristorante herrlicher Blick auf Porto Pollo, Sandstrand direkt unterhalb der Anlage. Zu buchen z. B. über Sard-Reisedienst. ☎ 0789/704075, 📠 704066, www.windsurf-club.com.

*** **Le Dune**, Hotel mitten im Feriendorf Baia dei Delfini, geräumige Zimmer mit Meeresblick, jeweils Terrasse oder Balkon. DZ mit Frühstück ca. 58–90 €, im Hochsommer HP obligatorisch. ☎ 0789/704013, 📠 704113, www.hotelledune.com.

● *Camping*: *** **Isola dei Gabbiani**, exzellente Lage auf der vorgelagerten Insel, durch einen Sanddamm mit dem Festland verbunden. Riesiges Gelände, auf dem sich die Zelte weit verteilen. Leider sehr wenig Schatten unter niedrigen Wacholderbäumen, sonst nur Felsen und halbhohe

Porto Pollo

In der Surferbucht von Porto Pollo

Macchia. Gemütliches, kühles Restaurant, etwas erhöht, Blick übers Wasser. Sanitäre Anlagen gut (Sitzklos), Diskothek, Münzwaschmaschinen. Vermietung von Wohnwagen und Bungalows (2–6 Betten), Mindestaufenthalt je nach Saison 7 o. 15 Tage. Bademöglichkeiten optimal (→ oben), ansonsten ist man vor allem auf Surfer eingestellt, Windsurfschule vorhanden (Verleih, Box zum Surfbrett verstauen ca. 4 € am Tag), außerdem Tauchzentrum. Weiterhin Kinderspielplatz, Tennis in der Nähe, abends Animation. Hauptsächlich junge Leute, viele Deutsche, im Sommer sehr voll. Je nach Saison pro Person ca. 8–15 €, Stellplatz ca. 2–3 €. Ostern bis Ende Oktober. ✆ 0789/704019, ✉ 704077, www.isoladeigabbiani.it.

• *Essen & Trinken*: **Vecchia Gallura**, schönes Lokal an der SS 133 in Richtung Palau, Sitzplätze im Haus oder auf einer schattigen Terrasse.

• *Nachtleben*: **Disko** am Campingplatz.

• *Sport*: **Sporting Club Sardinia**, Windsurf-, Segel- und Tauchzentrum am Oststrand. ✆ 0789/704001.

Tauchcenter am Campingplatz, **Reitschule** an der Zufahrtsstraße.

Surfen im Maddalena-Archipel: Für Fortgeschrittene ist Porto Pollo mit den vorgelagerten Inseln ein ideales Revier. Fast wie ein riesiger Binnensee wirkt hier das Meer. Eine wunderschöne Langstrecken-Tour ist z. B. die Fahrt hinüber zu den kleinen weißen Stränden von *Spargi* (z. B. Cala Corsara an der Südseite), dann nach *Budelli*, weiter durch die Enge zwischen Budelli, Razzoli und Santa Maria, im Lee der Inseln wieder zurück.

▸ **Porto Liscia:** einige Kilometer westlich von Porto Pollo, lange kurvige Anfahrt durch Phrygana hinunter zum langen Strand von Liscia. Auch hier hat sich eine Windsurfschule etabliert.

252 Nordsardinien/Gallura

Porto Pozzo

Kleiner, etwas farbloser Durchgangsort, etwas landeinwärts des tief eingeschnittenen, gleichnamigen Fjords. Langsam hält der Tourismus Einzug, es
gibt Ferienhäuser, eine Hand voll Pensionen, mehrere Ristoranti und einen
empfehlenswerten Campingplatz unten am kleinen Strand. Durch knietiefes
Wasser kann man zur vorgelagerten Insel waten, schöne Lagunenatmosphäre.

● *Übernachten*: mehrere Alberghi an der
Durchgangsstraße.
* **Frassetto**, kürzlich renoviert, Terrasse unterhalb der Straße, besonders schöner
Blick auf die Bucht, DZ ca. 47–60 €, Frühstück ca. 5,50 €/Pers. ✆ 0789/752007.
* **Locanda Porto Pozzo**, einfache Unterkunft gegenüber der Abzweigung zum Zeltplatz. DZ ca. 42 €, kein Frühstück. ✆ 0789/
752124.
● *Essen & Trinken*: **La Luna nel Pozzo**, moderne Pizzeria/Spaghetteria an der Durchgangsstraße, Pizza aus dem Steinbackofen.
Osteria, direkt an der Durchgangsstraße,
wo die Straße zum Zeltplatz abzweigt. Nett
und einfach, nur zwei, drei Tische.
Besonderer Tipp ist das freundliche **Ristorante** mit Außengrill neben dem Campingplatz am Strand.

● *Camping*: ******* **Arcobaleno**, geschützte
Lage am Ende des Golfs, ungewöhnlich
großer Rasenplatz mit Eukalyptusbäumen,
ein Fluss fließt durch das Gelände und
mündet in einer Art Lagunensee, 200 m langer weißer Sand-/Kiesstrand. Sehr harter
Boden. Geräumige Sanitäranlagen mit Gettoni, Waschmaschine. Segelbootverleih und
Bootsausflüge, im Ristorante Pizzen aus
dem Steinofen, benachbart kleine Tanzfläche mit Disko (alles nur in der Hochsaison).
Atmosphäre in der Nebensaison ruhig, fast
beschaulich. Nachteil: oft windig und wegen des Wasserreichtums Mücken. Achtung: kein Trinkwasser am Platz. Pro Person
ca. 7,50–13 €, alles inkl. Auch Vermietung
von Wohnwagen. Mai bis September.
✆ 0789/752040.

Badeplätze von Porto Pozzo bis Santa Teresa → Santa Teresa/Umgebung.

Santa Teresa di Gallura

**Das nördlichste Städtchen Sardiniens liegt flach ausgebreitet auf ei-
nem hügligen Plateau. Daneben der bizarre, tief eingeschnittene Hafenfjord – die "Brücke" nach Korsika mit täglichen Fährverbindungen.**

Wenn man auf der schnurgeraden Einfahrtsstraße die letzten Kilometer auf
das Gallura-Städtchen zurollt, hat man das volle Panorama vor sich. Die pastellfarbenen Häuschen mit ihren roten Dächern bieten ein attraktives Bild –
doch in der Hochsaison wird einem der heftige Autoverkehr kaum Gelegenheit geben, Eindrücke in sich aufzunehmen. Dank der attraktiven Umgebung
ist Santa Teresa in den letzten Jahren zu einem der beliebtesten Urlaubsorte
Sardiniens geworden. Jährlich entstehen neue Bars, Eisdielen und Boutiquen
im Zentrum des kleinen Städtchens, die Hotels sind schon lange vor der Saison restlos ausgebucht und der weiße Badestrand *Rena bianca* nördlich unterhalb vom Ort platzt im Sommer aus allen Nähten.
Ob man Santa Teresa *schön* nennen will, sei dahingestellt. Die junge Stadt
ohne Tradition wurde zu Beginn des 19. Jh. unter König Vittorio Emanuele I.
von Sardinien-Piemont planmäßig angelegt. Schnurgerade, rechtwinklig
zueinander verlaufende Straßen prägen das Bild, ein typisches Beispiel für die
"aufgeklärte", rational bestimmte Stadtplanung des letzten Jahrhunderts. Die

Santa Teresa di Gallura 253

exponierte Lage auf dem windzerzausten Kap, die gleißende Sonne auf den pastellfarbenen und weiß gewaschenen Häuserfronten, die großartige, steinig-karge Hügellandschaft der Umgebung – dies alles gibt Santa Teresa jedoch einen herben Charme, der zumindest in der Nebensaison noch deutlich spürbar ist. Doch wenn abends das Leben auf der großen kahlen Piazza Vittorio Emanuele I wimmelt, ist davon keine Rede mehr.

Unbedingt lohnend: das nahe gelegene *Capo Testa*, eine wilde, vom Meer umspülte Felsenhalbinsel, eine der großen Naturschönheiten der sardischen Nordküste.

Information

A.A.S.T. an der Piazza Vittorio Emanuele I 24, kleines Büro an der erhöhten Ostseite des Platzes. Gut organisiert, freundlich und hilfsbereit, es wird Englisch gesprochen. Kleine Stadtpläne, Zimmervermittlung, Geld-wechsel, Bus-/Schifffahrtspläne u. a. Mo–Fr 8.30–13, 15.30–20 Uhr, Sa 8.30–13, 16.30–19.30 Uhr, So 9–12, 16.30–19.30 Uhr. ✆ 0789/754127, 📠 754185, www.regione.sardegna.it/aaststg.

Anfahrt/Verbindungen

● *Bus*: **Busbahnhof** unterhalb vom Ortskern, in der Via Eleonora d'Arborea/Kreuzung Via Berlinguer.
ARST-Busse 5–8x tägl. von und nach Olbia (über Palau und Arzachena), 3–5x von und nach Sassari (über Vignola, Castelsardo und Porto Torres), 2–4x nach Tempio, 2x nach Golfo Aranci.
Turmotravel-Busse fahren 4x täglich über Palau zum Flughafen von Olbia und umgekehrt.
In der Saison auch **Badebusse** ab Piazza San Vittorio zu den umliegenden Stränden: 5–7x tägl. von und zur Rena Maiore (weiter nach Vignola), zur Baia Santa Reparata, zum Capo Testa und zur Spiaggia La Marmorata. Aktuelle **Fahrpläne** sind in der Tourist-Info erhältlich.

● *Schiff*: Autofähren von **Saremar** und **Moby Lines** pendeln je nach Saison bis zu 6x tägl. zwischen Santa Teresa und **Bonifacio** (Korsika). Überfahrtsdauer ca. 50 Min. Tickets gibt es im Hafen: Saremar im Hauptbüro (✆ 0789/754156), Moby Lines in einem Kiosk an der Promenade (✆ 0789/751449).
Preis (Saremar): pro Person 7–9 € (Kinder die Hälfte), Auto je nach Länge 21–34 €, Wohnmobil pro Meter 8–10 €, Motorrad 7,50–10 €, Fahrrad frei, zuzüglich Hafentaxe von ca. 2–3 €. Moby Lines ist geringfügig teurer, bietet jedoch Spezialtarife für die Weiterfahrt über Bastia nach Piombino (Festland) mit derselben Linie (→ Anreise/Fährverbindungen).

*Adressen (siehe *Karte S*. 255)*

● *Ärztliche Versorgung*: **Guardia Medica Turistica**, Via Berlinguer, Nähe Busstation. ✆ 0789/754079.
● *Fahrzeugverleih*: Autos bei **Avis**, Via Maria Teresa 41 (✆ 0789/754906), **Sardinya**, Via Maria Teresa 29 (✆ 0789/754247), **Happy Cars**, Via Nazionale 6 (✆ 0789/754741). Mopeds, Scooter und Mountainbikes bei **Global (7)**, Via Maria Teresa 36 (✆ 0789/755080).
● *Bootsausflüge*: schöne Abwechslung – per Boot zu den Inseln des Maddalena-Archipels (Spargi, Budelli u. a.), Abfahrt vormittags, Mittagessen an Bord, Rückkehr Spätnachmittag. Im Hafen unten nebeneinander die Ticketbüros diverser Veranstalter, Preis ca. 30–35 €/Pers.

● *Geld*: **Banco di Sardegna** an der Einfahrtsstraße Via Nazionale, am Ortseingang links; **Banca di Sassari**, Piazza Vittorio Emanuele 24, neben Info-Büro. Beide mit Geldautomat.
● *Post*: bei der Busstation, Via Eleonora d'Arborea/Via Berlinguer. Mo–Fr 8–13.30, Sa 8–12.45 Uhr.
● *Sport*: zwei **Wassersportzentren** am Capo Testa, 3 km außerhalb, Treffpunkt für Surfer und Taucher (→ Capo Testa); Reiten im aufmerksam geführten **Caddhos Club**, Località Marazzino, ✆ 0789/751640.
● *Taxi*: Standplätze an der Piazza Vittorio Emanuele I (✆ 0789/754286) und am Hafen (✆ 0789/755000).

Gallura
Karte Seite 188

254 Nordsardinien/Gallura

Übernachten

Jede Menge Unterkünfte, die meisten in der *** Kategorie. Ohne Vorbuchung wird man in der Saison trotzdem in der Regel Pech haben – Santa Teresa ist meist bis aufs letzte Bett belegt, viele italienische Stammgäste. Oft werden zudem Halbpension und mindestens sieben Tage Aufenthalt verlangt (Vollpension ist meist nur geringfügig teurer). Letzte Möglichkeit: der Gang zum Informationsbüro, das sich bemüht, Unterkünfte zu vermitteln.

**** **Grand Hotel Corallaro (6)**, 150 m oberhalb vom Ortsstrand Rena Bianca, wenige Schritte vom Zentrum, trotzdem ruhig. Komfortables Haus, moderne Zimmer mit Terrasse oder Balkon, TV und Air-Condition. Hallenbad, Solarium, Sauna, Restaurant, Bar. DZ mit Frühstück ca. 80–135 €, im Sommer Pension obligatorisch. ✆ 0789/755475, 📠 755431, www.hotelcorallaro.it.

*** **Moresco (9)**, schönes Hotel in ausgezeichneter Lage, nur wenige Meter oberhalb vom Stadtstrand Rena Bianca (eigener Zugang), 2 Min. ins Zentrum. Schattiger Garten, Sitzgelegenheiten unter Pinien, Zimmer mit geräumigen Holzbalkons unter kühlen Arkaden, Blick auf den Strand. DZ ca. 90–110 €, Frühstück ca. 5,50 €/Pers., im Sommer Pension obligatorisch. ✆ 0789/754188, 📠 755085.

*** **Miramare (13)**, älteres Haus in wunderbarer Lage am äußersten Ende der Piazza Libertà, oberhalb der Torre Longosardo, herrlicher Blick auf den Hafenfjord und hinüber nach Korsika. Innen zwar nicht auf dem neuesten Stand, insgesamt aber ok, schöne Fliesenböden, freundliche Leute. Zum Strand ca. 300 m. DZ mit Frühstück ca. 55–93 €. ✆ 0789/754103, 📠 754672.

*** **Marinaro (10)**, Via Angioy 48, gepflegtes Haus mit gutem Restaurant in ruhiger Zentrumslage, Zimmer mit Air-Condition und TV. DZ ca. 48–85 €, Frühstück ca. 8 €/Pers., im Sommer Pflicht zur HP. ✆ 0789/754112, 📠 755817, www.htlmarinaro.it.

*** **Moderno (8)**, Via Umberto 39, zwischen Busstopp und Piazza Vittorio Emanuele I, der Name stimmt tatsächlich, korrekt geführtes Haus mit ansprechendem Ambiente. DZ mit Frühstück ca. 57–90 €, kein Restaurant, also keine Pensionspflicht im Sommer. ✆ 0789/754233, 📠 759205.

*** **Da Cecco (14)**, großes Haus in der Via Po 3, Nähe Piazza Libertà. Schöne Lage über dem Hafenfjord, hinten raus Blick zum Torre und aufs Meer. Kürzlich vollständig modernisiert, Zimmer mit Balkon, teils an einer großen Terrasse. Dank der aufmerksamen Wirtin familiäre Atmosphäre. Speisesaal mit Blick aufs Meer. DZ ca. 50–65 €, Frühstück ca. 8 €/Pers., im Sommer Pensionspflicht. ✆ 0789/754220, 📠 755634, www.hoteldacecco.it.

*** **Sole e Mare (15)**, Via Carducci 1, einsame Lage, hoch über dem Hafenfjord. Sehr ruhig (Name trifft zu), allerdings hinterlässt die exponierte Lage ihre Spuren am Bauwerk. Zimmer ohne Balkons, einfache Bäder. DZ mit Frühstück 57–87 €. ✆/📠 0789/754224.

** **Bellavista (11)**, Via Sonnino 8, von der Piazza Libertà ein paar Schritte die Gasse zum Strand hinunter. Einfaches Hotel in optimaler Lage, guter Service und nette Atmosphäre. Zimmer vor einigen Jahren renoviert, erfreuliche Bäder, und vor alllem – wie der Name sagt – großartiger Blick auf Strand, Meer und Korsika. DZ ca. 45–55 €, Frühstück ca. 5 €/Pers., im Sommer Pension obligatorisch. ✆/📠 0789/754162.

** **Quattro Mori (3)**, Via Capo Testa 11/Ecke Via Sicilia. Einfach, aber nicht schlecht. Im Aufgang Pflanzen und Ölbilder/Aquarelle. Zimmer mit z. T. neuen Kiefernholzmöbeln, Bäder etwas eng, sauber. Freundliche Wirtin. DZ etwa 57–73 €, Frühstück ca. 3 € pro Person, im Sommer Pflicht zur HP. ✆ 0789/754176, 📠 754104.

** **Pensione Scano (1)**, Via Lazio 4, ruhige Seitengasse Richtung Capo Testa. Angenehmes, etwas beengtes Haus, Zimmer gepflegt, z. T. Balkon, unterm Dach sehr niedrig. Kleines Ristorante. DZ mit Bad ca. 37–47 €, Frühstück 4 €/Pers., in der Saison HP obligatorisch. ✆ 0789/754447, www.pensionescano.it.

● *Ferienwohnungen*: vermittelt zu günstigen Nebensaisonpreisen **Randatour**, Via delle Croce 6, Seitengasse der Via Nazionale, parallel zum Viale Tibula. ✆ 0789/754544, 📠 755400, http://web.tiscalinet.it/randatour.

● *Agriturismo*: **Saltara**, hübscher Hof ca. 8 km südlich von Santa Teresa, zu erreichen von der Spiaggia Rena Maiore. Gian-Mario Occhioni spricht Deutsch, vermietet eine Hand voll DZ, bietet typische Gallura-Küche (für Nichthausgäste Reservierung

Santa Teresa di Gallura 255

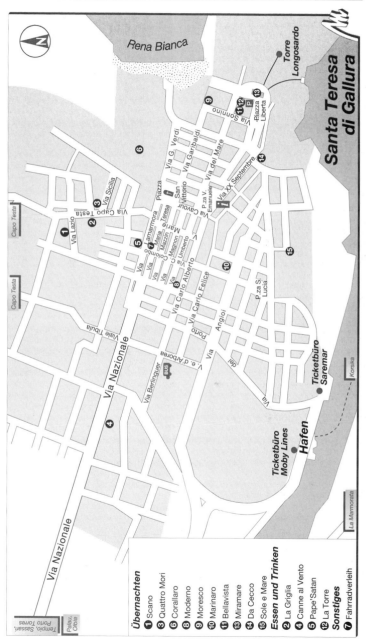

256   Nordsardinien/Gallura

obligatorisch) und gestattet das Zelten auf seinem Gelände. HP pro Person ca. 35–50 €. ✆ 0789/755597, 📠 755025, saltara@nuragica.it.

● *Camping*: gängigste Lösung, wenn Santa Teresa mal wieder bis zur letzten Dachkammer belegt ist.

*** **Gallura**, stadtnächster Platz, ca. 2 km südlich an der schnurgeraden Straße nach Castelsardo. Liegt nicht am Meer, nächste Bademöglichkeit mehrere Kilometer entfernt. Großes flaches Grasareal, teils schattenlos, teils weitausladende Wacholder- und Eukalyptusbäume. Sanitäre Anlagen etwas älter, aber soweit ok (warme Duschen mit Münzbetrieb). Kleine Bar und Ristorante vorhanden, in der Nebensaison aber geschl. Preis pro Person ca. 7–13 €, Stellplatz ca. 2 €. Mitte Mai bis Mitte Oktober. ✆/📠 0789/755580.

*** **La Liccia**, von Kooperative junger Leute geführt, etwa 7 km südlich von Santa Teresa, ebenfalls an der Straße nach Castelsardo, kurz vor dem langen Dünenstrand Rena Maiore (→ Baden). Schöne Lage, gänzlich einsam auf einer Kuppe direkt oberhalb der Straße – toller Blick auf die Macchiahügel der Umgebung und aufs Meer, jedoch oft sehr windig. Kaum Schatten, keine Bäume, nur Stoffbahnen – tagsüber gnadenlos der Sonne ausgesetzt. Sanitäranlagen ok, am höchsten Punkt Ristorante und Bar, abends manchmal Disko oder kleinere Veranstaltungen, guter Supermarkt. Zum Baden entweder den Hügel hinunter an die Felsbuchten oder das kleine Stück zum Dünenstrand Rena Maiore laufen bzw. fahren. Pro Person 7–11 €, Stellplatz ca. 10 €. Mitte April bis Ende September. ✆/📠 0789/755190.

*** **Arcobaleno**, bei Porto Pozzo, ca. 11 km südöstlich von Santa Teresa, an der Straße nach Palau (SS 133 bis). Beschreibung unter Porto Pozzo.

Essen & Trinken (siehe Karte S. 255)

La Torre (12), schöne Lage in einem Gässchen zwischen Strand und spanischem Turm, wenige Schritte vom Hotel Bellavista. Niedriger holzgedeckter Speiseraum, sehr beliebt und meist knallvoll, gemütlich, schöner Blick. Die Primi in zahlreichen Variationen, ansonsten viel Fisch, Fleisch, auch *porcheddu* (Spanferkel). Normale Preise.

Canne Al Vento (4), am Ortsbeginn, Via Nazionale 23. Langjähriger Feinschmeckertreff mit überdachter Speiseterrasse neben dem Haus. Als primo empfehlenswert z. B. die *suppa cuata* (überbackener Käse) oder *gnocchi sardi*, gute Auswahl an Fischgerichten, lecker ist auch das *riso di mare* (Reis mit Muscheln). In der Saison tägl., sonst Mo geschl.

Pape'Satan (5), Via la Marmora 20, ein paar Schritte unterhalb des Kirchplatzes Piazza San Vittorio. Populäre Pizzeria mit hübschem Innenhof, Pizza nur abends, ansonsten diverse Spaghettigerichte, z. B. *spaghetti alla Pape'Satan*. Wird schnell voll, frühzeitig kommen.

La Griglia (Da Pietro) (2), Via Capo Testa, hübsch aufgemachtes Fischlokal mit unverputzten Granitmauern, Schilf und Meerestieren an den Wänden.

Berimbau, vor Ortseingang, etwas nördlich der großen Kreuzung, wo Schilder nach Palau, Porto Torres und Santa Teresa stehen, rechts hinein. Große, z. T. überdachte und schön bewachsene Terrasse, freundliches Personal. Große Pizzen und sardische Spezialitäten, ein Fischmenü und ein sardisches Menü.

● *Cafés & Bars*: **Central Bar 80**, Piazza Vittorio Emanuele, platzbeherrschende Bar mit großer Auswahl, prima Eis.

Big del Gelato, Via Maria Teresa 25, große Auswahl an Eis.

Café du Port, gemütliches Plätzchen im Hafen, kleine Tischchen und schattige Markisen, freundlich geführt.

Il Galeone, Via Nazionale 9, gegenüber der Tankstelle. Gutes Frühstückscafé, frisch belegte Chiabatta-Brötchen und hervorragender *latte macchiato*, nette Bedienung.

Nachtleben/Shopping/Feste

● *Nachtleben*: **Arena Odeon**, Via Capo Testa 6. Das Stadtkino bietet alles von Karate-Kid über Italo-Schinken bis zu den gängigen internationalen Bestsellern. In der Saison tägl. Vorstellungen 21 und 23 Uhr.

Estasi's, an der Straße nach Palau beschildert, "In"-Disko von Santa Teresa. Für sardische Verhältnisse riesig, beleuchtete Zufahrt wie zum Galadinner in der Villa Hammerschmidt, großzügig und gepflegt, Video-Apparate in jeder Ecke, auch im Freien kann man sitzen. Eintritt ca. 10–15 €.

In der Altstadt von Bosa ▲

Hell und freundlich wirken die Straßen von Carloforte ▲▲
auf der Isola di San Pietro

Unter den Arkaden der Via Roma (Cagliari) ▶

▲▲ Dom von Oristano
▲ Urbanes Leben in Oristano
▲▲ Flusspromenade von Bosa mit Castello Malaspina

Sardisches Mohrenkopfbanner ▲▲
Malerischer Winkel in der Altstadt von Oristano ▲

▲▲ Fischerhaus in Golfo Aranci
▲ An der Palmenpromenade von Bosa

Santa Teresa di Gallura

Einfahrt zum Hafenfjord von Santa Teresa

• *Shopping*: großes Angebot an sardischem **Kunsthandwerk** und **Souvenirs** um die Piazza Vittorio Emanuele I und in der anschließenden Via XX Settembre.
Dolci Tipici Torrone, Via XX Settembre (von der Piazza aus linke Seite), hier wird das typische sardische Naschwerk frisch zubereitet.
Tutto Sardegna, Via XX Settembre (rechte Seite), neben den üblichen Souvenirs auch einige kulinarische Spezialitäten Sardiniens.

Buchhandlung an der Piazza Vittorio Emanuele I, schräg gegenüber der Central Bar 80. Literatur über Sardinien, in der Saison auch internationale Zeitungen/Zeitschriften. Deutsche Zeitungen/Zeitschriften auch am **Kiosk** im Hafen.
• *Feste*: **Sagra del Pesce** am 6. Juli, großes Volksfest, zu dem gratis gegrillter Fisch, Brot und Wein verteilt werden.

Sehenswertes: Die beiden Plätze im Zentrum bilden das Kernstück von Santa Teresa. Die *Piazza San Vittorio* ist Verkehrsknotenpunkt, Hostessen und ihre männlichen Gegenstücke regeln zur täglichen Rushhour den blechernen Touristenstrom. Vor der schlichten gleichnamigen Kirche lange Treppenstufen zum Ausruhen.

Die benachbarte *Piazza Vittorio Emanuele I* ist die gute Stube von Santa Teresa – abends flaniert die halbe Stadt über die große kahle Fläche, die Jugend spielt Fußball, man plauscht, sitzt im Café, schaut und lässt sich beschauen.

Mit wenigen Schritten kommt man zur weiten *Piazza Libertà*, dem "Aussichtsbalkon" von Santa Teresa. Rechter Hand führt ein Fußweg ein Stück weit hinunter bis zu einem Aussichtspunkt. Auf einem vorgelagerten Kap thront der spanische Küstenwachturm *Torre Longosardo* aus dem 16. Jh., der seit wenigen Jahren zur Besichtigung offen steht. Weiter vorne am windigen Kap eine verwitterte Marienstatue, dort herrlicher Blick auf die bizarre Felslandschaft, bei klarem Wetter bis Korsika!

Der tief eingeschnittene Felsenfjord unterhalb vom Stadtzentrum gehört zu den schönsten Hafenplätzen der Insel. Entlang der Promenade sind viele

258 Nordsardinien/Gallura

Sport-, aber auch Fischerboote festgemacht – im ehemaligen Fischerdorf Santa Teresa fährt man auch heute noch regelmäßig hinaus. Fast ein Muss: Tagesausflug mit der Fähre nach Korsika, ins Städtchen Bonifacio, das pittoresk auf Kreideklippen erbaut ist.

Die Straße von Santa Teresa zum Hafen führt auf der anderen Seite der Bucht durch das wenig bebaute Gebiet *Terra Vecchia* weiter zur *Spiaggia della Marmorata* (→ Umgebung/Baden).

Öffnungszeiten/Preise: **Torre Longosardo** – 9.30–12.30, 16.30–19.30 Uhr; Eintritt ca. 1,10 €.

Chiesa del Buon Cammino: Idylle abseits der Hauptstraße

Südlich von Santa Teresa die Straße in Richtung Palau (SS 133 bis) nehmen, nach etwa 1,5 km führt ein beschildertes Sträßchen zum Kirchlein (ca. 1 km). Der schlichte Kreuzkuppelbau besitzt eine Kuppel mit Kupferdach, im Inneren stehen Marien- und Heiligenfiguren, in der Apsis prangt ein blauer Sternenhimmel. Besonders schön ist die Lage inmitten alter Olivenbäume, unter den dichten, weitausladenden Ästen bietet sich hier eine ideale Picknickstelle.

Santa Teresa/Umgebung und Baden

Reizvoll ist in der näheren Umgebung die kleine schattige *Marina di Conca Verde*, ansonsten lohnen vor allem Ausflüge nach Porto Pollo zur *Spiaggia del Liscia* und zur Dünenlandschaft der *Rena Maiore*.

▶ **Rena Bianca**: Der Stadtbadestrand liegt nur 5 Fußminuten unterhalb der Stadt – etwa 300 m lang, herrlich weißer weicher Sand, eingerahmt von felsigen Kaps. In der Saison tummelt sich hier allerdings halb Italien. Verleih von Sonnenschirmen und Liegen, einige wenige natürliche Schattenplätze findet man unter der steil abfallenden Felswand im Rücken des Strandes. Es gibt eine Bar oberhalb vom Strand, öffentliche Toiletten/Duschen und Tretbootverleih.

▶ **Spiaggia di Marmorata**: wunderschöner, feiner weißer Sandstrand in einer weiten, halbkreisförmigen Felsenbucht. Die Hänge sind völlig zugebaut durch eine riesige Apartmentsiedlung in geschmackvollem Rot- und Ockeranstrich. Daneben eindrucksvoll terrassenförmig in und an den Berg gebaut eine Hotel-/Apartmentanlage des Club Mediterranée – erinnert an einen gigantischen Termitenbau. Der Strand ist in der Saison von Bewohnern der beiden Großanlagen in Beschlag genommen, man findet kaum noch ein freies Plätzchen. Einrichtungen: Surfbrettverleih, Tauch- und Segelschule, auch das Café mit dem schönen Rasen gehört zum Club – hier wird mit Glasperlen bezahlt.

Einige hundert Meter vor dem Strand liegt eine kleine kahle Felseninsel aus marmorähnlichem, grell-weißem Gestein (Marmorata!), schwimmend ist sie leicht zu erreichen.

● *Anfahrt/Verbindungen*: Abzweigung ab der SS 133 bis (über Marzzino) oder die Straße ab Santa Teresa durch die Hafenbucht, letzteres schöne Fahrt durch einsame Macchia. 50 m vor dem Club Mediterranée geht rechts eine asphaltierte Straße zum Strand hinunter. In der Hauptsaison 5x täglich **Strandbus** ab Santa Teresa.

Santa Teresa/Umgebung und Baden 259

- *Übernachten*: **** Villaggio Santa Teresa**, riesiges "Hotel-Villaggio" mit etwa 400 Apartments in 2–3-stöckigen Häuserzeilen. Architektonisch abwechslungsreich – viele Treppen, Pergolas und Terrassen, auch farblich ansprechend. Der ganze Komplex nimmt einen Großteil der Bucht ein, eine Stadt für sich mit allen Einrichtungen – Restaurant, Supermarkt, Friseur, Kosmetiksalon, Geschäfte, Diskothek ... Die Apartments können mit dem PKW angefahren werden; es gibt 1–3-Zimmerwohnungen mit Kochnische (Kühlschrank, Herd, Geschirrspüler), Bad und Balkon oder kleinem Garten. Gebucht werden kann wochenweise nur mit VP. ✆ 0789/751520, ℻ 751525.

▶ **Cala Sambuco**: kleiner Badestrand, benachbart zur Spiaggia La Marmorata. Nur über 7 km Staubpiste zu erreichen – Abzweigung ab "SS 133 bis" zur La Marmorata, nach ca. 500 m rechts ab (Schild "Rist. La Stalla").

▶ **Valle dell'Erica**: auf der "SS 133 bis" in Richtung Palau fahren, kurz vor Porto Pozzo beschilderte Stichstraße. Man durchquert eine ausgedehnte Urbanisation, die aus den drei Ferienhaussiedlungen *Villaggio Ginestra*, *Villaggio Mirtilla* und *Villaggio Erica* besteht. Insgesamt recht hübsch – Bungalows an üppig begrünten Hängen, großer Swimmingpool, Tennis, Ristorante (nur für Gäste), kühle geschmackvolle Lobby mit Bar (Information/Buchung: ✆ 0789/750020-2, ℻ 750020, im Winter ✆ 755022, ℻ 755885).

Wo die Asphaltstraße ans Wasser trifft, Felsküste mit eingelagerten Kiesbuchten, kaum Schatten, leuchtend grüne Macchia und viel Ruhe. Westlich der Anlagen langer, geschwungener Sandstrand ohne Schatten.

260 Nordsardinien/Gallura

▶ **Marina di Conca Verde**: Der "Strand der grünen Muschel" liegt am Ausgang des tiefen Porto-Pozzo-Fjords und ist der einzige in der Umgebung von Santa Teresa mit Schatten. Die kleine braune Sandbucht ist eingebettet in rote, bröselige Klippenformationen, zahlreiche Pinien stehen nur wenige Meter vom Wasser entfernt, meist weht eine kühle Brise. Nach der sonnendurchglühten Dürre der Gallura eine wohltuende Abwechslung und natürlich dementsprechend stark besucht – viele italienische und sardische Familien, beliebter Picknickplatz, kindergeeignet, schöner Blick auf vorgelagerte Inseln. Das Hotel Conca Verde liegt nur wenige Schritte von der Badebucht entfernt, ist aber seit Jahren geschlossen.
Die Straße führt noch ein Stück weiter in den Fjord hinein, dort Liegeplätze für Boote und Jachten, aber nur noch wenige Bademöglichkeiten.

● *Anfahrt*: Stichstraße ab SS 133 bis, nordwestlich von Porto Pozzo. Schöne Hügelfahrt zwischen klotzigen Felsbrocken und herrliche Panoramablicke auf den Fjord. Hinunter zum Wasser durch dichten Wald, Parkmöglichkeit unter schattigen Pinien.

▶ **Spiaggia di Rena Maiore**: vielleicht der beste Strand bei Santa Teresa, etwa 8 km südlich, in der weiten Bucht *Cala Vall'Alta*, direkt an der Straße nach Castelsardo. Kurz nach dem Camping La Liscia führt eine asphaltierte Zufahrt durch einen dichten Piniengürtel zu meterhohen Dünen, die zum Schutz vor dem ständigen Wind mit Zäunen aus vertrocknetem Buschwerk ausgestattet sind. Die dicht bewachsenen Sandberge ziehen sich ein paar Dutzend Meter ins Land, nur einige Felszungen unterbrechen die langen Strandpartien – urwüchsige Macchia- und Sandwildnis, Bebauungsverbot. Im Hinterland wacholder- und pinienbestandene Hügel, die in die Felsketten der Gallura übergehen. Achtung – im Wald auf keinen Fall offenes Feuer anzünden, extreme Vorsicht ist geboten!

Capo Testa

Ein Höhepunkt – nicht so sehr die Strände, als vielmehr die einzigartigen Landschaftseindrücke! Das Capo Testa ist in mancher Hinsicht die Quintessenz der Insel.

Am Ende der Fahrstraße, jenseits des nur wenige Meter breiten Damms, liegt eine Felshalbinsel voll eigentümlicher Schönheit – wie eine ungeheure Menge Knetmasse, die ein Riese zerstampft und zerbröselt hat, türmen sich hier die Steinmassen übereinander. Eine bizarre Granitwildnis in skurrilsten Formen – entstanden durch jahrtausendelange Erosion von Sturm, Meer und extrem wechselnden Temperaturen. Gallura in Reinkultur!
Weit vorne am nordwestlichen Ende des hügligen Kaps zwischen dornigem Distel- und Macchiagestrüpp steht der ehemalige Leuchtturm, schöner Anlaufpunkt für einen Spaziergang. Lohnend ist aber auch ein Abstecher ins versteckt gelegene *Valle di Luna*, das auf engstem Raum alle Schönheit der Gallura vereinigt.

● *Anfahrt/Verbindungen*: Das Capo Testa liegt etwa 4 km westlich von Santa Teresa – schon diese kurze Fahrt bringt wunderbare Eindrücke des kargen und felsigen Nord-westzipfels Sardiniens. Kurz nach Ortsausfahrt Santa Teresa aufgepasst: rechts direkt über der Straße ein Granitblock mit dem markanten Profil des früheren französi-

Granitwildnis am Capo Testa

schen Staatspräsidenten Charles de Gaulle. Eine schmale **Autobrücke** wenige Meter über Meereshöhe stellt die einzige Verbindung zum Capo Testa dar. Kurz bevor es dorthin hinuntergeht, links eine Serpentinenstraße zum Ferienzentrum **Baia Santa Reparata** (→ nächster Abschnitt).
In der Hauptsaison gehen täglich etwa 5–7 **Badebusse** von und nach Santa Teresa, Abfahrt Piazza San Vittorio, Fahrplan im Tourist-Büro. In der Nebensaison keine Verbindung.

▶ **Baia Santa Reparata**: auf der Kuppe vor der Autobrücke links hinunter. In felsiger Bilderbuchlandschaft ein gut ausgestattetes Ferienzentrum mit Komforthotel und Bungalows/Apartments im neosardischen Stil. Schöner, etwa 200 m langer Sandstrand, außerdem kostenpflichtiger Swimmingpool mit Rutsche.

• <u>Übernachten</u>: **** **Shardana**, Bungalowhotel in reizvoller Hanglage, wenige Meter vom Meer. 51 Bungalows mit separatem Eingang. Ristorante, Aufenthaltsraum und Piano-Bar im eleganten Haupthaus, außerdem Disko, hervorzuheben der Pool samt Bar mit herrlichem Meeresblick. Besitzer und Großteil des freundlichen Personals stammen aus Bari/Apulien. Minimum 7 Tage Aufenthalt, HP pro Person ca. 70–145 €. ✆ 0789/754031, ✉ 754129, www.hotelshardana.it.
*** **S'Arrusciada**, weitläufige Apartmentanlage direkt hinter dem Strand, 150 zweckmäßig ausgestattete Wohneinheiten (1–4 Zimmer, 2–6 Betten), z. T. mit Dachterrasse. In der Vorsaison kaum frequentiert, daher vieles noch nicht in Betrieb (Pool, Sportmöglichkeiten). ✆ 0789/756040, ✉ 755866, calablu@aeroviaggi.it.
• <u>Essen & Trinken</u>: **S'Andira**, etwas schickeres Lokal an der Straße hinunter, kurz nach der Abzweigung, Panoramablick. Große Variationsbreite der Gerichte, z. B. Fisch in einem guten Dutzend Zubereitungsarten mit diversen Beilagen – in Vernaccia, vom Rost etc. Als Primi z. B. *gnochi sardi* oder *patate ai formaggi*. Nur Juni bis September, tägl. geöffnet.

▶ **Autobrücke**: Ausgesprochen beliebt bei Surfern sind die zwei Sandstrände zu beiden Seiten des schmalen Autodamms, *Spiagge dei Due Mari* genannt. Der nördliche ist kleiner und rauer, der südliche lang und weit ausladend. Wilde

Nordsardinien/Gallura

Hinter den mächtigen Granitblöcken tobt das Meer

graue Granitklippen umrahmen das Ganze, ein kleines Wäldchen liegt halbhoch über dem Südstrand. Für Surfer herrschen wie bei Porto Pollo ideale Bedingungen. Wenn der *Levante* (Ostwind) weht, ist die Nordbucht die sicherere (anlandiger Wind). Bei *Maestrale* (aus Nordwest) gibt's oft meterhohe Brandung in der Südbucht, auf die hier nicht wenige Profis lauern. Gut zum Springen, Wind dreht in die Bucht hinein.

- *Übernachten*: *** **Large Mirage**, gleich nach der Brücke links die Einfahrt hinein. Große Anlage in schöner ruhiger Lage, etwas abseits der Straße mit Panoramablick auf die ganze Bucht. Tennis, Swimmingpool, große Essensveranda im 1. Stock. Allerdings kein Schatten auf dem ganzen Terrain. HP pro Person ca. 43–80 €. ✆ 0789/754207, 🖷 755518.
- *Sonstiges*: **Diving Center Capo Testa**, Tauchschule unmittelbar nach der Brücke rechts, geführt vom netten Schweizer Joschi Kiesel. Kurse und Verleih von Tauchgerät: Tauchgang mit eig. Ausrüstung und Bootsfahrt kostet ca. 35 €, Ausbildung zum CMAS Bronze ca. 270 €. Pfingsten bis Oktober, Ostern nach Ameldung. ✆/🖷 0789/751519 oder Mobil 347/3715246.
Nautica Rena Ponente, vis à vis auf der anderen Straßenseite. Surfschule, Verleih von Surfbrettern und Schlauchbooten mit Außenbordern.
Hübsche kleine **Bar** über dem Südstrand.

▶ **Capo Testa** (Ort): Hinter der Brücke führt die Straße in eine ehemalige Fischersiedlung. Früher nur eine Hand voll Häuser, inzwischen sind aber immer mehr Ferienwohnungen und auch einige Restaurants dazu gekommen. Direkt unterhalb der Straße ein schön geschwungener Strand mit weichem Sand, begrenzt von Granitfelsen, viel besucht.

- *Übernachten/Essen & Trinken*: **Da Casu**, direkt in einer scharfen Linkskurve an der rechten Straßenseite. Bei Mario Casu gibt es für angemessenes Geld wohlschmeckende Hausmannskost, sogar das "menu turistico" für ca. 13 € ist bisher ganz gut. Freundliche Bedienung, Blick von der Terrasse aufs Meer.

Valle di Luna 263

** **Bocche di Bonifacio**, wenige Meter weiter, einfaches Albergo mit netten Zimmern und einer sehr beliebten Fischtaverne, wo selbst gefangener Fisch täglich auf den Tisch kommt. DZ je nach Saison ca. 37–55 €, Frühstück ca. 5 €/Pers. ✆ 0789/754202, ✉ 759009.

▶ **Leuchtturm**: Die Straße führt hinter Capo Testa noch ca. ½ km weiter auf die Felsenhalbinsel und endet an einer Wendeplattform mit Parkmöglichkeit und Erfrischungswagen. Rechts unterhalb die schöne Badebucht *Cala Spinosa* mit kristallklarem Wasser. Weiter zu Fuß durch das Tor mit der Aufschrift "Zona militare, divieto di accesso" (keine Angst, das militärische Sperrgebiet, ist seit vielen Jahren aufgelöst!) und halb rechts gehen, dort kommt man in ein wirklich einzigartiges Kletterlabyrinth mit einer unglaublichen Ansammlung von Gesteinsformationen – zweifellos eine der faszinierendsten Stellen der Nordküste. Die riesigen, weich abgerundeten Felsen aus blendend weißem Granit wirken fast sinnlich, auf einem Felsen ist ein betonierter Ausguck erbaut, zu dem man hinaufklettern kann. Kleiner Fußmarsch durch bemooste Felsen, knöchelhohe Disteln und Macchiagebüsch zum etwas oberhalb stehenden großen *Leuchtturm*. Im Gebäude reichlich Müll von Feten und Saufgelagen, herrlicher Blick. Weiterlaufen zum Valle di Luna ist hier möglich (→ unten).

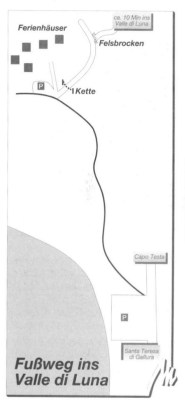

Valle di Luna

Das "Valle" ist ein lang gestrecktes Tal, das sich in zwei Felsbuchten zum Meer öffnet. Jahrmillionen altes Vulkangestein und Granitfelsen bilden eine überwältigende Einrahmung. Das Tal kann nur zu Fuß begangen werden.

Während im oberen Teil noch Buschwerk zu beiden Seiten des schmalen Pfades dominiert, der zum Meer führt, wird das Tal unten breiter und zunehmend kahler. Eine grandiose Felsszenerie türmt sich auf – wo man hinblickt, riesige, vom Meer ausgehöhlte Felsen, die die merkwürdigsten Formen bilden, oft Menschen und Tieren ähneln. Im Lauf der Jahrtausende hat sich alles ineinander

264 Nordsardinien/Gallura

Im früheren "Hippietal" Valle di Luna

verschoben und verkeilt, Spalten und Höhlen gähnen überall, mächtige Felsplatten sind aneinander gelehnt, Brocken wirken wie von Riesenhand verstreut. Am Ausgang des Tals thront ein hohes Felsenkap. Rechts davon liegt der kleine Sandstrand *Baia dell'Indiano*, links die *Baia del Totem*, eine fast kreisrunde, von bizarr ausgehöhlten Granitkuppen eingefasste Bucht mit schönen Steinplatten zum Sonnen und ein paar runden Felseninseln draußen im Wasser – mit ein paar Schwimmstößen ist man drüben.
Schon die alten Römer hatten die überreichen Steinvorkommen des Valle di Luna zur Herstellung von Säulen für ihre Tempel genutzt. Dank der günstigen Lage der Schlucht, die sich zum Meer öffnet, konnten sie die benötigten Felsbrocken mittels Lastschiffen nach Rom schaffen. Danach wurde es jedoch still in der abgelegenen Felsöde. Erst in den siebziger Jahren des letzten Jahrhunderts entdeckten Hippies das faszinierende Tal – wochen- und monatelang hausten sie in den zahlreichen Höhlen, nur zum Proviant fassen musste man in die Zivilisation zurückkehren, Wasser gab (und gibt) es an einer spärlich tröpfelnden Quelle im oberen Teil des Valle, an der man direkt vorbeikommt. Dann folgten die Rucksacktouristen – in halb Europa sprach sich die Mär von dem schönen Tal auf Sardinien herum, ganze Zeltkolonien entstanden auf den weiten, dürren Rasenflächen zwischen den turmhohen Felswänden. Abends wurde zusammen gekocht, man/frau saß am Lagerfeuer zusammen, die Joints kreisten – Höhepunkt war allmonatlich das "Vollmondfest", zu dem sogar viele junge Römer für einen Kurzbesuch herüberkamen. Dass eine solche Invasion nicht spurlos an dem Tal vorübergehen konnte, leuchtet ein. Der Müll häufte sich zu Bergen, mit Verbrennungsaktionen konnte man nur noch

Valle di Luna 265

sporadisch die schlimmsten Auswüchse beseitigen. Der nächste Programm-punkt war klar – die Carabinieri, die schon seit längerem ein Auge auf die sommerliche Wohnkolonie geworfen hatten, räumten in einigen groß ange-legten Razzien das Tal. Das war 1984 und ist lange her. Heute wird wieder hier gewohnt, wenn auch lange nicht mehr in dem Maß, wie in den Siebzigern – die meisten "Alternativurlauber" wohnen jetzt, gut versteckt, in den zahlrei-chen Höhlen der umliegenden Seitenwände und Nebentäler. Zelte sieht man nur noch wenige.

Die Schönheit des Valle di Luna hat inzwischen weite Kreise geschlagen – während der Sommermonate klettern täglich italienische Familien mit Kind, Kegel und Fotoapparat herunter. Man kommt zum Picknick, zum Baden und um die wenigen Unerschrockenen zu bestaunen, die hier am Busen der Natur leben. Schon vor mehr als zehn Jahren kursierte das Gerücht, dass im Valle di Luna eine große Ferienanlage gebaut werden sollte. Bis heute ist nichts da-raus geworden, und das Tal steht mittlerweile – wie das gesamte Capo Testa – unter Naturschutz.

● *Hinkommen*: Unmittelbar nach der **Auto-brücke**, die das Capo Testa mit dem "Fest-land" verbindet, fährt man links in den **Park-platz** am Boots-/Surfbrettverleih hinein. Hier beginnt eine knapp 2 km lange **Zufahrts-piste** zu einigen Ferienhäusern, an der auch der Einstieg zum Tal liegt. Die Eigen-tümer haben allerdings ein Schild aufge-stellt, das Unbefugten das Befahren unter-sagt. Also geht man besser in etwa 30 Min. hinauf, bis man die ersten rosafarbenen Bungalows erreicht. Am Beginn vom Park-platz führt ein mit **Kette abgesperrter Weg** nach rechts, nach wenigen Metern zweigt rechts ein mit Felsbrocken markierter Weg ins Tal ab. In etwa 10–15 Min. steigt man hier bis zum Talausgang am Meer hinunter (→ Karte S. 263).
Alternative: vom oben beschriebenen Leuchtturm querfeldein über die Felsen nach Süden, parallel zur Küste laufen, bis man praktisch zwangsläufig das Tal erreicht.

> **Tipp:** Beide Varianten kann man zu ei-ner Rundwanderung verbinden, Start am Parkplatz vom Boots-/Surfbrett-verleih oder am Ende der Capo-Tes-ta-Straße beim Leuchtturm. Dauer et-wa 1 1/2–2 Std.

Gallura
Karte Seite 188

Was haben Sie entdeckt?

Was war Ihre Lieblingstrattoria, in welchem Hotel haben Sie sich wohl-gefühlt, welchen Campingplatz würden Sie wieder besuchen?

Bitte schreiben Sie uns, wenn Sie Kritik, Verbesserungen, Anregungen oder Empfehlungen haben.

Eberhard Fohrer
Stichwort "Sardinien"
c/o Michael Müller Verlag
Gerberei 19
91054 Erlangen
e.fohrer@michael-mueller-verlag.de

Gallura/Westküste

Vom windumtosten Capo Testa Richtung Südwesten bis kurz vor Castelsardo, am Coghinas-Fluss endet die Gallura. Zwischen den niedrigen, felsigen Küstengebirgen liegen einige wunderbare lange Sandstrände, mit der Aufforstung von Piniengürteln versucht man, die Erosion zu stoppen.

Vom *Maestrale*, dem zähen Nordwestwind (verlängerter Arm des Mistral aus dem Rhonetal) bleibt dieser Küstenstrich selten verschont – nur vom Wind glatt gepeitschte, aber überraschend artenreiche Macchia und karge, im Sommer strohgelbe Schafweiden können sich am Leben erhalten. Im Hinterland abgerundete kahle Berg- und Hügelkuppen, verstreut Granitgeröll, hohe Felszacken und dichte Korkeichenwälder um Tempio Pausania.

Wenige größere Ortschaften existieren, die steile Felsküste ist zum größten Teil unzugänglich. In den Sandnischen aber überall viel Tourismus. Strände, die zu den schönsten Sardiniens gehören, allerdings, wie gesagt, stark von Winden belastet sind.

● *Verbindungen*: **ARST-Busse** verkehren regelmäßig zwischen Santa Teresa und Castelsardo und fahren weiter nach Porto Torres und Sassari. Stopps in allen Ortschaften am Weg – Vignola, Isola Rossa, Badesi, Valledoria. Von allen genannten Orten Busse ins Hinterland nach Tempio Pausania.

Von Santa Teresa nach Castelsardo

Die Küstenstraße ist breit und gut ausgebaut. Kurz nach Camping La Liccia beginnt entlang der Küste ein prächtiger Piniensaum, asphaltierte Zufahrten führen zum langen Dünenstrand *Rena Maiore* (→ Santa Teresa/Umgebung und Baden). Im Hinterland viel Agriturismo und ein ganzjährig geöffnetes Villaggio.

Etwa 10 km südlich von Santa Teresa passiert man direkt an der Straße den halbrunden Sandstrand *Rena di Matteu*. Keine Einrichtungen, vereinzelt Wildcamper. Unmittelbar südlich vom eindrucksvollen Kap *Monte Russu* liegt die *Spiaggia Montirussu*. Auf den nächsten fünf Kilometern bis Vignola folgen in die niedrige Klippenküste eingelagerte Kies- und Sandstrände, optisch allerdings verborgen hinter einem dichten Piniengürtel. Es gibt nur wenige Zufahrtspisten, und keinerlei Hotels, jedoch zwischen Straße und *Spiaggia Lu Litarroni* einen Campingplatz. In der Pineta beliebte Picknickstellen der Sarden – Vorsicht mit Feuer!

● *Camping*: ***** Marina delle Rose**, der Platz nennt sich wegen des naturbelassenen Geländes und der artenreichen Macchia in der Umgebung (u. a. viele Erdbeerbäume) stolz "Campeggio ecologica". Leicht abschüssige Lage im dichten Pinienwald, von jedem Stellplatz herrlicher Meeresblick, sandiger Waldboden, davor Phrygana und etwa 300 m Sand-/Kiesstrand mit Felsen, leicht rötlich gefärbt wegen einem vorgelagerten Korallenriff. Sehr einsam, nächster Ort Vignola ca. 3 km entfernt. Kleines Self-Service Restaurant und Supermarkt, Duschen ausreichend vorhanden und relativ gepflegt (Warmwasser mit Gettoni). Achtung: Schwieriges Gelände für Wohnwagen. Pro Person je nach Saison 7–11 € (alles inkl.). Anfang Mai bis Mitte Oktober. ✆ 079/602090, ℻ 602088.

Am langen Strand von Vignola

Vignola

Nur eine Hand voll Häuser am südlichen Ende des langen Küstenareals, das beim Kap Monte Russu beginnt – hübsches Fleckchen Erde mit schönem Blick aufs Capo Testa, allerdings sehr windexponiert.

Der lange, elegant geschwungene Sand-/Kiesstrand bietet beim Ort selber flache Einstiege, zeigt sich ansonsten teilweise rau und ist unterbrochen von felsigen Kaps. Zwei große Campingplätze und zwei Hotels bieten Quartier. Die Häuser der beiden einzigen Gässchen werden großenteils als Ferienwohnungen genutzt, für Kinder gibt es einen gut ausgestatteten Spielplatz.

Westlich vom Ort mündet ein kleiner Fluss mit glasklarem Süßwasser, der vor allem Hobbyangler und Mücken anzieht. Immer am Ufer entlang kommt man hier nach etwa einstündigem Fußmarsch zur Ferienhaussiedlung *Portobello di Gallura*. Es geht an einer spanischen Torre und einer schlichten Kapelle mit Heiligenbildern vorbei, dann durch Felsen, knöchelhohe Phrygana und Distelgestrüpp immer der Brandung nach.

• *Übernachten*: *** **Torre Vignola**, hervorragende Lage direkt am Strand, angeschlossen eine Pizzeria. Zimmer mit Balkon und Meerblick verlangen. Die Bar unten im Haus kann eventuell für Lärm sorgen. DZ ca. 45–70 €, Frühstück ca. 7,50 €/Pers. ✆/✆ 079/602026.

** **Marechiaro**, auf der anderen Seite vom Kreisverkehr, selber Standard und selber Preis. ✆ 079/602020.

• *Camping*: **** **Baia Blu La Tortuga**, gleich bei der Einfahrt zum Ort, direkt am Strand. Großes Gelände mit viel Schatten, eingezäunt in dichtem Pinienwald. Sehr gut ausgestattet – Supermarkt, Ristorante, große Bar, Kinderspielplatz, Tennis, Boccia, Windsurfschule, Tauchschule und Füllstation für Tauchflaschen. Sanitäre Anlagen ausgezeichnet. In der Saison sehr voll. Vermietung von Wohnwagen und Bungalows.

268　Nordsardinien/Gallura

Fest in deutscher Hand. Viel Animation. Ab Ende Juni bis Ende August muss ab drei Tagen Aufenthalt für ca. 11 € eine Club-Karte erworben werden, damit kostenloser Eintritt zu Tanz-, Theater- und Sportveranstaltungen. Pro Person je nach Saison ca. 4,50–10 €, Stellplatz ca. 8,50–21 €. Mitte April bis Ende September. ✆ 079/602060, ⌨ 602040, www.gruppobaiasilvella.com.

** **Comunale Saragosa**, fast benachbart,

nicht so reichhaltig ausgestattet, aber schönes Terrassenlokal. Pro Person ca. 5,50–10 €, Stellplatz 4–8,50 €. Mitte Mai bis Ende September. ✆ 079/602077, ⌨ 602037.

● *Essen & Trinken*: Alltäglicher Treffpunkt ist die große Bar des **La Torre Vignola**, die kleinen Tische auf der Betonplattform über dem Strand sind immer gut besetzt. Im angeschlossenen Glasbau ein Pizzalokal, zu dem die Lesermeinungen auseinandergehen.

Von Vignola nach Isola Rossa

Die Straße verläuft einige Kilometer landeinwärts der Küste, es geht durch menschenleere, teils bergige Fels- und Macchialandschaften, im letzten Stück steile Serpentinenstrecke, viele Weinfelder. An der Straße oft Verkauf von Wein (Vermentino di Gallura) und Käse (Pecorino) direkt von den Produzenten, auch einige neue Restaurants und Agriturismo-Höfe haben sich angesiedelt. Am Meer zwischen roten Porphyrfelsen einige Feriensiedlungen, die in der Hochsaison nur für vorgemerkte Hotelgäste und Ferienhausbewohner zugänglich sind. Der höchste Punkt der Straße liegt beim Abzweig nach Isola Rossa, hinunter geht es in zahllosen Kurven.

▶ **Portobello di Gallura**: 4 km südwestlich von Vignola, große Ferienhaussiedlung mit teils geschmackvollen Häusern, zu erreichen auf langer asphaltierter Piste, im Hochsommer mit bewachter Schranke versperrt. Im Umkreis einige schöne Badebuchten, eingerahmt von skurrilen roten Porphyrfelsen. Etwa 1 km seitwärts der Straße steht der *Nuraghe Tuttusoni* (beschildert), beim letzten Check war die Zufahrtspiste jedoch mit einem Gatter versperrt.

Übernachten: **Nuraghe Tuttusoni**, Agriturismo-Hof im Hinterland von Portobello di Gallura, weithin sichtbar beschildert. Vermietet werden zwei DZ mit Bad, HP kostet ca. 40–45 €/Pers., es wird auch Deutsch gesprochen. ✆/⌨ 079/656830.

▶ **Costa Paradiso**: große Villensiedlung inmitten roter Klippen, zwei Hotels (***) und ein Tauch-Center, 600 m entfernt der schöne Sandstrand *Li Cossi*. Zufahrt ab Durchgangsstraße im Hochsommer durch Schranke abgesperrt, außerhalb der Saison jedoch frei zugänglich.

● *Übernachten*: *** **Li Rosi Marini**, sehr gepflegte, liebevoll gestaltete Anlage direkt an der niedrigen Klippenküste. Meerwasserpool, Tennis und Privatbucht direkt unterhalb. DZ mit Frühstück ca. 62–180 €. ✆ 079/689731, ⌨ 689732, www.progest.net.

● *Sport*: **Diving Center Costa Paradiso**, neben dem Hotel. Alessandro, Giovanni u. Lorenzo erkunden in Gruppen von max. 5 Tauchern die weitgehend unberührte Unterwasserwelt vor der Costa Paradiso. ✆/⌨ 079/689848, www.divingcostaparadiso.com.

Isola Rossa

Beliebter Ferienort mit schönem Sandstrand, der im Sommer die Massen kaum verkraftet – dann reichlich Trubel, einige Diskotheken. Schon in der Nebensaison werden Angebot und Nachfrage jedoch deutlich spärlicher. Im Winter kehrt die große Einsamkeit ein, nur eine Hand voll Familien lebt hier ständig, die meisten als Fischer.

Hübsch im Ort der intakte Fischerhafen neben Hotel Vitty, wo eine Skulptur der Jungfrau Maria für die glückliche Heimkehr bittet. Ein breiter, allerdings

Trinità d'Agultu 269

nicht allzu langer Sandstrand liegt links vom Ort – bunte Sonnenschirmparade, Surfschule und Verleih von Brettern. In derselben Richtung folgen nach Felsvorsprüngen weitere Sandbuchten bis hin zum langen Sandstrand von Badesi. Östlich von Isola Rossa ausgedehnte Klippenlandschaft roter Porphyrfelsen, reizvoller Gegensatz zum türkis bis tiefblauen Wasser. Je weiter man läuft, desto wilder und zerklüfteter. Ruhige Fleckchen zum Sonnen findet man dort immer. Unter Wasser an den Felsen zahlreiche Miesmuscheln.

● *Anfahrt/Verbindungen*: **ARST-Busse** mehrmals tägl. von und nach Santa Teresa, Castelsardo und Porto Torres. Haltestelle oben an der Durchgangsstraße, in den Ort entweder laufen, trampen oder Taxi nehmen (ca. 4 km).
Taxi, c/o Bar Centrale Trinità d'Agultu, ☎ 079/681221.

● *Übernachten*: Zwei alteingeführte Hotels teilen sich den Löwenanteil des Kuchens. Ansonsten viel Ferienhaustourismus und Apartments, Vermittlung durch "Immobiliare Isola Rossa" an der Uferstraße.
*** Corallo, an der Uferstraße (wenn man runterkommt, rechts). Geräumig und mit viel Liebe und Mühe ausstaffiert, Pflanzen und Ölbilder in Treppenhaus und Gängen, unten TV-Raum und ein Papagei. Oberstes Stockwerk piccobello, weil neu renoviert, in den Zimmern Granitfliesen und helles Holzmobiliar, Bäder tipptopp, herrlicher Meeresblick. DZ je nach Saison um die 50–65 €, Frühstück ca. 5 €/Pers. ☎/🖷 079/694055.
*** Vitty, gegenüber vom Corallo, ordentliches Mittelklassehotel zwischen Meer und Uferstraße, 13 Zimmer, aber nicht wenige mit Blick nur auf die Straße, gutes Ristorante. Etwas günstiger als Corallo. ☎/🖷 079/694005, vittyhotel@tiscalinet.it.

● *Essen & Trinken*: dank des Fischerhafens natürlich viel Fisch und Meeresgetier.
Vitty, im gleichnamigen Hotel, genießt guten Ruf, Spezialität z. B. *risotto alla marinara*, Reis mit Meeresfrüchten und leckerer Soße.
La Torre, gleich nebenan, Terrasse mit Blick, ebenfalls Meeresspezialitäten.
Smeraldo, wo die Stichstraße von der SS 133 bis am Meer mündet, 100 m Richtung Osten. Kühler Innenraum mit Ventilatoren, außer Pizza vor allem Fisch, *calamari fritti* und *spaghetti alle vongole*.
Lo Squallo, an der Einmündung der Stichstraße von oben, einfache Einheimischenbar, mit Holz getäfelt, angeschlossen intimes kleines Ristorante.

● *Cafés & Bars*: **Atlantide**, großer halbrunder Bau aus Naturstein, kurz vorm Strand. Eis, Sandwiches, Panini.
Coc-Codrillus, kurz vorm Strand, von jungen Leuten betrieben. Kleiner schattiger Garten mit Tamarisken, außer dem üblichen Barsortiment auch Panini, Käse und Wurst zur Selbstverpflegung, gutes Eis. In der Saison von 10 Uhr morgens bis 1 Uhr nachts geöffnet.

● *Nachtleben*: Bei der jungen Generation beliebt ist die an die Coc-Codrillus-Bar angeschlossene **Disko**.

Gallura Karte Seite 188

Trinità d'Agultu

Das alte Gallura-Dorf aus Granit ist der eigentliche Hauptort der Region, Isola Rossa nur Fischerhafen und Touristenzentrum.

Von der Durchgangsstraße über kurvige 2-km-Serpentinenstrecke zu erreichen, terrassiert am Hang unterhalb einer felsigen Hügelkuppe. Die neuen Hausfassaden am Ortsrand zeigen, dass der Tourismus in Isola Rossa den Einwohnern zugute kommt. Im Zentrum stehen aber noch etliche der einfachen Gallura-Häuser mit schmiedeeisernen Balkons. Hübscher Hauptplatz – kleine gedrungene Kirche aus grauem Granit, Bänke unter Oleanderbüschen, Parkmöglichkeit. Keine Touristen, vor allem in der Mittagszeit friedvoll.

*Zum Trocknen aufgeschichtet –
Stapel von Korkrinde im Innern der Gallura*

Korkernte in der Gallura

Einziges Werkzeug der Korkarbeiter ist eine Axt, deren Stielende meißelförmig zugespitzt ist. Unterhalb der Baumkrone wird eine ringförmige Kerbe rund um den Stamm gezogen, eine weitere Rundkerbe im unteren Bereich des Stammes. Dann kommt ein Längsschnitt, der die zwei Querschnitte verbindet. Mit dem hinteren Ende des Axtstiels wird die Rinde gelockert, schließlich angehoben, sodass sie abfällt. Dauer des Vorgangs nur ca. 5 Min., allerdings sieht es leichter aus, als es tatsächlich ist. Blut- bis rostrot leuchtet der nackte Stamm, erst in 8–10 Jahren wird er erneut geschält werden können. Bei jeder Schälung wird der Kork besser, ein Baum ist aber nach 8–9x verbraucht.

Die Weiterverarbeitung – zuerst das Kochen in großen Steinwannen, dann werden die Rindenstücke zu Platten gepresst, das Trocknen nimmt die ganze Sommerhitze in Anspruch und dauert Monate. In der Gallura sieht man die großen Korkstapel überall am Straßenrand liegen. Etwa 80 % der italienischen Korkproduktion kommt aus Sardinien: Hergestellt werden Schuhsohlen, Tapeten, Isolierstoffe, Wand- und Fußbodenbeläge, sogar Linoleum (aus zerriebenem Korkpulver). Die beste Qualität wird für Weinkorken verwendet.

Isola Rossa/Hinterland

Über Aggius nach Tempio Pausania etwa 30 km sehr gute Asphaltstraße. Nach dem Ortsausgang von Trinità d'Agultu schöne Rückblicke auf die weite Ebene des Coghinas. Bei klarem Wetter kann man am Horizont die Isola Asinara und den Felsen von Castelsardo erkennen.

Landschaftlich karg, kaum besiedelt. Gewaltig gerundete, kahle Bergrücken und nur vereinzelt Bäume, die, vom Wind zur Seite gedrückt, beinahe am Boden entlang wachsen. Wenige Kilometer nach Trinità d'Agultu aber schon die ersten Korkeichenwälder. Kurz nach dem Hinweisschild zum *Nuraghen Izzana*, der über eine schlechte Piste zu erreichen ist, erscheint hinter einer Straßenbiegung ein überraschendes Panorama: der *Piano dei Grandi Sassi*, auch "Valle di Luna" genannt – eine weite Ebene voll gigantischer Felsbrocken und übereinander getürmter Trümmer, verstreut wie von Riesenhand.

Innere Gallura

Landschaftlich sehr lohnend – die bizarren Granitklippen der Küste, ergänzt durch üppige Waldstriche. Das Gebiet mit dem dichtesten Korkeichenbestand Sardiniens. Aber auch kahl gepeitschte Hochflächen ohne Baum und Strauch, dürftige Weiden für bescheidene Viehhaltung. Die Straßen so gut wie alle interessant fürs Auge.

Wirtschaftlich steht der Kork an erster Stelle. Der Kauf direkt vom Produzenten macht mehr Spaß als die Souvenirläden der Küste. Die Orte aus hartem, grauen Granit gehören zu den schönsten in Sardinien und sind touristisch noch wenig überlaufen. Das *Limbara-Massiv* bringt den perfekten Überblick über die gesamte nördliche Hälfte der Insel.

Tempio Pausania

Die Hügelstadt erstreckt sich auf einer Hochterrasse am Nordfuß des mächtigen Monte Limbara, inmitten dichter Korkeichenwälder. Das alte Zentrum zeigt sich ausgesprochen reizvoll – winklige Granitgassen, ehrwürdige Bürgerhäuser mit schmiedeeisernen Balkons, abgewetztes Pflaster. Die authentische Atmosphäre einer intakten sardischen Kleinstadt. Nachts dagegen düster, fast ausgestorben.

Als Zentrum der Gallura sind in Tempio auch öffentliche Gebäude, Schulen und das große Provinzkrankenhaus angesiedelt. Die Neubauten wachsen allmählich die Hänge hinunter, die man, von auswärts kommend, über Serpentinenstraßen erst erklimmen muss. Unterhalb des Zentrums auch der kleine Bahnhof der Stadt.

Tempio hat dank seiner Höhenlage einen guten Ruf als Luftkurort, auch die Sommerhitze ist hier nicht so drückend wie an der Küste. Das Wasser der Stadt ist sogar berühmt. In wenigen Minuten erreicht man vom Zentrum die Mineralquelle *Fonte Rinaggiu* in einem schattigen Wäldchen am Ortsrand. An Wochenenden kommen die Sarden aus der ganzen Umgebung.

272 Nordsardinien/Gallura

Anfahrt/Verbindungen

● *Eigenes Fahrzeug*: Die Gassen des Centro storico sind sehr eng, vor allem mit Wohnmobilen sollte man unbedingt draußen bleiben.

● *Zug*: Tempio liegt an der Schmalspurbahnlinie der **FdS** von Sassari nach Palau, die nur noch in den Sommermonaten vom "Trenino verde" befahren wird (→ S. 145): Ende Juni bis Mitte September 2x tägl. nach **Palau** und zurück (Fahrtzeit ca. 1 ½ Std., Preis einfach ca. 12 €) und Ende Juni bis Ende August 2x wöch. nach **Sassari** (Fahrtdauer ca. 2 ½ Std., Preis einfach ca.

14 €). Der Bahnhof von Tempio ist eine kleine Sehenswürdigkeit (→ unten).

● *Bus*: **ARST-Busse** starten am großen Platz Largo XXV Aprile (Durchgangsstraße Richtung Monte Limbara) 2x tägl. über Calangianus, Sant'Antonio, Arzachena nach Cannigione. Ebenfalls 2x tägl. über Aggius, Luogosanto, Palau nach Santa Teresa. Weitere Busse gehen nach Olbia und Sassari.
FdS-Bahnbusse (Abfahrt am Bhf.) stellen 3x tägl. über Oschiri nach Monti (Ankunft am FS-Bhf.) die Verbindung zur Hauptbahnlinie Olbia–Oristano–Cagliari her.

Information/Adressen

● *Information*: **Pro Loco** in der Seitenfront vom Rathaus, Piazza Gallura 2. Es gibt Stadtpläne und ein wenig Prospektmaterial. Mo–Fr 9.30–13, 16.30–19, Sa 9.30–13 Uhr. ✆ 079/631273.

● *Geld*: **Credito Italiano**, Piazza d'Italia; **Banco di Sardegna**, Largo Alcide de Gasperi (neben Petit Hotel). Beide mit Geldautomat.

● *Post*: Largo Alcide de Gasperi 1, gegenüber Petit-Hotel.

● *Reisebüro*: Via Roma 20. Buchungen für Schiff, Bahn und Flugzeug.

● *Shopping*: **Markt** an der Piazzza Mercato, seitlich unterhalb der Via Roma.
Fabbrica Artigianato Sughero (2), unterhalb des Viale Fonte Nuova, Via Puchoz (Puccini) 12. Mario Satta fertigt aus Kork Kunsthandwerk und Gebrauchsgegenstände, z. B. Aschenbecher, Bucheinbände, Vasen und Tapeten. Tägl. geöffnet.

Übernachten

Dank der häufigen sardischen Ausflügler gibt es zwei größere Hotels, die aber selten völlig ausgebucht sind.

★★★ Petit Hotel (3), Largo Alcide de Gasperi 9/11, komfortables Haus am Beginn des schönen Viale Fonte Nuova. Modern und geschmackvoll ausgestattet, Zimmer mit Air-Condition und TV, nach hinten weiter Blick auf die Granitzacken von Aggius. DZ mit Frühstück ca. 65–95 €. ✆ 079/631134, ✉ 631176, www.petithotel.it.
★★★ Delle Sorgenti (1), Via delle Fonti 6, ruhige Lage unter hohen Bäumen 150 m von der Mineralquelle, an der Straße. Etwas abgewohntes Albergo, einfache Zimmer mit

Balkon, Bäder laut Leserbrief z. T. renovierungsbedürftig, freundliche Leute. Essen ok. PKW kann im verschlossenen Hof abgestellt werden. DZ mit Frühstück ca. 60–67 €. ✆ 079/630033, ✉ 671516.
Carma (7), Via Fosse Ardeatine 14, südöstlich außerhalb vom Zentrum, zu erreichen von der Straße nach Olbia. Einfache Locanda mit sechs Zimmern, jeweils mit Bad. DZ ca. 35–40 €. ✆ 079/670685, ✉ 670800.
Agriturismo → Tempio Pausania/Umgebung.

Essen & Trinken

Die wenigen Trattorias sind auf einheimische Kundschaft eingestellt, klein und persönlich. Die Quellenbesucher bringen ihr Picknick selber mit.

Caffè Gabriel (6), Via Mannu 43, seitlich der Via Roma, kleine reizvolle Trattoria auf zwei Stockwerken, vom Besitzer Pierpaolo Accogli hübsch volkstümlich dekoriert. Traditionelle Küche, z. B. *cinghiale in agrodolce*, *bistecca d'asino*, *zuppa gallurese* und viel mit Innereien, als Dessert die süßen *ravioli fritti* versuchen. Hauswein von der Cantina

Sociale di Tempio. Im Sommer auch Plätze im Freien. Mo geschl.
Gallurese (4), Via Piave 4, Seitengässchen des Corso Matteotti, Nähe Piazza d'Italia. Kleine Gaststube mit hölzerner Empore, gemütliche Atmosphäre, holzbefeuerter Pizzaofen. Galluresische Spezialitäten wie *salsiccia arrosto* (Grillwürste) und *zuppa gallurese*.

Tempio Pausania 273

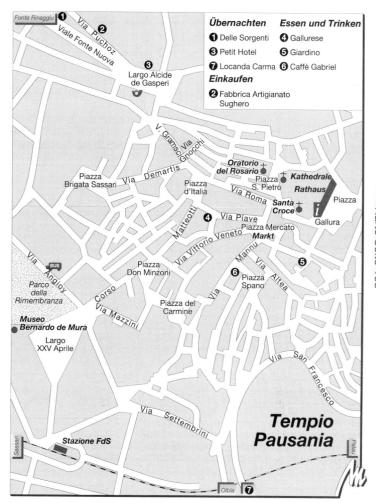

Giardino (5), Via Cavour 1, wenige Schritte von der Piazza Gallura mit dem Rathaus. Alt eingesessenes Ristorante (seit den zwanziger Jahren), Speiseraum mit Leuchtern und unverputzten Mauerwänden, neben dem Haus schilfgedeckte Terrasse. Mi geschl.

Sehenswertes

Korsische Einwanderer haben das Gesicht des Städtchens geprägt. Tempio wirkt verspielter und weniger herb als manch andere sardische Kleinstadt.

Via Roma: Die schnurgerade Hauptstraße mit ihren pittoresken Fassaden und dem glatten Granitpflaster bildet das lebendige Rückgrat der Altstadt.

274 Nordsardinien/Gallura

Sie verläuft zwischen Piazza d'Italia und Piazza Gallura. Unterwegs passiert man die *Piazza San Pietro* mit der Kathedrale, wenige Schritte unterhalb liegt die Piazza Mercato mit einem kleinen offenen *Markt*.

Piazza San Pietro: Die *Cattedrale di San Pietro* besteht aus unverputzten Granitquadern, Portal und Campanile stammen aus dem 15. Jh. An der Fassade gotisch/barocke Motive, außerdem hübsch farbige Mosaike jüngeren Datums mit Szenen aus dem Leben Christi. Im barock-klassizistischen Innenraum schön geschnitztes Chorgestühl aus dem 14./15. Jh. hinter dem Altar.

Gegenüber der schlichte *Oratorio del Rosario*, erbaut im 17. Jh. auf den Resten einer romanischen Kirche. Schönes aragonesisches Portal, im einschiffigen Innenraum prächtiger Barockaltar mit Gemälden der hl. Katharina von Siena und des hl. Domenico.

Piazza Gallura: Die weite offene Piazza bildet das Zentrum der Altstadt und wird von der Front des Rathauses beherrscht. Hübsch zum Sitzen und Schauen.

Viale Fonte Nuova: Unvermutet gelangt man Richtung Nordost aus dem Gassengewirr an den Largo Alcide de Gasperi, wo die Promenade von Tempio beginnt. Unter schattigen Bäumen flaniert hier abends die halbe Stadt auf und ab. Herrlicher, unverbauter Panoramablick auf die Granitzacken bei Aggius. Die Spazierstraße endet im Pinienwald San Lorenzo an der Quelle *Fonte Nuova*, die durch mehrere eingefasste Becken abwärts strömt. Von hier sind es ca. 15 Min. durch den Wald zur Fonte Rinaggiu.

Fonte Rinaggiu: Eine Autostraße führt zur Quelle am südwestlichen Ende des Orts. Unter hohen kühlen Bäumen kann man aus kleinen Glaskrügen das mineralhaltige Wasser kosten (Magnesium, Ammonium, Kalzium, Silizium, Hydrokarbonat u. a.), soll harntreibend wirken. An Wochenenden ein beliebter Picknickplatz, zu dem die Sarden von weither kommen, um ihre großen Wasserbehälter aufzufüllen. Es gibt auch einen Verkaufsstand, wo Riesenkanister angeboten werden.

Stazione FdS: Der Bahnhof liegt im Tal unterhalb des großen Largo XXV Aprile (Busstopp), 60 Jahre ist er alt. In der holzgetäfelten Wartehalle ziehen sich unter der Decke folkloristische Ölgemälde als farbenprächtiger Fries entlang (übrigens keine Fresken, sondern Holztafeln). Sie zeigen in großflächig-figurativem Stil typische Szenen aus dem sardischen Dorfleben und stammen von *Giuseppe Biasi* aus Sassari, der als einziger nennenswerter Repräsentant zeitgenössischer sardischer Malerei gilt. Für die Auftragsarbeit zur Verschönerung des damals nagelneuen Bahnhofs bekam er Ende der dreißiger Jahre ganze 750 Lire! Biasi sympathisierte mit den Faschisten Mussolinis und wurde 1949 erschossen.

Museo Bernardo de Muro: in der Biblioteca Comunale im Parco della Rimembranza (Largo XXV Aprile), Erinnerungsstücke an einen einheimischen Baritonsänger (1881–1955), der am Festland Karriere machte. Kostproben seines Schaffens sind auf Wunsch zu hören.

Öffnungszeiten/Preise: Mo–Fr 8–14, 16–19 Uhr; Eintritt frei. Information unter ✆ 079/679952.

In Tempio – die beschauliche Hauptstraße mit Blick auf die Kathedrale

> **Il carnevale di Tempio**
>
> Der Karneval von Tempio ist einer der populärsten der Insel. Er gipfelt am Faschingsdienstag in einer großen Parade allegorischer Wagen mit der symbolischen Heirat von Re Giorgo mit einem Landmädchen.

Tempio Pausania/Umgebung

Von Tempio zur Nordküste nimmt man die SS 133 – schöne, teils sehr kurvige Fahrt. Etwa 2 km außerhalb von Tempio passiert man rechts der Straße den Hinweis zum Nuraghen *Maiori*. Er steht etwa 400 m von der Straße und ist einer der wenigen in der Gallura. Man kann zur Plattform hinaufsteigen und den weiten Blick genießen. Das Bergdorf *Luogosanto* mit seinen extrem steilen Gassen ist Ausgangspunkt der Straße nach Arzachena, an der einige bedeutende prähistorische Funde gemacht wurden (→ Arzachena/Umgebung).

▶ **Aggius und Umgebung:** 6 km nordwestlich von Tempio, graues Granitdorf in grandioser Lage unter den steilen Granitzinken des *Monte Croce* (683 m) und *Monte Sozza* (790 m). Tolle Landschaftseindrücke auf der "strada panoramica", die um den Ort herumführt (ausgeschildert). Unterhalb der lang gezogenen Hauptstraße reizvolles Gassengewirr. Aggius ist bekannt für seine traditionellen Teppiche, zu betrachten z. B. in der Weberei von Gabriella Lutzu (Via de Cupis 11, ✆ 079/620196).

Besonders eindrucksvoll ist wenige Kilometer nördlich von Aggius die wild übereinander getürmte Felswüste *Piano dei Grandi Sassi*, auch "Valle di Luna" genannt, an der Straße nach Trinità d'Agultu (→ Isola Rossa/Hinterland).

● *Information*: **Pro Loco** in der Via Andrea Vasa, ✆ 079/620803.

● *Übernachten/Essen & Trinken*: **Il Muto di Gallura**, 1 km außerhalb von Aggius in Richtung Tempio, rechte Seite, Einfahrt gegenüber Aussichtspunkt-Parkplatz. Agriturismo mit Zimmern, kleinen Bungalows und gutem rustikalen Restaurant, toller Blick auf die Granitzinken. Leserlob für die reichhaltige Küche des Hauses: "Es werden serviert: Antipasti-Teller, drei verschiedene Primi, zwei Secondo-Gerichte (Truthahn und Spanferkel), Käse, Obst, Kaffee mit Dolci. Dazu Wein, Wasser, und Grappa, soviel man will." Preis fürs Menü ca. 20–25 €/Pers., für Nichthausgäste Reservierung nötig. HP ca. 40–45 €/Pers. Giovanni Franco Serra erlaubt auch Übernachtung mit Wohnmobil auf dem Parkplatz sowie das Aufstellen von Zelten (jedoch nur in Verbindung mit Essen im Hauslokal). Organisation von Exkursionen zu Fuß, mit dem Auto oder zu Pferd. ✆ 079/620559, www.mutodigalllura.com.

> **Il Muto di Gallura**
>
> Der Stumme der Gallura ist der Überlieferung nach der Überlebende einer mörderischen "vindicau" (vendetta) im 19. Jh., der über 70 Mitglieder seiner Familie zum Opfer gefallen waren. Er setzte die Blutrache fort und ermordete die Mitglieder der gegnerischen Familie gnadenlos, machte dabei auch nicht vor den Kindern seiner Feinde Halt.

Calangianus und Umgebung: Das Städtchen östlich von Tempio ist Zentrum der Korkindustrie Sardiniens. Überall an der Straße stapeln sich zum Trocknen aufgetürmte Korkrindehalden. Die einzige Fachschule für Korkbearbeitung in Italien hat hier ihren Sitz. In der Umgebung viel Weinanbau, der bittere Honig *(miele amaro)* vom Ort ist ein gutes Mitbringsel. In der Saison gelegentlich Feste, die alle irgendwie mit Kork zu tun haben.

Die Verbindungsstraße von Calangianus über *Luras* zur SS 133 (Santa Teresa bzw. Palau) durchquert ein Stück kahlster Gallura. Eine Hochfläche voller Felsbrocken, karger Weideflächen und kleiner Höfe mit Viehhaltung. Kein Baum, kein Strauch, nur Tancas (Abgrenzungsmauern) durchziehen die eindrucksvolle Monotonie.

Die Straße von Calangianus nach Arzachena führt über *Sant'Antonio di Gallura* am Lago di Liscia vorbei. Es geht durch ein dichtes Waldgebiet mit zeitweise steilen Serpentinen tief hinunter, sehr lohnende Strecke (→ Arzachena/Umgebung).

Monte Limbara

Südlich von Tempio erstreckt sich ein üppiges Waldgebiet. Riesenhaft türmt sich das höchste Bergmassiv Nordsardiniens mit seinem Doppelgipfel Punta Balistreri (1359 m) und Punta sa Berritta (1362 m) auf.

Beinahe bis in die Gipfelregionen sind die Hänge bewaldet – prächtige Kiefern und Tannen, dazwischen Steineichen und Pinien. Die zahlreichen (meist sardischen) Ausflügler bringen allerdings viele Gefahren für den herrlichen Baumbestand mit sich. Die Beamten des "Corpo Forestale" sind ständig präsent, groß angelegte Aufforstungsmaßnahmen finden seit Jahren statt und vor einigen Jahren hat man das Limbara-Massiv zum geschützten Naturpark ernannt.

Um in Gipfelnähe zu gelangen, muss man ab Tempio etwa 8 km die SS 392 nach Oschiri nehmen. Nach der *Cantoniera Curadureddu* geht es links ab und steil hinauf, 10 % und mehr. In 1050 m Höhe liegen im Wald die wenigen Häuser von *Valliciola*. Wer will, kann von hier aus in etwa 1 ½ Std. den Gipfel querfeldein erklimmen, ansonsten fährt man weiter die Asphaltstraße hinauf. Oben angelangt, trifft man auf gespenstische Stahltürme der RAI (Radiotelevisione Italia) und der Telecom Italia, sowie auf militärische Radaranlagen. Von einem Aussichtspunkt mit der über und über mit Devotionalien behängten Statue der *Madonna delle Neve* (1248 m) hat man einen grandiosen Blick auf ganz Nordsardinien, bei klarer Sicht sogar bis Korsika. Nur wenige hundert Meter sind es von hier zur *Chiesa di Santa Madonna della Neve*, erbaut an einer zum Brunnen gefassten Quelle.

● *Wandern im Gipfelbereich*: Ein Netz von Fußwegen umzieht den Gipfel und bietet schöne Möglichkeiten zum genussvollen Wandern. So kann man z. B. in etwa 2 Std. von der Marienstatue aus ein kleines Tal nach Südwesten in Richtung **Punta Giogantinu** (1333 m) nehmen, dann nach Osten abbiegen in Richtung **Punta sa Berritta** und am Fuß der **Punta Balistreri** wieder zur Straße zurückkehren. Eventuell erhält man im Tourist Info von Tempio eine detaillierte Karte.

● *Übernachten*: **Agriturismo L'Agnata**, von Tempio die Straße nach Oschiri nehmen, nach 4 ½ km an der Kreuzung nach San Bachisio rechts und noch ca. 7 km (anfangs Asphalt, dann Schotter). Der gemütliche Bauernhof des verstorbenen Musikers Fabrizio De André aus Ligurien wird heute von seiner Familie bewirtschaftet. Vermietet werden 10 Zimmer mit Bad. Das Besondere: Auf dem Gelände liegt ein kleiner See, in dem auch gebadet werden kann.

Essen auf Vorbestellung. Nicht ganz billig, DZ mit Frühstück ca. 75 €, HP pro Person ca. 65 €. ℰ 079/671384, ℰ 634125.

Von Tempio zum Lago del Coghinas geht es in vielen Serpentinen ein breites, üppig grünes Tal entlang durch die Ausläufer des mächtigen Limbara-Massivs, das die Südgrenze der Gallura bildet. Der höchste Punkt liegt bei 676 m (Passo La Variante), dann wird das Grün langsam schütter, die Straße tritt aus den Bergen heraus und senkt sich zum See.

Lago del Coghinas

Weit verzweigter See inmitten sanfter, gänzlich unbesiedelter Hänge, nur dünner Baumbestand, meist Korkeichen. Im Sommer stark ausgetrocknet, hellbraune, kahle und steinige Lehmflächen bilden die Ufer.

Bereits 1926 wurde der gewaltige, 50 m hohe Staudamm errichtet, um den Coghinas-Fluss zu stauen. Dieser hatte an der Mündung bei Castelsardo eine malariaverseuchte Sumpflandschaft gebildet, die damit trockengelegt und landwirtschaftlich nutzbar gemacht werden konnte (→ Anglona/Coghinas-Ebene). Zu Elektrizitätswerk und Staumauer führt am Nordende des Sees eine asphaltierte Straße hinunter, Befahren für Unbefugte nicht gestattet.

Eine mächtige Straßenbrücke aus Beton überspannt den Ostarm des Sees. Daneben ragt die bescheidene alte Brücke halb zerstört ins Wasser – ein bevorzugter Platz für Angler. Über kleine Feldwege kann man ein Stück zum Seeufer hinunterfahren (z. B. am Südende der Brücke) und sich mit der gebotenen Vorsicht ins Wasser wagen – schlammig und lauwarm, z. T. Wasserpflanzen am Grund.

Tourismus findet kaum statt, es gibt jedoch einen Agriturismo-Hof und am Westufer hat sich die "Cooperativa Turistica Coghinas" etabliert, die eine Bar führt und Wassersportmöglichkeiten bietet.

● *Übernachten:* **Villa del Lago Coghinas,** kurz bevor die Brücke über den See erreicht, nach links auf die Piste zum Monte Acuto abzweigen. Agriturismo mit 4 DZ und einem Mehrbettzimmer, man kann Reiten und Mountainbikes ausleihen. Es wird auch Deutsch gesprochen. Übernachtung mit Frühstück ca. 20 €/Pers., HP ca. 35 €. ℰ 079/734321, ℰ 734446

● *Sport:* **Centro Velico Sa Pramma,** Bar der "Cooperativa Turistica Coghinas" am Westufer – fischen, Kanu fahren, surfen, rudern, segeln, Fahrrad fahren, auf Anfrage geführte Wanderungen und Pferdeexkursionen. Die Mitglieder sind freundlich und aufgeschlossen gegenüber allen, die diese Region und ihre Geschichte kennen lernen wollen. ℰ 079/718500.

▸ **Monte Acuto:** 5 km nordwestlich vom See liegen in 493 m Höhe die Ruinen eines mittelalterlichen Kastells, zu erkennen von der Brücke über den See. Eine schlechte Piste führt hinüber.

Oschiri

Schlichtes Landstädtchen 6 km vom See. Außer der hübschen Kuppelkirche wenig Bemerkenswertes. Die umgebende Hügellandschaft fast gänzlich baumlos, Felderwirtschaft und etwas Obstanbau in Richtung zum See. Allenfalls als Knotenpunkt wichtig wegen Anschluss an die Schnellstraße Olbia–Sassari und an das FS-Bahnnetz (Bahnstation auf einer Anhöhe südlich vom Ort).

Oschiri 279

Korkeichen in der Gallura

Das Kirchlein *Nostra Signora di Castro* aus dem 14. Jh. steht 5 km südlich von Oschiri über dem Südufer des Sees. Zu erreichen über holprigen Feldweg ab Schnellstraße. In der Nähe die Ruinen des *Castello di Castro*.

• *Anfahrt/Verbindungen*: Etwa 9x tägl. **Zug** von Olbia über Chilivani nach Sassari und Porto Torres bzw. über Oristano nach Cagliari, ebenso in umgekehrter Richtung. **Busse** fahren u. a. nach Tempio, Monti und Ozieri.

• *Übernachten/Essen*: * **Italy**, Via Umberto 51, einfaches, aber gemütliches Hotel mit Charakter. 8 Zimmer, DZ mit Bad ca. 43 €, mit Etagendusche ca. 37 €. Gastronomisch der Mittelpunkt des Orts – innen arkadengesäumter Hof, wo man bei gutem Besuch im Freien sitzen und Fische aus dem nahen Lago del Coghinas kosten kann. Die Bar ist beliebter Treff der Männer vom Ort. ✆/✉ 079/733035.

• *Shopping*: Hochwertigen Torrone gibt es bei **Filippo Corveddu**, Via Umberto 72.

▶ **Berchidda**: Bergdorf in toller Lage an den südlichen Hängen des Monte Limbara. Abzweig ab Schnellstraße nach Olbia, ca. 10 km westlich von Oschiri. Die *Cantina Sociale Giogantinu* ist eine gute Adresse für den herben Vermentino di Gallura (Via Milano 30, Mo–Fr 8–12, 15–18 Uhr, ✆ 079/704163).

▶ **Monti**: großes Dorf in fruchtbarer Landschaft nahe der Schnellstraße nach Olbia. Auch hier kann man bei der örtlichen *Cantina del Vermentino* den typischen Wein der Gallura erwerben (Via San Paolo 2, Mo–Fr 8–12, 15–18 Uhr, ✆ 0789/44631, ✉ 44012).

• *Übernachten/Essen & Trinken*: * **La Pineta**, kleiner Zeltplatz mit Ristorante/Pizzeria an der Via San Paolo, geöffnet nur Juni bis September. Preis pro Person ca. 6 €, Stellpatz 3–5,50 €. ✆ 0789/44495.
Trattoria Stella, Via Roma 58, 6 Zimmer mit oder ohne eigenes Bad. ✆ 0789/44050.
Essen auf dem Bauernhof bietet **Su Furreddu** etwas außerhalb, in der gleichnamigen Località. Voranmeldung obligatorisch, ✆ 0789/44016.

Anglona und Turritano

Weites hügliges Acker- und Weideland ohne die Extreme der Gallura. Die wirtschaftliche Hauptrolle spielt der Coghinas-Fluss samt Mündungsebene. Das südwestlich benachbarte Bergland dünn besiedelt und völlig ohne Tourismus. Zentraler Anlaufpunkt ist natürlich Sassari, die zweitgrößte Stadt Sardiniens – winklig-morbide Altstadt mit Atmosphäre und lohnenden Trattorie, prächtiger Dom, außerdem ein reichhaltiges archäologisches Museum.

An der Küste schöne, teils kilometerlange Sandstrände, jedoch nur punktuell erschlossen, viel Campingtourismus bis hin zum Einflussbereich von Sassari. Die "sardische Riviera" um Marina di Sorso ist an Wochenenden völlig verstopft, der Strand von Badesi dagegen meist menschenleer. Der weit ins Meer vorspringende Steilfels von *Castelsardo* bildet die markanteste Landmarke.

Im Hinterland lohnen die bis zu 90 Grad heißen *Terme di Casteldoria* am Coghinas-Fluss, *Perfugas* mit seinem archäologischen Museum, die versteinerten Baumstämme von *Martis* und die schöne Schlängelfahrt per PKW, Bus oder "Trenino verde" über Sedini, Bulzi, Nulvi und Osilo nach Sassari.

● *Orientierung*: Die **Anglona** und das unmittelbar südlich sich anschließende **Turritano** (→ Karte) liegen zwischen den Landschaften Gallura (Nordost) und Nurra (Nordwest) an der mittleren Nordküste Sardiniens. Größte und wichtigste Stadt ist **Sassari**. Anziehungspunkte sind eigentlich alle Ortschaften an der Küste. Hervorzuheben sind der pittoreske Burgfels von **Castelsardo**, die **Coghinas-Ebene** mit Badesi und Valledoria (mehrere Campingplätze) und der kilometerlange Sandstrand östlich von Porto Torres, die sog. **Riviera di Sorso**. Im Inland lohnen vor allem die Grabkammern von **Sedini**, die pisanischen Kirchen von **Tergu** und **Bulzi** (San Pietro di Simbranos) und die **Terme di Casteldoria**.

● *Verbindungen*: Die Küstenstraße SS 200 ist die Hauptachse des Verkehrs mit häufigen Bussen in beide Richtungen. **Sassari** mit seinem großen Busbahnhof ist Dreh- und Angelpunkt der Busse. Am Bahnhof von Sassari treffen die Schmalspurbahnstrecke der **FdS** von Alghero nach Palau und die Bahnlinie der **FS** von Porto Torres nach Chili-

vani (weiter nach Olbia und Cagliari) zusammen. Zwischen Sassari und Palau verkehrt nur der touristische Sonderzug "Trenino verde".

● *Straßen*: Parallel zur Küstenstraße verläuft im Landesinneren die autobahnähnlich ausgebaute **Schnellstraße** von Tempio nach Sassari. Reizvoller ist die kurvige SS 127 über Perfugas, Nulvi und Osilo durch menschenleere Anglona-Landschaften. Außer der erwähnten Schnellstraße sind die meisten Überlandstraßen schmal und sehr kurvig. Jedoch herrscht meist wenig Verkehr.

● *Übernachten*: an der Küste mehrere **Campingplätze**, vor allem in der Coghinas-Ebene und an der Riviera di Sorso. **Hotels** sind nicht übermäßig zahlreich, u. a. in Castelsardo, Valledoria und Badesi Mare. Im Inland nur sehr vereinzelt Unterkünfte, Ausnahme ist natürlich Sassari mit Hotels in allen Preisklassen. **Agriturismo** in Tergu, Nulvi, Perfugas und Osilo.

● *Baden*: Gute Sandstrände gibt es in der Coghinas-Ebene und an der Riviera di Sorso, östlich von Porto Torres.

Anglona und Turritano 281

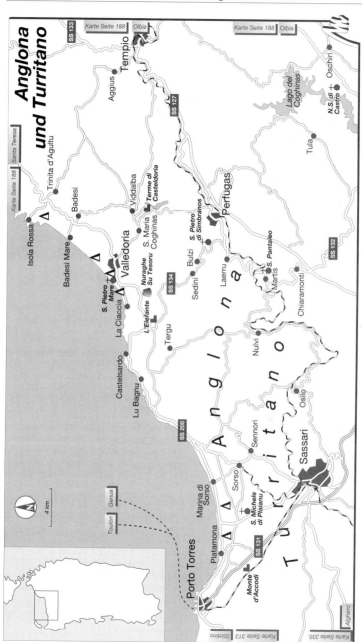

Coghinas-Ebene

Das ausgedehnte Schwemmland des Coghinas-Fluss wird zum Meer hin durch einen ausgedehnten Sandstrand begrenzt, der jedoch bisher erstaunlicherweise touristisch nur wenig erschlossen ist.

Der wichtigste Fluss Nordsardiniens ist im Inland zweimal gestaut, so dass jederzeit Wasser verfügbar ist. Die weite Uferebene zeigt sich mit intensiver Landwirtschaft und Weinbau dementsprechend fruchtbar. Eine erfrischend grüne Oase ist die *Terme di Casteldoria* einige Kilometer landeinwärts. Tipp für einschlägig Interessierte: Auf dem Riu Coghinas lässt es sich prima Kanu fahren, unterwegs genießt man interessante Perspektiven.

▸ **Badesi Mare:** Von der SS 200 ca. 2 km hinunter zum kilometerlangen, windexponierten Strand aus feinem Sand, flankiert von einer kaum bebauten Uferstraße. Schöne, weithin ruhige Ecke – lediglich ein Feriendorf gibt es bisher in den Dünen, am Strand davor werden Liegestühle und Sonnenschirme vermietet, am Wendeplatz der Straße nette Strandbar. Weiter Richtung Westen besonders einsamer Strandbereich, dessen hohe Dünen mit Zäunen aus Schilf und dürrem Gestrüpp geschützt sind.

Der eigentliche Ort *Badesi* liegt oben, am Hang zur Coghinas-Ebene. Mit seinen vielen neuen, hell gestrichenen Häusern macht er einen freundlichen Eindruck.

• *Anfahrt/Verbindungen*: ab Badesi mehrmals täglich Busse nach Tempio (über Viddalba, Aggius), Castelsardo/Sassari und Santa Teresa di Gallura.

• *Übernachten*: **** **Le Dune**, große Bungalowanlage auf den Dünen, komfortable 1–3-Zimmerwohnungen, viele Einrichtungen, schöner großer Pool, am Strand Sonnenschirme und Liegestühle. Pauschal z. B. über Oscar Reisen. ✆ 079/610200, ✉ 610333, info@delphina.it.

*** **Panorama**, neues Haus an der Straße nach Badesi. DZ 47–88 €, Frühstück ca. 5,50 €/Pers. ✆ 079/684487, ✉ 684493.

* **Ilenia**, in Badesi, an der Durchgangsstraße links. Nur eine Hand voll simpler Zimmer, im Sommer schwer etwas zu bekommen. DZ mit Bad ca. 35–38 €, mit Etagendusche ca. 30–34 €. ✆/✉ 079/684014.

*** **Camping Mare Blu**, nach jahrelanger Schließung wiedereröffnet, an der Zufahrtsstraße nach Badesi Mare linker Hand beschildert. Großes naturbelassenes Gelände mit dichtem Baumbestand, davor langer Strand. Minimarket und Self-Service vorhanden, auch Bungalows. Bisher noch sehr wenige Besucher. Pro Person ca. 5–12 € (alles inkl.). ✆ 079/684688, ✉ 684442.

• *Essen & Trinken*: das meiste oben in Badesi und an der Durchgangsstraße.
D'Ulvigelo, Pizzeria am Ortseingang. Solider Standard, dazu gute Auswahl an lokalen Weinen, z. B. Rosato di Badesi oder Vermentino della Casa.
La Multa Bianca, an einer Kurve der SS 200 zwischen Badesi und Isola Rossa. Roter Bau, versteckt zwischen viel Grün, Wein und Feigenbäumen. Auch gemütlich für die kurze Rast unterwegs, schilfgedeckte Terrasse mit schönem Blick, Parken gegenüber.

• *Sport*: **Surfbretter**, **Schlauch-** und **Tretboote** am Strand vor Villaggio Le Dune, bei der Bar Oasis.

▸ **Baia del Mimose:** 3 km schmale Stichstraße unmittelbar an der Brücke über den Coghinas. Endet an der Schranke zur Ferienhaussiedlung Baia del Mimose (schön versteckte Lage, gepflegte Apartments mit allen Einrichtungen, Supermarkt, Tennis, Pool, mehrere Ristoranti u. v. m.). Dort Wagen abstellen und nach rechts 2 Min. über die Wacholderdünen zum kilometerlangen Sandstrand bis Valledoria und Badesi. Wird hier allerdings nicht gereinigt, viel Müll.

Valledoria

"Städtisches" Zentrum der Ebene, einige hundert Meter landeinwärts vom langen Sandstrand. Als Ort wenig ansehnlich, triste Durchgangsstraße, viel Landwirtschaft, jedoch schöne Badezone und ausgeprägter Campingtourismus. Besonders reizvoll: Der hier mündende Coghinas-Fluss bildet eine ausgedehnte Lagune, außerdem herrlicher Blick auf die Silhouette von Castelsardo. Während der Erntezeit im September werden an den Straßen um Valledoria oft frische Zuckermelonen und Tomaten angeboten.

• *Übernachten*: drei Hotels an der Durchgangsstraße, zu empfehlen ist das *** **Park Hotel** mit nur 7 Zimmern, schöner Rasenfläche und Restaurant. DZ ca. 47–73 €, Frühstück ca. 5 €/Pers. ✆ 079/582800, ✆ 582600, parkhotel@infovacanze.com.

• *Camping*: *** **La Foce**, großer Platz in toller Lage an der Lagune. Anfahrt beschildert ab östlichem Ortseingang von Valledoria, ca. 2 km. Stellplätze z. T. am Hang unter hohen Eukalyptusbäumen und Mimosen, doppelter Swimmingpool (ein kleiner für Kinder), Camper werden mit einem Boot kostenlos über die Lagune zum breiten Sandstrand gefahren. Tennis, Disko, Kinderspielgeräte, Windsurf, Wasserski, Auffüllstation für Tauchflaschen. Vermietung von Bungalows und Wohnwagen. Im Sommer sehr voll, oft organisierte Jungendgruppen mit entsprechendem Geräuschpegel. Wegen der Lagune sind auch Mücken reichlich vertreten. Etwa 6–13 € pro Person (alles inkl.). Mitte Mai bis Ende September. ✆ 079/582109, ✆ 582191, www.asanet.it/lafoce.

*** **Valledoria International**, 3 km westlich von Valledoria (beschildert) an der Seitenstraße zur Badebucht die Ginepri. Weiterer großer, gut ausgestatteter Platz direkt am Strand, Stellplätze terrassenförmig unter windgekrümmten Pinien und Wacholderbäumen. Viele Extras, z. B. Kühlschrankbenutzung, gepflegte Tennisplätze, Tischtennis, Boccia, Kinderspielplatz. Auffüllservice für Sauerstoffflaschen. Sanitäranlagen gut und geräumig, warme Duschen gratis. Ristorante,

Bar, im Sommer Animation. Deutschsprachige Rezeption. Etwa 7–11 € pro Person, Stellplatz 4–5,50 €. Mitte Mai bis Ende September. ✆ 079/584070, ✆ 584058.

** **Baia dei Ginepri**, in der Nachbarschaft zu Camping Valledoria International. Kleinerer, mehr naturbelassener Platz, Stellplätze auf Sand und unter niedrigen Wacholder- und Pinienbäumen, angenehm schattig. Besitzer spricht gut Englisch. Wie Camping La Foce gelegentlich als Clubcamp für Jugendreisen genutzt. Disko mit Animation am Platz (nur Hochsaison). Preislich etwas günstiger als die beiden anderen Plätze. Juni bis September. ✆ 079/584373.

• *Essen & Trinken*: **La Fazenda**, Via Campo Sportivo 4, von Castelsardo kommend, erste Straße links, nach dem Supermarkt. Nennt sich "Ristopizza", Leserkommentar: "Die Pizza *frutti di mare* war so reichhaltig belegt, wie ich sie selten erlebt habe."

Da Uccio, gepflegte Trattoria/Pizzeria mitten im Ort an der Durchgangsstraße.

Il Tramonto, beliebtes Lokal an der Straße in Richtung Castelsardo, etwas außerhalb und zurück vom Meer.

• *Shopping*: **Markttag** ist Samstag.

Enoteca Anglodoro, bei der Kirche, ausgezeichnete offene Weine aus der Cannonaustadt Jerzu (Ogliastra).

Eine **Kooperative aus Perfugas** verkauft Käse am Ende der Hauptstraße in Richtung Santa Teresa di Gallura.

Großer **Supermarkt** neben Camping Valledoria International.

Valledoria/Umgebung

▶ **San Pietro a Mare**: 1 km westlich vom Ort beim Friedhof abbiegen. Kleine Kapelle hinter mächtigem Dünenstrand, hier beginnt die Mündungslagune des Coghinas, in dessen ruhigem Wasser sich oft Surfer tummeln. Viel Platz am langen Strand, in der Nebensaison oft fast menschenleer.

• *Übernachten*: *** **Marina Manna Village Club**, kurz bevor die Straße ans Meer trifft, ausgedehnter Komplex mit Hotel, Ferienwohnungen, Ristorante/Pizzeria, Disko-Pub,

Anglona und Turritano
Karte Seite 281

284 Nordsardinien/Anglona und Turritano

Tennis und Kinderspielgeräten. Zum Strand sind es etwa 350 m. Im Sommer reichlich Animation auf Italienisch. HP pro Person ca. 35–70 €. ℡ 079/582990, ✉ 582970, costadoria@infovacanze.com.

*** Anglona, alleinstehendes Haus am schönsten Teil des Strands, leidet äußerlich unter der starken Einwirkung durch Wind und Meer, war aber beim letzten Check tadellos in Schuss. Weißer Wellputz und geschmackvolle Fliesen im ganzen Haus, in der Halle unten gediegene Ledersessel, Zimmer mit dunklem Vollholzmobiliar und z. T. Balkon, Bäder mit Badewannen und Ventilator-Entlüftung. Herrlicher Blick die ganze Coghinas-Ebene entlang – von Castelsardo bis Isola Rossa. DZ je nach Saison etwa 45–63 €, Frühstück ca. 5 €/Pers. Mitte Mai bis 10. Oktober. ℡ 079/582143, ✉ 582903.

*** Club Hotel Baia Verde, große Bungalowanlage, versteckt in der Pineta, 80 Wohneinheiten, Kinderspielplatz, Reitschule in der Nähe. ℡ 079/582290, ✉ 582280, baiaverde@tiscalinet.it.

▸ **La Ciaccia**: die Straße westlich von Valledoria, am Camping Valledoria International vorbei, bis zum Ende fahren, wo schon das felsige Kap von Castelsardo beginnt. Hier eine abgelegene Ferienhaussiedlung an niedriger Steilküste mit einigen kleineren Strandbuchten. Nicht sonderlich attraktiv und ab September ziemlich tot.

● *Übernachten*: **** Sole e Mare**, etwas zurück vom Meer, Haus mit 18 Zimmern, Garten und Ristorante. DZ ca. 40–57 €. ℡ 079/584104.

● *Essen & Trinken*: **Bikini Bar**, stimmungsvolles Fleckchen über dem Strand La Ciaccia.

Centro Ippico Maragnani (Tipp von Leserin A. Stadelhofer-Cares): Antonio gilt als der Pferdespezialist Nordsardiniens. Neben stundenweisen Ausritten (für Anfänger unter geschulter Anweisung auf dem Gelände) bietet er halbtägige Exkursionen und eine Nachttour mit Übernachtung am Strand. Von besonderem Interesse für alle Könner dürften außerdem die einwöchigen Exkursionen sein, bei denen pro Tag 35–40 km geritten werden.
Adresse: an der Straße nach La Ciaccia, ℡/✉ 079/291814, sardo@tiscalinet.it, www.sardinianhorse.it.

▸ **La Muddizza**: Das kleine Örtchen am Weg nach Castelsardo besitzt eine schön restaurierte Pfarrkirche mit ungewöhnlichem Grundriss, in der Apsis moderne farbenfrohe Gemälde sardischer Thematik.

Valledoria/Hinterland

Von Valledoria führt eine schnurgerade Straße nach Santa Maria Coghinas. Schöner ist vielleicht die kurvige Route von Badesi aus halbhoch am Rand der Ebene entlang mit weitem Blick auf Ebene und Meer. Vorbei am Stausee Lago di Castel Doria kommt man im Anschluss schnell nach Perfugas.

▸ **Santa Maria Coghinas**: hübsches Straßendorf mit der romanischen Kirche *Santa Maria delle Grazie* an der Durchgangsstraße. Der jahrhundertalte Bau lässt viel Formgefühl erkennen, wurde aber leider zum großen Teil mit modernen Steinquadern restauriert, auch ein neuer Glockenturm wurde errichtet. Die supermodern gestylte heutige Dorfkirche wirkt dagegen wie ein zackiges Betonmonster.

Valledoria/Hinterland 285

Badevergnügen im heißen Wasser der Terme di Casteldoria

▶ **Viddalba:** Im Nachbarort von Santa Maria Coghinas wurde ein neues *Museo Archeologico* mit Funden aus dem nahen Nuraghengebiet von San Leonardo eröffnet. Ausgestellt sind Stücke der bronzezeitlichen Kultur von Bonnannaro und der nuraghischen Epoche, vor allem aber gibt es eine reiche römische Sektion mit zahlreichen Grabausstattungen und Stelen sowie eine Münzsammlung.
Öffnungszeiten/Preise: beim letzten Check Juni bis September tägl. 10–13 Uhr, Mi auch 15–18 Uhr (Änderungen möglich); Eintritt ca. 2,60 €, Kinder unter 14 die Hälfte.

▶ **Terme di Casteldoria:** Zwischen Santa Maria Coghinas und Viddalba verläuft der Coghinas-Fluss. Wenn man am östlichen Ortseingang dem Hinweisschild zu den Thermen folgt, kommt man nach knapp 4 km zu einer paradiesisch grünen Enklave mit riesigen Eukalyptusbäumen, Pappeln, Pinien und Palmen. Der Clou: Hier mündet eine bis zu 90 Grad heiße Thermalquelle! Gase entweichen aus dem Flussboden, der Geruch von fauligen Eiern liegt in der Luft, man aalt sich im badewannenwarmen Wasser und suhlt sich im Schlamm. Geparkt wird am Straßenende vor einem hochmodernen, jedoch unvollendeten Thermalkomplex. Eine elegant geschwungene Holzbrücke überquert das Wasser und ermöglicht schöne Spaziergänge auf der anderen Flussseite.

• *Übernachten:* *** **Montiruju**, hübsche Neueröffnung an der Straße zur Terme di Casteldoria. Kleineres gemütliches Haus mit zwölf Zimmern und Swimmingpool, freundlich geführt. DZ mit Frühstück ca. 35–58 €. ✆ 079/585725, ✉ 585400, mruji@solbox.com.

▶ **Castello dei Doria:** Von Santa Maria Coghinas in Richtung Perfugas schraubt sich die Straße durch eine Felsbarriere hinauf. Linker Hand der Straße sieht man hoch oben auf einer Felsnase die einsamen Ruinen des mittelalterlichen

286 Nordsardinien/Anglona und Turritano

Castello dei Doria, von dem nur der fünfeckige Turm die Zeiten überdauert hat. Ein Fußweg führt in wenigen Minuten hinauf. Im 13./14. Jh. war das Kastell ein mächtiger Stützpunkt der genuesischen Landherren mit engen Beziehungen zur nahen Burg von Castelsardo. Die Spanier besiegten schließlich die Genuesen, die Burg verfiel.

▸ **Lago di Castel Doria:** Der Stausee erstreckt sich tief unterhalb der Burgruine, ein langer verzweigter Schlauch zwischen Weideflächen, am Wasser Kühe, Bauerngehöfte liegen verstreut, vereinzelt Olivenbäume, vielleicht ein Angler. Schön wegen der Ruhe und Einsamkeit, südlich vom See schönes Panorama der typischen Anglona-Landschaft mit hügeligen Äckern und Weiden, am Horizont die felsigen Spitzen der Gallura.

Perfugas

Das ruhige Landwirtschaftsstädtchen liegt weitab der touristischen Routen, nur das überregional bekannt gewordene "Museo Archeologico e Paleobotanico" sorgt für bescheidenen Zulauf.

Um das Museum zu erreichen, muss man, von Santa Maria Coghinas kommend, am Ortseingang rechts einbiegen. Sensationeller Höhepunkt der schön konzipierten Sammlung sind die Steinwerkzeuge, die 1979 im Schwemmland des nahen Riu Altana entdeckt wurden. Das Besondere: Sie weisen ein Alter von bescheidenen 120.000–180.000 Jahren auf! Bis zu diesem Fund hatte man angenommen, dass Sardinien erst vor etwa 6000–8000 Jahren besiedelt worden sei – die zeitliche Diskrepanz ist frappierend. Weiterhin findet man im Museum zahlreiche Fossilien vom "versteinerten Wald" bei Martis (→ unten) und anderen Fundstellen der Anglona, deren Entstehung 15–30 Millionen Jahre zurückreicht, sowie Relikte der Ozieri-Kultur, nuraghische, phönizisch-punische und mittelalterliche Stücke.

Sehenswert ist in Perfugas außerdem die Pfarrkirche Santa Maria degli Angeli mit dem großartigen *Retablo di San Giorgio*, ein aus zahlreichen Bildwerken bestehender Altaraufsatz aus dem 14. Jh., der 1995 nach langer Restauration wieder aufgestellt wurde (Schlüssel in der Pfarrei nebenan). Genau gegenüber der Kirche liegt eingezäunt das prächtig erhaltene nuraghische Brunnenheiligtum *Pedrio Canopoli*. Gut zu erkennen ist die Treppe, die vom Vorraum mit Opferaltar und Sitzbänken zur Quelle hinunterführt.

Auf holprigen Pisten kann man schließlich 2 km nördlich vom Ort die kleine, katalanisch geprägte Landkirche *San Giorgio* und den Nuraghen *Sas Ladas* erreichen (→ TCI-Karte).

Öffnungszeiten/Preise: **Archäologisches Museum** – Di–So 9–13, 16–20 Uhr, Mo geschl.; Eintritt ca. 1,60 €, Kinder unter 12 frei.

● *Verbindungen*: Tägliche **Busse** von und nach Castelsardo und Sassari. Perfugas liegt außerdem an der **Bahnlinie** von Tempio nach Sassari, die allerdings nur im Sommer 2x wöch. vom "Trenino verde" befahren wird (→ S. 272).

● *Übernachten/Essen & Trinken*: **Anglona**, kleine Pension in der Via Leopardi 10, absolut ruhige Lage, nette Wirtsleute. Sebastiano Pani vermietet vier DZ und zwei Dreibettzimmer mit Bad, bietet außerdem abends sehr gutes, authentisch sardisches Essen im kleinen Restaurant. DZ mit Frühstück ca. 45 €, HP ca. 35 €/Pers. Es wird auch Deutsch gesprochen. ✆ 079/564752, ✉ 564242.

▶ **Von Perfugas weiter:** Schnellste Verbindung nach *Sassari* und *Tempio* ist die breite, fast autobahnähnlich ausgebaute Schnellstraße über *Perfugas* und *Ploaghe*.

Wesentlich reizvoller, allerdings deutlich langwieriger, ist die kurvige SS 127 über *Laerru*, *Nulvi* und *Osilo* nach Sassari (→ S . 293) – schönste Route der Anglona!

Landschaftlich und kunsthistorisch interessant ist auch die Strecke über *Bulzi* und *Sedini* nach *Castelsardo* (→ S. 292).

Weiterfahrt zum *Lago del Coghinas*: Straße führt erst zum Bahnhof, dann unter Bahnlinie und Schnellstraße durch und wird zur schmalen Piste, mittlerweile vielleicht asphaltiert.

Die markante Silhouette von Castelsardo

Castelsardo

Egal, von welcher Seite man kommt – der Blick auf Castelsardo ist immer ein Erlebnis. Ein hoher Fels, an drei Seiten vom Meer umspült, auf der windzerzausten Spitze die altersgrauen Granitmauern eines genuesischen Kastells, am Hang darunter, übereinander gestaffelt, unverputzte und pastellfarbene Häuserfronten, an der Westseite der schlanke Glockenturm mit farbenprächtigem Majolikadach.

Das Kastell kann besichtigt werden, aber vor allem die Altstadt von Castelsardo ist es, die Atmosphäre und viel Authentisches besitzt: In dem malerischen Durcheinander von engen, oft steilen Treppengässchen, Torbögen und uralten Wohnhäusern aus groben Steinquadern sitzen im Sommer die Frauen

288 Nordsardinien/Anglona und Turritano

vor ihren Türen und fertigen aus Riedgras und Zwergpalmfasern die traditionellen Körbe, Schalen und Behälter, "L'intreccio" genannt, die man mittlerweile in ganz Sardinien kaufen kann. Doch die großen Zeiten des Festungsorts sind lange vobei – die Idylle ist heute mit bescheidenen Lebensverhältnissen gepaart, vor allem die Winter in den zugigen Gassen hoch über dem Meer sind hart. Hauptsächlich ältere Menschen wohnen noch hier oben.

Der untere Ortsteil ist vom Tourismus geprägt – Hotels säumen vor allem die westliche Zufahrtsstraße, in den zahlreichen Kunsthandwerks- und Souvenirläden blüht der Kitsch. Zum Baden ist Castelsardo nicht geeignet – direkt beim Ort gibt es nur einige bescheidene Sandbuchten, die nächsten Strände sind kilometerweit entfernt.

Information/Verbindungen/Adressen

- *Information*: kleiner **Kiosk** an der zentralen Piazza Pianedda, nur Juni bis August geöffnet.
- *Verbindungen*: **ARST-Busse** fahren täglich mehrmals nach Santa Teresa, Porto Torres und Sassari. Haltestelle an der Piazza Pianedda an der Durchgangsstraße.
- *Geld*: Bank mit Geldautomat an der Durchgangsstraße, etwas westlich unterhalb vom Hauptplatz.
- *Post*: an der Via Nazionale zum Kastell hinauf (beschildert).
- *Reisebüro*: **Sea Gull Travel**, wenige Schritte vom Hauptplatz, an der Durchgangsstraße, Schiffs- und Flugbuchungen, Autovermietung.

Übernachten

Hotels stehen hauptsächlich an der Uferstraße Richtung Porto Torres, Lungomare Anglona. Nur durch die Straße vom Meer getrennt, sind sie wegen des ständigen Durchgangsverkehrs nicht ganz leise.

**** Riviera, am Lungomare Anglona, großes älteres Haus, aber umfassend renoviert, beste Adresse am Platz mit sehr gutem Restaurant (→ Essen). DZ je Saison etwa 50–130 €, Frühstück ca. 6 €/Pers. ✆ 079/470143, 🖷 471312, hfofo@tin.it.

*** Castello, ebenfalls am Lungomare, unten großes Restaurant, darüber weite Terrasse, wo man abends bei Musik im Freien sitzen kann, Blick aufs Meer und den Burgfelsen. Einfache Zimmer, Service laut Leserzuschrift verbesserungswürdig. DZ ca. 55–68 €, Frühstück ca. 6 €/Pers. ✆ 079/470062, 🖷 479163.

** Pensione Pinna, zwischen Riviera und Castello, direkt über der Tankstelle. Einfache, sehr saubere Pension, geführt von drei netten Schwestern. Zimmer anständig möbliert, vorne raus Balkons mit schönem Blick auf Altstadthügel und Meer. Im kleinen Speiseraum Aquarium und Meeresutensilien, gute Küche (→ Essen), hübsche Frühstücksterrasse. Leser äußerten sich übereinstimmend lobend, lediglich Kritik an brummenden Motoren der Kühl- und Lüftungsanlagen. DZ mit Bad ca. 42–47 €, mit Etagendusche ca. 37–42 €, Frühstück ca. 4 €/Pers. ✆ 079/470168.

Jugendherberge Golfo dell'Asinara, 65-Betten-Haus im benachbarten Lu Bagnu, Via Sardegna 1. Mai bis September. ✆ 079/474031, 🖷 587142, ostello.asinara@tiscalinet.it.

Essen & Trinken

Riviera da Fofò, das Lokal von "Fofò" im Hotel Riviera (→ Übernachten) gilt als eins der besten am Platz. Vor allem Fisch und Meerestiere werden serviert, mal *zuppa di pesce*, *spaghetti alla aragosta* (Langusten) oder Grillfisch probieren. Menü um die 30–50 €.

La Guardiola, hoch oben auf dem Festungshügel, am Ende der Fahrstraße (Piazza del Bastione). Winzige, stimmungsvolle Gaststube mit kleinen Gewölben, außerdem Plätze im Freien unter Sonnenschirmen mit herrlichem Meeresblick. Reichhaltige Meeresantipasti, viel Fisch und gute Nudelgerichte. Ebenfalls nicht billig, Menü um die 30–40 €. Im Sommer tägl., sonst Mo geschl.

Castelsardo 289

Anglona und Turritano — Karte Seite 281

La Trattoria, das gemütliche kleine Lokal von Maria Giuseppa liegt an der linken Seite der Via Nazionale, die zum Burghügel hinaufführt.
Pinna, in der gleichnamigen Pension an der Uferstraße (→ Übernachten), sehr gute hausgemachte Küche (casalinga), bekannt für ihre Fischgerichte, allerdings gelegentlich längere Wartezeiten, preisgünstig.
La Vignacchia, Ristorante/Pizzeria an der gewundenen Straße, die vom Hauptplatz östlich vom Burgberg zum Wasser hinunterführt, schöner Platz zum Draußensitzen, fast direkt am Meer. Besitzerin spricht Deutsch, Chefkellner liebt Oldies der 60er/70er Jahre.
La Rocca'ia, von Valledoria kommend am Ortseingang in prächtiger Hügellage. Schöne Terrasse, spezialisiert auf Fisch, etwas teurer. Leserlob: "Herrlicher Blick und gemütliche Atmosphäre".
Aragona, Bar, Paninoteca und Spaghetteria an der meerzugewandten Seite der Altstadt, weiter Blick aufs Meer, u. a. werden Hamburger und die traditionellen sardischen Süßspeisen namens *seada* serviert.

Shopping

Dutzende Kunsthandwerks- und Souvenirläden liegen an der langen, kurvigen Durchgangsstraße, einige auch am Burgfels oben. Preiswerter kauft man bei den Produzenten selber, den Frauen im Festungsviertel oben.

Padiglione dell'Artigianato, ein ganzes Kaufhaus voller Volkskunst, Keramik, Teppichen u. Ä., 1 Min. vom Hauptplatz, an der Straße nach Valledoria/Santa Teresa.

ISOLA, Via Nazionale 104, Pilotzentrum mit besonders schönen Flechtarbeiten, aber auch vielen anderen sardischen Produkten. Mo-Sa 9.30–12, 17–20 Uhr.

290 Nordsardinien/Anglona und Turritano

Sehenswertes

Von der zentralen Piazza Pianedda an der Durchgangsstraße führen steile Treppengassen ins alte Viertel auf dem Burgberg. Man kann aber auch die gewundene Via Nazionale hinauffahren, muss aber noch vor der Altstadt entlang der Straße parken, denn das "Centro storico" ist für Autos gesperrt. Oben erstrecken sich holprig-schmale Pflastergässchen, an- und absteigend zwischen den kargen, oft fast turmhohen Gemäuern. Teilweise sind die grauen Häuser und Wehrmauern unmittelbar an die senkrecht abfallenden Felswände gebaut. Zum Spazierengehen bieten sich interessante Möglichkeiten auf den meerzugewandten Vorbauten des Kastells oder unten um den gesamten Burgfels herum.

Fortezza dei Doria: Das "Castel Genovese" war seit dem 12. Jh. eine bedeutende Seefestung des genuesischen Adelsgeschlechts der Doria. Von hier konnten sie die Schiffsbewegungen von Spanien nach Italien und von Pisa zu den Balearen kontrollieren. Doch 1438 eroberten die Spanier das wichtige Küstenfort und nannten es "Castel Aragonese". Im 18. Jh. schließlich erhielt es von den Piemontesen seinen heutigen Namen "Castelsardo" – seine ehemalige Funktion hatte es damals aber schon lange verloren und war bis zum Aufkommen des Tourismus zur Bedeutungslosigkeit verurteilt.

Die trutzigen Festungsmauern krönen eindrucksvoll den höchsten Hügelpunkt. Im Inneren wurde ein Betonkorsett eingesetzt, einige Bauten sind restauriert. Bei klarem Wetter genießt man vom höchsten Punkt einen phantastischen Blick bis zum Capo Testa und manchmal bis Korsika. Im kleinen *Museo dell'Intreccio* sind traditionelle Flechtarbeiten aus verschiedenen Teilen Sardiniens ausgestellt – u. a. "su fassoi", die berühmten, bis zu 4 m langen Schilfboote vom Stagno di Cabras (→ Oristano), außerdem Stücke aus Seefischerei, Landwirtschaft, Schafzucht und Haushalt. Deutlich wird hier, welch hoher Stellenwert den Flechtereien früher zukam – kaum ein Berufszweig kam ohne sie aus.
Öffnungszeiten/Preise: tägl. 9–13, 14.30–20.30 Uhr, im Winter nur bis 17 Uhr, im August bis 24 Uhr; Eintritt ca.1,60 €.

Sant'Antonio Abate: Die Kathedrale steht windumtost auf einer steilen Felsnadel über dem Meer, daneben der schlanke, freistehende Glockenturm, dessen farbenfrohes Majolika-Dach weithin sichtbar ist. Vom Kastell sind es nur ein paar Schritte hinunter zum Vorplatz mit weitem Blick auf die eerzugewandte Seite des Kaps. Die Bruchsteinfassade wurde kürzlich vom unschönen Zementputz befreit. Der Innenraum besitzt ein Tonnengewölbe, das Querschiff ist gotisch. Neben der reich verzierten Kanzel gibt es einige üppig vergoldete Seitenaltäre mit Gemälden, z. B. links hinten die *Errettung der Ungläubigen* aus dem Fegefeuer (17. Jh.). Prunkstück ist das Altarbild *Madonna mit Kind* vom sog. "Meister von Castelsardo" (15. Jh.), Relikt eines vierteiligen Altaraufsatzes. Hinter dem Altar schön geschnitztes, dunkles Chorgestühl. Links neben dem Altar Eingang zum *Museo Diocesano* in der Krypta.
Öffnungszeiten/Preise: **Museo Diocesano** – 10.30–13,15.30–20 Uhr; Eintritt ca. 1,60 €, mit Führung 2,10 €.

Santa Maria delle Grazie: ebenfalls in der Altstadt, interessante mittelalterliche Kirche, über ein paar Stufen steigt man hinunter in den dunklen und muffigen Innenraum mit seinem unebenen Boden und den schiefen Wänden.

Begehrtes Fotomotiv – der Elefant von Castelsardo

Hier wird der "Critu Nieddu" (Schwarzer Christus) aufbewahrt, ein Kreuz aus dem 14. Jh., das als eins der ältesten der Insel gilt.

> **Festa dei Lunissanti**
> Berühmt ist die jahrhundertalte Ostermontagsprozession von Castelsardo, die in ihren Ursprüngen noch vor die Zeit der spanischen Eroberer zurückgeht. Der Zug nimmt in der Kirche Santa Maria delle Grazie ihren Anfang, Heiligenfiguren werden von weiß gewandeten Menschen unter religiösen Gesängen zur etwa 10 km landeinwärts liegenden Kirche Santa Maria di Tergu getragen, abends geht es unter Fackelbeleuchtung wieder zurück nach Castelsardo.

Fischer- und Sportboothafen: Die große, moderne Marina liegt knapp 2 km westlich, hier hat man einen besonders schönen Blick auf den Altstadthügel von Castelsardo.

▶ **Castelsardo/Baden:** Den winzigen Ortsstrand *Spiaggia La Marina* findet man an der Straße nach Porto Torres, gegenüber vom Hotel Riviera. Weitere kleine Badebuchten und Strände gibt es unterhalb vom Hotel Pedra Ladda und neben dem Hafen, direkt unterhalb der Straße. Nächste größere Strände bei Valledoria und Marina di Sorso.

Castelsardo/Umgebung

Östlich von Castelsardo, an der Straße nach Valledoria, bietet sich ein eigenartig-bizarres Landschaftsbild – ausgedörrte Hügelweiden, weite Getreidefelder und abgeplattete Felsplateaus, am Horizont scharf geschnittene Gallura-Spitzen.

292 **Nordsardinien/Anglona und Turritano**

Ein Stück typisches Sardinien. Achtung: Das letzte Stück der Straße von und nach Castelsardo ist extrem kurvig, vorsichtig fahren!

▶ **Nuraghe Su Tesoru:** Der pittoreske Kegelstumpf aus rotschwarzen Trachytbrocken steht unmittelbar an der Straße nach Valledoria, nicht weit von der Kreuzung nach Sedini. Die obere Hälfte ist abgetragen und grasbewachsen. In den erstaunlich geräumigen, aber stockdunklen Innenraum kann man hineinkriechen.

▶ **Roccia dell'Elefante:** Der "Elelefant von Castelsardo" ist ein meterhoher Trachytfels direkt an der SS 134 nach Sedini, etwas südlich von der Kreuzung mit der SS 200. Im Lauf der Jahrtausende ist er so eigentümlich verwittert, dass er die Gestalt eines Elefanten annahm. Im Inneren prähistorische Grabkammern, sog. "domus de janas" aus der Ozieri-Kultur (3./2. Jt. v. Chr.). Einige sind mit Reliefs ausgeschmückt.

▶ **Lu Bagnu:** gesichtsloser Badeort wenige Kilometer westlich von Castelsardo. Moderne Ferienhäuser, Restaurants und Shops an der Durchgangsstraße, im östlichen Ortsbereich kleiner Sandstrand mit vorgelagerten Felsklippen. Hauptsächlich Italiener und Sarden als Gäste. Kürzlich wurde eine Jugendherberge eröffnet (→ Castelsardo/Übernachten).

▶ **Tergu:** zwischen Mais- und Weinfeldern weit verstreutes Dorf auf einem Plateau über Castelsardo. Keine Spur von Tourismus, obwohl die Küste nur wenige Kilometer entfernt ist. Von Lu Bagnu (Ortsende Richtung Porto Torres) in weiten Serpentinen 8 km ein einsames Tal hinauf, Straße asphaltiert. Ein Besuch lohnt sehr wegen der pisanischen Landkirche *Santa Maria di Tergu* aus dem 11. Jh., das Ziel der Osterprozession von Castelsardo, die in ihrer Einfachheit erhabener wirkt als manch protziger Basilikabau. Schlichter, trotzdem eleganter Rechteckbau mit quadratischem Glockenturm. Die Mauern aus groben roten Trachytquadern in vielen verschiedenen Farbtönen, die Fassade verziert mit Rundbögen und gewundenen Säulchen. Das Innere düster-archaisch, nur winzige schmale Fensteröffnungen, aber vollendet harmonisch.

Von Castelsardo ins Inland

Die SS 134 nach Sedini und Bulzi ist landschaftlich sehr lohnend, ebenso die Weiterfahrt auf der SS 127 über Nulvi und Osilo nach Sassari durch völlig unberührte Anglona-Landschaften. Ist als früh begonnener Tagesausflug gut zu schaffen. Von Castelsardo schraubt sich die Straße nach Sedini bald hoch die aufgeforsteten Hänge hinauf – großartige Ausblicke, völlige Stille, kaum Verkehr. Über ein großes Korkeichenplateau geht es nach Sedini.

▶ **Sedini:** Das Dorf liegt am Rand eines Plateaus, das nach Süden steil zur Schlucht des Riu Silanis abfällt. Am südlichen Ortsausgang erhebt sich, rechts der Straße *La Rocca*, ein großer, steilwandiger Kalksteinklotz, ausgehöhlt mit vorzeitlichen Grabkammern, den sog. *domus de janas*. Im Mittelalter ausgemauert, wurden sie bis ins 19. Jh. als Gefängnisse, später (z. T. noch heute!) als Wohnungen benutzt. Im Sommer bietet eine Kooperative Besichtigungen an (✆ 079/588581), es gibt einen kleinen Schauraum mit Fotos und einer Klappe im Fußboden mit Zugang zu den Höhlen.

Von Sedini schöne Wander- bzw. Spaziermöglichkeiten über Pfade in die Flussschlucht hinunter, so z. B. zur Kirche *San Nicola di Silanis*, einer ehemals benediktinischen Klosterkirche, die als erste Kirche Sardiniens überwölbt wurde und wahrscheinlich Vorbild für die berühmte pisanische Kirche San Pietro di Sorres bei Borutta war (→ S. 328). Heute stehen davon nur noch Ruinen, ab Sedini ca. 45 Min. zu Fuß (Abzweig im Ort beschildert, Nähe "domus de janas").

Über großartige Serpentinen fährt man weiter ins hundert Meter tiefer gelegene Dorf Bulzi.

▶ **San Pietro di Simbranos**: pisanische Landkirche wenige Kilometer südlich von Bulzi, ein Kleinod allein auf weiter Flur. Erbaut im 11. Jh., das heutige Aussehen geht auf Benediktinermönche des 13. Jh. vom Monte Cassino zurück. Markante Zebrastreifenfassade aus braunem Trachyt und weißem Kalk, unterteilt mit Blendbögen und Halbsäulen, man beachte

Die sardischen Pisanerkirchen liegen oft weit abseits von jeder Ortschaft

auch die Schutzheiligen über der Tür. Die oberen Bögen sind im Gegensatz zur untersten Ordnung schon gotisch, an den Längsseiten der Kirche erkennt man, dass der erste Stock später aufgesetzt wurde. Im Inneren wie die meisten Pisanerkirchen schmucklos, zwei Reihen winziger Fensteröffnungen, die Apsis zebragestreift.

Strecke Perfugas – Laerru – Nulvi – Osilo – Sassari

Das Herz der Anglona. Zwischen den Orten Einsamkeit. Man folgt dem extrem kurvenreichen Lauf der Bahnlinie, kreuzt sie oft. Sanftes bis bergig ansteigendes Hügelland, charakteristisch abgeflachte Plateaus, spärliche Waldstriche.

▶ **Martis**: Die Ruine der spätromanischen Kirche *San Pantaleo* (14. Jh.) steht auf einer Anhöhe, nahe dem östlichen Ortseingang. Unweit der Kirche zweigt ein schmaler Asphaltweg zur großen Sehenswürdigkeit von Martis ab, dem *"Versteinerten Wald"*, beschildert mit "Foresta Pietrificata" o. Ä. Auf einer Wiese übereinander gestapelt liegen hier Baumstämme, die vor Jahrmillionen durch vulkanische Eruptionen entwurzelt, in einem See versanken und versteinerten – das Holz wurde dabei zu Siliciumdioxid umgewandelt.

Ab Martis Abzweigemöglichkeit auf der SS 132 über *Chiaramonti* (Bergdorf hoch auf einer Kuppe) nach *Ozieri*, einem der schönsten Bergstädtchen der Region (→ Kapitel Logudoro).

294 Nordsardinien/Anglona und Turritano

▸ **Nulvi**: städtisch wirkender Hauptort der Anglona mit beeindruckender Kathedrale. Wie in Sassari (→ dort) findet auch hier am 14. August ein eindrucksvolles "Candelieri"-Fest zu Ehren der *Madonna dell'Assunta* (Maria Himmelfahrt) statt. Unmittelbar nördlich vor Nulvi kann man über Tergu (→ oben) an die Küste zurückkehren.

Übernachten: ** Piccolo Mondo, am Ortsausgang in Richtung Laerru, DZ mit Bad etwa 27–33 €, Frühstück ca. 2 €/Pers. ✆ 079/576262.

Osilo → Sassari/Umgebung.

Von Castelsardo nach Porto Torres

Nach den letzten Ausläufern des Kaps von Castelsardo mit seinen vielen Kurven folgt die weite Küstenebene bis Porto Torres. Sandstrand kilometerlang *(Riviera di Sorso)* mit großen Dünen, dahinter windzerzauste Wacholderbäume und ausgedehnte Pinienwälder. Im Sommer vor allem im Einflussbereich von Sassari völlig überlaufen – nummerierte Stichstraßen führen ans Meer, dort Parkplätze und oft Strandbars, Restaurants etc. Zwischen Platamona und Porto Torres niedrige Steilküste und Pinienaufforstungen, bei Porto Torres hübsche Kalksteinbuchten.

Marina di Sorso

Der endlose Dünenstrand wird allmählich erschlossen – die beschilderte Straße endet an einer Riesenbetonpromenade, die hier völlig unvermittelt in den Sand gesetzt wurde. Daneben eine Rollschuhbahn, die nur im Hochsommer geöffnet ist. Im weiteren Umkreis wurden in den letzten Jahren auch einige neue Hotels erbaut, z. B. die Großanlage Belo Horizonte. Das Spaßbad "Waterparadise" liegt etwa 4 km östlich von Marina di Sorso und bietet vor allem für Freunde großer Wasserrutschen paradiesische Zustände (im Sommer tägl. 10–19 Uhr, www.waterparadise.net). Der eigentliche Ort *Sorso* thront einige Kilometer landeinwärts am Hang zwischen Oliven und Weinreben (→ Sassari/Umgebung).

● *Übernachten*: *** Camping Li Nibari, landeinwärts der SS 200 zwischen Marina di Sorso und Platamona, großer Platz mit Ristorante/Pizzeria, Pool und Tennis auf sanften Dünen und Waldboden, über die Straße kommt man zum nahen Strand. Preis pro Person ca. 6–12 € (alles inkl.). ✆ 079/ 310303, ✆ 310306.

● *Essen & Trinken*: **Camboni**, gepflegtes Ristorante am Ende der Zufahrtsstraße, direkt am Strand.
Il Kiosko, malerische Strandbar in der Nähe vom Campingplatz.

Platamona

Einige Hotels, Ferienhäuser und Einkaufszentren, eingebettet in Pinienaufforstungen, davor langer, teils schmaler Strand. An Wochenenden horrender Verkehr – halb Sassari strömt herunter, Staus überall. Die Hauptzufahrt endet an einem Kreisverkehr, rechter Hand führt eine asphaltierte Straße ein

Porto Torres   **295**

Stück den Strand entlang und mündet beim Hotel Toluca, wo man schnell wieder auf die Durchgangsstraße kommt. Die Ruine eines stillgelegten Strandbads stört hier etwas die Optik.

• *Übernachten*: *** **Villaggio dei Pini**, neben Camping Golfo dell'Asinara, Großanlage in der Pineta. Im verglasten Hauptbau schattige Balkons mit Markisen, im weitläufigen Gelände hübsche Bungalows verstreut. Viele Pauschalurlauber, gut geölte Ferienmaschine, Pool, Tennis, abends Animation und Musik in der Strandbar. DZ ca. 40–110 €, Frühstück ca. 8 €. ✆ 079/310224, ✆ 310539.

*** **Toluca**, modernes Haus etwa 50 m vom Strand, hübscher Garten, Swimmingpool. Zimmer mit Frigobar und Air-Condition. Unbedingt Zimmer vorne raus verlangen (Balkon, Meeresblick!). Von den Eigentümern persönlich geführt. DZ je nach Saison ca. 70–110 €, Frühstück ca. 6 €. ✆ 079/310234, ✆ 310251.

• *Camping*: *** **Golfo dell'Asinara "Cristina"**, großer Platz auf und hinter den Dünen, direkt an der Durchgangsstraße, ca. 8 km von Porto Torres (keine direkte Busverbindung nach Porto Torres, nur etwa 10x tägl. über Sassari, Taxi nach Porto Torres ca. 12 €). Viel Schatten durch hohe Pinien, Eukalyptus und krumme Wacholder. Swimmingpool (nur Juli/August), Tennis, Restaurant/Pizzeria, Bar, Waschmaschinen und Bügelbretter. Sanitäranlagen großzügig und sauber (Warmwasser ohne Münzeinwurf). Am Strand Windsurfschule, Segelboote und Kanus. Ende Juni bis Ende August oft Animation und Diskoabende, ab September aber nur noch wenig los, Ristorante dann geschl. Geeigneter Platz, wenn man auf seine Fähre wartet. Pro Person ca. 7–11 €, Auto 2,30–3,50 €. Anfang Juni bis Ende September. ✆ 079/310230, ✆ 310589, www.campingasinara.it.

• *Essen & Trinken*: **Il Delfino**, neues Strandlokal gegenüber vom Hotel Toluca.

Il Pescatore, gemütliches Fischrestaurant aus Holz, 200 m östlich vom Hotel Toluca direkt in den Sand gebaut (am Strand entlang auch vom Campingplatz zu erreichen). Echt maritime Küche – man schmeckt das Meer und hört es draußen rauschen. Hervorragend die *spaghetti alle vongole* mit großen Muscheln, gewürzt mit Kräutern und Pfefferschoten, danach Fisch aus dem holzbefeuerten Ofen, dazu offenen Wein "della casa". Sehr lecker auch das *risotto alla marinara* für 2 Pers., ca. 17 €. Portionen, von denen man satt wird, Familienbetrieb, aufmerksame Bedienung. Tagsüber Verleih von Tret- und Schlauchbooten.

Porto Torres

Stählerne Raffinerietürme dampfen in der Sonne, die weißen Bäuche der Tirrenia-Dampfer liegen unbeweglich im Hafen. Dazu der Panoramablick auf den weiten Golf von Asinara: Castelsardo im Osten, die Isola Asinara im Westen. Porto Torres wirkt am schönsten, wenn man mit der Morgenfähre von Genua einläuft – oder ihm abends den Rücken kehrt.

Porto Torres ist neben Olbia und Cagliari der wichtigste Hafen der Insel. Der Bau der vierspurigen Superstrada Carlo Felice im 19. Jh., die von Cagliari kommend den äußersten Süden Sardiniens mit dem hohen Norden verbindet, verhalf dem Städtchen, das seit dem Mittelalter durch Piratenüberfälle und Übergriffe der Genuesen fast ausgelöscht worden war, zu neuer Blüte. Heute bestimmen permanenter Durchreiseverkehr, Autoschlangen, Verladebetrieb, ausufernde Neubaubezirke und eine große petrochemische Anlage das Bild. Trotzdem sollte man Porto Torres nicht schlechter machen, als es ist – auch hier wird gelebt, allabendlich verwandelt sich die schnurgerade Hauptstraße in eine einzige turbulente Flanierzone, die dann für den Verkehr gesperrt ist.

296 Nordsardinien/Anglona und Turritano

In römischen Zeiten war "Turris Libyssonis" schon einmal ein wichtiger Anlegeplatz, die grasüberwucherten Ruinen einer Thermenanlage westlich vom heutigen Hafen zeugen von seiner früheren Bedeutung. Vor allem aber *San Gavino*, die größte romanische Kirche Sardiniens, ist unbedingt einen Besuch wert, bevor man "das Weite sucht".

Information

Pro Loco, ganz versteckt in Hafennähe am Corso Vittorio Emanuele II, schmaler Eingang gegenüber vom Restaurant Cristallo, im ersten Stock. Nur Juni bis September Mo–Fr 9–12.30 Uhr, im Juli/August auch Sa 9–13, 15–19 Uhr. ✆ 079/515000.

Anfahrt/Verbindungen

● *Schiff*: Neben Olbia ist Porto Torres der wichtigste Passagierhafen der Insel mit den häufigsten Verbindungen nach Genua. Dementsprechend chaotisch geht es am Saisonende zu, wenn alle Norditaliener auf einmal zurück wollen. Biglietteria direkt im Hafen. **Tirrenia**, ganzjährig je nach Saison 1–3x tägl. von und nach **Genua**; **TRIS**, im Sommer von und nach **Genua** und **Propriano** (Korsika); **SNCM**, etwa Mitte April bis Mitte September von und nach **Marseille**, **Nizza** und **Toulon** (Südfrankreich); **Grandi Navi Veloci**, ganzjährig fast tägl. nach **Genua**. Achtung: Das Terminal liegt im Porto Industriale, westlich der Stadt. Weitere Details → Anreise/Fährverbindungen.

● *Zug*: Porto Torres ist Endpunkt der **FS-Bahnlinie** von Sassari. Anschlüsse von und nach Sassari 5x tägl., von dort mehrfals tägl. nach Olbia und Cagliari, 1x tägl. Direktzug Porto Torres–Olbia und Porto Torres–Oristano. Anschlüsse nach Alghero oder Tempio/Palau siehe unter Sassari. Achtung: Der Hafenbahnhof von Porto Torres wurde stillgelegt, die neu erbaute Station liegt ein Stück landeinwärts. Zu den ablegenden Fähren fahren die Züge aber direkt in den Hafen hinunter.

● *Bus*: Die blauen **ARST-Busse** starten an der Piazza Cristoforo Colombo, unmittelbar vorm Hafen. Im Sommer etwa 13x tägl. nach Sassari (von dort Weiterverbindungen) und 3–4x nach Stintino. Achtung: Es gibt **keine** Busse, die direkt die Küstenstraße nach Osten Richtung Castelsardo fahren. Man muss zuerst nach Sassari – von dort fahren Busse wieder an die Küste hinunter nach Platamona, Marina di Sorso und hinüber nach Castelsardo, Santa Teresa.

Übernachten/Essen & Trinken

● *Übernachten*: *** **Elisa (1)**, Via Mare 2, gepflegtes Haus direkt im Hafen, 22 Zimmer mit TV, unten Self-Service. DZ mit Frühstück ca. 70–75 €. ✆ 079/513260, 🖷 513768.
*** **Torres (5)**, Via Sassari 75, 10 Min. vom Hafen, an der Verlängerung des Corso Vittorio Emanuele II (an der Gabelung links), liegt einige Meter abseits der lauten Durchgangsstraße. Gutes Mittelklassehaus und mit 70 Zimmern größtes Hotel am Ort, hier findet man immer Platz. DZ etwa 72 €, Frühstück ca. 7 €/Pers. ✆ 079/501604, 🖷 501605.

● *Essen & Trinken*: **La Tana (4)**, Via Cavour 25, nettes kleines Lokal in einer westlichen Seitengasse des Corso Vittorio Emanuele II. Ordentliche Auswahl an Pizzen, auch Fisch, charmante Chefin, günstige Preise.

Poldiavolo (3), neues Lokal am Corso Vittorio Emanuele II, gegenüber Banco di Sardegna, wenige Schritte vom Hafen. Ordentliche Küche zu mittleren Preisen.
Da Teresa (2), Via Giordano Bruno 5, neben Poldiavolo die Gasse hinein, volkstümliche kleine Trattoria, vorne Bar, hinten eine Hand voll Tische, Einheimischentreff, preiswert.
Elisa, günstiger Self-Service im gleichnamigen Hotel.

● *Cafés & Bars*: **Acciaro**, Bar am Corso Vittorio Emanuele 38, prima Eis, auch Gebäckspezialitäten.
Sport, edle neue Bar am Platz gegenüber der Kirche.

● *Sonstiges*: **Enoteca**, an der Straße gegenüber vom Hafen, Verkauf von Wein und einigen kulinarischen Spezialitäten.

Sehenswertes

Der schnurgerade *Corso Vittorio Emanuele II* ist mit seinen Cafés, Restaurants, Reisebüros, Shops und Souvenirläden die Hauptschlagader der Stadt. Die Cafés sucht man sich tagsüber nach dem Sonnenstand aus – vormittags liegt die eine Straßenseite im Schatten, nachmittags die andere. Abends ist der Corso fest in der Hand der Jugend – alles wird zu Sitzplätzen umfunktioniert, die Unterkanten der Schaufenster, Mopeds, Rinnsteine ... Die Kirche am zentralen Platz besitzt ein modernes *Mosaik* mit der Jungfrau Maria und der Raffinerie von Porto Torres im Hintergrund.

Parco Archeologico: Eindrucksvolle Relikte aus römischer Zeit findet man westlich vom Hafen, in der Nähe des stillgelegten Bahnhofs. Es handelt sich um die Überreste eines größeren Hauses, genannt *Palazzo Re Barbaro*, in dem ein römischer Statthalter residierte, die weitflächigen Ruinen einer *Thermalanlage* und die Reste eines *Aquädukts*, das die Thermen mit Wasser versorgte. Im angeschlossenen *Antiquarium Turritano* sind Funde der Ausgrabung ausgestellt.
<u>Öffnungszeiten/Preise</u>: Di–Fr 9–19.30, Sa 9–22.30, So 9–19.30 Uhr; Eintritt ca. 3,20 €, frei unter 18 und über 65.

Ponte Romano: Ausgezeichnet erhalten ist diese siebenbogige Römerbrücke über den dreckigen Mannu-Fluss, zwischen Parco Archeologico und Industrierevier. Noch vor wenigen Jahren war sie für den Autoverkehr freigegeben, nun ist sie gesperrt, was Moped- und Rollerfahrer aber keineswegs hindert, sie weiter zu benutzen.

Romanik pur – Seitenfront der Basilica da Gavino

Basilica da Gavino: Die größte romanische Kirche Sardiniens stammt aus dem 11. Jh., erbaut ist sie auf einer frühchristlichen Nekropole. Außen extrem verwittert, wirken manche Steine so porös wie Schwämme. Trotzdem besticht San Gavino durch seine architektonische Harmonie – mit den zwei halbrunden Apsiden an beiden Enden zeigt sich der Baukörper mit hohem Mittelschiff und den zwei niedrigen Seitenschiffen ausgesprochen lang und elegant.
Der Innenraum ist schlicht und schmucklos, das Mittelschiff wird durch halbrunde Bögen und zwei Säulenreihen mit antiken, frühchristlichen und romanischen Kapitellen von den Seitenschiffen getrennt. In der östlichen Apsis ein Gestell mit drei lebensgroßen Holzpuppen, die die Märtyrer und Schutzheiligen der Stadt *Gavinus*, *Januarius* und *Protus* darstellen, ermordet während der Christenverfolgungen unter Kaiser Diokletian im 3. Jh. Gavinus war ein römischer Offizier, der sich von Januarius und Protus im Christentum unterrichten und schließlich taufen ließ. Daraufhin wurden alle drei von den Römern enthauptet – Gavinus auf einer Landzunge östlich der Stadt, wo ihm zu Ehren das schlichte Kirchlein *San Gavino a Mare* errichtet wurde (→ nächster Abschnitt). Alljährlich am 3. Mai findet eine große Prozession dorthin statt.
In der *Krypta* unter der Westapsis von San Gavino stehen, umringt von Märtyrer- und Heiligenskulpturen, drei Marmorsarkophage mit Knochenresten – angeblich stammen sie von den drei Märtyrern. Auf der anderen Seite der Krypta Ausgrabungen der Fundamente von Vorgängerbauten.
Öffnungszeiten/Preise: Mo-Sa 8.30–13, 14.30–19 Uhr, So 10.30–13, 15–19 Uhr; Eintritt frei, mehrmals tägl. Führungen, ebenfalls gratis. Eintritt zur Krypta ca. 1 €.

Balai: Östlich der Stadt liegt die hübsche Sandbucht *Balai* mit von Wind und Meer bizarr ausgehöhlten Felswänden, kürzlich mit Spazierwegen ausgebaut zur Erholungszone. Abends treffen sich hier die Einwohner von Porto Torres zur gemütlichen "Passeggiata". Nicht weit entfernt steht das kleine Kirchlein *San Gavino a Mare* (→ vorheriger Abschnitt).

Capitano Salvatore Musella veranstaltet mit seinem Schiff M/N Golia Exkursionen auf die unter strengem Naturschutz stehende **Isola Asinara**. Auskunft im Pro Loco oder unter ✆ 0782/667059, 0333/2902521, 0368/3151218. Weitere Details zur Insel siehe S. 317.

Sassari

Mit über 100.000 Einwohnern zweitgrößte Stadt Sardiniens (nach Cagliari). Schöne Lage inmitten tausender Olivenbäume auf einem sanft ansteigenden Kalksteinplateau, das nach Süden in jähen Klippen schroff abfällt.

Die Außenviertel mit ihren hohen, modernen Wohnblocks durchquert man rasch, auch die im letzten Jahrhundert angelegte Neustadt mit streng symmetrischen Straßenzügen und einigen Grünflächen ist wenig interessant. Die Altstadt könnte dagegen ein Schmuckstück sein – doch vieles ist heruntergekommen, wirkt verwahrlost. Nicht zu übersehen sind Arbeitslosigkeit und soziale Spannungen (u. a. erhebliches Drogenproblem der Jugend). Am langen Corso Vittorio Emanuele II, der Hauptschlagader der Stadt, dominieren altersgrau verwitterte Prachtfassaden. Links und rechts davon schmale verwinkelte Gässchen mit jahrhundertealten Häusern, kleinen Handwerksläden, Bars und versteckten Trattorien, aber auch die prächtige Kathedrale im Stil des spanischen Barock. Italienische Imponierarchitektur prägt die monumentale Piazza d'Italia, von dort sind es nur wenige hundert Meter zum *Museo Sanna*, nach dem Museum in Cagliari die beste archäologische Sammlung der Insel.

Wer am 14. August in der Nähe ist, kann die *Festa dei Candelieri* besuchen, eins der größten Feste Sardiniens (→ Kasten, S. 309).

Sassari wurde im **frühen Mittelalter** gegründet, als sich die Bewohner von Turris (Porto Torres) wegen ständiger blutiger Piratenüberfälle ins Landesinnere zurückzogen. Im 13. Jh. erklärten sich die Einwohner Sassaris zur **freien Stadtrepublik**, unabhängig vom umgebenden Judikat Torres und gaben sich eine eigene Verfassung – neben Cagliari die einzige Stadt Sardiniens, die das zuwege brachte. Von Genua und Pisa blieb man allerdings trotzdem weitgehend abhängig und wechselte im Konflikt der beiden Stadtstaaten mehrmals die Seiten. Im 14. Jh. schließlich nahmen die **Spanier** die Stadt für 400 Jahre in Besitz. Trotz weiterhin wechselnder Fremdherrschaften (Österreich, Savoyen) hielt sich die freiheitliche Tradition in Sassari am Leben, was besonders in der **Revolution von 1848** zum Ausdruck kam. Unter italienischer Herrschaft wurde um 1870 die repräsentative Piazza d'Italia und die Neustadt angelegt, das aragonesische Kastell an der heutigen Piazza Castello und die Stadtmauern wurden fast vollständig geschleift. Im Ersten Weltkrieg schließlich tat sich die **Brigata Sassari** besonders hervor – ihr ist ein Museum an der Piazza Castello gewidmet sowie ein großes Denkmal am nördlichen Stadtrand (Weg ist vom Zentrum deutlich beschildert). Im Zweiten Weltkrieg gab es nur unwesentliche Zerstörungen.

Nordsardinien/Anglona und Turritano

Information

Azienda Autonoma di Soggiorno e Turismo (A.A.S.T.), städtische Informationsstelle in der Via Roma 62, wenige Schritte vom Museo Sanna. Mo–Do 9–13, 16–18, Fr 9–13 Uhr. ✆/℡ 079/231777, www.regione.sardegna.it/aastss.
Ente Provinciale per il Turismo (EPT), Informationsbüro der Provinz Sassari im Viale Caprera 36, parallel zum Viale Umberto, etwas außerhalb vom Zentrum. Mo–Fr 8–13 Uhr. ✆ 079/299544, ℡ 299415.

Anfahrt/Verbindungen

• *Eigenes Fahrzeug*: Die schmalen und unübersichtlichen Gassen der Altstadt sollte man mit dem PKW besser meiden. Parken kann man z. B. vor dem Bahnhof und am langen Viale Umberto, der seitlich parallel zur Altstadt verläuft. Die Piazza Monsignore Mazotti in der Nähe vom Dom ist ein großer Parkplatz (gebührenpflichtig werktags 9–13.30, 16–20 Uhr). **Parkgarage** am Corso Margherita di Savoia 8, Nähe Stadtpark.

• *Zug*: Der große **Bahnhof** von Sassari liegt am unteren Ende des Corso Vittorio Emanuele II, hier treffen sich staatliche Normalspur (FS) und Schmalspur (FdS).
FS: tägl. mindestens 5x nach Porto Torres, 4x nach Oristano/Cagliari und 4x nach Olbia. Es verkehren Schnell- und Bummelzüge, vorher erkundigen.
FdS: tägl. etwa 11x nach Alghero (50 Min.) und 14x ins nahe gelegene Städtchen Sorso (ca. 20 Min.), außerdem 6x (So 5x) nach Nulvi an der reizvollen Strecke über Tempio nach Palau. Auf der Strecke Sassari–Tempio–Palau verkehrt nur noch im Sommer 2x wöch. ein „Trenino verde", nämlich von Ende Juni bis Ende August (→ S. 145).
Im Bahnhof **Gepäckaufbewahrung** (6–20 Uhr) und Reservierung für die **FS-Fähre** Golfo Aranci–Civitavecchia (Mo–Sa 7–13 Uhr, 14.20–20.20 Uhr, So nicht).

• *Überlandbusse*: Knotenpunkt aller **Provinzbusse (ARST und FdS)** ist der neue Busbahnhof in der Nähe vom Bahnhof. Häufige Verbindungen in alle Richtungen – Porto Torres mindestens 1x stündl., Alghero ca. 8x tägl., Torralba und Ozieri 7x, Flughafen Alghero/Fertilia 6x, Sorso 5x, Castelsardo 5x, Stintino 3x, Santa Teresa 2x, Bosa und Olbia 1x u. a.
Fernbusse (PANI) fahren tagsüber ab Via Fratelli Bellieni 25 (um die Ecke der Piazza

d'Italia), nachts ab Emiciclo Garibaldi, ✆ 079/236983. Etwa 4x tägl. nach Nuoro (via Macomer), davon 1x nonstop, 5x nach Cagliari (via Macomer, Oristano, Sanluri), davon 2x nonstop.

• *Stadtbusse*: Die zentrale Haltestelle für **Stadtbusse (ATP)** liegt unterhalb vom Emiciclo Garibaldi, direkt beim Stadtpark, Tickets und Auskünfte gibt es in einem Kiosk. Vom Bahnhof aus macht Bus 8 etwa alle 15 Min. eine Rundfahrt durchs Zentrum, Stopps u. a. an der Piazza d'Italia und an der Via Roma. Tickets bekommt man gegenüber

Sassari 301

Übernachten
1. Giusy
9. Frank
10. Leonardo da Vinci
11. Hotel Garden

Essen und Trinken
2. Le Antiche Mure
3. Da Peppina
4. L'Assassino
5. Liberty
6. Il Castello
7. Studentenkneipe
8. 3 B
12. Giamaranto da Gianni e Amedeo

Anglona und Turritano — Karte Seite 281

vom Bhf. in der Bar Lu Sussincu (Luciano). ATP-Busse fahren auch in die Umgebung, z. B. nach Marina di Sorso und Platamona.

• *Flug*: Der Flughafen **Alghero/Fertilia** liegt etwa 35 km von Sassari entfernt. Ein kostenloser Zubringerbus für Alitalia-Flüge startet an der Via Cagliari 3, ansonsten

fahren bis zu 6x täglich ARST–Busse ab Busbahnhof.

• *Taxi*: Standplätze u. a. am Busbahnhof **Emiciclo Garibaldi** (✆ 079/234630), an der **Piazza Castello** (✆ 079/234639) und am **Bahnhof** (✆ 079/260150). 24-Std.-Dienst unter ✆ 079/260060.

Adressen

• *Autovermietung*: **Avis**, Via Mazzini 2/e, ✆ 079/235547; **Auto Europa**, Via Roma 56, ✆ 079/232335; **Maggiore**, Viale Italia 3/a, ✆ 079/235507; **Sardinya**, Viale Caprera 8/a, ✆ 079/299931.

302 Nordsardinien/Anglona und Turritano

• *Geld*: mehrere Banken an der Piazza d'Italia und am Corso Vittorio Emanuele II.

• *Post*: Via Brigata Sassari 13, Nähe Piazza Castello (Mo–Fr 8–19.40 Uhr).

Übernachten (siehe Karte S. 300/301)

Sassari ist keine Touristenstadt, daher sind die Unterkünfte sehr spärlich gesät und richten sich vor allem an Geschäftsreisende. Preiswerte Quartiere gibt es kaum und sind dementsprechend an Wochenenden oft bis aufs letzte Bett belegt.

**** Grazia Deledda, Viale Dante 47, die beste Adresse Sassaris liegt in einer der langen Straßen der Neustadt. Komfortable Ausstattung, 127 Zimmer, jeweils mit TV, hauseigene Garage. DZ ca. 80–100 €, Frühstück ca. 7,50 €/Pers. ✆ 079/2712235, 🖷 280884, htlgdeledda@tin.it.

*** Leonardo da Vinci (10), Via Roma 79, nur einige Straßenzüge vom Deledda entfernt, weiteres Vorzeigeobjekt der sassaresischen Hotellerie. Edle Lounge mit riesigen Lüstern, spiegelndem Granitboden und gediegenem Mobiliar, sowie große Bar und schöner Frühstücksraum. Zimmer elegant (Teppichboden, Air-Condition, Frigobar und TV) und auch relativ ruhig, weil der Hauptbau ein Stück von der Straße zurück liegt. Garagen mit direktem Zugang zum Hotel, mehrere Lifte. DZ ca. 80–93 €, Frühstück ca. 12 €/Pers. ✆ 079/280744, 🖷 2857233, www.leonardodavincihotel.it.

*** Frank (9), Via Armando Diaz 20, relativ ruhig und gepflegt, aber nicht übertrieben geschmackvoll eingerichtet. Für jedes Zimmer PKW-Stellplatz im Hof. DZ etwa 68 €, Frühstück ca. 5,50 €/Pers. ✆/🖷 079/276456.

** Giusy (1), Piazza Sant'Antonio 21, schräg gegenüber vom Bahnhof am unteren Ende des Corso Vittorio Emanuele II. Straßenlärm, ziemlich schlicht und laut Leserbriefen nicht alles gut in Schuss, wegen der günstigen Lage trotzdem oft ausgebucht, TV im Zimmer. DZ mit Frühstück ca. 40 €. ✆ 079/233327, 🖷 239490.

* Garden (11), Via Pigliaru 10, ruhige Lage etwa 2 km nordöstlich vom Zentrum (von der Markthalle aus über den Ponte Rosello und rechts halten). Einfaches Albergo mit hübschem Garten. DZ ca. 37 €, kein Frühstück. ✆ 079/241325, 🖷 254123.

Hinweis: Obwohl hartnäckig in den offiziellen Unterkunftslisten vermerkt, ist die Billig-Absteige *** Gallura** (Vicolo San Leonardo 9) seit Jahren geschlossen. Das heruntergekommene Gebäude der Pension *** Sassari** (Viale Umberto 65) wurde beim letzten Check 2001 totalsaniert und war ebenfalls geschlossen.

Essen & Trinken (siehe Karte S. 300/301)

Als kulinarisches Zentrum Nordsardiniens hat Sassari einiges zu bieten. Authentisch essen kann man vor allem in den Trattorien und vielen kleinen Bars des Centro Storico, besondere Sassari-Spezialität sind *cavallo* und *asino* (Pferde- und Eselsfleisch), *cordula* und *trippa* (Innereien) sowie Schnecken, *lumachine* bzw. *lumache oder monzette* genannt. In kleinen Backstuben der Altstadt (z. B. Via Usai 17) erhält man außerdem *fainè*, eine Art Pizza aus Kichererbsenmehl, Olivenöl, Salz und Wasser, die im Holzofen knusprig gebacken wird und von der bekannten genuesischen "Farinata" abstammt.

Il Castello (6), gepflegtes Ristorante mit gläserner Loggia an der Piazza Castello, im Sommer auch Tische im Freien, ganz zentral und bei den Einwohnern von Sassari sehr beliebt. Menü um die 35–40 €. Juni bis September tägl., sonst Mi geschl.

Liberty (5), am Ende einer Sackgasse in der oberen Hälfte des Corso Vittorio Emanuele II. Etwas feineres Ristorante in einem Palazzo des 18. Jh., Terrasse zum Draußensitzen.

L'Assassino (4), Vicolo Ospizio dei Cappuccini 1/b, versteckt im Gassengewirr der Altstadt, Nähe Piazza Tola. Der ""Meuchelmörder" ist seit langem "der" Tipp in Sassari, auch die Küche ist die alte geblieben: herzhaft-deftige Sassari-Spezialitäten wie *trippa* (Kutteln), *piedini di agnello* (Lammfüßchen), Pferde-/Eselsfleisch, Spanferkel und natürlich Schnecken. Menü um die 20 €. So geschl.

Le Antiche Mure (2), gutes Restaurant am unteren Ende des Corso Vittorio Emanuele II, man kann auch schön draußen sitzen, jedoch herrscht einiges an Verkehr. Mittlere Preise, kein offener Wein. So geschl.

Da Peppina (3), Vicolo Pigozzi, uriges Gasthaus am unteren Ende des Corso links ab, etwas versteckt. Viele Sassaresen kommen

Sassari

Auf der ruhigen Piazza Tola

zum Essen, herzhafte Innereien wie Kutteln in Tomatensauce, Leber und Herz vom Grill. Viele Bilder und Skizzen an den Wänden, wahrscheinlich von Gästen. Preiswert. So geschl.

Da Gesuino, Via Torres 17/g, populäre Trattoria auf zwei Stockwerken, neben Fisch werden auch hier vor allem traditionelle Gerichte serviert, z. B. *fusili con ragu di asinello* (Pasta mit Eselsfleisch) oder *cordula di agnello* (Innereien mit Erbsen). August und So geschl.

Giamaranto da Gianni e Amedeo (12), Via Alghero 69, südlich vom Zentrum, gepflegtes, helles und fröhliches Lokal, spezialisiert auf Teigwaren, diverse Variationen an Spaghetti, Tagliatelle, Ravioli etc., außerdem viel Fisch. Menü um die 30–45 €. August und So geschl., außerdem im Juli Sa (abends).

3 B (8), Via Roma 34, gegenüber dem Justizpalast, großer Self-Service mit orentlicher Essensauswahl, Kuchen und Eis. Beliebter Treffpunkt, viele Studenten. Sa geschl.

● *Cafés*: zum Ausruhen nach dem Stadtbummel die beiden **Straßencafés** unter den Arkaden des Hochhauses an der Piazza Castello, das **Caffè al Duomo** beim Dom oder das **Caffè Rau** im Arkadendurchgang zur Piazza Italia.

● *Bars & Kneipen*: Namenlose **Studentenkneipe (7)** am Corso Margherita di Savoia 39, gegenüber vom Stadtpark, wenige Schritte von der Universität. Man sitzt an Holzbänken und -tischen, trinkt Bier und isst preiswert. Auch tagsüber geöffnet.

Einige beliebte Nachtbars findet man entlang der **Via Roma**.

Sehenswertes

Bester Ausgangspunkt für eine Stadtbesichtigung ist die zentrale Piazza d'Italia. Von dort geht man zur benachbarten Piazza Castello und anschließend den Corso Vittorio Emanuele II hinunter. Seitlich davon liegt die in großen Teilen renovierungsbedürftige Altstadt.

Der verkehrsberuhigte "Corso" durchbricht leicht abfallend kerzengerade das Gassengewirr. Links und rechts schöne alte Palazzi aus dem 15./16. Jh., abgasdunkle, aber reich verzierte Torbögen, Geschäfte aller Art. Wer zur richtigen

304 Nordsardinien/Anglona und Turritano

Zeit in Nordsardien ist, sollte das Hauptfest nicht versäumen – am Abend des 14. August wälzt sich die berühmte Prozession der *Candelieri* die verstopfte Straße hinunter.

Piazza d'Italia: der zentrale Platz von Sassari, weit und offen, umgeben von altehrwürdigen Palazzi und Prachtfassaden. Im Stil des 19. Jh. ist er noch fast unverändert erhalten. An der oberen Längsfront erstrahlt der prächtige *Palazzo del Governo* (Palast der Provinzregierung) in linden Gelbtönen. Einer der beliebtesten Treffpunkte der Sassaresen ist das von Palmen flankierte pompöse Denkmal von *König Vittorio Emanuele II.* in der Platzmitte – ein finster dreinblickender Monarch mit Kürassierhelm und Schnauzbart. Meist sitzen ihm Tauben auf Kopf und Schultern. Abends wird die Piazza als Flanierzone genutzt und ist oft schwarz von Menschen.

Piazza Castello: von der Piazza d'Italia durch die Arkaden zu erreichen. Der Name deutet noch auf das aragonesische Kastell aus dem 14. Jh. hin, das hier 1877 abgerissen wurde. Heute beherrschen zwei Hochbauten und ein modernes Bürohaus die Szene. Im unteren Teil ein hübscher Palmengarten, außerdem eine Palmenpromenade, die sich zur Piazza d'Italia fortsetzt. In der Passage des Hochhauses am unteren Platzende zwei Straßencafés.

Das *Museo Storico della Brigata Sassari* (Nr. 9) bewahrt mit Fotos, Dokumenten, Waffen und Uniformen das Andenken der ruhmreichen sardischen Brigade des Ersten Weltkriegs.

Öffnungszeiten: **Museo Storico della Brigata Sassari** – Mo–Fr 9–12.30, 14.30–16.30, Sa 9–12.30 Uhr; Eintritt frei.

Piazza Azuni: leicht abfallender Dreiecksplatz, am oberen Ende des langen Corso Vittorio Emanuele II. In der Mitte das Denkmal von *D. A. Azuni*, sassaresischer Historiker und Begründer des modernen Seerechts (1749–1827).

Rechts des Corso (nördlich)

Hier liegen mehrere Plätze, auf denen sich wochentags das temperamentvolle Marktgeschehen abspielt, Markthalle gleich in der Nähe.

Piazza Tola: hübscher Platz, umgeben von altehrwürdigen, teils restaurierten Palazzi. Früher hieß er "Carra manna" – benannt nach dem steinernen Gefäß, das hier stand und als offizielle Maßeinheit diente. In der Mitte ein Denkmal für den Juristen und Historiker Pasquale Tola (1800–1874). Die beiden schönsten Häuser bilden die Oberkante der Piazza: Der *Palazzo d'Usini* mit seiner weißen Renaissancefassade stammt laut Inschrift über dem Portal von 1577 und gilt als ältester bekannter Palast Sardiniens, der benachbarte *Palazzo Tola* mit seinen markanten Tür- und Fenstereinfassungen aus Granitquadern ist das Geburtshaus von Efisio Tola, einem Vorkämpfer der sardischen Unabhängigkeit (1803–1833).

Largo Pescheria: von der Piazza Tola rechts hinunter, kleiner Platz, an dem die *Fischhändler* ihre Stände haben, aber auch lautstark Kleider und Schuhe verkauft werden.

König Vittorio Emanuele II – imposantes Denkmal auf der Piazza d'Italia

306 Nordsardinien/Anglona und Turritano

Noch ein paar Schritte weiter kommt man zur riesigen *Markthalle* mit drei getrennten Hallen für Fisch, Fleisch und Obst/Gemüse – viel fürs Auge.

Fontana di Rosello: Wenige Schritte von der Markthalle, im wüsten Brachland unter der Autobrücke Ponte Rosello, steht dieses edle Brunnenhaus, das während der späten Renaissance ganz aus Marmor erbaut wurde. Aus acht Maskenköpfen und vier Delphinen sprudelt Wasser, das angeblich schon während der römischen Antike mittels eines Aquädukts nach Turris Libyssonis (Porto Torres) geleitet wurde und im 13. Jh. die Versorgung Sassaris sicherstellte. Vom südlichen Brückenkopf aus führt ein Weg hinunter.

Öffnungszeiten: sind angegeben mit 9–13, 16–19, So 9–13 Uhr, trotzdem steht man oft vor verschlossenem Gatter.

Stadtmauer: Am Corso Trinità, gegenüber vom Ponte Rosello, ist noch ein kleiner Rest der mittelalterlichen Stadtmauer erhalten. Alte Häuser sind eng daran gebaut, die Zinnengänge werden z. T. als Balkone genutzt.

Sant'Antonio Abate: neben dem Bahnhof am unteren Ende des Corso Vittorio Emanuele II. Archaisch wirkender Baukörper aus unverputzten Bruchsteinquadern, die Fassade kürzlich renoviert. Im Inneren große, hölzerne Altarwand aus der Zeit des spanischen Kolonialismus. Neben der Kirche markiert eine *Säule* mit Szenen aus der italienischen Geschichte den Beginn des Corso.

Links des Corso (südlich)

Hier befinden sich die wichtigen öffentlichen Einrichtungen wie Rathaus, Kathedrale, Universität und Stadtpark.

Kathedrale San Nicola: begonnen Ende des 15. Jh. in aragonesischer Gotik. Im 17. Jh. kam die äußerst beeindruckende *Fassade* aus sassaresischem Kalkstein (Klippen südlich der Stadt) dazu – quellende, filigrane Motive mit ungewöhnlich reicher Formvielfalt, beeinflusst von den überseeischen Entdeckungsfahrten (spanisch/barocker Kolonialstil). Geweiht ist die Kirche dem heiligen *Nikolaus von Bari*, der gnädig von der Spitze herunterwinkt, darüber thront Gottvater mit der Erdkugel. Die drei Skulpturen im mittleren Fassadenbereich stellen die drei Märtyrer *Gavinus*, *Januarius* und *Protus* aus Turris Libyssonis dar (→ Porto Torres). Der weiß verputzte Innenraum besitzt ein gotisches Kreuzrippengewölbe, an den Seiten prangen hohe vergoldete Barockaltäre mit Ölgemälden. Im Querschiff große Deckenfresken – eine martialische "Kreuzaufrichtung" und die beschauliche "Anbetung der Heiligen drei Könige". Pompös ist der Altaraufgang aus Marmor, bewacht von zwei Löwen, unten fein herausgearbeitete Halbreliefs von Bischöfen und Märtyrern, Engelsfiguren tragen Leuchter. Hinter dem Altar Chorgestühl aus sardischem Nussbaumholz.

Öffnungszeiten: 9–12, 16–19 Uhr.

Rathaus: Unmittelbar hinter der Kathedrale steht der aufwändig restaurierte *Palazzo Ducale* aus dem 18. Jh., der heute die Stadtverwaltung beherbergt.

Universität: Die Universität von Sassari wurde Ende des 16. Jh. von Jesuiten gegründet. Besonders die geisteswissenschaftliche Fakultät konnte sich bis heute profilieren, und nicht wenige bedeutende italienische Politiker sind aus ihr hervorgegangen, so die beiden Staatspräsidenten Antonio Segni und Francesco Cossiga sowie Enrico Berlinguer, der Generalsekretär der kommunisti-

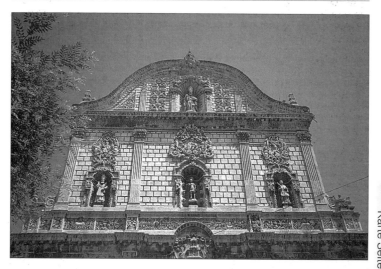

Filigranes Kunstwerk – die Kathedrale von Sassari

schen Partei. *Gavino Ledda*, Hirtensohn und Autor des weltberühmt gewordenen autobiographischen Romans "Padre Padrone", hat bis Anfang der Achtziger in Sassari Linguistik gelehrt (→ Literatur). Das Hauptgebäude der Universität steht zwischen Stadtpark und der Piazza Università (Eingang). Es beherbergt heute die Verwaltung, die zentrale Bibliothek und die juristische Fakultät. Der schöne Innenhof mit seinem Säulengang sowie Dattel- und Zwergpalmen ist eine Oase der Ruhe.

Stadtpark (Giardini Pubblici): die grüne Lunge der Innenstadt – saftiger Rasen unter hohen Bäumen, viele Bänke, ein großer Spielplatz. Einen Besuch wert ist die ständige Ausstellung von sardischem Kunsthandwerk im Pavillon *Padiglione dell'Artigianato*, denn nur qualitativ hochwertige Stücke werden vom "ISOLA" (Istituto Organizzazione Lavoro Artigiano) dafür ausgewählt. Mehr zu dieser vorbildlichen Organisation im Kapitel "Kunsthandwerk".
<u>Öffnungszeiten</u>: Mo–Sa 9–13, 17–20 Uhr. ✆ 079/230101.

Santa Maria in Betlem: schräg gegenüber vom Bahnhof, erbaut im 13./14. Jh. und damit eine der ältesten Kirchen der Stadt. Auffallend große Kuppel und runder Glockenturm, die romanische Fassade sehr harmonisch, jedoch völlig verwittert – große Fensterrose mit gotischen und arabischen Motiven (gezahnte Gesimsreihe), schönes pisanisches Portal, links davon drei alte Wappen. Das Innere ist barock überschwenglich ausgestattet, die Seitenkapellen mit ihren schweren Altären sind den einzelnen Zünften Sassaris geweiht. Hier werden die riesigen Kerzenleuchter der Handwerkszünfte für das alljährliche "Candelieri"-Fest aufbewahrt. Das benachbarte *Franziskaner-Kloster* wird derzeit renoviert und soll einmal ein Museum beherbergen. Im Kreuzgang ein *Brunnen* aus dem 14. Jh.

308 Nordsardinien/Anglona und Turritano

Historischer Webstuhl im Museo Sanna

Museo Giovanni Antonio Sanna

Diese sehr bemerkenswerte archäologische Sammlung, zu der ein Bergwerksdirektor namens Sanna den Grundstock gelegt hat, findet man in einem historischen Bau in der Via Roma 64. Angeschlossen sind eine ethnographische Sammlung und eine Pinakothek. In moderner Präsentation sind Funde aus allen Epochen der sardischen Vor- und Frühgeschichte ausgestellt, wobei vor allem die riesige Zeitspanne vor der Nuraghenzeit besonders deutlich wird.

Öffnungszeiten/Preise: Di–Sa 9–19, So 9–13 Uhr, Mo geschl.; Eintritt ca. 3 €, frei unter 18 und über 65 Jahren. Führungen bietet die **Kooperative Thellus** von 9–13 und 16–19 Uhr, ✆ 079/2016099, ✆ 2009492.

Archäologische Abteilung: erstreckt sich über mehrere Säle, anhand großer Tafeln sind die zeitlichen Abläufe dargestellt. In den Schaukästen jeweils gute Dokumentierung, um welchen Zeitraum bzw. welche Kulturstufe es sich handelt.

Saal V: hier als erstes eine Dokumentation zum viele Millionen Jahre alten *"Versteinerten Wald"* (albero pietrificato) von Martis (→ S. 293).

Saal VI: Paleolithikum und Jungsteinzeit, Schwerpunkt der *Monte d'Accodi* zwischen Sassari und Porto Torres.

Saal VII und VIII: Stücke der Kupfer- und Bronzezeit, gefunden in "domus de janas" und Megalithgräbern, auch Menhire.

Saal IX (oberes Stockwerk): Nuraghenzeit, u. a. Rekonstruktionen der verschiedenen Nuraghentypen, verschiedene Keramik und natürlich einige der berühmten Bronzefiguren (→ Cagliari/Nationalmuseum).

Saal X: phönizisch-punische Epoche – Keramik, Grabstelen, Amulette, Öllämpchen, Skulpturen, Amphoren.

Saal XI und XII: große römische Abteilung, Glas- und Goldgegenstände, Statuen, Sarkophage, sehr schöne Mosaikböden, große Ankersammlung, außerdem Münzenkollektion.

Saal XIII: Früh- und Hochmittelalter – Waffen, Schmuck, Münzen, Inschriften.

Sassari 309

Ethnographische Abteilung (Säle XIV–XVIII): sardische Trachten, Teppiche, Webstühle, Schmuck, Möbel und Musikinstrumente, deren Töne man manchmal vom Band hören kann.

Pinakothek (Saal III, gegenüber Kasse): Gemälde vom 15. Jh. bis zur Moderne, darunter auch Werke des sassaresischen Malers Biasi, der den Bahnhof von Tempio Pausania ausgemalt hat.

Calvacata Sarda und I Candelieri: Zwei Großereignisse im Festjahr

Calvacata Sarda – der "Sardische Ritt" – findet am vorletzten Sonntag im Mai statt und ist neben der *Sagra del Redentore* in Nuoro und der *Sagra di Sant'Efisio* in Cagliari eins der drei größten Trachtenfeste Sardiniens. Allerdings wurde sie erst 1951 eingeführt, besitzt also keinerlei historischen Bezug. Zuerst bewegt sich ein bunt geschmückter Zug mit Pferden, Kutschen und Trachtengruppen durch die ganze Stadt. Nachmittags folgen dann Reiterwettbewerbe, abends folgt eine große Folkloreveranstaltung auf der zentralen Piazza d'Italia statt.

I Candelieri – "Die Prozession der Leuchter" – findet am Abend des 14. August statt, also mitten in der touristischen Hauptsaison. Ursprünglich wohl von den Pisanern eingeführt, lebte das Fest im August im Jahre 1528 wieder auf, als eine verheerende Pestepidemie überraschend zu Ende ging und die Bewohner mit großen Kerzen durch die Stadt zogen, um der "Madonna dell'Assunta" (Maria Himmelfahrt) zu danken. Heute werden riesige, reich geschmückte Holzkerzen von den neun Handwerker- und Bauernzünften durch die Stadt getragen. Der Zug beginnt an der Piazza Castello und bewegt sich dann den völlig verstopften Corso Vittorio Emanuele II hinunter zur Kirche Santa Maria in Betlem, wo *"Li Candareri"* (sard.: die Kerzenleuchter) geweiht und das Jahr über aufbewahrt werden. Trotz seines religiösen Ursprungs ist das Fest heute völlig säkularisiert, es nehmen auch keine Vertreter der Kirche teil. Wegen des günstigen Sommertermins kommen dafür immer mehr Touristen.

"Ein ausgelassenes Volksfest, der Corso Vittorio Emanuele II birst geradezu vor Menschen, Musikkapellen ziehen hinunter, mittendrin die Leuchterträger, die die gewaltigen Leuchter nach den wirbelnden Rhythmen des Vortrommlers schwenken – im Kreis herum, ein paar Meter nach vorn und wieder zurück, einer dirigiert die Bewegungen, feuert an. Bis zur Erschöpfung geht es, die acht Zünfte überbieten sich gegenseitig – zuerst kommen die Steinmetze, dann die Fuhrleute, Tischler, Gärtner, Schuhmacher, Maurer, Schneider und zum Schluss die Bauern ..."

Anglona und Turritano
Karte Seite 281

Sassari/Umgebung

Monte d'Accodi

Prähistorischer Altarberg in Form einer abgestumpften Pyramide aus großen, moosbewachsenen Steinbrocken an der Straße zwischen Sassari und Porto Torres. Er stammt vom Ende des 3. Jt. v. Chr. – aus der sog. Ozieri-Kultur – und gilt als einzigartig im ganzen westlichen Mittelmeerraum.

Ausgegraben wurde das uralte Heiligtum erst seit Anfang der fünfziger Jahre. Noch im Zweiten Weltkrieg war der Hügel völlig zugewachsen und wurde als Beobachtungsposten verwendet. In den achtziger Jahren entdeckte man, dass vor dem bis heute erhaltenen Heiligtum bereits eine noch ältere Kultstätte existiert haben muss (etwa aus der Mitte des 3. Jt. v. Chr.), die durch einen Brand zerstört wurde. Noch früher – im 5. Jt. – gab es hier eine jungsteinzeitliche Siedlung. Wie man aus zahllosen Muschelresten schloss, war der Monte d'Accodi ein bedeutendes Wallfahrtszentrum, verehrt wurde wahrscheinlich die große Erd- oder Muttergöttin.

Eine lange *Rampe* führt zur Plattform, vielleicht wurden hier Opfertiere hinaufgetrieben. Links der Rampe ein umgestürzter *Menhir* (Gottheit), rechts zwei massive *Steintische* (unter dem größeren eine Öffnung im Kalkgestein) und eine runde Steinkugel mit gut 1 m Durchmesser – ein sog. *Omphalos* (Nabel), wahrscheinlich Symbol des Sonnengottes. Ein kleines *Antiquarium* dokumentiert die Ausgrabung.

- *Anfahrt*: Von **Porto Torres** aus nach ca. 6 km rechts asphaltierte Zufahrt (langsam fahren und auf Schild achten), beschildert auch aus Richtung Sassari kommend. Großer Parkplatz vorhanden.
- *Öffnungszeiten/Preise*: tägl. 9.15–20 Uhr (letzter Einlass 19.30 Uhr); Eintritt ca. 2,10 €, Senioren über 65 1,10 €, Studenten 0,60 €. Führungen bietet die **Kooperative Thellus** tägl. 9.15–19.15 Uhr; Kostenpunkt mit Eintritt ca. 3,20 €, Senioren 2,10 €, Studenten 1,10 €. ✆ 079/2016099, ✉ 2009492.

▸ **Sorso/Sennori**: zwei Bergstädte, unmittelbar übereinander an den sanften Hängen nördlich von Sassari. Interessant, um mal zwei typische sardische Kleinstädte zu erleben, in denen von Tourismus keine Spur zu finden ist, trotz der guten Bademöglichkeiten nur wenige Kilometer unterhalb. In der fruchtbaren Umgebung mit zahllosen Olivenbäumen gedeiht ein guter Wein namens "Cannonau di Sorso". Beeindruckend in Sorso ist die für sardische Verhältnisse ungewöhnlich große klassizistische Kuppelkirche *San Pantaleo* mit zahlreichen Skulpturen.

Anfahrt/Verbindungen: Zwischen Sassari und **Sorso** pendeln etwa 10x tägl. FdS-Schmalspurzüge. **Sennori** hat keinen Bahnhof, ARST-Busse fahren mehrmals tägl.

▸ **Osilo**: schönes altes Städtchen, fast 700 m hoch auf einem Hügelkamm östlich von Sassari, Decken- und Teppichweberei mit Tradition. Herrliche Lage und viel historische Bausubstanz aus grauem Gallura-Granit (erinnert an Tempio). Durch die verwinkelten Gassen kann man zur ehemaligen *Malaspina-Burg* aus

Sassari/Umgebung

Südlich von Sassari beginnen die weiten Weideflächen des Logudoro

dem 13. Jh. hinaufsteigen, von der jedoch nicht mehr viel mehr als zwei Türme erhalten sind.

Von der Promenade an der Durchgangsstraße herrlicher Blick ins Hügelland – noch schöner ist das Panorama vom wettergegerbten Wallfahrtskirchlein *Nostra Signora di Bonaria*, das sich am Hügel südlich über Osilo an die Straße duckt (Abfahrt am östlichen Ortseingang, beim Sportplatz).

Von Osilo auf der SS 127 schöne kurvige Fahrt durch unberührte Anglona-Landschaften über Nulvi, Laerru und Sedini nach Castelsardo (→ Castelsardo).

Anfahrt/Verbindungen: **ARST-Busse** gehen ab Sassari ca. 16x tägl.

Weitere reizvolle Ziele sind die pisanischen Landkirchen **Santissima Trinità di Saccargia**, **San Michele di Salvenero** und **Sant'Antonio di Salvenero**, die sich unweit südlich von Sassari im Gebiet des Logudoro konzentrieren. Näheres zu diesem sog. "Dreikircheneck", außerdem zum **"Schwarzen Dom"** von Ardara und zu **Sant'Antioco di Bisarcio** im Kapitel Logudoro.

La Nurra

Der flache ausgedörrte Nordwestzipfel Sardiniens erstreckt sich vom Capo Caccia bei Alghero über die Halbinsel von Stintino bis zur nördlich vorgelagerten Isola Asinara und ist eine der windigsten Ecken der Insel – nicht von ungefähr experimentiert die italienische Energieversorgungsgesellschaft ENEL zwischen Porto Torres und Stintino mit Windkraftenergie.

Die schmale Stintino-Halbinsel wird von der Fremdenverkehrswerbung gerne hoch gelobt – doch landschaftlich erscheint sie eher eintönig, ist im Sommer zudem von norditalienischen Urlaubern völlig überflutet. Malerisch, jedoch extrem überlastet, zeigt sich lediglich die **Spiaggia della Pelosa** mit ihrem leuchtend türkisfarbenen Wasser und den vorgelagerten Inseln sowie das benachbarte bizarre **Capo del Falcone**, das die nördliche Landspitze bildet. Ansonsten dominieren dürre Weideregionen und Salzlagunen, wo man die wenigen Bäume an zwei Händen abzählen kann – schwere Flächenbrände haben die Region schon seit dem letzten Jahrhundert verwüstet. Die vorgelagerte **Isola Asinara**, berühmt für ihre weißen Esel und jahrzehntelang als Strafkolonie, später als Hochsicherheitstrakt für Rotbrigadisten und Mafiosi genutzt, ist heute Naturschutzgebiet und darf nur im Rahmen autorisierter Touren besucht werden. Interessanteste Ecke der Nurra ist die Westküste, jedoch ist sie weitgehend von einer rauen Bergkette abgeschirmt und nur über Pfade zugänglich. Lediglich eine einzige Straße führt zur verlassenen Bergwerkssiedlung **Argentiera** und einigen schönen Badebuchten, die den Abstecher lohnen.

● *Orientierung*: Die Region der **Nurra-Berge** ist der äußerste Nordwesten der Insel. Eine großenteils einsame, in weiten Teilen auch eintönige Landschaft. Tourismus-Zentrum ist das ehemalige Fischerdorf **Stintino** im Norden, das heute zwei Jachthäfen sein eigen nennt und hauptsächlich begüterte Norditaliener anzieht. Landschaftlich von großem Reiz ist das nahe **Capo del Falcone**, aber auch das **Capo dell'Argentiera** mit der gleichnamigen Minenstadt, die große Bucht von **Porto Ferro** und der unmittelbar dahinter liegende **Lago Baratz**, der als einziger natürlich entstandener See Sardiniens gilt.

● *Verbindungen*: **ARST-Busse** verkehren von Sassari und Porto Torres nach Stintino. Die Verbindung von Alghero nach Stintino läuft mit Umsteigen ebenfalls über Sassari. Ansonsten ist der öffentliche Transport kaum ausgebaut, eigener Wagen vorteilhaft.

● *Straßen*: Gut ausgebaut ist die Strecke von Sassari über Porto Torres nach Stintino, ebenso die schnurgerade SS 291 von Sassari zum berühmten Capo Caccia (→ Alghero) und die Straße von Porto Torres nach Alghero. Der größte Teil der Küste ist dagegen durch Straßen überhaupt nicht erschlossen, Stichstraßen gibt es nur nach Argentiera, Porto Ferro und Torre del Porticciolo.

● *Übernachten*: **Hotels** und **Feriendörfer** in Stintino und Umgebung. **Ferienwohnungen** in Argentiera, **Agriturismo** in Santa Maria la Palma und Campanedda, **Campingplatz** an der Bucht Torre del Porticciolo.

● *Baden*: Die schöne **Spiaggia di Pelosa** bei Stintino ist im Sommer reichlich überfüllt, eher ruhig sind dagegen die Strände und Badebuchten an der Westküste, vor allem **Porto Ferro** und die einsamen Buchten bei **Porto Palmas**.

Von Porto Torres nach Stintino   313

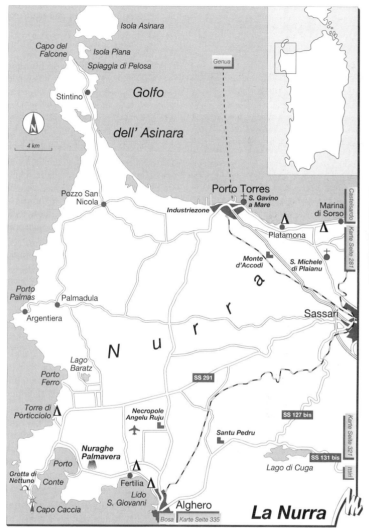

Von Porto Torres nach Stintino

Richtung Westen aus der Stadt raus und durch die "zona industriale" an der großen Raffinerie vorbei.

▸ **Fiume Santo**: großes Heiz- und Windkraftwerk der ENEL, auf halbem Weg nach Pozzo San Nicola, an der Straße beschildert: *Centrale Termoelettrica*

314 Nordsardinien/La Nurra

Fiumesanto, Centrale Eolica Alta Nurra. Während das Heizkraftwerk auf traditionelle Weise von der nahen Raffinerie versorgt wird, ist für die Centrale Eolica der Wind wichtig – ein halbes Dutzend hoher Rotoren dreht sich weithin sichtbar im dürren Flachland.

▶ **Pozzo San Nicola**: ödes Nest in der Einsamkeit, Straßenkreuzung mit einigen Häusern, Restaurant und Tankstelle, von hier die einzige Zufahrtsstraße auf die Halbinsel von Stintino.

Übernachten/Essen & Trinken: Wer in dieser Ecke bleiben möchte, findet im Umkreis der Streusiedlung **Campanedda** an der Straße von Porto Torres nach Alghero einige "Agriturismo"-Höfe, z. B. von **Amelia** **Uras** (✆ 079/306083), **Nicoletta** **Uras** (✆ 079/306052) und **Salvatore** **Uras** (✆ 079/306213). Übernachtung mit HP kostet ca. 32–35 € pro Person.

Halbinsel von Stintino

Südlich vom gleichnamigen Ort flach und eintönig, nur die Westküste ist bergig. Nördlich von Stintino landschaftlich interessanter, aber touristisch stark ausgebaut – zahlreiche "Villaggi", Straße oft verstopft und zugeparkt.

Von der Zufahrtsstraße vor Stintino führen mehrere beschilderte Wege ans Meer – dort einige lange, schmale Sandstrände, dahinter kleine salzhaltige *Stagni* (Lagunenseen), die im Sommer meist ausgetrocknet sind. Früher wurden hier Thunfische gefangen. Bei der stillgelegten Thunfischfabrik *La Tonnara* hat man 1994 das moderne Feriendorf "La Tonnara" (→ Stintino/Übernachten) errichtet. Davor schöner feinsandiger Strand.

Stintino

Fischerdorf und Tourismuszentrum, malerisch gelegen auf einer flachen Landzunge. Der Ortskern ist eingeschlossen von zwei tiefen Fjords, in denen die Motor- und Segeljachten der Ferienhausbesitzer vom nahen Capo Falcone vor Anker liegen. Diverse Strände liegen im Umkreis verstreut.

Stintino wurde erst 1885 gegründet, als der italienische Staat die vorgelagerte Insel Asinara zur Sträflingskolonie und Quarantänestation machte und die dort ansässigen Fischerfamilien zwangsumsiedelte. Auch heute, im Zeitalter des Massentourismus, kann man den Fischern noch zusehen, wie sie im Hafen ihre Netze flicken und Reusen reparieren. Am nördlichen Fjord kann man sich außerdem im *Museo della Tonnara* über den Thunfischfang informieren, der früher den Broterwerb der hiesigen Fischer sicherte. Hübsch sind sicherlich auch die niedrigen, bunten Hausfassaden. Insgesamt vermisst man aber vielleicht doch etwas Atmosphäre – die streng rechtwinkligen Straßenzüge der kaum über hundert Jahre alten Siedlung hat man in Nullkommanichts durchbummelt, und die Strände liegen weit außerhalb. Wegen der meist begüterten Bootsbesitzer-Klientel ist das Preisniveau eher gehoben.

Öffnungszeiten: **Museo della Tonnara** – in den Sommermonaten tägl. 19–24 Uhr; Eintritt frei.

Stintino 315

Information/Verbindungen

* *Information*: **Pro Loco** an der Hauptstraße, Via Sassari 77, Mo–Sa 9.30–13, 17–20 Uhr (in der Nebensaison nur vormittags). ✆ 079/523788.

* *Verbindungen*: **ARST-Busse** Stintino–Porto Torres–Sassari und umgekehrt etwa 3–6x tägl., in der Saison Strandbusse zur Spiaggia della Pelosa.

Übernachten

In Stintino selber gibt es nur drei kleinere Hotels, die in der Regel von italienischen Stammgästen in Anspruch genommen sind. Außerhalb dagegen liegen diverse Feriensiedlungen und Großhotels für pauschalen Badeurlaub. Die Agentur Stintours am Lungomare Colombo (Ausgang des Südfjords) vermittelt Apartments im Umkreis von Stintino ab drei Tage Aufenthalt, Preis ca. 25–35 € pro Person.

* *Im Ort*: ***** Geranio Rosso**, Via XXI Aprile 4, moderne Pension in einer Seitengasse der Hauptstraße, vor der Tür Geranien, innen marmorgefliest, schönes und auch gutes Ristorante. Hat sich von 7 auf nun 16 Zimmer vergrößert, jeweils mit TV, Air-Condition und Telefon. Lesertipp: Zimmer nach vorne nehmen, nach hinten z. T. Kühlaggregat zu hören. Freundlicher Service. DZ je nach Saison ca. 53–78 €, Frühstück ca. 6 €/Pers. ✆ 079/523292, ✆ 523293.

*** Silvestrino, mitten im Ort an der Hauptstraße, Via Sassari 14, alteingesessener Betrieb, gut eingerichtete Zimmer mit TV, beliebtes Restaurant. DZ ca. 50–90 €, Frühstück ca. 6–8 €/Pers., im Sommer Mindestaufenthalt von drei Tagen und Pensionspflicht. ✆ 079/523007, ✆ 523473.

** Lina, am Hafen, Via Lepanto 38, kleine ordentliche Herberge, 10 Zimmer (z. T. mit Balkon), schöner Blick auf den Jachthafen, Ristorante. DZ ca. 45–68 €. ✆ 079/523071.

* *Außerhalb*: eine ganze Reihe Großhotels und Feriendörfer, in der Regel Mindestaufenthalt und Pensionspflicht.

*** La Tonnara, südlich von Stintino, am gleichnamigen Strand, moderne Ferienanlage mit großem Pool. Tennis, Windsurfen, Segeln. DZ ca. 65–95 €. Pauschal über Oscar Reisen. ✆ 079/523924, ✆ 523905, letonnare@tiscalinet.it.

**** Rocca Ruja, 3 km nördlich von Stintino, riesiger Hotelkomplex mit allen Einrichtungen, Swimmingpool, Tennisplätze, Pendelbus in den Ort. DZ ca. 60–145 €, in der Regel Pensionspflicht. Pauschal über Oscar Reisen. ✆ 079/529200, ✆ 529785.

*** Ancora Residence, ebenfalls nördlich vom Ort, landeinwärts der Straße. Komplex bungalowartiger Häuser, architektonisch originell, Swimmingpool und Tennis, Tauchkurse. Je nach Saison 65–135 €, im Sommer Pensionspflicht. ✆ 079/527085, ✆ 527086.

*** La Pelosetta Village, weitläufige Ferienanlage am Hang direkt hinter den Stränden Pelosa und Pelosetta. Toller Blick aufs Meer und die Isola Asinara. Gutes Ristorante sowie Liegestühle und Sonnenschirme auf dem Rasenstück davor (→ Spiaggia della Pelosa). Wohneinheiten mit 2–6 Betten (Vermietung in der Regel wochenweise) sowie DZ für ca. 60–140 €, Pensionsgäste bevorzugt. ✆ 079/527188, ✆ 527020, lapelosetta@tiscalinet.it.

Essen & Trinken

In Stintino fahren die Fischer noch fast täglich hinaus, frischer Fisch und Meeresfrüchte sind deshalb immer zu haben.

Silvestrino, im gleichnamigen Hotel, traditionell bestes Lokal, hübsch gemacht, viele Pflanzen, Oberlicht im Speisesaal, neuerdings auch zum Draußensitzen. Neben guter Meeresküche mal die Spezialität *baci* kosten, mit Frischkäse gefüllte Windbeutel. Menü um die 25–35 €. Im Sommer tägl., sonst Do geschl.

Da Antonio, in einer Seitengasse der Hauptstraße, exquisites Fischlokal mit Holzbalkendecke und Rundbögen, preislich gehoben.

La Pelosetta, an der gleichnamigen Badebucht (→ Spiaggia della Pelosa).

* *Cafés & Bars*: **Gelateria del Porto**, Lungomare Colombo 43, ausgezeichnetes Eis, auch Gebäck, Kuchen etc.

Skipper, Lungomare Colombo, beliebte Bar am Ausgang des Südfjords, schön zum Draußensitzen.

La Nurra
Karte Seite 313

Spiaggia della Pelosa – schönster Strand der Nurra

Capo del Falcone und Umgebung

Nördlich von Stintino gibt es eine Reihe kleiner und größerer Strände, die über Stichstraßen zu erreichen sind. Das Nordende der Halbinsel bildet der große Schieferfels Capo Falcone, der steil zum tiefblauen Meer abfällt. Unterhalb davon liegen die wunderschönen weißsandigen Strände Pelosa und Pelosetta mit dem winzigen vorgelagerten Pelosa-Inselchen samt malerischem Torre.

Mitten in der ehemals urwüchsigen Felswildnis wurde in den achtziger Jahren eine ausgedehnte Ferienhaussiedlung errichtet – ein schönerer Platz wäre sicher kaum zu finden gewesen, jedoch hätte es das Kap schon damals verdient, unter Naturschutz und damit Bebauungsverbot gestellt zu werden. Mittlerweile hat man das nachgeholt. Wer über die scharfen Kanten und Zinken bis zur Steilwand klettert, kann atemberaubende Blicke genießen.

▸ **Spiaggia della Pelosa**: optisch ungemein eindrucksvoll, in spitz zulaufender Dreiecksform weicher, weißer Sand mit prächtigen Dünen, jedoch höchstens 300 m lang und in der Saison hoffnungslos überfüllt. Schöner Blick auf die vorgelagerten Inseln *Isola Pelosa* und *Isola Piana*, es geht ganz flach hinein. Wunderbar die Farbe des Wassers – vom lichtesten Blau über Türkis bis zum satten Tiefblau! In den Dünen knorrige Wacholderbäume. Reiches Sportangebot: Segel- und Surfschule, Vermietung von Surfbrettern, Segel- und Tretbooten. Noch kleiner ist die südlich benachbarte Bucht *Pelosetta*. Hier sitzt man urgemütlich in Liegestühlen auf sattem Rasen und kann im gleichnamigen Ristorante mit herrlichem Meeresblick speisen.

Isola Asinara: Naturpark im Mittelmeer

Die lang gestreckte, bis zu vierhundert Höhenmeter ansteigende Isola Asinara bildet die nördliche Fortsetzung der Halbinsel von Stintino. Ihren Namen hat sie von den halbwilden weißen Eseln (àsino = Esel), die hier in Rudeln leben. Ende des 19. Jh. richtete der italienische Staat im südlichen Teil des dünn besiedelten Eilands eine Strafkolonie ein, im Norden eine Quarantänestation für Cholerakranke. Die Inselbewohner, meist Fischer, mussten aufs sardische Festland ziehen und ließen sich zum Großteil im extra für diesen Zweck gegründeten Stintino nieder. In den siebziger Jahren des 20. Jh. wurde auf Asinara ein Hochsicherheitstrakt errichtet und hauptsächlich für die Sicherstellung von Mafiosi und Terroristen genutzt. Das Gefängnis verfügte über schärfste Sicherheitsvorkehrungen – die Insel zu betreten war streng verboten, und wegen der starken Strömungen galt es zudem als unmöglich, den Kanal zwischen Asinara und der Halbinsel von Stintino zu durchschwimmen. Inzwischen ist das "Alcatraz im Mittelmeer" schon seit mehreren Jahren aufgelöst, doch wegen der über Jahrzehnte hinweg beschränkten Nutzung der Insel durch Menschen hat sich auf Asinara eine Fülle von Planzen und Tieren entwickeln können, die anderswo längst der Zivilisation zum Opfer gefallen sind. 1997 wurde die Isola Asinara deshalb zusammen mit der kleinen Isola Piana und der umgebenden Meereszone zum streng geschützten Nationalpark erklärt. Das Betreten ist nur im Rahmen von geführten Touren durch eine eigens zu diesem Zweck gegründete Kooperative möglich. Schiffstouren gibt es derzeit im Sommer etwa 2x tägl. ab Stintino und Porto Torres, dabei werden z. T. auch die Gefängnisse besichtigt. Führungen bisher nur auf Italienisch (Auskünfte im Pro Loco von Porto Torres und Stintino oder direkt bei Capitano Salvatore Musella, ☏ 0782/667059, 0333/2902521, 0368/3151218).

Nurra/Westküste

Die Nurra-Berge bilden eine nur durch Hirtenpfade erschlossene Barriere im Nordwestteil dieses Küstenstreifens.

Durch flaches Weide- und Ackerland geht es von Stintino über *Pozzo San Nicola* nach *Palmadula*. Hier lohnt der Abzweig zum Capo dell'Argentiera mit der alten Bergwerkssiedlung *Argentiera* und einigen Badebuchten. Durch rundum ausgedörrte Hügelmacchia schraubt sich die Straße hinunter, kein Baum weit und breit, auch keine Ortschaft.

▶ **Porto Palmas:** hübsche Badebucht zwischen niedrig-ausgehöhlten Felswänden, allerdings saisonal mit Algen und Plastikmüll verdreckt. Der hiesige Fischer hat ein kleines Restaurant eingerichtet, wo es einfache Fischgerichte und kühle Getränke gibt. Hier ist bisher die Ruhe daheim, nur in der Hochsaison sieht man Wohnmobilisten und einige Wildzelter. Keinerlei Schatten, Toiletten vorhanden.

Argentiera – Geisterstadt im sardischen Norden

Ausweichmöglichkeit rechts (nördlich) der Bucht die Staubpiste entlang, mehrere Felsbuchten mit kleinen Strandflecken. Campieren toleriert, aber ebenfalls kein Schatten. Wasser und Proviant mitbringen, nächste Versorgungsmöglichkeit ist Argentiera.

Argentiera

Das Bizarre hat hier seinen Platz – eine verlassene Bergwerkssiedlung, auf die jedes Freiluftmuseum stolz wäre! Gähnende Fensterhöhlen, verrottete Förderbänder, geborstene Dächer und ächzende Holzdielen schaffen eine Atmosphäre des Gespenstischen.

Die ehemaligen Silberminen von Argentiera (lat. *argentum* = Silber) waren bereits in der Antike bekannt. Noch im 19. und 20. Jh. förderte man hier silberhaltiges Bleierz, erst 1963 waren die Minen erschöpft und wurden stillgelegt. Der heutige kleine Ort liegt ein Stück oberhalb an der Straße nach Palmadula. Doch auch in der Geisterstadt regt sich neues Leben – einige der alten Werkshäuser sind bereits von Kopf bis Fuß renoviert und werden als Ferienwohnungen genutzt. Ihr kräftiger rostroter Anstrich hebt sich wohltuend von den schmutziggrauen Ruinen ab. Überall "Vendesi"- und "Affitasi"-Schilder, braungebrannte Menschen in Badehosen, inzwischen sogar schon eine Bar mit kleiner Trattoria. Das brachliegende touristische Kapital findet zusehends Liebhaber. Ein kleiner brauner *Kies-/Sandstrand* erstreckt sich vor den verschachtelten Holz- und Steingemäuern und Abraumhalden der Mine.

Südlich von Argentiera

Um Porto Ferro ist die Landschaft fast durchgehend flach oder leicht hüglig, im Sommer dominieren verbrannte Weideflächen. Die von Pinien und Eukalyptus gesäumte SS 291 stößt von Sassari kommend beinahe schnurgerade an die Küste. Im Hinterland der Bucht von Porto Ferro erstreckten sich früher Sumpfgebiete, die in den zwanziger und dreißiger Jahren mit Gemüse-, Obst- und Getreideanbau urbar gemacht wurden. Ähnlich wie in der Arborea bei Oristano erstreckt sich ein geometrisches Netz von Straßen und Wegen, alles absolut rechtwinklig. Hier findet man auch den einzigen natürliche See Sardiniens.

▶ **Porto Ferro:** 1 km langer hellbrauner Dünenstrand, eingefasst von felsigen Landzungen und ohne Spur menschlicher Besiedlung, wird allerdings nicht gesäubert und ist entsprechend schmutzig. Die nördliche Seite mit leuchtend grüner Macchia und Pinienwäldchen, zwei spanische Wachtürme setzen Akzente. Südlich vom Strand erstrecken sich felsige Klippen, angenagt und ausgewaschen vom ständigen Westwind – schön zum Sonnen und herrlicher Blick nach Süden auf die Ausläufer des Capo Caccia (→ Alghero). Ganz vorne ein steiler Abbruch zum Meer, die Felsplatten darunter werden von Anglern bevorzugt.

● *Anfahrt/Verbindungen*: Etwa 3x tägl. halten Busse von **Alghero** an der Durchgangsstraße (Busfahrer fragen, wo man raus muss), anschließend 3 km Fußmarsch. Ansonsten Trampen oder eigenes Fahrzeug nötig.

● *Übernachten*: keine offizielle Übernachtungsmöglichkeit. In den neunziger Jahren standen in der Pineta hinter dem Strand oft Zelte von Sarden aus den nahen Städten Sassari, Porto Torres und Alghero, z. T. ganze Familien in Großraumzelten. In den letzten Jahren ist das Zelten allerdings eingedämmt worden.

▶ **Lago Baratz:** stiller Feuchtbiotop, umgeben von dichtem Piniengürtel. Der einzige natürliche See Sardiniens war ursprünglich das Ende der tiefen Meeresbucht von Porto Ferro. Diese versandete im vorderen Teil, und zurück blieb das Wasserreservoir, das heute von einem kleinen Flüsschen gespeist wird. Einige kleine Sandwege führen von der Straße hinunter. Riesige Libellen surren über die mit Schilf umzogene Wasseroberfläche, das Ufer ist z. T. sandig, der Untergrund weitgehend fest und nur wenig verschlammt. Herrliche Ruhe, kaum ein Mensch, gelegentlich genießt ein Liebespaar die Abendsonne.

▶ **Santa Maria la Palma:** Landwirtschaftssiedlung mit großem Agriturismo-Angebot (→ Alghero) und der Weinkooperative Santa Maria de la Palma.

▶ **Torre del Porticciolo:** Kleine, feinsandige Badebucht nördlich vom Capo Caccia, fast kreisrund, tief eingebettet in die Uferfelsen, eine Treppe führt hinunter. Das Baden wird einem durch große, algenbewachsene Brocken im Wasser etwas vermiest. Im Sommer wegen des darüber liegenden Campingplatzes absolut am Ende seiner Kapazität. Viele Boote liegen vor Anker. Auf dem Felsen an der rechten Flanke die malerische Kulisse eines spanischen Küstenwachturms, hinaufklettern leicht möglich. Besonders schönes Erlebnis hier: der Sonnenuntergang direkt über dem Wasser.

● *Anfahrt/Verbindungen*: Torre del Porticciolo liegt etwa 8 km westlich von Santa Maria la Palma und ist von der Straße Sassari–Capo Caccia beschildert. Etwa 3x tägl. kommt ein Bus von **Alghero**.

320 Nordsardinien/Logudoro und Meilogu

• *Camping*: *** **Torre del Porticciolo**, lohnender Stützpunkt, um den nordwestlichen Zipfel Sardiniens zu erforschen. Schönes Gelände in idealer Lage inmitten einsamer Hügelphrygana, herrlicher Blick auf Capo Caccia. Die großen Zelte im vorderen Platzbereich, die kleinen weiter hinten im dichten, niedrigen Pinienwald – dort absolut schattig und wunderbar ruhig. Fahrzeuge vor dem Wäldchen abstellen, nicht den Weg hineinfahren. Einrichtungen gut: deutschsprachige Rezeption, Ristorante nicht immer offen), gut bestückter Laden, Bar, warme Duschen mit Gettoni, Swimmingpool, Animation für Kinder, Füllstation für Tauchflaschen. Im August allerdings völlig überlaufen. Preislich relativ teuer, pro Person ca. 7–12 €, Stellplatz 7–12 €. Anfang Mai bis Mitte Oktober. ✆ 079/919007, ✆ 919212.

Logudoro und Meilogu

Der "Ort aus Gold", so die wörtliche Übersetzung von Logudoro, bildet südlich von Sassari das Herzstück Nordwestsardiniens, ergänzt durch die Plateauberge und Hügellandschaften des Meilogu, die sich wiederum südlich anschließen. Traditionell ist diese Region ein weites Weide- und Ackerland, in dem aber seit Urzeiten die wichtigsten Verkehrswege vom Norden, Süden und Osten der Insel zusammenlaufen. Das in großen Teilen flache Terrain hat sowohl Anbau als auch den Bau von Straßen und Bahnlinien erleichtert.

Nicht von ungefähr steht in diesem, einst wirtschaftlich reichen und verkehrstechnisch bedeutenden Gebiet eine der größten Nuraghenfestungen Sardiniens, der Nuraghe **Santu Antine** bei Torralba. Aber auch die viel späteren pisanischen Eroberer vom Festland haben ihre Spuren durch die vielleicht schönsten romanischen Landkirchen der Insel hinterlassen. Wichtigster Ort und Zentrum des Logudoro ist **Ozieri** am Beginn des westlich sich anschließenden Hügellandes des Meilogu. Wie ein griechisches Theater an die Hänge gebaut, bildet das Städtchen eins der schönsten Ortsreliefs im Norden. Östlich von Ozieri liegen zwei Orte, die für ihre handwerklichen Produkte auf ganz Sardinien berühmt sind: **Pattada** für seine Hirtenmesser und **Budduso** für seine Holztruhen.

• *Orientierung*: Als **Logudoro** bezeichnet man die Ebene südöstlich von Sassari samt hügeliger Randgebiete, die ins vulkanisch geprägte **Meilogu** übergehen. Als Durchreisender kommt beinahe jeder Sardinien-Besucher einmal hier entlang. Die gar nicht weit von den Hauptverkehrsadern liegenden Sehenswürdigkeiten sollte man dabei nicht auslassen: den Nuraghen **Santu Antine** samt dem ihn umgebenden Valle dei Nuraghi und die Hand voll **pisanischer Landkirchen** (→ unten).

• *Verbindungen*: Die Bahn- und Busverbindungen sind auf den Hauptstrecken ausgezeichnet. Wichtigster Bahnknotenpunkt Sardiniens ist **Chilivani** im Logudoro. Hier treffen sich die Linien nach Cagliari, Olbia und Sassari/Porto Torres. Buszentrum ist außer Sassari das Städtchen **Ozieri**, wo Busse in alle Dörfer der Region abfahren.

• *Straßen*: Die wichtigsten Hauptverkehrsstraßen Sardiniens kreuzen das Gebiet. Die SS 597 Olbia–Sassari und die autobahnähnlich ausgebaute Schnellstraße Carlo Felice von Sassari nach Cagliari, die eine der ersten Überlandstraßen der Insel war. Reizvoller sind natürlich die Fahrten auf den kurvigen Nebenstraßen. Besonders schön ist die Anfahrt ins Logudoro von der Küste über die "SS 131 bis" ab Alghero (zum ersten Teil dieser Route → Alghero S. 354)!

• *Übernachten*: nur sehr wenige, meist unattraktive Möglichkeiten. Stadthotels u. a. in Ozieri und Ploaghe.

"Dreikircheneck"

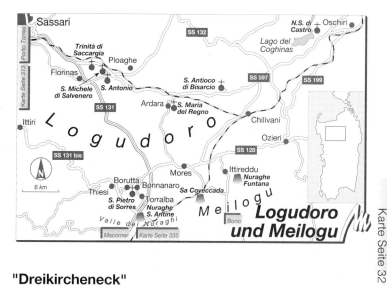

"Dreikircheneck"

Von der Moderne überrollt und vom Verkehr umbraust, stehen drei pisanische Landkirchen unweit südlich von Sassari. Santissima Trinità di Saccargia, die schönste und größte, ist als einzige täglich durchgehend geöffnet.

Eindrucksvoll bei der Ausfahrt von Sassari sind die gewaltigen Kalksteinklippen unmittelbar südlich der Stadt. In schrägen Schichten fallen sie fast senkrecht zur Schnellstraße Carlo Felice ab, mittels Steinbrüchen werden sie wirtschaftlich genutzt. Obenauf Tausende von Olivenbäumen und die Stadt selber. Wer per Zug anreist: Im Bahnhof von *Ploaghe* aussteigen und einige Kilometer Fußmarsch zurücklegen (→ TCI-Karte).

▶ **Santissima Trinità di Saccargia**: Allein auf weiter Flur im breiten Tal des *Riu Murroni* ist sie mit ihrem schlanken, hochaufragenden Glockenturm und der unverwechselbaren Zebrahaut aus weißem Kalk und schwarzem Basalt die vielleicht markanteste Kirche Sardiniens und eine der typischsten im pisanisch-toskanischen Stil. Von der ausgedehnten Klosteranlage um die Kirche sind nur noch spärliche Grundmauern und ein Arkadengang erhalten – intensives Leben muss hier einst geherrscht haben.

Die Fassade beeindruckt durch ihre filigrane Vielfalt – oberhalb der Vorhalle geometrisch reich verzierte Blendbögen mit bunten Majolikascheiben, die Halle selbst mit schlanken Säulen und fein ausgearbeiteten Kapitellen, die phantastische Fabelwesen darstellen, am linken Eckpfeiler grasen sogar Kühe. Was manche Führer allerdings gelegentlich diskret verschweigen – alle Kapitelle sind Kopien! Die echten stehen angenagt und zerfressen im Inneren. Im Innenraum mit seiner einfachen Holzbalkendecke herrschen Stille und archaische Schlichtheit. Die Einrichtung ging fast vollständig verloren, doch die

322 Nordsardinien/Logudoro und Meilogu

*Allein auf weiter Flur –
die ehemalige Klosterkirche
Santissima Trinità di Saccargia*

Apsis ist ganz mit Fresken ausgemalt. Künstler war ein unbekannter Pisaner, der vor allem byzantinische Anregungen aufgenommen und verarbeitet hat. Selten genug findet man diese Wandbilder auf der Insel, schön sind sie restauriert, wenn auch einfach in Art und Ausführung. Aus der oberen Rundung blickt Christus als "Pantokrator" herunter, umgeben ist er von Engeln und den zwölf Aposteln. Ganz unten Szenen aus dem Leben Christi – von links nach rechts Abendmahl, Judaskuss, Kreuzigung, Grablegung und Höllenfahrt (letzteres ein typisch byzantinisches Motiv, das häufig anstatt der Himmelfahrt verwendet wird). Infos im Internet: www.tiscalinet.it/saccargia.

▶ **San Michele di Salvenero**: Die ehemalige Klosterkirche steht verkehrsumtost neben der SS 597 an der Kreuzung dreier Straßen. Wenn man von der Santissima Trinità di Saccargia kommt, führt kurz vor der Kreuzung ein Feldweg hinüber. Schöner Anblick, im Grundriss der Saccargia ähnlich, allerdings ohne Turm und weniger ausgeprägtes Streifenmuster. Sehr stark restauriert, z. B. die drei Apsiden, der Innenraum völlig kahl und in der Regel verschlossen.

▶ **Sant'Antonio di Salvenero**: neben dem Elektrizitätswerk, ebenfalls an o. g. Kreuzung (Straße nach Florinas nehmen und Feldweg hinein). Kleiner Baukörper mit Anbauten aus verschiedenen Epochen – Fassade und Rückfront gestreift aus weißem Kalk und rotem Trachyt (Innenraum verschlossen). Neben der Kirche ein uralter *Menhir*, in den spätere Generationen ein christliches Kreuz gemeißelt haben.

Die SS 597 durch das Logudoro-Flachland ist geeignet zum Kilometerfressen – eben, schnurgerade, kaum Ortschaften. Links und rechts sanft gewellte Weideplateaus, nach Süden begrenzen die Hügel des Meilogu den Horizont.

Ardara

Kleines Hügeldorf nahe der SS 597 Richtung Oschiri und Olbia. An sich ohne Besonderheiten – am Ortsausgang steht jedoch *Santa Maria del Regno*, der berühmte "Schwarze Dom". Gegenüber der Kirche schattiger Picknickplatz unter Akazien. Am 29. Juli zum Fest von Peter und Paul großer Umzug mit Pferden und Trachten.

Ozieri 323

▶ **Santa Maria del Regno:** Errichtet wurde der Dom Anfang des 12. Jh., als Ardara zeitweise die Hauptstadt des Judikats Torres war. Im Jahr 1239 heiratete hier Enzio, der Sohn des berühmten Stauferkaisers Friedrich II., Adelasia, die Erbin der Judikate Torres und Gallura und wurde damit "König von Sardinien" – ein Titel, mit dem er sich später selbst noch in jahrzehntelanger Haft in Bologna schmückte. Baumeister der Kirche waren Toskaner, trotzdem handelt es sich um eine wahrhaft "sardische" Kirche, die den Baustil auf der Insel stark beeinflusst hat. Santa Maria del Regno besteht völlig aus schwarzbraunem Basalt, wirkt düster, kompakt und massiv, die Strukturen sind einfach, ohne Spielereien. Auch das dreischiffige Innere ist mit zwei Säulenreihen und der schönen hölzernen Kanzel fast schmucklos. Dominierender Blickpunkt ist das gewaltige, aus dreißig Einzelbildern bestehende Retablo (Altarbild) von Giovanni Murru von 1555, eins der wichtigsten Bildwerke Sardiniens.

Nur wenige Kilometer östlich von Ardara steht eine weitere sehr sehenswerte Kirche. Nehmen Sie dafür die SS 597 nach Osten und die beschilderte Abzweigung nach Martis (SS 132, ca. 1 km). Mit der Bahn fährt man bis Station Chilivani oder Ardara, dann ca. 4 km zu Fuß (von Ardara auch Möglichkeit, auf der SS 597 zu trampen).

▶ **Sant'Antioco di Bisarcio:** Einsamkeit pur und vielleicht die Pisanerkirche mit der schönsten Lage – vor allem abends, wenn die glutrote Sonne den Trachyt noch röter erscheinen lässt. Erbaut wurde Sant'Antioco von pisanischen und burgundischen Baumeistern, vor wenigen Jahren hat man die halb verfallene Kirche restauriert. An der reich verzierten Fassade bemerkt man viele Details, z. B. die dämonisch verzerrten Fratzen auf Säulenkapitellen. Im Inneren harmonische Rundsäulen, aber insgesamt schmucklos. Der Glockenturm kann mittels einer Leiter bestiegen werden, weiter Blick über die Ebene des Logudoro bis zu den Hügeln des Meilogu.
Öffnungszeiten: eine Kooperative wacht über die Kirche, ist aber nicht immer vor Ort.

Chilivani

Mitten in der flachen Ebene zwischen Ardara und Ozieri liegt der wichtigste Bahnknotenpunkt der Insel. Hier treffen sich die Linien aus Sassari, Olbia und Cagliari und täglich gehen mehrere Züge in diese Richtungen. Chilivani hieß die indische Freundin des englischen Ingenieurs, der 1880 den Bau der ersten Bahnlinie in Sardinien leitete. Er benannte den Knotenpunkt nach ihr und ließ die Perle, die sie ihm zum Andenken gab, in den Grundstein einmauern. Zu sehen gibt es nichts Besonderes, jedoch muss man hier aussteigen, wenn man zur Pisanerkirche *Sant'Antonio di Bisarcio* will (ca. 7 km).

Ozieri

Die "Hauptstadt" des Logudoro. Ausgeprägt städtischer Charakter, dazu phantastische Lage, eingekeilt zwischen steilen Hängen. Nach Nordwesten öffnet sich der Talkessel zu einer weiten Ebene, durch die die Schnellstraße nach Sassari verläuft. Enge Pflastergässchen und hohe alte Palazzi arbeiten sich in Terrassen die Berge hinauf. Prächtige Säulenloggien, verwitterte Pastellanstriche und Stuck vermitteln Eindrücke ehemaliger Noblesse. Ozieri

324 Nordsardinien/Logudoro und Meilogu

war im 19. Jh. zeitweise Provinzhauptstadt und ist noch heute mit Viehhandel und Milch-/Käseverarbeitung das Wirtschaftszentrum der Region, inselweit beliebt ist das Mandelgebäck, die "suspirus" (Seufzer) von Ozieri. Mit der *Grotta di San Michele* besitzt die Stadt zudem einen der wichtigsten prähistorischen Fundorte Sardiniens, nach dem eine ganze Zivilisationsstufe benannt wurde, die Ozieri-Kultur.

• *Anfahrt/Verbindungen*: Ozieri ist Verkehrsknotenpunkt des Logudoro, Busstation an der zentralen Piazza Garibaldi. **ARST-Busse** gehen etwa 2x tägl. nach Tempio und Nuoro, nach Sassari direkt 2x (3x über Mores, 1x über Castelsardo), 3x nach Bono. Weitere häufige Verbindungen in die Dörfer der Umgebung – Mores, Pattada, Budduso, Ittireddu u. a. Außerdem natürlich mehrmals täglich von und nach Chili-

vani, dem nahe gelegenen Knotenpunkt der FS-Bahnlinie.
• *Übernachten*: *** **Mastino**, großer Kasten, ein paar Meter vom Busbahnhof, an der Ausfallstraße nach Chilivani. Äußerlich leicht angegraut, aber gut ausgestattet, Zimmer mit Air-Condition und TV. DZ ca. 63 €, Frühstück ca. 4 €/Pers. ✆ 079/787041, 🖷 787059, hmastino@hotmail.com.

Sehenswertes: Im Talgrund liegt das Herz der Stadt, die *Piazza Cantareddu* (Piazza Garibaldi) mit toskanisch anmutenden Fassaden, Arkadengängen und zahlreichen Bars. Durch schweißtreibende Treppengassen steigt man hinauf zur klassizistischen *Kathedrale* mit ihrem markanten Glockenturm. Im Querschiff sind spärliche Reste der ehemaligen gotisch-katalanischen Kirche erhalten, in der Sakristei kann man die *Madonna di Loreto* betrachten, ein großes siebenteiliges Altarbild des "Meisters von Ozieri" (16. Jh.).

Im nahen Kloster San Francesco (beschildert) ist seit 1985 das *Museo archeologico di Ozieri* untergebracht, dessen fünf Säle Funde aus der Grotta di San Michele bis zum frühen Mittelalter beinhalten.

In der *Grotta di San Michele*, einer tiefen Höhle im Kalkstein über der Stadt neben einem Sportplatz (beschildert), wurden 1914 schöne Keramikgefäße mit charakteristischen Spiralmustern gefunden, deren Formgebung vielleicht vom östlichen Mittelmeerraum beeinflusst wurde und Verwandtschaft mit Funden von der Insel Kreta zeigt. Nach dem Fundort hat man die ganze Kultur *Ozieri-Kultur* benannt – wahrscheinlich eine friedliche Ackerbauernzeit (etwa 3400–2800 v. Chr.).

Öffnungszeiten/Preise: **Museo archeologico di Ozieri** – Di–Fr 9–13, 16–19, Sa/So 9.30–12 Uhr, Mo geschl.; Eintritt ca. 1,60 €. **Grotta di San Michele** – Führungen Mo–Fr 9–13 Uhr; Eintritt ca. 1,60 €. **Kombiticket** Museum und Grotte ca. 2,60 €.

Östlich von Ozieri

Das etwa 600 m hohe *Altopiano di Budduso* ist durch die bis zu 1000 m hohen Gipfel der *Monti di Ala* von der Gallura getrennt. Zwei Orte sind auf ganz Sardinien berühmt für ihre handwerklichen Produkte: *Pattada* für seine Hirtenmesser und *Budduso* für seine Holztruhen.

▶ **Pattada**: kleiner bescheidener Bergort, etwa 15 km östlich von Ozieri in fast 800 m Höhe, auch gut von Nuoro (→ Barbagia) oder Oschiri (→ Gallura) zu erreichen. "Sa Resolza Pattadesa", die qualitativ äußerst hochwertigen Hirtenmesser aus Pattada, sind mittlerweile überall auf der Insel und auch bei ISOLA zu haben. Drei Messerschmiede der alten Schule soll es noch geben, ei-

Östlich von Ozieri

ner ist Salvatore Giagu, seine Werkstatt *Lavorazioni Artigianale del Coltello di Pattada "Sa Resolza"* liegt in der Via de'Gasperi (✆ 079/755918).
Am Weg nach Buddusò kommt man am Stausee *Lago di Pattada* vorbei, wo sich einige Picknickplätze zur Rast anbieten.

- *Anfahrt/Verbindungen*: tägliche Busse von und nach **Ozieri**.
- *Übernachten*: *** **La Pineta**, Via La Pineta, ordentliches Haus mit 28 Zimmern, Restaurant und Garten. DZ ca. 53–63 €, Frühstück ca. 5 €/Pers. ✆/Fax 079/755140.

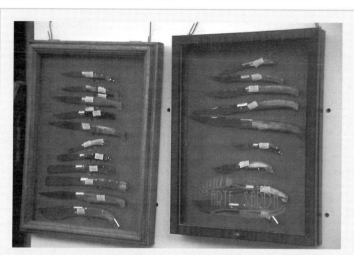

Pattadamesser sind qualitativ hochwertig und teuer

Sa Resolza Pattadesa: Messer aus Pattada

Die sardischen Hirtenmesser sind Klappmesser verschiedener Länge, deren Klingen großenteils der Form eines Myrtenblatts nachempfunden und traditionsgemäß nicht feststellbar sind. Sie besitzen hübsche Horngriffschalen aus Widder- (früher Mufflon, heute unter Naturschutz) oder Rinderhorn, Wurzelholz oder Elfenbein und bestehen aus ausgezeichnetem Stahl, der als unzerbrechlich gilt, allerdings üblicherweise nicht rostfrei ist. Mittlerweile kann man aber auch wählen zwischen Messern aus normalem rostfreien Stahl und dem besonders teuren Damaszenerstahl. Die Preise beginnen bei ca. 60 Euro (8 cm Klingenlänge) und können sich bis gut 800 Euro für Damaszenerstahl und Elfenbeingriff steigern. Wem das zu teuer ist, der kann gleichartig aussehende Messer in jedem Haushaltswarenladen preiswert kaufen. Die billigste Ausführung hat dann allerdings Plastikgriffschalen. Diese Messer tragen zwar vielfach die Klingenbezeichnung "Original Pattada" oder "Rujut Pattada", kommen aber nicht aus Pattada, sondern werden in Florenz und anderswo hergestellt. Ihren Preis sind sie aber trotzdem wert. Wer in Pattada nicht fündig geworden ist, kann in Santu Lussurgiu (→ Planargia) und Gavoi (→ Barbagia) weitere bekannte Messerwerkstätten besuchen, in Arbus (→ Iglesiente) gibt es seit kurzem auch ein Messermuseum.

326   Nordsardinien/Logudoro und Meilogu

▶ **Budduso**: Im Nachbarort von Pattada lebt man vom Granitabbau. Vor allem Baumaterial wird hergestellt und im ganzen Ort stehen Skulpturen, die zeigen, wie vielseitig man den Stein verwenden kann. Doch in erster Linie ist Budduso berühmt für seine kunstvoll geschnitzten *Holztruhen* aus Kastanien- und Eichenholz. Das Holz ist naturbelassen, die Schnitzmotive sind ornamentaler Art, die Vorderfüße als Tierfüße ausgebildet.

An der Straße nach Bitti, etwa 6,5 km südöstlich von Budduso, steht an der Abzweigung nach Lodè der große, gut erhaltene *Nuraghe Loelle* mit Resten eines Dorfes. Eine informative Schautafel ist bereits angebracht.

Sagra del San Francesco

Am 4. Oktober findet im 12 km nördlich von Budduso gelegenen Bergdorf *Ala dei Sardi* die große **Sagra del San Francesco** statt. Im Gedenken an Franz von Assisi wird jeder, der vorbeikommt, eingeladen, an einem üppigen Festmahl teilzunehmen. Ein wunderbares Fest, an dem Streit und Missgunst vergessen werden und man sich auf die uneigennützige Botschaft des umbrischen Heiligen besinnt.

Von Ozieri ins Valle dei Nuraghi

Auf der "SS 128 bis" kommt man schnell nach Mores. Unterwegs lohnt der Umweg über Ittireddu – östlich vom Ort bilden urweltliche schwarze Vulkanberge, die vor Jahrmillionen explodiert sind, einen faszinierenden Blickfang, außerdem findet man im Umkreis eine Fülle von Relikten der verschiedensten Epochen. Die Landschaft um Mores zeigt das typische Bild des Logudoro – sanft-wellige Hügel mit gelb verdorrtem Gras bis zum Horizont, vereinzelt Gehöfte, eine einsame Bahnlinie und kaum befahrene Straßen ...

Ittireddu

Einfaches kleines Dorf, das zum großen Teil von dem turmhohen, rötlichbraun bis schwarz schimmernden Basaltbruch am Hang des ehemaligen Vulkans Monte Lisiri am südlichen Ortsrand lebt. Die Firma "Vulcablock" baut hier Bimsstein zur Herstellung von Hohlblocksteinen ab, wie sie in ganz Sardinien verwendet werden.

Sehr beachtenswert ist das *Archäologische und Ethnographische Museum* neben dem Rathaus (vom nördlichen Ortseingang kommend rechts abbiegen). Die rührige Gemeindeverwaltung von Ittireddu hat die hervorragend präsentierte Sammlung Mitte der Achtziger ins Leben gerufen. Ausgestellt sind hauptsächlich Funde aus der Umgebung, die mit zahlreichen domus de janas (Grabhöhlen) und Nuraghen (→ Valle dei Nuraghi) eine der diesbezüglich reichsten Regionen Innersardiniens ist. Die ethnographische Abteilung hat historische Trachten, das alte Handwerk, Feld- und Hausarbeit zum Thema, zusätzlich gibt es Fotos und Erklärungen.

Öffnungszeiten/Preise: **Archäologisches Museum** – Juni bis Sept. tägl. 10–13, 16–19 Uhr, übrige Zeit 9–13, 15–18 Uhr; Eintritt ca. 2,60 €, Schül./Stud. die Hälfte.

Ittireddu/Umgebung

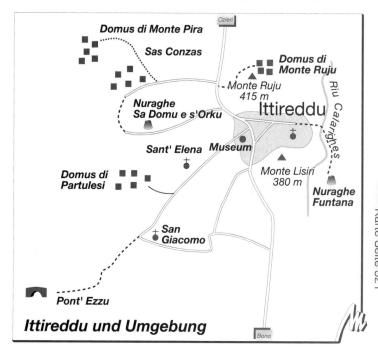

Ittireddu und Umgebung

▶ **Ittireddu/Umgebung:** Wenn man die Straße am Museum weiterfährt und der asphaltierten Piste folgt, kommt man etwas außerhalb von Ittireddu bald an der kleinen byzantinischen Kirche *Sant'Elena* vorbei (7. Jh.). Kurz darauf folgt rechter Hand der Felshang *Partulesi* mit zwei Dutzend Felskammergräbern, den sog. "domus de janas" (eine zementierte Piste führt hinüber), und einige hundert Meter weiter passiert man linker Hand die romanische Kirche *San Giacomo* aus dem 12. Jh. Hier kann man links zur Hauptstraße südlich von Ittireddu abbiegen oder geradeaus zu Fuß noch etwa 1,5 km zu den Überresten der römischen Brücke *Pont'Ezzu* wandern.

Im östlichen Ortsbereich von Ittirredu steht die byzantinische *Chiesa di Santa Croce* aus dem 6./7. Jh. mit drei markanten Apsiden. Fünf Jahrhunderte nach ihrer Erbauung wurde die Osthälfte der Kirche mitsamt der Fassade romanisch umgestaltet. Wenn man hier zu Fuß in Richtung Osten den Ort verlässt, überquert man bald den schmalen Lauf des Riu Calarighes. Hier muss man rechts abbiegen und kommt zum mächtigen, allerdings stark verfallenen Nuraghen *Funtana* mit besonders massiven Außenmauern.

Einen weiteren Nuraghen namens *Sa Domu e s'Orku* erreicht man rasch über eine Piste, die am nördlichen Ortseingang nach Westen abzweigt. In derselben Region liegen noch mehrere Felskammergräber, ebenso am *Monte Ruju* nordöstlich von Ittireddu.

328 Nordsardinien/Logudoro und Meilogu

Im Pro Loco von Ittireddu (Via Roma 20, ☎ 079/767664), eventuell auch im Museum, gibt es einen farbigen **Übersichtsplan** über die Umgebung mit Wanderwegen zu allen archäologischen Sehenswürdigkeiten.

Zwischen Ittireddu und Mores passiert man wenige Kilometer südlich vom Knotenpunkt Chilivani die wichtigste Bahnlinie Sardiniens, die die Verbindung zwischen dem Norden der Insel (Olbia und Sassari) und dem Süden (Oristano und Cagliari) herstellt. Einsam auf weiter Flur steht man oft lange vor verschlossenen Schranken und kann die eigentümliche Landschaft auf sich wirken lassen.

▶ **Mores:** Der Hauptort der Region wird überragt vom 50 m hohen Glockenturm, dem höchsten Sardiniens. Erbaut wurde er Ende des letzten Jahrhunderts. Klassizistische, ionische und korinthische Säulen setzen die Stockwerke voneinander ab, ganz oben die überlebensgroße Statue des Erlösers in Ocker.

Wenn man von Mores unter der Straße "Carlo Felice" hindurch über Bonnanaro und Borutta fährt, kann man die pisanische Kirche San Pietro di Sorres besuchen. Um direkt zur Nuraghenfestung Santu Antine zu kommen, muss man dagegen die Carlo Felice nehmen.

Sa Coveccada: Faszinierendes Relikt der Megalithkultur

Der größte Dolmen Sardiniens steht südöstlich von Mores, weitab von allen Asphaltstraßen. Etwa 1 km östlich von Mores zweigt eine schmale Asphaltstraße nach Süden in Richtung Bono ab. Nach etwa 5 km überquert man das Bahngleis und den Riu Mannu. Gleich nach dem Fluss führt rechts eine holprige Piste etwa 800 m weit das Flusstal entlang bis zu einem Eisentor auf der linken Seite. Hier muss man den Wagen stehen lassen und zu Fuß zum etwa 2 km entfernten Dolmen weiterlaufen. Man folgt dem Pfad, der vom Tor auf eine Anhöhe mit einem einsamen Steinhaus führt, von dort kann man den Dolmen im Südosten bereits sehen. Das ungetüme "Haus" aus schweren verwitterten Felsplatten diente aller Wahrscheinlichkeit nach als Gemeinschaftsgrab. Es ist einer der bedeutendsten Überreste einer ehemals Europa von Irland über die Bretagne bis zum nahen Osten umfassenden Megalithkultur.

▶ **San Pietro di Sorres:** Ein Kleinod unter den pisanischen Sakralbauten Sardiniens – weithin sichtbar thront die Klosterkirche auf einer Bergkuppe inmitten weiter Hügellandschaft oberhalb von *Borutta*. Kirche, Kloster und umgebendes Grundstück (links neben der Kirche ein prächtiger kleiner Wald) wirken äußerst gepflegt und intakt, denn der Komplex ist der einzige pisanische Klosterbezirk Sardiniens, der in der Neuzeit wieder von Mönchen kultiviert wurde. Seit den fünfziger Jahren hat der Benediktinerorden das gesamte Anwesen restaurieren lassen und bemüht sich weiterhin sehr um dessen Erhalt. Architektonisch nimmt San Pietro eine Sonderstellung ein – auf die einfarbigen weißen Kalksteinmauern des Kirchenschiffs aus dem 10. Jh. setzten pisanische Baumeister gut 200 Jahre später ein weiteres Stockwerk mit dem ty-

Gepflegtes Schmuckstück im Logudoro – San Pietro di Sorres

pisch toskanischen Zebramuster aus Kalk und Basalt. Auch das angrenzende Kloster wurde so gestaltet. Die Kirchenfassade ist reich verziert, die Bögen der sog. Blendarkaden besitzen farbige Einlegearbeiten, das filigrane Netzwerk zwischen den Bögen zeigt arabische Einflüsse. Auch der Innenraum ist großartig – Kreuzrippengewölbe mit schwarzweiß gestreiften Säulen und Bögen, sehr beachtliche gotische Kanzel. Im Kreuzgang Fresken aus dem Leben des heiligen Benedikt.

• *Anfahrt*: westlich von Borutta führt eine Stichstraße hinauf, vor der Kirche großer Parkplatz.

• *Öffnungszeiten*: tägl. 9–12.30, 16–19 Uhr. Falls trotzdem geschlossen, im Kloster nachfragen.

Wenige Kilometer südlich der Abzweigung nach San Pietro di Sorres trifft man auf die "SS 131 bis". Nach Südwesten geht es ins "Valle dei Nuraghi" mit dem Nuraghen Santu Antine, in der anderen Richtung kommt man zunächst am großen Granitstädtchen Thiesi vorbei, danach folgt eine schöne Fahrt auf der "SS 131 bis" nach Alghero, an zwei Stauseen entlang und durch großteils intakte Waldlandschaft (→ Alghero/Hinterland).

Valle dei Nuraghi

Traditionell heißt die weite quellenreiche Weidesenke um den Nuraghen Santu Antine eigentlich *Campu di Cabu Abbas*, was soviel wie "Anfang der Wasser" bedeutet. Erst die sardischen Tourismusstrategen nannten das Gebiet Valle dei Nuraghi, weil hier auf engstem Raum zweiundreißig Nuraghen aller Größen stehen – ein Hinweis auf die frühere Bedeutung der fruchtbaren Ebene. Die meisten hat man südlich der Bahnlinie gefunden, doch kann man

Imposantes Relikt der Frühgeschichte – der Nuraghe Santu Antine

sie nur über völlig unbeschilderte Pfade querfeldein erreichen. Größter und bedeutendster Nuraghe ist der Nuraghe Santu Antine, der als einziger zur Besichtigung offen steht.

Nuraghe Santu Antine

Völlig frei stehend in absolut flacher, fast baumloser Ebene, beherrscht er souverän das Bild. Eine gigantische Anlage, deren Dimensionen man erst im Inneren richtig spürt – die "Königsnuraghe" (auf sardisch: sa dòmu de su Rèi) als weithin sichtbare Manifestation von Macht. Seit prähistorischen Zeiten ist die Region verkehrsstrategisch bedeutsam und noch heute führen Schnellstraße und Bahnlinie hier entlang.

Für den Bau der Festung wurden Basaltblöcke der umliegenden Tafelberge verwendet. Im 13./12. Jh. v. Chr. wurde als erstes der mächtige Mittelturm errichtet, die ihn umgebende Dreiecksmauer mit den drei niedrigeren Wachttürmen entstand etwa 300 Jahre später. Das Innere des Nuraghen ist gut beleuchtet, die Kooperative La Pintadera kümmert sich um den Erhalt der Anlage. Im Umkreis liegen die Ruinen eines ehemaligen Nuraghendorfs.

- *Anfahrt*: mit **PKW** aus Richtung Thiesi kommend, unter der Schnellstraße Carlo Felice hindurch (rechter Hand das kleine pisanische Kirchlein Nostra Signora di Cabu Abbas), nach ein paar hundert Metern Parkplatz und Bar "La Pintadera", wo sich auch das Kassenhäuschen befindet. Von der Schnellstraße aus die Abfahrt nach Thiesi nehmen.
- *Verbindungen*: **Zug**, die Station Torralba an der FS-Hauptstrecke von Olbia nach Oristano liegt 1 km entfernt an der "SS 131 bis", der Nuraghe ist vom Zug aus deutlich zu sehen. Achtung: Nicht alle Züge halten, vorher erkundigen!
- *Öffnungszeiten/Preise*: tägl. 9–20 Uhr; Eintritt ca. 2,20 € (mit Führung ca. 4,20 €), zusammen mit Museum in Torralba (→ unten) ca. 2,60 € (mit Führung ca. 4,60 €).

Nuraghe Santu Antine 331

- ❶ Eingang
- ❷ Hof
- ❸ Ecktürme
- ❹ Brunnen
- ❺ Aufgang zu Eckturm und Galerie
- ❻ Wehrgänge
- ❼ Mittelturm
- ❽ Schießschartengang
- ❾ Wendeltreppe (verläuft über Schießschartengang)

Santu Antine

• *Sonstiges*: Geführte archäologische Touren im Valle dei Nuraghi bietet die Kooperative **Jannas** aus Thiesi, Via Teol. Tanca, ☏ 079/885098, ✉ 885436, www.jannas.it.

Besichtigung: Der *Eingang* liegt an der Südseite, seitlich bewacht von einer bauchigen Postenische. Linker Hand im *Hof* ein tiefer Brunnen, der bei den häufigen Belagerungen das Überleben garantieren musste. Links und rechts zwei der *Ecktürme*, die mit dem dritten durch ebenerdige, nach oben spitz zulaufende *Wehrgänge* mit schmalen Schießscharten verbunden sind. Genau über diesen Gängen lagen im ersten Stock weitere Gänge, die heute nach oben offen sind. Falls die Ecktürme samt Gängen jemals eingenommen worden wären, hätten sich die Verteidiger in den Mittelturm zurückgezogen.

Der *Mittelturm* ist das Herz der Anlage und heute bis zum zweiten Stockwerk erhalten. Der dritte Stock wurde Ende des 19. Jh. von den Bewohnern des nahe gelegenen Torralba abgetragen und für den Bau einer Viehtränke verwendet, was ihnen posthum den Tadel der Archäologen und Reiseschriftsteller eingetragen hat. Der niedrige Eingang zum unteren Hauptraum ist nur gerade zwei Quaderreihen hoch und wird nach oben von einem schweren Basaltblock abgeschlossen. Innen über dem Eingang erkennt man eine Öffnung, von der aus man eindringende Feinde bekämpfen konnte. Umgeben ist

332   Nordsardinien/Logudoro und Meilogu

der innere Raum von einem weiteren *Schießschartengang*, über dem auch die *Wendeltreppe* in die oberen Stockwerke beginnt. Nach genau einer Umdrehung gelangt man in den ersten Stock mit einem weiteren Raum (Sitzbank und großes Fenster zum Hof). Die Treppe führt weiter in den zweiten Stock, der heute als offene Plattform die Spitze des Nuraghen bildet. Und hier ist der richtige Platz, um eine zeitlose Viertelstunde zu verweilen, den Wind zu spüren und den Blick über die Ebene und die dahinter ansteigenden Tafelberge zu genießen ...

▸ **Torralba**: Im Zusammenhang mit der Besichtigung von Santu Antine kann man hier das *Museo della valle dei Nuraghi* besuchen (Kombiticket für beide Orte erhältlich). Es enthält viele Funde aus dem Nuraghen, ein anschauliches Modell desselben, römische Meilensteine und eine ethnographische Abteilung. *Öffnungszeiten/Preise*: Mai bis September Di–So 9–13, 16–20 Uhr, Rest des Jahres 8–14 Uhr auf Anfrage, Mo geschl.; Eintritt ca. 2,20 € (mit Führung ca. 4,20 €), zusammen mit Nuraghe Santu Antine ca. 2,60 € (mit Führung ca. 4,60 €).

▸ **Nuraghe Oes:** Der mittelgroße Nuraghe steht gut sichtbar unmittelbar südlich der Bahnlinie, nicht weit vom Bahnhof Torralba. Sein Obergeschoss ruht auf Holzbalken – eine Seltenheit bei den Nuraghen Sardiniens.

Sant'Andria Priu

Vom Nuraghen Santu Antine kommt man rasch zu dieser höchst eindrucksvollen Felskammer-Nekropole aus der Zeit der Ozieri-Kultur (3./2. Jt. v. Chr.) östlich von Bonorva.

Man nimmt die "SS 131 bis" in Richtung Süden bis zum Bivio M. Frusciu, hier geht es rechts ab. Nach knapp 4 km zweigt linker Hand eine Asphaltstraße mit vielen, teils unangenehmen Schlaglöchern ab, die man wiederum etwa 4 km weit befährt. Kurz nach der Kapelle Santa Lucia erscheinen linker Hand die weithin sichtbaren Höhlen in einer rötlichen Trachytwand.

Nach langjähriger Schließung kümmert sich seit kurzem die junge engagierte Kooperative Costaval aus Bonorva um den Erhalt der Anlage und bietet anschauliche Führungen, allerdings meist nur auf italienisch. Sant'Andria Priu ist ein Komplex von mehreren nebeneinander liegenden Grabhöhlen, die jeweils aus mehreren Räumen bestehen. Die größte ist die sog. *Tomba del Capo* ("Häuptlingsgrab"). Man betritt sie durch einen Vorraum mit in den Boden eingelassenen Näpfen für Speiseopfer, die wohl den Verstorbenen als Nahrung für ihre neue Existenz jenseits des menschlichen Lebens dienen sollten. Es folgen zwei weitere Räume, die von je zwei Säulen gestützt werden und in denen die charakteristische Architektur der damaligen Hausformen nachgebildet ist: verzierte Türrahmen, Dachgebälk und eine Scheintür – das Grab als Wohnung des Verstorbenen. In frühchristlicher Zeit wurde das Grab wahrscheinlich als Höhlenkirche weiterverwendet, im hinteren Raum baute man einen Lichtschacht und eine Apsis ein, Reste von teils sehr schönen Wandmalereien aus verschiedenen Zeitepochen sind erhalten.

Auf dem Plateau unmittelbar oberhalb des Häuptlingsgrabs steht ein höchst eigenartiges vierbeiniges Gebilde aus Trachyt. Es wird *Il toro* genannt, denn die meisten Forscher nehmen an, dass es sich dabei um eine jahrtausendealte

Sant'Andria Priu 333

Besichtigung der Nekropole Sant'Andria Priu

Stierskulptur handeln könnte, der die frühen Christen den heidnischen Kopf abgeschlagen haben.
Öffnungszeiten/Preise: tägl. 9.30–19.30 Uhr; Eintritt ca. 1,60 €. Infos bei **Cooperativa Costaval**, ✆ 0348/5642611.

▶ **Rebeccu "Fonte Nuragica Su Lumarzu"**: Zwischen Sant'Andria Priu und Bonorva kommt man am Wegweiser zu diesem Brunnen aus nuraghischer Zeit vorbei. Rebeccu selber ist ein winziges Nest auf einer Hügelkuppe, halb verfallen und fast verlassen, jedoch mit herrlichem Blick auf die Ebene des Valle dei Nuraghi. Am zentralen Platz liegt die kleine Trattoria "Su Lumarzu", die vor allem an Wochenenden bei den Sarden aus Bonorva sehr beliebt ist.
Um den nuraghischen Brunnen zu finden, muss man vom Dorfplatz aus geradeaus dem Weg folgen, der sich rechts hinten um den Hügel zieht. Am Boden erkennt man einige verblasste rote Pfeile, die die Richtung weisen. Man nimmt dann den zweiten schmalen Pfad, der nach links unten geht, hält sich bei einer Gabelung links, geht über ein Holzbrückchen und danach wenige Meter nach rechts oben. Der hübsche, aber völlig überwucherte Brunnen besitzt eine Fassade aus Basaltquadern, dahinter liegt ein sich wie in einer Nuraghe nach oben verjüngendes Gewölbe, das noch heute voller Wasser steht.

▶ **Bonorva**: überraschend hübsches Städtchen auf der Hochebene Campeda (ca. 508 m), etwa 7000 Einwohner. Im stilvollen Zentrum findet man schöne alte Granithäuser, eine palmenbestandene Piazza und die katalanisch-sardische Kirche *Natività di Maria* aus dem 17. Jh.

● *Übernachten*: Bed & Breakfast bieten **Gianmario Cherchi** in der Via Amsicora 4 (✆ 079/867731, Mobil 0349/8055959) und **Antonello** in der Via Cairoli 11 (Mobil 0347/6758725), beide Mitglieder der Cooperativa Costaval und tagsüber meist in Sant'Andria Priu zu finden.

Alghero und Bosa

Vom wilden Capo Caccia bis zum tief eingekerbten Tal des Temo eine Küstenregion voll eindrucksvoller Schönheit. Alghero und Bosa sind zwei Schwerpunkte, die trotz vieler Gemeinsamkeiten nicht gegensätzlicher sein könnten.

Alghero, jahrhundertealter spanischer Brückenkopf auf Sardinien, bietet das großteils intakte Bild einer Festungsstadt mit bestens erhaltener Maueranlage, dazu Komfort und Einrichtungen eines gehobenen Seebades. Bis heute haben sich katalanisches Erbe und Eigenart erhalten. Auch in **Bosa** spürt man den spanischen Einschlag. Doch das beschauliche, fast verträumte Fischerstädtchen schläft, vom großen Tourismus unbehelligt, noch tief und fest im Schatten seiner Genuesen-Festung.

Die grandiose Küstenstraße zwischen beiden Orten ist ein weiterer Leckerbissen, ebenso wie die **Grotta di Nettuno** auf dem Capo Caccia, die als schönste Tropfsteinhöhle der Insel gilt.

● *Orientierung*: **Alghero** und **Bosa** liegen südlich der weitgehend unerschlossenen Nurra-Berge. Alghero ist der älteste Badeort Sardiniens und konnte bis heute ständig seine Kapazitäten erweitern. Bosa bietet dagegen ein malerisches Stadtbild mit Palmenpromenade, altehrwürdigen Granit-Palazzi und verschwiegenen Gässchen, in denen Touristen noch weitaus in der Minderzahl sind. Der breite Temo-Fluss, an dem das Städtchen liegt, bildet die Grenze zum südlich sich anschließenden Basaltplateau der Planargia. Sehenswert sind außer den beiden Orten die **Grotta di Nettuno** (Capo Caccia), das Hinterland von Alghero (SS 131 bis mit zwei Stauseen) und die beiden schönen Straßen (Küstenstraße und Inlandverbindung SS 292) zwischen Alghero und Bosa.

● *Verbindungen*: ausgezeichnete **Bus- und Bootsverbindungen** von Alghero zur Grotta di Nettuno, spärlich dagegen die Busse zwischen Alghero und Bosa, die zudem meist die langwierige Inlandstrecke fahren.

Die **FdS-Schmalspurbahn** pendelt zwischen Alghero und Sassari bis zu 11x tägl., weiter in die Gallura über Tempio nach Palau fährt der touristische Dampfzug "Trenino verde". Die FdS-Bahn zwischen Bosa Marina und Nuoro hält im Linienverkehr nur auf dem Streckenstück von Macomer nach Nuoro und zurück aufrecht. Zwischen Macomer und Bosa verkehrt ebenfalls der "Trenino verde" (→ Bosa).

● *Straßen*: Bestens ausgebaut sind die Straßen zwischen Alghero und dem Capo Caccia. Südlich und östlich von Alghero dominiert einsames Bergland, das von einigen wenig befahrenen Straßen durchzogen wird.

● *Übernachten*: beste Möglichkeiten in **Alghero und Umgebung**, dort auch mehrere Campingplätze. Zwischen Alghero und Bosa existieren keine Küstenorte, Quartiere erst wieder in **Bosa** und vor allem in der Küstensiedlung **Bosa Marina**, dort in der Nähe auch ein Campingplatz.

● *Baden*: beste Möglichkeiten an den Stränden nördlich von Alghero. Zwischen Alghero und Bosa ein weiterer größerer Strand, die Cala Speranza. Ansonsten Bosa Marina mit schönem braunem Sandstrand.

Alghero und Bosa 335

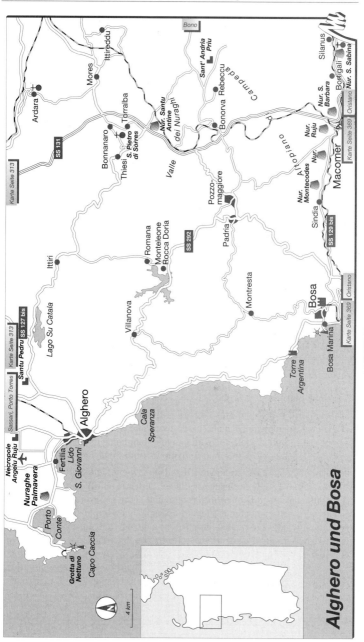

Alghero

"Sardisch" ist Alghero nicht. Dafür stand es zu lange unter spanisch-aragonesischer Herrschaft. Doch die Altstadt neben dem großen Fischerhafen besitzt viel Ambiente – schmale Pflastergassen zwischen hohen ehemaligen Prachtfassaden, in die zur Siestazeit kein Sonnenstrahl fällt. Verstreut kleine Piazzas (katalanisch: Placas) und einstmals prächtige Kirchen, das Ganze zum Meer hin abgeschirmt von einer meterdicken Stadtmauer mit Basteien und Rundtürmen. Die städtisch-geschäftige Atmosphäre lädt zum Bummeln ein.

Touristisch ist Alghero schon seit Ende des 19. Jh. entdeckt und somit die traditionsreichste Badestadt Sardiniens. Neben der italienischen Königsfamilie waren (und sind) es die Briten, die die schöne Lage und reizvolle Umgebung zu schätzen wussten. Inzwischen haben vor allem begüterte Italiener Alghero als Urlaubsquartier erkoren, demzufolge quellen die Gässchen von Andenkenläden, Boutiquen und Juwelieren geradezu über. Vorzugsweise aus Korallen gefertigter Schmuck ist begehrt, denn um das nahe Capo Caccia lagen einst die besten Tauchgründe der Insel (heute unter Naturschutz) und Alghero ist das Zentrum der Korallenverarbeitung. Außerhalb der Altstadt ist Alghero allerdings keine reine Schönheit und eine eher durchschnittliche Provinzstadt mit viel moderner Betonarchitektur. Umso schöner ist dagegen der Blick aufs Meer mit der großartigen Kulisse des steilen Capo Caccia und das Hinterland, das von kilometerweiten Oliven- und Pinienwäldern geprägt ist.

Eine der vielen schmalen Gassen von Alghero

Im 11. Jh. eroberten die **genuesischen Doria** die Stadt von sarazenischen Piraten. Sie errichteten zum Schutz gegen die Pisaner eine starke Festung – die Fundamente der heutigen Stadtmauern stammen aus dieser Zeit. 1354 kamen die Spanier (**Aragon**), belagerten und eroberten Alghero und vertrieben die ansässigen Sarden und Genuesen. Unter spanischer Herrschaft wurden die mächtigen Festungsanlagen nochmals verstärkt und verbessert. Alghero wurde spanische Kolonie und der Hauptstützpunkt Aragons auf Sardinien. Sarden durften nur tagsüber zur Arbeit in die Stadt, nachts war der Aufenthalt bei Todesstrafe verboten. 1541 kam **Kaiser Karl V.** anlässlich seines Tunis-Feldzugs in die Stadt – aus einem Fenster des **Palazzo d'Albis** (Piazza Civica) soll er damals den Kampfspielen sei-

Alghero 337

ner Soldaten zugesehen haben. Weil diese so erbärmlich schlecht waren, soll er die Bürger Algheros, als Entschädigung sozusagen, angeblich mit den Worten: "Estode todos caballeros – ihr sollt alle Adlige sein" zu Rittern geschlagen haben. Noch 200 Jahre konnte Aragon allen Eroberungsversuchen seitens Genua und Arborea trotzen. In dieser Zeit wurde auch der Grundstock zu den riesigen Olivenhainen um die Stadt gelegt – jeder Bürger wurde verpflichtet, Oliven zu pflanzen. Erst 1720 fiel Alghero an **Savoyen**. Im Zweiten Weltkrieg wurde Alghero als wichtige Hafenstadt von den Alliierten stark bombardiert, die Schäden sind heute sichtbar. Der typisch **spanische Charakter** der Stadt hat sich erhalten – die meisten Bewohner stammen von Katalanen ab, man spricht einen katalanischen Dialekt, in den Lokalen wird Paella serviert, und die Beschilderung der Straßen ist zweisprachig: "Carrer" und "Via", "Placa" und "Piazza".

Information

Azienda di Soggiorno e Turismo (A.A.S.T.), Piazza Porta Terra 9 (Platz mit Rundturm am Stadtpark). Sehr viel Material – gute Stadtpläne, Unterkunftslisten (auch Privatzimmer und Agriturismo), Bus- und Zugfahrpläne, Infos zu Sehenswürdigkeiten. Es wird Deutsch und Englisch gesprochen. April bis Okt. Mo–Sa 8–20, So 9–13 Uhr, übrige Zeit Mo–Sa 8–14 Uhr. ✆ 079/979054, ✉ 974881, www.infoalghero.it. **EPT** im Flughafen, ✆ 079/935124.

Anfahrt/Verbindungen

● *Flug*: Der Flughafen **Fertilia/Alghero** liegt ca. 10 km außerhalb, Fluginformation unter ✆ 079/9350050 (Mo–Sa 8–18 Uhr). Linienflüge nach Rom, Milano, Pisa, Genua, Venedig, Bologna und Turin, aber auch Flüge nach Mitteleuropa, z. B. mit Augsburg Airlines im Sommerhalbjahr nach Augsburg. Zubringerbusse fahren ab Via Cagliari 3 (am Stadtpark), Taxi kostet ca. 12 €.

● *Zug*: **FdS-Schmalspurstrecke**, etwa 11x tägl. (sonntags 5x) Zweiwaggon-Triebwagen nach Sassari (etwa 1 Std., ca. 2 € einfach) – dort Anschluss an staatliches FS-Netz und FdS-Strecken nach Sorso und Tempio/Palau (Gallura), letztere wird nur 2x wöch. mit "Trenino verde" befahren. Der kleine Bahnhof **San Agostino** liegt 1,5 km vom Stadtkern an der Via Don Minzoni, zu einigen Zügen gibt es Anschlussbusse AF und AP von/ins Zentrum.

● *Fernbusse*: Busse von **ARST**, **FdS** und **Turmo Travel** starten an der Via Catalogna am unteren Rand vom Stadtpark: nach Sassari 14x (FdS) bzw. 4x (ARST) tägl., 5x Porto Torres (ARST), 1x Olbia (mit Turmo Travel bis zur Hafenmole Isola Bianca), 2–4x Bosa (FdS). Achtung: Die Busse nach Bosa fahren z. T. die reizvolle, aber langwierige Inlandsstrecke über Villanova Monteleone (Küstenstrecke 1 ¼ Std., über Villanova 1 ¾ Std.). Außerdem gibt es mit FdS-Bussen 3x tägl. Nahverbindungen nach Porto Ferro sowie zur Nekropole Anghelu Ruju, zum Porto Conte 10x und zur Grotta di Nettuno 3x.

● *Stadtbusse*: Haltestelle für die orangen Stadtbusse an der Straße, die quer durch den Stadtpark verläuft (vor der "Nuova Casa del Caffè"), Via Cagliari. Hauptsächlich Verbindungen zu den Stränden und Orten nördlich der Stadt:
Bus AF alle 40 Min. nach Fertilia (7.10–21.30 Uhr);
Bus AO alle 30 Min. zum Strandbad an der Via Lido (7.30–20.30 Uhr);
Bus AP alle 40 Min. zur Pineta di Maria Pia, dem Strandbereich nördlich vom Camping La Mariposa (6.20–21 Uhr).

● *Schiff*: mehrmals tägl. (Juni bis Sept. stündl.) Ausflugsfahrten mit den Schiffen der "Navisarda" zur **Grotta di Nettuno**, Rückkehr jeweils 2 1/2 Std. später, Erw. ca. 9,50 €, Kind 5,30 € (→ Grotta di Nettuno). Außerdem werden Tagesausflüge, Kreuzfahrten und Abendausflüge aufs Meer geboten, der Hit sind die **Aquariumboote** mit gläsernem Boden und Wänden; Abfahrt und Ticketverkauf für alle Fahrten an der Mole des Fischer-/Jachthafens nördlich der Altstadt.

● *Taxi*: Standplatz am **Stadtpark** (Via Vittorio Emanuele), ✆ 079/975396. Außerdem am **Flughafen**, ✆ 079/935035.

● *Eigener PKW*: In die Altstadt fahren ist verboten. Parken ist fast überall gebührenpflichtig (ca. 0,60 €/Std.).

Alghero und Bosa
Karte Seite 335

338 Westsardinien/Alghero und Bosa

Trenino Catalano: Ein touristisches Bimmelbähnchen auf Gummireifen umrundet alle 30 Min. die Altstadt von Alghero, Abfahrt am Hafen vor der Bastion La Maddalena (Erw. ca. 4 €, Kind 2,60 €). April bis Juni und Sept. 10–13, 15.30–21 Uhr, im Juli/August 10–13, 16.30–23 Uhr.

Il Cocchio: Per Pferdedroschke kann man sich tägl. 10–13.30 und 15.30–1 Uhr durch die Altstadt kutschieren oder zu bestimmten Zielen bringen lassen. Preis pro Person ab ca. 2,60 €.

Adressen

- *Ärztliche Versorgung*: **Guardia Medica Turistica** in Fertilia, Piazza Venezia Gulia. ℘ 079/930533, 930396. Ende Juni bis Anfang September 24 Std. offen.
- *Autovermietung*: **Autoexpress**, Via Sebastiano Satta 48, ℘ 079/951505; **Avis**, Piazza Sulis 9, ℘ 079/935064; **Farris Carlo**, Via Garibaldi, ℘ 079/978551; **Maggiore**, Via Sassari 87, ℘ 079/979375; **Nolauto Alghero**, Via Vittorio Veneto 11, ℘ 079/953047. Außerdem mehrere Verleihfirmen am Flugplatz (Hertz, Budget, Avis, Maggiore, Ruvioli, Sardinya u. a.).
- *Bootsverleih*: **Alemar** vermietet Gummi- und Sportboote (mit und ohne Führerschein), Information und Reservierung im Hafen bei Centro Nautysport am Pontile Centro Alghemar. ℘ 079/952025.
- *Fahrrad- & Scooterverleih*: Vor allem Fahrräder sind beliebt, denn die Küste zwischen Alghero und Fertilia ist weitgehend flach. Ungefähre Preise: Fahrrad um die 8 €/Tag, Mountainbike 10,50–13 €, Tandem 13 €, Scooter ca. 27 €.

- **Cicloexpress**, Via Garibaldi (am Hafen), ℘ 079/986950; **Silvio Noleggio**, Via Lo Frasso 34, ℘ 079/987243; **Velosport**, Via Vittorio Veneto 90, ℘ 079/977182.
- *Geld*: **Credito Italiano**, Via Sassari 43; **Banco di Sardegna**, Largo San Francesco 19; **Banca Commerciale Italiana**, Viale Giovanni XXIII 15. Alle mit Geldautomat.
- *Gepäckaufbewahrung*: im **Bahnhof** während der Öffnungszeiten (abends bis ca. 21.20 Uhr).
- *Internet*: **Caffè Teatro**, Via Principe Umberto 23; **Poco Loco**, Via Gramsci 8 (tägl. 19–1 Uhr); **Soft**, Via Tarragona 22 (Mo–Sa 9–13 Uhr).
- *Kinderspielplätze*: u. a. im Park an der Ecke Via Vittorio Emanuele/Via Cagliari und im Park Ecke Piazza della Mercede/Via Manzoni.
- *Post*: Via XX Settembre 112 (Mo–Fr 8.15–19.10 Uhr), Zweigstellen in der Via Carducci 35 und Via Carbonia 20.

Übernachten

Alghero hat mit Abstand die meisten Hotels Sardiniens, sie stehen jedoch nicht in der malerischen Altstadt, sondern über den Klippen südlich und am langen Sandstrand nördlich der Stadt. An letzterem liegen auch die beiden Campingplätze. Für Low-Budget-Reisende nur beschränkte Möglichkeiten.

- *Altstadt*: **** San Francesco (5)**, Via Ambrogio Machin 2, Seitengässchen der Via Carlo Alberto (Hauptstraße der Altstadt), ganz zentral hinter gleichnamiger Kirche. Das einzige Hotel im historischen Zentrum bietet reizvolle Unterkunft in einem ehemaligen Franziskaner-Kloster. Die Zimmer sind ordentlich eingerichtet und liegen im ersten und zweiten Stock um einen großen Innenhof mit romanischem Kreuzgang (→ Sehenswertes), oben wohnen noch fünf Franziskaner-Mönche, von denen man aber meist nicht viel sieht. Von junger Kooperative geführt. DZ mit Frühstück ca. 52–73 €. Wegen der großen Beliebtheit oft "completo", wird auch bei kirchlichen Kongressen zur Unterbringung der Teilnehmer verwendet. Garage in der Nähe, Stellplatz ca. 6 €. ℘/℡ 079/980330, hotsfran@tin.it.

Neustadt (südlich vom historischen Zentrum): nüchterne Umgebung, dafür von den oberen Stockwerken Meeresblick.

Alghero 339

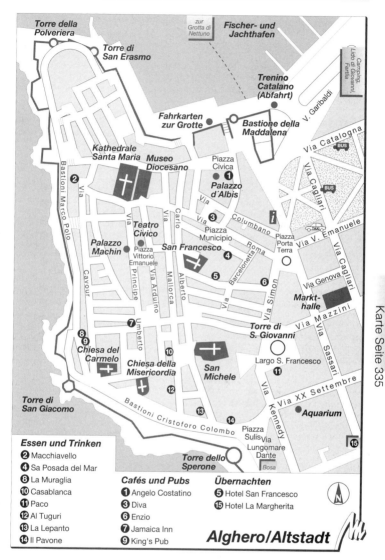

Essen und Trinken
- ❷ Macchiavello
- ❹ Sa Posada del Mar
- ❽ La Muraglia
- ❿ Casablanca
- ⓫ Paco
- ⓬ Al Tuguri
- ⓭ La Lepanto
- ⓮ Il Pavone

Cafés und Pubs
- ❶ Angelo Costatino
- ❸ Diva
- ❻ Enzio
- ❼ Jamaica Inn
- ❾ King's Pub

Übernachten
- ❺ Hotel San Francesco
- ⓯ Hotel La Margherita

Alghero/Altstadt

*** **La Margherita (15)**, Via Sassari 70, nah am Zentrum. Altehrwürdiger Hotelkasten mit 50 Zimmern und Garage, altmodische, aber zusammenpassende Möbel, Betten ok, vorne raus Balkon, Bäder z. T. etwas alt. Von den oberen Stockwerken Blick auf Stadt, Meer und Capo Caccia. Nette Rezeption, z. T. wird fließend Deutsch gesprochen. DZ mit Frühstück ca. 65–95 €. ✆ 079/979006, ✉ 976417.

*** **Continental**, Via Fratelli Kennedy 66, recht gepflegt, gemütlicher Aufenthaltsraum,

340 Westsardinien/Alghero und Bosa

von den oberen Etagen ebenfalls Meeresblick, schöner Garten. DZ mit Frühstück ca. 60–90 €. Pauschal z. B. über Frosch Touristik. ☎ 079/975250, 📠 981046, hotelcalabona @tiscalinet.it.
** Miramare, Via G. Leopardi 9, ebenfalls noch in bequemer Fußentfernung zur Altstadt. Beim letzten Check allerdings wegen Renovierung geschlossen. ☎ 079/979350,

📠 982108.
* Normandie, Seitengasse der Via Kennedy, Via Enrico Mattei 6. Umfunktionierte Wohnungen auf mehreren Stockwerken, von einer netten Signora geführt, schlichte Zimmer mit älterem Mobiliar und bis zu 4 Betten, nur Etagenduschen (Einbau von Bädern ist geplant). DZ ca. 42–44 €. ☎ 079/ 975302.

Am Lungomare (südlich vom historischen Zentrum): z. T. Luxusherbergen in schönster Uferlage, Klippenküste mit schäumender Brandung. Aber auch einige erschwinglichere Möglichkeiten. Langer Weg zum Strand auf der anderen Seite der Stadt. Im Folgenden die Unterkünfte nach Entfernung vom Zentrum.

*** El Balear, Lungomare Dante 32, wo die Via Manzoni mündet. Freundliches Haus mit angenehmen Zimmern, draußen wilder Wein und viel Grün, Holzbalkons und große Terrasse, schöner Blick aufs Wasser. Neue Anbauten allerdings auch hinten im Hof, dort kein Meeresblick. Restaurant allerdings kein Tipp: Schnellabfertigung, morgens laut Leserbrief Kaffeeersatz. DZ mit Frühstück ca. 67–88 €. ☎ 079/975229, 📠 974847.
**** Villa Las Tronas, Lungomare Valencia 1, schräg gegenüber vom El Balear, traditionsreichstes Hotel am Ort, früher logierte hier die italienische Königsfamilie. Herrliche Lage, wie ein kleines Schloss mit Zinnen auf einem ins Meer ragenden, felsigen Kap mit Privatstrand. Stilvoll-nostalgisch eingerichtet, sehr aufmerksamer Service. DZ ca. 160–400 €. ☎ 079/981818, 📠 981044.
**** Carlos V, Lungomare Valencia, modern und geschmackvoll eingerichtetes Großhotel, unten weitläufige Halle, in den Zimmern gediegenes Vollholzmobiliar, TV, Air-Condition, nach vorne herrlicher Meeresblick, nach hinten etwas günstigere Preise. Im

großen Garten zwei Swimmingpools, Restaurantterrasse, zwei Tennisplätze, Minigolf, Kinderspielgeräte. Wird hauptsächlich über Reiseveranstalter gebucht. DZ mit Frühstück ca. 85–135 €. ☎ 079/979501, 📠 980298, www.hotelcarlosv.it.
**** Calabona, am Südende des Lungomare Valencia, nahezu halbmondförmiger Komplex direkt am Wasser, davor kleiner Privatstrand. Nicht ganz so mondän und großzügig wie Carlos V. Gepflegte Zimmer mit TV, Klimanlage und Balkon – Blick aufs Meer einmalig! Innenhof mit großem Süßwasserpool, kleiner Privatstrand, Diskothek. DZ mit Frühstück ca. 100–155 €. Pauschal z. B. über Oscar Reisen oder Frosch Touristik. ☎ 079/975728, 📠 981046, www. hotelcalabona.it.
Villa Piras, Viale della Resistenza 10 (Verlängerung des Lungomare Valencia), Privatzimmer und Apartments in einem hübschen Haus, Fassade mit Bougainvillea überwachsen, Zimmer mit Balkons, unten Pizzeria im Palmengarten. Liegt allerdings an der Ausfallstraße nach Süden, relativ viel Verkehr vorm Haus. ☎/📠 079/978369.

An der Strandstraße (nördlich vom historischen Zentrum): Entlang der Spiaggia di San Giovanni und in den Gassen dahinter reiht sich der Großteil der Alghero-Hotels – in der Regel wenig originelle Badehotels in obligater Kastenform, direkt an der lauten Uferstraße. Vorteil: nur über die Straße rüber zum Strand.

*** San Marco, Via Lido 57, gut geführtes Haus mit Pool, dementsprechend beliebt. DZ ca. 65–95 €, Frühstück ca. 7,50 €/Pers. ☎ 079/951113, 📠 950355.
*** La Playa, Via Pantelleria 14, 30-Zimmer-Haus mit schönem Garten, Swimmingpool und Kinderbecken. Zimmer nett eingerichtet. DZ mit Frühstück ca. 65–100 €. Pauschal z. B. über Frosch Touristik. ☎ 079/ 950369, 📠 985713.
** San Giuan, Via G. M. Angioy 2, von der Strandstraße Via Lido etwas zurück. Solide

Angelegenheit, einfach und sauber, anständige Bäder, durchschnittliches Mobiliar. Zimmer nach vorne mit Balkon, hinten raus ruhiger. DZ mit Frühstück ca. 53–68 € ☎ 079/951222, 📠 951073.
*** Riviera, Via Fratelli Cervi 6, relativ ruhige Seitengasse, gepflegt, mit Ristorante und Pool, alle Zimmer mit Balkon, von oberen Stockwerken Meeresblick. DZ etwa 70–90 €, Frühstück ca. 7 €/Pers. ☎ 079/951230, 📠 984119.

Alghero   341

*** **Oasis**, Viale I Maggio, gut 2 km vom Zentrum, Lido di Maria Pia. Großes, modernes Mittelklassehotel. Vorteil die strandnahe Lage, nur über die Straße rüber und durch die Pineta. 100 Zimmer, mit Pool (recht nah an der Straße) und Kinderbecken, außer-

dem Ristorante, Tennis, Tischtennis, Fahrräder, Disko. Am Strand Liegestühle, Sonnenschirme und Surfbretter. DZ mit Frühstück ca. 70–115 €, pauschal z. B. über Frosch Touristik. ✆ 079/950526, 📠 953432, www.hoteloasis.it.

Agriturismo/Camping

• *Agriturismo*: in der Hauptsaison ohne Vorbuchung schwierig.
Zia Maria, Bauernhof an der Straße nach Porto Torres, ab Alghero gut beschildert. Einfache Zimmer, nur VP möglich mit eigenem Bad ca. 40 €/Pers., mit Etagendusche ca. 33 €/Pers. → Essen. ✆ 079/951844, 📠 953102, www.paginegiale.it/ziamaria.
Azienda Francesca Corredu, an der SS 291 zwischen Fertilia und Santa Maria la Palma. Auf halber Strecke gegenüber Aeroporto Militare zur anderen Seite abbiegen, nach 500 m links deutlich ausgeschildert. In der Saison HP ca. 36 €/Pers., für ca. 22 € kann man dort auch als Nicht-Hausgast nach vorheriger Anmeldung zu Abend essen. ✆ 079/999024.
Zahlreiche weitere Zimmer und Ferienwohnungen in und um **Santa Maria la Palma** bietet die örtliche Kooperative **Dulcamara**. Ansprechpartner ist Angelo Sanna. ✆ 079/999197, 📠 999250.
• *Camping*: Ein Platz liegt am Strand nördlich der Stadt, zwei weitere bei Fertilia.
*** **La Mariposa**, am langen Sandstrand, vom Zentrum ca. 2 km nördlich (Bus AP), allerdings direkt an der stark befahrenen Durchgangsstraße, dementsprechender Geräuschpegel. Schönes Terrain, Stellplätze teils auf Gras, teils unmittelbar auf den weißen Sanddünen, viele Pinien. Schatten etwas ungleichmäßig, zum großen Teil aber zufriedenstellend. Meist ziemlich voll, weil nah an der Stadt. Gemütliche und schattige Bar mit TV, in der sogar Frühstück serviert

wird (Seltenheit auf Sardinien). Sanitäranlagen großzügig und pieksauber, Duschen geräumig, mit Kleiderhaken und teilweise Hockern, Warmwasser mit Münzbetrieb, Klopapier reichlich vorhanden. Kinderspielgeräte, am Strand Surfbretter, Tret- und Segelboote. Pro Person um die 7–12 €, von Juni bis September außerdem Zelt ca. 3–4,50 €, Auto ca. 2,50–3,50 €. Vermietung von Bungalows mit und ohne Bad (2–4 Pers.). Anfang April bis Ende Oktober. ✆ 079/950360, 📠 984489, www.lamariposa.it.
*** **Calik**, weitläufig flaches Terrain unter hohen Eukalyptusbäumen, unmittelbar an der großen Lagune (Stagno di Calik) am südlichen Ortseingang von Fertilia, durch stark befahrene Straße vom Strand getrennt (Bus AF). Abends fast romantisch, am Wasser entlang zu schlendern – Blickfang die alte Römerbrücke (→ Fertilia), allerdings gibt's reichlich Mücken. An Einrichtungen findet man eine große Bar (Juli/August auch Ristorante/Pizzeria), einen Laden und einen Kinderspielplatz, Sanitäranlagen sind in Ordnung. Nur wenige ausländische Touristen, viele Dauercamper, auch Militärzelte. Pro Person um die 7–12 €, Stellplatz ca. 3,50–8 €. Entfernung nach Alghero ca. 5 km. Anfang Juni bis Ende September. ✆/📠 079/930111.
*** **Nurral**, etwas abgelegen in der Pineta bei Fertilia, langer Weg zum Strand, Bungalows, Restaurant, Kinderspielgeräte. Pro Person ca. 7–12 €, Stellplatz ca. 11–15 €. Juni bis Oktober. ✆ 079/930485, 📠 930646.

Essen & Trinken (siehe Karte S. 339)

Dank reger Nachfrage hat sich die Gastronomie Algheros auf hohem Niveau eingependelt – was sich vor allem auf die finanzielle Seite bezieht. Tonangebend ist die katalanische Küche mit Schwerpunkt Fisch und Meeresfrüchten, vor allem *aragosta alla catalana* steht auf vielen Speisekarten. Ebenfalls häufig serviert wird Paella, jedoch in der Regel nur ab vier Personen und auf Vorbestellung.

La Lepanto di Moreno Cecchini (13), Via Carlo Alberto 135, direkt am Brennpunkt von Alghero, der Piazza Sulis. Alt eingesessenes und sehr beliebtes Lokal, rundum verglast, man kann gemütlich drinnen sitzen

oder draußen unter Markisen mit Blick aufs Meer und die vorbeiknatternden Mopeds. Aufgetischt wird alles, was mit Fisch und Meerestieren zusammenhängt, sehr große Auswahl. Im Wasserbecken beim Eingang

342 Westsardinien/Alghero und Bosa

schwimmen die Langusten und Hummer, an den Wänden hängen Diplome und Zeitungsausschnitte. Menü um die 35–40 €. In den Sommermonaten tägl., sonst Mo geschl.

Il Pavone (14), edles Restaurant direkt an der Piazza Sulis, sardische und algheresische Küche, z. B. *gamberoni alla Catalana*. Degustationsmenü ca. 40–45 €. Mi geschl.

Al Tuguri (12), Via Maiorca 57, wenige Schritte von der Piazza Sulis. Intim-gediegen, angenehme Atmosphäre und gewiefte Bedienung (servizio 15 %!). Innen über spiegelnde Granittreppe hinauf in den winzigen, mit schweren Holzbalken edel-rustikal ausgestatteten Speiseraum, Küche gleich daneben. Exquisite und phantasievolle Fischküche sowie *aragosta alla catalana* zu gehobenen Preisen. Menü (ohne Wein) ca. 30 € aufwärts (erwünscht ist laut Aushang, dass man mehr als nur einen "primo piatto" bestellt). Da klein, rechtzeitig kommen oder vorreservieren. ✆ 976772. So geschl.

Sa Posada del Mar (4), Vicolo Adami 29, gepflegtes Restaurant mit Backsteinwänden mitten in der Altstadt, draußen stimmungsvolle Sitzplätze auf einer ruhigen kleinen Piazza. Serviert werden als Antipasti z. B. *frutti di mare* und Muscheln, als Primi leckere Nudelgerichte mit Meeresfrüchten, z. B. *spaghetti all'Algherese* und *botarga* (Fischrogen), und natürlich ebenfalls Langusten katalanischer Art. Mittlere Preise. Im Sommer tägl., sonst So geschl.

La Muraglia (8), Bastioni Marco Polo 7, direkt an der Stadtmauer, mit Außenterrasse und Dachgarten, Superblick auf den Golf bis zum Capo Caccia. Mittlere Preise. Mo geschl.

Macchiavello (2), Via Cavour 7, ausgesprochen gemütliche Osteria mit lang gestrecktem Innenraum, nach hinten Blick aufs Meer, dort auch ein zweiter Eingang. Meist gut besucht und prima Stimmung. Regionale Spezialitäten mit Schwergewicht auf Fleisch, z. B. *ragu d'asino* (Eselsragout), aber auch Fisch vom Grill, leckere Antipasti, Pasta und diverse Wurstarten. Mittlere Preise. Di geschl.

Paco (11), nettes sardisches Lokal am ruhigen Largo San Francesco, im Schatten des Torre di San Giovanni. Für ca. 18 € bekommt man hier ein herzhaftes "Menu alla sarda", z. B. mit *culurgiones* und saftig-zartem *porcheddu*, aber man kann auch nur Pizza ordern. Auch sehr gute Antipasti und leckere Fischplatte.

Casablanca (10), Via Principe Umberto 76, ausgezeichnete Pizzeria in zentraler Lage, immer gut besucht, Bruchsteingewölbe mit roten Lampen, schön zum Sitzen. 36 Pizzen zwischen 5 und 8 €.

• *Außerhalb*: **Ravel**, Via Lido 20, beliebtes Ristorante direkt am Strand, Nähe Strandbad, mit Blick auf die Bastione della Maddalena. Hat guten Draht zu den Fischern im nahen Hafen, Spezialität die *zuppa di pesce*, jedoch nicht billig. Im Sommer tägl., sonst Do geschl.

Da Zia Maria, professionell aufgemachter Agriturismo-Hof an der Straße nach Porto Torres, Nähe Flugplatz. Einfache sardische Küche, reichhaltiges Menü ohne große Wahlmöglichkeit, viel Fleisch und eingelegtes Gemüse, zu Trinken laut Zuschrift nur Rotwein und Wasser, um die 22 € pro Person. Zu dieser Adresse erreichten uns sehr widersprüchliche Leserzuschriften. Tägl. geöffnet, Vorbestellung obligatorisch unter ✆ 079/951844.

La Conchiglia, einfaches Strandlokal etwas nördlich vom Camping La Mariposa. Abends gibt's bei Brandungsrauschen Paella für ca. 12 € pro Kopf, nette Wirtin.

La Speranza, weiteres Strandlokal, 8 km südlich von Alghero (→ Baden).

• *Cafés*: **Caffè Angelo Costatino (1)**, geschmackvoll-historisch eingerichtetes Café im Untergeschoss des Palazzo d'Albi (→ Sehenswertes) an der Südostecke der Piazza Civica, gleichermaßen schön zum Drinnen- und Draußensitzen.

Diva (3), Piazza Municipio, beliebtes Café in der Altstadt, u. a. werden mehrere Biere vom Fass serviert. So geschl.

Nuova Casa del Caffè, im Stadtpark (Haltestelle der orangen Stadtbusse), beste Auswahl an Eis und Granita.

Nachtleben (siehe Karte S. 339)

Spielt sich in erster Linie im Freien ab, um die Piazza Sulis und den Lungomare entlang. Abends trifft sich hier die ganze Stadt, vor allem die Jugend.

• *Bars & Pubs*: **Jamaica Inn (7)**, Via Principe Umberto 57, großer Pub mit Snacks und Drinks aller Art. Mo geschl.

King's Pub (9), Via Cavour 123, kommunikativer Treffpunkt mit guter Musik, oft live.

Alghero 343

Linea notturna, Lungomare Dante 14, schön zum Draußensitzen nah am Meer, an Wochenenden oft Live-Musik, sonst guter Rock aus der Konserve.

Enzio (6), Stehkneipe in der Via Simon 28, Nähe Piazza Porta Terra. Hier treffen sich abends die Männer von Alghero zu Grappa und Likör.

• *Diskotheken*: Sie gehören zu den besten im Norden Sardiniens, liegen allerdings meist weit außerhalb und sind z. T. nur im Sommer geöffnet. Eintritt (inkl. erstem Drink) ca. 11–16 €, Frauen zahlen weniger.

El Nuevo Mojito, Via Carbia 13, etwa 1,5 km südlich der Altstadt am südlichen Stadtrand, Nähe Ausfallstraße nach Bosa. Geöffnet Fr und Sa, Juli/August tägl., hauptsächlich lateinamerikanische Musik, viel live. ℰ 347/6435677.

Il Ruscello, 8 km außerhalb, an der Straße nach Sassari, Juni und Sept. Fr u. Sa, Mitte Juli bis Mitte August tägl., mit Open Air-Tanzfläche und Livemusik. ℰ 079/953168.

La Siesta, an der Straße nach Villanova, Juni nur samstags, Juli/August tägl. geöffnet, vier Tanzflächen, häufig Livemusik. ℰ 079/980137.

Shopping

Die meisten Geschäfte liegen in der Via Roma und Via Carlo Alberto. Letztere ist die lange Hauptstraße des historischen Viertels und besonders schön zum Bummeln und Schaufenstergucken.

• *Korallenschmuck*: Dafür ist Alghero berühmt. Da die Korallen vom Capo Caccia aber inzwischen unter strengem Naturschutz stehen, wird das meiste aus Asien eingeführt, sowohl "Rohstoff" wie fertige Stücke. Die meisten Schmuckgeschäfte sieht man in der Via Carlo Alberto und Umfeld. Wer lieber unmittelbar beim Hersteller kauft – die große Korallenschmuck-Manufaktur **Lavorazione Expo Corallo** liegt an der Strandstraße, ein Stück nördlich vom Hafen, Via Lido 51. Während der Saison wird nur verkauft, ansonsten kann man auch zusehen, wie die Korallen verarbeitet werden. Ständige Ausstellung von Ketten, Ohrringen, Ringen, Broschen, Manschetten u. a. in allen Preislagen.

• *Kunsthandwerk*: **Corallium Rubrum**, Piazza Civica 18, kleiner Laden mit qualitativ hochwertigen Stücken verschiedener Art.

Sardinia Crystal, Besichtigung und Fabrikverkauf von originellen Stücken aus Kristallglas in der Zona Industriale San Marco (an der Straße nach Porto Torres kurz nach Weinkellerei Sella & Mosca links abbiegen).

Werkstätte Mo–Fr 9–13 Uhr (außer August), Ausstellung/Verkauf Juni bis Okt. Mo–Sa 9–13, 14–18 Uhr.

• *Lebensmittel*: **Markthalle**, großer Fleisch-/Fischmarkt an der Via Cagliari/Ecke Via Mazzini. Mo–Sa 7.30–12.30 Uhr (Juli/August auch sonntags). Im Umkreis Obst- und Gemüsestände.

Straßenmarkt jeden Mi 8–13 Uhr in der Via Alcide de Gasperi, südlicher Stadtteil.

Enodolciaria, Piazza Civica 15/a, alles was das Herz begehrt – Leckereien, Weine und Likör aus ganz Sardinien.

Salumeria del Centro, Via Simon 2, schöner Laden mit Wurstwaren und Käse nahe der Torre di San Giovanni.

Sella & Mosca, Sardiniens größte Weinkellerei liegt etwas außerhalb (→ S. 348).

• *Literatur*: **Il Labirinto**, Via Carlo Alberto 125, schräg gegenüber Kirche San Michele. Buchhandlung mit guter Auswahl zu spezifisch sardischen Themen und Problemen (nur italienisch).

Deutsche Zeitungen/Zeitschriften in der Via Carlo Alberto 19.

Sehenswertes

Trotz heftigen Bombardements im letzten Krieg ist die gotisch-katalanische Altstadt erstaunlich gut erhalten und zweifellos eine der schönsten Sardiniens.

Für den Autoverkehr ist sie weitgehend gesperrt, man kann in aller Ruhe durch die engen Gassen mit ihren hohen Häuserfronten und dem akribisch angelegten Granitkieselpflaster bummeln, an Engstellen verbinden oft Stützbögen gegenüberliegende Gebäude. Während der Siesta-Zeit lässt sich die Altstadt

344   Westsardinien/Alghero und Bosa

mit besonderer Muße erleben, während abends die gelben Natriumdampflampen ein stimmungsvolles Licht spenden.

Nach der Besichtigung bietet sich der *Stadtpark* an für eine erfrischende
Ruhepause in saftig grünem Gras unter prächtigen Palmen, Steineichen, Akazien und vielem mehr. Rundum einige Cafés, nur ein paar Schritte sind es von
hier zum großen Fischerhafen.

> Dass Alghero im Weltkrieg eine wichtige Rolle spielte, sieht man an den zahl-
> reich erhaltenen Geschützstellungen und Betonbunkern, z. B. im Hafen von Al-
> ghero, am Strand vor dem Camping La Mariposa und beim Höhlengrab Santu
> Pedru an der Straße nach Ittiri (→ S. 354).

Piazza Sulis: *der* Treffpunkt Algheros rund um die Uhr, abends Ausgangspunkt der "Passeggiata" den Lungomare Dante entlang. Die Cafés und Ristoranti am Platz sind schön zum Draußensitzen, im kuppelförmig zulaufenden
Innenraum des massiven Rundturms *Torre dello Sperone* finden wechselnde
Ausstellungen statt.

Stadtmauer/Bastionen: Zur *Landseite* hin wurden die Festungsanlagen im
letzten Jahrhundert geschleift, um den neuen Stadtteilen und Einfallstraßen
Platz zu machen. Die zwei massiven Rundtürme *Porta Terra* und *Torre di San
Giovanni* stehen aber noch und zeigen den Verlauf der ehemaligen Mauern.
Zur Seeseite sind die meterdicken Mauern und Bastionen der mittelalterli-
chen Befestigungsanlage dagegen bestens erhalten – ideal für einen Spazier-
gang unterhalb und auf der Mauer von der Piazza Sulis den Lungomare Marco
Polo entlang bis zur mächtigen *Bastione della Maddalena* unmittelbar am gro-
ßen Fischer- und Jachthafen. Dort am Rundturm steht eine Gedenktafel für
Garibaldi, der hier 1855 landete und im selben Jahr sein Grundstück auf der
Insel Caprera erwarb (→ dort). Unterhalb der Mauer fahren die Boote zum
Capo Caccia ab (→ Bootsausflüge), durch einen schmalen Durchgang gelangt
man direkt zur Piazza Civica.

Piazza Civica: Der lang gestreckte, schmale Platz hat in den letzten Jahren
sehr gewonnen. Mit viel Aufwand wurden die schönen Palazzi restauriert, um
den historischen Charakter wiederherzustellen. Der *Palazzo d'Albi* steht an
der Südostecke der Piazza. Reste der alten aragonesischen Struktur sind erhalten, vor allem die schönen gotischen Zwillingsfenster. Aus einem soll 1541
Kaiser Karl V. geblickt haben (→ Geschichte). Später war der Palast zeitweise
Sitz des Gouverneurs und der Vizekönige von Sardinien.

Kathedrale Santa Maria: am schmalen oberen Ende der Piazza. Diverse Generationen haben sich daran versucht, umgearbeitet, restauriert, ergänzt. Während der Sarazenenherrschaft im frühen Mittelalter stand hier eine Moschee,
von der Teile in die späteren Kirchenbauten (16./17. Jh.) integriert wurden.
Die heutige *Fassade*, eine antik nachempfundene klassizistische Säulenhalle,
stammt aus dem 19. Jh. Innen weitläufig mit hohen Trachtsäulen und De-
ckengemälden (*Mariä Himmelfahrt* und *Vertreibung aus dem Paradies*), die Seitenkapellen meist klassizistisch, darüber Emporen. In der Apsis hinter dem

Fischer- und Jachthafen von Alghero

pompösen *Hochaltar* aus verschiedenfarbigem Marmor (18. Jh.) fünf gotisch-katalanische *Kapellen* mit Kreuzrippengewölbe und Spitzbögen.
Ebenfalls aus der gotisch-katalanischen Gründungszeit (16. Jh.) sind der achteckige Campanile (Glockenturm) mit seinem bunten Kacheldach und das reich verzierte *Portal* der Apsis erhalten. Beide sind am besten von der Via Principe Umberto zu betrachten, die an der heutigen Rückseite der Kathedrale mündet (die einst übrigens die Vorderseite war). Der Campanile kann mehrmals die Woche erklommen werden.

Öffnungszeiten: **Kathedrale** – 6.30–12, 17–20 Uhr; **Campanile** – Juni bis September Di, Do und Sa 18 Uhr bis Sonnenuntergang (übrige Zeit mit Reservierung unter ✆ 079/9733041); Eintritt ca. 1,60 €.

Museo Diocesano d'Arte Sacra: in der ehemaligen Kirche Nostra Signora del Rosario neben der Kathedrale bewahrt das kleine, erst im Jahr 2000 eröffnete Diözesanmuseum kirchliche Silberschmiedearbeiten (Weihrauchgefäße, Kreuze, Kelche, Bischofsstäbe, Gefäße etc.), außerdem Kunsttischlerei, Skulpturen und einige Gemälde. Besonders beachtenswert ist der mächtige silberne Schrein vor dem Altar (nur Vorderfront erhalten), ein filigran verziertes Prozessionskreuz aus Saragossa (Vitrine 1), die schönen Stücke mit Korallenschmuck (Vitrine 5) sowie die riesige Holzfigur des Erzengels Michael. Der Besuch lohnt allerdings nur bei ausgeprägtem Interesse für die Materie.

Öffnungszeiten/Preise: Mai, Juni, September Mo, Fr und So 10–13, 17–20 Uhr; Juli Mo, Fr und So 10–13, 19–22 Uhr; August tägl. außer Mi 10–13, 19–22 Uhr. Eintritt ca. 2,60 €, über 65 1,60 €, frei für Kinder bis 10.

Via Principe Umberto: eine der schönsten Gassen der Altstadt, wenn auch hier und dort Renovierungen nötig wären. Der *Palazzo Machin* (Nr. 11), im

346 Westsardinien/Alghero und Bosa

17. Jh. Wohnpalast des Bischofs Ambrogio Machin, besticht durch seine Renaissancefassade und die katalanischen Fensterverzierungen. An der Piazza Vittorio Emanuele befindet sich das städtische *Theater*.

Chiesa San Francesco: zentral an der Via Carlo Alberto, im 14. Jh. gotisch-katalanisch erbaut, im 16. Jh. im Stil der Spätrenaissance erweitert und umgestaltet, sodass Stilmerkmale verschiedener Epochen vertreten sind. Die Fassade schlicht, an der rechten Seite in der engen Via Machin die typischen Stützbögen. Hier auch bester Blick auf den achteckigen Glockenturm.
Im Innenraum Tonnendecke und üppig barock vergoldete Seitenaltäre, im Altarraum gut erhaltene gotische Struktur mit Spitzbögen und prächtigem Kreuzrippengewölbe.
Prunkstück der Anlage ist der wunderschöne romanische *Kreuzgang* aus Sandstein (Eingang links neben der Kirche). Er wurde im 14. Jh. erbaut und im 18. Jh. durch einen arkadengeschmückten Umgang erhöht, in dem heute ein Hotel untergebracht ist (→ Übernachten). Im Sommer finden im stimmungsvollen Innenhof häufig Konzerte statt.
Öffnungszeiten: 6.30–12, 17–20.30 Uhr.

Chiesa San Michele: barocke Jesuitenkirche mit farbenprächtiger Majolikakuppel an der Piazza Ginnasio, Via Carlo Alberto. Im hohen nüchternen Innenraum ist die vergoldete Empore über dem Haupteingang einen Blick wert, im Querschiff die zwei stuckverzierten Apsiden.
Öffnungszeiten: jeweils 20 Min. vor der Messe (März bis Oktober tägl. 19.30 Uhr, sonntags auch 9 und 10.30 Uhr).

Chiesa della Misericordia: schlichte kleine Kirche am gleichnamigen Platz, im Innenraum flämische Gemälde und eine hölzerne Christus-Statue aus dem 16. Jh.
Öffnungszeiten: tägl. 16–20 Uhr.

Torre di San Giovanni: In dem mächtigen Turm am Largo di San Francesco kann man ein großes Modell der Stadt in historischer Zeit betrachten, auch die Turmplattform darf betreten werden.
Öffnungszeiten: im Sommer tägl. 10–13, 18–24 Uhr; Eintritt ca. 2,60 €, Kinder bis 10 und über 65-Jährige 1,60 €.

Aquarium "Mare Nostrum": Via XX Settembre 1, wenige Schritte von der Piazza Sulis. Das bislang einzige Aquarium auf Sardinien – hier schwimmen und kreuchen heimische Mittelmeer- und Süßwassertiere, außerdem weniger heimische Piranhas, Haifische und Reptilien.
Öffnungszeiten/Preise: im August tägl. 10–13.30, 17–0.30 Uhr; Juni, Juli, Sept. und Okt. 10–13, abends je nach Monat bis 20, 21 oder 23 Uhr; übrige Zeit nur samstags 15–20 Uhr. Eintritt ca. 5,20 €, Kinder 3,10 €.

Aus dem Festkalender Algheros

Die zwei größten Ereignisse fallen mitten in die Touristensaison: in der ersten Augustwoche die große Feier zu Ehren der **Nostra Signora della Mercede** und am 15. August **Ferragosto algherese**, ein Stadtfest mit Straßenkonzerten, Feuerwerk, kulinarischen Spezialitäten und Verkaufsständen am Hafen. Eher spanisch als sardisch wird die **Karwoche** begangen, wenn mit Umzügen die Passion Christi nachempfunden wird – weiß gewandete Männer mit Kapuzen ziehen durch die mit Kerzen erleuchteten Gassen.

Alghero/Baden

▶ **Südlich der Stadt**: unmittelbar unterhalb der Straße niedrige Klippenküste mit ausgewaschenen Steinformationen in den verschiedensten Farben – roter Trachyt, fahler Kalk und scharfkantiger schwarzer Basalt. Verstreut einige schöne Felsbadestellen, bei einer tief eingeschnittenen ausgetrockneten Flussmündung auch kleine Strandflecken.

Die *Cala Speranza* (auch: Cala Griecas oder Spiaggia Poglina) liegt etwa 8 km südlich von Alghero, an der Panoramastrecke nach Bosa (→ "Von Alghero nach Bosa"). Langer Sandstrand mit großartigem Bergpanorama, willkommene Aussparung der einsamen Steilküste. Feiner hellbrauner Sand, teilweise Algenanschwemmungen, Strand wird gelegentlich gereinigt. Keine Busverbindung.

● *Essen & Trinken*: **La Speranza**, freundliches Holzrestaurant unmittelbar am Strand. Schwarz gebeizte Holzbalken, abstrakte Wandgemälde und gemütliche Einrichtung, schön sitzt man auf der schmalen Terrasse. In der Nebensaison wenig los, zuvorkommende Bedienung. Lecker die Spaghetti mit Meeresfrüchten.

▶ **Nördlich der Stadt**: Hier liegt die eigentliche Badezone von Alghero. Der lange Strand zieht sich ohne Unterbrechung ca. 6 km weit bis zum Jachthafen von Fertilia (→ S. 349) – extrem weiß und feinsandig, im Stadtbereich mit Wellenbrechern, trotz erheblicher Algenanschwemmungen (Alghero = *"Algenstadt"*) im Sommer meist ausgesprochen sauber, jedoch völlig schattenlos.

Spiaggia di San Giovanni heißt der Anfangsteil des Strandes vom Hafen bis zum Campingplatz. Sehr schmal und überlaufen, Liegestuhl- und Sonnenschirmparade. Im Strandbad (mit Riesenrutsche) und am Campingplatz gibt's Surfbretter zu leihen, einige Ristoranti und Bars.

Die *Spiaggia di Maria Pia* beginnt am Ortsende von Alghero (etwa ab Campingplatz und Ospedale). Hier wird der Strand breit und einladend – tiefer weißer Sand mit hohen verwehten Dünen bis zur Straße, auf denen dichte Pinien und knorrige Wacholder wachsen. In der Pineta beliebte Picknickplätze der Einwohner, am Strand eine organisierte Badezone (→ Sonstiges), aber auch durchaus die Möglichkeit, ruhige Plätzchen zu finden – auch mit Schatten durch Wacholderbäume. Wasserqualität besser als direkt bei der Stadt. Vor allem am Strand bei Fertilia findet man, verfilzt zu kleinen Kugeln, zahlreiche Überreste des sog. **Neptungrases** (Posidonia oceanica). Dieses Seegras ist eine Blütenpflanze und hat mit Algen nichts zu tun.

● *Essen & Trinken*: **La Conchiglia**, gemütliches Paella- und Fischlokal an der Spiaggia di Maria Pia (→ Alghero/Essen).

● *Sonstiges*: **Centro Mare & Sole Pineta**, von einer Kooperative organisierter Badebetrieb an der Spiaggia di Maria Pia – Verleih von Liegestühle, Sonnenschirmen, Tret- und Schlauchbooten, außerdem Duschen, Strandbar und Erste-Hilfe-Raum. Parkplatz an der Straße ein Stück nördlich vom Hotel Oasis. ✆ 079/977046.

Zu Fuß von Alghero nach Fertilia: In aller Ruhe kann man am Strand entlang bis zum Jachthafen von Fertilia laufen, das Ziel hat man dabei ständig vor Augen. Auch die Rückkehr ist dank der häufig verkehrenden Busse unproblematisch (→ Fertilia).

Alghero/Umgebung

▶ **Santuario di Valverde**: kleine Wallfahrtskirche 7,5 km landeinwärts (östlich) von Alghero. Anfahrt auf schmaler Asphaltstraße durch schöne Olivenwäldchen, nett für ein Picknick.

▶ **Necropole Anghelu Ruju**: etwa 10 km nördlich von Alghero, linker Hand der *strada de due mari* nach Porto Torres, unmittelbar nördlich vom Abzweig zum Flughafen. Ab Zentrum beschildert.

Wie ein riesiger Termitenbau wirken die in den Kalksteinboden gewühlten 38 Grabkammern *(domus de janas)* aus der Ozieri-Zeit (3400–2700 v. Chr.) nördlich von Alghero. Erst 1904 wurden sie entdeckt, lange Zeit waren sie kaum beachtet und als Steinbruch verwendet worden. Erst in den neunziger Jahren wurden sie sorgfältig hergerichtet, mit viersprachigen Erklärungstafeln vor jedem Grab (Text auch in Deutsch). In der Hauptsache handelt es sich um Mehrkammergräber – den Hauptraum erreicht man über einen Schacht oder durch einen langen Korridor, *dromos* genannt, von dort gehen jeweils eine Reihe von Grabkammern ab. In den Gräbern verwitterte, kaum noch auszumachende Reste von eingemeißelten Reliefs, hauptsächlich Stierkopfdarstellungen. Am besten noch zu erkennen in *Grab A*. Die reichhaltigen Funde sind heute im Nationalmuseum von Cagliari und im Museo Sanna/Sassari untergebracht.

● *Öffnungszeiten/Preise*: April bis Okt. tägl. 9–19 Uhr, Nov. bis März 9.30–16 Uhr; Eintritt ca. 2,10 €, mit Führung ca. 3,60 € (Kombiticket mit Nuraghe Palmavera ca. 3,60 €, inkl. Führung 6,20 €). Taschenlampe und lange Hosen sind zu empfehlen, falls man die Gräber auf eigene Faust erkunden will. Im Sommer am besten morgens oder abends kommen, da das Gelände völlig schattenlos ist.

▶ **Sella & Mosca**: Etwa 1 km nördlich der Nekropole liegt auf der anderen Straßenseite die bekannteste und größte Weinkellerei Sardiniens, 1899 gegründet. Inmitten riesiger Plantagen führt eine Oleanderallee zum Gut mit seinen beeindruckenden alten Gebäuden und einem *Weinmuseum*, in dem neben der Darstellung der Weinproduktion auch Kopien von Funden aus Anghelu Ruju zu finden sind, denn das Gelände der Nekropole gehört der Kellerei. Die vielfältigen Produkte sind natürlich käuflich zu erwerben, z. B. der süße portähnliche Rotwein *Anghelu Ruju*, zudem *Vermentino*, *Cannonau* und *Torbato* (→ allgemeiner Teil/Essen und Trinken).

Öffnungszeiten: **Museum** – nur mit Führung Mitte Juni bis Ende Sept. Mo–Sa 17.30 Uhr, in den anderen Monaten nach Voranmeldung unter ✆ 079/997700. **Weinausstellung und Verkauf** – Mo–Sa 8.30–20 Uhr, Juni bis Sept. auch sonntags. Im Internet unter www. sellaemosca.com.

▶ **Cantina Sociale Santa Maria La Palma**: Diese Kellerei liegt beim gleichnamigen Ort, ca. 12 km nördlich von Alghero, und kann ebenfalls besichtigt werden.

Öffnungszeiten: Juni bis Sept. Mo–Sa 8–13, 15.30–17.30 Uhr (August auch sonntags), Okt. bis Mai Mo–Fr 7.30–13, 14.30–17.30 Uhr. Führungen nur nach Vormerkung, ✆ 079/ 999044. Internet: www.santamarialapalma.com.

Römerbrücke von Fertilia

Fertilia

Ruhiger kleiner Ort 7 km nördlich von Alghero, gegründet in den dreißiger Jahren während der faschistischen Mussolini-Ära für Bauern aus Norditalien, die das sumpfige Ödland kultivieren sollten (Fertilia = Fruchtbarkeit).

Während das Zentrum aus streng rechtwinkligen Straßenzügen mit tristen Wohnblocks der dreißiger und vierziger Jahre besteht, die heute heruntergekommen sind und teilweise leer stehen, wurden die Außenbezirke als Wohnstadt für Alghero entdeckt, dort entstanden neue Villen mit hübschen Vorgärten. Beachtenswert ist die überdimensionale *Kirche* aus rotem Trachyt, innen mit schönem Mosaik. An der Front eine Gedenktafel für den Maler Giuseppe Biasi (→ Tempio Pausania/Bahnhof), in Dankbarkeit und Verehrung von den "Lioni di Sassari" (Faschistenvereinigung). Die Hauptstraße, eine "Aufmarschallee" mit schattigen Arkadenbögen und einigen Cafés, endet an einem weiten Flanierplatz mit martialischem Löwendenkmal und einer "Freitreppe" zum Wasser hinunter. Trotz "Duce" lohnend – gegen Abend die Ruhe und den herrlichen Blick auf Alghero genießen.

• *Anfahrt/Verbindungen*: Tagsüber von etwa 7 bis 21.30 Uhr fährt alle 40 Min. **Bus AF** von und nach Alghero.

• *Übernachten*: **** **Punta Negra**, Großhotel in perfekt einsamer Lage etwas nördlich vom Ort zwischen Pinien an kleinem Sandstrand, daneben öffentliche Pineta mit Picknickstellen. Hauptsächlich über Reiseveranstalter. DZ je nach Saison ca. 100–220 €. ✆ 079/930222, ✉ 930642, www.hotelpuntanegra.it.

350 Westsardinien/Alghero und Bosa

*** Bellavista, Lungomare Rovigno 13, großer, äußerlich wenig attraktiver Kasten, jedoch schöne zentrale Lage unmittelbar am oben erwähnten Flanierplatz mit tollem Blick auf Meer und Alghero. Vor einigen Jahren renoviert, neue engagierte Leitung, Zusammenarbeit mit Reiseveranstaltern, großes Ristorante, Fahrradverleih. In den Zimmern elegante Rohrmöbel, alle mit Du/WC, die meisten mit Balkon (Meeresblick). DZ je nach Saison 50–90 €, Frühstück ca.

6 €/Pers. ☎ 079/930190, ✆ 930124.
Ostello dei Giuliani (Jugendherberge), Via Zara 1, einfacher älterer Bau ca. 50 m von der Durchgangsstraße, vor Einmietung besser ansehen. 25 Betten in Schlafsälen verschiedener Größe, Übernachtung kostet ca. 8 € mit Frühstück, abens wird auch gekocht. ☎/✆ 079/930353.
Camping Calik an der Lagune südlich vom Ort, **Camping Nurral** landeinwärts in der Pineta (→ Alghero/Übernachten).

Sur le Pont d'Avignon ... halb verfallen ragen noch dreizehn von ursprünglich vierundzwanzig Bögen einer alten Römerbrücke in den Stagno di Calik unmittelbar südlich von Fertilia. Die Ähnlichkeit zum berühmten südfranzösischen Ebenbild ist frappierend. Am schönsten in der Abendsonne, bevorzugter Platz für Hobbyangler.

Von Fertilia bis zum Capo Caccia

▶ **Spiaggia di Bombarde**: 2–3 km westlich von Fertilia asphaltierte Stichpiste (beschildert) zu diesem etwa 400 m langen Strand mit Mehlsand der feinsten Sorte, eingefasst von Klippen und flach ins Wasser abfallend. Vor allem von Gästen des hiesigen Strandhotels besucht, Ristorante/Bar und großer Parkplatz vorhanden.

● *Übernachten*: ****** Dei Pini**, weitläufiges Komforthotel, sehr angenehme Lage mitten im Pinienwald, Strand vor der Haustür. DZ ca. 95–160 €, meist Pensionspflicht. Wassersport, Tennis, Fahrräder. Pauschal über

Oscar Reisen. ☎ 079/930157, ✆ 930259, htlpini@tin.it.
● *Sport*: **North-West Windsurfing** im Hotel (☎ 079/930157), sowie **J & B Sailing School** am Strand (☎ 336594404).

▶ **Spiaggia Lazzaretto**: kleiner Sandstrand zwischen Klippen, spanischer Küstenturm, schöner Blick auf Alghero. In der Saison rollende Snack-Bar, sonst keinerlei Einrichtungen.

▶ **Nuraghe Palmavera**: Direkt an der Straße zwischen Fertilia und Porto Conte steht diese beeindruckend große Wehranlage mit Haupt- und Nebenturm aus riesigen Sandstein- und Trachytblöcken sowie den Grundmauern von etwa 50 Hütten eines ehemaligen Nuraghendorfs. Die zwei Türme sind aneinander gebaut, allerdings architektonisch völlig verschieden und mit gut 400 Jahren Zeitdifferenz errichtet worden. Von der Plattform des Hauptturms hat man einen schönen Blick in die kultivierte Landschaft mit Weinfeldern, Ölbäumen und Pinienaufforstungen. Ausgegraben und restauriert wurde die Nuraghenburg seit 1962 mit Mitteln aus der "Cassa per il Mezzogiorno". An der Straße kleine Obststände von Bauern der Umgebung.

Öffnungszeiten: April bis Okt. tägl. 9–19 Uhr, Nov. bis März 9.30–16 Uhr; Eintritt ca. 2,10 €, mit Führung ca. 3,60 € (Kombiticket mit Nekropole Anghelu Ruju ca. 3,60 €, inkl. Führung 6,20 €).

Porto Conte

Weitläufige, fast kreisrunde Bucht mit dicht verfilzten Pinien- und Eukalyptuswäldchen im Südteil, dahinter die zackige Felskulisse des Capo Caccia. Admiral Nelson sagte einmal bewundernd, dass dies der beste Naturhafen Sardiniens sei. Die Straße aus Alghero endet im Südteil der Bucht beim spanischen Küstenwachturm *Torre Nuova* aus dem 17. Jh., der zum "Nightclub" umgebaut wurde. Im Umkreis einige Hotels der Oberklasse und ein Jachthafen.

▶ **Pineta dei Mugoni:** gut 1 km Sandstrand unter kräftigen Eukalyptusbäumen, der sich bis zum Großhotel Baia di Conte zieht. Im Sommer meist ziemlich voll, zwei Strandbars (Besitzer zelten selber hier) und spärlich vertretene Wildzelter, Blick aufs Capo Caccia, Tretboote. Zu erreichen auf einer Asphaltpiste ab Durchgangsstraße, beim letzten Check fehlte das Hinweisschild, reichlich Platz zum Parken.

▶ **Baia di Conte:** Eine der größten Hotelanlagen Sardiniens wurde an der Abzweigung zum Capo Caccia in den kahlen Nordteil des Porto Conte gesetzt. Für mich architektonisch ein eklatanter Fehlgriff. 250 m Sandstrand, reiches Sportangebot. Wird auch von deutschen Reiseveranstaltern angeboten.

• *Übernachten:* **** **El Faro**, komfortable Oase ganz in Weiß, herrlich einsame Lage direkt neben dem spanischen Wachturm Torre Nuova über der niedrigen Klippenküste, betonierte Liegeflächen und Pool, hübsche Zimmer. DZ mit Frühstück ca. 125–250 €, HP ca. 77–150 €/Pers. ✆ 079/942010, ✆ 942030.

*** **Corte Rosada**, dort wo die Straße aus Alghero auf den Porto Conte trifft. Geschmackvoll konzipierte Anlage, Villen zwischen Pinien versteckt, Pool mit Kinderbecken, direkt an einem Sandstrand. Für Familien gut geeignet. HP pro Kopf ca. 55–110 €/Pers. Pauschal über Oscar Reisen. ✆ 079/942038, ✆ 942158.

Capo Caccia

Verwitterter, 168 m hoch aufragender Kalkklotz an der äußersten Spitze einer weit ins Meer ragenden Halbinsel. Die berühmte Grotta di Nettuno lockt trotz ihres stolzen Eintrittspreises täglich Hunderte von Besuchern an.

Besonders schön ist die Anfahrt zur Höhle. Die gut ausgebaute Straße schraubt sich am Hang des *Monte Timidone* durch kahle Fels- und Macchialandschaften, überwältigend sind die Rückblicke auf die Bucht von Porto Conte und die schroffen Abstürze zum Meer. Linker Hand führt eine Straße zur Bucht *Cala Dragunara* hinunter, wo im Sommer Boote zur Grotte abfahren (→ Verbindungen). Am Ende der Straße Parkplatz für Höhlenbesucher. Kurz vorher rechts Abzweig zum Aussichtspunkt *Belvedere la Foradada*. Ein paar Schritte rechts den Hang hinauf, dort Bilderbuchblick auf die vorgelagerte Felsinsel *Foradada*.

Wer gut zu Fuß ist, sollte sich den Abstieg zur Höhle nicht nehmen lassen – die *Escala del Cabirol*, eine in den Fels gehauene Treppe mit 652 Stufen, führt zum Eingang hinunter (anstrengender Rückweg). An der senkrecht abfallen

352 Westsardinien/Alghero und Bosa

den Felswand entlang geht es immer tiefer bis kurz über die tobende Gischt – der Wind pfeift und heult, unten peitschen die Wellen in die ausgewaschenen Höhlungen – tolles Erlebnis, Fotoapparat nicht vergessen!

● *Anfahrt/Verbindungen*: Juni bis September 3x täglich **FdS-Busse** ab Alghero, sonst nur 1x tägl..
Reizvolle Alternative ist die Fahrt per **Ausflugsboot** ab Alghero. Juni bis September stündl., April, Mai und Oktober 4x tägl. mit "Navisarda" ab Fischerhafen (hin/rück ca. 9,50 € für Erw., Kind 5,30 €, Dauer mit Höhlenbesichtigung und Rückfahrt ca. 2 ½ Std.). Kartenverkauf im Kiosk unterhalb der Bastione della Maddalena. **Achtung**: Bei rauer See verkehren die Boote nicht, der Seegang bei der Grotte ist extrem hoch und der Einlass klein und niedrig.
Tipp: Wer mit dem Auto kommt und zu faul ist, die anstrengende Treppe zu benutzen – etwa 1 km vor dem Parkplatz geht links eine Abfahrt zu einer kleinen Mole in der **Cala Dragunara**, wo von Juni bis Sept.

stündlich Boote zum Höhleneingang und nach Alghero fahren, allerdings nur bei mindestens 10 Mitfahrern (hin/rück ca. 7,70 € für Erw., Kind 3,60 €, Dauer mit Höhlenbesichtigung und Rückfahrt ca. 1 ½ Std).
● *Öffnungszeiten/Preise*: April bis September täglich 9–19 Uhr, Oktober 10–17 Uhr, Rest des Jahres 9–14 Uhr. Besichtigung nur mit italienischsprachiger Führung (stündlich), Erw. ca. 8 €, Kind ca. 4,30 €. Blitzlicht verboten.
● *Sonstiges*: Vor dem Abstieg zur Höhle liegt ein Parkplatz mit **Bar und Souvenirshop**. Schöne kleine Terrasse mit weitem Blick, im Angebot u. a. interessante Marmeladen- und Honigsorten, z. B. Fenchel-, Distel-, Holunder- und Brennnesselmarmelade.

Grotta di Nettuno: Sardiniens bekannteste Tropfsteinhöhle

Bereits im 14. Jh. wurde die Höhle am Capo Caccia von Fischern entdeckt, im 19. Jh. besuchte sie u. a. König Carlo Alberto (eine Gedenktafel erinnert daran), die Böllerschüsse ihm zu Ehren beschädigten damals viele Stalaktiten. Seit 1950 ist sie öffentlich zugänglich, im Inneren gibt es einen großen *Salzsee* mit herrlich klarem und eiskaltem Wasser, der mit dem Meer in Verbindung steht. Derzeit ist nur ein wenige hundert Meter langer Abschnitt begehbar, weitere Teile sollen in den nächsten Jahren zugänglich gemacht werden. Die Höhle besteht aus mehreren, teils unglaublich hohen Räumen, die nach ihrer Form oder markanten Tropfsteinen benannt sind, z. B. *Orgelraum* oder *Kirchenraum* (wegen kuppelförmiger Decke). Im Gänsemarsch geht es hinein, überall sieht man Tropfsteine in bizarren Formen, teils muss man gebückt darunter hindurchgehen, leider sind die meisten inzwischen abgebrochen. Alles ist sehr gut ausgeleuchtet (was allerdings Algen- und Flechtenwuchs begünstigt), an einer Stelle wird die enorme Durchscheinfähigkeit des Kalksteins demonstriert.

So schön dies alles ist – früher, als noch keine Touristenschwärme die Höhle überfluteten, brachten in dem tiefen stillen Höhlenlabyrinth noch Seerobbenweibchen ihre Jungen zur Welt.

Tief in den Fels geschlagen – 652 Stufen führen zum Höhleneingang der Grotta del Nettuno am Capo Caccia

Alghero/Hinterland

Tagesausflug ins sog. "Valle dei Nuraghi" mit Santu Antine, neben Su Nuraxi (Barumini) der größte Nuraghe Sardiniens, und zur prähistorischen Nekropole Sant'Andria Priu. Ein früh begonnener Tag kann helfen, noch weiter vorzudringen.

Landschaftlich reizvolle Strecke mit zwei Stauseen und herrlich wilder Berglandschaft, geeignet auch als mittelschwere Radtour (Quellen am Stausee Lago di Cuga und bei der Auffahrt nach Thiesi). Von Alghero nimmt man die "SS 131 bis" in Richtung Sassari. Anfangs geht es noch durch dichte Olivenbaumwäldchen, dann folgen zusehends kahlere Trachytlandschaften mit Weideflächen.

▶ **Santu Pedru**: gut erhaltenes Felskammergrab etwa 11 km von Alghero, unmittelbar links an der Straße nach Ittiri, ca. 3 km nach der *Cantoniera Rudas* (500 m vorher weist ein Schild darauf hin). Das aufwändig gestaltete Grab am Fuß eines Trachythügels muss einen wohlhabenden Stammesfürsten oder Adligen der Ozieri-Zeit beherbergt haben. Es ist nach dem Vorbild damaliger Adelshäuser gearbeitet – das Grab als Wohnung des Gestorbenen. Von der Straße führt ein 15 m langer Felsgang zu einem halbkreisförmigen Vorplatz, an dessen Rückwand ein enger Einstieg mit gemeißeltem Rahmen liegt. Dieser führt in den stockdunklen Hauptraum mit zwei Säulen, um den sich die Grabkammern mit sorgfältig herausgearbeiteten Türrahmen gruppieren, einer davon mit symbolisch dargestellten Stierhörnern. Vor allem Letzteres, aber auch der gesamte Aufbau von Santu Pedru samt Verzierungen und architektonischen Details wird heute in enger Beziehung zum minoischen Kreta (Knossós) gesehen – umstritten ist allerdings, ob der Baustil von Einwanderern aus dem östlichen Mittelmeer nach Sardinien importiert wurde. Im Umkreis gibt es noch weitere "domus de janas", die sich jedoch auf Privatgrund befinden.
Öffnungszeiten: ständig geöffnet, Taschenlampe notwendig. Führungen bietet die **Cooperativa S.I.L.T.** in Alghero, Via La Marmora 14, die auch den Nuraghen Palmavera betreut. ☎ 079/953200.

▶ **Lago di Cuga**: großer Stausee rechter Hand der Straße, dem die Kultivierung des gesamten Landstrichs zu verdanken ist. Das Tal des Rio Cuga zeigt sich hier ausgesprochen fruchtbar mit intensiver Felderwirtschaft, an den Hängen Obstbäume und Oliven. Im Sommer wäre der Fluss nahezu ausgetrocknet, doch dank des Stausees ist immer genügend Wasser vorhanden, das die Bauern mit Pumpen herausholen.

▶ **Ittiri**: wohlhabende Kleinstadt, deren Basis die Landwirtschaft ist, viel moderne Bausubstanz zeugt von gesunder Finanzlage. Im alten Zentrum sind die Straßen mit schweren Granitquadern gepflastert, man sieht stilvolle alte Bürgerhäuser und vor allem einige bemerkenswerte Kirchen. Die Pfarrkirche *San Pietro in Vincoli* besitzt einen klassizistischen Vorbau, schön ist auch die Kirche am Friedhof mit geschwungener Fassade, am Ortsausgang in Richtung Thiesi.
Übernachten: ***** Coros**, Corso Vittorio Emanuele 179, ordentliches Albergo an der Hauptstraße im Ort, DZ ca. 38–48 €. ☎ 079/442588, 🖷 444247.

Im Folgenden schönstes Streckenstück zwischen Alghero und Thiesi. Die Straße schraubt sich östlich von Ittiri zwischen abgeplatteten Felsplateaus auf eine einsame Hochfläche – windzerzauste Stein- und Korkeichen, Felshänge und Schluchten, weite Ausblicke in die Berglandschaft der Umgebung.

▸ **Lago Bidighinzu**: wunderbare Lage zwischen Hügelplateaus, dichter intakter Steineichenwald an der Südseite. Außer Vogelgezwitscher nur Stille, am Lago weiden Schafe, Kühe und Pferde.

▸ **Thiesi**: altes Städtchen seitlich der Straße auf einem Kalksteinklotz – verwitterte Häuser aus grauem Granit, schmiedeeiserne Balkons und gepflasterte Gassen, schöne Pfarrkirche *Santa Vittoria*. Nicht weit entfernt steht die pisanische Klosterkirche *San Pietro di Sorres* (→ S. 328).

Übernachten: *** **Il Cavallino Rosso**, Via Fratelli Chighine, 15 Zimmer, mit Restaurant. DZ ca. 57–70 €. ✆ 079/886643.

Details zur Nuraghenfestung **Santu Antine**, zur Nekropole **Sant'Andria Priu**, zur Klosterkirche **San Pietro di Sorres** und zu anderen Zielen der Region im Kapitel Logudoro.

Von Alghero nach Bosa

Sowohl die landeinwärts verlaufende SS 292 über Villanova Monteleone als auch die Küstenstraße sind landschaftlich sehr lohnend und gehören zu den schönsten Strecken Sardiniens. Mehr Zeit nimmt die bergige Inlandfahrt in Anspruch, allerdings herrscht wesentlich weniger Verkehr als an der Küste. Von Alghero kann man eine Besichtigung Bosas mit einer Rundtour auf beiden Straßen verbinden.

Inlandstrecke Alghero – Villanova – Bosa

Anfangs dichte grüne Olivenhaine, dann schraubt sich die Straße in extremen Serpentinen die Felsen hinauf. Prächtiger Aussichtspunkt bei der verblichenen Cantoniera *Scala Piccada* am höchsten Punkt der Straße (355 m). Unbedingt aussteigen – wie eine Landkarte liegt der Golf von Alghero ausgebreitet: das Capo Caccia, Sassari als pastellfarbenes Häusermeer, das tiefblaue Wasser, im Hintergrund die Nurra-Berge.

Dann die Region der Tafelberge – flache, macchiabewachsene Plateaus, völlig unbesiedelt und einsam. Schwarze Flächen deuten auf häufige Brände hin. Westlich von Villanova Monteleone großes Korkeichengebiet – knorrige Prachtexemplare mit silbrig-grauer Rinde oder frisch geschält, dann rostrot leuchtend.

Etwa 6,5 km vor Villanova Abstecher auf gut befahrbarer "strada bianca" zur *Tomba dei Giganti von Laccaneddu* (ca. 3 km, beschildert).

▸ **Villanova Monteleone**: malerisches Örtchen hoch oben am Hang, gegründet seit 1354 von sardischen und genuesischen Einwohnern Algheros, die von den Spaniern vertrieben worden waren (→ Alghero/Geschichte). In den engen

Westsardinien/Alghero und Bosa

Blick auf das malerische Städtchen Bosa im Temo-Tal

Gassen alte, unverputzte Trachytfassaden, darunter einige erstaunlich schöne Palazzi aus dem letzten Jahrhundert. Inzwischen aber auch viele neue bunte Anstriche – man spürt die Nähe von Alghero.

▸ **Südlich von Villanova:** herrlicher Blick weit hinunter bis zum großen Stausee *Lago di Temo* mit den charakteristischen Tafelbergen aus Kalk und Basalt. Wild-zerrissene Felslandschaft, die Bäume an manchen Stellen wie vom Orkan zur Seite gefegt. Zwischen den klotzigen Bergkegeln Ausblicke weit hinein nach Innersardinien.

Von Villanova nach Bosa von der SS 292 abzweigen und die Straße nach *Montresta* nehmen. Südlich von Montresta in Serpentinen hinunter, weite Ausblicke auf das Meer und die Hochebene südlich von Bosa mit dem dahinter ansteigenden *Monte Ferru* – und auf einmal die neueren Ortsteile von Bosa weit unten am Meer, wie ein einschwebendes Flugzeug gleitet man auf die roten Dächer zu.

▸ **Lago di Temo und Umgebung:** Von Villanova Monteleone führt die SS 292 über den Lago di Temo nach *Pozzomaggiore*, eine schöne Strecke mitten durch den *Meilogu* mit seinen Plateaubergen (→ Bosa/Hinterland). Kurz nach Villanova, zwischen Km 29 und 30, liegt linker Hand die eingezäunte Felskammer-Nekropole *Puttu Codinu*.

Oberhalb vom See thront in 368 m Höhe das kleine Dorf *Monteleone Rocca Doria*. Im Mittelalter stand hier ein großes genuesisches Kastell. Die aragonesischen Truppen aus Alghero belagerten es drei Jahre lang, bevor sie es einnahmen und völlig zerstörten. Die Flüchtlinge ließen sich im nahen Villanova Monteleone nieder – so entstand der Doppelname des Ortes.

Küstenstraße Alghero – Bosa

Panoramastrecke! Wilde Felslandschaft in allen Farbschattierungen – rote und braune Steilhänge ohne jeden Baumwuchs, nur leuchtend grüne Phrygana und völlige Einsamkeit, keinerlei Ortschaften. Die Straße sehr kurvig und meist hoch über dem Meer, weite Ausblicke auf die zerrissene Küstenlinie. Etwa 8 km südlich von Alghero die *Cala Speranza*, ein schöner Sandstrand (→ Alghero/Baden), im Folgenden weitgehend unzugängliche Steilküste. In der urzeitlichen Gesteinslandschaft des *Capo Marargiu* und am *Monte Pittada* lebt die einzige Kolonie von Gänsegeiern auf Sardinien, allerdings sind es nur einige Dutzend Exemplare. Kurz vor Bosa passiert man die einsame *Torre Argentina* inmitten ausgehöhlter Trachytklippen. Hier gibt es mehrere kleine Badestellen, zu denen Holperpisten hinunterführen, auch Wohnmobile sieht man ab und an.

Bosa

Bosa hat Stil. Schon die Lage ist einzigartig – zwischen flache Tafelberge und schroffe Felsgrate hat sich der kräftige Temo ein tiefes Bett gegraben. Wehendes Schilf, saftig-grüne Artischockenfelder, Wein und Olivenbäume prägen das Bild. Mittendrin das mittelalterlich-bunte Städtchen – steil klettern die Häuser einen Hang hinauf, darüber thronen die trutzigen Umfassungsmauern eines genuesischen Kastells.

Gesichter einer Altstadt – auf den ersten Blick dominieren die hohen Balkonfassaden am *Corso Vittorio Emanuele*, der Hauptstraße im historischen Zentrum. Das Straßenpflaster ist von eigener Art – säuberlich abgerundete, faustgroße Kiesel, die eng an eng gesetzt sind. Für Autofahrer ein holpriges Vergnügen, nur in der Mitte der Fahrbahn sind längliche Granitquader aneinander gereiht. Früher ratterten hier die eisernen Reifen der Ochsenkarren, heute schonen die Granitquader die Stoßdämpfer. Doch schon wenige Schritte seitlich taucht man in ein Gewirr von schmalen Gässchen – der Autolärm verstummt, gerade noch Mofas können sich hier durchquetschen. Geborgen vor neugierigen Blicken spielen Kinder auf winzigen Piazzas, dazwischen eine urige Weinkneipe, eng an eng gebaut die Wohnhäuser mit Topfpflanzen auf den Balkons, Frauen beim Plausch ...

Zum Atemholen die herrliche *Palmenallee* am breiten Temo-Fluss: alte Bürgerhäuser, die in der Abendsonne bröckeln, schaukelnde Fischerboote im Wasser, auf der anderen Flussseite dicht an dicht die düsteren Gerbereigebäude aus dem vorletzten Jahrhundert. Damals war Bosa vorübergehend Provinzhauptstadt und erlebte eine Phase relativen Wohlstands durch Gerbereihandwerk, Filetstickerei, Schmuck- und Korallenverarbeitung.

Heute bedeutet Bosa Beschaulichkeit. Nichts ist von der geschäftigen Betriebsamkeit Algheros zu spüren, die kleinen Weinschenken sind fest in der Hand der Einheimischen, Spitzenklöppelei und Filetstickereien die traditionelle Domäne der Frauen. Nur wenige Touristen, die der Ruf Bosas als hübscheste Kleinstadt Sardiniens anzieht, mischen sich in die Szene.

358 Westsardinien/Alghero und Bosa

Die nahe Hafen- und Badesiedlung *Bosa Marina* besitzt einen schönen braunen Sandstrand. Und noch aus einem anderen Grund lohnt der Besuch – der hiesige *Malvasia di Bosa* ist einer der besten Weine Sardiniens.

Anfahrt/Verbindungen

• *Bus*: **FdS-Busse** fahren 2–4x tägl. von und nach Alghero sowie bis zu 10x tägl. von und nach Macomer, **ARST-Busse** mehrmals tägl. von und nach Oristano (über Cuglieri und Santa Caterina). Abfahrt aller Busse an der **Piazza Angelico Zannetti**, dort auch FdS-Tickets (beschildert), ARST-Tickets im Supermarkt an der Piazza Zannetti und im Bus.
• *Zug*: Bosa ist Endstation der FdS-Schmalspurstrecke über **Bosa Marina** und **Tresnuraghes** nach **Macomer**. Das Streckenstück von Bosa Marina nach Bosa ist jedoch seit vielen Jahren still gelegt, der Bahnhof ist geschlossen. Die Strecke von Bosa Marina nach Tresnuraghes wurde dagegen 1996 nach mehr als 10-jähriger Schließung mit Hilfe von EU-Mitteln wieder in Betrieb genommen. Allerdings gibt es keinen Linienverkehr, sondern der dampfbetriebene "Trenino verde" fährt in den Sommermonaten etwa 1x wöch. von **Bosa Marina** nach **Tresnuraghes**, kommt außerdem über die Hochfläche von **Macomer** (→ Bosa Marina, S. 364).

Adressen

• *Fahrzeugverleih*: **Euroservice**, Via Alghero 5, Autos, Scooter und Mountainbikes. ✆ 0347/7644382.
La Ditta Cuccu, Via Roma 5, schräg gegenüber vom Hotel Sa Pischedda, Mountainbikes. ✆ 0785/373298.
• *Geld*: **Banco di Sardegna**, Piazza IV Novembre 1, und **Credito Italiano**, Corso Vittorio Emanuele II/Ecke Via Palestro.
• *Information*: **Pro Loco**, Via Azuni 5 (Ecke Via Ciusa), wenige Schritte von der runden Piazza Gioberti. Einiges an Prospektmaterial und gute Stadtpläne. Tägl. 10–13, 17–20 Uhr. ✆ 0785/376107, www.bosa.net.
• *Post*: Viale Giovanni XXIII/Piazza Dante Alighieri.
• *Reisebüro*: **Travel Service**, Corso Vittorio Emanuele II 45/b, Apartment-/Zimmervermietung, Bootsausflüge u. a. ✆ 0785/374391, ✆ 374473.
• *Taxi*: Standplatz Piazza Gioberti, ✆ 374791.
• *Zeitungen/Zeitschriften*: **Il Papiro** (Moroni Franco), Corso Vittorio Emanuele II 80. Internationales Angebot in den Sommermonaten.

Übernachten

In Bosa selber nur wenige Möglichkeiten, mehr Hotels gibt es unten in Bosa Marina, dort auch eine Jugendherberge. Campingplatz etwas außerhalb (→ Spiaggia Turas).

*** **Mannu (8)**, Viale Alghero 22, komfortables Hotel an langer Durchgangsstraße im neuen Stadtteil, auf der man zur Küstenstraße nach Alghero kommt, zu Fuß ins Zentrum ca. 10 Min. Gutes Ristorante (Chef kocht selber), TV-Raum, Fahrradvermietung. DZ mit TV und Air-Condition ca. 43–63 €, Frühstück ca. 3 €/Pers. Pauschal über Oscar Reisen. ✆ 0785/375306, ✆ 375308.
* **Sa Pischedda (6)**, Via Roma 2, schöner alter Palazzo an der Südseite der Temobrücke, wo die Straße nach Bosa Marina abzweigt, zur Straße hin leider recht laut. Wurde in den letzten Jahre fast komplett renoviert und besitzt mittlerweile neue und helle Zimmer (bis zu 4 m hoch), die geschmackvoll eingerichtet sind, gute Betten, z. T. Deckenfresken, stilvolle Armaturen im Bad. Im breiten Aufgang ebenfalls alte Deckengemälde. Gutes Ristorante/Pizzeria hinter dem Haus (→ Essen). Laut Leserzuschrift ziemliches Problem, Fahrräder abzustellen. DZ ca. 37–52 €, Frühstück ca. 4 €. ✆ 0785/373065, ✆ 377054.
* **Perry Clan (9)**, Viale Alghero 3, näher am Zentrum, ordentlich, jedoch z. T. recht kleine Zimmer, schön gefliese Böden und schwere Holztüren, z. T. Balkon. Unten gemütliche Bar und beliebtes Ristorante (Meeresküche). DZ ca. 37–43 €. ✆ 0785/373074, ✆ 375263.
• *Privatzimmer & Ferienwohnungen*: Es gibt einige, hauptsächlich in den modernen Wohnvierteln und in Bosa Marina unten. Im Informationsbüro, im Reisebüro (Corso Vittorio Emanuele II 45/b) oder in Bars fra-

Bosa 359

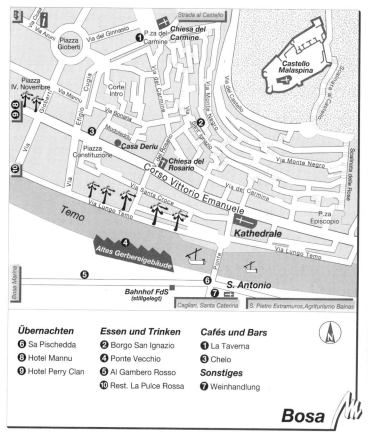

Übernachten
- ❻ Sa Pischedda
- ❽ Hotel Mannu
- ❾ Hotel Perry Clan

Essen und Trinken
- ❷ Borgo San Ignazio
- ❹ Ponte Vecchio
- ❺ Al Gambero Rosso
- ❿ Rest. La Pulce Rossa

Cafés und Bars
- ❶ La Taverna
- ❸ Chelo

Sonstiges
- ❼ Weinhandlung

gen. Meist wird Mindestaufenthalt von einer Woche verlangt.

• *Agriturismo*: **Bainas**, sehr hübsch und ganz neu aufgemacht inmitten von Olivenbäumen an der Straße zur Kirche San Pietro Extramuros. Blick auf Stadt und Kastell. Essen nur auf Vorbestellung. ✆ 0789/373793.

Essen & Trinken/Nachtleben

Keine allzu große Auswahl, aber in den letzten Jahren gab es einige interessante Neueröffnungen, die Wert auf die sardische Tradition legen. Ende September schließt das Meiste.

Ponte Vecchio (4), in einem der historischen Gerberhäuser am Fluss Temo (→ Sehenswertes), tolle Lage, man speist auf einer Plattform über dem Wasser, Blick auf die Altstadt. Spezialisiert auf Fisch, darunter die Bosa-Spezialität *azzada 'e iscritta* (Fisch in Tomatensauce mit Knoblauch). Zur Qualität und Preisgestaltung allerdings recht kritische Lesermeinungen.

Borgo San Ignazio (2), Via Sant'Ignazio 33, im ältesten Teil der Stadt, am Hang des Burgbergs, wurde dieses hübsche kleine

360 Westsardinien/Alghero und Bosa

Lokal eröffnet. Serviert werden sardische Spezialitäten und einige typische Gerichte aus Bosa, z. B. *pes de anzone* (Lammfüßchen), *aligusta a sa'oncina* (Langusten nach Art von Bosa) und zum Dessert *casadinas* (Kuchen mit Käse und Orangen). Leserlob. Mittlere Preise. Di geschl. Im Hochsommer Reservierung angebracht, ✆ 0785/374662.

Sa Pischedda (6), beliebtes Ristorante/Pizzeria im gleichnamigen Albergo (→ Übernachten), gute Pizzen und ordentliche sardische Küche, abends immer voll. Preis-/Leistungsverhältnis stimmt. Di geschl. (außer Hochsaison).

Al Gambero Rosso (5), vom Sa Pischedda etwa 40 m die Straße hinunter in Richtung Bosa Marina. Gute Küche und freundliche Bedienung, allerdings ziemlich verkehrsintensive Lage.

La Pulce Rossa (10), Via Lungotemo Giorgio Amendola 1, Spaghetteria in der Neustadt, direkt am Fluss, geführt von der Cooperativa Valletemo, diverse Nudelgerichte, abends auch Pizza.

● *Cafés & Bars*: **Caffè Chelo (3)**, Corso Vittorio Emanuele II 71, gepflegtes Café mitten im historischen Zentrum an der Piazza Costituzione, leckeres Eis und Gebäck.

La Taverna (1), ruhige Ecke an der heimeligen Piazza del Carmine, Sitzgelegenheiten zwischen Fächerpalmen.

● *Diskotheken*: einige Kilometer außerhalb in der Località Turas (→ S. 366).

Shopping (siehe Karte S. 359)

Bosa hat in mehrfacher Hinsicht etwas zu bieten – es gibt einen ausgezeichneten Wein, wie im nahen Alghero wird traditionell Gold- und Korallenschmuck hergestellt, und die Filetstickereien gehören zu den schönsten der Insel.

● *Kunsthandwerk*: Bosa besitzt einen guten Ruf in der Herstellung von Gold- und Korallenschmuck. Einige Werkstätten: **Ruggiu Stefano**, Corso Vittorio Emanuele II 41; **Vadilonga**, Corso Vittorio Emanuele II 66 und 84; **Mastinu Franco**, Piazza Zannetti 7; **Antonio Sotgiu**, Viale Repubblica 14.

● *Spitzenklöppeln & Filetstickerei*: in Bosa weit verbreitet, in den verwinkelten Gassen sind die Frauen täglich an der Arbeit, z. T. verkaufen sie auch – ansonsten schönes Angebot in diversen Geschäften: bestickte Dreieckschals ab ca. 30 €, Tischtücher ab 100 €.

● *Wein*: Der **Malvasia di Bosa** gedeiht auf den vulkanischen Hängen der Planargia und ist einer der edelsten Tropfen Sardiniens. Fein, aber vollmundig, mit leichtem Bittermandelgeschmack. Preis etwa 7,50–12 € für 0,75 ltr., etwas preiswerter ist der **Malvasia di Planargia**.

Der schöne Sinnspruch "In ciele non c'e vino beviamolo in terra" (Im Himmel gibt's keinen Wein, drum lasst ihn uns auf Erden trinken), schmückt die urige **Weinhandlung (7)** mit freundlichem Besitzer an der Südseite der alten Temo-Brücke, schräg gegenüber vom Albergo Sa Pischedda.

Enoteca Temo, im Zentrum, Corso Vittorio Emanuele II 77/a.

Feste in Bosa

Das Festjahr beginnt im Januar mit einem großen Feuer zu Ehren des **Sant'Antonio** und setzt sich mit dem auf Sardinien berühmten **Carnevale bosano** (Karneval von Bosa) fort. Die größten Festlichkeiten gibt es allerdings im Juni, August und September, eine Hauptrolle spielt dabei der schiffbare Temo-Fluss: Die **Festa dei Santi Pietro e Paolo** am 29. Juni ist eine Bootsregatta zur kleinen Kirche San Pietro Extramuros, dort findet eine große Feier mit Verkaufsständen und Essgelage statt. Am ersten Sonntag im August folgt die **Sagra di Santa Maria del Mare**, eine große bunte Bootsparade von Bosa Marina den Temo hinauf in die Stadt zum Platz hinter dem Dom, anschließend große Prozession zu Ehren der Schutzheiligen durch die Straßen. Im Rahmen der **Festa di Nostra Signora di Regnos Altos** am zweiten Sonntag im September wird schließlich ein mehrtägiges religiöses Straßenfest mit Fackelprozession von der Kathedrale zur Kapelle im Kastell begangen. Oben Messe im Freien, abends Volksfest mit Musik und Tanzgruppen auf der Piazza Umberto und am Corso Vittorio Emanuele II.

Mit Geduld angefertigte Handarbeit in den Gassen von Bosa

Sehenswertes

Das alte Zentrum malerisch, mit viel Abwechslung – Torbögen, Treppen und enge Gässchen, sobald man die breite Hauptstraße verlässt. Roter Trachyt spielt die Hauptrolle und verleiht zusammen mit dem grauen Granitpflaster Geschlossenheit, sogar Düsterkeit. In den engen Gässchen sieht man immer wieder Frauen, die an großen Holzrahmen sitzen und geduldig Decken und Tücher besticken. Schönster Stadtteil ist das steile Viertel *Sa Costa* am Hang des Burgbergs um die Via Sant'Ignazio.

Lungotemo: Die malerische Palmenpromenade am Fluss ist Stammplatz der Fischer, die hier ihre Boote liegen haben und ihre Netze flicken. Die stolzen Bürgerhäuser am stadtseitigen Ufer vermitteln das Bild verblasster städtischer Eleganz. Gegenüber stehen die berühmten alten Gerbereigebäude *Sas Conzas*. Wegen seines Wasserreichtums war Bosa im 19. Jh. ein Zentrum der Lederverarbeitung – die Felle kamen aus dem Inselinneren, wurden hier gegerbt, per Zug in den Hafen transportiert und nach Genua und Frankreich verschifft. Gab es 1834 noch achtundzwanzig Firmen, die hier tätig waren, existierte in den fünfziger Jahren des 20. Jh. nur noch eine einzige große Gerberei, die zehn Jahre später ebenfalls ihren Betrieb aufgab. Seitdem warten die leer stehenden Gebäude auf ihre museale Restaurierung – und diese wird im Rahmen der touristischen Entwicklung sicher irgendwann stattfinden.

Der Temo ist der einzige Fluss Sardiniens, der von der Mündung aus 4 km weit schiffbar ist. Die schmale dreibogige *Steinbrücke* war früher die einzige Möglichkeit, von einer Seite auf die andere zu gelangen und natürlich völlig

Westsardinien/Alghero und Bosa

An der Flusspromenade von Bosa

überlastet. Erst in den achtziger Jahren wurde stromabwärts eine neue Brücke gebaut.

Kathedrale dell'Immacolata: mächtiger Bau nördlich der alten Temobrücke – reiche, großteils barocke und klassizistische Ausstattung, aber ohne den üblichen Schwulst. Prachtvolle Deckengemälde, Stuckverzierungen täuschend echt nachgemalt, viele Seitenaltäre, beeindruckende Orgelempore über dem Eingang.

Corso Vittorio Emanuele II: die Hauptstraße des "Centro storico", holpriges Granitpflaster zwischen hohen verwitterten Palästen, auf den langen Reihen schmiedeeiserner Balkons Topfpflanzen, unten kleine Läden und Weinschenken. Die tiefe Häuserschlucht lässt kaum einen Sonnenstrahl herein, eine Ausnahme bildet nur die hübsche *Piazza Costituzione* mit ihrem Brunnen und dem gediegenen Caffè Chelo.

In der restaurierten Casa Deriu (Nr. 59) ist die *Pinacoteca Civica* untergebracht, gegen eine kleine Eintrittsgebühr kann man hier wechselnde Kunstausstellungen betrachten (10–13, 19–22 Uhr). Ein Unikum ist die schiefe *Chiesa del Rosario* mit ihrer riesigen, altmodischen Uhr.

Piazza IV Novembre: weiter offener Platz am westlichen Beginn des Corso. Die Opis sitzen auf schmalen Steinbänken unter Feigenpalmen, im Rund einige kleine Cafés und Bars. Hier beginnen die lichten, freundlichen Alleestraßen der Neustadt Bosas.

Piazza del Carmine: unterhalb des Burgbergs, hübscher kleiner Platz mit handtuchschmalen Häusern, flatternder Wäsche und spielenden Kindern. Ein schöner Fußpfad führt von hier an der bröckligen Rückfront der mächtigen

Chiesa del Carmine und den angeschlossenen ehemaligen Klostergebäuden vorbei durch alte Olivenhaine zum Kastell hinauf.

Castello Malaspina (auch: Castello di Serravalle): Von der trutzigen Festung der genuesischen Grafen Malaspina aus dem 12. Jh. sind nur die massiven Umfassungsmauern und Reste der bulligen, nach innen offenen Wachtürme erhalten, ein überdimensioniertes Neonkreuz überstrahlt allnächtlich den Ort. Der Aufstieg ab Piazza del Carmine lohnt deshalb vor allem wegen des überwältigenden Blicks. Die Schönheit des Tales kommt einem hier oben erst richtig zu Bewusstsein. Wer über das braunrote Dächergewirr Bosas den Oberlauf des Flusses entlangblickt, wird am Südufer vor einem Berghang die bedeutendste Kirche Bosas, *San Pietro Extramuros*, erkennen (→ Kasten). Ein etwas abenteuerlicher Trampelpfad führt rund um das Kastell, dort gibt es mehrere hübsche Aussichtspunkte.

Das Kastell wird seit Jahren restauriert und besitzt derzeit keine regelmäßigen Öffnungszeiten. Falls offen ist, lohnt ein Blick in die kleine Burgkapelle *Nostra Signora di Regnos Altos* mit einem Freskenzyklus der toskanischen Schule des 14. Jh.

Aufstieg/Anfahrt: zu Fuß von der **Piazza del Carmine** oder mit dem Fahrzeug hinter dem Burghügel herum (beschildert).

San Pietro Extramuros: San Pietro wurde bereits 1073 erbaut, allerdings im 12./13. Jh. mehrmals von Zisterziensermöchen im frühgotischen Stil umgestaltet. Sie steht "außerhalb der Stadtmauern" und ist mit einem schönen Spaziergang vom Zentrum aus in etwa 30-40 Min. zu erreichen. Man geht über die dreibogige Temobrücke, biegt unmittelbar danach links (nach Osten) ab, vorbei am kleinen Kirchlein Sant'Antonio (spanische Gotik). Etwa 2 km folgt man

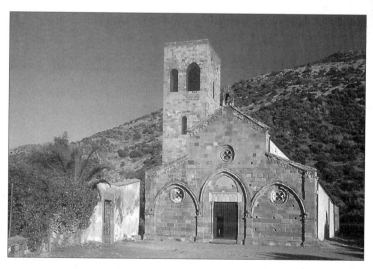

Schlichtes Kleinod – die Kirche San Pietro Extramuros

364 Westsardinien/Alghero und Bosa

der von Mauern eingefassten Asphaltstraße zwischen Feldern, Feigen- und Olivenbäumen. Die schmucklose Kirche zeigt sich gerade in ihrer Schlichtheit ausgesprochen hübsch, der verwitterte Quadratturm ohne Dach wirkt archaisch, die Fassade aus porösen Trachytquadern in diversen Rottönen fast wie ein Puzzlespiel. Über dem Haupttor schöne Sandsteinreliefs: Maria, Peter und Paul sowie Bischof Constantinus, der Bauherr der Kirche. Das Innere besteht aus zwei Reihen von rechteckigen Säulen und entbehrt jeglicher Ausstattung. *Öffnungszeiten*: tägl. ab 9 Uhr morgens bis Sonnenuntergang.

Bosa Marina

Vom Charme der Oberstadt hat Bosa Marina nicht viel mitbekommen. Einige renovierungsbedürftige Villen des letzten Jahrhunderts zeigen zwar, dass das Baden hier Tradition hat, ansonsten herrscht jedoch Beton vor, das Land hinter der Uferstraße wird mehr und mehr zugebaut. Hübsch ist dagegen das landschaftliche Panorama. An der Flussmündung liegt der Hafen mit stattlichen Fischerkähnen und großen Bündeln von Netzen, gegenüber schimmern Felsbänke rot und grünlich herüber. An der langen Mole zur vorgelagerten *Isola Rossa* mit spanischem Torre und Leuchtturm versuchen Hobbyangler regelmäßig ihr Glück.

Der breite braune Sandstrand, dem Heilwirkung nachgesagt wird, ist nicht nur bei Touristen, sondern auch bei Sarden aus dem Inland beliebt. Dank seiner geschützten Lage im Windschatten der langen Mole zur Isola Rossa ist er auch gut geeignet für Kinder. Einige großflächige, typisch italienische Strandbars sind direkt auf den Sand gebaut, ebenso wie eine Hand voll Apartments, die meist den ganzen Sommer über fest verbucht sind. Weiterhin gibt es eine Windsurfschule, Tretbootverleih und Erste-Hilfe-Station. Kürzlich wurde südlich vom Ort eine neue großzügige Promenade gebaut.

• *Anfahrt/Verbindungen*: Stadtbusse fahren nach Bosa und zum Strand von Turas, wenige Kilometer südlich (→ unten). Auf der **FdS-Schmalspurbahn** kommt von Ende Juni bis Ende August 1x wöch. ein "Trenino verde" aus **Macomer** (ca. 11 € hin/rück), Rückfahrt per Bus. Ebenfalls 1x wöch. fährt ein "Trenino verde" von Bosa Marina nach **Tresnuraghes** und wieder zurück (ca. 8,50 € hin/rück). Auskünfte und Buchung im Bahnhof von Bosa Marina, ✆0785/376107.

• *Übernachten*: *** **Malaspina Club Hotel**, große neue Anlage an der Uferstraße, etwas südlich von Bosa Marina. Mit Pool, Dachgarten und Restaurant. DZ mit Frühstück ca. 75–170 €. ✆ 0785/374132, ✆ 377039, hotelmalaspina@tiscalinet.it.

*** **Al Gabbiano**, ordentliches Haus an der Uferstraße direkt im Ort, sauber und ge-

pflegt, moderne Einrichtung, auch das Restaurant ein Tipp. Zur Straße hin allerdings sehr laut. Parkmöglichkeit im verschlossenen Hof. DZ ca. 53–73 €, Frühstück ca. 6 €/Pers. ✆ 0785/374123, ✆ 374109.

** **Costa Corallo**, Via Cristoforo Colombo 11/13, renoviertes Haus zwischen Zufahrtsstraße und Fluss, einfach und familiär. DZ mit Frühstück ca. 47–83 €. ✆ 0785/375162, ✆ 375529.

* **Miramare**, wo die Straße von Bosa kommend ans Meer trifft. Allein stehendes Haus mit Meeresblick, sauber und relativ preiswert, eigenwillige Wirtin. DZ um die 43–53 €, Frühstück ca. 3 €/Pers. ✆/✆ 0785/373400.

* **Bassu**, in einer der hinteren Straßen von Bosa Marina, etwas gesichtsloser Bau ohne Besonderheiten. DZ ca 43–57 €. ✆/✆ 0785/373456.

Fischer am Temo, dem einzigen schiffbaren Fluss Sardiniens

366 Westsardinien/Alghero und Bosa

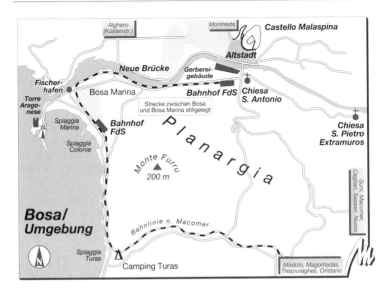

Residence Lido Chelo, sieben schöne Apartments mit supergroßen Terrassen, direkt am Strand. ✆/✆ 0785/373804.

Jugendherberge, Via Sardegna 1 (Seitengasse am Hafen), modern und sauber. Übernachtung mit Frühstück ca. 12 €. ✆/✆ 0785/375009.

• *Essen & Trinken*: **Al Gabbiano**, im gleichnamigen Hotel, modern, gute Pizzen, auch mit reichlich Meeresbelag.

S'Hard Rock Café, neues Strandcafé mit Pizzeria und Restaurant.

La Griglia d'Oro, den Schildern nach am südlichen Ortsende, ganz nett, paar Tische in überranktem Hof, auch Pizza.

• *Sonstiges*: **Bosa Diving Center**, Via Colombo 2, am Eingang von Bosa Marina. Tauchschule, Verleih von Schlauchbooten, geführte Exkursionen. ✆ 0785/375649.

▶ **Spiaggia Turas**: mehrere hundert Meter Sandstrand am Ausgang eines ausgetrockneten Flusstals, wenige Kilometer südlich von Bosa Marina, zu erreichen über die Küstenstraße. Ein älteres, Wind und Wetter preisgegebenes Hotel gammelt vor sich hin, ein paar Meter landeinwärts liegt ein Campingplatz, weiter oben am Hang das große Villaggio Turas.

• *Übernachten*: **All'Angelo**, Apartments zwischen Spiaggia Turas und Magomadas, es wird Deutsch gesprochen, Pizzeria/Ristorante mit guter Qualität. Zwei Zimmer mit Terrasse ca. 35–50 €. ✆ 0785/359108.

* **Camping Turas**, im hinteren Talbereich, erst vor einigen Jahren eröffnet, schöner grüner Platz mit jungen Pappeln, modernen Sanitäranlagen, Bar und Kinderspielgeräte, sonst noch keine Einrichtungen. Pro Person ca. 6,50–9 €, Auto ca. 1,90–2,50 €, Zelt frei. Juni bis September. ✆ 0785/359270, ✆ 373544.

• *Sonstiges*: Die **Disko Paradise** hat in den Sommermonaten geöffnet.

Bosa/Hinterland

Östlich von Bosa führt die "SS 129 bis" auf die Hochebene *Altopiano di Campeda* mit Macomer als zentralem Anlaufpunkt, etwa 28 km von Bosa. Am Weg gibt es außer *Sindia* keinerlei Ortschaft, dafür reichlich Kork- und Steineichen, mehrfach wird die Bahnlinie überquert. Östlich von Sindia steht der *Nuraghe Montecodes* an der Straße, kurz vor Macomer ein weiterer, der besonders gut erhalten und pittoresk mit rostroten Flechten überwuchert ist. Er kann betreten werden, ein Schild warnt jedoch vor Einsturzgefahr der Wendeltreppe, die links vom Eingang ins obere Stockwerk führt.

Macomer

Unspektakuläre Kleinstadt in bestechender Lage auf einem Bergkamm zwischen den Hochebenen Altopiano di Campeda und dem 200 m tiefer liegenden Altopiano di Abbasanta. Den schönsten Anblick hat man, wenn man von Süden auf der Superstrada Carlo Felice kommt und sich kurvig in den Ortskern hinaufarbeitet, den eine stark befahrene Hauptstraße durchzieht.

Als Mittelpunkt einer großen Weideregion ist Macomer bekannt für seine Käseproduktion. Genauso wichtig ist seine Bedeutung als Verkehrsknotenpunkt, denn seit dem 19. Jh. kreuzen sich hier die SS 131 "Carlo Felice" und die FS-Bahnlinie von Olbia bzw. Sassari nach Cagliari mit der SS 129 und der FdS-Bahnlinie von Ost nach West (Nuoro – Bosa). Im Zentrum gibt es keine Sehenswürdigkeiten, lediglich die gotisch-katalanische Kirche *San Pantaleo* an der südlichen Ortsdurchgangsstraße ist einen Blick wert. In der Umgebung stehen allerdings zahlreiche Nuraghen, die die bereits uralte Funktion der Region als viel benutztes Durchgangsland bestätigen. So findet man z. B. unmittelbar neben der Superstrada nördlich von Macomer den Nuraghenkomplex *Santa Barbara*, bestehend aus einem 15 m hohen Zentralturm und vier durch Mauern verbundenen Ecktürmen (Parkplatz gleich an der Straße). Nicht weit entfernt auf einem Hügel auf der anderen Straßenseite – gegenüber vom neuen Ospedale Civile – der halb eingestürzte *Nuraghe Ruju* (oder Ruggiu), etwa 50 m unterhalb davon

Nuraghe an der Straße von Macomer nach Bosa

die Felskammer-Nekropole *Filigosa* mit mehreren "domus de janas", deren Funde im Museo Sanna von Sassari untergebracht sind. Weitere Nuraghen stehen an der Straße nach Bosa, die Standorte kann man der TCI-Karte entnehmen (→ Einleitung/Kartenmaterial).

368 Westsardinien/Alghero und Bosa

• *Anfahrt/Verbindungen*: Die zwei Bahnhöfe liegen genau vis à vis an beiden Seiten der Durchgangsstraße, Nähe nördlicher Ortsausgang. Zu Fuß wenige hundert Meter ins Zentrum.

FdS: Auf der Strecke über Sindia und Tresnuraghes nach **Bosa Marina** fahren keine Linienzüge mehr, lediglich von Ende Juni bis Ende August verkehrt hier 1x wöch. der dampfbetriebene "Trenino verde", ein touristischer Sonderzug (ca. 11 € hin/rück, Rückfahrt per Bus). Linienzüge von und nach **Nuoro** (61 km) fahren bis zu 7x tägl., jedoch nur werktags.

FS: Häufige Verbindungen nach Olbia, Sassari (eventuell umsteigen in Chilivani),

Oristano und Cagliari.
Am Bahnhofsvorplatz starten **FdS-Busse** etwa 10x tägl. nach Bosa, außerdem Fernbusse der Gesellschaft **PANI** nach Nuoro, Sassari, Oristano und Cagliari.

• *Übernachten*: *** **Su Talleri**, Via Cavour 2, wenige Schritte von der Durchgangsstraße, zentral gelegenes Albergo mit halbrunden Balkonen und äußerer Wendeltreppe. DZ mit Frühstück ca. 43 €. ✆ 0785/71422, ✉ 71491.

** **Marghine**, Via Vittorio Emanuele 2, von der Hauptstraße ausgeschildert, saubere Zimmer mit Dusche, zum Restaurant geteilte Lesermeinungen. DZ ca. 38 €, Frühstück ca. 2,70 €/Pers. ✆/✉ 0785/70737.

▶ **Santa Sabina/Santa Sarbana**: Etwa 10 km östlich von Macomer findet sich eins der meistfotografierten Motive Sardiniens. Man nimmt die SS 129 und zweigt wenige Kilometer vor *Silanus* auf eine Piste nach Süden ab (beschildert: Santa Sarbana). In seltener Eintracht stehen in enger Nachbarschaft der zweistöckige *Nuraghe Santa Sabina* (auch: Santa Sarbana) und das *frühromanische Kirchlein* gleichen Namens, ein dem Nuraghen nachempfundener Kuppelbau mit drei Apsiden. Ein Sprung über zwei Jahrtausende – frühe Urbevölkerung und byzantinische Eroberer. Seit einiger Zeit sind umfangreiche Arbeiten im Gange, das Kirchlein wird von Grund auf restauriert, nebenan entsteht ein kleines Infozentrum. Bis zur Fertigstellung ist das Gelände nicht zugänglich.

Wer noch weiter inseleinwärts ins waldreiche Bergland von Marghine und Goceano vordringen will, sollte besser eine Übernachtung einkalkulieren.

▶ **Burgos**: von Silanus über Bolotana zu erreichen, in der bergigen Region Goceano. Das kleine Örtchen kauert sich malerisch unter einen steilen Fels, der von der ummauerten Ruine des *Castello di Goceano* gekrönt ist. Man kann hinaufsteigen und den herrlichen Rundblick genießen.

• *Übernachten*: ** **Su Bardosu**, in Bolotana direkt an der Durchgangsstraße, DZ ca. 34 €, Frühstück ca. 4,50 €/Pers. ✆ 0785/43289.

** **Monterasu** in Bono, Corso Angioy 25, DZ mit Frühstück ca. 38 €. ✆ 079/790174, ✉ 790708.

Nördlich von Macomer liegt das von der Carlo Felice leicht zu erreichende "Valle dei Nuraghi" mit dem Nuraghen **Santu Antine** und der eindrucksvollen Felskammer-Nekropole **Sant'Andria Priu**. Details dazu im Abschnitt Logudoro.

Westsardinien/Planargia

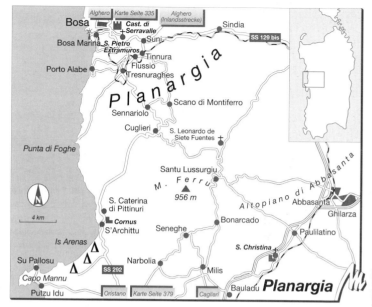

Planargia

Basalthochebene südlich von Bosa. Die Straße schraubt sich aus dem Tal des Temo nach Flussio und Tresnuraghes hinauf. Viel Weidewirtschaft und traditionelle Flechtarbeiten, dazu zahlreiche Kellereien, die Malvasia produzieren. Unterhalb Tresnuraghes eine neu entstandene Badezone mit Ferienvillen.

Den südlichen Abschluss der Planargia bildet der dicht bewaldete **Monte Ferru**, ein ehemaliger Vulkan, an dessen Flanke die Bergstadt Cuglieri liegt. Unten am Meer, hart an der Grenze zur Sinis-Halbinsel, liegen die beiden Badeorte **Santa Caterina di Pittinuri** und **S'Archittu**. Mit drei großen Zeltplätzen hat vor allem S'Archittu einen guten Namen bei Campern. Die großartige Bahnfahrt in nicht enden wollenden Kurven von Bosa Marina hinauf nach Tresnuraghes und weiter nach Macomer kann man derzeit nur im Rahmen touristischer Sonderfahrten mit dem *trenino verde* erleben.

• *Orientierung*: Das Hochplateau der **Planargia** liegt südlich von Bosa und ist die westliche Fortsetzung der Hochebene von Campeda. Landschaftlich lohnen die Hänge des ehemaligen Vulkan **Monte Ferru** und die Quellen von **San Leonardo de Siete Fuentes**. Für Badeaufenthalte geeignet sind **Santa Caterina di Pittinuri** und **S'Archittu** mit mehreren Campingplätzen auf der benachbarten Sinis-Halbinsel.

370 **Westsardinien/Planargia**

• *Verbindungen/Straßen*: Hauptdurchgangsstraße ist die SS 292 von Bosa über Cuglieri nach Oristano. Hier auch regelmäßiger Busverkehr Bosa–Oristano. Außerdem fährt der "Trenino verde" von Bosa nach Tresnuraghes (→ oben).

• *Übernachten*: **Hotels** in Porto Alabe (unterhalb von Tresnuraghes), Cuglieri, San Leonardo und Santa Caterina di Pittinuri. Außerdem drei **Campingplätze**

am nahe gelegenen Sandstrand Is Arenas, am Nordrand der Sinis-Halbinsel (→ Arborea).

• *Baden*: unterhalb von Tresnuraghes mehrere wenig bekannte Badebuchten, ansonsten wilde Kalkfelsen mit eingelagerten Stränden bei Santa Caterina und S'Archittu. Der nahe Sandstrand **Is Arenas** gehört schon zur Landschaft der Arborea (→ dort).

Von Bosa nach Cuglieri

▶ **Suni**: liegt bereits auf der Hochfläche oben, hübsche kleine Dorfpiazza unter Palmen, lange Durchgangsstraße. Von Bosa kommend Abzweigung Richtung Oristano bzw. Macomer nicht verpassen!

▶ **Tinnura/Flussio**: Die beiden Orte gehen beinahe ineinander über. Hier gute Möglichkeit, preiswerte Flechtarbeiten zu bekommen, überall sitzen die Frauen vor ihren Haustüren bei der Arbeit.

• *Essen & Trinken*: Im Dorfgasthaus von **Riccardo** an der Durchgangsstraße kann man gut Fisch und andere Meeresgerichte essen. Im Sommer tägl., sonst Di geschl.

• *Shopping*: **Cantina sociale fra Viticultori della Planargia**, Via Nuova 8, große Weinkellerei, die exzellenten "Malvasia di Bosa" und "Malvasia di Planargia" produziert. ✆ 0785/34886.

Tresnuraghes

Größtes Dorf der Hochebene. Ganz in grau, aber mit Stilgefühl erbaut, die Hauptstraße wie aus einem Guss, abseits davon verwinkelte Nebengassen, in die man sich mit dem Auto besser nicht verirrt. Majestätisch wirkt die Kathedrale mit buntem Kacheldach.

In Tresnuraghes besteht die einzige Möglichkeit, zum Wasser hinunterzufahren. Die große Ferienhaussiedlung in *Marina di Tresnuraghes* ist ein bisher gut gehütetes sardisches bzw. italienisches Geheimnis. Der Tourismus rückt aber näher. Tipp: Richtung Süden reizvolle Küstenlandschaft mit Türmen wie Perlen an der Kette, schön zum Wandern (→ Küste südlich von Porto Alabe).

• *Verbindungen*: Bahnhof der **FdS-Schmalspurbahn** am nördlichen Ortsausgang, etwas abseits der Durchgangsstraße. Die seit Jahren unterbrochene Verbindung nach Bosa und Macomer wird von FdS-Bussen aufrecht erhalten (je nach Saison bis zu 10x tägl.). Nur in den Sommermonaten kommt 1x wöch. ein "Trenino verde" von Bosa Ma-

rina und fährt wieder dorthin zurück, ebenso gibt es 1x wöch. eine Verbindung von Macomer über Tresnuraghes nach Bosa Marina (Details siehe dort).

• *Shopping*: Im nahen Magomadas bietet **Gian Vittorio Naitana** einen exzellenten Malvasia di Planargia.

▶ **Porto Alabe** (auch: Marina di Tresnuraghes): Zusammen mit der benachbarten *Marina di Magomadas* zwei aufstrebende, attraktive Ferienhaussiedlungen, landschaftlich schön eingebettet zwischen felsigen Landzungen. Wo die Straße von Tresnuraghes ans Meer trifft, mehrere hundert Meter langer, relativ breiter, brauner Sandstrand, schräg gegenüber vom Piccolo Hotel. In Marina di Magomadas kleiner Sandstrand unterhalb niedriger Felsküste, eingelagert Steinplatten und Klippen. Von der kleinen Kirche Santa Maria di Magomadas am Ende der Straße wunderbarer Blick hinüber nach Bosa.

● *Anfahrt*: knapp 6 km ab Tresnuraghes, mittlerweile gut beschildert.

● *Übernachten/Essen & Trinken*: ***** Piccolo Alabe**, hübsches Haus auf einer Anhöhe an der Straße, weiter Blick aufs Meer. Innen modern, viel Naturholz, Böden in passenden Farben gefliest, ansprechendes Mobiliar in den Zimmern, im Restaurant gute sardische Küche. Nachts gelegentlich laut durch Mofafahrer. Tennisplatz und Boccia-

bahn laut Leserzuschrift nicht sonderlich gepflegt. Zum Strand sind es nur wenige Minuten. DZ ca. 52–63 €, Frühstück ca. 5,50 €/Pers. ✆ 0785/359056, ✆ 359080.
* I Cedri, kleine Locanda mit 9 Zimmern an der Uferstraße, DZ mit Frühstück ca. 40–53 €. ✆ 0785/359125.
Pisturri, ländlich abgelegenes Bed & Breakfast mit Trattoria bei Marina di Magomadas. ✆ 0785/35530.

Küste südlich von Porto Alabe

Einsame Felsküste, zu entdecken im Rahmen einer reizvollen Wanderung mit mehreren Küstentürmen als Orientierungspunkten – ab Porto Alabe bis *Punta di Foghe* (10 km) oder weiter bis *Santa Caterina di Pittinuri* (20 km).

Zunächst in einer knappen Stunde zur *Torre di Columbargia*, die wunderschön auf der Spitze einer Felswand steht, in Meereshöhe darunter eine Grotte, Hinuntersteigen und Schwimmen möglich.

Im Folgenden muss das felsige Kap von *Corona Nieddu* landeinwärts umgangen werden, auf den vorgelagerten Inselchen nisten Kormorane.

Durch ein Aufforstungsgebiet erreicht man die *Torre di Ischia Reggia* (ab Torre di Columbargia ca. 1 Std.), etwas zurück von der Küste. Abwärts steigend kommt man bald zur Punta di Foghe.

▶ **Punta di Foghe**: vorspringendes Felskap, daneben die reizvolle Mündungsbucht des Riu Mannu. Ab Tresnuraghes 11 km lange Straße, die ersten 7 km asphaltiert, im Anschluss Schotter. Optischer Reiz: am Ortsausgang von Tresnuraghes das kleine originelle Kirchlein *San Marco* wie eine überwucherte Moschee. Dann einsam-karge Weidemacchia mit Ausblicken auf die Felsküste. Am Ziel die spanische *Torre de Foghe* (kann bestiegen werden), an der Flussmündung darunter wenig frequentierte Kiesbucht, umgeben von eindrucksvollen Basaltfelsen, mühsamer Ab- und Aufstieg auf einem Fußpfad, keine Einrichtungen. Südlich der Bucht der *Nuraghe Foghe*. Landeinwärts im Flusstal üppige Vegetation, reich an Wasservögeln.

▶ **Südlich von Punta di Foghe**: Eine Wegstunde entfernt kommt man zum *Capo Nieddu* mit einem weiteren Küstenwachturm. Südlich davon überquert man bald schwarzes Basaltgestein von den Ausbrüchen des Monti Ferru, zum Meer hin Steilabbruch. Über schmale Pfade erreicht man nach zwei Stunden ab Punta di Foghe die weißen Kalkfelsen von *Santa Caterina di Pittinuri* (→ unten).

Cuglieri

Städtisches Zentrum des vulkanischen Monte Ferru-Massivs. Großartige Lage hoch auf einer Hügelkuppe inmitten dichter Olivenwäldchen, dahinter die steilen Felsgipfel des *Monte Ferru*. Mit seinen steingrauen Palazzi und dem

372 Westsardinien/Planargia

Labyrinth schmaler Pflastergässchen viel Atmosphäre, für Touristen aber meist nur Durchreisestation. Alles übertönender Blickfang ist die mächtige Doppelturmbasilika am höchsten Punkt. Mal das Auto an der geschäftigen Durchgangsstraße parken und auf Entdeckungsreise gehen, die frische Bergluft tut gut. An der großen Straßenkreuzung mitten im Ort ist alles Wichtige beschildert.

● *Information*: **Pro Loco** an der Durchgangsstraße, Nr. 111.

● *Übernachten/Essen & Trinken*: ** **Desogos**, Vico Cugia 6, versteckt im Häusergewirr oberhalb der Durchgangsstraße (beschildert). Das von drei Schwestern geführte Lokal bietet ausgezeichnete Küche mit traditionellen Gerichten, z. B. *panadas* (mit Lammfleisch gefüllte Teigtaschen), viel Gemüse, leckerem Pecorino-Käse, hervorragenden Nachspeisen und gutem offenen Wein. In der kalten Jahreszeit wird besonders aufwändig gekocht. Leider gibt es

keine Möglichkeit zum Draußensitzen, dafür einen liebevoll gestalteten Speiseraum mit Kamin. Im Sommer tägl., sonst Mo geschl. Die zehn laut Leserzuschriften vernachlässigten Zimmer bieten sich allerdings nur für den Notfall an. DZ mit Bad ca. 38 €, mit Etagendusche 32 €, Frühstück ca. 2,60 €/Pers. ✆/℡ 0785/39660.
Papillon, Pizzeria/Bar gegenüber vom ehemaligen Kapuzinerkonvent (→ Sehenswertes), schönes historisches Haus mit üppig begrüntem Garten.

Sehenswertes: *Santa Maria della Neve*, die Kathedrale mit zwei Glockentürmen und Kuppel, erhebt sich grandios am höchsten Punkt der Stadt. Der Blick vom Vorplatz über das Häusergewirr mit seinen Schindeldächern weit hinunter bis zum Meer ist es absolut wert, die steilen Gässchen hinaufzustapfen. Die Kirche selber wirkt aus der Ferne prächtiger als von nahem, die alten Bruchsteinquader sind alle mit Betonmörtel überputzt.

An der Straße nach Santu Lussurgiu steht kurz vor dem Ortsausgang der riesige Komplex der Comune Monti, ein ehemaliger Kapuzinerkonvent, der heute als *Archäologisches Museum* für Funde aus der nahen Ausgrabung von Cornus genutzt wird (→ unten), geöffnet ist allerdings nur nach Vereinbarung.

Von Cuglieri lohnende Inlandstrecke nach San Leonardo de Siete Fuentes, Abbasanta und Sedilo (→ Santa Caterina/Hinterland).

Nördlich der Sinis-Halbinsel

Wo die SS 292 von Norden kommend ans Wasser trifft, liegen die beiden Badeorte **Santa Caterina di Pittinuri** und **S'Archittu** am Nordrand der Sinis-Halbinsel. Sie sind gute Ausgangspunkte für Exkursionen ins waldreiche Hinterland um den Monte Ferru, auf die Sinis-Halbinsel und ins Tirso-Tal. Nicht mehr weit ist es von hier zum kilometerlangen Sandstrand Is Arenas mit seinen drei großen Campingplätzen (→ Arborea).

Santa Caterina di Pittinuri

Kleines Ferienzentrum am "Tor" zur flachen Sinis-Halbinsel, wo die langen sanften Ausläufer des Monte Ferru an der Küste enden. Gemächliche Weide- und Hügellandschaft, zum Meer hin abrupt abbrechende Kalkklippen.

Der Ort selber relativ reizlos, mit wenigen alten Bauernhäuser und vielen neu gebauten Ferienapartments. Kleiner Ortsstrand mit zwei Bars zwischen bizarr-ausgewaschenen Landzungen, dahinter schattiger Hain mit Picknickstel-

Santa Caterina di Pittinuri · 373

len. In den seitlichen Felsen tiefe, grottenähnliche Aushöhlungen mit Graffiti, gute Möglichkeiten zum Schnorcheln. Die engagierte Kooperative Sinis, die seit vielen Jahren den beliebten Camping Nurapolis betreibt (→ Is Arenas), versucht derzeit, dem im touristischen Dornröschenschlaf liegenden Badeort etwas Leben einzuhauchen – ein alteingesessenes Hotel wurde erworben, zusätzlich soll eine neue Großdisko junge Besucher zum Bleiben animieren.

Nördlich vom Ort verlockt die malerische Steilküste mit tief ausgehöhlten Felsbuchten zum Spazierengehen, kleine Pfade führen durch knöchelhohe Kräuter- und Distelgewächse. Vom flachen, moosüberwucherten Plateau südlich vom Ort schöner Blick auf Santa Caterina und das wenige Kilometer südlich liegende S'Archittu.

Tipp: Punkt 12 Uhr mittags hörenswertes *Glockenspiel* von der Dorfkirche.

● *Übernachten:* *** **La Baja**, großer älterer Kasten mit zwei Flügeln (nach Süden und Westen), exponierte Lage auf einer Landzunge nördlich über dem Strand. Alle Zimmer mit eigenem Bad und meist schattigem Arkadenbalkon, herrlicher Meeresblick. Restaurant mit Panoramaterrasse. Das Hotel wird seit einigen Jahren von der engagierten Kooperative Sinis geführt, Enrico kümmert sich eifrig um die Gäste und gibt gerne Tipps zur Umgebung. Besonders geeignet ist das Hotel auch für Gruppen. DZ je nach Saison ca. 38–63 €, Frühstück ca. 5 €/Pers., HP ca. 38–60 € pro Kopf. ✆ 0785/38105, ✉ 389003, www.hotellabaja.it.

** **La Scogliera**, in der Ortsmitte bei Bar Cornus, direkt über dem Strand. Leicht verspielter Bau mit Treppchen und Sonnenterrasse, direkter Zugang zum Strand. Im Hauptbau Sitzecke mit bequemen Polstermöbeln im schwedischen Stil, von den sieben Zimmern optimaler Blick aufs Meer. Im Nebenbau an der Straße weitere Zimmer mit modernen Zweckmöbeln, teilweise Sitzba-

dewannen. Freundliches Ristorante/Pizzeria. DZ etwa 38–45 €, Frühstück ca. 3,50 €, HP ca. 33–43 € pro Kopf. ✆/✉ 0785/38231.

Maria della Neve, Via Salamedu 16, Privatpension von Carmelo Sias mit guter Küche, beim südlichen Ortseingang Gässchen hinein, letztes Haus links (kein Schild am Haus). Hübscher Vorgarten mit zwei Palmen, Araukarie, Feigen- und Zitronenbaum, dort kann man auch das Essen einnehmen. Zimmer mit Balkon. DZ ca. 35–40 €, VP für 2 Pers. ca. 70 €. ✆ 0785/38122.

● *Essen & Trinken:* **La Baja**, das Ristorante im gleichnamigen Hotel besitzt eine Terrasse mit Meeresblick, geboten wird sardische Küche.

Bar Cornus, unten an der Durchgangsstraße, Terrasse mit Blick auf den Strand mit seinen eindrucksvollen Felsformationen.

● *Nachtleben:* **Il Drago**, Disko an der Straße nördlich vom Ort, geführt von der Kooperative Sinis. Bis zu 1200 Tanzwillige finden hier Platz. Nur im Hochsommer geöffnet.

▶ **Cornus:** Südlich landeinwärts von Santa Caterina liegt diese ehemalige punische Hafensiedlung, in deren unmittelbarer Nähe eine blutige Schlacht des Zweiten Punischen Kriegs stattfand. Danach wurde Cornus Veteranensiedlung für römische Legionäre, später Handelsstützpunkt an der Küstenstraße und römische Kleinstadt. Piratenüberfälle in frühchristlicher Zeit führten schließlich zur Aufgabe der Siedlung. Heute ist von der einstmals blühenden Stadt so gut wie nichts mehr erhalten, denn sie wurde wie viele andere Stätten des Altertums ausgiebig geplündert. Nicht nur "archäologisch Interessierte" bedienten sich, auch "Bauherren" verschleppten Steine und Mauerreste bis nach Cagliari, um sie dort als Baumaterial zu verwenden. Jedoch hat man die frühchristliche Nekropole *Columbaris* mit einem großen Gräberfeld sowie den Grundmauern einer Basilika und eines Baptisteriums ausgegraben.

Der beschilderte Abzweig nach Cornus liegt zwischen Santa Caterina und S'Archittu. Die schlechte Piste ist ca 1,5 km mit PKW befahrbar, dann muss man noch ca. 500 m zu Fuß gehen. Cornus ist ständig geöffnet; Eintritt frei.

Die Schlacht von Cornus

Im Zweiten Punischen Krieg hatten sich die Sarden mit den Puniern gegen die Römer verbündet. Diese hatten 215 v. Chr. mit einem Heereszug von Caralis (Cagliari) kommend den Süden der Insel aufgerollt. Nach der Einnahme von Tharros im Süden der Sinis-Halbinsel belagerten und eroberten sie Cornus. Das vereinigte punisch-sardische Heer, geführt von *Hasdrubal* (Hannibals Bruder) und dem einheimischen Großgrundbesitzer *Hampsicora*, floh an die Hänge des Monte Ferru und stellte sich erneut zum Kampf. Die Römer siegten, 12.000 Opfer blieben auf dem Schlachtfeld, Hampsicora stürzte sich ins Schwert.

S'Archittu/Torre del Pozzo

Durch ein Flusstal in zwei Ortsteile getrennte Feriensiedlung südlich von Santa Caterina, hübsche Architektur im neosardischen Stil, weiß gekalkt mit viel Grün, kleinen Mauern, Türmchen und Terrassen.

Insgesamt wird etwas mehr geboten als im Nachbarort, da aber hauptsächlich italienische Gäste anreisen, ist nur im Hochsommer der Bär los, sonst wirkt S'Archittu oft fast ausgestorben. Beliebtes Zentrum ist der weite Platz oberhalb vom 200 m langen Sandstrand mit zwei Pizzerien und einer Minipromenade, wo man gemütlich die Siesta verträumen kann. Abgesehen vom Hauptstrand gibt es noch mehrere kleine Strände zwischen bizarren weißen Kalkklippen. Den besten Blick auf den Ort hat man vom verwitterten, halb zerfallenen *Torre del Pozzo* auf einer Landzunge am südlichen Ortsausgang. Unmittelbar nördlich vom Ort liegt der namengebende *S'Archittu* – ein vom Meer ausgehöhltes Portal im porösen Kalkfels, ca. 7 m hoch. Mutige Ragazzi springen hinunter, geknipst von ihren Mädels. Es gibt dort auch eine kleine Bucht mit Kajakverleih und eine Grotte mit Fledermäusen.

Der Strand *Is Arenas* liegt rund 30 Fußminuten entfernt am Nordrand der Sinis-Halbinsel (→ Arborea, S. 380) und ist am Meer entlang bequem zu erreichen.

● *Übernachten*: kein Hotel, nur Ferienwohnungen und Privatzimmer, die aber im Juli/August restlos ausgebucht sind. In der Nebensaison steht dafür manches frei bei stark gesenkten Preisen. **Signora Viglino** vermietet Zimmer in der Via degli Olivastri 24, ✆ 0785/38225 (Heimatadresse: Via Garibaldi 35, Torino, ✆ 011/541815), **Vincenzo Firinu** in der Via degli Oleandri 23, ✆ 0785/57150.

● *Essen & Trinken*: **s'Istella**, elegantes Ristorante/Pizzeria mit Swimmingpool ein paar Schritte vom Südende der Promenade, nah am Meer. Meist gut besucht, innen geschmackvoll mit indirektem Licht und Pianobar, draußen schön zum Sitzen unter Bäumen und ausgesprochen beliebt bei der Jugend. Angeschlossen ist ein Surfclub (→ Sport).

La Capanna, ebenfalls Nähe südlicher Ortsausgang, gemütliches Haus direkt am Wasser, von Lesern empfohlen, gute Küche, angeschlossen eine Disko.

Marongiu, Pizzeria im Zentrum, am großen Platz über dem Meer. Schön zum Sitzen, weiter Blick.

Altamarea, Holzlokal mit betonierter Terrasse direkt am Strand (neben Marongiu hinunter).

● *Sport*: **Scubawave**, Tauchkurse und Verleih von Gummibooten. ✆ 0785/389000, www.scubawave99.com; **Is Benas**, Surfclub beim Restaurant s'Istella.

S'Archittu/Hinterland

Lohnender Ausflug ins Bergland zu den Quellen von San Leonardo de Siete Fuentes und ins benachbarte Santu Lussurgiu. Die Gluthitze der Küste hinter sich lassen – dichte Wälder, kaltes klares Wasser, Picknickstellen ...

Ab *Cuglieri* (→ oben) befährt man eine kurvige Passstraße an der Nordflanke des Monte Ferru. Dichte Steineichenwäldchen bilden schattige Enklaven in der ausgedörrten Fels- und Macchialandschaft, ab und an sprudeln Quellen an der Straße, großartige Rückblicke auf die Küste und wunderbare Stille. Auf etwa 900 m der höchste Punkt, dann Abfahrt in die weite, hier fast völlig menschenleere Hochebene von Abbasanta. Über *Santu Lussurgiu* und *Bonarcado* Weiterfahrt nach Oristano bzw. Rundtour zurück nach S'Archittu.

San Leonardo de Siete Fuentes

Nur eine Hand voll Häuser und gepflegte Villen in dichtem Laubwald, dazu ein hübsches romanisches Kirchlein. Das Besondere sagt der Name ("Sieben Quellen"), denn überall sprudeln eiskalte, herrlich erfrischende Mineralquellen aus dem Hang. Bezüglich Wasserreichtum ist San Leonardo einer der wichtigsten Orte Sardiniens – kein Wunder, dass sich eine große Limonadenfabrik etabliert hat, die ihr "Siete Fuentes" genanntes Produkt in ganz Sardinien vertreibt. An der Straße verkaufen einige kleine Läden Wasserkanister zum Abfüllen des wertvollen Nasses, dem sogar Heilwirkung für Gebrechen aller Art nachgesagt wird.

Unter uralten knorrig-verwachsenen Steineichen und Pappeln findet man einen großen schattigen Picknickplatz, gleich daneben steht *San Leonardo*, eine romanische Kirche aus dem 12. Jh., die später gotisch umgebaut und durch ein Klosterhospital des sog. "Jerusalem-Ordens" der Johanniter ergänzt wurde. Das fast fensterlose Äußere besteht aus moosbewachsenem, porösem Trachyt, rundum laufen hübsche Portalbögen und ein Schmuckfries. Das Innere ist düster und schmucklos, besitzt Bögen und eine Holzdecke.

● *Anfahrt/Verbindungen*: seltene Busse ab Cuglieri, Macomer und Abbasanta.

● *Übernachten*: ** La Malica, Via Macomer 5, schattiges Haus mit viel Grün, Ristorante. DZ ca. 33 €, Frühstück ca. 3,50 €/Pers.

✆/✆ 0783/550756.

* **Lugas**, gegenüber Picknickplatz, einfach, aber sauber, DZ mit Etagendusche etwa 37 €, Frühstück ca. 4 €/Pers. ✆ 0783/550790.

> Alljährlich am 2. Juni findet in San Leonardo de Siete Fuentes Sardiniens ältester und populärster **Pferdemarkt** statt. Neben Pferden wird hier auch Zubehör aller Art angeboten – Sättel, Geschirr, Glocken etc.

▶ **Pedra Ladda**: kleine, eingefasste Quelle unter Steineichen an der Straße nach Santu Lussurgiu.

Dächergewirr von Santu Lussurgiu

Santu Lussurgiu

Größeres Städtchen, das sich wie das Halbrund eines antiken Theaters an den dicht bewaldeten Hang eines ehemaligen Vulkankraters drängt. Im Ortskern uralte graue Häuschen und winzige Gassen mit glatt geschliffenem Kieselpflaster – selbst die Durchgangsstraße ist schmal und an manchen Stellen eher für Maulesel geeignet. Tatsächlich ist Santu Lussurgiu ein Zentrum der Pferdezucht, außerdem bekannt für seine handwerkliche Tradition – u. a. werden exzellente handgearbeitete Messer, Sensen und Reitzubehör aller Art hergestellt. Im Zentrum liegt ein schöner grüner Stadtpark. Nicht weit davon, in der Via Deodato Meloni 2, findet man das *Museo della tecnologia contadina* mit einer großen, liebevoll zusammengestellten Vielzahl von Stücken und Maschinen aus der traditionellen Landwirtschaft – ein Besuch lohnt sehr, wenn man etwas Sachverstand mitbringt (nur nach Voranmeldung unter ✆/✆ 0783/550617).

• *Shopping*: **Vittorio Mura**, Viale Azuni 29, auf der ganzen Insel bekannt als Messermacher und Poet, ist leider 2000 verstorben. Seine Söhne führen die Werkstatt weiter, deren Besuch ein Muss für alle Freunde sardischer Messer ist. Die hier gefertigten Stücke sind denen von Pattada (→ Barbagia) durchaus ebenbürtig. Sofort Mitnehmen ist möglich, ca. 50 € für 8 cm Klinge mit Griffschalen aus Widderhorn. Mo–Fr 10.30–13, 16–19 Uhr. ✆ 0783/550726.

• *Übernachten/Essen & Trinken*: *** **Sas Benas**, Piazza San Giovanni. Über drei Gebäude im Centro Storico verteilt etwa zehn hübsch eingerichtete Zimmer, dazu ein gutes, traditionell eingerichtetes Restaurant. Das Albergo ist an eine anerkannte Musikschule angeschlossen, wo sich anlässlich von Seminaren Musiker aus ganz Europa treffen. DZ mit Frühstück ca. 43–65 €. ✆ 0783/550870, ✆ 552100, nuova.armonia @tiscalinet.it.

• *Feste*: **Sa Carrela 'e nanti**, waghalsiges Pferderennen zum Karnevalsende, paarweise galoppieren zwei maskierte Reiter durch die engen Hauptgassen.

▶ **Cascata sos Molinos**: Am Weg nach Bonarcado kreuzt man den Lauf des *Riu sos Molinos*. Direkt unterhalb der Straße, gut verborgen vor neugierigen Blicken, stürzt hier aus 12 m Höhe ein Wasserfall die moosbewachsene Granitwand hinunter und bildet einen hüfthohen Badeteich – zwischen hohen, dicht belaubten Bäumen eine kleine Oase zum ungestörten Baden. Ein Fußpfad mit neuem Holzgeländer führt von einem kleinen Parkplatz an der Straße in 5 Min. hinunter, beschildert mit "Cascata". Man kann dem Flusslauf ein Stück weit folgen, sehr schöner Spaziergang.

▶ **Bonarcado**: Am nördlichen Ortseingang steht die *Basilicale di Nostra Signora di Bonarcado* (auch: Santa Maria), eine kleine gedrungene Kirche aus dunklem Basalt (12. Jh., umgebaut im 13. Jh.). Harmonisch schlichter Baukörper, in der Front Majolikateller, hoher schmaler Innenraum mit Holzdecke, schmale Schlitze lassen kaum Licht herein, im Altarbereich zwei Seitenschiffe. Neben der Kirche eine eingefasste Quelle und eine Hand voll Pilgerzellen, hinter der Apsis Wallfahrtskapelle *Madonna di Bonacattu*. Großes Kirchenfest um den 18. September.

Erfrischende Oase – die Cascata Sos Molinos bei Santu Lussurgiu

▶ **Seneghe**: Das kleine Dorf, bekannt für sein hervorragendes Olivenöl, ist auch für Liebhaber sardischer Musik einen Abstecher wert. Der Instrumentenbauer Raymond Michel Usai in der Via Aragona 17 hat ein vielfältiges Angebot handgefertigter Instrumente und erklärt gerne Entstehung und Handhabung (✆ 0783/54095).

Südlich von Santu Lussurgiu abrupter Landschaftswechsel – Abstieg in Kehren zur großen Tirso-Ebene um Oristano. Die dortigen Dörfer sind in der Regel staubige Landwirtschaftssiedlungen und bieten wenig fürs Auge. Details unter Oristano/Umgebung, dort auch Infos zu Abbasanta, Ghilarza, Sedilo und anderen Orten am Oberlauf des Tirso.

Arborea

Das Schwemmland des Tirso hat eine flache, weit ins Meer vorstoßende Halbinsel mit seichten Lagunenseen und reicher Fisch- und Vogelpopulation gebildet. Eine Landschaft, die sich grundsätzlich unterscheidet von den Berg- und Weidehängen der sie umgebenden Regionen: agrarisch strukturiert mit fruchtbarem Lehmboden, reichen Wein- und Obstfeldern, gleichzeitig wild und windgebeutelt, bröseligweiße Kalklippen über tiefblauem Meer.

Oristano, die jüngste Provinzhauptstadt Sardiniens, hat eine Phase dynamischen Wachstums hinter sich. Das ehemals sumpfige Flachland südlich von Oristano wurde in den zwanziger Jahren trockengelegt, norditalienische Einwanderer siedelten sich an. Heute erstreckt sich hier ein geometrisch exaktes Netz von Kanälen, Wegen und Feldern, das reichen Ertrag bringt.

Landschaftlich reizvoll ist die **Sinis-Halbinsel** mit weiten Dünenstränden, Flamingokolonien und dem punischen *Tharros* auf einer schmalen, windzerzausten Landzunge. Längster, allerdings oft windgepeinigter Strand mit drei Campingplätzen ist *Is Arenas* an der Nordkante des Sinis. Nicht versäumen sollte man außerdem die Fahrt tirsoaufwärts durch bescheidene Dörfer mit traditionellen Lehmhäusern zu den *Thermen von Fordongianus*, wo sich schon die Römer von den Strapazen der "Banditenjagd" in der Barbagia erholten.

Insgesamt eine Landschaft, die in ihrer Struktur vielleicht vermitteln kann zwischen Erholungstourismus und täglichem, hartem Broterwerb. Der sardische *Agriturismo*, Urlaub auf dem Bauernhof also, nahm hier Ende der siebziger Jahre seinen Anfang (→ Kasten, S. 393).

● *Orientierung*: Die **Arborea** liegt etwa an der Mitte der Westküste und ist eine weitgehend flache Agrarlandschaft, die die breite Campidano-Ebene hinunter nach Cagliari ankündigt, gleichzeitig einen deutlichen Trennstrich zwischen Nord- und Südsardinien zieht. Man setzt nicht unbedingt auf Tourismus, jedoch gibt es auf der Sinis-Halbinsel einige schöne Strände und ein Campingzentrum. **Oristano** hat wenige ausgesprochene Sehenswürdigkeiten, ist jedoch eine sympathische Stadt mit mittelalterlicher Bausubstanz und hübscher Fußgängerzone. Nicht weit entfernt liegt **Tharros**, eine punische Siedlung, die Mitte des letzten Jahrhunderts unter dem Treibsand des Sinis entdeckt wurde. Tirsoaufwärts liegen die Thermen von **Fordongianus** und der große **Tirso-Stausee** mit einigen interessanten Ortschaften, z. B. **Busachi**, wo die alten Dorftrachten noch oft getragen werden.

● *Verbindungen*: Oristano ist Zentrum des Busnetzes, liegt außerdem an der **FS-Bahnlinie** nach Cagliari, Sassari und Olbia. Häufige Busse gehen in die umliegenden Dörfer und Städte, vor allem nach Cabras, Marina di Torre Grande, Tharros und ins Inland nach Abbasanta. Weniger gut sind die Verbindungen in den Rest der Sinis-Halbinsel, eigenes Auto empfehlenswert.

● *Straßen*: einsame Stichstraßen zu den Stränden des Sinis, sehr lohnend die Fahrt tirsoaufwärts und auf kurvigen Straßen durch das Bergland um den Tirso-Stausee. Als Kontrast die auf dem Reißbrett angelegten Straßen der Arborea im Landwirtschaftsgebiet südlich von Oristano.

Arborea

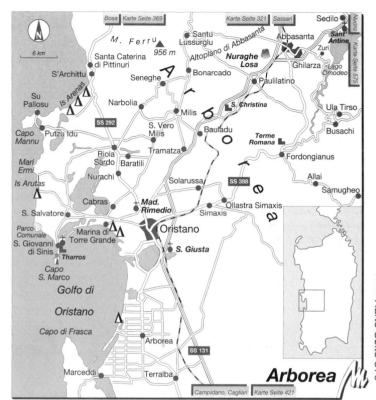

- *Übernachten*: **Hotels** in Oristano, außerdem auf der Sinis-Halbinsel in Marina di Torre Grande, Putzu Idu, Su Palosu, S'Archittu und Santa Caterina (die letzten beiden Orte siehe unter Planargia, S. 372ff.). Unterkünfte auch an den Stränden südlich von Oristano. Drei **Campingplätze** am Strand Is Arenas, einer am Strand Is Arutas und zwei südlich von Oristano. Viel **Agriturismo** im Hinterland von Oristano.
- *Baden*: einige ausgezeichnete, jedoch völlig schattenlose Dünenstrände auf der Sinis-Halbinsel. Südlich von Oristano lange weiße Sandstrände mit schattigem Pinienwald.

Sinis-Halbinsel

Flache, vertrocknete Steppenlandschaften, Weinfelder und Weideflächen mit karger Vegetation – gnadenloser Wind, der alles abrasiert, was höher als hüfthoch ist. Zahllose Schafspferche, Einsamkeit, nur wenige Touristen – aber weiße Dünenstrände, die zu den besten der Westküste gehören!

Fünfundfünzig Vogelarten hat man gezählt, die in und um die großflächigen *Stagni* (Binnenseen) brüten. Als rosaroter Flaum sind sie weit draußen meist nur mit dem Feldstecher zu erkennen – Tausende von Flamingos, die hier neben den Lagunen von Cagliari ihre zweite Wohnstätte gefunden haben. Ansonsten gibt es Seidenreiher, Krähenscharben (verwandt mit Kormoranen) und Purpurhühner, sogar einige Falkenarten haben überlebt.

Berühmt ist der Sinis für seinen Wein, den *Vernaccia* – ein starker, trockener Weißwein mit leichtem Mandelgeschmack. Fast alle Bauern produzieren ihn hier, die DOC-Qualitäten müssen jahrelang gelagert werden.

Is Arenas

Sandstrand der feinsten Sorte, gut 2 km lang. Dahinter ein riesiger, lang gestreckter Pinien- und Eukalyptuswald, aufgeforstet in den fünfziger Jahren, in dem sich drei Campingplätze verstecken, Zufahrt südlich von S'Archittu. Wer weit genug nach Westen geht, kann völlig allein sein. Ansonsten schöner Spaziergang am Strand entlang nach S'Archittu, ab Camping Nurapolis etwa 30 Min.

Alle drei Campingplätze liegen unmittelbar hinter dem Strand, zum Wasser sind es etwa 5 Min. zu Fuß. Allerdings gibt es kein Quentchen Schatten, dafür, bedingt durch die ungeschützte Nordlage, saisonal starke Anschwemmungen von Algen und Müll aller Art. Wegen der häufigen Winde ist Is Arenas bei Surfern beliebt, für Kinder ist die heftige Brandung, die auch den Einstieg oft sehr steil aushöhlt, dagegen nicht geeignet. Selbst erwachsene Schwimmer sollten sehr vorsichtig sein – bei hohem Seegang kommt es zu gefährlichen Strömungen. Eine gemütliche Strandbar liegt vor dem Camping Is Arenas, leider ohne warme Küche.

Anfahrt/Verbindungen/Camping

- *Anfahrt/Verbindungen*: Ab **Busbahnhof Oristano** Bus in Richtung Bosa nehmen (bzw. umgekehrt), bei Is Arenas kann man auf Verlangen aussteigen (Fahrer fragen). Camping Europa liegt gleich an der Straße, zu den zwei anderen Plätzen ca. 2 km Fußmarsch.
- *Camping*: ***** Europa**, von der Durchgangsstraße als erster zu erreichen, leicht wellige Pineta, viele Holzbungalows und Wohnwagen von Dauercampern aus Oristano. Geräumige Sanitäranlagen (heiße Du-

schen mit Zeitbeschränkung, ohne Münzen). Ristorante/Pizzeria, Bar mit TV, Boutique. Diverse Sportmöglichkeiten – Swimmingpool, Tennisplätze, Reiten. Pro Person 5–8 €, Stellplatz 6–10 €. 1. Mai bis 30. September. ✆/📠 0785/38058.

*** Is Arenas, der älteste Platz am Ort, aber kürzlich renoviert. Als Terrain ansprechend, viel Schatten durch teils hohe Eukalyptusbäume, insgesamt offeneres Gelände als z. B. Nurapolis. Tennis, Ristorante/Pizzeria, kleine Häuschen und Wohnwagen werden vermietet. Pro Person 4–7,50 €, Stellplatz 5,50–7,50 €. 1. Mai bis 30. September. ✆/📠 0783/52284.

*** Nurapolis, unser Favorit seit Jahren. Kurz zur Geschichte des Platzes – die "Cooperativa Turistica Sinis" (www.coopsinis.it) aus dem nahen Städtchen Narbolia bekam vor mehr als 15 Jahren staatliche Unterstützung, um in dem ansprechend natürlichen Waldgelände mit viel Schatten, kleinen Kuhlen und Lichtungen einen Campingplatz anzulegen. Salvatore, Antonio und wie sie alle heißen, gingen mit Feuereifer und viel Engagement an die Sache. Das wurde honoriert – viele junge Leute, Jugendgruppen, Motorradfahrer etc. fanden den Weg dorthin, nicht zuletzt dank der Empfehlung in früheren Auflagen unseres Führers reisten auch immer mehr deutschsprachige Urlauber an. Trotzdem ist vor Juni und ab etwa Mitte September kaum etwas los.

Zur Platzgestaltung: schönes naturbelassenes Waldgelände, nicht an allen Stellplätzen kann man das Auto parken (großer Parkplatz vorhanden). Sanitäranlagen großzügig, aber seit langem renovierungsbedürftig, keine Geschlechtertrennung, Warmwasser gratis. Handballfeld und Tennisplätze mit Flutlicht. Die Bar ist Brennpunkt aller Aktion – in der Hochsaison läuft allabendlich unter dem Schilfdach heiße Musik, die Tanzfläche ist oft gut gefüllt und Treffpunkt vieler junger Urlauber, auch Animation findet statt (Tombola, gemeinsames Kreuzworträtseln etc.), gelegentlich spielen sardische Bands der Umgebung (Hinweis: hoher Geräuschpegel bei Stellplätzen in der Nähe). Auch das (unterverpachtete) Ristorante hat einen hübschen Platz mit gemütlicher Terrasse, die Qualität des Gebotenen ist allerdings ziemlich durchschnittlich. In der angeschlossenen Bar kann man auch internationale Zeitungen/Zeitschriften kaufen. In der Nähe stehen einige Kinderspielgeräte.

In der Saison werden bei genügend Nachfrage angeboten: Bootstouren, Trekking (zu Fuß, Pferd, Mountainbike), Tauchausflüge, geführte Exkursionen zu den Vogelreservaten der Sinis-Halbinsel und Ausflüge in die nähere und weitere Umgebung, z. B. auf die vorgelagerte Isola Mal di Ventre (→ unten), den Monte Arci und die Giara di Gesturi.

Zu erreichen ist Camping Nurapolis auf asphaltierter Straße, ca. 2 km ab Durchgangsstraße. Pro Person ca. 4–7,50 €, Stellplatz 4–7,50 €, ½ Stellplatz 3,30–5 €, Auto 1,10–2,60 €. Wohnwagen und Zelte zu vermieten. Ganzjährig geöffnet. ✆ 0783/52283, 📠 52255, www.nurapolis.it.

Hinweis: Der Bergcamping Senniscéddu am Monte Arci (→ Campidano), der früher ebenfalls von der Kooperative geführt wurde, ist seit einigen Jahren geschlossen, da man sich mit der Gemeinde nicht über den finazillen Rahmen eines neuen Pachtvertrags einigen konnte.

Das reizvolle Areal von Is Arenas ist Standort eines brandneuen **Golfplatzes** mit 18 Löchern, Pinienwald, Rasenflächen, Dünen und Lagunenseen. Auskünfte unter Is Arenas Golf & Country Club, ✆ 0783/52245, 📠 52235, www.isarenas.it.

Capo Mannu

Die äußerste Nordwestspitze der Sinis-Halbinsel – steile Klippenküste mit zerklüfteten Felsformationen und einsamen Wachtürmen, Nistgebiet zahlreicher Vogelarten. Wildzelten ist mitterweile verboten, der Badebetrieb der neunziger Jahre hat einiges ruiniert.

Zu erreichen auf asphaltierter Piste ab Durchgangsstraße von Santa Caterina nach Oristano: anfangs Schilf, vereinzelte Baumgruppen, Oleander und kleine Weinfelder, dann flaches Ödland und verbrannte Steppe. Quer zwischen dem *Stagno Sale Porcus* und dem trockengelegten *Stagno Is Benas* hindurch zum Badeort Putzu Idu – die beiden großen Feuchtgebiete sind eminent wichtige Schutzgebiete zahlreicher Vogelarten, u. a. leben hier Flamingos und verschiedene Reiherarten, auch Zugvögel machen oft Zwischenstation.

Wer nach Süden weiter will: Kurz vor Putzu Idu führt links eine neue Asphaltstraße quer über die Sinis-Halbinsel bis nach *San Salvatore*.

382   Westsardinien/Arborea

▶ **Putzu Idu:** größere Ferienhaussiedlung am Rand eines im Hochsommer fast ausgetrockneten Lagunensees. Auf einem Damm zwischen Meer und "Stagno" verläuft die Straße mit einer endlosen Reihe von Parkplätzen, parallel dazu schöner weißer Strand mit weichem Sand der feinsten Sorte. Mit dem Anpflanzen von Palmen hat man begonnen, der weithin kahlen Region eine freundliche Note zu geben.

Am Nordende des Strands liegt die Küstensiedlung *Porto Mandriola*.

- *Verbindungen*: im Sommer 1–2x tägl. Bus vom Hinterland – ab Sedilo via Ghilarza, Abbasanta, Paulilatino, Milis und Riola Sardo.
- *Übernachten*: ** **Da Cesare**, heller freundlicher Neubau direkt am Strand, Umgebung mit unansehnlichen Ferienhäuschen etwas trist. Das Ristorante gute Adresse, was Meeresfrüchte betrifft – reiche Auswahl an Fisch und Spaghetti z. B. mit Tintenfisch, Muscheln oder Langusten. DZ mit Frühstück ca. 67–83 €, Pension bevorzugt. ✆ 0783/52095, 📠 52015.
Le Saline, brandneue Ferienanlage in Porto Mandriola, seitlich der Durchgangsstraße. ✆ 0783/53280.
Baiablu, schlichte Privatpension in Porto Mandriola (beschildert). ✆ 0783/52046.
- *Agriturismo*: **Sa Zenti Arrubia**, Agriturismo-Betrieb nahe der Küste, Località Sa

Rocca Tunda. Bei Antimo Lanzetta und seiner Frau Carmen gibt es hervorragende ländliche Küche. Sechs Zimmer, HP ca. 35 € pro Person. ✆ 0783/58010, 72725.
La Mimosa, Oasi di Sale Porcus, Strada Provinciale 10. Im Gehöft von Claudio Caria stehen 8 DZ zur Verfügung. HP auch ca. 35 €/Pers. ✆ 0783/410301, 52261. In beiden Anwesen wird Englisch gesprochen.
- *Sport*: **Wind & Surfing**, Windsurfschule am Damm parallel zum Strand. Exkursionen zur Isola Mal di Ventre, per Bike über den Sinis und mit Landrover zum Monte Ferru und in die Barbagia. ✆ 0783/52197, www.capomannu.it.
Weiterhin gibt es das Tauchzentrum **Putzu Idu** (✆ 0783/53712) und **Isidoro Palmas**, der Schlauchboote verleiht und Exkursionen unternimmt (✆ 0783/22323).

▶ **Su Pallosu:** Knapp 2 km nördlich von Putzu Idu endet die Straße beim Hotel Su Pallosu und einigen Ferienhäusern am Meer. Felsige Landschaft mit ausgewaschenen Klippen, eingelagert diverse Sandstrände – schöne Spaziergänge durch niedrige Krüppelmacchia. Noch vor dem Hotel Su Pallosu links ab zum schönen braunen Dünenstrand *Cala Su Pallosu*, begrenzt von scharfkantigen Steilkaps, gute Möglichkeiten für Windsurfer, Taucher und Wellenreiter.

Übernachten: ** **Su Pallosu**, einfaches Haus direkt an der Straße, zentraler Treff für alle, die sich in diese abgelegene Region verirrt haben. DZ mit Frühstück ca. 47–70 €. ✆ 0783/58021, 📠 58005.

Sinis/Westküste

Hauptsächlich niedrige Felsküste, aber auch zwei prächtige Strände aus Quarzsand zu denen Asphaltstraßen führen. Wegen fehlenden Baumwuchses wüstenartiger Charakter, sehr ruhig und abgelegen, im Hochsommer jedoch erheblicher Badebetrieb. Beliebt bei Wohnmobilisten.

Zu erreichen ab Durchgangsstraße unmittelbar nördlich von Riola Sardo – anfangs grün mit Feigenkakteen und Weinreben, dann nur noch eintönige, braune Weideflächen, Schafe eng an eng unter stickigen Schilfdächern. Zum Meer hin sanfte Hügelkuppen aus Kalksteintuff, z. T. mit Nuraghenresten. Der *Stagno di Cabras* erstreckt sich als weite blaue Fläche seitlich der kaum befahrenen Straße.

Sinis/Westküste   383

▶ **Mari Ermi:** schöner, allerdings ungereinigter weißer Dünenstrand, es geht ganz flach ins Wasser, beliebter Badeplatz, oft sehr voll. Kein Baum, kein Strauch, häufig weht eine kräftige Brise. Früher beliebt bei Wildzeltern. Eine Holzbar bietet Getränke. Eine gut befahrbare Piste führt nach Süden zum Strand Is Arutas.

▶ **Is Arutas:** südlich von Mari Ermi, im halbrunden Bogen einzigartiger Strand aus weißen Quarzkörnchen, ähnlich wie Reis, eingefasst von Felsklippen. Großer, im Sommer gebührenpflichtiger Parkplatz, mehrere Strandbars, seit kurzem auch ein Campingplatz, der von der Gemeinde Cabras geführt wird.

● *Übernachten/Essen & Trinken:* ***** Camping Is Arutas**, die Wüste lebt – brettflaches Gelände ohne jeglichen Bewuchs, etwas erhöht, etwa 300 m vom Strand. Schatten spenden Holzgestelle mit Bastmatten. Sanitäranlagen neu (Warmwasser gratis), Grillplatz mit Tischen, kleiner Supermarkt und Bar/Ristorante. Vor allem Wohnmobilisten finden bisher den Weg hierher. Sehr ruhig. ✆/📱 0783/370001, außerhalb der Saison ✆ 0783/57534. Achtung: beim letzten Check geschlossen, besser vorher anrufen! **Oasi del Sinis**, seitlich der Zufahrtsstraße, Bar mit schattigen Picknickplätzen in einem angepflanzten Pinienhain.

Zwei weitere **Holzbars** in Strandnähe.

▶ **Parco Comunale di Seu:** Das Gebiet um das Kap von Seu südlich von Is Arutas ist Naturschutzgebiet unter Aufsicht des AMP (Ente Gestor dell'Area Marina Protetta), der auf dem Sinis mehrere Stationen hat. Viel natürliche Flora ist hier erhalten, die früher die ganze Halbinsel bedeckte.

Im Süden der Sinis-Halbinsel liegt die punische Ruinenstadt Tharros (→ Oristano/Umgebung).

Einsam im Meer: Die Isola Mal di Ventre

Kleines unbewohntes Graniteiland, 10 km vor der Küste des Sinis. Die flache und windgepeitschte Insel (ursprünglicher Name *Mali entiri* = schlechte Winde, der heutige Name "Bauchweh-Insel" könnte auf Seekrankheit anspielen) ist Rückzugsgebiet tausender Seevögel und besitzt auch unter Wasser reiche Fauna. Geplant ist, Mal di Ventre zum geschützten Naturreservat zu machen – früher unternahmen Fischer und Jäger regelrechte Beutezüge auf die tierreiche Insel. Aus alten Zeiten sind römische Siedlungsreste sowie ein doppeltürmiger Nuraghe erhalten. Geführte Exkursionen gibt es u. a. ab Putzu Idu, Santa Caterina und Camping Nurapolis (→ Is Arenas).

Arborea
Karte Seite 379

Oristano

Die Stadt am Golf. Auf den ersten Blick flach, großteils modern, wenig aufregend. Abgesehen von Hochbauten am Stadtrand lassen die niedrigen Hausfassaden an den langen Einfallstraßen eher ein zu groß geratenes Dorf vermuten. Doch der Verkehr belehrt bald eines Besseren – die seit 1974 jüngste Provinzhauptstadt ist Mittelpunkt der wichtigsten Landwirtschaftsregion der Insel und wirtschaftlich im Aufwind.

Ihre große Vergangenheit als Hauptstadt fast ganz Sardiniens im 14./15. Jh. unter der legendären Richterin Eleonora von Arborea und die folgende lange Herrschaft der Spanier haben ihre Spuren hinterlassen – der historische Kern mit seinen hübschen Fassadengassen, den offenen Plätzen und dem großen Fußgängerbereich ist einen ausgedehnten Bummel wert. Im Gegensatz zu manch anderen sardischen Orten wirkt hier alles hell und freundlich. Dominierendes Zentrum ist die *Piazza Roma*, wo man im Schatten des massiven Torre San Cristoforo in Ruhe sein Eis löffeln kann. Touristen spielen in Oristano eine Nebenrolle, länger als ein paar Stunden bleibt selten jemand. Alles ist auf die Einheimischen ausgerichtet.

1070 wanderten die Einwohner der Küstenstadt **Tharros** mit Sack und Pack landeinwärts, um den ständigen Überfällen durch sarazenische Seeräuber zu entgehen. Sie gründeten eine neue Stadt – Oristano – und brachten dafür zweckmäßigerweise gleich die Steine ihrer ehemaligen Häuser mit (→ S. 400).

Ihre größte Bedeutung hatte die Stadt im 14./15. Jh., als sie die Hauptstadt des **Judikats Arborea** war und den spanischen Aragonesen jahrzehntelang erfolgreich Widerstand leisten konnte (diese hatten Sardinien vom Papst als Lehen erhalten und regierten die Insel mit Unterdrückung und brutaler Härte). Herausragende Figur des Abwehrkampfes war **Eleonora, Richterin von Arborea**, die 1383 nach dem Tod ihres Bruders die Regierung übernommen hatte. Ihr gelang es zeitweise, beinahe die gesamte Insel gegen Aragon zu einigen. Ihr größtes Verdienst aber war die Herausgabe der "Carta de Logu", eines fortschrittlichen Zivil- und Strafgesetzbuchs, das zum Vorbild sardischer Gesetzgebung wurde (heute in der Universitätsbibliothek von Cagliari). 1402 starb Eleonora an der Pest, und acht Jahre später wurde auch das Judikat Arborea von den Spaniern übernommen. Eleonora ist noch heute eine der bekanntesten Persönlichkeiten der sardischen Geschichte, ihr vermeintliches Wohnhaus eine der Sehenswürdigkeiten der Stadt.

In den folgenden Jahrhunderten war Oristano bedeutungslos – Malaria breitete sich in den großen Sumpfgebieten des Tirsotals aus. Erst der Bau des Tirso-Kraftwerks samt Staustufe (Lago Omodeo) und die damit verbundene Ausrottung der Malaria durch die Rockefeller-Stiftung machten Oristanos Aufstieg zur führenden Landwirtschaftsstadt Sardiniens möglich. Obst, Gemüse, Zuckerrüben und Fischkonserven sind die wichtigsten Produkte. 1974 wurde Oristano – vor allem auf Kosten der Provinz Cagliari – vierte **Provinzhauptstadt**. Der neue, große **Tiefseehafen** südwestlich der Stadt ist sichtbare Manifestation dieser Aufwärtsentwicklung – aber auch ein weiteres Beispiel für die vehement gescheiterte Industrialisierung Sardiniens. Erbaut wurde er wegen des riesigen Kunstfaserwerks von Ottana tief im Inselinnern (→ S. 412 und allgemeiner Teil/Wirtschaft). In Oristano sollten die großen Frachter mit den benötigten Rohstoffen ankern und die Fasern zur Weiterverarbeitung nach Norditalien verschifft werden. Die Fabrik stellte sich schon bald nach In-

Die Menschen von Sardinien: zurückhaltend aber herzlich

▲▲ Balkonszene in Bosa
▲ Korbflechterin in Castelsardo

Die Männer von Oliena ▲▲
Im Inselinneren, weitab vom Touristenstrom ▲

▲▲ Ochsenkarren sind auch in Sardinien kein alltäglicher Anblick mehr
▲ Millionen von Schafen weiden in den sardischen Bergen

Oristano

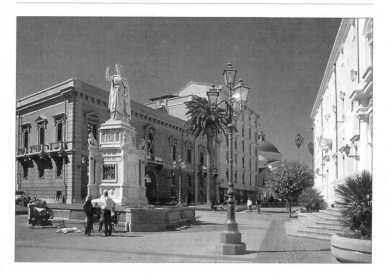

Piazza Eleonora – gediegener Mittelpunkt des Centro Storico

betriebnahme als Verlustgeschäft heraus. Sie produziert heute nur noch auf Sparflamme. Das Hafenbecken liegt deswegen meist leer – die Zerstörung der wertvollen Lagunenlandschaft mit Nistplätzen Tausender von Seevögeln war umsonst.

Information

Ente Provinciale per il Turismo (EPT), neu eingerichtet an der Piazza Eleonora 19. Freundliche Auskünfte und umfassendes Prospektmaterial zu Oristano und zur gesamten Region. Mo–Fr 8–14, 16–20, Sa/So 9–13, 16–20 Uhr. ✆ 0783/36831, ✆ 3683206, enturismo.oristano@tiscalinet.it.

Pro Loco, Via Vittorio Emanuele 8 (ehemaliges Antiquarium), nahe Dom. Im Sommer Mo–Sa 9–12.30, 16.30–20 Uhr. Kostenlose Stadtpläne und Prospektmaterial. ✆ 0783/70621.
Info-Kiosk, an der zentralen Piazza Roma, vor der Banca del Lavoro. Nur Juni bis Sept.

Anfahrt/Verbindungen

• *Zug*: Oristano ist Station an der wichtigen FS-Bahnlinie Sassari/Olbia – Cagliari. Der moderne Bahnhof liegt im Ostteil der Stadt an der **Piazza Ungheria**, etwa 1,5 km vom Zentrum entfernt, zu erreichen über Via Mazzini, Piazza Mariano und Via Vittorio Veneto. Täglich häufige Verbindungen nach Cagliari (davon 3 Schnellzüge), ca. 5x Olbia (2x Schnellzug), 6x Sassari (2x Schnellzug), 6x Carbonia (2x Schnellzug) und 10x Iglesias (2x Schnellzug).

• *Bus*: großer Busbahnhof in der Via Cagliari (südliche Ringstraße ums Zentrum), tägliche **ARST-Busse** in alle Dörfer der Umgebung, z. B. 12x nach Cabras, 10x Torre Grande, außerdem 2x Bosa, 6x Abbasanta, 1x Fonni, 1x Arbus, 1x Barumini, 1x Cagliari. Fernbusse der Gesellschaft **PANI** fahren ab Via Lombardia 30 im Norden der Stadt mehrmals tägl. nach Cagliari und Sassari.

Adressen

• *Autoverleih*: **Eurorent** (✆ 0783/212458) und **Tharros Viaggi** (✆ 0783/73389), beide an der Via Cagliari.

• *Fahrradverleih*: **Bicisport Masala Benvenuto**, Via Tirso 137, von der Piazza Roma etwa 800 m nördlich, auf der rechten Seite.

Arborea Karte Seite 379

386 Westsardinien/Arborea

- *Geld*: Banken mit Geldautomat sind u. a. **Banca Commerciale Italiana**, Via Garibaldi 16/18; **Banco di Napoli**, Piazza Roma/Ecke Via Tirso; **Banca Nazionale del Lavoro**, Piazza Roma 5/11; **Banco di Sardegna**, Via Garibaldi 22.
- *Naturschutz*: **World Wide Fund for Nature**, c/o Walter Piras, Via F. Baracca 20, im Raum Oristano für den Schutz eines Gebiets auf der Sinis-Halbinsel zuständig. ✆ 0783/78879.
- *Post*: am Platz vor dem Bahnhof, Piazza Ungheria.
- *Reisebüro*: **Sardatur**, Via Mazzini 8, Schiffs- und Flugbuchungen. ✆ 0783/303100.
- *Taxi*: Standplätze an der **Piazza Roma** (✆ 0783/70280) und am **Bahnhof** (✆ 74328).
- *Wäscherei*: **Lavasecco Ecologico**, Via Vittorio Veneto 55/a.
- *Zeitungen/Zeitschriften*: internationales Angebot am Kiosk an der **Piazza Roma**.

Übernachten

Touristen suchen in Oristano nur selten Unterkunft, deshalb keine große Auswahl.

**** Mistral 2 (9), Via XX Settembre, bestes Haus am Platz, ruhige Lage westlich der Piazza Roma. Gut eingerichtete Zimmer mit TV und Air-Condition. Restaurant, Pool und Garage vorhanden. DZ mit Frühstück ca. 68–85 €. ✆ 0783/210389, ✉ 211000.

*** Mistral (1), Via Martiri di Belfiore 2, von der Piazza Roma Via Tirso nach Norden und links (beschildert). Modernes Haus in relativ zentrumsnaher Lage. Äußerlich etwas unterkühlte Angelegenheit, drinnen aber ansprechend in modernem Styling, Gänge mit Teppichböden, in den Zimmern helles Vollholzmobiliar, geräumige Bäder, TV. Aufmerksam geführt, gutes Ristorante, Lift. DZ mit Frühstück ca. 58–67 €. ✆ 0783/212505, ✉ 210058.

*** Ca. Ma. (14), Via Vittorio Veneto 119, vom Bahnhof einige Schritte Richtung Zentrum, relativ ruhig, sachlich-solide Angelegenheit, auf Geschäftsreisende zugeschnitten, Rezeption mit viel Holz, insgesamt modern und gepflegt, Zimmer mit TV. DZ etwa 47–67 €, Frühstück ca. 6,50 €/Pers. ✆ 0783/74374, ✉ 74375.

*** I.S.A. (7), zentrale Lage an der lebendigen Piazza Mariano (von der Piazza Roma die Via Mazzini entlang), Zimmer vorne raus laut. Etwas älter, unten typische Atmosphäre eines italienischen Stadthotels mit TV, Ristorante, Bar, Telefonzelle mit Zähler. Lift nach oben, Gänge etwas düster, Zimmer mit Teppichböden und z. T. elegantem Rattanmobiliar und TV, Bäder nicht allzu groß. DZ ca. 47–73 €, Frühstück ca. 5,50 €/Pers. ✆/✉ 0783/360101.

** Piccolo Hotel (13), nicht einfach zu finden, versteckt in kleinem Gässchen der Altstadt, Via Martignano 19 (südlich der Piazza Roma, Nähe Piazza Mannu). Ruhige Lage, schlichte kleine Zimmer, im Bad das Allernötigste, nachts z. T. lautes Gebell vom Hund der Besitzerin. Im 2. Stock große Balkons. DZ mit Bad ca. 53 €, Frühstück ca. 3 €/Pers. ✆ 0783/71500.

Stellplatz für Wohnmobile ausgeschildert.

Oristano 387

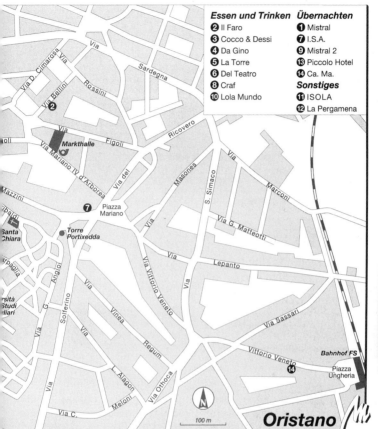

Essen und Trinken
- ❷ Il Faro
- ❸ Cocco & Dessi
- ❹ Da Gino
- ❺ La Torre
- ❻ Del Teatro
- ❽ Craf
- ❿ Lola Mundo

Übernachten
- ❶ Mistral
- ❼ I.S.A.
- ❾ Mistral 2
- ⓭ Piccolo Hotel
- ⓮ Ca. Ma.

Sonstiges
- ⓫ ISOLA
- ⓬ La Pergamena

Essen & Trinken

In Sachen Essen hat Oristano dank der üppigen Umgebung einiges zu bieten. Örtliche Spezialität sind *muggine* (Meeräschen) und ihr Rogen *bottarga* aus dem Stagno di Cabras (→ dort). Aber auch die nahen Bergregionen und die fruchtbare Arborea steuern ihren Teil bei.

Il Faro (2), Via Bellini 25, eine der besten Adressen Sardiniens, großzügige Ausstattung mit eleganter Einrichtung und Jugendstilcharakter, gehobene Preisklasse. Die Küche sardisch, ausgesprochen phantasievoll – Fisch und Fleischgerichte gleichermaßen zu empfehlen, hervorzuheben der Gebrauch von viel frischem Gemüse, Pilzen etc. Zu den Spezialitäten zählen die Bohnensuppe *zuppa di fave* und die *tappadas* (Schnecken in grüner Soße). Auch das selbst gemachte Gebäck lohnt. Menü ca. 37–60 € (15 % Servizio!). Im Juli und So geschl.

Cocco & Dessi (3), Via Tirso 31, alteingesessenes, mittlerweile recht schickes Großlokal in einem historischen Haus. Es gibt mehrere Essbereiche, darunter einen für Nichtraucher. Leckere Küche, nicht billig. Mo geschl.

388 Westsardinien/Arborea

Da Gino (4), Via Tirso 13, einfache, aber angesehene Trattoria, bereits seit zwei Generationen von derselben Familie geführt. Spezialisiert auf Fisch und Meeresfrüchte, bekannteste Spezialität ist *aragosta alla Gino*, preiswerter ist *fritto misto*, gegrillter Fisch oder Pasta mit Muscheln. Mittlere Preise. So geschl.

Del Teatro (6), Via Parpaglia 11, nur wenige Schritte von der Piazza Roma, gegenüber der Casa d'Eleonora (→ Sehenswertes), klein aber fein, nettes Ambiente, preislich mittel. Gute hauchdünne Pizzen, z. T. mit originellem Belag. Mo geschl.

Craf (8), Via del Castro 34 (schöne alte Gasse östlich parallel zur Fußgängerzone), ein paar Stufen hinunter in den recht schicken, lang gestreckten Gewölbekeller. Küche ganz vom sardischen Inland geprägt, Ravioli, *porcheddu* und viel mit Pilzen, leckere Antipasti. Besitzer Salvatore Pippia kommt aus dem Gebiet des Monte Ferru. Menü um die 22–26 €. So geschl.

La Torre (5), Piazza Roma 52, familiäre Gaststube genau gegenüber der Kirche, Besitzer stammt aus Nuoro und macht leckere *gnocchetti all'orgolese*, ansonsten gibt es auch gute Pizza und Fischgerichte. Preislich okay und bei Einheimischen beliebt. Mo geschl.

● *Cafés & Bars*: **Azzurro**, unmittelbar im Schatten der Torre San Cristoforo, leckeres Eis und Gebäck, schön zum Draußensitzen. **Tonietto Arru**, unter den benachbarten Arkaden, billigeres Eis und größere Portionen. **Eleonora**, Piazza Eleonora, vor dem Denkmal der sardischen Nationalheldin, ruhige Lage ohne Verkehr.

Lola Mundo (10), Piazza Corrias, modernes Café an einem versteckten Platz im Zentrum. Auch Sitzgelegenheiten im Freien. Gelegentlich Livemusik, auch abends lange offen, an Wochenenden legt ein DJ auf. Trixi Storjohann schreibt: "ein bisschen mondän, ein bisschen new wave, aber doch durch und durch italienisch". So geschl.

Shopping (siehe Karte S. 386/387)

Wegen der nahen Lehmböden des Tirso-Tals wird in Oristano vor allem das Töpferhandwerk gepflegt.

● *Antiquitäten*: **La Soffitta nella Piazza**, Antiquitätenmarkt jeden ersten Samstag im Monat an der Piazza Eleonora.

● *Bücher*: **La Pergamena (12)**, schräg gegenüber vom Dom. Viel über Sardinien, auch Natur. Die Besitzerin stammt vom Bodensee. **Mario Canu**, Corso Umberto 19, direkt in der Fußgängerzone.

● *Kunsthandwerk*: **ISOLA (11)**, Piazza Eleonora 21, Schauraum der sardischen Kunsthandwerksvereinigung.

● *Keramik*: Traditionelle und moderne sardische Töpferware kann man kaufen bei **Ceramiche Manis**, Vicolo Marroccu 4 und **Ce-** **ramiche Artistiche CMA (Cooperativa Maestri d'Arte)**, Via Olbia 48.

● *Markthalle*: zwischen Via Mazzini und Via Mariano, reiches Angebot – Gemüse aus der Arborea, außerdem viel Fisch. Lohnt, hier mal reinzuschnuppern.

● *Shopping-Center*: **Iper**, großes Shoppingcenter südlich vom Vorort Santa Giusta (→ S. 392), an der Straße nach Arborea – Buchladen, mehrere Boutiquen, Bonbongeschäft und riesiger Supermarkt. Einkaufen und Bummeln auf drei Ebenen, Klimaanlage.

● *Wein*: Die **Cantina Sociale Vernaccia** liegt an der Ausfallstraße Richtung Norden, Via Oristano 149. ✆ 0783/33155.

Sehenswertes

Das Altstadtviertel ist gut erhalten und besitzt erstaunlich reichhaltige historische Substanz. Seit einigen Jahren unternimmt man große Anstrengungen, die teils prächtigen mittelalterlichen Palazzi zu restaurieren, von denen nicht wenige die Jahrhunderte überstanden haben.

Piazza Roma: Zentrum der Innenstadt, baumbestandene Piazza mit einigen Bänken und zeitweise viel Verkehr. Die zinnenbewehrte *Torre di San Cristoforo* (auch: Torre di Mariano II) stammt aus dem Jahr 1291 und bildete einst die

Vor dem Dom von Oristano

390 Westsardinien/Arborea

Porta Manna, das Nordtor der ehemaligen Stadtmauer, durch das man in die mittelalterliche Siedlung (heutige Altstadt) gelangen konnte. Nach innen (Südseite) war sie offen, um den Verteidigern problemlos Nachschub zukommen lassen zu können – Türme derselben Bauart findet man auch in Bosa und Cagliari (→ dort). Die drei Plattfomen können im Rahmen einer Führung erklommen werden, die Glocke ganz oben stammt aus dem 15. Jh.

Öffnungszeiten/Preise: **Torre di San Cristoforo** – nur mit Führung, Auskunft im Antiquarium Arborense, ℡ 0783/791262.

Corso Umberto I: Die Fußgängerzone beginnt unmittelbar hinter der Torre an der Piazza Roma. Viele Geschäfte, gemütlich und schön zum Bummeln. Sie mündet auf die längliche *Piazza Eleonora* mit dem Rathaus, dem Justizpalast und dem heroisch verklärenden *Denkmal* der Eleonora d'Arborea (klassizistisch, 19. Jh.), dessen Seitenfronten Bronzereliefs mit Themen aus ihrer Regierungszeit zieren.

San Francesco: klassizistischer Kirchenbau am Westende der Piazza Eleonora. Baulich wenig herausragend, aber hübsch mit zwei Palmen neben der Vorhalle. Im Inneren das prachtvolle *Nikodemus-Kruzifix* aus dem 14. Jh. – ein spanisches Holzkreuz mit dem gepeinigten Jesus in großartig realistischer Darstellung. Angeschlossen ein *Franziskaner-Konvent*, dessen freundliche Mönche einen vielleicht auch mal in die Sakristei schauen lassen. Dort u. a. ein großes Gemälde von Pietro Cavaro, "Die Wundmale des heiligen Franziskus" (1533), Teil eines dreiteiligen Altarpolyptychon, dessen zwei andere Teile in Cagliari lagern.

Dom: für sardische Verhältnisse ausgesprochen üppig, ebenfalls nur wenige Schritte von der Piazza Eleonora. Der große Kuppelbau stammt ursprünglich aus dem 12./13. Jh., doch wegen Umbauten im 18./19. Jh. ist der gotische Charakter weitgehend verschwunden und verfremdet. Blickpunkt ist der oktogonale *Glockenturm* mit grausam verzerrten Gesichtsmasken unterhalb des zwiebelförmigen Kacheldachs.

Im Innern weitgehend barocke Prachtentfaltung, vieles ist vergoldet, große Deckengemälde. Älteste Stücke sind die beiden flachen Marmorreliefs aus dem 11. Jh. (frühromanisch) rechts neben dem Altar in der kleinen *Cappella del Rimedio* – "Daniel in der Löwengrube" und "Zwei Löwen reißen Hirschkälber". Wahrscheinlich stammen sie von einem byzantinisch beeinflussten pisanischen Künstler, aber sicher ist man sich nicht.

Torre di Portixedda: kleiner bulliger Rundturm an der Piazza Mariano (von der Piazza Roma die Via Mazzini entlang), Überbleibsel der ehemaligen Stadtmauer.

Öffnungszeiten/Preise: Di–So 9–13, 16–18 Uhr, Mo geschl.; Eintritt frei.

Chiesa di Santa Chiara: gotische Kirche des 12./13. Jh. mit angeschlossenem Kloster, zu erreichen über die Via Garibaldi. Geöffnet nur zur Messe.

Palazzo di Eleonora: Das angebliche Wohnhaus der berühmten Richterin (→ Geschichte) steht nur wenige Meter von der Piazza Roma, ziemlich am Anfang der Via Parpaglia links. Der Standort ihres tatsächlichen Palastes, wie auch des damaligen Regierungssitzes, ist leider nicht bekannt, so hat man diesem alten Stadthaus die Ehre gegeben, dessen reich verzierte Fensterrahmen aus grünlich verwittertem Stein allerdings nachgewiesenermaßen aus der Frührenaissance stammen.

Sa Sartiglia: Oristanos größtes Stadtfest

Das über die Grenzen Sardiniens hinaus bekannte Reiterfest "Sa Sartiglia" findet am Faschingssonntag und Faschingsdienstag statt. Es geht auf die Ritterspiele des spanischen Adels zurück und besteht aus zwei deutlich unterschiedenen Abschnitten. Der sog. "Su Compodinori", der von den Bürgern Oristanos zu Mariä Lichtmess gewählt wurde, wird um 12.30 Uhr feierlich eingekleidet, gemäß der Tradition dürfen das nur Jungfrauen tun. Angetan mit einem schweren farbenprächtigen Kostüm des 16. Jh. und einer eigenartig leblosen weißen Maske wird er auf sein Pferd gesetzt. Im Galopp versucht er nun, mit seinem Stoßdegen das winzige Loch in einem vor dem Dom über der Straße hängenden fünfzackigen Stern zu treffen. Das Ergebnis bedeutet Glück oder Unglück für die Stadt und wurde früher als Vorhersage für die folgende Ernte gedeutet. Unter heftiger Anteilnahme des Publikums, das zu Tausenden die Straße säumt, versuchen sich nach dem Vorreiter weitere Ritter an demselben Kunststück, doch nicht immer gelingt der Stoß.

Der zweite Teil des Spektakels, die "Corsa a Pariglie", findet gegen 16.30 Uhr an der schnurgeraden Via Mazzini statt, die an der Ostseite der Piazza Roma beginnt und vollständig mit Sand bedeckt ist. Dieses Stadtgebiet lag früher außerhalb der Stadtmauern – da den Sarden der Zutritt zu den spanischen Ritterspielen vor dem Dom nicht gestattet war, vergnügten sie sich mit ihren Pferden hier. Heute zeigen die besten Reiter Sardiniens ihr akrobatisches Können – sie reiten zu mehreren dicht nebeneinander her, liegen oder stehen auf den Pferderücken, bilden dabei Pyramiden und Brücken. Ungefährlich ist das nicht, und die Stürze enden oft mit Knochenbrüchen. Als Siegesprämie winken wertvolle Rassepferde.

Da sich nur wenige Touristen im Februar nach Oristano verirren, wird seit einigen Jahren jeweils Anfang August eine verkleinerte Version des Reiterkarnevals, die "Sartigliedda Estiva" organisiert. Dabei gibt es u. a. eine Prozession auf dem Meer und ein großes Feuerwerk.

Antiquarium Arborense: modernes Museum in der Via Parpaglia, wenige Schritte vom Palazzo di Eleonora, andere Straßenseite (Zugang Piazza Corrias). Umfangreiche Sammlung aus der Umgebung von Oristano, hauptsächlich aus *Tharros*, der nahe gelegenen punisch/römischen Stadt (→ unten). Chronologischer Aufbau vom Neolithikum über die nuraghische und phönizisch-punische bis zur römischen Epoche. Ausgestellt sind im Erdgeschoss prähistorische Pfeilspitzen, Waffen und Werkzeuge, im Anschluss nuraghische, phönizische und punische Keramik. Recht umfangreich ist die römische Abteilung im ersten Stock mit Graburnen, Amphoren, hübschen Öllämpchen und beachtlich großen Glasgefäßen. Außerdem im Obergeschoss eine Sammlung von Tafelbildern aus dem 15./16. Jh. Häufig wechselnde Ausstellungen.

Öffnungszeiten/Preise: im Sommer Mo–Sa 9–14, 15–20 Uhr (Di und Do bis 23 Uhr), So 16–20 Uhr; Eintritt ca. 2,20 €, bis 18 Jahre 1,10 €, über 65 und Schül./Stud. ca. 0,60 €.

Die romanische Kirche Santa Giusta ist eine der schönsten der Insel

Università degli Studi di Cagliari: Dieser wunderbar harmonische Backsteinpalazzo ist angebaut an die *Chiesa del Carmine*, wenige Schritte südlich der Piazza Martiri. Falls die Tür offen ist, kann man den großen Kreuzgang betreten, der einen Innenhof mit Zisterne umfasst.

Außerhalb vom Zentrum

▸ **Madonna del Rimedio:** 2,5 km nördlich von Oristano, unmittelbar an der Kreuzung nach Marina di Torre Grande. Die ungewöhnliche Kirche aus dem 19. Jh. fällt durch ihre vielgestaltige Konstruktion mit achteckiger Kuppel auf. Großes Kirchenfest am 8. September.

▸ **Santa Giusta:** südlicher Vorort Oristanos, direkt am verschilften *Stagno di Santa Giusta*, 3 km vom Zentrum. Im Altertum wahrscheinlich Standort der phönizisch-punischen Stadt *Othoca*, Grabungsfunde hat man an verschiedenen Stellen im Ort gemacht. Neben der Kirche Santa Severa, direkt an der Durchgangsstraße, wurden Mitte der Achtziger Reste einer *Nekropole* entdeckt und zugänglich gemacht (auf Schilder achten). Neben der Kirche außerdem Ruinen eines Vorgängerbaus aus dem 5.–7. Jh.

Größte Sehenswürdigkeit ist aber die ehemalige Kathedrale *Santa Giusta* auf einem Hügel im nördlichen Ortsteil – eine der schönsten und größten romanisch-pisanischen Kirchen Sardiniens. Äußerlich schmucklos und innen praktisch leer, besticht sie vor allem durch die Harmonie ihrer architektonischen Gestaltung. Das hohe, helle Mittelschiff wird von zwei niedrigen Seitenschiffen flankiert, für den Bau der schlanken Marmor- und Granitsäulen haben die

Oristano   393

mittelalterlichen Baumeister die nahen Ruinenstädte Othoca und Tharros plündern lassen. Teils ionische, teils korinthische Kapitele, unter dem erhöhten Chor die gedrungene *Krypta* mit Kreuzgewölben und spätantiken Säulen (Fabelmotive).

● *Essen & Trinken*: **Da Leonardo**, Via Garibaldi 27 (an der Gabelung südlich der Kirche links fahren). Preiswertes Lokal, in dem die Angestellten und Arbeiter der umliegenden Betriebe essen. Von Lesern empfohlen. Für eine Rast bietet sich außerdem der **Picknickplatz** im Eukalyptuswäldchen am Seeufer an.

Urlaub auf dem Bauernhof: Consorzio Agriturismo di Sardegna

Vor nunmehr zwei Jahrzehnten wurde in den Dörfern der Tirso-Ebene, nördlich von Oristano, die sardische Variante von "Urlaub auf dem Bauernhof" geboren. Initiator war die *Cooperativa Allevatrici Sarde (CAS)*, ein Zusammenschluss von Viehzüchtern, die außerdem Futter, Lebensmittel und Produkte für den landwirtschaftlichen Bedarf verkauften. Die Idee entstand, als Ende der siebziger Jahre viele Häuser der Mitglieder ungenutzt leer standen, weil immer mehr Kinder erwachsen wurden bzw. andernorts in die Schule gingen oder studierten. Als aber schon in den ersten Jahren weit mehr Gäste als erwartet kamen, musste man die Häuser bald aufstocken und erweitern, zusätzlich wurden neue Ferienwohnungen gebaut. Das Ganze entwickelte sich nach und nach zu einem wirtschaftlichen Standbein für die oft unter schwierigen Verhältnissen arbeitenden Viehzüchter- und Bauernfamilien. Andere Kooperativen in Sardinien zogen nach, und mittlerweile machen alljährlich viele tausend Urlauber Gebrauch von Agriturismo-Angeboten auf der ganzen Insel.

Vermittelt werden um Oristano Unterkünfte in Bauernhäusern von gut zwanzig Dörfern, darunter *Cabras*, *Riola Sardo*, *San Vero Milis*, *Narbolia*, *Solanas*, *Paulilatino*, *Bauladu* u. a. Der Mindestaufenthalt beträgt eine Woche, Halbpension kostet pro Person ca. 30–40 €, die Zimmer besitzen teilweise eigene Bäder, z. T. gibt es nur ein Gemeinschaftsbad im Haus. Man kann bei der Arbeit zusehen, aber auch ganz normal Ferien machen, zum Baden fahren etc. Erwartet werden von den Urlaubern Rücksichtnahme auf die gastgebende Familie und die Teilnahme am gemeinschaftlichen Abendessen. Sprachkenntnisse sind selbstverständlich vorteilhaft, aber nicht Voraussetzung. Über die Arbeits- und Lebensbedingungen der Viehzüchter erfährt man bei einem solchen Aufenthalt eine Menge.

● *Information/Anmeldung*: **Consorzio Agriturismo di Sardegna** (ehemals: Cooperativa Allevatrici Sarde), Casella Postale 107, I-09170 Oristano, ✆ 0783/73954, ✆ 73924. Lassen Sie sich das deutschsprachige Info-Material und Anmeldeformulare schicken. Bei einer festen Buchung ist eine Anmeldegebühr zu überweisen. Individuelle Wünsche bei der Quartierwahl werden berücksichtigt (bestimmter Ort, möglichst nah am Meer etc.). Falls Sie für August buchen wollen, müssen Sie sich wegen der starken Nachfrage spätestens im Februar verbindlich anmelden.

Arborea
Karte Seite 379

Oristano/Umgebung

Hauptanziehungspunkt ist die punische Ruinenstadt Tharros auf der schmalen Landzunge am Südzipfel der Sinis-Halbinsel. Zum Fischessen fährt man am besten nach Cabras am gleichnamigen Lagunensee.

Stagno di Cabras

Der größte See des Sinis, nordwestlich von Oristano – mit breitem Schilfgürtel und flacher, windzerzauster Acker- und Weidelandschaft ein Anblick, der Atmosphäre vermittelt. "Is fassonis", die traditionellen, aus Schilfbündeln zusammengeschnürten Fischerboote, kann man am Ufer noch gelegentlich entdecken.

Der Stagno di Cabras ist eins der fischreichsten Gewässer ganz Italiens. Häufigster Fisch hier, aber auch in den anderen Gewässern um Oristano (vor allem im Stagno di Santa Giusta), ist die Meeräsche – *muggine* oder *cefalo*, die mit Vorliebe über Holzfeuer geröstet oder *"sa merca"* zubereitet wird: in Meerwasser gesotten und in aromatische Sumpfkräuter gewickelt. Da die Muggine vorwiegend zum Laichen in die flachen Lagunenseen anwandert, ist die zweite Delikatesse ihr getrockneter und gepresster Rogen (*bottarga di muggine*), den man am ehesten in Cabras bekommt (→ Cabras/Essen) – körnig-hellbraun wie zu dunkel geratener Parmesan, jedoch mit intensivem Fischgeschmack, etwas gewöhnungsbedürftig. Weiterhin werden vor allem Aale im Stagno de Cabras gezüchtet. In den letzten Jahren wurden allerdings immer wieder Klagen der Fischer laut – der Fischbestand sei ständig im Rückgang, das Näherrücken der Industrie bedrohe das biologische Gleichgewicht im Stagno. "Fischsterben" ist auch hier kein Fremdwort mehr.

Die **Geschichte des Sees** ist ein düsteres Kapitel, gleichzeitig aber bezeichnend für die noch heute teilweise bestehenden anachronistischen Besitz- und Machtstrukturen Sardiniens. Im 17. Jh. gehörte der See der spanischen Krone, später genuesischen Bankiers, die ihn 1853 einer Adelsfamilie aus Oristano verkauften. Diese zog ein brutales, streng hierarchisch abgestuftes Feudalsystem auf und hielt es bis in jüngste Zeit aufrecht. Fischen durften nur bestimmte, fest angestellte Fischer und auch diese nur unter strengsten Auflagen – z. B. war ihnen genau vorgeschrieben, welche Mengen sie zu fischen hatten, mit welchen Geräten und an welchen Stellen im See. Wer sich nicht genau an die Vorschriften hielt, flog raus – Hunderte anderer warteten auf den Job. Rund um den See patrouillierten bewaffnete Wächter und verhinderten, dass unautorisierte Anwohner fischten – lediglich mit den improvisierten *fassonis* aus Schilf, die nur eine Person tragen konnten, war es ihnen erlaubt, ihre Nahrung mit Spießen aus dem See zu holen. Dieser bedrückende Zustand wurde von den Bewohnern der Seeregion hundert Jahre lang hingenommen. Erst in den fünfziger und sechziger Jahren kam es zu schweren Auseinandersetzungen zwischen angestellten Fischern und sog. "Raubfischern". Als schließlich ein Seewächter ermordet wurde und 1978 Don Efisio, der Besitzer des Sees, über Nacht verschwand und nie mehr gesehen wurde, wendete sich das Blatt. Die Erben Don Efisios verkauften den See an die sardische Regierung. Diese gab den See für alle Fischer von Cabras frei, die ja wirtschaftlich von dem Gewässer völlig abhängig sind.

Im Stagno di Cabras leben hunderte von Flamingos

Cabras

Die weiträumige Fischersiedlung ist das einzige Dorf am See, bekannt für seinen starken Vernaccia und die Fischlokale. Noch einiges an niedriger alter Bausubstanz ist erhalten, am verschilften Seeufer steht die markante "Renaissance"-Basilika Santa Maria. In der Nähe des südlichen Ortsausgangs, Via Tharros 190, wurde vor kurzem ein *Museo Civico* eröffnet. Die modern konzipierte Sammlung zeigt hauptsächlich Funde aus der erst kürzlich entdeckten Nekropole Cuccuru is Arrius (etwa 2 km südlich von Cabras am Seeufer) und aus der phönizisch-römischen Stadt Tharros (→ S. 400). Daneben gibt es auch eine Sektion zu Kultur, Ökologie, Flora und Fauna des Stagno di Cabras, darunter auch die berühmten "Is Fassonis".

Öffnungszeiten/Preise: **Museo Civico** – Di–So 9–13, 15–19 Uhr (Winter)/16–20 Uhr (Sommer); Eintritt ca. 2,60 €, Kinder und Jugendliche von 6–16 die Hälfte.

• *Anfahrt/Verbindungen*: etwa 12x tägl. Bus von und nach Oristano.

• *Übernachten*: ** **El Sombrero**, Corso Italia 26/28, etwa 200 m vom Zentrum an der Ausfallstraße nach Oristano. Mit Ristorante, Zimmer teilweise mit Balkon, gut in Schuss. DZ um die 38–53 €, Frühstück ca. 5,50 €/Pers. ✆ 0783/290659, ✉ 290302.

** **Summertime**, allein stehender, luftiger Bau unmittelbar am See, kurz vor dem Ortseingang (von Marina di Torre Grande kommend). Hinten raus herrlicher Blick, vorne allerdings viel Verkehr. Große Frühstücksterrasse. Etwas günstiger als El Sombrero. ✆ 0783/392089.

Außerdem werden zahlreiche Privatzimmer vermietet, z. B. **B&B di Teresa**, Via Kennedy 51 (✆ 0783/391549) und **Sandra B&B**, Via Tharros 223, ✆ 0783/391827.

• *Essen & Trinken*: **Il Caminetto**, Via Battisti 11, modernes Lokal, elegante Stühle mit Flechtwerk, Ölbilder an den Wänden. Hat sich in den letzten Jahren sehr gesteigert, gute Adresse für *bottarga di muggine* – als Antipasto oder mit Spaghetti. Menü um die 27–30 €. Mo geschl.

396 Westsardinien/Arborea

Sa Funta, Via Garibaldi 25, ein paar Schritte vom Hauptplatz, bekanntes Fischristorante mit Tradition und Ambiente, dekoriert mit Schilf und Fischernetzen, auch eins der traditionellen Schilfboote ist ausgestellt. Attraktion ist mitten im Speisesaal der uralte Steinbrunnen (funtà), der reinstes Quellwasser spendet. Interessante Speisekarte mit einer Fülle authentischer Gerichte, vielleicht mal *sa merca* versuchen oder *pisci affumau* (Räucherfischchen) bzw. *"sa bidimbua"* (kleine gebratene Meeräschen mit Basilikum). In letzter Zeit allerdings deutliche Leserkritik wegen kleiner Portionen, eher durchschnittlichem Service und hohen Preisen. Menü ca. 27–35 €. So geschl.

Zia Belledda, Via Amsicora 46, Richtung nördlicher Ortsausgang, nettes familiäres Fischlokal mit älterer Wirtin, Menü um die 23 €. Fr geschl.

● *Shopping*: Die Vernaccia-Kellerei von **Attilio Contini** liegt in der Via Genova 48. Er hat besonders edle DOC-Tropfen auf Lager. ✆ 0783/290806.

● *Feste*: **Fiesta di San Salvatore**, großes religiöses Fest am ersten Sonntag im September (→ Kasten).
Weiteres eindrucksvolles Erlebnis ist das große Dorffest **Santa Maria Assunta** am 24. Mai. Höhepunkt ist eine Regatta der "Is Fassonis" über den See – und im Dorf brutzeln natürlich überall die Meeräschen.

Fiesta di San Salvatore: Bedeutendstes religiöses Fest der Sinis-Halbinsel

Im Mittelalter stand in der Kapelle San Salvatore (→ unten) eine hoch verehrte Holzstatue des Erlösers. Als einst sarazenische Piraten die Halbinsel angriffen, retteten die Dorffrauen in einem Barfußmarsch über 12 km die Statue vor den sengenden und mordenden Horden. Alljährlich am ersten Wochenende im September wiederholen die weiß gewandeten jungen Männer von Cabras zu hunderten diese anstrengende Prozession, genannt *corsa degli scalzi* (Lauf der Barfüßigen), laufen zunächst am Samstag mit der Statue von Cabras zur Kirche und am Sonntag wieder zurück. Im Rahmenprogramm gibt's Theater und Musik in sardischer Sprache, zu guter Letzt großes Fressgelage mit "muggine arrosto" und Vernaccia. Schon in der ganzen Woche vorher finden Festlichkeiten statt, auf Aushänge achten.

Marina di Torre Grande

Der Hausstrand von Oristano liegt etwa 9 km westlich der Stadt, ist kilometerlang und gepflegt. Schöner Blick auf die Landzunge von Tharros, linker Hand Verschiffungsanlagen und der Industriehafen von Oristano. Ein bulliger Küstenturm, der für den Namen verantwortlich zeichnet, und eine Hand voll Ferienhäuser gruppieren sich an die breite Uferpromenade, kräftige Eukalyptusbäume verschönern das Bild. Im Sommer von Einheimischen gut besucht, in der Nebensaison verläuft sich alles, viel Ruhe und Beschaulichkeit.

● *Anfahrt/Verbindungen*: in der Saison alle 30 Min. Busse von und nach Oristano.

● *Übernachten*: ***** Del Sole**, direkt am Strand, großer angrauter Kasten. Kahle Gänge, Zimmer mit Zweckmöbeln und guten Bädern, vorne raus schöner Blick auf den Strand, Ristorante. DZ mit Frühstück ca. 77–97 €. ✆ 0783/22000, 🖷 22217.

**** Camping Spinnaker, Tipp! Neuer schattiger Platz im Pinienwald, gleich davor der Strand. Der Platz gruppiert sich um ein Ristorante mit Pool und Rasenflächen. Sanitäranlagen etwas eng, aber mit Kinderwaschbecken und Waschmaschinen. Hübsche Rundbungalows aus Holz. Bisher alles noch ziemlich leer, dürfte in den nächsten

Der palmengesäumte Strand von Marina di Torre Grande

Jahren aber noch einiges an Zulauf erfahren. Pro Person 7,50–12 €, alles inkl., Bungalow für 2 Pers. ca. 42–70 €. Mitte April bis Mitte Oktober. ✆ 0783/22074, ✉ 22071, www.spinnakervacanze.com.

** **Camping Torregrande**, von Oristano kommend am Ortseingang, älterer Platz mit Stellplätzen unter dichten Pinien und Eukalyptusbäumen, Pizzeria, Laden. Pro Person 4,30–5,50 €, Stellplatz 5,50–7,50 €. Anfang Mai bis Ende September. ✆/✉ 0783/22228.

• *Essen & Trinken*: **Da Giovanni**, weiträumig-helles Lokal vis à vis vom Torre, Via Colombo 8. Giovanni hat seinen Beruf von der Pike auf in den ersten Ristoranti von Italien erlernt und sich dann hier selbständig gemacht (Fotos aus seiner Laufbahn an der Wand). Inzwischen sind er und seine Frau in Ehren alt geworden, die jungen Kellner tischen aber noch immer mit viel Drill auf. Empfehlenswert die *spaghetti alle vongole* mit exzellenter Gewürzmischung und kleinen, zarten Weißmuscheln. Danach auf jeden Fall Fisch, entweder Meeräsche oder vielleicht *sogliola al burro* – Seezunge in Butter, zergeht auf der Zunge und hat ihren Preis. Vollständiges Menü gut 25–38 €. Mo Ruhetag.

L'Oasi, beliebte Pizzeria mit Bar unmittelbar an der zentralen Kreuzung, nur wenige Meter von der Torre Grande.

Il Pescatore, etwa 1 km außerhalb, urige Fischerpinte, wie man sie auf Sardinien kaum noch findet. Veranda direkt am Strand, mit Mückengittern dicht gemacht. Täglich kommt Selbstgefischtes auf den Tisch, preiswert. Anfahrt: die Via D. Millelire vom Turm parallel zum Strand Richtung Westen bis kurz vor den Jachthafen.

• *Sport*: **Eolo**, Windsurfschule und Verleih von Sonnenschirmen, Liegestühlen, Booten und Fahrrädern. ✆ 0329/6136461, www.eolowindsurf.com.

Aquajeam, Tauchzentrum, geführte Exkursionen zu Land und Wasser. ✆ 0783/303455.

La Palma, Maneggio neben dem Gelände des Camping Torregrande, der flache Sinis bietet sich für Pferdetrekking an. ✆ 0783/33113.

San Salvatore

Winziger Wallfahrtsort für das nahe Cabras, dort wo die Straße zu den Stränden des Sinis abzweigt. Nach außen ein völlig abgeschirmtes Viereck aus niedrigen Pilgerwohnungen (cumbessias), die nur zur großen "Corsa degli scalzi" im September bewohnt werden.

Wer durch das einzige, schmale Gässchen zum Dorfplatz vordringt, kann dort eine hübsche Wildwestszenerie mit Ranchgebäuden und stilechtem Saloon bewundern. In den Sechzigern wurden hier einige der berühmten Italo-Western gedreht, u. a. Szenen von "Für eine Hand voll Dollar" mit Clint Eastwood. Auch Terence Hill (alias Mario Girotti) hat hier gefilmt. Damals wurde der ganze Ort stilecht "frisiert" und nachher als kleine Attraktion weitgehend unverändert belassen.

Die *Chiesa San Salvatore* am Hauptplatz ist ein kleines bescheidenes Kirchlein aus dem 18. Jh., das nur im September zum Leben erwacht, wenn es Ziel des "Laufs der Barfüßigen" ist (Kasten, S. 396). Das Besondere: Es wurde über einem nuraghischen Brunnenheiligtum errichtet, das später von Puniern und Römern weitergenutzt wurde – Letztere verehrten hier Herkules Sotér, aus dem in christlicher Zeit Christus Salvator wurde. Vom linken Kirchenschiff führt eine Treppe in das mehrräumige *Hypogäum* hinunter, dessen Mauerwerk aus spätrömischer Zeit stammt. Ein jahrtausendealter Brunnen und ein Altar – Letzterer errichtet von Christen, die sich hier heimlich zu Gottesdiensten trafen – sind erhalten, außerdem spätantike Zeichnungen und spanische Graffiti aus dem 17. Jh., als der Bau als Gefängnis diente.

Öffnungszeiten: Juli bis Anfang September Di–Do 10–13, 16–19 Uhr. Falls nicht geöffnet ist, fragen Sie sich nach dem Kirchenwächter durch.

● *Übernachten/Essen & Trinken*: ***** Sinis Vacanze Sa Pedrera**, an der Straße nach Tharros, kurz vor dem Abzweig nach San Salvatore. Gemütliches Bungalowhotel im Haziendastil, erst vor wenigen Jahren eröffnet. Schöner Garten, Tennis, gutes Restau-rant. DZ mit Frühstück ca. 50–97 €. ✆ 0783/370018, ✎ 370040.

Abraxas, einladende Bar im Westernstil am Ortseingang nach San Salvatore. Kurzer Stopp für ein Gläschen ist hier sicher nicht verkehrt.

Halbinsel von Tharros

Schmale, windzerzauste Landzunge mit zerklüfteten Badebuchten, felsigen Abstürzen und Dünen. Das Wasser herrlich klar, türkis bis tiefblau, der Grund ist überall zu sehen.

Über dem ausgedehnten Ausgrabungsgelände der phönizisch-römischen Stadt *Tharros* steht die weithin sichtbare spanische *Torre di San Giovanni*, zu der man leicht hinaufklettern kann. Unterhalb davon (rechter Hand der Straße) ein besonders schöner Dünenstrand, nicht selten sieht man hier ein paar Zelte, Sonnenuntergang überm Wasser. Weit vorne am Kap, inmitten duftender Macchiakräuter, ein *Leuchtturm* in totaler Stille und Einsamkeit, jedoch militärisches Sperrgebiet. An Wochenenden besser nicht kommen – bevorzugtes Ausflugsziel von Oristano.

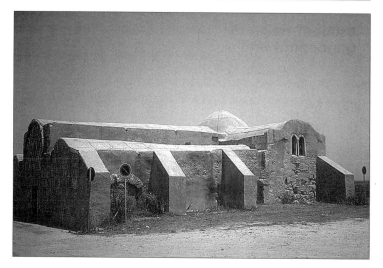

San Giovanni di Sinis – uralter Kultbau auf der Sinis-Halbinsel (Foto vor der Renovierung)

San Giovanni di Sinis

Zerzaustes Örtchen am Beginn der langen, schmalen Halbinsel, im Sommer fast wüstenhaft heiß. Die kleine Kirche direkt an der Durchgangsstraße ist obligater Stopp für viele Ausflugsbusse auf dem Weg nach Tharros, gegenüber mehrere Restaurants und Bars. Als kleine Sehenswürdigkeit gelten mittlerweile die letzten der ehemals zahlreichen Fischerhütten aus schwarzgrauem Schilf (viele hat man abgerissen), die heute meist als Ferienhäuschen genutzt werden. Sandwege führen zur westlichen Klippenküste, wo sich ein hübscher Strand mit Dünen und einigen einfachen Bars befindet. Etwas weiter südlich liegt eine eingezäunte *phönizisch-punische Nekropole*.

▶ **San Giovanni di Sinis**: ungewöhnliches Kirchlein, das sich mit San Saturnino in Cagliari um den Ruhm streitet, der älteste erhaltene Sakralbau Sardiniens zu sein. Erbaut wurde es im 5. Jh. als byzantinische Kuppelkirche, im 11. Jh. wurde es von benediktinischen Mönchen romanisch umgebaut. Eine kürzlich erfolgte Restaurierung hat die Spuren früherer, mit viel Beton unsachgemäß durchgeführter Renovierungen entfernt. Der gedrungene Baukörper mit bescheidener Kuppel, niedrigem Hauptschiff, zwei Seitenschiffen und winzigen Fensteröffnungen wirkt jetzt stilvoll, archaisch und pittoresk zugleich. Innen steht ein barockes Taufbecken mit Fischrelief, sonst ist die Kirche so gut wie leer.

● *Essen & Trinken*: **Casas**, in einer der sandigen Gassen von San Giovanni liegt dieses legendäre Lokal, das jahrzehntelang von den Schwestern Casas geführt wurde. Es war ein Erlebnis, hier zu essen und den großen Ernst und die Gewissenhaftigkeit der beiden zu erleben. Doch nun sind sie im Ruhestand und der neue Besitzer möchte an die alte Tradition anschließen. Ob ihm das gelingt, bleibt abzuwarten. ✆ 0783/370071.

Tharros

Die größte erhaltene phönizisch-römische Hafenstadt Sardiniens. Das weitläufige Trümmergelände zieht sich am östlichen Abhang der Halbinsel zum Ufer hinunter. Da sich der Meeresspiegel gehoben hat, liegen nicht wenige der Ruinen heute unter Wasser.

Erhalten sind hauptsächlich die schulterhohen Grundmauern von Häusern, Thermen und Tempeln aus römischer Zeit, doch dazwischen auch Reste punischer Tempel und ein nuraghisches Dorf, außerdem mehrere große Nekropolen. Einen sehr guten Überblick über das weitläufige Siedlungsgebiet, das sich fast entlang der gesamten Landzunge zieht, hat man vom exponiert stehenden Sarazenenturm *Torre di San Giovanni*. Auf dem Weg dorthin kommt man rechter Hand an Resten der schweren punischen Befestigungsanlagen aus großen Sandsteinquadern vorbei. Vollständig ausgegraben wurde nur ein kleiner Teil der Stadt, direkt östlich unterhalb der Torre.

Die geschützte Lage an der Innenseite der Halbinsel prädestinierte den Ort, wo später Tharros entstand, schon früh für die Anlage eines Hafens. Wahrscheinlich bereits in der **Steinzeit** siedelten hier Menschen und exportierten den wertvollen Obsidian ("schwarzes Gold") vom nahen Monte Arci (→ Campidano) in die umliegenden Regionen des Mittelmeers.

Und auch die **Nuraghier** besaßen auf der Landzunge von San Marco eine Reihe von Siedlungen und trieben von hier aus Seehandel.

Die **Phönizier** setzten sich auf dem Kap im 8. Jh. v. Chr. fest, ob mit Gewalt oder nicht, ist unklar. Bald entwickelte sich eine bedeutende Hafenstadt, in der zahlreiche Waren ex- und importiert wurden, u. a. silberhaltiges Blei aus dem Hinterland der Sinis-Halbinsel im Tausch gegen Metalle aus Spanien und Südfrankreich. Man trieb Handel mit den Etruskern und produzierte qualitativ hochwertigen Goldschmuck. Leider ist der **Hafen von Tharros** im Golf versunken, 1984 entdeckte man weit draußen im Meer eine gewaltige Mole von 120 m Länge, die wahrscheinlich zu den Hafenanlagen gehörte.

Im 3. Jh. wurde Sardinien **römisch**, Tharros wurde von den neuen Herren weiterverwendet und überbaut, verlor jedoch immer mehr an Bedeutung. Bis ins 11. Jh. n. Chr. blieb die Stadt bewohnt, dann zwangen die ständigen blutigen Sarazenenüberfälle die Einwohner zum Umzug landeinwärts ins heutige Oristano. Tharros wurde aufgegeben. Um Baumaterial zu sparen, rissen die Bewohner ihre Häuser ein und nahmen mit, was sie transportieren konnten ("Portan a carrus sas perdas de Tarrus" – auf Wagen schleppten sie die Steine von Tharros). Die verlassene Siedlung wurde von Treibsand und Dünen bedeckt.

Erst 1851 fanden englische Hobbyarchäologen die Stadt im Sand und entdeckten eine Reihe reich ausgestatteter Punier-Gräber. Damit hatten sie das Signal für ein verheerendes "Goldfieber" gegeben. Abenteurer aus ganz Europa und Bewohner der Umgebung durchwühlten binnen kurzem gierig die Dünen – Gräber wurden ausgeräumt, Goldbeigaben eingeschmolzen, alles Verwertbare, das nicht niet- und nagelfest war, verkauft. Die wenigen Reste, die der Plünderung entgingen, sind heute in den Museen von Cagliari und Sassari untergebracht, einiges auch im Antiquarium von Oristano.

Sehr gut erhalten – römische Wasserleitung in Tharros

402 Westsardinien/Arborea

Blick auf die phönizische Ruinenstadt Tharros

Besichtigung

Ein Großteil der weiträumigen Wohnbezirke von Tharros ist noch gar nicht ausgegraben. Lediglich das Stadtzentrum kann man besichtigen und den nördlich sich anschließenden Hügel. Vieles ist allerdings eingezäunt, so dass man manche Bauten nur aus gewisser Entfernung betrachten kann. Unter den Straßen durchziehen überall Wasserkanäle die Siedlung.

• *Öffnungszeiten/Preise*: im Sommer tägl. 9–20, im Winter 9–17.30 Uhr; Eintritt (inkl. Torre di San Giovanni) ca. 4,20 €, von 6–16 und Schül./Stud. die Hälfte. Torre San Giovanni alleine kostet ca. 1,60 €. Führungen auf Italienisch oder Englisch werden im Sommer von 16–20 Uhr durch die **Cooperativa Peninsola del Sinis** angeboten, ✆ 0783/370019.

Stadtzentrum: Sofort nach Eintritt in das eingezäunte Gelände fällt die gepflasterte römische Hauptstraße aus dunklem Basalt auf, der *cardo maximus*. In der Mitte der sehr gut erhaltenen Straße verläuft eine tief liegende Wasserleitung (heute abgedeckt). Die Straße führt vom Stadtzentrum hinauf auf den nördlichen Hügel *Collina su murru mannu* (→ unten). Wenn man in umgekehrter Richtung hinuntergeht, trifft man an einem Platz, in den mehrere kleine Gassen münden, auf eine römische *Zisterne*. In diesem sog. "Wasserschloss" (Castellum aquae) aus dem 2./3. Jh. v. Chr. wurde das vorhandene Wasser gesammelt und verteilt. Der Boden bestand aus Tonplatten. Biegt man hier links ab, kommt man nach wenigen Schritten zum sog. *Pseudoportikus-Tempel* aus dem 4. Jh. v. Chr. Erhalten ist die aus einem einzigen Felsblock bestehende Basis mit herausgemeißelten dorischen Halbsäulen. Linker Hand am Wasser befindet sich eine große Thermalanlage aus römischer Zeit,

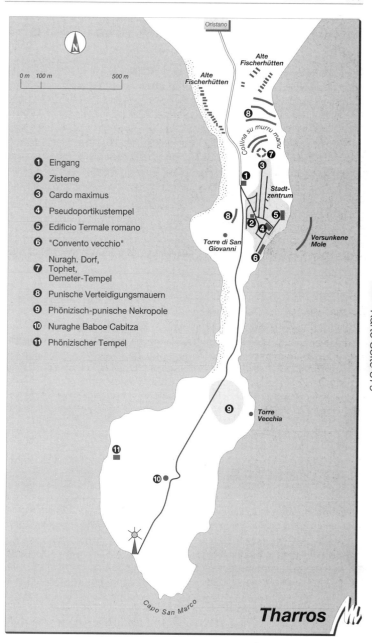

das *Edificio Termale Romano*. Ein frühchristliches Baptisterium (Taufkapelle) und eine kleine mittelalterliche Kirche wurden später hineingebaut, Reste davon stehen noch, u. a. das wannenförmige Taufbecken. Weiter Richtung Süden kommt man an zwei stolz aufgerichteten, jedoch "falschen" Säulen aus Beton vorbei (nur das Kapitell ist echt) und stößt schließlich auf weitere *römische Thermen* namens "convento vecchio", was auf einen späteren Klosterbau schließen lässt. Kurz darauf endet das eingezäunte Ausgrabungsgebiet und man kann hügelaufwärts durch einen ehemaligen *Wohnbezirk* zum Haupteingang zurücklaufen.

Collina su murru mannu: Auf dem Hügel nördlich über der Stadt stand ein punischer Brandopferaltar, ein sog. *Tophet*, wo die Phönizier ihre erstgeborenen Kinder und Tiere dem Gott Baal opferten. Fünftausend Ascheurnen und zahlreiche Bildstelen zum Andenken an die Getöteten hat man hier gefunden, zu sehen ist davon heute nichts mehr. Das Tophet wurde direkt auf den Resten eines *nuraghischen Dorfs* eingerichtet, das noch erhalten ist. Weiterhin stehen hier oben die imposanten Reste der *punischen Verteidigungsmauern*, zu sehen sind außerdem eine römische *Nekropole* und die Grundmauern eines *Demeter-Tempels*, für die teilweise die Bildstelen des Tophet als Baumaterial verwendet wurden.

Torre di San Giovanni: Der Aufstieg zur Plattform lohnt sich wegen des herrlichen Blicks, im Inneren waren beim letzten Check traditionelle Fischerboote ausgestellt.

Übrige Halbinsel: Vom Wachturm führt eine Piste etwa 1,5 km weiter bis zum *Capo San Marco* an der Südspitze der Landzunge. Wenn man hier weitergeht oder -fährt, kommt man etwa 150 m nach dem Turm rechts an einem kleinen Sandstrand mit riesigen Felsbrocken vorbei. Nach dem schmalen Isthmus steigt die Straße zum Kap an. Hier erkennt man seitlich bereits die Felskammern einer *phönizisch-punischen Nekropole*. Zu beiden Seiten der Straße trifft man auf ausgehöhlte Sandsteinfelsen inmitten der Macchia, eine abenteuerliche Szenerie. Hier wühlten im 19. Jh. die Goldsucher herum.
Auf dem Kap vorne steht die Ruine des *Nuraghen Baboe Cabitza*. Hier befand sich wahrscheinlich die *phönizisch-punische Akropolis*. Am westlichen Steilabfall hat man einen *phönizischen Tempel* gefunden. Der Leuchtturm ist Sperrgebiet und darf nicht betreten werden.

Arborea

Wichtigstes Landwirtschaftsgebiet Sardiniens, südlich von Oristano und gleichen Namens wie die gesamte Region. Korn, Weizen, Zuckerrüben, Mais, Gemüse, Reis und Obst werden in großem Maßstab angebaut, dazu wird intensive Viehzucht betrieben.

Zeitweise fühlt man sich wie in der oberitalienischen Poebene – geometrisches Netz von Straßen, Wegen und Kanälen, kilometerlang wie mit dem Lineal gezogen, gesäumt von mächtigen Eukalyptusbäumen und Pappeln, dazwischen mannshohe Maisfelder, grünes Gras, wohl genährte Kühe und ebensolche Bauernhöfe, die Scheuer randvoll mit Stroh ...

Arborea 405

Für die Bewohner von Oristano ist die Arborea heute ein beliebtes Ausflugsziel. Hochstämmiger Pinienwald und lange weiße, aber ungepflegte Sandstrände begrenzen die Kornkammer zum Meer hin. An Wochenenden sind die wenigen Lokale am Strand restlos überlaufen, die ausgedehnten Bretterbudensiedlungen fungieren als Ferienhäuschen.

Nachdem die ehemaligen großen Korkeichenwälder im Flachland südlich von Oristano von den spanischen Eroberern rigoros abgeholzt worden waren, erstreckte sich hier bis in unser Jahrhundert ein ausgedehntes **Seen- und Sumpfgebiet**, in dem auch die Malariamücke nistete (sie konnte erst nach dem Zweiten Weltkrieg von der amerikanischen Rockefeller-Stiftung ausgerottet werden). Erst zu Beginn der zwanziger Jahre begann man sich der landwirtschaftlichen Möglichkeiten bewusst zu werden – die **Trockenlegung** der Stagni, verbunden mit der Anpflanzung von Pappeln und Eukalyptus (entziehen dem Boden Feuchtigkeit) und der Umleitung bzw. kontrollierten Kanalisierung von Wasserläufen wurde der erste Schritt zur Urbarmachung des Brachlands. In der faschistischen Mussolini-Ära setzte man diese Bemühungen fort und zog ersten Nutzen aus dem neu gewonnenen Boden. **Oberitalienische Auswanderer** wurden als Bauern angesiedelt, das heutige Städtchen Arborea (damals "Mussolinia di Sardegna") wurde gegründet. Den Landwirten wurden damals jeweils mehrere Hektar Land verpachtet, die allmählich in ihren Besitz übergehen sollten. Dass dabei in erster Linie norditalienische Siedler herangezogen wurden, war und ist leider noch typisch für die italienische Haltung zu Sardinien und den Sarden. Kein Wunder, dass man gerade hier allenthalben auf politisch motivierte Murales stößt.

Arborea

Üppige Vorgärten, schnurgerade Gassen (mit Nummern, nicht mit Namen bezeichnet), die Häuser wie in Norditalien, überall kräftiger Rasen, der Kirchplatz von Blumen übersät – Arborea ist ein Fremdkörper innerhalb der oft spröden, grauen Architektur Sardiniens. Viele der Häuser stammen noch aus Mussolinis Zeiten, das Ganze erinnert zeitweise an Fertilia, das eine identische Geschichte aufweist (→ Alghero). Die *Piazza Maria Ausiliatrice*, unmittelbar an der Durchgangsstraße, ist das Aushängeschild von Arborea. Hübsche, bunt bemalte Kirche mit Palmen, die Parkanlage gleicht einem botanischen Garten, abends flaniert hier die halbe Stadt auf und ab. Touristisch ist Arborea trotzdem nur reine Durchgangsstation.

▸ **Strände vor Arborea**: feinsandig und so weit das Auge reicht, allerdings saisonal mit Algenanschwemmungen und Müll. Stichstraßen führen zum Meer und sind durch eine Straße verbunden, die parallel zur Küste verläuft. Südlich der Stadt liegt an der Stichstraße Nr. 24 das große Bungalowhotel *Ala Birdi* mit angeschlossenem Reiterhof in der Pineta. Nördlich von Arborea mündet die Straße Nr. 26 an einem Parkplatz und dem Strandrestaurant *Il Canneto*, das an Wochenenden von Einheimischen gut besucht wird.

● *Übernachten*: *** **Ala Birdi**, Bungalows unter schattigen Bäumen, im modernen Haupthaus gepflegte Zimmer. Beliebt für Reiterferien, aber auch zum Strand sind es nur wenige Meter. HP je nach Saison ca. 58–95 € pro Person. ✆ 0783/801083, ✆ 801086, www.mondo.it/alabirdi.

** **Il Canneto**, einige wenige Zimmer direkt am Strand (Straße Nr. 26). DZ mit Bad ca. 42–53 €, mit Etagendusche ca. 37–42 €, Frühstück ca. 4,50 €/Pers. ✆ 0783/800561.

*** **Camping s'Ena Arrubia**, Anfahrt beschildert (Straße Nr. 29), großer Platz im schönsten Teil der Pineta, bizarre Pinien mit weit

406 **Westsardinien/Arborea**

ausladenden Kronen, unmittelbar am gut 2 km langen Sandstrand. Wenige Ausländer, hauptsächlich Sarden, viele Holzbungalows und Wohnwagen in Dauerstellung. Schöne, ebene Stellplätze. Geräumige Sanitäranlagen (heiße Duschen mit Zeitbe-

schränkung). Hartplätze für Handball, Fußball und Tennis. Der Strand breit, völlig ohne Schatten, viele Algen. Im Ristorante wachsen zwei riesige Pinien durchs Dach. Pro Person 4,30–7,50 €, Stellplatz 6–8,50 €. Ganzjährig geöffnet. ☎/✆ 0783/802011.

▸ **Marceddi:** kleines Fischereidorf am äußersten Südende der Arborea. Flache lang gestreckte Häuschen in der Pineta, ein Fischrestaurant, eine Bar – viel Ruhe. Eine tief ins Land reichende Lagune trennt Marceddi vom südlich sich anschließenden Capo di Fresca. Auf einer Staumauer können PKW nach Sant'Antonio di Santadi hinüberfahren, für Wohnmobile ist sie zu schmal (→ S. 422).

Oristano/Hinterland

Tirso-Ebene

Üppig grün, mit weiten Acker- und Weideflächen. Feigenkakteen und Schilf begrenzen Felder, auf denen Vernaccia-Reben, Apfelsinen und Zitronenbäume wachsen.

Die Dörfer sind reine Agrarsiedlungen, in denen oft die überdimensionalen Kirchbauten auffallen (San Vero Milis). Schlichte, flache Häuser, oft aus sattbraunen Lehmziegeln – allein schon wegen der Häufigkeit dieses Baumaterials im Tirso-Tal. Weiterhin vorherrschend rötlicher Trachyt, vor allem in den Siedlungen im östlich sich anschließenden Bergland, z. B. Fordongianus und Busachi. Tourismus kaum vorhanden, einsame Straßen.

Interessante Route: von Oristano den Tirso hinauf, über Solarussa nach *Fordongianus* (heiße Thermen) und weiter zum mächtigen *Lago Omodeo* (Tirso-Stausee) mit diversen lohnenden Zielen.

▸ **Massama:** Die Pfarrkirche zeigt sich als Schmuckstück ganz aus verschiedenfarbigem Trachyt und verschiedenen Baustilen, mit der Palme am Vorplatz beinahe afrikanische Impressionen. Links daneben das kleine vorromanische *Oratorio delle Anime* mit einem auf Sardinien ungewöhnlichen Grundriss in Form eines T mit aufgesetzter runder Apsis – vielleicht ein Werk christlicher Flüchtlinge von der islamisch besetzten iberischen Halbinsel.

▸ **Solarussa:** Aufpassen – am Ortsausgang Richtung Fordongianus (kurz vor der Bahnlinie links auf einem Hügel) schöne kleine *Pisanerkirche* aus schwarzem Trachyt, umgeben von niedrigem Mauerring mit hübsch geformtem Portal.

Bald hinter Solarussa abruptes Ende des urbar gemachten Landes. In Zerfaliu rechts abzweigen, in sanften Serpentinen führt die Straße ins schroffe Bergland der beginnenden Barbagia, weite Rückblicke.

▸ **San Lussorio:** schöne Pisanerkirche aus verschiedenfarbigem Trachyt, kurz vor Fordongianus rechter Hand (beschildert), erbaut im 12. Jh. zu Ehren des Märtyrers Lussorio. In der Krypta sind noch alte Mosaiken erhalten.

Fordongianus

Ehemaliger Stützpunkt der Römer gegen die Aufständischen der Barbagia, damals "Forum Traiani" genannt, woraus sich der heutige Name entwickelte, malerische Lage am Tirso. Am Weg zum Flussufer die Trachytkirche *San Pietro* mit Spitzbogenfenstern und Rosette. Gleich benachbart die *Casa Aragonese* (sardisch: Casa Madeddu), ein spanisches Adelshaus aus dem 16. Jh. Der harmonische Bau mit katalanischen Bogenfenstern und schlanken Säulen, die das Vordach tragen, wurde bis vor wenigen Jahren als Bücherei genutzt. Nun steht er leer, kann aber besichtigt werden. Geplant ist die Einrichtung eines Museums.

Die berühmten *Terme Romane* finden sich unmittelbar am üppig bewachsenen Flussufer – schöne Lage am grünlich schimmernden Wasser, Badewannenatmosphäre zwischen alten Gemäuern. Schon die alten Römer aalten sich im schwefeldurchsetzten Wasser, das hier 54 Grad heiß in den Tirso sprudelt, bevor sie auf "Banditenjagd" gingen. Heute sind die Zeiten, da sich die Dorfjugend, wie noch in den Achtzigern üblich, in den Steinbecken zwischen halb verfallenen Arkadengängen tummelte, vorbei, doch die Frauen kommen wie eh und je zum Wäschewaschen, allerdings an einem Becken etwas außerhalb des Geländes.

• *Öffnungszeiten/Preise*: **Casa Arago-nese & Terme Romane** – im Sommer tägl. 9.30–12.30, 15–19 Uhr (im Winter 14.30–17 Uhr), Casa Aragonese Mo geschl.; Eintritt (für beide gültig) ca. 2,60 €.

Geführte Rundgänge mit einem Bad in einer Thermalanlage des 19. Jh. bietet die Kooperative **Forum Traiani**, ✆/📠 0783/ 60157, www.forumtraiani.it.

▶ **Castello Medusa:** Südlich von Fordongianus kann man Samugheo ansteuern, das wie Busachi für die Fertigung von Textilien bekannt ist. Noch weiter südlich liegt die Ruine des *Castello Medusa*, zu erreichen auf einer Piste, die in Asuni von der Hauptstraße abzweigt. Das Kastell liegt wildromantisch an der Schlucht des Riu Araxis, wahrscheinlich war es einst ein Vorposten der römischen Garnison Fordongianus und wurde später vom Judikat Arborea genutzt.

Östlich von Fordongianus hat sich der Tirso tief ins weiche Kalkgestein gegraben, Steinbrüche sorgen für die Verwertung. Man verlässt hier die Arborea und kommt ins Mandrolisai, eine bergige Randzone der Barbagia.

▶ **Busachi:** großes, zweigeteiltes Dorf weit oben am Hang. Ein Schmuckstück ganz aus rotem Trachyt, verwinkelte Gässchen, die Umgebung mit Korkeichen dicht bewachsen. Mit großer Selbstverständlichkeit tragen die älteren Einwohner auch heute noch alltags ihre traditionellen Trachten. Ein farbenprächtiger, ungewöhnlicher Anblick. Kein Wunder also, dass sich ein *Museo del Costume e del Lino* in Busachi etablieren konnte. Die farbenprächtigen Trachten und ihre Herstellung sind eingehend thematisiert, ebenso die althergebrachte Produktion von Webstoffen aller Art.

Öffnungszeiten/Preise: **Museo del Costume e del Lino** – Di, Do und Sa 16.30–19 Uhr, So 10.30–12.30, 16.30–19 Uhr; Eintritt ca. 2,60 €, bis 14 die Hälfte. Falls geschl., Auskünfte unter ✆ 0783/62456.

• *Übernachten/Essen & Trinken*: **Su Crecco**, Agriturismo von Raimondo Frau bei Ortueri, ca. 15 km östlich von Busachi. Auf Vorbestellung liebevoll bereitetes Essen mit vier

Gängen, Wein, Kaffee, Käse, Dolce und Grappa für ca. 18 € pro Person. Drei DZ mit Bad, HP ca. 35 € pro Person. ✆ 0784/ 66310.

Lago Omodeo

Das schlauchförmige, gut 20 km lange Gewässer ist der größte Stausee Italiens. Zwei gewaltige Mauern stauen hier inmitten wilder Berglandschaft seit Anfang der zwanziger Jahre den Oberlauf des Tirso – erst seit dieser Zeit ist im Golf von Oristano intensive Landwirtschaft ohne Überraschungen durch Überschwemmungen bzw. Trockenperioden möglich. Mittlerweile baut man an einer weiteren Mauer.

Von Busachi führt die Straße über den südlichen Staudamm (70 m hoch, 280 m lang), im Sommer erkennt man an den felsigen Ufern den extrem niedrigen Wasserstand. An der Westseite schöne Uferstraße Richtung Norden. Rundum viel Waldbestand.

▸ **Tadasuni**: kleiner Ort oberhalb vom nördlichen Staudamm. Bei einschlägigem Interesse lohnt unbedingt der Besuch des *Museo degli Strumenti Musicali* in der Via Adua 7. Der örtliche Pfarrer Don Giovanni Dore hat hier in Jahrzehnten eine mehrere hundert Stücke unfassende Sammlung von sardischen Musikinstrumenten zusammengetragen – ethnologisch ungemein wertvoll, da sie neben den bekannten "launedde" noch zahlreiche andere unbekannte Instrumente enthält, die der Nachwelt sonst wohl sang- und klanglos verloren gegangen wären.

Öffnungszeiten/Preise: **Museo degli Strumenti Musicali** – April bis September Mo–Fr 9–12, 16–18 Uhr, allerdings nur nach Voranmeldung unter ✆ 0785/50113. Italienischkenntnisse sinnvoll.

▸ **Zuri**: sicher das ungewöhnlichste Dorf am bzw. im See. Der ganze Ort verschwand 1922 wegen des neu angelegten Stausees unter dem Wasserspiegel – im Sommer sieht man bei niedrigem Wasserstand noch die Dächer. Später wurde der Ort weiter oben völlig neu errichtet, nur das kleine Kirchlein *San Pietro* aus dem 13. Jh. trug man vollständig ab und baute es oben wieder auf. Die Kirche mit ihrer leuchtend roten Trachytfassade und einem Portal mit gemeißeltem Figurenfries von Baumeister Anselmo di Como ist von einer Hand voll niedriger Häuser umgeben, die sich um einen runden Platz hoch über der Wasserfläche gruppieren. Es herrscht ruhige, weltferne Atmosphäre, bei klarem Wetter hat man einen großartigen Blick bis zum Gipfel des Supramonte. Geplant ist in Zuri ein *Museo Paleo-Botanico* mit Relikten eines versteinerten Waldes, der ebenfalls im Stausee verschwunden ist.

Ghilarza

Die Stadt aus schwarzem Trachyt ist einen kurzen Aufenthalt wert, weil hier Antonio Gramsci aufwuchs, einer der bedeutendsten Theoretiker der Kommunistischen Partei Italiens.

Die Faschisten Mussolinis machten ihm 1927 den Prozess, woraufhin er die letzten neun Jahre bis zu seinem Tod im Gefängnis bzw. in bewachten Kliniken verbringen musste. Mit 46 Jahren starb er. Seine Familie wohnt z. T. heute noch in Ghilarza.

Antonio Gramsci: Vordenker des italienischen Kommunismus

1891 in Ales (→ S. 416) südöstlich von Oristano geboren, lebt er vom 8. bis zum 17. Lebensjahr in Ghilarza. Er besucht hier die Volksschule und im nahen Santu Lussurgiu das Gymnasium. Als Antonio neun Jahre alt ist, verliert sein Vater, ein Provinzbeamter, wegen angeblicher Unterschlagung seine Stellung samt Gehalt. Fortan lebt die Familie in Armut, Antonio muss bereits mit zwölf Jahren bis zu zehn Stunden täglich arbeiten. In dieser schweren Zeit liegen wohl die Wurzeln für seine sozialkritischen Ideen.

1911 macht er sein Abitur in Cagliari. Er bewirbt sich erfolgreich für ein Stipendium an der Turiner Universität und schreibt sich in Literaturwissenschaften ein. Doch hat er kaum genug Mittel zum Leben, leidet unter Erschöpfungszuständen und Krankheiten und bricht 1915 das Studium ab. Nicht zuletzt weil er in *Turin*, dem Standort der Fiat-Werke und der bedeutendsten Industriestadt Italiens, die Arbeiterklasse in ihrer vollen Stärke kennen lernt, ist er bereits 1913 der *Sozialistischen Partei Italiens* (PSI) beigetreten. Fortan arbeitet er als Journalist bei zwei Zeitschriften und initiiert durch seine Artikel über Arbeiterdemokratie das Entstehen der Arbeiterräte in den Turiner Fabriken. Die russische Revolution (1917) übt nachhaltige Wirkungen aus, Barrikadenkämpfe der Arbeiter werden vom Militär blutig niedergeschlagen. Dabei ist nicht zuletzt auf Gramscis Wirken zurückzuführen, dass die berühmte sardische *Brigata Sassari* kurz vor den entscheidenden Auseinandersetzungen abkommandiert werden muss, da die militärische Leitung ihrer Kampffreudigkeit nicht mehr traut. In den folgenden Auseinandersetzungen um die richtige sozialistische Taktik spaltet sich die PSI. Gramsci gehört zum Zentralkommitee der neuen *Kommunistischen Partei Italiens* (PCI). Die folgenden Jahre sind u. a. vom Kampf gegen die Faschisten geprägt, die beginnen, das politische Leben in Italien durch Terror zu beherrschen. Gramsci geht als Vertreter der PCI für zwei Jahre zum Exekutivkommitee der Komintern nach Moskau. Wegen schwerer Nervenstörungen muss er in ein Sanatorium. 1924 wird er ins italienische Parlament gewählt und kehrt nach Italien zurück. Doch der im Kampf um die Macht in Italien entscheidende Zusammenschluss von PSI und PCI scheitert, die Faschisten Mussolinis kommen an die Regierung. Nach der Gleichschaltung der Justiz und vorbereitenden Sondergesetzen werden die Oppositionsparteien aufgelöst und im November 1926 die führenden Köpfe der Kommunistischen Partei verhaftet, unter ihnen Gramsci. Nach über einjähriger Verbannung auf die Insel Ustica bei Palermo, wird Gramsci im Juni 1928 zu zwanzig Jahren, vier Monaten und fünf Tagen Gefängnis verurteilt. Mussolinis berühmter Ausspruch dazu: *"Wir müssen diesem Gehirn für zwanzig Jahre untersagen zu funktionieren."*

Im Gefängnis von Turi bei Bari (Süditalien) beginnt Gramsci sein Hauptwerk, die *"Quaderni del Carcere"* (Gefängnishefte), 33 handgeschriebene Hefte. Sein labiler Gesundheitszustand ist allerdings bereits völlig zerrüttet, er kämpft mit Gicht, Tuberkulose, Angina Pectoris und Nervenleiden. Die Schikanen der Wächter tun ein Übriges. 1933 wird er in eine Privatklinik bei Neapel verlegt, 1935 in eine Klinik nach Rom. Wenige Tage vor seinem Tod wird er freigelassen und stirbt mit 46 Jahren am 27. April 1937 in Rom. Er liegt auf dem dortigen englischen Friedhof begraben.

410 Westsardinien/Arborea

Die *Casa di Antonio Gramsci* liegt an der Hauptstraße, Corso Umberto 57. In den wenigen Räumen ist aus Dokumenten und Kopien eine Biographie Gramscis zusammengestellt, außerdem wurden die Erstausgaben seiner Bücher in allen Sprachen und wissenschaftliche Literatur zusammengetragen, die sich mit ihm und seinen Schriften beschäftigt. An einer Wand ganz groß reproduziert sein letzter Brief, bevor er für neun Jahre ins Gefängnis ging (*"carissima Mama ..."*). Seine Zelle in Turi bei Bari, wo er fünf Jahre verbrachte, ist in Originalgröße nachgebaut. In seinem ehemaligen Schlafzimmer im oberen Stockwerk findet man das Bett, in dem er von 1898–1914 schlief, außerdem einige bescheidene Habseligkeiten – Brille, Haarbürste, Gabel, Löffel, Messer. Ein Foto zeigt, wie er in der Haft dick und aufgedunsen wurde. Wenige Tage nach seiner Freilassung starb er.

Gramsci als Theoretiker des italienischen Wegs zur Revolution ist bei dogmatischen Marxisten bis heute umstritten. Seine These: Die Revolution in einem hochentwickelten Industrieland wie Italien muss einen grundsätzlich anderen Weg gehen als im rückständigen, vorwiegend agrarisch strukturierten Zarenreich. Bei seiner Analyse der italienischen Verhältnisse ging er vom **Nord-/Südgegensatz Italiens** aus und forderte das Bündnis der norditalienischen Arbeiterklasse mit den süditalienischen Bauern (zu denen auch das unterentwickelte Sardinien gehört).

Eine zentrale Rolle spielen in seiner Theorie die **"Intellektuellen"**, die vor allem im Süden den größten Teil der (korrupten) Beamtenschaft stellen und eine Vermittlerrolle zwischen Bauern und Großgrundbesitzern (bzw. der von diesen abhängigen Verwaltung) einnehmen. Fest eingebunden in die bestehenden Machtverhältnisse verachten sie als Mitglieder der Klasse der sog. **Dorfbourgeoisie** (kleiner und mittlerer Grundbesitz) die Bauern als Arbeitstiere. Diese intellektuelle Schicht muss sich aus ihrer Funktion als Zement bestehender Herrschaftsverhältnisse lösen und sich auf den Klassenkampf des revolutionären Proletariats konzentrieren. Um das zu bewerkstelligen, ist eine umfassende Neuorientierung in kultureller, geistiger und moralischer Hinsicht dieser Intellektuellen als Ganzes notwendig. Dies wiederum wird durch einzelne Denker, Gruppen, Zeitschriften bewirkt, die das **städtische Proletariat** als "Hauptperson der neuzeitlichen italienischen Geschichte" erkannt haben. **Die Partei** als kollektiver Intellektueller wird letztendlich das Instrument dieser Strategie.

● *Öffnungszeiten/Preise*: **Casa di Antonio Gramsci** – tägl. 9.30–12.30, 16–19 Uhr; Eintritt frei. Melden Sie sich aber besser vorher an (✆ 0785/54164) oder fragen Sie, falls geschlossen, in den benachbarten Geschäften.

● *Übernachten*: **** Su Cantaru**, Via Monsignor Zucca 2, hübsch und ruhig am Ortsende in Richtung See, freundlich geführt. DZ mit Frühstück ca. 55–58 €. ✆ 0785/54523, ✉ 54523.

Stellplatz für Wohnmobile ist ab Schnellstraße ausgeschildert (aus Süden kommend, zweite Abfahrt "Ghilarza" nehmen). Nicht ganz leicht zu finden, im Zweifel den Schildern "Ospedale" folgen.

Sedilo

Dorf am Nordende des Lago Omodeo. Etwa 1 km außerhalb steht oberhalb vom Seeufer die Kirche *Sant'Antine*. Die schmucklose, ummauerte Anlage am flachen Hang ist allerdings eher Rennbahn als Sakralstätte, denn alljährlich vom 6.–7. Juli wird hier *s'Ardia*, das bekannteste Reiterfest Sardiniens ausgetragen: zum Gedenken an den Sieg Kaiser Konstantins an der Milvischen Brücke eine wilde Hatz vom Dorf zur Kirche – innerhalb der Anlage sind das Jahr

SS 131 von Oristano bis Abbasanta 411

Abseits der Touristenrouten – weidende Kühe bei Sedilo

über überall Spuren des niedergetrampelten Parcours zu erkennen. Zu dem Fest kommen die Sarden von weither und feiern in den Pilgerzellen *(cumbessias)* um die Kirche.

Im Jahr 312, in der Nacht vor der entscheidenden Schlacht gegen den Konkurrenten **Maxentius**, erschien dem späteren **Kaiser Konstantin** im Traum ein Engel und forderte ihn auf, seine Reiterei unter dem Zeichen des Kreuzes antreten zu lassen ("Unter diesem Zeichen wirst du siegen! – In hoc signo vinces"). Dies tat er, und der Sieg gelang – deshalb die rauen martialischen Reiterspiele ihm zu Ehren. Doch die Ursprünge gehen wahrscheinlich bis in vorchristliche Zeiten zurück.

Santuario di San Constantino (= Sant'Antine): *"per grazia ricevuta"* – zur Danksagung – ist die Kirche innen über und über mit Geschenken und Votivbildern geschmückt: naiv-bildliche Darstellungen von schrecklichen Unfällen, bei denen der Danksagende gerade noch einmal davongekommen ist, ein Kind, das im Sterben lag und wieder genesen ist ... Der heilige Konstantin, dargestellt als prächtiger Reitersmann mit Fahne, gilt als Schutzpatron bei Unfällen und Retter aus tiefer Not.

Auf der SS 131 von Oristano bis Abbasanta

Die Schnellstraße *Carlo Felice* ist in jeder Richtung zweispurig ausgebaut. Das rasche Zurücklegen größerer Strecken ist bequem möglich. Auf der *SS 131 dir.*, die bei Abbasanta abzweigt, kann man in kurzer Zeit von der West- zur Ostküste gelangen bzw. umgekehrt.

412 Westsardinien/Arborea

▸ **Santa Cristina**: bedeutende archäologische Ausgrabung und uralte Kultstätte direkt an der Carlo Felice, 5 km südlich von Paulilatino (beschildert), bei Km 114. Vom Parkplatz mit einer gemütlichen Bar kommt man zunächst zur kleinen Kirche *Santa Cristina* (12. Jh.), umgeben von niedrigen *cumbessias* (Pilgerzellen), die im Mittelalter dem Kamaldulenserorden gehörten. Am zweiten Sonntag im Mai wird hier die hl. Cristina gefeiert, am vierten Sonntag im Oktober der Erzengel Raffael.

Rechts hinter den Häusern verstecken sich unter Oliven die Ruinen eines *Nuraghendorfs* – ein eintürmiger Nuraghe ist gut erhalten, eine Nuraghenhütte wurde wiederaufgebaut, ca. 14 m lang, oval, mit Dach. Mit etwas Phantasie kann man auch noch andere der charakteristischen Rundbauten erkennen.

Das einsame Prachtstück von Santa Christina ist jedoch das ebenfalls nuraghische *Brunnenheiligtum* (Pozzo Sacro), etwa 100 m nördlich vom Picknickplatz. Erbaut etwa um 1000 v. Chr. handelt es sich dabei in der Hauptsache um einen trapezförmig gemauerten Einlass in die Erde, der etwa 7 m tief zu einem Brunnenraum führt. Der Zustand des Monuments ist dabei so ausgezeichnet und die Bauweise so exakt, dass man mehr als verblüfft ist. 25 Stufen führen zwischen fein säuberlich abgeschrägten Basaltquadern hinunter in die wassergefüllte Brunnenkuppel, die sich zu einem Lichtloch an der Spitze elegant verjüngt.

● *Öffnungszeiten/Preise*: Frühling und Sommer tägl. 8.30–23 Uhr, übrige Zeit 8.30–21 Uhr; Eintritt ca. 3,10 €, 6–13-Jährige 1,60 € (gilt auch für das Museum in Paulilatino). Betreut wird Santa Cristina von der Kooperative **Archeotour**, ✆ 0785/55438, www.archeotour.com. In der Bar am Eingang kann man nach einem Führer durch die Anlage fragen.

▸ **Paulilatino**: malerische Lage auf einem Hügel an der Schnellstraße. Das *Museo Archeologico Etnografico* im Palazzo Atzori zeigt in insgesamt 14 Räumen im Erdgeschoss Fundstücke aus Santa Cristina und anderen Nuraghen der Umgebung, im ersten und zweiten Stock sardisches Brauchtum. Einen Besuch wert ist außerdem die *Holzwerkstatt* von Francesco Demurtas in der Via Cavour 6.

Öffnungszeiten/Preise: Di–So Frühling 9–13, 15.30–18.30 Uhr, Sommer 9–13, 16.30–19.30 Uhr, Herbst/Winter 9–13, 15–17.30 Uhr, Mo geschl; Eintritt inbegriffen im Besuch von Santa Cristina.

Altopiano di Abbasanta

Hochebene am Rand des Lago Omodeo. Karge Vegetation, aber überreich an prähistorischen Überresten. Mehrere Nuraghenfestungen schirmten das Hochland gegen die südliche Campidano-Ebene ab. Von Santa Cristina aus sind sie auf Fußwegen zu erreichen. Nicht versäumen sollte man den Nuraghen Losa.

▸ **Nuraghe Losa**: am Kilometer 124 der SS 131, direkt an der Auffahrt der SS 131 dir., wenige Kilometer südlich von Abbasanta. Einer der attraktivsten und besterhaltenen Nuraghen Sardiniens. Sein 13 m hoher Mittelturm ist zweischossig und nach oben offen, von der Terrasse hat man einen umfassenden Blick über die Ebene. Umgeben ist er von drei kleineren Wehrtürmen. Ein Befestigungsring mit weiteren Türmen umschließt die Anlage und das umliegende nuraghische Dorf. Erläuterungen und Fundstücke findet man im angeschlossenen Antiquarium.

Öffnungszeiten: im Sommer tägl. 9–20 Uhr; Eintritt frei. Informationen unter ✆ 0785/54823.

▸ **Abbasanta**: größeres Dorf mit Bahnstation, hier aussteigen, wenn man den Nuraghen Losa oder das Geburtshaus von Antonio Gramsci im benachbarten *Ghilarza* besuchen will (→ oben).

Ottana

Größerer, aber weitgehend unscheinbarer Ort unmittelbar südlich der Schnellstraße SS 131 dir., die von Oristano kommend bei Abbasanta nach Nuoro abzweigt, etwa 16 km ab Sedilo am Nordende des Lago Omodeo. Einen kurzen Stopp wert ist die schöne Kathedrale *San Nicola* aus schwarzem Trachyt direkt an der Hauptstraße, im linken Querschiff ein wertvolles Altarbild aus dem 14. Jh. (Innenraum jedoch meist verschlossen).

Eine sog. "Kathedrale in der Wüste" steht auf der anderen Seite der Schnellstraße – auch bei rascher Durchfahrt unübersehbar sind die rotweißen Schlote der berüchtigten *Kunststofffaserfabrik von Ottana*.

1968 wählten Industrieplaner vom Festland den kleinen Ort im Herzen Sardiniens als Standort für ein petrochemisches Riesenprojekt. Man klotzte eine **Kunststofffaserfabrik** in die dünn besiedelte Region – ein Projekt, das den beteiligten Baufirmen wohl den erhofften Aufschwung brachte, ansonsten aber von vorneherein zum Scheitern verurteilt war. Eine traditionell agrarisch strukturierte Gesellschaft mit Schaf- und Viehzucht als Standbeinen lässt sich nicht von heute auf morgen ins Industriezeitalter katapultieren – vor allem nicht, wenn die avisierten Pläne augenscheinlich den Bankrott bereits miteinplanen. Die **SIR** (Società Italiana Resine) unter ihrem Firmenchef Rovelli ließ sich nämlich den Aufbau Ottanas kräftig mit öffentlichen Mitteln und billigen Krediten versüßen. Wahrscheinlich war dem Konzern von Anfang an klar, dass Ottana mit seinem ungünstigen Standort fern der eingespielten Handelswege nicht konkurrenzfähig würde sein können. Die Milliarden, die hier mehr oder minder verpulvert wurden, wären in der Agrarwirtschaft besser angelegt gewesen. Ottana steht heute zwar nicht direkt vor der Pleite, doch von den

San Nicola –
Kirche aus schwarzem Trachyt

gut 12.000 geplanten Arbeitsplätzen (ehemaliger Slogan: "Arbeit für alle") sind nicht einmal mehr 2000 besetzt – für diverse Spezialaufgaben müssen sowieso Fachkräfte vom Festland eingestellt werden.

Campidano

Die breite Ebene von Oristano nach Cagliari ist touristisch kaum von Bedeutung, die gut ausgebaute Schnellstraße "Carlo Felice" verleitet zur raschen Durchfahrt. Für die Sarden ist sie als Korn- und Obstanbauregion dagegen eminent wichtig.

Südlich von Oristano beginnt das Campidano mit den ehemaligen Sumpf- und Malariagebieten der *Arborea*, die in intensiv kultivierte Felderwirtschaft nach norditalienischem Muster verwandelt wurde (→ Oristano). Aber schon wenige Kilometer weiter ist der Gluthauch von Afrika spürbar. Auch die Vegetation mit Dattelpalmen und Agaven deutet in diese Richtung. Ausgedehnte Felder mit diversen Getreidearten, Gemüse, Wein und Obst, staubige Straßen und Landwirtschaftsdörfer verlocken zunächst kaum zum Aufenthalt.

Trotzdem sind gerade die Dörfer es wert, etwas Zeit zu investieren, vor allem in den bergigen Randgebieten, die zwar streng genommen bereits zur *Marmilla* gehören, aber von der Campidano-Ebene schnell zu erreichen sind. So gibt es eine ganze Reihe interessanter Museen (*Uras, Villanovaforru, Sanluri*), einige stilvolle romanische Kirchen (*San Gemiliano* in Samassi, *San Gregorio* in Sardara, *San Giovanni* in Assemini), verstreut liegen zudem verschiedene Reste von Nuraghendörfern und mittelalterlichen Festungsanlagen, z. B. die bedeutende Nuraghenburg *Genna Maria* und das *Castello di Monreale* (beide Nähe Sardara). Lohnend ist außerdem ein kurzer Besuch in *San Sperate*, 5 km westlich der Schnellstraße, wo die Murales-Bewegung ihren Anfang hatte und heute der wohl bedeutendste zeitgenössische Bildhauer Sardiniens samt Steinmetzkooperative arbeitet.

- *Orientierung*: Die breite Ebene des Campidano trennt den bergigen Südwesten vom Rest Sardiniens.
- *Verbindungen/Straßen*: Dominierend sind Bahnlinie und Schnellstraße von Oristano nach Cagliari.
- *Übernachten*: Es gibt **Hotels** in Villanovaforru, Sardara, Sanluri und Assemini, einen **Campingplatz** bei Pau am Monte Arci.

Von Oristano nach Cagliari

Monte Arci

Ehemaliger Vulkan im nördlichen Campidano, zwischen Oristano und der Giara di Gesturi, unmittelbar östlich der Carlo Felice. Zwei Gipfel ragen mehr als 800 Meter auf – Trebina Lada (795 m) und Trebina Longa (812 m).

In der Jungsteinzeit war der Berg das wichtigste Schürfgebiet für *Obsidian* im westlichen Mittelmeer. Aus diesem tiefschwarzen, harten und glasähnlichen Stein stellten die damaligen Bewohner erste Werkzeuge und Waffen her, das Rohmaterial wurde bis Korsika, Italien und Südfrankreich exportiert.

Monte Arci 415

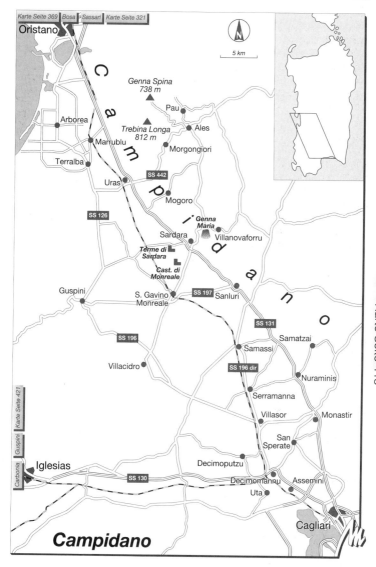

Auch heute findet man an den dicht mit Steineichen, Erika und Mastix bedeckten Hängen noch überall Obsidian. Füchse, Wildschweine und viele Vogelarten leben hier. Erst vor kurzem wurde der Monte Arci als geschützter Naturpark ausgewiesen.

416   Westliches Innersardinien/Campidano

Von der Carlo Felice schlängelt sich südlich von Uras eine Asphaltstraße über Morgongiori und Ales an der Südflanke entlang – weite Hügelflächen mit Kornfeldern, schöner Blick auf die Giara di Gesturi.

> **Hinweis:** Der schöne Bergcamping Senniscеddu oberhalb von Pau, der mehrere Jahre lang von der Cooperativa Turistica Sinis (→ Camping Nurapolis, S. 381) geführt wurde, ist derzeit wegen Streitigkeiten mit der Gemeinde leider geschlossen.

▶ **Morgongiori:** Hier führt eine Aussichtsstraße einige Kilometer hangaufwärts in Gipfelnähe der Punta Trebina Longa. Im Ort gibt es ein *Museo Vivente dell'Arte Tessile*, das sich mit der traditionellen Weberei beschäftigt.
Öffnungszeiten/Preise: **Museo Vivente dell'Arte Tessile** – Di–So 9.30–12.30, 16.30–20 Uhr, Mo geschl.; Eintritt ca. 2,60 €.

▶ **Ales:** Hauptort der Marmilla und früherer Bischofssitz, nettes Städtchen mit schönen alten Palazzi im Zentrum. 1891 wurde hier Antonio Gramsci geboren, der wohl bedeutendste Theoretiker der Kommunistischen Partei Italiens (→ Ghilarza). 1977 gestaltete der Bildhauer Giò Pomodoro am westlichen Ortseingang eine kleine Platzanlage, die mit moderner Symbolik an Gramsci erinnert. Zur großen, etwas erhöht gelegenen *Kathedrale* (17. Jh.) mit zwei Türmen und Kuppel aus Majolikacheln führt eine schnurgerade Gasse, an der das *Geburtshaus Gramscis* steht (Nr. 16, mit Tafel).
Vor dem westlichem Ortseingang führt eine 11 km lange Panoramastraße (beschildert: Aqua frida) auf die *Genna Spina* (738 m), oben Militärstation.

Ziele entlang der Superstrada Carlo Felice

▶ **Uras:** Dieses große Dorf direkt an der Schnellstraße lohnt einen Abstecher wegen des einzigartigen *Museo Mineralogico e Paleontologico* in der Via Roma 7 (beschildert). In Eigenregie und jahrzehntelanger Kleinarbeit hat sich der Besitzer dem "Studium der Steine" gewidmet und alle Gesteine der Insel, dazu viele Fossilien gesammelt und hier in langen Regalen zur Ausstellung gebracht. Eine ungewöhnliche und anregende Ausstellung.
Öffnungszeiten/Preise: **Museo Mineralogico e Paleontologico** – tägl. 9–12, 16–20 Uhr. Spende wird erwartet.

▶ **Mogoro:** verwinkeltes Dorf mit ausgeprägter handwerklicher Tradition. Hier gibt es ein Pilotzentrum des *ISOLA*, wo auf Handwebstühlen qualitativ hochwertige Teppiche, Bettdecken, Vorhänge, Kissenbezüge u. Ä. hergestellt werden. Fast zwanzig Frauen gehören der Weber-Kooperative "Su Trobasciu" an, ein Ausstellungs- und Verkaufsraum liegt in der Via Antonio Gramsci 1 (✆ 0783/990581). Außerdem produziert hier die große Cantina Sociale *Il Nuraghe* verschiedene Weißweine, darunter den "Semidano di Mogoro" (✆ 0783/990285).

▶ **Sardara:** in ganz Sardinien bekannt wegen seiner Thermalquellen – wenige Kilometer westlich entspringen unter schattigen Eukalyptusbäumen die *Terme di Sardara*, in den Sommermonaten als Rheumabad mit Kurhotel genutzt. Im oberen Ortsteil bei der Kirche *Sant'Anastasia* ein nuraghischer Brunnentempel aus dem 9.–10. Jh. (eingezäunt), Funde davon im *Museo Archeologico* an der Piazza Libertà. Weiterhin schön die kleine romanisch-gotische Kirche *San Gregorio* mit stilvoller Fassade (14. Jh.).

<u>Öffnungszeiten/Preise</u>: **Museo Archeologico** – Mo–Sa 9–13 Uhr; Eintritt frei.

● <u>Übernachten</u>: *** **Terme di Sardara**, schöne Anlage in einem großen Garten, Thermalpool und Tennis. DZ mit Frühstück ca. 40–73 €. ✆ 070/9387025, 🖷 9387582.
* **Sardara**, Via Cedrino 5, einfache Locanda im Zentrum. DZ mit Frühstück ca. 38 €. ✆ 070/9387811.

▸ **Castello di Monreale**: Ruinen einer ehemaligen Grenzfestung des Judikats Arborea, auf freiem Feld südlich von Sardara, zu erreichen auf einem befahrbaren Feldweg.

▸ **Collinas**: hügliges Dorf mit alten Bruchsteinhäusern, schönes Ortsbild. Ein kürzlich eröffnetes *Ethnographisches Museum* lädt zum Besuch ein.

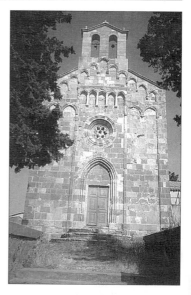

San Gregorio mit seiner gut erhaltenen Fassade

Villanovaforru

Von Collinas kommend liegen auf einer Anhöhe am Ortseingang die Ruinen der großen Nuraghenfestung *Genna Maria* mit Resten eines umgebenden Dorfs. Die Anlage ist nicht besonders gut erhalten, trotzdem zählt sie für die Archäologen zu den wichtigsten Sardiniens. Der Grund: Die Einwohner hatten, vielleicht auf Grund eines Brandes, im 8. Jh. v. Chr. das Dorf unvermittelt verlassen und eine Fülle von Gerätschaften und Haushaltswaren zurückgelassen – reichhaltig wie in keiner anderen Nuraghensiedlung. Seit den siebziger Jahren wird Genna Maria schrittweise ausgegraben, ein Großteil der Funde ist im örtlichen Museum ausgestellt.

Das hochmoderne *Archäologische Museum* ist direkt am zentralen Dorfplatz in einem vorbildlich restaurierten historischen Haus untergebracht. An der Kasse ist ein deutschsprachiger Prospekt mit Lageplan erhältlich. Die hervorragend präsentierten Funde sind, so weit möglich, nach den Räumen des Nuraghen gegliedert – so erkennt man anhand der vorherrschenden Stücke die Funktion des jeweiligen Raumes: Küche (Raum 17), Schlafraum (Raum 11), Lager etc. Reichhaltig ist außerdem die Keramik verschiedener Epochen vom 2. bis zum Anfang des 1. Jt. vertreten. Weiterhin gibt es zahlreiche Stücke aus dem 5./4. Jh., als der verschüttete Nuraghe wieder teilweise als Heiligtum genutzt wurde, herausragend sind vor allem die sechshundert (!) Öllämpchen. Im ersten Stock sind zusätzlich zahlreiche Funde aus der Umgebung untergebracht. Im geräumigen Nebengebäude gibt es wechselnde Ausstellungen zu speziellen sardischen Themen, z. B. Kunst des Brotbackens, Festtrachten etc.

418 Westliches Innersardinien/Campidano

• *Öffnungszeiten/Preise*: **Archäologisches Museum** – Di–So 9–13, 15.30–19 Uhr, im Winter bis 18 Uhr. **Genna Maria** – Di–So 9.30–12.30, 15.30–19 Uhr, Winter 9.30–13, 15.30–18 Uhr. Kombiticket für beides kostet ca. 3,20 €, Stud. ermäßigt.

• *Übernachten*: *** **Le Colline**, nicht weit vom Nuraghenkomplex, neu und gut ausgestattet, schöner Blick in die Umgebung, Zimmer mit TV. DZ ca. 52–63 €, Frühstück ca. 5 €/Pers. ✆ 070/9300123, ☏ 9300134.

▸ **Sanluri**: größerer Ort mit eindrucksvoller Pfarrkirche *Nostra Signora delle Grazie*. Umgeben von schattigen Zypressen steht im oberen Ortsteil das *Castello di Sanluri* aus dem 14. Jh., ein trutziger Vierecksbau mit zinnengekrönten Ecktürmen. Sanluri war 1409 Schauplatz einer Schlacht, in der Brancaleone Doria, der Witwer der Eleonora d'Arborea, dem Spanier Martin II. von Aragon unterlag und aufs gut befestigte Castello di Monreale flüchten musste. Dieses fiel erst siebzig Jahre später in die Hände der Spanier. Als sardische Rache wurde Martin II. von der sog. "Bella di Sanluri" im Schloss von Sanluri betört und starb im Liebesrausch – so erzählt es die Legende. Im stilvoll eingerichteten Burginneren ist das *Museo Risorgimentale* untergebracht, eine Privatsammlung des gräflichen Schlossbesitzers Villa Santa, die hauptsächlich aus Waffen und anderen Militaria des 18.–20. Jh. besteht, aber auch eine große Sammlung von Wachsfiguren und Erinnerungsstücke an Napoleon beinhaltet. Gegenüber vom Kastell führt eine Pinienallee hinauf zu einem Kapuzinerkonvent. Dort dokumentiert das *Museo Storico Etnografico Capuccino* mit einer Sammlung von Reliquiarien, Arbeitsgeräten, kirchlichen Kunstwerken sowie archäologischen und ethnologischen Stücken die 400-jährige Geschichte des Ordens auf Sardinien.

Öffnungszeiten: **Museo Risorgimentale** – Besichtigung nur für Gruppen nach Voranmeldung unter ✆ 070/9307105. **Museo Storico Etnografico Capuccino** – Mo, Mi, Fr 9–12, 16–18 Uhr, sonst Anmeldung unter ✆ 070/9307107.

• *Anfahrt/Verbindungen*: **Bahnhof** von Sanluri liegt etwas außerhalb. Kommentar von Leser M. Axmann: " Der Bus vom Bhf. in den Ort fährt nach geheimem Fahrplan, Zugwärter verkauft keine Fahrkarten, die gibt es am Automat. Busverbindung ins nahe Barumini schlecht."

• *Übernachten*: ** **Mirage**, zwar an der Hauptstraße, allerdings in der Nähe der Schnellstraße, kurz vor dem nördlichen Ortsschild (langer Fußmarsch vom Zentrum). Nachtclub im Haus (beim Check geschl.). DZ mit Frühstück ca. 40 €. ✆ 070/9307100.

An der SS 131 (Km 42,2) außerdem das Motel ** **Ichnusa**, DZ ca. 33 €. ✆ 070/9307073.

Je ein weiteres Hotel in **Samassi** und **Serrenti**, etwa 15 km weiter südlich.

▸ **Villacidro**: größerer Ort an der Westseite der Ebene, unterhalb des hier beginnenden Küstengebirges des Iglesiente. Von der Ortsmitte ausgehend führt eine Piste zum Wasserfall *Cascata spendula*, der allerdings je nach Jahreszeit und Wasservorkommen zeitweise trocken ist.

▸ **Serrenti**: kleiner Ort direkt an der SS 131, südlich von Sanluri. Hier hat das *Service Centre Villasanta* seinen Sitz. Die ursprünglich als Familienunternehmen gegründete Firma hat sich zur Aufgabe gemacht, authentische Inselprodukte kulinarischer Art zu vermarkten – Käse, Wein, Honig, Bottarga, Gebäck etc. Es gibt einen Spezialitätenladen mit angeschlossenem Restaurant, in dem nur sardische Gerichte serviert werden, außerdem einen Stellplatz für Wohnmobile. Weiterhin werden Ausflüge auf die Giara di Gesturi (→ S. 612) organisiert.

San Sperate 419

▸ **San Sperate:** unscheinbares Dorf wenige Kilometer nördlich von Cagliari, zu erreichen auf einer Abzweigung von der Schnellstraße Carlo Felice. Ende der Sechziger wurden hier die ersten politisch motivierten *Murales* an die Hauswände gepinselt. Heute verrotten sie langsam, und Nachwuchs stellt sich nicht mehr ein. Dafür arbeitet der populäre Bildhauer *Pinuccio Sciola* seit langem im Ort. An vielen Stellen stehen seine steinernen Trachytskulpturen, vor allem im Stadtpark an der Ausfallstraße zur Carlo Felice kann man sie in Ruhe betrachten.

Pinuccio Sciola: Ein sardischer Bildhauer

Seinen 60. Geburtstag feiert der inselweit bekannte Künstler im Jahre 2002. Vor nunmehr fast dreißig Jahren begann er, Statuen zu meißeln und gründete mit einem guten Dutzend Steinmetzen eine Kooperative. Seine Mitarbeiter stammten zum großen Teil aus *Serrenti*, wenige Kilometer nördlich von San Sperate, und hatten in den dortigen Steinbrüchen gearbeitet. Bevor ihnen Sciola Arbeit gab, waren sie arbeitslos, ihr Beruf war am Aussterben. Auf dem großen Grundstück der Kooperative (am Ortseingang links, von der Carlo Felice kommend) stehen Dutzende und Aberdutzende von Standbildern, die sie nach den Entwürfen von Sciola fertigen. Er selber legt nur noch selten Hand an, kümmert sich mehr um Planung und Vermarktung. Sciolas Idee ist einfach – die Form eines Steines beinhaltet bereits die Grundstruktur einer Skulptur. Sardinien hat in seiner Millionen Jahre alten Erdgeschichte die herrlichsten Skulpturen geschaffen. Er, Sciola, holt sie nur ans Tageslicht. Dementsprechend sind die meisten Standbilder behutsam modelliert, die Formen abstrahiert und stilisiert, selten detailliert ausgearbeitet. Eine sehr moderne Kunst ist so entstanden, die viel Interesse findet. Sciolas Skulpturen stehen inzwischen in ganz Südsardinien, z. B. an der Schnellstraße Carlo Felice und im Zentrum von Cagliari (u. a. vor dem Banco di Sardegna, am Hafen östlich der Via Roma). Sogar am Meeresgrund vor Villasimius ruht eine von ihm geformte Marienstatue (→ Kirche Santuario di Bonaria/Cagliari). Auch in Deutschland gibt es bereits mehrere Stücke vom ihm. Ausstellungen haben ihn international bekannt gemacht.
Adresse: Pinuccio Sciola, Via Marongiu 21, ☎ 070/9600353.

▸ **Assemini:** größerer Ort in der Nähe der NATO-Base von Decimomannu, beliebtes Wochenendziel junger Bundeswehrsoldaten. Dementsprechend ist das Ortsbild geprägt von Pizzerias, überdurchschnittlich vielen Diskotheken und Bars. Auf Sardinien ist Assemini vor allem bekannt wegen seiner Töpferwaren, die aus der lehmigen Campidano-Erde hergestellt werden. Das meiste ist aber inzwischen durchschnittliche Gebrauchsware. Hinter der katalanisch-gotischen Pfarrkirche aus dem 16. Jh. steht die gut 500 Jahre ältere byzantinische Kapelle *San Giovanni* in Form eines griechischen Kreuzes.

● *Übernachten*: * **Il Teatrino**, Via Carmine 140, das preiswerteste Hotel im Ort, mit Garage. DZ ca. 60–78 €, Frühstück ca. 8 €/Pers. ☎ 070/946621, 📠 9459163.

420 Westsardinien/Iglesiente

● *Diskotheken*: **Woodstock** in der Via Sicilia und **Eurogarden**, ViaTrieste 15, gehören zu den populärsten.

● *Shopping*: **Luigi Nioi**, Via Carmine 91, große Keramikwerkstatt mit den typischen Produkten der Region.

▶ **Uta**: vom Hauptplatz aus beschildert ist die romanische Kirche *Santa Maria* (12. Jh.), eine der besterhaltenen Sardiniens. Erbaut unter Leitung der sog. "Viktoriner", Benediktinermönchen aus der Provence, vermengen sich in ihr provençalische und toskanische Stilelemente, besonders schön sind die rundum laufenden, reich verzierten Blendbogenfriese. Unter der Kirche Fundamente einer älteren Doppelapsiskirche.

Öffnungszeiten: **Santa Maria** – Mai bis September 9–12.30, 15–19 Uhr.

Iglesiente

Das Küstengebirge, das sich westlich der Campidano-Ebene fast bis zum Golf von Cagliari hinunterzieht, war schon in der Antike wegen seiner immensen Metallvorkommen begehrt. Im 19. Jh. erlebte der Abbau von Blei, Zink und Silber eine Renaissance. Heute sind die Bergwerke zum großen Teil verlassen und bilden bizarre Industriedenkmäler.

Das Iglesiente ist eine sehr alte Steinlandschaft, die durch Auffaltung der Erdkruste entstanden ist und neben Braunkohle, Granit und Basalt die verschiedensten Erze führt – vor allem Blei und Zink, aber auch Eisen, Silber, Anthrazit, Antimon, Magnesium. Im 19. Jh. waren bis zu 500 verschiedene Bergbaugesellschaften tätig, und noch Mussolini wollte hier das größte Bergbaugebiet Italiens schaffen. Doch nach dem Zweiten Weltkrieg wurde das ehemals blühende Industrierevier in weiten Teilen stillgelegt, vor allem der Kohleabbau lohnte sich wegen der überseeischen Konkurrenz nicht mehr (→ allgemeiner Teil/Bergbau). Die dadurch verursachte hohe Arbeitslosigkeit ist bis heute ein schweres strukturelles Problem der Region, das Iglesiente hatte so mehr als andere Regionen Sardiniens unter der fehlerhaften Politik vom Festland zu leiden. Dementsprechend findet man hier ein deutliches Engagement in Sachen "Autonomia" was sich z. B. in den vielerorts vertretenen zweisprachigen Straßenschildern (sardisch und italienisch) äußert.

Heute zeigt sich das Iglesiente als karge, trockene Berglandschaft, die in den verschiedensten Erdfarben schillert: Abbrüche von Rostrot bis Violett, verlassene Bergarbeiterstädte mit leeren Fensterhöhlen, altertümliche Grubenanlagen, tiefe Stollen. Wer sich dafür interessiert, sollte die Bergwerkssiedlung **Montevecchio** am Weg zur Costa Verde besuchen, die derzeit zum Industriemuseum ausgebaut wird, sowie die zentrale Stadt **Iglesias**, die mit den Minen reich wurde und heute eine sehr interessante und attraktive, wenngleich sanierungsbedürftige Altstadt besitzt. Inzwischen hat auch die UNESCO das Minengebiet als kulturelles Erbe anerkannt.

Das touristische Kapital der ehemaligen Bergbauregion schlummert noch im Dornröschenschlaf: Die Strände des Iglesiente sind großenteils einsam und weit entfernt von den üblichen Sardinien-Routen. Dabei gehören die Küstenstriche mit ihren felsigen Steilabfällen und gewaltigen Sanddünen zweifellos zu den schönsten Sardiniens, allen voran die herrliche **Costa Verde**. Doch in den nächsten Jahren wird sich wohl einiges ändern – eine riesige Ferienstadt

Iglesiente

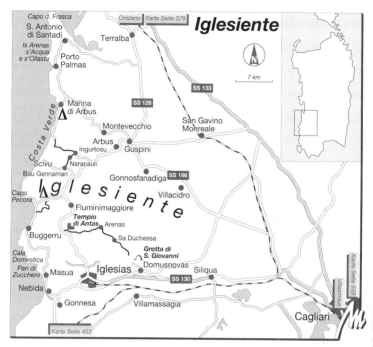

am Strand *Is Arenas*, diverse Asphaltstraßen und die neue Marina des ehemaligen Erzhafens **Buggeru** setzen erste Landmarken.

Auch Speläologen ist das Iglesiente ein Begriff. Zahlreiche tiefe Grotten unterhöhlen die Felsmassive. Interessant in diesem Zusammenhang ist vor allem ein Besuch der eindrucksvollen *Grotta Su Mannau* bei **Fluminimaggiore**.

• *Orientierung*: Als **Iglesiente** bezeichnet man das Bergland, das sich westlich parallel zur Campidano-Ebene vom Capo della Frasca im Norden Richtung Süden zieht. Als Südgrenze kann man etwa den Riu Cixerri betrachten, der im Golf von Cagliari mündet. Unmittelbar südwestlich schließt sich das Sulcis an, das man mit dem Iglesiente oft als Einheit sieht (Sulcis-Iglesiente).

• *Verbindungen*: Von Cagliari führt eine **Bahnlinie** der FS durch die Campidano-Ebene nach Iglesias, auch **Fernbusse** verkehren hier häufig. Iglesias ist regionales Buszentrum, Verbindungen an die Westküste sind außer in der näheren Umgebung von Iglesias allerdings spärlich. Eigenes Fahrzeug ist empfehlenswert.

• *Straßen*: Vor allem in den ehemaligen Minengebieten und an der teils felsigen Steilküste gibt es viele Staubpisten, die landschaftlich lohnen, aber z. T. geländegängiges Fahrzeug voraussetzen. Hauptachse des Verkehrs ist die **SS 126** von Guspini nach Iglesias und weiter ins Sulcis. Die durchgängige Straße von Buggeru nach Masua und Nebida ist bisher nur teilweise asphaltiert.

• *Übernachten*: sehr wenige Hotels und gerade mal zwei Campingplätze (Marina di Arbus und Buggeru).

• *Baden*: besonders lohnend die **Costa Verde** mit kilometerlangen Dünenstränden und **Buggeru**, ehemaliger Bergwerksort, auch mit schönem Sandstrand.

422   Westsardinien/Iglesiente

Vom Capo della Frasca bis zur Costa Verde

Eine durchgehend asphaltierte Straße führt an der Küste entlang, Ge-
samtlänge 33 km, unterwegs mehrere Zufahrten zu Stränden, viel Ferienhausbau.

Die Küstenstraße ist zu erreichen, indem man auf der SS 126 von Terralba
kommend etwas südlich von San Nicolo (zwischen Terralba und Guspini) nach
Santa Maria di Neapoli abzweigt. Schöne, wenn auch wenig dramatische Strecke an den tief eingebuchteten Stagni *di San Giovanni* und *di Marceddi* entlang bis Sant'Antonio di Santadi. Von *Marceddi* (→ S. 406) aus kann man auch
auf einem Staudamm die Lagune überqueren (nur PKW).

Aus Süden kommend, nimmt man etwas nördlich von *Marina di Arbus* die von
der Straße nach Guspini abzweigende Straße nach Norden.

▶ **Sant'Antonio di Santadi:** einsames Nest mit zwei Bars und einer Pizzeria.
Das Richtung Norden weit vorspringende *Capo della Frasca* ist NATO-Sperr-
gebiet, Überschalljäger üben unermüdlich Zielanflug und werfen Wasserbom-
ben, Hubschrauberlandeplatz an der Lagune bei Sant'Antonio. Hier gibt es
bereits eine erste, 8 km lange Zufahrt zu einer Ferienstadt am Nordende des
Strands Is Arenas s'Acqua e s'Ollastu.

▶ **Is Arenas s'Acqua e s'Ollastu:** herrlicher kilometerlanger Strand mit rotgel-
bem Sand in weit aufgeschütteten Dünen, kein Quentchen Schatten. Sahara
mit dem Dröhnen von Flugzeugtriebwerken ...
Nach der Zufahrt von Sant'Antonio gibt es wenige Kilometer weiter südlich
eine weitere (Schild "Lido Sabbie d'Oro"). Am besten aber nimmt man 7 km
weiter südlich die Straße zu den Küstentürmen *di Flumentorgiu* und *dei Corsari*,
die bei einer ausgedehnten Ferienstadt über dem Südende des Strands endet.
Zwischen den beiden Torri liegt eine bizarre Granitbucht.
Übernachten: *** **La Caletta,** neu erbaute Hotelanlage bei Torre dei Corsari, mit Restaurant, Tennisplatz und Disko. DZ ca. 110–130 DM. ✆ 070/977033, ✉ 977173.

▶ **Porto Palmas:** kurze Abzweigung 1 km südlich von Torre dei Corsari, halbrunde Badebucht mit den Ausläufern der erwähnten Feriensiedlung.

Von Guspini zur Costa Verde

▶ **Guspini:** größere Stadt an der Nahtstelle zwischen Campidano-Ebene und
dem Küstengebirge *Monte Arcuentu* (785 m). Das Zentrum mit seinen langen,
autogeplagten Gassen animiert allerdings nur wenige Reisende zum Bleiben,
derzeit keine Übernachtungsmöglichkeit. Schön ist die katalanisch-gotische
Kirche *San Nicola di Mira* (15. Jh.) an der Hauptstraße, unterhalb des Kirchplatzes findet sich eine zweigeteilte Markthalle.
Am nördlichen Ortsausgang beginnt die Bergstraße durch das Arcuentu-Mas-
siv hinunter nach Marina di Arbus und zur Costa Verde. Vor allem im ersten
Teil der Strecke genießt man phantastische Panoramablicke auf die tief unten
liegende Ebene des Campidano.
Möglichkeit eines Abstechers ins nahe *Villacidro* (→ Campidano).

Von Guspini zur Costa Verde   423

▶ **Arbus:** etwa 5 km südwestlich von Guspini, intaktes und lebhaftes Bergdorf mit steilen Gassen, reizvoll zwischen Felsen gelegen. Auch hier führt eine Straße hinunter zur Costa Verde und trifft kurz vor Montevecchio auf die Straße von Guspini. Beachtenswert im Ort ist das neue, groß beschilderte *Museo Coltello Sardo* mit einer umfassenden Sammlung von teilweise jahrhundertealten Messern, für deren Herstellung die Region bekannt ist. Attraktion ist das mit über 3 m längste Messer der Welt. Auch die Rekonstruktion einer historischen Schmiede ist hier zu bewundern.

Öffnungszeiten/Preise: **Museo Coltello Sardo** – Juni bis September Mo–Fr 9.30–12.30, 16.30–19, Sa 9.30–12.30 Uhr, übrige Zeit nur Sa und So; Eintritt ca. 2,60 €.

● *Information:* **Pro Loco**, Via Repubblica 132. ✆ 070/9756281.

● *Übernachten/Essen & Trinken:* **Meridiana**, an der steilen Durchgangsstraße, Via Repubblica 172. Modern eingerichtet, Zimmer nach hinten verlangen. Kirchenuhr schlägt jede Viertelstunde. Im Restaurant leckere Ofenpizza. DZ mit Frühstück ca. 63–74 €. ✆ 070/9758283, ✆ 9756447.

Agriturismo Franco Corona, Via Sa Perda Marcada. HP, gute sardische Küche, behindertengerecht eingerichtet. ✆ 070/978714, www.sa-perda-marcada.it.

▶ **Montevecchio:** eindrucksvolle Bergwerkssiedlung inmitten dichter Steineichenwälder am Weg zur Costa Verde. Seit 1848 bis in die sechziger Jahre des 20. Jh. wurden hier silberhaltiges Blei und Zink abgebaut, Montevecchio gehörte zu den größten einschlägigen Minenorten Europas. Die verrotteten Förderbänder, leblosen Fördertürme und gähnenden Fensterhöhlen bieten ein bizarres Bild des Verfalls. Inzwischen regt sich neues Leben – Montevecchio wird zum Industriemuseum ausgebaut. Besichtigt werden können im Rahmen einer Führung derzeit ein *Minenschacht*, das ehemalige *Direktionsgebäude* mit einer Ausstellung zum Leben der Bergarbeiter und ein *Mineralien-Museum*. Die Architektur der Gründerzeit in den teils prachtvollen Palazzi des 19. Jh. macht einen Besuch ebenfalls reizvoll. Aber auch wenn man keine Führung mitmachen will, bietet sich der Hauptplatz mit seinem Kiosk für eine kurze Rast an.

● *Öffnungszeiten:* Das **Centro Escursioni Minerarie Naturalistiche** veranstaltet Führungen – Anfang Juni bis Ende September 4x tägl. (2x vor-, 2x nachmittags), April/Mai 1–2x tägl., übrige Zeit nur nach Voranmeldung (mind. 10 Pers.). Preis für Erw. ca. 6,30 €, Kinder von 10–16 und Stud. 5,20 €. Auskünfte unter ✆ 335/5314198 oder 0368/538997, www.europroject.it/montevecchio.

● *Übernachten:* Vermittlung von **Apartments** unter ✆ 070/9375177, 333/6719829, 0368/538997.

Agriturismo Sa Tella (Nuova Agricoltura). Wenige Kilometer von Montevecchio, sieben neue, gut eingerichtete Zimmer und typisches Essen (auf Vorbestellung) bei einer Landwirtschaftskooperative. DZ mit Frühstück ca. 37 €, HP ca. 32 € pro Person. ✆ 070/970161, ✆ 974188.

▶ **Von Montevecchio nach Marina di Arbus:** kurvige Schlängelstrecke durch zunehmend kahlere Bergszenerie am Südwesthang des 784 m hohen *Monte Arcuentu* entlang, ein ehemaliger Vulkan, um den sich zahlreiche Legenden ranken. Das "Centro Escursioni Minerarie Naturalistiche" (→ vorheriger Abschnitt) veranstaltet im Sommer Touren im Berggebiet.

Le Dune – Hotel mitten im Sand

Costa Verde

Endlos weiße Dünenlandschaft südlich von Marina di Arbus. Gut zwei bis drei Kilometer ziehen sich die Sandberge an der Mündung des ausgetrockneten Riu Piscinas ins Hinterland. Knorrige Wacholderbäume und saftig grüne Pinien setzen Kontraste. Eine Landschaft voller Weite und Einsamkeit. Eigenes Fahrzeug ist Voraussetzung.

Wo die Straße von Guspini kommend ans Meer stößt, liegt **Marina di Arbus**, eine unattraktive Ansammlung von alten Hütten und einigen neueren Ferienhäusern. Von hier muss man weiter nach Süden fahren, nach etwa 8 km geht die Asphaltstraße in eine holprige "strada bianca" über. Diese führt noch knapp 5 km weiter, über einen Hügel und durch eine Furt hinunter ins Tal des **Riu Piscinas**, wo sie beim nostalgischen Hotel "Le Dune" direkt am Strand endet. Richtung Süden ziehen sich die Dünen hier noch kilometerweit, beinahe bis zum Capo Pecora. Von der SS 126 auf Asphalt zu erreichen ist der schöne Strand **Scivu** (→ Von Guspini nach Iglesias). Ansonsten ist dieses Gebiet – bis auf einen staatlichen Hochsicherheitstrakt! – völlig menschenleer und sollte es auch bleiben.

Die Costa Verde gehört zu den ökologisch wertvollsten Gebieten Italiens. Alle namhaften Naturschutzgruppen setzen sich für den Erhalt der einzigartigen Dünenlandschaft ein. An den einsamen Stränden legen die bekannten Meeresschildkröten "Caretta caretta" ihre Eier ab und auch der seltene sardische Hirsch "cervo sardo" lebt hier noch in Rudeln. Wir raten dringend davon ab, hier wild zu zelten oder Touren in den unberührten Südteil zu unternehmen!

Costa Verde 425

- *Verbindungen*: Nur im Hochsommer kommt 1x tägl. ein Bus von Guspini nach Marina di Arbus herunter.
- *Übernachten*: *** **Le Dune**, direkt am Strand, das einzige Hotel weit und breit, erbaut auf den Ruinen ehemaliger Erz-Lagerräume (→ Kasten). Zu erreichen ab Marina di Arbus oder über Ingurtosu (→ unten), jeweils mehrere Kilometer Staubpiste. HP pro Person je nach Saison und Zimmertyp stolze 70–135 €. Bei diesem Preis fast auf Costa Smeralda-Niveau erwartet man doch so einiges, nicht alle Leser waren hier zufrieden, vor allem Essen und Personal boten Anlass zur Kritik. Ganzjährig geöffnet. ℰ 070/977130, ℰ 977230.
- ** **Camping Costa Verde**, in Marina di Arbus, wo die Straße von Guspini ans Meer stößt. Ein Stück eingezäunter Macchia am steilen Berghang, wild und naturbelassen, in der Nebensaison wunderbar ruhig. Einrichtungen schlicht, aber schöner Blick das Tal hinauf. Achtung: beim letzten Check geschlossen, vorher anrufen! ℰ/ℰ 070/977009.
- *Essen & Trinken*: Außer dem Restaurant/ Bar im Hotel Le Dune gibt es einige wenige Lokale in Marina di Arbus, die aber nur im Hochsommer geöffnet sind.
- *Wandern*: Vom Hotel "Le Dune" auf einer alten Transportpiste den Riu Naracauli hinauf ins ehemalige Bergwerkgebiet von **Ingurtosu** und **Naracauli** (→ Von Guspini nach Iglesias).

Hotel Le Dune: Nationaldenkmal in der Wüste

Man glaubt es nicht, aber in den einsamen Stranddünen am Riu Piscinas steht tatsächlich ein Hotel! Die historischen Wurzeln dieses abgelegenen Baus reichen ins letzte Jahrhundert zurück. Damals wurde im Hinterland um Naracauli und Ingurtosu im großen Maßstab Zink und Blei abgebaut. Hier am Ausfluss des Riu Piscinas lag der Verschiffungshafen mit Lagerräumen für Erz und Ställen für die Transportpferde. Nach Stilllegung der Minen verfielen die Gebäude und lagen über Jahrzehnte im Sand verschüttet. Mitte der Achtziger ging der Sohn eines ehemaligen Bergwerkdirektors daran, den mittlerweile zum Nationaldenkmal ernannten Komplex nach alten Plänen wieder aufzubauen, und seit nunmehr zehn Jahren wird das rustikale Bruchsteinhaus als Hotel genutzt. Es besitzt Holzdecken, gemütliche Sitzecken und einen Kamin. Die 25, teils relativ kleinen Zimmer sind mit Korbmöbeln ausgestattet und besitzen jeweils eine schmale Terrasse.

*Iglesiente
Karte Seite 421*

Von Guspini nach Iglesias

Nördlich von Fluminimaggiore durchquert man eine stille, fast menschenleere und teils dicht bewaldete Landschaft, die SS 126 schlängelt sich in vielen Kurven die Berghänge entlang. Abstecher kann man nach *Ingurtosu* und zum Badestrand *Scivu* machen, fast ein Muss ist die Tour zum alten Bergwerkshafen *Buggeru* – langer Strand, sympathischer Campingplatz und mit der küstennahen Straße nach Nebida die Möglichkeit eine interessante Variante weiter nach Süden auszuprobieren (→ Abschnitt hinter Iglesias).

Südlich von Fluminimaggiore erstrecken sich kilometerweit dichte Korkeichenwälder, die *Grotta Su Mannau*, der punisch-römische *Tempel von Antas* und das Minengebiet um *Arenas* (Oridda-Bergland) sind hier die interessantesten Anlaufpunkte.

426 Westsardinien/Iglesiente

▶ **Ingurtosu:** Das halb verfallene Örtchen zwängt sich in einen Taleinschnitt und ist seit kurzem auf asphaltierter Straße zu erreichen (beschilderte Abfahrt von der SS 126, etwa 8 km südlich von Arbus). Auf 7 km langer "strada bianca" kann man bis zum Hotel "Le Dune" an der Costa Verde weiterfahren (→ oben), quer durch ein verlassenes Bergwerksgebiet des letzten Jahrhunderts mit schwarzen Erzgruben, stillgelegten Förderwerken und rostigen Hebetürmen. Die Häftlinge der nahe gelegenen Strafkolonie *Bau Gennamari* mussten damals in den Bergwerken arbeiten – und auch heute gibt es in dieser weltfernen Region wieder ein Gefängnis (→ nächster Abschnitt).

▶ **Badestrand Scivu:** 11 km südlich von Arbus beschilderte Abfahrt von der SS 126 mitten ins Dünengebiet der Costa Verde. Asphaltiert, auf vielen Karten jedoch nicht verzeichnet, schöne Panoramen. Nach etwa 13 km Abzweig links (schlecht lesbares Schild) – geradeaus geht es weiter zum erwähnten Gefängnis, Weiterfahrt verboten. Die Straße nach links endet an einem großen Parkplatz direkt an der Steilküste, vorgelagert ist ein herrlicher Sandstrand, Treppen führen hinunter. An Wochenenden dicht bevölkert von Einheimischen, sonst menschenleer. Toller Blick nach Norden über die gesamte Costa Verde.

Fluminimaggiore

Unverfälschtes Bergarbeiterdorf mit Gemüse- und Obstanbau entlang eines Flusstals, im Umkreis alte Minenanlagen, z. B. unmittelbar südlich vom Ort. An der langen Durchgangsstraße fallen die politisch motivierten Murales auf, die den Niedergang der Bergarbeiterregion thematisieren. An der Piazza Gramsci in der Ortsmitte kann man zu einem Parkpatz abbiegen, am Fluss steht dort eine ehemalige Wassermühle, die zum ethnographischen Museum *Antico Mulo ad Acqua Licheri* umgebaut wurde. Kein Hotel im Ort, nächste Unterkünfte bei Portixeddu im Golf von Buggeru (→ unten).

Öffnungszeiten: **Antico Mulo ad Acqua Licheri** – Sa/So 10.30–12.30, 18–20 Uhr oder nach Vereinbarung unter ✆ 0781/580990, auf Wunsch mit Führung; Eintritt ca. 1,60 €.

• *Informationen*: Das **Pro Loco** in der Via Vittorio Emanuele 204/a gibt Auskunft über die Sehenswürdigkeiten der Region und vermittelt Führungen. ✆ 0781/581040.

• *Führungen*: Die Kooperative **Start-Uno** in der Via Vittorio Emanuele 484 bietet Führungen durch das Museum, zu alten Bergwerksanlagen und zu den Fundstellen von Fossilien, veranstaltet Wander- und Radtouren, verleiht Fahrräder und bucht Quartiere. ✆/🖷 0781/580990, www.tiscalinet.it/startuno.

▶ **Grotta Su Mannau:** ausgedehntes Höhlenlabyrinth 5 km südlich von Fluminimaggiore, an der SS 126 gut beschildert, eine etwa 1,2 km lange Asphaltstraße führt steil hinauf. Nur ein winziger Teil des 8000 m langen Grottensystems kann mit Führer auf stählernen Laufstegen begangen werden. Dabei passiert man u. a. die sog. *Sala Archeologica*, wo man zahlreiche Votivlampen aus Ton gefunden hat, den Höhlensee *Lago di Stenasellus*, benannt nach endemischen Krebsen, die hier im 8 Grad kalten Wasser leben, und den *Pozzo Rodriguez*, eine 8 m hohe Säule, entstanden durch die Verschmelzung eines Stalagmiten mit einem Stalaktiten.

Öffnungszeiten: April bis Oktober tägl. 9.30–18.30 Uhr. Führungen macht die örtliche **Gruppo Grotte Fluminese**, Dauer ca. 45 Min. ✆/🖷 0781/580189.

Fluminimaggiore 427

Murales in Fluminimaggiore

▶ **Su Pubusinu und Arenas**: Südlich von Fluminimaggiore Abzweigung auf einer Piste nach Osten. Auf "strada bianca" vorbei an einer Minenanlage bis zur Quelle *Su Pubusinu*, dort schattige Picknickplätze unter großen Bäumen. Weiterfahrt bis zur großen Minenanlage *Arenas* mit weiträumigen Abraumhalden in der Umgebung. Erkundungstour in den Gemäuern möglich, gespenstische Atmosphäre. Der Betrieb hatte während des Zweiten Weltkriegs große Bedeutung und wurde 1983 geschlossen. Weitere Details im Abschnitt "Oridda-Bergland" (→ Iglesias/Umgebung).

▶ **Tempio di Antas**: etwa 2 km östlich der Straße in exponierter Hügellage, beschilderte Abzweigung ab SS 126 bis zu einem großen Parkplatz. Der römische Tempel vom 3. Jh. steht auf den Resten eines punischen Heiligtums aus dem 6. Jh. v. Chr. Wesentliche Merkmale des älteren Kultbaus sind noch erhalten, so die Nordwest-Ausrichtung (römische Tempel weisen nach Osten), ebenso die Reinigungsbecken, die vor dem Allerheiligsten zu durchqueren sind. Und auch die seitlichen Eingänge zum Mittelraum gibt es in römischen Tempeln kaum. Verehrt wurde hier der Sardus Pater, in römischer Zeit als "Gott der Sarden" angesehen, wahrscheinlich identisch mit dem punischen Gott Sid. Seit seiner Entdeckung im 19. Jh. wurde der Tempel mehrmals gründlich geplündert und zerstört. Im Zweiten Weltkrieg brachen die sardischen Jäger z. B. wegen Munitionsmangels alle Bleiklammern aus den Mauern, um sie für die Herstellung von Patronen zu verwenden. In den sechziger Jahren wurde er vollständig restauriert, die Rundsäulen hat man z. T. wieder aufgerichtet.

▶ **Oridda-Bergland**: Bergbaugebiet nördlich von Iglesias, nur über Pisten zu erreichen, deren Zustand schwankt. Vom Tempio di Antas in Richtung Osten

428 **Westsardinien/Iglesiente**

gibt es einen Feldweg, der allerdings für PKW mit wenig Bodenfreiheit nicht geeignet ist. Die bessere Zufahrt führt zunächst nach *San Benedetto* (auf Asphalt zu erreichen von der SS 126, südlich vom Tempio di Antas), danach steigt die Piste an – vorbei an der Abzweigung zu den Bergwerksruinen von *Malacalzetta* – bis ins Bergbaurevier *Tiny/Arenas*, eine Mondlandschaft aus Halden und Ruinen, in Betrieb ist hier nur noch das Barytwerk hinter den aufgeforsteten Halden im Norden von Arenas. Rechter Hand der Piste sind schöne Stücke Fluorit und Hemimorphit, Barytrosen und vieles andere für Mineralienfreunde zu finden. An den Wochenenden schürfen hier häufig Mitglieder des sardischen Mineralienklubs und zeigen dem Besucher gute Fundstellen. Die Piste nach *Sa Duchessa* windet sich durch Macchia bergabwärts, wobei das Bankett streckenweise aus grünen und blauen Malachit- und Azuritsteinchen besteht. Danach erreicht man das aufgelassene Blei-Zinkwerk *Barraxiutta* inmitten von dichtem Steineichenwald. Die nach links abzweigende, breite Forststraße ist für die herbstliche Jagd angelegt und soll über den Bergrücken zum Oriddafluss weitergeführt werden (noch nicht fertig). Man kann jetzt noch bis zur *Grotta di San Giovanni* fahren, doch Achtung: Eine Weiterfahrt ist dort nicht mehr möglich, die Durchfahrt durch die Grotte wurde gesperrt!

▸ **Borgo di Sant'Angelo**: Klosteranlage an der SS 126, etwas südlich vom Tempio di Antas. Schöner Blick auf die Anlage von der Piste nach Baueddu, kurz oberhalb des Orts. Dicht bewachsene Bar direkt an der Durchgangsstraße, dort auch Busstopp.

▸ **Lago Punta Gennarta**: Stausee unmittelbar nördlich von Iglesias, im Osten sieht man den Staudamm. Beliebtes Flaniergebiet der Einwohner von Iglesias.

Iglesias

Große Provinzstadt inmitten waldreicher Hügellandschaft, Sitz einiger Institute und Schulen, darunter eine große Bergbauschule (Scuola Mineraria).

Ein Bummel durch das historische Zentrum in schöner Hügellage lohnt sich: Iglesias bezog im Mittelalter erheblichen Reichtum aus den umliegenden Minen und besitzt eine auffallend hübsche Altstadt mit vielen winkligen Gassen, diversen mittelalterlichen Kirchen und teils prächtigen Bürgerhäusern. Derzeit ist man intensiv damit beschäftigt, die alten, teils schwer sanierungsbedürftigen Palazzi der Innenstadt zu restaurieren – falls dieser Prozess weiter anhält, könnte das "centro storico" einmal ein echtes Schmuckstück werden. An den Berghängen im Umkreis sind außerdem noch eine Burgruine und Reste der pisanischen Stadtmauer mit mehreren Wehrtürmen erhalten.

Im 13. Jh. wurde Iglesias durch den pisanischen Graf Ugolino aus der Familie der **Gherardesca** als **Villa Ecclesia** gegründet. Die nahen Silberminen brachten großen Wohlstand, man prägte eigene Münzen und hatte eine eigene Verfassung nach Vorbild der toskanischen Stadtstaaten. Viele Bergarbeiter kamen vom Kontinent, zahlreiche Kirchen wurden errichtet (→ Name). In spanischer Zeit **Iglesias** genannt, kam es nach der Erschöpfung der Minen jedoch zu jahrhundertelangem Niedergang. Erst in der zweiten Hälfte des 19. Jh. begann man im großen Maßstab, Blei und Zink abzu-

Iglesias 429

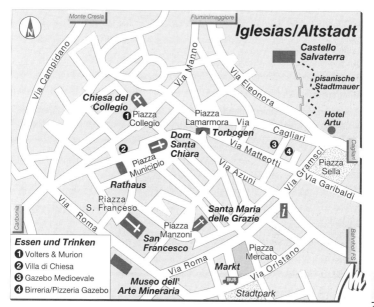

bauen. Dadurch profitierte die Stadt erneut, zahlreiche Bauten entstanden. Während der künstlich forcierten Autarkiepolitik unter Mussolini wurde weiter in den Bergbau investiert, doch nach dem Zusammenbruch des Faschismus war die Minenregion unter Weltmarktbedingungen nicht mehr konkurrenzfähig.

• *Information*: **Pro Loco**, Via Gramsci 9, wenige Schritte von der zentralen Piazza Sella. Wenig Material, jedoch Stadtpläne. Mo–Fr 9.30–13, 16–19, Sa 9–12.30 Uhr. ✆ 0781/41795.

• *Anfahrt/Verbindungen*: zentraler **Busstopp** am Stadtpark. Von und nach Cagliari 7–9x tägl., Calasetta/San Antonio 6–8x tägl., Buggeru 4x, Sanluri 2x, Guspini/Arbus 2x. Der **Bahnhof** liegt etwa 500 m unterhalb der Piazza Sella an der Via Garibaldi. Verbindungen nach Cagliari etwa 18x tägl.

• *Übernachten*: *** **Artu** an der großen Piazza Sella, direkt unterhalb der Altstadt. Stadthotel mit wenig besuchtem Ristorante und Garage. In der Stadt konkurrenzlos und für das Gebotene nicht gerade preiswert. DZ mit Frühstück ca. 64–75 €. ✆ 0781/22492, ✉ 22546.
*** **Il Sillabario**, einige Kilometer außerhalb, direkt an der Superstrada 130, Km 47,400 (ausgeschildert). Motel mit moderner und umfangreicher Ausstattung, alles sehr sauber. Mit Restaurant, Schwimmbad und Tennisplatz. DZ ca. 53–63 €, Frühstück ca. 5 €/Pers. ✆ 0781/33830, ✉ 33790.
* **Frau**, einfache und preiswerte Pension in Gonnesa, Via della Pace 99, 7 km südlich. DZ mit Frühstück ca. 32 €. ✆ 0781/45104.

• *Essen & Trinken*: im Stadtzentrum nur wenig Auswahl.
Gazebo Medioevale (3), Via Musio 21, Seitengässchen des Corso Matteotti, nettes Altstadtlokal in einem mittelalterlichen Backsteingewölbe mit dunkler Balkendecke, existiert bereits seit über einem halben Jahrhundert. Ordentliche Meeresküche, große Portionen, Küchenchef spricht Deutsch. Leserempfehlung für das "köstlich in die Rinde gebackene Brot". Mittlere Preise. So geschl. www.gazebomedieovale.it.
Birreria/Pizzeria Gazebo (4), ein Gässchen weiter unten, geführt von derselben Familie.
Villa di Chiesa (2), direkt an der Piazza Municipio, im Sommer schön zum Draußensitzen, auch Pizza.

430   Westsardinien/Iglesiente

Volters & Murion (1), Piazza Collegio, Pub im historischen Zentrum. Di geschl.

• *Sonstiges*: **Cooperativa La Gheradesca**, Via Don Minzoni 62 (Nähe Kirche San Francesco), Führungen durch das historische Stadtzentrum und zu den stillgelegten Minen von Monteponi, westlich außerhalb von Iglesias. Mo–Fr 9–13, 16–19 Uhr. ✆/✉ 0781/33850.

Euro Coop Service, Vico del Monte 5, geführte Stadtbesichtigungen, Verleih von Mountainbikes, Kanufahrten und Exkursionen. ✆ 0781/42516.

Sehenswertes

Von der großen geschäftigen *Piazza Sella* nimmt man am besten den *Corso Matteotti*, der flankiert von Geschäften leicht ansteigend ins alte Zentrum hinaufführt. Er endet an der hübschen Piazza Lamarmora, linker Hand kommt man durch einen Torbogen zur Rückseite des romanischen Doms *Santa Chiara*. An der Frontseite der Kirche liegt der zentrale Platz der Altstadt, die harmonische *Piazza Municipio* mit teils handtuchschmalen Palazzi und dem recht ansehnlichen Rathaus. Die Kathedrale stammt aus dem 13. Jh., besitzt eine Fassade mit Blendbögen und einen schönen Turm aus pastellfarbigem Gestein, der Innenraum ist mit steilen Kreuzrippenbögen im Stil der spanischen Gotik gestaltet. Neben der Kirche erinnert eine überbaute Gasse an die Seufzerbrücke der Bleikammern von Venedig.

Weitere sehenswerte Kirchen stehen an den Plätzen im Umkreis, so die Jesuitenkirche *Chiesa del Collegio*, *Santa Maria delle Grazie* an der Piazza Manzoni und *San Francesco* mit gotisch-katalanischen Spitzbögen. Von letzterer sind es nur noch ein paar Schritte zum großen Istituto Mineralogico am Rand der Altstadt, Via Roma 45. Es beherbergt das *Museo dell'Arte Mineraria*, eine sehenswerte Sammlung zur Geschichte des Bergbaus mit Maschinen, Instrumenten, Fotos und maßstabsgetreuen Modellen. Vor allem aber findet man hier zahlreiche sardische Mineralien, Versteinerungen und archäologische Funde, dazu Edel- und Halbedelsteine aus der ganzen Welt. Zurück zur Piazza Sella kann man die Fußgängerzone *Via Azuni* nehmen, parallel zum Corso Matteotti. Von der Piazza Sella schließlich führt direkt neben dem Hotel Artu ein gewundener Spazierweg zwischen Blumenbeeten hinauf zur Ruine des *Castello Salvaterra*.

Öffnungszeiten/Preise: **Museo dell'Arte Mineraria** – im Sommer tägl. 19–22 Uhr, übrige Zeit nur Sa/So 18.30–21 Uhr. Da sich diese Zeiten häufig ändern, sollte man sich vorher anmelden, ✆/✉ 0781/350037.

Monte Cresia: Wer sich noch etwas mehr Zeit nehmen will, ein Spaziergang von etwa einer halben Stunde führt nordwestlich vom Zentrum auf den bewaldeten Hausberg von Iglesias (347 m) mit dem weißen Kirchlein *Signora di Buon Cammino* und prächtigem Blick auf die darunter ausgebreitete Altstadt.

Festa di Sancta Maria di Mezzogosto

Das große Stadtfest um den 5. August ähnelt dem berühmten "I Candelieri"-Fest in Sassari. Wie dort werden große Leuchter, die die Viertel von Iglesias repräsentieren, durch die Altstadt getragen. Wer hier zu diesem Zeitpunkt übernachten will, muss unbedingt vorher sein Quartier fest buchen!

Iglesias/Umgebung

Schöne, teils waldreiche Umgebung mit verlassenen Bergbauanlagen. Die gut ausgebaute SS 130 führt in rascher Fahrt die Flussebene des Riu Cixerri entlang hinüber nach Cagliari. In Westrichtung lohnt der eindrucksvolle Strand von Fontanamare im Golf von Gonnesa (→ S. 435).

▸ **Monteponi:** erst seit Anfang der Neunziger verlassenes Minengebiet westlich von Iglesias, Führungen organisiert die Kooperative La Gheradesca (→ Iglesias).

▸ **Villamassargia:** großes Dorf südöstlich von Iglesias, bekannt für seine Teppichwebereien, z. B. am Ortsausgang Richtung Carbonia. Im Zentrum die schlicht-harmonische Kirche *Nostra Signora del Pilar* vom Anfang des 14. Jh. Etwas außerhalb in Richtung Siliqua steht im Wäldchen *S'Ortu Mannu* "La Regina", der angeblich größte Olivenbaum des Mittelmeers.

▸ **Domusnovas:** "Besuchen Sie die Grotten", warb das Städtchen früher für die geräumige Tropfsteinhöhle *Grotta di San Giovanni* im nahen Bergmassiv. Das Besondere: Eine Asphaltstraße führt in engen Serpentinen mitten hindurch, mit dem Fahrzeug war das problemlos zu machen und den Spaß ließen sich viele Motoristen nicht entgehen. Das Ergebnis waren bis zur Unkenntlichkeit geschwärzte Tropfsteingebilde, ein trauriger Anblick. Seit einigen Jahren hat man nun endlich das Befahren der Höhle verboten und die Straße mit Felsbrocken blockiert. Die Besichtigung zu Fuß ist nur mit Taschenlampe möglich, allerdings gleicht das Terrain derzeit einer Müllhalde, Flaschen und Glasscherben deuten auf nächtliche Saufgelage hin. Auch Kletterfreude kommen in der Umgebung auf ihre Kosten. Das Ristorante bei der Grotte soll demnächst zum Hotel ausgebaut werden.

▸ **Castello di Acquafredda:** ehemaliges pisanisches Grenzkastell direkt an der SS 293 südlich von Siliqua, ein ganzes Stück östlich von Domusnovas. Etwa 15 Min. Aufstieg. Südlich der Ruine verläuft der wasserreiche *Riu de sa Schina de sa Stoia*, in der Nebensaison hat man hier hübsche Bademöglichkeit in betonierten Becken. Weiterfahrt nach Santadi und Teulada (→ Sulcis).

Golf von Buggeru

Abfahrt von der SS 126 nördlich von Fluminimaggiore, die Straße durchquert üppig grünes Bauernland und mündet am Nordende des Golfs. Hier phantastisches Panorama – kilometerlanger, prächtiger Strand mit bis zu 15 m hohen, bewachsenen Dünen, das Ganze umrahmt von Bergketten. Eine der schönsten Buchten der Westküste.

Unmittelbar hinter dem Strand führt die schnurgerade Asphaltstraße nach Süden in die ehemalige Bergarbeitersiedlung Buggeru. Landeinwärts setzen sich die Dünen bis zu Höhen von 50 m fort, dicht bestanden von wunderschönem Wacholder- und Pinienwald. In früheren Jahren war diese herrliche Pineta einer der beliebtesten Wildzeltplätze der gesamten Region, dementsprechend häufte sich der Müll. Inzwischen hat sich die Gemeinde eine Riesenarbeit gemacht und die bewachsenen Dünen wie den Wald dahinter vollständig

432   Westsardinien/Iglesiente

eingezäunt. Völlig zu Recht, wenn man weiß, wie es hier früher aussah! Seitlich der Asphaltstraße eine endlose Reihe von Parkplätzen. Am südlichen Strandende mündet ein kräftiger Bach ins Meer, dort gibt es eine Pizzeria und organisierte Stellplätze für Wohnmobile. Seit 1994 existiert auch ein Campingplatz, allerdings ein Stück zurück vom Meer.

Der Strand von Buggeru ist ein bevorzugter Spot für Wellenreiter, es wurden schon internationale Meisterschaften ausgetragen. Doch nur im Hochsommer herrscht einiger Rummel durch Tagesurlauber, in der Vor- und Nachsaison ist man nahezu allein in dieser schönen Ecke.

Alternative zur Anfahrt (Tipp von S. Fels und W. Brand): Die alte Straße nach Buggeru (vor dem Bau der Küstenstraße) zweigt von der Straße Fluminimaggiore–Portixeddu nach etwa 5–6 km links ab (keine Beschilderung). Steile Serpentinen, Straße z. T. ausgewaschen und durch Geröll eingeengt, aber mit dem PKW befahrbar. Tolle Panoramablicke über Küste und Gebirge, rechter Hand kleiner Süßwassersee, "piscina morte" genannt. Fahrt über Pass, dann Weg nach unten, rechter Hand weit ins Hinterland reichende, große Sanddünen. Die Straße trifft schließlich bei San Nicolao (Pizzeria, Stellplatz für Wohnmobile) auf die Küstenstraße.

▸ **Portixeddu:** wo die Zufahrtstraße von der SS 126 am Meer mündet, rechts halten. Nur zwei Straßenzeilen mit Ferienhäusern, zwei Restaurants und ein großer Parkplatz. Herrlicher Blick auf den Strand und die Bergszenerie dahinter. Leserzuschrift: "Weil Portixeddu so klein ist, trifft man immer wieder die gleichen Leute – jeder spricht mit jedem, egal ob Deutsche, Österreicher, Italiener, Franzosen oder Einheimische."

Ansteigende Panoramastraße zum *Capo Pecora*, wo die Straße abrupt endet, einige steinige Bademöglichkeiten. Keine Weiterfahrt zur Costa Verde möglich, jedoch reizvoller Fußweg – nach etwa 30–45 Min. kommt man zu einem Küstenabschnitt, der wie ein einziger großer Skulpturengarten wirkt: Raubvögel, Schildkröten und andere Lebewesen kann man hier erkennen.

● *Übernachten*: ** **Golfo del Leone**, allein stehendes Haus etwa 2,5 km landeinwärts, ruhige Lage, kahle Gänge, 14 zweckmäßige kleine Zimmer, 7 davon mit Meeresblick. Im Restaurant gute Standardküche und ebensolcher Wein, viele einheimische Gäste, Fernseher. DZ mit Frühstück ca. 40–63 €. ✆ 0781/54948, 54952, 📠 54923.

* **Camping Ortus de Mari**, direkt an der Zufahrtsstraße von der SS 126 nach Buggeru, kurz vor dem Ostende vom Sandstrand, etwa 500 m vom Meer. Ruhiger, naturverbundener Platz, Stellplätze unter schattigen Pappeln und Eukalyptusbäumen. Enten, Gänse, Hühner und Rebhühner laufen herum, für Kinder ideal. Sanitäranlagen picobello sauber, Warmduschen gratis. Nette Bar, wo man auch einige Lebensmittel kaufen kann. Ein Kühlschrank steht kostenlos zur Verfügung. Der junge Eigentümer Roberto Mura hat zeitweise in Nürnberg ge-

lebt und spricht hervorragend Deutsch. Ende Mai bis Ende September. Pro Person 5,50–7,50 €, Stellplatz 4–6 €, halber Stellplatz 3 €, Auto 2 €. ✆/📠 0781/54964.

Wohnmobile finden Stellplätze mit Strom- und Wasseranschluss am südlichen Strandende.

● *Essen & Trinken*: **La Terrazza** und **L'Ancora**, die beiden Restaurants in Portixeddu sind einen Versuch wert, von Ersterem schöner Ausblick aufs Meer.

● *Sport*: gute **Reitschule** im Hinterland des Strands, geführt von zwei Schweizern, die Deutsch sprechen. ✆ 0781/54943.

● *Lesertipp*: "**Pino secolare**, direkt an der Abzweigung von der SS 126 nach Portixeddu steht eine riesige, etwa 200 Jahre alte Pinie, 17 m hoch, 4,70 m Stammumfang, Picknickmöglichkeit" (S. Fels & W. Brand).

Das einstige Bergbaustädtchen Buggeru

Buggeru

Einsames Bergarbeiterdorf, lang gestreckt unter einer hohen Felswand. Bizarre Szenerie – kahle Geröllhalden und rotleuchtende Felsen, darunter die verwinkelten Gemäuer und Abraumhalden des stillgelegten Bergwerks samt ehemaligem Erzhafen. Dank seiner abgeschiedenen Lage hat sich Buggeru eine eigene Atmosphäre bewahrt.

Unmittelbar vor dem Ortskern liegt eine 300 m lange Sandbucht, daneben "verschönt" seit 1986 eine *Marina* mit 400 Liegeplätzen den ehemaligen Verladehafen. Wie sich herausgestellt hat, eine Fehlplanung – erstens wird sie bisher kaum gebraucht, zweitens versandet das Becken ständig. Zudem haben sich durch die Hafenerweiterung die Meeresströmungen geändert, was wiederum bewirkte, dass der lange Sandstrand nördlich vom Ort überflutet wird und teilweise schon bedenklich schmal geworden ist.

Trotzdem geht Buggeru einer touristischen Zukunft entgegen – sicher zur Freude der meisten Bewohner, die in der kargen Landschaft bisher nur bescheidene Existenzmöglichkeiten fanden. Endete bis vor kurzem die Welt an der Felswand südlich vom Ort, ist die Straße inzwischen bis Masua verlängert worden und seit kurzem vollständig asphaltiert.

Anfang des Jahrhunderts machten die **Bergarbeiter von Buggeru** mit hartnäckigen sozialen Forderungen von sich reden. Durch Arbeitsniederlegung erkämpften sie u. a. die Einrichtung eines Krankenhauses und einer Schule, auch der Einsatz von Militär konnte die mutigen "Minatori" nicht von ihren Zielen abbringen. 1904 mündeten die Streiks von Buggeru sogar in einen italienischen Generalstreik.

Iglesiente
Karte Seite 421

434   Westsardinien/Iglesiente

● *Verbindungen*: bis zu 4x tägl. Busse von und nach Iglesias.
● *Übernachten*: Bisher gibt es nur eine Hand voll Privatzimmer im Ort – die hilfsbereiten Einheimischen helfen gerne weiter.
● *Essen & Trinken*: **San Nicolao**, Pizzeria am oben erwähnten Bach – wo sich früher die

Wildzelter trafen, essen heute die Tagesgäste vom Strand.
Natalino, gemütliches Ristorante an der kurvigen Ortseinfahrt links, Gaststube mit bunten Wandgemälden und historischen Fotos von Buggeru. Gute Küche, wenn auch nicht preiswert.

Von Buggeru nach Masua

Landschaftlich herrliche Strecke, die erst 1999 vollständig asphaltiert wurde. Von Buggeru zunächst steile Serpentinen die Felswand hinauf Richtung Süden, schöne Rückblicke. Oben kahle, phryganabewachsene Hochebene, dann senkt sich die Straße in ein kurviges Tal. Nach wenigen Kilometern beschilderter Abzweig zur Cala Domestica. Die ganze Region ist fast völlig unbesiedelt, ab und an sieht man ein Bauernhaus.

▶ **Cala Domestica**: asphaltierte Zufahrt etwa 1 km ein ausgetrocknetes Flussbett entlang. Zwischen scharfkantigen Felswänden enge Bucht mit ca. 100 m feinem, weißem Sand-/Kiesstrand, der sich in Dünen gut 200 m landeinwärts zieht. Landschaftlich sehr schön, allerdings beim letzten Check tonnenweise Unrat. Linker Hand auf den Felsen zerborstene Hausruinen einer ehemaligen *Thunfischfangstation*, auf felsigem Kap vorgelagert ein spanischer *Torre*.

▶ **Acquaresi**: verlassene Grubensiedlung mit verrotteten Gemäuern und einer Kirche, reizvolle Architekturdenkmäler. Kurz danach neben der Straße ein *Stausee*. Das allerletzte Stück vor Masua geht es in Serpentinen aus dem Tal hinaus und über einen Bergkamm mit 13 % Gefälle hinunter nach Masua.

▶ **Masua**: zerklüfteter Steilhang, an dem auf Terrassen ein paar Villen der Jahrhundertwende kleben. Das Ganze völlig geprägt von großem Steinbruch samt Zementfabrik. Am Ortsschild bei einer Steilkehre beginnt die Straße nach Buggeru. Eine Asphaltstraße führt tief hinunter zur 50 m langen, braunen Sandbucht *Porto Flavia* zwischen Schieferfelsen und Hausruinen. Draußen im Meer beherrscht der 132 m hohe Felskegel *Pan di Zucchero* das Bild.

Von Masua zum Golfo di Gonnesa

Absolute Panoramastrecke – Steilküste vom Feinsten. Nördlich von Masua noch weißgrauer Stein, jetzt abrupter Farbwechsel. Felshänge in allen Rottönen, tiefes Dunkelrot vorherrschend, aber auch Ocker und Braun. Herrliche Ausblicke! Von Nebida senkt sich die Straße zwischen roten Felsen allmählich hinunter zum langen Strand von Fontamare.

▶ **Nebida**: Der Ort liegt weit oberhalb vom Meer, unten gibt es eine bescheidene Strandbucht namens *Porto Banda*. Tipp ist der in der Ortsmitte oberhalb des Fußballplatzes beginnende Panoramaweg, der ein Stück oberhalb der Steilküste mit herrlichen Ausblicken über den gesamten Küstenabschnitt entlangführt, unterwegs kommt man an einer Bar vorbei. Unten am Meer steht die alte *Laveria la Mamora*, eine Mineralienwäscherei mit Fördereinrichtung nach oben. Vom Spazierweg führt entlang der Schienen eine Treppe mit 440 Stufen bis ganz nach unten, schwindelfrei sollte man sein.

Von Masua zum Golfo di Gonnesa 435

Küste vor Masua mit Pan di Zucchero

• <u>Übernachten/Essen & Trinken</u>: **** Pan di Zucchero**, direkt an der Durchgangsstraße, am Steilhang über der Küste. Äußerlich ziemlich nüchtern, aber Superaussicht aufs Meer (Sonnenuntergang), sauber und ordentlich, im Haus auch eine Trattoria mit guter Meeresküche und ebensolchem Panoramablick. Möglichst Zimmer zur Seeseite nehmen – der Steintransport von Masua nach Iglesias mit schweren LKW macht sonst ab 5 Uhr früh das Schlafen unmöglich. Allerdings brummt ein Aggregat die Nacht hindurch. DZ mit Frühstück ca. 38–47 €. ✆/✉ 0781/47114.

• <u>Sonstiges</u>: Die örtliche Koperative **SA-REMAR** veranstaltet Führungen in der Küstenregion.

▶ **Golfo di Gonnesa**: riesiges Strandareal, sehr breit, gut 3 km lang und völlig schattenlos, dahinter Pineta und hohe Dünen, eingefasst von weitem Berg- und Hügelpanorama – grandioser Blick zur Steilküste Richtung Nebida! Oft sehr windig.

Der Hausstrand von Iglesias ist auch von der SS 126 schnell erreichbar, Abzweig ca. 8 km südlich von Iglesias (Beschilderung "Al Mare"). Unten großer Parkplatz und Pizzeria. Am Nordende ehemalige Bergarbeitersiedlung *Fontanamare* mit einer Hand voll Häusern, an der der Tourismus bisher spurlos vorübergegangen ist.

Sulcis

Der äußerste Südwestzipfel Sardiniens. Die schmale Region um die Inseln Sant'Antioco und San Pietro bis zum Capo Teulada im Süden ist benannt nach dem punischen "Sulcis", dem heutigen Hauptort Sant'Antioco der gleichnamigen Insel. Das mineral- und erzhaltige Gestein hat alle Eroberer Sardiniens, von den Puniern bis zu den Pisanern, magisch angezogen.

Staubige Gruben, Industrieanlagen und weitgehend verlassene Bergwerkssiedlungen bestimmen das Bild an der Westküste. Wie im Iglesiente wurde der Kohleabbau eingestellt, Blei, Zink und Aluminium werden dagegen noch gefördert. Touristische Anlaufpunkte gibt es nur wenige, z. B. den Lagunenstrand von **Porto Pino** samt Campingplatz. Von den zwei Inseln ist **San Pietro** die reizvollere, **Sant'Antioco** besitzt dagegen die hochkarätigeren Sehenswürdigkeiten.

Die Südküste vom Capo Teulada bis Cagliari gehört streng genommen nicht mehr zum Sulcis und ist traditionell eher dem Einzugsbereich von Cagliari zuzurechnen. Der leichteren Orientierung wegen wird er trotzdem am Ende dieses Kapitels behandelt. Die Nähe zur Hauptstadt hat hier stellenweise eine starke touristische Konzentration bewirkt. Trotzdem lohnt der Aufenthalt wegen der punisch-römischen Stadt **Nora** und der wunderschönen **Costa del Sud**. Am ruhigen **Capo Teulada** gibt es zudem einen idyllisch gelegenen Campingplatz (Karte zur Küste von Teulada bis Cagliari → S. 453).

● *Orientierung*: Das **Sulcis** ist der schmale Küstenstreifen im Südwesten Sardiniens einschließlich der vorgelagerten Inseln **Sant'Antioco** und **San Pietro**. Die Südgrenze des Sulcis bildet das weit vorspringende Capo Teulada. Die Südküste bis Cagliari gehört streng genommen nicht mehr zum Sulcis.

● *Verbindungen*: Nach Carbonia, der Hauptstadt des Sulcis, besteht **Bahnverbindung** von Cagliari und Iglesias. Häufige **Busse** fahren auf die Isola di Sant'Antioco, die mittels eines Fahrdamms mit dem Festland verbunden ist. Mehrmals täglich pendeln **Fähren** von Portovesme (Festland) und Calasetta (Isola di Sant'Antioco) auf die Isola di San Pietro.
An der Südküste von Teulada nach Cagliari häufige **Busverbindung** nach Cagliari.

● *Straßen*: auf den beiden Inseln z. T. noch nicht asphaltiert, sonst keine Probleme. Schöne Panoramen bietet die **Küstenstraße** an der Costa del Sud.

● *Übernachten*: Hotels in **Sant'Antioco**, **Calasetta** und **Carloforte**, dem Hauptort von San Pietro. Zwei Campingplätze auf Sant'Antioco, einer auf San Pietro, ein weiterer am Festland bei Porto Pino. An der Südküste bei **Santa Margherita di Pula** dichtes Hotelangebot auf Hochpreis-Niveau. Campingplätze bei Torre di Chia (Costa del Sud) und im Porto di Teulada, zwei weitere bei Santa Margherita (ganzjährig geöffnet).

● *Baden*: einige schöne Buchten auf Sant'Antioco und San Pietro, ansonsten Dünenstrand bei Porto Pino (Festland) und einsame Badebuchten/Dünenstrände an der Costa del Sud.

Carbonia 437

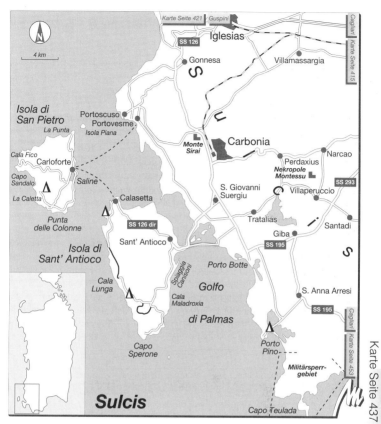

Festland

Eindrucksvolle Fahrt auf der SS 126 im Dreieck Carbonia, Portoscuso/Portovesme und Iglesias. Farbenschillernde Erzhalden, Bergwerke und Geisterdörfer.

Carbonia

Kohlestadt des 20. Jh., typisches Produkt der faschistischen Mussolini-Ära. In den Dreißigern am Reißbrett entworfen und innerhalb weniger Jahre aus dem Boden gestampft – der vom Ausland wirtschaftlich isolierte "Duce" brauchte die Sulcis-Kohle dringend für seine Kriege.

Trotz stellenweise faschistisch geprägter Imponier-Architektur wirkt Carbonia heute für sardische Verhältnisse äußerst distinguiert und modern, insofern krasser Gegensatz zum nahen Iglesias – schnurgerade Straßen, die im exakt rechten Winkel zueinander verlaufen, geschäftige Boulevards mit bis zu 5 m

438 Südwestsardinien/Sulcis

breiten Gehsteigen, moderne Wohn- und Geschäftshäuser, überall viel Beton, dazwischen ein paar zu groß geratene öffentliche Gebäude und weite kahle Plätze. Eine Altstadt fehlt völlig – dafür gibt's genug Licht und Luft zum Atmen und wesentlich mehr Bäume als in manch anderer sardischen Stadt. Touristen trifft man hier so gut wie keine, so hat auch das einzige Hotel der Stadt vor einigen Jahren zugemacht.

Trotz Industriekrise hat Carbonia noch immer eins der höchsten Pro-Kopf-Einkommen der Insel. Arbeit gibt es reichlich im Aluminiumwerk von Portovesme und im großen Elektrizitätswerk der italienischen Gesellschaft ENEL. Viele Rentner beziehen zudem gute Bezüge von ihrer früheren Arbeit in den Bergwerken.

● *Anfahrt/Verbindungen*: **FS-Bahnlinie** von und nach Cagliari (etwa 13x tägl.), Bahnhof etwas westlich außerhalb vom Zentrum. **Busstation** an der Piazza Roma, Torre Civica. Häufige Verbindungen nach Cagliari, Iglesias und in die Umgebung inkl. Isola di Sant'Antioco und San Pietro. Nach Teulada ca. 6x tägl.

● *Essen & Trinken*: **Bovo-Da Tonino**, Via Costituente 18, populäre Trattoria, Familienbetrieb, hauptsächlich Fisch, Nudeln mit Meeresfrüchten. Menü um die 25 €. So geschl. **Gran Europ**, Via Gramsci 31, beliebteste Eisdiele der Stadt, innen elegant mit viel spiegelndem Granit, draußen ein paar Tische an der Verkehrsstraße. Sehr gutes Eis aus eigener Produktion.

Sehenswertes: Städtischer Mittelpunkt ist die weite, luftige *Piazza Roma*, hier laufen alle Straßen zusammen. Ein hoher, frei stehender Glockenturm aus dunkelrotem Trachyt beherrscht das Bild, ansonsten findet man hier die Kirche *San Ponziano*, das schmucklose *Municipio*, ein stillgelegtes Kino und der einstige faschistische Torre Litoria, von dem der Duce 1938 seine Einweihungsrede hielt – heute *Torre Civica* genannt und als Radiosender genutzt. An der Unterkante hübsche Springbrunnenanlage und Garten mit Dattelpalmen, an der nahen Piazza Mercato die *Markthalle*. Die benachbarte, viel befahrene Verkehrsstraße *Via Gramsci* ist die Einkaufszeile der Stadt, zahlreiche Geschäfte und Boutiquen verlocken zum Flanieren. Nur wenige Schritte entfernt ist ein großer Fußgängerbereich mit Palmen angelegt.

Die Villa Sulcis in der Via Napoli 4, früher Sitz der staatlichen Minengesellschaft, beherbergt das *Museo Archeologico*. Zu besichtigen sind hauptsächlich Funde vom nahen Monte Sirai, aber auch von anderen prähistorischen Fundstellen. In der nahen Via Campania liegt das *Museo Paleontologico-Speleologico* mit einer Fülle von Fossilien, die teilweise Millionen von Jahren alt sind, dazu Fotos und Skizzen von Höhlen der Umgebung.

Öffnungszeiten/Preise: **Museo Archeologico & Museo Paleontologico-Speleologico** – Di–So 9–13, 16–20 Uhr, Mo geschl.; Einzeleintritt ca. 2,10 €, Kombiticket ca. 3,60 €.

Carbonia/Umgebung

▶ **Monte Sirai:** 190 m hoher Tafelberg, etwa 4 km nordwestlich von Carbonia, herrlicher Rundblick. Oben die Ausgrabungen einer phönizisch-punischen *Akropolis* aus dem 7. Jh. v. Chr. mit Befestigungsmauern und Nekropole, wegen der hervorragenden strategischen Lage aus militärischen Gründen angelegt, um die wertvollen Erzgebiete zu überwachen. Hauswände und Säulen sind in der lang gestreckten Akropolis zwar keine mehr erhalten, aber die zahlreichen Fundamente der Häuserzeilen sowie Teile der Mauern vor der

Stadt zeichnen sich mit Steinreihen ab. In der *Nekropole* etwas unterhalb der Akropolis gibt es große Kammergräber und viele kleine Brandgräber, in denen verbrannte Leichname und Ascheurnen gefunden wurden. Ein *Tophet* (siehe auch Sant'Antioco) liegt nordwestlich außerhalb der Stadtmauer.

Öffnungszeiten: im Sommer tägl. 9–19 Uhr, im Winter 9–13, 15–19 Uhr; Eintritt ca. 2,60 €. Taschenlampe für die Gräberbesichtigung lohnt.

▸ **Portovesme**: Fährhafen zur Isola di San Pietro, im Sommer fast stündlich Überfahrten (→ Isola di San Pietro). Ein gewaltiges Kraftwerk (früher Kohle, heute Erdöl) und Anlagen zur Aluminium-, Blei- und Zinkgewinnung beherrschen das Bild.

▸ **Portoscuso**: kleiner Fischer- und Jachthafen mit etwas Tourismus und einigen Hotels. Die nahen Industrieanlagen lassen allerdings nur wenig Urlaubsfreude aufkommen. Eine ehemalige Thunfischfangstation wurde zum touristischen Anziehungspunkt umgebaut. Der Sandstrand *Portopaleddu* liegt nördlich außerhalb zwischen Porphyrfelsen. Anfang Juni findet die traditionelle *Festa patronale di Santa Maria d'Itria* statt, eine farbenprächtige Prozession auf dem Meer, verbunden mit großem Fischessen.

Übernachten: *** **Panorama**, Via Giulio Cesare 40/42, DZ ca. 65 €. ✆ 0781/508077.

Golfo di Palmas

Große Meeresbucht zwischen der Isola di Sant'Antioco und dem gegenüberliegenden Festland. Die Küste hier flach, höchstens leicht hüglig, zahlreiche Strandseen, Kanäle und Tümpel, reiche Fisch- und Vogelwelt. Schön zum Durchfahren besonders am Abend – Sonnenuntergang über Sant'Antioco.

▸ **Porto Botte**: Lagunenlandschaft vis à vis der Isola di Sant'Antioco. Langer Strand mit Fischereihäusern, alles stark mit Seegras zugeschwemmt, stellenweise wohl seit Generationen nicht mehr gereinigt. Eldorado für Angler, viel Ruhe, Sonnenuntergang über Sant'Antioco. Keinerlei touristische Einrichtungen, Industrie von Sant'Antioco in Sichtweite.

● *Übernachten/Essen & Trinken*: Knapp 8 km landeinwärts liegt Giba. Hier findet man am Ortsausgang nach Cagliari die Pension ** **Antico Locanda La Rosella**, Via Principe di Piemonte 135, mit 13 Zimmern für ca. 35 €. Das Besondere ist jedoch das Restaurant des Hauses, geführt von Lucia Pennisi. Im grottenähnlichen Speisesaal mit Bögen und gemauerten Arkaden wird die unverfälschte Küche des Sulcis mit authentischen Gerichten serviert, die man woanders kaum bekommt, z. B. *su mazzamurru*, eine kräftige Brotsuppe mit Tomaten, Käse- und Fleischeinlage oder *pillus*, leckere Ravioli, die mit Fenchel gewürzt sind. Mittlere Preise. Mo geschl. ✆ 0781/964029.

Porto Pino

Ausgedehnte Lagunenlandschaft, in der noch Fischer ihr Auskommen finden. Zum Meer hin Sandstrand mit prallgrüner Pineta, der im Südwesten in riesigen aufgetürmten Dünen endet, die man ständig im Blickfeld hat. Dort beginnt die militärisch gesperrte Halbinsel vom Capo Teulada.

Der "Ort" besteht aus einem öden Kreisverkehr samt Parkplatz, um den sich einige Lokale und ein Campingplatz gruppieren. Ein Kanal, auf dem meist Fischerboote schaukeln, mündet in der benachbarten großen Lagune. Bei

440 Südwestsardinien/Sulcis

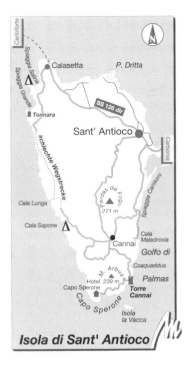

Isola di Sant' Antioco

ungünstigem Wind Geruchsbelästigung und starke Algenanschwemmungen. Insgesamt nicht sonderlich einladend und in der Nebensaison so gut wie tot.

Zum Spazierengehen: Die schnurgerade Zufahrtsstraße von Sant'Anna Arresi endet im wunderschönen Pinienwald *Pineta Candiani* westlich benachbart zum langen Sandstrand. Keine Aufforstung, sondern gewachsener Baumbestand mit knorrigen alten Stämmen! Fahrzeug abstellen und zu Fuß bis zur bizarr zerrissenen Küstenlinie mit scharfkantigen Felsen. Hier meist Hobbyangler und Blick auf den erwähnten schneeweißen Dünenstrand Richtung Teulada.

• *Übernachten*: * **Camping Sardegna**, schmaler Schlauch zwischen Lagune und Sandstrand, schöner alter Baumbestand und Schilfdächer, mit Ristorante und Bar. Pro Person ca. 4,5–6 €, Stellplatz 5–7 €, halber Stellplatz 2–4 €, Auto 3 €. Mitte Mai bis Mitte September. ✆ 0781/967013.

• *Essen & Trinken*: **La Peschiera**, einfaches Lokal direkt am Kanal, geführt von einheimischen Fischern.

Isola di Sant'Antioco

Auf den ersten Blick flache, etwas öde Szenerie mit endlosen Kaktusalleen, Fächerpalmen und Weinanbau. Wenn man aber in den weitgehend einsamen Süden vorstößt, kann man einige schöne Landschaftseindrücke mitnehmen.

Sant'Antioco, der Hauptort, ist seit punischen Zeiten durch einen breiten Damm mit dem Festland verbunden. Die Ausfuhr der wertvollen Sulcis-Mineralien ließ bereits damals eine große Hafenstadt entstehen. Ausgedehnte Industrieanlagen und ein Kraftwerk machen heute wenig Lust auf einen Zwischenstopp. So fährt man nach der Besichtigung der phönizisch-punischen Nekropole und der frühchristlichen Katakomben meist rasch weiter, um auf die Nachbarinsel San Pietro zu gelangen.

Wer etwas mehr Zeit hat – der Fährhafen *Calasetta* ist ein hübscher Ort ligurischer Prägung und guter Ausgangspunkt für eine Inselumrundung per PKW oder Motorrad. Unterwegs passiert man einige Strände, die aber meist unter Seegrasanschwemmungen zu leiden haben.

Sant'Antioco

Wichtiger Hafen, der unter Mussolini stark erweitert wurde, um die geplanten Erzfördermengen zu verschiffen. Auch heute noch als solcher in Betrieb. Die kleine, recht malerische Altstadt schmiegt sich auf einem Hügel um die Pfarrkirche Sant'Antioco.

Schon in den Jahrhunderten vor Christus war Sant'Antioco (phönizisch *Sulki*, römisch *Sulcis*) ein bedeutender Ausfuhrhafen für die Erze der Region. Nach der Gründung durch die Phönizier im 8. Jh. v. Chr. beuteten vor allem die nachfolgenden Punier die Silberminen der Region aus und erbauten einige wichtige Hafenstädte. Umfangreiche Reste der phönizisch-punischen Siedlung hat man auf dem Altstadthügel von Sant'Antioco entdeckt, darunter auch ein sog. *Tophet*, wo die Phönizier Kinder opferten.

- *Information*: **Pro Loco**, im Zentrum, Via Roma 41. Juni bis Sept. tägl. 9–12, 17–21 Uhr. ✆ 0781/840592.
- *Anfahrt/Verbindungen*: mehrmals tägl. Busse von u. nach Cagliari, Carbonia u. Iglesias.
- *Übernachten/Essen & Trinken*: *** **L'Eden**, neues, gut ausgestattetes Albergo am Platz mit der Pfarrkirche. DZ ca. 60–73 €, Frühstück ca. 5,50 €/Pers. ✆ 0781/840768, ✉ 840769.
- ** **Moderno**, Via Nazionale 82, Zimmer mit TV, angeschlossen beliebtes Restaurant/Pizzeria. DZ ca. 63 €, Frühstück ca. 4 €/Pers. ✆ 0781/83105, ✉ 840252.

Sehenswertes

Sulki/Sulcis war seit punisch/phönizischen Zeiten über die Römer bis ins Mittelalter durchgehend bewohnt und zeitweise wesentlich größer als heute. Dementsprechend hat man etliche Funde gemacht, von denen die zahlreichen unterirdischen Grabkammern und die Brandopferstätte die größte Attraktion darstellen.

Pfarrkirche Sant'Antioco: im "centro storico" an der Piazza de Gasperi, Zentralkuppelbau aus schweren, unverputzten Granitquadern, ursprünglich aus dem 6. Jh. n. Chr., aber später mehrmals umgebaut. Unter dem rechten Querschiff liegt der Zugang zu punischen Kammergräbern, die von den frühen Christen zu *Katakomben* ausgebaut wurden. Der namengebende Märtyrer *Antiocos* soll hier begraben worden sein, sein Sarkophag steht gleich am Eingang. Er lebte Ende des 1. Jh. n. Chr. in Nordwestafrika, wurde dort von den Römern als Christ verfolgt und rettete sich ins Mittelmeer, wurde vielleicht auch in einem Boot ausgesetzt. In Sulki starb er etwa 127 n. Chr. Das weitläufige System niedriger Räume unter der Kirche ist gut beleuchtet, etliche Gräber sind erhalten, z. T. mit Resten von Wandmalereien.
Öffnungszeiten/Preise: Mo–Sa 10–12, 15–18 Uhr, So 10–11, 15–20 Uhr; Eintritt ca. 2,10 €.

Phönizisch-punische Ausgrabung

Die ehemalige Stadt aus dem 8. Jh. v. Chr. liegt auf einem Hügel etwas außerhalb der Altstadt, vom Kirchplatz den Berg hinauf (Schilder beachten). An der Hügelspitze stehen die Reste des *Fortino Sabaudo*, erbaut 1812 und bereits wenige Jahre später von korsischen Seeräubern zerstört. Interessant sind die

442 Südwestsardinien/Sulcis

zahlreichen *Höhlenwohnungen* am Hügel, die noch heute von den Bewohnern genutzt werden – vielleicht hat man das Glück, in eine hineingebeten zu werden. *Öffnungszeiten/Preise*: tägl. 9–13, 15.30–19 Uhr (Winter bis 18 Uhr), Sammelticket ca. 4,20 €. Besichtigung der folgenden Punkte nur im Rahmen einer Führung durch die **Cooperativa Archeotour**, ℘ 0781/83590.

Nekropole: Wie ein Maulwurfshügel ist das weiche Kalk- und Tuffgestein des Hügels ausgehöhlt und unterkellert worden, zahlreiche dunkle Gruften und geräumige Kammergräber reihen sich aneinander. Der Führer erzählt, wieviele Skelette man wo gefunden hat, etliche werden noch in abgesperrten Katakomben aufbewahrt, einige sind zur Demonstration am Tageslicht "aufgebahrt". Die phönizisch-punischen Gräber wurden in späteren Jahrhunderten von Römern und Christen weiterverwendet – die Phönizier begruben ihre Toten in Hockstellung (wie Embryos im Mutterleib), die Römer liegend. In einer Grabkammer sind farbige Fresken rekonstruiert (Original in Cagliari).

Brandopferstätte *(Tophet)*: Auch die Siedlung Sulki war Schauplatz des makabren Kults der Phönizier, die hier ihre erstgeborenen Kindern den Göttern opferten. Über 2000 Ascheurnen wurden im Umkreis der Brandopferstätte gefunden, die etwa 400 m unterhalb der Gräber liegt (Fahrstraße weiter hinunterlaufen). Um bemooste Felsbrocken aus Trachyt sind hier Kopien der Original-Tontöpfe drapiert, in denen Knochenreste und Asche von Kindern und Tieren aufbewahrt wurden. Dazwischen stehen verschiedenartige *Grabstelen*, die an die Opfer erinnern. Neuere Forschungen vermuten, dass hier auch Babys, die eines natürlichen Todes gestorben sind, bestattet wurden.

Archäologisches Museum: Funde verschiedener Epochen aus dem punisch-römischen Gräberfeld – Grabstelen und (die echten) Ascheurnen aus Ton, schwarzfigurige Keramik, Öllampen, Schmuck, Amulette u. m.

Ethnograhisches Museum: Das kleine Ein-Raum-Museum zeigt traditionelle Geräte aus Landwirtschaft, Haushalt und Küche, der Führer erklärt die einzelnen Stücke.

Calasetta

Fährhafen zur Isola di San Pietro, angenehme Kleinstadtatmosphäre. Vor 200 Jahren entstand das Städtchen auf dem Reißbrett der savoyischen Könige von Sardinien, die immer auf der Suche nach fleißigen Bauern für ihr sardisches Brachland waren. Ligurische Flüchtlinge aus dem französisch besetzten Genua siedelten sich schließlich an und prägten das für Sardinien eher untypische Ortsbild.

Schnurgerade und rechtwinklig verlaufende Straßen mit niedrigen Häusern und schmiedeeisernen Balkons bestimmen das Zentrum – insgesamt schöner als der Hauptort, auch luftiger und in den Farben freundlicher als manch andere sardische Stadt. Abends lebhafte Passeggiata auf der langen Hauptstraße *Via Roma*, die auf der offenen *Piazza Municipio* mündet und abends für den Verkehr gesperrt wird. Oberhalb der Piazza ein bulliger Turm, Blick auf die kleine sandige *Spiaggia Sottotorre* unterhalb und rüber nach San Pietro. Weitere Strände liegen ganz in der Nähe (→ Inselrundfahrt).

Isola di Sant'Antioco   443

- *Information*: **Pro Loco** an der Piazza Municipio 9. ✆ 0781/88534.
- *Verbindungen*: Autofähren von **Saremar** und **TRIS** fahren in der Saison tagsüber beinahe stündlich (Mitte Juli bis Mitte September auch Nachtüberfahrten, Tickets dann direkt an Bord), sonst etwa 7x tägl. nach **Carloforte** auf der Isola di San Pietro (→ San Pietro).
- *Übernachten*: ***** Cala di Seta**, Via Regina Margherita 61, modernes Haus im Zentrum. DZ ca. 47–63 €, Frühstück ca. 5 €. ✆ 0781/88304, ✆ 887204.
** FJBY, Via Solferino 83, zwanzig Zimmer, gute Küche. DZ mit Frühstück ca. 47–63 €. ✆ 0781/88444, ✆ 887089.
** Bellavista, am kleinen Strand unterhalb vom Torre (Località Sottotorre), zwölf ordentliche Zimmer mit Balkon, empfohlenes

Ristorante und schöner Meeresblick inkl. Sonnenuntergang über der Isola di San Pietyro. DZ ca. 53–63 €, Frühstück ca. 6 €/Pers. ✆/✆ 0781/88211.
Campingplatz an der nahen Spiaggia Salina (→ unten).
- *Essen & Trinken*: **Da Pasqualino**, Via Roma 99, Nähe Ortseingang. Einfache Trattoria, die leckere örtliche Spezialitäten ("alla Calasettana") bietet, z. B. *bottarga di tonno* und *cascà* (Couscous auf sardisch), Letzteres allerdings nur auf Vorbestellung. Di geschl.
- *Nachtleben*: Disko **Aquarium** an der Spiaggia Grande.
- *Shopping*: Von Lesern entdeckt – "Im höchst gelegenen **Lebensmittelgeschäft** (mit gewölbter Markise) bedient ein junger Mann, der 5 Jahre in Hamburg gelebt hat und gut Deutsch spricht."

Inselrundfahrt

Macht im Prinzip viel Spaß und bringt einige schöne Impressionen, vor allem an der Westküste und im äußersten Süden. Die Straße ist bis auf 4 km durchgehend asphaltiert, auf diesem Pistenstück gibt es allerdings einige schwierige Teilstücke.

Im Folgenden Beschreibung von Calasetta die Westküste hinunter bis zur Südspitze und die Ostküste hinauf bis Sant'Antioco. Natürlich auch in umgekehrter Richtung möglich, reine Fahrtzeit ca. 2–3 Std.

▶ **Spiaggia Salina**: südwestlich von Calasetta, ab Zufahrtsstraße beschildert in Richtung "Spiaggia Grande". Etwa 300 m schmaler weißer Dünenstrand neben kleiner Lagune, alles dicht bewachsen mit Wacholder, schöner Blick rüber nach San Pietro, teils angeschwemmter Müll.

- *Übernachten*: **** Camping Le Saline**, auf den Dünen, gepflegter Platz, schön angelegt mit gepflasterten Wegen und diversen Baumarten, Schattenplätze unter niedrigen Wacholderbäumen. Autos und Motorräder müssen auf separatem Parkplatz abgestellt werden. Pro Person ca. 5,50–9 €, Stellplatz. April bis Okt. ✆ 0781/88615, ✆ 884889.

▶ **Spiaggia Grande**: kurz nach Spiaggia Salina, große halbrunde Bucht mit 500 m Strand und niedrigen Wacholderdünen, saisonal starke Algenanschwemmungen. Abends lockt hier die große Disko *Aquarium*.
Übernachten: ***** Stella del Sud**, größere Anlage mit Swimmingpool, Tennis, Ristorante. DZ je Saison ca. 78–90 €, Frühstück ca. 12 €/Pers. HP pro Person 53–95 €. ✆ 0781/810188, ✆ 810148.

Südlich der Spiaggia Grande geht es an der Steilküste entlang, glatt gebürstete Macchia, Ferienvillen und Bauernhäuser, immer Blick auf San Pietro. Asphalt endet ca. 3 km hinter Tonnara. Im Folgenden ca. 4 km "strada bianca" mit teils sehr schlechten Wegstellen, vor allem an Steigungen oft tiefe Spülrinnen, bei unserem Check war die Fahrt zu machen, ein Leser hatte jedoch große Schwierigkeiten und musste eine sehr steile Stelle mit Steinen und Holz auffüllen. Schöne Fahrt über Hochflächen, leicht wellig mit niedriger Buschmacchia, weiter Blick in die Hügellandschaft, völlig einsam.

444   Südwestsardinien/Sulcis

▸ **Cala Lunga**: tief eingeschnittene, fjordartige Bucht mit 50 m Sand zwischen zwei Felszungen. Zugang beim letzten Check dicht zugewachsen, auch kein Trampelpfad zu sehen.

▸ **Cala Sapone**: hier wieder Asphalt und Besiedlung, überall entstehen Häuschen in der Macchia, außerdem ein großes Residenz-Hotel am Meer. Etwa 100 m Sandstrand mit Algen.

● *Übernachten*: *** I Ciclopi, hübsche Anlage in Bungalowform am Meer, sehr ruhig, Wochenpreis für Zwei-Betten-Bungalow je nach Saison ca. 300–550 €. ✆ 0781/ 800087.
*** **Camping Tonnara**, flach abfallender

Platz oberhalb vom Strand, Schatten durch Schilf- und Mattendächer, Restaurant, Laden, Bungalows. Pro Person 6–9 €, Stellplatz 5–14 €. Mai bis September. ✆ 0781/ 809058, 🖷 809036.

▸ **Inselsüden**: flach ausgleitend mit ausgedehnter Felderwirtschaft, außerdem Weinanbau, Rinder- und Schafsweiden. Zur Südspitze führt eine breite, gut ausgebaute Asphaltstraße – herrliche Panoramen, über dem Meer erkennt man die Silhouette des Capo di Teulada.
Am Abzweig nach Sant'Antioco vorbei, wo die Straße ans Meer stößt, hübscher kleiner Sandstrand *Coaquaddus*. Dann in Kurven in die Nähe des *Torre Cannai*, dran vorbei und durch eine nagelneue Feriensiedlung bis zum eindrucksvollen Hoteldorf Capo Sperone am *Capo Sperone*, dem allersüdlichsten Zipfel der Insel. Immer wieder tolles Küstenpanorama, im Süden ragt der Felsklotz der *Isola la Vacca* auf, herrliches Wasser – türkis bis tiefblau!

● *Übernachten*: *** **Capo Sperone**, ausgesprochene hübsche Anlage, mehrere Gebäude im Farmhaus-Stil, z. T. bungalowartig, weißer Rauputz mit hohem Kamin. Das Ganze sehr weitläufig mit beleuchteten Wegen und viel Grün, völlig abgelegen und

sehr ruhig. Baden in nahen Felsbuchten, Pool, Tennis, Reiten. 40 Zimmer in Bungalows, DZ um die 60–95 €, Frühstück ca. 8 €/ Pers., HP je nach Saison 45–85 € pro Kopf. Nur Juni bis September. ✆ 0781/809000, 🖷 809015.

▸ **Ostküste**: insgesamt weniger interessant als der Westen, Abstecher auf asphaltierter Stichstraße möglich zur *Cala Maladroxia* – etwa 200 m langer, weich geschwungener Sandstrand, in der Macchia am Hang große Ferienhaussiedlung und zwei Hotels, Tretbootvermietung.

● *Übernachten*: *** **Maladroxia**, geräumig mit schönem Blick auf Bucht und Meer, Zimmer z. T. mit Balkon, DZ mit Frühstück ca. 47–72 €. ✆ 0781/817012, 🖷 809055.

* **Scala Longa**, wirkt neu und recht gepflegt, DZ ca. 40–55 €. ✆ 0781/817202. In beiden Häusern Pension möglich.

Isola di San Pietro

Rauer Trachyt, Tancas, Pineta und Felderwirtschaft prägen das Gesicht der Insel. San Pietro ist vulkanischen Ursprungs und bietet mit seinen wilden Steilküsten und dem grünen Inselinneren viel fürs Auge. Auch Schnorchler dürften auf ihre Kosten kommen. Dagegen gibt es nur wenige ausgesprochene Badebuchten, längere Strände gar nicht.

Überall zwischen den Weingärten, Äckern und Olivenhainen stehen hübsche weiße Bauernhäuser verstreut – mit ihren türkisgrünen Türen und Fensterläden erinnern sie ein wenig an griechische Inseldörfer. Die Bewohner der Insel sind jedoch Nachfahren genuesischer Fischer, die seit dem 15. Jh. auf der genuesisch besetzten Insel *Tabarca* vor der tunesischen Küste gelebt hatten. Als Genua Anfang des 18. Jh. seine überseeischen Besitzungen aufgab, mussten die Bewohner von Tabarca vor Angriffen tunesischer Piraten flüchten und siedelten sich mit Einverständnis des Savoyerkönigs Carlo Emanuele III. auf der brachliegenden Insel an. Dazu kamen noch Übersiedler vom Rivieraort Pegli bei Genua. Laut der alten Aufzeichnungen waren es schließlich insgesamt 126 Familien mit 473 Personen, die sich hier niederließen und denen die Urbarmachung des steinigen Terrains zu verdanken ist. Die Architektur des Hauptortes Carloforte wirkt unverkennbar ligurisch, und noch heute wird ein altertümlicher oberitalienischer Dialekt gesprochen. Die pittoresken Straßenschilder im Zentrum sind dreisprachig: ligurisch, sardisch und italienisch.

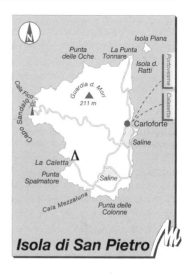

Die Mattanza:
Schreckliches Sterben in der Todeskammer

Alljährlich im Frühjahr ziehen dichte Schwärme von Thunfischen aus dem Atlantik und dem westlichen Mittelmeer zum Laichen nach Osten. Dabei kommen sie regelmäßig nahe an San Pietro vorbei und werden zwischen dem nordöstlichsten Zipfel der Insel und der kleinen vorgelagerten Insel Piana abgefangen. Riesige, mit zentnerschweren Ankern beschwerte Netze werden ausgelegt und durch sie die Thunfische in ein System von immer kleineren Netzkammern gelenkt. Die letzte Kammer ist die *tonnara* oder *camera de la morte*, die "Todeskammer". Diese wird hinten verschlossen, und der Schwarm sitzt in der Falle. Hier warten bereits die Fischer, die zuvor in einer langen, schweigenden Bootskarawane aufs Meer gefahren sind, und beginnen nun das blutige Abschlachten der wehrlosen Tiere, die *"mattanza"*. Während sie ein uraltes Lied singen, ziehen sie den Boden der Tonnara Zug um Zug hoch, die großen kräftigen Fische werden mit Keulen erschlagen, anschließend mit langen Haken in die Boote gezogen und geköpft. In den Fabriken auf der Insel Piana enden sie dann gekocht und gut geölt in kleinen Döschen "Tonno di Sardegna" – nicht selten wird der gesamte Fang aber auch nach Japan verkauft, in den dortigen Sushi-Bars gilt Thunfisch vor allem wegen der rituellen Fangtradition als eine der größten Delikatessen.

446 Südwestsardinien/Sulcis

● *Anfahrt/Verbindungen*: Fähren von **Saremar** und **TRIS** verkehren in der Saison zusammen etwa 12–18x tägl. zwischen Carloforte, dem Hauptort von San Pietro, Calasetta auf der Isola di Sant'Antioco und Portovesme am gegenüberliegenden sardischen Festland. Von Mitte Juli bis Mitte September gibt es auch Nachtverbindun-gen. Bei starkem Andrang werden Platzkarten verteilt, erst mit diesen kann man die Überfahrttickets kaufen. In der Hauptsaison Kapazitätsprobleme!

Preise ab Calasetta: pro Person ca. 3 €, Autos je nach Länge zwischen 6 und 12 €, Motorrad 3–4,50 €. Ab Portovesme etwas teurer.

Carloforte

Ausgesprochen hübsches Fischerstädtchen mit viel Atmosphäre. Mit seinen hellen, frischen Farben bringt es nach den oft tristen Hohlblock- und Granitwürfeln am sardischen "Festland" willkommene Abwechslung. Dazu überall buntes Leben, das sich weitgehend in den Gassen abspielt.

An der langen Uferpromenade ankern Fischerboote, unter Palmen und in diversen Fischlokalen kann man abends die bunte *Passeggiata* vorbeiziehen lassen. Von der Anlegestelle geradeaus kommt man über blank gewetzte Marmorplatten die einladende Fußgängerzone entlang zur zentralen *Piazza di Repubblica*, beliebter Treffpunkt mit einer Hand voll Bäumen und Bänken. Hier im Geschäftszentrum fast durchweg schnurgerade Gässchen, jedoch alles mit dem Flair italienischer Rivieradörfer – pastellfarbene 2–3-stöckige Häuser, schmiedeeiserne Balkone, bunte Fensterläden. Rechter Hand am Hang das winklige *Castello-Viertel*, das mit seinen weiß gekalkten Treppen dagegen fast an Griechenland erinnert.

Südlich vom Ort liegt wie ein flacher See eine große *Saline*, deren aufgetürmte Salzberge neben Fischerei und Weinanbau ein weiteres wirtschaftliches Standbein bilden. Eindrucksvoll ist der Anblick der vielen Flamingos, die hier leben.

Information/Verbindungen/Adressen

● *Information*: **Pro Loco** am Corso Agostino Tagliafico 1, vis à vis der Anlegestelle, an der Ecke der Fußgängerzone, die geradeaus zur Kirche führt. Mit Prospektmaterial wird man reichlich eingedeckt, auch Vermittlung von Privatzimmern. Tägl. 9–12, 15.30–19.30 Uhr. ℡/℡ 0781/854009, www.carloforte.it.

● *Verbindungen*: **FMS-Busse** (Ferrovie Meridionali della Sardegna) fahren im Sommer von Carloforte ca. 6x tägl. zur Badebucht La Caletta, 3x tägl. nach La Punta im Norden und ebenfalls 3x zum Capo Sandalo.

● *Adressen*: **Ausflugsboote**, Touren rund um die Insel, Tickets am Hafenkiosk, ℡ 0781/854244, oder bei Cartur, Corso Tagliafico 13, ℡ 0781/854331.

Edicola Borghero, Piazza di Repubblica (Platz kurz vor der Kirche), internationale Zeitschriften.

Geld, Banca Commerciale Italiana an der Uferpromenade, vis à vis vom Anleger.

Markthalle, Via XX Settembre 48.

Tauchschule, Tabarka Diving, Corso Cavour 38, ℡ 0781/855526.

Taxi/Minibus, Antonio Pelosu, Via Felice Pastorelli 22, ℡ 0781/859021.

Ticketbüros von Saremar und TR.I.S. gegenüber vom Anleger.

Zweiradverleih, Escursioni Turistiche Viracaruggi, Via Garibaldi 28, ℡ 0368/3055554.

Übernachten

*** Hieracon, Corso Cavour 63, von der Anlegestelle Uferpromenade nach rechts, edle Unterkunft in einem von Kopf bis Fuß restaurierten Palazzo, eindrucksvolle Stuck-fassade, zur Rezeption eine Treppe höher, Zimmer liegen dort rundum, eingerichtet mit schweren sardischen Vollholzmöbeln, Spiegel und Wandlampe aus geschwungenem

Isola di San Pietro 447

Im Hafen von Carloforte

Gussmetall, rosa gekachelte Bäder, insgesamt viel Stil. Hinten lang gestreckter Palmengarten, Ristorante. DZ je nach Saison ca. 48–85 €, Frühstück ca. 5 €/Pers., auch Apartments für 70–100 €. ✆ 0781/854028, ✉ 854893.

*** Riviera, von der Landungsstelle die Promenade 200 m nach links. Vor einigen Jahren renoviert, kahle Angelegenheit mit langen Gängen, aber okay. Einfache Zimmer mit gekachelten Bädern sehr verschiedener Größe, Zweckmobiliar, vorne raus Meeresblick, Ristorante. DZ je Saison 55–75 €. ✆ 0781/854004, ✉ 856552.

** California, Via Cavallera 5, Nähe Lagune, südlich vom Zentrum. Das preisgünstigste Haus im Ort, familiäre Atmosphäre, Besitzer stammt aus Kalifornien und spricht Deutsch. DZ je nach Saison ca. 42–63 €. ✆ 0781/854470, ✉ 855539.

Essen & Trinken

Basiert natürlich auf Fisch, speziell Thunfisch. Die Verwandtschaft zur arabisch-tunesischen Kochtradition (Herkunft der Insulaner!) führt zu einer interessanten Variante der Inselküche. Sie äußert sich in der "cascà", einer Art Cuscus aus Hartweizengrieß, Kohl, Kichererbsen und Schweinefleisch. Außerdem gibt es eine grüne Pesto-Soße aus Basilikum und Olivenöl nach ligurischer Art. Lohnend sind auch der weiße Inselwein – fast honiggelb, sehr stark und süffig – und die regionalen Nudelgerichte.

Da Nicolo, Corso Cavour 32 , in Hafennähe (Achtung: Mitte Oktober bis Mitte Juni in der Via Dante 46). Kleines, sehr gelobtes Lokal mit jungem kontaktfreudigen Wirt, typische Carloforte-Küche mit cascà und diversen Thunfischgerichten. Menü ca. 30–45 €. Mitte Juni bis Ende September tägl., sonst Mo geschl. Reservierung sinnvoll, ✆ 0781/854048.

Al Tonno di Corsa, Via Marconi 47, im schönen Castello-Viertel, von der Piazza di Repubblica rechts den Hang hinauf. In familiärer Umgebung kleines, aber feines Lokal mit interessanten Spezialitäten, bei denen Thunfisch die Hauptrolle spielt, z. B. *spaghetti del tonno di Corsa al bottarga* oder *tonno alla carlofortina* (mit Wein, Essig, Lorbeer und Tomaten geschmort). Terrasse mit Meeresblick. Dieselben Preise wie bei Nicolo. Juli/August tägl., sonst Mo geschl.

Fraganá, Località Segni, Leserlob für dieses Ristorante/Pizzeria am Rand der großen Saline, etwa 1 km südlich vom Zentrum. Man kann hübsch draußen sitzen.

448   Südwestsardinien/Sulcis

Kleine Gasse im malerischen Viertel Castello

Sehenswertes: Einfach ziellos Herumbummeln und mal ins Castello-Viertel hinaufsteigen – das einfache Alltagsleben ist es, was Carloforte sympathisch macht. Im Zentrum am Ende der Fußgängerzone die klassizistische Pfarrkirche *San Carlo Borromeo*. Hübscher und nahtlos in die Häuserreihe eingefügt, erstrahlt an der Via XX Settembre die restaurierte Kirche *Madonna dello Schiavo* mit vergoldeten Ornamenten und weißem Stuck auf hellblauem Grund. An derselben Straße viele Lebensmittelläden und die freundliche kleine *Markthalle*.

Ins *Castello-Viertel* steigt man am besten von der Piazza di Repubblica in der Fußgängerzone die Treppengasse hinauf. Durch den Torbogen gelangt man in einen völlig intakten Wohnbereich – die weißen Treppengässchen eng und schattig, auf eigens dafür konstruierten Gestellen hängt die Wäsche vor den Türen, Waschwasser rinnt über die Stufen, alles sehr sauber und gepflegt.

Am Hügelkamm oben die Ruinen des *Forte Carlo Emanuele III* ("il castello"), dessen lange Festungsmauer mit Schießscharten und Ecktürmen (einer ist noch erhalten) im 18. Jh. die erste genuesische Wohnsiedlung auf San Pietro umgab. Der Stadtname Carloforte erinnert daran.

Feste auf San Pietro

Ende Mai findet das traditionelle Thunfischfest Sagra del Tonno statt. Vor allem aber ist die Fiesta di San Pietro am 29. Juni erlebenswert, das größte Fest der Insel. In großer Prozession wird die Statue des Apostels Petrus (der hier auf seiner Romreise angeblich einen Zwischenstopp einlegte) von Fischern in festlich geschmückten Booten durch den Hafen gefahren. Im Rahmenprogramm Musik, typische Tänze und Feuerwerk.

Ziele auf der Insel

Es gibt nur eine Hand voll Asphaltstraßen, die zu den wenigen zugänglichen Buchten führen. Ansonsten viel Steilküste, die man sich am besten vom Boot ansieht – Ausflugsboote machen ab Carloforte Touren. Der Süden von San

Isola di San Pietro 449

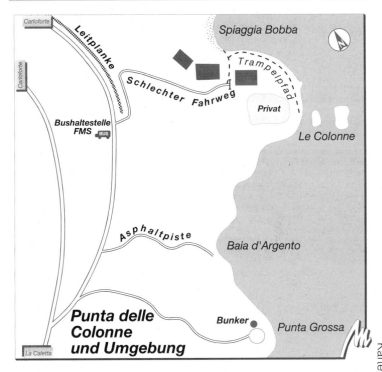

Pietro ist flach, mit Weinfeldern und Steinmäuerchen, im Zentrum eine felsige Hochfläche mit Pinien, die man auf dem Weg zum Capo Sandalo durchquert.

Inselsüden

Zwei Straßen führen in den Süden und treffen sich in der Nähe der berühmten Nadelfelsen von Punta delle Colonne. Ganz in der Nähe liegt die intime kleine Spiaggia La Bobba, die nur zu Fuß zu erreichen ist.

▶ **Punta delle Colonne**: zwei markante Felsnadeln, die wenige Meter vor der Küste aus dem Meer ragen. Eindrucksvolles Bild – senkrecht abfallende Steilküste mit Geröllhalden, davor im Wasser die zwei über 20 m hohen, bizarr verformten Trachytfelsen. Ruhiger Platz zum Schauen und Sonnenbaden. Da in der Umgebung zahlreiche Privatgrundstücke von Bauern liegen, genau die folgende Wegbeschreibung beachten.

Etwa 1,3 km ab Kreuzung, wo sich die zwei Straßen ab Carloforte treffen, liegt an der südlichen der beiden Straßen eine Kurve mit Bushaltestelle. Hier Fahrzeug stehen lassen und den Fahrweg hinein bis zu einem Bauerngehöft. Unmittelbar vor dem Tor zweigt links ein Pfad zur hübschen kleinen **Spiaggia La Bobba** ab, ca. 100 m lang, eingefasst von bizarren Felsen. Von dort den Trampelpfad rechts die Küste entlang zu Le Colonne nehmen, ab der Straße ca. 15 Min.

Inselwesten

Nur zwei Straßen führen hinüber – La Caletta gilt als beliebtester Badestrand von San Pietro, schönste Inseltour ist die Fahrt zum Leuchtturm am Capo Sandalo, dort jedoch keinerlei Bademöglichkeiten.

▸ **La Caletta** *(Cala dello Spalmatore)*: kleiner steiniger Sandstrand mit hohen bewachsenen Dünen, eingefasst von dunkelroten Trachytklippen. Rechter Hand gammelt ein seit Jahren geschlossener Hotelbau vor sich hin, im Sommer ist eine nette Strandbar geöffnet.

* *Verbindungen*: im Sommer bis zu 6x tägl. Bus von und nach Carloforte, sonst 1–2x. Straße von Carloforte führt durch den Südteil der Insel.
* *Übernachten/Essen & Trinken*: *** **Camping La Caletta**, der einzige Zeltplatz der Insel. Direkt an der Zufahrtsstraße, etwa 300 m vor dem Strand. Staubiges Gelände mit hohen Eukalyptusbäumen, Restaurant und Bungalowvermietung. Duschen werden laut Leserzuschrift mit Salzwasser gespeichert. Preis ca. 7–10 € pro Person, alles inkl. Nur Juni bis September. ℡ /℻ 0781/852112.
*** **Galman**, Località Bellavista, gut ausgestattetes Haus im Inselinneren, an der Straße von Carloforte nach La Caletta. Im hauseigenen Restaurant wird die typische Inselküche serviert (Mi geschl.). DZ ca. 52–74 €, Frühstück ca. 5,50 €/Pers. ℡ 0781/852088, ℻ 852077.

▸ **Capo Sandalo**: etwa 14 km quer über die Insel, reizvolle Fahrt über die zentrale Hochfläche der Insel, sehr steinig, mit sattgrüner Pineta und Weinfeldern, aber auch teils üppig bewachsen. Überall stehen idyllisch anmutende weiße Häuser mit Schindeldächern. Im letzten Stück zunehmend kahlere Macchiafelsen. Am Endpunkt der Straße großer Leuchtturm an felsiger Steilküste, 100 m über dem Meer. Vom großen Parkplatz herrlicher Blick die Steilküste Richtung Süden entlang. Kurz vorher weiterer Parkplatz und Abstieg zur Bucht *Cala Fico*, eindrucksvoll von bizarr verwitterten Steilhängen umgeben, jedoch kein Strand, nur schwere Felsbrocken. Im Sommer gibt's hier eine Beobachtungsstation des italienischen Vogelschutzbundes LIPU, denn die Westküste ist Nistgebiet zahlreicher seltener Vögel, darunter des unter Naturschutz stehenden *falco della regina* (Eleonorenfalke, benannt nach Eleonora von Arborea).

In der Bucht Cala Fico

* *Übernachten*: *** **La Hotel Valle**, Tipp für Ruhesuchende, 1997 mitten im Zentrum der Insel eröffnet (beschildert ab Straße zum Capo Sandalo, Zufahrt über schmale Asphaltsträßchen). Der Familienbetrieb steht einsam zwischen Felsen und Pinien und besitzt Zimmer mit modernem Mobiliar, TV, Air-Condition und Frigobar sowie schönen, großen Bädern. Ristorante und Pool sind ebenfalls vorhanden. HP ca. 43–75 € pro Person. ℡ 0781/857001, ℻ 857206.

Auf San Pietro sind die Straßenschilder dreisprachig: italienisch, ligurisch und sardisch

Inselnorden

San Pietro fällt nach Norden flach ab. Die einzige Straße ab Carloforte beginnt am Nordende der Uferpromenade, durchquert anfangs die Außenbezirke der Stadt und klettert in Serpentinen dann zwischen kleinen Bauernhäusern, Weingärten und leuchtend grüner Pineta einen Hang hinauf. Oben angelangt durch niedrige Kräutermacchia immer an wenig spektakulärer, fast baumloser Klippenküste entlang.

• *Übernachten/Essen*: ** **Paola**, Località Tacca Rossa, kurz nach der Serpentinenauffahrt, halbhoch über der Küste, schöner Blick aufs Festland. DZ ca. 40–70 €, Frühstück ca. 5,50 €/Pers. ✆ 0781/850098, ✆ 850104.
Kurz vor Ende der Straße Fischrestaurant **Jonathan**, daneben Disko **Arcobaleno**.

▸ **La Punta:** Endpunkt der Straße, felsige Landzunge im äußersten Norden, gegenüber die Insel Piana. Die niedrige Klippenküste hier überall vom Meer ausgelaugt und mit einer hauchdünnen Salzschicht überzogen, dazwischen schwarze Flächen vulkanischen Ursprungs. Baden nur schlecht möglich, aber schön zum Spazierengehen. Vom Ende der Straße etwa 100 m nach links – toller Blick über den Steilabfall der Nordküste, z. T. dunkelrote Felsen!
Bei La Punta werden die Thunfische in die Tonnaras getrieben und anschließend blutig abgeschlachtet. Unten am Ufer das Gemäuer einer alten *Thunfischfabrik*, die nur wenige Wochen im Jahr ihre Arbeit aufnimmt, am Ufer in langen Reihen die schweren rostigen Anker, mit denen die Netze beschwert werden. Drüben auf Piana große Hallen für Lagerung und Weiterverarbeitung.

452 Südwestsardinien/Sulcis

▶ **Isola Piana:** Auch das Zentrum des Thunfischfangs ist mittlerweile vom Tourismus entdeckt. Außer den Fischfabriken gibt es eine sehr exklusive Feriensiedlung mit Jachthafen und kleinem Strand. Tägliche Fährverbindungen von Carloforte, aber nicht jeder darf hinüber, sondern nur wer drüben gebucht hat (funktioniert ausschließlich über Beziehungen). Dem Vernehmen nach gehört das Villaggio einigen römischen Schauspielern.

▶ **Grotta di Punta delle Oche:** haushohe Meeresgrotte, die nur per Boot besichtigt werden kann. Liegt ca. 5 km westlich vom Ende der Asphaltstraße bei La Punta.

Porto Teulada bis Cagliari

Höchst unterschiedlich gearteter Küstenstreifen. Von der großenteils unberührten Costa del Sud über das mondäne Ferienzentrum Santa Margherita di Pula und die punischen Ausgrabungen von Nora bis zur nachts gespenstisch erleuchteten Raffinerie von Sarroch ist alles geboten.

Speziell die Costa del Sud bietet wunderschöne Eindrücke und lohnt den Abstecher mit eigenem Fahrzeug. Das westlich sich anschließende Capo Teulada, die Grenze zum Sulcis, ist dagegen leider militärisch abgeriegelt.

Wer den Weg von der Süd- zur Westküste (oder umgekehrt) abkürzen will, muss nicht den kurvigen Umweg über die Costa del Sud nehmen. Wenige Kilometer nördlich von Porto di Teulada zweigt die weiter landeinwärts verlaufende SS 195 von der Straße ab, die zur Küste führt. Nach Nordwesten geht sie ins Sulcis, Richtung Osten führt sie über Teulada in die Berge und trifft 2,5 km östlich von Torre di Chia wieder auf die Küstenstraße.

Teulada

Wie so viele sardische Küstensiedlungen aus Furcht vor den ständigen Piratenüberfällen ein ganzes Stück landeinwärts gegründet. Heute ein freundlicher, großteils moderner Ort in einer fruchtbaren Senke des *Riu de Monti*, teils leicht den Hang hinaufsteigend. Das Zentrum bildet die große runde Piazza Fontana, benachbart das im Sommer nahezu ausgetrocknete Flussbett. In der Umgebung viel Grün – Orangengärten, wilder Oleander, Baumbestand.

• *Information*: kleines **Pro Loco** an der Piazza Mazzini, Infos über Privatzimmer. ✆ 070/9270032.

• *Anfahrt/Verbindungen*: Busse von und nach **Cagliari** 6–8x tägl., nach **Sant'Anna Arresi** 5–7x tägl. Bushaltestelle liegt an einer Seitenstraße des zentralen Platzes am Flussbett. Tickets am Zeitungsstand (von Busstopp Straße hinunter und erste rechts).

• *Übernachten*: ** **Sebera**, ordentliches Albergo nur wenige Schritte unterhalb der Piazza, netter Familienbetrieb mit gutem Ristorante, fahrradfreundlich (Garage). Einfache saubere Zimmer. Neben dem Hoteleingang die hauseigene Bäckerei, wo man

sich Tagesverpflegung holen kann. DZ um die 30–42 €, Frühstück ca. 5 €/Pers. ✆ 070/9270876, 🖷 9270020.

• *Essen & Trinken*: Nachdem die hundert Jahre alte "Antica Trattoria del Vico" kürzlich geschlossen wurde, bleibt nur noch **La Mezza Luna**, ein gepflegtes Ristorante/Pizzeria am Ortsausgang Richtung Porto di Teulada. Man sitzt im großen gemütlichen Innenraum oder auf der schattigen Panoramaterrasse. Gute Nudelspezialitäten, Fisch und Meerestiere, auch Pizza. Für das Gebotene preisgünstig, freundlicher Service. Do geschl.

• *Sonstiges*: **Wochenmarkt** montags entlang des Flusses.

Teulada/Umgebung 453

Teulada/Umgebung

An der Küste ist der Bade- und Bootstourismus erst im Aufbau, der Porto di Teulada in einer weiten Bucht südlich vom Ort wird bisher nur wenig genutzt. Abseits vom Rummel findet man hier vor allem in der Nebensaison noch viel Ruhe, die wunderschöne Costa del Sud ist in Reichweite. Im wenig besuchten Hinterland lohnt vor allem die Grotte Is Zuddas.

▶ **Domus de Maria**: Örtchen an der SS 195 mit viel Steinkunst, Skulpturen etc. Erinnert an San Sperate (→ Cagliari), tatsächlich stammen die Arbeiten von Pinnucio Sciola und seinen Abkömmlingen. Die *Casa Museo* an der Piazza Vittorio Emanuele bietet eine Ausstellung sardischer Folklore (Besuch nur nach Voranmeldung, ✆ 070/9236010).

▶ **Grotta Is Zuddas**: große Tropfsteinhöhle im *Monte Meana* an der Straße nach Santadi, ca. 12 km nördlich von Teulada. Die Kooperative "Monte Meana" veranstaltet deutschsprachige Führungen (etwa 1 Std.) und betreibt ein empfehlenswertes Restaurant.

Die Grotte besteht aus mehreren aufeinander folgenden Sälen. Im ersten Saal Stalaktiten, Stalagmiten und Säulen, der Boden ist aus einem Wasserstrom entstanden. Danach die *Sala dell'Organo* (Orgelsaal) mit einem großen orgelähnlichen Gebilde, an den Wänden weiße Kristallspitzen, sog. Aragoniten. Durch einen Tunnel erreicht man anschließend den großen *Salone del Teatro* (Theatersaal), im letzten Höhlenraum, der Sala delle Eccentriche findet man die sog. exzentrischen Aragoniten, die kreuz und quer in alle Richtungen wachsen.

• *Öffnungszeiten/Preise*: April bis September tägl. 9.30–12, 14.30–18 Uhr, sonst nur Mo–Sa 12 und 16 Uhr, außerdem So 9.30–12, 14.30–17 Uhr; Eintritt mit Führung ca. 5 €. Informationen unter ✆ 0781/955741 oder www.iszuddas.com. Lichtstarkes Objektiv mitnehmen, Blitzlicht ist verboten.

454   Südwestsardinien/Sulcis

▶ **Santadi und Umgebung**: Landwirtschafts- und Viehzuchtzentrum, 6 km nördlich der Grotte. Lohnend für einen Besuch ist der erste Sonntag im August, dann findet das *Matrimonio Mauretano* statt, ein großes Hochzeitsfest nach alter Überlieferung aus der Zeit, als dieser Zipfel Sardiniens von den Mauren besetzt war.

Sehr sehenswert ist die jungsteinzeitliche Gräberanlage *Montessu* beim Nachbarort Villaperuccio. Über 40, teils sehr geräumige "domus de janas" sind hier in die Felswände eines hufeisenförmigen Talkessels gehauen. Das *Museo Sa Domu Antigua* in Santadi bewahrt Funde aus Montessu und anderen Ausgrabungsstellen.

Öffnungszeiten/Preise: **Montessu** – tägl. 9.30–18.30 Uhr; Eintritt ca. 2,60 €. Führungen bietet die Kooperative "Fillirea" aus Santadi, Piazza Marconi 9, ✆ 0781/955822. **Museo Sa Domu Antigua** – 9–12, 15–19 Uhr.

● *Essen & Trinken*: **Mauritania**, Via Veneto 11, einfaches ländliches Lokal mit ebensolcher Küche, Fisch und Fleisch, im Herbst Wild und Pilze. Menü ca. 20–25 €. Mo geschl.

● *Shopping*: **Cantina Sociale**, Via Su Pranu 12, im Angebot sind u. a. die Weine Monica di Sardegna und Vermentino.

Porto di Teulada (auch: Porto Nuovo)

Einsamer Hafen in schöner Berglandschaft, kaum ein Haus zu sehen, nur einige Fischer leben hier. Sehr ruhige und abgelegene Ecke, nur im Hochsommer machen hinter der langen Schutzmole mehr als nur eine Hand voll Boote und Jachten fest. Der markante *Torre Budello* ist vom Hafen auf einem Fahrweg zu erreichen, daneben kleiner Strand ohne Anschwemmungen. Benachbart liegt das Sperrgebiet des Capo Teulada, die Absperrung beginnt wenige hundert Meter westlich vom Hafen.

Kurz vor dem Hafen rechter Hand Abzweig zur im Sommer gut besuchten Bucht *Porto Tramatzu*, wo sich ein empfehlenswerter Campingplatz den hübschen, 300 m langen Sandstrand mit dem Militär teilt. Der flache Einstieg ist auch für Kleinkinder geeignet. Vorgelagert die kleine *Isola Rossa* (Bootsausflüge ab Camping).

● *Anfahrt/Verbindungen*: mehrmals täglich Busse ab **Teulada**, meist mit Anschluss von und nach Cagliari, 2x tägl. auch ein Direktbus von und nach Cagliari.

● *Camping*: ** **Porto Tramatzu**, schöner, weitgehend naturbelassener Platz in ruhiger Lage zwischen Macchiahängen, direkt unterhalb weißer Sandstrand (Tretboote, Surfbretter). Das terrassierte Gelände am Hang bietet unterschiedlich verteilten Schatten durch Wacholderbäumchen, jeder Stellplatz ist abgeteilt. Drei Sanitärhäuser, alle sehr sauber, warme Duschen mit Münzbetrieb. Gemütliches Ristorante, hübsche Schilfbar mit TV, Market, Kinderspielgeräte, Tanzfläche (im Sommer Disko), Hand- und Fußballfeld, Waschmaschine. Geführt von einer ehemaligen Hannoveranerin. Pro Person 4,50–7,50 €, Stellplatz 7–11 €, ½ Stellplatz 4–5,50 €. Mai bis Oktober. ✆ 070/9283027, 📠 9283028.

Agricamping Fenu, Località Sa Tuerra, auf Schotterpiste zu erreichen, etwa 1 km vom Meer. Kleiner Camping mit Vermietung von sechs Zimmern, einigen Wohnwagen und Zeltplätzen. Der Besitzer Pietro Paolo Fenu kümmert sich freundlich um seine Gäste. Je nach Saison ca. 6–9 € pro Person, im Zimmer 20–30 € pro Person. In der Nebensaison möglichst voranmelden. Kein Restaurant. ✆ 070/886408, 0349/3602181.

● *Essen & Trinken*: **Da Gianni**, kleine nette Fischtrattoria an der Straße in Richtung Cagliari, direkt am Meer. Wirt spricht hervorragend Deutsch und serviert reichhaltige Auswahl an Meeresfrüchten zu gemäßigten Preisen. Mittags nur gegen Voranmeldung. Mo geschl.

Costa del Sud – Sand, soweit das Auge reicht

Costa del Sud

Im Gegensatz zum östlich benachbarten Touristenzentrum Santa Margherita weitgehend unberührte Berglandschaft, kilometerweit kein einziges Haus (!) und nicht selten tiefe Stille. Dazu die phantastischen Dünenstrände von Baia Chia, wo inzwischen leider eine erhebliche touristische Erschließung im hochpreisigen Sektor beginnt.

Mit dem eigenen Fahrzeug hübsch zu fahren – von der Panoramastraße herrliche Ausblicke auf tief eingekerbte Buchten, das tiefblaue Wasser und das leuchtende Macchiagrün der Hänge. Am schönsten ist die Fahrt am späten Nachmittag, wenn alles ins warme Licht der untergehenden Sonne getaucht ist. An den Straßen überall Verkauf von Obst und Gemüse, frisch von den Bäumen und vom Feld. Viele Gewächshäuser, in die man auch mal reinschauen darf. Im Juli ist Feigenernte, man kauft sie sich oder pflückt sie von einem der unzähligen wildwachsenden Bäume.

Von West nach Ost

Bis zum Capo Malfatano steinige Buchten, die Straße meist hoch darüber, herrliche Ausblicke folgen dicht an dicht.

▶ **Capo Malfatano**: weit ins Meer vorstoßende Halbinsel, seitlich ein tief eingeschnittener Fjord, in dem Fischerboote schaukeln. Ein Fußweg (mit geländegängigem Wagen möglich) führt bis zur äußersten Spitze des Kaps mit einem einsamen *Torre*.

456   Südwestsardinien/Sulcis

▶ **Tuarredda:** Der etwa 600 m lange Strand mit weißem Sand und herrlich türkisfarbenem Wasser zieht sich im Bogen um eine Buchtecke, dahinter reichlich schattige Bäume, z. T. auch direkt auf den Dünen. Herrlicher Blick auf Kap Malfatano und eine vorgelagerte Insel. Abzweig bei einem Eukalyptuswäldchen etwas westlich von *Perda Longa* (→ TCI-Karte), gebührenpflichtiger Parkplatz und großes Freiluftlokal namens "Ciao Ciao".

▶ **Baia Chia:** das Herzstück der "Costa", zwischen Capo Spartivento und Torre Chia im Umkreis des Lagunensees *Stagno di Chia*. Endlose weiße Sandstrände mit bis zu 30 m hohen Dünen, die sich tief ins Hinterland ziehen! Bisher zwar noch weitgehend ohne Einrichtungen, aber Einsamkeit darf man nur in der Nebensaison erwarten, immer mehr Feriensiedlungen schießen aus dem Boden und kreisen das wunderbare Naturschauspiel allmählich ein. Achtung: Autos dürfen nur auf den dafür vorgesehenen kostenpflichtigen Parkplätzen abgestellt werden. Vorsicht ist auch aus einem anderen Grund geboten: Der weiße Sand reflektiert mit gnadenloser Intensität die Sonneneinstrahlung – zweifellos eine der heißesten Stellen Sardiniens! Vorgelagert ist das kleine Felseninselchen *Su Giudeu*, durch brusttiefes Wasser kann man hinüberwaten. Schöne Wanderung auf das benachbarte *Capo Spartivento* mit seinem Leuchtturm – hier stehen wir auf dem südlichsten Punkt Sardiniens, der von Zivilisten betreten werden darf, denn das noch weiter nach Süden vorstoßende Capo Teulada ist militärisches Sperrgebiet.

● *Anfahrt*: Um zu den Dünen zu kommen, fährt man entweder zum Restaurant **Dune di Campana** oder nimmt den Abzweig zum Albergo/Ristorante **Su Giudeu**. In beiden Fällen landet man auf Parkplätzen, die im Sommer bezahlt werden müssen, in der Nebensaison aber oft gratis sind.

● *Übernachten*: ** **Su Giudeu**, hübsches allein stehendes Albergo, sehr sauber, freundliche Atmosphäre. Vor den Zimmern Rasen, schöner Blick auf den vorgelagerten Lagunensee, gutes Restaurant. DZ mit Frühstück ca. 50–85 €. ✆ 070/9230260, ✉ 9230002. Gegenüber vom Albergo führt eine Piste zu einem kostenpflichtigen **Stellplatz für Wohnmobile** in Strandnähe, der ebenfalls zum Albergo gehört.

In der Umgegend gibt es auch **Ferienwohnungen**, zu mieten sind sie direkt vor Ort oder über Sard-Reisedienst (→ allgemeiner Teil/Übernachten). Tipp von Leserin A. Stadelhofer-Cares: "Gerne weiterempfehlen möchten wir die schönen Ferienwohnungen von **Signora Rita Stortoni**, die besonders für Familien geeignet sind. Frau Stortoni hat lange in Brüssel gelebt und spricht fließend Französisch. ✆ 070/9230091."

● *Essen & Trinken*: **Dune di Campana**, schickes Restaurant umgeben von satten Rasenflächen, direkt hinter den Dünen.

● *Sport*: Am Strand vor dem Restaurant Dune di Campana **Tauch- und Surfcenter** sowie Verleih von Liegestühlen, Sonnenschirmen und Schlauchbooten.

▶ **Torre di Chia:** Diese halbrunde Bucht markiert, von Cagliari kommend, den Beginn der Costa del Sud. Hellbrauner Sand zwischen niedrigen Felsenkaps, rechts oben thront der Torre auf einem Hügel. Direkt am Strand ein Campingplatz, zwei Alberghi sind über Seitenstraßen zu erreichen, eine Großanlage liegt an der Durchgangsstraße.
Westlich von Torre Chia schöner, weißer Sandstrand, z. T. mit Dünen, schattenlos, ca. 500 m lang, inzwischen zunehmender Ferienhausbau. Vom Campingplatz in angenehmer Fußentfernung, ca. 300 m. Im weiteren Anschluss die Dünenstrände von Baia Chia.

● *Übernachten/Essen & Trinken*: **** **Grand Hotel Chia Laguna**, etwas landeinwärts der Durchgangsstraße, Großanlage mit über 300 Zimmern, im Stil der Costa Smeralda-

Dörfer angelegt, auch Preise auf diesem Niveau. Alle Einrichtungen – u. a. vier Restaurants und viele Sportmöglichkeiten. Shuttlebus zum Strand. DZ mit Frühstück ca. 105–230 €, wird fast ausschließlich pauschal gebucht, z. B. über Oscar Reisen. ☎ 070/92391, 🖂 9230141.

*** Il Gabbiano, abgelegene kleine Hotelanlage, die aus mehreren Bruchsteinhäusern besteht, gepflegt und ruhig. Zimmer mit TV, Air-Condition und Frigobar, eigener Parkplatz, gemütliches Restaurant. Zu erreichen auf Erdpiste, beschildert ab Straße zum Strand. DZ ca. 80–120 €, Frühstück ca. 5 €/Pers. ☎ 070/9230226.

S'Antigu Cunvento, etwa 1 km landeinwärts (beschildert ab Durchgangsstraße). Ehemalige Klosteranlage der Padri Scalopi aus dem 18. Jh., niedrige Wohneinheiten gruppieren sich um einen oleanderbewachsenen Innenhof. Schlichte saubere Zimmer und Mini-Apartments (bis zu 4 Pers.) mit Fliesenböden, TV und jeweils kleiner Terrasse. DZ ca. 44–80 €, Apt. ca. 75–135 €. Das hauseigene Restaurant **Il Chiostro** besitzt eine schöne überdachte Terrasse und ist auf Meeresküche spezialisiert – Fisch, Gamberoni und *frittura mista*. Menü ca. 25–32 €. ☎ 070/9230334, 🖂 9230330.

*** Camping Torre Chia, ebener Platz fast direkt am Meer und einem Fluss, der hier mündet. Alles recht gepflegt, bietet gute Infrastruktur, Pizzeria, Kinderspielplatz, Tennis, Boccia. Auch große Steinbungalows sind zu vermieten. Pro Person ca. 5–7,50 €, Stellplatz 8–13 €. Juni bis Ende September. ☎ 070/9230054, 🖂 9230055.

Santa Margherita di Pula

Ausgedehnte Eukalyptus- und Pinienwäldchen, die sich kilometerweit die Küste entlangziehen. Davor langes, schmales Sandband, in dessen Hinterland sich diverse Hotels der oberen Kategorie und Feriendörfer "de luxe" etabliert haben. Aber auch zwei ganzjährig geöffnete Campingplätze sind hier zu finden.

Neben der Costa Smeralda ist Santa Margherita di Pula das zweite große Urlaubsziel, das in deutschen Katalogen stark vertreten ist. Ansonsten ist diese exklusivste Ecke im Süden Sardiniens vor allem Anlaufpunkt begüterter Italiener, die die Nähe zur Hauptstadt schätzen. Landschaftlich und strandmäßig zeigt sich das Gebiet nicht unbedingt als Traum, auch wenn die Pineta mit Palmen, Orangen- und Zitronenbäumchen aufgewertet wurde. Die Hotels liegen aber meist ruhig und versteckt in der Pineta, zu erreichen über Stichpisten.

Westlich vom Hotel Forte Village, etwa ab Km 39, erstreckt sich auf einer Länge von etwa 3 km ein herrlicher, feinkörniger Sandstrand, flach ins Meer abfallend und durchschnittlich 15 m breit. Dank der Ferienhausvermietung in dieser Gegend ist hier in den letzten Jahren ein zunehmender Individualtourismus entstanden.

Übernachten

Außer Is Molas liegen alle Hotels in unmittelbarer Strandnähe, sind beschildert und z. T. über Wege von der Straße leicht zu erreichen. In der Regel Pensionspflicht. Die zahlreichen Ferienhäuser können z. B. über Sard-Reisedienst gemietet werden.

**** Forte Village, Riesenanlage eines Feriendorfs mit allen Einrichtungen, über 600 Wohneinheiten. Diverse Swimmingpools (Rutschbahnen!), Diskothek, Freilichtbühne für häufige Aufführungen, alle Arten von Sport, topmodernes Fitnesscenter "Terme del Parco", zwölf Ristoranti, Transport auf dem Gelände mittels Elektrowagen, piek- sauber gehaltener weißer Sandstrand. Unterbringung in Bungalows verschiedener Qualitätsabstufungen. Sehr beliebt bei Familien mit Kindern. HP ca. 160–235 € pro Person, je nach Unterbringung. ☎ 070/92171, 🖂 921246.

***** Castello, gediegenes Komforthotel der Luxusklasse, auf dem Gelände des Forte

458 Südwestsardinien/Sulcis

Village, umgeben von hohen Pinien. Zwei Pools, Bar, Restaurant, Disko etc., Zimmer mit Satelliten-TV, vollklimatisiert. Zum Meer ca. 100 m, Sporteinrichtungen des Forte Village können mitbenutzt werden. HP ca. 185–550 € pro Person. ✆ 070/92171, ✉ 9218008.

**** Is Morus Relais, sehr gepflegte Luxusvilla in grünem Park mit hohen Eukalyptusbäumen, der sich direkt zum Meer öffnet. Im sardischen Stil geschmackvoll-elegant eingerichtet, perfekter Service. Swimmingpool, Tennisplatz, Reitstunden, Solariumterrassen, Privatstrand und zahlreiche Wassersportangebote. HP pro Kopf ca. 90–265 €. ✆ 070/921171, ✉ 921596, www.ismorus.it.

**** Is Molas Golf, gehört derselben Gesellschaft und bietet weiter landeinwärts DZ in modernen Flachbauten. Sehr schöner 18 Loch-Golfplatz (der auch von Is Morus-Gästen benutzt werden kann), ansonsten dasselbe Angebot wie Is Morus (allerdings zwei Pools und zusätzlich eine Sauna). Shuttlebus zwischen beiden Hotels. Die siegreiche deutsche Fußballnationalmannschaft hatte hier während der WM 1990 ihr Quartier. HP pro Kopf ca. 95–165 €. Ganzjährig geöffnet. ✆ 070/9241006, ✉ 9241002.

**** Costa dei Fiori, geschmackvolle Hotelanlage im sardischen Stil, halbkreisförmig um einen Pool angelegt, viele Einrichtungen und Sportmöglichkeiten. HP pro Kopf 85–175 €. ✆ 070/9245333, ✉ 9245335.

**** Flamingo, neben Camping Flumendosa, blendend weiße Anlage aus mehreren Wohnblöcken am Strand, architektonisch recht gelungen, innen weitläufig-elegant mit langer Rezeption und bequemen Korbmöbeln. Alle Möglichkeiten – Sauna,

Wasserski, Surfen, Minigolf, hübscher Swimmingpool. Deutschsprachiges Personal, viele Pauschalgäste. HP pro Person 85–140 €. ✆ 070/9208361, ✉ 9208359.

*** Mare e Pineta, gehört zum unmittelbar benachbarten Flamingo, architektonisch eigenwillige Apartments im dichten Pinienwald. Sehr ruhig, z. T. kleine Zimmer, Dusche mit Oberlicht. Großes Aufenthaltsgebäude und Ristorante. Mit 65–110 € für HP pro Kopf noch vergleichsweise erschwinglich. ✆ 070/9208361, ✉ 9208359.

● *Camping*: Die beiden Zeltplätze können als Standquartier für eine Cagliari-Besichtigung genutzt werden. Fahrtdauer in die Hauptstadt eine knappe Stunde.

** Flumendosa, einfacher, familiär geführter Platz neben Hotel Flamingo, nur durch einige Meter Pineta vom breiten Sandstrand getrennt. Plätze für Kleinzelte im lockeren Eukalyptuswald, ansonsten Mattendächer. Kein Ristorante, nur Bar, Sanitäranlagen okay (Gettoni). Pächter wohnen auf dem Platz, ländliche Stimmung mit Schrebergartenatmosphäre. Pro Person 4,50–6,50 €, Stellplatz 5–11 €. Ganzjährig geöffnet. ✆ 070/9208364, ✉ 9249282.

** Cala d'Ostia, direkt bei Santa Margherita, allerdings an einem Stück niedriger Klippenküste mit Algenanschwemmungen, Sandstrand einige hundert Meter entfernt. Geführt von einer Kooperative. Größer als Flumendosa, sehr schattig, da dichte Pineta und Eukalyptus. Zahlreiche Dauercamper aus Cagliari haben ihre Wohnwagen hier stehen. Bar/Pizzeria (nur Hochsaison), Sanitäranlagen renovierungsbedürftig (Gettoni). Pro Person 5–6,50 €, Stellplatz 5,50–7,50 €, ½ Stellplatz 4,50–6 €. Ganzjährig geöffnet. ✆ 070/921470, ✉ 921470.

Essen & Trinken

La Grotta, mitten im Pinienwald, Nähe Camping Cala d'Ostia, durch indirektes Licht grottenartig schummerig, großer Kamin im Speisesaal, traditionelle Haushaltsgeräte, Mistgabeln und bäuerliche Utensilien sorgen für Ambiente. Sehr freundlicher und zuvorkommender Service, günstige Preise.

Urru, nicht weit entfernt vom La Grotta, Bar und Ristorante, üppig begrünte Terrasse mit kleinen dichten Palmen und rotem Hibiskus, im Ristorante täglich frischer Fisch, wie die Besitzerin beteuert.

New Barcavela, großer Ristorante-Komplex im typischen Italo-Stil über dem Strand beim Hotel Abamar – Dancing, Piscina, Pizza.

Baden/Sport

● *Baden*: weißer Strand wechselnder Qualität, ab und an unterbrochen von niedriger Klippenküste. Gute Strandstücke z. B. bei **Camping Flumendosa**, neben **Hotel Aba-**

mar und östlich vom **Hotel Forte Village**. Beim Hotel Abamar öffentlicher Pinienpark (verde pubblico comunale) der Comune Pula.

- *Sport*: in allen Hotels großes Angebot, vor allem alle Arten von **Wassersport**. Auch vor den Campingplätzen werden Pedalboote und Surfbretter verliehen. Ein **18-Loch-Golfplatz** liegt beim Is Molas Golf Hotel.

Mehrere **Reitställe** gibt es im Umkreis. Der Strand beim Camping Flumendosa ist besonders geeignet für **Windsurfer**, da Anfahrt direkt bis zum Strand, gute Windverhältnisse und Brettverleih.

Pula

Größerer Ort, etwa 3 km landeinwärts der Küste. Im Kern die hübsche Piazza del Popolo, verwinkelte Gassenzüge und einige alte Patrizierhäuser mit verzierten Steinbalkons, insgesamt aber wenig interessant, weitgehend flache, hell getünchte Häuser und Wochenendvillen der Cagliaritaner. Wegen der nahen Großhotels auch touristisch frequentiert.

Das *Museo Archeologico* am Corso Vittorio Emanuele 67 stellt die in der nahen phönizischen Hafenstadt Nora gefundene Keramik aus (Öffnungszeiten wie Nora, Eintrittskarte an beiden Orten gültig).

- *Anfahrt/Verbindungen*: Busse von Cagliari nach Pula gehen etwa alle 2 Std. (Fahrtdauer 45 Min.), ebenso von Teulada und Carbonia.
- *Übernachten*: ** **Sandalyon**, wenn man die Einfahrtsstraße aus Richtung Cagliari kommt, gleich am Ortseingang nach der Brücke. Beim letzten Check von außen

nicht so attraktiv, innen aber modern und sauber, gutes Ristorante. DZ ca. 53–60 €. ✆/📠 070/9209151.

* **Quattro Mori**, an der Durchgangsstraße in Pula, vom Sandalyon ein paar Meter die Straße hinunter, hübsches Haus mit Pflanzen. DZ ca. 43 €. ✆ 070/9209124.

▶ **Von Pula nach Nora**: Die weitläufige Ausgrabung der phönizisch-punisch-römischen Hafenstadt Nora liegt am äußersten Ende einer steil ins Meer vorstoßenden, windigen Landzunge, dominiert von einem spanischen Torre. Wenige hundert Meter vor der Ausgrabung kommt man an einer schönen Badebucht mit weißem Sand vorbei, an beiden Seiten von spanischen Wachtürmen eingefasst. Einige Hotels der höheren Preisklasse bieten hier Quartier und bilden einen guten Ausgangspunkt für Ausflüge nach Cagliari und zur Costa del Sud. Ein weiterer Badestrand schließt sich östlich davon an, dahinter liegt die preiswerte Herberge Su Guventeddu.

Nah am Strand steht **Sant'Efisio**, die schlichte Kapelle des Schutzheiligen von Cagliari. Efisius war ein christlicher Römeroffizier aus Nora, der hier wegen seines Glaubens enthauptet wurde. Vom 1.–4. Mai findet die Sagra di Sant'Efisio statt, das größte Trachtenfest Sardiniens. Dabei wird die Statue des Heiligen in einer großen Prozession aus Cagliari zu der kleinen Kapelle bei Nora gebracht und tags darauf wieder zurücktransportiert (→ Cagliari/Feste).

Kurz vor dem Eingang zu Nora kann man noch das *Acquario Laguna di Nora* besuchen, ein kleines Naturzentrum mit Aquarium und Ausstellungsräumen, in denen die lokale Flora und Fauna gezeigt wird, das aber auch Kanufahrten in der Lagune westlich von Nora offeriert.

Öffnungszeiten/Preise: **Acquario Laguna di Nora** – Juni bis August 10–13.30, 17–18.30 Uhr, September 10–13.30, 16–17.30 Uhr; Eintritt ca. 4,20 €.

- *Übernachten*: **** **Sant'Efis**, prima Lage an langem Sandstrand bei Nora, schöner Garten, Pool, Zimmer mit TV. HP ca. 100–220 € pro Person. ✆ 070/9245370, 📠 9245373.

**** **Baia di Nora**, 1995 eröffnetes Großhotel, ebenfalls direkt am Strand. 121 Zimmer mit TV, Pool mit Poolbar, Wassersport. HP ca. 85–160 €. Pauschal über Oscar Reisen. ✆ 070/9245551, 📠 9245600.

** **Su Guventeddu** ("Das Klösterchen"), Familienbetrieb unmittelbar hinter dem Strand von Nora, hübscher Bau mit ruhigem Garten, Parkplatz und großem Ristorante (nur Flaschenweine). Neun Zimmer, einfach und sauber, moderne Zweckmöbel, zum Strand über die Straße, ca. 2 Min. zu Fuß. Auch kritische Leserstimmen. DZ je nach Saison ca. 47–77 €, Frühstück ca. 5,50 €. ✆ 070/9209092, ✆ 9209468.

Nora

Nora gilt als älteste phönizische Gründung auf Sardinien. Bereits um 1000 v. Chr. gründeten die Phönizier hier einen ersten Stützpunkt, wohl weil sich im Schutz der Halbinsel ein hervorragendes Terrain für sichere Hafenanlagen bot.

Zur Stadt entwickelte sich Nora im 9./8. Jh. v. Chr. und wurde bald sogar größer als das nahe Karalis (Cagliari). 240 v. Chr. wurde es von den Römern übernommen. Diese ließen von den phönizisch/punischen Häusern allerdings kaum etwas stehen. Piratenüberfälle und die Eroberung Sardiniens durch die Wandalen führten im 5. Jh. zur Aufgabe Noras. Entdeckt wurde es erst wieder Ende des 19. Jh. nach einer gewaltigen Sturmflut, die Teile der Stadt freilegte. Schon damals fanden Ausgrabungen statt, systematisch und umfassend wurde Nora jedoch erst in den Jahren 1952–60 freigelegt. Die zahlreichen Funde wurden nach Cagliari ins Nationalmuseum gebracht, einiges ist auch im Museum von Pula zu sehen.

Öffnungszeiten/Preise: Frühjahr bis Herbst tägl. 9–19.30 Uhr; im Winter bis 18 Uhr; Eintritt ca. 3,60 €. Führungen werden angeboten. Mit dem Ticket kann man auch das Museum in Pula besuchen (→ oben).

Besichtigung: Hauptsächlich römische Überreste sind heute zu sehen – gepflasterte Gassen, Grundmauern etlicher Wohnhäuser, Reste eines Äskulap-Tempels, einige wunderschöne *Fußbodenmosaike* in einer Patriziervilla (von weitem zu erkennen an den vier Säulen) und ein ausgesprochen hübsches *Theater* mit zwölf Sitzreihen und dem Rest eines Fußbodenmosaiks. Das Theater wird auch heute noch im Sommer für verschiedene Veranstaltungen genutzt.

Besonders eindrucksvoll sind die weitläufigen *Thermen* an der Küste

Wunderschöne Mosaikböden in der phönizisch-römischen Hafenstadt Nora

Nora 461

- ① Eingang (Kasse)
- ② Tanit-Tempel
- ③ Zentral-Therme
- ④ Römisches Theater
- ⑤ Forum (Marktplatz)
- ⑥ Patriziervillen mit Mosaikböden
- ⑦ West-Thermen
- ⑧ Hafen
- ⑨ Brunnen und Zisternen
- ⑩ Äskulap-Tempel
- ⑪ Punische Akropolis und spanischer Turm

im westlichen Teil der Anlage, die sich unter Wasser fortsetzen – vom 4.–9. Jh. versank Nora, das drei Häfen gehabt haben soll, langsam im Meer. Im Tempel an der Südspitze der Landzunge Reste eines Mosaikbodens. Hier hat man die Terrakottastatue eines schlafenden Jünglings gefunden, der von einer Schlange umwunden ist, Indiz dafür, dass es sich um einen *Äskulap-Tempel* handelt, da dieser Gott Kranke mittels Schlangen heilte.

Von den Puniern sind ein *Tanit-Tempel* und einige Häuser mit Fischgrätmuster am Boden erhalten, ihre *Akropolis* befand sich auf der Spitze der Landzunge um den Torre, doch wurde dort bisher nur wenig ausgegraben.

▶ **Von Pula nach Cagliari**: Die SS 195 führt am schön gelegenen Städtchen *Sarroch* vorbei, kurz danach passiert man die größte Raffinerie der Insel, die als stinkender und fackelnder Moloch direkt zwischen Straße und Meer liegt.

Das Industriegebiet *Macchiareddu* liegt landeinwärts, direkt neben dem *Stagno di Cagliari*, den man westlich von Cagliari auf einem breiten Autodamm überquert (an Wochenenden stau- und unfallanfällig). Weit draußen im Wasser erkennt man viele hundert rosafarbene, staksende Flamingos, die hier eins ihrer wichtigsten Nistgebiete auf Sardinien haben.

Bereits im Stadtbereich, an der Brücke über den breiten Kanal, über den der Stagno mit dem offenen Meer in Verbindung steht, treffen sich vor allem an

462   Südwestsardinien/Sulcis

Wochenenden zahlreiche Hobbyfischer, die an eigens dafür konstruierten Gestellen großflächige Netze ins Wasser lassen und blitzschnell wieder heraufziehen, um so vom regen "Fischverkehr" zwischen Lagune und offenem Meer zu profitieren.

● *Essen & Trinken*: **Sa Cardiga e su Schironi**, direkt zwischen Straße und langem Sandstrand (Baden nicht empfehlenswert), gegenüber vom Abzweig nach Capoterra.

Aus kleinsten Anfängen entstanden, heute ein riesiges und bei den Bewohnern Cagliaris sehr beliebtes Fisch-Ristorante. Menü um die 25–40 €. Außer August Mo geschl.

Oasi Monte Arcosu: Naturschutzgebiet im Südwesten

Eins der unberührtesten Naturschutzgebiete Sardiniens liegt in den menschenleeren Bergen südwestlich vom Cagliari, zwischen Capoterra, Santadi und Siliqua. Es ist Kernstück eines großen Nationalparks, der einmal weite Teile des bergigen Inlands von Sulcis umfassen soll. Angelegt wurde es in erster Linie, um dem vom Aussterben bedrohten "Cervo sardo" (sardischer Hirsch) ein Refugium zu schaffen, in dem er sich wieder ungestört vermehren kann. In dem dicht bewaldeten und fast unzugänglichen Gebiet gibt es aber auch viele andere Tiere wie Wildkatzen, Wildschweine und Marder sowie eine reiche Vogelwelt, darunter Turmfalken, Sperber und Goldadler. Verwaltet wird das knapp 4000 qkm große Gebiet vom WWF, der ein Besucherzentrum betreibt und auch geführte Touren anbietet. Zu erreichen ist der Naturpark auf einer Piste von Capoterra, die zunächst zur Kapelle Santa Lucia führt, dort biegt man in die Piste nach Santadi ab und achtet auf die Beschilderung, die zum genannten Besucherzentrum am Parkeingang führt. Dort erhält man weitere Informationen und Hinweise zu den vielfältigen Wandermöglichkeiten im Park. Der Park ist im August und September während der Paarung der Hirsche geschlossen, in der übrigen Zeit nur samstags und sonntags zugänglich.

● *Informationen*: im Sommer bei der Cooperativa Il Caprifoglio, ✆ 070/968714, die übrige Zeit beim WWF, ✆ 070/670308.
● *Übernachten*: in Capoterra gibt es zwei Hotels, das *** **Rosa** (Via Venezia 47, DZ ca. 73 €, ✆ 070/22016, ✉ 722199) und das * **Mallei** (Via Vittorio Emanuele 2, DZ ca. 30 €, ✆ 070/721017). Beim WWF kann man auch unter Umständen eine Erlaubnis zum Zelten für eine Nacht in einem festgelegten Gebiet des Naturparks bekommen.

Blick von der Terrazza Umberto I über die Stadt

Cagliari

Eingekeilt zwischen riesigen, trägen Salzseen, steigt die Stadt einen Felsklotz hinauf. Der erste Eindruck – Geschäftigkeit, Lärm, Hektik. Erstmal unter den Arkaden an der Via Roma am Hafen einen Caffè Nero nippen und die vierspurigen Autoschlangen ignorieren. Je weiter man nach oben steigt, desto ruhiger und beschaulicher wird Cagliari.

Auf dem Festungsberg, innerhalb der pisanischen Mauern ein neapolitanisch anmutendes Wohnviertel – düstere hohe Gassen, in denen die Wäsche flattert, ebenerdige Wohnzimmer, TV-Geplärr. Während der Siesta ist hier alles wie ausgestorben. Die *Terrazza Umberto I* verschafft Impressionen und einen ausgezeichneten Überblick. 1943 wurden zwei Drittel der Stadt durch Bombenangriffe zerstört – überall sind seitdem die stereotypen italienischen Hochbauten entstanden. Unattraktiv zeigt sich vor allem die Landseite, wenn man auf der Schnellstraße Carlo Felice vom Inselinneren her kommt. Doch im Zentrum lebt noch das alte Cagliari – palmenbestandene Plätze, auf denen die Männer sitzen, kleine Straßenmärkte, wo gehandelt und gefeilscht wird, die Kathedrale fast versteckt im Gassengewirr. Zahlreiche Spuren der bewegten Vergangenheit sind erhalten, sogar ein römisches Amphitheater hat man ausgegraben, und immer wieder findet man Neues aus alten Zeiten. Doch Cagliari ist auch mit Abstand die modernste und vor allem für die junge Generation attraktivste Stadt Sardiniens: die Universität, Computerfirmen, Bankenhochhäuser, reichlich Arbeitsplätze in Industrie und petrochemischen Anlagen –

464 Südsardinien/Cagliari

nicht zu vergessen die täglichen Verbindungen zum Festland. Dass Cagliari jedoch näher bei Afrika als am europäischen Festland liegt, erkennt man an den zahlreichen dunkelhäutigen Straßenhändlern sowie an den auffallend vielen arabischen Bewohnern des Hafenviertels, die der Stadt ein multikulturelles Gepräge geben. Zum Essen nach Cagliari – in den winkligen Gassen hinter der Prachtpromenade am Hafen findet man Dutzende von Trattorien, die z. T. authentisch geblieben sind. Maritime Küche, die zum Besten gehört, was die Insel bieten kann. Und – binnen weniger Minuten ist man am kilometerlangen Sandstrand von Poetto, wo sich jedes Sommerwochenende ein turbulentes Badeleben abspielt.

Wahrscheinlich schon in der **Jungsteinzeit** war die Region um Cagliari besiedelt. Im 8. Jh. v. Chr. gründeten die **Karthager** (Punier) "Karali", das wegen seiner günstigen Lage bald zum wichtigen Hafenplatz wurde. Die **Römer** nannten die Siedlung "Caralis", machten sie zur Hauptstadt der Provinz, stationierten eine große Flotte und nahmen von hier aus die Besetzung der ganzen Insel in Angriff. Große Straßen führten bald in viele Regionen, das Getreide der Campidano-Ebene wurde in alle Teile des "Regnum Romanum" verschifft, dazu kam die schon von den Puniern begonnene Ausbeutung der Silberbergwerke des Sulcis und Iglesiente. Nach dem Verfall des Römischen Reiches setzten sich die **Byzantiner** fest, mussten sich aber vor den häufigen Sarazenenüberfällen zurückziehen, die Stadt verfiel.

Zur Jahrtausendwende wurde Cagliari **freie Stadt** und das wichtigste der vier Judikate Sardiniens. Zwei Jahrhunderte später eroberten die **Pisaner** die Stadt und errichteten gegen die Angriffe der rivalisierenden Genuesen das Kastell und die Maueranlagen, deren Reste auf dem Altstadthügel noch erhalten sind.

Doch bereits 1326 wurde die Festung von Cagliari durch die spanischen **Aragonesen** erobert. Diese errichteten im Folgenden ein brutales Feudal- und Steuersystem

Cagliari 465

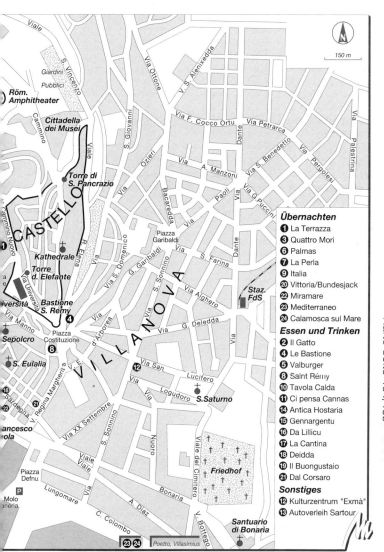

und nahmen den Wohnbereich innerhalb der schützenden Festungsmauern gänzlich für sich in Beschlag, den Sarden wurde nachts der Aufenthalt im Kastell bei Todesstrafe verboten – wie auch in Alghero (→ dort).
Erst Anfang des 18. Jh., nach einer Bombardierung durch die englische Flotte und einem kurzen Zwischenspiel der Österreicher, endete die spanische Unterdrückung,

466 Südsardinien/Cagliari

Stadt und Insel fielen an das Haus **Savoyen-Piemont**. Als 1798 die Franzosen unter Napoleon Piemont besetzten, verlegte König Carlo Emanuele IV. seinen Thronsitz nach Cagliari.

Im **Zweiten Weltkrieg** wurde Cagliari als strategisch wichtiger Flottenhafen im Mittelmeer von den Alliierten wiederholt heftig angegriffen und stark zerstört, aber rasch wieder aufgebaut. Trotzdem sind noch aus allen Epochen der bewegten Stadtgeschichte Spuren und Reste erhalten.

Information

AAST (städtisches Informationsbüro) im Pavillon vor dem Bahnhof, Piazza Matteotti 9. Die Damen sprechen gut Englisch. Es gibt einen kostenlosen Stadtplan mit Sehenswürdigkeiten und wichtigen Adressen, ein Unterkunftsverzeichnis zu ganz Sardinien, außerdem etliches an Prospektmaterial sowie das Heft "Cagliari Appuntamenti Culturali di Spettacolo" mit Hinweisen und Öffnungszeiten zu den Sehenswürdigkeiten und Veranstaltungskalender. Juni bis September Mo–Sa 8.30–19.30 Uhr, sonst 8–14 Uhr, So geschl. ℘ 070/669255.

EPT (Information für die Provinz Cagliari),

Piazza Deffenu 9 (Ostende vom Passagierhafen). Mo–Fr 11–13.30 Uhr. ℘ 070/604241, ℗ 663207, enturismoca@tiscalinet.it; weitere EPT-Büros im Flughafen (Mitte Juni bis Mitte Sept. tägl. 8–20 Uhr, sonst 9–13, 16–18 Uhr, ℘ 070/240200) und in der Stazione Marittima (geöffnet zur Ankunftszeiten der Fähren, ℘ 070/668352).

ESIT (sard. Fremdenverkehrsamt), Via Mameli 95–97 (1. Stock), südlich parallel zum Corso Vittorio Emanuele. Mitte Mai bis Sept. Mo–Sa 9–19, So 10–21 Uhr, sonst kürzer. ℘ 070/60231, ℗ 664636, www.esit.net; gebührenfreie Numero Verde 800-013153.

Anfahrt/Verbindungen

● *Schiff*: **Tirrenia** fährt ganzjährig 1 x tägl. nach Civitavecchia (davon 2x wöch. mit Zwischenstopp in Arbatax), 1–2x wöch. nach Neapel und Palermo sowie 1x wöch. über Trapani (Sizilien) nach Tunesien. Auskunft unter ℘ 070/666065.

Sardinia Ferries fahren von Juni bis Dezember 3–4x wöch. nach Civitavecchia. Fahrscheine erhält man in der **Stazione Marittima** direkt am Kai vor der Via Roma (Vorsicht, Sa und So nur Tickets für Schiffe, die am selben Tag fahren!). In der Stazione Marittima gibt es außerdem einen Info-Schalter des **EPT** (→ Information) sowie **Gepäckaufbewahrung**.

● *Flug*: Der **Flughafen Elmas** liegt ca. 7 km nordwestlich vom Zentrum, am Stagno di Cagliari (u. a. großer Militärbereich der NATO). Flugauskunft unter ℘ 070/240047. Tägliche Linienflüge aufs **italienische Festland** mit Alitalia, Meridiana und anderen kleineren Gesellschaften, u. a. nach Rom, Mailand und Turin.

Flüge nach **Deutschland**, **Österreich**, **Schweiz** mit Lufthansa, Meridiana, Air Dolomiti und anderen Gesellschaften, teils mit Zwischenlandung in Olbia.

Innersardische Flüge nach Olbia, Alghero und Tortoli.

Am Flugplatz Info-Schalter des **EPT** (→ Information), außerdem zahlreiche **Autover-**

mieter, von denen die sardischen preisgünstiger sind als die internationalen.

Ein **Busdienst** pendelt etwa stündlich zwischen Elmas und ARST-Busbahnhof schräg gegenüber vom Bahnhof, Piazza Matteotti. Kostenpunkt einfach ca. 5,50 €. **Taxi** kostet ca. 12–14 €.

● *FS-Züge*: Der große Sackbahnhof von Cagliari liegt ganz zentral an Hafen und Via Roma. Er ist Ausgangspunkt für das gesamte Liniennetz der italienischen Staatsbahn (FS) auf Sardinien, täglich gute Verbindungen. **Auskunft** unter ℘ 070/147888088 (tägl. 8–22 Uhr), **Zuginformation** in der Bahnhofshalle, **Gepäckaufbewahrung** beim Seitenausgang Via Roma (6–21 Uhr), dort auch die gut ausgestattete **Bahnhofsbar**.

● *FdS-Schmalspurbahn*: FdS-**Bahnhof** an der Piazza Repubblica, gut 1 km landeinwärts vom Hafen, unterhalb vom monströsen Justizpalast (Bus 5 ab Via Roma Richtung Stadio Amsicora). Hier 7x tägl. Startpunkt einer eigenen Schmalspurbahn, die durch den Campidano bis **Mandas** zuckelt (ca. 5 € einfach), wo sie sich in zwei Linien fortsetzt – über **Isili** (3x tägl. ab Cagliari) nach **Sorgono** und nach **Tortoli/Arbatax**. Die Teilstrecken **Isili – Sorgono** und **Mandas – Arbatax** werden allerdings nur noch in den Sommermonaten zu deutlich höheren Preisen vom touristischen "Trenino

Cagliari 467

verde" befahren. Die Fahrt von Cagliari über Mandas nach Arbatax dauert immerhin 7–8 Stunden; das weitaus schönste Stück ist die Bergstrecke zwischen Mandas und Arbatax.

Information/Reservierung im FdS-Bahnhof (☎070/491304) oder im Reservierungsbüro des Trenino Verde, Via Pompeo 1, Cagliari-Monserrato, ☎/🖷 070/580246 oder ☎ 800460220 (gebührenfrei). Weitere Infos unter www.ferroviesardegna.it, treninov@ tin.it.

• *Fernbusse*: Der große Busbahnhof für **ARST-Busse** liegt gleich vis à vis vom Hauptbahnhof. Busse in alle größeren Städte Sardiniens, außerdem häufige Fahrten in alle Orte der Provinz Cagliari und in die Badeorte der Umgebung → Pula, Teulada, Villasimius, Muravera u. a. Information unter ☎ 800865042.

PANI-Busse fahren am Piazza Darsena am Ostende des Passagierhafens tägl. etwa 5x nach Sassari und 3x nach Nuoro, Zwischenstopp jeweils in Oristano. Information unter ☎ 070/652326.

Turmotravel fährt 1x tägl. ab Piazza Matteotti (vor FS-Bahnhof) über Oristano, Nuoro und Olbia nach Palau. Information unter ☎ 0789/21487.

FMS-Busse fahren ab Viale Cristoforo Colombo 21 (Bar mit Ticketverkauf) nach Iglesias und Carbonia. Information unter ☎ 800044553.

• *Stadtbusse*: Die städtischen **ACT-Busse** sind orange und haben ihre Haupthaltestelle ebenfalls vor dem Bahnhof, Piazza Matteotti. An der Haltestelle kleiner Fahrkartenschalter, ansonsten muss man die Tickets an Zeitungskiosken holen oder im Buchladen vom Bhf. (dort auch FdS-Zugfahrkarten). Einzelticket ca. 0,70 €, Tagesticket ca. 3 €, Wochenticket ca. 10 €.

Das Zentrum von Cagliari ist nicht allzu groß, man erkundet es am besten zu Fuß, wichtig sind deshalb nur **Bus PF** und **PQ** an den Strand von Poetto und **Bus 5** zum FdS-Bahnhof. Von und zum **Flughafen** eigener Busdienst ab ARST-Busbahnhof (→ Flug).

• *Eigenes Fahrzeug*: wenn man sich einmal an den Verkehr gewöhnt hat, nicht übermäßig schlimm. Wer von der Schnellstraße Carlo Felice kommt, wird per Einbahnstraßensystem bis zum **Hafen** gelotst, wo man viele Parkplätze im Hafengebiet entlang der Via Roma findet (Einfahrt von der Via Sant'Agostino neben dem Busbahnhof), kostenpflichtig Mo–Sa 8–13, 16–20 Uhr, sonst gratis.

Weitere Parkplätze gibt es am **Molo Capitaneria** am Ostende des Hafens, weiter östlich entlang des **Viale Cristoforo Colombo** sowie westlich vom Hafen am **Viale La Plaia** und am breiten **Viale Trieste** mit seinen schattigen Bäumen.

Einen **Garagenplatz** kann man an der Ecke Via Mameli/Caprera mieten (ca.12 € pro Tag, ca. 16 € für 24 Stunden).

• *Taxi*: Standplätze an der **Piazza Matteotti** vor dem Bahnhof (☎ 650633), am **Largo Carlo Felice** (☎ 667934) und an der **Piazza Yenne** (☎ 650657). 24-Std.-Dienst unter ☎ 070/400101.

Ein **touristisches Züglein** fährt etwa 7x tägl. durch das historische Zentrum, Zusteigen kann man an der Ostseite der Piazza del Carmine und an der Piazza Yenne (vor Libreria Cocco). Dauer 45 Min., ca. 6,50 €, Kinder bis 3 Jahre frei.

Adressen (siehe Karte S. 464/465)

• *Autoverleih*: Neben internationalen Anbietern gibt es eine Vielzahl kleiner lokaler Unternehmen, die meist preisgünstiger sind. Am Flughafen operieren Avis, Hertz, InterRent, Europcar und etliche sardische Unternehmen, z. B. Sardinya, Pinna und Ruvioli.

Adressen in der Stadt sind z. B. **Avis** im Bahnhof, ☎ 070/668128; **Hertz**, im Busbhf., ☎ 070/651078; **Sartour (13)**, Via Sant' Agostino 21, gleich hinter dem Busbahnhof (auch Scooter u. Mountainbikes), ☎/🖷 070/216974; **Ruvioli**, Via dei Mille 11, ☎ 658955, 🖷 657969.

• *Fahrradverleih*: **Artrek**, Corso Vittorio Emanuele 64, ☎/🖷 070/666680.

Piero Cossu, Via P. Paoli 28/30, ☎ 070/43327, 🖷 487251.

• *Geld*: Die meisten Banken liegen am **Largo Carlo Felice**, der von der Via Roma zur Piazza Yenne hinaufsteigt.

Banco di Sardegna in der Via Roma 163, gleich beim Bahnhof.

Reiseschecks kann man Mo–Sa 7.30–19 Uhr auch am Wechselschalter im **Bahnhof** tauschen.

Karte Seite 464/465

Cagliari

468   Südsardinien/Cagliari

- *Gepäckaufbewahrung*: im **FS-Bahnhof** und in der **Stazione Marittima**.
- *Konsulat*: **Deutsche Vertretung** in der Via Grazia Raffa 9, am Fuß des Monte Urpinu, zu erreichen mit Bus 5. ℡ 070/307229.
Schweizer Vertretung in der Via XX Settembre 16, ℡ 070/663661, ℻ 668042, avespa @tiscalinet.it.
Österreich hat kein Konsulat auf Sardinien.
- *Naturschutz*: **World Wide Fund for Nature (WWF)**, Via dei Mille 13, ℡ 070/670308, ℻ 654452.

Italia Nostra (Naturschutz und Schutz von Kulturgütern), Via O. Bacaredda 11, ℡ 070/ 488791.
LIPU (Ital. Vogelschutzbund), Via Liguria 10/b, ℡ 070/400507.
- *Post*: nur wenige Schritte vom Bahnhof, Piazza del Carmine 27–29, schöne klassizistische Schalterhalle. Mo–Sa 8–19.20 Uhr (Geldangelegenheiten nur 8–14 Uhr).
- *Wäscherei*: **Lavanderia Erica,** Self-Service in der Via Ospedale 109. Mo–Sa 8–21 Uhr.

Übernachten (siehe Karte S. 464/465)

Als städtisches und kulturelles Zentrum der Insel ist Cagliari vor allem von Sarden selber gut besucht. Viele junge Leute verbringen ihre freien Tage in der Stadt. Speziell an Wochenenden sind deshalb vor allem die preiswerten Pensionen, die meist nur über eine Hand voll Zimmer verfügen, oft restlos überfüllt. Telefonische Reservierung ist deshalb anzuraten. Leichter findet man in der Regel Platz in den großen Hotels der gehobenen Kategorie und Mittelklasse. Wer dem Stress der Zimmersuche entgehen will, könnte auf den Campingplatz an der Straße nach Villasimius ausweichen oder einen der zwei Plätze bei Santa Margherita di Pula nehmen (→ dort).

- *Ober- und Mittelklasse*: ****** Mediterraneo (23)**, Viale Armando Diaz 149, luxuriöser Kasten östlich vom Hafen, fast direkt am Meer, gegenüber der Wallfahrtskirche Santuario di Bonaria. In der weitläufigen Empfangshalle viel Marmor und weiche Teppiche, die modern eingerichteten Zimmer mit Klimaanlage, TV, Kühlschrank, Balkon und schönem Seeblick. Hinten hübscher Garten mit Hibiskus und Bananenstauden. DZ mit Frühstück ca. 125–150 €. ℡ 070/301271, ℻ 301274.
*** Italia (9), Via Sardegna 31, ganz zentral, unmittelbar hinter der Via Roma. Großes, alteingeführtes Stadthotel mit langen Gängen, Lift. Eingangshalle etwas düster, Zimmer mit gefliesten Böden und zweckmäßigem soliden Mobiliar, außerdem Klimaanlage und Telefon, z. T. TV, Bäder sauber. Trotz zentraler Lage ruhig, weil Zimmer auf leise Seitengassen führen und das weiträumige Gebäude viel Lärm schluckt, Blick auf Via Sardegna oder Innenhof. DZ ca. 57–85 €, Frühstück ca. 5,50 €/Pers. ℡ 070/ 660410, ℻ 650240.
*** Calamosca sul Mare (24), Via Calamosca 50, schöne Lage östlich außerhalb vom Zentrum, nah am Stadtstrand Poetto, direkt vor dem Hotel eine kleine Badebucht. Geeignet, wenn man eine Cagliari-Besichtigung mit Badeaufenthalt verbinden will. Mit Restaurant und eigener Parkmöglichkeit. Vorne raus herrlicher Meeresblick, einige

Zimmer gehen aber auch nach hinten. Zu erreichen mit Bus PF oder PQ, umsteigen am Stadio Amsicora in Bus 11. DZ mit Frühstück ca. 67–73 €. ℡ 070/371628, ℻ 370346.
** Quattro Mori (3), Via G. M. Angioy 27, Parallelstraße zum Largo Carlo Felice, nah beim Bahnhof, schmalbrüstiges neues Hotel in altem Haus, das grundlegend renoviert wurde. Große edle Eingangshalle mit TV, die Gänge durch Pflanzen aufgelockert, hell und freundlich, trotz zentraler Lage relativ ruhig, auch vorne raus. Blick allerdings oft nur aufs Nachbarhaus. DZ ca. 70 €. ℡ 070/668535, ℻ 666087.
* Alla Pensione Vittoria (20), Via Roma 75, über den Arkaden im 3. Stock eines alten Palazzo, geführt von einem älterem Ehepaar. Wo man eine heruntergekommene Locanda erwartet, tritt man überraschend in eine umgebaute Stadtwohnung voll alter Grandezza. Zwischen den Polstermöbeln, Teppichen und schweren Vorhängen herrscht fast etwas Salonatmosphäre, die Böden sind kunstvoll gefliest. Schöne Zimmer mit Stuckdecken und neuen Betten, Fenster mit alten Rahmen, deswegen nicht ganz leise. Schöner Blick auf Hafen und Meer, eingebautes Radio, sehr saubere, neue Bäder. Zimmer mit Du/WC ca. 55 €, mit Etagendusche ca. 47 €, unten im Haus Café fürs Frühstück. ℡ 070/657970, ℻ 667970.

Cagliari   469

** Bundesjack (20), im selben Haus, ein Stockwerk unter Vittoria, geführt von denselben Besitzern, ordentliche Zimmer mit TV, etwas teurer als Vittoria, gleiche Tel.-/Faxnr.

● *Preiswert*: Der Qualitätsstand hat sich in den letzten Jahren verbessert, die meisten Quartiere sind relativ sauber und werden ordentlich geführt. Die folgenden Pensionen besitzen in der Regel nur wenige Zimmer, teils mit Etagendusche, Frühstück wird keines geboten.

** La Terrazza (1), Via Santa Margherita 21, oberhalb der Piazza Yenne. Über China-Restaurant, recht passable Zimmer und junge, aufmerksame Leitung. Wegen der Erwähnung in populären US-Reiseführern leider oft "completo". DZ mit Du/WC ca. 52 €, mit Etagendusche ca. 37 €. ✆ 070/668652, ✉ 660863.

* Miramare (22), Via Roma 59, im 2. Stock über den Arkaden der Via Roma, geflieste Gänge, Zimmer mit Nasszellen, beim letzten Check neue Matratzen, sauber. DZ ca. 42–47 €. ✆/✉ 070/664021.

* Palmas (6), Via Sardegna 14, ganz zentral am Beginn der "Fressgasse" im Marina-Viertel. Kürzlich renoviert, nett geführt, sauberes Bad auf dem Flur, Zimmer mit breiten Doppelbetten. Radfahrerfreundlich, obwohl im 1. Stock. DZ ca. 33–38 €. ✆ 070/651679.

* La Perla (7), Via Sardegna 16, nur wenige Schritte weiter, beim letzten Check nette Leitung und leidlich sauber. DZ ca. 33–38 €. ✆ 070/669446.

● *Camping*: **** Pini e Mare**, für Motorisierte eventuell reizvolle Alternative zur mühsamen Zimmersuche in Cagliari. Hügliges Terrassengelände im lichten Pinienwald an der Ausfallstraße nach Villasimius, vom Ende des Strands von Poetto noch ca. 8 km, Riviera Capitana. Nicht so voll, wie man wegen der Nähe zu Cagliari denken sollte, Market, Bar, Sanitäranlagen einfach und urig. Etliche sardische Dauercamper. Zum Baden über die Straße, aber wenig attraktiv. Insgesamt reiner Übernachtungsplatz für Sightseeing Cagliari, nichts zum Längerbleiben. Vorsicht, an Wochenenden extrem starker Verkehr von und nach Cagliari. Pro Person ca. 5–7,50 €. Nur Mitte Juni bis Mitte September, ✆/✉ 070/803103.

Eine Alternative bieten die beiden Plätze bei **Santa Margherita di Pula** (→ dort), sind jedoch etwa 40 km entfernt.

Essen & Trinken (siehe Karte S. 464/465)

Wie nicht anders zu erwarten, ist Cagliari das kulinarische Zentrum Sardiniens. Dank regen Zuzugs aus der Provinz vermischen sich eine Vielzahl von Einflüssen. Neben einigen ausgesprochenen Gourmet-Tipps, die den Magen weniger, dafür umso mehr den Geldbeutel belasten, gibt es vor allem im hafennahen Marinaviertel (Via Sardegna, Via Cavour und umliegende Gassen) diverse bodenständige Trattorien, wo man noch unverfälschte, herzhafte Küche zu günstigen bis maßvollen Preisen genießen kann. Dabei ist beileibe nicht alles Fisch, im Gegenteil, auch die sardische Inlandküche wird nachhaltig gepflegt. Generell isst man in Cagliari deutlich preiswerter als in den Touristenorten an der Küste.

● *Marinaviertel*: **Antica Hostaria (14)**, Via Cavour 60, parallel zur Via Sardegna, aufwändig dekoriert mit bunten Butzenscheiben, einem Mohr am Eingang und unfestlichem Interieur, sardischen Stilmöbeln, Bildern und Stichen an den Wänden, Kellner dem Ambiente angepasst. Wem's gefällt, der kann hier gut speisen, Fisch- und Fleischküche wird gleichermaßen serviert, viele alte sardische Rezepte neu aufgefrischt. Ein Tipp sind z. B. die verschiedenen Arten von *burrida* (Fischsuppe, meist mit Hai- oder Schwertfisch). Menü um die 25–37 €. So und im August geschl.

Ci pensa Cannas (11), Via Sardegna 35, gemütliche Nachbarschafts-Trattoria, wo's schon mal laut wird und man schnell mit den übrigen Gästen in Kontakt kommt. Durch die Bar rein, mehrere kleine Gewölbe hintereinander, urige Ölschinken an den Wänden. Mal die superscharfen *penne all'arrabiata* testen, gut auch die *zuppa di verdure*. Preislich Mittellage. So geschl.

Gennargentu (15), Via Sardegna 60, einfacher, gemütlicher Speiseraum mit Holztäfelung und gemütlicher Atmosphäre. Freundliche Bedienung, manchmal etwas gestresst, da oft sehr voll. Wie der Name schon verrät, Schwergewicht auf innersardischer Küche, z. B. *spiedino Gennargentu* oder das *gran premio Gennargentu* (Steak aus Pferdefleisch, schmeckt ähnlich wie Rind), aber auch *porcheddu al forno* (Spanferkel). An Nudeln vielleicht mal die hausgemachten

Cagliari

Karte Seite 464/465

470 Südsardinien/Cagliari

agnolotti sardi versuchen. Auch Meeresküche kommt nicht zu kurz, diverse Spaghetti, "alla pescatora", "alle vongole" etc. So geschl.
Da Lillicu (16), Via Sardegna 78, seit Jahrzehnten kulinarischer Eckpfeiler des Marina-Viertels, großes Gewölbe mit Marmortischen, stilvoll indirekt beleuchtet, oft viel Stimmung. Von Atmosphäre und Angebot eine der attraktivsten Trattorien im Marina-Viertel, was man auch am regen Besuch von Einheimischen erkennt. Die Fischgerichte ("arrosto") gut und reichhaltig, diverse Antipasti und als Spezialität gibt es auch hier *gran premio di cavallo* (Pferdesteak). So geschl. Menü um die 18–25 €. Reservierung unter ☎ 652970.
Deidda (18), Via Sardegna 100, alteingesessene einfache Trattoria mit durchschnittlicher Auswahl, Schwergewicht auf Fleisch, hauptsächlich Stammgäste.
Serafino, Via Sardegna 111, gegenüber Deidda, vom Ambiente nichts Besonderes, einfach und sauber. Laut Leserzuschriften ausgezeichnete Qualität der Speisen, Meeresküche und Fleisch, dazu im Vergleich relativ preiswert. Do geschl.
Il Buongustaio (19), Via Concezione 7–11, Seitengasse der Via Sardegna. Ein heruntergekommenes Altstadthaus wurde im rustikal-eleganten Stil aufwändig restauriert. Das Lokal verteilt sich mit Mauern, Pfeilern und Bögen aus Backstein über mehrere Räume, schöne alte Holzdecke. Vor allem Fisch und Meeresgetier, aber auch *gran premio di cavallo* (Pferdesteak) oder *coda di cavallo ai ferri* (Pferdeschwanz vom Grill). Menü um die 25–28 €. Mo (abends), Di und im August geschl.

• *Verstreut im Stadtgebiet*: **Dal Corsaro (21)**, Viale Regina Margherita 28, am östlichen Ende der Via Roma. Elegantes Ambiente, Air-Condition und originale Farbdrucke vom 19. Jh. an den Wänden. Wird als bestes Lokal von Cagliari gehandelt. Ausgefeilt-phantasievolle Gerichte mit vielen Extras, Schwergewicht auf Fisch, dazu ausgezeichnete Weine aus ganz Sardini-en. Zu empfehlen das *risotto alla corsara* oder die Gerichte mit Fischeiern, z. B. *spaghetti con la bottarga di muggine*. Manchmal ist auch *su ziminu* (Fischsuppe nach cagliaritanischer Art) zu haben. Auch die Nudelgerichte probieren – *culurgiones* (gefüllte Teigtaschen), *fregula* (Hartweizengrieß) oder *spaghetti con le seppie* (in schwarzer Tintenfischsoße). Bedienung freundlich und aufmerksam. Menü ca. 33–40 € (Servizio 15 %, Coperto 3,20 €). So und im August geschl.

Saint Rémy (8), Via Torino 16, Seitengasse der Via Manno, Nähe Terrazza Umberto I. Elegantes Gewölbelokal mit Kerzenlicht-Atmosphäre, täglich frischer Fisch und alle Arten Meeresfrüchte, aber auch einige sardische Spezialitäten und *aragosta alla katalana*, dazu gute Weine. Menü um die 25–43 €. Sa (mittags) und So geschl.
Il Gatto (2), Viale Trieste 15, an der breiten Verkehrsstraße in Hafennähe, mit farbigen Fliesen, nackter Ziegeldecke und Terrakottaböden sehr geschmackvoll aufgemacht, gute Meeresküche und Nudelgerichte, auch Pizza. Beliebter Treffpunkt der etwas schickeren Jugend. Sa (mittags) und So geschl.
Le Bastione (4), Viale Regina Elena 3, direkt am Fuß der Terrazza Umberto I. Einfache, liebevoll aufgemachte, sehr nett und familiär geführte Pizzeria, die auch viele andere Gerichte zur Auswahl hat, z. B. leckere Snacks und *seadas*, die sardische Süßspeise. Man kann auch draußen sitzen, allerdings direkt an der lauten Straße.

• *Außerhalb*: **Spinnaker dal Corsaro al Mare**, Aussichtsterrasse im Jachthafen Marina Piccola, große Auswahl an Pizza und Antipasti. Mi abends. Mo geschl.
Sa Cardiga e su Schironi, beliebtes Fischlokal westlich außerhalb an der Straße nach Pula (→ S. 462).

• *Self-Services*: **Valburger (5)**, Via Crispi 19, Seitengasse vom Largo Carlo Felice (Rückseite vom Rathaus), großer, oft gut besuchter Self-Service mit Salatbuffet.
La Cantina (17), Via dei Mille 3, Seitengässchen der Via Roma. Diverse Fleischgerichte und Salate in einer Frischhaltevitrine, außerdem Panini, Pizza, Pommes, Coke und Fassbier. Beliebt bei der Jugend und den Büroangestellten der Umgebung, die schnell mal auf einen Snack kommen. Sitzgelegenheiten hinten in hohem Gewölbe. So geschl.
Self-Service Tavola Calda (10), direkt neben Busbhf. und Bhf., Via Sassari (gelbe Hausfront). Menü um die 7 €, Nachspeise für Genießer: Creme Caramel für 1,50 €.

• *Cafés*: **Roma** und **Torino**, zwei superzentral gelegene, dementsprechend teure Cafés unter den Arkaden der Via Roma, seine Zeitung holt man sich am Kiosk nebenan. Vorsicht: Servizio 30%!
Suissero, Largo Carlo Felice 6, klassizistisches Kaffeehaus alten Schlags, wie der Name sagt, von Schweizern gegründet, großer hoher Innenraum, draußen verglaste Terrasse zum Verkehr hin, recht laut.

Cagliari 471

Forum, Freiluftcafé an der autofreien Piazza Yenne, eins der ruhigsten Plätzchen unterhalb vom Castello.

Piazza Yenne, an derselben Piazza, überdachtes Freiluftcafé, in dem man auch Pizza bekommt.

Antico Caffè, Piazza Costitutione, unterhalb der Terrazza Umberto I. Traditionscafé (seit 1855) mit hausgemachten Leckereien – Eis, Pralinen und Gebäck. Drinnen richtige Kaffeehausstühle und schöne Holztäfelung, draußen kleine Terrasse, davor Passeggiata und ständiger Stop & Go-Verkehr. Mittags auch gute warme Küche.

Sotto La Torre → Karte S. 477 **(2)**, direkt hinter dem Torre dell' Elefante, am Eingang zum Castello-Viertel (von außen leicht zu übersehen). Mehrere hübsch eingerichtete Räume, sowohl tagsüber als auch abends gemütlich zum Sitzen, keine Plätze im Freien. Mi geschl.

Libarium Nostrum → Karte S. 477 **(1)**, im Castello-Viertel, Via Santa Croce, historisch eingerichtetes Gewölbecafé an der Stadtmauer, sehr behaglicher Kneipencharakter, auch hier werden gute warme Gerichte serviert. Mo geschl.

Nachtleben (siehe Karte S. 464/465)

Die Studenten haben ihre Hand voll Kneipen, ansonsten ist nicht viel geboten. Ab 23 Uhr werden die Gehsteige hochgeklappt, vielleicht noch schnell ein Bierchen an der Via Roma. Abends ein Auge auf seine Wertsachen haben. Eventuell lohnt ein Bummel durchs Castello-Viertel auf der Suche nach neu eröffneten "Trendy"-Bars.

Al Merlo Parlante, Via Porto Scalas 69, kleines Seitengässchen des Corso Vittorio Emanuele rechts. Beliebte Bierkneipe mit Riesenauswahl, vom guten Bitburger über EKU und bayerisches Weißbier bis zu John Smith's Stout und Chester Gould ist alles vertreten, allein sieben Fassbiere können geordert werden. Auch die übrigen Utensilien ein Abbild gesamteuropäischer Bierkultur – Tabletts von Stella Artois, Lampen von Bit. Hauptsächlich studentisches Publikum, immer rappelvoll, sogar draußen auf der Straße. Bis 2 Uhr nachts. Mi geschl.

EXMÁ (12), Via Lucifero 71, Nähe Basilica di San Saturno (→ Sehenswertes). Der ehemalige Schlachthof ("Mattatoio") Cagliaris wurde zu einem großen Kulturzentrum umgebaut. Es finden häufig Ausstellungen statt, im Sommer gibt es regelmäßig Klassik- und Jazzkonzerte im Innenhof. Di–So 10–14, 17–24 Uhr; Eintritt zu Ausstellungen ca. 2,60 €. ✆ 070/666399.

Poetto, der lange Strand ist im Sommer Brennpunkt zahlreicher Aktivitäten. Besonders hübsch sitzt man abends im Jachthafen **Marina Piccola** am Südende des Strands (→ Sehenswertes). Dort finden auch Konzerte und Open Air-Kino statt. Auch **Sommerdiskotheken** findet man hauptsächlich am Strand von Poetto.

Shopping

Cagliari hat hervorragende Feinkostläden, Kunsthandwerk kauft man jedoch besser in den kleinen Orten am Land, wo es hergestellt wird. Ausnahme ist filigraner Goldschmuck. Wichtigste Einkaufsstraße ist die *Via Manno* mit teils sehr edlen Geschäften (→ Sehenswertes).

● *Boutiquen*: in der **Via Manno** und ihrer Verlängerung, der **Via Garibaldi**, eine Boutique neben der anderen, z. T. bereits seit langen Jahren im Geschäft (→ Sehenswertes).

● *Bücher*: **Dessi**, Corso Vittorio Emanuele 32, umfassendes Angebot an Literatur über Sardinien.

● *Feinkost*: **Salumeria Pisu**, Via Baylle 39, schön aufgemachter Laden im Marina-Viertel, alle sardischen Spezialitäten auf einmal – Schinken, Salami, Käse, *"bottarga di cefalo"* u. v. m.

● *Internationale Zeitungen/Zeitschriften*: in den **Kiosken** unter den Arkaden an der Via Roma.

● *Kaufhäuser*: **La Rinascente**, Ecke Via Roma/Largo Carlo Felice, größtes Kaufhaus Sardiniens. Von oben bis unten voller Mode – wer sich dafür interessiert, findet hier eine ausgesprochen exklusive Auswahl. Mo–Fr 9–20.30, Sa 9–21, So 10–21 Uhr.

● *Kunsthandwerk*: Goldschmuck wird traditionell in Cagliari hergestellt, eine gute Adresse ist **Galdino Sabba** in der Via Sardegna 32.

ISOLA, Schauraum in der Via Bacaredda 176–178, hauptsächlich Keramik und Schmuck. ✆ 070/492756.

472 Südsardinien/Cagliari

Unter den Arkaden der Via Roma

• *Konditoreien*: **Pasticceria Delicia**, Via Crispi 21 (gleich am Bahnhof), produziert weithin berühmtes Gebäck, viele Cafés von Cagliari bestellen hier ihre Backwaren.
Maurizia Pala, Via Napoli 66, liebenswerte Adresse im Marina-Viertel, ein Schild weist darauf hin, dass Frau Pala hier bereits in ihrer Mädchenzeit "dolci sardi" hergestellt hat.

• *Märkte*: kleine **Markthalle** mit Obst, Gemüse und Fleisch im Treppengässchen an der Oberseite der Piazza Yenne rechts, Salita Santa Chiara 12.
Großmarkt in der Via Cocco Ortu, nördlich vom Castello-Viertel. Mo–Fr (vormittags), Sa den ganzen Tag.
Flohmarkt am Sonntagvormittag auf der Terrazza Umberto I., herrliche Lage und toller Blick über Cagliari.
Antiquitäten jeden ersten Sonntag im Monat auf der Piazza del Carmine.
Verkaufstische für Kleinkram, Souvenirs, Kassetten u. Ä. vormittags an der Piazza del Carmine und am Largo Carlo Felice.
Afrikanische **Straßenhändler** unter den Arkaden der Via Roma.

• *Wein/Spirituosen*: **Enoteca Cagliaritana**, Salita Santa Chiara 21, an der Treppe von der Piazza Yenne ins Burgviertel. Gute Auswahl sardischer Weine, präsentiert von einem Kenner.
Zedda Piras, Via Ciusa 125, seit 1854, eine der ältesten Kellereien der Insel, Riesenauswahl, neben Weinen auch die bekannten Liköre und Schnäpse Sardiniens, *Mirto di Sardegna* und *Filu 'e Ferru*.

Sehenswertes

Die lohnenden Viertel Cagliaris liegen gleich um den Hafen und auf dem dahinter ansteigenden Festungshügel. Die äußeren Wohn- und Geschäftsbezirke sind dagegen nur punktuell interessant, z. B. das Santuario di Bonaria und der Monte Urpinu als Aussichtspunkt. Mit Schiff oder Zug angekommen, steht man sofort im Brennpunkt des Geschehens an der Via Roma.

Marina (Hafenviertel)

Begrenzt von der Via Roma im Süden, dem Largo Felice im Westen, der Via Manno im Norden und dem Viale Regina Margherita im Osten, erstreckt sich ein typischer Hafenbezirk mit dunklen, engen Gassen, streunenden Hunden und nicht selten fehlender Sauberkeit. Hier findet man einen Großteil der volkstümlichen Trattorien der Stadt, doch auch einige Nobel-Lokale haben sich etabliert. Rückgrat des Viertels ist die im Abschnitt "Essen & Trinken" beschriebene Via Sardegna.

Cagliari 473

Via Roma: mehrspuriger Boulevard mit klassizistischen Prachtfassaden am Hafen, unter den Arkaden die beliebtesten Cafés Cagliaris. Zum Dösen und Schauen der hübsche Palmenvorplatz *Piazza Matteotti* vor dem Bahnhof, wo auch der Info-Kiosk steht und die Busse zum Strand abfahren. Schräg gegenüber das *Rathaus*, üppig-elegant im neugotischen Stil (19. Jh.) und vollständig aus weißem Marmor erbaut, der allerdings unter der heftigen Abgasbelastung leidet. Das größte Kaufhaus Sardiniens an der Ecke Via Roma/Largo Carlo Felice namens La Rinascente bietet in hochmodernem Outfit ein für Sardinien einmaliges Sortiment. Die *Chiesa di San Francesco di Paola* in der Osthälfte der Straße wurde kürzlich renoviert. Der Betonklotz am östlichen Ende der Via Roma ist der *Palast der Provinzialregierung.*

Südlich neben dem Bahnhof liegt das FS-Eisenbahnmuseum *Museo Ferroviario Sardo*, in dem eine alte Dampflok und diverse Relikte der sardischen Bahngeschichte auf fachkundige Besucher warten.

Öffnungszeiten/Preise: **Museo Ferroviario Sardo** – Mo–Fr 9–13 Uhr; Eintritt ca. 0,80 €.

Largo Carlo Felice: Diese breite Alleestraße führt von der Via Roma hinauf zur Piazza Yenne, von wo man ins altertümliche Castello-Viertel, die ehemalige Festung, hinaufsteigen kann. Seitlich des Largo Dutzende Straßenstände und die meisten Banken der Stadt.

An der Ostseite der Straße steht die *Chiesa San Agostino*, die einzige wirkliche Renaissancekirche der Insel. Zugang durch einen hübschen Vorgarten mit Steinskulpturen, u. a. steht hier eine Statue von Pinuccio Sciola (→ San Sperate), die den Bischof San Agostino darstellt. Beim letzten Besuch fanden im Untergrund Ausgrabungen statt und der Kirchenboden war völlig abgetragen.

Chiesa Sant'Eulalia: große Kirche im Marinaviertel, ein paar Gassenzüge oberhalb der Via Roma, an der gleichnamigen Piazza. Die Kirche ist derzeit geschlossen, doch das eigentlich Interessante liegt im Untergrund. Das *Museo del Tesoro e Area Archeologica di Sant'Eulalia*, abgekürzt auch als "Mutseu" beschildert, zeigt einen ausgegrabenen Teil der römischen Stadt aus dem 1. Jh. n. Chr. Ein Laufsteg führt über die recht weitläufigen Ruinen, darunter das Teilstück eines prächtig erhaltenen Fußgängerwegs (etwa 13 m lang und 4,20 m breit) in Richtung Meer, mehrere Gebäude aus großen Kalksteinblöcken (z. T. bereits mittelalterlich), ein mehrstöckiger Turm *La Torretta*, ein Brunnen, eine Zisterne und eine Art Heiligtum, *Il Tempietto* genannt. An einer Stelle kann man auch in die von unten offene Kirche hineinsehen. Nach der Tour durch den Untergrund kann man noch im ersten Stock den Kirchenschatz mit Ölgemälden, Holzskulpturen, Bischofsgewändern, Kirchensilber u. dgl. m. betrachten.

Öffnungszeiten/Preise: **Museo del Tesoro e Area Archeologica di Sant'Eulalia** – Di–So 10–13, 17–20 Uhr, Mo geschl.; Eintritt ca. 2,60 €.

Chiesa del Santo Sepolcro: Die Kirche des "Heiligen Grabes" im oberen Teil des Marinaviertels, von der Via Manno durch eine überdachte Treppenpassage zu erreichen, war jahrzehntelang geschlossen, erst seit wenigen Jahren ist sie wieder zugänglich. Äußerlich schmucklos fällt im geräumigen Innenraum vor allem der riesige vergoldete Barockaltar in der *Cappella della Pietà* auf. Unter der Kirche liegt eine Krypta, die früher der "Confraternita

474   Südsardinien/Cagliari

dell'Orazione e della Morte" als Kirche diente. Unter der benachbarten heutigen Piazza liegt ein Friedhof, in dem diese Bruderschaft die Armen und Besitzlosen Cagliaris bestattete.

Öffnungszeiten/Preise: tägl. 9–13, 17–20 Uhr (jedoch nicht während Messen).

Piazza Yenne: zentraler, autofreier Platz unterhalb der Bastionen. Zwei Cafés und Bänke unter schattigen Bäumen, der steinerne Vizekönig *Carlo Felice* weist mit seiner Schreibrolle die Via Manno hinauf. Eine Porphyrsäule markiert den Beginn der Schnellstraße Carlo Felice (heute SS 131), die man über den Corso Vittorio Emanuele (linker Hand) erreicht. Rechts oberhalb der Stadtmauer das hellbraune Gebäude der *Università*. In der Bibliothek liegt das wichtigste Schriftstück der sardischen Geschichte, die "Carta de Logu" der Richterin Eleonora d'Arborea (→ Oristano).

Vom Platz aus gibt es mehrere Möglichkeiten, ins Castello-Viertel, das Herz der Altstadt, hinaufzusteigen. Am rechten hinteren Ende führen z. B. die steilen Treppenstufen der Salita Santa Chiara zum Torre dell'Elefante hinauf. Schöner und umfassender ist aber der Spaziergang durch die Via Manno.

Via Manno: zwischen alten Barockfassaden mit filigranen Balkongittern die repräsentativste Ladenzeile der Stadt. Zum Teil sorgfältig instand gehaltene Ladeneingänge mit Holztäfelung, mittendrin die schwülstige Barockkirche *Sant'Antonio Abate*, dann wieder Juweliere und Brautausstatter – die Renommiergeschäfte Cagliaris. Etwa an der Hälfte des Weges zur Piazza Costituzione führt rechter Hand eine überdachte Treppenpassage mit Galerien und Antiquariat ins Marina-Viertel hinunter. Die kreisrunde *Piazza Costituzione* ist Endpunkt der Straße und völlig dem Verkehr überlassen. Hier Aufstieg zur Terrazza Umberto I.

Via Garibaldi: Die Fortsetzung der Via Manno auf der anderen Seite des Platzes ist die Modestraße der Stadt, eine Boutique neben der anderen. Unisex, Blackout, Rolling Stone und wie sie alle heißen wetteifern teilweise seit vielen Jahren mit Erfolg um die Gunst der jüngeren Hälfte der Bewohner. Nachmittags lebhafte Passeggiata der Jugend.

Bastione di Saint Rémy *(Terrazza Umberto I)*: Eine breite Doppeltreppe aus Marmor, gekrönt von einem reichlich übersteigerten Triumphbogen und "verziert" mit Graffiti neueren Datums, führt von der Piazza Costituzione hinauf auf eine Bastion der ehemaligen spanischen Festung. Diese wurde Ende des letzten Jahrhunderts zu einer weiten Panoramaplattform umgebaut. Schönster Aussichtspunkt der Stadt, einige Sitzbänke, die Hand voll Palmen spenden allerdings nur wenig Schatten. Schmale Gassen führen von hier ins Castello-Viertel. An der rückwärtigen Seite der Piazza steht der *Palazzo Boyl*, der einst einer der reichsten Familien der Stadt gehörte. In die Fassade sind Kanonenkugeln eingemauert, die an frühere Angriffe vom Meer erinnern. Rechts hinter dem Palazzo bricht der Fels unvermutet und eindrucksvoll senkrecht zum darunter brodelnden Viale Regina Elena ab. Die deutlich

---

Mitten in Cagliari – beschauliches Plätzchen auf der Piazza Yenne

sichtbare Kuppel gehört der *Kathedrale* Cagliaris, ihre Apsis schwebt beinahe über dem Abgrund.

Als die große Terrazza Umberto I Ende des letzten Jahrhunderts errichtet war, wurde sie bald zum beliebtesten Treffpunkt der Cagliaritaner, wo Feste stattfanden, Musikkapellen spielten und die abendliche Passeggiata ihren Höhepunkt fand. Im Zweiten Weltkrieg wurde sie durch Bomben teilweise zerstört und später wieder aufgebaut. Doch ihre einstige Bedeutung im geselligen Stadtleben konnte sie nicht mehr zurückgewinnen. Heute findet hier oben am Sonntagvormittag ein großer **Flohmarkt** statt.

Auf der Bastione di Saint Rémy

Castello (Burgviertel)

Die Altstadt auf dem Kalkmassiv über der Stadt. Die Pisaner begannen den Bau der mächtigen Festung im 13. Jh. und stellten sie Anfang des 14. Jh. fertig – doch bereits 1326 eroberten die spanischen Aragonier die Stadt. Fortan war es nur Spaniern gestattet, innerhalb der pisanischen Festungsmauern zu wohnen. Auch in späteren Zeiten hatten hier Adel, Regierung, Verwaltungsbeamte und Klerus ihre prunkvollen Amts- und Wohnsitze. Doch seit dem 19. Jh. wurde das Viertel auf dem Berg zu eng und unpraktisch, die Behörden zogen hinunter ins Marina-Viertel um die repräsentative Via Roma. Noch heute nennen viele Sarden Cagliari "Casteddu", was sich von Castello ableitet.

Der Grundriss des Festungshügels ist etwa dreieckig. An den exponierten Winkeln errichteten die Pisaner drei mächtige Verteidigungstürme. Zwei von ihnen stehen noch – der spanische Kaiser Karl V. fand sie zu schön, um sie abreißen zu lassen, als die Spanier im 16. Jh. mit der Umgestaltung des "Cas-

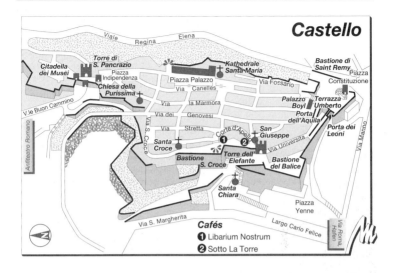

tello" begannen. Nach innen sind sie offen (wie alle pisanischen Türme auf Sardinien), um den Verteidigern problemlos Nachschub und Verstärkung zukommen lassen zu können.

Lange, düstere Parallelgassen durchziehen heute das Viertel. Zwischen den bröckelnden Fassaden vergangenen Reichtums flattert die Wäsche, in die oft armseligen, ebenerdigen Wohnräume kann man manchmal hineinblicken. Die muffigen Toreingänge und hohen Eingangshallen sind verkommen und nicht selten verdreckt, zwischen verbeulten Briefkästen bleicht der Stuck, es stinkt nach Abgasen. Nicht selten bestehen die Wohnungen nur aus einem Zimmer – eine Schlafecke, eine Kochnische, ein Fernseher. Doch zaghafte Renovierungsversuche, vor allem jüngerer Leute, machen Hoffnung. Hier und da hat bereits ein Kunsthandwerksladen oder eine neue Bar eröffnet und bringt Farbe zwischen die Mauern.

Man erreicht Castello entweder über die Piazza Yenne oder über das Treppenhaus der Bastione di Saint Rémy.

Torre dell'Elefante *(Elefantenturm)*: oberhalb der Piazza Yenne, 35 m hoch, erbaut Anfang des 14. Jh. Ein drohendes Fallgitter mit rostigen Spitzen bewacht den Durchgang, den man passieren muss, um in die Altstadt zu gelangen. Links außen über dem Eingang ein kleiner *Elefant* aus Marmor, an dem früher die Köpfe der Hingerichteten öffentlich zur Schau gestellt wurden. Die fünf Plattformen sind durch Holztreppen miteinander verbunden und können bestiegen werden.

Torre di San Pancrazio: Er steht an der höchsten Stelle des Castello, der Piazza Indipendenza, besitzt vier Plattformen und ist 36 m hoch. Benachbart noch einige gut erhaltene Gebäude und Mauerreste der Festung, die bis ins letzte Jahrhundert als Gefängnis dienten. Alberto di Lamarmora nutzte die

oberste Turmplattform im 19. Jh. als Observatorium. Nur wenige Schritte entfernt, an der Piazza Arsenale, die neue Citadella dei Musei (→ unten).
Öffnungszeiten/Preise: **beide Türme** – Sommer Di–So 9.30–13, 15.30–19.30 Uhr, Winter Di–So 9–16.30 Uhr; Eintritt frei.

Kathedrale Santa Maria

Die Hauptkirche von Cagliari steht an einem unvermutet sich öffnenden Platz im Gassengewirr, flankiert von mehreren wichtigen Palazzi: das frühere Rathaus, der Palast des Erzbischofs und der Vizekönigspalast, seinerzeit Amtssitz der piemontesischen Könige und gelegentlich im Rahmen von Austellungen zu besichtigen. Ihre helle Marmorfront ist nahtlos in die Häuserreihe eingepasst – obwohl sie mit ihren Säulenreihen, Goldgrundmosaiken und eingelegten Farbrauten wie eine mittelalterlich-pisanische Fassade wirkt, stammt sie aus dem letzten Jahrhundert!

Die Kathedrale, ursprünglich von den Pisanern im 13. Jh. errichtet, wurde im Lauf der Jahrhunderte immer wieder umgebaut und völlig verändert, so bereits im 14. Jh. von den Aragoniern, die damals Cagliari eroberten und das vordere Querschiff im katalanisch-gotischen Stil fertig stellten. Im 17. Jh. bauten die Spanier eine barocke Fassade an. 1933 riss man diese vollständig ab und gestaltete sie nach den alten pisanisch-romanischen Plänen neu.

Wirkt "echt" mittelalterlich – Fassade der Kathedrale Santa Maria

Innenraum: Er prunkt in barocker Prachtentfaltung – verschiedenfarbiger Marmor, Skulpturen, goldüberzogene Altäre, plastisch wirkende Deckengemälde in prallen Farben.

Das wertvollste Stück findet sich gleich innen vom Haupteingang – die *Kanzel* des festländischen Meisters Guglielmo, die zwischen 1159 und 1162 entstand und ihren Platz ursprünglich im Dom von Pisa hatte. Doch bereits Anfang des 14. Jh. entschieden sich die Pisaner für die neue Kanzel des berühmten Giovanni Pisano. Die alte schenkte man Cagliari. Während der barocken Umgestaltungsarbeiten im 17. Jh. teilten die Spanier die Kanzel genialerweise in die zwei Hälften, die heute noch hier stehen. Bemerkenswert sind die hervorragend herausgearbeiteten Reliefs an den Seitenflächen. Sie zeigen Szenen aus dem Leben Jesu *(Abendmahl, Taufe, Bergpredigt, Heilige Drei Könige, Auferstehung u. a.)*. Leider fehlen einige Köpfe, außerdem wurden bei der Teilung der Kanzel wichtige Szenen zerstört,

Cagliari 479

z. B. die Kreuzigung. Die vier steinernen *Löwen*, die ursprünglich die Kanzel trugen, wurden kunstvoll dem Hauptaltar angefügt – sie tragen die Vorderfront und den Choraufgang.

Das vordere Querschiff wurde von den Spaniern nach der Eroberung Cagliaris im 14. Jh. fertig gestellt. Bemerkenswert ist die *aragonisch-gotische Kapelle* rechts neben dem Altar. Sie ist ungewöhnlich hoch und hat einen Grundriss in der Form eines halben Achtecks. Am linken Ende des Querschiffs das *Mausoleum des Martin von Aragon* – eine überdimensionale Marmorwand, die aus zahlreichen Skulpturen zusammengesetzt ist. Makabrer Blickfang ist der Sensenmann an der Spitze. Das gesamte Mausoleum wurde in Genua gemeißelt und dann in 20 Kisten nach Cagliari geschafft.

Einmalig in ihrer künstlerischen Ausstattung ist die *Krypta*, denn ins abgeflachte spanisch-barocke Gewölbe sind 600 Rosetten gemeißelt, die sich alle voneinander unterscheiden. Sie beherbergt etwa 300 Grabkammern, in die man im 17. Jh. die Überreste von Toten des Friedhofs der Kirche San Saturno gebettet hat. Um die Geltung der Kathedrale zu steigern, bezeichnete man sie fälschlicherweise als Märtyrer.

Öffnungszeiten: Mo–Fr 8–12.30, 16.30–20 Uhr, Sa/So 8–13, 16–20 Uhr.

Citadella dei Musei

Erst vor wenigen Jahren eröffneter Museumskomplex an der Piazza Arsenale, sehr wirkungsvoll auf die Mauern und Bastionen der ehemaligen Zitadelle gesetzt. In den nächsten Jahren soll er eine Fülle von Institutionen aufnehmen – Kongresssäle, Museen, Wanderausstellungen, Universitäts- und Kulturinstitute. Wegen des Gerangels um Zuständigkeiten und Gelder verzögert sich aber die endgültige Fertigstellung immer wieder.

Mal reinschauen lohnt, architektonisch sehr gelungen ist die Einbeziehung der mittelalterlichen Festungsmauern des ehemaligen Zeughauses in den modernen Betonbau – interessante Verbindung von Historie und Gegenwart, die sich auch in der Thematik des Innenlebens widerspiegeln wird. In der Mitte des Hofs steht ein prächtiger Ätnaginster, der vor allem im Supramonte und um den Ätna wächst.

Derzeit sind folgende Einrichtungen hier untergebracht:

Archäologisches Nationalmuseum: Die bedeutendste Sammlung prähistorischer und historischer Funde auf Sardinien ist Mitte der Neunziger in die Citadella dei Musei umgezogen. Der Besuch des topmodernen und ansprechend aufgemachten Museums lohnt in erster Linie wegen der großartigen Bronzefiguren der nuraghischen Kultur.

Vornuraghische Zeit: Beachtenswerteste Stücke sind die *Stein- und Marmorfiguren* von alten Mittelmeergottheiten, die berühmteste ist die Muttergottheit von Senorbi (ca. 2000 v. Chr.).

Nuraghische Zeit: Modelle von Nuraghen und Gigantengräbern, Keramik und Bronzewaffen. Mittelpunkt der Sammlung sind jedoch die prächtigen *nuraghischen Bronzefiguren* (Bronzetti). Die filigranen, etwa 3–30 cm hohen Figuren wurden hauptsächlich in Brunnenheiligtümern gefunden, aber auch in Gräbern, Nuraghen und Wohnungen, z. T. in Bronzewerkstätten, also noch beim Hersteller. Sie stammen aus dem 5.–8. Jh. v. Chr. und sind nach dem heutigen Stand der Forschung Votivfiguren, mit denen ihre Besitzer von den Gottheiten die Erfüllung bestimmter Wünsche

480   Südsardinien/Cagliari

erhofften. Zwei Stile lassen sich unterscheiden – Bronzen im geometrischen Stil (elegant-stilisierte Darstellungen von Kriegern, Bogenschützen, Stammesfürsten, Priestern etc.) und solche im eher naturalistischen Stil aus dem Bergland – opfernde Hirten, Musikanten, Tiere. Besonders schön sind die Öllampen in Schiffsform, oft mit Tierköpfen am Bug. Die Fundstellen der Figuren sind jeweils angegeben.

Einige der überlebensgroßen *Statuen*, die in den siebziger Jahren überraschend am Monte Prama auf der Sinis-Halbinsel gefunden wurden, runden die Ausstellung ab (→ S. 81). Sie gleichen den Bronzetti in allen Details.

Punische und römische Zeit: wertvoller Gold- und Elfenbeinschmuck, darunter teilweise sehr gut erhaltene Stücke, z. B. ein goldener Armreif, gefunden in Porto Torres.

Frühmittelalter: Schmuck und Münzen, z. B. aus Cornus (Sinis-Halbinsel).

Öffnungszeiten/Preise: April bis September Di–So 9–20 Uhr, Oktober bis März 9–19 Uhr. Mo geschl.; Eintritt ca. 2,60 €, zwischen 18 und 25 die Hälfte, unter 18 und über 60 frei.

Pinacoteca Nazionale: ein Leckerbissen – großartige katalanische Tafelbilder des 15. und 16. Jh., die einzige derartige Sammlung außerhalb Spaniens. Eindrucksvoll kann man die Entwicklung der Malkunst beobachten: von starrer Physiognomie mit flächenhaftem Hintergrund zu Natürlichkeit des Ausdrucks und Einbeziehung der Perspektive. Gut nachzuvollziehen ist das u. a. an folgenden Werken: "Retablo della Visitazione" von *Joan Barcelo* (starre Mimik auf Goldgrund), "Madonna della Cintola" von *Carlo di Giovanni* (weitgehend ausdruckslose Mimik) und das "Retablo de Presepio" vom *Maestro del Presepio* (naiv und bunt, ohne Perspektive). Im Gegensatz dazu das riesige "Retablo di San Eligio" mit zahlreichen Einzelbildern (z. T. zerstört) des *Maestro di Sanluri* (Schattierung, Perspektive, ausdrucksvolle Mimik), ein großes Retablo des *Maestro di Castelsardo* (realistische Gesichter), "Trittico della Consolazione" von *Michele Cavaro* (warme Farben, naturalistisch, stillende Maria) und das besonders schöne Werk "Pala di Sant'Orsola" von *Franceso Pinna* – in dessen Lunette greift das Jesuskind verlangend nach der Brust Marias, aus der Milch tropft. Im unteren Stockwerk ist außerdem noch eine schöne Sammlung von sardischem Gold- und Silberschmuck ausgestellt.

Öffnungszeiten/Preise: Di–So 9–20 Uhr, Mo geschl.; Eintritt ca. 2,10 €, frei unter 18 und über 60 Jahre.

Museo d'Arte Siamese: große Sammlung fernöstlicher Kunstgegenstände vom 11.–19. Jh., der Stadt Cagliari übereignet von einem sardischen Ingenieur, der zwanzig Jahre am Hof des Königs von Siam lebte.

Öffnungszeiten/Preise: Di–So 9–13, 16–20 Uhr, Mo geschl.; Eintritt ca. 1,60 €, frei über 65.

Mostra di Cere Anatomiche (Wachsfigurenkabinett): moderne Reproduktionen von 23 anatomischen Modellen eines florentiner Wachsbildners des 19. Jh., anschaulich und schaurig zugleich.

Öffnungszeiten/Preise: Di–Sa 9–13, 16.30–19 Uhr, So (nachmittags) und Mo geschl.; Eintritt frei.

Galleria Comunale d'Arte

In den *Giardini Pubblici*, einem schönen öffentlichen Park an der Nordseite des Castello-Viertels, ist die städische Kunstgalerie untergebracht. Der klassizistische Bau beherbergt sardische und italienische Malerei des 19. und 20. Jh., aber auch Zeichnungen, Skulpturen, Keramik, Bronzen etc. Insgesamt sind es 650 Werke, darunter allein 14 vom Bologneser Giovanni Morandi, ei-

Abstieg in die malerische Schlucht Gola Su Gorroppu

▲▲ Blick von Su Golgo auf die Ebene der Ogliastra
▲▲ In der steinigen Gallura
▲ Ferienhäuser an der Costa Smeralda

Fischersteg in der Gallura ▲

Tiefblaues Wasser bei Golfo Aranci ▲▲

Impressionen im Inselinneren

Cagliari   481

nem der bedeutendsten italienischen Künstler des 20. Jh., aber auch den Sarden Giuseppe Biasi findet man hier (→ Gallura/Tempio Pausania).

Öffnungszeiten/Preise: Sommer Mi–Mo 9–13, 17–21 Uhr, Di geschl.; Winter 9–17 Uhr; Eintritt ca. 3,20 €, Stud. unter 26 2,10 €, über 65-Jährige frei.

Stampace (Weststadt)

Stampace, das Viertel westlich vom Castello-Hügel, ist ein weiterer historischer Brennpunkt der Stadt, wie man an den zahlreichen Kirchen und einigen altrömischen Relikten erkennt. Von der Piazza Indipendenza im Castello-Viertel gelangt man mit ein paar Schritten zum römischen Amphitheater. Oberhalb davon verläuft die schattige Pinienpromenade Buon Cammino mit Getränkebuden, wo sich abends die Cagliaritaner gerne treffen.

Amphitheater: Mit seinen pittoresk in den Kalk gefrästen Sitzreihen ist das im 3. Jh. n. Chr. erbaute Theater das größte römische Bauwerk Sardiniens, bis zu 10.000 Personen fanden hier Platz. Indem man die Arena mittels eines unterirdischen Kanals überschwemmte, konnte man sogar Seekampfspektakel imitieren. Heute finden während der Saison oft Theater und Konzerte statt.
Am Viale Fra Ignazio da Laconi, der westlich am Gelände entlangführt, liegt der *Kapuzinerkonvent*, wo sich alltäglich die Ärmsten der Armen, von denen es in Cagliari nicht wenige gibt, zu einer warmen Mahlzeit treffen.

Öffnungszeiten/Preise: Di–So 10–13, 15–18 Uhr. Nur mit Führung; Eintritt frei.

Orto Botanico: Der Botanische Garten von Cagliari liegt unterhalb vom Amphitheater. Er wurde 1866 angelegt, während des Zweiten Weltkriegs von italienischen Truppen als Standquartier benutzt, schließlich von Bomben völlig zerstört und danach neu aufgebaut. Neben den wichtigsten Vertretern der sardischen Flora findet man Bäume von allen Kontinenten, u. a. aus Ägypten, Indien, dem Himalaya, Japan, China, Mexiko, USA, Südafrika, Madagaskar, Australien.

Öffnungszeiten/Preise: Mai bis August 8–13.30, 15–20, April und September bis Mitte Oktober 8–13.30, 15–18.30, Mitte Oktober bis März 8–13.30 Uhr; Eintritt ca. 0,60 €, über 60 frei. Führungen jeden 2. und 4. Sonntag im Monat um 11 Uhr.

Casa di Tigellio: Die Ruinen einiger Häuser aus der römischen Kaiserzeit stehen, umgeben von modernen Wohnblocks, in der Via Tigellio unterhalb vom Botanischen Garten, einer Seitenstraße des Corso Vittorio Emanuele. Angeblich wohnte hier ein sardischer Dichter namens Tigelius. Einige Säulen, Reste eines Atriumhofs und einer Thermalanlage sowie stark beschädigte Mosaiken sind erhalten. Die Ausgrabung ist üblicherweise geschlossen, über den Zaun kann man einen Blick erhaschen.

Kirchen im Viertel Stampace

San Michele: Die üppigste Barockkirche Sardiniens ist am unteren Ende der Via Ospedale fugenlos in die Häuserzeile eingepasst. Erbaut Ende des 17. Jh., wurde sie von den Jesuiten 1738 geweiht. Die Fassade schwelgt im Formenrausch, auch der Innenraum ist mit Marmoraltären und Wandmalereien überreich ausgestattet. An der Nordseite der Vorhalle steht eine Kanzel auf vier Säulen – von ihr soll Kaiser Karl V. der religiösen Zeremonie anlässlich des Feldzuges von 1535 nach Algier beigewohnt haben.

Öffnungszeiten: Mo–Sa 7.30–11.30, 17–20, So 7.30–11, 19–20 Uhr.

482   Südsardinien/Cagliari

Sant'Anna: an der Via Azuni, große Kirche aus dem 18. Jh., nicht einge-
quetscht zwischen Hausfassaden, sondern auf einer Piazza frei stehend, hell
und luftig. Weitläufige Freitreppe, sehr elegante Fassade, zwei Glockentürme
und mehrere Kuppeln, erinnert ein wenig an die berühmte Kirche Trinità dei
Monti oberhalb der Spanischen Treppe in Rom.
Öffnungszeiten: Di–Sa 8–13, 15–19, So 7.30–11, 17–20 Uhr, Mo geschl.

Kirche und Krypta Sant'Efisio: kleine, äußerlich unauffällige Kirche an der
gleichnamigen Straße, Fassade im piemontesischen Barock (18. Jh.). Im Inneren wird die Statue des hl. Efisius aufbewahrt, die alljährlich zum Fest des
Heiligen nach Nora getragen wird, wo er gemäß der Legende enthauptet
wurde. In der Nachbarschaft der Kirche führt eine Treppe hinunter in die
Krypta, ursprünglich ein Hypogäum der phönizisch-römischen Epoche. Hier
soll Efisius vor seiner Hinrichtung an einer Säule festgebunden worden sein,
als er seinem Glauben nicht abschwören wollte.
Öffnungszeiten/Preise: Di–So 9.30–13, 15.30–19.30 Uhr, Mo geschl.

Römische Relikte

Die folgenden Spuren der Antike liegen bereits außerhalb von Stampace am
Viale Sant'Avendrace (westliche Fortsetzung des Viale Trento) in einem wenig einladenden Stadtgebiet mit viel befahrenen Verkehrsstraßen. Mit Bus 9
ab Piazza Matteotti (etwa alle 20 Min.) kommt man aber rasch hinüber.

Grotta del Vipera: Das optisch attraktive Felsengrab einer adligen Römerin
am Viale Sant'Avendrace 81 ist durch ein schweres Gittertor von der Straße
getrennt. Bei Straßenbauarbeiten im 19. Jh. wurde es zufällig entdeckt, und
nur dem französischen Konsul La Marmora ist es zu verdanken, dass es nicht
zerstört wurde. "Viperngrotte" heißt das Grab nach den Schlangenreliefs an
der Stirnseite. Attilia Pomptilla, so hieß die Dame, folgte ihrem Mann treu in
die Verbannung nach Sardinien. An der rechten Seite erkennt man zwei Lö-
cher, die vielleicht *pozzi sacri* (Brunnentempel) der Nuraghier waren.
Öffnungszeiten/Preise: Di–So 9–13, 15.30–19.30 Uhr, Mo geschl.; Eintritt frei.

Punisch-römische Nekropole von Tuvixeddu: Ein ganzer Hügel voller
Grabkammern vom 5.–3. Jh. v. Chr., eine einzigartige Sehenswürdigkeit mitten in der Hauptstadt – und doch kümmert sich kein Mensch darum. Das Gelände ist völlig vernachlässigt, der Eingang in der Regel verrammelt. Besonders gut ist die Anlage zu sehen, wenn man von Santa Margherita di Pula auf
der Küstenstraße nach Cagliari hineinfährt.
Wer ausprobieren möchte, ob es doch einen Einlass gibt – etwa 200 m westlich
der Grotta del Vipera, schräg gegenüber der Einmündung der Via Tirso,
steigt vom Viale Sant'Avendrace eine schmale Betontreppe hinauf zu einem
ehemaligen Steinbruch, in dem ein paar noch bewohnte Höhlenwohnungen zu
sehen sind. Rechter Hand verwehrt ein schweres Eisentor den Zutritt zum
Gelände der Nekropole.

Villanova (Oststadt)

Die Neustadt *Villanova* liegt östlich vom Castello-Hügel und ist das eigentliche Geschäfts- und Bürozentrum Cagliaris. Meist herrscht hier horrender

Prachtvoller Komplex – das Santuario di Bonaria

Verkehr, doch findet man am Monte Urpinu auch den größten öffentlichen Park Cagliaris sowie zwei bedeutende kirchliche Heiligtümer.

Konvent, Basilika und Wallfahrtskirche Santuario di Bonaria

Das wichtigste Heiligtum Sardiniens besteht aus einem Klosterkomplex mit zwei Mauer an Mauer gebauten Kirchen. Seinen Namen verdankt es der "guten Luft", die hier im Gegensatz zum malariaverseuchten Cagliari weiter westlich herrschte.

Anfang des 14. Jh. hatten die spanischen Truppen während der Belagerung des pisanischen Castello von Cagliari auf dem Bonaria-Hügel östlich vom Hafen eine starke Befestigung erbaut. Um sich Gottes Hilfe zu versichern, errichteten sie dabei auch eine kleine katalanisch-gotische Kapelle, die sie einige Jahre später einem Mönchsorden übereigneten. Dieser sah seinen Hauptaufgabenbereich darin, von Piraten in die Sklaverei nach Afrika verschleppte Christen zu befreien und verwaltet den Komplex heute noch.

Zwei moderne Skulpturen vor der Kirchenfront, eine Karavelle auf Meereswellen und die Jungfrau Bonaria, spielen auf die Gründungslegende des "Santuario" an: 1370 wurde am Fuß des Bonaria-Hügels eine geschlossene Holzkiste angeschwemmt, die wahrscheinlich von einem Schiff in Seenot über Bord geworfen worden war. Die Mönche des Klosters bargen die Kiste und entdeckten darin eine Marienstatue. Diese begann kurz darauf Wunder zu wirken, das Kirchlein wurde schnell auf ganz Sardinien bekannt und zum viel besuchten Wallfahrtsziel. Im 18. Jh. errichtete man dann unmittelbar daneben eine großzügig konzipierte Basilika, deren vermeintliche Barockfassade und majestätische Kuppel weithin sichtbar sind.

484   Südsardinien/Cagliari

Die Bonaria gilt heute als Beschützerin aller Seefahrer und Schutzpatronin Sardiniens. Ihre Bedeutung für den sardischen Katholizismus lässt sich an der häufigen Anwesenheit der Päpste erkennen: Zur 500-Jahrfeier der Auffindung der Statue kam Papst *Pius IX.* am 24. April 1870 nach Cagliari – das größte Fest zu Ehren der Jungfrau Bonaria findet seitdem alljährlich an diesem Tag statt. 1907 erklärte Papst *Pius X.* die Statue der Bonaria zur Schutzpatronin von Sardinien. Zur 600-Jahrfeier erschien 1970 *Papst Paul VI.*, 1985 war schließlich *Johannes Paul* der Jetzige hier, um der Madonna seine Referenz zu erweisen. Sie wird heute in ganz Sardinien verehrt und ihre Ankunft alljährlich am 24. April gefeiert.

● *Anfahrt*: Mit **eigenem Fahrzeug** – vom Hafen den Viale Armando Diaz etwa 1,5 km nach Osten fahren, vor der Kirche großer Parkplatz.
Mit **Stadtbus** – alle Busse nach Poetto so-

wie Bus 5 kommen hier vorbei.
● *Öffnungszeiten*: **Santuario di Bonario** – tägl. 10–12, 17–19 Uhr; Eintritt frei, das **Museo Marinaro** kostet ca. 1,10 €.

Basilika: Eine riesige Freitreppe, 1970 zum Besuch von Papst Paul VI. gebaut, führt hinauf zum Portal der Basilika, die 1704 begonnen, aber erst 1920 fertig gestellt wurde. Der Innenraum ist hell und freundlich, schwere Säulen tragen das Tonnengewölbe, kleine Öffnungen lassen von der Decke das Tageslicht herein. Unter der großen Kuppel steht der Altar mit kronenförmigem Baldachin. Die Seitenaltäre sind mit farbenprächtigen Gemälden des sardischen Malers Antonio Mura ausgestattet.

Wallfahrtskapelle: zur Linken der Basilika, bereits im 14. Jh. erbaut. Das Innere besteht aus einem schlichten Längsschiff mit Seitenkapellen, auf dem Altar hat die berühmte Statue der *Nostra Signora di Bonario* ihren Platz. Über dem Altar hängt ein *Schiffchen* aus Elfenbein (15. Jh.), das allererste von vielen, die von Seefahrern gestiftet wurden und die nun im Museum zu finden sind. Man behauptet von ihm, dass es die Windrichtung im Golf von Cagliari anzeigt. Eine kleinere, noch ältere Madonna, die *Madonna del Miracolo*, steht in der ersten Seitenkapelle rechts.

Sakristei und umgebende Räume: Links vor dem Altar führt eine Tür zum Korridor der Sakristei, der mit Votivtäfelchen von gläubigen Pilgern gepflastert ist, dazu gibt es teilweise rührende Darstellungen, wie die Madonna aus Not geholfen hat. Im Korridor auch die berühmte Kiste, in der 1370 die Madonna angeschwemmt wurde. Von hier hat man Zutritt zu einem kleinen Raum neben dem Altar, in dem von dankbaren Geheilten dutzende Krücken zurückgelassen wurden. In der *Sakristei* und ihren Nebenräumen Ölbilder, die die Ankunft der Bonaria thematisieren, außerdem dutzende aufwändig gestalteter Schiffsmodelle und zahlreiche Fotos von Gesegneten.

Kreuzgang und Museum: Im Hof des Kreuzgangs ist ein 5 m tiefer *Brunnen* zu sehen, der noch aus der spanischen Burg des 14. Jh. stammt. Das *Museo Marinaro* im ersten Stock über dem Kreuzgang enthält zahllose Schiffsmodelle aller Art, gestiftet von Seefahrern, die der Madonna für ihre Errettung aus Seenot danken, außerdem Votivgaben von befreiten Sklaven sowie wertvolle Geschenke von gekrönten Häuptern, z. B. eine goldene Krone von König Vittorio Emanuele I. Weiterhin zu sehen sind archäologische Funde aus der

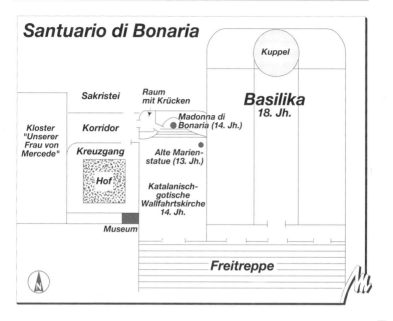

Umgebung des Heiligtums sowie die mumifizierten Überreste von spanischen Adligen, die hier im 16. Jh. an der Pest starben.

> Auch **Pinuccio Sciola**, der berühmteste zeitgenössische Bildhauer Sardiniens, hat der Bonaria seine Aufwartung gemacht. In Villasimius, an der äußersten Südostecke Sardiniens, wurde am 1. Juli 1979 zu Ehren der Madonna eine von ihm gemeißelte Pietà geweiht und am 8. Juli desselben Jahres vor der Isola dei Cavoli versenkt. Die über 3 m hohe Statuengruppe ist etwa 5 Tonnen schwer und gilt als größte Skulptur, die je im Meer versenkt wurde. Einige Details über das Ereignis und Unterwasserfotos sind im Kreuzgang des Klosters ausgestellt.

Cimitero Monumentale di Bonaria: Am Weg vom Santuario di Bonaria zur Kirche San Saturno kommt man an diesem großen und schön begrünten Friedhof vorbei. An den aufwändigen und teils pompösen Grabmälern haben einige der bekanntesten Bildhauer Italiens und Sardiniens gearbeitet, eine Vielzahl von Stilen sind vertreten.
Öffnungszeiten: tägl. 8–13, Do auch 14.30–17.30 Uhr.

Basilica di San Saturno: auf der Piazza San Cosimo in der Neustadt (Villanova), Nähe Piazza Repubblica, steht umgeben von Palmen und Pinien, eine der ältesten Kirchen Sardiniens, wenn nicht des gesamten Mittelmeerraums.

486 Südsardinien/Cagliari

Aus dem 5. Jh. stammt der Kreuzkuppelbau, dessen Fertigstellung wahrscheinlich durch den Einbruch der Vandalen unterbrochen wurde. Erst fünf Jahrhunderte später vollendeten Benediktiner aus Marseille die vier Schiffe. Heute steht nur noch der Ostflügel mit der Apsis, denn die Spanier benutzten im 17. Jh. die Steine der anderen Flügel für die Umgestaltung der Kathedrale im Castello-Viertel. Vom ursprünglichen Bau aus dem 5. Jh. sind Teile der Apsis und der zentralen Kuppel original erhalten. Unter der Kirche und im Umfeld hat man in den letzten Jahren römische und byzantinische Gräberfelder entdeckt, zu sehen durch gläserne Wände im Inneren der Kirche.
Öffnungszeiten: Mo–Sa 9–13, So geschl.

Monte Urpinu: der große, dicht mit Pinien bewachsene Aussichtshügel steht nahe bei der Lagune von Molentargius. Die Panoramastraße Viale Europa führt hinauf, oben findet man einige Haltepunkte mit weitem Blick auf die Stagni am Strand von Poetto und die Küste entlang – bei guter Sicht bis zum Capo Carbonara bei Villasimius! An den Hängen erstreckt sich der *Parco Comunale*, der größte Park Cagliaris.

Stadion Sant'Elia: Für Fußballfans vielleicht interessant – der Besuch eines Spiels des US Cagliari im etwas zu groß geratenen, im Rahmen der WM 1990 errichteten Stadion. Vom Stadzentrum zu Fuß in 30 Min. den Viale Armando Diaz entlang oder mit orangem Stadtbus (Haltestelle: V. d. Sport). Preise um die 13–26 €.

Die Sagra di Sant'Efisio: Das populärste Fest Sardiniens

Das Fest des heiligen Efisius vom 1.–4. Mai ist das bekannteste und größte Fest Sardiniens. Trotzdem ist es keineswegs ein Touristenspektakel, sondern eine echte und tief empfundene Wallfahrt, zu der die Sarden aus allen Teilen der Insel mit ihren farbenprächtigen Trachten kommen und ihre traditionelle Musik spielen. Der aus Kleinasien stammende Römeroffizier Efisius war im Jahr 303 unter Kaiser Diokletian nach Sardinien geschickt worden, um das Vordringen des Christentums auf der Insel aufzuhalten. Doch er bekehrte sich selber zum Glauben an Jesus, wurde von den Römern in der heutigen Krypta von Sant'Efisio in Cagliari (→ Sehenswertes) gefangen gesetzt und anschließend bei der Stadt Nora (→ S. 460) enthauptet. Bei der Sagra di Sant'Efisio wird der letzte Weg des Efisius durch eine 40 km lange Prozession mit einer Statue des Märtyrers nachvollzogen. Sie beginnt an der Chiesa di Sant'Efisio, wo das Jahr über die Statue aufbewahrt wird, und zieht dann durch die Straßen von Cagliari. An der Piazza Matteotti vor dem Bahnhof sind Tribünen aufgebaut, dort finden Musikveranstaltungen und Volkstänze statt (Tickets kosten ca. 6–13 €, erhältlich über das Infobüro). Am zweiten Tag geht es weiter über Sarroch zum Strand von Nora, westlich von Cagliari. Am dritten Tag findet dort das Hauptfest mit großem Feuerwerk statt, anschließend geht es wieder zurück nach Cagliari.

Cagliari/Umgebung

Der lange Strand von Poetto und die Lagunen sind die vordergründigen Attraktionen. In der flachen Schwemmlandebene des Campidano stehen aber auch einige besonders schöne romanische Kirchen. In dieser fruchtbaren Region waren schon früh Mönchsorden tätig, hauptsächlich Benediktiner aus der Provence, nach einer Abtei bei Marseille "Viktoriner" genannt.

▶ **Stagno di Molentargius:** In der Lagune östlich von Cagliari nisten zahlreiche Vogelarten, u. a. Reiher, Kormorane und Purpurhühner, aber auch zahlreiche Flamingos (mit Fernglas gut zu sehen!). Wirtschaftlich werden die Lagunen als *Salinen* genutzt. Zwischen den Verdunstungsbecken türmen sich im Spätsommer Salzberge.

Besichtigung: Die **Associazione per il Parco**, Via Garibaldi 5, organisiert Führungen in der Lagune. ✆/✇ 070/671003.

▶ **Strand von Poetto:** gut 8 km langer, feinsandiger, bis zu 150 m breiter Sandstreifen, der flach ins Wasser abfällt. Noch in den Achtzigern war hier alles mit Holz- und Bretterbuden zugebaut, dann wurde der Spuk quasi über Nacht abgerissen, und Poetto präsentierte sich in neuem, gepflegtem Gewand. Die häufigen Algenanschwemmungen werden regelmäßig und gewissenhaft beseitigt, das Wasser wirkt dank des vorgelagerten *Capo Sant'Elia*, das den Dreck vom Hafen abhält, relativ sauber. Im Sommer tummelt sich halb Cagliari am Strand, es gibt zahlreiche gebührenpflichtige Badeanstalten ("Lido") mit Liegestühlen/Sonnenschirmen, ein Erholungsheim für Militärangehörige, zahlreiche Bars, Ristorants und Pizzerien. Die Straße ist ein einziger Parkplatz. Doch im hinteren, östlichen Teil wird es immer leerer, hier findet man durchaus noch ruhige Plätzchen und viele frei zugängliche Stellen.

Markant ist der Felsklotz *Sella del Diavolo* ("Teufelssattel") auf dem Capo Sant' Elia. Geschützt unterhalb des Kaps liegt die hübsche *Marina Piccola*, der Jachthafen von Cagliari (→ Essen & Trinken/Nachtleben), auf der Südseite die kleine sandige Bucht *Cala Mosca* mit einem schön gelegenen Hotel (→ Übernachten).

Anfahrt: Zu erreichen ist Poetto mit Bus PF oder PQ ab Piazza Matteotti vor dem Bahnhof.

▶ **Stagno di Cagliari:** Die riesige Lagune westlich von Cagliari wurde zum Naturreservat deklariert, da sich hier das größte Nistgebiet von Flamingos auf Sardinien befindet. Allerdings ist sie weiträumig umzingelt von Industrie, Verkehr und Militär: Am Westufer der Lagune steht die Raffinerie von Macchiareddu, weiter südwestlich an der Küste liegen die petrochemischen Anlagen von Sarroch (→ Sulcis), am Ostrand des Stagno wurde der Flughafen Elmas samt NATO-Sperrzone erbaut, zudem durchqueren mehrere breite Straßen das Gebiet.

▶ **Quartu Sant'Elena:** ehemaliges Dorf östlich von Cagliari. Seit den fünfziger Jahren stark gewachsene Neubaustadt, inzwischen zweitgrößte Stadt Sardiniens. Viele Ausländer (NATO-Militärs) haben hier ihre Häuser. Eintönige Straßen im Schachbrettmuster, zu Stoßzeiten fast immer infernalischer Autoverkehr. Touristisch von Interesse ist die *Casa Museo Sa Dom'e Farra*, ein alter Gutshof mitten in der Stadt, Via Capitano Eligio Porcu 143, nahe der großen Kirche

488 Südsardinien/Cagliari

San Briagio. Das 1978 gegründete Museum gibt einen Überblick über den Aufbau eines typischen Gutshofs im Campidano. Um einen Atriumhof angeordnet liegen Stallungen, Arbeits-, Wohn- und Schlafräume der Besitzerfamilie und des Gesindes, vollgestopft mit Tausenden von dazugehörigen Utensilien – teilweise etwas verstaubt und ungepflegt, trotzdem einen Abstecher wert. Gianni Musiu, ein ehemaliger Schafhirte, hat die Sachen in jahrzehntelanger Arbeit zusammengetragen und auch das baufällige Haus wiederaufgebaut. Auf die richtige Rollenverteilung wird streng geachtet: Über dem altehrwürdigen Ehebett hängt beim Padrone eine Flinte mit Patronengurt, bei seiner Frau ein Kreuz mit Rosenkranz ...
Öffnungszeiten/Preise: tägl. 9–13, 16–20 Uhr; Eintritt ca. 2,60 €.

● *Essen & Trinken*: Deutsche Wirte finden soldatisches Stammpublikum aus der Heimat. **Zum Löweneck ("Da Michele")**, Via Magellano 18, seit über 15 Jahren geführt vom ehemaligen "Decianer" (→ Assemini) Hans-Dieter Fellmann. Gutes deutsches Essen und deutsches Bier, dazu prächtige Erfindungen wie die größte Schnupftabakmaschine der Welt, an der sich 13 "Nasen-sportler" gleichzeitig vergnügen können (1992 verewigt im Guinessbuch der Rekorde) und andere originelle Spiele und Apparaturen. Nur abends, So geschl. ✆/✆ 070/811719, www.beerhouse.com. **Su Meriagu**, Via Leonardo da Vinci 140, Hotel, Bar, Pizzeria, Restaurant und Disko in einem, sehr gute sardische Küche zu akzeptablen Preisen.

▶ **Selargius:** Nachbarort von Quartu Sant'Elena, Sitz von *Meloni Vini*, nach Sella & Mosca (Alghero) zweitgrößte Weinkellerei der Insel. Der Familienbetrieb in dritter Generation produziert in seinen hochmodernen Anlagen eine Fülle von Sorten – vom einfachen Tafelwein bis zu DOC-Tropfen und seit neuestem sogar alkoholfreien Wein.

▶ **Sinnai:** "atomwaffenfreies" Dorf nordwestlich von Cagliari, vom Hausberg *La Baia* herrlicher Blick auf den Golf von Cagliari, dort auch gute Pizzeria/Ristorante, ab Zentrum den Schildern "La Pineta" folgen.

▶ **Dolianova:** Die dreischiffige Pfarrkirche *San Pantaleo* wurde um 1160 im pisanischen Stil begonnen, später von arabischen Baumeistern mit Mudéjar-Elementen und reichhaltigem Figurenschmuck ausgestattet. Neben dem Eingang ein römischer Sarkophag, im Inneren sardische Wandgemälde des 13./14. Jh.
Öffnungszeiten: tägl. 10–12, 16–19 Uhr.

▶ **Serdiana:** Nachbardorf von Dolianova, etwas außerhalb steht die kleine anmutige Landkirche *Santa Maria di Sibiola* (12. Jh.), eine Doppelapsiskirche mit zwei verschieden langen Kirchenschiffen, deren schwere Fassade durch verschiedenfarbige Quader aufgelockert ist. Eine Treppe führt an der linken Außenwand aufs Dach, wo sich früher ein Glockengiebel befand. Die hübsche Umgebung lädt zum Picknicken ein.

▶ **Assemini:** auf der Straße zum Flugplatz zu erreichen, in der Nähe liegt die große NATO-Base von Decimomannu, deren Abgänger "Decianer" genannt werden. Wochenendziel junger Bundeswehrsoldaten mit zahlreichen Diskos. Auf Sardinien besser bekannt wegen seiner Töpferwaren, die aus der lehmigen Campidano-Erde hergestellt werden (→ Campidano, S. 420).

▶ **Uta:** Vom Hauptplatz aus beschildert ist die romanische Kirche *Santa Maria*, eine der besterhaltenen in Sardinien, erbaut unter Leitung von Viktorinern aus der Provence (→ Campidano, S. 420).

▶ **San Sperate**: "Künstlerdorf" in der Campidano-Ebene, nur wenige Kilometer neben der Schnellstraße Carlo Felice. Steinmetzkooperative unter Leitung des wohl bekanntesten zeitgenössischen Künstlers der Insel (→ Campidano, S. 419).

Küstenstraße Cagliari – Villasimius

Vor allem in der östlichen Hälfte eine der schönsten Panoramastrecken im Süden der Insel. Halbhoch schlängelt sich die Kurvenstraße durch die zahllosen Buchten – Kontraste von weißem und rostrotem Gestein, türkisfarbenes bis tintenblaues Meer, schroffe Kaps mit alten Wehrtürmen, duftende Macchia.

Wegen der Nähe zu Cagliari allerdings z. T. erheblich zersiedelt – Ferienvillen überziehen ganze Berghänge, Luxushotels nehmen die Sandbuchten in Beschlag. An Wochenenden extremer Verkehr auf der kurvigen Straße – halb Cagliari entflieht dem glühenden Asphaltmoloch. Wer beim Kolonnenfahren nicht aufpasst, sitzt bald auf seinem Vordermann!

Bis *Terra Mala* ziehen sich noch die Ausläufer Cagliaris. Danach beginnt eine hüglige, kontrastreiche Landschaft mit weiten Ausblicken.

▶ **Riviera Capitana**: Feriensiedlung und Campingplatz Pini e Mare (→ Cagliari/Übernachten), unterhalb niedrige Klippenküste und schmale Buchten.

▶ **Cala Regina**: hübsche Macchiabucht ohne Bebauung mit kleinem Kies-/Sandstrand, oberhalb thront ein Torre. Parkmöglichkeit am Wasser. 1 km östlich liegt ein großes Eukalyptuswäldchen unterhalb der Straße, davor ein Kiesstrand. An der Zufahrt eine meist geöffnete Schranke. Die Bucht ist das Privatgrundstück einer Familie, die selber an Wochenenden herkommt und das Campieren gelegentlich duldet, wenn man ein paar Lire zahlt.

▶ **Torre delle Stelle**: riesige Ferienstadt kurz vor Solanas, um zwei Sandbuchten sind hier die Hügel mit Villen und Apartments fast zugebaut. Aufenthalt kann man z. B. buchen bei Sard-Reisedienst (→ allgemeiner Teil/Übernachten). An Einrichtungen vorhanden sind Ristorants und Pizzerien, Disko, Sportplatz, Tennisplätze, ein Reitstall und eine deutsch geführte Tauchbasis (✆ 070/786718, ✉ 750809).

▶ **Solanas**: 12 km vor Villasimius, große Ferienstadt mit der besten Bademöglichkeit an der Küstenstraße. Mehrere hundert Meter langer, öffentlich zugänglicher Sandstrand, eingefasst von rotfelsigen Macchiahügeln, auf dem Capo Boi links vorne thront ein Torre. Treff der italienischen Jugendlichen, die hier ihre Ferien verbringen, ist die Bar/Rosticceria "Sa Spiaggia".

▶ **Capo Boi**: kurz vor dem Golfo di Carbonara, von der Straße aus nicht zu sehen. Direkt an der Straße der Eingang zum gleichnamigen Hotel, in der Nähe hügliger Fels- und Sandstrand mit Dünen, in der Wacholdermacchia dahinter herrschte noch vor einigen Jahren reger Wildzeltbetrieb. Zufahrt über Piste mit dem Schild "Divieto di Campeggio".

Übernachten: ****** Capo Boi**, elegantes Großhotel, Sandbucht direkt davor, umgeben von großem Wacholder- und Piniengelände, viele Sportmöglichkeiten. VP ca. 130–230 € pro Kopf. ✆ 070/798015, ✉ 798116.

Golfo di Carbonara → Villasimius Baden/Umgebung

Baronia

Die lange Küstenregion von Olbia bis zum weiten Golf von Orosei zeigt sich landschaftlich enorm vielfältig – mit herrlichen Dünenstränden und den schönsten Steilküsten Sardiniens ist sie eins der lohnendsten Gebiete der Insel. Bei San Teodoro und in der Bucht von Budoni erstrecken sich weiße Sandstrände kilometerlang, um Cala Gonone liegen tiefe Tropfsteingrotten und eingelagerte Sandbuchten, die früher Geheimtipps von Aussteigern waren.

Wegen der Nähe zum wichtigsten Inselhafen Olbia ist die Ostküste touristisch stark erschlossen, zahlreiche Hotels, Feriendörfer und Campingplätze bieten Quartier. Das Hinterland wird dagegen nur punktuell besucht. Eine gut ausgebaute Schnellstraße führt von Siniscola schnurstracks nach Nuoro und ist damit bester Einstieg in die legendenumwobene *Barbagia*, das bergige Zentralland der Insel. Die Ausläufer des Supramonte-Massivs erstrecken sich bis zum Golf von Orosei und bilden dort eine atemberaubende Steilküste. Die Straße von Dorgali Richtung Süden nach Arbatax bietet demzufolge die schönsten Bergpanoramen!

Der Name *Baronia* stammt von spanischen Feudalherren, die hier im 15. Jh. von der aragonesischen Krone Ländereien erhielten und fortan den Titel Baron tragen durften. Es handelte sich um die "Baronia di Posada" (Ebene von Posada) und die "Baronia di Galtelli e Orosei" (Teil des Golfes von Orosei). Diese Bezeichnung wurde später auf den gesamten Küstenstrich von Olbia bis zum Golf von Orosei bezogen.

● *Orientierung*: Als **Baronia** bezeichnet man die nördliche Ostküste Sardiniens von Olbia bis zum Golf von Orosei. Die Region ist landschaftlich reizvoll und von Olbia schnell zu erreichen, deshalb viel Tourismus in den Badeorten **San Teodoro**, **Budoni**, **La Caletta**, **Santa Lucia**, **Orosei** und **Cala Gonone**.
Das Hinterland mit **Supramonte** und den Dörfern der **Barbagia** bietet interessante Abstecher in unberührte Regionen.

● *Verbindungen*: auf den Hauptstraßen häufige Verbindungen mit **ARST-Bussen**, vor allem von Olbia zu den Badeorten an der Küste und nach Nuoro. Siniscola ist ein zentraler Verkehrsknotenpunkt, wo sich die Routen an der Küste entlang von denen in die Barbagia trennen. Keine Bahnlinien.

● *Straßen*: Die **Küstenstraße** und die **SS** **131 dir.** nach Nuoro sind die Hauptachsen des Verkehrs. Letztere Straße beginnt derzeit unmittelbar südlich von San Teodoro und soll bis Olbia fortgesetzt werden. Große Teile des gebirgigen Terrains sind dagegen unerschlossen.

● *Übernachten*: zahlreiche Hotels in den Küstenorten, diverse Campingplätze um San Teodoro, Budoni, Santa Lucia, Posada, Cala Liberotto und Cala Gonone. Agriturismo u. a. um San Teodoro und Budoni.

● *Baden*: einige der besten Strände der Insel. 3 km weißer Sandstrand bei San Teodoro, nicht ganz so lang die Strände bei Budoni, Posada und Santa Lucia. Im Golf von Orosei sind einige schöne Sandstrände zwischen hohen Felswänden eingelagert und nur mit Badebooten ab Cala Gonone erreichbar.

Baronia 491

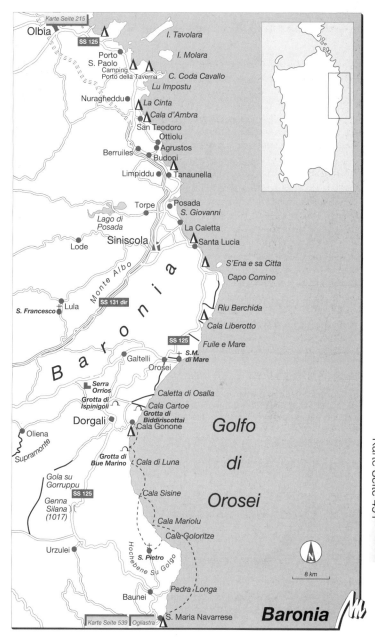

492 Ostsardinien/Baronia

Täglicher Treffpunkt – die Piazza von San Teodoro

San Teodoro

Das einstige Fischerdörfchen liegt auf einem niedrigen Hügel etwas abseits vom Meer. Seit Einsetzen des Tourismus hat es sich enorm gewandelt. Schuld daran ist der gut 3 km lange Dünenstrand "La Cinta" mit weichem, weißem Sand der besten Sorte. Ganze Neubauviertel wuchern mittlerweile ins Umland, die schlichten alten Häuser machen zusehends Boutiquen, Immobilienbüros und Pizzerien Platz.

Vor allem bei deutschen Urlaubern ist San Teodoro beliebt – viele kommen seit Jahren, fast schon seit Jahrzehnten, man kennt sich. Sogar der kernige Schimanski vom Tatort besitzt in der Umgebung ein Haus. Nicht wenige der jüngeren Einheimischen haben sich angepasst, sprechen ebenfalls Deutsch und haben sich im Lauf der Jahre einträgliche Verdienstmöglichkeiten geschaffen, bieten Wasserski, verleihen Surfbretter und Tretboote ... Nach sportlicher Betätigung trifft man sich abends auf der weiten Hauptpiazza samt modernem Nebenplatz, plaudert, flaniert, flirtet. Danach geht's vielleicht in eine der zwei alteingesessenen Diskos.

Vom Ortsbild her hat San Teodoro mit seiner modernen Bausubstanz nicht viel zu bieten. Als Urlaubsstandort mag es dank des großen touristischen Angebots, des herrlichen Strands, der guten Surfbedingungen und der vielen Ausflugsmöglichkeiten in die Umgebung genügen. Zwei Campingplätze sorgen dafür, dass Nichthausbesitzer sich ebenfalls wohlfühlen. Ab September kehrt auch hier die große Ruhe ein.

San Teodoro   493

Information/Verbindungen

• *Information*: **Pro Loco**, an der zentralen Piazza Mediterraneo. Hübsche, informative Übersichtskarten von San Teodoro und Umgebung. Mo–Sa 9–13, 17–20 Uhr. So geschl. ☎/📠 0784/865767,

www. santeodoro.com.
• *Verbindungen*: **ARST-Busse** täglich mehrmals in beide Richtungen der Küstenstraße, u. a. 8x von und nach Olbia, 3x Siniscola und Nuoro.

Adressen

• *Apotheke*: an der Zufahrtsstraße rechts.
• *Fahrzeugverleih*: **San Teodoro Rent a Car**, ebenfalls Zufahrtsstraße rechts, kurz vor dem Ortskern. ☎ 0784/865794.
Avis, an der Straße hinter Cafè Florian (Piazza Mediterraneo) – Autos, Motorräder, Scooter, Mountainbikes. ☎/📠 0784/865794.
• *Erste Hilfe*: **Guardia Medica Turistica**, Via della Pietà, Ende Juni bis September. ☎ 0784/865233.
• *Geld*: **Banca Commerciale Italiano** im oberen Ortsteil (von der zentralen Piazza di Gallura die Straße am "La Posta" hinauf); **Banco di Sardegna** am Ortseingang neben "Debertolo" (→ Shopping).
• *Internet*: **Bubbart**, Internet Point neben der Bar "La Posta".
• *Post*: beschildert, ein paar Schritte vom Hauptplatz.
• *Shopping*: zwei Geschenkboutiquen mit phantasievollem Angebot (pseudoantik, asiatisch etc.) unterhalb der zentralen Piazza Mediterraneo.
Debertolo, am Ortseingang, großer Laden

mit guter Auswahl an typischen sardischen Produkten: *dolci sardi, sospiri di Ozieri, filú è ferru*, Kräuterlikör Mirto, diverse Weine u. Ä. m.
• *Sport*: Am Strand La Cinta bietet Leonardo Decandia in seiner Windsurfschule "The Wave" **Unterricht** und **Brettverleih**, er vermietet außerdem **Schlauch-** und **Motorboote, Jet Ski, Tretboote** und **Kanus**. ☎ 0338/2481400. Einige Meter weiter ein ähnliches Angebot bei "Drops".
Tauchschule "Atmosphere" an der Zufahrtsstraße, Via Sardegna 38. ☎/📠 0784/ 865130.
Der **Reitstall** "La Cinta" an der Via Gramsci (Nähe Zugang zu La Cinta) gibt Übungsstunden und veranstaltet Ausritte, tägl. 7–11, 17–21 Uhr. ☎ 0338/8228984.
Tennisschule und **Golfkurs** mit neun Löchern im Hotel Due Lune auf der Halbinsel Puntaldia, einige Kilometer nördlich.
• *Taxi*: **Edoardo Canu**, ☎ 0784/840190, 📠 865070.
• *Wäscherei*: an der Zufahrtsstraße rechts.

Übernachten (siehe Karte S. 495)

Trotz reichlicher Kapazitäten werden in der Saison die Betten knapp, vorreservieren ist dann essenziell. Bis auf eine Ausnahme gibt es nur Drei-Sterne-Häuser. Die meisten Hotels liegen an der Zufahrtsstraße zum Strand La Cinta, mehrere neue touristische Anlagen wurden südlich vom Ort erbaut. Im Hochsommer häufig Pensionspflicht. Ansonsten auch großes Angebot an Ferienhäusern, die in der Nebensaison günstig zu haben sind, im Hinterland Agriturismo.

• *Straße zum Strand La Cinta* (Via del Tirreno): ****** Le Rose**, ca. 500 m vom Strand, erst vor wenigen Jahren erbaut, behagliche und komfortable Anlage im Dorfstil, mit Bruchstein verkleidete Bungalows gruppieren sich um einen Pool, im Garten üppige Flora. Hübsch eingerichtete Zimmer im sardischen Stil mit Air-Condition, TV und Frigobar, Böden aus ansprechenden Keramikfliesen. HP pro Person ca. 68–115 €. ☎ 0784/865072, 📠 865081.

*** Scintilla, großer Neubau, prangt in Babyrosa etwas abseits von der Straße, zum Strand ca. 150 m, ins Zentrum 500 m. Nette Bar mit Musik im Eingang. Geflieste Zimmer mit Holzmobiliar. Von der Atmosphäre her vielleicht eher für jüngere Gäste geeignet. DZ ca. 53–83 €, Frühstück ca. 5,50 €/Pers. ☎ 0784/865519, 📠 865565.
*** La Palma, an der rechtwinkligen Kurve der Via del Tirreno, zum Strand ca. 200 m. Einfaches, aber nettes Haus mit acht

Karte Seite 491

Baronia

494 Ostsardinien/Baronia

ordentlich möblierten Zimmern im ersten Stock, sauber, darunter viel besuchte Bar und schlichter Speisesaal, schöne Terrasse mit Palmen. Nette Rezeption. DZ mit Bad ca. 53–110 €, Frühstück ca. 5,50 €/Pers. ☎ 0784/865962, ⌨ 865671.

** **Al Faro**, direkt nach der Kurve zum Strand links, große Terrasse, junge, lockere Rezeption, kahle, geräumige Gänge, kleine Zimmer, Mobiliar und Betten ok. DZ ca. 47–60 €, Frühstück ca. 5,50 €. ☎ 0784/865665, ⌨ 865565.

*** **Onda Marina (3)**, vierstöckiger Bau aus den siebziger Jahren, beste Lage fast unmittelbar am Strand, mit Garten. Hübsche und geräumige Zimmer, alle mit Korbmöbeln ausgestattet, die meisten mit Balkon und Superblick aufs Meer. Angenehmer Aufenthaltsraum, allgemein gelobtes Ristorante, freundliche, zuvorkommende Leitung. Wegen der optimalen Lage nicht billig, DZ mit Frühstück ca. 73–145 €. ☎ 0784/865788, ⌨ 866085, www.hotelondamarina.it.

● *Straße zur Cala d'Ambra*: *** **Bungalow (7)**, am südlichen Ende der kleinen Platanenallee im Ort die Straße den Hügel hinauf, die Anlage zieht sich neben dem Campingplatz Cala d'Ambra zum Wasser hinunter. Ansprechende Wohnsiedlung, wie ein kleines Dorf mit verwinkelten Schattenwegen und schindelgedeckten Verandahäuschen, dazwischen kleine Rasenflächen mit zahllosen Ziersträuchern, Oleander, Feigenbäumen und vielen Blumen, heimelig-ruhige Atmosphäre. Pool, Tennis, Ristorante mit großen Glasfenstern und Sonnenterrasse am Meer, davor betonierte Bade- und Bootsmole. HP pro Person um die 70–125 €. ☎ 0784/865786, ⌨ 865178.

*** **L'Esagono (8)**, von der Platanenallee die Straße über den Hügel und immer geradeaus bis ans Wasser. Bungalowanlage an der Sandbucht Cala d'Ambra, hinter dem gleichnamigen Ristorante (→ Essen). Schöne Lage nah am Wasser, die niedrigen Wohneinheiten zwischen etwas Grün und lila Bougainvillea, mit Pool. Nachts ist auf der Straße immer einiges los wegen der (schallgedämmten) Disko Ambranight gegenüber. HP pro Person ca. 45–95 €. ☎ 0784/865783, ⌨ 866040, www.esagonohotel.it.

● *Südlich vom Ort*: Straße zur Cala d'Ambra nehmen und kurz vor dem Strand rechts einbiegen. Hier mehrere Anlagen, in denen bevorzugt Pauschaltouristen unterkommen.

*** **Park Hotel Li Suari (10)**, hübsche Bungalowanlage unter deutsch-sardischer Leitung, sehr ruhige Lage. Ausgedehnte Grünflächen mit alten Olivenbäumen, gutes Restaurant, Meerwasserpool mit Kinderbecken, Tennis. Strand in bequemer Fußentfernung, ins Zentrum 1 km. Gepflegte Zimmer mit Air-Condition und TV. HP ca. 60–110 €. Zu buchen z. B. über Eurowings Touristik. ☎ 0784/860200, ⌨ 865378. Deutsche Adresse: Bahnhofsstr. 52, 33161 Hövelhof, ☎ 05242/377791, ⌨ 377792.

*** **Liscia Eldi (11)**, weiträumige Anlage mit 1–3-Zimmer-Wohnungen, großer Garten, Pool und Kinderbecken, Restaurant/Pizzeria, Animation für Kinder und Erwachsene. Zum Strand 200 m, ins Zentrum 1 km. Pauschal z. B. über ADAC Reisen. ☎ 0784/218200, ⌨ 218350.

● *Camping*: *** **San Teodoro "La Cinta"**, großes Gelände unmittelbar am Beginn vom Strand und nach ihm benannt. Seit langen Jahren beliebtester Platz der Region, hier trifft man immer viele Deutsche, gut geeignet für Familien mit Kindern. Weicher Rasen, tief herabhängende Trauerweiden und riesige Eukalyptusbäume sorgen für Wohlfühlatmosphäre. Einige Platzteile auch ohne Schatten, dort stehen bevorzugt Wohnmobile. Kein Ristorante, dafür ist die gemütliche Bar von früh bis nachts viel genutzter Treffpunkt. Warmwasser gratis, Kinderspielgeräte, Grillplätze, Waschmaschinen. Das junge Personal spricht teilweise Deutsch. Auch schlichte 4-Bett-Bungalows mit eig. Du/WC werden vermietet, Küchenzeile auf der überdachten Veranda. Zum Zentrum ist es etwa 1 km. Pro Person ca. 4,50–7,50 €, Stellplatz 6–8 €, ½ Stellplatz 3,50 5 €, Bungalow für bis zu 4 Pers. je nach Saison ca. 55–80 €. 15. Mai bis 15. Oktober. ☎/⌨ 0784/865777, www.campingsanteodoro.com.

*** **Cala d'Ambra**, von der Platanenallee den Hügel hinauf, Wegweiser ab Hauptplatz. Liegt ebenfalls unmittelbar am Wasser, allerdings nur ein Stück grober Kiesstrand. Viel Schatten durch hohe Eukalyptusbäume, Ristorante und Bar, Warmwasser mit Münzbetrieb. Pro Person 6–11 €, Stellplatz 1,50–5,50 €. 1. Juni bis Ende September. ☎ 0784/865650, ⌨ 079/44614.

● *Agriturismo*: Siehe **Olbia/Hinterland** und **San Teodoro/Hinterland** (→ S. 201 bzw. 500).

San Teodoro 495

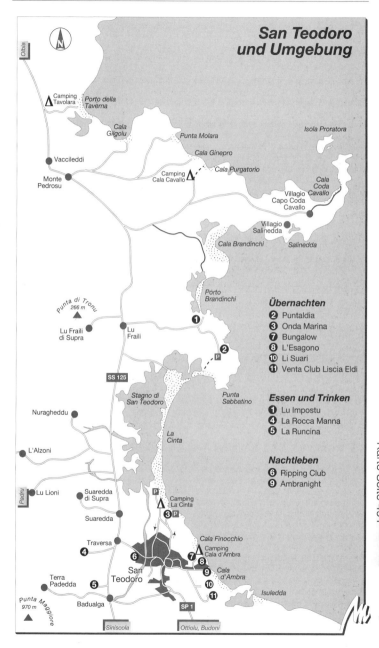

Baronia Karte Seite 491

496 Ostsardinien/Baronia

Essen & Trinken (siehe Karte S. 495)

Der stetige Touristenstrom tut der örtlichen Gastronomie nicht sonderlich gut, die meisten Lokale bieten nur Durchschnitt, nicht selten zu überdurchschnittlichen Preisen. Kann sich lohnen, zum Essen mal ins Umland zu fahren (→ unten).

Domo Murisca, an der langen Zufahrtsstraße zum Ort rechter Hand, großes rustikales Grilllokal mit terrassenförmig abgestuftem Garten, zwei riesige holzbefeuerte Öfen sorgen für ständigen Nachschub, hat Atmosphäre, ist aber nicht billig.

Il Gallo Blue, Via degli Asfodeli, nur ein paar Schritte von der Piazza di Gallura. Sachlicher Speiseraum, viersprachige Speisekarte und große Auswahl, Menü um die 25–30 €. Im Hinterhof eine Dependance, wo hauptsächlich Pizza serviert wird.

Alba Chiara, an der Straße zum Strand La Cinta, von mehreren Lesern empfohlen: "Leckere Fischgerichte vom Grill, prima Pizzen, schöne blumenbewachsene Terrasse mit guter Musik, viele Tische im Freien, junge freundliche Bedienung, normale Preise."

L'Esagono, an der kleinen Bucht Cala d'Ambra. Gepflegter Platz zum Essen mit sehr schönem Meeresblick, jedoch teuer, an Wochenenden überfüllt, viele Italiener als Stammgäste. In erster Linie Fischspezialitäten.

Onda Marina, im gleichnamigen Hotel am Beginn des langen Sandstrands, gegenüber von Camping "La Cinta". Großes helles Ristorante mit freundlichem Service und allgemein gelobter Küche. Tipp: Camper erhalten Sonderpreise.

La Taverna degli Artisti, neben Camping "La Cinta", nettes Lokal mit offener Terrasse und passabler Meeresküche.

La Lampara, neu in der Nähe vom Ortseingang, hier speist man unter einem mächtigen Holzdach.

• *Außerhalb*: **La Runcina (5)**, südlich vom Ort an der SS 125 beschildert, 150 m Piste hinein. Ländliches Gasthaus mit schöner überdachter Terrasse, rund um das Haus viel Platz, daher auch gut für Familien mit Kindern geeignet. Leckere sardische Küche, Spezialität ist das *porcheddu* (Spanferkel) vom Grill, aber auch Fisch ist zu haben.

La Rocca Manna (4), Agriturismo-Hof südlich vom Ort, an der SS 125 beschildert, ca. 700 m Piste. Essen nur auf Vorbestellung. ☎ 0784/865580.

Lu Impostu (1), nördlich von San Teodoro (→ S. 498).

Nachtleben (siehe Karte S. 495)

Die Piazza di Gallura ist abends der Treff — dicht gedrängt sitzt man auf den Stufen vor der Kirche. Die benachbart liegende Piazza Mediterraneo dient zur Entlastung, ist in ihrer nüchtern-modernen Gestaltung aber leider kein wirkliches Schmuckstück.

Centrale, die ehemalige Dorfbar am Hauptplatz zeigt sich mittlerweile hochgestylt und aufwändig dekoriert, bietet leckeres Eis und ist ein beliebter Abendtreff. Vor dem Haus wenige Tische unter mageren Akazien, in der Nebensaison sitzen hier seit eh und je die einheimischen Männer.

La Posta, Szenekneipe wenige Schritte vom Hauptplatz, Besitzer ist mit einer Münchnerin verheiratet. Vor dem Haus dichte Weinlaube, drinnen winzig-intimer Innenraum, hinten schöner Garten.

Florian, Café an der etwas sterilen Piazza Mediterraneo, neben der Kirche. Wiener Jugendstilcafé mit Kunstdrucken von Klimt, draußen viel Platz.

• *Diskotheken*: Die seit den siebziger Jahren aktiven Diskos von San Teodoro lassen im Sommer allnächtlich das Diskofieber ausbrechen und gehören zu den populärsten im Norden der Insel. Ganze Scharen von jungen Sarden und Italienern lassen hier ihr Geld, "action" bis 5 Uhr früh.

Ambranight (9), Rundbau in der Bucht Cala d'Ambra. Beliebt bei Touristen, oft proppenvoll, viele Teenies. Runde Tanzfläche, bunte Lightshow, gespielt werden aktuelle Hits und Oldies, zum Luftschnappen kann man auf eine angebaute Freilftterrasse. Im Sommer tägl. 24–5 Uhr; Männer zahlen ca. 12 € Eintritt, Frauen die Hälfte (jeweils inkl. Drink), weitere Getränke ab 3,50 € (kleines Bier).

Ripping-Club (6), an der Zufahrtsstraße zum Ort, bei der Brücke. Spielt traditionell die etwas anspruchsvollere Musik, mit Open Air-Bereich. Eintritt 8–12 €.

Terza Luna, an der Puntaldia (nördlich von San Teodoro), weitere Disko, die allnächtlich ihre Laserstrahlen in den Himmel schickt.

> **Fiesta del Padrone**
>
> Das große Fest zu Ehren des Ortsheiligen San Teodoro findet am vorletzten Junisonntag und an den Tagen davor statt. Auf dem Hauptplatz wird eine Bühne errichtet, auf der die typisch sardische Musik und Volkstänze dargeboten werden, eine lange Budenstraße lädt zum Bummeln ein.

San Teodoro/Baden und Umgebung

Die Strände sind das große Kapital des Badeorts – alle mit feinem, weißem Sand und einer schöner als der andere. La Cinta und die Badebuchten südlich vom Ort kann man zu Fuß besuchen, für die nördlichen Strände ist ein Fahrzeug nötig.

La Cinta – drei Kilometer weißer Sand

▶ **La Cinta**: Gut 3 km lang ist der blendend weiße Dünenstrand nördlich von San Teodoro. Die gleißende Sonnenhelle schmerzt in den Augen, die schwarzen Sonnenbrillenverkäufer sollten eigentlich ein gutes Geschäft machen. Einziger schattiger Fleck ist die Strandbar "La Cinta" mit ihrer geräumigen Terrasse gleich am Beginn. Die beiden Windsurfschulen "The Wave" und "Drops" bieten alle Arten von Wassersport – oft herrschen gute Surfbedingungen, auch für Starkwindsurfer! Motorisierte finden einen großen Parkplatz bei den Häusern am Strandbeginn, direkt hinter den bewachsenen Dünen.

Hier vorne liegt alles dicht an dicht, weiter hinten wird es zunehmend leerer. Schöner Strandspaziergang bis zum schmalen Zulauf der Lagune am nördlichen Ende der Landzunge, etwa 1,5 Std. hin und zurück (→ Puntaldia). Die

498 Ostsardinien/Baronia

Lagunenlandschaft hinter dem Strand ist Naturschutzgebiet und unter Bebauungsverbot gestellt.

▶ **Weitere Strände**: Die kleine kiesige *Cala Finocchio* liegt vor dem Bungalowhotel und dem nahen Camping Cala d'Ambra. Die Sandbucht *Cala d'Ambra* erreicht man auf einer Stichstraße vom Ortszentrum. Südlich benachbart schließt sich die *Spiaggia d'Isuledda* mit feinem, weißem Sand und Lagunensee an. In den letzten Jahren wurden hier mehrere Feriendörfer erbaut (→ Übernachten).

Nördlich von San Teodoro

Auf der großen Halbinsel nördlich von La Cinta liegen eine Hand voll weißer Sandstrände, zwar gut versteckt vor dem Durchgangsverkehr auf der SS 125, aber Sarden und Italienern wohl bekannt – im Hochsommer sind sie alle gut besucht.

Die SS 125 führt durch lichte Korkeichenhaine dicht an der Lagune entlang, in der diverse Vogelarten nisten, u. a. Stockenten, Wasserhühner, Reiher und Kormorane, auch Flamingoschwärme sieht man ab und an. Im nördlichen Teil des Stagno wird seit alters her Fischzucht betrieben – Meeräschen, Seebarsche, Aale und andere Fische schwimmen zum Laichen in den Küstensee. Die kleinen, fast verlassenen Nester landeinwärts der Straße werden zunehmend zu ruhigen Feriendomizilen ausgebaut, z. B. *Nuragheddu* und *L'Alzoni*. Am Ortsausgang von L'Alzoni eins der wenigen prähistorischen Relikte der Region, ein vornuraghischer Menhir aus Granit.

Am Ende der Lagune Abzweig auf die Landzunge *Punta Zappatinu* mit dem Strand Lu Impostu und dem Nordende des Strands La Cinta, direkt unterhalb der Feriensiedlung Puntaldia – beides lohnende Ziele. Oft stehen hier Bauern aus dem Hinterland an der Straße und verkaufen Wurst und Käse. Nördlich schließt sich die lange Landzunge des *Capo Coda Cavallo* an.

▶ **Marina di Lu Impostu** (auch *Porto Brandinchi* genannt): schöner, etwa 1 km langer, sanft geschwungener Strand, dahinter flacher Lagunensee mit Zulauf zum Meer. An Wochenenden wird es hier sehr voll, Parkplatzkapazitäten sind dann schnell erschöpft. Das wenig frequentierte Nordende der Bucht kann auf einer Piste vom Capo Coda Cavallo angefahren werden, oft stehen dort Wohnmobile. Auch die nördlich sich anschließende *Cala Brandinchi* kann so erreicht werden (→ Capo Coda Cavallo).

> • *Essen & Trinken*: **Lu Impostu**, Familienbetrieb mit sehr guter Küche. Schöne Lage über dem Strand, rustikale Holzdecke, oleandergesäumte Terrasse. Als Vorspeise zu empfehlen der Carpaccio vom Lachs, danach diverse Pasta-Spezialitäten mit Fisch, Muscheln und Meeresfrüchten oder die binnenländisch zubereiteten *spaghetti lu Impostu* (ohne Meereszutaten), auch lecker die selbst gemachten Ravioli. Nur Juni bis September.

▶ **Puntaldia**: felsige Landzunge direkt am Nordende von La Cinta. Zu erreichen auf der Stichstraße nach Lu Impostu – kurz vor der Bucht rechts Abzweig zur großen Ferienhaussiedlung *Puntaldia* im Smeralda-Stil, mit Schindeldächern und Bruchsteinmauern künstlich auf alt getrimmt, dazwischen gepflegte Rasenanlagen, benachbart ein *Golfplatz* und seit kurzem ein nagelneuer *Jachthafen* mit Platz für hundert Boote. An der Piazzetta mehrere Restaurants und

San Teodoro/Baden und Umgebung 499

die Disko "Terza Luna". Das in die Anlage integrierte Hotel "Due Lune" gehört bezüglich Lage und Design zu den schönsten der Insel. Umweltschützern ist die Feriensiedlung wegen der unmittelbaren Nähe zur Lagune allerdings ein Dorn im Auge.

Vor dem Hotel rechts ab bis zum Parkplatz oberhalb vom Strand. Mit wenigen Schritten ist man unten, etwa 200 m feiner, weißer Sand, Wacholderbäumchen geben Schatten, Surfbrett-/Tretbootverleih. Schöner Spaziergang durch heideartige Landschaft bis zum einzigen Zulauf der Lagune von La Cinta. Gemauerte Böschungen sorgen dafür, dass der Kanal nicht versandet und die Lagune austrocknet, zusätzlich schaufeln Bagger die Rinne aus. Überqueren nicht möglich.

● *Übernachten*: **** **Due Lune**, in der Feriensiedlung Puntaldia. Wunderbare Anlage direkt am Meer, sehr ruhig. Flachbauten mit Bruchsteinverkleidung, viel Holz und Tonziegelboden, dominierend die Farbe hellblau, architektonisch verspielt, leicht orientalischer Einschlag. Üppig grüner Atriumhof, davor Rasenflächen, der neue Jachthafen und kleine Sandbuchten. Sehr gepflegt, mit allen Annehmlichkeiten, u. a. hübscher Pool. In den Zimmern TV, Air-Condition und Telefon, die 25 Familienzimmer besitzen schöne hölzerne Emporen. HP je nach Raumkategorie pro Person etwa 120–245 €, auch Apartments sind zu haben. ☎ 0784/864075, ✆ 864017.

● *Sport*: **Tennis** (mit Unterricht), **Golfplatz, Fahrradverleih und Tauchschule** (☎ 0784/864390).

Golf Club Puntaldia: "Nine wonderful holes on the sea" – so preist der hauseigene Prospekt den Parcours. Und in der Tat, einen so idyllisch gelegenen Platz findet man nicht alle Tage. Die Neun-Loch-Anlage schlängelt sich entlang der Küste mit kleinen Badebuchten und felsigen Riffs – herrlich der Blick aufs Meer, die Insel Tavolara und die umliegende Küste.
Es werden Golfkurse angeboten und von Juni bis Oktober finden mehrmals wöchentlich Turniere statt (auch für Spieler ohne Qualifikation). ☎ 0784/864005.

▶ **Capo Coda Cavallo**: Das "Kap des Pferdeschweifs" stößt als lang gestreckte Halbinsel weit ins Meer vor, einige Ferienhaussiedlungen liegen weit abseits von jeglichem Rummel inmitten duftender Macchia, mehrere Pisten führen zu Stränden.

Eine 6,5 km lange Stichstraße geht bis zur Spitze des Kaps. Nach knapp 1 km rechts schlechte Sandpiste ohne Beschilderung zur sanft geschwungenen *Cala Brandinchi*, mehlfeiner, weißer Sand mit seichtem Stagno dahinter, auch das Nordende des Nachbarstrands Lu Impostu kann man hier erreichen (→ oben). Zurück auf der Asphaltstraße folgt linker Hand der Abzweig zum Wohnwagen-Camping Cala Cavallo, kurz darauf fährt man an der Feriensiedlung *Salinedda* vorbei, die an einem großen Stagno liegt, davor der schmale gleichnamige Strand mit Bootsanleger.

Am Ende der Asphaltstraße schließlich in optimaler Lage das liebevoll angelegte "Villaggio Capo Coda Cavallo". Unterhalb vom Villaggio der schmale Kies-/Sandstrand *Cala Coda Cavallo* mit tiefgrünem Wacholder und Porphyrklippen, Zufahrt auf steinigem Holperweg, vorgelagert die Insel *Proratora*.

● *Übernachten*: Wer hier unterkommen will, sollte wissen, dass er ziemlich "ab vom Schuss" wohnt, eigenes Fahrzeug ist unbedingt vorteilhaft.

500 Ostsardinien/Baronia

Residence Baia Salinedda, Reihenbungalows in ruhiger Hanglage, Platz für bis zu 6 Personen, privater Sandstrand in 300 m Entfernung. Buchen z. B. über ADAC-Reisen.
Villaggio Capo Coda Cavallo, in herrlicher Hanglage übereinander gestaffelte Bruchsteinhäuser inmitten blühender Bougainvillea, ruhig und top gepflegt, üppig grüner Rasen, exakt 1 cm hoch.
*** Camping Cala Cavallo, viele Dauerstandplätze für Wohnwagen, auch einfache

Rundbungalows aus Stein (mit Kochgelegenheit) für 4 Pers., je nach Saison ca. 53–78 €/Tag. In der Hochsaison Ristorante/Pizzeria, Pool und gut sortierter Laden. Duschen mit Gettoni, Waschmaschinen. Vor dem Platz ca. 100 m Sandstrand mit verzweigter Lagune und herrlicher Kulisse, vorgelagert die Isola Molara, dahinter die Tavolara. Pro Person 3–5 €, Stellplatz 9–15 €. Juni–September. ✆ 0784/834156.

▸ **Cala Ginepro & Punta Molara:** Abzweig bei den wenigen Häusern von *Monte Petrosu*, lange Fahrt zwischen Granit und Macchia. Zwei kleine Strände genau gegenüber der *Isola Molara*, jeweils mit Ferienhaussiedlung, herrlicher Blick auf die Isola Tavolara. In Monte Petrosu direkt an der SS 125 das abends hübsch illuminierte Restaurant "L'ea Canna".

▸ **Punta di Tronu:** 266 m hoher Hügel landeinwärts der Landzunge Punta Zappatinu, schöner Aussichtspunkt. Bei den Häusern von *Lu Fraili* Abzweig nach *Lu Fraili di supra* nehmen, dort auf einer Piste weiter, letztes Stück auf den Gipfel zu Fuß. Herrlicher Rundblick auf die gesamte Bucht von San Teodoro.

Nördlich vom Capo Coda Cavallo überschreitet man die Grenze zur Provinz Sassari. Die weiteren Strände bis Olbia finden Sie im Kapitel Gallura ("Küste südlich von Olbia").

San Teodoro/Hinterland

Hier zahlreiche verstreute Hirtensiedlungen, oft nicht mehr als zwei oder drei Häuser und einige Höfe, die Agriturismo bieten – lohnend, um dem Rummel der Küste zu entfliehen. Der *Monte Nieddu* – höchster Berg der Region – kann auf Forstpisten erreicht werden.

▸ **Santa Giusta:** einsame Wallfahrtskirche im Hinterland. Zunächst von der SS 125 Straße Richtung *Padru* nehmen, nach ca. 7 km rechts Abzweig nach *Santa Giusta*, auf schlechter Straße zur Kirche mit Friedhof an der Kreuzung nach Loiri. Zurück zur SS 125 auf Schotterpiste bis *Vaccileddi*.

● *Agriturismo*: **Caldosa Santa Giusta**, kurz vor der gleichnamigen Kirche linker Hand in einem Wäldchen aus Korkeichen, Oliven und Obstbäumen. Pietro und Tomasina bieten in ihrem Bauernhaus einfache Apartments für 2–5 Pers. Sehr ruhig und ländlich. Produktion von eigenem Wein, Öl, Früchten und Käse. ✆ 0789/40254.
Angelo Asara, 1,5 km außerhalb von Padru, Località Juanne Maccu. Landgasthof mit vier geräumigen DZ, einem Apartment für 4–6 Pers. und sechs Pferden. Ulrike Franze, die Frau von Angelo Maria Asara, ist deutscher Herkunft und weiß sehr gut mit Pfer

den umzugehen. Schöne Ausritte in die Umgebung, gastfreundliche Aufnahme und hervorragende sardische Küche. Möglich ist HP (ca. 33 €/Pers.) oder Übernachtung mit Frühstück (ca. 22 €/Pers.). ✆ 0789/45988.
Il Cavallino, Località Bultei, ebenfalls bei Padru. Bei Atzei & Nieddu kann man übernachten, typisch sardisch essen und Ausflüge per Pferd unternehmen. Es wird Englisch gesprochen. Übernachtung mit Frühstück ca. 20 €, HP ca. 33 € pro Person Ganzjährig geöffnet. ✆ 0789/51014.

▸ **Punta Maggiore:** mit 970 m höchster Gipfel des Monte Nieddu-Massivs. Von der SS 125 in Höhe von *Budditogliu* abfahren (3 km südlich der Zufahrt nach

San Teodoro), auf Forstpiste bis in Gipfelnähe , noch etwa 1 Std. Fußpfad zur Spitze. Alternative ist die Zufahrt, die vom Inselinneren kommend südlich von Padru zum Gipfel abzweigt, unterwegs kann man sich an mehreren Quellen erfrischen. Oben herrlicher Rundblick über Küste, Meer und Binnenland.

Südlich von San Teodoro

Interessante Alternative zur SS 125 ist die "strada provinciale 1" von San Teodoro über *Ottiolu* und *Agrustos* nach Budoni. Kurvige Strecke durch unbebaute Fels- und Macchialandschaften. Bei Ottiolu hat die Stille ein Ende – Jachthafen, große Ferienhausiedlung und mehrere Campingplätze (Budoni). Wer schnell in die Barbagia will, kann unmittelbar südlich von San Teodoro die neu gebaute SS 131 dir. nehmen, die hier von der SS 125 abzweigt.

Bucht von Budoni

Landschaftlich lohnend, einige phantastische, trotzdem bisher relativ wenig besuchte Strände schließen die Bucht von Budoni zum Meer hin ab – feinsandig mit niedrigen, bewachsenen Dünen, dahinter ein dichter Piniengürtel und Lagunenseen. Mehrere Stichstraßen führen zum Meer, dort einige einfache Lokale.

Kein Wunder, dass sich Budoni zum Campingzentrum gemausert hat – ein gutes halbes Dutzend Plätze hat sich mittlerweile an dem langen Sandareal und der Küstenstraße nach San Teodoro etabliert. Kontrastprogramm zum eher ruhigen Budoni bietet der neue Jachthafen von *Ottiolu*.

Budoni

Das Straßendorf besteht im Kern nur aus den niedrigen Häuserzeilen zu beiden Seiten der breiten SS 125. Es fungiert in erster Linie als Versorgungsbasis für die umliegenden touristischen Einrichtungen. Weit in die flache Umgebung wachsen inzwischen Ferienvillen – kein Haus, das älter als zehn Jahre ist. Man setzt voll auf den Tourismus, denn die tollen Strände sind noch lange nicht ausgelastet. Trotzdem lässt sich das einstige, völlig bedeutungslose Durchgangsstädtchen auch heute noch nicht verleugnen.

● *Information*: **Pro Loco**, Via Nazionale 138, gegenüber Hotel Isabella an der Durchgangsstraße (beschildert). Mo–Sa 9.30–12.30, 17–20 Uhr (nur Hochsaison). ✆/✉ 0784/844050, www.budoni.com.

● *Anfahrt/Verbindungen*: **ARST-Busse** in beide Richtungen der SS 125 – 8x Olbia (über San Teodoro), 5x Siniscola (über La Caletta), 5x nach Nuoro, außerdem nach Santa Lucia, Orosei, Dorgali.

● *Adressen*: Autos, Motorräder und Fahrräder verleihen **Piemme** (✆ 0784/844444) und **Smeralda** (✆ 0784/844599).
Geld, Banco di Sardegna an der Durchgangsstraße.

Deutsche Zeitungen ebenfalls an der Durchgangsstraße.

● *Übernachten*: Zwei recht stereotyp wirkende Hotels flankieren die Durchgangsstraße.
*** **Isabella**, DZ ca. 53–70 €. ✆ 0784/844048, ✉ 844409.
** **Solemar**, Via Trento 1, ca. 38–75 €. ✆/✉ 0784/844081.
Lu Stillicioni, schön gelegener Agriturismo-Betrieb mit Pool in der nahen Località Birgalavo bei Agrustos. Renzo Canalis spricht Deutsch und vermietet vier Apartments für 4–6 Pers. Einen Versuch wert ist auch die typische ländliche Küche (täglich geöffnet).

502 Ostsardinien/Baronia

Voranmeldung obligatorisch. HP pro Person ca. 50 €. ☎ 0784/844049 u. 844486.

Su Cuile, im nahen Örtchen Limpiddu vermietet Carlo Mele 6 DZ mit Bad und man darf bei ihm auf dem Grundstück auch zelten. HP pro Person ca. 37 €. ☎ 0784/44624. Ansonsten stehen zahlreiche Ferienhäuser zur Vermietung, in Budoni selber und in den winzigen Hirten- und Bauernansiedlungen im Umkreis. Vermittlung u. a. durch die **Joachim Wassmann GmbH**, Büro am nördlichen Ortsausgang, neben der Kirche (8–12, 16.30–19.30 Uhr), ☎ 0784/844173, ✆ 844506 (deutsche Adresse → Allgemeiner Teil/Übernachten) und **Aldo Paglione** in der Ferienanlage Sa Playa (→ Via dei Lidi), ☎/✆ 0784/844306.
Weitere, meist hochpreisige Möglichkeiten in den Ortschaften am Rand der Ebene – Ottiolu, Agrustos und Tanauella (→ dort) und direkt am Strand unten.

Zwei **Campingplätze** im näheren Ortsbereich (→ Baden und Umgebung).

● *Essen & Trinken*: **Il Portico**, Via Nazionale 107, im Ort beste Adresse in Sachen Fisch.
Sa Gustu, etwas abseits am Ortsrand, beim Pro Loco die Gasse hinein, recht gepflegt, mit verglastem Speiseraum.
La Perla, beliebtes Lokal im nahen Örtchen Limpiddu, Nähe Schnellstraßenausfahrt Budoni Süd. Etwas gehobenere Ausstattung, gute Fischgerichte, normale Preise.

● *Shopping*: **Studio mare Demuru**, Via Nazionale 86, Fachgeschäft für Camping, Wasser- und Unterwassersport.
Großer **Kunsthandwerksladen** an der Via dei Lidi zum Strand (südl. Ortsausgang), z. T. hübsche Sachen aus Ton, auch aus Holz.

● *Feste*: **San Giovanni Battista**, viertägiges Fest mit großem Straßenmarkt Ende August/Anfang September.

Budoni/Baden und Umgebung

Mitten im Ort, gegenüber vom Pro Loco, geht eine Stichstraße in Richtung Meer, unterwegs passiert man Camping Salamaghe. Danach kommt man zu einem großen Parkplatz und zu Holzstegen, die zum Strand führen.

● *Übernachten*: ***** Camping Salamaghe**, ebenes Wiesengelände mit Pappeln, Ristorante/Pizzeria, Pool und Tennisplatz. Zu Strand und Pineta ca. 5 Min. Pro Person 6,50–10 €, alles inkl. Mitte Mai bis Mitte September. ☎ 0784/844177.

▶ **Via dei Lidi**: Stichstraße ab südlichem Ortsende zu herrlichem Sandstrand mit weichen Dünen und erfreulich viel Einsamkeit. Etwa 3 km lang, dahinter schattiger Pinienwald, kleine Lagunenseen und Wasserläufe, touristisch bisher nur wenig genutzt, gute Windsurfbedingungen, auch für Kleinkinder okay. Wildzelten nicht gestattet, ein Campingplatz.

● *Übernachten*: **Sa Playa Residence**, hübsche Apartmentanlage neben dem Campingplatz, Rasen rund um die niedrigen Wohneinheiten, die je zwei Zimmer und Küche umfassen. Ab ca. 240 €/Woche, viele Surfer nehmen hier Quartier, Brett-/Kanuverleih, geführt von Aldo Paglione, einem witzigen Italiener, der auch weitere Ferienhäuser/-wohnungen im Umkreis vermietet und gerne Tipps zur Region gibt. ☎/✆ 0784/844306.
** Camping Pedra 'e Cupa, Einfahrt an der SS 125 etwa 1 km südlich von Budoni, lang gestrecktes, schlauchförmiges Gelände, das sich fast bis zum Strand hinunterzieht. Im oberen Teil Schatten nur durch Stoffbahnen und einige niedrige Eukalyptus-/Pinienbäume, ganz unten kleiner Teil mit Pinienwald und genügend Schatten. Bar, Self-Service-Ristorante mit leckerem und preiswertem Menü, Market, Kinderspielplatz, Tennis. Pro Person 6–8 €, Stellplatz 10–13 €, halber Stellplatz 6–10 €. Mitte Mai bis Mitte September. ☎ 0784/844483.

● *Essen & Trinken*: **Stella Marina**, wo die Straße in einer Kurve an den Strand trifft. Populäres Strandlokal mit großer Terrasse.
La Tavernetta di Paolo Nieddu, Ristorante/Pizzeria inmitten von Dünen direkt am Strand, ordentliche Küche, von Lesern gelobt.
Su Nibbaru, gemütliches Holzlokal am Strand, 100 m nach "La Tavernetta", u. a. Pizzen vom Steinofen und Muschelgerichte. "Schimanskis" Stammkneipe, sagt man, wenn er in Budoni ist ...

Budoni/Baden und Umgebung 503

Viel Platz am langen Sandstrand von Budoni

▶ **Spiaggia Mare Pineta**: beliebter Strandabschnitt am Südende der Bucht von Budoni, Zufahrt etwas nördlich von Tanaunella (nicht asphaltiert). Hier sieht man oft Wohnmobile stehen. Das Strandlokal "Sa Cappanizzo" ist nur in der Hochsaison geöffnet.

▶ **Ottiolu**: nördlich von Budoni, an der Küstenstraße nach San Teodoro, große neue Ferienhaussiedlung mit schickem Jachthafen *Marina Porto Ottiolu*, etwas mondän angehaucht im Costa-Smeralda-Stil. Gleich neben dem Hafen langer, geschwungener Sandstrand. Etwa 1 km oberhalb das kleine Hangdorf **Agrustos**, ebenfalls mit reichlich Ferienhäusern. Viel Wassersport (Surfen, Segeln, Tauchen zum vorgelagerten Felsenriff), im Sommer auch etwas Nachtleben.

• *Übernachten*: An der Straße von Agrustos zum Strand liegen die Feriendörfer *** **Agrustos** und *** **Li Cucutti** (VP meist Pflicht, ca. 60–100 €/Pers.), im Umkreis mehrere Campingplätze und Bungalowtourismus in "Villaggi".
*** **Gli Oleandri**, Apartmentanlage mit 28 Einheiten am Hang, extrem steile Wege, schöne Aussicht auf Meer und Küste, relativ ruhig, ordentliche Apartments, einfache Ausstattung, familiär, freundliches Personal, zum Strand 3 km, im Sommer eine Woche Mindestaufenthalt. ✆ 0784/846110.
**** **Villaggio Camping Tahiti**, großes Gelände mit allen Einrichtungen, nicht billig. In erster Linie sind solide Steinbungalows zu vermieten (2–5 Betten, mit Terrasse, Kochecke, Kühlschrank etc.), nur wenige Zeltplätze unter Reihen von Pinien und jungen Eukalyptusbäumen. Sanitäre Anlage geräumig und in gutem Zustand, 5 Min. zum Strand. Diskothek, Market, Ristorante/Pizzeria, Self-Service, Tennis, Hand- und Basketball, abends viel Animation typisch italienischer Prägung, Sonnenschirme und Liegestühle werden am Strand verliehen. Zeltgäste zahlen pro Person 5,50–11 €, Stellplatz 10–12 €, ½ Stellplatz 5–8 €. Wohnwagen können ebenfalls gemietet werden. Zusätzlich ist Club-Ausweis ("Tessera") obligatorisch (ca. 15 €). Juni bis September. ✆ 0784/846030, ✆ 846321.

Baronia Karte Seite 491

504 Ostsardinien/Baronia

*** Camping Malamuri, weiter Richtung Ottiolu, ansprechendes, schlauchartiges Gelände, terrassenförmig abfallend. Stellareale durch Baumvierecke in überschaubare Viertel geteilt. Vor allem für Familien geeignet, auf Ruhe wird Wert gelegt. Alles auffallend gut in Schuss, viele Extras: Animation, Tennis, Freiluftdisko, Pool. Strand etwas beschränkt, kleine Sandflächen wechseln mit Klippenküste, gute Möglichkeiten für Spaziergänge. Viele Stammgäste aus Norditalien. Auch Bungalows werden vermietet. Pro Person ca. 5–11 €, Stellplatz 7–10 €, ½ Stellplatz 5–7 €. Anfang Mai bis Ende September. ✆ 0784/846007, 🖷 846275.

Tanaunella

Verwinkeltes Örtchen auf einer Hügelkuppe südlich oberhalb der Ebene von Budoni, weiter Blick auf die Bucht und Strände.

Die Strände unterhalb von Tanaunella sind vom Durchgangsverkehr völlig geschützt und nur Insidern bekannt. Wenn man zunächst nördlich von Tanaunella zum Meer abbiegt, gelangt man zum Ende des langen Sandstrands in der Bucht von Budoni. Hier liegt der lange, schlauchartige Lagunensee *Stagno Santa Anna*, darüber leichte Anhöhe mit dichter Pineta ohne Einrichtungen – schön zum Spazierengehen ein Stück um das Kap herum nach Süden.

Ansonsten kann man durch den Ort fahren und der Beschilderung *Porto Ainu* folgen. Am Hotel Pedra Niedda vorbei führt die Straße zur spitz ins Meer vorstoßenden Landzunge *Punta dell'Asino*, benachbart schöner langer Sandstrand und das große Bungalowdorf Porto Ainu.

• *Übernachten*: **** Pedra Niedda**, hübsch farbige Bungalowanlage am steilen Hang, recht ansprechend und etwas preiswertere Alternative zum Feriendorf unterhalb. Vom Restaurant weiter Blick. Allerdings 1–2 km zum Strand, eigenes Fahrzeug sinnvoll. DZ ca. 53–63 €, Frühstück ca. 7 €/Pers., aber meist mit Pflicht zur HP (um die 50–68 €/Pers.). ✆/🖷 0784/837164.

*** Porto Ainu, neben einer im Sommer ausgetrockneten Lagune unterhalb von Tanaunella. Solide Bungalows zwischen kräftigen, grünen Rasenflächen. Swimmingpool, großes Ristorante, Animation und viel Trubel. HP pro Person ca. 73 €. ✆ 0784/837082, 🖷 837226.

San Paolo, an der Zufahrtsstraße in den Ort, aufmerksam geführte Ferienanlage mit einem Apartment und 4 DZ, gut ausgestattet. Schöne Lage wenige Meter von einem Pinienwald, an den sich ein feinsandiger Strand anschließt. Auch das Restaurant ist ein Tipp! Spielplatz für kleine Gäste. Geführt von einem Deutschen mit seiner sardischen Frau. DZ pro Woche ca. 180–340 € (2 Erw. und 1 Kind). ✆/🖷 0784/837261.

• *Essen & Trinken*: **La Baja del Sole**, beschildert bei Hotel Pedra Niedda, prächtige Lage an der Küste, Terrasse zum Meer.

Südlich von Tanaunella windet sich die SS 125 um ein Kap und mündet in der weiten Ebene von Posada. Wer schnell nach Nuoro kommen will, kann jetzt die Schnellstraße **SS 131 dir.** benutzen, die bis hier fertig gestellt ist und in den nächsten Jahren noch nach Norden vorangetrieben werden soll (ein weiteres Stück ist bereits zwischen Budoni und San Teodoro fertig).

• *Camping*: ***** Sa Marina**, unmittelbar zwischen SS 125 und Meer. Im unteren Platzbereich dichte Pineta, davor niedrige Klippen und ca. 200 m Sandstrand, zum Baden weniger geeignet. Sanitäranlagen relativ gut in Schuss, Tennis, Ristorante, abends in der Saison oft Disko oder Kino. Autos müssen auf separatem Parkplatz abgestellt werden. Zum nächsten Ort mehrere Kilometer. Pro Person ca. 6–12 €, Stellplatz 11–13 €, ½ Stellplatz 8–10 €. Anfang Mai bis Ende September. ✆ 0784/837161, 🖷 837171.

Markanter Fleck – Dorf und Burgruine von Posada

Posada

Ein steil aufragender, knorriger Kalkklotz mitten in einer üppig grünen Flussebene. An der Spitze die Reste des Castello della Fava aus dem 12. Jh. Weithin sichtbar ragt der verwitterte Viereckturm empor, darunter klammern sich eng an eng gestaffelte Häuser an den Fels.

Der Aufstieg lohnt wegen des herrlichen Blicks – der Fluss schlängelt sich durch reiche Obst- und Weinfelder, die zum Meer hin durch einen kilometerlangen Sandbogen begrenzt sind. Im Hinterland Bergzüge und Gipfel bis an den Horizont. Aber auch der Ort selber ist reizvoll und mutet im Zentrum mit seinen alten Bruchsteinhäusern, gepflasterten Wegen, Torbögen und Treppengässchen noch fast mittelalterlich an. Eine schnurgerade Stichstraße führt von der Durchgangsstraße hinauf ins Zentrum. An der Piazza Belvedere kann man parken, über Treppen steigt man hinauf in Richtung Turm. Schöner ist es aber, geradeaus weiter durch zwei dunkle Torbögen – die ehemaligen Stadttore – bis zur kleinen Piazza mit dem Hotel Sa Rocca zu gehen. Dort führt links der Weg zur Ruine hinauf, vorbei an der Kirche *Sant'Antonio*, der historischen Pfarrkirche von Posada.

Das *Castello della Fava*, die "Festung der Bohne" also (→ Kasten), besteht nur noch aus einem Hof mit Resten von Grundmauern und dem hohen Turm, dessen Zinnenkranz man erklettern kann. Das letzte Stück bis zur offenen Plattform muss man auf einer Leiter erklimmen und sich durch eine schmale Öffnung zwängen, oben empfangen von Myriaden winziger, aber durchaus unangenehmer Mücken.

506 Ostsardinien/Baronia

Erbaut wurde das Kastell wahrscheinlich von den Genuesen. Es diente zunächst hauptsächlich als Schutzfestung gegen sarazenische Piraten, die scharenweise die Küste unsicher machten. Im Konflikt mit Aragon restaurierten und verstärkten es die Pisaner, danach nahmen es die siegreichen Aragonesen für viele hundert Jahre in Besitz. Kurz nach der Einheit Italiens im 19. Jh. konnte es die Gemeinde erwerben.

Öffnungszeiten/Preise: **Castello della Fava** – tägl. 9.30–13, 15–19.30 Uhr; Eintritt ca. 2,10 €.

● *Verbindungen*: Busse halten an der Piazza Fondazione Rockefeller, wo die Straße ins Zentrum abzweigt.

● *Übernachten*: *** **Sa Rocca**, Via Eleonora d'Arborea, im Ortskern, direkt unterhalb vom Kastell. Rustikal, aber neu eingerichtet, sehr sauber, herrlich weiter Blick bis zum Meer, unten nettes kleines Restaurant und Bar. DZ mit Frühstück ca. 45–53 €. ✆ 0784/854139, ✆ 854166.

*** **Donatella**, Via Gramsci, an der Straße zum Strand, moderner Komplex mit Grün und Ristorante. Die Zimmer mit Balkons und Blick auf den Fels von Posada, Parkplatz im verschlossenen Hof. DZ etwa 45–53 €. ✆ 0784/854521, ✆ 854433.

*** **Fior di Sardegna**, hübsches Bungalow-hotel bei San Giovanni, direkt an der Straße nach Posada, Parkplatz, Ristorante. Zum Meer sind es ca. 500 m. DZ ca. 53–77 €, Frühstück ca. 12€/Pers. ✆ 0784/810389, ✆ 810659.

Agriturismo Guparza, in der Località Guparza, an der Straße nach Siniscola. Luigi Demurtas vermietet 11 nett eingerichtete Zimmer. Auf Vorbestellung hervorragendes sardisches Essen mit Zutaten aus eigener Produktion. HP ca. 35 € pro Person. ✆ 0784/854528.

● *Essen & Trinken*: **Antica Feronia**, Via Veneto 46 a, von Lesern empfohlen: "Nettes Ristorante/Pizzeria, sehr sauber gedeckte Tische, große Pizzen, gute Toiletten, Deutschkenntnisse."

Die Legende von der Bohne

Als das Kastell von Posada einmal von sarazenischen Piraten belagert wurde und die Vorräte fast aufgebraucht waren, griffen die Eingeschlossenen zu einer List: Sie ließen eine Brieftaube fliegen, die sie zuvor mit den letzten Bohnen, die sie noch hatten, dick und rund gemästet hatten. Der Taube hatten sie aber eine Nachricht an ein fiktives Heer mitgegeben, das sie baten, kurzen Prozess mit den Piraten zu machen. Die schwerfällige Taube wurde wie erwartet von den Belagerern abgefangen. Als diese aber die Nachricht lasen und gleichzeitig sahen, dass die Burgbesatzung genug Nahrung hatte, um damit verschwenderisch Tauben zu füttern, gaben sie auf und zogen sich auf ihre Schiffe zurück.

Posada/Baden und Umgebung

Dank des Stausees im Hinterland kann die Uferebene des *Riu Posada* intensiv bewirtschaftet werden. Kanäle regeln den Wasserzulauf vom Fluss, der sich in mehrere Arme aufspaltet, und wo kein Zitronenhain wächst, weiden Kühe und Schafe. Südlich von Posada führt von der Straße nach La Caletta eine Asphaltpiste zum Meer hinunter. Über eine hölzerne Flussbrücke gelangt man zum kilometerlangen Sandstrand, der nur sehr wenig genutzt wird und bis auf wenige Stellen fast unberührt ist. Hinter dem Strand liegen kleine Lagunen und stehende Gewässer, vor allem im südlichen Abschnitt

▶ **Lago di Posada**: Stausee ca. 12 km landeinwärts von Posada. Eine asphaltierte Stichstraße führt zunächst bis Torpe, ein lang gestrecktes Straßendorf gänzlich ohne Tourismus, jedoch mit viel historischer Bausubstanz, z. T. verfallen und leer stehend. Ab Torpe weiter Asphalt zwischen Obstplantagen und sanfter Macchia, seitlich lange Betonschlangen, die Wasser vom See an die Küste leiten. Nach einer Rechtskurve unvermittelt der tiefgrüne See, ein weit verzweigtes Areal, eingebettet in kahle Hügel. Am Südufer dagegen ausgedehnte Pinienaufforstungen, die bis zum Wasserspiegel reichen. Der mehrere hundert Meter lange Staudamm wurde 1960 mit Mitteln der "Cassa per il Mezzogiorno" gebaut, davor liegt eine verlassene Arbeitersiedlung. Die Straße geht über den Damm weiter (Befahren offiziell verboten) und am Ostufer entlang, Staubpiste bis Talava, dort wieder Asphalt. Das Wasser ist herrlich warm und sauber, jedoch Vorsicht, der Grund besteht aus spitzen Steinen.

La Caletta

Wenig einladende Küstensiedlung im typischen Italo-Stil. Ein überdimensionierter Betonhafen und ein zeitweise stinkender Abwasserkanal prägen das Bild. Die Bademöglichkeiten sind dagegen wegen des langen Sandstrands in beide Richtungen ausgezeichnet.

• *Übernachten*: *** L'Aragosta, Via Ciusa, im oberen Ortsteil, als Hotel wie Ristorante gute Wahl, geschmackvoll und aufwändig gestaltet, umgeben von saftig grünem Rasen. DZ mit Frühstück ca. 53–95 €. ✆ 0784/810046, ✆ 810576.

*** L'Ancora, ganz zentral an der Uferstraße, an sich nicht schlecht, kann aber arg laut werden. DZ ca. 47–63 €, Frühstück ca. 5 €/Pers. ✆ 0784/810172.

** Sardinia, an der Uferstraße auf Schild "Zimmer" achten, dort 100 m Erdpiste hinein. Steht direkt am Kanal, urig ausstaffiertes Haus, mit Liebe eingerichtet, unten alte Ritterrüstung, korallenüberwucherter Anker etc., der Speiseraum klein und intim, davor gemütliche Laube. Ruhige Lage und von allen Hotels am nächsten zum langen Sandstrand, ca. 2 Fußminuten. Bisher von Lesern gelobt, aufmerksamer Service und freundliche Leitung. DZ ca. 47–53 €, Frühstück ca. 5,50 €/Pers. ✆/✆ 0784/810060.

** Corallo, Località Montelongu, nördlich vom Ort, hübsches kleines Haus im Grünen, nur 7 Zimmer. DZ ca. 47–53 €, Frühstück ca. 5,50 €/Pers. ✆ 0784/810304, ✆ 812184.

• *Essen & Trinken*: Am schönsten isst man am Strand nördlich von La Caletta, beim Torre San Giovanni.

L'Aragosta, im gleichnamigen Hotel, großer kühler Rundsaal, gepflegt. *Grigliata mista* (gegrillte Fische) oder *spaghetti alla bottariga* (mit Meeräscheneiern) sind zu empfehlen, ebenso der Wildschweinschinken.

Il Tucano, Via Livorno 29, großes Lokal mit reichhaltigem Angebot an schmackhaften Pizzen und Calzoni, freundliche und schnelle Bedienung.

La Torre, sehr beliebtes Ristorante am Strand nördlich vom Ort, vis à vis vom Torre San Giovanni. Schattige Terrasse, gute sardische Meeresküche, sehr sauber, Personal mit Deutschkenntnissen.

Wenige Schritte entfernt im Pinienwald die Trattoria La Tartaruga.

▸ Baden/Umgebung: in beide Richtungen der Küste ausgedehnte Sandstrände mit Pinienwald dahinter (den kleinen Strand unmittelbar im Hafen besser gleich vergessen).

Nördlich vom Hafen der spanische *Torre San Giovanni* mit roten Porphyrklippen unterhalb, gegenüber ein empfehlenswertes Fischrestaurant (→ oben). Richtung Posada ufert die gemütliche, nur im Hochsommer lebhafte Ferienhaussiedlung *San Giovanni* in der Pineta aus. An einer Kanalmündung die beliebte Pizzeria "La Foce" und die Strandbar/Trattoria "La Tartaruga" im schattigen Pinienwald. Der Strand ist hier ein traditioneller Treffpunkt von Italienern und Sarden, Ausländer sieht man weniger.

508 Ostsardinien/Baronia

Ausgesprochen schön ist der kilometerlange, breite Sandstrand, der sich bis Santa Lucia zieht. Im Anfangsteil reichlich frequentiert, aber von der gleich dahinter verlaufenden Küstenstraße viele Möglichkeiten, in die Pineta abzuzweigen. Zwei Arme des *Riu de Siniscola* unterbrechen den Wald und werden überquert. Ein Spaziergang am Strand entlang, von La Caletta nach Santa Lucia oder umgekehrt, dauert ca. 1 Std. In der Mitte der Bucht wenig los, Nacktbaden möglich. Wohnmobile müssen mittlerweile auf markierten Plätzen parken, früher standen sie kreuz und quer zwischen den Pinien.

Santa Lucia

Ferienhausiedlung am Südende eines phantastischen, schneeweißen Sandstrands, der allerdings gelegentlich durch Seegrasanschwemmungen beeinträchtigt wird. Im Gegensatz zum geschäftigen La Caletta ruhig, fast beschaulich. Kleiner Fischerhafen mit bulligem spanischen Wachturm, der Ortskern mit wenigen Gassenzügen um eine Piazza mit origineller Bar gruppiert.

Lange Jahre war Santa Lucia eine Domäne der Wildcamper – in der leuchtend grünen Pineta links und rechts vom Ort standen die Zelte dicht an dicht, garniert mit Plastiktüten und Blechdosen. Heute gibt es zwei schattige Campingplätze, jedoch keine Hotels. Nach wie vor zieht der Ruf Santa Lucias vorwiegend Rucksackreisende an – auch wenn die ehemalige Pinienwald-Idylle mit Lagerfeuern, Rotweinfesten und Dünenleben lange vorbei ist. Im Hochsommer gibt es häufig Livemusik – auf den Straßen, in den Restaurants der Campingplätze, in der Stranddisko.

• *Anfahrt/Verbindungen*: häufige Busse nach Siniscola, La Caletta, Orosei, San Teodoro, Olbia u. a. Abfahrt an der Bar "La Torre", vis à vis vom spanischen Torre.

• *Übernachten*: bisher kein Hotel, dafür viele Ferienhäuser, allerdings meist von Sarden aus Nuoro oder Italienern besetzt. In der Nebensaison aber Möglichkeiten, fragen Sie in der Bar an der Piazza.

*** Camping Selema, Eingang an der Zufahrtsstraße nach Santa Lucia, 100 m zum Strand. Schattiger Platz im welligen Pinienwald, im hinteren Teil Eukalyptus, teilweise Gras. Sanitäranlagen gepflegt und sauber, Warmduschen gratis, Waschmaschine vorhanden. Nettes Ristorante/Pizzeria, Tennis, Volleyballfeld, Boccia-Bahn und Kinderspielgeräte. Hinter dem Platz stehendes Gewässer – im Frühjahr und Herbst reichlich Mücken. Pro Person ca. 9–13 €, alles inkl. Anfang Mai bis Ende Oktober. ✆/✉ 0784/819068.

** La Mandrangola, gleich neben Selema auf den Dünen im Pinienwald, ebenfalls sehr schattig, geführt von einer Kooperative. Warmduschen gratis, Ristorante mit großem Pizzaofen, Tischtennis, Vermietung von Holzhütten. Im Sommer oft Livemusik im Restaurant. Pro Person 5–9 €, Stellplatz ca. 6,50–9 €, ½ Stellplatz ca. 3,50–5,50 €. Anfang Mai bis Ende September. ✆/✉ 0784/819119.

• *Essen & Trinken*: Es gibt mehrere kleine Ristoranti und Bars, eine "Take away"-Pizzeria und eine Gelateria.

Mamma mia, urige Pizzeria/Ristorante im Ortskern unterhalb der Piazza, man sitzt auf Holzbänken ums Haus, günstige und leckere Pizza, auch Fisch und Pasta, dazu prima Wein. Wirt Giorgio spricht sehr gut Deutsch und setzt sich, wenn er Zeit hat, gerne mal zu den Gästen.

Dunes, im Pinienwald gegenüber Camping Mandrangola, Insalateria und Barbecue.

Bellu Santa Lucia, jahrzehntealt ist die Bar an der zentralen Piazza – seit ich sie kenne (1982), hat sich nur wenig verändert, lediglich innen wurde sie behutsam modernisiert. Im September kann man sich auf der Terrasse die saftigen Trauben in den Mund wachsen lassen. Ein sympathisches, ungezwungenes Örtchen – bitte alles so lassen.

Der schöne Strand von Santa Lucia

Santa Lucia/Baden und Umgebung

Südlich von Santa Lucia ist die flache Küste weitgehend felsig, zum Baden nicht so gut geeignet, doch kann man hier entspannende Spaziergänge unternehmen. An der Straße Richtung Capo Comino liegt ein weiterer Campingplatz etwas ab vom Schuss.

• *Übernachten*: ***** Camping Cala Pineta**, geräumiger Platz in der teils hügligen, teils flachen Pineta. Ristorante, Tennisplatz, Kinderspielgeräte, abends z. T. Disko. Strand mit Klippen und Kies allerdings mäßig. Pro Person ca. 6–8,50 €, Stellplatz ca. 5–8 €. September bis Juni. ✆/📠 0784/819184.

▶ **S'Ena e s'acchitta**: etwa 5 km südlich von Santa Lucia, auf manchen Karten auch "Salina Manna" genannt – extrem weißer, feinsandiger Strand mit meterhohen, weichen Dünen, die dicht mit knorrigem Wacholder bewachsen sind, dazu einige Lagunenseen. Zu Fuß von Santa Lucia etwa eine Stunde schöner Spaziergang immer am Wasser entlang, niedrige Klippenküste und dichte Pineta. In der Bucht große Ferienhaussiedlung, auch Ristoranti vorhanden, saisonal bedingte Seegrasanschwemmungen.
Anfahrt: beschilderter Abzweig von der SS 125 oder die Asphaltstraße zum Capo Comino nehmen (→ nächster Abschnitt) und nach etwa 800 m bei der Weggabelung links fahren.

▶ **Capo Comino**: asphaltierte Zufahrt ab SS 125. Bizarr gefaltete, rote Klippenränder, einige Sandbuchten, einsam. Verstreut sieht man Wohnmobile, gelegentlich auch Zelte. Wo die Straße ans Wasser trifft, in exponierter Lage die Bar "Il Moletto". Am Wasser entlang bis zum verlassenen Leuchtturm mit Parkplatz und wild wuchernden Feigenkakteen. Weiter führt ein für geländegängige Fahrzeuge befahrbarer Staubweg (Bachbett mit einigen knietiefen

510 Ostsardinien/Baronia

Gumpen) durch wilde Felsbrocken und Wacholdermacchia zum Strand von Riu Berchida (→ unten). Schöne Ecke, noch unberührt.

Siniscola

Provinzzentrum in malerischer Lage am Fuß des schroffen Monte Albo. Abseits der schnurgeraden Durchgangsstraße ein Gewirr von gewundenen Gässchen und alten Bruchsteinhäusern – vieles verfällt oder steht leer. Dementsprechend rege Bautätigkeit, ganze Straßenzüge werden neu errichtet, doch der verwinkelte Grundriss bleibt erhalten.

Kleiner Bummel lohnt, dabei mal in die Pfarrkirche *San Giovanni* schauen (während der Siesta geschl.), eine Kuppelkirche mit Renaissance-Grundriss, verwitterten Fresken neueren Datums und den "Fußstapfen Jesu Christi" (rechts, wenn man durchs Hauptportal eintritt). Auf den Bänken am Platz die alten Männer vom Ort, nicht wenige haben lange Jahre in Deutschland gearbeitet. Die Umgebung von Siniscola ist auffallend fruchtbar: Obst, Zitronen, Weinfelder.

• *Anfahrt/Verbindungen*: **Busbahnhof** an einem großen Platz an der Durchgangsstraße. **ARST-Busse** mehrmals tägl. nach Santa Lucia, Nuoro, Orosei, Dorgali, Lanusei, La Caletta, Posada, San Teodoro und Olbia. In der Bar hängen die Abfahrtszeiten aus.

• *Übernachten*: ** **Montalbo**, Via Gramsci, an der Durchgangsstraße ziemlich weit oben. Größeres Haus, aber kleine Zimmer, die bescheiden eingerichtet sind, u. a. eiserne Bettgestelle. Schöner Blick auf den Monte Albo gegenüber. DZ ca. 33–43 €, Frühstück ca. 3,50 €/Pers. ☎ 0784/878548.

• *Shopping*: **Pasqualina Deiana**, Via Gramsci 3, uriger Töpferladen an der Durchgangsstraße, Nähe untere Kreuzung, die skurrilen Tonmasken sind tolle Mitbringsel.

Monte Albo

Der "weiße Berg" ist ein massiver, grauweißer Kalkrücken, der sich direkt hinter Siniscola erhebt. Wer in Richtung Nuoro weiter will: Eine interessante Alternative zur gut ausgebauten Schnellstraße SS 131 dir. ist die neu asphaltierte Straße, die mitten durch dieses wilde Bergmassiv führt! Einsame Strecke mit phantastischen Landschaftseindrücken.

Von Siniscola am Ortsausgang Richtung Nuoro die beschilderte Straße Richtung *Lode* und *Lula* nehmen. In ständigen Serpentinen schraubt sich die Asphaltstraße bis in 700 m Höhe über dem Meer – Passfahrt wie in den Alpen, überwältigender Rückblick auf die Küste um La Caletta. Nach knapp 10 km auf der Passhöhe weit verstreut die wenigen Häuser von *Sant'Anna*, linker Hand Abzweig nach *Lula*, weit vorne sieht man hin Lodè.

• *Übernachten/Essen*: ** **Sant'Anna**, an der Straße nach Lode, kurz hinter dem Abzweig nach Lula. Großes Haus in der Bergeinsamkeit, sauber und gepflegt, Zimmer mit Balkon, Superblick in die Berglandschaft rings-um, auch vom Speisesaal. Im Ristorante sardische Küche, jedoch sehr persönlich gefärbt, mit vielen Feinheiten. An Wochenenden beliebt als Ausflugslokal. Herrliche Wandermöglichkeiten in alle Himmelsrichtungen. DZ ca. 63 €, Frühstück ca. 5,50 €/Pers. ☎/☏ 0784/890037.

▶ **Von Sant'Anna nach Lula**: Die asphaltierte Straße zieht sich das eindrucksvolle Massiv des Monte Albo entlang. Anfangs kahl und weite Ausblicke in die Berge, später dichter Steineichenwald am Hang, dann extrem hohe Macchia mit Erdbeerbäumen. Die grünen Matten und weißen Felsen sehen den Alpen täuschend ähnlich. Unterwegs trifft man kaum ein Auto, dafür umso mehr Ziegen.

Gut erhaltene Murales am Hauptplatz von Lula

▶ **Lula**: hübsches intaktes Dorf vor den dolomitähnlichen Zinnen des Monte Albo. Im Zentrum gut erhaltene Murales.

Auf 10 km Asphaltstraße kommt man in steilen Serpentinen zur Schnellstraße SS 131 dir. hinunter (falls man gezielt Lula besuchen will, ist diese Anfahrt die günstigere). Direkt an der Abfahrt zur Schnellstraße, wenige Kilometer außerhalb von Lula, steht die weiße Kuppelkirche *San Francesco*. Anfang Mai kann man hier eins der interessantesten und ursprünglichsten Feste Sardiniens besuchen.

Sagra di San Francesco: Zehn Tage lang feiern

Das traditionsreiche Kirchenfest findet alljährlich vom 1.–10. Mai um die gleichnamige Wallfahrtskirche bei Lula statt. Seine Ursprünge sind uralt und gehen weit über christliche Anlässe zurück, aller Streit soll in diesen Tagen beigelegt werden. Die meisten Feiernden pilgern noch zu Fuß herauf und wohnen während der Festtage in cumbessie (Pilgerzellen) um die Kirche. Die Ankömmlinge werden von jedes Jahr neu gewählten Gastgebern, den sog. *Priores*, mit Filindeu-Suppe bewirtet, einer dicken Suppe mit frischem Pecorino-Käse. Daran schließen sich Messen, Dichtwettbewerbe mit Stegreifversen, ausgelassene Tänze und Gesang an, begleitet von ausgiebigen Festgelagen. Da alle Teilnehmer reichlich Verpflegung mitbringen, kann richtig geschlemmt werden. Vor allem für die Hirten ist das nach dem harten Winter eine heiß ersehnte Abwechslung zum harten Alltag, die in vollen Zügen genossen wird.

512 Ostsardinien/Baronia

Strände zwischen Capo Comino und Orosei

Nach den ausgedehnten Rebflächen beim Capo Comino wird die Landschaft wild und still – rote Küstenberge, niedrige, struppige Macchia, vereinzelt zerfledderte Korkeichen, kaum Besiedlung.

Der Strand im Mündungsgebiet des Riu Berchida ist einsam und unbebaut – doch ab der Cala Ginepro südwärts hat sich eins der größten touristischen Expansionsgebiete der Ostküste etabliert, jede Menge Ferienhäuser und einige Großhotels.

▶ **Riu Berchida**: Genau bei Km 242, nur wenig nördlich der *Cantoniera Berchida*, zweigt eine holprige Piste mit teils knietiefen Gumpen zur Küste ab (Hinweisschild zur "Area Archeologica Rio Berchida" bzw. "Agriturismo Su Meriacru"). Etwas beschwerlicher Weg, der für größere Fahrzeuge und Wohnmobile nicht ohne weiteres zu passieren ist (knietiefe Gumpen). Schöne Fahrt zwischen niedrigen Hügeln, die Bar "Su Meriacru" auf halbem Weg. Warum die Strapaze? Weil sich, unten angelangt, ein kilometerlanger weißer Sandstrand mit bewachsenen Dünen bietet. Einer der besten Strände der Region! Bis auf einige Parkplätze gibt es keinerlei Einrichtungen und auch in der Hauptsaison ist nicht besonders viel los. Der Strand ist auch über das weiter nördlich gelegene Capo Comino zu erreichen (→ oben).

● *Übernachten/Essen & Trinken*: **Agriturismo Su Meriacru**, etwa 2 km landeinwärts vom Strand. Inmitten eines grünenden und blühenden Gartens laden mit gezimmerte Bänke, Stühle und Tische zum Verschnaufen ein. Einige Stellplätze für Zelte und Autos stehen zur Verfügung. Besitzer Gianfranco Carzedda hat immer gekühlte Getränke parat, auf Wunsch ist auch ein leckeres sardisches Abendessen möglich, jedoch muss man es 1–2 Tage vorbestellen. Auch Ausflüge zu Pferd kann man hier unternehmen. ☎ 0784/814014.

▶ **Cala Ginepro**: dichte Pineta, die bis auf den Sandstrand wächst, dahinter schöner Küstensee (im Sommer ausgetrocknet). Der ehemalige Tipp für Wildzelter wurde in den neunziger Jahren mit gleich drei luxuriösen Hotelresidenzen für den Paschaltourismus erschlossen, am Strand ein Sonnenschirm/Liegestuhl neben dem anderen. Dazu einer der größten Campingplätze Sardiniens.

● *Übernachten*: Man hat die Qual der Wahl – will man im besonders schicken Club Hotel **** Torre Moresca mit seinem farbig gefliesten Maurenturm, im **** Cala Ginepro oder im weitläufigen **** Giardini di Cala Ginepro absteigen. Zusammen haben die drei Komplexe fast 1000 Betten, hauptsächlich italienische Pauschaltouristen kommen hier unter, Aufenthalt nur mit HP oder VP. Selbstverständlich alle Annehmlichkeiten: Pools, Tennis, Disko, Animation, Wassersport, Tauchen etc. Zu buchen z. B. über Oscar Reisen.

*** Camping Cala Ginepro, mit 120.000 qm sehr großer, gut ausgestatteter Platz im Pinienwald, betrieben von einer motivierten und sehr freundlichen (auch kinderfreundlichen) Kooperative. Am Strand davor geht es ganz flach ins Wasser, gut geeignet für Kinder. Self-Service, Restaurant/Pizzeria, Minimarkt, Kinderspielgeräte, Grillstellen. Am Strand Tretboote, Sonnenschirme, Surfbretter. Pro Person 4–11 €, Stellplatz 8–15 €, ½ Stellplatz 3,50–10 €. Angeblich ganzjährig geöffnet. ☎ 0784/91017, ✆ 91362.

▶ **Cala Liberotto**: etwa 11 km nördlich von Orosei, langer Sandstrand mit Dünen und lang gestrecktem Pinienwald, in dem sich eine groß angelegte Ferienhaussiedlung ausbreitet. Jede Menge los.

Strände zwischen Capo Comino und Orosei 513

● *Übernachten*: ***** Tirreno**, halbmondförmiger Bau mit marmorierter Fassade und sattgrünem Rasen. Einiger Komfort geboten – Pool, schattige Lauben, Squash, Tennis, Apartments mit Kochnischen. Steht unter Schweizer Leitung, Rezeption deutschsprachig. DZ ca. 60–100 €, Frühstück ca. 9 €/Pers. ☏ 0784/91007, 🖅 91132.

** Camping Sa Prama, leicht hügliges, eingezäuntes Grundstück im Pinienwald nah am Strand, schön schattig, rundum Ferienhäuser. Nette Crew, im Ristorante prima Pizza vom holzbefeuerten Steinofen, Market, Bar, Tennisplatz (vorrangig als Volleyballfeld genutzt). Sanitäranlagen so la la und etwas eng (laute Pumpstation daneben). Zum Strand etwa 2 Min. Preislich günstig, pro Person ca. 4,50 €, Stellplatz 5–7 €. März bis Oktober. ☏/🖅 0784/91072.

● *Essen & Trinken*: **S'Ustiarvu**, am Abzweig der Stichstraße zur Cala Liberotto, familiäres Restaurant mit freundlicher Bedienung, große überdachte Terrasse. Auf deutsche Gäste ist man eingerichtet, Hauptgerichte werden mit Beilagen serviert. Nicht ganz billig.

Il Corallo gegenüber vom Hotel, schöne Lage direkt an der Badebucht.

▶ **Porto Sos Alinos**: benachbart zur Cala Liberotto, 1 km weiter in Richtung Orosei. Eine Piste führt durch Pinienwald hinunter und verzweigt sich zu mehreren reizvollen Sandbuchten zwischen roten Klippen. Im Wald mehrere Feriensiedlungen, vieles neu erbaut, einige Ristoranti.

● *Übernachten*: ***** Le Quattro Lune**, Località Sas Linnas Siccas, angenehme Residenzanlage mit großem Pool, Restaurant, Bar und TV-Raum. In den nett eingerichteten Zimmern TV, Kühlschrank und Air-Condition. Zum Strand 700 m. Im August Animation, ansonsten ruhig und ein geeigneter Ort für Naturliebhaber und Badefreaks. DZ ca. 50–140 €. ☏ 0784/91322, 🖅 91116.

*** Camping Il Golfo, neuerer Platz kurz nach dem Abzweig von der Durchgangsstraße linker Hand. Mit Restaurant, Bar und Kinderspielgeräten. Pro Person ca. 6,50–9 €, Stellplatz 5–8 €. Anfang Juni bis Ende Oktober. ☏ 0784/91036, 🖅 91117.

* Camping Porto Sos Alinos, kleiner Platz am Steilhang unter Pinien, Stellplätze teils etwas schwer anzufahren. Unterhalb vom Platz eine Schilflagune, die bis zum Meer schiffbar ist. Ausstattung bescheiden, Sanitäranlagen aber kürzlich geschmackvoll renoviert. Pro Person ca. 4–6 €, Stellplatz 5–8 €. Es gibt auch solide Holzbungalows zu mieten (ab 4 Pers.). Zum Strand knapp 5 Min. Anfang Mai bis Ende September. ☏/🖅 0784/91044.

● *Essen & Trinken*: **Sa Conzola**, etwas erhöht über der Stichstraße von der Hauptstraße zum Strand. Familienbetrieb, schöne Terrasse mit viel blühendem Oleander. Zwar nur bescheidene Auswahl an Gerichten, aber geschmacklich gut, auch etliche Pizzen zur Auswahl.

▶ **Cala Fuile e Mare**: Hier ist die *Spiaggia Scoglieri* zu erreichen, eine flache, weiße Sandbucht, in der ein schmaler Fluss versickert.

Richtung Süden führt eine einsame Piste über dem Meer entlang – karge Ebene aus rotem und schwarzem Granit, dornige Macchia, Hitze und kaum Schatten. Die Klippenküste bizarr ausgewaschen, wild und unwegsam, steinige Wege führen zum Wasser. Am Cedrino-Fluss trifft man auf die Kirche *Santa Maria di Mare*, ab hier wieder Asphalt hinauf zur SS 125.

● *Übernachten*: ****** Villa Campana**, eine schöne alte Villa wurde zu einem geschmackvollen Komforthotel umgebaut, toller Garten, Panoramaterrasse, zum Strand ca. 200 m. DZ ca. 110–180 €, Frühstück ca. 11 €/Pers. ☏ 0784/91068, 🖅 91312.

Orosei

Seit der Cedrino-Fluss verlandet ist, liegt das Kleinstädtchen 3 km landeinwärts vom fast schnurgeraden, kilometerlangen Sandstrand. Im alten Ortskern gibt es noch viel historische Bausubstanz, winklige Gässchen und diverse verwitterte Kirchlein, die großteils beschildert sind und auf einem gekennzeichneten Rundweg ("itinerario storico") besichtigt werden können. Die schmucke Dorfpiazza ist erstaunlich grün und wird überragt von der blendend weißen Barockfassade und den Ziegelkuppeln der Pfarrkirche.

Touristisch tut sich bisher trotz des prächtigen Sandstrands wenig. Viel Ruhe, die ausgedehnte Uferebene mit intensiver Landwirtschaft üppig grün, im Flussdelta noch Fischer, Enten und Möwen, kein Campingplatz. Doch die Zukunft hat bereits begonnen – die Comune di Orosei hat eine riesige Marina an den Strand geklotzt.

Die weitere Umgebung lohnt einige Ausflüge: Im Norden findet man Bademöglichkeiten an diversen Stränden (→ oben), hinter Orosei liegt das interessante Örtchen *Galtelli*, überragt vom massiven *Monte Tuttavista*, Richtung Süden kommt man an großen, weißen Marmorbrüchen vorbei in den gebirgigen Golf von Orosei, den landschaftlichen Höhepunkt der Ostküste. Auch zur Schnellstraße SS 131 dir. nach Nuoro sind es nur knapp 30 km – so bieten sich interessante Möglichkeiten für größere Rundfahrten.

Information/Verbindungen

• *Information*: **Pro Loco** unterhalb der Pfarrkirche an der Hauptpiazza. Mitte Juni bis Mitte September gibt es mehrmals wöch. geführte Rundgänge durch Orosei sowie Bootausflüge. ☎ 0784/998367, 📠 998189.
• *Verbindungen*: Busse nach Dorgali, Cala Gonone, Siniscola, Olbia und Nuoro. Busstopp am Hauptplatz.

Übernachten

Am Strand gibt es bisher keinerlei Unterkünfte, man muss im Ort unterkommen, etwa 3 km landeinwärts.

**** Maria Rosaria, Via Grazia Deledda 13, am südlichen Ortsausgang Richtung Caletta di Osalla, modernes Haus mit Sonnenterrasse, Pool und Kinderbecken. DZ mit Frühstück ca. 70–130 €. ☎ 0784/98657, 📠 98596.

*** Marina Palace, neue Apartmentanlage an der Stichstraße zum Strand. Komfortabel, aber wenig anheimelnde Lage. Nur Juni bis September, wochenweise Anmietung obligatorisch. ☎ 0784/998099, 📠 998163.

*** Su Barchile, Via Mannu 5, kleine Abzweigung bei der Kreuzung der Durchgangsstraße mit der Hauptstraße, die ins Zentrum führt (Via Nazionale). Nur zehn Zimmer, geschmackvoll ausgestattet, jeweils Klimaanlage, TV und Fön, gutes Ristorante (→ Essen). DZ mit Frühstück ca. 53–74 €, in der Hauptsaison jedoch meist Pensionspflicht. ☎ 0784/98879, 📠 998113.

*** S'Ortale, Via S'Ortale, Abzweigung von der Durchgangsstraße in Richtung Meer, familiäres Haus mit einfachen Zimmern und Restaurant. Widersprüchliche Leserzuschriften. DZ ca. 47–63 €, Frühstück ca. 4 €/Pers. ☎ 0784/998055, 📠 998056.

Donna Lina, gepflegter Agriturismo in der nahe gelegenen Località Piricone. Frau Paola Cabras spricht Englisch und bietet fünf Zimmer mit Bad. HP ca. 30–38 €. ☎ 0784/98698.

Orosei

Die ehemalige Klosterkirche Sant'Antonio Abate in Orosei

Essen & Trinken/Diverses

La Taverna, an der zentralen Piazza Sas Animas (Kirche Sant'Ignacio), hübsche Lage direkt im Zentrum, neben hausgemachten Nudeln werden hier sardische Grillspezialitäten wie *porcheddu* oder *cinghiale agrodolce alle erbe sarde* serviert, dazu gibt es verschiedene typische Brotsorten.
Su Barchile, zentrale Lage, sehr hübsche Räumlichkeiten mit Blick in die dampfende Küche und auf schilfgedeckte Terrasse. Hauptsächlich Fischspezialitäten, auch Langusten etc. Nicht ganz billig.
Su Malune, Via Muggianu 42 (beschildert ab Piazza), etwas günstiger vom Preis, das Innere zwar etwas kühl und sachlich, dafür schöner Garten, dessen Terrasse eingerahmt ist von subtropischer Vegetation und in der Mitte von einem schattigen, weit verzweigten Gummibaum beherrscht wird. Reiche Auswahl an Vor-, Haupt- und Nachspeisen, unbedingt die *spaghetti arselle* probieren. Viele Einheimische essen hier.
An der Straße zur Marina, kurz nach dem Abzweig von der Hauptstraße, findet man mehrere Ristoranti, z. B. die Pizzeria **Sa Marina** mit Terrasse zur Straße und das gediegene **Sa Mola**, riesig, hinten Holzdecke und Pflanzen.

Agriturismo Gulunie, die Straße zur Caletta di Osalla nehmen, kurz vor Ende rechts ab, ca. 800 m (beschildert). Leckeres Essen aus hofeigener Produktion (Fleisch nur auf Vorbestellung), ca. 16 € pro Person, Kinder dürfen auch mal eine Runde reiten oder in die Küche gucken.

• *Nachtleben*: Die Ortsjugend trifft sich an der Stichstraße zum Strand, kurz nach dem Abzweig von der Hauptstraße, dort finden sich diverse Bars.

• *Shopping*: Es gibt im Ort drei **Fischgeschäfte** und eine **Ölmühle**, Di und Do ist **Markttag**.
Arcera, Via A. de Gasperi 11, beschildert ab Chiesa del Rosario (→ Sehenswertes), Herstellung und Verkauf schwerer Keramikvasen mit byzantinischen Mustern.
Der Maler **Alfonso Silbra** hat sein Atelier in der Via Sas Animas 9.

• *Sport*: **O.Mar**, Tauchclub an der Caletta di Osalla. ☏ 0338/3367896.

• *Feste*: Kurz vor dem Ortsausgang in Richtung Nuoro steht die großzügig konzipierte Wallfahrtskirche **Madonna del Rimedio**, dort findet alljährlich im September ein populäres Pilgerfest statt.

516 Ostsardinien/Baronia

Sehenswertes: Die große zentrale *Piazza del Popolo* mit schattigen Laubbäumen, Palmen, saftig grünem Rasen und Ruhebänken ist ideal für eine kleine Siestapause. Die Freitreppe hinauf kommt man zur Pfarrkirche *San Giacomo* (18. Jh.) mit hübschen Ziegelkuppeln. Der große, weiße Innenraum ist mit Heiligenfiguren und Bildern liebevoll-schlicht ausgestattet, kleine Holzreliefs thematisieren die Stationen des Kreuzwegs.

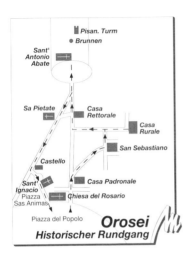

Der beschilderte "Itinerario storico" (historischer Rundweg) beginnt an der südwestlichen Platzfront (→ Skizze). An der *Casa Padronale*, von der hinter einem Eisentor nur ein großer, dicht bewachsener Innenhof zu sehen ist, geht es zunächst rechts hinauf zur Ruine von *San Sebastiano* – eine zweischiffige Backsteinkapelle mit Arkadenvorbau und zerborstenem Dach, innen türmt sich der Müll. Weiter geht es – mit kurzem Abstecher zur bäuerlichen *Casa Rurale* – zur *Casa Rettorale* (auch: Su Probanu), ein hoher, mächtiger Bau hinter Steinmauern, im Hof eine Palme.

Von hier kommt man mit wenigen Schritten hinunter zum zweiten Dorfplatz, beherrscht vom ehemaligen Kloster *Sant'Antonio Abate* (15. Jh.). Die schlichte Bruchsteinkirche hat eine verputzte Fassade mit einer Terrakottafigur, die Seitenkapellen sind mit Schindelkuppeln gedeckt. An der Straßenseite verläuft ein Arkadengang, dort kann man in den lang gestreckten, schmucklosen Innenraum eintreten. Der große Hof ist seitlich von ehemaligen *Mönchszellen* umgeben (heute als Wohnungen genutzt), in der Mitte ein etwa 5 m tiefer *Brunnen*, im Hintergrund ein bulliger *pisanischer Turm* mit Außentreppe. Der ganze Komplex wird von Nonnen gepflegt, die vollständige Restaurierung ist geplant.

Zurück zum Hauptplatz läuft man an der weiß gekalkten Kapelle *Sa Pietate* mit altertümlichem Schilfdach vorbei, auf dem Altar naive Heiligenfiguren. Wenig später gelangt man zur Piazza Sas Animas mit dem mittelalterlichen *Castello*, das früher als Gefängnis diente, genannt *Prigione vecchia*. Auf der anderen Seite der Piazza steht die nur an der Fassadenseite verputzte Kirche *Sant'Ignacio*, rechts davon geht es an der *Chiesa del Rosario* vorbei wieder zum Hauptplatz hinunter.

Orosei/Baden und Umgebung

Beide Strände, die im Folgenden beschrieben werden, sind sehr sauber und besitzen ausgezeichnete Wasserqualität. Für Familien mit Kindern besser geeignet ist die Caletta di Osalla, da der Strand dort flacher abfällt als an der Marina.

Galtelli   517

▶ **Marina di Orosei**: schließt die Flussebene zum Meer ab, gut 6 km lang, zu erreichen auf schnurgerader Stichstraße Via del Mare, ausgeschildert ab der Hauptstraße im Ort (ca. 3 km). Stark abfallender Strand mit grobkörnigem Sand, wenig frequentiert. Die asphaltierte Stichstraße mündet zwischen zwei Strandbars in einen schattenlosen Parkplatz, sonst keinerlei Einrichtungen. Schatten nur unter der Hand voll Pinien rechts, wo früher auch eifrig wild gezeltet wurde.

Ein langer, verschilfter Brackwasserkanal führt im Pinienwald hinter dem Strand entlang Richtung Süden, parallel dazu eine Schotterstraße. Auto kann im Schatten abgestellt werden, einige kleine Brücken führen hinüber zum hier breiten, feindsandigen, sehr sauberen Sandstrand. Wenig besucht, ab und zu zelten hier Sarden. Am Ende der Piste der erwähnte Neubau der Marina. Von Orosei kann man in den Südteil der Bucht auch auf schöner Strecke quer durch Pfirsich-, Birnen- und Olivengärten gelangen (ab Durchgangsstraße beschildert: Caletta di Osalla).

▶ **Caletta di Osalla**: hinter der Abschlussmauer der Marina folgt zunächst ein kleiner, 50 m langer Strand, ums nächste Eck dann die eigentliche *Caletta di Osalla*, mehrere hundert Meter Sand, flach abfallend. Ab hier sehr schlechte Piste zur SS 125 (→ Cala Gonone).

Galtelli

Historisches Örtchen, etwa 10 km landeinwärts von Orosei, an der Straße nach Nuoro, direkt am Fuß des *Monte Tuttavista* (805 m). Im Mittelalter war Galtelli Bischofssitz, in der Kathedrale *SS. Crocifisso* ist ein Kruzifix aus dem 14. Jh. erhalten, in *San Pietro* sind Reste eines frühen Vorgängerbaus zu sehen. Als besonders eindrucksvoll gilt auch die örtliche Karfreitagsprozession.

Für literarisch Interessierte hat Galtelli ebenfalls etwas Besonderes zu bieten: Die Nobelpreisträgerin Grazia Deledda aus Nuoro (→ S. 580) hat hier ihren berühmten Roman "Canne al Vento" (Schilf im Wind) angesiedelt. Im "Parco Letterario Grazia Deledda" kann man nun auf den Spuren der Nobelpreisträgerin wandeln und z. B. die *Casa Dame Pintor*, das Haus der Schwestern Pintor aus dem Roman besuchen. Ferner wurde der historische Palazzo/ *Domo e sos Marras* in der Via Garibaldi 12 als ethnographisches Museum eingerichtet, besichtigt werden können die ehemaligen Wohnräume mit Originalmobiliar sowie verschiedene alte Werkstätten.

Öffnungszeiten: I Domo e sos Marras – Mai bis September Mo–Sa 9–13 Uhr. Übrige Zeit nach Vereinbarung, ✆/✉ 0784/90140.

Eine Kooperative hat es übernommen, Gästen die besonderen Sehenswürdigkeiten von Galtelli zu zeigen. Auskünfte gibt Ihnen gerne Maria Giovanna in der Bar vom Hotel Bellavista. Kontakt: **Cooperativa Pro Galte**, Via San Pietro 7, ✆/✉ 0784/90140, Handy 0348/7742995.

• *Anfahrt/Verbindungen*: Tägliche Busse nach **Orosei** und **Nuoro**.
• *Übernachten/Essen & Trinken*: ** **Bellavista**, direkt an der Durchgangsstraße, einfa-

ches, aber freundliches und sauberes Albergo mit offener Terrasse, großem Garten und "Bellavista" auf den Monte Tuttavista. Das vorzügliche Restaurant und die Bar

Baronia
Karte Seite 491

werden geführt von der Kooperative "Pro Galte". DZ ca. 25–60 €. ✆/✉ 0784/90140. Leser G. Helmreich schreibt: "Wer ruhig und etwas abseits wohnen will, natürlich auch preisgünstig, kann über eine Brücke bis **Loculi** fahren. Der Besitzer der einzigen Bar **Il Gufo** (beschildert an der Hauptstraße) spricht ein wenig Deutsch und kann hier Zimmer im Neubaugebiet vermitteln. Er hat auch einen ausgezeichneten und selbst angebauten 'Roten'. Seine Frau zaubert aus der Küche mit viel Liebe und Gusto ein ausgezeichnetes sardisches Essen. Sie spricht kein Deutsch, aber sprudelt über vor Freundlichkeit und Hilfsbereitschaft, wenn man sie auf Italienisch anspricht."

Golf von Orosei

Gut 30 km lange Einbuchtung der sardischen Ostküste. Dahinter die mächtigen Ausläufer des Supramonte mit grandiosen, senkrecht abfallenden Steilküsten, die bis zu 400 m hoch ansteigen. Tiefe Schluchten, sog. "Codule", zwängen sich durch den verkarsteten Kalk und münden in weit ausladenden Sandbuchten am Meer. Badeboote verkehren ab Cala Gonone, dem einzigen Ort in der Bilderbuchlandschaft.

In dem Kalkmassiv befinden sich einige der eindruckvollsten Tropfsteinhöhlen Sardiniens: die *Grotta di Ispinigoli* liegt unmittelbar an der SS 125, die *Grotta del Bue Marino* ist nur vom Meer zu erreichen und eine Top-Sehenswürdigkeit der Insel. Auch Sportkletterer finden im Golf von Orosei ihr Eldorado – einige hundert Routen sollen es bereits sein, die hier in den Kalk gebohrt wurden. Zwischen Orosei und Dorgali umgeht die SS 125 das mächtige Küstengebirge im Golf von Orosei und verläuft ein ganzes Stück landeinwärts.

Dorgali

Graues Granitstädtchen mit enger düsterer Durchgangsstraße, terrassenförmig abfallend am Fuß einer steilen Felsbarriere, die den Weg zur Küste abriegelt. Gegründet von ehemaligen Fischern und Küstenbewohnern, die vor den Angriffen sarazenischer Seeräuber flohen.

Touristen sieht man meist nur auf der Durchreise ins tief unten liegende Cala Gonone. Doch ein Aufenthalt lohnt zum Einkaufen, denn die Dorgalesen sind als gute Kunsthandwerker bekannt – speziell Knüpfteppiche, aber auch Keramik, Leder- und Häkelwaren haben eine lange Tradition, viele Läden findet man an der Durchgangsstraße. Kennern sind außerdem der besonders süffige Rotwein "Cannonau di Dorgali" und der vor Ort produzierte Käse ein Begriff, denn Weinbau und Viehzucht spielen hier noch eine große Rolle. Von der *Circonvallia Panoramica*, der oberen Umgehungsstraße, genießt man einen schönen Blick landeinwärts auf den weißen Block des Supramonte. Tipp ist aber vor allem in Richtung Süden die herrliche Gebirgsstrecke nach Arbatax! Ein modernes *Museo Archeologico* ist im Rathaus an der Hauptstraße untergebracht (beschildert). In zwei Räumen kann man hübsch drappierte Funde und Farbfotos aus den zahlreichen Grotten und Nuraghen der Umgebung betrachten, hauptsächlich aus der Grotta di Ispinigoli und dem Nuraghendorf Serra Orrios.

Öffnungszeiten/Preise: März bis Juni und Sept. Di–So 9.30–13, 15.30–18 Uhr, Juli/August 9–13, 16.30–19.30 Uhr; Eintritt ca. 2,10 €, Kombiticket mit Nuraghendorf Serra Orios ca. 3,60 €.

Dorgali 519

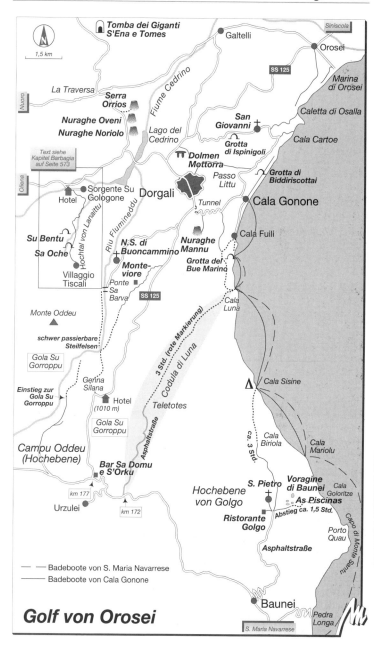

520 Ostsardinien/Baronia

Information/Verbindungen

- *Information*: **Pro Loco**, im Zentrum an der Durchgangsstraße, Via La Marmora 108. Freundlicher Service, Prospektmaterial, Vermittlung von Ferienwohnungen in Cala Gonone. Im Sommer Mo–Sa 9–13, 16–20 Uhr. ℘ 0784/96243.

- *Verbindungen*: Bushaltestelle nach **Cala Gonone** an der oberen Umgehungsstraße, in Richtung **Arbatax** und **Nuoro** Nähe nördl. Ortsausgang, gegenüber Carabinieri-Station (beim Museum). Nach Cala Gonone und zurück ca. 10x tägl., nach Nuoro 6x, Olbia 1–2x.

Übernachten/Essen & Trinken

- *Übernachten*: Nur wenige Möglichkeiten, da sich das Meiste in Cala Gonone konzentriert. *** **Il Querceto**, kurz vor der nördlichen Ortseinfahrt, an der Straße. Allein stehendes, großzügig konzipiertes Haus mit geräumigem Garten, in den Gängen Pflanzen, gepflegte Zimmer mit solidem Holzmobiliar, Betten tipptopp. Auch das Ristorante ansprechend, nette Besitzerin. DZ ca. 53–68 €, Pensionsgäste bevorzugt (im Sommer HP ca. 63 €/Pers.). ℘ 0784/96509, ℡ 95254. *** **S'Adde**, Via Concordia, Richtung südlicher Ortsausgang, etwas seitlich der Hauptstraße. Neueres Haus mit viel hellem Kiefernholz eingerichtet, Zimmer z. T. mit Balkon und schönem Ausblick auf Dorgali und die Felsen oberhalb vom Ort, Ristorante/Pizzeria. Der Besitzer gibt gerne Tipps zur Umgebung. DZ ca. 53–77 €. ℘ 0784/94412, ℡ 94315.

Die zwei Hotel-/Restaurants ** **Sant'Elene** und *** **Monteviore** liegen einige Kilometer südl. außerhalb, *** **Ispinigoli** bei der gleichnamigen Grotte (→ Dorgali/Umgebung). **Stellplatz für Wohnmobile** auf dem Gelände einer Autowerkstatt, am nördlichen Ortseingang beschildert. Improvisierte Bodenentsorgung, Brauch- und Trinkwasser.

- *Essen & Trinken*: **Colibri**, Via Gramsci 14, etwas versteckt seitlich der Durchgangsstraße, aber gut beschildert, abends auf blinkende Leuchtreklame achten. Hell und freundlich dekoriert, Bilder und Postkarten von Stränden. Insgesamt keine Begeisterungsstürme, aber recht passable Küche, Schwergewicht auf Fleisch, interessante Speisekarte mit *capra* (Ziege), *porcheddu*, *agnello* (Lamm), auch gute Nudelsachen, dazu natürlich einen offenen "Roten". Im Sommer tägl., sonst So geschl.

Shopping

Nicht alles ist sonderlich geschmackvoll, aber ein bisschen herumstöbern lohnt.

- *Keramik*: **Serafino Loddo**, großer Laden neben dem Pro Loco, zentral an der Durchgangsstraße, Via La Marmora 110, Produkte in hellen, heiteren Farben.

- *Leder/Holz*: u. a. am südlichen Ortsausgang großer Laden mit reichhaltigem Angebot an Lederwaren und Holzmasken.

- *Teppiche*: Vor allem in der Nähe vom nördlichen Ortsausgang findet man interessante **Teppichwebereien**, die Stücke von sehr hohem Standard produzieren. Die Muster sind teils folkloristisch und nuraghisch, aber auch streng geometrisch und abstrakt, sogar Miró wird kopiert. Nicht selten wird man freundlich hereingewunken und bekommt eine Extra-Vorführung geboten. Das 60 cm bis 1 m hohe Grundmaterial ist unserem Hanf ähnlich und wird in der breiten Campidano-Ebene im Süden Sardiniens angepflanzt. Nach verschiedenen Bearbeitungsprozessen bleibt schließlich fasriges Gewebe übrig, das verzwirnt wird.

Einer von mehreren netten Familienbetrieben ist **Tappeti sardi e manufatti artigianali** an der Durchgangsstraße 128/a.

- *Wein*: Der Cannonau von Dorgali ist eine Spur strenger und nicht ganz so fruchtig wie der von Oliena, aber genauso voll und schwer. Erhältlich ist er in mehreren Enoteche entlang der Hauptstraße, aber auch direkt beim Erzeuger, der **Cantina Sociale di Dorgali**, Via Piemonte 11 (im nördlichen Ortsbereich bei Esso-Tankstelle beschildert), Mo–Fr 8–13, 15.30–20 Uhr, Sa 8–12 Uhr. ℘ 0784/96143, ℡ 94537, www.cannonau.it.

- *Käse*: In der Nähe der Kellerei kann man bei der Hirtenkooperative **Coop. Dorgali Pastori** verschiedene hervorragende Käsesorten probieren und erwerben – in Folie verschweißt halten sie ohne Qualitätsverlust monatelang. Mo–Fr 9–13, 16–19, Sa 9–13 Uhr. ℘ 0784/96517, ℡ 94260.

Dorgali/Umgebung

Landschaftlich sehr vielfältige Gebirgslandschaft, spektakulärer Höhepunkt ist die Schlucht "Gola su Gorroppu". Die ganze Gegend ist außerdem reich an prähistorischen Funden. Wegen der vielen unbeschilderten Staubpisten besteht allerdings eine gewisse Gefahr, dass man hier und dort etwas in die Irre fährt.

▶ **Gola su Gorroppu:** Südwestlich tief unter Dorgali breitet sich das weite Tal des *Riu Flumineddu* aus, der sich im Süden eine steilwandige Schlucht durch das Supramonte-Massiv gebrochen hat. In der Ebene liegen die Weinfelder von Dorgali mit ihren schweren blauen Trauben, aus denen der Cannonau gewonnen wird.

Um zum Eingang der spektakulären Schlucht zu gelangen, nimmt man die SS 125 von Dorgali in Richtung Baunei, passiert die Abfahrt nach Cala Gonone und zweigt ca. 1,5 km weiter auf der nächsten Straße rechts ab (beschildert: "Hotel Sant'Elene"), die sich kurvig in Richtung Talboden schlängelt. Bei der folgenden Kreuzung biegt man in Richtung Südwest ab und erreicht etwa 10 km ab Abzweig von der SS 125 die Brücke *Ponte s'Abba Arva* über den Riu Flumineddu. Nach der Brücke geht es links auf einer Schotterstraße weiter bis zu einem Sperrtor, dort kann man parken.

In Dorgali – Teppichknüpferei mit langer Tradition

> **Wandertipp:** Von der Brücke Ponte s'Abba Arva führt ein gut markierter Fußweg in knapp 2 Std. zu den Ruinen des einzigartig in einer eingestürzten Karstdoline gelegenen prähistorischen Dorfes **Monte Tiscali** im Lanaittu-Tal. Nach der Brücke nimmt man dafür zunächst die Piste nach rechts, fährt etwa 200 m und biegt links ab, dort parken. Ein Hinweisschild weist den Weg nach Tiscali, man steigt zunächst in etwa 20 Min. zu einem Sattel hinauf. Von dort geht der Weg in Richtung Nordwesten das steilwandige **Val Doloverre di Surtana** entlang. Wo das Tal eine Kurve nach Norden macht, zweigt links ein Weg ab, den man nicht verpassen darf. Dieser führt direkt zum Monte Tiscali, das Nuraghierdorf erblickt man durch ein mächtiges Felsenfenster (→ S. 590).

Nun läuft man auf der Piste im Flusstal weiter bis zu einer Abzweigung, wo man den linken Weg nimmt. Durch dichte Vegetation, vorbei an einer Quelle, kommt man schließlich zum schmalen Eingang der Schlucht zwischen gigantischen, mehr als turmhohen Wänden (ca. 90 Min.), unterwegs Bademöglichkeit

522 Ostsardinien/Baronia

in Gumpen. Einstieg in die Schlucht ist möglich, nach wenigen hundert Metern versperren jedoch Felsbarrieren den Weg. Nur geübte Kletterer sollten hier weitergehen, und zwar an der rechten Seite, was allerdings je nach Jahreszeit und Wasserstand auch unmöglich sein kann. Weiter drinnen sind an den schwierigsten Passagen Baumstämme gelegt, die das Weiterkommen erleichtern. Ohne Kletterausrüsung kann man laut Leserzuschrift etwa 3 km weit kommen. Einstieg in die Schlucht von Süden → S. 533.

• *Übernachten/Essen & Trinken*: Über die beschriebene Straße zur Gola su Gorroppu lassen sich auch folgende zwei Unterkünfte erreichen.
Rifugio Gorroppu, Berghütte südlich von Dorgali. An der SS 125 die erste Abzweigung südlich vom Tunnel nach Cala Gonone landeinwärts nehmen, an einer T-Kreuzung links abbiegen und 200 m der Straße folgen, dort ist die Einfahrt beschildert. Übernachtungsmöglichkeit mit Küchenbenutzung in 2 DZ und 2 Zimmern mit je 4 Betten, pro Person ca. 13 €, außerdem zehn Zeltstellplätze mit Duschen, ca. 8 € pro

Person. Kontakt/Anmeldung über "Adventure Club Sardegna" (→ S. 173). Enzo Lecis und Robert Klein bieten geführte Kletter- und Wandertouren, außerdem Canyoning und Bungee Jumping.
** **Sant'Elene**, gepflegtes Panoramarestaurant in toller Lage am Hang südwestlich von Dorgali, inmitten vom dichten Grün der Weinberge und Ölbäume. Auch Zimmervermietung, jedoch nur acht Zimmer und nur mit eigenem Fahrzeug zu empfehlen. Restaurant im Sommer tägl., sonst Mo geschl. DZ mit Frühstück ca. 43–57 €. ℘ 0784/94572, ℡ 95385.

▷ **Monteviore**: weitere Abfahrt auf asphaltierter Serpentinenpiste ins Tal des Riu Flumineddu, Abzweig an der SS 125 nach Arbatax, wenige Kilometer südlich von Dorgali. Lohnt als Abstecher, um in dem 2 km unterhalb der Straße liegenden, ungewöhnlichen Ristorante inmitten von Pfirsichgärten einzukehren bzw. dort zu wohnen. Am letzten Sonntag im Juli sind die Pfirsiche reif, und es findet ein Fest statt. Der Besitzer veranstaltet im Sommer Fahrten per Landrover und Fußtouren. Die Piste endet weiter unten, zu Fuß kann man ebenfalls zum Eingang der Gorroppu gelangen.

• *Übernachten/Essen & Trinken*: *** **Monteviore**, altes Landgut, fast klosterähnliches Gemäuer mit Gewölben und wahrhaft fürstlichem Blick auf das weite Tal des Flumineddu. Der Ofen im Speisesaal schwarzverkrustet, mit altsardischen Gerätschaften – hier wird das *porcheddu* zubereitet. Vor

dem Komplex sprudelt eine Quelle. Wer die einsame Idylle nicht mehr verlassen will – es gibt zehn hübsche Zimmer für ca. 50–78 €, Frühstück ca. 8 €/Pers. Außerdem darf man für ca. 7 €/Pers. auf dem Grundstück zelten. ℘/℡ 0784/96293.

▷ **Serra Orrios**: größtes Nuraghierdorf der Insel, jedoch ohne einen dazugehörigen Nuraghen. Von Dorgali in Richtung Oliena fahren und nach dem in Berghänge eingebetteten *Cedrinho-Stausee* bei der Kreuzung rechts. Etwa 3 km weiter stehen rechts an der Straße die beiden von Feigenkakteen überwucherten Nuraghen *Oveni* und *Noriolo*. Hier führt ein ca. 500 m langer Fußweg zum Dorf (beschildert). Einst bestand es aus gut siebzig schwarzen Basalthütten, heute sind nur noch Mauern verschiedener Höhe erhalten, was dem Ganzen einen etwas verwirrenden, stark labyrinthischen Charakter gibt. Die Häuser sind in mehrere Gruppen unterteilt, in denen wahrscheinlich jeweils eine Großfamilie wohnte. Gleich zu Beginn zwei *Tempel*, einer mit großem Festplatz. Ein *Gigantengrab* liegt 100 m in Richtung Nordwesten.

Öffnungszeiten/Preise: nur mit Führung, jeweils zur vollen Stunde – 9, 10, 11, 12, 15, 16, 17 Uhr (Stand 2001); Eintritt ca. 3,20 €.

Dorgali/Umgebung 523

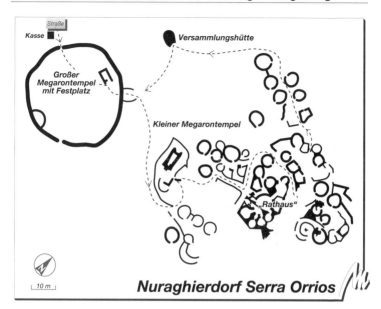

Nuraghierdorf Serra Orrios

▸ **Tomba dei Giganti S'Ena e Tomes**: mit über 10 m Länge eins der größten Gigantengräber der Insel, sehr einsame Ecke. Auf einem niedrigen Hügel steht die 3,70 m hohe, gut erhaltene Eingangsstele, die Grabkammer dahinter ist mit schweren Platten abgedeckt. Von Dorgali dieselbe Straße wie zum Nuraghendorf Serra Orrios nehmen, daran vorbei, über die SS 129 (La Traversa), auf guter Asphaltstraße geradeaus weiter Richtung Lula, nach 3,5 km rechts auf gelbes Schild "segnale turistico" achten. Etwa 500 m Fußweg mit roten Pfeilen markiert.

▸ **Dolmen Mottorra**: megalithische Grabkammeranlage vom Anfang des 3. Jt. v. Chr., bestehend aus sieben senkrechten Steinen, auf die eine Basaltplatte gelegt wurde. Zu erreichen, indem man Dorgali auf der SS 125 in Richtung Norden verlässt. Nach etwa 2 km führt rechter Hand ein Fußweg (roter Pfeil) in etwa 10 Min. zum Dolmen auf einer Hochfläche.

▸ **Grotta di Ispinigoli**: ein gähnend schwarzes Loch, ca. 5 km nördlich von Dorgali, auf asphaltierter Straße zu erreichen, die sich anfangs asphaltiert, später als abenteuerliche Schotterpiste zur Caletta di Osalla fortsetzt.
Nur der erste gewaltige Höhlenraum ist für die Öffentlichkeit erschlossen und über eine steile Treppe zugänglich. Der Weg windet sich an den Wänden entlang, filigrane bis wuchtige Tropfsteine wachsen überall, leider sind nicht selten von souvenirwütigen Besuchern die Spitzen abgebrochen worden. In der Mitte immer sichtbar ist das Prunkstück, der *"Spina in Gola"* (Dorn im Rachen), ein 38 m hoher Stalagmit, der vom Boden bis zur Decke durchgewachsen ist,

524 Ostsardinien/Baronia

sodass die Höhle wie ein riesiges, aufgerissenes Drachenmaul mit einem gewaltigen Dorn darin erscheint. Es handelt sich hier um einen der größten bisher bekannten Tropfsteine der Welt.

Die Höhle wurde Ende des letzten Jahrhunderts von einem Hirten entdeckt und seitdem eingehend untersucht. Jedoch ist das ganze Labyrinth derart riesig, dass es mit Höhlungen und Spalten das ganze Bergmassiv unterkellert und auch einige Ausgänge zum Meer besitzt. Deswegen konnte es bisher noch nicht vollständig begangen werden. 1965 verlor ein Mitglied der Gruppo Speleologico bei einem Absturz sein Leben – das Loch, das zu einem unterirdischen Fluss führt, ist an der tiefsten Stelle der Höhle zu sehen. Dass die Grotte auch schon in der Frühzeit genutzt wurde, beweisen zahlreiche archäologische Funde, die heute im Museum von Dorgali zu sehen sind. U. a. fand man in dem tiefen Loch am Höhlenboden Schmuck und weibliche Knochen aus punischer Zeit, die augenscheinlich von Menschenopfern herrühren – "Abisso delle Vergine" (Jungfrauenschlund) taufte man deshalb den Abgrund.

Öffnungszeiten/Preise: In der Saison täglich Führungen (meist nur auf Italienisch) jeweils zur vollen Stunde von 9–18 Uhr (außer 13 und 14 Uhr), Dauer etwa 45 Min., im Winter nur nach Anmeldung beim Pro Loco in Dorgali (✆ 0784/96243); Eintritt ca. 5,20 €.

● *Übernachten/Essen & Trinken*: ***** Ispinigoli**, modernes Haus unterhalb vom Höhleneingang, mit gutem Restaurant und Panoramaterrasse, mal *trota* (Forelle) kosten. Zimmer mit Balkons und weitem Ausblick. DZ mit Frühstück ca. 53–90 €. ✆ 0784/95268, ✆ 94293.

▶ **Caletta di Osalla**: Von der SS 125 die beschilderte Abfahrt zur Grotta di Ispinigoli nehmen, aber beim Abzweig zur Grotte geradeaus weiter und nach einiger Zeit vorbei am weißen Kirchlein *San Giovanni*. Details zur beschwerlichen und langwierigen Zufahrt unter Cala Gonone (Abschnitt "Strände nördlich von Cala Gonone").

▶ **Nuraghe Mannu**: Der einsame Nuraghe ist im oberen Teil der Serpentinenstraße von Dorgali nach Cala Gonone beschildert. In der Sommersaison kann er besichtigt werden.

Öffnungszeiten/Preise: In der Saison täglich Führung zur vollen Stunde, nämlich um 10, 11, 12, 15, 16 und 17 Uhr; Eintritt ca. 2,60 €.

Cala Gonone

Zentrum des sardischen Ostküsten-Tourismus. Der Ort lebt von seiner einzigartigen Lage – 800 m hohe Felswände schließen die Bucht zur Landseite hin ab und setzen sich gut 30 km nach Norden und Süden fort. Ein dunkler Straßentunnel stellt die einzige Verbindung her. In steilen Serpentinen geht es durch duftende Macchia und Steineichen hinunter.

Cala Gonone ist ein typischer Ferienort. Bis vor 25 Jahren stand hier nur eine Hand voll Fischerhütten. Dann wurde der Reiz dieser Felsenbucht entdeckt – quasi über Nacht entstanden Hotelbauten, Ferienhäuser und Ristoranti. Jährlich kommen neue dazu, ein Ende des Booms ist nicht abzusehen. Dass der Ort selber damit nicht zur reinen Schönheit gediehen ist, versteht sich. Lediglich die Uferpromenade mit knorrigen Bäumen kann abends gefallen.

Cala Gonone   525

Ein künstlich aufgeschütteter Sandstrand ermöglicht seit kurzem das Baden mitten im Ort. Noch schöner lässt es sich aber in der Umgebung schwimmen, wo in den senkrecht abfallenden Felshängen einige herrliche Sandstrände eingebettet sind – täglich werden ganze Scharen von Sonnenhungrigen mit Kähnen hintransportiert. Ein teurer Spaß, der aber großartige Panoramen der wild zerklüfteten Kalksteinmassen bietet. Das ganze Massiv ist von zahllosen Grotten unterhöhlt, größte Attraktion ist die berühmte Grotte Bue Marino.

Information/Verbindungen/Adressen/Sport

● *Information*: **Pro Loco** an der Straße zur Cala Fuili (von der Zufahrtsstraße kurz vor dem Ortszentrum rechts). Infos zur ganzen Umgebung und zu Bootstouren. 9.30–13, 15.30–19 Uhr.

● *Verbindungen*: **Busse** quälen sich je nach Saison bis zu 10x tägl. die steile Serpentinenstraße von Dorgali hinunter und wieder hinauf. Bushaltestelle im Hafen und gegenüber der Bar an der Ausfallstraße (beim Pinienwäldchen schräg gegenüber vom Campingplatz).

● *Adressen*: Geldautomat in der Via Colombo, **Post** an der Piazza unterhalb der Kirche. **Guardia Medica Turistica**, Via Maggiore, ✆ 0784/93552.
Tappeti Sardi, Webteppiche neben Hotel Piccolo, mit Zimmervermietung.

● *Sport*: **L'Argonauta**, Tauchschule (PADI) oberhalb vom Campingplatz, ein Tauchgang kostet ca. 44 €. ✆ 0784/93046, www.argonauta.it.
Mehrere **Schlauchbootverleiher** im Hafen.

Übernachten

An Quartieren herrscht kein Mangel, jedoch ist das Preisniveau gehoben und in der Saison kaum etwas frei, viele Stammgäste. Zudem besteht oft Pflicht zur Halb- oder Vollpension, da fast überall ein Ristorante angeschlossen ist. Der Campingplatz bietet sich als Alternative an, gehört aber ebenfalls nicht zu den billigsten auf Sardinien.

*** Miramare, größeres Haus ganz zentral an der Piazza Nettuno im Ort, sehr gepflegt, spiegelnder Granit und perfekte Fliesenböden, Lift. Zimmer mit Naturholzmöbeln, Betten mit Rollen und neuen festen Matratzen, geräumige Bäder (sogar Fön vorhanden). Vorne raus Meeresblick, im vierten Stock Liegestühle auf der Dachterrasse. DZ mit Frühstück ca. 67–87 €. ✆ 0784/93140, ✉ 93469.

** Piccolo, zentral an der Zufahrtsstraße zum Hafen, wenige Schritte oberhalb vom Ortsstrand. Alle 13 Zimmer mit Bad, funktionell eingerichtet, aber sauber, schöne Balkons und im obersten Stock auch herrlicher Meeresblick. Im Sommer allerdings einiges an Verkehr vor dem Haus. DZ ca. 33–53 €. ✆ 0784/93232.

*** Pop, am Hafen, hinter Hotel Gabbiano. Modernes Haus, unten nett ausgestattet, gutes Ristorante mit schöner Terrasse, in den Zimmern alles in hellem Holz, wegen eines integrierten Turmbaus z. T. rund (!), elektrische Uhr, Radio, Telefon, Balkon. DZ ca. 50–95 €, Frühstück ca. 5,50 €/Pers. ✆ 0784/93185, ✉ 93158, lfancel@box1.tin.it.

** Cala Luna, an der Uferstraße etwas unterhalb vom Miramare, Vorderfront mit Bougainvillea überwachsen. Nette Wirtin, sauber, hohe Gänge und Zimmer, geräumige Bäder mit Duschkabinen, vorne raus schöner Meeresblick, netter Speisesaal. DZ mit Bad ca. 47–63 €, Frühstück ca. 4 €/Pers. ✆ 0784/93133, ✉ 93158.

*** La Conchiglia, kleineres Haus an der Uferstraße Richtung Süden, 12 Zimmer, z. T. schöner Meeresblick. DZ mit Frühstück ca. 53–85 €. ✆ 0784/93448.

**** Costa Dorada, letztes Haus am südlichen Ende der Uferpromenade, bestes Hotel am Ort. Architektonisch verspielt angelegt und mit wildem Wein berankt, im Haupthaus auf mehreren Ebenen Fernsehraum, Ristorante und Salon, alles mit schönen Bruchsteinmauern verkleidet, gemütlich mit Holzdecke, Polstermöbeln, Pflanzen. Zimmer liebevoll ausgestattet, dunkelrote Kachelböden und schwere dunkle Vollholzmöbel mit Schnitzereien, TV, Telefon mit Direktwahl, Kühlschrank. Familien können auch zwei zusammenhängende Zimmer mieten. Sehr ruhige Lage. Herr Mulas, der Besitzer, spricht sehr gut Deutsch und gibt Tipps für Ausflüge etc. DZ um die 60–

Baronia

Karte Seite 491

526 Ostsardinien/Baronia

170 €, Frühstück ca. 10 €/Pers. Ostern bis Mitte Oktober. ☎ 0784/93333, ☏ 93445.

*** L'Oasi, Komplex aus mehreren Häusern auf der Steilküste links oberhalb vom Hafen, zu erreichen auf steiler Straße, die hinter dem Pop Hotel den Hang hinaufzieht. Herrliche Lage mit Superblick, leider nicht alle Zimmer zum Meer, im großen Garten viel Grün, Bougainvillea und Zwergpalmen. Tischtennis, Bar, Ristorante mit großer Terrasse und leckerer Meeresküche. DZ um die 50–105 €, Frühstück ca. 5,50 €/Pers., auch hier in der Regel Pflicht zur HP (um die 43–63 € pro Person). ☎ 0784/93111, ☏ 93444.

*** Palmasera, außerhalb vom Ort, im Südteil der Bucht, großes komfortables Feriendorf, üppig begrünt, weitläufig-elegante Aufenthaltsräume, zwei Pools, Tennis, Disko. Zimmer mit schattigen Balkons, auch Bungalows für 3–6 Pers. Vor der Anlage Sandstrand mit Wassersportangebot. HP

im DZ ca. 40–100 € pro Kopf, Wochenpreis für Apartment (4–6 Pers.) je nach Saison von etwa 350 bis über 1000 €. ☎ 0784/93191, ☏ 93072.

● *Privatzimmer/Apartments*: gibt es reichlich, mal in den Läden rumfragen. **Ferienwohnungen** an der Strandstraße unter ☎ 0784/93402.

● *Camping*: **** **Cala Gonone**, an der Einfahrtsstraße links, ansprechendes Gelände in leichter Hanglage, viele schattige Pinien und Wacholder, hinten etwas lichter. Sanitäranlagen bei unserem Check immer sehr sauber, Warmduschen gratis, aber etwas zu wenige. Self-Service-Restaurant, Tennis, Tischtennis, intakte Kinderspielgeräte, Grillplatz, Telefonzellen am Eingang. Wohnwagen zu vermieten. Zum Strand läuft man knapp 10 Min. Pro Person ca. 10–15 €, alles inkl. Ostern bis Ende Oktober. ☎ 0784/93165, ☏ 93256.

Essen & Trinken

San Francisco, zentral, Nähe Kirche, von einer netten älteren Signorina aufmerksam geführt, bemerkenswert die riesigen Pizze, die beinahe über den Tellerrand lappen. Kräftig und herzhaft sind die hausgemachten Nudeln, auch gute Fischgerichte.

Il Cormorano, hübsche Terrasse mit prächtiger Dattelpalme in Hafennähe, Essen in Ordnung, hauptsächlich Meeresspezialitäten, nicht das billigste Lokal am Ort.

Al Porto, mitten im Hafen, zentral und gelegentlich überlaufen, aber nicht schlecht.

Due Chiacchiere, im Hafen, Spaghetteria mit herrlichem Meeresblick, positiver Leserkommentar, *risotto al pescatore* versuchen.

Il Pescatore, vom Hafen ein paar Schritte Richtung Norden die Straße entlang. Das etwas elegantere Lokal bietet fast ausschließlich Fischspezialitäten. Leserlob. Menü ca. 20–25 €.

L'Angolo Blu, gemütliche kleine Trattoria in einem Seitengässchen der Via Colombo, nur eine Hand voll Tische zwischen zwei Hauswänden.

● *Cafés & Bars*: **Il Boschetto**, rustikale Bar in der Pineta, schräg gegenüber vom Tourist Info.

Roadhouse Blues Pub, Terrasse mit warmer Küche an der Promenade von Cala Gonone, direkt über dem Strand.

▶ **Baden:** Ein schön geschwungener, grobkörniger Sandstrand liegt gleich neben dem Hafen und ist von diesem nur durch eine Betonmole getrennt. Er setzt sich nach Süden in einem künstlich aufgeschütteten Kies-/Sandstrand vor der Promenade fort. Wenn man schließlich die Uferpromenade von Cala Gonone bis zum südlichen Ende und weiter durch einen kleinen angelegten "Park" läuft, findet man unterhalb vom Villaggio Palmasera einen langen und breiten Strandbereich in recht schöner Lage.

Nördlich vom Hafen endet die Uferstraße nach wenigen Metern oberhalb der schwarzen Klippenküste. Vom Vorsprung mit der geräuschvollen Pumpstation springen gern mutige Knaben ins tiefe Wasser. Ein Pfad ist in die beinahe senkrechten Felswände gesprengt und führt ca. 2 km immer am Meer entlang (beim letzten Check wegen Steinschlaggefahr gesperrt). Unterwegs viele Salzablagerungen und tiefschürfende Erfahrungen, die unter die Haut gehen – Seeigel! Badeschuhe sinnvoll. Der *Grottone di Biddiriscottai* liegt am Weg.

Strände und Badebuchten südlich von Cala Gonone

Unterwegs zur Grotta del Bue Marino

Strände und Badebuchten südlich von Cala Gonone

Die schönsten Sandstrände der Region liegen zwischen turmhohen Felswänden südlich von Cala Gonone. Ins felsige Hinterland setzen sie sich in lang auslaufenden Tälern, den sog. Codule, fort.

Die größten Buchten sind in den Monaten Juni bis September regelmäßig mit Badebooten zu erreichen, dabei wird auch die berühmte Grotta del Bue Marino angelaufen. Anfahrt zu den Stränden mehrmals vormittags, nachmittags Rückfahrten, Badezeug und Proviant nicht vergessen! Cala Fuile, die ortsnächste Bucht, kann auch mit dem Auto angefahren werden. Weniger überlaufene Bootsverbindungen gibt es auch von Santa Maria Navarrese (→ S. 540).
Die Bootsfahrt entlang der Steilküste lohnt sehr – phantastische Panoramen, das Wasser glasklar, oft kann man den Grund sehen! Immer wieder Klüfte, Spalten und riesenhafte Höhlungen. Vor allem südlich der Cala di Luna wird es interessant – die Wände wachsen ins Riesenhafte, fast senkrecht ansteigende Kalkgebirge in bizarren Formen. Wer *zu Fuß* die Küste entlang vordringen will, kann leicht zur Grotta del Bue Marino gelangen (allerdings ist der Landeingang versperrt, also keinerlei Besichtigung möglich!). Auch die Wanderung zur Cala di Luna ist nicht übermäßig schwer, ebenso der Anmarsch aus dem Hinterland, die Codula di Luna entlang (→ S. 534).

● *Bootsverbindungen/Preise*: Die Motorbarken fahren im Sommer ab **Cala Gonone/Hafen** zur
– **Grotta del Bue Marino** etwa 4–6 x tägl. (mit Eintritt in die Höhle ca. 11 € hin/rück)
– **Grotta del Bue Marino** und weiter zur **Cala Luna** etwa 5 x tägl. (mit Eintritt in die Höhle ca. 16 € hin/rück)
– **Cala Luna** ca. 5 x tägl., bei großer Nachfrage zusätzliche Fahrten (ca. 9 € hin/rück)

Ostsardinien/Baronia

In der Felsenküste bei Cala Gonone liegen zahlreiche Höhlen

- **Cala Sisine** etwa 1 x tägl. (ca. 13 € hin/rück)
- **Cala Mariolu** etwa 1 x tägl. (ca. 17 € hin/rück)
- **Minikreuzfahrt** im Golf inkl. Grotta del Bue Marino etwa 1 x tägl. (ca. 25 €).

Genaue Informationen zu Abfahrtszeiten und Preisen, sowie Ticketkauf im Hafen bei **CTM** (Nuovo Consorzio Trasporti Marittimi), tägl. 8.30–22 Uhr, in der Nebensaison kürzere Zeiten (✆ 0784/93305, ✆ 93302, www.comar-calagonone.com). Die Boote werden in der Hochsaison sehr voll, rechtzeitig um Fahrschein kümmern!
Zusätzlich veranstalten private Anbieter **Ausflugsfahrten** im Golf, Information und Buchung bei den Kiosken im Hafen.

Sowohl die Tropfsteinhöhle wie auch die Strände Cala Luna, Cala Sisine und Cala Mariolu werden auch von **Arbatax** und **Santa Maria Navarrese** von Booten angefahren. Details siehe dort.

• *Übernachten*: Dank der schlechten Erfahrungen, die die Comunen mit den Individualtouristen machen mussten, ist das freie Zelten in allen Buchten der Steilküste im Golf von Orosei streng verboten. Gepäck darf nicht mit an Bord genommen werden.
• *Essen & Trinken*: An der **Cala di Luna** und der **Cala Sisine** gibt es jeweils ein Lokal, das im Sommer geöffnet ist. Sonst keinerlei Einrichtungen.

▶ **Cala Fuili**: am Südende der Bucht von Cala Gonone, ca. 3 km ab Ortszentrum, eine asphaltierte Straße führt hin, kein Bootsverkehr. Unterwegs schmale Strände unterhalb der niedrige Klippenküste. Am Ende der Straße tief unten die hübsche, jedoch meist überfüllte Bucht, eingebettet zwischen turmhohen Felswänden, Macchia und duftendem Oleander. Leider dominieren grober Kies und teils große Steinbrocken. Wagen an der Straße abstellen, ein befestigter Weg führt hinunter, keine Einrichtungen.

Lohnend – auf der anderen Seite der Bucht führt ein Fußweg über die Karstfelsen zur *Grotta del Bue Marino*, ein anderer zur *Cala di Luna*.

Strände und Badebuchten südlich von Cala Gonone

• *Fußweg zur Grotte*: völlig problemlos zu machen, Dauer ca. 30 Min. einfach, am besten nachmittags laufen, wenn die Sonne nicht mehr so hoch steht. Wegen Geröll in einigen Abschnitten sollte man etwas Trittfestigkeit besitzen.

Der große Fehler, den hier viele begehen – sie suchen den **Beginn des Pfads** in der Cala Fuili vorne am Wasser und finden nur wilde, teils ins Wasser abgerutschte Felsbrocken. Der gut sichtbare Weg beginnt aber zwischen Oleanderbüschen ein Stück weiter hinten in der Bucht (→ Skizze). Er ist anfangs **grün markiert** und gleichzeitig Einstieg zur Wanderung nach Cala di Luna. Bitte nicht anderweitig verbreiteten Informationen glauben, der Weg sei abgerutscht!

Zunächst steigt man zwischen Sträuchern den Hang hinauf, oben gabelt sich dann der Weg – rechts geht es (grün markiert) zur Cala di Luna, links der Weg zur Grotte. Letzterer führt anfangs hoch über dem Wasser entlang, schön schattig wegen hoher Nadelbäume, Macchia und Wacholder. Der breite und immer gut zu erkennende Weg senkt sich in einen kleinen Einschnitt und steigt auf der anderen Seite teils über Geröll in Serpentinen steil den Hang hinauf. Später wird noch ein zweites Tal durchquert. Im dritten Einschnitt senkt sich der Geröllpfad bis kurz oberhalb des Wasserspiegels. Von dort führt eine betonierte Treppe hart am Felsen entlang bis zu einer großen Grottenöffnung direkt über dem Wasser (Öffnung und Treppe sind von Ausflugsbooten zur Höhle zu sehen). Noch ein paar Meter hinein ins dunkle Innere, dort trifft man auf eine massive Eisentür, die den Zutritt zur Tropfsteinhöhle versperrt. Hier schöner, stiller Platz zum Rasten mit Blick aufs türkisfarbene Wasser.

• *Wanderung zur Cala di Luna*: Einstieg siehe Skizze. Weg ist alle 5–10 m mit grünen Punkten markiert und relativ einfach zu laufen, Turnschuhe reichen aus. Lediglich bei der **Grotte Oddoana** geht es etwas steil bergab, jedoch nur kurz. Dauer etwa 2 1/2–3 Std. Mit Boot zurück nach Cala Gonone (Vorsicht – nicht das Boot nach Santa Maria Navarrese erwischen).

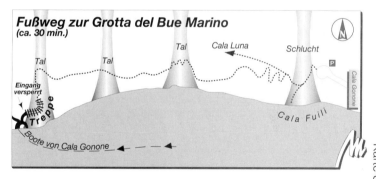

▶ **Grotta del Bue Marino**: Die "Meerochsen-Höhle" ist die Hauptattraktion von Cala Gonone, ca. 5 km südlich vom Ort, eingelagert in die Steilküste. Die *Bue Marinos*, die Mönchsrobben oder "Meerochsen", die im Höhleninneren früher ungestört leben und sich fortpflanzen konnten, sind jedoch inzwischen lange verschwunden und im gesamten Mittelmeer vom Aussterben bedroht (→ Allgemeiner Teil/Tierwelt). Zwei gewaltige Öffnungen bilden die beiden Eingänge, in die die Barken bei ruhiger See problemlos einlaufen können. In Jahrmillionen hat sich ein unterirdischer Flusslauf sein Bett durch das mächtige Kalkmassiv gegraben und ein langes, schlauchartiges Gebilde geschaffen, die Mündung wurde von Meerwasser ausgehöhlt. Am Höhleneingang unter Glas

530   Ostsardinien/Baronia

der Grundriss der Höhle, außerdem Spuren menschlicher Einritzungen aus dem 3. Jh. v. Chr.

Auf einem befestigten Weg läuft man den Flusslauf entlang, dabei sieht man viele eigenartige Tropfsteine verschiedenster Gestalt und Größe – da die Höhle noch arbeitet, entstehen ständig neue. Trotz gut 30 m Gestein über der Höhle tropft es nach starken Regenfällen regelmäßig von der Decke, das karstige Kalkgestein lässt einen Großteil des Wassers durchsickern. In etwa 500 m Entfernung vom Eingang vereinigt sich das Süßwasser aus dem Berg mit dem Salzwasser – nach der Schneeschmelze im Frühjahr entsteht hier ein Wasserfall. Faszinierend ist der sog. *Spiegelsaal*: In einem Gewölbe hat sich ein großer See gebildet, in dessen glasklarer Oberfläche sich dank verschiedener Lichtquellen täuschend echt die raue Höhlendecke widerspiegelt – man glaubt, man hat den Seegrund zum Greifen vor sich, doch der liegt in Wahrheit viel tiefer. Nach etwa 1 km endet die Führung im *Orgelsaal*, und man geht auf demselben Weg zurück.

▸ **Cala di Luna**: phantastischer weißer Sandstrand, zu beiden Seiten von verwitterten Felshängen eingefasst. Die ausgewaschenen Grotten samt Hippie-Zeichnungen am Nordende vom Strand gehören zu den beliebtesten Motiven professioneller Sardinien-Fotografen. Hinter dem Strand blühende Oleander- und Wacholderwäldchen, der Mündungssee des Riu Codula di Luna und das große, rustikale Lokal "Su Neulagi" mit etwas überhöhten Preisen, geführt von einer Kooperative.

Die Cala di Luna war in den Siebzigern neben dem Valle di Luna am Capo Testa (wie sich die Namen gleichen!) der bekannteste Anlaufpunkt für Alternativtouristen. Mit Sack und Pack reisten die Hippies, Freaks und Aussteiger an, um hier und im weit landeinwärts reichenden Tal den Sommer zu verbringen. Tagsüber kamen zwar die Ausflügler von Cala Gonone, aber nachts war man unter sich. Schließlich verboten die Behörden 1982 das Nächtigen im Umkreis von 1 km von der Cala di Luna, seitdem nehmen die Boote keine Passagiere mit Gepäck mehr mit, und die Idylle (?) hat ein abruptes Ende gefunden.

> Zu Fuß erreicht man die Cala di Luna in etwa 2 ½–3 Std. von der kleinen **Cala Fuili** aus (→ oben).

▸ **Cala Sisine**: Ab hier begint das Einzugsgebiet der Comune Baunei. Der Strand ist nicht so lang wie die Cala di Luna, besitzt ansonsten gleiche Qualität, z. T. weiß gewaschener Kies, und ist deutlich weniger überlaufen als Cala di Luna. Das Restaurant "Su Coile" wird ebenfalls von einer Kooperative geführt und ist gleichfalls nicht billig. Erbaut ist es im Stil alter Pinedde, mit Steinhütten und vertrockneten Tamarisken-/Pinienzweigen als Dach.

> Zu Fuß kann man zur Cala Sisine eine schöne Wanderung durch die Codula di Sisine machen, die man von der **Hochebene von Golgo** aus erreicht (→ Baunei).

▸ **Cala Biriola**: kleine, wilde Felsbucht mit wenig Sand und steil aufsteigenden Felsen. Keine Einrichtungen und kein Bootsverkehr mit Cala Gonone.

Strände und Küste nördlich von Cala Gonone   531

▶ **Cala Mariolu** *(Spuligedenie)*: die letzte Bucht, die die Boote von Cala Gonone anlaufen. Kies-/Sandstrand zwischen hohen Felshängen, im Wasser wild verstreute Brocken und Steinplatten. Von den drei Stränden der kleinste und ruhigste.

▶ **Is Puligie de Nie** (auch: Spiaggia l'Aguglia): weiterer, meist völlig einsamer Strand, etwa 200 m lang. Gelegentlich werden in Cala Gonone Bootsausflüge angeboten.

▶ **Cala Goloritze:** Eine traumhaft-wilde Szenerie tut sich hier auf – kleiner, strahlend weißer Kiesstrand unterhalb senkrechter Felsabstürze, vorgelagert das berühmte Felsentor *Arco di Goloritze*, im Hintergrund steigt die Felsnadel *L'Aguglia* senkrecht in den Himmel, ein 143 m hoher Kalkmonolit, genannt auch *Punta Caroddi* ("Karottenfels"). Oft sieht man hier Kletterer – es handelt sich immerhin um Italiens klettertechnisch schwierigsten Normalanstieg (6b+). Kein Bootsverkehr, weder von Cala Gonone noch von Arbatax.

> Zu Fuß erreicht man die Cala Goloritze in einer Wanderung von der **Hochebene von Golgo** aus (→ Baunei).

▶ **Portu Cuadu** (auch: Porto Quau): tiefer, fjordartiger Einschnitt ca. 1 km vor dem weit vorspringenden *Capo di Monte Santu*, das das Südende des Golfs von Orosei markiert. Zwischen beiden Punkten die kleine Bucht von *Portu Pedrosu*. Beide Buchten können nur mit eigenem Boot erreicht werden, kein Badebootverkehr.

Strände und Küste nördlich von Cala Gonone

Weniger eindrucksvoll als die Südstrände und kein Bootsverkehr. Eine schmale, mittlerweile weitgehend ausgebaute Piste führt zur abgelegenen Cala Cartoe, schwieriger ist die Caletta di Osalla zu erreichen.

In Cala Gonone muss man hinter dem Campingplatz in die Berge nordwestlich von Cala Gonone fahren. In weiten Kurven geht es auf einer betonierten Piste steil hinauf und schließlich über den *Passo Littu* hinunter in die große Landwirtschaftsebene nördlich von Cala Gonone. An den folgenden Kreuzungen kann man der Beschilderung folgen und kommt bald an eine Gabelung, wo man entweder zur Cala Cartoe oder zur Caletta di Osalla fahren kann (→ Skizze Cala Gonone und Umgebung).

Alternative: von der SS 125 den Weg zur Grotta di Ispinigoli nehmen, aber nicht zur Grotte einbiegen, sondern die asphaltierte Piste geradeaus weiter, an der Kapelle San Giovanni vorbei und anschließend nach Beschilderung fahren. Der Weg zur Caletta di Osalla wird zunehmend schlechter und schmaler, windet sich schließlich um eine Felsnase, wo ein meist geöffnetes Gittertor passiert wird.

▶ **Cala Cartoe:** etwa 200 m Sandstrand zwischen niedrigen Hügelzungen, dahinter eine lang gezogene Lagune, viel Schilf, Kuh- und Schafsweiden, vereinzelt Bauerngehöfte, einsam. Linker Hand zwei Molen, die zur neuen Marina di Cartoe gehören.

Vorsicht bei der Anfahrt, die auf dem letzten Stück stellenweise sehr schlecht wird. Kurz bevor es zum Strand hinuntergeht, schöne Aussicht auf den langen Strand von Orosei.

Blick von der Küstenstraße auf die Ausläufer des Supramonte

▸ **Caletta di Osalla**: recht guter Sandstrand zwischen Felsen. Wenige Meter nördlich beginnt der lange Strand von Orosei, von dort ist der Strand leichter zu erreichen (→ Orosei).

Dorgali bis Santa Maria Navarrese

Eine der eindrucksvollsten Gebirgsstrecken Sardiniens! Hoch über dem Tal des Riu Flumineddu mit Weinfeldern und vereinzelten Gehöften schlängelt sich die Straße. Im Westen die kargen Geröllhalden und Felswände des Supramonte und Gennargentu.

Vom markanten Aussichtspunkt bei der *Cantoniera Bidicolai* (Parkmöglichkeit) noch ein letzter Blick zurück auf Dorgali, das Tal und den riesenhaften Eingang der Gola su Gorroppu. Dann geht es auf der *Orientale Sarda SS 125* in eine wahre Mondlandschaft mit bizarren Felsgraten, tiefen Schluchten und macchiagrünen Hochebenen. Beiderseits der Strecke ist die Region völlig unbesiedelt, nur Hirten mit Schafherden und halbwilde Schweine kreuzen ab und an die Straße.

▸ **Genna Silana**: markanter Pass in 1010 m Höhe, an der Straße eine Bar, das einzige Hotel weit und breit liegt ein Stück oberhalb. Ein lohnender Haltepunkt, um die Stille der Berge und einen fürstlichen Rundblick auf die Gipfel des Supramonte zu genießen. Aber Achtung: Beim Aussteigen etwas Vorsicht vor den halbwilden Schweinen, die hier in Rudeln herumlaufen und recht aggressiv um Futter betteln. Auch im Sommer wird es hier oben recht frisch, oft ist es neblig. Ein beschilderter Weg führt in etwa 80 Min. zum Eingang der Gola su Gorroppu.

Gola su Gorroppu 533

● *Übernachten/Essen & Trinken*: Die **Bar Silana** bietet sich für eine kurze Rast an.

** **Passo di Silana**, das Hotel in völliger Bergeinsamkeit bietet sich als Stützpunkt für Wandertouren an. Solide und sauber, der Wirt spricht Deutsch und gibt Wandertipps, im Speisesaal offener Kamin und optimaler Blick, kräftige Hochlandküche mit Ziegenbraten, Lamm und Porcheddu, Menü um die 20–25 € pro Person. Nicht ungewöhnlich sind Sturmböen, die um das Haus fegen. DZ mit Bad ca. 35–38 €, Frühstück ca. 4 €/Pers. ✆ 0784/95120.

Gola su Gorroppu

Phantastischer Höhepunkt der Region: Der Riu Flumineddu hat sich südlich von Dorgali einen steilen Durchbruch durch das Massiv des Monte Oddeu gebahnt und die großartigste Schlucht Sardiniens mit teils himmelhohen, senkrechten Felswänden geschaffen.

Die Gola su Gorroppu ist ein einzigartiger Biotop. Man findet Verwitterungen und Auswaschungen zu atemberaubenden Formen aufgetürmt, Felsplatten ragen steil auf, ein bizarrer Anblick jagt den anderen. Auffallend ist auch die reiche Fauna und Flora – in der warmen Sonne aalen sich Eidechsen und Ringelnattern, man hört Spechte klopfen, Libellen summen und sieht sogar gelegentlich Adler kreisen. Immer wieder trifft man auf dunkelgrüne Tümpel und Teiche, in denen zentimetergroße Frösche, handspannenlange Lurche und Unterwasserkäfer leben.

Die Schlucht ist nur zu Fuß zu begehen, drei Einstiegsmöglichkeiten gibt es (→ unten). Achtung: Der Ausgang zum breiten Tal des Riu Flumineddu in Richtung Dorgali ist durch Felsbarrieren versperrt, die nur geübte Kletterer mit Ausrüstung überwinden können. Auch im übrigen Teil der Schlucht ist etwas Klettererfahrung nötig, es handelt sich nicht um Spaziergänge in gesichertem Gebiet! Geführte Exkursion bieten verschiedene Organisationen an (→ Kasten).

Geführte Wanderungen in die Gola su Gorroppu veranstaltet die engagierte **Società Gorroppu** (Mitglied der GAE) aus dem kleinen Örtchen Urzulei, etwa 15 km weiter südlich (I-08040 Urzulei, Via Sa Preda Lada 2, ✆ 0782/649282, ✉ 649253, www.travel.to/sardinia). Auch andere Ziele werden angeboten, z. B. eine Tour zum versteckt gelegenen Nuraghendorf Tiscali (→ S. 590), zum Monte Novu San Giovanni oder zum Nuraghen Mereu. Mehrtägige Wanderungen sind ebenfalls möglich, weiterhin kann man Canyoning, Freeclimbing und Vogelbeobachtungen buchen, Privatunterkünfte werden vermittelt und man kann die regionale Küche bei einem Mittagessen mit den Hirten des Supramonte kennen lernen. Die Kooperative bemüht sich seit Jahren um einen natur- und sozialverträglichen Tourismus in ihrer Region. Bei Verständigungsproblemen hilft die deutsche Diplombiologin Sandra Lietze, die seit einigen Jahren in Urzulei lebt. Weitere Anbieter siehe unter **Oliena** (→ Barbagia).

▶ **Einstieg ab Bar "Sa Domu e S'Orku":** Diese optisch eigenwillige, leicht bunkerförmige Bar steht an der SS 125, etwas nördlich vom Abzweig nach Urzulei, bei Km 177 VI. Sie wird von der Società Gorroppu betrieben, man bekommt Auskünfte und Wanderkarten zur Schlucht und kann sich auch einen hübschen Schauraum mit Kunsthandwerk ansehen.

Genau gegenüber der Bar zweigt eine schmale Asphaltstraße ab, die in die Nähe der Schlucht führt. Seit einigen Jahren stehen hier allerdings Schilder,

Baronia · *Karte Seite 491*

534 Ostsardinien/Baronia

dass das Befahren mit dem privaten PKW nur Autorisierten gestattet ist. Die Straße schlängelt sich unterhalb einer senkrecht ansteigenden Felswand auf die einsame Hochebene *Planu Campu Oddeu*. Nach etwa 2,5 km endet der Asphalt, weiter geht es auf "strada bianca" runter in ein Tal, über eine Brücke und wieder bergan, ein weiteres Tal entlang. Kurvig fährt man durch dichten Steineichenwald bis zu einem kleinem Gehöft mit Stall (7,7 km ab Beginn der Schotterpiste). Im Folgenden wird der Weg zusehends schlechter und nähert sich langsam dem oberen Rand der Schlucht. Die Fahrspur endet schließlich bei einigen Schweinegehegen. Jetzt links einem rot-weiß-rot markierten Trampelpfad folgen, der sich ziemlich steil den erodierten Schluchthang hinunterzieht. Früher wuchsen hier überall kräftige grüne Steineichen und Eiben *(Enis)*. Je tiefer man steigt, desto eindrucksvoller wird die Szenerie. Am Schluchtengrund kann man problemlos vordringen, bis steile Felsbarrieren den Ausgang ins Tal des Riu Flumineddu versperren (→ S. 521f.). Nur geübte Kletterer sollten hier weiter vordringen.

▶ **Einstieg ab Pass Genna Silana**: Direkt beim Parkplatz gegenüber vom Hotel Genna Silana (→ S. 532) führt ein Weg in etwa 80 Min. zum Schluchteingang, er ist mit roten Punkten markiert und soll gut ausgebaut sein. Der Deutsch sprechende Hotelbesitzer gibt weitere Auskünfte.

▶ **Einstieg ab Dorgali im Tal des Riu Flumineddu:** Beschreibung siehe S. 521f..

Codula di Luna

Weitere eindrucksvolle Schlucht, die an der weiter oben beschriebenen Bucht Cala di Luna ins Meer mündet.

Bei Km 172, etwas östlich vom Abzweig nach Urzulei, zweigt von der SS 125 eine Asphaltstraße in den oberen Teil der Schlucht ab und endet nach ca. 13 km im Wäldchen *Teletotes*. Sie kann problemlos per PKW befahren werden, ist allerdings auf vielen Karten nicht eingezeichnet. In Serpentinen und langen Geraden geht es hinunter bis an den Grund der Schlucht, dort schließlich endet die Straße in völliger Stille zwischen turmhohen Felswänden und kräftigen Eichen. Gleich neben dem Wendepunkt plätschert ein Bach, der *Riu Codula di Luna*, und bildet zwischen abgerundeten Granitbrocken kleine Teiche. Achtung: Nach starken Regenfällen verwandelt sich das im Sommer kümmerliche Rinnsal nicht selten in einen reißenden Wildbach! Tipp: Wer mit ARST-Bus unterwegs ist, kann den Fahrer bitten, an der Durchgangsstraße oben zu halten, trotz Asphalt schöne Wanderung von ca. 3 Std.

Die weitere Schluchtwanderung bis zur Küste hinunter sollte man nur im Sommer unternehmen, wenn der Bach wenig Wasser führt bzw. ausgetrocknet ist! Einen Weg gibt es allerdings auf weiten Strecken nicht, man folgt einfach dem Flusslauf, der zeitweise im karstigen Untergrund verschwindet. Markiert ist die Route sporadisch mit Steinhäufchen, Dauer etwa 4 Std. Unten angekommen kann man per Badeboot nach Cala Gonone oder Santa Maria Navarrese fahren (verkehrt nur in der Touristensaison, vorher genau erkundigen!)

Tief in der Gola su Gorroppu – bizarre Verwitterungen und modrige grüne Tümpel

536 Ostsardinien/Baronia

und mit Bus oder Taxi zum Ausgangspunkt zurückkehren. In umgekehrter Richtung, also vom Meer hinauf zur Straße, reichlich anstrengend, weil steil!

Im südlichen Abschnitt der Gebirgsstrecke bis Baunei ist die SS 125 gegen Steinschlag mit langen Galerien gesichert worden, was auf jeden Fall sinnvoll ist, aber der Fahrt natürlich etwas den Reiz nimmt. Wenige Kilometer nördlich von Baunei liegt in 670 m Höhe der Aussichtspunkt Belvedere Genna Arrémene, wo man bei klarem Wetter die Ogliastra vor sich ausgebreitet sieht.

Baunei

Bergstadt in einzigartiger Lage zwischen Himmel und Erde, hoch über der Ebene von Tortoli. Die grauen Häuser unterhalb der langen Durchgangsstraße kleben beinahe am Hang, grandioser Blick und endlose Serpentinen hinunter nach Santa Maria Navarrese. Ein kleines Museum gibt es seit kurzem, das *Museo Storico Etnografico "Sa Dommu Eccia"*, ein altes Bauernhaus etwas oberhalb der Durchgangsstraße, in dem traditionelle landwirtschaftliche Geräte ausgestellt sind.

Größter Leckerbissen von Baunei ist aber die einige Kilometer oberhalb liegende Hochebene von Golgo, die bequem mit dem Fahrzeug erreicht werden kann und ein beliebter Ausgangspunkt für Wanderer ist

Öffnungszeiten: **Museo Storico Etnografico "Sa Dommu Eccia"** – Mo–Sa 10–12, 17–21 Uhr. ✆ 0782/610888.

● *Anfahrt/Verbindungen*: Busse auf der Strecke Dorgali – Santa Maria Navarrese – Tortoli halten in Baunei.

● *Essen & Trinken*: **Pisaneddu**, hübsches Bruchsteinhaus mit alter Holzbalkendecke, sehr ruhig, etwas außerhalb vom nördlichen Ortsausgang an der SS 125. Antonio Cabras spricht gut Deutsch, hat in Stuttgart gearbeitet. Mittags und abends warme Küche – Spaghetti, Schinken, Rindskotelett und Ziegenbraten, *porcheddu* auf Vorbestellung.

Belvedere, Bar mit Panoramablick in der Nähe vom nördlichen Ortsausgang.

Hochebene Su Golgo

Verkarstetes Felsplateau mit tiefen Löchern und Spalten etwa 10 km oberhalb von Baunei, z. T. üppig grüne Wildnis mit Steineichen und Olivenbäumen. Herrlich ruhig und ein urwüchsiges Restaurant.

Auffahrt direkt ab Hauptstraße in Baunei (beschildert), in abenteuerlich steilen Serpentinen zieht sich die 1996 asphaltierte Straße hinauf, die in vielen Karten nicht eingezeichnet ist. Oben spektakuläre Aussicht über die Ebene der Ogliastra, dann geht es durch dichten Steineichenwald auf die Hochebene.

An einer Kreuzung nach links Hinweisschild zum empfehlenswerten Ristorante "Golgo", rechts – in Richtung Cala Goloritze – nach ca. 300 m Parkmöglichkeit bei den Wassertümpeln *As Piscinas*. Zu Fuß querfeldein an diesen Becken vorbei über schwarzbemooste Felsbrocken zur *Voragine di Baunei* (auch: "Voragine di Susterrù"), ein Karstloch von 270 m Tiefe, nach tödlichen Abstürzen von zwei Personen allerdings seit 1984 eingezäunt, sodass nicht viel zu sehen ist.

Die Hauptpiste geht weiter in Richtung Norden nach Cala Sisine. Linker Hand Abzweig zur stillen Wallfahrtskirche *San Pietro*, umgeben von einer Mauer und niedrigen Pilgerzellen, die gelegentlich für Picknicks genutzt wer-

Hochebene Su Golgo   537

den. Nur am 29. Juni kehrt hier Leben ein, dann wird von den Einwohnern von Baunei das Fest des heiligen Pietro gefeiert.

▶ **Wanderungen von der Hochebene zum Meer**: Von der Hochebene gibt es zwei Abstiege zur Küste – den langen Weg zur Cala Sisine (→ S. 530) und den steilen Abstieg runter zur Cala Goloritze (→ S. 531). Beide sind nicht zu verfehlen. Wichtig: ausreichend Wasser mitnehmen!

Zur *Cala Sisine* führt Richtung Norden ein alter Karrenweg, der sich allmählich bis zum Beginn der Codula di Sisine senkt. Diese geht man am Schluchtgrund entlang bis zum Meer. Ab Kirche San Pietro sind es gut 14 km, davon kann man einige mit dem PKW zurücklegen, weiter geht es dann aber nur noch zu Fuß, per Bike oder Jeep. Ab Cala Sisine fahren im Sommer Badeboote nach Cala Gonone.

Zur *Cala Goloritze* beschilderter Abzweig ab Hauptpiste nach Osten (dort, wo es links zum Restaurant "Golgo" geht), an den Naturwasserbecken As Piscinas vorbei und noch 400 m bis zu einem Parkplatz bei der Pferdefarm der Cooperativa Goloritze (→ Kasten). Anschließend auf gut erkennbarem Weg in Richtung Nordosten – zunächst hinauf zum Sattel von Annidai, dann steiler Abstieg durch herrlichen Steineichenwald, vorbei an einer alten Hirtenhütte, in die enge Schlucht Bacu Goloritze- als Blickpunkt voraus immer die Felsnadel L'Aguglia. Man durchquert schließlich einen Felsbogen und kommt danach schnell ans Meer. Der Hinweg dauert ca. 1 ¼ Std., die anstrengende Rückkehr ca. 1 ½–2 Std., teilweise starke Sonneneinstrahlung. Nur für gute Wanderer, nicht geeignet für Kinder und ältere Menschen.

Die **Cooperativa Goloritze** bietet geführte Wanderungen sowie Touren per Pferd. Ihr Standort in der Nähe der Kirche San Pietro ist auf der Hochebene beschildert. ✆/✉ 0782/610599, goloritze@tiscalinet.it.

● *Übernachten/Essen & Trinken*: **Golgo**, von einer Hirtenkooperative betrieben, urwüchsiges Bruchsteinhaus, es riecht nach Holzfeuer, Bar in Form einer Pinneda, gemütlicher rustikaler Speiseraum. Serviert wird sehr leckeres sardisches Essen – herzhafte Antipasti sowie die typischen Nudel- und Fleischgerichte, dazu lokale Weine. Auf dem Gelände kann für wenig Geld gezeltet werden, Duschen und Toiletten sind vorhanden. Geöffnet Ostern bis Oktober. ✆ 0337/811828.

▶ **Sa Pedra Longa**: markante Felsnadel, die sich direkt am Meer 80 m in die Höhe stemmt, dahinter türmen sich die schroffen Abbrüche des Supramonte, die in Macchiahalden zum Meer abgleiten. Stufen führen zu Klippen hinunter, Bademöglichkeit, im Sommer ist eine malerisch zwischen den Felsen platzierte Bar geöffnet.

Anfahrt: etwa 2 km südlich von Baunei beschilderter Abzweig ab SS 125, gut 4 km Serpentinen mit starkem Gefälle hinunter durch grandiose Berglandschaft. Vorsicht vor hinuntergestürztem Geröll, das die Straße blockiert!

Ogliastra

"Das Tal der Olivenbäume" ist in vielerlei Hinsicht eins der lohnendsten Ziele auf Sardinien. Die Ebene von Tortoli und die sie umgebenden Bergmassive bieten auf engstem Raum hervorragende Strände und gigantische Panoramen.

Vom hoch gelegenen Baunei präsentiert sich ein Anblick wie aus dem Erdkunde-Unterricht bekannt. Die Ebene, gesprenkelt von vielfarbigen Feldern, war einst ein gefürchteter Malariaherd. Heute ist sie ein landwirtschaftliches Zentrum, ebenso wie die steilen Hänge, an denen der kräftige Cannonau-Wein wächst. Die Bergstädtchen **Lanusei, Jerzu** und **Ulassai** sind durch eine gute Straße verbunden und lohnen unbedingt eine Tour, zudem liegt hier eine der schönsten Tropfsteinhöhlen Sardiniens. In der Ogliastra beginnt aber auch eine der interessantesten Inlandstraßen der Insel – die SS 198 über Seui nach Mandas, von wo man leicht zur berühmten Nuraghenfestung Su Nuraxi gelangen kann. Eine reizvolle Alternative zur Autofahrt bietet der "Trenino verde" der FdS, der sich mehrmals wöchentlich in stundenlanger Schwerarbeit durch das Bergland arbeitet.

- *Orientierung*: Als **Ogliastra** bezeichnet man die südlich des Golfs von Orosei liegende Küstenebene um Tortoli und Arbatax samt den sie umgebenden Berghängen. Hervorragende Sandstrände machen ihren Reiz ebenso aus wie die Dörfer im bergigen Hinterland. Erholsame Badeorte sind **Santa Maria Navarrese** und **Marina di Barisardo**. Den Abstecher lohnt auch die abgelegene **Marina di Gairo** mit einem der schönstgelegenen Campingplätze Sardiniens. In den Bergen sind außer den landschaftlichen Eindrücken interessant die Tropfsteinhöhle **di Marmuri** und die Orte **Lanusei, Jerzu** und **Ulassai**.

- *Verbindungen*: **Fähren** ab Arbatax gehen nach Cagliari, Olbia und aufs Festland. In Arbatax beginnt auch die vielleicht reizvollste **Kleinbahnstrecke** Sardiniens (FdS) über Lanusei nach Mandas und weiter nach Cagliari (→ Arbatax). **Busknotenpunkte** sind Tortoli und Arbatax, mehrmals täglich Verbindungen in die Dörfer der Umgebung und die Küstenstraße (SS 125) entlang nach Norden (Baunei, Dorgali) und Sü-

den (Muravera).

- *Straßen*: Die Bergstraßen sind steil und sehr kurvig. Gebaut wird an einer autobahnähnlichen Verbindung von Lanusei nach Nuoro. Einige Küstenstücke sind nur per "strada bianca" oder gar nicht zu erreichen.

- *Übernachten*: an der Küste **Hotels** verschiedener Preisklassen in Santa Maria Navarrese, Tortoli, Arbatax, Bari Sardo und Marina di Barisardo. Auch in den Bergdörfern jeweils mindestens eine Unterkunft. Ausgeprägt ist der **Campingtourismus** – jeweils mehrere Plätze am Strand zwischen Santa Maria Navarrese und Arbatax, am Kap von Arbatax und südlich davon, einige Plätze auch bei Marina di Barisardo. Spezielle Erwähnung verdient der Campingplatz an der Marina di Gairo.

- *Baden*: langer Sandstrand zwischen Santa Maria Navarrese und Arbatax, außerdem bei Marina di Barisardo. Weitere Strände südlich vom Kap von Arbatax, Kiesstrand an der Marina di Gairo.

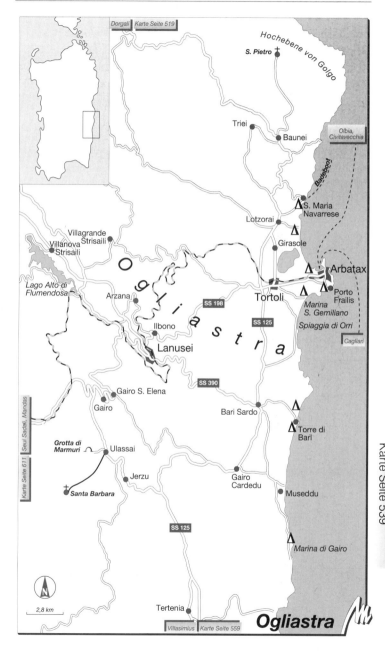

Santa Maria Navarrese

Schlichter, sympathischer Fischer- und Badeort am Nordrand der Ebene von Tortoli, dort wo die karstigen Hänge des Supramonte beginnen. Ein 6 km langer Sandstrand zieht sich bis zum Kap von Arbatax, mehrere Campingplätze liegen dahinter in der schattigen Pineta versteckt. Optimale Lage für Ausflüge ins bergige Umland.

Touristisch herrscht Aufbruchstimmung, doch alles wirkt noch überschaubar und ruhig. Viel Grün, zwischen den Häusern noch Luft. Im rückwärtigen Teil des Orts klettern die Bauten den Hang hinauf, oben weiter Blick über die Bucht – vor der Küste kleine Porphyrinselchen, die dem Schuppenpanzer eines untergetauchten Drachen nicht unähnlich sind. Nördlich vom spanischen Küstenwachturm der Porto Turistico, ein großer Jachthafen. Am zentralen Rasenplatz mit locker verteilten Spielgeräten für Kinder ein weiß gekalktes Kirchlein mit uralter Holzdecke, errichtet von einer Tochter des Königs von Navarra zum Dank für ihre Errettung aus der Gefangenschaft sarazenischer Seeräuber, auch der Ortsname geht darauf zurück. Gleich daneben ein meterdicker, aber innen fast hohler Ölbaum (Höhe 9 m, Durchmesser der Krone 8,40 m), der zu den ältesten Europas gehören soll.

Information/Verbindungen/Sonstiges

- *Information*: gut geführtes Büro in neuem Betongebäude oberhalb vom Hauptplatz. Es wird Deutsch gesprochen. Infos über Wandermöglichkeiten. Mo–Do 16.30–19.30 Uhr, Fr 8.30–13, 16.30–19.30 Uhr. ✆/📠 0782/615537.
- *Anfahrt/Verbindungen*: Die **Busse** zwischen Tortoli und Dorgali fahren in den Ort hinein, der abseits der Hauptdurchgangsstraße liegt. Abfahrt vom Hauptplatz, etwa 2x tägl. in beide Richtungen.
- *Ausflüge*: Ein Motorschiff des **Consorzio Trasporti Marittimi** fährt in der Saison mehrmals wöch. die Tropfsteinhöhle Bue Marino und die Badebuchten an der Steilküste nördlich von Santa Maria Navarrese an: **Cala Mariolu** – **Cala Sisine** – **Cala di**

Luna – **Grotta di Bue Marino**. Abfahrt morgens in Arbatax, in Santa Maria Navarrese eine halbe Stunde später, Rückkehr gegen 18.30 Uhr. Preis je nach Tour etwa zwischen 13 und 22 €, Tickets und Abfahrt im Porto Turistico, südlich vom Ort (in Arbatax im Hafen am Molo di Ponente). Hauptadresse: Tortoli, Via Monsignor Virgilio 1, ✆ 0782/615173 oder 628024.
Die **Cooperativa Goloritze**, die ihren Standort auf der Hochebene von Golgo hat (→ Baunei), bietet Wandertouren in die Berge nördlich von Santa Maria Navarrese, Rückkehr per Boot. ✆/📠 0782/610599.
- *Sport*: Verleih von Gummibooten am Strand; Tauch-Center **Nautica** im Porto Turistico, ✆ 0782/615522.

Übernachten

- *Im Ortszentrum*: ***** Agugliastra**, direkt am Hauptplatz, alteingesessenes, vor einigen Jahren aber modernisiertes Albergo, angenehm dörfliche Lage, freundlich geführt. Kleine Zimmer mit Telefon und TV, vom obersten Stockwerk weiter Blick aufs Meer. DZ mit Frühstück ca. 45–83 €. ✆ 0782/615005, 📠 615053.

*** Santa Maria, Viale Plammas, gepflegte Pension oberhalb vom Hauptplatz, deutschsprachige Rezeption. Große, sonnige Restaurantterrasse, schöne Vegetation, in den Zimmern viel helles Holz, kleiner Kinderspielplatz. DZ mit Frühstück je nach Saison ca. 53–105 €, HP ca. 43–77 €/Pers. ✆ 0782/615315, 📠 615396, albergosantamaria@tiscalinet.it.

Santa Maria Navarrese 541

* **Plammas**, ebenfalls oberhalb vom Hauptplatz, sieben nett eingerichtete Zimmer, mit Restaurant. DZ ca. 35–63 €, Frühstück ca.3 €/Pers. ✆ 0782/615130.

• *Spiaggia Tancau* (südlich vom Zentrum): ** **Mediterraneo**, großer Kasten an der Uferstraße, etwa 50 m vor dem langen Sandstrand. Modern und großzügig angelegt, schlicht gehalten, Garten, gutes Restaurant. Schöne saubere Zimmer mit Balkon, vorne raus herrlicher Meeresblick. DZ ca. 43–68 €, HP pro Person ca. 37–68 €. ✆ 0782/615380, ✆ 615311.

*** **Stella del Mare**, direkt gegenüber dem Mediterraneo, landeinwärts der Straße. Etwas nüchterner Zweckbau, sehr sauber. Zimmer nach vorne sind im Sommer der direkten Sonneneinstrahlung ausgesetzt und dementsprechend heiß. Besitzer spricht Deutsch. DZ ca. 58–74 €, HP ca. 55–68 €. ✆ 0782/615370, ✆ 615527.

• *Camping*: **Mare Blu**, Tipp! Angenehmer Platz im schattigen Pinienwald direkt hinter dem langen Sandstrand, modernes Waschhaus (warme Duschen gratis), gemütliche Bar mit Tischtennis und Tischfußball. Betrieben von einer freundlichen Kooperative aus Lotzorai. Kein Platz für Wohnmobile, weil die Bäume eng stehen, PKW und Kleinbusse möglich. Supermarkt etwa 5 Gehminuten entfernt. Preise bisher günstig. ✆ 0782/615041.

*** **Solemar**, gleich benachbart, aber mehr Eukalyptus als Pinien. Ristorante/Pizzeria, Laden, Kinderspielgeräte. In der HS mit Disko Gazebo, die beide Plätze beschallt. Pro Person 4,50–6,50 €, Stellplatz 4,50–8 €. Ganzjährig geöffnet. ✆ 0782/669581.

Camper Service "Costa Orientale", beschildert mit "Area Attrezzata". Kleiner schattenloser Stellplatz für Wohnmobile am Beginn des langen Sandstrands, bei Restaurant Tancau. Pro Tag/Fahrzeug ca. 8–13 €, Strom extra, warme Duschen und Entsorgungsmöglichkeit vorhanden. Mitte Mai bis Mitte September. ✆ 0782/669354.

Essen & Trinken

Tancau, gutes Fischlokal in schöner Lage unten am Strandbeginn, geräumige Speiseterrasse, kühler Innenraum, auch prima Pizza. Etwas teurer.

Grande Ranch, am Viale Plammas, ein paar Schritte oberhalb vom Hauptplatz. Beliebtes Ristorante/Pizzeria, wo sich vor allem sonntags die Sarden gerne treffen.

Il Pozzo, am Ende des Viale Plammas, freundlich in hellem Holz gehalten, man kann auch schön im Freien sitzen. Über 30 Pizzen, interessante Nudelsachen, mehrere Risotti, Cannonau aller Farben.

La Fontana, schattige Terrasse an der Unterkante der Piazza, vis à vis vom Torre, ruhig. Durchschnittliche Küche, Preise im Rahmen.

• *Cafés & Bars*: **L'Olivastro**, hübscher Fleck in der Hauptbucht Baia Grande unter großen Olivenbäumen, im Sommer gelegentlich Livemusik.

Belvedere Sa'Cadrea, am Ende des Viale Plammas rechts auf den Hügel hinauf, Bar mit traumhaftem Panoramablick.

• *Nachtleben*: Disko **Gazebo** am Camping Solemar.

▶ **Santa Maria Navarrese/Baden:** Gleich unterhalb vom Hauptplatz liegen mehrere Kies-/Sandbuchten, meist gut besucht ist die Hauptbucht *Baia Grande* mit ca. 200 m Kiesstrand und der beliebten Strandbar "L'Olivastro" unter Pinien und Olivenbäumen (Tret- und Gummibootverleih). In der Saison startet hier täglich ein Badeboot zu den malerischen Buchten in der Steilküste Richtung Cala Gonone (→ Verbindungen).

Rote Porphyrklippen trennen die Badebuchten vom langen Sandstrand *Spiaggia Tancau*, der sich mit seiner schattigen Pineta Richtung Süden bis Arbatax zieht (Bootsverleih und Fallschirmsegeln).

▶ **Santa Maria Navarrese/Wandern:** Ein schöner Fußpfad führt von der Bar "Belvedere Sa'Cadrea" immer oberhalb der Steilküste zum Felsen *Sa Pedra Longa* (→ S. 537). Für die einfache Strecke benötigt man etwa 2 Std.

Ogliastra
Karte Seite 539

542   Ostsardinien/Ogliastra

Lotzorai

Mitten in der Ebene von Tortoli, Durchgangsort an der SS 125, ca. 3 km von Santa Maria Navarrese. Für Camper interessant, weil hier die Straße zu drei Zeltplätzen in der Pineta abgeht. Davor der lange Strand *Lido delle Rose.*

● *Camping*: Drei Plätze liegen nebeneinander in dichten Pinienwald am kilometerlangen Sandstrand zwischen Santa Maria Navarrese und Arbatax. Viele Wohnwagen in erster Reihe, die den Blick aufs Meer verstellen. Nach Lotzorai läuft man etwa 15 Min.
*** **Cavallo Bianco**, einfacher Platz, Sanitäranlagen okay, das Ristorante mit riesigen Holztischen auf Großfamilien eingerichtet. Pro Person ca. 5–6,50 €, Stellplatz 8–11 €. Anfang Mai bis Ende September. ℡ 0782/669110, 📠 668177.
*** **Le Cernie**, alteingesessener Platz, der mit Hinweisschildern gezielt deutsche Gäste umwirbt. Sehr sauber, ordentliche Sanitäranlagen und gutes Ristorante, Verleih von Segel-, Ruder- und Motorbooten, Auffüllmöglichkeit für Sauerstoffflaschen. Wohnwagen können gemietet werden. Pro Person ca. 6,50–10 €, Stellplatz 10–15 €. Ganzjährig. ℡ 0782/669472, 📠 669612.

*** **Iscrixedda**, der neueste der drei Plätze, bisher prima Sanitäranlagen, Warmwasser gratis, Toiletten mit Fußschaltern. Bar, Supermarkt und beliebte Steinofen-Pizzeria. Kleine, unaufdringliche Animation. Vermietung von Wohnwagen. Pro Person ca. 5,50–7 €, Stellplatz 5,50–8 €. Ganzjährig. ℡ 0782/669461, 📠 669701.
● *Essen & Trinken*: **L'Isolotto**, von Rita und Sergio Muras, von der Straße zu den Campingplätzen links abbiegen. Gutes Fischlokal – üppiges Antipasto-Buffet, ausgezeichnete Auswahl an selbst gemachten Nudeln, zu empfehlen *maccheroncini alla Sancho* (Pansa) mit kräftig-pikanter Salamisauce, der Fisch meist hervorragend zart, z. B. die *spigole alla Vernaccia.* An der Wand Fotos aus dem bewegten Leben des Wirts (darunter eine Urkunde für die Durchquerung Boliviens). Geöffnet Juni bis September, Mo geschl.

▸ **Girasole**: kleines Nest am Rand der Lagune von Tortoli, zwischen Lotzorai und Tortoli. Das Kirchlein *Beata Vergine di Monserrato* stammt aus dem 17. Jh. Eine Schotterpiste führt zum völlig einsamen Strand – dahinter zu Hügeln aufgeworfene Dünen mit schattigen Pinien und ein kanalisierter Wasserlauf, der zur Lagune führt.

● *Übernachten/Essen & Trinken*: ***
Sant'Efisio, 5 km landeinwärts von Lotzorai, an der Straße nach Talana links zur gleichnamigen Kirche abbiegen. Landgasthof mit hervorragender sardischer Küche, das große Ristorante ist beliebt bei Hochzeitsgesellschaften. Die 10 Zimmer mit Air-Condition gruppieren sich um eine Rasenfläche, wo man gemütlich im Liegestuhl relaxen kann. Es gibt einen Kinderspielplatz,

Ausritte zu Pferd können organisiert werden. DZ mit Frühstück ca. 63–85 €. ℡/📠 0782/646921, santefisio@ogliastra.net.
*** **L'Ulivo**, Località Sa Cruxi, landeinwärts von Girasole, etwa 2 km vom Meer. Neu erbautes, elegantes Anwesen mit schönem Garten und Pool. 10 Zimmer mit Air-Condition und TV. Gute sardische Küche. DZ mit Frühstück ca. 43–95 €. ℡ 0782/668956, 📠 668995, www.hotelulivo.com.

Tortoli

Als Ort kein Schmuckstück, aber das geschäftige Zentrum der Ebene und Verkehrsknotenpunkt der Ogliastra. Wird für Urlauber meist nur Durchgangsstation bleiben, während die Sarden von weither zum Einkaufen kommen. Arbatax mit dem Fährhafen ist nur einen Katzensprung entfernt, das kleinste Flugfeld Sardiniens liegt benachbart.

Abseits der großen Straßenkreuzung winklige Gassen mit alten einstöckigen Häusern, die man wegen strenger Einbahnstraßenregelung vielleicht zur Genüge zu Gesicht bekommt. An Werktagen pulsiert immer heftiger Verkehr

Arbatax 543

durch die viel zu eng gebaute Stadt. Die Piazzetta ist für die einheimische Jugend ein netter Treff – zwei Cafés und ein kleiner Springbrunnen. Eine breite schnurgerade Straße führt hinüber nach Arbatax.

● *Information*: **Pro Loco** in der Via Mazzini 7, Mo–Sa 9–13, 17–20 Uhr. ✆ 0782/622824.

● *Anfahrt/Verbindungen*: **Busstopp** an einer Piazza mit Tankstelle am nördlichen Ortsausgang Richtung Lanusei, u. a. 5x nach Arbatax.
Bahnhof für die Schmalspurbahn Arbatax – Lanusei – Cagliari an der Straße Richtung Lotzorai links.
Der **Flughafen** liegt etwas außerhalb (beschildert). Verbindungen im Sommer auf den Strecken Tortoli – Cagliari und Tortoli – Olbia, außerdem gibt es Verbindungen von und nach Rom, Mailand und Bologna, sowie mit Augsburg Airlines nach Augsburg. Flugauskunft ✆ 0782/624300.

● *Adressen*: Fast alles liegt an der Straße nach Arbatax und deren Seitengassen: **Autovermietung** (Nr. 164); **Deutsche Zeitungen/Zeitschriften** in gut sortiertem Buchladen (Nr. 30); **Geldautomat** in der Banca di Sassari (Nr. 52); **Reisebüro** (Nr. 42 B).
Wein, große Cantina Sociale in einer Seitenstraße nach Norden (beschildert), hier kann man den Cannonau di Ogliastra erwerben. ✆ 0782/622546.
Post, an einer Seitengasse der Ausfallstraße nach Arbatax, beschildert.

● *Übernachten*: Es gibt wahrlich Reizvolleres. Aber wenn's denn sein muss, z. B. wenn man auf die Fähre wartet:

**** Victoria, an der Straße nach Arbatax, großes modernes Haus, auffällig mit bunte Mosaikturm. Im Hof Swimmingpool, Zimmer mit Telefon, TV, Frigobar, Air-Condition. DZ mit Frühstück ca. 80–95 €. ✆ 0782/623457, 📠 624116.
** Splendor, linker Hand der Straße nach Arbatax, mit ca. 37–50 € fürs DZ billigste Unterkunft am Ort. ✆/📠 0782/623037.
* Dolce Casa, Nähe Hotel Victoria, Mini-Albergo mit Garage und sieben Zimmern. DZ ca. 57 €. ✆ 0782/623148.
** Il Giardino, an der Ausfallstraße nach Lanusei, zur Straße hin ziemlich laut, etwas abgewohnt, aber freundlich und meist viel Platz. Etwas Rasen, zwei Palmen vor der Tür, Zimmer z. T. mit Balkon, Parken hinten im Hof, die Bar unten im Haus Fernfahrertreff, Ristorante. DZ etwa 47–63 €. ✆ 0782/623145, 📠 623461.

● *Essen & Trinken*: **Da Lenin**, Via San Gemiliano 19, etwas außerhalb in Richtung Meer. Der Vater des heutigen Wirts war einst überzeugter Kommunist und benannte seinen Sohn nach dem russischen Revolutionsführer. Fisch und Meeresfrüchte in guter Qualität. So geschl.
Lo Spiedo d'Ogliastra, Via Zinnias 23, ebenfalls außerhalb in Richtung Meer (beschildert ab Straße nach Arbatax). Großes Lokal mit sardischer Inlands- und Meeresküche.

Arbatax

Das ehemalige Fischerdorf schmiegt sich an das weit ins Meer ragende Capo Bellavista. Die viel gerühmten, leuchtend roten Porphyrfelsen haben frühere Sardinienreisende zu wahren Begeisterungsstürmen veranlasst. Heute liegen sie verschämt am Rande eines staubigen Großparkplatzes. Dominierend sind dagegen die überdimensionale Papierfabrik, die benachbarte Schiffswerft und der große Fracht-/Fährhafen.

Das Örtchen Arbatax besteht nur aus wenigen Häusern um den Hafen, wo sich hauptsächlich Fischer aus Neapel und Genua niedergelassen haben – der intime kleine Fischerhafen liegt gleich neben dem bescheidenen Bahnhof, nur wenige Schritte vom Fährhafen, ein spanischer Turm steht an der Zufahrtsstraße. Am schönsten ist noch das dicht bewachsene Kap mit Campingplatz und Edeltourismus in Form von Feriendörfern. Südlich der Landzunge lohnen auch einige Strände.

Unterm Strich kein Ort, wo man länger bleibt, das Kap ist zudem in Teilen militärisch gesperrt – die Ogliastra hat Schöneres zu bieten. Immerhin kann

Ogliastra Karte Seite 539

544   Ostsardinien/Ogliastra

man aber von hier mit dem "Trenino verde" auf den Schienen der FdS-Schmal-spurbahn durchs Bergland der Barbagia bis Mandas fahren, eins der schöns-ten Bahnerlebnisse auf der Insel.

> Die Schiffswerft **"Intersarda Mare"** und die Papierfabrik **"Cartiera di Arbatax"** sind neben dem Hafen die wichtigsten Arbeitgeber der Region. Während die Schiffswerft mit dem Bau von Ölplattformen und Schiffsreparaturen immer wieder gut ausgelastet ist, ist die Papierfabrik im chronisch waldarmen Sardinien ein echtes Unikum und laviert seit ihrem Bau vor fünfunddreißig Jahren stetig am Rand der Krise.

● *Information*: **Pro Loco** im kleinen Bahnhof am Hafen, Via Lungomare 21. 7.30–8.30, 9.30–12.30, 17–20 Uhr. ✆ 0782/667690.

● *Anfahrt/Verbindungen*: **Schiff**, 2x wöch. fährt die Tirrenia nach Civitavecchia, über Olbia nach Genua und nach Cagliari. Zu Spitzenzeiten (August) erhebliche Engpässe. Ticketbüro der Tirrenia kurz vor Hafen rechts, schräg gegenüber der Bar "Star 1".
Bus, etwa 5x täglich Busse Arbatax – Torto-li. Haltestelle beim spanischen Torre an der kleinen Hafenpromenade.
Zug, die FdS-Schmalspurstrecke über La-nusei nach Mandas wird nur noch in der Touristensaison von Anfang Mai bis Mitte Sept. vom "Trenino verde" befahren (→ Kasten). Bahnhof in Arbatax ist das kleine dunkelrote Gebäude gleich am Hafen, aktu-elle Fahrplanauskünfte gibt es im Pro Loco im gleichen Gebäude.

● *Übernachten*: Einige superteure Villaggi liegen am Kap, drei Campingplätze weiter südlich (→ unten).

● *Essen & Trinken*: **La Cortiggia**, Via Bella-vista 2, 100 m oberhalb der Hauptstraße. Nettes Restaurant mit Terrasse und Meeres-blick, auch Zimmervermietung. Mal *risotto alla Pescatora* versuchen. ✆ 0782/667312.
Del Porto, hübsches kleines Restaurant vis à vis vom La Cortiggia. Viel frischer Fisch und Muscheln, z. B. als Antipasto *cozze miste*.
Star 2, Terrassencafé an der Straße unter-halb der Kirche.

● *Adressen*: **Deutsche Zeitungen** in einem Kiosk beim spanischen Torre.

Sehenswertes: Unmittelbar neben dem Hafen liegen die roten Porphyrklip-pen, der große, freie Platz davor wird zum Parken genutzt. Hinter den Klip-pen felsige Küste mit eingelassenen Sitzgelegenheiten, toller Blick aufs Meer, nach Santa Maria Navarrese und auf die Ausläufer des Supramonte. Deutlich zu erkennen ist auch die spitze Felsnadel Sa Pedra Longa (→ S. 537).
Dann vielleicht einen Spaziergang den Hügel hinauf, durch Pinienwäldchen zum Gipfelkreuz und weiter bis zur Spitze der Landzunge, wo die roten Felsen steil zum Meer abfallen. Als Autofahrer hat man seine liebe Not auf dem Kap, stän-dig stößt man auf Zufahrtsstraßen zu Villaggi oder auf NATO-Sperrgebiete (Erholungsheim für Armeeangehörige auf dem Gipfel mit dem Leuchtturm).

● *Übernachten/Essen & Trinken*: *** **Cala Moresca**, großes Villaggio an einem tief eingeschnittenen Fjord zwischen roten Fel-sen, Einfahrt an der Hälfte der Strecke zum Leuchtturm. Schöne Architektur im Costa Smeralda-Stil mit Pastellanstrichen und Schindeldächern, Aussichtsterrasse, Pool und Felsbucht. Interessant vielleicht – der Architekt, aus Macomer stammend, hat in der Anlage des Cala Moresca das alte Dörfchen Gairo nachempfunden, das ein Stück landeinwärts liegt und vor 25 Jahren durch einen Erdrutsch verwüstet wurde. DZ ca. 85 €, Frühstück 8 €/Pers. ✆/℡ 0782/667366, ℻ 667371.
**** **Monte Turri**, geschmackvolle Anlage mit 40 Zimmern an der Spitze des Kaps, kurz vor dem Leuchtturm. Burgartig ver-schachtelt, hübscher Aufenthaltsraum mit Kamin, kleiner Pool, sehr ruhig, schöner Blick, deutschsprachige Rezeption. Monte Turri gehört zum Villaggio Telis (→ Porto

Wilde Felsszenerien
bei Porto Rotondo (Costa Smeralda) ▲▲

▲▲ Der berühmte Bärenfels von Palau
▲ Klippenbaden in der Gallura
▲ In der Felswildnis vom Capo Testa

Rund um die Insel: Badeplätze vom Feinsten ▲

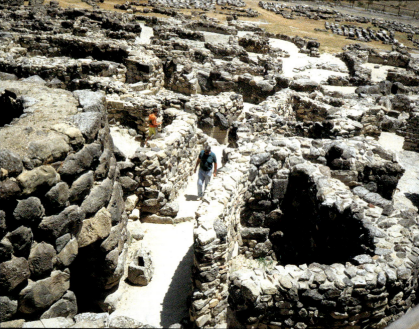

Faszinierende Relikte vergangener Zeiten
▲▲ Rätselhaftes Relikt bei der Nekropole Sant'Andria Priu
▲ Nuraghendorf Su Nuraxi

Arbatax 545

Die berühmten roten Klippen von Arbatax

Frailis), dessen fünf Schwimmbecken mitbenutzt werden können. VP pro Person ca. 120–180 €. ✆ 0782/667550, 📠 667893. In Deutschland zu buchen über "Viaggi del Venta", Oberangerstr. 45, München, ✆ 089/2366440.

Mit dem Trenino Verde ins Bergland

Von Anfang Mai bis Mitte September startet im Hafen von Arbatax mehrmals wöch. um etwa 8 Uhr der "Trenino verde", ein kleines Bähnchen der FdS (Ferrovie della Sardegna) mit zwei Waggons, zu einer langen Serpentinenfahrt ins Bergland. Zunächst fährt man in die Kreisstadt **Lanusei**, dann über **Ussassai**, **Seui**, **Sadali** und **Orroli** bis **Mandas**. Fast fünf Stunden dauert die Tour, zurück geht es gegen 15 Uhr und etwa um 19.40 Uhr ist man wieder in Arbatax. Hin und zurück kostet der Spaß ca. 18 €, Kinder von 4–11 zahlen die Hälfte, Gruppen erhalten bis Mitte Juni Ermäßigung. Buchen kann man im kleinen Bahnhofsgebäude von Arbatax im Hafen, der gleichzeitig Sitz des Pro Loco ist.

Eine Alternative wäre die dreistündige Fahrt bis **Sadali** mit seiner sehenswerten Tropfsteinhöhle (→ S. 608). Diese Tour gibt es auch als Pauschalangebot, das man ebenfalls im Bahnhof von Arbatax buchen kann: Trenino verde von Arbatax nach Sadali, dort Besichtigung einiger historischer Bauten, eines Museums und einer Tropfsteinhöhle, anschließend reichhaltiges sardisches Mittagessen und Rückfahrt. Preis (alles inkl.) für Erw. 38 €, Kinder von 8–11 21 €, von 4–7 16 €.

Wer nicht mehr nach Arbatax zurückkehren will, kann von Mandas aus mehrmals tägl. mit einem normalen Schmalspurzug der FdS nach **Cagliari** weiterfahren (ca. 5 € einfach), verlässt das Bergland und rollt durch die Campidano-Ebene bis in die sardische Hauptstadt. Oder man fährt per Bus zur berühmten Nuraghenfestung **Su Nuraxi** bei Barumini weiter (→ S. 614), wo man mit Bus und FS-Bahn ebenfalls Anschluss nach Cagliari hat.

Arbatax/Umgebung

▶ **Porto Frailis**: kleine, von Granitbrocken eingefasste Sandbucht an der Südseite der Landzunge. Hier das geschmackvolle Hotel La Bitta, der Camping Telis und am Ende der Straße, gut abgeschirmt vor neugierigen Augen, das Villaggio Telis. Auf der Halbinsel rechts vom Strand ein spanischer Küstenwachturm.

● *Übernachten*: **** **La Bitta**, direkt am Strand, vor einigen Jahren völlig umgebaut, jetzt ausgesprochen elegantes und wohnliches Hotel, ruhig und gediegen. Schöne Gartenanlage, innen verspielt antikisierender Stil mit Säulchen und handbemalten Majolika-Kacheln, die komfortablen Zimmer alle verschieden voneinander. DZ mit Frühstück etwa 95–160 €, in der Saison meist Pflicht zur Pension (HP ca. 80–160 €/Pers.). ✆ 0782/667080, ✉ 667228. Zu buchen z. B. über Oscar Reisen.
**** **Telis**, großes Feriendorf an der felsigen Küste, fünf Pools und kleine Sand-/Kiesbuchten laden zum Baden ein. Fest in norditalienischer, sprich Mailänder Hand. DZ ca. 175 €. ✆ 0782/667790, ✉ 667795. In Deutschland zu buchen über "Viaggi del Venta", Oberangerstr. 45, München, ✆ 089/

2366440.
* **Il Gabbiano**, direkt oberhalb vom Campingplatz, gemütliches, relativ günstiges Fischrestaurant mit Zimmervermietung. DZ ca. 45–55 €. ✆ 0782/623512.
● *Camping*: *** **Telis**, schönes Gelände, extrem steil terrassiert und üppige Vegetation mit hohen Eukalyptusbäumen, Feigenkakteen, Agaven, Blumen. Unterhalb vom Platz Felsen und riesige Granitplatten am Wasser, kleiner Sandstrand benachbart. Kinderspielgeräte, Tischtennis, Spielautomaten, Fahrrad- und Mofaverleih. Mit dem Auto kann man in der Regel nicht an den Stellplatz ranfahren, weil zu steil. Pro Person 5,50–9,50 €, Stellplatz 7–10 €, ½ Stellplatz 4,50–6,50 €. Mitte April bis Mitte Oktober. ✆ 0782/667140, ✉ 667261, www. campingteils.com.

▶ **Marina San Gemiliano**: noch das Beste in unmittelbarer Arbatax-Nähe. Langer, geschwungener Sandstrand südlich der Landzunge von Arbatax, links auf niedriger Anhöhe ein spanischer Torre und ein hübsches Villaggio. Von Deutschen bisher weitgehend unentdeckt, Campingplatz unmittelbar hinter dem Strand, an der Straße dorthin ein Reitstall.

● *Übernachten*: *** **Villaggio Saraceno**, gut eingerichtetes Ferienzentrum in schöner Lage am niedrigen Kap direkt oberhalb vom Strand. Bungalows parzellenförmig nebeneinander, mit schattigen Terrassen und viel Grün, freundliche Zimmer mit hellen Kiefernmöbeln, direkter Zugang zum Strand. Alle Arten von Sport, Pool, Bootsanleger, Disko, Pferdetrekking u. Ä. DZ mit Frühstück ewa 63–108 €, meist Pflicht zur VP, (ca. 50–115 €/Pers.). ✆ 0782/667318, ✉ 667221. Zu buchen z. B. über Sard-Reisedienst.

● *Camping*: ** **Sos Flores**, mittelgroßer Platz unter Pappeln und Eukalyptusriesen, die in langen, gleichmäßigen Reihen gepflanzt sind. Ganz vorne Richtung Meer sogar saftiger Rasen, hinten dagegen z. T. tückischer Sand-/Waldboden (aufpassen mit schweren Fahrzeugen, dass man nicht plötzlich drinsteckt!). Es gibt eine Bar, einen Market und leider auch Mücken. Platz fest in italienischer Hand. Pro Person ca. 5–7,50 €, Stellplatz 6–7,50 €. Platz ist beschildert ab Stichstraße Tortoli–Arbatax, Nähe Ausfahrt Tortoli. Ganzjährig geöffnet. ✆ 0782/667485, ✉ 624627.

▶ **Lido di Orri**: von Tortoli die SS 125 Richtung Süden nehmen, Abzweig zum Strand unmittelbar südlich der Brücke über den Fluss. An der Zufahrt zum Camping Orri geht es vorbei zum Meer, dort liegt – neben San Gemiliano – der längste Strand im Umkreis von Arbatax. Eine lange Asphaltstraße führt weiter parallel zur Küste nach Süden, bald trifft man auf einen weiteren schönen Strand ganz ohne Einrichtungen, wo häufig Wohnmobile stehen. Die Straße führt im Bogen zur SS 125 zurück, kurz danach Piste zur hübschen *Marina di Cea* (→ Torre di Bari/Umgebung).

Barisardo 547

• *Camping*: *** **Orri**, Grasplatz mit artenreichem Baumwuchs direkt hinter dem langen Sandstrand, im hinteren Platzbereich nur Eukalyptus, benachbart große Lagune mit Vogelbestand, schöner Blick auf das Kap von Arbatax. Self-Service, Bar, Market, Tennis, Boccia, Volleyball. Vermietung von Holzhütten und kleinen Bungalows. Pro Person ca. 5,50–7 €, Stellplatz 4–7 €. Mai bis September. ✆ 0782/624927, 📠 624565, campingorri@tiscalinet.it.

Auf der SS 125 zwischen Tortoli und Barisardo aufpassen – etwa auf der Hälfte der nahezu unbebauten Strecke stehen östlich der Straße malerisch drapiert im flachen Weideland vier Menhire. Einer davon, 4 m hoch, wird "sa limba'e bue" genannt – Ochsenzunge. Kein Hinweisschild, Weg führt hinein.

Barisardo

Intaktes Landwirtschaftsstädtchen im fruchtbaren Tal des Riu Mannu – Wein-, Pfirsich-, Orangenplantagen und zahllose Feigenkakteen ziehen sich rings um den Ort bis hinunter zum Meer.

Oft sieht man in den engen Seitengassen noch die traditionellen Trachten, zu den Einheimischen bekommt man schnell Kontakt, viele ehemalige Gastarbeiter helfen bei Sprachproblemen. Tourismus gibt es dank des schönen Strands von *Torre di Bari*, doch alles ist erfreulich überschaubar. Im oberen Ortsbereich alte verwinkelte Gassenzüge und die Kreuzkuppelkirche *Monserrato* (17. Jh.) mit barock verwittertem Glockenturm.

• *Übernachten*: ** **Mirella**, am nördlichen Ortsausgang Richtung Lanusei, Corso Vittorio Emanuele. Einfaches sauberes Albergo mit 15 Zimmern, deutscher Wirtin und einem empfehlenswerten kleinen Restaurant. DZ ca. 33 €, Frühstück ca. 5 €. ✆ 0782/29638.

* **Belvedere**, auf einem Hügel am südlichen Ortsausgang, letzte Straße links hoch (bzw. von Süden kommend erste Straße rechts hoch), zu erkennen an den Fahnen am Haus. Die freundliche Familie Mulas führt die gepflegte Pension seit vielen Jahren, sie kontaktfreudig und aus Felbert (BRD), er Sarde, dazu Tochter Christine. Sehr ruhige Lage, vom oberen Stock weiter Blick, neun saubere Zimmer mit ordentlichem Mobiliar für ca. 27–32 € mit deutschem Frühstück, dazu ein EZ. Hinterm Haus Terrasse und Grillmöglichkeit, Küche mit drei separaten Gaskochern und Waschmaschine vorhanden. ✆ 0782/29313.

• *Essen & Trinken*: **Giorgio**, im südlichen Ortsteil, bei der Agip-Tankstelle von der Durchgangsstraße in Richtung Meer abbiegen. Wirt hat lange in Deutschland gelebt und spricht sehr gut Deutsch. Prima Fisch, Pizza auf Buchenholz gebacken.

Principe d'Ogliastra, kleines Ristorante direkt in der Gasse zur großen Pfarrkirche, hinter dem Haus supergemütlicher Hof zum Draußensitzen unter Limonenbäumen. Gute Pizzen, auch Fisch und *frutti di mare*, die Spaghetti reichhaltig mit Meeresfrüchten bestückt, dazu fruchtiger Cannonau. Freundlicher Service.

Orchidea Blu, elegantes Ristorante/Pizzeria an der Hauptstraße Richtung Tortoli. Antonello gibt sich viel Mühe, Deutsch zu sprechen, Pizza und immer Spezialitäten, meist Fisch.

Il Portico, neuer schicker Rundbau mit Säulenbögen am Beginn der Straße nach Lanusei, auch Pizza.

• *Shopping*: An Straßenständen und in vielen Hauseingängen wird selbst gezogenes Obst und Gemüse angeboten.

• *Feste*: **Nostra Signora di Monserrato**, um den 8. September großes Fest mit "ballo sardo" vor der Pfarrkirche.

Ogliastra
Karte Seite 539

Marina di Barisardo ("Torre di Bari")

Kilometerlange Sand-/Kiesstrände, ca. 3–4 km von Barisardo am Ausgang eines Flusstals. Am bulligen Wachturm endet die Straße.

Links vom Turm, der auf einem felsigen Kap mit kleinen Badebuchten steht, die *Spiaggia di Bari*, ein etwa 1,5 km langer Sandstrand, z. T. ziemlich steil abfallend. Dahinter ein frisch aufgeforstetes Pinienwäldchen, ideal für ein Picknick im Schatten. Rechts vom Turm endlos scheinender Sandstrand (ca. 10 km!), der selbst in der Hochsaison nur spärlich besucht wird, einige Strandbars sorgen für Verpflegung. Bereits mehrfach wurde den hiesigen Stränden die blaue Flagge der EG verliehen.

Infos für Surfer: Marina di Barisardo ist Mittelwindrevier (Stärke 4), vorherrschender Wind ist der Scirocco aus Südosten. Leider gibt es derzeit keine Surfstation vor Ort.

Übernachten/Essen & Trinken

**** La Torre, am Ende der Straße, fast unmittelbar am Strand, vis à vis vom Küstenwachturm. Seit langen Jahren weit verzweigter Familienbetrieb, mittlerweile in vierter Generation. Angefangen hat man vor Jahrzehnten mit einem Obststand, später folgte ein Hotel mit Ristorante und Bar. 1989 hat man schwer investiert und einen großzügigen Wohnkomplex mit über 100 Betten im neosardischen Villaggio-Stil errichtet (Architekt ist derselbe, der das Cala Moresca bei Arbatax gebaut hat). Die Räumlichkeiten gruppieren sich mit Arkadengängen in Atriumbauweise um einen grasbewachsenen Innenhof. Die Zimmer sind unterschiedlich, aber alle sehr geschmackvoll eingerichtet, jeweils mit Klimaanlage, TV, Frigobar und Telefon. Auf dem Gelände außerdem Pool und Tennis. HP ca. 63–115 € pro Person, im Sommer Mindestaufenthalt von einer Woche. Auch über mehrere Sardinien-Veranstalter zu buchen. Deutschsprachige Rezeption. ✆ 0782/28030, ✆ 29577, latorre.barisardo@tiscalinet.it.
Das hauseigene **Ristorante** bietet eine perfekte deutschsprachige Speisekarte mit täglich wechselndem Menü und flinke, sehr aufmerksame Bedienung. Von den hausgemachten Nudeln sind ganz hervorragend die üppigen Ravioli (mit Kartoffelpüree gefüllt), interessant auch die *tagliatelle rosso-nero* (schwarze Nudeln mit roter Soße). Weitere Spezialitäten sind z. B. *frutti di mare*, *spaghetti alla marinara* und *trancia di spado* (Scheiben vom Schwertfisch mit Knoblauch und Zitrone). Dazu vielleicht einen Vermentino di Giogantino (Provinz Oristano). Menü um die 22–26 € (Servizio 10 %).

** Domus de Janas, das neben dem Hotel La Torre liegende Haus wurde vor kurzem vom Camping Domus e Janas übernommen. Modern und freundlich ausgestattet, helle Zimmer, teils mit Meeresblick, unten schönes Ristorante/Pizzeria mit großer Bar. Neben DZ mit Frühstück für ca. 47–73 € werden auch Apartments mit zwei Zimmern, Küche und Bad vermietet. ✆/✆ 0782/29361, www.domusdejanas.com.

* Il Fico, von der Lage her lohnend, da abseits der Straße, nur ein paar Schritte vom Meer. Sieht aus wie ein alter Gutsherrensitz, wirkt etwas improvisiert und "unaufgeräumt". DZ mit Bad ca. 52 €, mit Etagendusche ca. 43 €. ✆ 0782/29377.

• *Ferienwohnungen/-häuser*: kann man über **Sard-Reisedienst** buchen (→ Allgemeiner Teil/Übernachten). Die angebotenen Objekte sind sehr gepflegt, für Juli/August sollte man frühzeitig buchen, sonst kommt man auch spontan unter. Bei Sprachschwierigkeiten im Hotel Torre nach "Pepe" fragen, er spricht Deutsch und hilft gerne weiter.

Camping

**** L'Ultima Spiaggia, zu erreichen auf asphaltierter Zufahrt von der Straße nach Torre di Bari (beschildert), ca. 2 km. Sehr großes, leicht abfallendes Areal direkt am langen Strand südlich vom Torre. Niedrige Pinien und Eukalyptusbäume im Stellbereich,

Ruhiger Strand am Torre di Bari

teils Mattendächer. Sehr gute Sanitäranlagen, nettes Ristorante/Pizzeria mit gemütlicher Bar, Tennis, im Hochsommer Disko und Animation, sonst sehr ruhig. Fahrräder, Reiten, Kinderspielgeräte, Kletterwand, Waschmaschine, Hundedusche (!). Vermietung von futuristisch anmutenden Bungalows. Pro Person ca. 5,50–11 €, Stellplatz ca. 9–14 €, ½ Stellplatz 7–9 €. Mai bis September. ☏ 0782/29363, ℡ 28963 (Winter ☏ 070/381105).

* **La Pineta**, kurz vor L'Ultima Spiaggia, klein, persönlich und überschaubar. Terrassiertes Gelände mit reichem Baumbestand, Ristorante/Pizzeria, Market, Tischtennis, kleine Holzbungalows. Sanitäre Anlage vor einigen Jahren renoviert. Zum Strand 300 m. Freundliche Leitung und preiswertester Platz. Ganzjährig geöffnet. ☏/℡ 0782/29372.

*** **Domus de Janas**, am linken (nördlichen) Ende vom Sandstrand, neben der Mündung des Riu Mannu. Vom Parkplatz beim Hotel Torre führt eine Zufahrtspiste den Strand entlang, ca. 700 m. Nicht allzu groß, üppigst begrünt, viel Schatten durch sehr hohe und dichte Eukalyptusbäume, Pappeln und Akazien. Recht patenter und engagierter Besitzer, freundliches Personal, gute Atmosphäre, abends trifft man sich an der Bar. Lohnendes Ristorante, ansonsten Tischtennis, Windsurfschule, Auffüllen von Sauerstoffflaschen und für Taucher lohnend, weil nördlich anschließend Klippenküste. Pro Person ca. 3,50–5 €, Stellplatz 12–17 €, ½ Stellplatz 7–10 € Ganzjährig geöffnet. ☏/℡ 0782/29361.

Torre di Bari/Umgebung

▶ **Marina di Cea**: einige Kilometer nördlich, ca. 600 m langer Strand mit feinem, weißem Sand und bewachsenen Dünen, dahinter Wacholdermacchia, im Wasser eindrucksvolle rote Klippen, die "Scogli Rossi". Bei Einheimischen beliebt, weil abgelegen und noch wenig touristisch. Im Sommer Tretbootverleih und eine einfache Rosticceria.
Anfahrt: zu erreichen von der SS 125 (→ Tortoli/Lido di Orri) oder von der Straße abzweigen, die von Barisardo nach Torre di Bari hinunterführt.

▶ **Südlich von Barisardo**: ab Barisardo Piste durch die Uferebene nach Museddu nehmen. Unterwegs Abzweigmöglichkeiten zu unerschlossenen Sandstränden.

550 Ostsardinien/Ogliastra

▶ **Gairo Cardeddu:** Straßendorf südlich von Barisardo an der SS 125. Ein wenig schöner Ort, chaotisch, keine gewachsene Struktur. Der Grund: Cardeddu ist von Bewohnern des Bergdorfs Gairo mehr oder minder hastig aus dem Boden gestampft worden, als ein Erdrutsch vor knapp zwanzig Jahren ihre Häuser wegspülte. Wein kann man in der "Cantina Perda Rubia" kaufen, direkt an der SS 125 (✆ 0784/32832).

▶ **Museddu:** Abzweig ab SS 125 in Gairo Cardeddu. Oder ab Barisardo Piste durch die Uferebene nehmen. Langer Sandstrand, die Stichstraße führt als breite Uferpromenade daran entlang. Zum Teil dichte Pinienwäldchen, mehrere Pizzerien, Toiletten und Duschen am Strand.

▶ **Marina di Gairo:** südlich von Museddu, landschaftlich ausgesprochen schöne Fahrt durch völlig einsame Fels- und Macchiawildnis, ca. 12 km von Torre di Bari. Am Weg Kiesstrand in der Bucht *Baia di Gairo* (viele Dauercamper) und die verlassenen Hotelbungalows Su Sirboni. Am Ende der Ausbaustraße die Marina di Gairo – gut 1 km grauschwarzer Stein-/Kiesstrand, eingefasst von rotem Porphyr und den steilen Ausläufern des Monte Ferru. Hinter dem Strand der Camping Coccorrocci, landschaftlich ohne Zweifel einer der schönsten Plätze Sardiniens. Für Surfer ist Marina di Gairo Starkwindrevier, hier wehen Brisen bis zu Stärke 6.

● *Camping:* *** **Coccorrocci**, auf Kräuter sein müdes Haupt betten, von ätherischen Ölen betört in Schlaf sinken – hier ist es möglich! Der Campingplatz ist von Lage und Anlage einzigartig in Sardinien. Ein duftendes Terrain ohne die obligaten Eukalyptus- oder Pinienbäume, dagegen natürlicher Baum- und Macchiabestand – Wacholder, Myrthen, Zistrosen, Ginster. Das schicke Ristorante mit dem fahlen Neonlicht und den gestärkten Tischdecken passt gar nicht zu diesem urwüchsigen Ort. Außerdem gibt es noch eine gemütliche Bar mit der Möglichkeit, draußen zu sitzen, einen Market und bei genügend Nachfrage Exkursionen in die Berge. Pro Person ca. 5–8 €, Stellplatz 7–11 €, ½ Stellplatz ca. 4–6 €. Ganzjährig geöffnet. ✆/℻ 0782/24147.

▶ **Sa Foxi Manna** *(Marina di Tertenia):* Das Dorf *Tertenia* landeinwärts der SS 125 bietet fürs Auge wenig. Landschaftlich großartig ist dagegen die Fahrt hinunter ans Meer. Eine neue Asphaltstraße durchbricht die steile Felsbarriere – anfangs geht es durch üppige Weinfelder und Eukalyptusaufforstungen hinauf, dann weiter zwischen drohend gezackten Bergriesen. Vom Pass *Arcu de Sarrala de Susu*, der höchsten Stelle der Straße, weiter Blick hinunter auf weiches Hügel- und Bauernland mit Feldern und Weinplantagen.

Ein halbrunder Sandstrand begrenzt die Ebene um Sa Foxi Manna und setzt sich in kleineren Sand-/Kiesbuchten fort, eingefasst von Porphyrklippen. Etliche Ferienhauskolonien ziehen sich entlang der Küste, am Nordende ein Campingplatz. Im Umkreis einige Sperrgebiete des italienischen Militärs.

● *Übernachten/Essen & Trinken:* ** **Sferra Cavallo**, von der Comune am nördlichen Ende der Bucht eingerichtet, hübscher Terrassenplatz mit viel Grün, solide ausgestattet, preiswert und ruhig. Allerdings etwa 400 m vom Strand entfernt, wo es ganz flach hineingeht. Pro Person ca. 3,5–7 €, Stellplatz 4–7 €. 1. Mai bis 30. September. ✆/℻ 0782/90065.

Versorgung im **Foxi Manna-Markt**, 10 Min. vom Strand, allerdings in der Nebensaison nachmittags geschl.
La Grotta, gute Pizzeria an der Zufahrt zum Strand.
Bar Cogodda, oben in Tertenia, gegenüber vom Supermarkt, Besitzer spricht hervorragend Deutsch.

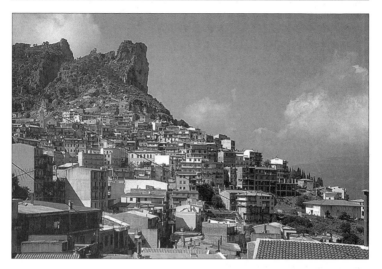

Die Bergdörfer der Ogliastra kleben pittoresk an den Hängen

Ogliastra/Hinterland

Eine der Regionen Sardiniens, wo ein Ausflug in die Berge ein unbedingtes Muss ist! Selten erlebt man so nah an der Küste solch eindrucksvolle Panoramen.

Nur wenige Kilometer hinter Tortoli steigen die Berge abrupt an und bilden ein Halbrund, das an ein gigantisches antikes Theater erinnert. Die Bergdörfer zwischen Himmel und Erde bieten phantastische Ausblicke, herrlich frische, kühle Luft und eine völlig gewandelte Atmosphäre gegenüber dem Touristenbetrieb an der Küste.

Auf verschiedenen Routen kann man interessante Autotouren durch die eindrucksvollen Ausläufer der Monti del Gennargentu unternehmen. Im Folgenden zwei Vorschläge. Einen vollen Tag sollte man für jede der beiden Fahrten einplanen, außerdem warme Sachen mitnehmen, es kann kühl werden.

Durch die Bergdörfer der Ogliastra

Als ausgedehnte Rundfahrt mit dem PKW bietet sich die Strecke Tortoli – Lanusei – Gairo – Ulassai – Jerzu – Barisardo oder umgekehrt geradezu an, dabei kann noch der Abstecher über Ilbono und Elini nach Arzana eingebaut werden. Auf dieser Tour berührt man einige der wichtigsten Ortschaften der Ogliastra.

Ausgangspunkt ist Tortoli: Die steile SS 198 führt in endlosen Serpentinen durch fruchtbare Hügellandschaft mit kleinen Weinplantagen über Ilbono hinauf nach Lanusei. Auch Busse verkehren zwischen beiden Orten sehr häufig.

552 Ostsardinien/Ogliastra

Reizvoller, aber langwieriger ist die Fahrt mit der Schmalspurbahn, die wegen des schwierigen Geländes (enorme Bögen nötig!) gut 1,5 Std. braucht, allerdings fährt hier nur noch 2x wöch. ein "Trenino Verde" (→ Arbatax). Kurz hinter Ilbono Abstecher möglich über Elini (dort kreuzt man die Bahnlinie) nach Arzana.

▶ **Arzana**: ehemaliger Luftkurort in Panoramalage am steilen Hang des Monte Idolo, 740 m über dem Meer. Noch weitgehend bäuerlich geprägt, im Umkreis viele Terrassenfelder mit Obstbäumen und kleinflächigem Weinanbau, gleich über dem Dorf ein großes Wald- und Aufforstungsgebiet, in dem einige der ältesten Eiben Europas stehen sollen.

● *Übernachten*: *** **Murru**, mitten im Dorfleben, ganz zentral an der Piazza Roma. Herr Murru, der Besitzer, lebt in Berlin und hat Ende der Achtziger in seinem Geburtsort ein altes Dorfhaus komplett umbauen und in eine angenehme Herberge verwandeln lassen. Die großen Zimmer besitzen schöne Holzdecken und solides Mobiliar aus hellem Kiefernholz, die Bettüberwürfe, Teppiche und Vorhänge im sardischen Stil stammen aus der bekannten Weberei Su Marmuri in Ulassai. Alle 31 Zimmer haben ein gepflegtes Bad und Balkon, Farb-TV, Telefon und Frigobar. Im ersten Stock gibt es eine große Terrasse und einen Leseraum, Lift steht zur Verfügung. Im Sommer soll ein Zubringerdienst zum Strand unterhalten werden (einfach ca. 30 Min.). Das Ristorante serviert gute einfache Standardküche, Bedienung nicht gerade vom Fach, aber freundlich. Ein schönes, allerdings lautstarkes Erlebnis ist abends die mehrstündige Passeggiata vor dem Hotel, dann flaniert hier die gesamte Dorfjugend auf und ab (ab 23 Uhr ist Ruhe – bis auf die stündliche Kirchenglocke). DZ mit Frühstück ca. 43–53 €, es gibt auch Dreibettzimmer und zwei Apartments für Familien. ✆ 0782/37348, 🖷 37665. ** **Da Danilo**, Via Eleonora d'Arborea, sauberes und preiswertes Albergo, DZ ca. 35 €. ✆/🖷 0782/37393.

● *Essen & Trinken*: **La Pineta**, kleine Trattoria am Ortsausgang, kräftige sardische Bergküche mit Lamm, *porcheddu* und Wildschwein.

Lanusei

Weitgezogene Kreishauptstadt der Ogliastra, 600 m hoch am steilen Berghang. Sitz der Bürokratie und mehrerer Schulen, zu denen die Kinder täglich aus der Ebene per Bus heraufgekurvt werden. Abenteuerliche Gässchen und Häuser, die zur Straße zwei, zum Hang vier und mehr Stockwerke haben – von weitem ein sardisches Mini-Manhattan.

Lanusei ist die Einkaufsstadt der Region mit ausgeprägt städtischer Atmosphäre, vielfältigen kleinen Geschäften und einer breiten Hauptstraße mit schönen alten Patrizierhäusern. Abends lebhafte *Passeggiata* auf dem Corso Roma. Ansonsten viel moderne Bausubstanz und weniger Rohbauten als in anderen sardischen Kleinstädten.

● *Anfahrt/Verbindungen*: Der **FdS-Bahnhof** liegt beim Krankenhaus am westl. Ortsausgang. 2 x wöch. Trenino Verde aus Arbatax.

● *Information*: **Pro Loco**, Via Umberto 30. ✆ 0782/42241.

● *Geld*: **Banco di Sardegna** am Corso Roma 24 (Geldautomat).

● *Übernachten*: *** **Belvedere**, Via Umberto 24, im Zentrum an der Durchgangsstraße, trägt seinen Namen zu Recht – schon von der Bar im Untergeschoss ist der Blick umwerfend, erst recht von den Zimmern darüber. Allerdings muss man unbedingt ein Zimmer zur Meerseite verlangen, zur Straße hin laut und kein Panorama! Kürzlich renoviert. DZ mit Frühstück ca. 47–67 €. ✆ 0782/42184, 🖷 480078. *** **Villa Selene**, oberhalb von Lanusei am Beginn des Steineichenwalds an der Straße nach Gairo (Via Coroddis). Geräumiger

Lanusei

Gairo – verlassenes "Geisterdorf" bei Lanusei

Komplex mit mehreren Häusern unterhalb der Straße mitten im Grünen zwischen Bäumen und Obstterrassen, Panoramablick bis zum Meer. Schon älter, aber innen gepflegt und gemütlich, zudem freundlicher Service. Im Gegensatz zur Küste auch in der Hochsaison nur wenig los und sehr ruhig, jedoch merklich kühler. Geboten sind Ristorante, Tennis, Boccia, Pool und eine schöne Ruhewiese unter kräftigen Pinien. Solide eingerichtete Zimmer mit Frühstück ca. 63–78 €, auch Kleinwohnungen für Familien zu haben. Oft durch Gruppen ausgebucht. ✆ 0782/42471, ✉ 41214.

▶ **Von Lanusei nach Gairo:** Gleich oberhalb von Lanusei beginnt der dichte Steineichenwald *Bosco Selene*, das Naherholungsgebiet der Stadt. Es gibt einige Quellen und Picknickstellen, schön zum Spazierengehen. Kurz nach der Kreuzung, wo die SS 389 nach Nuoro abgeht, der Abzweig zum Camping Selene, einst der höchstgelegene Zeltplatz Sardiniens (989 m), nun allerdings bereits seit mehreren Jahren geschlossen. Ein Restaurant mit Bar ist in den Sommermonaten geöffnet.

Besonders schön ist das letzte Stück vor Gairo, wo sich Haarnadelkurven durch das mächtige Tal des Riu Pardu schrauben. **Gairo Sant'Elena** klebt am Hang, darunter, über Serpentinen zu erreichen, **Gairo**, der einstige Hauptort des Tals. 1951 rutschte ein Teil des Hangs ab und verwüstete den Ort völlig. Die Bewohner zogen z. T. in den höher gelegenen Ortsteil Sant'Elena, die meisten gingen aber aus ihrem Tal weg an die Küste, wo sie an der SS 125 das neue Örtchen **Gairo Cardeddu** gründeten. In Gairo sind bis heute geborstene Mauern, leere Fensterhöhlen, Schutt und Ruinen übrig geblieben. Dass diese Bergregion schon im Mittelalter äußerst instabil war, belegt der erstmals im 13. Jh. erwähnte Name Gairo, der sich aus dem Griechischen ableitet (gaia = Erde und reo = fließen). Und auch heute ist der Berg noch nicht zur Ruhe gekommen, oft liegt die Straße voller Felsbrocken.

Ostsardinien/Ogliastra

Großartige Berglandschaft bei Ulassai

▶ **Ulassai**: großartige Lage unmittelbar unter den senkrecht abfallenden Wänden der zerklüfteten *tacchi* und *tonneri* (→ Geologie), die hier bizarre Zinken bilden. Auf der anderen Seite des mächtigen Tals erkennt man Gairo und Gairo Sant'Elena. An der Durchgangsstraße hübsche kleine Piazza, wo sich vor allem sonntags die Männer vom Ort treffen.

Größter Anziehungspunkt ist die *Grotta di Marmuri* etwas oberhalb von Ulassai: Am Ortsausgang Richtung Jerzu führt eine beschilderte Asphaltstraße in engen Windungen durch monumentale Berglandschaft bis zum Parkplatz mit schön gelegener Bar/Pizzeria unterhalb der Höhle. Noch ein paar Stufen hinauf einen riesigen Eingangsloch in der senkrechten Felswand. Die Grotte gehört zu den eindrucksvollsten in Sardinien und ist nur mit Führung durch die örtliche Kooperative "Su Bulicciu" zu besichtigen. Sie ist ungefähr 1 km begehbar (aber tatsächlich viel größer, angeblich eine der größten Europas), sehr verwinkelt und durchgängig 6–9 Grad kalt, es empfehlen sich warme Sachen und feste Schuhe. Einst floss ein Fluss hindurch, heute gibt es noch mehrere Seen im Berg.

Hübsch ist auch der Ausflug zur Landkirche *Santa Barbara*, zu erreichen auf einer etwa 8 km langen Piste, die von der Zufahrt zur Grotte abzweigt. Bei der Kirche stürzt ein hoher Wasserfall ins Tal, am zweiten Sonntag im Mai findet im Ort und bei der Kirche die *Festa della Santa Barbara* statt.

Öffnungszeiten/Preise: **Grotta di Marmuri** – Führungen im April und Oktober 11, 14.30 und 17 Uhr; im Mai, Juni, Juli und September 11, 14, 16 und 18 Uhr; im August 11, 13, 15, 17 und 18.30 Uhr. Dauer ca. 1 Std.; Eintritt Erw. ca. 6 €, Kinder die Hälfte. Auskünfte unter ✆ 0782/79859.

• *Übernachten*: **** Su Marmuri**, ordentliches Albergo mit Restaurant und Parkmöglichkeit an der Durchgangsstraße. DZ ca. 33 €. ✆ 0782/79003.

Durch die Südausläufer des Gennargentu   555

● *Essen & Trinken*: **Su Marmuri**, am Parkplatz der Höhle, tagsüber Bar mit Imbiss, Pizzeria ab 19 Uhr, auf Vorbestellung für Gruppen sardisches Mittagessen.

● *Shopping*: An der Straße zur Grotte kommt man an der Webkooperative **Su Marmuri** vorbei. ✆ 0782/79076.

Bei der Höhle selber stellt **Santilli** schönes Kunsthandwerk aus, ebenso an der Durchgangsstraße, Nr. 148.

> Der **Monte Tixiddu**, ein 957 m hoher, südwestlich von Ulassai gelegener Fels, kann bestiegen werden, Dauer etwa 2–2 ½ Std. hin/rück. Der Weg beginnt bei der Webkooperative Su Marmuri, von dort geht es bergauf bis zum Schild "Bruncu Matzeu". Weiter steigt man zu einer gut sichtbaren Felsrinne hoch und in dieser hinauf zum Gipfel. Oben phantastischer Ausblick in die Berge des Gennargentu.

▶ **Jerzu**: Fast schon kleinstädtisch wirkt das Dorf mit seinen vier- bis fünfstöckigen Häusern an der Durchgangsstraße. Es klebt in Superlage hoch oben am Berg und ist weithin bekannt für seinen Cannonau, der an den sonnendurchglühten Steilhängen bestens gedeiht, trägt deshalb auch seit einigen Jahren den Ehrentitel "città del vino". Abends zur Passeggiata-Zeit sitzt alles an der Hauptstraße, abseits davon erstreckt sich ein Labyrinth von winkligen Gässchen. Geplant ist der Aufbau eines naturkundlich-regionalen Museums.

> Vorsicht: Wer von Ulassai kommt, wird zu bestimmten Stoßzeiten per Einbahnstraßenregelung durch die engen Haarnadelwege der Unterstadt geleitet.

● *Übernachten/Essen & Trinken*: **** Sul Rio**, Richtung oberer Ortsausgang, neben der Tankstelle. Modernes Haus mit freiem, unverbautem Blick in die Berge. Gutes Restaurant, in dem leckere Antipasti und sardische Spezialitäten serviert werden. Freundlicher Inhaber. DZ mit Frühstück ca. 43–63 €. ✆ 0782/70032.
* Da Concetta, an der Durchgangsstraße, mit Restaurant und Weinverkauf. DZ ca. 37–53 €. ✆ 0782/70197, 70224.

● *Shopping*: Den "Cannonau di Jerzu" gibt's in der Kellerei der örtlichen **Cantina Sociale "Antichi Poderi di Jerzu"**, einem Zusammenschluss von 45 Winzern, unübersehbar am unteren Ortseingang. Die Cantina ist der größte Cannonau-Produzent Sardiniens und produziert seit 1974 auch DOC-Weine. Im Sommer tägl. 9–19, sonst 9–13, 15–18 Uhr. ✆ 0782/70557, 🖂 71105.

Durch die Südausläufer des Gennargentu

Äußerst eindrucksvolle Fahrt über Villagrande Strisailli, den Stausee Lago alto di Flumendosa entlang und schließlich parallel zum Flumendosa-Tal am Massiv des Monte Tonneri entlang. Zwischen Seui und Ussassai trifft man auf die SS 198, die man für die Rückfahrt benutzen kann. Unterwegs völlig einsame Berglandschaften mit herrlichen Impressionen, trotzdem fast durchgehend asphaltiert.

Ausgangspunkt ist Tortoli, dort die SS 198 in Richtung Lanusei fahren. Nach 3 km die Abzweigung nach Villagrande Strisaili nehmen, schöne Fahrt in die Berge hinauf.

▶ **Villagrande Strisaili**: hoch oben am Hang, herrlicher Blick bei der Anfahrt durch ein schönes Waldgebiet mit vielen Möglichkeiten zu Spaziergängen und Wanderungen. Unterwegs passiert man die Kapelle Santa Barbara mit einem beliebten Ausflugslokal.

Ogliastra
Karte Seite 539

556 Ostsardinien/Ogliastra

Am Ortseingang grüßt ein überdimensionales Wandbild, weitere verwitterte Murales findet man am hübschen Hauptplatz, eine Art großer Plattform, von der man einen weiten Blick die Berge hinunter hat. Auch hier trifft man auf die typischen Skulpturen des Bildhauers Pinuccio Sciola aus San Sperate (bei Cagliari), diesmal als dauerhafte Sitzgelegenheiten in Granit. Verblasst ist dagegen inzwischen das Riesenporträt von *Antonio Gramsci*, das hier 1977 zum 40. Todestag des sardischen Theoretikers der Revolution angelegt wurde.

Wie in allen Bergdörfern der Ogliastra ist auch in Villagrande Strisaili die Hauptstraße viel zu schmal für den modernen Autoverkehr. Zwischen parkenden Autos und Gegenverkehr muss man eifrig hin- und herrangieren, am besten mal aussteigen und ein paar Schritte in die engen Gassen oberhalb der Durchgangsstraße hochlaufen. Überall auf den Balkons sieht man üppige Topfpflanzen, im Herbst liegt das Brennholz in dicken Stößen vor den Häusern.

▶ **In den Gennargentu**: Wenige Kilometer hinter Villagrande Strisaili trifft man auf die SS 389, die Richtung Norden nach Nuoro führt. Wenn man sich in diese Richtung hält, kommt man nach *Villanova Strisaili*, das flach am leichten Hang einer Hochebene über dem großen Stausee Lago alto di Flumendosa liegt. Vom Ortsbild wenig attraktiv, eine Abfahrt führt zum See hinunter (nicht beschildert). Wenige Kilometer weiter reizvolle Badestelle *Bau e Mela* zwischen Felsen (→ TCI-Karte).

Wenn man sich an der Kreuzung mit der SS 389 dagegen links hält (Richtung Lanusei), kommt man zur Bahnstation Villagrande. Hier abbiegen, über die Gleise rüber und auf einer in wenigen Stücken noch nicht asphaltierten Straße am Westufer des Lago entlang, dabei nochmals die Gleise überqueren. Wo die Straße den See westwärts verlässt, zieht sich eine asphaltierte Hirtenpiste durch Steineichenwald ins schluchtartige Flumendosa-Tal hinunter. Wir bleiben auf der "Hauptstraße", die als schmale und sehr kurvige Asphaltpiste den nördlichen Steilabfall des markanten *Monte Tonneri* (1323 m) entlangführt. Nach schöner Fahrt durch vollkommen einsame Berglandschaft – besonders eindrucksvoll der spitz aufragende *Monte Perda Liana* (1293 m) – trifft man beim *Monte Arcueri* zwischen Seui und Ussassai auf die SS 198. Hier Rückfahrt möglich nach Lanusei, unterwegs linker Hand die Felswand des 1031 m hohen *Monte Arbo* (Montarbu) mit angegliedertem Naturpark (→ S. 607), oder Weiterfahrt Richtung Seui.

• *Übernachten/Essen & Trinken*: * **Nido dell'Aquila**, bei Villanova Strisaili oberhalb vom See. Freundliches Albergo allein auf weiter Flur, herrlich ruhig, prächtige Aussicht. Aufmerksam geführt von einer einheimischen Familie, sehr gepflegt, gutes Preis-/Leistungsverhältnis. DZ mit Frühstück ca. 43 €. ✆/☏ 0782/30180.

Beschreibung der Strecke Lanusei – Ussassai – Seui – Sadali (SS 198) im Kapitel Barbagia, S. 607.

Salto di Quirra

Einsames raues Bergland zwischen Ogliastra und Flumendosa-Delta. Betreffend Besiedlung und Tourismus ein weißer Fleck. Es gibt so gut wie keine Ortschaft, nur die gelegentlichen "Case Cantoniere" bewachen die SS 125.

Doch die Ruhe täuscht – die Quirra-Berge sind fest in der Hand des Militärs, das in dieser menschenleeren Granit- und Schluchtenlandschaft ideale Übungsbedingungen findet. Auf so gut wie jedem Gipfel ist eine Beobachtungs- oder Radaranlage stationiert, in den Sperrgebieten üben hauptsächlich Panzerverbände, aber auch Rüstungsfirmen haben sich niedergelassen, um ihre neuen Waffen zu testen. Faustregel: Breite, gut ausgebaute Straßen führen hier fast immer zu Militärstützpunkten.

Die SS 125 verläuft zwischen Obst, Wein und Macchiagestrüpp entlang des fruchtbaren Flussbetts des *Riu de Quirra*. Wenig nördlich vom winzigen Örtchen **Quirra** steht direkt an der Straße das romanische Kirchlein *San Niccolo*, die einzige Backsteinkirche Sardiniens. Auf einem 300 m hohen Hügel in Richtung Meer erkennt man das *Castello di Quirra*, eine alte Grenzfestung zwischen den sardischen Judikaten. Von Quirra erreicht man auf einer Stichstraße, die später zur Piste wird, den vorgelagerten einsamen Strand *Cala de s'Acqua durci* (auch: Cala di Murtas), bei Militärübungen kann die Zufahrt allerdings zeitweise gesperrt sein.

Sarrabus

Die steinige Südostecke Sardiniens. Einsame Granitmassive, davor die ausgedehnten Schwemmebenen mehrerer Flüsse. Salzige Lagunenseen und kilometerlange Sandstrände vermitteln eigenartige Reize, während der Tourismus in Teilen der Region noch auf Sparflamme kocht.

Doch das Straßennetz wächst und mit ihm die Investitionen, die die unverbrauchte Landschaft an den Rummel der cagliaritanischen Südküste anschließen möchten. An der **Costa Rei** wurde schon vor langen Jahren ein Anfang gemacht, doch die ausgedehnte Ferienstadt nimmt sich in der Weite des Terrains (10 km Strand!) noch durchaus bescheiden aus. An der hübschen, südlich sich anschließenden **Cala di Sinzias** gibt es mittlerweile zwei Campingplätze und etwas Agriturismo, jedoch noch keine Hotelbauten. Dagegen setzt das voll erschlossene **Villasimius** an der äußersten Südspitze den Kontrapunkt und bereitet optisch auf die nahtlos erschlossene Küstenstraße nach Cagliari vor. Trotzdem lässt sich auch hier die Schönheit der tief eingeschnittenen Buchtenlandschaft nicht gänzlich zubauen, und so gehört die hoch über dem Meer verlaufende Straße zu den Panoramastrecken der Insel. Das wissen jedoch auch die Einwohner von Cagliari, was man speziell am überdichten Ausflugsverkehr am Wochenende zu spüren bekommt.

558 Ostküste/Sarrabus

- *Orientierung*: Das **Sarrabus** im äußersten Südosten der Insel ist bergig und im Inland kaum durch Straßen erschlossen. An der Küste herrscht punktuell starker Tourismus, doch gibt es an der Ostküste durchaus auch noch ruhige Stellen. Gängiges Ziel (Vorbuchen zu Hause) ist die Ferienstadt am **Monte Nai** (Costa Rei), **Villasimius** ist eher bei Italienern beliebt. Die Lagunenlandschaft um den **Stagno di Colostrai** (Torre Salinas) ist für Camper lohnend, ebenso der Strand in der Mündungsebene des **Flumendosa**.
- *Verbindungen*: Verbindungen durch **ARST-Busse** sind eher mäßig, die Strecke Cagliari – Villasimius wird zwar häufig gefahren, doch die Ostküste mit der Cala di Sinzias und der Costa Rei hat nur im Sommer Busanschluss. Die Region um Muravera ist über die landeinwärts verlaufende SS 125 gut an Cagliari angeschlossen, ebenso an den Norden nach Tortoli/Arbatax.

- *Straßen*: Gut ausgebaut sind die **Küstenstraße** Cagliari–Villasimius und die landeinwärts verlaufende **SS 125** von Cagliari nach Muravera, die die Südecke Sardiniens links liegen lässt. Zwischen Muravera und Villasimius existiert ein leidliches Straßennetz, das aber noch einige Stellen ohne Asphalt aufweist. Von Muravera geht eine Asphaltstraße nach Ballao im Inselinneren.
- *Übernachten*: einige **Hotels** um den Stagno di Colostrai (Torre Salinas), Ferienstadt an der Costa Rei, großes Hotelangebot um Villasimius. **Agriturismo** an der Cala di Sinzias.
  Campingplätze bei Porto Corallo, bei Torre Salinas, an der Costa Rei, an der Cala di Sinzias und bei Villasimius.
- *Baden*: kilometerlange Sandstrände im Mündungsdelta des Flumendosa (Porto Corallo) und am Stagno di Colostrai, außerdem die Costa Rei und die Cala di Sinzias. Gute, aber überfüllte Strände bei Villasimius.

Flumendosa-Ebene

Reine Landwirtschaftsebene mit Mandelpflanzungen, Obst und Getreidefeldern. Zieht sich in ihren Ausläufern nach Süden bis zum weit vorspringenden Capo Ferrato. Lange Sandstrände und ausgedehnte Stagni bilden die Küstenzone um die Mündung des Flumendosa.

Die beiden Orte *Muravera* und *Villaputzu* liegen wie Zwillinge auf beiden Seiten des Flusslaufs, wobei Muravera als aufstrebendes Provinzzentrum schon beinahe städtischen Charakter zeigt. Wie in vielen Flussebenen Sardiniens stehen auch hier noch viele traditionelle Häuser aus Lehmziegeln (→Oristano/Tirso-Tal). Die einstige malariaverseuchte Mündung des Flumendosa konnte mittels weitgefächerter Kanalisierung in den fünfziger Jahren zu fruchtbarem Ackerland umgewandelt werden.

▸ **Porto Corallo**: noch in den achtziger Jahren ein fast idyllisches Fleckchen Erde vor großem Strandsee und schilfbewachsener Flussebene. Eine Hand voll Fischer, ein felsiges Kap mit spanischem Torre, ein ruhiger Campingplatz. Richtung Süden ein schier endloser Sandstrand, nach Norden kleinere Badebuchten mit weißem Dünensand ...

Den langen Strand gibt es noch, und dort wurde bisher nichts gebaut. Doch bereits 1986 hat man neben den Torre einen riesigen Jachthafen geklotzt – und der wird bis heute kaum genutzt. Asphalt und Beton prägen seitdem diesen Küstenabschnitt. Auch der große Lagunensee im Hinterland wurde weitgehend trockengelegt, um den kostbaren Boden für landwirtschaftliche

Flumendosa-Ebene 559

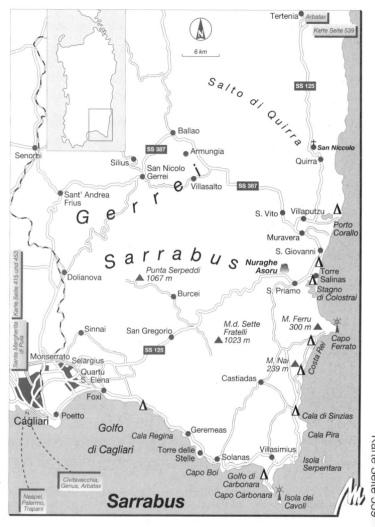

Nutzung zu gewinnen. Inzwischen durchziehen nur noch einige breite Kanäle die Ebene, und die früher hier nistenden Wasservögel dürften der Vergangenheit angehören.

In der Badebucht nördlich vom Campingplatz wurde vor einigen Jahren eine große Feriensiedlung erbaut, die einige Leser als angenehm, gepflegt und ruhig beurteilten.

560 Ostküste/Sarrabus

● *Übernachten*: ***** Camping Porto Corallo**, direkt neben dem Jachthafen. Von Jugendkooperative geleitet, einfaches flaches Gelände mit hartem Boden, langen Reihen von schütteren Eukalyptusbäumen und Schilfdächern. Pizzeria, Tennis, Holzbungalows.

Pro Person 3,50–6,50 €, Stellplatz 6–8,50 €, ½ Stellplatz 3,50–7 €. Mai bis Oktober.
℡ 070/997017, 🖷 9977800, www. portocorallocamping.it.
● *Sport*: In der Bucht mit der Feriensiedlung werden **Tretboote** und **Surfbretter** vermietet.

▶ **Villaputzu**: Viel steht nicht mehr von den alten Lehmmauern, für die Villaputzu einst bekannt war. Nur in den Seitengassen des unscheinbaren Orts entdeckt man noch einige. Am großzügigen Hauptplatz die Dorfkirche mit hohem Glockenturm, außerdem das einzige Hotel. Über das im Sommer ausgetrocknete Bett des Flumendosa führt eine große Brücke aus Beton und grün gespritztem Stahl nach Muravera.

● *Übernachten*: *** Seralapis**, nach dem Kirchturm das höchste Gebäude im Ort, direkt im Zentrum. Einfach, aber sauber, das etwas kahle Innenleben mit Pflanzen aufgelockert. Interessanter Blick über die Häuser und die Flussebene. DZ etwa 47 €, Frühstück ca. 7,50 €. ℡ 070/997433.
Marongiu, moderner Agriturismo-Betrieb von Giorgio Marongiu nördlich von Villaputzu, Abzweig von der SS 125 bei Km 72. Vermietet werden zwei DZ und zwei Dreibettzimmer für ca. 22 €/Pers. inkl. Frühstück, HP kostet ca. 33 €/Pers. Gute sardische Küche mit Zutaten aus eigener

Produktion (Essen mit Voranmeldung auch ohne Übernachtung möglich). Zum Meer sind es 6 km. Es wird Englisch gesprochen. ℡ 070/997072.
● *Essen & Trinken*: **Garden**, Pizzeria am südlichen Ortsausgang. Besitzt einen kleinen Hinterhof, der im Sommer auch manchmal genutzt wird. Meist sitzt man aber vorne im genauso kleinen Speiseraum, der durch eine spanische Wand von der Bar abgetrennt ist. Einfache, aber gute Hausmannskost, von der "Mama" gekocht und serviert, preiswert. Es wird auch Deutsch gesprochen.

Muravera

Geschäftiges Provinzzentrum mit meist niedrigen, geduckten Häusern an der langen schnurgeraden Durchgangsstraße. Die Nähe zu Cagliari ist bereits spürbar – viele Pendler, Jugendliche im Punklook etc.

Die Pfarrkirche mit ihren einfachen, fast ungelenken Formen, diversen Seitenanbauten und roh verputztem Glockenturm ist einen kurzen Blick wert, ansonsten spielt Muravera höchstens eine Rolle als Versorgungszentrum oder abends zum Bummeln und Essengehen, wenn man auf einem der nahe gelegenen Campingplätze wohnt. Wie in Villaputzu findet man auch in Muravera noch alte Lehmziegelhäuser und Reste vergangenen Wohlstands in Form von filigranen Fensterfriesen und Steinbalkonen.

Eine etwa 5 km lange Stichstraße führt zum nahen *Sandstrand* im Mündungsgebiet des Flumendosa. Am Parkplatz zwei Strandbars und eine Brücke über einen Seitenarm des Flumendosa, der parallel zum Strand nach Süden verläuft. Eine Piste folgt dem völlig einsamen Sandband und endet bei einem ebenso einsamen Jachthafen.

Was man von der Küstenstraße aus nicht vermutet – in den landeinwärts aufsteigenden Bergen gibt es dichte Steineichenwälder. Schöne Möglichkeiten zum Spazierengehen und Wandern bietet das Gebiet von *Baccu Arrodas* (250 m), zu dem bei der Kurve am nördlichen Ortsausgang von Muravera eine etwa 4 km lange Piste durch Weingärten hinaufführt.

Muravera 561

- *Information*: **A.A.S.T.** in der Via Macchiavelli 3, östlich der Durchgangsstraße, Nähe Piazza Europa. Gut ausgestattet mit Prospektmaterial, u. a. Auskünfte über Ferienwohnungen und Apartments in der gesamten Region, Costa Rei etc. Mo–Fr 8–14, 16–19 Uhr. ℰ 070/9930760, ℰ 9931286.
- *Anfahrt/Verbindungen*: Busse fahren ca. 7–8x tägl. nach Cagliari, mehrere Haltestellen im Ort, eine direkt vor Hotel Corallo.
- *Adressen*: **Autoverleih Musiu**, Via Matteotti 23, ℰ 070/9930741.
Geld, Banco di Sardegna an der Hauptstraße (Geldautomat).
Post, am hinteren Ende der Piazza Europa.
- *Übernachten*: *** **Corallo**, großes Haus unmittelbar an der lauten Hauptstraße Richtung südlicher Ortsausgang. Die Eingangshalle ganz nett, erste Etage komplett renoviert, hohe Gänge, Zimmer mit neuen Bädern. Zimmer seitlich raus nehmen, dort weniger Lärmbelästigung. Empfehlenswert die Bar an der Straße. DZ mit Frühstück ca. 53–80 €. ℰ 070/9930502, ℰ 9930298.
* **Sa Ferula**, ebenfalls am südlichen Ortsausgang, jedoch etwas abseits von der Straße. Einfach, aber die Terrasse mit schwerem Gummibaum und viel Grün im Zusammenspiel mit der leuchtend orangen Fassade ein Schmuckstück. Der kürzliche

Pächterwechsel sollte Auftrieb verleihen. DZ ca. 43–52 €. ℰ 070/9930237.
- *Essen & Trinken*: **Su Nuraxi** an der Durchgangsstraße, Nähe nördlicher Ortsausgang. Drinnen ein Kamin, der einem Nuraghen nachempfunden ist, hauptsächlich binnenländische Küche, viele Gerichte mit Pilzen aus den Bergwäldern, auch Pizza. Zu empfehlen und sehr sauber, auch die Toiletten. Im Sommer tägl., sonst Mi geschl.
Sa Forredda, Ristorante/Pizzeria mit sardischer Küche in der Nähe vom nördl. Ortsausgang, hinter dem Haus eine gemütliche Terrasse. Im Sommer tägl., sonst Di geschl.
- *Cafés & Bars*: **Hotel Corallo**, gemütliche Bar neben dem Hotel, morgens gibt's ofenfrische panini, außerdem Pizza, Gebäck etc.
Paderi, an der Hauptstraße, beliebter Jugendtreff samt Open-Air-Kino.
- *Shopping*: jeden Montag kleiner **Markt** am Platz vor der Bank. Hauptsächlich Textilien und Schuhe, aber auch Obst, Gemüse, Käse und Wurst.
Compra bene, großer Supermarkt an der Durchgangsstraße.
Corona & Fanunza, Via Sarrabus 3, Webwerkstatt mit reicher Auswahl an Teppichen, Decken, Vorhängen, Tischtüchern u. Ä. In Formgebung und Muster wird die lokale Tradition gepflegt.

▶ **Flumendosa-Tal:** Der Flumendosa ist nach dem Tirso der zweitlängste Fluss Sardiniens. Er entspringt an den Hängen des Gennargentu und wird in mehreren Seen gestaut: Lago alto di Flumendosa (800 m hoch, bei Lanusei), Lago di Flumendosa (bei Mandas, FdS-Kleinbahnstrecke von und nach Arbatax führt daran vorbei!) und Lago Mulargia. Sein Wasser kann dank weitflächig angelegter Kanäle für die Bewässerung der trockenen Campidano-Ebene und für die Versorgung der Hauptstadt eingesetzt werden.

Ausgangspunkt für eine Fahrt entlang des Flusstals ist *San Vito*, einige Kilometer landeinwärts von Muravera. An der Hauptstraße stehen noch viele alte Steinhäuser und ehemalige Prunkpalazzi. Das meiste ist zwar arg verfallen, trotzdem erkennt man noch viele architektonische Details, kunstvoll verzierte Balkons und Fensterstöcke. Von San Vito kann man auf gut ausgebauter Schnellstraße landeinwärts den Lauf des Flumendosa bis *Ballao* hinauffahren, im Sommer ein träger Wasserlauf mit verschilften Ufern, dicht bewachsen mit rosarotem Oleander und Obstbäumen, viel Weinanbau. Die ausgezeichnete Straße mit Brücken und Tunnels wurde Anfang der Neunziger fertig gestellt und bietet eine bequeme Anbindung ans Inselinnere mit verschiedenen archäologischen Funden, darunter das Menhirfeld von Goni (→ Marmilla).

▶ **San Giovanni:** wenige Kilometer südlich von Muravera, Gelände einer Großfischerei am nördlichen Ende des langen Sandstrandes von Torre Salinas. Asphaltierte Stichstraße endet an der Zufahrt zur Peschiera, Bademöglichkeit.

562 Ostküste/Sarrabus

• *Camping*: *** **Quattro Mori**, großer Platz zwischen SS 125 und dem kilometerlangen Sandstrand nördlich von Torre Salinas. Völlig ebenes Gelände, die Stellplätze unter langen Reihen von Eukalyptusbäumen. Ausstattung gut, vor allem an Kinder hat man gedacht – große Rasenfläche mit Spielgeräten, in der Mitte Tanzfläche (abends in der Saison laute Disko), außen im Halbkreis gepflegtes Ristorante, Bar und Market. In den Sanitäranlagen warme Duschen mit Zeitbegrenzung. Tennis und andere Sportangebote, Reitmöglichkeit Is Perdigonis in der Nähe (s. u.). Die Nähe von Cagliari macht sich an Wochenenden stark bemerkbar, viele Dauercamper. Es wird Deutsch verstanden und z. T. gesprochen. Pro Person ca. 4,50–8,50 €, Stellplatz 8–11 €, ½ Stellplatz 6 €. Auch Bungalows werden vermietet. Ostern bis Anfang Oktober. ✆ 070/999110, 📠 999126, www.camping4mori.it.

• *Reiten*: **Is Perdigonis**, 2 km vom Campingplatz, jedoch nur in der Hauptsaison.

Torre Salinas

Verfallener Wachturm auf niedrigem, aber dicht bewachsenem Felsenkap. Beiderseits kilometerlange Sandstrände und eine Lagunenlandschaft von eigenartigem Reiz – flache, stehende Gewässer, Salzablagerungen (Name des Torre) und Tausende von Seevögeln.

Das Gemisch aus Salz- und Süßwasser in den ausgedehnten Stagni zieht viele Fische an. In den größten Binnensee, den *Stagno di Colostrai*, südlich vom Torre, schwimmen alljährlich die "muggine" (Meeräschen) durch einen Kanal vom offenen Meer zum Ablaichen. Danach wird der Kanal versperrt, und die Brut ist gefangen. Eine Fischerei organisiert die Zucht. Viele Möglichkeiten für Strandspaziergänge – nördlich vom Torre kilometerlanger, brauner Sandstrand mit karger Heide und Büschelmacchia, kaum Schatten. Südlich vom Torre kann man bis zum besagten Kanal gehen, z. T. dichte Pineta, in der viele Bewohner aus Cagliari kleine Grundstücke und Wochenendhäuser haben.

• *Übernachten*: * **Torre Salina**, unmittelbar unterhalb vom Torre, am Beginn vom Strand. Einfacher Backsteinbau, der nur wenige Gäste anzieht, gegenüber ein Kindererholungsheim, Essensauswahl beschränkt. DZ mit Bad ca. 35–42 €, Frühstück ca. 5 €. 🛏/📠 070/999122.

*** **Villaggio Colostrai**, am Stagno di Colostrai südlich vom Torre, kurz vor dem Torre zweigt eine Asphaltstraße ab, diese knapp 2 km entlang. Feriendorf mit Bungalows am langen Sandstrand inmitten von viel Grün, Riesenanlage mit viel "Animation", so wie es die Italiener mögen. DZ mit Frühstück ca. 75–130 €, VP pro Kopf ca. 55–130 €. ✆ 070/999017, 📠 999025.

• *Camping*: *** **Torre Salinas**, leicht abfallendes Gelände unter hohen Eukalyptusbäumen an der Zufahrt zum Torre, etwa 350 m landeinwärts vom Strand. Steht unter deutscher Leitung, Herr Gierstorfer aus Oberbayern war früher als Luftwaffenoffizier auf Sardinien stationiert und konnte sich nach seiner Dienstzeit hier selbständig machen. Ordentlich und sauber sind die sanitären Anlagen mit warmen Duschen und separaten Waschbecken in den Toilettenzellen, hervorzuheben der Waschraum für Kinder. Neben einem gut sortierten Market gibt es ein kleines Pizzalokal, das unterverpachtet wurde (Service laut Leserzuschrift verbesserungswürdig). Ferner geboten: Tennis, Tischtennis, Kinderspielgeräte, Verkauf von deutschen Zeitungen/Zeitschriften (Nebensaison nur geringes Angebot), Waschmaschine. Vermietung von Wohnwagen und Mietzelten mit Holzboden (4–5 Pers.). Der Platz ist fest in deutscher Hand. Pro Person ca. 4,50–8 €, Stellplatz 7–11 €, ½ Stellplatz 5–7 € (10 % Ermäßigung bei Aufenthalt von mehr als 10 Tagen, ausgenommen 1.8.–16.8.). Geöffnet Ostern bis Mitte Oktober. ✆ 070/999032, 📠 999001, www.camping-torre-salinas.de. Deutsche Buchungsadresse: Sardinien Reisen, Schuttertalweg 20, 85128 Nassenfels, ✆ 08424/88147, 📠 88148.

Panoramastraße nach Cagliari   563

▶ **San Priamo**: kurioses Örtchen an der Straßenkreuzung zur Costa Rei, wo die SS 125 durchs Landesinnere nach Cagliari abkürzt. Kurios, weil in geometrisch exakter Viereckform um die hübsche Kirche erbaut. Dazwischen wachsen prächtige Palmen und spielen Kinder, während sich 5 m weiter der Wochenendrückverkehr nach Cagliari staut. Im Hintergrund auf halber Höhe der roten Felsenhänge die Reste des verfallenen Kirchleins *San Priamo*.

San Priamo ist eine künstlich angelegte Agrarsiedlung für das weite fruchtbare Land Richtung Küste. Für die Bauern führen asphaltierte Pisten zwischen den großen Äckern, Baumschulen und Maisfeldern Richtung Meer und enden im Nichts. Keine Bademöglichkeiten und z. T. Absperrungen.

• *Übernachten/Essen*: ** **Elisabeth**, moderner Bau, etwas abseits von der Straße. Einfache, aber saubere Zimmer. DZ ca. 45–53 €, Frühstück ca. 7,50 €. Als Ristorante ein Tipp – Fernfahrertreff, und die wissen wo es gut ist. Zu empfehlen das reiche Antipasto-Buffet, der leckere rohe Rinderschinken und das für sardische Verhältnisse sehr scharfe *bistecca al pepe*, außerdem das gute Fischrisotto. Mittlere Preislage, allerdings mögliche Steigerungen im Sommer. ☎ 070/999026, 🖷 999065.

Su Crogallu, Trattoria/Pizzeria neben Hotel an der Straße, ebenfalls gut.

Panoramastraße nach Cagliari

Die SS 125 von Muravera nach Cagliari schneidet den südöstlichen Zipfel Sardiniens ab und verläuft in der tief eingeschnittenen Schlucht der Flüsse *Riu sa Picocca*, *Riu di Cannas* und *Riu Malliu*, die die Sarrabus- und Sette-Fratelli-Berge trennen. Sehr schöne Strecke – durch schroffe, kahle Porphyr- und Granitfelsen, Steineichen und Macchia windet sich die einsame Straße zum Pass Arcu Neridu (426 m) hinauf, seitlich begleitet von je nach Jahreszeit mehr oder minder starken Wasserläufen. Achtung jedoch: an Wochenenden z. T. extremer Ausflugsverkehr ab Cagliari und zurück.

Verbindungen: im Sommer bis zu 8x täglich Busse Muravera – Cagliari und umgekehrt, außerhalb der Saison 3–4x.

▶ **Nuraghe Asoru** (auch: s'Oro): eindrucksvoller Nuraghe nur wenige Kilometer westlich von San Priamo, unmittelbar an der Straße. Er stammt etwa aus dem 10.–8. Jh. v. Chr. und wurde 1976 vollständig wieder aufgebaut. Hier im Durchgangstal des Riu sa Picocca (schon damals ein viel benutzter Verkehrsweg) hatte er eine wichtige Wachfunktion und konnte gleichzeitig die Küstenebene kontrollieren.

▶ **Burcei**: Bergdorf abseits der Straße, eine gute Asphaltstraße führt hinauf. Vor dem Ortseingang leidlich befahrbare Piste auf die mit Antennen und Sendeanlagen bestückte *Punta Serpeddi* (1057 m), oben weiter Blick über die Ebene von Cagliari.

▶ **Monti dei Sette Fratelli**: Wo von der SS 125 die Straße nach Burcei abzweigt, führt Richtung Süden eine etwa 8 km lange, asphaltierte Straße in den Naturpark *Monti dei Sette Fratelli* um das bis zu 1023 m ansteigende Bergmassiv gleichen Namens. Unterwegs passiert man das einsam im Wald gelegene Kloster *Convento de Sette Fradi*. Am Eingang zum Park hat die Forstbehörde ein *Museo Cervo Sardo* eröffnet, das Aufschluss über den vom Aussterben bedrohten sardischen Hirsch gibt, der im Naturpark eines seiner wenigen Refugien

Sarrabus   Karte Seite 559

564   Ostküste/Sarrabus

hat. Der Naturpark kann mit dem Auto befahren werden, zu Wanderungen und Spaziergängen erhält man bei der Forststation am Eingang Informationen.

Öffnungszeiten: **Naturpark Monti dei Sette Fratelli** – im Sommer tägl. 8–19 Uhr, übrige Zeit bis 17 Uhr. Touren im Naturpark veranstaltet die **Cooperativa Monti dei Sette Fratelli** aus Castiadas (→ Costa Rei/Umgebung), ✆ 070/9947200.

▶ **San Gregorio:** Ab hier beginnt bereits das Siedlungsgebiet von Cagliari, diverse Villen, einige Ristoranti und üppige Vegetation.

Costa Rei

Die Königsküste – ein fast 10 km langer Traumstrand mit feinem, weißem Sand und Wacholderdünen, nur gelegentlich unterbrochen von felsigen Kaps, dahinter menschenleere Macchiahänge. Am Hang des Monte Nai hat sich eine große Ferienhausstadt etabliert, die mittlerweile eine vielfältige touristische Infrastruktur bietet. Deutsch wird hier überall gesprochen.

Abgesehen von den Apartmentanlagen am *Monte Nai* und einigen Campingplätzen ist die Costa Rei jedoch noch durchaus einsam und wenig erschlossen, vor allem im südlichen Teil. Auch die Ferienwohnungen sind nur im Hochsommer voll belegt, wenn sich bis zu 20.000 Urlauber aus ganz Europa hier tummeln. Vor April tut sich kaum etwas, Mitte September ist bereits Saisonende, im Winter wohnen nur eine Hand voll Bauern hier.

Verkehrstechnisch ist die Costa Rei noch nicht allzu königlich bestückt. Die bisherigen Straßen beruhten meist auf Privatinitiative der Anlieger, einige Staubpisten wird man nicht umgehen können. Doch eine neue Schnellstraße ist bereits geplant (→ TCI-Karte), sie wird in elegantem Bogen den südöstlichen Zipfel Sardiniens umrunden und endlich die überforderte Küstenstraße Cagliari–Villasimius entlasten.

Information/Verbindungen/Diverses

● *Information*: nur in den Sommermonaten an der zentralen Piazza Sardegna. Prospektmaterial reichlich vorhanden, Infos über Ferienhäuser und Agriturismo. Im Sommer tägl. 9–20 Uhr, übrige Zeit nur Mo-Fr. ✆/✆070/995018.

● *Anfahrt/Verbindungen*: Busse fahren im Sommer die Strecke Muravera – Costa Rei – Villasimius ca. 3–4x am Tag.

● *Shopping*: **Monte Nai Market**, Via C. Colombo 1, größter Supermarkt am Ort, am schwarzen Brett Infos über Pferdetrekking, Mountainbikes etc.

● *Sport*: mehrere Reitställe, z. B. **Iba Sa Cresia** nördlich vom Ort, ✆/✆ 070/991286, und **Centro Ippico Agrituristico del Sarrabus**, Località S'Ollasteddu, ✆/✆ 070/999016.
Tauchschulen am **Camping Porto Pirastu** (→ Übernachten) und in der **Residence Turagri**, ✆ 070/991399.

Übernachten

Hotels sind Mangelware. Der Monte Nai ist fast ausschließlich Apartment-/Ferienhaussiedlung. Mindestens zehn Immobilienfirmen versuchen, ihre Objekte an den Mann zu bringen. Am besten, man bucht über Reiseveranstalter, z. B.: Sard-Reisedienst oder Oscar Reisen. Vor allem für Juli/August muss man sich frühzeitig kümmern, denn dann sind die Italiener da. Aber auch Pfingsten kann es bereits zu Eng-

Costa Rei   565

pässen kommen. Weiterhin gibt es drei Campingplätze, und Agriturismo wird ebenfalls zunehmend angeboten.

● *Hotels*: ***** Albaruja**, Via C. Colombo, neues, gepflegtes Bungalowhotel in zentraler Lage, alles im typisch sardischen Rosa gehalten. Mit Pool und Garten, zwei Minuten zum Meer. HP ca. 55–105 €/Pers. ✆ 070/991557, ✆ 991459.
*** Free Beach Club, weiträumige Bungalowanlage an der Durchgangsstraße. Ockergelbe Häuschen staffeln sich den Hang bis zum Strand hinunter, jeweils mehrere Wohnungen sind zusammengefasst. Grünanlagen und Bäume lockern das Terrain auf. Ristorante, Tennisplatz, Surfschule u. a. Abends oft Animation – Disko, Feuerwerk am Strand etc. Hauptsächlich Pauschalgäste kommen hier unter, im Sommer bis über 1000 auf einmal. VP ca. 50–115 €/Pers. ✆ 070/991041, ✆ 991054.

● *Ferienwohnungen*: Es gibt verschiedene Wohnungstypen, die in der Regel 1 bis 4 Zimmer zuzüglich Küche/Bad beinhalten. Die Preise schwanken je nach Ausstattung, Lage und Saison außerordentlich. Bezüglich Lage wichtig: liegt die Wohnung in Strandnähe oder oben am Berghang, zentral oder abseits. Am Berghang deutlich billiger! Tageweise wird nur ungern vermietet, höchstens in der Nebensaison. Zu Hause vorbuchen z. B. über Sard-Reisedienst, vor Ort hängen überall Hinweisschilder zu den Maklerbüros.

● *Agriturismo*: **Centro Ippico Agrituristico del Sarrabus**, Località S'Ollasteddu, Reitstall und fünf Gästezimmer, es wird Englisch gesprochen. HP pro Kopf ca. 38 €. ✆/✆ 070/999078.

● *Camping*: ****** Porto Pirastu**, am Capo Ferrato (→ Umgebung), großer, relativ neuer Platz direkt am Strand, gut ausgestattet, hübsche Bungalows, zwei Tennisplätze, Disko, Tauchschule. Pro Person 3,50–9 €, Stellplatz 11–16 €, ½ Stellplatz 8–11 €. Ostern bis Ende September. ✆ 070/991437, ✆ 991439, ppirastu@tin.it.
*** Piscina Rei, großer Platz am nördlichen Strandende. Zur Hälfte Reihenhäuser und hübsche Bungalows (4/6/8 Pers.), der Rest für Camper, Schatten unter Stoffbahnen. Sanitäranlagen gut in Schuss, großes, gepflegtes Ristorante, Fußballplatz auf dem Gelände. Pro Person 4–8 €, Stellplatz 8–13 €, ½ Stellplatz 6–9 €. Juni bis September. ✆ 070/991089, ✆ 991096.
*** Capo Ferrato, leicht hügliges Gelände am Südende der Apartmentsiedlung, direkt am Strand, beliebt bei Zeltcampern. Eukalyptusbäume und Pinien geben Schatten, mäßig ausgestattet, dafür preiswerter als die anderen. Self-Service, Tennis- und Basketballfeld, kleine Open-Air-Disko, einige Bungalows. Pro Person 4,50–7 €, Stellplatz 7–11 €, ½ Stellplatz 6–9 €. Ostern bis Mitte Oktober. ✆/✆ 070/991012.

Essen & Trinken

Einige gute Adressen, aber in der Regel hohes Preisniveau.

L'Aragosta, Via Cristoforo Colombo, gemütliches Fischlokal mit schattiger Terrasse. Ein Pionier der Costa Rei, seit mehr als 25 Jahren Familienbetrieb von Herrn Max Saurwein aus der Schweiz, sein Sohn kocht und wird demnächst das Lokal übernehmen. Dank guter Kontakte zu den örtlichen Fischern gibt es eine ausgezeichnete Fischplatte für 2 Pers., Spezialität des Hauses ist die *zuppa di pesce* mit 30 Fisch-, Krebs- und Muschelsorten (allerdings nur in der Hauptsaison). Menü ca. 25–30 €.
L'Escargot, Via Marco Polo 4, elegante Adresse direkt am Meer, wenige Schritte zum Strand. Exquisite Meeresküche mit

teils ausgefallenen Gerichten.
Sa Cardiga e su Pisci, an der zentralen Piazza Sardegna, vom kompetenten Restaurantführer Michelin empfohlen, Menü um die 25–40 €. Juni bis Sept. tägl., sonst Do geschl.

● *Außerhalb*: **Monte Nai**, Via Ichnousa, etwas nördlich vom Zentrum, laut Leserzuschrift aufmerksame Bedienung und kinderfreundlich, Preise etwas niedriger als in den zentral gelegenen Lokalen. Mit Pianobar.
Schlichte **Pizzeria** ohne Tischdecken an der Straße zum Capo Ferrato (→ nächster Abschnitt), netter Familienbetrieb, wo auch Einheimische essen.

Sarrabus
Karte Seite 559

Sarazenentürme prägen auch im Süden die Küste

Costa Rei/Umgebung

▶ **Capo Ferrato**: markantes Kap am Nordende der Costa Rei. Sehr einsam und kaum besiedelt, nur ein paar Bauernhöfe, eine nette Pizzeria (→ oben) und der hoch aufgetürmte *Monte Ferru* (300 m) mit nackten, roten Felsflanken und grüner Grasnarbe.
Eine gute Asphaltstraße führt etwa bis zur Hälfte der Landzunge, kurz vorher Weg zum Strand *Porto Pirastu* mit Zeltplatz (→ oben). Benachbart ausgedehnte Pinienwäldchen, die an Wochenenden von Cagliari-Einwohnern in Beschlag genommen werden – wie überhaupt alle schattigen Plätze der Umgebung. Die Straße geht anschließend in staubige "strada bianca" über und kurvt mit Schlaglöchern und steilen Serpentinen über das Kap hinunter zum langen *Strand von Colostrai* (dort geht nur noch ein Fußweg weiter). Am Scheitelpunkt der Straße herrlicher Blick und atemlose Stille.

▶ **Castiadas**: sehenswertes historisches Ensemble zwischen Eukalyptusbäumen im Hinterland der Costa Rei, ungewöhnlicher Fremdkörper in der einsamen Landschaft. Die trutzigen Gebäude im klassizistischen Stil wurden von 1875 bis 1956 als "Colonia Penale" (Strafkolonie) genutzt – 1954 kletterte Ernst Jünger von seinem Feriendomizil Villasimius die Hänge hinauf und entdeckte die Sträflinge, die hier die Felder bewirtschafteten (vgl. sein Buch "Am Sarazenenturm"). Besichtigung bisher leider nur von außen.

▶ **Monti dei Sette Fratelli**: "Sieben Brüder" werden die sieben Granitgrate genannt, die im Hinterland der Costa Rei bis zu 1023 m ansteigen. Sie sind in

Cala di Sinzias   567

großen Teilen dicht mit Wald bedeckt und nur auf einigen wenigen Wegen der Forstverwaltung zugänglich. Den besten Einstieg bietet die SS 125 von Cagliari nach Muravera (→ S. 563).

▸ **Foresta di Minniminni**: vegetationsreiches Schutzgebiet südlich von Castiadas um den 726 m hohen Monte Minniminni.

Fuß-, Reit- und Jeeptouren im Naturpark Monti dei Sette Fratelli und im Foresta di Minniminni veranstaltet die **Cooperativa Monti dei Sette Fratelli** aus Castiadas, Piazza Centrale, ☎/📠 070/9947200.

Cala di Sinzias

Reizvoller, 2 km langer Strand aus weißem Sand, an beiden Seiten eingeschlossen von bizarrem Bergpanorama. Der Tipp für einen ruhigen Urlaub in schöner Umgebung.

Am Strand zwei ausgedehnte Campingplätze, Hotelbauten wurden von der Gemeindeverwaltung bisher keine zugelassen. Das fruchtbare Hinterland ist noch völlig agrarisch geprägt, die Bauern verkaufen ihre Produkte direkt ab Hof, einige betreiben Agriturismo.

● *Anfahrt/Verbindungen*: **Busse** zwischen Villasimius und Costa Rei/Muravera fahren etwa 3–4x am Tag.

● *Übernachten/Essen*: **** **Sant'Elmo Beach**, neue Großanlage zwischen Costa Rei und Cala di Sinzias, architektonisch ein wenig extravagant, große Rasenanlage mit Pool, 300 m zum Strand (Shuttlebus). Zu buchen über zahlreiche Reiseveranstalter. ☎ 070/995161, 📠 995140.

*** **S'Obreschida**, "Die Morgenröte" liegt westlich der Durchgangsstraße, ca. 1 km nördlich vom Abzweig zur Cala di Sinzias. Giampaolo Abis und seine Familie haben in den neunziger Jahren auf dem Gelände ihrer Farm ein Hotel erbaut. Schlicht-rustikal, sehr sauber, schöne Bäder, Zimmer mit TV, behindertengerecht. Mit Tennisplatz und Kinderspielgeräten. DZ ca. 65–105 €, Frühstück ca. 7,50 €/Pers. Vermietet werden auch einige kleine Wohneinheiten mit jeweils zwei Zimmern. ☎ 070/995038, 📠 995122.

Zum Haus gehört auch ein großes, nicht billiges Ristorante mit Grillkamin und Terrasse, hier werden traditionelle Gerichte wie *porcheddu* serviert.

● *Camping*: *** **Garden Cala Sinzias**, ausgedehntes flaches Gelände gleich hinter dem Strand, z. T. hohe Eukalyptusbäume, aber auch etliche Stellplätze ohne Schat-

ten. Dank der idealen Lage im Sommer oft sehr voll, Dauercamper aus Cagliari prägen das Bild. Großes Sportangebot, z. B. Tennis, Surfschule, Reiten, Boots- u. Fahrradverleih, Tauchschule, Auffüllen von Tauchflaschen. Außerdem werden Ausflüge organisiert, z. B. zur südlich vorgelagerten Isola Serpentara. Ristorante/Pizzeria, Bar, Animation. Sanitäre Anlagen in der Saison überfordert. Vermietung von Holzbungalows. Pro Person 5–13 €, Stellplatz 10–13 €, ½ Stellplatz 7–9 €. Ostern bis Mitte Oktober. ☎ 070/995037, 📠 995082, www. calasinzias.com.

*** **Limone Beach**, neuer, gut eingerichteter Platz gegenüber von Garden Cala Sinzias, aber nicht mit direktem Meerzugang (150 m Fußweg). Guter Baumbestand, darunter auch Zitronenbäume, moderne Sanitäranlagen, Sportzentrum mit Pool, zwei Tennisplätzen und Rasenplatz für Fußball, schallgedämpfte Diskothek. Eine kleine Elektrobahn kutschiert die Gäste über das Gelände. Pro Person 4,50–13 €, Stellplatz 8–13 €, ½ Stellplatz 5–9 €. Ganzjährig geöffnet. ☎ 070/995006, 📠 995026, www. limonebeach.it.

● *Sonstiges*: **Agriturismo da Angela Tagliaferri**, uriger Hof mit Gemüse- und Obstverkauf aus eigener Produktion an der Zufahrt zu den Campingplätzen. ☎ 070/995016.

Sarrabus Karte Seite 559

Villasimius

Ernst Jünger war seit den Sechzigern nicht mehr da. 1954 schrieb er hier sein Buch "Am Sarazenenturm". Ob es ihm heute in Villasimius noch gefallen würde, ist fraglich. Der Ort präsentiert sich als durchwachsene Mischung aus modernen Wohnhäusern, Pizzerien und Boutiquen, überschwemmt durch den Naherholungsverkehr aus Cagliari. Sommerliches Verkehrschaos in den überlasteten Gassen ist vorprogrammiert, die Übernachtungspreise sind hoch.

Villasimius liegt in leichter Hügellage etwa 2 km vom Meer entfernt. An der höchsten Stelle der Durchgangsstraße sitzt man hübsch auf der palmenbestandenen Piazza Gramsci, benachbart steht die große Pfarrkirche. Im Süden ragt das schmale Capo Carbonara weit ins Meer, die Strände der Umgebung sind lang und feinsandig, im Sommer aber meist überfüllt.

Information/Verbindungen

- *Information*: **Consorzio Villasimius per il Turismo**, Via del Mare 32, ✆ 070/790079, 📠 790433, www.villasimius.org.
- *Verbindungen*: **ARST-Busse** von und nach Cagliari ca. 4–7x tägl., schöne Fahrt über die Küstenstraße. Im Sommer auch mehrmals tägl. Busse zur Costa Rei.

Adressen

- *Autovermietung*: **Murangela**, Via Vittorio Emanuele 11, preisgünstige Angebote, ✆ 070/791164; **Carboni**, Via Vittorio Emanuele 16, ✆ 070/791055; **Marci**, Via Roma 59, ✆ 070/791034.
- *Ferienhäuser*: zu mieten über **Immobiliare Simius** an der zentralen Piazza Gramsci, ✆ 070/791266.
- *Geld*: **Banco di Sardegna** an der Piazza Gramsci, **Banco di Sassari** in einer Nebengasse.
- *Post*: Via del Mare 72, Nähe Piazza Gramsci.
- *Sport*: **Acquaman**, kooperativ geführtes Tauch-Center. ✆/📠 070/791579. **Delfin Club**, an der Spiaggia Simius, Bootsverleih, Surfbretter, Wasserski, Segelunterricht u. Ä. m. ✆ 070/7202298.
- *Shopping*: **Miele Sardo**, Via Marconi 10/a, in diesem hübsch aufgemachten Laden kann man diverse sardische Honigsorten kaufen.

Übernachten

Im Ort nur wenige Möglichkeiten, da hauptsächlich auf Ferienhaus-Tourismus eingerichtet. Die Hotels liegen meist etwas außerhalb – große Ferienmaschinen mit Pensionspflicht und knackigen Preisen.

- *Im Ort*: ** **Stella d'Oro**, Via Vittorio Emanuele 25, Seitengasse der zentralen Piazza (beschildert). 1926 gegründet, die jetzige Wirtsfamilie führt das Albergo seit gut 50 Jahren. Mit dem Seniorwirt Gavino hat sich schon Ernst Jünger um den Zimmerpreis gestritten, aber schließlich gütlich geeinigt. Die ordentlichen Zimmer des von Grund auf renovierten Hauses gruppieren sich um den ansprechend gekachelten Atriumhof samt Springbrunnen. Innen schweres solides Mobiliar, die Gänge voll mit sardischen Stücken, Pflanzen, Fotografien. Vor allem als Ristorante sehr beliebt. DZ mit Bad ca. 46–52 €, Frühstück ca. 6 €/Pers., HP ca. 65–74 €/Pers. ✆ 070/791255, 📠 792632. *** **Dell'Ancora**, am Ortsausgang Richtung Capo Carbonara. Grüner Betonbunker mit Reihenhauscharakter. Nicht unbedingt reizvoll, aber bei der schwierigen Unterkunftslage in diesbezügliche Überlegungen einzubeziehen, allerdings Anmietung nur wo-

Villasimius 569

chenweise. Das Ristorante schattig im Innenhof. Wochenpreis für DZ mit Frühstück ca. 310–880 €. ☎ 070/791272, ✆ 791576.

*** Blu Marlin, Via Giotto 7, kleines modernes Haus in einer Seitenstraße am Ortsausgang in Richtung Cagliari. DZ ca. 35–130 €, Frühstück ca. 5 €/Pers. ☎/✆ 070/790357, www.hotelblumarlin.it.

● *Am Strand*: ****** Stella Maris**, Komforthotel an der Westseite der Halbinsel Carbonara, am Rand der Pineta, direkt am Strand "Spiaggia di Campulongu", sehr ruhige Lage, geschmackvolle Einrichtung, Garten am Strand, Wassersport. HP ca. 82–160 € pro Person. Zu buchen z. B. über Oscar Reisen. ☎ 070/797100, ✆ 797367, www.stella-maris.com.

* Fiore di Maggio, ebenfalls bei Campulongu, zum Meer etwa 150 m. 20-Zimmer-Anlage mit Pool und bisher günstigen Preisen. DZ mit Frühstück ca. 35–55 €. ☎/✆ 070/797382.

*** Simius Playa, gepflegte Hotelanlage direkt am Strand, am Ende der schnurgeraden Asphaltstraße ab Villasimius. Schöner Garten mit Atmosphäre – Rasen, Palmen, Ristorante und Terrasse. Man spricht Deutsch. DZ mit Frühstück ca. 93–210 €, in der Regel Pensionspflicht (auch Apartments mit Küche zu haben). ☎ 070/79311, ✆ 791571, www.simiusplaya.com.

*** Altura, großes Bungalowhotel gegenüber Simius Playa, mit Disko, Pool und allem "Pipapo". HP ca. 60–125 €/Pers. ☎ 070/790201, ✆ 790203.

*** Tanka Village, zu erreichen von der Straße zum Capo Carbonara, riesige, großzügig angelegte Apartmentsiedlung unmittelbar am Strand, gehört einer Mailänder Hotelkette. Auf dem Gelände verteilt beinahe 1000 Wohnungen in Flachbauten. Wer organisierten Urlaub mag, wird sicher auf seine Kosten kommen – zwei Swimmingpools, Autovermietung, Tennis, Disko, diverse Läden. Eine kleine Elektroeisenbahn kutschiert einen auf dem Gelände herum. In der Nebensaison Mindestaufenthalt eine Woche, in der Hochsaison zwei. HP ca. 70–145 €/Pers. ☎ 070/7951, ✆ 797008.

● *Camping*: ***** Spiaggia del Riso**, hübsches Areal unter dichten Pinien, weicher Waldboden. Schmaler Strand unmittelbar davor, unterbrochen von bizarr abgeschliffenen Granitbrocken. Grillplatz, Wasserfahrräder, Tretboote, Surfbretter, Tischtennis, Kinderspielplatz. Der Platz liegt beiderseits der Straße zum Capo Carbonara, kurz vor der Marina, an der Westseite der Halbinsel. Zum Ort sind es gut 4 km. Pro Person ca. 7–15 €, alles inkl. Ostern bis Oktober. ☎ 070/791052, ✆ 797150, www. villaggiospiaggiadelriso.it.

Essen & Trinken/Unterhaltung

● *Essen & Trinken*: **Stella d'Oro**, Via Vittorio Emanuele 23. Gavino und seine Angehörigen haben den Ruhm ihres Hauses kultiviert – während in der Nebensaison nur ein paar einsame Schriftsteller und solche, die es schon immer werden wollten, den Weg hierher finden, ist das Lokal im Sommer meist gesteckt voll. Viel Atmosphäre besitzt der hübsche Atriumhof mit Springbrunnen und blütenweißen Tischdecken, im lang gestreckten Speiseraum ein Ölporträt von Gavino. Nicht billig.

Carbonara, Via Umberto 54, von der Kirche ein Stück die Straße hinunter. Freundliches und gepflegtes Lokal, gute Fischküche, aufmerksamer Service.

Il Giardino di Max, an der Hauptstraße Via Umberto, wenige Schritte von der Piazza Gramsci, hinter dem Haus bildhübscher Garten mit offenem Grill unter Palmen.

● *Außerhalb*: **Il Moro**, Villaggio dei Mandorli, 3 km vom Zentrum, an der Straße nach Cagliari rechts, geführt vom Ehepaar Melis, großzügiges sardisches Menü für ca. 20–25 €, freundliche und flinke Bedienung. Im Sommer tägl., sonst Di geschl.

Fortessa, etwas außerhalb an der Straße nach Cagliari, Meerseite. Schöne Terrasse auf zwei Ebenen, große Pizzen, normale Preise.

● *Cafés & Bars*: **New Toma Toma**, Eiscafé am Hauptplatz, wichtigster Treffpunkt im Ort, Tische unter gelben Sonnenschirmen, daneben Feigenpalmen.

● *Nachtleben*: **La Luna c'è**, Via Vittorio Emanuele 5, beliebte Abendbar im Zentrum.

Altura, Diskothek im gleichnamigen Hotelkomplex am Strand.

Open-Air-Kino, nur im Sommer, Weg ist beschildert.

Sarrabus · Karte Seite 559

570 Ostküste/Sarrabus

Sagra della Madonna del naufrago

Zu Ehren der Madonna di Bonario (→ Cagliari) wurde am 8. Juli 1979 vor der Isola dei Cavoli beim Capo Carbonara eine über 3 m hohe und 5 Tonnen schwere Pietà (Maria mit Jesus) im Meer versenkt. Die vom Bildhauer Pinuccio Sciola geschaffene Figurengruppe gilt als größte Skulptur, die je im Meer versenkt wurde. Alljährlich am 8. Juli findet eine Bootsprozession zu der Stelle mit anschließendem Fest statt.

Villasimius/Baden und Umgebung

▶ **Spiaggia di Simius**: an der Ostseite der Halbinsel, ein schnurgerades Asphaltband führt von Villasimius aus hinunter. Der Strand ist ausgesprochen breit, feinsandig und mindestens 1 km lang. Es gibt eine Strandbar, Sonnenschirme und Liegestühle werden verliehen. Hinter dem Strand liegt das riesige Tanka Village. Nach links, durch felsige Kaps versperrt, folgen noch mehrere Sandbuchten bis zur *Cala Pira* (→ unten). Nach rechts Möglichkeit, über das niedrige Kap zur Cala Giunco vor dem großen Stagno Notteri zu laufen.

▶ **Zwischen Villasimius und Costa Rei**: Serpentinenstrecke durch unbesiedeltes, felsig-karges Hügelland, Macchiabüschel, verbranntes, gelbes Gras. Tief unterhalb der Straße einige Badebuchten wie die *Punta Molentis*, wo schon Ernst Jünger geplanscht hat. An der *Cala Pira* eine weitere Bungalowanlage.

• *Übernachten*: *** **L'Oleandro**, beschildert an der Straße zur Costa Rei, etwas landeinwärts, ca. 600 m von einer Bucht mit Strand. Moderner, gepflegter Bau, völlig einsam und ruhig am Hang, mit Ristorante (Leserbrief: "Prima Abendessen und gutes Frühstück sowie zuvorkommender Kellner"). Vermietung von Zimmern mit Klimaanlage in Bungalows. DZ ca. 47–83 €, Frühstück ca. 7,50 €. ✆ 070/791539, 🖷 790409.

Capo Carbonara

Schmale, niedrige Halbinsel mit vorgelagerter Leuchtturminsel Isola dei Cavoli, vor der 1979 eine Skulpturengruppe von Pinuccio Sciola versenkt wurde (→ Cagliari/Santuario di Bonario).

Eine Asphaltstraße führt von Villasimius auf die Halbinsel. Anfangs dichte Pineta, an der engsten Stelle, dort wo die Straße ans Meer trifft (gegenüber vom Stagno Notteri), ein großer *Jachthafen* samt Ferienhäusern, Ristoranti und Campingplatz sowie den Resten einer alten Küstenfestung. Am frühen Abend wird es hier für Fahrzeuge recht eng, weil "Kind und Kegel" zwischen parkenden PKW die Straße auf und ab flanieren.

Im Hafen kann man Fahrten zu den vorgelagerten Inseln *Isola Serpentara* und *Isola dei Cavoli* buchen.

Dank seiner artenreichen Flora wurde der Meeresgrund um das Capo Carbonara, die vorgelagerte Isola dei Cavoli und die östlich benachbarte Isola Serpentara 1998 zum geschützten Naturpark **Area Marina Protetta di Capo Carbonara** ernannt. Bootsfahrer und Taucher haben hier einige Vorschriften zu beachten. Informationen gibt die Parkverwaltung unter ✆ 070/7930234, 🖷 790314.

Golfo di Carbonara 571

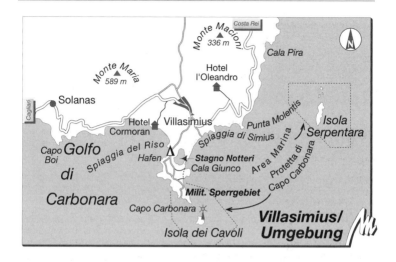

▶ **Fortezza Vecchia**: kleines, bulliges Mauerwerk mit Rundtürmen, erbaut auf den Steilfelsen am Eingang zur Bucht, in der heute der Jachthafen liegt.

▶ **Cala Giunco**: Der prächtige Strand vor dem Stagno Notteri ist über eine anfangs asphaltierte Piste zu erreichen, die von der Straße zum Capo Carbonara kurz vor der Marina links abzweigt. Durch kleine Wäldchen geht's hinunter – der Strand sehr schön, völlig eben, ca. 1 km lang, seitlich ein spanischer Torre und vorgelagert die Isola Serpentara. Kein Wunder also, dass die schattigen Eukalyptuswäldchen hinter dem Strand an Wochenenden zum Bersten gefüllt sind mit Ausflüglern aus Cagliari – zwischen den Zelten, Autos und Picknicktischen ist kein freies Fleckchen mehr zu finden.

▶ **Spitze der Landzunge**: Die Straße führt von der Marina weiter auf die hüglige, steinige Landzunge mit Macchia und gelb verdorrtem Gras. Am Ende der Straße Parkplatz, eine schmale Asphaltpiste geht zum *Leuchtturm* weiter, jedoch militärisches Sperrgebiet nach wenigen hundert Metern. Vom Parkplatz links schmaler, holpriger Hohlweg hinunter zu Klippenbadebuchten, im Wäldchen dahinter Wildzelter. Wenn man unten nach links geht, trifft man wieder auf die Cala Giunco.

Golfo di Carbonara

Weiter Golf unmittelbar westlich der gleichnamigen Halbinsel, zu erreichen ist er von der Küstenstraße nach Cagliari. Mehrere weiße Sandstrände, beliebter Surfspot.

▶ **Campus**: schöner Sandstrand mit Großhotel, prächtiger Blick auf das Capo Carbonara. Das Strandlokal "Il Miraggio" wird gern von deutschen Surfern besucht (Pizza, Brathähnchen vom Grill).

572 Ostküste/Sarrabus

● *Übernachten*: ******* **Cormoran**, architektonisch sehr gelungen, Zimmer und hübsche Bungalows gruppieren sich kreis- und halbkreisförmig um eine üppige Grünanlage mit Palmen, Oleander und Bougainvillea. Hauptsächlich Pauschalreisende, viele Zimmer und Häuschen mit Terrasse im Grünen oder Panoramabalkon. Ristorante, Pool, Strand direkt vor der Anlage, reichlich Sportmöglichkeiten. Zu buchen z. B. über Oscar Reisen. ✆ 070/798101, ✆ 798131.

Von Villasimius in Richtung Cagliari

Die Küstenstraße bietet wunderschöne Panoramen, an Sommerwochenenden sollte man sie aber trotzdem besser meiden, weil unglaublich voll. Die meisten Buchten sind von der Straße gut zu überblicken, punktuell erhebliche Ferienhauskonzentration.

▶ **Capo Boi**: kurz vor dem Golfo di Carbonara, von der Straße aus nicht zu sehen. Direkt an der Straße der Eingang zum gleichnamigen Hotel, in der Nähe hügliger Fels- und Sandstrand mit Dünen, in der Wacholdermacchia dahinter herrschte noch vor einigen Jahren reger Wildzeltbetrieb. Zufahrt über Piste mit dem Schild "Divieto di Campeggio".
Übernachten: ******** **Capo Boi**, elegantes Großhotel, Sandbucht direkt davor, umgeben von großem Wacholder- und Piniengelände, viele Sportmöglichkeiten. VP ca. 130–230 € pro Kopf. ✆ 070/798015, ✆ 798116.

▶ **Solanas**: 12 km westlich von Villasimius, große Ferienstadt mit der besten Bademöglichkeit an der Küstenstraße. Mehrere hundert Meter langer, öffentlich zugänglicher Sandstrand, eingefasst von rotfelsigen Macchiahügeln, auf dem Capo Boi links vorne thront ein Torre. Treff der italienischen Jugendlichen, die hier ihre Ferien verbringen, ist die Bar/Rosticceria "Sa Spiaggia".

▶ **Torre delle Stelle**: riesige Ferienstadt westlich von Solanas, um zwei Sandbuchten sind hier die Hügel mit Villen und Apartments fast zugebaut. Aufenthalt kann man z. B. buchen bei Sard-Reisedienst (→ allgemeiner Teil/Übernachten). An Einrichtungen vorhanden sind Ristoranti und Pizzerias, Disko, Sportplatz, Tennisplätze, ein Reitstall und eine deutsch geführte Tauchbasis (✆ 070/786718, ✆ 750809).

▶ **Cala Regina**: hübsche Macchiabucht ohne Bebauung mit kleinem Kies-/Sandstrand, oberhalb thront ein Torre. Parkmöglichkeit am Wasser.
1 km östlich liegt ein großes Eukalyptuswäldchen unterhalb der Straße, davor ein Kiesstrand. An der Zufahrt eine meist geöffnete Schranke. Die Bucht ist das Privatgrundstück einer Familie, die selber an Wochenenden herkommt und das Campieren gelegentlich duldet, wenn man ein paar Lire zahlt.

> Die Straße weiter in Richtung Cagliari → Cagliari/Umgebung, S. 489.

In den Bergen, weitab vom Badetourismus

Barbagia

Das felsige Rückgrat der Insel. Ein steiniges Relief voll verborgener Höhlen, kahler Steilhänge, dichter Eichen- und Kastanienwälder. Als Terrain unüberschaubar und unkontrollierbar für Eroberer und Carabinieri. Wenige Straßen, die nur aus Kurven bestehen, ab und zu Schafherden. Sprödes Karstland, macchiaverfilzt, undurchdringlich.

Die Region hat ihren Ruf. Land der Banditen, Entführer, Viehdiebe – wo die bösen Buben wohnen. Von jeher hat man sich von außen auferlegten Gesetzen nur widerwillig gebeugt. Unter dem staatlichen Deckmantel wirkten die alten Regulative der Hirtenclans weiter und bestimmten das Zusammenleben. Vergehen gegen die Gemeinschaft wurden mit Strafen beantwortet, die aus der Beratung der Dorfältesten hervorgingen. Betroffene Familien übten Vergeltung an den Tätern und ihren Angehörigen. Das konnte zur *vindicau*, der Blutrache führen (nicht nur auf Sardinien!), in leichteren Fällen waren erst die Schafe der anderen "dran". Banditen gibt es heute nicht mehr. Wenn man unvermutet martialisch bewaffneten Gestalten auf der Straße begegnet, sind das meist Jäger. Allerdings auch Hirten, die ihre Herden bewachen – Viehdiebstahl kommt vor. Die letzte bekannt gewordene Blutrache geht in die fünfziger Jahre zurück. Falls diese Art der Selbstjustiz noch irgendwo schwelt, ist das eine zutiefst innersardische Angelegenheit, von der man als ausländischer Besucher nie etwas erfahren wird – und sich auch nicht darum

574 Innersardinien/Barbagia

bemühen sollte. Sensationstourismus, mal "Banditen live erleben", ist völlig fehl am Platz.

Dafür ist die Barbagia ideal für alle, die die Schönheit der sardischen Bergwelt erleben wollen. Der steil aufragende **Supramonte** und die weiten Rücken der **Monti del Gennargentu** sind die eindrucksvollsten Ziele. Letztere haben mit 1834 und 1829 m die höchsten Gipfel der Insel. Ein guter Anlaufpunkt ist die Kooperative Enis Monte Maccione oberhalb von Oliena, die Touren in den Supramonte macht, Zimmer vermietet und für geringes Entgelt das Zelten im Steineichenwald gestattet.

Ansonsten gibt es einige hervorragende Ristoranti, in denen man die herzhafte Inlandsküche Sardiniens versuchen kann (*porcheddu, culurgiones, pane frattau* etc.). Inzwischen existieren allerdings auch Skilifte und Enklaven des Edeltourismus, wo "unverfälschtes Hirtenleben" per Tagestour vorgeführt wird, bevor man abends in die romantisch beleuchtete Hotelbar zurückkehrt. Ein Höhepunkt ist Orgosolo, das mit den prächtigsten *Murales* der Insel das Seine getan hat, die Neugierigen anzulocken. Dazu kommt die mystifizierte Vergangenheit des Dorfes als finsterstes Banditendorf Italiens, was bei uns gelangweilten Mitteleuropäern nicht selten Nervenkitzel, Abenteuerlust, sogar romantische Robin Hood-Allüren auslöst: edle Banditen und böse Carabinieri – oder umgekehrt – je nach persönlichem Gusto. Eine Busfahrt in eine andere (bessere, gerechtere?) Welt? Die Realität sah und sieht immer anders aus. Sie ist von Not, Armut und Härte geprägt.

● *Orientierung*: Die **Barbagia** ist das bergige Herzstück Sardiniens. Die höchsten Berge, die **Monti del Gennargentu** und der **Supramonte**, bestimmen das Landschaftsbild. Der bequemste Zugang führt über die Provinzhauptstadt **Nuoro**. Von hier ist man schnell in **Oliena** am Hang des Supramonte oder im Muralesdorf **Orgosolo**. Weitere interessante Ziele sind die Dörfer um das Gennargentu-Gebirge, also **Fonni**, **Tonara**, **Desulo** und **Aritzo**, Letzteres beliebte Sommerfrische für das nicht mehr allzu ferne Cagliari.

● *Verbindungen*: **ARST-Busse** fahren von Nuoro in alle wichtigen Barbagia-Dörfer, z. T. sind bequeme Tagestouren möglich. Im Südteil der Barbagia, an den Hängen des Gennargentu-Massivs, locken die **FdS-Schmalspurstrecken** von Arbatax (Ostküste/Ogliastra) nach Mandas und von Mandas nach Sorgono, beide mit "Trenino verde" zu befahren.

● *Straßen*: extrem kurvig und deshalb zeitraubend (Fahrtdauer großzügig kalkulieren). Landschaftlich meist sehr reizvoll, besonders die Strecken um den Gennargentu. Dort auch Stichstraßen in die Umgebung der Gipfel. Auf der Pratobello-Hochebene über Orgosolo gut befahrbare Staubpiste. Neu gebaut wurde eine Schnellstraße von **Nuoro** nach **Lanusei**.

● *Übernachten*: In den Hauptorten gibt es überall Unterkünfte, zwar in der Regel nur ein oder zwei Häuser, jedoch selten voll belegt. **Hotels** u. a. in Orgosolo, Oliena, Fonni, Tonara, Desulo und Aritzo. In Letzterem große Auswahl, weil traditioneller Fremdenverkehrsort. In Tonara wurden vor einigen Jahren **Jugendherberge** und **Zeltplatz** eröffnet. Sehr lohnend sind Zeltplatz und Zimmer der **Kooperative Monte Maccione** im Supramonte bei Oliena.

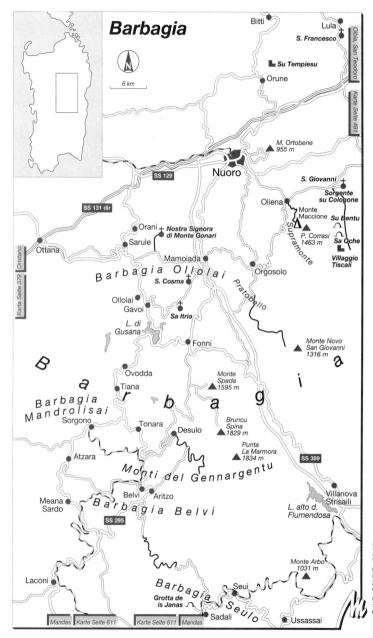

576 Innersardinien/Barbagia

Nuoro

"Liebliches und verdammtes Herz Sardiniens, umgeben vom Kranz der Berge, ausgetrocknet von Sonne und Vendetta ..." (Sebastiano Satta)

Die Stadt auf dem Berg ist das Eingangstor zur Barbagia. Völlig überraschend erscheinen die Hochbauten auf einem Plateau zwischen dürren Macchiahängen, wenn man auf der Schnellstraße von Siniscola aus kommt.

Eine Schönheit ist Nuoro nicht. Als Hauptstadt der gleichnamigen Provinz und größte Stadt der Barbagia ist sie Verwaltungs- und Wohnbauzentrum. Neben dem überdimensioniert wirkenden *Ospedale* fallen die zahlreichen stereotypen Hochbauten in den Außenbezirken auf. Als Sitz von Präfektur und Carabinieri war Nuoro in den fünfziger und sechziger Jahren Ausgangspunkt groß angelegter Banditenjagden. Das Gefängnis der Stadt war in ganz Sardinien berüchtigt. Zahlreiche Geschichten spinnen sich um den Kampf der "Schäferbanditen" mit dem Polizeichef und seinen Mannen.

Trotzdem hat Nuoro auch seine reizvollen Seiten. Um den *Corso Garibaldi*, die schnurgerade Fußgängerzone und Einkaufszeile der Stadt, kann man noch etliche schmale, verwinkelte Gassen entdecken. Seine Herkunft als einfaches Barbagia-Dorf kann Nuoro auch heute noch nicht verleugnen. Um das Geburtshaus der Grazia Deledda, Sardiniens einziger Nobelpreisträgerin, ballt sich das älteste Viertel. Hier findet man auch noch einige verwitterte *"Murales"*. Unvermittelt steht man plötzlich an einem tiefen Abgrund und kann den Blick durch das lang gestreckte Tal bis hinüber zum mächtigen Supramonte-Massiv und dem darunter liegenden Dorf Oliena genießen.

Besonders interessant ist ein Besuch am 29. August – dann findet eine farbenprächtige Prozession zum Gipfel des Monte Ortobene, des Hausbergs von Nuoro, statt. Diese *"Sagra del Redentore"* ist eins der großen Volksfeste Sardiniens und endet abends mit einer ausgelassenen Musik-, Literatur- und Folkloreschau im Amfiteatro.

Die Region um Nuoro war schon in nuraghischer Zeit besiedelt, wie Ausgrabungen belegen. Erstmalig erwähnt wird ein Dorf **Nugoro** allerdings erst im 12. Jh. unserer Zeitrechnung. 1779 verlegte der Bischof von Ottana seine Residenz aus Galtelli in der malariaverseuchten Cedrino-Ebene hier herauf ins gesunde Bergklima. Erst in den dreißiger Jahren des 19. Jh. wurde Nuoro zur Stadt erhoben, obwohl es mit knapp 4000 Einwohnern eigentlich nicht mehr als ein Dorf war (die Häuser des Altstadtviertels stammen z. T. aus dieser Zeit). 1926 wurde Nuoro Provinzhauptstadt, und die alten Häuschen wurden gezielt mit pompöser Duce-Architektur zugedeckt.

Trotz seiner früheren Bedeutungslosigkeit spielt Nuoro eine zentrale Rolle im Selbstbewusstsein der Sarden, weil hier die **eigentlich sardische Tradition** stärker verhaftet ist als in den seit Menschengedenken von fremden Mächten besetzten Städten der Küste. Nicht von ungefähr stammen Sardiniens bedeutendste Schriftsteller alle aus Nuoro (abgesehen von Gavino Ledda, Verfasser des berühmten "Padre Padrone"): **Grazia Deledda**, **Sebastiano Satta**, **Maria Giacobbe** (Tagebuch einer Lehrerin, 1957) und **Salvatore Satta**, der in seinem Roman "Der Tag des Gerichts" eine eindrückliche Schilderung des Nuoro der Jahrhundertwende gibt (→ Lesetipps).

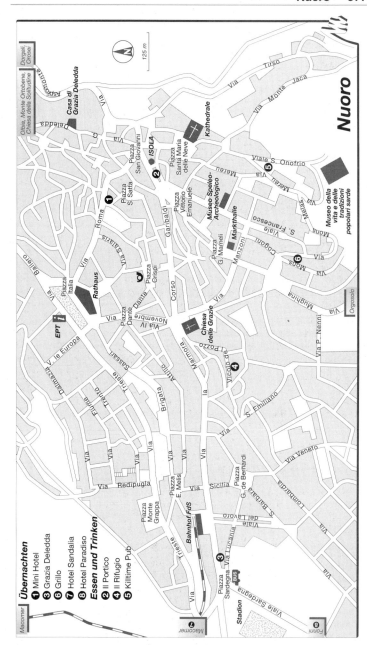

578 Innersardinien/Barbagia

Information

EPT (Ente Provinciale per il Turismo), Piazza Italia 19. Zu haben sind kostenlose Stadtpläne und gutes Prospektmaterial, bei Nachbohren bemüht man sich auch, detailliertere Auskünfte zu geben, z. B. zu geführten Wanderungen. Im Sommer tägl. Mo–Fr 9–13, 15–19 Uhr, in den anderen Monaten kürzere Öffnungszeiten. ✆ 0784/30083, 33108, ℻ 33432.

Anfahrt/Verbindungen

• *Bus*: ARST-Busse haben ihre Station bei der Piazza Sardegna, nah am FdS-Bahnhof. Verbindungen nach Olbia, Siniscola, Dorgali und Orosei sowie in viele Orte der Barbagia und des Gennargentu. ✆ 0784/32201. PANI-Busse fahren ab Via Brigata Sassari 15/17 (parallel zur Via Lamarmora) mehrmals tägl. nach Cagliari, Sassari und Oristano. ✆ 0784/36856.

Deplanu-Busse fahren ab Via Gramsci 84 tägl. zum Flughafen von Alghero. ✆ 0784/30325.

• *Zug*: Nuoro ist Endstation der **FdS-Bahnlinie**, die über Macomer bis Bosa Marina an der Westküste beinahe die volle Breite der Insel und damit den größten Teil der Provinz Nuoro durchquert. Linienverkehr gibt es allerdings nur bis **Macomer** (etwa 7x tägl, nur werktags), dort hat man Anschluss an die FS-Bahnlinie Olbia/Sassari – Cagliari. Von Macomer bis Bosa fährt nur in den Sommermonaten der touristische Sonderzug "Trenino verde" nach einem speziellen Fahrplan.

Der **Bahnhof** liegt im westlichen Neustadtviertel an der Piazza Berlinguer, vom Zentrum zu Fuß etwa 10 Min. die Via La Marmora entlang (westliche Fortsetzung des Corso Garibaldi) oder per Stadtbus 2, 4 und 8. Zugauskunft ✆ 0784/230515.

Adressen

• *Geld*: **Banco di Sardegna**, Corso Garibaldi 90 (Geldautomat); **Banca Nazionale del Lavoro**, Corso Garibaldi 26 (Geldautomat).

• *Post*: Piazza Crispi 8, unterhalb der Piazza Italia.

• *Reisebüro*: Buchung für Schiff, Bahn und Flugzeug bei **Ancor**, Via Manzoni 85 (✆ 0784/30463) oder **Viaggi Avionave**, Via Lamarmora 117 (✆ 0784/37466).

• *Taxi*: am Bahnhof, ✆ 0368/909471.

• *Wanderungen*: Geführte Wandertouren bietet Giampaolo Dui mit seinem Unternehmen **Tiscali Trekking**, Via Gramsci 84, ✆ 0784/251033.

Übernachten (siehe Karte S. 577)

Nuoro besitzt keine große Auswahl an Hotels, da die meisten Besucher schnell in die Barbagia oder an die Küste weiterfahren. Leider gibt es in der niedrigen Preisklasse fast nichts.

**** Grazia Deledda (3), Via Lamarmora 175, Nähe Bahnhof. First-class, leider an einer lauten Verkehrsstraße, Garagenplätze für PKW, Ristorante, in den Zimmern Telefon und Air-Condition, z. T. TV. DZ ca. 53–73 €, Frühstück ca. 5 €/Pers. ✆ 0784/31257. ℻ 34017.

*** Sandalia (7), Via Einaudi, unterhalb vom Hospital, auf einer Anhöhe über dem Zentrum, schöner Blick. Mit allen Einrichtungen, gepflegt, Ristorante, Air-Condition. DZ ca. 57–67 €, Frühstück ca. 3,70 €/Pers. ✆/℻ 0784/38353.

*** Paradiso (8), Via Aosta, Neubauviertel in der Nähe des Campo Sportivo. Modern und gut ausgestattet. DZ mit Frühstück ca. 73 €. ✆ 0784/35585, ℻ 232782, hotelparadiso@libero.it.

*** Grillo (6), Via Monsignor Melas 14, nur wenige Meter unterhalb der Markthalle. Modernes Stadthotel in Neubauviertel, rundum Hochbauten. Unten Granithalle vom Feinsten, Zimmer eher sachlich und funktional gehalten, geräumige Bäder, zum Teil Balkon. Empfohlenes Ristorante. DZ um die 63 €, Frühstück ca. 4 €/Pers. ✆ 0784/38678, ℻ 32005.

* Mini Hotel (1), Via Brofferio 13, im oberen Bereich der Altstadt, Seitengasse der Via Roma. Einfach und familiär. Sieben Zimmer mit Dusche, DZ ca. 44 €, Frühstück ca. 5 €/Pers. ✆ 0784/33159.

Nuoro   579

Essen & Trinken (siehe Karte S. 577)

Es gibt nur wenige Lokale und eine Hand voll Pizzastuben. Die Preise liegen im Allgemeinen ein ganzes Stück niedriger als in den Badeorten – und die Bedienungen sind oft freundlicher.

Canne al Vento, Viale della Repubblica 66, im Westteil der Stadt, nah beim Sportplatz. Benannt nach dem berühmten Roman von Grazia Deledda. Weiträumiger Speisesaal mit Holztäfelung und einer Empore, von der man den übrigen Gästen auf den Teller gucken kann. Der Schwerpunkt liegt auf Barbagia-Küche, z. B. *pane frattau* und Fleisch vom Spieß. Sehr beliebt *spaghetti Canne al Vento* mit spezieller Soße. Menü um die 30–35 €. So geschl., außerdem zwei Wochen im August.

Il Rifugio (4), Vicolo del Pozzo 4, Nähe Chiesa delle Grazie (→ Sehenswertes). Nettes Lokal, beliebt bei der Stadtjugend, um eine Pizza aus dem holzbefeuerten Ofen zu essen. Mi geschl.

Il Portico (2), Via Monsignor Bua 1, typisches altes Stadtlokal, vom Ambiente reizvoll. Geplant ist, wie es bereits früher der

Fall war, Zimmer im Haus zu vermieten. So geschl. ✆ 0784/37535.

● *Snacks*: **Pizza zum Mitnehmen** am Corso Garibaldi.

● *Cafés & Bars*: Am schönsten sitzt man am Corso Garibaldi, z. B. unter der hohen Markise der **Bar Nuovo** an der Piazza Mazzini oder unter den Akazien an der Piazza del Popolo.

Caffè Majore, Corso Garibaldi 69, altertümliches Café mit historischen Fotos, freskenverzierter Decke und bemalten Bleiglasspiegeln.

L'Acquario, Corso 119, gutes Eis aus eigener Produktion.

Killtime Pub (5), Via Mereu 45, moderne Cafeteria und Nachtbar unterhalb vom Museum. Mo geschl.

Shopping

● *Bücher*: mehrere **Buchhandlungen** mit guter Auswahl sardischer Literatur liegen am Corso. In der Buchhandlung **Novecento,** Via Manzoni 35, gab's in den letzten Jahren aktualisierte IGM-Wanderkarten (1:100.000, 1:50.000, 1:25.000).

● *Kunsthandwerk*: **ISOLA,** Ausstellungszentrum der sardischen Verkaufsorganisation in der Via Monsignor Bua 10, etwas unterhalb

vom Corso. Keramik der unterschiedlichsten Art, aber auch Knüpfteppiche, Schmuck und Flechtsachen. Beim letzten Check allerdings geschlossen vielleicht dauerhaft. ✆ 0784/31507.

● *Markt*: große **Markthalle** an der Piazza Mameli. Viel Auswahl an Obst, Gemüse etc., bei den Metzgern hängen der Länge nach durchsäbelt die halben Ferkel.

Sehenswertes

Den Corso entlangbummeln, danach ins große Volkskunstmuseum und das alte Viertel um das Geburtshaus der Grazia Deledda besichtigen.

Piazza Italia: oberhalb der Altstadt, weite, kahle Piazza mit Betonhochbauten im Stil der Mussolini-Ära. Weniger sehenswert als vielmehr historisches Beispiel der protzigen Duce-Architektur, die das alte Nuoro zusehends verdrängt hat.

Chiesa delle Grazie: an der gleichnamigen Piazza, wo der Corso Garibaldi beginnt. Große moderne Kirche aus hellgrauem Granit, das gusseiserne Tor der Vorderfront umrahmt von farbenfrohen Mosaiken. Das Innere aufwändig gestaltet – Marmoraltäre und ebensolche Böden, an den Säulen Terrakottamalereien, dazu modern stilisierte Gemälde.

Piazza Vittorio Emanuele: Seitlich vom Corso Garibaldi liegt eine gepflasterte Fläche mit Grünanlagen und mächtigen Pinien. Hier trifft man sich und sitzt im Schatten, während der "Sagra del Redentore" werden Tänze und

580 Innersardinien/Barbagia

Theater aufgeführt. Am oberen Ende führt die schmale Via Monsignor Bua durch einen abgasbraunen Torbogen zur Kathedrale Santa Maria della Neve (→ unten).

Das *Museo Speleo-Archeologico* an der Unterseite der Piazza, Via Leonardo da Vinci 5, ist leider seit Jahren geschlossen.

Corso Garibaldi: Die zentrale Straße im Zentrum verläuft leicht ansteigend quer durch die Altstadt. Granitpflaster und große gelbe Natriumdampflampen geben ihr nachts etwas Düsteres. Am Corso liegen die meisten Geschäfte der Stadt, abends ist er für Autos gesperrt und fungiert als Flanierpromenade der Stadt. Am oberen Ende kommt man in das älteste Viertel der Stadt um das Haus der Dichterin Grazia Deledda.

Grazia Deledda: Literaturpreisträgerin aus Nuoro

1871 im elterlichen Haus in der Altstadt von Nuoro geboren, wurde sie Sardiniens bedeutendste Schriftstellerin. 1900 heiratete sie den Militärattaché Palmiro Madesani und siedelte nach Rom um, nicht zuletzt weil ihre schreibende Tätigkeit in der Heimatstadt auf schroffes Unverständnis stieß. 1926 erhielt sie den Nobelpreis für Literatur. Als Mussolini ihr daraufhin anbot, für die faschistische Regierung zu arbeiten, lehnte sie ab. Zehn Jahre später starb sie in Rom, nachdem sie jahrelang an Brustkrebs gelitten hatte.

Ihre Romane spielen großteils in Sardinien, speziell in Nuoro und in der Barbagia, geben ein genaues Porträt der sardischen Gesellschaft, außerdem eindringliche Beschreibungen der herben Landschaften und ihrer wortkargen Bewohner. Grazia Deledda arbeitete gänzlich abseits aller gängigen Literaturmoden, schrieb unreflektiert und oft impulsiv nur auf dem Hintergrund ihrer Jugenderfahrungen auf Sardinien. Keine theoretischen Abhandlungen oder Ideen bestimmten ihr Werk, sie schrieb und beschrieb "wie ihr der Schnabel gewachsen war" oder "wie eine sardische Bäuerin erzählen würde" – ihre Romane vermitteln ein realistisches Abbild sardischen Denkens und Fühlens und können noch heute ein Schlüssel sein zum Verständnis der Insel und ihrer Bewohner. Unter anderem zeichnete sie auch die Charaktere etlicher Bekannter und Mitbürger aus Nuoro, die sich bezeichnenderweise gar nicht so gern wiedererkannten: "Die beleidigten und aufgebrachten Helden meiner Erzählungen bedachten mich, da sie mich nicht gut zum Duell fordern konnten, mit Flüchen, Beleidigungen und Spott ...". Mittlerweile wird Grazia Deledda auch auf Sardinien voll anerkannt und als wichtige Vermittlerin sardischer Denkweise für Europa gewürdigt.

Grazia Deledda schrieb 33 Romane und zwanzig Bände mit Erzählungen. Ihre Romane erreichten in Italien alle hohe Auflagen, die größten Erfolge waren "Elias Portolu" (1903), "Cenere" (1904) und "Marianna Sircá" (1915). Nur wenige wurden jedoch ins Deutsche übersetzt und sind z. T. lange vergriffen. Ihr Hauptwerk "Canne al Vento" ist jedoch erhältlich ("Schilf im Wind", Manesse Verlag Zürich, 1992). Deleddas derzeit in Deutsch lieferbaren Werke finden Sie im allgemeinen Teil dieses Buchs unter "Lesetipps".

Nuoro 581

Die Via Roma führt als breite Schneise hinüber zur Piazza Italia. In der anderen Richtung, nur wenige Schritte vom Geburtshaus der Grazia Deledda, öffnet sich an der Ausfallstraße Richtung Küste ein phantastischer Blick das terrassenförmig abgestufte Tal entlang bis zum Supramonte und Oliena.

Geburtshaus der Grazia Deledda *(Museo Deleddiano)*: Vom Ende des Corso Garibaldi sind es nur wenige Meter in die Via Grazia Deledda 28 (frühere Originalnummer, heute neben Nr. 44!), zu erkennen an der Gedenktafel an der Front. Das schlichte Granithaus der wohlhabenden Familie Deledda ist als Museum eingerichtet und bietet eine der wenigen Möglichkeiten, den Lebensstil einer begüterten sardischen Bürgerfamilie des letzten Jahrhunderts ansatzweise nachzuvollziehen. Leider ist es bereits seit Mitte der Neunziger wegen Renovierung geschlossen.

Chiesa della Solitudine: schöner, ruhiger Platz etwa 10 Min. vom Haus der Grazia Deledda an der Straße zum Monte Ortobene. Die fast ganz mit Marmor ausgekleidete Kapelle beherbergt seit 1959 in einem schwarzen Marmorsarkophag die sterblichen Überreste der Schriftstellerin. Interessantes Portal mit modernen Bronzereliefs.

Piazza Sebastiano Satta: Hier steht das Wohnhaus des zweiten berühmten Dichters der Stadt, Sebastiano Satta. Ihm zu Ehren hat die Stadtverwaltung einige gewaltige Granitblöcke aufgestellt, in deren Nischen früher kleine Bronzefiguren von Costantino Nivola (→ Orani, S. 597) plaziert waren, die Szenen aus dem Leben Sattas darstellten.

Sebastiano Satta

Der "Poet der Barbagia" und bekannteste Lyriker der Insel wurde 1867 in Nuoro geboren, arbeitete lange als Anwalt und starb hier 1914 mit 47 Jahren. Er besingt in seinen Gedichtbänden "Canti Barbaricini" und "Canti del Salto e della Tanca" die wilden, einsamen Landschaften der Barbagia.

Santa Maria della Neve: Die Kathedrale von Nuoro ist ein klassizistischer Bau aus dem letzten Jahrhundert. Der Säulenvorbau ist antiker griechischer Tempelkunst nachempfunden, innen gibt es zahlreiche Seitenaltäre und Gemälde, interessant z. B. die "Sardische Himmelfahrt" links neben dem Hauptaltar. Neben der Kirche eine (oft verschlossene) Terrasse mit herrlichem Blick das Tal entlang.

Museo della Vita e delle Tradizioni Popolari Sardi: Das reichhaltigste Volkskunstmuseum der Insel liegt ein Stück südlich der Kathedrale, zu erreichen über den Viale Sant'Onofrio, ausgeschildert meist als "Museo delle Costumi".
Man durchquert über fünfzehn Räume in einem Komplex niedriger Häuschen, die sich um zwei Innenhöfe gruppieren und verschiedene Baustile der Insel widerspiegeln. Erster Schwerpunkt sind die aus ganz Sardinien zusammengetragenen farbenprächtigen Trachten, die mit ihren filigranen Blumenmustern und vielen liebevollen Details extrem aufwändig, fast verschwenderisch gestaltet sind. Die Reichhaltigkeit der sardischen Kultur wird einem hier voll bewusst, beinahe jedes Dorf hat eigenständige Kompositionen entworfen.

582 Innersardinien/Barbagia

Im Weiteren ist ein Raum den sardischen Musikinstrumenten gewidmet, der nächste den berühmten Backwaren der Insel – von Brot aller Art über Hochzeitskuchen und Teigtaschen bis zu Mandelplätzchen ist alles vertreten, jeder Anlass hat sein eigenes Gebäck. Den Backwaren folgt eine Ausstellung traditioneller Arbeiten in Handwerk und Landwirtschaft, darunter Korbflechten, Korkbearbeitung, Töpferei, Käsebereitung, Herstellen von Launeddas etc. Auch Schmuck ist stark vertreten, darunter eingefasste Korallen und Muscheln, außerdem eine große Anzahl magischer Amulette, die kranke Körperteile heilen sollen. Den Schluss bilden sehr eindrucksvolle Puppen, die uralte Karnevalsbräuche aus dem Inneren Sardiniens darstellen. In Orotelli (westlich von Nuoro) werden z. B. schwarzbemäntelte Gestalten namens "Sos Thurpos" mit rußgeschwärzten Gesichtern und großen Viehglocken behängt, von einem Antreiber an einem Strick gehalten und vorwärts getrieben.

Öffnungszeiten/Preise: Mitte Juni bis Ende September tägl. 9–19 Uhr, übrige Zeit tägl. 9–13, 15–19 Uhr; Eintritt ca. 2,10 €.

Monte Ortobene: Eine 7 km lange Panoramastraße führt auf den Gipfel des Hausbergs von Nuoro (995 m). Zwischen zerklüfteten Granitfelsen geht es hinauf in dichte Steineichenwälder, die unter Naturschutz stehen. Auch Zedern und Silbertannen findet man hier oben. Ideal, um binnen weniger Minuten der Stadt zu entkommen, frische Bergluft zu schnuppern und die Ruhe zu genießen. Die Sarden kommen vor allem zum Picknicken herauf, einige kleine Quellen sprudeln aus dem Berg, rohe Steintische und -bänke stehen verstreut. Am Südhang scheint die 7 m hohe *Erlöserstatue* ("Il Redentore") über den aufgetürmten Felstrümmern fast zu schweben. Grandios ist hier der Rundblick über die bewaldeten Hänge hinunter nach Nuoro und weit in die Barbagia hinein. Die Statue wurde 1901 von einem Bildhauer aus Neapel geformt. Sie ist das Ziel der alljährlichen Redentore-Prozession am 29. August – die große Zehe des rechten Fußes, der einzige Körperteil, der in Reichweite ist, ist völlig blank gerieben von den vielen Küssen und Berührungen.

Festa del Redentore: Das Erlöserfest von Nuoro

Am letzten Wochenende im August findet in Nuoro eins der größten religiösen Feste der Insel statt, das noch kaum touristischen Beigeschmack hat. Hier sind die Sarden weitgehend unter sich und kommen mit ihren traditionellen Trachten von der ganzen Insel. Das Fest beginnt samstags mit einem Umzug in der Stadt, dann zieht eine lange Prozession hinauf zur Erlöserstatue am Gipfel des Monte Ortobene. Abends schließt sich ein großes, ausgelassenes Fest im Anfiteatro an (Piazza Veneto, im Süden der Stadt) – Tanzgruppen aus verschiedenen Dörfern und Städten wechseln sich ab mit Literaten und Dichtern, die aus ihren Werken im Dialekt ihrer Region vortragen. Wie man am frenetischen Beifall ablesen kann, ist diese lebendige "Volksdichtung" ungeheuer beliebt und typisch für das erstarkte kulturelle Selbstbewusstsein der Sarden.

Nördlich von Nuoro **583**

● _Anfahrt/Verbindungen_: Bus 8 fährt im Sommer tagsüber etwa alle 1–2 Std., sonst weniger häufig. Abfahrt an der Piazza Vittorio Emanuele unter den hohen Platanen.

● _Übernachten/Essen & Trinken_: *** **Fratelli Sacchi**, alteingesessenes Hotel mit Restaurant in großartiger Lage auf der Spitze des Monte Ortobene. War im September 2001 geschlossen, allem Anschein nach schon länger – vorher anrufen! ✆ 0784/31200, ✆ 34030.

Nördlich von Nuoro

Von Nuoro führt die SS 389 Richtung Norden nach Orune und Bitti, eine eindrucksvolle Kurvenstrecke in die Berge, vorbei an wilden Felsbrocken, knorrigen Steineichen und spärlichen Weideflächen für die wenigen Kühe.

▶ **Orune:** zu erreichen mit täglichen Bussen von Nuoro oder Bitti. Urwüchsiges Dorf in einzigartiger Lage auf einem schmalen Hügelgrat. Großartiger Rundblick auf die umliegenden Bergketten und bis zum Meer. Nachdem früher ganze Generationen aufs Festland auswandern mussten, wird nun auch hier, wie überall in Sardinien, gebaut und gebaut. Die uralten, rohen Steinbehausungen verschwinden allmählich aus dem Ortsbild.

Einen guten Anlass, Orune zu besuchen, bieten die beiden großen Ortsfeste, die jeweils neun Tage lang (!) dauern: _Su Consolu_ (La Consolata) am ersten Montag im August und die _Festa Madonna del Carmine_ am letzten Sonntag desselben Monats. Mit laut krachenden Feuerwerkskörpern erschreckt man dann vor allem die Ankömmlinge, denen der Ruf Orunes als Banditennest zu Ohren gekommen ist.

● _Übernachten/Essen & Trinken_: Hotels gibt es in dieser touristisch abgelegenen Region natürlich nicht, jedoch den empfehlenswerten **Agriturismo Costiolu** an der SS 389, 10,6 km nördlich von Nuoro. Giovanni Antonio und Giuseppe Costa halten Schafe und vermieten zwei DZ mit Bad und zwei mit Gemeinschaftsbad, bieten außerdem sehr leckere typische Küche nach alten Familienrezepten (nur auf Vorbestellung) und Reitausflüge. DZ mit Frühstück kostet ca. 45 €, HP dasselbe pro Person, VP nur 3 € mehr. ✆ 0784/260088, ✆ 33032.

▶ **Su Tempiesu:** Der einzige nuraghische Brunnentempel Sardiniens, dessen oberirdische Abdeckung noch erhalten ist, liegt etwa 4 km östlich von Orune. Sein guter Erhaltungszustand ist wahrscheinlich darauf zurückzuführen, dass er schon in vorgeschichtlicher Zeit durch einen Erdrutsch verschüttet wurde. 1953 entdeckte man ihn in einem erdrutschgefährdeten Hang, aber erst in den achtziger Jahren wurde er restauriert. Die nach oben spitz zulaufenden Seitenwände aus Trachytblöcken treffen sich in einem Dreiecksgiebel, der Vorraum wird von zwei Rundbögen elegant überdacht. Links und rechts im Vorraum sind zwei Steinbänke eingelassen, darüber sieht man jeweils eine Nische, die wahrscheinlich zum Abstellen von Votivgaben diente. Der Eingang zur Brunnenkammer ist klein, symbolische Trepenstufen führen hinunter in den noch heute vollständig unter Wasser stehenden Raum. Ein Kanal leitet das Quellwasser durch die Vorkammer nach draußen ab.

Anfahrt: Von Orune die Straße nach Bitti nehmen, nach wenigen Kilometern passiert man eine Cantoniera, danach rechts eine Asphaltstraße hinein und bei der ersten Kreuzung rechts die Schotterpiste nehmen, die bis zum Brunnentempel führt.

▶ **Bitti:** ein Stück tiefer als Orune, geschützt am Südrand einer Granithochebene. Die beiden Orte sind seit Generationen erbitterte Rivalen. Blutige Selbstjustiz,

584   Innersardinien/Barbagia

Entführungen und Schießereien begleiten ihre Geschichte. In den letzten Septembertagen findet hier das große Fest der *Madonna del Miracolo* statt mit einer Prozession zur gleichnamigen Kirche.

> Die weiter nördlich liegenden Orte Budduso und Pattada sind berühmt für ihre handwerklichen Produkte: **Budduso** für seine Holztruhen und **Pattada** für seine Hirtenmesser. Details siehe im Kapitel Logudoro und Meilogu, S. 325f.

Südlich von Nuoro

Hier gibt es eine neue Schnellstraße nach Lanusei, Alternative zur kurvigen SS 389. Die gut ausgebaute Straße erinnert stark an die Brenner-Autobahn – alles auf Stelzen, ein Viadotto am anderen.

Supramonte

Steil wie eine Wand türmt er sich auf – kalkweiße Granitwände, tief eingekerbte Schluchten, bizarr gefaltete Grate. Ein alpenähnliches Massiv, das mit seinen zahllosen Schluchten und Grotten den Gesetzlosen der Barbagia immer neue Schlupfwinkel geboten hat. Heute ein Rückzugsgebiet bedrohter Tierarten wie Geier, Adler und Mufflons.

Oliena, ein verzweigtes Bergdorf, klebt weit ausgebreitet am Hang unterhalb der zwei höchsten Gipfel *Punta sos Nidos* (1349 m) und *Monte Corrasi* (1463 m). Oberhalb vom Ort erstreckt sich einer der schönsten Steineichenwälder Innersardiniens. Kein Geheimtipp mehr ist die Kooperative, die hier ein ehemaliges Forsthaus bewirtschaftet. Ein schönes Erlebnis ist die Wanderung von dort in die einsame Gipfelregion. In wenigen Stunden ist man oben und wird mit einem grandiosen Rundblick belohnt. Wie aus Bauklötzchen aufgeschichtet wirken die Dörfer und sogar das ferne Nuoro.

Die Straße von Nuoro nach Oliena schlängelt sich in endlosen Kehren in das Tal des *Riu d'Oliena* mit seinen Weinfeldern hinunter, aus deren Trauben der schwere "Cannonau di Oliena" gemacht wird, der zu den besten Weinen der Barbagia gehört. Ständig hat man dabei das Bergpanorama in seiner ganzen Schönheit vor sich, außerdem wieder herrliche Rückblicke auf das Häusermeer von Nuoro, beherrscht vom Koloss des Ospedale.

Oliena

Eins der typisch-herben Bergstädtchen der Barbagia. Halbhoch am Steilhang des zackigen Supramonte drängt sich das Häusermeer unter das tiefe Grün der Steineichen.

Eine Schönheit ist Oliena nicht. Doch die Lage am Hang mit prächtigem Blick hinüber nach Nuoro, die Mischung aus modernen Hohlblockbauten und uralten Bruchsteinhütten samt dem tief verwurzelten, traditionellen Leben und den verblassten Murales, die staatliche Willkür beklagen – all das übt Wirkung aus. Abends sitzen die Männer in langen Reihen im Umkreis der Bar Centrale, die Frauen zeigen sich meist nur mit schwarzen Kopftüchern und in

Der Supramonte ist in den unteren Lagen dicht bewaldet

schwarze Stolen gehüllt, an Feiertagen dagegen oft in leuchtend roten Trachten mit schwerem Goldschmuck und schön bestickten Seidenschals. Am Wochenende ändert sich das Bild – die turbulente *Passeggiata* am Samstagabend bringt wahres "high life" in den Ort, jeder flaniert auf dem Corso auf und ab, von nah und fern strömen die Jugendlichen nach Oliena.

Im 17. Jh. waren einige Mönchsorden in Oliena tätig, vor allem Jesuiten, die hier die Seidenraupenzucht und den Weinbau einführten. Auf ihre Anwesenheit sind die zahlreichen Kirchen im Ort zurückzuführen, insgesamt elf an der Zahl: Die große ummauerte Kirche *Santa Marta* vom Anfang des 18. Jh. steht am runden Hauptplatz, das brüchige Gemäuer von *Santa Croce* aus dem 15. Jh. duckt sich mit bemoostem Schindeldach unterhalb der Hauptstraße (Besichtigung nur von außen). Gegenüber der Bar Centrale steht *San Lussorio*, ein hübscher, weiß gekalkter Bau mit farbigen Wandgemälden voller Ausdruckskraft – sie wurden 1980 von einem römischen Künstler gemalt und stellen den Leidensweg des Märtyrers San Lussorio dar, des Schutzpatrons des Dorfes. Die große Pfarrkirche *San Ignacio di Loyola* schließlich steht etwas oberhalb der Hauptstraße. Benannt ist sie nach dem Begründer des Jesuitenordens, seine Statue findet man im Innenraum.

Über dem Ort, im kühlen Steineichenwald, unterhalb der senkrechten Felswände, hat sich seit vielen Jahren eine Kooperative etabliert, die vor allem für Wander- und Rucksacktouristen ein bevorzugter Anlaufpunkt im wilden Herzen Sardiniens geworden ist.

• *Information*: **Pro Loco**, beim letzten Check in der örtlichen Bücherei untergebracht, ein Umzug war jedoch bereits geplant. ✆ 0784/287612.

• *Anfahrt/Verbindungen*: täglich mehrere Busse von und nach Nuoro, Abfahrt bei der Bar Centrale.

586 Innersardinien/Barbagia

• *Übernachten/Essen & Trinken*: *** Ci **Kappa (CK)**, Corso Martin Luther King 4. Moderner Bau an der Hauptstraße, einzige Unterkunft mit Restaurant im Ort. 7 nüchterne Zimmer, sehr sauber, teils Balkon, Atmosphäre etwas kühl. DZ ca. 45 €. ☎ 0784/288721, 📠 288733.
Das Restaurant ist ein Spitzentipp der Region: Bei freundlicher Bedienung kann man hier eine ganz ausgezeichnete und vielseitige Küche mit sardischer Eigenart und ausgeprägt eigener Note kosten. Als Primo zu empfehlen die handgemachten *makkaroni*, von den Fleischgerichten sehr lecker das *porceddu arrosto* und *su pratu de cassa*, eine dampfende Pfanne mit verschiedenen Fleischsorten und Bratkartoffeln, herzhaft gewürzt mit Oregano. Dazu unbedingt den Hauswein, einen schweren fruchtigen Cannonau di Oliena, kosten. Als Pizzeria ist das CK ebenfalls beliebt – es gibt 40 Pizzasorten und an Wochenenden holt sich hier halb Oliena sein Abendessen. Im Sommer tägl., sonst Mo geschl.
Agriturismo Enatuda, mitten im Ort, Via Bixio 11, Patrizia Carrus bietet saubere Zimmer und gute Küche im familiären Rahmen. DZ mit Frühstück ca. 35 €, HP ca. 30 € pro Kopf. ☎ 0784/287066.

Agriturismo Camisadu, 3 km südlich an der Straße nach Orgoslo, modernisiertes Bauernhaus, wunderschön im Grünen gelegen, drei DZ und ein Mehrbettzimmer. Frau Fele und ihr Mann sprechen Englisch. Essen auf Vorbestellung. DZ mit Frühstück ca. 42 €, HP ca. 38 € pro Kopf. ☎ 0368/3479502.
Weitere Unterkünfte im Umkreis: **Cooperativa Enis** am Monte Maccione, mit Stellplätzen für Zelte (→ nächster Abschnitt) und **Su Gologone**, eins der Spitzenhotels im Inneren Sardiniens (→ S. 589).
Ristorantino Masiloghi, etwas außerhalb an der Straße nach Su Gologone. Laut Leserzuschrift ausgezeichnetes Essen.
• *Feste*: **Sagra di San Lussorio**, mehrtägiges Fest des Ortsheiligen um den 21. August. Prozession und festliche Umzüge mit schönen alten Trachten.
• *Geführte Wanderungen*: Wandertouren zu vielfältigen Zielen im Supramonte bieten **Cooperativa Enis**, Località Monte Maccione, ☎ 0784/288363, 📠 288473, coopenis @tiscalinet.it (→ nächster Abschnitt).
Barbagia insolita, Corso Vittorio Emanuele 48, ☎ 0784/286005, 📠 285661.
Tiscali Trekking, Via Casu 8, ☎ 0368/3819464.

Cooperativa Enis Monte Maccione

"Il Patrimonio naturale di questa montagna non l'abbiamo ereditato dai nostri padri ma l'abbiamo in prestito dai nostri figli."

"Das natürliche Erbe dieses Gebirges haben wir nicht von unseren Vätern geerbt, sondern von unseren Söhnen geliehen."

Tief verborgen im satten Grün der Steineichen liegt ein ehemaliges Forsthaus und späteres Kindererholungsheim an einer der schönsten Stellen des Supramonte. Anfang der Achtziger ging eine Hand voll engagierter junger Arbeitsloser in Eigeninitiative an die Arbeit und baute das leer stehende Steinhaus der dreißiger Jahre mit Hilfe von spärlich tröpfelnden Gemeindegeldern zu einer Herberge samt Zeltgelände und gut funktionierendem Ristorante um.

Grundidee der Kooperative ist es, eine Alternative zum typischen Touristenbetrieb an der Küste zu bieten, sowohl landschaftlich wie auch inhaltlich. Nicht das Geldverdienen steht im Vordergrund, sondern die Kommunikation, man will interessierten Gästen die Schönheit, aber auch die Probleme der Supramonte-Region nahe bringen. So werden in lockerer Folge geführte Exkursionen zu den interessantesten Stellen des Supramonte angeboten, es gibt interessante Diavorträge zur Region, bei genügend Nachfrage auch Italienischkurse für Ausländer. Wer sich mit Franco, Gianni, Gianfranco und den anderen Mitgliedern der Kooperative etwas anfreundet, wird viel über Sardinien erfahren

Cooperativa Enis Monte Maccione

und vielleicht sogar dauerhafte Beziehungen entwickeln können.
Seit einigen Jahren ist der Bekanntheitsgrad der Kooperative stark gestiegen und es wird teilweise schon reichlich voll. Vor allem junge deutsche Urlauber fühlen sich in der ungezwungenen und kameradschaftlichen Atmosphäre sehr wohl. Auch die Sarden haben sich nach anfänglichem Misstrauen an das Unikum gewöhnt. An warmen Sommerabenden bleibt kein Plätzchen auf der großen Panoramaterrasse frei, oft kommen auch sardische Musiker herauf, dann wird bis spät in die Nacht gefeiert. Der süffige Rote von Oliena trägt das Seine dazu bei. Aber am nächsten Morgen ist es wieder die Stille der Berge, die einen hier gefangen nimmt. Bleibt zu hoffen, dass mit florierendem Umsatz nicht die ursprünglichen Ideale auf der Strecke bleiben und der Monte Maccione auch weiterhin eine echte Alternative darstellt.

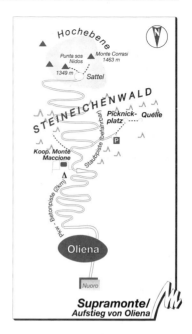

- *Anfahrt*: Die extrem kurvige, etwa 2 ½ km lange Auffahrt zur Cooperativa Enis Monte Maccione beginnt direkt oberhalb der letzten Häuser von Oliena. Mit großen finanziellen Anstrengungen wurde sie vollständig betoniert, sodass mittlerweile jeder Interessierte leicht hinauf gelangen kann. Zu Fuß anstrengend, weil steil.
- *Übernachten*: *** **Monte Maccione**, im Gästehaus gibt es siebzehn 1-, 2-, 3- und 4-Bett-Zimmer sowie ein 10-Bett-Zimmer für Gruppen, alle gepflegt und im besten Ökostil. Achtung: Bevor man den langen Weg hinauf auf sich nimmt, sollte man vorsichtshalber anrufen und reservieren. DZ ca. 40-63 €, Frühstück ca. 4 €/Pers.
Außerdem kann man im kühlen Steineichenwald vor dem Haus sein Zelt aufschlagen, ca. 5 € pro Person. Wohnmobile und andere größere Fahrzeuge müssen allerdings auf dem Parkplatz bleiben, was so schön nicht ist (kein Stromanschluss, viel An- und Abfahrtsverkehr). Sanitäranlagen sind knapp bemessen, sollen jedoch erneuert werden. Aus einigen angezapften Quellen sprudelt frisches Bergwasser. 0784/288363, 288473, coopenis@tiscalinet.it.
- *Essen & Trinken*: hübscher **Speisesaal** im ersten Stock des Hauses, gute innersardische Küche, in der Nebensaison ist allerdings nicht immer alles vorrätig. Menü ca. 20-23 €, kein Ruhetag. Zusätzlich Verkauf von Produkten aus eigenem biologischen Anbau/Herstellung – Pecorino, Schinken, Würste, Olivenöl etc.
Kontaktbörse ist die gut besuchte **Bar** im Untergeschoss, wo man Bier oder den hervorragenden offenen roten Cannonau (ausgezeichnet!) trinken und auf einer großen topographischen Karte der Supramonte-Region Wanderungen planen kann. Ansonsten spielt sich fast alles draußen auf den zwei großen **Terrassen** ab.
- *Kommunikation*: Fast alle Mitglieder der Kooperative sprechen mittlerweile Deutsch oder Englisch.
- *Geführte Wanderungen*: Die Kooperative bietet mindestens 1 x wöch. geführte Tages- und Mehrtagestouren zu ausgewählten

Barbagia
Karte Seite 575

588 Innersardinien/Barbagia

Zielen, z. B. in die Schlucht **su Gorroppu** (→ Baronia) sowie zu den Tropfsteinhöhlen und dem prähistorischen Dorf Monte Tiscali im Hochtal von **Lanaittu** (→ im Folgenden). Diese Touren sind eher zu empfehlen, als dass man auf eigene Faust in dem oft schwierigen Bergterrain umherirrt. Mittags dann Picknick mit Rotwein.

Monte Maccione/Umgebung

Frische und einsame Berglandschaft, in tieferen Lagen dichter Steineichenwald, weiter oben nur noch gleißender Fels in allen Weiß- und Grauschattierungen.

▸ **Punta sos Nidos (1349 m) und Monte Corrasi (1463 m):** Problemlos ist die Besteigung der zwei höchsten Supramonte-Gipfel, die direkt oberhalb der Kooperative steil aufragen. Die betonierte Piste, auf der man von Oliena das Haus der Kooperative erreicht, setzt sich als kurvige "strada bianca" noch ca. 5 km bis kurz unterhalb der Gipfelhochebene *Scala 'e Pradu* (1227 m) fort. Sie ist mit dem PKW leidlich zu befahren, wird allerdings mit Spülrinnen und Geröll weiter oben zunehmend schlechter – in der Kooperative nachfragen, wie der derzeitige Zustand ist.

Wer zu Fuß raufläuft, sollte mit gut 1,5 Std. rechnen, 500 m oberhalb der Kooperative zweigt aber links ein Fußweg ab, auf dem man die Serpentinenpiste ein Stück abkürzen kann. Die Vegetation wird jetzt zunehmend spärlicher, die Steineichen bleiben zurück, das weißgraue Gestein nimmt überhand. Etwa 1,5 km vor dem Ende der Fahrstraße kommt eine beschilderte Gabelung, wo es links zum Gipfel weitergeht. Der Weg endet an einem zerklüfteten Sattel zwischen den beiden Gipfeln. Von hier kann man linker Hand zuerst die *Punta sos Nidos* besteigen, anfangs einen Ziegenpfad entlang, später auf Sicht über Geröll (ca. 20–30 Min.). Eindrucksvoll ist das im Sonnenlicht fast weiß gleißende Gestein. Oben angelangt, überwältigender Blick weit über Nuoro hinweg – falls nicht, wie häufig, urplötzlich Wolken aufsteigen und man sich in einer undurchdringlichen Waschküche wiederfindet. Vorsicht: Die Gipfelwand fällt nach vorne fast senkrecht ab! Wieder zurück auf dem Sattel kann man über die Hochfläche laufen und in etwa einer Stunde noch den etwa 100 m höheren *Monte Corrasi* besteigen.

▸ **Von Oliena nach Orgosolo:** Der direkte Weg, früher eine staubige Piste am Hang des Supramonte entlang, ist mittlerweile vollständig asphaltiert. Auf den etwa 18 km herrscht nur wenig Verkehr, unterwegs passiert man vereinzelte Gehöfte und verstreute kleine Weinfelder. Wenige Kilometer vor Orgosolo zweigt im Tal des Riu Sorasi eine zusehends schlechter werdende Piste zur *Punta Solitta* ab, mit 1206 m einer der höchsten Gipfel des Supramonte.

Su Gologone

Etwa 8 km östlich von Oliena entspringt zwischen den turmhohen Steilwänden des wasserreichen Supramonte-Karsts die stärkste und zugleich schönste Quelle der Insel. Ein schimmernd grüner, unergründlich tiefer Teich weitet sich zu einem Flusslauf, über 300 Liter strömen pro Sekunde aus der Felswand. Riesige Eukalyptusbäume, Pappeln, Oleander und Schilf bilden eine erfrischend grüne Oase.

Oberhalb des Sees steht das in den Fels getriebene Kirchlein *Chiesa Nostra Signora della Pietà* mit Aussichtsplattform. Im Wasser unten schimmern zahl-

Tal von Lanaittu 589

lose Münzen – manche Touristen leisten sich den zweifelhaften Spaß, werfen Münzen in die Tiefe, um sie sich von Mutigen wieder heraufholen zu lassen. Dies sollte man keinesfalls versuchen, es gibt unvermutet starke Strömungen in der glasklaren Tiefe – und wer genau hinsieht, kann scharfkantige Vorsprünge erkennen! Schon mehrere Menschen haben Tauchversuche mit dem Leben bezahlt.

Das gleichnamige Hotel, das man kurz vor der Quelle passiert, gehört zu den geschmackvollsten Adressen im Inneren Sardiniens, auch das angeschlossene Ristorante genießt seit vielen Jahren allerbesten Ruf.

• *Anfahrt*: Su Gologone liegt seitwärts der Straße von Oliena nach Dorgali. Abzweigung ca. 6 km von Oliena, noch ca. 2 km bis zur Quelle unmittelbar am Fuß des Supramonte.

• *Übernachten/Essen & Trinken*: **** **Su Gologone**, herrliche Lage an einem Flussbett mit Weinbergen, Herbergsbetrieb der Sonderklasse, sehr ruhig. Das Hotel von Giuseppe Palimodde ist mit sardischem Kunsthandwerk geschmackvoll und gepflegt eingerichtet, es besteht aus mehreren niedrigen Komplexen in der Art eines traditionellen Bauernhofs, drum herum erstrecken sich saftige Rasenflächen mit Swimmingpool und wunderbarem Blick in die Berge. Sportlich sind geboten: Tennis, Minigolf, Boccia, Mountainbikes und ein "Centro Ippico" (Reitstall). Sehr behaglich eingerichtete Zimmer mit sardischem Mobiliar, Sofas, geschnitzten Betten, Terrakottaböden, TV, Air-Condition und Heizung. Reichhaltiges Angebot an Veranstaltungen und Ausflügen: Pferdetrekking, Segeltörns an der Küste um Cala Gonone und Exkursionen per Landrover in die interessante Umgebung, z. B. zur Gola su Gorroppu oder auf den Monte Corrasi. DZ mit Frühstück ca. 130–160 €, HP ca. 90–110 € pro Person, Vorbuchung empfehlenswert. ✆ 0784/287512, 🖷 287668, www.sugologone.it.

Auch wer nicht hier unterkommt, sollte abends mal vorbeischauen – das Essen im Su Gologone ist ein Genuss! Hauchzartes, knuspriges *porcheddu* über offenem Feuer gebraten, hausgemachte *ravioli* mit viel Käse und Rindfleisch, in Holzschalen und -schiebern serviert die zahlreichen Antipasti – z. B. *prosciutto*, *salsiccia* (Würste) oder *testa in cassetta* (Kalbskopf). Oder die Forellen versuchen – sie stammen alle frisch von der Sorgente Su Gologone. Das Ganze serviert in verspielt-verwinkelten Restaurationsräumen und auf mehreren Terrassen mit weitem Blick in die unverbaute Landschaft bis hin zum Klotz des Monte Albo. Fürs Menü zahlt man ca. 30–45 €.

Tal von Lanaittu

Versteckt gelegenes Hochtal mit turmhohen Felswänden nicht weit von Su Gologone. Der nach hinten sich verbreiternde Talboden ist üppig grün und teils dicht bewaldet – Steineichen, Pinienaufforstungen und ausgedehnte Olivenbaumpflanzungen. Das Gebiet hat sich als äußerst interessantes Arbeitsgebiet für Archäologen und Speläologen entpuppt, hat man hier doch eine spektakulär gelegene prähistorische Wohnsiedlung und zwei große Tropfsteinhöhlen entdeckt – in einer davon entspringt die Riu de sa Oche, dessen Wassermassen im Winter das Tal durchströmen.

Um in das Hochtal zu kommen, fährt man an der Kreuzung vor der Sorgente su Gologone nach rechts (beschildert: "Località Turistica Lanaittu") und folgt etwa 6,5 km dem nur anfangs zementierten Hauptweg, der sich bald steil nach oben zieht. Oben angekommen, hält man sich am Anfang des Tals an einer Gabelung rechts und bleibt auf dem Hauptweg (links geht es zur in Privatbesitz befindlichen Azienda Lanaittu). Nach der Überquerung des Riu de sa Oche

Barbagia Karte Seite 575

590 Innersardinien/Barbagia

kommt man zu einem Haus (meist verschlossen), das gelegentlich Höhlenfor-schern und Archäologen als Quartier dient. Hier muss man das Auto abstellen.

▶ **Grotta su Ventu**: tief verzweigte Höhle, Eingang in etwa 80 m Höhe in der Felswand über dem Haus. Ein steiler Pfad führt hinauf, teils über Felsbro-cken, etwas Klettern nötig. Oben angelangt viel Ruhe und weiter Blick auf die dicht bewaldeten Talhänge. Kühler Moderhauch weht aus dem Berg, im Ein-gang die Gedenktafel für einen Abenteuerlustigen, der hier 1959 mit gerade 31 Jahren ertrank.

▶ **Grotta da Oche**: von der Furt dem Flussbett zum Felshang folgen, die Grotte ist als große Auswaschung in der Wand deutlich sichtbar. Im Eingang ein Rie-sengewölbe nach oben offen, ein labyrinthischer Gang zieht sich schlauchför-mig eng immer weiter in den Berg bis zu einer Plattform, wo es nur noch mit Leiter weitergeht.

> **Achtung**: Wir warnen dringend davor, die Höhlen ohne ortskundige Begleitung zu begehen! Der weitaus größte Teil des Höhlensystems steht ganzjährig unter Wasser, zudem ist es stockdunkel. Starke Taschenlampen sind eine unbeding-te Notwendigkeit. Mitglieder der Kooperative führen Interessierte mit Gruben-lampen ein Stück weit hinein.

▶ **Monte Tiscali**: Die Rundhütten und Mauerreste eines prähistorischen Nura-ghierdorfs, das jedoch noch bis ins frühe Mittelalter bewohnt war, liegen land-schaftlich grandios – und seinerzeit sicherlich völlig verborgen vor etwaigen Eroberern – in der eingebrochenen Höhlung einer überhängenden Karstwand des Monte Tiscali (518 m), etwa 6 km südlich der zwei Grotten. Der Weg dort-hin ist allerdings etwas beschwerlich und nicht ganz leicht zu finden, von Olie-na aus werden jedoch häufig geführte Touren angeboten (→ Oliena). Leichter kommt man zu diesem spektakulären Relikt von Dorgali aus, wo ein markier-ter Fußweg in knapp 2 Std. vom Tal des Riu Flumineddu herüberführt (→ Baronia, S. 521).
Öffnungszeiten/Preise: Eine Kooperative überwacht Monte Tiscali und bietet Führungen durch das Gelände; Eintritt ca. 2,60 €.

Orgosolo

Das berühmt-berüchtigste Dorf der Insel. Hier hausten die verwegenen "Banditen" der Barbagia, die den "Hass und das Verbrechen schon mit der Muttermilch einsaugen". So jedenfalls verkündete es bis vor nicht allzu langer Zeit die italienische Regenbogenpresse, aber auch nicht wenige staatliche Stellen und Regierungsbeamte.

Die Wirklichkeit sieht anders aus. Das vermeintliche Banditentum entpuppt sich heutigen Soziologen als verzweifelter Widerstand sardischer Hirtendör-fer gegen die Übergriffe des italienischen Staates und die Ausbeutung durch Großgrundbesitzer. Die inselfremden Rechtsvorschriften kollidierten mit jahrhundertealtem gewachsenen Recht, begünstigten einseitig die Vermögen-den und schufen erhebliche Notlagen, in denen den Betroffenen oft aus blan-

Orgosolo 591

kem Überlebensdrang nichts anderes übrig blieb als Raub und Mord. Die uralten Regulative der Dorfjustiz wurden verdrängt und verselbständigten sich zum bloßen Machtkampf der größten Familien, woraus schließlich einzelne Persönlichkeiten mit erheblicher krimineller Energie hervorgingen. Der große Familienkrieg *(disamistade)* von 1903–17 forderte in Orgosolo Dutzende von sinnlosen Opfern (→ Kasten) und noch 1950–54 ereigneten sich in und um Orgosolo etwa 30 Morde, dazu unzählige Raubüberfälle und Viehdiebstähle. In den sechziger Jahren schließlich war es Graziano Mesina aus Orgosolo, der die Schlagzeilen beherrschte: Als Robin Hood Sardiniens beraubte der "bandito d'honore" (ehrenwerter Bandit) ausschließlich Reiche und verteilte die Beute an die Armen, TV-Teams gab er sogar ausführliche Interviews über seine "Arbeit". Er wurde verhaftet, konnte entkommen, wurde wieder eingefangen und verschwand schließlich in einem Hochsicherheitstrakt auf dem Festland.

Die meisten neugierigen Touristen fahren also heute mit gemischten Gefühlen in das Bergdorf. Einen gewissen Druck in der Magengegend werden die wenigsten los. Doch so sehr man sich auch anstrengt, das Banditentum steht keinem mit feurigen Lettern ins Gesicht geschrieben. Die Männer von Orgosolo sehen aus wie überall in Sardinien, die unruhigen Zeiten sind auch hier inzwischen Geschichte. Einzig und allein die zahllosen Wandbilder mit ihrer elementaren Wucht und Ausdruckskraft künden von der brisanten Vergangenheit. Sie sind Protest gegen Unterdrückung, Ungerechtigkeit und Willkür, aber auch der Versuch, die eigene Geschichte zu erklären und dem schlechten Ruf Orgosolos als Banditennest etwas entgegenzusetzen. Kaum eine Wand im Zentrum, die nicht bemalt ist – Orgosolo hat damit die umfangreichste Murales-Serie Sardiniens.

Abgesehen von den Wandbildern ist Orgosolo nicht gerade schön zu nennen. Aber auch landschaftlich lohnt der Ausflug – die bewaldete Flanke des Supramonte liegt immer im Blickfeld, ansonsten weite, karge Hügel mit grüner Macchiawildnis und Weiden. Direkt über Orgosolo erhebt sich der *Pratobello*, eine einsame Hochebene mit Korkeichen und Schafen. Auf diesem jahrhundertealten Weideplatz der Gemeinde Orgosolo wurde Ende der sechziger Jahre exemplarisch noch einmal die ganze Problematik der Hirtenorte Sardiniens aufgerollt (→ unten). Doch heute finden die Besucher eher wegen des einladenden Ristorante herauf.

● *Information*: kein Pro Loco, inoffizielle Auskünfte im **Souvenirladen** an der Hauptstraße gegenüber der modernen Kirche San Salvatore.

● *Anfahrt/Verbindungen*: Busse von und nach Nuoro mehrmals täglich, großer Parkplatz am südlichen Ortsausgang.

● *Geldwechsel*: **Banco di Sardegna** an der Durchgangsstraße 130.

● *Übernachten/Essen*: * **Petit Hotel**, Via I Maggio 1, im Zentrum unterhalb der Hauptstraße. Familienbetrieb, ordentliches Haus mit freundlicher Atmosphäre. Oben etwas verwinkelt und schmucklos, Zimmer einfach und unterschiedlich groß, teilweise Balkon.

Das Ristorante besitzt zwei Speiseräume, durch die Bar kommt man in den oberen (für Gesellschaften), unten liegt der größere. Herzhafte Küche, mal die *trota arrosta* (geröstete Forelle) aus den umliegenden Wildbächen versuchen. Der Wein wird in Tonkrügen serviert, gut ist der Rote vom Ort. DZ mit eigenem Bad ca. 35 €, mit Etagendusche ca. 32 €, Frühstück ca. 3,30 €/ Pers. ✆/☏ 0784/402009.

** **Sa 'e Jana**, Via E. Lussu, im Neubauviertel nördlich vom Zentrum. Geführt von Familie Marrosu, großzügig und sauber, mit Platz auf mehreren Stockwerken, teils geräumige Arkadenbalkons mit herrlichem

Barbagia Karte Seite 575

592 Innersardinien/Barbagia

Blick auf den Supramonte. Im Ristorante gute Barbagia-Küche, an Wochenenden oft Diskobetrieb, nicht selten finden größere Feiern statt. DZ ca. 43 €, Frühstück ca. 4 €/Pers. ✆/📠 0784/402437.

* **Ai Monti del Gennargentu** → Orgosolo/Umgebung.

• *Geführte Touren*: Die freundlichen Brüder **Mario** und **Pasqualino** organisieren tolle Touren per Jeep in Gebiete, die man alleine kaum erreicht, z. B. zum weißen Nuraghen von Mereu und zum Gipfel des Monte Novo San Giovanni. Nach vorheriger Absprache auch sardisches Picknick in einer Pineda. Preis pro Kopf hängt von der Personenzahl ab (ca. 16 € bei 8 Pers.). Pasqualino betreibt die Bar an der Hauptstraße in der Nähe des Rathauses. ✆ 0784/403298, 401032, www.supramonte.com.

Die Murales von Orgosolo

1975 fing die Malerei an. Anlass war der 30. Jahrestag der Kapitulation der Faschisten, innere Ursache aber der Wunsch, die Unterdrückung Orgosolos und ganz Sardiniens durch die italienischen "Kolonisatoren" auszudrücken. Vorbilder waren die Revolutionsbilder in Mexiko, Chile und anderen lateinamerikanischen Ländern. Von der orgolesischen Situation ausgehend, fand man bald zu einer internationalen Problematik. Inzwischen sind die Murales von Orgosolo eine der Hauptattraktionen zwischen Cagliari und Costa Smeralda geworden. Die Bemühungen ihrer Initiatoren, die Bilder über Sardinien hinaus bekannt zu machen, haben Erfolg gezeigt. Orgosolo hat den Anschluss an den Tourismus gefunden. Allerdings ist es wohl nicht im Sinne der Erfinder, wenn die klimatisierten Reisebusse heute in der Saison täglich kurzbehoste, kamerabewaffnete Zweiwochen-Urlauber ankarren, die nur mal schnell das Fürchten lernen wollen.

Neue Murales wachsen inzwischen kaum noch nach – wenn, dann mit zunehmend apolitischer Thematik, dafür umso farbenprächtiger.

Die Murales thematisieren nicht nur innersardische Probleme

Sehenswertes: Die *murales* sind an beinahe allen Hauswänden im Zentrum zu finden, auch in den Nebenstraßen. Sogar die Front des *municipio* (Rathaus) ist eine einzige Farbenorgie – übrigens mit stabil vergitterten Fenstern und

Einschüssen in der Tür. Und schon bei der Auffahrt von Nuoro kommend, grüßt an der Straße ein Felsblock mit riesigem Gesicht.

Im Gegensatz zu anderen Orten Sardiniens überwiegen die Bilder mit politischen Inhalten bei weitem. Themen sind die Ausbeutung und Kolonisierung Sardiniens durch den italienischen Staat, die verfehlte Entwicklungspolitik der *Cassa per il Mezzogiorno*, der Wunsch nach Autonomie, der Kampf gegen NATO-Flugplätze, Truppenübungsplätze und U-Bootbasen auf Sardinien, die sardische Geschichte, das Leben Gramscis (→ Ghilarza, S. 408f.), die wirtschaftlichen und sozialen Probleme der Hirten und Bauern, und sie reichen bis in die internationale Politik – gegen Faschismus, Polizeistaat und Kapitalismus, Protest gegen den Vietnamkrieg, gegen die Militärdiktatur Pinochets in Chile, gegen die versuchte Zerschlagung von *Solidarnosc* unter Jaruzelski (Polen), gegen das Wettrüsten der Supermächte, gegen Hunger in Afrika und die Apartheid in Südafrika.

Ein sehr spezielles Wandbild prangt an der Bar Ziu Mesina in der Nähe vom nördlichen Ortseingang. Dort wird der frühere deutsche Bundeskanzler Helmut Schmidt als pfeiferauchender Zyniker mit den *Stammheim-Selbstmorden* von 1977 in Verbindung gebracht – seine Büste steht über den Leichen von Andreas Bader, Gudrun Ensslin und Jan-Carl Raspe, dazu der Text: "Der Chef der deutschen Regierung, Verteidiger der Demokratie und der abendländischen Kultur, Experte im 'Selbstmord' durch den imperialistischen Staat" (Anmerkung: 1990 haben Susanne Albrecht und Monika Helbing ausgesagt, die Geschichte vom staatlich befohlenen Mord an den Gefangenen sei eine Legende, die das Ziel hatte, die Bundesrepublik als "faschistischen Staat" hinzustellen. Die Inhaftierten hätten ihre Tötung selber geplant und ausgeführt).

Repressione, Rinascita – die Wandbilder sprechen eine deutliche Sprache

Aus der bewegten Geschichte Orgosolos

Die **"bardana" von 1894**: Am 13. November überfallen 500 mit Gewehren bewaffnete Männer aus Orgosolo und Umgebung die Ortschaft Tortoli an der Küste. Es geht ihnen um das Vermögen eines reichen Großgrundbesitzers. Sie umstellen die Gendarmeriekaserne und schießen auf die Fenster, um die Polizisten einzuschüchtern. Diese schießen zurück, ein Angreifer wird getötet. Daraufhin stürmen die Orgolesen die Kaserne und bringen die gesamte Besatzung um. Dann plündern sie alle Häuser des Ortes und töten oder verwunden alle männlichen Bewohner. Einer der Banditen wird später tot gefunden – damit er nicht identifiziert werden kann, haben ihn die anderen vollständig entkleidet und den Kopf abgetrennt. Körper und Hände sind sauber und gepflegt, allem Anschein nach kein Schäfer, sondern ein wohl situierter Stadtmensch ...

Die Tradition der Bardana reicht mindestens bis in die Zeit der römischen Besetzung zurück, vielleicht sogar bis in die Nomadenzeit. Die römischen Besatzer stahlen den Bergbewohnern der Barbagia mit Vorliebe ihre Herden und entzogen ihnen damit die Lebensgrundlage. In ihrer Not organisierten die Bergstämme daraufhin Raubzüge in die fruchtbaren Küstenregionen, wo die beste Beute zu holen war. Für eine solche Aktion trafen sich Männer, die sich nie vorher gesehen hatten oder nur flüchtig kannten – kurze Zeit herrschte unbedingte Solidarität, auf die sich jeder verlassen konnte. Die letzte Bardana fand in Sardinien 1922 statt, als ein Schnellzug überfallen und geplündert wurde.

Der große Familienkrieg ("disamistade"): 14 Jahre dauert er, von 1903–1917. Ausgelöst wird er durch eine Erbschaftsstreitigkeit – die Familie Corraine beschuldigt die mit ihr verwandte Familie Cossu, den größten Teil einer gemeinsamen Erbschaft beiseite geschafft zu haben. Als alle gütlichen Einigungsversuche scheitern, müssen erst zahlreiche Tiere aus der Herde der Cossu daran glauben. Dann, am 5. April 1905, erschießt einer der Cossu im Affekt seinen Vetter aus der Sippe der Corraine. Im folgenden Prozess wird der Mörder freigesprochen – die Cossu sind dank der großen Erbschaft wesentlich vermögender als die Corraine und haben bei den Behörden mehr Einfluss. Was folgt, ist eine wechselseitige Serie von Morden – die Polizei steht auf der Seite der Cossu, die Corraine gehen als "Gesetzlose" in die Macchia. Daraufhin verhaften die Carabinieri in einer Nacht- und Nebelaktion sämtliche zurückgebliebenen Mitglieder der Corraine – eine Maßnahme, die in ganz Sardinien Proteste hervorruft (1913). Die Cossu werden nun Tag und Nacht von schwer bewaffneten Gendarmen bewacht, die Corraine gehen stattdessen auf deren Herden los. Hunderte von Tieren werden niedergemetzelt, der Reichtum der Cossu schwindet. Die Corraine und ihre inzwischen zahlreichen Verbündeten bilden jetzt eine "Banditenbande", die bald im Ruf steht, die erfolgreichste und schrecklichste zu sein, die es je auf Sardinien gegeben hat. Es kommt zu mehreren Schlachten zwischen ihnen und den (von den Cossu bezahlten) Carabinieri. Orgosolo steht fast geschlossen hinter den Corraine. 1915, nach zwölf (!) Jahren, kommt es zu ersten Vermittlungsversuchen. Beide Familien haben eingesehen, dass das Morden aufhören muss, sonst werden beide Sippen ausgerottet. Nur der Älteste der Corraine widersetzt sich hartnäckig jeder Verhandlung – Ende 1915 wird er umgebracht, wahrscheinlich von Mitgliedern beider Familien. 1916 wird die feierliche Versöhnung mit Handschlag der Familienmitglieder besiegelt. Was jedoch noch nicht geklärt ist, ist das Schicksal der verhafteten Corraine, die teilweise seit Jahren wegen Mordverdachts im Gefängnis sitzen. In einem groß aufgebauschten Sensationsprozess spricht der italienische Staat alle Angeklagten frei. Der Grund dafür: Italien befindet sich seit zwei Jahren im Kriegszustand (Erster Weltkrieg) und kann sich keine inneren Unruhen leisten. Es soll unter allen Umständen vertuscht werden, dass die staatlichen Behörden in Orgosolo nicht imstande sind, die Ordnung aufrechtzuerhalten.

Auch der "Kampf um den Pratobello" ist in Orgosolo verewigt

Pratobello

Die weite hüglige Hochebene über Orgosolo – zwischen Prachtexemplaren von Steineichen Vogelgezwitscher, Schafherden mit bimmelnden Glöckchen und grunzende Ferkelfamilien. Das Grün intensiv wie in deutschen Mittelgebirgen.

Kurz hinter dem Ortsausgang von Orgosolo in Richtung Mamoiada führt eine gut ausgebaute, kurvige Straße durch dichten Steineichenwald hinauf, dabei kommt man an einigen Quellen und Picknickplätzen vorbei. Mitten auf der Hochebene teilt sich der Weg. Geradeaus geht es in das dichte Waldgebiet um Montes (→ unten), nach rechts kommt man am Ristorante Ai Monti del Gennargentu vorbei zur Straße Mamoiada–Lanusei. Dort wo die Straße auf die schnurgerade Verbindung von Mamoiada nach Lanusei trifft, stehen die Reste einer verlassenen Polizeikaserne, Relikt des Kampfes um die Pratobello-Hochebene, der Ende der Sechziger Schlagzeilen in ganz Italien machte. Ein Stück in Richtung Mamoiada steht außerdem eine Hausruine mit inzwischen fast völlig zerstörten Murales, die dieselbe Affäre zum Thema haben.

• <u>*Übernachten/Essen & Trinken*</u>: * **Ai Monti del Gennargentu**, einsam gelegenes Landhaus mitten auf dem Pratobello, mit viel Phantasie gestaltet, schöner Blick, wunderbar ruhige, entspannende Lage. Exzellente Barbagia-Küche – auf dampfenden Platten wird *porcheddu* mit handgemachten *ravioli* serviert. In der warmen Jahreszeit täglich geöffnet, im Winter geschlossen. Hinter dem Hauptbau werden schön renovierte Zimmer in kleinen Bungalows vermietet. Übernachtung leider nur mit HP zu stolzen Preisen, ca. 65–80 € pro Person. ✆/℡ 0784/402374.

Der Kampf um den Pratobello

Seit undenklichen Zeiten ist der Pratobello das kommunale Weideland von Orgosolo. Doch 1969 entdecken die NATO-Strategen die Hochfläche – der Pratobello soll Truppenübungsplatz werden. Als die Militärs mit zwei Divisionen und Panzerfahrzeugen anrücken, geschieht eine beispiellose Solidarisierung. Ganz Orgosolo und mit ihm Menschen aus allen Teilen der Insel leisten passiven Widerstand. Alle machen mit – auch Kinder, Greise, Frauen und Kranke. Sie blockieren die Zufahrtswege, treiben ihre Herden auf die Straßen, vertauschen die Wegweiser oder legen sich einfach auf die Wege. Pratobello wird über Nacht zum Symbol der geschundenen, besetzten Insel. Nach kurzer Zeit ist es soweit – die Soldaten müssen den Pratobello räumen. Zum ersten Mal hat sich ein sardisches Dorf gegen den staatlichen Machtapparat durchsetzen können – und ausgerechnet Orgosolo! Der Sieg stärkt die sardische Autonomiebewegung.

▶ **Foresta di Montes:** Etwa 17 km sind es ab Orgosolo zur *Località Montes*, einer Forstkaserne mitten in einem der schönsten Waldgebiete Sardiniens. Ab der Kreuzung auf dem Pratobello geht es geradeaus weiter aus dem Steineichenwald hinaus, durch kahle Macchiahügel und später wieder in schönen Nadelwald (Aufforstung) hinein. Ständige Begleiter am Weg sind die Rudel halbwilder Schweine. Vorne ragt der markante Felskopf des *Monte Novo San Giovanni* (1316 m), dann folgt üppiger Steineichenwald mit tiefen Schluchten seitlich der Straße. Um die Forstkaserne herrlicher Mischwald mit teils turmhohen Exemplaren: Kiefern, Steineichen, verschiedene Nadelbäume – keine Aufforstung, sondern gewachsener Baumbestand. Der Hauptweg führt weiter zur Quelle *Funtana Bona* in 1082 m Höhe, von wo man in weniger als einer Stunde den Gipfel des Monte Novo San Giovanni besteigen kann.

● *Übernachten*: **Camping Sopramonte**, neues Gelände mit Ristorante/Pizzeria am Weg zur Foresta di Montes. Achtung: Keine Lebensmittel offen liegen lassen, sonst kommen die Schweine. Pro Person ca. 3 €, Zelt ca. 4,70 €, es gibt auch kleine Holzbungalows zu mieten.

Im Tal des Riu Flumineddu: Die eindrucksvollste Schlucht der Insel verläuft von Montes aus gesehen hinter dem Monte Novo San Giovanni in Richtung Dorgali – ein besonderes Naturerlebnis bietet vor allem die Gola su Gorroppu, die grandiose Engstelle vor dem Tal von Dorgali, von wo man auch den besten Einstieg hat. Alle weiteren Details deshalb im Kapitel Baronia.

Barbagia Ollolai

Westlich vom Supramonte gleitet die Barbagia in waldreichen Hügeln und Hochebenen aus. Benannt ist sie nach dem heute unbedeutenden Dorf Ollolai, im Mittelalter Zentrum der Widerstandsbewegung der einheimischen Hirtenbevölkerung gegen die Christianisierung. Heutiger Hauptort ist Gavoi wenige Kilometer vom schönen Stausee Lago di Gusana.

Barbagia Ollolai **597**

▶ **Mamoiada**: Wenig reizvoller Ort, etwa 11 km von Orgosolo. Einen Blick wert ist vielleicht die *Fonte Romana*, eine (beschilderte) Quelle, die in zwei Rinnsalen in kleine Becken sprudelt. Interessant wird es in Mamoiada im Karneval, wenn hier die älteste und eindrucksvollste Maskenparade Sardiniens stattfindet.

Die Mammuthones von Mamoiada

Am Faschingssonntag stapfen die finsteren *Mammuthones* mit wilden Holzmasken, zottigen Schafsfellen und ganzen Trauben von schweren Glocken behängt durch den Ort. Verfolgt werden sie von den leichtfüssigen, in rotweiße Wämser gekleideten *Issohadores*, die sie vor sich her treiben und mit Lassos fangen. Das Ganze geschieht unter unglaublichem Lärm. Der Ursprung des eigenartigen Festes liegt wahrscheinlich in einem Wasserritual der Phönizier, wobei die Mammuthones Dämonen darstellen und die *Issohadores* die Kräfte des nahenden Frühlings symbolisieren.

▶ **Santuario dei Santissimi Cosma e Damiano**: Das Heiligtum der beiden Märtyrer liegt an der Straße nach Gavoi, etwa 5 km von Mamoiada, und besteht aus einer niedrigen ovalen Anlage, in der sich 60 "cumbessias" (Pilgerzellen) um die Kirche gruppieren. Ende September findet hier das große neuntägige Fest der Heiligen Cosmas und Damian statt. Mit gemeinsamen Mahlzeiten und mehreren Messen täglich verbringen hier ganze Familien oft mehrere Wochen bis zum eigentlichen Fest. Wer im September in der Nähe ist, sollte mal vorbeischauen – Volksfestcharakter, Verkaufsbuden, überall dreht sich saftig-braunes porcheddu am Spieß. Bereits Ende August, in der Regel am Wochenende nach Ferragosto, wird hier außerdem ein großer *Kunsthandwerksmarkt* veranstaltet, zu dem Künstler von der ganzen Insel anreisen. Eindrucksvoll ist vor allem das Ambiente der alten Anlage, da die Künstler ihre Werke in den Pilgerzellen ausstellen.

▶ **Nostra Signora di Monte Gonari**: Auf dem 1083 m hohen *Monte Gonari* steht dieses Wallfahrtskirchlein aus dem 13. Jh. (1618 umgebaut), das zu den populärsten Wallfahrtszielen Sardiniens gehört. Ein unbefestigter Fahrweg führt von der Straße zwischen Mamoiada und Sarule hinauf. Alljährlich vom 1.–8. September steigen die Menschen der umliegenden Dörfer zu Fuß nach oben, um das große Fest der Bergmadonna zu feiern.

▶ **Orani**: Ein eher unscheinbarer Ort in der nördlichen Barbagia Ollolai, jedoch mit einem ganz besonderen Leckerbissen – das 1995 eröffnete Museum zu Ehren des weltbekannten Bildhauers und Malers *Costantino Nivola* (1911–1988), der in Orani geboren wurde. Neben den Kunstwerken ist auch die wunderbare Gestaltung des gesamten Komplexes, der früher eine alte Waschanlage war, einen Besuch wert. Das Museum liegt etwas außerhalb und ist zu erreichen, indem man vom nördlichen Ortseingang in Richtung Ottana/Sarule auf eine Umgehungsstraße fährt. Die auffallend kleinformatigen Skulpturen aus Bronze, Travertin, Zement, Marmor und anderen Materialien dokumentieren

598 Innersardinien/Barbagia

die lebenslange Affinität Nivolas zu seiner Heimat, obwohl er die meiste Zeit seines Lebens in den USA verbrachte.

Öffnungszeiten/Preise: **Museo Nivola** – Di–So 9–13, 16–20, Mo nur 16–20 Uhr; Eintritt ca. 1,60 €, Kinder die Hälfte. Ausführliche Beschreibung in Deutsch erhältlich.

Gavoi

Der sympathische Hauptort der Barbagia Ollolai liegt in 770 m Höhe, entlang der gewundenen Durchgangsstraße stehen noch viele alte unverputzte Granithäuser, die oft liebevoll mit Blumen geschmückt sind. Hauptsächlich sardischer Fremdenverkehr findet hier statt – in der sommerlichen Gluthitze flüchten die Cagliaritaner gerne in die Berge, zudem liegt der reizvolle Lago di Gusana nur wenige Kilometer entfernt. Die gotische Pfarrkirche *San Gavino* mit ihrem hohen Campanile, schöner Fassadenrosette und Renaissanceportal besitzt im Inneren eine prächtige Kanzel, schönes Chorgestühl und Beichtstühle, die teilweise aus dem 16. Jh. stammen und von heimischen Künstlern geschnitzt wurden.

● *Information*: **Pro Loco** im Palazzo Comunale, Via Roma 131. ✆ 0784/53400.

● *Übernachten/Essen & Trinken*: Drei Hotels stehen am nahen Lago di Gusana (→ nächster Abschnitt).
Antichi Sapori da Speranza, Via Cagliari 190, sympathischer Agriturismo-Betrieb, in dem man vorzügliche sardische Spezialitäten in familiärer Umgebung genießen kann. Fünf gut eingerichtete DZ, ein Dreibett- und ein Einzelzimmer. DZ mit Frühstück ca. 35 €, HP ca. 32 € pro Person. Da oft voll, ist telefonische Reservierung zu empfehlen. ✆/✉ 0784/52021, saporiantichi@tiscalinet.it.
Santa Rughe, Via Carlo Felice 2, Ristorante/ Pizzeria mit Bruchsteinmauern und Säulengewölbe, gute sardische Inlandsküche.

● *Shopping*: **Lavra Leppas**, Via Dante 4, Michele Lavra pflegt die alte sardische Kunst der Messermacherei. Große Auswahl an den typischen Klappmessern (= leppas). ✆ 0784/52156, www.lavra.it.
Panificio artigiano Angelo Murdeu, Via Roma 38, nach alter Backtradition im holzbefeuerten Ofen gefertigte Brotspezialitäten, darunter natürlich das Pane carasau in

mehreren Variationen. ✆ 0784/53139.

● *Sport*: **Barbagia no limits**, Via Cagliari 85. Der sympathische Paolo Mulas organisiert Exkursionen unterschiedlichster Art und Länge, sowohl Wanderungen wie auch Kanu- und Klettertouren. Leserin A. Stadelhofer-Cares schreibt: "Paolo ist es ein besonderes Anliegen, dass Traditionen gewahrt, Natur geschützt und die Lebensgewohnheiten der Bevölkerung im Bergland den Besuchern nahe gebracht werden." Paolo beabsichtigt, oberhalb vom Lago di Gusana ein Zeltgelände zu eröffnen, auf dem auch typische "Pineddas" Wandergruppen Quartier bieten sollen." ✆ 0784/529016, www.barbagianolimits.it.

● *Feste*: Im Lauf des Jahres werden fast zwanzig traditionelle Feste gefeiert. Zu den wichtigsten gehören neben dem **Carnevale Gavoese** die dreitägige **Festa di Sant' Antioco** (15 Tage nach Ostern), die **Festa di San Giovanni** am 24. Juni und vor allem **La Sagra di Sa Itria** am letzten Sonntag im Juli bei der gleichnamigen Wallfahrtskirche (→ unten). Zu allen Festen finden Reitveranstaltungen und Umzüge zu Pferd statt.

Lago di Gusana

Stausee in kräftig grüner Waldlandschaft, Wasser sehr angenehm zum Baden und schön warm. Bei ausländischen Touristen noch ein weißer Fleck, jedoch sehr beliebte Sommerfrische sardischer Urlauber, begehrt auch bei Kanusportlern.

Drei Hotels stehen am Seeufer: Am Nordende des Lago führt eine längere Piste zum Hotel Gusana in der Nähe vom großen Staudamm; besonders schön

Monti del Gennargentu   599

liegt Hotel Sa Valasa auf einer baumbestandenen Halbinsel mit kleinem Badestrand; das Hotel Taloro steht direkt zwischen Hauptstraße und See. Alle Restaurants servieren Fische aus dem See. Ins nahe gelegene Fonni (→ Monti del Gennargentu) geht es auf einer Serpentinenstraße mit schönen Rückblicken.

● *Übernachten/Essen & Trinken*: **** Sa Valasa**, unmittelbar am See, von der Terrasse und den Zimmern herrlicher Seeblick, das Ristorante beliebt mit herzhafter Inlandküche. Solide DZ mit großem Balkon für ca. 43 €, Frühstück ca. 4,50 €/Pers. Leserempfehlung. ✆ 0784/53423.

*** Gusana, etwas ab vom Schuss, Zimmer mit TV und Seeblick, Reitstall und Tennis in der Nähe, Bademöglichkeiten nicht so gut. DZ mit Frühstück ca. 53–63 €. ✆ 0784/53000, ✆ 52158.

*** Taloro, das größte der drei, recht aufwändig eingerichtet, vielleicht ein wenig nüchtern. Zimmer teils hübsch mit niedrigen Holzdecken und modernem Vollholzmobiliar, geräumiges Ristorante mit empfohlener Küche sowie zwei Bars und Disko. Der ganze Komplex ist umgeben von einem großzügigen Park mit schönem Pool, Tennis, Bocciabahn und Reitstall. DZ ca. 50–58 €, Frühstück ca. 5 €/Pers. ✆ 0784/53033, ✆ 53590, www.hoteltaloro.it.

● *Sport*: **Centro Ippico Taloro**, Mario Cadau betreibt das Reitgelände beim Hotel Taloro, Ponte Aratu. Achtung: steile, etwas unwegsame Anfahrt. ✆ 0348/6927012, 0784/58422.

▶ **Sa Itria**: Wallfahrtszentrum etwa 14 km östlich von Gavoi, zu erreichen über die SP 30, Schauplatz der großen *Sagra di Sa Itria* am letzten Sonntag im Juli. Verstreut im Umkreis finden sich mehrere Nuraghen, Domus de Janas, Tombe dei Giganti und ein Menhir, zusamengefasst in einem "Parco Archeologico". Das Pro Loco von Gavoi hat eine Broschüre mit den genauen Standorten veröffentlicht.

Monti del Gennargentu

Eine Landschaft, die ihresgleichen in Sardinien sucht. Sanfte, glatt gebürstete Bergrücken mit knöchelhoher Macchia, Disteln, Ginster und grünen Farnen. Erinnert an schottische Highlands und lässt zeitweise fast vergessen, dass man sich auf dem Dach Sardiniens befindet.

Der Name Gennargentu geht auf das lateinische "janua argentii" (silbernes Tor) zurück – gemeint sind damit wahrscheinlich die Reflexe des Sonnenlichts auf den verschneiten Gipfeln, die bis über 1800 m ansteigen. In den oberen Lagen gibt es kilometerweit weder Bäume noch Spuren menschlicher Besiedlung. Zwischen den nackten Felshängen ziehen sich magere Hochgebirgsweiden für Kühe und Schafe, darüber türmt sich das Blau des Himmels. Einige Asphaltstraßen erschließen die Einsamkeit, mehrere Schneisen von Skiliften wurden in die Alpinlandschaft gezogen, das Sporting-Club Hotel am Hang des Monte Spada dient als feudaler Unterschlupf. In den tieferen Lagen und Niederungen findet sich teils großartig artenreiche und dichte Waldvegetation – blühende Kastanien (im Frühsommer), Eichen, Pappeln, Nadelbäume. Der Wasserreichtum der Region ist überall sichtbar, an den kurvigen Panoramastraßen trifft man immer wieder auf Quellen.

● *Anfahrt/Verbindungen*: Mit dem **eigenen Fahrzeug** lohnen die teils engen Bergstraßen vom Lago di Gusana über Fonni nach Desulo und Tonara und weiter in die Barbagia Belvi nach Aritzo. Ebenso interessant ist die Strecke an den Südhängen des Gennargentu von Lanusei über Seui nach Mandas. Diese Route verläuft zum großen Teil parallel zur **FdS-Schmalspurbahn** Arbatax-Mandas–Cagliari – ein ganz spezieller Höhepunkt (nicht nur) für Bahnfans!

Barbagia
Karte Seite 575

600 Innersardinien/Barbagia

Ewiger Zankapfel: Nationalpark Supramonte-Gennargentu

Nach jahrzehntelanger Diskussion ist das Gennargentu-Gebirge zusammen mit dem nördlich sich anschließenden Supramonte und den Randzonen bis hin zum Golf von Orosei an der sardischen Ostküste vor kurzem endlich zum geschützten Nationalpark erklärt worden: *Parco Nazionale del Golfo di Orosei e del Gennargentu*. 90.000 Hektar umfasst das Gebiet und ist damit eins der größten Naturschutzgebiete im Mittelmeerraum – zumindest auf dem Papier. Denn die entsprechenden gesetzlichen Bestimmungen sind bisher noch nicht umgesetzt worden – und in absehbarer Zeit wird es dazu wohl auch nicht kommen. Zu groß sind nach wie vor die Widerstände gegen strengen Naturschutz: Die Gemeinden möchten noch diverse wirtschaftliche und touristische Projekte realisieren (Staudämme, Straßen, Hotels, Siklifte), Bauern fürchten, ihre Flächen für Anbau und Viehzucht nicht mehr nutzen zu können, Hirten bangen um ihre angestammten Weiderechte. Freie Nutzung der Natur ist für viele Sarden auf Grund der Geschichte Sardiniens als Ausbeutungsobjekt für Großgrundbesitzer eine Art traditionelles Dogma, das nur mit großem Unbehagen aufgegeben wird. Doch tatsächlich haben bereits viele Bewohner die Region verlassen, sodass sich derzeit weite Gebiete quasi von selbst zum Naturpark entwickeln.

Fonni

Auf 1000 m Höhe das höchstgelegene Bergdorf Sardiniens. Doch die sanft gerundeten Rücken wirken wie Hügel. Die Skilifte des Hausbergs Monte Spada bescheren den Einwohnern inzwischen touristische Sommer- und Winterfreuden, wenn auch in weit gemäßigterer Form als an der Küste.

Das Ortsbild bietet weniger als man von der Lage her vielleicht vermutet. Kein Après-Ski à la St. Moritz, stattdessen graue Häuserfronten und schlichte moderne Bausubstanz in den äußeren Vierteln. An einem großen freien Platz am höchsten Punkt liegt ein Klosterkomplex der Franziskaner, der bereits seit dem 17. Jh. existiert. Die angeschlossene, üppig ausgemalte Kirche *Madonna dei Martiri* ist ein populäres Wallfahrtsziel mit einem hoch verehrten Madonnenbildnis, das anlässlich des größten Ortsfestes im Juni (→ Kasten) durch die Straßen getragen wird.

● *Anfahrt/Verbindungen*: Busse nach Nuoro, Desulo und Aritzo, außerdem nach Lanusei.

● *Übernachten*: ***** Cualbu**, Viale del Lavoro 19, großes komfortables Haus mit bunter Fassade im unteren Ortsteil Richtung Lago di Gusana. Elegante Angelegenheit, gut ausgestattet, vor wenigen Jahren vollständig renoviert. Zimmer mit Teppichboden und z. T. geräumigen Bädern, von den Balkonen weiter Blick. Fitness, Hydromassage, türkisches Bad. Hinterm Haus Swimming-pool mit kleinem Kinderbecken, im großen Garten eine nachgebaute Hirtenpinedda, wo gelegentlich Veranstaltungen, Essen etc. stattfinden. Geländewagen-Exkursionen zu kostümierten Hirtengelagen, bei denen das *porcheddu* das einzig authentische der Angelegenheit ist. DZ mit Frühstück ca. 63–73 €, HP ca. 35–65 €/Pers. ✆ 0784/57054, ✉ 58403, www.hotelcualbu.com.

*** Il Cinghialetto, Via Grazia Deledda, vor wenigen Jahren eröffnet, nur sieben Zim-

Fonni 601

Viele Barbagiadörfer schmiegen sich eng an die Berghänge

mer, Betten in Ordnung (allerdings z. T. Stockbetten), Essen ok, Frühstück karg. DZ ca. 58 €, Frühstück ca. 3,50 €/Pers., HP ca. 47 € pro Person. ✆/≋ 0784/57660.

Sagra della Madonna dei Martiri

Fonni ist ein Zentrum der Weidewirtschaft. Der traditionelle Abtrieb der Herden beginnt schon im Oktober, früher blieben Frauen und Kinder einen harten Winter lang allein zurück. Wenn im Frühjahr die Männer zurückkamen, wurde das mit einem großen Fest gefeiert. Heute ist die Sagra della Madonna dei Martiri am ersten Sonntag, Montag und Dienstag im Juni ein weithin bekanntes Trachtenfest mit einer großen Prozession zu Ehren der Madonna.

▶ **Monte Spada** (1595 m): etwa 7 km südlich von Fonni die Auffahrt nehmen (Abzweig von der Straße nach Desulo). Schöner Blick, erstaunlich viel Grün, wilde Brombeeren und Quellen am Weg. Kurz vor Ende der Straße in 1380 m Höhe unterhalb des sanft gerundeten Gipfels das Sporting Club Hotel. Die Fahrstraße bis zum Ende, dort beginnt rechter Hand ein Weg Richtung Gipfel, den man schnell erreicht. Das ganze Terrain wird an Wochenenden intensiv für Picknick im Grünen genutzt, viele sardische Familien sind dann unterwegs.
<u>Übernachten</u>: *** **Sporting Club**, bungalowartig den Hang hinaufgestaffelt, schönes großes Terrain und viele "echt sardische Details", z. B. die "Pinnedda" vom Ristorante. Tennis, Swimmingpool, Disko. DZ mit Frühstück ca. 60–78 €. ✆ 0784/57285, ≋ 57220.

▶ **Bruncu Spina** (1829 m): Von der Straße zum Monte Spada zweigt im unteren Drittel eine Asphaltstraße ab, die durch grandiose Mondlandschaft in Grün- und Brauntönen bis in 1570 m Höhe kurz unterhalb des zweithöchsten

602 Innersardinien/Barbagia

Gennargentu-Gipfels führt. Landschaftlich sehr reizvoll, völlig einsam und kilometerweite Panoramablicke über die gefalteten Hänge. Am Ende der Straße Parkplatz und ein Skilift, von dort kann man leicht zu Fuß ganz hinaufsteigen, ca. 30 Min. Oben angekommen, kann man problemlos weiterlaufen über die *Punta Paulinu* (1792 m) bis zum höchsten Gipfel Sardiniens, der *Punta La Marmora*, ca. 2 Std. Schöne Alternative zum Aufstieg auf die Punta La Marmora wie weiter unten im Text beschrieben.

Essen & Trinken: **Su Ninnieri**, in 1300 m Höhe, an der Straße zum Bruncu Spina, kurz nach der Abzweigung. Oft Anlaufziel sardischer Ausflugsbusse, schöner Blick über die Bergkämme, schilfgedeckte Terrasse. *Arrosto misto* und spezielle Antipasti.

Die Straße von Fonni nach Desulo führt südlich vom Monte Spada in engen Serpentinen kilometerweit durch dichte und artenreiche Waldgebiete an den Hängen des Gennargentu entlang.

Kurz vor Desulo zweigt eine Asphaltstraße zum Pass Arcu Guddetorgiu (→ unten) ab, von dem man auf schöner Strecke nach Aritzo weiterfahren kann. Schon bald nach den ersten Kurven Wechsel von dichtem Wald zu kargen Gebirgsweiden, weiter Blick bis zum Lago di Gusana.

Desulo

Hoch oben an den Steilhang eines tiefen Tals gestaffelt, ringsum dichte Kastanienwälder. Die Durchgangsstraße verläuft in langen Kehren durch den Ort. Auch hier im Herz der Barbagia herrscht Aufbruchstimmung, unverhältnismäßig viele Neubauten bestimmen das Bild, nur im Zentrum unterhalb der Hauptstraße stehen noch alte Bruchsteinbauten.

Desulo ist trotzdem einer der interessantesten Orte der Region – mit großer Selbstverständlichkeit werden noch die leuchtend roten Frauentrachten getragen. Sie sind reich verziert mit blauen und goldgelben Borten, dazu gehören das gleichfarbige Kopftuch und z. T. blaue Westen. Witwen tragen dagegen schwarze Kopftücher. Vor allem an Feiertagen lohnt der Besuch. Auch die traditionelle Webkunst ist noch lebendig, eine Teppichknüpferei liegt an der Hauptstraße im unteren Ortsteil.

Von Desulo kann man die 1834 m hohe *Punta La Marmora* ersteigen. Der mit 1834 m höchste Gipfel der Insel liegt auf der anderen Seite des Tals, ein Stück weit kann man auf einer Piste hinauffahren (→ unten).

● *Anfahrt/Verbindungen*: tägl. mehrere **ARST-Busse** nach Nuoro, Fonni und Aritzo. Die **FdS-Kleinbahn** wird nur noch in den Sommermonaten mehrmals wöch. vom "Trenino verde" befahren, die Bahnstation liegt 8 km entfernt unten am Talboden und dient gleichzeitig als Bahnhof von Tonara, das ebenfalls hoch oben am Berg liegt.

● *Übernachten*: *** **Gennargentu**, höchstes Haus im Ort, beschilderte Zufahrt ab Durchgangsstraße. Große schattige Terrasse und viel Ruhe, wenn der Blick über die Wälder schweift. Inneneinrichtung nicht mehr ganz taufrisch, aber abseits vom Tru-

bel die beste Adresse. DZ ca. 47 €, Frühstück ca. 7 €/Pers. Nur Anfang Juni bis Ende September. ✆/✆ 0784/619270.

*** **Lamarmora**, an der Durchgangsstraße, totalrenoviert, Zimmer mit Balkon nur vorne raus lohnend. DZ ca. 43–57 €. Nur im Winter geöffnet und Anfang Juni bis Ende September. ✆ 0784/619411, ✆ 619126.

* **La Nuova**, familiäre Locanda und bei weitem preiswerteste Möglichkeit in Desulo. Liegt mitten im Ort an der Hauptstraße, an Sonntagen sitzt die ganze Belegschaft vor der Tür und wartet auf Kundschaft. DZ ca. 27 €, Dusche am Gang. ✆ 0784/619251.

Desulo

▶ **Punta la Marmora** (1834 m): In Desulo beginnt gegenüber vom Hotel Lamarmora eine Piste, die durch dichte Eichen- und Kastanienwälder etwa 5 km zum Pass *Arcu Guddetorgiu* (1121 m) hinaufführt, dort herrlicher Blick in alle Richtungen. Geradeaus kann man auf einer "strada bianca", die im oberen Teil asphaltiert ist, bis zu einer Hütte in etwa 1500 m Höhe fahren, dort Fahrzeug abstellen. Weiterer Aufstieg auf schönem Fußweg: zunächst über einen *Sattel* in etwa 1600 m Höhe, dann an einer zum Schutz vor Weidevieh eingezäunten *Quelle* mit Schatten vorbei, deren Umgebung ein beliebter Picknickort für Einheimische ist. Benötigte Zeit: ab Parkplatz bis zum Gipfel der Punta la Marmora etwa 2 Std. Siehe dazu auch nebenstehende Skizze.

▶ **Von Desulo nach Tonara oder Aritzo**: Die Durchgangsstraße führt steil hinunter ins Tal und trifft auf die FdS-Kleinbahn. Parallel dazu verläuft die SS 295, nach Norden geht es in Richtung Tonara, im Süden liegt Aritzo. Wer letzteren Ort besuchen will, kann auch folgenden, landschaftlich sehr lohnenden Umweg wählen: Zunächst zum *Arcu Guddetorgiu* hinauf (→ vorheriger Abschnitt), dort trifft man auf die Asphaltstraße nach Aritzo – Panoramastraße ins Tal hinunter und auf der anderen Seite wieder hinauf.

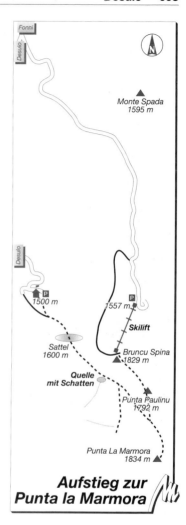

Aufstieg zur Punta la Marmora

Barbagia Mandrolisai

Die felsige, von Schluchten durchzogene, teils aber auch dicht bewaldete Region westlich vom Gennargentu geht bei Sorgono allmählich in Hügelland über. Lohnendster Anlaufpunkt ist das hoch gelegene Tonara.

Tonara

Hoch oben am Hügelkamm, eingebettet in das Grün der Kastanienwälder. Lebendiges Bergdorf, in das zögernd etwas Tourismus einzieht. Herrlicher Blick in die grüne Wildnis Richtung Aritzo.

Auffallend sind hier die zahlreichen Skulpturen aus Stein und hartem Eichenholz, die die Straßen säumen. Pinuccio Sciola aus San Sperate ($\rightarrow$ Cagliari) hat sie initiiert. Sie sind dem auf Sardinien weit bekannten Dichter *Peppino Mereu* gewidmet, viele bedeutende sardische Bildhauer haben mitgewirkt. Vom Zentrum ziehen sich einige uralte, winklige Gassen zum höchsten Punkt hinauf. Eine moderne Jugendherberge ist dort seit 1997 in den Sommermonaten geöffnet, oberhalb davon hat die Kommune einen kleinen Zeltplatz eingerichtet. Die Einheimischen sind Touristen gegenüber recht aufgeschlossen, mancher spricht auch etwas Deutsch. Tipp: mal das harte Mandelgebäck *torrone* kosten, eine Spezialität Tonaras.

● *Anfahrt/Verbindungen*: Busse nach Gavoi, Nuoro, Fonni und Aritzo. Bahnhof der FdS-Kleinbahn im Tal an der SS 295, ca. 7 km von Tonara.

● *Übernachten/Essen & Trinken*: ** **Belvedere**, Via del Belvedere, Seitengasse der Hauptpiazza im Zentrum. Modernes Haus mit gepflegtem Ristorante, familiär. DZ ca. 40–47 €, Frühstück ca. 4,50 €/Pers. ✆/☏ 0784/63756.
** **Su Toni**, Via Italia, im unteren Neubauviertel von Tonara, mit Ristorante. DZ um die 30–33 €, Frühstück ca. 3 €/Pers. ✆ 0784/63420.
* **Locanda del Muggianeddu**, Via Monsignor Tore 10, gemütliche Trattoria mit Zimmervermietung an der Straße zum Ortsausgang Richtung Fonni, betrieben von netten jungen Leuten. Im kleinen intimen Speiseraum mit Holzdecke und rundem Bollerofen wird herzhafte Bergküche serviert, so wie sie die Hirten mögen. Selbst gemachte Ravioli mit frischem Schafskäse und diverse Fleischgerichte alla Barbagia, z. B. *cinghiale al vino con patate* oder *bistecche di cavallo*, dazu sehr guter Rotwein vom Fass (Mo geschl.). Sieben ordentliche Zimmer, DZ ca. 33 €, Frühstück ca. 2 €/Pers. ✆/☏ 0784/63885.
Ostello di Gioventu, geführt von den jungen Wirten des "Del Muggianeddu". Es wird Englisch gesprochen. Im Mehrbettzimmer ca. 13 €, im DZ ca. 16 € pro Kopf. ✆ 0784/61005, ☏ 610149.
Terrassenförmig angelegter **Campingplatz**, von Bäumen beschattet.

● *Cafés & Bars*: **Acquarius**, zentrale Bar/Pizzeria am Hauptplatz, laut und immer voll, aber originell.

● *Shopping*: **Pruneddu**, Via Ing. Porru 5, in der Nähe der Trattoria del Muggianeddu. Direktverkauf von Torrone ab Fabrik (200 g ca. 2,60 €), preiswerter und frischer als im Supermarkt.

▶ **Sorgono**: Endstation der FdS-Kleinbahnstecke, auf der allerdings nur noch in den Sommermonaten der Touristenzug "Trenino verde" verkehrt. Als Ort wenig lohnend, aber reizvolle Umgebung mit dichten Wäldern und eine beliebte sardische Sommerfrische. Zudem verkehrsmäßig angebunden an Oristano und die Arborea, also Etappe auf dem Weg an die Westküste. 8 km westlich steht die kleine Landkirche *San Mauro* (16. Jh.) mit schöner Rosettenfassade. Am lohnendsten ist Ende Mai die "Festa di San Mauro", eine ausgelassene Trachtenschau, zu der die Sarden in den "cumbessias" um die Kirche nächtigen.

● *Übernachten/Essen & Trinken*: ** **Da Nino**, Via IV Novembre 26, Zimmer und Betten ok und sauber. DZ mit Frühstück ca. 53 €. Angeschlossen ist ein empfehlenswertes Ristorante mit großer Auswahl und leckerer sardischer Inlandsküche, z. B. Wildschwein und Zicklein, dazu guter Hauswein. Menü

um die 25 €. Im Sommer tägl., sonst So geschl. ✆/📠 0784/60127.

** **Villa Fiorita**, Viale Europa 2, hochgestochener Name, der mit schöner Vegetation aber tatsächlich hält, was er verspricht. DZ mit Frühstück ca. 53 €. ✆ 0784/60129.

Mit fünfundsechzig Jahren, da geht das Leben los ...

In den Bergen Sardiniens werden die Menschen besonders alt. Vor allem Männer zählen häufig über hundert Jahre – der "älteste Mann der Welt" feierte 2001 im kleinen Örtchen Tiana, nördlich von Tonara, seinen 112. Geburtstag. Die Gründe für dieses Phänomen: zum einen sicherlich ein ausgeglichenes Leben mit viel Bewegung im Freien und wenig Stress – zum anderen könnte aber auch die Vererbung eine Rolle spielen. Forscher haben herausgefunden, dass die Unterschiede im Erbgut der Menschen in den Bergen Sardiniens erheblich geringer sind als in anderen Regionen, d. h. sie stammen von wenigen Ursprungsfamilien ab.

Barbagia Belvi

Die südwestlichen Abhänge des Gennargentu-Gebirges sind sanft gerundet und dicht bewaldet. Schönster Ort ist Aritzo, bereits seit dem 19. Jh. ein beliebter Urlaubsort mit viel frischer Luft und schönen Ausflugsmöglichkeiten. Der lange Flumendosa-Fluss zieht sich durch völlig unbewohntes Gebiet und ist bei Kanuten beliebt.

Aritzo

Fremdenverkehr mit Tradition und eins der schönsten Ortsbilder, wenn man vom Norden kommt. Steil am Hang bunte Fassaden zwischen kräftigen Kastanien und Haselnussbäumen. Als bevorzugte Sommerfrische für Cagliari diverse Erholungsheime und eine Hotellerie mit Niveau. Die Umgebung ideal für lange Spaziergänge in frischer Waldluft.

Im Ort herrscht dementsprechend viel Leben, man flaniert auf der langen, luftigen Durchgangspromenade, an der sich die Hotels reihen. Abseits davon liegt das alte Zentrum grau und verwinkelt mit engen Treppengässchen, alten Bruchsteinhäusern und der eindrucksvollen spätgotischen Pfarrkirche *San Michele Archangelo*. Im *Museo Etnografico* an der Hauptstraße (beschildert) kann man alte Trachten, historische Fotos, landwirtschaftliches Gerät u. dgl. m. betrachten.

606 Innersardinien/Barbagia

Die Eismacher von Aritzo

Findig muss man sein. Aus den allwinterlichen Schneemassen der umliegenden Berge machten die Bewohner von Aritzo und Belvi im 19. Jh. ein einträgliches Geschäft. Sie pressten Schnee unter hohem Druck so fest zusammen, dass schwere Eisblöcke entstanden. Diese schafften sie per Maulesel bis Cagliari hinunter und verkauften sie den Städtern als Kühlmittel bzw. exportierten sie sogar in den Süden vom Festland, wo Schnee eine Rarität ist. Einige der Behälter, in denen das Eis transportiert wurde, sind noch im Museum von Aritzo zu sehen.

● *Anfahrt/Verbindungen*: häufige **ARST-Busse** nach Nuoro, Laconi, Sorgono und Mandas. Bahnstation in Belvi, 1,5 km unterhalb von Aritzo (nur Trenino Verde).

● *Übernachten*: Als Tourismus-Zentrum hat Aritzo für Innersardinien überdurchschnittlich viel Auswahl, nämlich fünf Hotels.

**** Sa Muvara, am südlichen Ortsausgang Richtung Laconi, beste und mit Abstand teuerste Adresse am Ort. Weitläufige Anlage mit kühnem Ristorante-Rundbau und einem Gästehaus, das von der Straße zurückliegt. Wasser von der eigenen Quelle. Im obersten Stock die besten Zimmer, eingerichtet mit sardischen Stücken. Insgesamt modern und gut ausgestattet, aber trotzdem gemütlich, am Sonntag Treffpunkt vieler Sarden der Umgebung, die sich in der großen Bar vor dem TV versammeln. Engagierte Leitung durch Gianna und Ninni Paba. Auch im Ristorante wird Erstklassiges geboten (teuer, Coperto laut Zuschrift ca. 2,60 €). Ansonsten Diskothek, Sonnenterrasse und Pool. Landrover-Fahrten und Pferdetrekking zum See von Gerdesi, dort Kanu- und Kajakvermietung. DZ ca. 83–113 €. ✆ 0784/629336, ✆ 629433.

*** La Capannina, ein Stück in Richtung

Zentrum, dieselbe Straße. Erinnert in Form und Anlage entfernt an ein bayerisches Alpenhotel. Nette familiäre Atmosphäre, hübscher Garten, schöner Blick. DZ ca. 47–57 €, Frühstück ca. 3,50 €. ✆/✆ 0784/629121.

** Castello, ebenfalls an der Durchgangsstraße, modern und geräumig, mit ca. 43 € das günstigste Haus am Ort, Frühstück ca. 3 €. ✆/✆ 0784/629266.

● *Essen & Trinken*: Aritzo hat seine Spezialitäten. Mal kosten: *pasticcios a s'Aritzese*, Blätterteig mit gekochtem Schinken, Käse und Kartoffeln gefüllt und im Ofen überbacken (al forno) oder *caschettes*, eine Süßspeise aus Mandeln, Honig und Nüssen. Ansonsten gibt's in den Wäldern leckere Pilze, die dementsprechend oft serviert werden. **Sa Muvara**, im gleichnamigen Hotel, rasante Architektur und etwas überdimensioniert. An lokalen Gerichten von Aritzo mal die *ravioli di patate* kosten oder die *spaghetti sa muvara* mit Knoblauch, rohem Schinken und Rahm-/Tomatensauce. Weiterhin gute Fleischgerichte, z. B. *porcheddu* oder *agnello*. Oft gibt's auch Forellen von den kleinen Seen um den Flumendosa-Fluss südlich vom Ort.

Sagra delle castagne

In der letzten Oktoberwoche findet in Aritzo das größte Fest der Region statt, an die dreißig- bis fünfzigtausend Besucher tummeln sich dann in dem 2000-Einwohnerort. Überall auf der Straße werden Kastanien geröstet, es gibt die einheimischen Leckereien und Kunsthandwerk zu kaufen.

Aritzo/Umgebung

▶ **Belvi**: kleiner Durchgangsort, etwa 1,5 km nordwestlich von Aritzo. Hier lebt der bekannte Holzbildhauer *Tonino Loi*, der u. a. für die Skulpturen im nahen

Barbagia Seúlo 607

Tonara verantwortlich zeichnet (→ oben). Sehenswert ist das *Museo di science naturali* im alten Rathaus (Via Roma 34/Ecke Via Sebastiano) mit einer Insektensammlung, Mineralien und Edelsteinen (Brigitte Besold und Michael Kauf schreiben: "sogar ein Stück Berliner Mauer!") und zahlreichen ausgestopften Tieren.

● *Öffnungszeiten/Preise*: im Sommer 9–12, 15–19 Uhr, im Winter 9–12, 15–17 Uhr; Eintritt frei. Falls nicht geöffnet ✆ 0784/629467.

● *Übernachten/Essen & Trinken*: **** L'Edera**, Via Roma 36, neben dem Museum, ordentliches Hotel mit Ristorante/Pizzeria. DZ ca. 37 €, Frühstück ca. 4 €/Pers. ✆ 0784/629898.

▶ **Laghetti di Gerdesi**: kleiner Badesee mit üppiger Vegetation, ca. 8 km südlich von Aritzo (6 km die Straße nach Laconi, dann links ab 2 km auf schlechter "strada bianca"). Über Hotel Sa Muvara ist Kanu- und Kajakvermietung möglich.

Von Aritzo gibt es mehrere Möglichkeiten der Weiterfahrt:
● über Tonara in die nördliche Barbagia um Nuoro
● eine Rundtour durch die Barbagia Belvi über Meana Sardo, Atzara und Sorgono
● die gut ausgebaute Straße am Südhang des Gennargentu mit einer großen Brücke über den Flumendosa hinüber zur SS 198
● über Laconi Richtung Süden aus der Barbagia hinunter in die hüglige Marmilla: mit dem Nuraghendorf von Barumini und der Giara di Gesturi zwei weitere Höhepunkte einer sardischen Inlandstour.

Barbagia Seúlo

Südlich vom Gennargentu verläuft die eindrucksvolle SS 198 von Tortoli (Ostküste) über Lanusei, Gairo, Ussassai, Seui und Sadali nach Mandas. Neben den herrlichen Naturimpressionen findet man hier einige interessante Stellen, die einen Stopp lohnen. Auch die Fahrt mit dem "Trenino verde" auf der annähernd parallel verlaufenden FdS-Kleinbahnstrecke ist ein Erlebnis, eignet sich allerdings nicht für Schwindel- und Klaustrophobieanfällige – mehrere hohe Brücken und ein gutes Dutzend Tunnels müssen überwunden werden.

Details zu Tortoli, Lanusei, Gairo und dem gesamten Küstenstrich der Ogliastra finden Sie im Abschnitt "Ogliastra", S. 538ff.

▶ **Foresta Demaniale Montarbu**: Dieser Naturpark um den Monte Arbo (1031 m) wurde 1975 gegründet und liegt in der Nähe des Bahnhofs von Ussassai. Mit tiefen Canyons, Quellen, einigen Flüssen und viel Wald ist er ein herrliches Wandergebiet. Vor allem Mufflons, Adler und Damhirsche haben hier eine Schutzzone. Es gibt im Park eine Station der Forstverwaltung und eine große Baumschule.

Falls Sie mit dem Zug anreisen und hier aussteigen wollen, geben Sie dem Schaffner Bescheid, der Zug hält sonst nicht. Übernachten nur nach vorheriger Anmeldung bei der "Agenzia Foreste Demaniale" in Nuoro möglich.

608 Innersardinien/Barbagia

▶ **Ussassai:** hat außer seiner schönen Lage am Hang wenig Besonderes zu bieten. Die Straße steigt nun in Windungen steil hinauf zu einer Hochebene am Pass von Arcueri, einer weitgehend baumlosen, verkarsteten Hochebene – etwa 1100 m hoch und fast gespenstisch in ihrer einsamen Kahlheit.

▶ **Seui:** größerer Ort mit langer Durchgangsstraße, gesäumt von malerischen alten Palazzi, unterhalb davon fällt der verwinkelte Stadtkern steil ins grüne Tal ab. Am östlichen Ortsausgang eine kleine Terrasse mit Bänken, hier findet an Wochenenden oft ein kleiner Markt statt. Das volkskundliche *Museo della Civiltà Contadina* ist in einem alten Palazzo an der Hauptstraße untergebracht. Zum Museum gehört auch der *Carcere Spagnolo*, ein ehemaliger spanischer Kerker in der Via Sassari, unterhalb der Hauptstraße. Seit dem 17. Jh. wurde er von den spanischen Feudalherren in Mandas genutzt, in deren Einzugsgebiet Seui lag, später auch vom italienischen Staat.

• *Übernachten/Essen & Trinken*: * **Moderno**, Via Roma 72, 13 einfache Zimmer direkt an der Hauptstraße. DZ mit eigenem Bad ca. 30–35 €. ✆ 0782/54621. Im selben Haus lohnt die familiäre Trattoria **Deidda** einen Besuch, deren Wirtin nach unverfälschter Tradition kocht. Leser F. Wagner schreibt: "Die mit Kartoffel-Käseteig gefüllten *culurgiones* und der Lammbraten mit Weißbrot waren köstlich. Dazu fruchtiger und vollmundiger Rotwein aus der Karaffe. Zum Nachtisch die berühmten *sebadas* mit Honig. Und das alles für etwa 16 € pro Person. Im September sind selbstgesuchte Steinpilze die Spezialität des Hauses."

Sadali

Das kleine Dorf am Rand der Barbagia Seúlo hat zwei Besonderheiten zu bieten – seinen verblüffenden Wasserreichtum und eine große Tropfsteinhöhle.

Das Ortszentrum liegt an einen steilen Hang geschmiegt, an dem das Wasser der *Cascata Sa Pischeria* entspringt. Ein altertümlicher Waschplatz ist dort eingerichtet, den die Frauen vom Ort noch heute zum Kleiderwaschen nutzen. Unterhalb davon ergießt sich ein Wasserfall in einen kleinen Teich, benachbart steht das malerische Bruchsteingebäude einer alten *Mühle*. Im Innenraum erinnern noch einige Utensilien an ihre frühere Funktion, auch das Rad dreht sich noch. Wenige Schritte entfernt steht die Pfarrkirche *San Valentino* aus dem 14. Jh. mit hübscher Rosette und der Andeutung eines römischen Portals. Von der Kirche aus kommt man auch rasch zum sog. ethnographischen Haus *Omu e Zia Cramella*, das eine hübsche bäuerliche Sammlung beherbergt und von einer älteren Signora privat geführt wird.

Die *Grotta de is Janas* liegt etwa 3 km außerhalb, gut versteckt in einem dichten Steineichenwald. Mit einem Führer steigt man tief hinunter in die eindrucksvoll illuminierten Höhlenräume, z. T. muss man auch mal in gebückter Haltung durch Engstellen kriechen. Die Umgebung der Höhle bietet sich zu Spaziergängen an, wenn man weiter hinuntersteigt, kommt man zu einem malerischen Bachlauf mit Wasserfall.

Öffnungszeiten/Preise: **Omu e Zia Cramella** – Mai bis September 11–13, 15–18 Uhr; Eintritt frei. **Grotta de Is Janas** – im Sommer tägl. 10–13, 15–19 Uhr, Frühjahr und Herbst tägl. 11–13, 15–17 Uhr; Eintritt ca. 4 €.

Sadali

Fahrt um den Lago di Flumendosa

- *Anfahrt/Verbindungen*: Ein "Trenino verde" der **FdS-Schmalspurbahn** startet in Arbatax an der Ostküste mehrmals wöch. gegen 8 Uhr morgens, Ankunft in Sadali kurz vor 11 Uhr. Die Höhle liegt allerdings mehrere Kilometer außerhalb, deshalb ist es eventuell überlegenswert, die **pauschalen Bahnausflüge** wahrzunehmen, die in der Touristensaison von Arbatax aus häufig angeboten werden: Hin- und Rückfahrt, Besichtigung einiger historischer Bauten und des Museums, Transfer zur Höhle und Besichtigung derselben, danach reichhaltiges sardisches Mittagessen (Oliven, Brot, Schinken, Culurgiones bzw. Malloreddus, Spanferkel, Wein). Preis (alles inkl.) für Erw. 38 €, Kinder von 8–11 21 €, von 4–7 16 €. Auskünfte in den Informationsbüros von Arbatax und Tortoli. Bisher positive Leserzuschriften zu diesem Angebot.
- *Information*: **Pro Loco** an der Piazza Municipio, neben der Kirche. Mo–Sa 10–13, 15–18 Uhr. ✆ 0782/59094.
- *Essen & Trinken*: **Su Mulinu**, Via Barbagia 2, Restaurant mit kleiner Bar neben der Mühle im historischen Zentrum.
Is Janas, großes Lokal in der Natur, beim Eingang zur Höhle, nur abends offen.

▶ **Lago di Flumendosa und Umgebung**: etwa 12 km südlich von Sadali, lang gestreckter, im Sommer halb ausgetrockneter Stausee zwischen baumlosen, niedrigen Hügeln. Die Straße überquert den Nordzipfel, es geht bergauf, und schließlich erreicht man die sanften Weide- und Kornflächen des Sarcidano und der Marmilla um Mandas und Isili.

Für Nuraghenliebhaber lohnt der Abstecher über Nurri und Orroli zum kürzlich restaurierten Nuraghenkomplex **Arrubiu** (→ Marmilla/Sarcidano).

Marmilla und Sarcidano

Baumloses Hügel- und Flachland zwischen Barbagia und Campidano. Im Sommer weithin das trübe Gelb verdorrter Halme und nicht selten schwelende Hitzebrände.

Im höher gelegenen, kalkreichen und teilweise dicht bewaldeten **Sarcidano** setzt der tief eingeschnittene Lauf des Flumendosa samt Stausee die markanteste Landmarke. Die **Marmilla** ist geprägt von eigenartig kegelförmigen Basaltbergen vulkanischen Ursprungs, die an weibliche Brüste erinnern – und tatsächlich leitet sich der Name Marmilla von "Mammella" ab, auf italienisch "Mutterbrust". Weiterhin sind hier die sog. *Giare* faszinierend, plateauartig abgeplattete Hochflächen, die steil zu den umliegenden Ebenen abfallen. Die bekannteste, die **Giara di Gesturi** mit ihren halbwilden Pferderudeln, ist auf guter Asphaltstraße vom gleichnamigen Ort aus zu erreichen. Größter Anziehungspunkt ist aber Barumini mit **Su Nuraxi**, der größten Nuraghenfestung der Insel, von Cagliari oder Oristano über die "Carlo Felice" (Schnellstraße Sassari → Cagliari) binnen 1–2 Stunden zu erreichen. Lohnendster Einstieg ist aber per "Trenino verde" ab Arbatax bis Mandas (dort umsteigen nach Isili und weiter mit Bus). Die Orte sind in der Regel wenig spektakuläre Landwirtschaftsstädtchen, in denen auch die wechselnden Eroberer nichts hinterlassen haben. In Laconi gibt es jedoch einen schönen Waldpark, beim Dorf Goni hat man erst vor wenigen Jahren eine große Begräbnisanlage aus megalithischer Zeit entdeckt, und südlich von Orroli steht der restaurierte Nuraghenkomplex *Arrubiu*, der zu den größten der Insel zählt.

• *Orientierung*: Das **Sarcidano** und die sich südlich anschließende **Marmilla** stellen die Verbindung zwischen der Campidano-Tiefebene und der gebirgigen Barbagia her. Das Sarcidano ist mehr Durchgangsland ohne eigentliche Ziele. In der Marmilla stellen dagegen die Nuraghenfestung **Su Nuraxi** und die **Giara di Gesturi** interessante Anlaufpunkte dar.

• *Verbindungen/Straßen*: Die Marmilla ist von Cagliari bzw. Oristano bequem über die **Schnellstraße Carlo Felice** zu erreichen. Die schönste Anfahrt kommt von Norden mit der **FdS-Schmalspur-**bahn Arbatax–Mandas–Isili oder auf der SS 198, die die Bahnlinie praktisch begleitet. Nach Mandas oder Isili kann man auch von Cagliari mehrmals tägl. die Schmalspurbahn nehmen (Abfahrt Piazza Repubblica). Über Laconi weiter bis Endstation Sorgono (→ Barbagia/Monti del Gennargentu) fährt im Sommer ein "Trenino verde". Gute Busverbindungen gibt es ab Cagliari und Oristano. Knotenpunkte in der Marmilla sind Isili und Mandas. Anschluss an **FS-Bahnnetz** in Sanluri/Campidano.

• *Übernachten*: wenige Möglichkeiten, Quartiere hauptsächlich in **Isili**.

Laconi

Schöne Hügellage in wald- und nuraghenreicher Umgebung, beliebte Sommerfrische für Cagliari. Durch alte Gassen mit den typischen Häusern der Region (große Torbögen und Innenhöfe) kommt man hinauf zum höchsten Punkt mit der Kirche des *Sant'Ignazio de Laconi*, eines wundertätigen und sehr populären Kapuzinermönchs, der Anfang des 18. Jh. in Laconi geboren und in den fünfziger Jahren des letzten Jahrhunderts heilig gesprochen wurde. Sein Denkmal steht am Vorplatz, expressiv gestaltet ist die Bronzetür der Kirche mit Szenen aus dem Leben des Heiligen, ein kleines Museum enthält Erinnerungen. Gleich neben der Kirche schließt sich der wunderbar kühle Waldpark *Parco Aymerich* mit plätschernden Quellen, Wasserfällen, Teichen und Grotten an, wegen des dichten Laubdachs seiner mächtigen alten Bäume ist er auch tagsüber fast dunkel. Versteckt im Park stehen die pittoresken Ruinen des *Castello Aymerich*, dem Besitztum einer Adelsfamilie aus Cagliari. Ordentlich essen kann man im Ristorante "Sardegna" an der Durchgangsstraße (✆ 0782/869033), keine Zimmervermietung.

Unbedingt sehenswert ist das *Museo delle Statue Menhire* an der Hauptstraße, Corso Garibaldi. Hier sind zahlreiche Menhire aus der Umgebung Laconis ausgestellt, die meisten stammen aus dem Kulturkreis der sog. Ozieri-Kultur im 4. Jt. v. Chr.

Öffnungszeiten: **Museo delle Statue Menhire** – Sommer tägl. 9.30–13, 16–19 Uhr, Winter 9–13, 16–18 Uhr; Eintritt ca. 2,10 €.

Isili

Wirtschaftliches Zentrum des Sarcidano, bekannt für seine schönen Webteppiche und das traditionelle Kupfergeschirr. Hat vom Ortsbild her nicht sonderlich viel zu bieten, besitzt aber vier Hotels und ist insofern guter Standort für Ausflüge.

An der Durchgangsstraße die archaisch wirkende Kirche *San Giuseppe* mit Zentralkuppel und architektonisch interessanter Fassade. Lediglich der Nordzipfel des Städtchens ist reizvoll – dort stehen die Pfarrkirche und einige Häuser auf einem kleinen Kalksteinfelsen. Am nördlichen Ortsausgang, direkt an der Bahnlinie, fällt der imposante Nuraghe *Is Paras* auf, der ganz aus weißem Kalkstein erbaut ist – sein 11 m hoher Tholos-Innenraum gehört zu den höchsten aller sardischen Nuraghen. Kurz darauf führt eine große Brücke über den Stausee *Is Barrocus*, dort sieht man eine malerische Kirchenruine auf einer hoch aufragenden Kalkinsel. Nördlich und westlich vom Ort sind die steilen Felsen im Flusstal des Riu Mannu bei Freeclimbern beliebt.

Öffnungszeiten: **Nuraghe Is Parras** – 9–12, 14–17 Uhr; Eintritt frei.

● *Anfahrt/Verbindungen*: **Bahnhof** etwas südlich außerhalb, etwa 3x tägl. Züge von und nach Cagliari. In Richtung Sorgono nur "Trenino verde".
Vom Bahnhofsvorplatz fahren mehrmals tägl. Busse nach **Barumini**. Busse nach **Oristano** starten in der Via Dante, neben Hotel "Il Cardellino".

● *Übernachten*: Von den vier Pensionen liegen drei an der Durchgangsstraße Via Vittorio Emanuele.
** Del Sole, an der Hauptstraße Nähe Ortsende Richtung Laconi, gut ausgestattet und gepflegt, das Restaurant ist ein Tipp. DZ ca. 43 €, Frühstück ca. 3 €/Pers. ✆ 0782/802024, ✆ 802371.
* Giardino, praktisch für Bahnreisende, weil gleich beim Bahnhof. DZ ca. 33–37 €, nur Etagendusche. ✆ 0782/802014.
* Il Pioppo, zentrale Lage, sauber, DZ mit Bad ca. 33–40 €, Frühstück ca. 3 €/Pers. ✆ /✆ 0782/802117, ✆ 803091.
* Il Cardellino, Via Dante 36, am Ortsende Richtung Laconi, rechts der Durchgangsstraße, ruhiger als die anderen. Solide Herberge, hohe geräumige Zimmer mit guten Bädern und Heizung, Betten allerdings etwas weich. Mit ordentlichem Ristorante. DZ ca. 37 €, Frühstück ca. 3 €/Pers. ✆ 0782/802004, ✆ 802438.

● *Essen & Trinken*: **Del Sole**, im gleichnamigen Hotel, Treppe runter in den Keller, dort das große gemütliche Ristorante mit freundlichem Padrone, der viel Eifer darauf verwendet, seine reichhaltige Küche zu erklären, TV sorgt für Kurzweil.

● *Shopping*: **Gruppo Tessitrici Ghiani Orrù**, Via Garibaldi 24, Herstellung von Webteppichen nach alter sardischer Tradition. ✆ 0782/802843.

Giara di Gesturi

Eine Basalthochfläche wie ein Brett bzw. wie ein Tisch hoch über der Ebene – 12 km lang, bis zu 4 km breit und etwa 550 m hoch, entstanden durch vulkanische Eruptionen. Nur zwei Erhebungen mit 580 bzw. 609 m überragen das Plateau. Zwischen wirren Felsbrocken und üppiger Macchia wuchern windgepeitschte Korkeichen, dazwischen schlängeln sich holprige Pisten durch die Wildnis.

Die Giara di Gesturi – auf sardisch *Sa Jara Manna* – ist heute ein wertvolles Naturreservat, in dem zahlreiche seltene Vogelarten nisten. Größte Attraktion aber sind die kleinwüchsigen Pferde, die *cavallini della Giara*, auf sardisch *Is Quaddeddus*. Wenn man Glück hat, sieht man sie in Rudeln gedrängt um die

Barumini   613

seichten, durch Regenfälle gebildeten Wassertümpel, die sog. "Pauli". Näher als 50 m kommt man kaum an sie heran – und sollte man auch nicht! Die sardischen Urpferde, wie sie gerne genannt werden, wurden wahrscheinlich von den Phöniziern nach Sardinien gebracht. Sie konnten nur auf den einsamen, von den umgebenden Ebenen isolierten Giare überleben. Es handelt sich übrigens schon lange nicht mehr um Wildpferde, vielmehr sind sie "halbwild", das heißt, sie leben zwar weitgehend frei auf der Giara, die wie ein großes natürliches Gehege fungiert, doch hat jedes Pferd einen Besitzer. Einmal jährlich, etwa Anfang September, werden die Jungtiere nach *Genoni*, nordwestlich der Giara, getrieben und mit dem Brandeisen gekennzeichnet. Ihre Zahl liegt heute bei etwa 500–600 und nur mit strengen Schutzbestimmungen konnte ihr Fortbestand gesichert werden.

Zufahrten zur Giara gibt es von *Gesturi*, *Tuili* und *Setzu*. Die bequemste Auffahrt beginnt in Gesturi und führt als kurvige Asphaltstraße auf die Hochebene, unterwegs passiert man eine kräftige Quelle. Oben angelangt, findet man einen großen Parkplatz, dort verwehrt eine Schranke die Weiterfahrt. Das Befahren der Giara per Auto ist streng verboten, bei einer Kooperative kann man hier im Sommer aber Fahrräder mieten oder geht einfach "per pedes" weiter. Um die Landschaft und ihre Bewohner zu schonen, raten wir von intensiven Touren ab.

Geführte Touren auf der Giara bieten:

● die Forstkooperative **Sa Jara Manna**, die im Sommer Schutzhütten an den Zufahrten zur Giara betreibt, ✆ 070/9368170.

● die Landwirtschaftskooperative **Sa Scrussura**, deren Farm 500 m vom Dorf Sini entfernt liegt. Die Kooperative macht außerdem archäologische Touren sowie Führungen zum Monte Arci, vermittelt Unterkünfte in Bungalows, verkauft organisch angebaute Produkte und arrangiert typisch sardisches Hirtenessen. ✆ 0783/936167.

Barumini

Einen knappen Kilometer außerhalb, an der Straße nach Tuili, steht die riesige Nuraghenburg Su Nuraxi, die als bedeutendste nuraghische Anlage Sardiniens gilt. Doch trotz erheblichem Ausflugstourismus hat sich das Örtchen Ruhe und Ursprünglichkeit bewahrt. Einzig an der großen Straßenkreuzung, wo es zum Nuraghen geht und die Linienbusse halten, findet man einige Bars. Im Ortskern stehen noch etliche verwitterte Granithäuser mit hübschen Innenhöfen, in der Pfarrkirche *Vergine Immacolata* ist ein kunstgeschichtlich bedeutsames Altarbild erhalten.

● *Anfahrt/Verbindungen*: Bushaltestelle an der Kreuzung. Täglich etwa 3 Busse Isili-Barumini–Sanluri. Letzteres liegt an der FS-Bahnlinie Oristano–Cagliari. Der Bus fährt bis zum Bahnhof, der ein Stück außerhalb liegt.

● *Übernachten/Essen & Trinken*: *** **Sa Lolla**, Via Cavour 49. Kleiner ländlicher Gasthof mit gerade mal sieben Zimmern,

mit Restaurant, Garten, Tennis und Pool recht komfortabel aufgezogen. DZ ca. 47–63 €, Frühstück ca. 3 €. ✆ 070/9368419, ✉ 9361107.

Su Nuraxi, neues Restaurant schräg gegenüber von Su Nuraxi.

** **Dedoni**, Landgasthof im 11 km entfernten Gergei, an der Straße nach Serri. Große

Marmilla und Sarcidano
Karte Seite 611

Nuraghenfestung und Dorf Su Nuraxi

und ordentlich eingerichtete DZ für ca. 45 €, außer dem Stammhaus gibt es ein renoviertes Gästehaus, angenehme Atmosphäre. Geräumiger Speisesaal, wo ländliche Küche serviert wird – Ravioli aus Kartoffelteig, Lammfleisch, Spanferkel etc. Im Sommer täglich, sonst Mo geschl. Wer mit dem Zug in Mandas ankommt bzw. abfährt, erhält Transfer vom Hotel. ✆ 0782/808060.

Su Nuraxi

Bedeutendster, weil besterhaltener und größter Nuraghenkomplex Sardiniens. Auf einer niedrigen Anhöhe thront der trutzige Kegelstumpf aus schweren Basaltblöcken. Angeschmiegt im Schutz der Festung die eng verschachtelten Mauerreste von etwa 150 Rundhütten, die einen hervorragenden Einblick in das Alltagsleben der Nuraghier vermitteln.

Der älteste Teil der Anlage ist der Mittelturm, der um die Mitte des 2. Jt. v. Chr. errichtet wurde. Nach und nach wurde die Festung dann mit Mauerringen und weiteren Türmen verstärkt und zur kompakten Festung umgebaut. Allem Anschein nach konnte sich Su Nuraxi so über Hunderte von Jahren gegen Belagerer siegreich behaupten. Erst um 600 v. Chr. wurde die Burg von den Puniern endgültig erobert. Entdeckt und ausgegraben wurde Su Nuraxi in den fünfziger Jahren vom Team des Archäologieprofessors Lilliu. Es ist bisher das einzige Monument Sardiniens, das von der UNESCO dem "Weltkulturerbe der Menschheit" zugerechnet wird.

Öffnungszeiten/Preise: tägl. 9 Uhr bis Sonnenuntergang. Besichtigung nur mit Führung in Italienisch, (manchmal Englisch); Eintritt ca. 4,20 €, Kinder die Hälfte.

Su Nuraxi 615

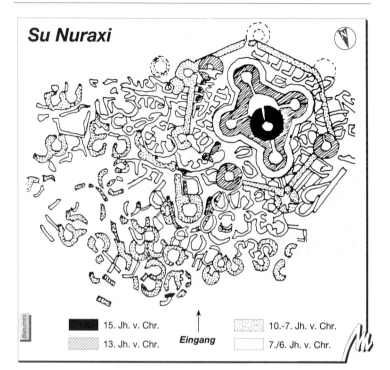

■ 15. Jh. v. Chr.	░ 10.-7. Jh. v. Chr.
▨ 13. Jh. v. Chr.	□ 7./6. Jh. v. Chr.

Eingang

Besichtigung

Festung: Die Nuraghenburg wurde in mehreren Bauabschnitten ständig erweitert. Zuerst entstand der Mittelturm (ca. 15. Jh. v. Chr., frühnuraghisch), dann (etwa 13. Jh. v. Chr., mittelnuraghisch) wurde er mit einem rhombusförmigen Mauerkörper samt vier Ecktürmen umbaut und letztlich (10.–7. Jh. v. Chr., spätnuraghisch) durch einen weiteren Mauerring mit Rundtürmen verstärkt.

Befestigte Stufen führen hinauf zur obersten Plattform des *Mittelturms* in etwa 14,5 m Höhe (früher war er wahrscheinlich 18–19 m hoch), wo man einen hervorragenden Blick auf die kilometerweiten Acker- und Weideflächen mit den unvermutet aufsteigenden Hügelplateaus hat. Auch der Aufbau des Nuraghen ist von oben am besten zu überschauen. Ins Innere gelangt man etwa auf halber Höhe des Aufstiegs zur Spitze über einen schmalen Stufengang und mehrere Leitern. Der *Innenhof* liegt vor dem Mittelturm. Jeder der vier *Ecktürme* ist von hier aus zugänglich (zum Nordturm führt ein stockdunkler, schmaler Gang links um den Mittelturm herum), im Ostturm gibt es eine kleine Nebenkammer. Im Inneren der Türme erkennt man zwei übereinander

616 **Innersardinien/Marmilla und Sarcidano**

liegende Reihen von Schießscharten, die oberen waren über eingezogene Zwischenböden zugänglich. Im Hof links vor dem Eingangskorridor zum Mittelturm ist der 20 m tiefe *Brunnen* der Anlage erhalten. Er hatte einen Wasserstand von bis zu 4 m und war in Belagerungszeiten lebenswichtig. Im 8 m hohen kuppelförmigen Innenraum des *Mittelturms* ragt in etwa 2,5 m Höhe ein uralter Olivenholzbalken aus der Wand, der noch aus der Entstehungszeit des Turms stammen soll (ca. 3500 Jahre alt!).

Dorf: Die ersten Häuser des *Rundhüttendorfs* um die Burg entstanden um 1000 v. Chr. und duckten sich an die Ostseite der Festung. Als die Burg dann von den Puniern erobert und die Außenmauern geschleift wurden, bauten die unterworfenen Nuraghier ihre Häuser eng an eng auch innerhalb des zerstörten Mauerrings. Sie lebten wohl vom Bestellen umliegender Felder und mussten den Puniern Tribute entrichten.

In den etwa 150 Hausruinen wurden etliche Hausratsgegenstände gefunden und teilweise auch an Ort und Stelle belassen, z. B. Sitzbänke und Wassertröge. Auch erkennt man, dass die meisten Häuser Küchen und Backöfen hatten. In einigen waren auch einfache Werkstätten eingerichtet. In einem Haus unmittelbar südöstlich vom Ostturm befinden sich die Reste einer *Ölmühle* – ein Stampfmörser zum Zerstoßen von Pistazien, eine Feuerstelle und ein Doppeltrog, in dessen einer Kammer die Maische der Pistazien angesetzt wurde. Durch ein Loch in der Trennwand floss das Öl dann in die andere Kammer.

Wie man bei Grabungen festgestellt hat, wurde die Siedlung mehrmals bis auf die Grundmauern niedergebrannt – wahrscheinlich von aufständischen Bergbewohnern, die sich in Raubzügen von den Bauern die nötige Nahrung besorgten (→ Orgosolo). Inzwischen hat man vieles mit Mörtel und behauenen Steinen neu befestigt, sonst würde die Anlage wohl allmählich auseinander brechen.

Barumini/Umgebung

▸ **Las Plassas**: weithin auffallender Kegelberg südlich von Barumini. Auf der 274 m hohen Spitze die Ruinen einer ehemaligen Grenzfestung des Judikats Arborea gegen Cagliari. Im Weiler Las Plassas weist ein Schild den Weg, man biegt von der SS 197 ab und nimmt von der Kirche Santa Maria Maddalena aus einen Pfad zum Gipfel.

▸ **Tuili**: 5 km westlich von Barumini, von Su Nuraxi einfach die Straße weiter. In einer Kapelle des rechten Seitenschiffs der Pfarrkirche *San Pietro* ein bedeutendes Retablo (Tafelbild) vom "Meister von Castelsardo", gemalt um 1500. Leider ist die Kirche meist verschlossen.

▸ **Villamar**: an der schnurgeraden Straße von Barumini zur Schnellstraße "Carlo Felice". Auffallend viele Murales lockern die tristen Hausfarben auf, ältere und neuere mit politischen, sozialkritischen und futuristischen Themen.

▸ **Brunnenheiligtum von Santa Vittoria**: Zwischen Mandas und Isili liegt das Basaltplateau *Giara di Serri*, nur ca. 4 km lang und kaum 1 km breit, kahl und felsig. Vom Dorf *Serri* führt eine Asphaltpiste hinauf und zieht sich über die Hochebene bis zum bedeutenden nuraghischen Brunnenheiligtum an der steil zur Ebene hin abfallenden Westspitze der Giara. In landschaftlich herrlicher

Nuraghe Arrubiu   617

Lage war der ummauerte Tempelbezirk wahrscheinlich ein populärer nuraghischer "Wallfahrtsort", in dem alle Fehden und Kämpfe zu ruhen hatten. Im Vorraum des Brunnentempels brachte man den Göttern Opfer dar, darunter auch das Blut geschlachteter Tiere, wie man aus dem Ablaufkanal im Boden geschlossen hat, der die Verunreinigung des Quellwassers verhinderte. Eine gut erhaltene Treppe führt in den einst überdachten Brunnentempel hinunter, der heute allerdings ausgetrocknet ist. Östlich vom Heiligtum erkennt man die Reste weiterer Bauten, in denen die Nuraghier wohl schliefen, aßen und feierten – ganz ähnlich den heutigen Pilgerhütten um viele sardische Wallfahrtskirchen. Direkt an der Abbruchkante der Giara steht das kleine Kirchlein *Santa Vittoria*, von wo aus man einen großartigen Blick auf die Ebene hat.

Sardegna in Miniatura

Wer nicht ganz Sardinien bereisen kann, hat hier seit 1999 die Möglichkeit, sich einen guten Überblick über die Attraktionen der Insel zu verschaffen. In einem Park bei Tuili ist auf etwa 5000 qm ein verkleinertes Modell von Sardinien angelegt, darauf sind in Kleinformat (1:20/25) die wichtigsten Bauwerke der Insel originalgetreu aufgebaut. Das Ganze ist umgeben von einem Swimmingpool, der das Meer darstellt – hier kann man Sardinien per Boot umrunden. Leben in das Modell bringen einige bewegte Animationen: Ein Stück der Superstrada Carlo Felice mit Verkehr, 250 m einer sardischen Schmalspurbahn, ein Skilift im Gennargentu-Gebirge, eine Hafenszene in Cagliari und eine Folkloregruppe. Außerdem gibt es eine Picknickzone, ein Ristorante/Pizzeria und einen 10 m hohen Turm mit Panoramablick auf die Anlage. Weitere Informationen unter www.sardegnainminiatura.it.

Öffnungszeiten/Preise: Mitte März bis Mitte Juli und Mitte bis Ende Sept. tägl. 9 Uhr bis Sonnenuntergang, Mitte Juli bis Mitte Sept. 9–24 Uhr, Oktober nur Sa/So, November nur So. Eintritt ca. 4,20 €, Kinder ab 1 m Größe bis 11 Jahre ca. 3,20 €; eine Bootsfahrt um Sardinien kostet zusätzlich ca. 1,10 €.

Mandas

Knotenpunkt der Kleinbahnstrecken Cagliari–Sorgono und Arbatax–Cagliari. Wer nach Barumini will, muss mit dem Bus nach Isili fahren und dort umsteigen.

● *Verbindungen*: Die **FdS-Bahnstrecken** von Arbatax, Cagliari und Sorgono treffen hier zusammen. Nach Cagliari bis zu 7x tägl., nach Isili 3x tägl., nach Arbatax und Sorgono nur "Trenino verde".

● *Übernachten*: Das einzige Albergo namens Mulliri wurde vor Jahren geschlossen. **Zelten** ist in der Pineta am **Gemeindegrill**platz erlaubt – vom Bahnhof Richtung Süden, nächste Straße links durch die Unterführung und nach 100 m rechts. Wie B. Besold und M. Kauf schreiben, auch auf der Grünfläche links vom Bahnhof möglich, beim Kartenverkauf nachfragen (Vorteil: Wasser und WC vorhanden).

Nuraghe Arrubiu

Nördlich von Mandas (bzw. südlich von Isili) kann man auf der landschaftlich reizvollen SS 198 über Sadali und Seui nach Arbatax an der Ostküste fahren.

Marmilla und Sarcidano Karte Seite 611

618 Innersardinien/Marmilla und Sarcidano

Etwa 10 km bevor man den Lago di Flumendosa überquert, zweigt in Richtung Südosten die Straße nach Nurri, Orroli und Escalaplano ab. Im Umkreis von *Orroli* gibt es eine ganze Reihe von Nuraghen (Gurti Acqua, Peppo Gallu, Su Putzu u. a.).

Äußerst eindrucksvoll ist etwa 6 km südlich von Orroli der kürzlich umfassend restaurierte Nuraghenkomplex *Arrubiu*, der zu den größten Sardiniens gehört. Die Anlage besteht aus einem 16 m hohen Mittelturm, einer Bastion mit fünf Türmen und einer Ringmauer mit sieben weiteren Türmen. Bei den Ausgrabungen hat man entdeckt, dass die Nuraghe noch in römischer Zeit bewohnt war, u. a. hat man aus dieser Zeit im Innenhof eine Weinkellerei gefunden, sie außerhalb des Nuraghen wieder aufgebaut und überdacht.

<u>Öffnungszeiten/Preise</u>: tägl. 9.30–13, 15–20 Uhr, Winter 9–16 Uhr, nur mit Führung (ca. 1 Std.); Eintritt ca. 2,60 €.

Straußeneier zum Frühstück?

Abstecher in die Trexenta

Südlich von Mandas erstreckt sich die Landschaft der Trexenta, in der Antike so genannt wegen ihrer dreißig Dörfer, eine fruchtbare Region mit viel Landwirtschaft und Olivenhainen, die bereits in prähistorischen Zeiten besiedelt war.

- **Senorbì**: Durchgangsort, in dem sich einige wichtige Straßen der Region treffen. Im Umkreis zahlreiche archäologische Fundstellen, zusammengefasst im modernen Museum *Sa domu nosta*, untergebracht in einem ehemaligen Landgut. Reichhaltige Sammlung von der Prähistorie bis in punisch/römische Zeit, u. a. Keramik, Amphoren und ein Sarkophag aus Kalkstein. Auch von Su Nuraxi in Barumini findet man hier einiges.

Abstecher in die Trexenta 619

Gut erhaltenes Felskammergrab auf der Hochfläche von Pranu Muteddu

Wenige Kilometer westlich vom Ort liegt direkt an der Straße nach Guasila eine große *Straußenfarm*, wo man die exotischen Zweibeiner durch den Maschendrahtzaun beobachten kann.
<u>Öffnungszeiten/Preise</u>: **Sa domu nosta** – Di–So 9–13, 16–19 Uhr, Mo geschl.; Eintritt ca. 2,10 €, Stud. ermäßigt.

• <u>Übernachten/Essen & Trinken</u>: ***** Sporting Hotel Trexenta**, Viale Piemonte, größeres modernes Haus mit Garten und Pool sowie dem hervorragenden Ristorante "Severino". DZ ca. 63 €, Frühstück ca. 6 €/Pers. ✆ 070/9809383, 📠 9809386.

▶ **Nekropole Pranu Muteddu:** Von Senorbi führt eine einsame Asphaltstraße zum unscheinbaren Dorf *Goni*. Wenige Kilometer vor dem Ort hat man 1975 direkt links neben der Straße in einem Korkeichenhain auf der Hochfläche Pranu Muteddu eine höchst eindrucksvolle *megalithische Nekropole* entdeckt. Es handelt sich um mehrere Kammergräber, die nach Art der "domus de janas" tief in Felsblöcke getrieben sind, außerdem um mehr als 60 Menhire – die größte derartige Ansammlung auf Sardinien! Die "perdas fittas" stehen in Reihen, teils auch paarweise und allein. Sie sind bis zu 2 m hoch und mit Steinwerkzeugen bearbeitet worden, Vorderfront flach, Rückseite gewölbt. In Pranu Muteddu zeigt sich deutlich der Einfluss der westeuropäischen Megalithkulturen auf Sardinien.

620 Sprachlexikon

Etwas Italienisch

Mit ein paar Worten Italienisch kommt man auch auf Sardinien erstaunlich weit – es ist nicht mal schwer, und die Einheimischen freuen sich auch über gutgemeinte Versuche. Oft genügen schon ein paar Floskeln, um an wichtige Informationen zu kommen. Der Übersichtlichkeit halber verzichten wir auf wohlgeformte Sätze und stellen die wichtigsten Ausdrücke nach dem Baukastensystem zusammen. Ein bisschen Mühe und guter Wille lohnen sich wirklich.

Aussprache

Hier nur die Abweichungen von der deutschen Aussprache:

c: vor e und i immer *"tsch"* wie in *rutschen*, z. B. *centro* (Zentrum) = *"tschentro"*. Sonst wie *"k"*, z. B. *cannelloni* = *"kannelloni"*.

cc: gleiche Ausspracheregeln wie beim einfachen **c**, nur betonter: *faccio* (ich mache) = *"fatscho"*; *boccone* (Imbiss) = *"bokkone"*.

ch: wie *"k"*, *chiuso* (geschlossen) = *"kiuso"*.

cch: immer wie ein hartes *"k"*, *spicchio* (Scheibe) = *"spikkio"*.

g: vor e und i *"dsch"* wie in *Django*, vor a, o , u als *"g"* wie in *gehen;* wenn es trotz eines nachfolgenden dunklen Vokals als *"dsch"* gesprochen werden soll, wird ein i eingefügt, das nicht mitgesprochen wird, z. B. in *Giacomo* = *"Dschakomo"*.

gh: immer als *"g"* gesprochen.

gi: wie in *giorno* (Tag) = *"dschorno"*, immer weich gesprochen.

gl: wird zu einem Laut, der wie *"lj"* klingt, z. B. in *moglie* (Ehefrau) = *"mollje"*.

gn: ein Laut, der hinten in der Kehle produziert wird, z. B. in *bagno* (Bad) = *"bannjo"*.

h: wird am Wortanfang nicht mitgesprochen, z. B. *hanno* (sie haben) = *"anno"*. Sonst nur als Hilfszeichen verwendet, um c und g vor den Konsonanten i und e hart auszusprechen.

qu: im Gegensatz zum Deutschen ist das u mitzusprechen, z. B. *acqua* (Wasser) = *"akua"* oder *quando* (wann) = *"kuando"*.

r: wird kräftig gerollt!

rr: wird noch kräftiger gerollt!

sp und **st**: gut norddeutsch zu sprechen, z. B. *specchio* (Spiegel) = *"s-pekkio"* (nicht schpekkio), *stella* (Stern) = *"s-tella"* (nicht *"schtella")*.

v: wie *"w"*.

z: immer weich sprechen wie in *Sahne*, z. B. *zucchero* (Zucker) = *"sukkero"*.

Die Betonung liegt meistens auf der vorletzten Silbe eines Wortes. Im Schriftbild wird sie bei der großen Mehrzahl der Wörter nicht markiert. Es gibt allerdings Fälle, bei denen die italienischen Rechtschreibregeln Akzente als Betonungszeichen vorsehen, z. B. bei mehrsilbigen Wörtern mit Endbetonung wie *perché* (= weil, warum).

Der Plural lässt sich bei vielen Wörtern sehr einfach bilden; die meisten auf "a" endenden Wörter sind weiblich, die auf "o" oder "e" endenden männlich; bei den weiblichen wird der Plural mit "e" gebildet, bei den männlichen mit "i", also: *una ragazza* (ein Mädchen), *due ragazze* (zwei M.); *un ragazzo* (ein Junge), *due ragazzi* (zwei J.). Daneben existieren natürlich diverse Ausnahmen, die wir bei Bedarf im Folgenden zusätzlich erwähnen.

Elementares

Frau …	*Signora*
Herr …	*Signor(e)*
Guten Tag, Morgen	*Buon giorno*
Guten Abend (ab nachmittags!)	*Buona sera*
Guten Abend/ gute Nacht (ab Einbruch der Dunkelheit)	*Buona notte*
Auf Wiedersehen	*Arrivederci*
Hallo/Tschüss	*Ciao*
Wie geht es Ihnen?	*Come sta?/ Come va?*
Wie geht es dir?	*Come stai?*
Danke, gut.	*Molto bene, grazie/ Benissimo, grazie*
Danke!	*Grazie/Mille grazie/ Grazie tanto*
Entschuldigen Sie	*(Mi) scusi*
Entschuldige	*Scusami/Scusa*
Entschuldigung, können Sie mir sagen...?	*Scusi, sa dirmi...?*
Entschuldigung, könnten Sie mich durchlassen/ mir erlauben..	*Permesso...*

(beliebt bei älteren Damen, die sich durch Supermärkte drängen, und aller Art eiliger Italiener; ist im Sinne von "ich erlaube mir..." zu gebrauchen)

ja	*sì*
nein	*no*
Ich bedaure, tut mir leid	*Mi dispiace*
Macht nichts	*Non fa niente*
Bitte!	*Prego!*

(im Sinne von *gern geschehen*)

Bitte	*Per favore...*

(als Einleitung zu einer Frage oder Bestellung)

Sprechen Sie Englisch/Deutsch/ Französisch?	*Parla inglese/ tedescso/ francese?*
Ich spreche kein Italienisch	*Non parlo l'italiano*
Ich verstehe nichts	*Non capisco niente*
Könnten Sie etwas langsamer sprechen?	*Puo parlare un po` più lentamente?*
Ich suche nach...	*Cerco...*
Okay, geht in Ordnung	*va bene*
Ich möchte/ Ich hätte gern	*Vorrei*
Warte/ Warten Sie!	*Aspetta/ Aspetti!*
groß/klein	*grande/piccolo*
Es ist heiß	*Fa caldo*
Es ist kalt	*Fa freddo*
Geld	*i soldi*
Ich brauche ...	*Ho bisogno ...*
Ich muss ...	*Devo ...*
in Ordnung	*d'accordo*
Ist es möglich, dass ...	*È possibile ...*
mit/ohne	*con/senza*
offen/geschlossen	*aperto/chiuso*
Toilette	*gabinetto*
verboten	*vietato*
Was bedeutet das?	*Che cosa significa?* (sprich sinjifika)
Wie heißt das?	*Come si dice?/cosa significa?*
zahlen	*pagare*

Equivoco!
Eine Art Allheilmittel: "Es liegt ein Missverständnis vor". Wenn etwas schief gelaufen ist, ist dies das Friedensangebot. Ein Versprechen wurde nicht eingehalten? – Nein, nur "è un equivoco"!

Fragen

Gibt es/Haben Sie...?	C'è ...?
	(auszusprechen als tsche)
Was kostet das?	Quanto costa?
Gibt es (mehrere)	Ci sono?
Wann?	Quando?
Wo? Wo ist?	Dove?/ Dov'è?
Wie?/Wie bitte?	Come?
Wieviel?	Quanto?
Warum?	Perché?

Smalltalk

Ecco!
Hat unendlich viele Bedeutungen. Es ist eine Bestärkung am Ende des Satzes: Also! Na bitte! Voilà... Zweifel sind dann ausgeschlossen.

Ich heiße ...	Mi chiamo ...
Wie heißt du?	Come ti chiami?
Wie alt bist du?	Quanti anni hai?
Das ist aber schön hier	Meraviglioso!/Che bello!/Bellissimo!
Von woher kommst du?	Di dove sei tu?
Ich bin aus München/Hamburg	Sono di Monaco, Baviera/di Amburgo

Orientierung

Bis später	A più tardi!
Wo ist bitte...?	Per favore, dov'è..?
... die Bushaltestelle	...la fermata
... der Bahnhof	...la stazione
Stadtplan	la pianta della città
rechts	a destra
links	a sinistra
immer geradeaus	sempre diritto
Können Sie mir den Weg nach ... zeigen?	Sa indicarmi la direzione per..?
Ist es weit?	È lontano?
Nein, es ist nah	No, è vicino

Bus/Zug/Fähre

Fahrkarte	un biglietto
Stadtbus	il bus
Überlandbus	il pullman
Zug	il treno
hin und zurück	andata e ritorno
Ein Ticket von X nach Y	un biglietto da X a Y
Wann fährt der nächste?	Quando parte il prossimo?
... der letzte?	...l'ultimo?
Abfahrt	partenza
Ankunft	arrivo
Gleis	binario
Verspätung	ritardo
aussteigen	scendere
Ausgang	uscita
Eingang	entrata
Wochentag	giorno feriale
Feiertag	giorno festivo
Fähre	traghetto
Tragflügelboot	aliscafo
Deck-Platz	posto ponte
Schlafsessel	poltrone
Kabine	cabina

Etwas Italienisch

Auto/Motorrad

Auto	*macchina*	Reifen	*le gomme*
Motorrad	*la moto*	Kupplung	*la frizione*
Tankstelle	*distributore*	Lichtmaschine	*la dinamo*
Volltanken	*il pieno, per favore*	Zündung	*l'accensione*
Bleifrei	*benzina senza piombo*	Vergaser	*il carburatore*
Diesel	*gasolio*	Mechaniker	*il meccanico*
Panne	*guasto*	Werkstatt	*l'officina*
Unfall	*un incidente*	funktioniert nicht	*non funziona*
Bremsen	*i freni*		

Baden/Strandleben

Meer	*il mare*	sauber	*pulito/netto*
Strand	*la spiaggia*	tief	*profondo*
Stein	*pietra/sasso (klein)*	ich gehe schwimmen	*vado a nuotare*
Kies	*ghiaia*	braungebrannt	*abbronzata (f)/ abbronzato (m)*
schmutzig	*sporco*		

Stabilimenti balneari oder **bagni**: Strandabschnitt mit Eintrittsgebühr und Verleih von Liegestühlen und Sonnenschirmen.

Bank/Post/Telefon

Geldwechsel	*il cambio*
Wo ist eine Bank?	*Dove c'è una banca*
Ich möchte wechseln	*Vorrei cambiare*
Ich möchte Reiseschecks einlösen	*Vorrei cambiare dei traveller cheques*
Wie ist der Wechselkurs	*Qual è il cambio?*
DM	*marchi tedeschi*

Postamt	*posta/ufficio postale*	Briefkasten	*la buca (delle lettere)*
ein Telegramm aufgeben	*spedire un telegramma*	Briefmarke(n)	*il francobollo/ i francobolli*
Postkarte	*cartolina*	Wo ist das Telefon?	*Dov'è il telefono?*
Brief	*lettera*	Ferngespräch	*comunicazione interurbana*
Briefpapier	*carta da lettere*		

Camping/Hotel

Haben Sie ein Einzel/Doppelzimmer?
C'è una camera singola/doppia?
Können Sie mir ein Zimmer zeigen?
Può mostrarmi una camera?
Ich nehme es/wir nehmen es
La prendo/la prendiamo

Zelt	*tenda*
kleines Zelt	*canadese*
Schatten	*ombra*
Schlafsack	*sacco a pelo*
warme Duschen	*docce calde*
Gibt es warmes Wasser?	*C'è l'acqua calda?*
mit Dusche/Bad	*con doccia/ bagno*
ein ruhiges Zimmer	*una camera tranquilla*
Wir haben reserviert	*Abbiamo prenotato*
Schlüssel	*la chiave*
Vollpension	*pensione (completa)*
Halbpension	*mezza pensione*
Frühstück	*prima colazione*
Hochsaison	*alta stagione*
Nebensaison	*bassa stagione*
Haben Sie nichts Billigeres?	*Non ha niente che costa di meno?*

Zahlen

der erste	*il primo*
zweite	*il secondo*
dritte	*il terzo*
einmal	*una volta*
zweimal	*due volte*
halb	*mezzo*
ein Viertel	*un quarto di*
ein Paar	*un paio di*
einige	*alcuni*

0	*zero*	19	*diciannove*
1	*uno*	20	*venti*
2	*due*	21	*ventuno*
3	*tre*	22	*ventidue*
4	*quattro*	30	*trenta*
5	*cinque*	40	*quaranta*
6	*sei*	50	*cinquanta*
7	*sette*	60	*sessanta*
8	*otto*	70	*settanta*
9	*nove*	80	*ottanta*
10	*dieci*	90	*novanta*
11	*undici*	100	*cento*
12	*dodici*	101	*centuno*
13	*tredici*	102	*centodue*
14	*quattordici*	200	*duecento*
15	*quindici*	1.000	*mille*
16	*sedici*	2.000	*duemila*
17	*diciassette*	100.000	*centomila*
18	*diciotto*	1.000 000	*un milione*

Maße & Gewichte

Liter	*un litro*	100 Gramm	*un etto*
halber Liter	*mezzo litro*	200 Gramm	*due etti*
Viertelliter	*un quarto di un litro*	Kilo	*un chilo, due chili*
Gramm	*un grammo*		(gesprochen wie im Deutschen)

Uhr & Kalender

Uhrzeit

Wie spät ist es?	*Che ora è?*
mittags	*mezzogiorno*
	(für 12 Uhr gebräuchlich)
Mitternacht	*mezzanotte*
Viertel nach	*... e un quarto*
Viertel vor	*... meno un quarto*
halbe Stunde	*mezz'ora*

Tage/Monate/Jahreszeit

ein Tag	*un giorno*
die Woche	*la settimana*
ein Monat	*un mese*
ein Jahr	*un'anno*
ein halbes Jahr	*mezz'anno*
Frühling	*primavera*
Sommer	*l'estate*
Herbst	*autunno*
Winter	*inverno*

Wochentage

Montag	*lunedì*
Dienstag	*martedì*
Mittwoch	*mercoledì*
Donnerstag	*giovedì*
Freitag	*venerdì*
Samstag	*sabato*
Sonntag	*domenica*

Monate

Januar	*gennaio*
Februar	*febbraio*
März	*marzo*
April	*aprile*
Mai	*maggio*

Juni	*giugno*
	(sprich dschunjo)
Juli	*luglio* (sprich luljo)
August	*agosto*
	(Feiertag des 15.8.: ferragosto)
September	*settembre*
Oktober	*ottobre*
November	*novembre*
Dezember	*dicembre*

Gestern, heute, morgen ...

heute	*oggi*
morgen	*domani*
übermorgen	*dopodomani*
gestern	*ieri*
vorgestern	*l'altro ieri*
sofort	*subito*
	(dehnbarer Begriff)
später	*più tardi*
jetzt	*adesso*
der Morgen	*la mattina*
Mittagszeit	*l'ora di pranzo*
Nachmittag	*il pomeriggio*
der Abend	*la sera*
die Nacht	*la notte*

Einkaufen

Haben Sie	*Ha...?*
Ich hätte gern...	*Vorrei...*
etwas davon	*un poco di questo*
dieses hier	*questo qua*
dieses da, dort	*quello là*
Was kostet das?	*Quanto costa questo?*

Geschäfte

Apotheke	*farmacia*
Bäckerei	*panetteria*
Buchhandlung	*libreria*
Zeitungskiosk	*edicola*
Fischhandlung	*pescheria*
Laden, Geschäft	*negozio*
Metzgerei	*macelleria*
Reinigung (chemische)	*lavanderia/ lavasecco*
Reisebüro	*agenzia viaggi*
Touristeninformation	*informazioni turistiche*
Schreibwarenladen	*Cartoleria*
Supermarkt	*alimentari, supermercato*

Drogerie/Apotheke

Seife	*il sapone*
Tampons	*i tamponi, i o.b.*
Binden	*assorbenti*
Waschmittel	*detersivo*
Shampoo	*lo shampoo*
Toilettenpapier	*carta igienica*
Zahnpasta	*pasta dentifricia*
Schmerztabletten	*qualcosa contro il dolore*
Kopfschmerzen	*mal di testa*
Abführmittel	*lassativo*
Sonnenmilch	*crema solare*
Pflaster	*cerotto*

Arzt/Krankenhaus

Ich brauche einen Arzt	*Ho bisogno di un medico*	Hilfe!	*Aiuto!*
		Erste Hilfe	*pronto soccorso*

Krankenhaus	*Ospedale*
Schmerzen	*Dolori*
Ich bin krank	*Sono malato*
Biss/Stich	*Puntura*
Fieber	*la febbre*
Durchfall	*Diarrea*
Erkältung	*Raffreddore*
Halsschmerzen	*mal di gola*
Magenschmerzen	*mal di stomaco*
Zahnweh	*mal di denti*
Zahnarzt	*dentista*
verstaucht	*slogato*

Etwas Italienisch 627

Im Restaurant

Wir/Ich möchte gerne für xxx Uhr einen Tisch für xxx Personen reservieren.
Vorremmo/Vorrei prenotare un tavolo per le (ore) xxx per xxx persone.

Haben Sie einen Tisch für x Personen?
C'è un tavolo per x persone?

Die Speisekarte, bitte
Il menu/la lista, per favore

Was kostet das Tagesmenü?
Quanto costa il piatto del giorno?

Ich möchte gern zahlen
Il conto, per favore

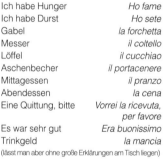

Ich habe Hunger	*Ho fame*
Ich habe Durst	*Ho sete*
Gabel	*la forchetta*
Messer	*il coltello*
Löffel	*il cucchiao*
Aschenbecher	*il portacenere*
Mittagessen	*il pranzo*
Abendessen	*la cena*
Eine Quittung, bitte	*Vorrei la ricevuta, per favore*
Es war sehr gut	*Era buonissimo*
Trinkgeld	*la mancia*

(lässt man aber ohne große Erklärungen am Tisch liegen)

Speisekarte

Extra-Zahlung für Gedeck, Service und Brot	*coperto/pane e servizio*
Vorspeise	*antipasto*
erster Gang	*primo piatto*
zweiter Gang	*secondo piatto*
Beilagen zum zweiten Gang	*contorni*
Nachspeise (Süßes)	*dessert*
Obst	*frutta*
Käse	*formaggio*

Getränke

Wasser	*acqua*
Mineralwasser	*acqua minerale*
mit Kohlensäure	*con gaz (frizzante)*
ohne Kohlensäure	*senza gaz*
Wein	*vino*
weiß	*bianco*
rosé	*rosato*
rot	*rosso*
Bier	*birra*
hell/dunkel	*chiara/scura*
vom Fass	*alla spina*
Saft	*succo di...*
Milch	*latte*
heiß	*caldo*
kalt	*freddo*
Kaffee	*un caffè*

(das bedeutet espresso)

Cappuccino	*un cappuccino*

(mit aufgeschäumter Milch, niemals mit Sahne!)

Kaffee mit wenig Milch	*un latte macchiato*
Milchkaffee	*un caffelatte*
Kalter Kaffee	*un caffè freddo*

... ist was sehr Erfrischendes, wird im Glas mit Eiswürfeln serviert und schmeckt mit viel Zucker

Tee	*un tè*
mit Zitrone	*con limone*
Cola	*una coca*
Milkshake	*frappè*
ein Glas	*un bicchiere di...*
eine Flasche	*una bottiglia*

Speiselexikon

Alimentari/Diversi – Lebensmittel, Verschiedenes

aceto	*Essig*	Olivenöl	*olio di oliva*
bombolone	*Pfannkuchen*	pane	*Brot*
brodo	*Brühe*	panino	*Brötchen (auch belegt zu kaufen)*
burro	*Butter*	saccarina	*Süßstoff*
frittata	*Omelett*	salame	*Salami*
gnocchi	*kleine Kartoffelklöße*	salsiccia	*Frischwurst*
marmellata	*Marmelade*	l'uovo/le uova	*Ei/Eier*
minestra/zuppa	*Suppe*	zabaione	*Wein-Eier-Creme*
minestrone	*Gemüsesuppe*	zucchero	*Zucker*
olio	*Öl*		
olive	*Oliven*		

Erbe – Gewürze

aglio	*Knoblauch*	prezzemolo	*Petersilie*
alloro	*Lorbeer*	rosmarino	*Rosmarin*
basilico	*Basilikum*	sale	*Salz*
capperi	*Kapern*	salvia	*Salbei*
origano	*Oregano*	senapa	*Senf*
pepe	*Pfeffer*	timo	*Thymian*
peperoni	*Paprika*		

Preparazione – Zubereitung

affumicato	*geräuchert*	frutta cotta	*Kompott*
ai ferri	*gegrillt*	cotto	*gekocht*
al forno	*überbacken*	duro	*hart/zäh*
alla griglia	*ü. Holzkohlefeuer*	fresco	*frisch*
con panna	*mit Sahne*	fritto	*frittiert*
alla pizzaiola	*Tomaten/Knobl.*	grasso	*fett*
allo spiedo	*am Spieß*	in umido	*im Saft geschmort*
al pomodoro	*mit Tomatensauce*	lesso	*gekocht/gedünstet*
arrosto	*gebraten/geröstet*	morbido	*weich*
bollito	*gekocht/gedünstet*	piccante	*scharf*
alla casalinga	*hausgemacht*	tenero	*zart*
	(nach Hausfrauenart)		

Contorni – Beilagen

asparago	Spargel	finocchio	Fenchel
barbabietole	Rote Beete	insalata	allg. Salat
bietola	Mangold	lattuga	Kopfsalat
broccoletti	wilder Blumenkohl	lenticchie	Linsen
carciofo	Artischocke	melanzane	Auberginen
carote	Karotten	patate	Kartoffeln
cavolfiore	Blumenkohl	piselli	Erbsen
cavolo	Kohl	polenta	Maisbrei
cetriolo	Gurke	pomodori	Tomaten
cicoria	Chicoree	riso	Reis
cipolla	Zwiebel	risotto	Reis mit Zutaten
fagiolini	grüne Bohnen	sedano	Sellerie
fagioli	Bohnen	spinaci	Spinat
funghi	Pilze	zucchini	Zucchini

Pasta – Nudeln

cannelloni	gefüllte Teigrollen	tagliatelle	Bandnudeln
farfalle	Schleifchen	tortellini	gefüllte Teigtaschen
fettuccine	Bandnudeln	tortelloni	große Tortellini
fiselli	kleine Nudeln	vermicelli	Fadennudeln
lasagne	Schicht-Nudeln		("Würmchen")
maccheroni	Makkaroni	gnocchi	(Kartoffel-)
pasta	allg. Nudeln		Klößchen
penne	Röhrennudeln		

Pesce e frutti di mare – Fisch & Meeresgetier

Fisch allgemein heißt *il pesce* (sprich pesche; nicht zu verwechseln mit le pesche, sprich peske, dem Plural von Pfirsich)

aragosta	Languste	pesce spada	Schwertfisch
aringa	Heringe	polpo	Krake
baccalà	Stockfisch	razza	Rochen
calamari	Tintenfische	salmone	Lachs
cozze	Miesmuscheln	sardine	Sardinen
dentice	Zahnbrasse	seppia/totano	großer Tintenfisch
gamberi	Garnelen	sgombro	Makrele
granchio	Krebs	sogliola	Seezunge
merluzzo	Schellfisch	tonno	Thunfisch
muggine	Meeräsche	triglia	Barbe
nasello	Seehecht	trota	Forelle
orata	Goldbrasse	vongole	Muscheln
ostriche	Austern		

Carne – Fleisch

agnello	*Lamm*	lombatina	*Lendenstück*
anatra	*Ente*	maiale	*Schwein*
bistecca	*Beafsteak*	maialetto	*Ferkel*
capretto	*Zicklein*	manzo	*Rind*
cervello	*Hirn*	pernice	*Rebhuhn*
cinghiale	*Wildschwein*	piccione	*Taube*
coniglio	*Kaninchen*	pollo	*Huhn*
fagiano	*Fasan*	polpette	*Fleischklöße*
fegato	*Leber*	tacchino	*Truthahn*
lepre	*Hase*	trippa	*Kutteln*
lingua	*Zunge*	vitello	*Kalb*

Frutta – Obst

albicocca	*Aprikose*	lamponi	*Himbeeren*
ananas	*Ananas*	limone	*Zitrone*
arancia	*Orange*	mandarino	*Mandarine*
banana	*Banane*	mela	*Apfel*
ciliegia	*Kirsche*	melone	*Honigmelone*
cocomero	*Wassermelone*	more	*Brombeeren*
dattero	*Dattel*	pera	*Birne*
fichi	*Feigen*	pesca	*Pfirsich*
fichi d'india	*Kaktusfeigen*	pompelmo	*Grapefruit*
fragole	*Erdbeeren*	uva	*Weintrauben*

Verlagsprogramm

Unsere Reisehandbücher im Überblick

Deutschland
- Altmühltal
- Allgäu
- Berlin & Umgebung
- *MM-City* Berlin
- Bodensee
- Franken
- Fränkische Schweiz
- Mainfranken
- Nürnberg, Fürth, Erlangen
- Oberbayerische Seen
- Schwäbische Alb

Niederlande
- *MM-City* Amsterdam
- Niederlande
- Nordholland – Küste, Ijsselmeer, Amsterdam

Nord(west)europa
- England
- Südengland
- Irland
- Island
- *MM-City* London
- Norwegen
- Südnorwegen
- Südschweden
- Schottland

Osteuropa
- Baltische Länder
- Polen
- *MM-City* Prag
- Westböhmen & Bäderdreieck
- Ungarn

Balkan
- Slowenien & Istrien
- Kroatische Inseln & Küste
- Nordkroatien – Kvarner Bucht

Griechenland
- Amorgos & Kleine Ostkykladen
- Chalkidiki
- Griechenland
- Griechische Inseln
- Nord- u. Mittelgriechenland
- Karpathos
- Korfu & Ionische Inseln
- Kos

- Kreta
- Kreta – der Osten
- Kreta – der Westen
- Kreta Infokarte
- Kykladen
- Lesbos
- Naxos
- Paros/Antiparos
- Peloponnes
- Rhodos
- Samos
- Samos, Chios, Lesbos, Ikaria
- Santorini
- Skiathos, Skopelos, Alonnisos, Skyros – Nördl. Sporaden
- Thassos, Samothraki
- Zakynthos

Türkei
- *MM-City* Istanbul
- Türkei – Mittelmeerküste
- Türkei – Südküste
- Türkei – Westküste

Frankreich
- Bretagne
- Côte d'Azur
- Korsika
- Languedoc-Roussillon
- *MM-City* Paris
- Provence & Côte d'Azur
- Provence Infokarte
- Südwestfrankreich

Italien
- Apulien
- Chianti – Florenz, Siena
- Elba
- Gardasee
- Golf von Neapel
- Italien
- Italienische Riviera & Cinque Terre
- Kalabrien & Basilikata
- Liparische Inseln
- Oberitalien
- Oberitalienische Seen
- *MM-City* Rom
- Rom/Latium
- Sardinien
- Sizilien

- Toscana
- Toscana Infokarte
- Umbrien
- *MM-City* Venedig
- Venetien & Friaul

Nordafrika u. Vorderer Orient
- Sinai & Rotes Meer
- Tunesien

Spanien
- Andalusien
- Costa Brava
- Costa de la Luz
- Ibiza
- Katalonien
- Madrid & Umgebung
- Mallorca
- Mallorca Infokarte
- Nordspanien
- Spanien

Kanarische Inseln
- Gomera
- Gran Canaria
- *MM-Touring* Gran Canaria
- Lanzarote
- La Palma
- *MM-Touring* La Palma
- Teneriffa

Portugal
- Algarve
- Azoren
- Madeira
- *MM-City* Lissabon
- Lissabon & Umgebung
- Portugal

Lateinamerika
- Dominikanische Republik
- Ecuador

Schweiz
- Tessin

Malta
- Malta, Gozo, Comino

Zypern
- Zypern

Aktuelle Informationen zu allen Reiseführern finden Sie im Internet unter
www.michael-mueller-verlag.de

Gerne schicken wir Ihnen auch das aktuelle Verlagsprogramm zu.

Michael Müller Verlag GmbH, Gerberei 19, 91054 Erlangen
Tel. 0 91 31 / 81 28 08-0; Fax 0 91 31 / 20 75 41;
E-Mail: mmv@michael-mueller-verlag.de

Sach- und Personenregister

A

AAST 163
Aga Khan 214
Agaven 32
Agrarwirtschaft 36
Agriturismo 181, 393
Aluminium 42
Amsicora 84
Angioy, Giovanni Maria 92
Anreise mit dem Bus 124
– dem eigenen Kraftfahr-
  zeug 101
– dem Fahrrad 122
– dem Flugzeug 123
– der Bahn 117
Anreiserouten 106
Apotheken 149
Araber 85
Arbeitslosigkeit 43
Ärztliche Versorgung 148
Autobahnen 106
AutoZüge 102

B

Bahn 142
Ballu tundu 62
Banditen 53
Banditismus 93
Bardana 54, 83, 594
Bartoleoni, Giuseppe 212
Bergbau 40
Biasi, Giuseppe 274, 349
Birreria 151
Blei 42
Botschaft 150
Bottarga 154
Braunkohle 26, 41, 48
Brigata Sassari 94, 304
Bronzefiguren 81
Brot 155
Brunnentempel 82
Busse 141

C

Calvacata Sarda 60, 309
Camping 182
Canti a tenores 62
Cantine sociale 160
Carlo Alberto, König 91, 212
*Carlo Felice,
  Sardinienminister* 92
Carta de Logu 89

Cassa per il Mezzogiorno
  96
Citadella dei Musei 479
Cooperativa Enis Monte
  Maccione 586
Costa Rubata 215
Cozze 154
Culurgiones 155

D

Dattelpalmen 32
de Balzac 40
de Muro, Bernardo 274
Deledda, Grazia 71, 581
Diokletian, röm. Kaiser 85
Domus de janas 78, 292
Drachenfliegen 168

E

ec-Karte 161
El Greco 224
Elefant von Castelsardo 292
Eleonora d'Arborea 53, 89,
  384
EPT 163
Erste Hilfe 149
ESIT 163
Essen 150
Esskastanien 30
Eukalyptus 31

F

Fahrrad 139
Fährverbindungen 125
Feigenkakteen 32
Ferienwohnungen 179
Ferragosto 128
Ferrovie dello Stato 121
Festa dei Candelieri 60,
  309
Festa del Redentore 60, 582
Feste 58
Filetstickereien 66, 357
Filu 'e ferru 160
Finanzen 161
Fischen 168
Fischgerichte 153
Flamingos 35
Fleischgerichte 152
Flug 147*G*
Garibaldi, Giuseppe 94,
  246, 344
Garigue 32
Gavinus 298

Geldautomaten 161
Gemüse 155
Geologie 24
Geschichte 74
Getränke 160
Gigantengräber 80
Golf 168
Gramsci, Antonio 408, 416
Granit 24, 25

H

Hampsicora 374
Hasdrubal 374
Haustiere 162
Hirten 50
Höchstgeschwindigkeit 103
Höhlen 27
Höhlenexkursionen 169
Hotels 178

I–J

Industrie 38
Informationen 162
Internet 164
Is fassonis 394
ISOLA, Kunsthandwerks-
  organisation 64
Issohadores 59
Jugendherbergen 182

K

Kaffee 160
Kalk 26
Karl V., Kaiser 336, 344
Karneval 58
Käse 156
katalanische Gotik 90
Kinder 165
Kleinkönigtümer 86
Klettern 169
Klima 27
Konstantin, Kaiser 410
Kooperativen 44
Kork 270
Korkeichen 30
Kraftstof 104
Kreditkarten 161
Kunsthandwerk 63

L

Landkarten 165
Landschaften 19
Landweine 160
Launeddas 61, 63

Sach- und Personenregister 633

Ledda, Gavino 71
Lehenssystem 93
Likör 160

M

Macchia 32
Maestrale 29
Malaria 36
Malloreddus 155
Mammuthones 59
Mattanza 154, 445
Menhire (perdas fittas) 78
Mezzadria 93
Mietfahrzeuge 146
Mirto 160
Mitfahrzentralen 124
Mönchsrobben 34
Monzette 153
Motorrad 138
Mufflons 34
Murales 70, 592
Mussolini, Benito 41, 95,
  349, 437

N

Napoleon Bonaparte 239
Naturparks 47
Nelson, Admiral 239
Notruf 149
Nuraghen 79
Nussbäume 30

O

Obsidian 77, 414
Öffnungszeiten 166
Ökologie 48
Oleander 32
Olivenbäume 30
Osteria 151
Ozieri-Kultur 77

P

Pane frattau 156
Pane karasau 156
Pannenhilfe 104, 138
Papiere 102, 167
Partito Sardo d'Azione
  (PSd'Az) 98
Pecorino 50, 156
Pflanzenwelt 29
Piano di rinascita 96
Pinien 31
Pisanerkirchen 87
Platzkarte 121

Ponente 29
Porcheddu 152
Porphyr 25
Post 167
Postbank 161
Privatzimmer 181
Pro Loco 164

R

Reiseschecks 161
Reisezeiten 27
Reiten 169
Richter 86
Richtmengenkatalog 186
Ristorante 151
Rosticceria 151

S

Sa merca 154
Sa Sartiglia 58
Sagra di San Francesco 511
Sagra di Sant'Efisio 59, 486
Salzwirtschaft 37
Sarazenentürme 90
Sardisch (Sprache) 68
Satta, Sebastiano 581
Savoyen-Piemont 54
Schiff 147
Schlauchboot 170
Schnaps 160
Sciola, Pinuccio 419, 485,
  604
Scirocco 29
Sebadas, Süßspeise 158
Segelsport 170
Skifahren 171
Sport 168
Staatsstraßen 135
Stadtpläne 165
Stauseen 36
Steineichen 30
Strände 23
Sulcis-Kohle 41, 437
Superstrada 135
Suspirus 324
Süßwaren 157

T

Tacchi 26
Tankstellen 104, 137
Tänze 61
Tauchen 172
Tavola Calda 151

Telefon 176
Telefonkarten 175
Tennis 172
Tiberius Gracchus 84
Tierwelt 33
Tonneri 26
Tophet 83, 442
Tourismus 42
Trachyt 25
Trampen 147
Trattoria 151
Trinken 150

U

Übernachten 177
Umwelt 44

V

Veranstaltungen 58
Verkehrsschilder 104
Verkehrsvorschriften 104
Verkehrszeichen 137
Versicherung 102
Versteinerter Wald 293
Vignette 111
Vindicau 56, 573
Vittorio Emanuele I., König
  252
Vittorio Emanuele II., König
  94, 304
Volksmusik 61

W

Wagner, Max Leopold 69, 73
Wandalen 85
Wanderkarten 166
Wandern 173
Wappen 91
Weideland 51
Wein 158
Weinkellereien 160
Wellenreiten 174
Windkraft 48
Windsurfen 174
Wirtschaft 35
Wohnmobil 138, 186

Z

Zink 42
Zoll 186
Zwergpalmen 32
Zypressen 31

Geographisches Register

A

Abbasanta 412
Acquaresi 434
Aggius 276
Agrustos 503
Ala dei Sardi 326
Ales 416
Alghero 336
Altopiano di Abbasanta,
Hochebene (Abbasanta)
412
Altopiano di Budduso,
Hochebene 324
Altopiano di Campeda,
Hochebene (Macomer)
366
Anghelu Ruju, Nekropole
(Alghero) 348
Anglona 280
Antas, Tempel (Iglesiente)
427
Arbatax 543
Arborea 378
Arborea, Landwirtschafts-
gebiet (Oristano) 404
Arborea, Stadt (Oristano)
405
Arbus 423
Archäologisches National-
museum (Cagliari) 479
Arcu Guddetorgiu, Pass
(Desulo) 603
Ardara 322
Arenas 428
Argentiera 318
Aritzo 605
Arzachena 227
Arzana 552
Assemini 419, 488

B

Baccu Arrodas, Landschaft
(Torre Salinas/Muravera)
560
Badesi 282
Badesi Mare 282
Baia Aranzos, Strand
(Golfo Aranci) 202
Baia Chia, Strand (Costa
del Sud) 456
Baia del Mimose, Strand
(Coghinas-Ebene) 282

Baia di Conte, Strand
(Porto Conte) 351
Baia Santa Reparata,
Strand (Capo Testa) 261
Baia Sardinia 225
Baia Trinità, Strand (La
Maddalena) 244
Balai, Strand (Porto Torres)
298
Barbagia 573
Barbagia Seúlo 607
Barisardo 547
Baronia 490
Barumini 613
Bau Gennamari 426
Baunei 536
Belvi 607
Berchidda 279
Bitti 583
Bolotana 368
Bonarcado 377
Bonorva 333
Borutta 328
Bosa 357
Bosa Marina 364
Bruncu Spina, Berg
(Gennargentu) 601
Budditogliu 500
Budduso 326
Budoni 501
Budoni, Bucht von 501
Buggeru 433
Bulzi 293
Burcei 563
Burgos 368
Busachi 407

C

Cabras 395
Cabu Abbas, Nuraghen-
festung (Olbia) 200
Cagliari 463
Cala Biriola, Strand (Cala
Gonone) 530
Cala Brandinchi, Strand
(San Teodoro) 498, 499
Cala Cartoe, Strand (Cala
Gonone) 531
Cala Coda Cavallo, Strand
(San Teodoro) 499
Cala Corsari, Strand
(Spargi) 249
Cala Coticcio, Bucht
(Caprera) 248

Cala d'Ambra, Strand (San
Teodoro) 498
Cala del Principe, Strand
(Costa Smeralda) 219
Cala di Luna, Strand (Cala
Gonone) 530
Cala di Sinzias, Strand
(Costa Rei) 567
Cala di Volpe, Bucht (Costa
Smeralda) 218
Cala Domestica (Buggeru)
434
Cala Fico, Bucht (Isola di S.
Pietro) 450
Cala Fuile e Mare, Strand
(Orosei) 513
Cala Fuili, Strand (Cala
Gonone) 528
Cala Ginepro, Strand
(Orosei) 512
Cala Ginepro, Strand (San
Teodoro) 500
Cala Giunco, Strand
(Villasimius) 571
Cala Goloritze, Strand (San-
ta Maria Navarrese) 531
Cala Gonone 524
Cala Liberotto, Strand
(Orosei) 512
Cala Liscia Ruia, Strand
(Costa Smeralda) 218
Cala Lunga, Strand (Isola
di S. Antioco) 444
Cala Maladroxia, Strand
(Isola di S. Antioco) 444
Cala Mariolu, Strand (Cala
Gonone) 531
Cala Moresca, Strand
(Golfo Aranci) 204
Cala Pira, Strand
(Villasimius) 570
Cala Portese,Strand
(Caprera) 249
Cala Regina, Bucht
(Cagliari) 489, 572
Cala Sambuco, Strand (S.
Teresa) 259
Cala Sapone, Strand (Isola
di S. Antioco) 444
Cala Sassari, Strand (Golfo
Aranci) 202
Cala Sisine, Strand (Cala
Gonone) 530

Geographisches Register 635

Cala Spalmatore, Strand
(La Maddalena) 243
Cala Speranza, Strand
(Alghero) 347
Cala Vall'Alta, Bucht (S.
Teresa) 260
Calangianus 277
Calasetta 442
Caldosa 229
Caletta di Osalla, Strand
(Cala Gonone) 532
Caletta di Osalla, Strand
(Dorgali) 524
Caletta di Osalla, Strand
(Orosei) 517
Campanedda 314
Campidano 414
Campu di Cabu Abbas,
Ebene (Logudoro) 329
Campus (Golfo di
Carbonara) 571
Cannigione 231
Capo Boi, Kap (Villasimius)
489, 572
Capo Caccia, Kap
(Alghero) 351
Capo Carbonara, Halbinsel
(Villasimius) 570
Capo Ceraso, Halbinsel
(Olbia) 209
Capo Coda Cavallo, Halb-
insel (San Teodoro) 499
Capo Comino, Kap (Santa
Lucia) 509
Capo del Falcone, Kap
(Stintino) 316
Capo della Frasca
(Iglesiente) 422
Capo di Monte Santu, Kap
(Cala Gonone) 531
Capo d'Orso, Kap (Palau)
236
Capo Ferrato, Kap (Costa
Rei) 566
Capo Malfatano, Landzun-
ge (Costa del Sud) 455
Capo Mannu, Kap (Sinis-
Halbinsel) 381
Capo Marargiu, Kap 357
Capo Pecora, Kap
(Iglesiente) 432
Capo Sandalo (Isola di S.
Pietro) 450
Capo Sant'Elia (Cagliari)
487
Capo Spartivento, Kap
(Costa del Sud) 456

Capo Sperone, Kap (Isola
di S. Antioco) 444
Capo Testa, Halbinsel 260
Capo Testa, Ort 262
Capoterra 462
Capriccioli, Halbinsel
(Costa Smeralda) 218
Carbonia 437
Carloforte 446
Casa di Garibaldi,
Monument (Caprera) 245
Cascata sos Molinos,
Wasserfall (Santu
Lussurgiu) 377
Castello dei Doria, Burg
(Lago di Castel Doria)
286
Castello della Fava, Burg
(Posada) 505
Castello di Acquafredda,
Kastell (Iglesiente) 431
Castello di Castro, Burg
(Oschiri) 279
Castello di Monreale, Burg
(Campidano) 417
Castello Pedrese, Kastell
200
Castello, Burgviertel
(Cagliari) 476
Castelsardo 287
Castiadas 566
Chiaramonti 293
Chilivani 323
Coaquaddus, Strand (Isola
di S. Antioco) 444
Coddu Vecciu,
Gigantengrab 228
Codula di Luna, Schlucht
(Genna Silana) 534
Coghinas-Ebene 282
Collinas 417
Cornus, Ausgrabung 373
Corona Nieddu, Kap
(Tresnuraghes) 371
Costa Corallina, Strand
(Olbia) 210
Costa del Sud, Landschaft
(Sulcis) 455
Costa Dorata, Strand
(Olbia) 211
Costa Paradiso 268
Costa Rei 564
Costa Smeralda 213
Costa Verde, Landschaft
(Iglesiente) 424
Cuglieri 371

D–E

Decimomannu 419
Desulo 602
Dolianova 488
Domus de Maria 453
Domusnovas 431
Dorgali 518
Dreikircheneck (Logudoro)
321
Elefant von Castelsardo,
prähistorisch 292

F

Fertilia 349
Filigosa, Nekropole 367
Fiume Santo,
Windkraftwerk 313
Flumendosa, Ebene 558
Flumendosa, Fluss
(Sarrabus) 561
Flumineddu, Fluss (Dorgali)
532
Fluminimaggiore 426
Flussio 370
Fonni 600
Fontanamare 435
Fonte Rinaggiu, Quelle
(Tempio Pausania) 274
Fordongianus 407
Foresta Demaniale
Montarbu, Naturpark
(Barbagia) 607
Foresta di Minniminni 567
Foresta di Montes,
Waldgebiet 596
Fungo di Arzachena 230
Funtana Bona, Quelle
(Barbagia) 596

G–H

Gairo 553
Gairo Cardeddu 550
Gairo Sant'Elena 553
Gallura 187
Galtelli 517
Gavoi 598
Genna Silana, Pass
(Urzulei) 532
Gennargentu, Bergmassiv
(Barbagia) 599
Genoni 613
Gergei 613
Gesturi 613
Ghilarza 408
Giara di Gesturi,
Hochebene (Marmilla) 612

636 Geographisches Register

Giara di Serri, Hochebene (Marmilla) 616
Giba 439
Girasole 542
Goceano, Landschaft 368
Gola su Gorroppu, Schlucht (Dorgali) 521
Gola su Gorroppu, Schlucht (Genna Silana) 533
Golf von Arzachena 231
Golf von Buggeru 431
Golf von Cugnana 207
Golf von Olbia 190
Golf von Orosei 518
Golfo Aranci 203
Golfo di Carbonara 571
Golfo di Gonnesa, Strand (Iglesiente) 435
Golfo di Marinella, Bucht (Golfo Aranci) 205
Golfo di Palmas, Bucht (Sulcis) 439
Goni 619
Grazia Deledda, Geburtshaus (Nuoro) 581
Grotta da Oche, Höhle (Oliena) 590
Grotta de is Janas, Höhle (Sadali) 608
Grotta del Bue Marino, Höhle (Cala Gonone) 529
Grotta di Ispinigoli, Höhle (Dorgali) 523
Grotta di Marmuri, Höhle (Ulassai) 554
Grotta di Nettuno, Höhle (Capo Caccia) 352
Grotta di Punta delle Oche, Höhle (Isola di S. Pietro) 452
Grotta di San Giovanni, Domusnovas 431
Grotta di San Michele, Höhle (Ozieri) 324
Grotta Su Mannau, Tropfsteinhöhle (Iglesiente) 426
Grotta su Ventu, Höhle (Oliena) 590
Grottone di Biddiriscottai, Höhle (Cala Gonone) 526
Guspini 422

I–K

Iglesias 428
Iglesiente 420

Ilbono 551
Ingurtosu 426
Is Arenas s'Acqua e s'Ollastu, Strand (Iglesiente) 422
Is Arenas, Strand (Sinis-Halbinsel) 380
Is Arutas, Strand (Sinis-Halbinsel) 383
Is Puligie de Nie, Strand (Cala Gonone) 531
Is Zuddas, Grotte (Sulcis) 453
Isili 612
Isola Asinara, Insel (Stintino) 317
Isola Budelli, Insel 249
Isola Caprera, Insel 245
Isola di Bocca (Olbia) 208
Isola di San Pietro 444
Isola di Sant'Antioco 440
Isola Foradada, Insel (Capo Caccia) 351
Isola la Maddalena, Insel 239
Isola la Vacca, Insel (Isola di S. Antioco) 444
Isola Mal di Ventre, Insel (Sinis) 383
Isola Pelosa, Insel (Stintino) 316
Isola Piana, Insel (Isola di San Pietro) 452
Isola Piana, Insel (Stintino) 316
Isola Proratora, Insel (San Teodoro) 499
Isola Razzoli, Insel 249
Isola Rossa 268
Isola Rossa, Insel (Bosa Marina) 364
Isola Rossa, Insel (Porto di Teulada) 454
Isola Santa Maria, Insel 249
Isola Santo Stefano, Insel 249
Isola Spargi, Insel 249
Isola Su Giudeu, Insel (Costa del Sud) 456
Isola Tavolara, Insel (Olbia) 211
Ittireddu 326
Ittiri 326
Jerzu 555
Korsika (Anreise) 116

L

L'Aguglia, Felsen (Cala Gonone) 531
La Caletta 507
La Caletta, Strand (Isola di S. Pietro) 450
La Celvia, Strand (Costa Smeralda) 220
La Ciaccia, Strand (Valledoria) 284
La Cinta, Strand (San Teodoro) 497
La Maddalena, Stadt 240
La-Maddalena-Archipel 238
La Muddizza 284
La Nurra 312
La Punta, Landzunge (Isola di S. Pietro) 451
La Tonnara, Strand (Stintino) 314
L'Abbiadori 220
Laconi 611
Laghetti di Gerdesi, See (Aritzo) 607
Lago Baratz, See (La Nurra) 319
Lago Bidighinzu, Stausee (Alghero) 355
Lago del Coghinas, Stausee 278
Lago di Castel Doria, Stausee 286
Lago di Cedrinho, Stausee (Dorgali) 522
Lago di Cuga, Stausee (Alghero) 354
Lago di Flumendosa, Stausee (Barbagia) 609
Lago di Gusana, Stausee (Barbagia) 598
Lago di Liscia, Stausee 230
Lago di Pattada, Stausee 325
Lago di Posada, Stausee (Posada) 506
Lago di Temo, Stausee 356
Lago Omodeo, Stausee (Tirso) 408
Lago Punta Gennarta, Stausee (Iglesiente) 428
L'Alzoni 498
Lanaittu, Tal (Barbagia) 589
Lanusei 552

Geographisches Register 637

Las Plassas, Berg (Barumini) 616
Le Vecchie Saline, Strand (Olbia) 208
Li Lolghi, Gigantengrab 229
Li Muri, Nekropole 229
Lido di Orri, Strand (Arbatax) 546
Lido di Pittulongu, Strand (Olbia) 202
Lido di Sole, Strand (Olbia) 208
Liscia di Vacca, Costa Smeralda 225
Lode 510
Logudoro 320
Loiri 199
Lotzorai 542
Lu Bagnu 292
Lu Fraili 500
Lula 511
Luogosanto 276
Luras 277

M

Macchiareddu 461
Macomer 367
Mamoiada 597
Mandas 617
Mandrolisai 407
Marceddi 406
Mari Ermi, Strand (Sinis-Halbinsel) 383
Marina di Arbus 424
Marina di Cea, Strand (Torre di Bari) 549
Marina di Conca Verde, Strand (S. Teresa) 260
Marina di Gairo, Strand (Barisardo) 550
Marina di Lu Impostu, Strand (San Teodoro) 498
Marina di Magomadas 370
Marina di Orosei, Strand (Orosei) 517
Marina di Portisco 207
Marina di Sorso, Strand (Sorso) 294
Marina di Tertenia, Strand (Tertenia) 550
Marina di Torre Grande 396
Marina San Gemiliano Strand (Arbatax) 546
Marmilla 610

Marseille 132
Martis 293
Marzzino 258
Massama 406
Masua 434
Meilogu, Landschaft 356
Mogoro 416
Monte Acuto, Berg 278
Monte Albo, Berg 510
Monte Arci, Berg (Campidano) 414
Monte Arcosu, Naturpark 462
Monte Arcuentu, Berg (Iglesiente) 423
Monte Arcuentu, Gebirge (Iglesiente) 422
Monte Corrasi, Berg (Supramonte) 588
Monte Croce, Berg 276
Monte d'Accodi, prähist. Altarberg (Sassari) 310
Monte Ferru, Berg (Costa Rei) 566
Monte Ferru, Berg (Planargia) 371
Monte Limbara 277
Monte Maccione (Oliena) 586
Monte Maccione, Berg (Supramonte) 587
Monte Nai (Costa Rei) 564
Monte Nieddu, Berg (San Teodoro) 500
Monte Novo San Giovanni, Berg (Barbagia) 596
Monte Ortobene, Berg (Nuoro) 582
Monte Petrosu 500
Monte Pittada, Berg (Bosa) 357
Monte Russu, Kap (S. Teresa) 266
Monte Sirai, Berg (Carbonia) 438
Monte Sozza, Berg 276
Monte Spada, Berg (Gennargentu) 601
Monte Teialone, Berg (Caprera) 248
Monte Timidone, Berg (Capo Caccia) 351
Monte Tiscali 590
Monte Tuttavista, Berg (Orosei) 514
Monte Urpinu, Berg (Cagliari) 486

Monteleone Rocca Doria 356
Monteponi 431
Montessu, Nekropole (Santadi) 454
Montevecchio 423
Monteviore (Dorgali) 522
Monti 279
Monti dei Sette Fratelli, Bergmassiv (Sarrabus) 566
Monti in Cappidatu, prähistorischer Fundort 230
Montresta 356
Mores 328
Morgongiori 416
Mottorra, Dolmen (Dorgali) 523
Muravera 560
Murta Marina 209
Museddu (Barisardo) 550

N

Nebida 434
Nora, phönizische Ausgrabung (Sulcis) 460
Nostra Signora di Castro, Kirche (Lago di Coghinas) 279
Nostra Signora di Monte Gonari, Wallfahrtskirche 597
Nulvi 294
Nuoro 576
Nuraghe Albucciu (Arzachena) 228
Nuraghe Arrubiu (Orroli) 617
Nuraghe Asoru (Sarrabus) 563
Nuraghe Cabu Abbas (Olbia) 200
Nuraghe Funtana (Ittireddu) 327
Nuraghe Genna Maria (Villanovaforru) 417
Nuraghe Is Paras (Isili) 612
Nuraghe Izzana (Aggius) 271
Nuraghe La Prisciona (Arzachena) 229
Nuraghe Losa (Abbasanta) 412
Nuraghe Montecodes (Sindia) 367
Nuraghe Noriolo (Dorgali) 522

638   Geographisches Register

Nuraghe Oes (Valle dei Nuraghi) 332
Nuraghe Oveni (Dorgali) 522
Nuraghe Palmavera (Fertilia) 350
Nuraghe Ruju (Macomer) 367
Nuraghe Santa Barbara (Macomer) 367
Nuraghe Santa Sabina (Silanus) 368
Nuraghe Santu Antine (Valle dei Nuraghi) 330
Nuraghe Sas Ladas (Perfugas) 286
Nuraghe Su Nuraxi (Barumini) 614
Nuraghe Su Tesoru (Castelsardo) 292
Nuraghe Tuttusoni (Portobello di Gallura) 268
Nuragheddu 498

O

Ogliastra 538
Olbia 191
Oliena 584
Orani 597
Orgosolo 590
Oridda, Bergland (Iglesiente) 427
Oristano 384
Orosei 514
Orroli 618
Orune 583
Oschiri 278
Osilo 310
Othoca, Ausgrabung (Oristano) 392
Ottana 413
Ottiolu 503
Ozieri 323

P

Padru 200
Palau 232
Palmadula 317
Pan di Zucchero, Fels (Iglesiente) 434
Parco Comunale di Seu, Naturschutzgebiet 383
Passo La Variante, Pass 278
Pattada 324
Pau 416
Paulilatino 412
Perda Longa, Costa del Sud 456

Perfugas 286
Piano dei Grandi Sassi, Ebene (Gallura) 271
Piccolo Pevero, Costa Smeralda 220
Pineta dei Mugoni, Strand (Porto Conte) 351
Planargia 369
Planu Campu Oddeu, Hochebene (Urzulei) 534
Platamona 294
Poebene 112
Poetto, Strand, (Cagliari) 487
Poltu Quatu, Costa Smeralda 225
Portixeddu 432
Porto Alabe, Tresnuraghes 370
Porto Botte, Strand (Sulcis) 439
Porto Cervo 221
Porto Conte, Bucht (Fertilia) 351
Porto Corallo, Strand (Flumendosa) 558
Porto della Taverna, Strand (Olbia) 211
Porto di Teulada 454
Porto Ferro, Strand 319
Porto Flavia, Badebucht (Iglesiente) 434
Porto Frailis, Strand (Arbatax) 546
Porto Istana, Strand (Olbia) 209
Porto Liscia, Strand (Spiaggia del Liscia) 251
Porto Mandriola 382
Porto Massimo, Bucht (La Maddalena) 243
Porto Palma, Bucht (Caprera) 249
Porto Palmas 422
Porto Palmas, Strand (Stintino) 317
Porto Pino 439
Porto Pirastu, Strand (Costa Rei) 566
Porto Pollo 250
Porto Pozzo 252
Porto Raffaele, Palau 237
Porto Rotondo 206
Porto San Paolo 210
Porto Sos Alinos, Strand (Orosei) 513
Porto Torres 295

Porto Tramatzu, Strand (Porto di Teulada) 454
Portobello di Gallura 268
Portoscuso 439
Portovesme 439
Portu Cuadu, Bucht (Cala Gonone) 531
Portu Pedrosu, Bucht (Cala Gonone) 531
Posada 505
Pozzo San Nicola 314
Pozzomaggiore 356
Pranu Muteddu, Nekropole (Goni) 619
Pratobello, Hochebene (Orgosolo) 595
Pula 459
Punta Abbatogia, Landzunge (La Maddalena) 244
Punta Balistreri, Berg (Limbara-Massiv) 277
Punta della Volpe, Landzunge (Porto Rotondo) 207
Punta delle Colonne, Felsen (Isola di S. Pietro) 449
Punta di Foghe, Kap (Tresnuraghes) 371
Punta di Tronu, Berg (San Teodoro) 500
Punta la Marmora, Berg (Gennargentu) 603
Punta Maggiore, Berg (San Teodoro) 500
Punta Molara, Strand (San Teodoro) 500
Punta Molentis, Bucht (Villasimius) 570
Punta Rossa, Halbinsel (Caprera) 249
Punta sa Berritta, Berg (Limbara-Massiv) 277
Punta Sardegna, Landzunge (Palau) 237
Punta Serpeddi, Berg (Sarrabus) 563
Punta Solitta, Berg (Supramonte) 588
Punta sos Nidos, Berg (Supramonte) 588
Puntaldia, Landzunge (San Teodoro) 498
Punto dello Zucchero, Berg (Isola di Santo Stefano) 249

Geographisches Register 639

Puttu Codinu, domus de janas 356
Putzu Idu 382

Q–R

Quartu Sant'Elena 487
Quirra 557
Rebeccu 333
Rena Bianca, Strand (S. Teresa) 258
Rena di Matteu, Strand (S. Teresa) 266
Rena Maiore, Strand (S. Teresa) 260
Rio Cuga, Fluss (Alghero) 354
Rio Padrogiano, Fluss (Olbia) 208
Riu Berchida, Strand 512
Riu Codula di Luna, Fluss 534
Riu de Quirra, Fluss (Salto di Quirra) 557
Riu de Siniscola, Fluss (Siniscola) 508
Riu Murroni, Fluss (Sassari) 321
Riu Naracauli (Iglesiente) 425
Riu Pardu, Fluss (Lanusei) 553
Riu Piscinas, Fluss (Costa Verde) 424
Riu Posada, Fluss (Posada) 506
Rius sos Molinos, Fluss 377
Riviera Capitana, Strand (Cagliari) 489

S

Sa Coveccada, Dolmen (Logudoro) 328
Sa Duchessa 428
Sa Foxi Manna, Strand (Tertenia) 550
Sa Itria 599
Sa Pedra Longa, Fels (Santa Maria Navarrese) 537
Sa Testa, Brunnentempel 202
Sadali 608
Salinedda, Strand (San Teodoro) 499
Salto di Quirra 557
San Francesco, Kirche (Lula) 511

San Giorgio, Kirche (Perfugas) 286
San Giovanni (La Caletta) 507
San Giovanni di Sinis 399
San Giovanni di Sinis, Kirche (Sinis) 399
San Giovanni, Muravera 561
San Gregorio, Cagliari 564
San Leonardo de Siete Fuentes 375
San Lussorio, Kirche (Fordongianus) 406
San Michele di Salvenero, Kirche (Sassari) 322
San Niccolo, Kirche (Salto di Quirra) 557
San Nicola di Silanis, Kirche (Sedini) 293
San Pantaleo 226
San Pantaleo, Kirche (Martis) 293
San Pietro a Mare, Kapelle (Valledoria) 283
San Pietro di Simbranos, Kirche (Bulzi) 293
San Pietro di Sorres, Kirche (Logudoro) 328
San Pietro, Kirche (Su Golgo/Baunei) 536
San Priamo 563
San Salvatore 398
San Saturno, Basilika (Cagliari) 485
San Sperate 419, 489
San Teodoro 492
San Vito 561
Sanluri 418
Santa Caterina di Pittinuri 372
Santa Cristina, Nuraghendorf (Paulilatino) 411
Santa Giusta 392
Santa Giusta, Kirche (Oristano) 392
Santa Giusta, Wallfahrtskirche (San Teodoro) 500
Santa Lucia 508
Santa Margherita di Pula 457
Santa Maria Coghinas 284
Santa Maria del Regno, Kirche (Ardara) 323
Santa Maria di Neapoli 422
Santa Maria di Tergu, Kirche (Tergu) 292
Santa Maria la Palma 319

Santa Maria Navarrese 540
Santa Maria, Kathedrale (Cagliari) 478
Santa Sabina/Santa Sarbana, Kirche (Silanus) 368
Santa Teresa di Gallura 252
Santa Vittoria, Brunnenheiligtum (Serri) 616
Santadi 454
Sant'Andria Priu, Nekropole (Bonorva) 332
Sant'Anna 510
Sant'Antine, Kirche (Sedilo) 411
Sant'Antioco 441
Sant'Antioco di Bisarcio, Kirche (Sassari) 323
Sant'Antonio di Gallura 230
Sant'Antonio di Salvenero, Kirche (Sassari) 322
Sant'Antonio di Santadi 422
Sant'Efisio, Kapelle (Pula) 459
Santissima Trinita di Saccargia, Kirche (Sassari) 321
Santu Lussurgiu 376
Santu Pedru, Höhlengrab (Alghero) 354
Santuario dei Santissimi Cosma e Damiano, Heiligtum (Mamoiada) 597
Santuario di Bonaria, Basilika (Cagliari) 483
S'Archittu 374
Sarcidano 610
Sardara 416
Sarrabus 557
Sarroch 461
Sassari 299
Scivu, Strand (Iglesiente) 426
Sedilo 410
Sedini 292
Selargius 488
Sella del Diavolo (Cagliari) 487
S'Ena e s'acchitta, Strand (Santa Lucia) 509
Seneghe 377
Sennori 310
Senorbi 618
Serdiana 488
Serra Orrios, Nuraghierdorf (Dorgali) 522

640 Geographisches Register

Serrenti 418
Serri 616
Seui 608
Silanus 368
Sindia 367
Siniscola 510
Sinis-Halbinsel 380
Sinnai 488
Solanas, Villasimius 489, 572
Solarussa 406
Sorgono 604
Sorso 294, 310
Spiagga d'Isuledda, Strand
(San Teodoro) 498
Spiaggia Bianca, Strand
(Golfo Aranci) 202
Spiaggia del Liscia, Strand
(Porto Pollo) 250
Spiaggia della Pelosa,
Strand (Stintino) 316
Spiaggia di Bombarde,
Strand (Fertilia) 350
Spiaggia di Maria Pia,
Strand (Alghero) 347
Spiaggia di Marmorata,
Strand (S. Teresa) 258
Spiaggia di Pellicano,
Strand (Olbia) 202
Spiaggia di San Giovanni,
Strand (Alghero) 347
Spiaggia di Simius, Strand
(Villasimius) 570
Spiaggia Grande, Strand
(Isola di S. Antioco) 443
Spiaggia Ira, Strand (Golfo
Aranci) 207
Spiaggia La Bobba, Strand
(Isola di S. Pietro) 449
Spiaggia Lazzaretto,
Strand (Fertilia) 350
Spiaggia Lu Litarroni,
Strand (S. Teresa) 266
Spiaggia Montirussu,
Strand (S. Teresa) 266
Spiaggia Rosa, Strand
(Budelli) 249
Spiaggia Salina, Strand
(Isola di S. Antioco) 443
Spiaggia Scogliera, Strand
(Orosei) 513
Spiaggia Terza, Strand
(Golfo Aranci) 204
Stagnali (Caprera) 248
Stagno di Cabras, Lagu-
nensee (Oristano) 394
Stagno di Cagliari, Lagune
(Cagliari) 461, 487

Stagno di Colostrai,
Lagune (Sarrabus) 562
Stagno di Molentargius,
Lagune (Cagliari) 487
Stagno di Santa Giusta, La-
gunensee (Oristano) 392
Stagno Notteri, Lagune
(Villasimius) 571
Stintino 314
Stintino, Halbinsel 314
Su Golgo, Hochebene
(Baunei) 536
Su Gologone, Quelle
(Oliena) 588
Su Pallosu 382
Su Tempiesu,
Brunnentempel 583
Sulcis 436
Suni 370
Supramonte, Bergmassiv
(Barbagia) 584

T

Tadasuni 408
Tanaunella 504
Tempietto Malchittu, nura-
ghische Kultstätte 228
Tempio Pausania 271
Tergu 292
Terme di Casteldoria,
Therme 285
Terme di Sardara, Therme
(Campidano) 416
Terme Romane, Therme
(Fordongianus) 407
Terra Mala (Cagliari) 489
Tertenia 550
Teulada 452
Tharros 400
Tharros, Halbinsel 398
Thiesi 355
Tinnura 370
Tirso-Ebene 406
Tomba dei Giganti S'Ena e
Tomes, Gigantengrab
(Dorgali) 523
Tomba dei Giganti di Su
Monte´e S´Abe, Gigan-
tengrab (Olbia) 200
Tonara 604
Torpe 506
Torralba 332
Torre del Porticciolo,
Strand (La Nurra) 319
Torre del Pozzo 374
Torre delle Stelle,
Villasimius 489, 572

Torre dell'Elefante, Turm
(Cagliari) 477
Torre di Chia, Bucht (Costa
del Sud) 456
Torre di San Pancrazio,
Turm (Cagliari) 477
Torre Salinas, Strand
(Muravera) 562
Tortoli 542
Toulon 132
Trebina Lada, Berg (Monte
Arci) 414
Trebina Longa, Berg
(Monte Arci) 414
Tresnuraghes 370
Trexenta, Landschaft 618
Trinità d'Agultu 269
Tuarredda, Strand (Costa
del Sud) 456
Tuili 616
Turas, Strand (Bosa) 366
Turritano 280

U

Ulassai 554
Uras 416
Ussassai 608
Uta 420, 488

V

Valle dei Nuraghi, Nuraghen-
gebiet (Logudoro) 329
Valle dell'Erica, Strand (S.
Teresa) 259
Valle di Luna, Tal (Capo
Testa) 263
Valledoria 283
Valliciola 277
Viddalba 285
Vignola 267
Villa Romana, römische
Ausgrabung 200
Villacidro 418
Villagrande Strisaili 555
Villamar 616
Villamassargia 431
Villanova Monteleone 355
Villanovaforru 417
Villaperuccio 454
Villaputzu 560
Villasimius 568
Voragine di Baunei,
Karstloch (Su Golgo/
Baunei) 536

Z

Zuri 408